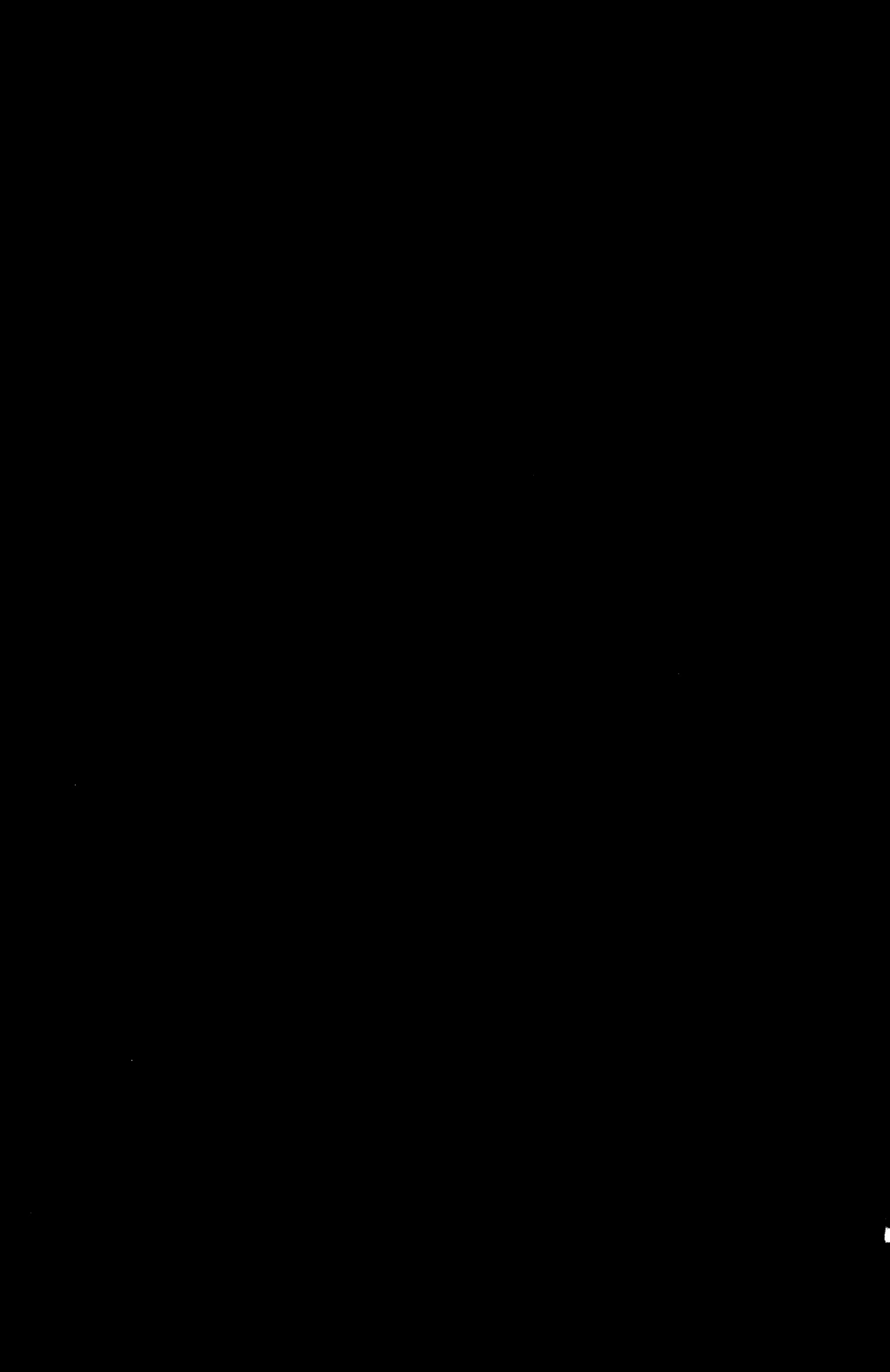

전설의 금융 가문
로스차일드
2

THE HOUSE OF ROTHSCHILD
Copyright ⓒ 1998, Niall Ferguson
All rights reserved.

Korean Translation Copyright ⓒ 2013 by Book21 Publishing Group
Korean edition is published by arrangement with The Wylie Agency(UK) Ltd.
through Milkwood Agency.

이 책의 한국어판 저작권은 밀크우드 에이전시를 통한 Wylie Agency와의
독점계약으로 (주)북이십일에 있습니다.
저작권법에 의하여 한국 내에서 보호를 받는 저작물이므로
무단전재와 무단복제를 금합니다.

[일러두기]

* 이 책에 나오는 인명, 지명 등은 언어권별로 다르게 표기하였다.
  예를 들어 Rothschild의 경우 독일어 표기는 '로트쉴트'로, 영어 표기는 '로스차일드'로 읽었다.
* 이 책에 나오는 그림과 표의 출처는 책 뒤편에 별도로 정리하였다.

전설의 금융 가문
로스차일드

니얼 퍼거슨 지음 | 박지니 옮김

2
세계의 은행가
1849~1999

21세기북스

■ 프롤로그

    1789년에서 1848년에 이르는 시기를 '혁명의 시대'라고 본다면, 로스차일드가야말로 그 시절의 최대 수혜자일 것이다. 물론 1848~1849년의 정치 격변은 가문에 상당한 손실을 입혔다. 혁명은 1830년에 그랬듯, 그러나 이번에는 그보다 훨씬 더 큰 규모로 국채의 가치를 폭락시켰다. 막대한 부(富)의 상당 부분을 채권의 형태로 보유하고 있던 로스차일드가로서는 자본 손실이 심각할 수밖에 없었다. 더욱이 그 일로 빈과 파리의 '상사(house)'가 파산 직전까지 몰리게 되어, 런던, 프랑크푸르트, 나폴리 상사에서 팔을 걷고 긴급 구제에 나서야 했다. 그러나 로스차일드가 사람들은 이마저도 견뎌냈으며, 혁명뿐 아니라 1815년에서 1914년 사이에 일어난 금융 위기 중 최악의 사태를 거치면서도 살아남았다. 과연, 그들이 혁명에 쓰러졌다면 오히려 그것이 기이한 아이러니였을 것이다. 혁명이 없었다면, 로스차일드가는 애초 잃을 것조차 없었을 것이다.

    1796년에 프랑크푸르트 유대인 게토의 벽을 말 그대로 무너뜨리고, 로스차일드 가문이 전례도 없고 지금까지도 필적할 곳 없는 그 경이로운 성공 신화를 써 나갈 수 있게 한 것이 바로 프랑스대혁명이었기 때문이다. 1789년까지 마이어 암셀 로스차일드와 가족의 삶은 차별적 법제에 갇혀 있었다. 유대인은 농사를 지을 수 없었고, 무기나 향료, 술과 곡물 거래 역시 금지돼 있었다. 게토 밖에서 거주하는 것이 위법이었을 뿐만 아니라, 야간이나 일요일, 교회의 축일 동안에는 게토 안에 갇혀 지내야 했다. 유대인은 차별적 조세의 희생양이었다. 마이어 암셀이 우선은 희귀 동전 매매상으로, 그다음은 어음 중매인, 다시 머천트 뱅커로서 얼마나 바지런히 뛰어다녔든, 그가 달성할 수 있었던 것은 철통같이 가로막힌 낮은 한도 이하가 고작이었다. 그러나 프랑스가 독일 남부에 혁명을 수출하며 모든 것이 뒤바뀌었다. 유덴가세의 문이 열렸을 뿐 아니라, 특히 라인란트의 나폴레옹 추종자 칼 폰 달베르크가 마이어 암셸의 경제적 영향력 아래 놓여 있었던 덕에 프랑크푸르트 유대인들을 옥죄던 법적 제약 역시 상당 부분 제거되었다. 프랑스인들과 그 협력자들이 축출된 뒤 프랑크푸르트의 비유대인들이 갖은 노력을 기울였지만 그 옛적의 아파르트헤이트식 거주 정책과 사회적 규제가 완전히 복원되는 일은 결코 일어나지 않았다.

뿐만 아니라 로스차일드가는 혁명 전쟁을 계기로, 그게 아니었으면 꿈꿔 볼 수 없었을 법한 사업 기회를 잡기도 했다. 프랑스와 나머지 유럽 간의 충돌이 그 규모와 비용을 늘려 가자, 참전국들의 차입 수요 역시 막대해졌다. 동시에 기존의 무역과 금융이 뒤흔들리며 야심찬 모험가들이 활약상을 펼칠 여지가 생겼다. 그리하여 나폴레옹이 헤세카셀의 선제후를 추방하기로 결정한 덕에, 마이어 암셸(1769년부터 선제후의 '궁정 중개인'으로 활동해 왔던)이 선제후의 주요 자금 운용 담당자가 되어 프랑스에서 숨겨 온 자산에서 이익을 내고 그 돈을 재투자하는 기회를 마련했던 것이다. 그것은 위험천만한 사업이었다. 프랑스 경찰은 마이어 암셸의 활동에 의심을 품었고, 기소까지 이르지는 않았으나 그와 그의 가족을 심문하기도 했다. 그러나 위험이 큰 만큼 수익은 쏠쏠했으며, 로스차일드가 사람들은 기밀 엄수의 기술을 재빨리 터득했다.

마찬가지로 혁명과 전쟁 덕분에, 마이어 암셸의 배포 두둑한 아들 나탄은 맨체스터에서 영국산 직물을 수출하는 것을 시작으로 런던에서 영국의 전쟁 자금을 조달할 만큼 성공할 수 있었다. 평화로운 시기였다 해도 나탄은 직물상으로 대성했을 것이다. 가격을 내리고 물량을 늘리자는 그의 전략은 맞아떨어졌다. 일에 쏟아 붓는 그의 에너지, 일에 대한 야망과 일을 해내는 능력은 모두 엄청난 것이었다("저는 독서 따윈 하지 않습니다." 그는 1816년 형제들에게 그렇게 썼다. "카드놀이도 하지 않고, 극장에도 안 갑니다. 제 유일한 낙은 제 사업일 뿐이니까요"). 그러나 영국이 프랑스와 벌인 전쟁이 이 대담무쌍하고 혁신적인 신참에게 특히 유리한 상황을 만들어 주었다. 1806년 나폴레옹이 영국의 대륙 수출을 봉쇄하면서 위험 부담이 커졌지만, 봉쇄를 뚫을 배짱이 있는 자, 즉 나탄 같은 인물에게는 돈줄을 틀 가능성도 커진 셈이었다. 프랑스 당국이 영국의 금괴가 해협을 통과하는 것을 순순히 허락하면서, 나탄에게는 훨씬 수익성 좋은 사업 기회가 하나 더 늘어났다. 1808년 그는 맨체스터를 떠나 런던에 새 기반을 잡는다. 그 무렵 런던은 암스테르담이 나폴레옹에게 점령된 뒤로 세계 최대의 금융 중심지로 부상해 있었다.

나탄이 머천트 뱅커(merchant banker)들의 제일선에 합류할 수 있었던 '교묘한 술책'은 바로 헤세카셀 선제후의 영국 투자금을 이용해 자신의 자산을 키우는 것이었다. 1809년, 나탄은 선제후의 포트폴리오에서 나오는 이자로 영국 국채를 신규 매입할 수 있는 승인을 받아냈다. 이후 4년에 걸쳐 그가 사들인 증권은 60만 파운드가 넘는 규모였다. 그저 태평성대였다면 그는 선제후의 1급 자산 운용가에 그쳤을 것이다. 그러나 전시(戰時)의 아수라장 속에서, 나탄은 선제후의 채권을 마치 자신의 자본처럼 다룰 수 있었다. 이 추방된 선제후는 자기도 모르는 사이에 신생 금융회사 N. M. 로스차일드의 익명의 동업자가 되었던 셈이다(그의 각료였던 부데루스는 훨씬 적극적으로 프랑크푸르트 상사에 투자했다). 그리하여 1813년에 나탄은 나폴레옹에 대항한 웰링턴의 군사 작전에 자금을 대느라 애를 먹고 있는 영국 정부를 위해 수완을 발휘할 만큼의 실력가가 되어 있었다. 나중에 칼이 "그 늙은이"(선제후를 가리킨다)가 "우리의 재산을 일궜다"고 한 것은 바로 이를 두고 한 말이었다.

사실, 나탄과 칼이 진정으로 감사해야 했던 것은 그들의 아버지가 일군 사업과 통찰력이었다. 로스차일드가의 아들들은 4대에 걸쳐 결속시키고 딸과 사위는 철저히 배제한, 거의 한 세기 동안 수정은 있으나 근본적으로는 변함없이 지속된 파트너십 구조를 성립한 것은 1810년 마이어 암셀이 해낸 일이었다. 그리고 아들들에게 "거래를 하려면 유복한 정부보다는 곤궁한 정부와 해라", "호감을 사지 못하겠거든 남들이 너희를 두려워하게 만들어라", "지위가 높은 사람이라도 유대인과 [금전적] 사업 관계를 맺게 되면, 그 역시 유대인과 한 족속이다"("게회르트 에어 뎀 유덴[gehört er dem Juden]!") 같은 냉철한 사업 원칙을 가르친 사람도 마이어 암셀이었다. 특히 이 마지막 경구가 동기가 되어, 아들들은 정계의 세력가에게 선물을 바치고, 융자를 대주고, 투자 정보를 귀띔해 주고, 노골적으로 뇌물을 바쳤다. 그러나 마이어 암셀이 아들들에게 그 무엇보다 강조한 것은 단합의 중요성이었다. 1812년, 임종을 눈앞에 둔 마이어 암셸은 장남에게 이렇게 말했다. "암셸, 아우들과 끝까지 합심해야 한다. 그러면 너희들은 독일에서 가장 큰 부자가 될 게다." 아들들은 그로부터 30년이 흐른 뒤에도 자녀 세대에게 같은 계율을 강조했으니, 그 무렵 그들은 이미 세계에서 가장 큰 부자가 되어 있었다. 로스차일드가는 역사상 그 유래가 없었던 부유한 가문이었다.

나탄과 그의 형제들이 웰링턴뿐 아니라 영국과 연합한 대륙의 동맹국들을 위해서도 어마어마한 규모의 금괴를 공급했던 1814년과 1815년의 작전은 정치사는 물론 금융사에서도 새 장을 연 사건이었다. 로스차일드가의 아들들은 정부 수임료, 이자 수익, 환율과 채권 수익률의 변동을 틈탄 투기 소득에 모든 것을 노름하듯 걸며, 때로는 자산과 부채 내역은 안중에도 없이 신용을 한계점까지 이용했다. 1815년 한 해에만 영국 정부를 상대로 한 나탄의 거래 규모는 당시로서는 상당한 액수인 1000만 파운드에 근접할 정도였다. 리버풀 경은 영웅적인 영국식 절제미를 발휘해서 나탄을 "매우 유용한 친구"라고 불렀다. 동시대 사람들도 간파했듯이, 나탄의 사업은 바로 나폴레옹적인 금융, 그 도움이 없었다면 나폴레옹을 격파할 수 없었을 대범한 사업이었다. 정치 평론가 루트비히 뵈르네는 로스차일드의 형제들을 한마디로 "금융의 나폴레옹들(Finanzbonaparten)"이라 불렀다. 그 중에서도 나탄은 그의 형 잘로몬의 표현대로 형제들 중의 "총사령관"이었다. 프랑스가 워털루전투에서 패하자(나탄이 예상했던 것보다 이른 결판이었다), 거의 파산 직전까지 이르렀던 로스차일드가는 1815년 돌연 영국의 백만장자로 부상하게 된다. 거의 전광석화처럼, 나탄은 그의 경력 중에 최고의 성공이 될 거래에 착수했다. 영국 정부의 콘솔채에 거액을 투자해 정부의 전후 재정 안정화 작업으로 인한 급등세를 탄 다음, 시장이 최고점에 도달하기 직전에 빠져나온 것이다. 이것이야말로 단박에 25만 파운드의 수익을 낼 수 있었던, 나탄이 이룬 최고의 '걸출한 사업(Meistergeschäft)'이었다.

1820년대는 정치적으로 복고의 시기였을 뿐 아니라 국가 재정 복원의 시기이기도 했다. 유럽 대륙 전반에 걸쳐 폐위됐던 왕들이 (대부분) 왕좌를 되찾았다. 메테르니히의 지휘 아래 대륙의 열강들은 그 시발점이 어디든 새로운 혁명의 조짐이 보이기라도 하면 힘을 합쳐 완강히 저지했다. 로스차일드가는 물론 이 복고 과정에 돈을 댔다. 그들은 프랑스를 다시 지배하게 된 부르봉 왕가뿐만 아니라 신성동맹의 회원국인 오스트리아, 프로이센, 러시아가 과거에는 영국과 네덜란드만 누릴 수 있었던 금리로 채권을 발행할 수 있게 해 주었다. 덕분에 메테르니히는 수월하게 유럽의 '치안'을 유지할 수 있었으니(오스트리아와 프랑스가 개입해 나폴리와 스페인에서도 부르봉 왕조를 부활시킨 예가 대표적이다), 로스차일드 가문이 "신성동맹의 특등 동맹국"이라는 쓴소리에는 진실이 담겨 있었던 셈이다. 로스차일드가가 융자한 돈은 메테르니히를 비롯해 영국의 조지 4세와 후에 벨기에의 왕위에 오르는 그의 사위 작센코부르크의 레오폴드까지 당시의 많은 '고위 인사들'의 개인 자산을 살찌웠다. 루트비히 뵈르네의 독설처럼, 로스차일드는 "귀족에게 자유를 음해할 힘을 주고, 인민에게는 폭정에 맞서 싸울 용기를 박탈하는 자"요, "자유, 애국심, 명예 그리고 모든 시민적 미덕을 자신의 제단에 희생시키는 공포의 대사제"였다.

그러나 복고의 세태를 지켜보는 로스차일드가의 시각에는 언제나 양가적인 면이 있었다. 그들은 유대인에게 2등 시민의 지위를 부여하려는 야심을 드러낸 보수 특권층이 (특히 독일에서) 권력을 다시 쥐게 되는 것을 기꺼워할 수 없었다. 그러나 나탄은 이념적인 신조 때문에 좋은 사업 기회를 단념하는 인물은 아니었다. 스페인과 이탈리아에서 혁명의 움직임이 일자 신성동맹이 개입한 것은 사업상 반드시 좋은 일은 아니었다. 전쟁은 특히 국가 예산에 해로운 영향을 미쳐서 채권 시장을 동요시켰기 때문이다. 스페인과 브라질, 그리스 등지에 출현한 새로운 정권은 잠재적인 신규 고객이었고, 경험에 비추어 보건대 입헌군주정 쪽이 절대왕정보다 더 나은 채권자였다. 로스차일드가가 스페인 자유주의자들에게는 돈을 빌려 주려는 생각까지 했으나, 페르난도 7세가 절대 왕좌를 회복한 이후 그에 대한 재정 지원을 거절한 것은 의미심장한 일이다. 바이런이 『돈 후안』에도 썼듯이, 로스차일드가는 "왕정주의자와 자유주의자 모두"의 운명을 좌지우지하고 있었다. 하인리히 하이네는 한 걸음 더 나아가 로스차일드가 "채권의 힘을 최고권으로 끌어올리고 과거에 토지가 갖고 있던 특권을 돈에 부여함으로써 토지의 우위를 무너뜨렸"으니 로베스피에르와 맞먹는 혁명가라고 쓰기도 했다.

하이네는 또 이런 인상적인 선언도 남겼다. "돈은 우리의 신이요, 로스차일드는 그의 선지자로다." 로스차일드 가문이 경제사에 기여한 가장 중요한 업적은 진정한 의미에서 국제 채권 시장을 창출한 것이라는 사실은 분명하다. 물론 국경을 초월한 자본의 흐름은 이전에도 있었다. 18세기 네덜란드인들은 영국 국채에 투자했고, 프랑크푸르트에서 로스차일드 가문과 쌍벽을 이루던 베트만가 역시 엄청난 물량의 오스트리아 채권을 판매했다. 그러나 한 나라의 채권이 (1818년 당시 프로이센의 사례처럼) 여러 시장에서 동시다발적으로 발행된 것은, 그것도 파운드화로 매겨진 액면가, 발행지에서의 이자 지불, 그리고 감채 기금이라는 매력적인 조건을 갖췄던 것은 전례가 없는 일이었다.

채권 발행이 로스차일드가의 유일한 사업은 아니었다. 그들은 상업어음을 할인했고, 금괴 중개인으로 활동했으며, 외환 거래를 다뤘고, 상품 교역에 직접 개입하기도 했으며, 보험 일에도 잠시 손을 댔고, 심지어는 특권층 개인 고객들을 위해 개인 금융 서비스를 제공하기도 했다. 금은 시장에서 그들의 역할은 막중했다. 1825년 금태환 정지의 위기를 맞은 영국은행을 구제했듯이, "최종 대출자에게 돈을 빌려 주는 최종 대출자"가 바로 로스차일드가의 역할이었다. 그러나 역시 최우선은 채권 시장이었다. 더욱이 다양한 유통 시장에서 채권을 팔고 사는 일은 채권 발행만큼 쏠쏠한 수익원이었다. 로스차일드가의 형제들이 중점을 둔 주요 투기 형태가 바로 이것이었다.

로스차일드가가 경쟁자들보다 우월한 위치에 설 수 있었던 데에는 그들의 사업이 지닌 다국적 성격도 한몫을 했다. 나탄의 맏형 암셀이 프랑크푸르트에서 집안의 사업을 이어 가는 동안, 막내 제임스는 파리에서 입지를 다졌다. 1820년대 후반에는 잘로몬과 칼이 각각 빈과 나폴리에 프랑크푸르트 은행의 자회사를 세웠다. 이 다섯 일가는 남다른 파트너십을 형성하여 규모가 큰 거래에서는 공동으로 활동했으며, 수익은 하나로 모으고 비용은 나누어 졌다. 정기적으로 상세한 편지를 써서 주고받았기 때문에 지리적으로 떨어져 있다는 한계를 극복할 수 있었다. 형제들이 직접 만나는 것은 몇 년에 한 번뿐으로, 상황이 달라져서 계약 조건에 수정이 필요할 때뿐이었다.

이 다국적 체제는 로스차일드가에게 몇 가지 중요한 이점을 안겨 주었다. 첫째, 그들은 런던과 파리 시장의 가격차를 이용해 차익 거래 사업에 뛰어들 수 있었다. 둘째, 유동성이나 지불 상환 능력이 한계에 이르면 서로가 서로를 구제해 줄 수 있었다. 금융 위기가 동시다발로, 유럽 전역을 동일한 강도로 강타하는 일은 한 번도(심지어 1848년에도) 없었다. 1825년, 영국의 사정이 어려워지자 제임스가 나탄을 구했다. 1830년에 파리 시장이 붕괴됐을 때는 나탄이 그 은혜를 갚았다. 빈 상사가 독립 사업체였다면 1848년에 도산해버리고 말았을 것이다. 다른 가족들이 팔을 걷어붙이고 그 어마어마한 액수의 부채를 탕감해 주지 않았다면 잘로몬의 아들 안젤름이 사업을 회복하는 일도 불가능했을 것이다.

급속도로 축적된 자산 덕에(로스차일드가는 전체 이윤을 나눠 갖지 않았으며, 각자의 지분에서 나오는 낮은 이자 수익을 얻는 것만으로 만족했다), 그들은 곧 전례 없는 규모의 사업들을 착착 진행시킬 수 있었다. 로스차일드가는 세계 최대의 은행이었다. 1825년에는 최대 라이벌인 베어링 브라더스(Baring Brothers)보다 열 배나 큰 규모를 자랑할 정도였다. 덕분에 사업 전략도 수정할 수 있었다. 큰 수익을 벌어들이기 위해 만만찮은 위험 부담을 감수했던 초창기가 지난 뒤, 그들은 시장 지배자의 위치를 위태롭게 할 필요 없이 수익성이 다소 낮은 사업으로도 만족할 수 있었다. 수익 극대화라는 전략에서 벗어난 것은 하나의 기업으로서 로스차일드가의 파트너십이 장기간 유지될 수 있었던 바탕이기도 했다. 경쟁자들은 끊임없이 등장해(자크 라피트[Jacques Laffitte]는 왕정복고의 시세를 타고 등장한 전형적인 인물이었다) 시장이 급등한 동안 엄청난 위험을 감수하며 수익을 챙겼지만, 상승세가 곤두박질치는 순간 곧 나락으로 떨어져버리고 말았다.

부에는 지위가 따른다. 동시대 사람들의 눈에 로스차일드 가문은 신흥 거부의 현현이었다. 그들은 유대인이었고 제대로 된 교육도 받지 못했으며 품위도 없었지만, 고작 몇 해 만에 대개의 귀족들이 지니고 있던 재산 가치를 훨씬 뛰어넘는 막대한 부를 축적했다. 외견상 이 야심가들은 기존 특권층에 수용되고 싶어서 안달하는 것처럼 보였다. 마치 (칼의 회고처럼) "우리가 다락방 한 칸에서 새우잠을 자던" 시절의 기억을 깨끗이 잊으려는 듯 그들은 피커딜리나 라피트 가 등지에 더없이 세련된 타운하우스들을 사들였고, 나중에는 거너스버리, 페리에르, 쉴러스도르프에 첫 별장을 마련했다. 그렇게 마련된 저택들은 17세기 네덜란드 유화와 18세기 프랑스 가구들로 채워 넣었다. 호사스러운 만찬과 화려한 무도회도 열었다. 그들은 작위와 서훈을 받고 싶어 했다. 그저 야콥 로트쉴트(Jacob Rothschild)였던 이가 나중에는 파리 주재 오스트리아 총영사이자 레종도뇌르 훈장에 빛나는 제임스 드 로칠드 남작(Monsieur le Baron James de Rothschild)이 되었다. 그들은 아들들을 신사로 키웠으며, 게토에서는 알지 못했을 미적 취향을 섭렵케 했다. 딸들은 쇼팽을 스승으로 두고 피아노 레슨을 받았다. 문필가들도(그 중에는 디즈레일리, 하이네, 발자크도 있었다) 이 신(新) 메디치 가문에게서 후원을 받았고, 자신들의 작품 속에 로스차일드가의 인물들을 캐리커처처럼 그려 등장시켰다.

그러나 로스차일드가 사람들도 속으로는 자신들의 사회적 신분 상승을 냉소적으로 받아들이고 있었다. 직위며 서훈 같은 것도 형제들이 권력자들의 집단에 접근할 기회를 만들어 주는 '사업의 일환'일 뿐이었다. 만찬이나 무도회를 개최하는 것도 같은 목적을 지닌, 심기가 썩 편치만은 않은 의무에 불과했다. 그런 행사 중 대부분이 오늘날의 표현대로라면 '기업 접대'나 다름없었다. 다음 세대가 받은 세련된 교육도 실은 피상적인 수준이었다. 그들이 아들들에게 가르친 '진짜 교육'은 여전히 '회계실'에서 진행됐다.

로스차일드가 사람들이 기존 사회에 동화되는 과정에서 예외로 삼았던 가장 중요한 것은 바로 종교였다. 유럽의 부유한 유대인들 다수가 1820년대에 그리스도교로 개종한 것과는 달리, 로스차일드가 사람들은 선조들의 종교를 굳건히 지켰다. 독실한 정도는 개개인마다 사뭇 달랐지만(암셀은 의식을 엄격히 지킨 반면, 제임스는 훨씬 해이한 편이었다), 형제들은 속세에서 이룬 성공이 유대 신앙과 긴밀히 묶여 있다는 생각에 뜻을 같이했다. 제임스의 말마따나 종교는 바로 "모든 것"이었으며 그들의 "행운과 은총이 모두 거기에 달려" 있었다. 1839년 나탄의 딸 해나 메이어가 헨리 피츠로이와 결혼하기 위해 그리스도교로 개종했을 때, 그녀는 어머니를 포함해 거의 모든 가족과 친지가 외면하는 것을 감수해야 했다.

독실한 유대 신앙이 그들이 거둔 세속적 성공과 불가분의 관계라는 믿음은 로스차일드가 사람들로 하여금 "가난한 형제 신도들"의 운명에 관심을 갖게 했다. 유대인 사회를 위한 개입은 자선 기부라는 전통적인 방식을 뛰어넘어 유대인 해방을 위한 조직적인 정치 로비까지 아우르며 광범하게 이루어졌다. 나폴레옹 통치 시절 마이어 암셀이 기틀을 닦은 사업, 즉 로스차일드가의 자금을 이용해 유대인의 시민권과 정치적 권리를 확보하고 수호하는 일은 19세기에 걸쳐 거의 중단 없이 진행됐다. 1840년 다마스쿠스의 유대인들이 '의례적 살인'을 저질렀다는 누명을 썼을 때, 로스차일드가는 박해를 종식시키기 위한 캠페인을 성공적으로 조직해냈다. 그것은 수많은 사례 중 가장 유명한 일례에 불과하다. 로스차일드가 교황에게 제공한 자금 역시 교황령에 살고 있던 유대인들의 운명을 개선하기 위한 수단이었다. 아이러니하게도 영국의 일가가 자국에서 벌인 노력은 그만큼의 성공을 거두지 못했다. 나탄과 그의 아내 해나는 일찌감치 1829년부터 영국 의회의 유대인 배제 정책에 종지부를 찍기 위한 활동에 발을 들였다. 그러나 7년 뒤 나탄이 숨을 거두기까지 진전된 일은 아무것도 없었다. 영국 내 유대인 해방을 위한 활동은 그의 아들 라이오넬의 몫이 됐으며, 그 이야기는 2권의 첫 장에서 펼쳐질 것이다.

그러나 로스차일드가 사람들이 전체 유대인 사회에 무조건적으로 동질감을 느꼈던 것은 아니었다. 그들이 쌓아 올린 재산뿐 아니라 그들의 족보 역시 그들을 유럽의 다른 유대인들과 분리시켰다. 그것은 로스차일드 가문이 족내혼 전략을 배우자가 같은 신앙을 가진 사람이어야 함은 물론이려니와 그들의 직계 친족 내에서 혼사를 진행하는 수준으로 고수했기 때문이었다. 로스차일드라는 성(姓)을 달고 태어난 사람이어야 로스차일드 가문과 격이 맞았다. 마이어 암셀의 자손이 신랑이나 신부가 되어 1824년에서 1877년까지 치러진 21건의 혼사 가운데 최소한 15건이 직계 자손 사이에 맺어진 혼사였다. 1836년 나탄의 아들 라이오넬과 칼의 딸 샬로테 사이에 정략적으로 맺어진, 그러나 그다지 행복한 결합은 아니었던 결혼이 전형적인 사례였다. 이 같은 전략을 고수한 것은 경제적 파트너십을 굳건히 하기 위해서였다. 현대인의 시각에서 당시의 가계도에는 유전적 위험 요소가 다분해 보이지만, 족내혼 전략은 본래 목적을 충분히 완수해냈다. 친척끼리의 혼인은 가문의 자본이 뿔뿔이 흩어지는 것을 막았다. 딸과 사위는 파트너십의 신성한 회계 장부에서 배제한다는 엄격한 원칙이나 마이어 암셀이 누차 반복한 형제간에는 단합해야 한다는 훈계처럼, 족내혼 역시 로스차일드 가문이 토마스 만의 소설에 등장하는 부덴부르크가처럼 몰락하지 않게 해 준 방편이었다. 물론 왕조들 역시 비슷한 방식으로 대를 이었다. 사촌 간의 결혼은 가업으로 뭉친 유대인 가계에서는 비교적 흔한 일이었다. 유대인뿐만이 아니었다. 영국 퀘이커교도도 족내혼을 지켰다. 심지어 유럽의 왕가들 역시 정치적 관계를 돈독히 하기 위해 사촌 간의 혼인을 이용하기도 했다. 그러나 로스차일드 가문의 족내혼 원칙은 작센코부르크 고타(Sachsen-Coburg und Gotha) 가문은 그 발치에도 못 미칠 정도로 엄격히 지켜졌다. 하인리히 하이네가 로스차일드 일가를 "예외적인 가문"이라 부른 데에도 이유가 있었다. 실로 다른 유대인들은 로스차일드가를 일종의 '히브리 왕가'로 여겼다. 그들은 "유대인의 왕"이자 "왕 중의 유대인"이었다.

1830년의 혁명은 두 가지 중요한 사실을 드러냈다. 첫째, 로스차일드가는 신성동맹에 예속돼 있지 않았으며 자유주의적인 정권, 심지어는 혁명 정권에도 금융 서비스를 제공할 의향이 있었다. 오히려 제임스는 혁명이 야기한 격심한 충격에서 회복되고 나자, 루이 필리프 치하의 '시민 왕정(bourgeois monarchy)'에서 사업하는 편이 훨씬 수월하다는 것을 깨닫게 됐다. 신생 국가 벨기에 역시 사업상 유리한 조건이 된 것은 마찬가지였으니, 특히 이 나라가 (그리스가 그랬듯) "꼭두각시 같은" 독일 왕자를 왕위에 앉힘으로써(그는 이미 그 이전부터 로스차일드가의 고객이었다) 열강들이 좌우하는 집단적 국제 규제에 종속된 이후로는 두말할 나위가 없었다. 두 번째로 드러난 사실은 열강들이 조정을 이끌어내는 것을 지켜보는 데 로스차일드가가 상당한 흥미를 갖고 있었다는 것으로, 이 역시 금융의 힘이 세력을 발휘할 기회라고 믿었다는 점이다.

혁명이 발발하자 프랑스의 랑트(rente, 영국의 콘솔채에 해당하는 프랑스의 영구채) 가격은 큰 폭으로 떨어졌다. 폭락 사태로 대차대조표가 적자로 곤두박질치자 제임스가 받은 충격은 막심했다. 그러나 1830년대 초 유럽의 금융 시장을 그토록 불안하게 만든 것, 그리고 다소 안정적인 입헌군주제가 자리를 잡고 나서야 랑트의 가치가 회복된 것은 1790년대에 그랬던 것처럼 프랑스에서 일어난 혁명이 유럽을 전장으로 내몰지는 않을까 하는 두려움 때문이었다. 그 당시 일종의 '금융상의 전염'을 일으켜 혁명과 무관한 국가들에서도 채권 수익률을 솟구치게 한 것 역시, 이 두려움의 영향이 컸다.

1830년대 초에는 벨기에, 폴란드 혹은 이탈리아를 두고 곧 전쟁이 터질 듯한 위기의 순간이 여러 차례 있었다. 로스차일드가는 그때마다 '평화 중개인'으로 활약할 만큼 유럽 전역을 탄탄히 잇고 있었다. 그들의 비할 데 없이 빠른 통신망(주로 사설 집배원들이 편지 사본을 가지고 사방팔방 전하는 식으로 이루어진) 역시 유럽의 주요 정치가들을 위한 속달우편으로 활용되고 있었다. 이로써 로스차일드가는 권력의 또 한 형태를 손에 쥐게 되었으니, 그것은 바로 '정보'였다. 제임스는 루이 필리프 왕을 알현하고 그의 견해를 들은 다음 이를 편지에 적어 잘로몬에게 보냈으며, 다시 잘로몬은 메테르니히를 만나 편지에 담긴 내용을 전했다. 답변 역시 같은 경로를 거쳐 전해져, 메테르니히의 말이 루이 필리프에게 전해지려면 최소한 두 명의 로스차일드가 사람을 거쳐야 했다. 전달자들은 물론 메시지를 교묘히 바꿔 전할 수 있었다. 혹은 소식이 수신인에게 전해지기도 전에 주식 시장에 영향을 미치기도 했다.

　그와 동시에, 국제 채권 시장에서 차지한 우위는 로스차일드가의 손에 또 다른 형태의 권력을 쥐어 주었다. 참전을 고려하는 국가라면 전쟁 자금을 차입해야 했기 때문에, 로스차일드가는 일종의 '거부권'을 행사할 수 있다는 것을 알아차렸다. 한마디로, 무기를 내려놓지 않으면 돈줄도 막히는 셈이었다. 1830년 12월 오스트리아의 외교관 프로케슈 폰 오스텐 백작은 이렇게 말했다. "문제는 결국 재원을 확보하는 일이고 로스차일드의 말 한마디가 결제권을 갖고 있는데, 그는 전쟁 비용을 주선해 주지는 않을 것이다."

　그러나 실상 상황은 그리 단순하지 않았다. 당시 사람들은 로스차일드 가문이 그저 융자를 제한하겠다고 위협해서 유럽의 평화를 지켰다는 이야기에 미혹됐지만, 사실 1830년대에 전쟁이 터지지 않은 것은 다른 정황들 때문이기도 했다. 그러나 로스차일드가가 경제적 수단으로 정치권력을 휘두를 수 있었던 시점도 분명 있었다. 메테르니히의 호전성은 1832년 잘로몬이 신규 채권 발행을 지원하지 않겠다는 의사를 분명히 했을 때 완전히 꺾였다고는 할 수 없어도 최소한 누그러질 수밖에 없었다. 그리스와 벨기에라는 신생 국가의 탄생도 유럽 열강들이 보증하고 로스차일드가가 발행한 채권 형태로, 말 그대로 로스차일드의 재원으로 인수된 결과물이었다.

　1836년 나탄이 이른 나이로 고통스러운 임종을 맞았을 때 로스차일드가는 이미 비길 데 없는 자원과 지리적 연계망을 갖춘 가공할 만한 기업으로 우뚝 서 있었다. 그들은 마드리드의 다니엘 바이스바일러(Daniel Bernhard Weisweiller)로부터 상트페테르부르크의 칼 가서(Karl Gasser), 뉴욕의 어거스트 벨몬트(August Belmont)에 이르기까지 유럽 시장을 넘어 세계 방방곡곡에 대리인과 자회사를 배치해 한층 더 광범한 지역으로까지 뻗어 갈 수 있었다. 이 같은 권세는, 특히 이 가문이 역사도 짧은 미천한 출신이라는 사실 때문에 동시대 사람들을 매혹시켰다. 한 미국인은 가문의 다섯 형제를 가리켜 "왕들보다 우위에 있고 황제보다 더 높은 권좌에 올라 유럽 대륙을 좌지우지하는 이들"이라고 묘사했으며, "로스차일드가는 그리스도교 세계를 지배한다.⋯⋯ 모든 내각이 그들의 충고에 따라 움직인다.⋯⋯로스차일드 남작은⋯⋯평화와 전쟁의 결정권을 쥔 인물이다"라고 쓰기도 했다. 물론 표현은 과장됐으나, 지어낸 이야기는 아니었다. 그런데도 이 거대하고 강력한 조직은 본질적으로 여전히 가족 기업으로 남아 있었다. 기업은 사적이고 철두철미하게 비밀스러운 파트너십 형태로 운영되었으며, 그 주요 사업 역시 가문의 자체 자본을 운용하는 일이었다.

 3대가 파트너십에 합류하면서 다섯 상사의 관계는 이전보다 좀 더 다국 연방의 성격을 띠게 되었으나, 사업은 애초의 가속도대로 흘러갔다. 어느 정도까지는 제임스가 나탄의 빈자리를 메우고 세대 중 1인자의 역할을 수행해냈다. 그 역시 수완이 대단한 사람으로 지칠 줄 모르고 사업에 골몰했으며, 훨씬 두툼한 수익을 가져다주는 대규모 채권 발행뿐만 아니라 어음 중매나 차익 거래 같은 기초적인 사업에도 질리지 않고 매달렸다. 그가 장수한 덕에 프랑크푸르트 게토의 정신은 1860년대까지 회사 안에 굳건히 살아남았다. 그러나 제임스는 나탄이 그랬던 것처럼 다른 상사들 위에 군림하려 들지 않았다. 나탄의 자식들 중 냇이 파리로 건너가 그의 조수 노릇을 하면서 성미를 긁기는 했지만, 나머지 조카들이 하는 일에 대해서는 일절 왈가왈부하지 않았다. 특히 라이오넬은 사업가로서 부친만큼 성공을 거뒀는데, 성미가 불같던 부친과는 달리 사뭇 점잖은 사람이었다. 잘로몬의 아들 안젤름 역시 의지가 강한 인물이었다. 그렇다고 제임스가 손위의 형제들에게 이래라저래라 할 수 있었던 것도 아니었다. 특히 잘로몬은 다른 형제들이 불만스러워할 정도로 오스트리아 정부의 이해관계와 빈의 다른 은행들을 중시하는 경향이 있었다.

가족 안의 질서가 군주제에서 과두제로 이행한 것은 어떤 면에서는 이로운 일이었다. 덕분에 나탄이 살아 있었다면 용납하지 않았을 훨씬 융통성 있는 방식으로 로스차일드가는 세기 중반에 나타난 새로운 경제적 기회에 대응할 수 있었다. 일례로, 잘로몬과 제임스, 암셸은 오스트리아와 프랑스, 독일의 철도 금융에서 선도적인 역할을 수행할 수 있었는데, 철도 사업은 영국에 있던 나탄이 유난히 손도 대지 않았던 사업이었다.

나탄은 1820년대의 사업 방식을 1830년대까지 끌고 가려 했다. 주요 유럽 국가들의 재정이 정상화되자, 그는 더 먼 곳으로 눈을 돌려 신규 고객을 물색했는데 그들은 바로 스페인, 포르투갈 그리고 미국이었다. 그러나 벨기에 '재정의 지배자'가 되는 것과 이베리아 반도나 미국에서 같은 절차를 되풀이하는 것은 전혀 다른 일이었다. 스페인과 포르투갈의 정치 불안은 로스차일드가에서 발행한 채권에 대한 채무 불이행 사태로 이어졌다. 한편, 미국에서 그들이 당면한 문제는 재정 기관이나 통화 기관들의 분권화였다. 로스차일드가는 연방정부에서 좋은 사업 기회를 얻어낼 수 있으리라고 기대했지만, 연방정부는 외자에 관한 일은 주(州) 단위에 맡겨버리는 경향이 있었다. 마찬가지로 그들은 미합중국은행(Bank of the United States)을 주미 영국은행 식으로 바꿔 놓을 수 있으리라 기대했다. 그러나 정치적 입지가 흔들리고 재정적으로도 신통찮게 운영되면서, 계획은 1839년에 실패로 끝나고 말았다. 로스차일드 가문이 미국에 탄탄한 기반을 마련하는 데 실패한 것(그들은 자신들이 월스트리트에 파견한 대리인을 신뢰하지 못했다)은 가문의 역사에 있어 단일 최대의 전략적 실수였다.

국가 재정이라는 익숙한 분야에서 그처럼 실패를 겪고 난 뒤 사업 다각화로 방향을 튼 것은 논리적인 귀결이었다. 다시 말해, 유럽 수은 시장의 통제권을 쥐고자 한 결정은 부분적으로는 정부의 채무 불이행이라는 위험에 대한 대책이었다. 당시 세계 최대의 수은 산지였던 알마덴 광산 같은 유형 자산을 통제함으로써, 로스차일드가는 선적 판매될 수은을 담보로 대부하는 방식으로 위험 부담을 최소화하면서 스페인 정부에 자금을 댈 수 있었다. 수은 채광에 손을 댄 것은 수은이 은을 제련할 때 쓰인다는 점을 생각하면 한층 더 납득이 가는 대목이다. 1815년 이전에 이미 금은괴 중개로 경험을 쌓은 로스차일드가는 광산업에까지 진출 영역을 넓혔다.

그러나 철도 사업에 투자하는 것이야말로 가장 흥미진진한 신사업이었다. 유럽의 거의 전역에서 각국 정부는 직접 건설 비용을 대거나(러시아와 벨기에) 혹은 보조금을 지급하는 형태로(프랑스와 일부 독일 국가) 철로 건설 사업에 일정한 역할을 맡고 있었다. 이는 철도 주식이 훨씬 불안정했다는 점만 빼면, 철도 회사를 위해 주식이나 채권을 발행하는 것이 국채를 발행하는 일과 그리 큰 차이가 없다는 뜻이었다. 일단 로스차일드가는 순전히 재정적인 역할만 담당했다. 그러나 철도 회사의 창립 시점에서부터 주식 배당금이 지급되기까지는 말할 것도 없고 실제 철로가 개통되는 시점까지도 대단한 시간이 걸린 까닭에, 사업에 훨씬 깊숙이 개입하게 되는 것은 불가피한 일이었다. 1840년대에 이르면 라이오넬의 두 아우 앤서니와 냇이 상당한 시간을 쪼개어 제임스 삼촌의 프랑스 철도 사업을 관리하기 시작한다. 냇이 북부 철도나 롬바르디아 철도에 대한 제임스 삼촌의 "애정"을 강하게 힐난한 것은 세 번째 세대가 위험 부담에 훨씬 민감했다는 사실을 반증했다. 철도에서 사고가 터졌을 때(1846년 팡푸에서), 냇은 두려워하던 일이 현실이 된 것을 목도한 셈이었다. 그렇지만 제임스가 옳았다. 19세기에 걸쳐 대륙의 철도 주식에서 얻은 양도소득이야말로 프랑스 상사가 영국 상사를 훨씬 앞설 수 있게 한 주요 원천이었다. 세기의 중반, 로스차일드가는 수익성 높은 범유럽 철도망을 건설하는 일을 순조롭게 진행해 나가고 있었다.

그러나 한편으로는 냇의 염려도 근거 없는 것은 아니었다. 정부의 부채를 다루는 일과는 달리, 철도 사업은 평범한 사람들의 삶에 직접적이고도 실제적인 영향을 미쳤다. 철도 사업에 발을 들인 뒤 로스차일드 일가는 전례없는 대중적 비난에 노출된다. 급진주의 그리고 (새로 등장한) 사회주의 문필가들은 납세자들과 일반 여행객들의 돈을 뜯어 양도소득과 수익을 챙기는 '인민'의 착취자라는 새롭고 선정적인 방식으로 로스차일드가를 묘사하기 시작했다. 언론의 공격은 이전에도 있었다. 그러나 1820년대와 1830년대에는 정치적 반동세력에 돈을 대고 있다는 혐의가 아니면 교활한 상술을 쓰고 있다는 (사업상의 경쟁자들이 제기한) 혐의로 비난받는 것이 대부분이었다. 1840년대에는 부자에 대한 반감이 유대인에 대한 적개심과 뒤섞였다. 반자본주의와 반유대주의는 서로가 서로에게 불을 붙였다. 로스차일드야말로 완벽한 표적이었다.

선동적인 논쟁과 함께 1840년대 중반의 침체된 경제 상황은 정치 불안을 예고하고 있었다. 1848년의 혁명은 1830년 때와는 달리 훨씬 일찌감치 예상할 수 있었던 사건이었다. 로스차일드가 사람들도 이를 직감했지만 위기의 강도를 너무 낮잡고 있었다. 문제는 경기 침체로 세수가 감소하면서 정부의 적자 규모가 증대된 것이었다. 단기적으로 이는 로스차일드가 사람들에게 뿌리치기 힘든 새로운 사업 기회였다. 잘로몬과 제임스 모두 내란이 일어나기 바로 직전에 대규모 국채 사업을 떠맡았다. 파리를 휩쓴 혁명의 불길이 동쪽을 향해 번져 나가자, 잘로몬의 산업 및 철도 채권이며 주식 모두는 말 그대로 매도가 불가능해졌고, 오스트리아 정부와 맺은 계약 의무도 이행하기가 어려워졌다. 갓 수립되어 금융에 관해 경험이 없는 정부와 가장 최근에 맺은 대부 계약을 크게 변경하는 데 합의를 보면서 제임스는 폭풍을 뚫고 빠져나갈 수 있었다.

사업의 다국적 구조, 막대한 자원과 최상의 정치 인맥 덕분에, 로스차일드가는 1848~1849년의 격동에서 살아남을 수 있었다. 거의 모두가 손실을 입었다고 할 만한 상황에서, 상대적으로 그들의 입지는 오히려 다소 향상된 것이 사실인지도 모른다. 그러나 유럽 경제가 회복되고 (그에 따라) 정치도 안정을 되찾으면서 새로운 도전이 그들 앞에 등장했다.

첫째, 혁명이 이뤄낸 그다지 화려하지 않은 성과 하나는 주식회사의 설립이나 유한회사라는 개념에 대해 국가 관료들의 반감이 누그러졌다는 것이었다. 회사 설립이 용이해지자 무수한 신생 회사들이 금융계에 진출해 성공을 거두기 시작했다. 열성적인 철도 광신도들이었던 페레르(Péreire) 형제는 기술적인 선견지명은 있었지만 그것을 실현시킬 돈은 없었기 때문에 1830년대에는 로스차일드가에 종속된 관계를 감수해야 했다. 그러나 1850년대 그들은 수많은 소액 투자자들의 재원을 끌어들여 크레디 모빌리에(Crédit Mobilier)의 자본을 조성함으로써 로스차일드가에서 독립할 수 있었다.

페레르 형제로 상징되는 새로운 도전은 국가 재정과 채권 시장의 관계에서 벌어진 변화와도 관련이 있었다. 1850년대는 국가가 처음으로 은행의 매개 없이, 혹은 은행이 신규 채권을 직접 매입하는 대신 인수 기관 역할만 하도록 하는 조건에서 공모(公募) 방식으로 채권을 판매하려 한 시기였다. 국가는 수수료를 낮출 명목으로 개인 은행(private bank)과 합자은행(joint-stock bank) 사이에 불 붙은 경쟁을 이용했다. 로스차일드가는 여전히 채권 시장에서 군림하고 있었지만, 독점 세력으로서의 지위는 차츰 잃게 됐다. 전신의 보급 역시 가문의 장악력을 약화시켰으며, 가문의 사설 집배원들이 시장에 영향을 미칠 만한 소식을 경쟁자들보다 앞서 전해 주던 시대도 결국 종말을 고하게 된다.

그러나 로스차일드가의 금융 헤게모니에 가장 심각한 위협이 된 것은 정치적인 위기였는지도 모른다. 프랑스에서 루이 나폴레옹 보나파르트가 권좌에 오르자, 유럽의 외교 관계에는 새로운 불확실성이 자리 잡았다. 그가 백부의 전례를 따를지도 모른다는 의혹은 1870년까지 완전히 사라지지 않았다. 같은 시기에 다른 나라에서도 자국의 이익을 국가 간의 '균형'보다 우선시하고, 회담만큼이나 대포의 힘을 신뢰하는 새로운 성향의 정치가들(특히 파머스턴, 카보우르, 비스마르크)이 등장하면서 국제 정치의 게임 규칙은 미묘하게 변화했다. 1815년에서 1848년까지의 33년은 비교적 평화로운 시기였던 데 반해, 뒤이은 33년 동안 유럽은 (미국도 마찬가지로) 연이은 전쟁에 시달리게 된다. 그 전쟁은 로스차일드 가문이 최선의 노력을 기울였지만 결코 막을 수 없었다.

1848년 5월, 샬로테 드 로스차일드는 "유럽의 밝은 미래 그리고 로스차일드 가문의 밝은 미래"를 굳게 믿고 있다고 썼다. 그녀는 프랑스혁명의 시대가 저물고 있다고 믿었고, 그 확신은 타당한 것이었다. 19세기 하반기에 군주제 정치와 부르주아 경제에 대한 위협은 수그러들었다. 그러나 로스차일드가의 미래가 밝을지 어두울지는 새로운 도전에 맞설 가문의 능력에 달려 있었다. 국가주의와 사회주의가 그 중 가장 고된 도전이 될 터였다, 특히 그 두 가지가 한데 묶여 등장할 때는.

로스차일드가 가계도

m. 결혼 | 2nd m. 재혼 | d. 사망 | b. 출생

지네트 Jeanette (1771~1859)
m. 1795*
베네딕트 모지스 보름스 Benedikt Moses Worms (1772~1824)

마이어 안셀름 레온 Mayer Anselm Léon (1827~1828)

암셸 Amschel (1773~1855)
m. 1796
에바 하나우 Eva Hanau (1779~1848)

잘로몬 Salomon (1774~1855)
m. 1800
카롤리네 슈테른 Caroline Stern (1782~1854)

안셀름 Anselm (1803~1874)
m. 1826
샬롯 Charlotte (1807~1859)

베티 Betty (1805~1886)
m. 1824
제임스 James (1792~1868)

율리 Julie (1830~1907)
m. 1850
아돌프 Adolph (1823~1900)

한나 마틸데 Hannah Mathilde (1832~1924)
m. 1849
빌헬름 칼 Wilhelm Carl (1828~1901)

자라 루이제 Sara Louise (1834~1924)
m. 1858*
라이몬도 프란케티 남작 Baron Raimondo Franchetti (1829~1905)

나타니엘 Nathaniel (1836~1905)

페르디난트 Ferdinand (1839~1898)
m. 1865
에블리나 Evelina (1839~1866)

잘로몬 알베르트 Salomon Albert (1844~1911)
m. 1876
베티나 Bettina (1858~1892)

알리제 Alice (1847~1922)

게오르크 Georg (1877~1934)

알폰제 Alphonse (1878~1942)
m. 1911
클라리스 세바그-몬테피오리 Clarice Sebag-Montefiore (1894~1967)

루이스 Louis (1882~1955)
m. 1946
힐데가르트 아우어슈페르크 백작부인 Countess Hildegard Auersperg (1895~1981)

외젠 Eugène (1884~1976)
m. 1925
키티 숀보른-부하임 백작부인 (결혼 전 성은 볼프) Countess Kitty Schönborn-Bucheim (née Wolff) (1885~1946)
m. 2nd 1952
진 스튜어트 Jeanne Stuart (b. 1908)

샬럿 에스터 Charlotte Esther (b.d. 1885)

발렌틴 Valentine (1886~1969)
m. 1911*
지그문트 슈프링가 남작 Sigismund, Baron Springer (1875~1928)

오스카 Oscar (1888~1909)

알베르트 Albert (1922~1938)

베티나 Bettina (b. 1924)
m. 1943*
매튜 루람 Matthew Looram (b. 1921)

그벤돌리나 Gwendoline (1927~1972)
m. 1948*
롤랜드 호게트 Roland Hoguet (1920~1985)

사라 Sarah (b. 1934)*

미리암 Miriam (b. 1908)
m. 1943*
조지 레인 George Lane (b. 1915)

엘리자베스 Elizabeth (1909~1988)

빅터 Victor (1910~1990)
m. 1933
바바라 허치슨 Barbara Hutchison (1911~1989)
m. 2nd 1946
테리사 메이어 Teresa Mayor (1915~1996)

캐슬린 Kathleen (1913~1988)
m. 1935*
쥘 드 코에니그스바르테르 Jules de Koenigswarter (1904~1995)

헤나 Hannah (b. 1962)
m. 1994
윌리엄 브룩필드 William Brookfield

베스 Beth (b. 1964)
m. 1991
안토니오 토마시니 Antonio Tomassini (b. 1959)

에밀리 Emily (b. 1967)
m. 1998
줄리언 프리먼-애트우드 Julian Freeman-Attwood

낫 Nat (b. 1971)
m. 1995
애너벨 닐슨 Annabel Neilson (b. 1969)

제이콥 Jacob (b. 1936)
m. 1961
세리나 던 Serena Dunn (b. 1935)

미란다 Miranda (b. 1940)
m. 1962*
부지마 부마자 Boudjemâa Boumaza (1930~1964)
m. 2nd 1967
이언 왓슨 Iain Watson (b. 1942)

엠마 Emma (b. 1948)
m. 1991
아마르티아 센 Amartya Sen (b. 1933)

벤저민 Benjamin (b. & d. 1952)

빅토리아 Victoria (b. 1953)
m. 1997
사이먼 그레이 Simon Gray (b. 1936)

케이트 Kate (b. 1982)

앨리스 Alice (b. 1983)

제임스 James (b. 1985)

암셸 Amschel (1955~1996)
m. 1981
애니타 기네스 Anita Guinness (b. 1957)

로스차일드 가문 가계도 (영국계)

마이어 암셸 Mayer Amschel (1744~1812)
m. 1770
구틀레 슈나퍼 Gutle Schnapper (1753~1849)

자녀: 나탄 메이어 로스차일드 계열

나탄 Nathan (1777~1836)
m. 1806
해나 베런트 코헨 Hannah Barent Cohen (1783~1850)

자녀들

샬럿 Charlotte (1807~1859)
m. 1826
안셀름 Anselm (1803~1874)

라이오넬 Lionel (1808~1879)
m. 1836
샬럿 Charlotte (1819~1884)

앤서니 Anthony (1810~1876)
m. 1840
루이자 몬테피오레 Louisa Montefiore (1821~1910)

낫 Nathaniel (Nat) (1812~1870)
m. 1842
샬럿 Charlotte (1825~1899)

해나 메이어 Hannah Mayer (1815~1864)
m. 1839*
헨리 피츠로이 Henry FitzRoy (1807~1859)

메이어 Mayer (1818~1874)
m. 1850
줄리아나 코헨 Juliana Cohen (1831~1877)

루이즈 Louise (1820~1894)
m. 1842
마이어 칼 Mayer Carl (1820~1886)

이자벨라 Isabella (1781~1861)
베른하르트 유다 지헬 Bernard Judah Sichel (1780~1862)

바베트 Babette (1784~1869)
m. 1808*
지그문트 바이푸스 Sigmund Beyfus (1786~1845)

라이오넬의 자녀들

레오노르 Leonora (1837~1911)
m. 1857
알퐁스 Alphonse (1827~1905)

에블리나 Evelina (1839~1866)
m. 1865
페르디난트 Ferdinand (1839~1898)

내티 Nathaniel (Natty) (1840~1915)
m. 1867
엠마 Emma (1844~1935)

알프레드 Alfred (1842~1918)

레오폴드 Leopold (1845~1917)
m. 1881
마리 페루자 Marie Perugia (1862~1937)

앤서니의 자녀들

콘스탄스 Constance (1832~1931)
m. 1877
시릴 플라워 Cyril Flower (재대 배터시 남작) (1843~1907)

애니 Annie (1844~1926)
m. 1873
엘리엇 요크 Eliot Yorke (1843~1878)

낫의 자녀

제임스 에두아르 James Edouard (1844~1881)
m. 1871
로라 테레즈 Laura Thérèse (1847~1931)

해나 메이어의 자녀

마이어 앨버트 Mayer Albert (1846~1850)

아르투르 Arthur (1851~1903)

메이어의 자녀

해나 Hannah (1851~1890)
m. 1878*
필립 아치볼드 프림로즈 Philip Archibald Primrose (로즈버리 백작) [Earl of Rosebery] (1847~1929)

월터 및 형제들 (Natty의 자녀)

월터 Walter (1868~1937)

에블리나 Evelina (1873~1947)
m. 1899*
클라이브 베런스 Clive Behrens (1877~1935)

찰스 Charles (1877~1923)
m. 1907
로지카 폰 베르트하임슈타인 Rozsika von Wertheimstein (1870~1940)

라이오넬 Lionel (1882~1942)
m. 1912
마리-루이즈 비어 Marie-Louise Beer (1892~1975)

에블린 아실 Evelyn Achille (1886~1917)

앤서니 Anthony (1887~1961)
m. 1926
이본 캉 당베르 Yvonne Cahen d'Anvers (1899~1977)

레오폴드의 자녀

앙리 Henri (1872~1947)
m. 1895
마틸데 바이스바일러 Mathilde Weisweiller (1874~1926)

잔 Jeanne (1874~1929)
m. 1896
다비드 레오니노 David Leonino (1867~1911)

찰스의 자녀들

로즈메리 Rosemary (b. 1913)
m. 1934*
데니스 고머 베리 Denis Gomer Berry (1911~1983)
m. 2nd 1942*
존 앤서니 세이스 John Antony Seys (1914~1989)

에드먼드 Edmund (b. 1916)
m. 1948
엘리자베스 렌트너 Elizabeth Lentner (1923~1980)
m. 2nd 1982
앤 해리슨 Anne Harrison (b. 1921)

나오미 Naomi (b. 1920)
m. 1941*
장 피에르 레나크 Jean Pierre Reinach (1915~1942)
m. 2nd 1947*
베르트랑 골드슈미트 Bertrand Goldschmidt (b. 1912)

레오폴드 Leopold (b. 1922)

르네 Renée (b. 1927)
m. 1955
피터 로브슨 Peter Robeson (b. 1929)

앤서니의 자녀

앤 Anne (1930~1971)

에블린 Evelyn (b. 1931)
m. 1966
자넷 비숍 Jeannette Bishop (1940~1982)
m. 2nd 1973
빅토리아 쇼트 Victoria Schott (b. 1949)

앙리의 자녀

제임스 James (1896~1984)
m. 1923
클로드 뒤퐁 Claude Dupont (1904~1964)
m. 2nd 1966
이베트 쇼케 Yvette Choquet (b. 1939)

니콜 Nicole (b. 1924)

모니크 Monique (b. 1925)
m. 1945*
장-프랑수아 드라크 Jean-François Drach (b. 1924)
m. 2nd 1950
조르주 알팡 Georges Halphen (b. 1912)

에드먼드의 자녀들

캐서린 Katherine (b. 1949)
m. 1971*
마커스 에이지어스 Marcus Agius (b. 1946)

니콜라스 Nicholas (b. 1951)
m. 1985
캐롤린 다벨 Caroline Darvall (b. 1955)

샬럿 Charlotte (b. 1955)
m. 1990
나이젤 브라운 Nigel Brown (b. 1936)

라이오넬 Lionel (b. 1955)
m. 1991
루스 윌리엄스 Louise Williams (b. 1955)

니콜라스의 자녀

클로에 Chloe (b. 1990)

제임스의 자녀

제시카 Jessica (b. 1974)

앤서니 Anthony (b. 1977)

데이비드 David (b. 1978)

샬럿의 자녀

엘리자베스 Elizabeth (b. 1992)

레오폴드 Leopold (b. 1994)

암셸 Amschel (b. 1995)

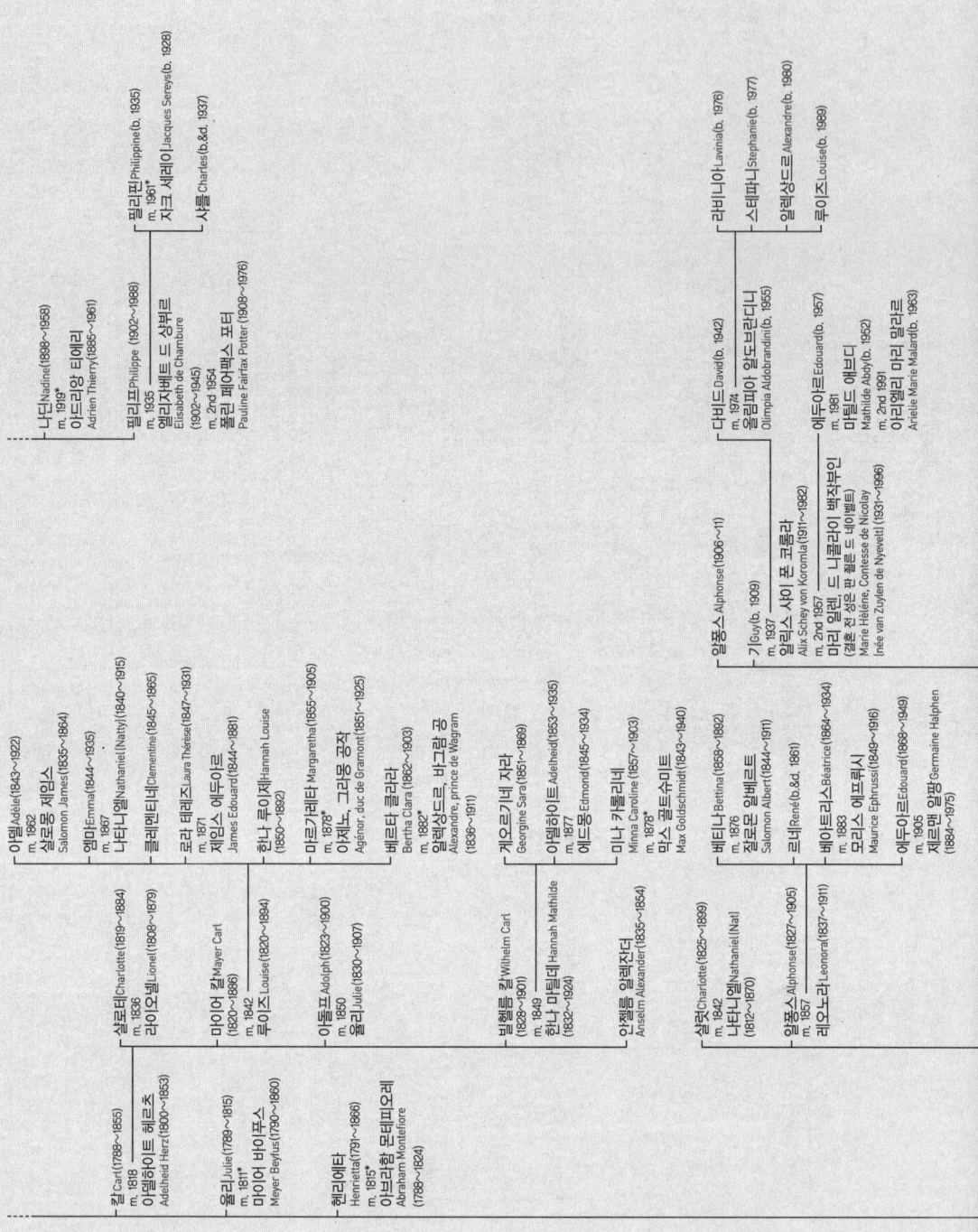

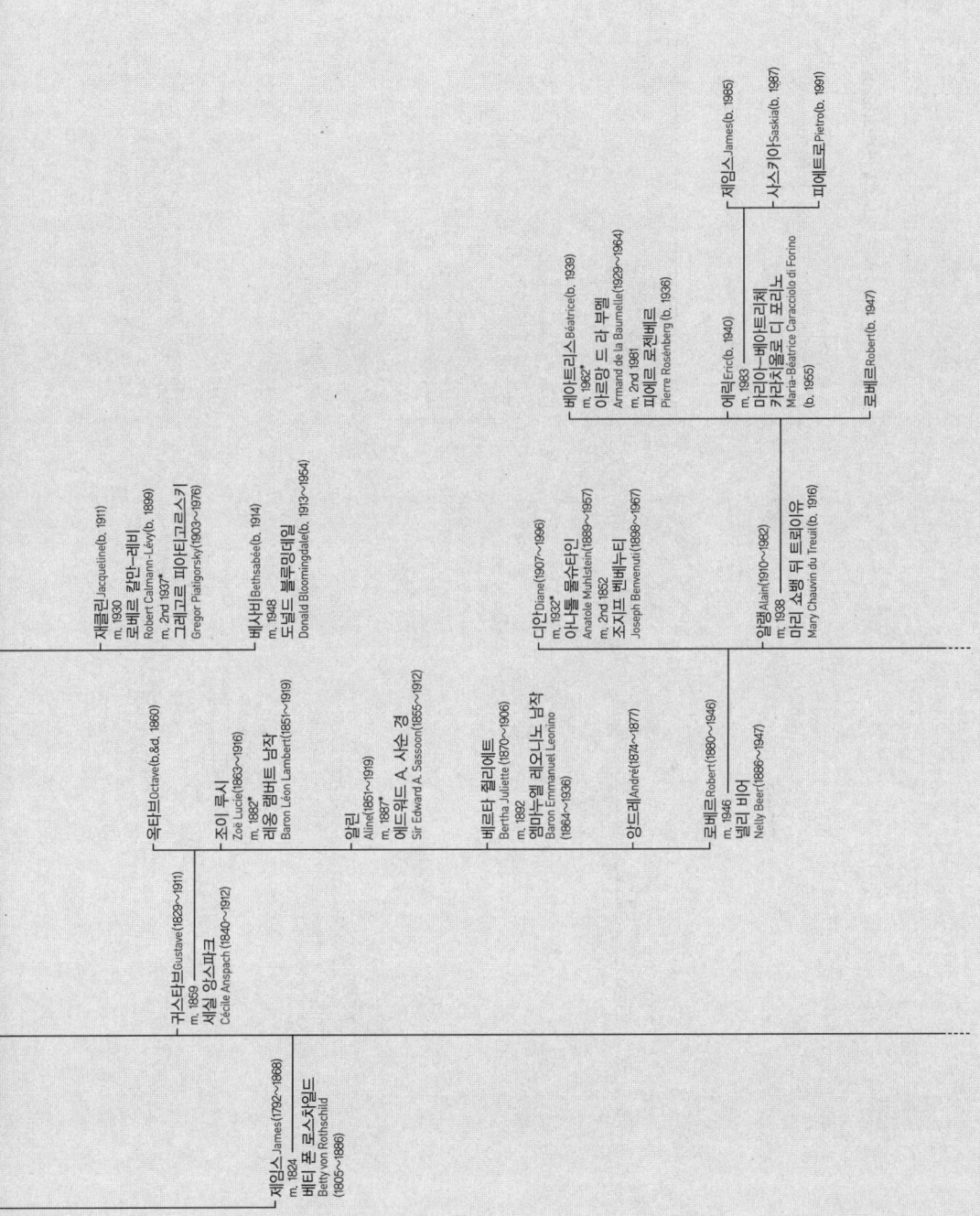

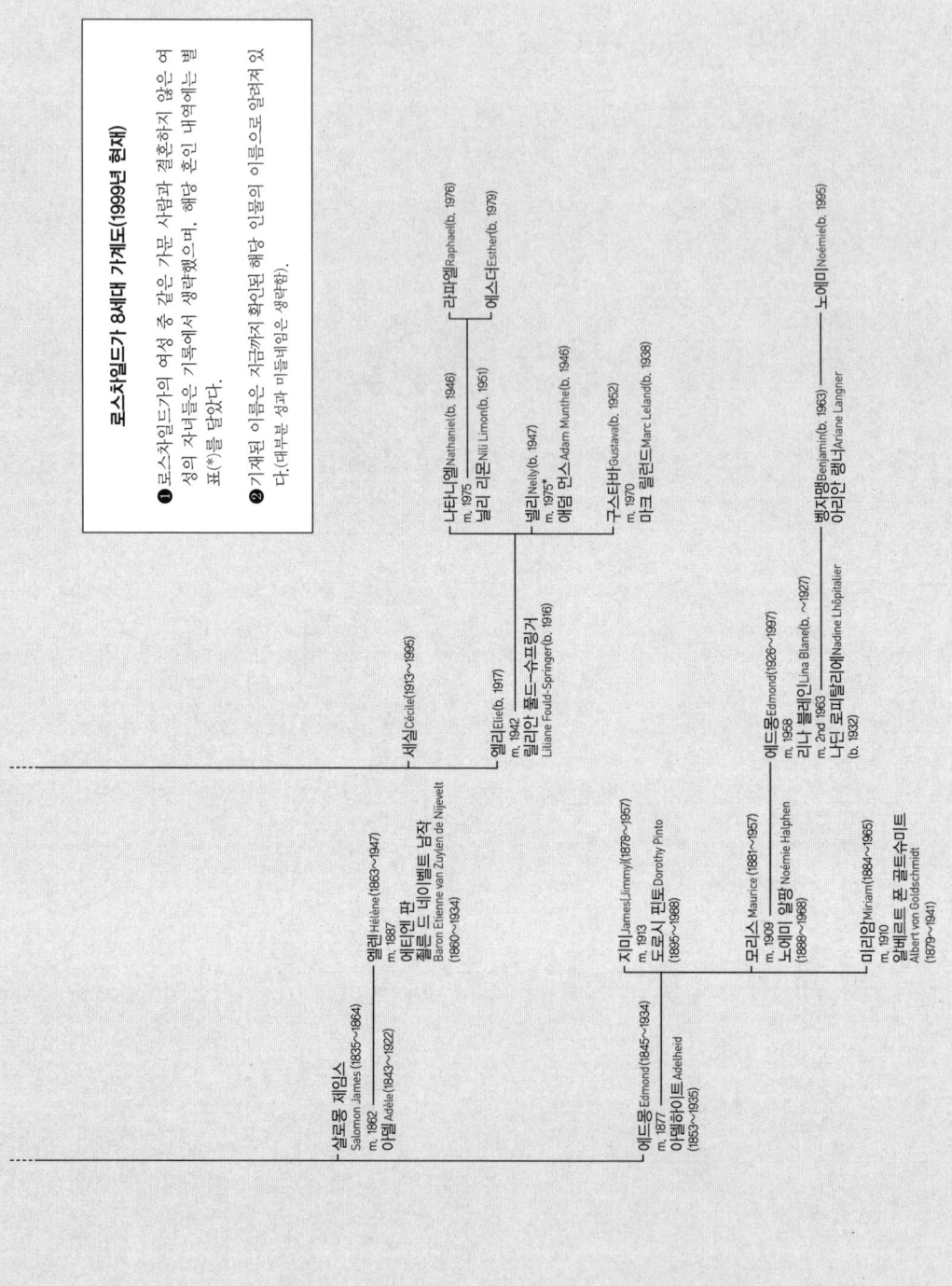

차례

프롤로그 _4
로스차일드가 가계도 _20

I

삼촌들과 조카들

1장 · 샬로테의 꿈(1849~1858) _31
정통파와 개혁파 | 라이오넬의 출마 | 디즈레일리 | 의회와 귀족
진정한 승리 | 케임브리지 | 런던 만국박람회와 수정궁

2장 · 이동성의 시대(1849~1858) _102
두 황제 | 크레디 모빌리에 | 골드러시
국가 재정과 크림전쟁 | 반격

3장 · 민족주의와 다국적 기업(1859~1863) _165
통일을 위한 재원 | 토리노에서 사라고사까지 | 페리에르의 나폴레옹
영국 중립주의의 기원 | 남북전쟁

4장 · 혈(血)과 은(銀)(1863~1867) _212
독일의 통일 : 경제적 배경 | 최종 리허설 : 폴란드
슐레스비히 홀슈타인 | 민영화와 외교 | 비아리츠 회동
쾨니히그래츠로 가는 길 | 고난 속의 희망

5장 · 채권과 철(鐵)(1867~1870) _266
라틴의 미망(迷妄) | 오스트리아–헝가리제국의 고립
독일제국의 경제적 기원 | 러시안 옵션

II

사촌들

6장 · 제국, 공화국, 랑트(1870~1873) _319
페리에르의 비스마르크 | 책략의 주축 : 배상금 | 차변(借邊)과 대변(貸邊)

7장 · 코카서스계 왕족 _365
증손들 | 파트너들 | 귀족 사회의 일원

8장 · 유대인 문제 _420
반유대주의 | 대응

9장 · 제국주의 편에서(1874~1885) _461
제국의 금융 정치 : 이집트 | 또 다른 동방문제 | 투자에서 침략으로

10장 · 정당 정치 _511
글래드스턴에서 디즈레일리로 | 벅스(Bucks) 정치 | 아일랜드 합방론
처칠과 로즈버리 | 프랑스의 보수주의

11장 · 제국의 위험과 수익(1885~1902) _544
비공식 제국의 위험 : 베어링 위기 | 열렬한 단본위제주의자들 | 지하 제국
로즈와 로스차일드 | 공식적 제국의 함정 : 보어전쟁

12장 · 금융과 동맹(1885~1906) _592
치르지 않은 전쟁 | 프랑스—러시아 우호 협약 | 이탈리아 | 영국—독일 우호 관계
우호 협약의 명분 | 영국과 러시아의 대립 | 오스트리아

13장 · 군사—금융 복합체(1906~1914) _655
로스차일드 경의 분부대로 | 고삐 풀린 증오

III

자손들

14장 · 대홍수(1915~1945) _699
5대 | 전쟁의 충격 | 친애하는 로스차일드 경 : 밸푸어선언
무풍대 한가운데 | 충돌 | 범람

에필로그 _760

주석 _799

그림·표 출처 _840

부록 1 _844

부록 2 _846

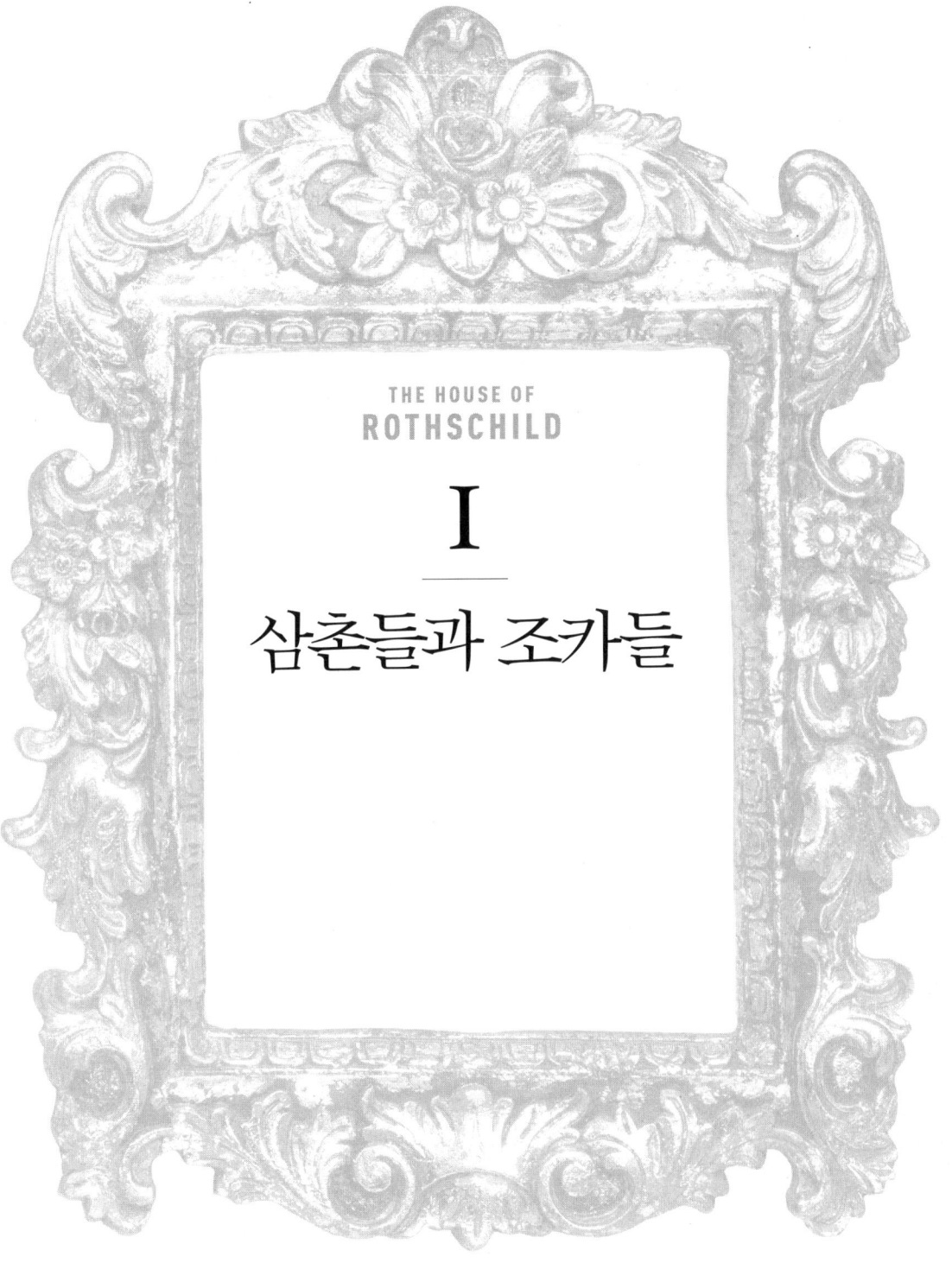

THE HOUSE OF
ROTHSCHILD

I

삼촌들과 조카들

THE HOUSE OF ROTHSCHILD

1장
샬로테의 꿈
(1849~1858)

> 새벽 5시에 침대에 누웠다가 6시에 잠이 깼다. 거대한 흡혈귀가 탐욕스럽게 내 피를 빨아 먹는 꿈을 꿨다.……개표 결과가 발표되자, 상원은 우레와 같은 환호로 뒤흔들릴 듯했지. 정말이지, 우리가 왜 그런 증오를 받아야 하나.
>
> — 샬로테 드 로스차일드, 1849년 5월

이미 몇 차례의 폭풍을 재력으로 뚫고 이겨냈지만, 1848년은 경제나 정치와는 무관한 이유로 로스차일드 가문에 일생일대의 전환점이 될 시기였다. 혁명 직후부터 문중과 회사의 구조 자체가 의문시되었기 때문이다. 마이어 암셸의 남은 네 아들이 주고받은 편지를 읽다 보면 그들이 이제는 노년에 접어들었다는 사실을 잊기 쉽다. 1850년에 암셸은 77세, 잘로몬은 76세였고, 칼은 그보다 적은 62세였으나 건강하지 못했다. 오직 제임스만이 56세의 나이로 여전히 지칠 줄 모르는 체력을 과시하고 있었다.

그러나 장수는 가계에 이어져 온 형질이었다. 형제들의 부친은 68세의 나이로 세상을 떠났지만, 1753년에 태어난 모친은 그녀의 고향에 소집된 의회가 통일독일의 왕관을 프로이센 왕에게 수여하는 것을 지켜볼 만큼이나 오래 살았다. 당연하게도, 구틀레 로스차일드의 이름은 1840년대에 이르러 장수의 대명사처럼 회자되었다.

이를 주제로 하는 만화도 실렸다. 그 중 〈조모님의 99세 생신〉[그림 1]이라는 만화에서는 구틀레를 배경에 두고 선 제임스가 만수무강을 빌러 온 사람들에게 이렇게 말하고 있다. "어머니가 액면가에 도달하신다면, 나는 이 나라에 소박하나마 10만 굴덴을 기부하겠소." 역시 비슷한 농담이지만, 의사가 이 노부인에게 "일백수(一百數)에 이르실 것"이라고 장담하자, 구틀레는 "말도 안 되는 소리!"라고 쏘아붙였다고 한다. "하느님이 날 81세에 데려갈 수 있다면, 왜 일부러 100세에 데려가겠소?"

과거 유덴가세였던 곳에 선 '녹색 방패의 집'을 떠나지 않겠노라는 그녀의 고집은 로스차일드 가문이 이룬 경이로운 경제적 성공이 일종의 유대교적 금욕주의에 뿌리를 두고 있으리라는 추측을 낳으며 동시대 사람들에게 깊은 인상을 남겼다. 루트비히 뵈르네는 일찍이 1827년에 바로 이 점을 두고 그녀에 대한 찬가를 읊은 바 있다. "보라, 저기 그녀가 산다, 저렇게 작은 집에.……그녀가 낳은 왕자들이 세계를 호령하는 와중에도, 대대로 살던 유대인 거리의 비좁은 궁전을 떠나자는 마음 한 점 품지 않고." 그로부터 16년 뒤에 프랑크푸르트를 방문한 찰스 그레빌은 "로스차일드 일가의 노모가 유대

[그림 1] 〈조모님의 99세 생신〉, 작자 미상, 《전단지(Fliegende Blätter)》, 1848년경

인 거리의 여느 집보다 결코 나을 게 없는, 어두침침하니 곧 쓰러질 것 같은 주택에 머무는" 것을 보고 입을 다물지 못했다. 비좁고 어두운 초라한 집에 사는 노모와 노모를 수발들기 위해 제복 차림의 하인을 대동한 채 사륜마차를 타고 온 화려한 남작부인인 손녀딸의 모습은 충격적일 만큼 대조적이었다.[1] 그러나 1849년 5월 7일, 96세의 구틀레는 네 명의 아들이 곁에서 지켜보는 가운데 결국 숨을 거뒀다.

그것은 가문에 홍수처럼 밀어닥친 비보 중 하나에 지나지 않았다. 한 해 전에는 암셸의 아내 에바가 세상을 떠났다. 1850년에는 나탄의 미망인 해나뿐만 아니라, (파리 일가를 더없는 침통에 빠뜨리며) 나탄의 가장 어린 손자이자 냇의 둘째 아들인 마이에 알베르(Mayer Albert)까지 목숨을 잃었다. 칼의 아내 아델하이트는 1853년에 숨을 거뒀고, 같은 해 잘로몬의 아내 카롤리네 역시 명을 달리했다. 이 같은 일련의 사건들이 이미 고령이 된 2대들에게 어떤 영향을 미쳤을는지는 쉽게 상상할 수 있다. 마이어 칼은 노모의 죽음에 암셸 삼촌이 얼마나 "깊은 타격을 받으셨는지" 느낄 수 있었다. "삼촌은 극심한 상실감을 느끼고 계십니다.……삼촌과 제가 요 근래 얼마나 고통스러운 시간을 보냈는지는 말로 다할 수가 없습니다.……암셸 삼촌은 방에서 나오시질 않으시는데, 그래도 이전에 정말 비참하게 충격을 받으셨을 때보다는 그나마 나아 보이시긴 합니다." 구틀레의 장례를 위해 일가가 프랑크푸르트에 모였을 때도 암셸은 그저 약간 "더 침착해진 듯" 보였을 뿐이었다. 그리하여 인생의 황혼기에 처량한 신세가 된 그와 그의 아우 잘로몬은 회계실에는 뜸하게만 모습을 비추고, 점점 더 많은 시간을 암셸의 정원에서 보내게 되었다.

독일연방이 회복되고 개최된 의회에 프로이센 대표로 참석하게 된 청년(활달하고 대단히 보수적인 귀족 아들로 그의 이름은 오토 폰 비스마르크[Otto von Bismarck]였다)에게는 암셸이 그저 가련한 늙은이로만 보였다. 프랑크푸르트에 도착한 직후, 비스마르크는 아내에게 보내는 편지에 "돈 문제에 관한 한" 로스차일드는 프랑크푸르트 사회에서 "가장 독보적인" 인물이라고 썼다. 그러나 "그들의 돈이나 급료를 그 땅에서 거두어버리면" 그를 비롯해 프랑크푸르트 시민 전부가 "실로 얼마나 범상하기 그지없는지" 보게 되리라는 것이었다. 이 신출내기는 암셸이 (수락 여부를 미리 듣기 위해) 열흘 앞서 저녁 식사에 초대했을 때도 특유의 판을 깨는 말투로 "제가 그때까지 살아 있다면" 참석하겠노라고 답했다. 그리고 이런 대답을 전해들었다. "그 말에 노인은 기겁한 나머지 만나는 사람마다 내가 한 말을 반복했다고 하오. '맙소사, 그가 왜 못 산다는 걸까, 왜 죽는다는 걸까, 그렇게 젊고 팔팔한 청년이!'" 재산도 많지 않고 봉급도 변변찮은 이 젊은 외교관은 암셸의 저녁 식탁에서 그의 눈앞에 펼쳐진 "어마어마한 양의 은 식기와 금 수저, 신선한 복숭아와 포도, 최고급 와인"에 탄복과 반감을 동시에 느꼈다. 그러나 만찬이 끝나고 이 노인이 자랑스럽게 그가 아껴 마지않는 정원을 보여 주었을 때, 비스마르크는 그가 그저 초라한 인간이라는 생각을 지울 수가 없었다.

이 늙은 유대인은 엄격한 정통파 유대교도라서 제아무리 진수성찬이 식탁에 차려져도 코셔[2] 식단 외에 다른 음식에는 손도 대지 않는다오. 그가 길들인 사슴을 기르고 있는 정원을 구경시켜 주겠다고 해서 우리는 문을 나섰소. 그는 내게 이렇게 말했소. "선생님, 이 화초가 얼마인 줄 아십니까? 2000굴덴입니다. 진짜로 2000굴덴이란 말씀입니다. 하지만 선생님께서 원하신다면 1000굴덴에 가져가셔도 좋습니다. 아니, 선물로 받고 싶으시다면 댁에 가져다 드리겠습니다. 제가 얼마나 선생님을 존경하는지 아실는지요. 선생님은 잘생기고 근사한 청년입니다." 그는 가냘프고 왜소한 체구에 백발이 성성한 노인이오. 세대 중 최고 연장자이지만, 자신의 왕궁에서는 그저 가련한 노인네, 자식도 없는 홀아비일 뿐이라오. 하인들한테 속고, 이제는 프랑스 사람, 영국 사람이 다 되어서 눈곱만치도 감사하는 마음 없이 재산을 상속받을 조카들한테는 괄시를 받으며 살고 있다오.[3]

비스마르크가 기민하게도 지적했듯이, 누구에게 재산을 상속할 것이냐는 문제는 노령의 로스차일드들의 머릿속을 떠나지 않았던 질문으로, 이들은 많은 시간을 들여 유언을 고쳐 썼다. 수년 전에(1814) 암셸은 부유한 독일계 유대인과 부유한 폴란드계 유대인 간의 차이점이란 "후자가 거덜나서 죽는다면, 전자는 돈 탑을 쌓아 올린 순간에 죽는다"는 것이라고 농담했다. 그로부터 40년이 지나, 암셸은 무려 200만 파운드에 달하는 가족 기업 지분을 보유한 채 자신이 농담처럼 말한 부유한 독일계 유대인의 전형이 되어 있었다.

그러나 누가 이 재산을 물려받을 것인가? 오랫동안 기도했지만 결국 아들을 보지 못한 암셸은 열두 명의 조카들, 특히 프랑크푸르트에 자리 잡은 조카들(그 중에서도 칼의 아들인 마이어 칼과 빌헬름 칼)의 면면을 곱씹어 보았다. 결국 그가 가진 지분은 제임스에게 4분의 1, 안젤름에게 4분의 1, 나탄의 네 아들에게 4분의 1, 칼의 세 아들에게 나머지 4분의 1을 주는 식으로 배분되었다.

잘로몬에게는 물론 상속할 아들이 있었고 파리에서 부족함 없이 지내는 딸도 있었다. 그러나(혁명으로 인한 위기가 정점에 달했을 무렵, 비엔나에서 서로 못할 말을 한 일 때문에) 그는 아들 안젤름을 유일한 상속자로 삼지는 않으려고 했다. 그 대신 자신의 개인 자산 대부분을 곧장 손자들에게 물려주기 위해 복잡한 배분 계획을 짰다. 애초에 그는 재산 대부분(175만 파운드)을 베티의 아이들에게(외손자들에게는 42만 5000파운드를, 냇과 결혼하면서 이미 5만 파운드를 받은 외손녀 샬로트에게는 이번에도 5만 파운드를) 물려주고, 안젤름과 그의 아이들에게는 세 채의 저택만을, 결혼해 출가한 딸 한나 마틸데에게는 8000파운드만 물려주려고 했던 것 같다. 그는 안젤름에게 그가 소유한 파리의 저택마저 "너와 네 아들들한테 돌아가는 거다.……다시 한 번 말하지만 너와 네 아들들이란 말이야. 생각을 많이 했다. 그래서 100년이 지나도 [저택이 손자들의 재산으로] 유지되도록 따로 조항을 만들어 놓았다. 사위든 딸이든 소유권을 주장할 수는 없게 말이다"라고 말했다. 이것은 1812년에 마이어 암셸이 그랬던 것처럼 부분적으로는 사후에도 영향력을 최대한 행사하려는 의식적인 전략이었다. 사업에서 여성을 배제하는 것 역시 부친에게서 물려받은 생각이었다. 그러나 부친과는 달리 잘로몬은 손자들 중 오직 한 명만이 안젤름으로부터 자신의 사업 지분을 상속받게 하기로 결심함으로써, 이제껏 모든 상속자들을 공평하게 대해 왔던 가문에 새로운 전통을 만들었다. 1853년에 유언의 최종 수정본을 작성하면서, 그는 후계자의 선택 권한을 안젤름에게 위임하기로 했던 조항을 삭제하고(결국 유언대로 이루어지지는 않았지만), 손자들 중 맏이인 나타니엘을 후계자로 지명해 기재했다. 그러나 결국 잘로몬이 세운 계획은 모두 무효로 돌아갔다. 실제 그의 재산을 상속하고 아들 중 누가 그 뒤를 이을지 결정한 것은 안젤름이었다. 로스차일드가의 젊은 세대가 노쇠한 삼촌들을 농락한다고 했던 비스마르크는 이번에도 옳았다. 언제 찾아가도 항상 "침울하고 퉁한" 칼 삼촌을 방문하는 것을 조카들은 특히나 끔찍해했다. 1855년에 잘로몬, 칼 그리고 암셸이 고작 아홉 달 터울을 두고 차례차례 숨을 거둔 일과 관련하여 한 가지 안타까운 점이 있다면, 세 사람의 죽음에 관련된 기록이 지금껏 한 번도 세상에 공개된 적이 없다는 점이다.

연이은 부고는 로스차일드가의 재정 상황에 격변이 생긴 직후에 찾아왔다. 1권에서 이미 살펴봤지만, 비엔나의 사업이 사실상 도산한 이후 빚 탕감에 거액의 돈을 들여야 했던 일은 쉽게 잊힐 일이 아니었고, 특히 삼촌들의 무모한 사업 방식에 그들이 느껴 온 최악의 우려가 현실로 입증됐다고 여긴 런던의 가족들로서는 더더욱 그럴 수밖에 없었다. 설상가상으로 로스차일드가의 사업 구조에서는 잘로몬이 입은 손실을 전원이 나누어 져야만 했고, 회사의 총 자산에서 잘로몬이 갖는 개별 지분은 그 비율만큼은 줄어들지 않아야 했다. 이로써 혁명이 있은 직후, 마이어 암셸이 아들과 손자들을 결속시키기 위해 40년 전에 구축해 놓은 상사들 간의 연결 고리가 전에 없던 원심력을 받아 삐걱거린 까닭이 설명된다. 특히 런던 상사에서는 혁명 직후 자신들에게 지나칠 만큼의 보상 비용을 짊어지운 대륙의 상사에 대한 의무로부터 '해방'되고 싶어 했다. 냇이 1848년 7월에 쓴 것처럼, 그와 그의 형제들은 "어떻게든 대책을 마련해서 각 상사가 독립적인 지위를 확보할 수 있기를" 희망했다. 이 안건이 처음 제기된 1848년 8월, 가문이 한데 모이게 될 '상업 및 금융 회의'를 앞두고 샬로테가 몹시 심란해했던 것도 그리 놀라운 일이 아니다. "암셸 삼촌은 쇠약해지신 데다 숙모의 죽음으로 비탄에 잠기셨고, 잘로몬 삼촌은 재산을 잃어서 괴로워하시고, 제임스 삼촌은 프랑스의 불확실한 상황 때문에 골치 아파하시고, 우리 아버지[칼]는 불안해하시고, 내 남편은 정말 좋은 사람이지만 자신이 옳다고 생각하면 남의 말은 듣지를 않는다."

1849년 1월 제임스가 형제와 조카들을 만나기 위해 프랑크푸르트로 출발했을 때, 아내 베티는 곧 있을 회의가 "전체 가문의 기반을 갈아치우고, 런던 일가의 제안대로 근래의 정치 흐름과는 맞지 않는 연대의 원칙에서 상호 간의 자유를 허락"하는 쪽으로 결론나리라고 확신했다. 파리와 런던 상사 사이의 껄끄러웠던 관계를 드러낸 한 가지 사건은 그해 후반에 메이어가 데이비슨 형제에게 "프랑스로는 금을 보내지 말라고 지시했다"는 것을 제임스가 알게 되면서 벌어진 소동이었다. 제임스가 생각하기에 그것은 영국 일가가 가문 전체에 대한 우월권을 주장하는 참을 수 없는 수작이었다. 파리에서만 해도 냇과 제임스 사이에는 마찰이 끊이지 않았다. 냇은 그의 삼촌에 비해 언제나 훨씬 신중했지만, 혁명이 사업가로서의 배포마저 거의 무너뜨리고 말았기 때문이었다. "어떤 사업에서든 두 배로 더 신중해져야 한다고 조언해 드리고 싶습니다." 위기가 극에 달했을 때, 그는 형들에게 보내는 편지에 간청하다시피 그렇게 썼다. "우리 삼촌들은 순전히 사업을 위한 사업을 터무니없이 좋아하십니다. 저로서는 베어링가가 [스페인 수은광 사업에서] 많은 진전을 이룬 것이 우리에게 위협이 되리라고는 생각지 않습니다. 베어링에서 그렇게 하겠다면 그렇게 하도록 내버려 두고, 우리는 그저 상황을 쉬엄쉬엄 헤쳐 가자고요."

베티도 이런 알력을 꿰뚫어 보고 있었다. 그녀는 이렇게 썼다. "우리의 좋으신 삼촌[암셀]은 가문의 부가 줄어드는 꼴을 못 보시는 분이지. 애초 꾸려 왔던 대로 다섯 곳의 상사 전부를 회복시키고 싶어 하시는 분이니, 두 번 생각할 것도 없이 위험하고 혼란스러운 상황으로 우리를 도로 빠뜨려 놓으실 것이다." 그러나 제임스는 조카 냇의 소심함에 점점 인내심을 잃어 갔다. 샬로테는 조카가 사업 일선에서 물러나면 그 대신 장남 알퐁스와 차남 구스타브의 입지가 넓어질 테니 제임스로서는 두 손 들고 환영하리라 생각했다(알퐁스와 구스타브가 서신에서 언급되기 시작한 것은 1846년부터다). 한동안은 베티의 표현대로 "형제 동맹의 오랜 결속"이 "결렬되기 일보 직전에 이른" 것처럼 보였다.

가족 간의 불화가 있었던 것이 이번이 처음은 아니었다. 1848년의 혁명 이전에도 프랑크푸르트 가족들이 런던 상사의 태도를 불만스러워하며 목소리를 높인 적이 있었다. 안젤름은 이렇게 불평했다. "미천한 종처럼, 심지어는 겨우 스페인어로 된 편지 한 장 건네받고 무슨 꿍꿍이가 펼쳐지는지도 모른 채 그곳의 명령을 수행하는 일은 저희로선 무척 불쾌한 일입니다. 저희의 사정은 고려할 가치도 없는 일이고, 그래서 벌써 오래전부터 저희가 가족들 중에서도 2류 취급을 받는 것이겠지요." 그의 말에서 짐작할 수 있는 것처럼, 안젤름은 자신이 다음 세대의 가장 연장자로서 암셀의 뒤를 이어 프랑크푸르트의 사업을 맡게 되리라 생각하고 있었다. 그러나 비엔나 상사의 파산이 모든 것을 바꿔 놓았고, 안젤름은 오스트리아에서 그의 아버지가 했던 일을 이어받아 유지해 나가야 한다는 부담을 지게 됐다. 칼도 자신의 장남 마이어 칼이 그처럼 이탈리아에서 자신의 뒤를 잇기를 바랐다. 그러나 자식이 없었던 암셸은 마이어 칼이 프랑크푸르트로 건너와 자신의 사업을 승계해야 한다고, 나폴리의 일은 그의 아우이자 그보다 수완이 부족한 아돌프가 꾸려 나가게 해야 한다고 철석같이 믿고 있었다. 제임스가 보기에 이런 의견 충돌은 노령의 형제들 사이에서뿐만이 아니라 그들의 아들들과 조카들 사이에서도 벌어지고 있는 일이었다.

프랑크푸르트는 비엔나와 나폴리 상사에 군림하는 위치에 있었으므로, 너나 할 것 없이 프랑크푸르트 상사의 지배권에 눈독을 들이는 것은 당연한 일이었다. "안젤름은 마이어 칼과 부딪친다. 마이어 칼은 아돌프와 사이가 안 좋다." 언제나 한 살 터울의 동생 마이어 칼을 두둔했던 샬로테도 일기 속에는 형제간의 알력이 불러일으킨 불편한 심경을 세세히 적어 놓았다. "마이어 칼은 프랑크푸르트에서도 그의 사촌보다 환영받고 사랑받는 사람이다. 은행가이자 세상 물정에 밝은 청년……비록 안젤름처럼 폭넓고 깊이 있는 지식을 갖췄는지는 의심스럽지만……그래도 세련되고 교양 있는 유럽 사회의 일원으로서 그에 필적할 만한 사람은 찾아보기 힘들다. 그런 그를 안젤름이 그토록 업신여기다니, 공평치 못하고 마땅찮은 일이다."

마지막으로, 1848년의 재난을 겪은 이후 런던과 파리 상사가 비엔나 상사에 대해 느꼈던 분노를 염두에 두어야 한다. 때때로 제임스는 비엔나의 인연을 끊더라도 아쉬울 것이 없다는 식으로 이야기했다. "비엔나의 일에는 관심 없다." 그는 1849년 12월에 뉴코트에 보낸 편지에 그렇게 썼다. "다른 사람들은 정부의 눈을 피해 투기를 벌이는 와중에도 비엔나의 우리 친척들은 그렇게 영리하게 굴지도 못할뿐더러, 한심하게도 사업 수완마저 변변치 못한 사람들이다. 그쪽 사람들은 항상 자기들이 나라를 위해 사업하고 있다고 생각하는구나."

그러나 형제들의 파트너십은 1844년의 체제를 조금만 수정한 채 1852년에 마침내 갱신되었고, 뒤이은 20년 동안 예전 못지않은 성공을 거두며 중단 없이 굴러가게 된다. 어떻게 그럴 수 있었을까? 로스차일드 가문이 다국적 파트너십을 통해 살아남을 수 있었던 것은 세대 간에 다리를 잇고 점점 더 엇

갈리는 일족들을 다시 한데 뭉치게 하는 데 제임스가 결정적인 역할을 했기 때문이라는 것이 최선의 설명이다. 샬로테가 1849년 프랑크푸르트에서 제임스 삼촌을 만나고 나서 적은 감상에서 드러나듯이, 제임스는 1848년의 위기를 겪은 뒤에도 인생과 사업에 대한 열정이 여전히 차고 넘치는 듯했다. "그분은 모든 일을 즐겁게 하시는 분이다. 매일같이 두세 통의 편지를 손수 쓰시고, 적어도 여섯 통의 편지를 구술하고, 프랑스, 독일, 영국 신문을 전부 읽고, 목욕을 하고, 오전에 한 시간 동안 낮잠을 주무시고, 서너 시간 동안은 카드놀이를 즐기신다."

게다가 이것은 제임스가 파리를 떠나 출타 중일 때의 일과였다. 젊은 증권 중개인 페도가 라피트 가에서 만난 제임스의 모습은 비유하자면 전성기의 하이네처럼 위력적인 모습이었고, 노령의 나이도 경외감을 더해 줄 따름이었다.

그렇게 청년처럼 정력적인 사람이었지만, 제임스의 가슴에는 부친 시절부터 전해 내려온 가문의 기풍이 여전히 깊이 새겨져 있었다. 심지어 1848년 이전에도 그는 다섯 상사 사이에 알력이 내비치는 것을 걱정스러워했다. 1847년 4월 라이오넬에게 보낸 편지에서 그는 회계 장부를 놓고 불협화음이 생기면 "종국에는 모두가 혼자서 거래하려고 드는 상황이 올 것이고, 그러면 서로 간의 악감정은 더욱 깊어질 것"이라고 경고했다. "내가 중히 여기는 것은 좋은 명성과 행복 그리고 가족의 단합뿐이다." 그의 어조에서는 그 옛날 마이어 암셸이 누누이 되뇌었던 훈계가 되짚어진다. "그리고 우리가 지금껏 단합할 수 있었던 것도 우리의 공동 사업 덕분이다. 한 사람, 한 사람이 매일같이 공평하게 갖고 나누다 보면, 별일이 없는 한 모든 것이 순조롭게 풀릴 것이다." 1850년 여름, 제임스는 같은 내용을 훨씬 절박하고도 급박한 심정으로 편지에 적어 보냈다. "단일한 회사가 이대로 무너지면 우리는 각자 원하는 대로 하게 될 게다. 네 늙은 삼촌 암셸이 '내 몫의 200만 파운드를 회수해서 다른 곳에 투자하겠다'고 하면 누가 그를 말릴 수 있겠느냐? 라이오넬, 프랑크푸르트에 영향력을 발휘할 수 있는 사람은 우리 둘뿐이니 우리가 전 일가를 예전 같은 관계로 반드시 돌려놓아야 한다. 우리가 칠칠치 못해서 몇 백만 파운드의 돈을 외부인의 손에 쥐어 주게 된다면 그게 무슨 꼴이겠느냐? 우리가 지금 제정신이냐? 근래에 겪은 불운에서 우리를 보호해 준 가족 간의 단합을 너와 나는 최선을 다해 지켜야 한다."

이것은 제임스가 1850년부터 그 이듬해까지 줄기차게 반복했던 이야기였다. 그는 (자신의 동지라고 여겼던) 라이오넬의 아내 샬로테에게도 이렇게 썼다. "가족이 전부라는 말을 해 주고 싶다. 가족이야말로 하느님의 도우심으로 우리가 누릴 수 있는 유일한 행복의 원천이요, 우리가 서로에게 갖는 애착이요, 우리의 결속이다."

그러므로 1852년에 체결된 파트너십 계약은 상사 간의 결속을 약화시킨 것이 아니라, 완전한 독립을 요구한 영국 일가의 요구를 거절하는 대신 그들의 자본 수익률을 높이 쳐 주기로 합의함으로써 가문의 결속을 보전한 것으로 이해해야 한다. 1850년에 이미 제임스는 이 합의에 들어갈 조건을 개략적으로 구상해 두고 있었다. 냇의 말에 따르면, 그는 런던 상사가 항상 다른 상사보다 수익을 더 많이 내고 있다면 "런던에서 보유한 자산에 대한 이율을 높여 주어야 한다"고 이야기했다. 앞서 인용한 라이오넬에게 보낸 편지의 주된 요지도 바로 그것이었고, 마침내 그 방침에 대한 합의에 이른 것이 1852년이었다. 영국 상사의 마음을 돌리는 데에는 다양한 회유책이 쓰였다. 회사의 자본 중 상사가 소유한 지분에서 26만 250파운드를 인출할 수 있게 허락했을 뿐만 아니라, 그들의 지분(당시 전체의 20%)에 대한 이율을 3.5%로 높여 주었다. 반면 제임스의 상사에는 3%의 이율이, 칼에게는 2.625%, 암셀과 잘로몬에게는 2.5%의 이율이 적용되고 있었다. 뿐만 아니라 사업의 공동 수행을 좌우하는 규칙도 완화되어, 사업 목적으로 출장을 가야 할 때 전체 상사에서 하나같이 따라나설 필요는 없어졌으며, 부동산에 대한 투자는 더 이상 공동 출자로 운용하지 않기로 했다.

이 같은 양보 끝에 영국 상사는 새로운 협력 체제를 받아들였다. 협약의 제12항에는 "개방적이고 우애 있는 협력 관계를 유지하고 가문 전체의 사업 수익을 향상시키기 위해" 파트너들은 1000만 굴덴(약 83만 파운드)이 넘는 규모의 거래에 대해서는 서로에게 그에 관한 정보를 제공하고, 호혜의 원칙에서 최대 10%까지의 자금을 지원해 주어야 한다는 내용이 담겼다. 이 항목을 제외하면 이전에 맺었던 협약 조건들 가운데 새로 맺은 계약으로 인해 특별히 수정된 것은 없었으며, 공동 회계를 위한 절차 같은 항목도 그대로 남아 시

[표 1] 로스차일드 결합 자본에 대한 개인별 보유 지분(1852·1855년)

1852년	파운드	파운드	%	1855년	파운드	파운드	%
라이오넬	464,770.75	1,859,083.00	20.05	라이오넬	685,536.86	2,742,147.44	25.80
앤서니	464,770.75			앤서니	685,536.86		
낫	464,770.75			낫	685,536.86		
메이어	464,770.75			메이어	685,536.86		
암셀		1,859,083.00	20.05				
잘로몬		1,859,083.00	20.05	안젤름		2,742,147.44	25.80
제임스		1,847,083.00	19.92	제임스		2,272,987.43	25.67
칼		1,847,083.00	19.92	마이어 칼	805,540.66	2,416,621.99	22.74
				아돌프	805,540.66		
				빌헬름 칼	805,540.66		
총계		9,271,415.00	100.00	총계		10,628,904.28	100.00

* 주 : 1855년의 수치는 (프랑크푸르트, 비엔나, 파리 상사의 해당 수치가 기록으로 남아 있지 않아) 나폴리와 런던 상사의 수치를 기준으로 계산한 추정치다. 1852년과 1855년 사이 나폴리 상사의 자본은 13.5% 증가했고, 런던 상사의 자본은 22.8% 증가했다. 두 수치의 평균(18%)을 일률적으로 적용해 계산했다.

행되었다. 이 계약은 분명 가족들이 얼마만큼 탈중심화되었는지를 보여 준 사건이었다. 그러나 (바로 이듬해에 심각하게 논의되는) 계약의 대안이 공동 사업을 완전히 청산하는 것이었다는 점을 감안하면, 이 해의 계약은 제임스의 승리나 다름없었다.

1852년의 협약에서 누락된 유일한 현안은 프랑크푸르트의 후계자를 누구로 할 것이냐는 결정이었다(아돌프를 후보에서 제외하자는 것만 합의된 상태였다). 그래서 협약이 있은 이후부터 안젤름과 마이어 칼, 빌헬름 칼은 모두 프랑크푸르트 사업을 물려받을 때만 목을 빼고 기다리게 되었다(덕분에 알퐁스와 구스타브는 파리 상사를 승계할 권리를 갖게 되었다). 가족 회사의 새로운 조직 구조가 출현한 것은 1955년에 제임스의 형제들이 세상을 떠난 후였다.[표 1] 잘로몬이 유언에 유산 분배의 상세한 내역을 천명했지만, 공동 자산 중 그에게 속한 지분 전부가 안젤름에게 돌아갔다(무슨 연유에서인지 제임스는 아내의 상속권을 주장하는 듯하다가 흐지부지 넘어가버렸다). 칼의 재산은 그 중 7분의 1만 딸 샬로테에게 돌아갔고, 나머지는 아들들에게 똑같이 상속되었다. 마지막으로, 그리고 결정적으로, 암셀의 재산은 제임스와 안젤름이 각각 4분의 1을, 나탄의 아들들과 칼의 아들들 역시 각각 4분의 1을 받도록 분배되었다. 그 결과 안젤름과 제임스 그리고 영국에서 태어난 젊은 세대들 사이에 거의 동등한 권력이 부여됐고, 반면 칼의 아들들의 영향력은 줄어들었다. 그들의 영향력은 차후 더욱 줄어들게 되는데, 아돌프에게 나폴리 사업의 운영을 맡기고 프랑크푸르트는 마이어 칼과 그의 독실한 아우 빌헬름 칼에게 맡기자는 결정이 내려졌기 때문이었다.

이 타협안은 실제로 효과를 발휘했다. 1852년 이후 제임스는 조카들의 의중을 이전보다 훨씬 존중해 주는 모습을 보였다. 뉴코트도 더 이상은 제임스의 명령을 듣지 않았다. 제임스가 런던으로 보내는 편지가 1848년 이후부터는 짧아지기 시작한 것을 보더라도 쉽게 짐작할 수 있는 일이다. 시간이 지날수록 냇이 보내는 전보에 엽서로 답하는 것 말고는 서신 교환을 하지 않게 됐으며, 마치 더 이상은 '동년배 중 1인자(primus inter pares)' 같은 존재는 없다는 것을 스스로 되새기려는 듯이 "사랑하는 조카들아, 너희가 원하는 대로 하려무나" 같은 의미심장한 문구로 사업상의 제안을 끝맺는 적이 많았다. 분명 라이오넬로서는 흡족한 상황이었다. 그러나 1852년의 타협안은 다소간의 탈중심화는 빚어졌을지언정 실상 1848년 이전까지 유지되었던 다섯 상사 간의 협력 체제를 복원시킨 것이나 다름없었다. 파리와 런던 상사의 대차대조표에서 드러나는 상호의존성은 1820년대에 비하면 낮아졌지만, 그래도 여전히 무시 못할 수준이었다. 예를 들면, 1851년 12월 파리 상사의 자산 중 17.4%는 로스차일드의 다른 상사들, 특히 런던에서 갚아야 할 금액이었다.

게다가 런던의 파트너들이 다른 상사보다 큰 수익을 내고 있다고 생각했던 것이 과신이었다는 사실마저 드러났다. 나폴리와 프랑크푸르트 상사가 (대개가 아돌프나 마이어 칼의 힘만으로는 어쩔 수 없었던 이유에서) 침체를 보이기는 했지만, 1852년 이후 회사의 경영을 상당 부분 이끌어 간 것은 제임스였다. 그는 대륙의 철도 사업을 확장시키는 데 대단한 성공을 거두어 생의 말엽에는 파리 상사의 자본이 다른 일가들을 크게 앞섰다. 안젤름 역시 충격에 빠진 비엔나 상사에 활력을 북돋는 일을 기대 이상으로 능란하게 해냈다. 런던 상사가 대륙의 가족들이 거둔 성과에 발을 들여놓는 일이 불리한 일이라는 생각은 사정을 한참 그르친 것이라는 사실이 드러났다. 그리하여 이제 출현한 신체제는 런던과 파리 상사가 동등한 지위를 누리고 비엔나는 다시 부상하는 한편, 프랑크푸르트와 나폴리는 영향력이 기울게 되는 새로운 시대의 문을 열었다.

과거에도 그랬듯이, 로스차일드 가문이 가족 기업의 통합을 유지할 수 있었던 것은 파트너십 계약과 유언을 통해서만이 아니었다. 족내혼은 여전히 결정적인 역할을 했다. 1848년에서 1877년까지 가문 내에서 맺어진 혼인만 최소 아홉 건으로, 일가 간의 연계를 강화하는 것이 목적이었다. 1849년 칼의 셋째 아들 빌헬름 칼은 조카 안젤름의 둘째 딸 한나 마틸데와 결혼했다. 이듬해, 빌헬름 칼의 형 아돌프는 한나 마틸데의 언니인 율리와 결혼한다. 1857년 제임스의 장남 알퐁스는 그의 사촌 라이오넬의 딸 레오노라와 영국 거너스버리에서 식을 올렸다. 그 내역을 전부 나열하자면 따분하기 그지없을 것이다.[4] 1873년 이전에는 단 한 건의 예외 사례가 있었을 뿐, 성이 로스차일드가 아닌 배우자들도 유대인 '인척' 범위를 벗어난 적은 없었다.[5] 1850년 메이어는 (구혼 경쟁자였던 조셉 몬테피오레를 물리치고) 줄리애나 코헨과 결혼했고, 그의 사촌 구스타브는 1859년에 세실 앙스파크(Cécile Anspach)와 결혼했다. 빌헬름 칼이 율리와 결혼하지 않았다면, 그는 그의 할머니 구틀레 일가의 딸, 즉 슈나퍼가의 처녀와 결혼했을 것이다.

거의 두 세대 동안 지속돼 온 이런 연맹을 중개하는 일은 가문의 여자들이 자나 깨나 골몰했던 문제였다. 샬로테는 그런 속사정을 허심탄회하게 드러냈다. 그녀는 빌헬름 칼이 한나 마틸데와 약혼할 것이라는 소식에 "우리 좋으신 부모님도 동생이 외간 여자를 선택하지 않은 것을 기뻐하실 게 틀림없다. 우리 유대인들은, 특히 로스차일드 가문의 사람들은 다른 가문과 접촉하지 않는 것이 좋다. 다른 집안 사람들과의 관계는 언제나 불쾌하게 끝나고, 또 돈이 빠져나가는 구실이 되기 때문이다"라고 열변을 토했다. 독실한 총각 혹은 음악적 재능이 있는 처녀가 우연히 만나서 결혼한다는 생각은 이들의 경우에는 말도 안 되는 소리였다. 두 사람의 결합에 대한 생각이 사촌 샬로테와는 전혀 달랐던 베티는 아들에게 "불쌍한 마틸데는 그저 한스러워하면서 빌헬름과 결혼하기로 마음을 굳혔다"고 써 보냈다. "지금 그 아이는 그 어린 마음이 품고 있었을 진정한 사랑을 희생하기로 결심하고, 정말 천사와 같은 체념으로 마음을 다잡고 있단다. 빌헬름과 평생의 동반자로 살아가야 한다는 생각은 마틸데처럼 교양 있게 자란 처녀한테는 매력적이지 않을 테니까." 그때까지도 미결로 남아 있었던 문제는 과연 베티의 아들 알퐁스와 구스타브를 누구와 혼인시킬까 하는 것이었다. 실상 한나 마틸데의 마음은 구스타브에게 가 있었고, 그녀의 언니 율리는 알퐁스와 결혼하기를 바랐던 것 같다.

그러나 베티의 아들들과 자신의 두 딸 레오노라와 에블리나 사이에 역시 비슷한 복식조를 계획 중이던 샬로테에게 이 약혼은 희소식일 수밖에 없었다. 그녀는 일기에서 두 사위 후보들 각각의 장단점을 냉정하게 따져 보았다.

> 구스타브는 착하고 제 부모나 형제자매들, 친척들한테도 아주 잘한다. 책임감도 있고 고분고분해서 또래 중에서는 모범이 되는 청년이다. 하지만 쉽게 위축되어 낯선 사람들 앞에서는 열 단어 이상 말하지도 못한다. 수학은 아주 잘한다지만, 내가 그 분야를 모르니 알 수 없지. 그의 형 알퐁스는 활달하고, 아버지를 닮아 정력적이며, 베티처럼 언어 능력도 뛰어나다. 그날 떠오른 화제에 대해 현학적인 태도 없이 쉽게 핵심을 찌르며 재미나게 말할 줄 안다. 그러나 그에게서는 자신만의 견해를 기대하기가 어렵다. 어쩌면 견해라는 게 없는 아이인지도 모른다. 하지만 그 애의 이야기를 듣는 것은 즐거운 일이다. 디즈레일리 부인은 구스타브가 잘생겼다고 했지. 나로서는 공정한 평가인지 모르겠다. 큰 눈과 청록색 눈동자만큼은 제 아버지를 닮아서 꽤 근사하지만. 늘씬한 몸매에 자세에도 여유가 있고, 상류 사회의 매너를 갖추기도 했어. 초상을 그려 제단 위에 걸어 놓아야겠다.

결과는 절반의 성공이었다. 9년 뒤 그녀의 제단에 걸린 그림은 알퐁스의 얼굴 그리고 그 옆에 나란히 걸린 레오노라의 초상화였다. 더욱이 그 무렵에는 사위에 대한 평가도 달라져 있었다. 이제 그는 "15년을 살았다면 그 중 10년은 세계 방방곡곡을 돌아다닌 탓에 무슨 일에도 심드렁하고 아내를 존경하지도 사랑하지도 않지만, 아내에게는 전적인 헌신, 노예 같은 헌신을 요구하는" 남편으로 보였다. 그러나 그녀는 이렇게 결론 내린다. "격정이 식고 감정에도 신선함이나 깊이가 없는 남자는 남편으로서는 안심할 수 있는 사람이다. 아내는 자신의 의무를 수행하고 완성하는 데에서 행복을 찾을 수 있겠지. 환멸은 쓰라리겠지만 오래가지는 않을 것이다." 어쨌든 그녀의 딸은 "세상에서 어느 정도의 지위에 오르는 일을 훨씬 중요하게 생각하니까. 로스차일드가의 권좌에 오르기를 꿈꿔 왔는데 미천한 남자의 아내로 격하되고 싶지는 않았을 것"이다.[6] 분명 샬로테 자신의 경험에서 추론해냈을 이런 생각은 가문의 중매결혼이 과연 어떤 것이었는지 짐작할 수 있게 해 준다.

물론 부모의 선택이 발휘할 수 있었던 결정력을 과장해서는 안 될 것이다. 샬로테가 알퐁스의 아우를 자신의 남은 딸과 혼인시키려던 계획이 실패로 돌아갔다는 사실은 부모가 자녀에게 배우자를 강요할 수 있었던 권한이 예전보다는 줄어들었다는 것을 의미했다. 안젤름의 딸 율리 역시 사촌 빌헬름 칼의 구혼을 거절할 수 있었고, 촌수가 더 먼 사촌 너대니얼 몬테피오레의 구애도 물리칠 수 있었다. 그러나 결국 그녀가 아돌프를 '선택'하게 된 것은 몇 달에 걸쳐 혼인 계약을 작성한 그녀의 아버지와 장래 시아버지의 철저한 통제로 이루어진 결과였다. 그렇게 마련된 협상 내역에는 신부가 경제적 독립을 갖출 수 있도록 어느 정도의 자금을 마련해 주는 내용이 포함되는 경우가 많았지만, 이를 일종의 원시페미니즘(proto-feminism)으로 오해해서는 안 된다.[7] 로스차일드가 사람들이 딸들의 장래에 손을 쓸 수 있는 데에는 한계가 있었다. 이것이 극명히 드러난 사건은, 늙은 암셀이 아내와 사별하고 얼마 지나지 않아 그의 종손녀, 인기 많은 율리와 재혼하고 싶다고 선언한 일이었다(당시 율리는 채 스무 살이 안 된 나이였다). 가문의 사람들은 (암셀의 주치의들의 지원을 받으면서) 똘똘 뭉쳐 그 의견에 반대했다. 그러나 그들이 그 어린 소녀의 행복을 생각해서 반대했는지, 아니면 정말 그의 건강이 염려되어 반대했는지는 알려져 있지 않다. 단, 제임스는 암셀의 제안을 너무 급하게 거절해버리면 그가 회사에서 자신의 지분을 인출해서 다른 가문의 여자와 결혼할지도 모른다고 걱정했던 것으로 보인다.

정통파와 개혁파

샬로테도 강조했듯이, 족내혼은 로스차일드 가문의 유대교 신앙을 유지시키는 역할을 해 왔다. 아들딸들이 신앙이 다른 사람과 결혼할 수 없다는 것은 가문의 방침이었다(그들이 유대교도들을 통틀어 사회적으로 한층 월등한 위치에 있었기 때문에 가문 밖에서는 결혼할 사람을 찾기 힘들었지만 그래도 마찬가지였다). 이 시기에 로스차일드가 사람들이 종교 활동을 소홀히 했다고도 볼 수 없다. 실로, 당시의 종교 활동은 1820년대나 1830년대보다 훨씬 적극적이었고, 1848년 이후에는 가족 간의 단합을 위한 중요한 원천이 되기도 했다. 제임스는 그때까지도 의례를 따르는 데는 가장 느슨한 사람이었다. "안식일을 즐겁게 보내기를 진심으로 바란다." 그는 1847년에 조카들과 아들에게 그렇게 써 보냈다. "잘 놀고, 사냥도 즐거웠으면 좋겠구나. 너희를 사랑하는 삼촌이자 아비가 바라는 대로 잘 먹고 잘 마시고 잘 자고 있느냐?" 이렇게 쓴 편지가 남아있다는 것은 그가 안식일 당일에 아무 거리낌 없이 책상 앞에 앉아 있었다는 것을 드러내는 증거다. 그와 칼은 시너고그의 예배 참석률마저 (그들의 아내들과는 달리) 눈에 띄게 들쑥날쑥했다.

그러나 해나 메이어의 배교(背敎)를 지켜본 제임스는 유대교도로서의 정체성을 지키는 것이 현실적으로 중요한 일이라고 굳게 믿고 있었다. 비록 1850년의 유월절에는 그날이 유월절이라는 것도 모르고 지나칠 뻔했지만, 사실을 깨달은 뒤에는 런던으로 출장을 떠나기로 했던 일정을 취소하고 의례를 지켜 『하가다』[8]를 읽기도 했다. 그는 1860년에 프랑크푸르트의 랍비 레오폴트 슈타인의 신간을 받아 보고서 흡족해했다(그가 슈타인에게 얼마의 금액을 기부했는지는 기록에 남아 있지 않지만). 그의 아내 베티도 남편처럼 세속적인 사고방식을 가진 사람이었지만, 의식을 지키는 것이 설사 영적인 의무는 아니더라도 사회적 의무라는 믿음만큼은 확고했다. 아들 알퐁스가 뉴욕에서 시너고그 예배에 참석했다는 소식을 듣고, 그녀는 "기쁨에 겨운" 소식이라며 이렇게 덧붙였다.

잘한 일이다, 내 사랑하는 아들아. 종교적 감정에서뿐만이 아니라 애국심이라는 측면에서도 말이다. 우리처럼 높은 위치에 있는 사람들이 예배에 참석하면 애국심을 잊고 있던 사람에게는 자극이 되고 애국심이 굳건했던 사람에게도 독려가 될 테니까.

알퐁스가 자신의 의지로 시너고그를 찾았다는 사실이 그의 어머니한테는 분명 놀라운 사건이었다.

한편 빌헬름 칼은 젊은 세대 중에서 유일한 정통파였다. 프랑크푸르트 유대인 사회에서 반개혁파 운동을 펼쳤던 삼촌 암셸의 뒤를 좇아, 그는 정통파 신도들을 위한 이스라엘종교협회(Israelitische Religionsgesellschaft)의 창립을 돕고 슈첸슈트라세(Schützenstrasse)에 시너고그를 새로 짓는 데에도 누구보다 많은 돈을 기부했다. 그러나 그는 이 신생 집단의 랍비로 추앙된 잠존 라파엘 히르쉬(Samson Raphael Hirsch)가 주창한 노골적인 종파 분립에는 반대했는데, 이 랍비는 자신의 신도들이 프랑크푸르트의 유대인 사회로부터 전적으로 이탈해 나오길 바랐던 사람이었다. 빌헬름 칼은 정통파였지만, 신앙을 실천하는 방식이 서로 다르다고 해서 유대인 사회의 단결을 해쳐서는 안 된다는 로스차일드가의 가치관을 지니고 있었다.

영국의 사촌들도 축일을 지키고 안식일에는 사업을 쉬는 등, 자신들을 "착실한 유대인"이라 여기고 있었다. 언젠가 제임스는 앤서니가 파리를 방문했을 때 "조카님이 기도서 펼쳐 보는 것을 좋아하신다"고 놀리기도 했다. 그도 그럴 것이 콜레라가 창궐해 파리를 휩쓸었던 1849년, 앤서니는 의사들의 권고(결국 근거 없는 권고였지만)를 무시한다는 것이 께름칙했지만 속죄일에 금식하는 전통을 착실히 지켜내면서 독실한 신앙을 증명해 보였던 것이다. 그와 라이오넬이 파리에 가 있는 냇을 위해 유월절이면 일부러 무교병을 보낸 것은 통상적인 일이었다. 라이오넬과 그의 가족은 브라이턴(Brighton)에서 휴가를 보내는 중에도 속죄일이 돌아오면 금식하고 기도했다. 그러나 런던 일가의 네 형제는 빌헬름 칼과 같은 정통파는 아니었다. 1851년에 디즈레일리는 포틀랜드 공작에게서 받은 큼지막한 사슴 고기를 무심결에 샬로테와 라이오넬에게 선물하고 말았다.

이걸 어디다 쓸까 싶던 차에 불현듯 떠오른 생각이 로스차일드 부인께 선사하자는 것이었다. 그때는 그것이 불결한[9] 고기일지 모른다는 생각은 조금도 하지 못했지만, 지금은 그 점이 자못 염려스럽다. 그러나 이 고기를 선사한 사람이 포틀랜드 공작이라고 전해 주자 그들은 매우 기뻐하는 것이다. 오, 하느님……아마

그들은 그 고기 요리를 맛나게 삼켜버릴 것이다.[10]

이 일화가 로스차일드가 사람들의 귀족 선망을 드러낸다고는 보기는 어렵지만, 디즈레일리의 추측은 옳았던 것으로 보인다. 사실인즉, 라이오넬의 가족은 제임스의 가족과 마찬가지로 코셔를 엄격히 따르지 않았다. 게다가 메이어는 사슴 고기라면 자다가도 벌떡 일어날 만큼 좋아한 사람으로, 1866년 포크스턴(Folkestone)에서 정치 연설을 하면서는 수사슴 사냥을 옹호하는 발언을 하기도 했다![11]

종교 문제에 관한 한 영국의 형제들은 당시의 영국이 그랬듯이 전반적으로 개혁 운동 쪽으로 기우는 경향이 있었다. 1853년에 보수적인 최고 랍비와 충돌했다는 이유로 개혁적 성향의 웨스트 런던 시너고그의 대표들을 영국유대교대표위원회(Board of Deputies of British Jews)에서 축출하려는 시도가 있었을 때, 라이오넬은 소위 "가톨릭 같은 행태"에 맞서서 반론을 펼쳤다. "저는 개신교 사제들을 진심으로 존경합니다. 하지만 가톨릭 신부의 지시를 받듯이 개신교 사제들로부터 그 어떤 지시를 받는 일은 없을 겁니다. 개신교 사제들도 물론 학식 있는 분들이요 예부터 박식하신 분들이지만, 우리에게 축일을 하루만 지켜라, 혹은 이틀을 지켜라 하고 명령할 권한은 없기 때문입니다." 축일을 하루로 치느냐, 이틀로 치느냐 하는 것은 개혁파와 정통파 사이에서는 중요한 문제였다. 그의 이 같은 발언을 두고 보면, 한 해 전 프랑크푸르트의 개혁적 유대교파가 지배적인 정통파에 대항해 투쟁을 벌였을 때 라이오넬이 적극적으로 돕고 싶어 했던 까닭을 이해하게 된다.

개혁파 쪽으로 기우는 경향은 로스차일드가 부인들의 경우에 두드러졌다. 이는 전통적으로 시너고그의 의식이 남성 중심으로 이루어졌기 때문이었을지 모른다. 로스차일드가의 여성들이 히브리어를 전혀, 혹은 거의 몰랐다는 몇 가지 증거가 있다. 예를 들어, 앤서니의 아내 루이자가 유대교의 예배 형태를 현대화하자는 개혁파 운동의 목표에 공감했던 까닭은 교회의 예배에 비해 시너고그의 예배는 이해하기가 어려웠기 때문이었다. 히브리어를 알아들을 수 없어서 속이 상한 그녀는 1847년에 쓴 글에서 이렇게 한탄했다. "교회에 가서 그 좋은 설교를 들을 수 없다니 얼마나 애석한 일인지!" 그러나 그녀가 개종을 생각하고 있었던 것은 아니었다. 오히려 그녀는 아이들이 "교육을 더 잘 받아서 다른 신도들과 어울려 예배드릴 수 있도록" 하자고 마음을 다잡았다. 덕분에 그녀의 딸 콘스탄스(Constance)와 애니(Annie)는 유대교의 교리와 영국 국교회의 형식이 굳건히 결합된 환경에서 성장할 수 있었다. 안식일이면 집에서 간단한 가족 예배를 드린 후 그녀는 딸들에게 『성경』을 가르쳤고, 남는 시간에는 유대교 혹은 비유대교의 종교 문학을 읽혔으며, 딸들은 따로 '히브리 문학의 역사' 같은 과목을 공부하기도 했다. 콘스탄스가 1861년에 쓴 일기처럼 속죄일 역시 엄숙히 지켜졌다. 그러나 1857년에 그녀의 어머니가 출간한 안식일 설교집에는 ('참됨', '가정의 평화', '자선'과 같은 장에서 볼 수 있듯이) 당시 보던 국교회 설교집에 그대로 실어도 될 만한 내용이 많이 담겨 있었다.

이렇게 여러 양식을 섭취하며 자란 루이자의 딸들이 그들의 어머니처럼 시너고그보다 웨스트민스터 성당을 더 좋아했다는 것은 놀라운 일이 아니다. 그보다 이례적인 사례는 샬로테의 경우로, 프랑크푸르트의 훨씬 정통파적인 분위기에서 자랐는데도 그녀 역시 루이자의 딸들과 비슷한 취향이었다. 아들 레오에게 보내는 편지에서 그녀는 비유대교 예배에 참석하고 비유대교 기관에 방문한 일을 곧잘 언급했다. 지주로서 국교회 교회의 예배에 참석해서는 안 될 이유가 없었다. 그녀는 1866년 (거너스버리 인근에 있던) 액턴(Acton) 교회의 축성식에서 옥스퍼드 주교가 설교하는 것을 들었고, 그의 설교에 "진심으로 넋을 잃었다"고 고백했다. 그러나 런던 주교가 일링(Ealing)의 교회에서 역시 축성 설교를 했을 때는 그다지 감격스럽지 않았다. 그녀는 특별한 사례가 아니었다. 메이어의 아내 줄리애나는 남편이 마련해 준 멘트모어 영지의 성직록에 면밀한 관심을 보였고, 재임 성직자 한 사람을 사임하게 한 적도 있었다.[12] 샬로테 역시 영국 가톨릭의 화려한 세계에 매혹되어 가톨릭의 바자회, 대주교가 진행하는 나사렛 하우스의 축성식, 켄싱턴에 있는 카르멜회 예배당에서의 예배, 자비의 성모동정회의 집에서 열린 또 다른 예배에 (단 한 해에 걸쳐 전부) 참석한 경험을 글로 남겼다. 매번 그녀를 초대해 준 것은 로디언(Lothian) 부인, 린드허스트(Lyndhurst) 부인과 같은 가톨릭교도 친구들이었다.

샬로테는 이런 행사들에서 본 것들을 그와 유사한 유대교 의식과 줄기차게 비교했다. 자신의 종교에 매번 불리한 판단을 내린 것은 아니었지만, 그 어조에는 강한 비판 의식이 담겨 있었다. 유대인 자유학교(Jews' Free School)에서 열린 시상식에 참석했던 그녀는 "유대인 아이들의 기념식은 이미 [가톨릭] 자선회에서 개최한 비슷한 행사를 본 적이 있는 여자 대수도원장, 후원자들, 친구들과 방문객들 모두를 고통스러운 충격에 빠뜨렸다"고 썼다. "애들러 박사[최고 랍비의 아들이자 베이스워터 시너고그의 주임 성직자인 허먼 애들러(Hermann Adler)]는 마치 건물 안에 역병이 돌기라도 하듯 이내 사라져버렸고, 그린(Green) 선생[센트럴 시너고그의 랍비였던 A. L. 그린으로, 샬로테의 의료 사회복지사로 활동했다]은 누구한테도 일언반구 없이 옆문으로 도망쳐버렸다. 방문객 하나 없는 크고 텅 빈 홀에는 빈 의자들만 가득 놓여 있었다. 무릎을 꿇고 드리는 가톨릭의 예배와 그 호방하고 화려한 의식에 대한 견해는 다들 다르겠지만, 그들의 의식, 그 훌륭한 의식은 고귀하고 신성한데, 우리는 그처럼 비옥하질 못하고 황량하기만 하구나."

이런 사실을 감안하고 보면, 그리스도교 기관들이 로스차일드 일가 사람들에게 터놓고 재정 지원을 요청한 것도 그다지 놀랍지 않다. 그런 요청에는 때때로 답이 돌아갔다. 일례로, 1871년 어느 가톨릭 사제는 샬로테를 설득해 브렌트퍼드(Brentford)에 있는 자신의 학교를 위해 50파운드의 기부금을 받아냈다.

이로써 알 수 있는 것은 로스차일드가 사람들이 주로 자선 활동을 통해 종교적 감정을 표현했다는 것이다. 가문의 남자들 특유의 전통적인 자선 활동 역시 이어졌다. 비엔나에서 안젤름은 매일 아침 9시 반에 업무를 시작하기에 앞서서, 그의 앞으로 도착한 청원 편지를 전부 읽고 각 탄원인들에게 얼마의 돈을 부쳐 줄지 직접 결정했다. 심지어는 쇤브룬(Schönbrunn) 동물원으로 산책에 나설 때도 은행 직원 한 명이 그와 동행하면서 마주치는 거지들에게 동전을 나누어 주었다. 프랑크푸르트르에서는 야콥 로젠하임이 빌헬름 칼을 위해 '자선 담당 비서' 노릇을 했다. 그러나 결정은 여전히 빌헬름 칼이 내렸다. 로젠하임의 아들은 이렇게 회상했다.

매일 저녁, 가끔은 저녁 8시나 9시처럼 늦은 시각에, 아버지는 어머니가 정성껏 작성하신 청원서 목록을 가지고 직접 파르가세(Fahrgasse)나 가끔은 그뤼네부르크에 있는 사무실까지 찾아가 남작을 만나셨다. 그 청원서들이란 전 세계 유대인 사회에서 보내 온 것으로, 도움을 구하는 개인이 보낸 편지, 각국의 명망 높은 랍비들이 보내 온 편지, 동방 및 서방의 예시바[13]와 복지 기관에서 보내 온 편지였다. 남작은 그 하나하나를 직접 살피며 보낼 액수를 결정했다. 가끔은 감사 편지를 한 장 한 장 읽어 보며 무척 기뻐하기도 했다.

편지 하나하나를 다루는 꼼꼼함은 실로 탄복할 만한 것이었다. 그러나 이런 오래된 방식으로 모든 청원서를 처리하기에는 역부족인 시점이 찾아왔다. 특히 동유럽에서 이주해 온 가난한 유대인들의 수가 어마어마해지고부터는 더욱 그랬다. 이제 수백만 파운드의 기부금을 다루게 된 라이오넬 같은 사람이 1850년에 "궁핍한 외국인을 위한 빈민 구호소 설치를 위한 기금으로" 100파운드의 성금을 보냈을 때처럼, 혹은 그로부터 2년 뒤에 삼촌 암셀의 요청으로 프랑크푸르트에 있는 유대인 여학교에 비슷한 규모의 성금을 보냈을 때처럼 일일이 직접 관여하리라고 기대하는 것은 터무니없는 일이었다. 결국 성금 기부의 상당 부분을 대리인이 맡기 시작했다. 런던에서는 애셔 애셔(Asher Asher, 1866년부터 그레이트 시너고그[Great Synagogue]의 서기로 일했던 스코틀랜드 출신의 의사)가 라이오넬의 무급 '개인 복지사'로서, 일설에 따르면 사실상 "뉴코트 '자선 부서'의 부장" 역할을 맡아 일했다. 페도의 회고에 따르면, 이와 비슷하게 "몇 사람의 전담 직원들이 구호 청원 목록을 기록하고, 그것을 속속들이 읽고, 도움을 구하는 사람이나 기관의 실제 신분에 대한 정보를 수집하는 특별 사무실"이 파리에도 있었다.

그리하여 자선 역시 천편일률적인 은행 업무와 그다지 다를 바 없는 일거리가 되었다. 1859년 이후에는 이런 업무 중 일부를 새로 설립된 유대인 구빈 위원회(Board of Guardians for the Relief of the Jewish Poor)로 인계하거나 그곳과 협업해서 진행할 수 있었다. 몇 가지 사례를 들자면, 1868년 네 아이의 아버지였던 에마누엘 스펄링이란 사람은 "추천받을 만한 덕망 있는 인물"로서, "작은 가게를 열어 자신과 비슷한 처지의 사람들을 조금이나마 돕고 싶다"는 뜻을 구빈 위원회에 전해 왔다. 데이비슨 일가의 먼 인척의 딸인 소피 벤트하임은 자신의 딸에게 지참금으로 줄 돈이 필요하다고 했다. 그러나 이것이 로스차일드 가문과 회사의 자선 활동을 완전히 대체한 것은 아니었다.

자선 활동에 있어서는 가문의 여성들이 훨씬 적극적이었다. 그도 그럴 것이, 어느 정도까지는 자선이야말로 그녀들의 '일'이었기 때문이다. 부인들은 남편이 은행에서 일하는 것만큼 근면하게 자선 활동에 임했다. 나탄이 활동하던 시절부터 유대인 자유학교는 로스차일드 기부 활동에서 가장 중요한 기관이었다. 1850년대와 1860년대에는 자금 기부에만 그치지 않고 학교 활동에 샬로테와 루이자가 직접 참여하기도 했다(루이자의 남편 앤서니는 1847년부터 학교 운영 위원회의 위원장으로 일했다). 루이자가 1848년에 학교를 처음 방문했을 때, 그곳은 "약 900명쯤 되는 최하층의 어린 자녀들"에게 "무상 교육"을 실시하는 "훌륭한 기관"이었지만 교육의 수준은 낮았다. 그녀의 시누이 샬로테는 "벨 레인에 있는 꼬마 학생들"에게 실망하고, 그 애들이 "말로 표현할 수 없을 정도로 시커멓고 더러우며……상스럽다"고 아들에게 써 보냈다. 1865년에 쓴 편지에서는 이렇게 탄식했다. "그 아랍계 코카서스족[14] 아이들을 향상시키려고 끝도 없이 애쓰고 있지만, 사실 맥이 빠진다. 조금이라도 발전하는 모습을 보여야 보람이 있지 않겠니." 매주마다 벨 레인을 찾아가는 일은 "그곳에 사는 가난한 계층의 사람들이 끔찍하게 더럽고 누더기 차림이라" "늘 기꺼워하기는 힘든 일"이었다. 그러나 또 한편으로는 "그 가련하고 더러운 작은 아이들을 찾아가 그 애들이 나날이 발전하고 전반적인 성취를 보이는 것을 보며 뿌듯해하고 감명받지 않는 적이 없을 정도"라고 적기도 했다. 1870년대에 이르면 그녀의 노력(매튜 아널드[Matthew Arnold]에게 시찰을 부탁한 것을 포함해)과 시동생 앤서니의 노력으로, 학생 수가 애초의 세 배 이상으로 늘고, 연간 예산은 20배로, 교사의 수는 25배로 증가하는 등 학교도 대폭 변하게 된다.

로스차일드가의 여성들이 관심을 기울인 또 다른 교육 기관에는 1855년에 설립된 유대인 대학(Jews' College), 종교 지식 확산을 위한 유대인 협회에서 세운 안식일 학교, 메이어의 아내 줄리애나가 1867년 런던 남부에 설립한 지자체 유대인 학교들이 있었다. 병자들을 구호하기 위한 노력 역시 계속되었다. 루이자는 유대인 여성 자선 기금 협회와 부인 자선 기관의 회원으로 활동하는 데 그치지 않고, 유대인 요양원을 따로 설립해서 샬로테가 지원하는 아틸

러리 레인(Artillery Lane)의 특별 주방에서 음식을 만들어 제공하기도 했다. 뿐만 아니라 샬로테는 노령의 불치 환자를 위한 집을 설립하고 런던 중환자 자선 단체를 재조직했으며, 부인 자선 기금 협회의 대표, 이스트엔드 임산부의 집을 위한 바느질 협회의 대표로 일하기도 했다. 화이트채플(Whitechapel)에는 로스차일드 일가가 설립한 유대인 유아 보육원이 있었고, 노팅힐의 월머 로드(Walmer Road)에는 유대인 농아의 집이 있었다. 마지막으로, 샬로테는 새로 창설된 유대인 구빈 위원회에 직접 참여할 길을 알아보기도 했다. 일례로, 1861년 샬로테는 랍비 그린을 통해 위원회에 열 대의 재봉틀을 기증하여, 외국에서 이주해 온 가난한 여성들 중 침모로 일하며 돈을 벌고 싶어 하는 이들에게 대여하거나 팔도록 했다. 이후에는 그린이 설립한 '여성 재봉 작업장'에 매년 100~200파운드씩을 기부했다.

1884년 샬로테를 위한 추도식 연설에서, 허먼 애들러는 샬로테가 펴낸 책 『어린이에게 주는 기도와 묵상과 설교』(애초 여학생 자유학교 학생들을 위해 집필한 책이었다)의 주된 주제는 "고통받는 이들, 도움이 필요한 이들을 찾아가 동정심으로 보듬어야 한다.……부유한 자는 '황금을 기부하는 데 그치지 말고 자신의 시간을, 즉 삶을 내줌으로써' 가난한 자와 만나야 한다"는 것이었다고 말했다. 그것이야말로 평생에 걸쳐 그녀가 해낸 일이었다. 임종을 앞두고 침상에 모인 사람들에게 그녀가 마지막으로 남긴 말은 "가난한 이들을 잊지 마세요"였다고 한다. 그 말은 무엇보다 '가난한 유대인들'을 지목한 말이었을 것이다. 그러나 애들러는 샬로테가 철들고 나서 죽을 때까지 자선 목적의 '베풂'과 종교적인 성격의 기부를 구분해 왔던 것에 대해서는 입을 다물었다. 1864년 그녀가 랍비 그린과 나눈 대화에서는 흥미로운 사실이 엿보인다.

> 그의 시너고그를 위해 『토라』[15] 한 권을 새롭게 마련하고 싶다는 말을 전해 왔다. 그는 말하길, 예전에는 종교적인 사람들이 사원에 후하게 기부했고, 미신을 믿는 사람들이 경외감에서 기부하기도 했다고 한다. 그러나 미신은 문명이 개화되며 사라졌고, 종교적이던 유대인들도 예전같이 자애롭지는 않다는 것이다. 게다가 자애로운 유대인들은 그들의 부를 세속적인 통로를 통해 흘려보내고 있다고 그는 한탄했다. 그의 말이 옳다. 나부터도 수중에 20파운드가 있다면 『토라』

를 구입하느니 차라리 학교에 기부할 것이다.

다시 말해, 유대인 사회의 물질적 수요에 진지한 관심을 보이는 동시에 체제화된 종교로서의 유대교에 대해서는 비판적 입장을 취했던 것이다. 동유럽으로부터의 이민이 급증하면서 유대인 사회의 엘리트 집단 내부에서 처음으로 동요의 기색이 엿보였다는 점도 짚고 넘어가야 한다. 1856년 샬로테가 주최한 '유대인 이민 기금 협회의 모금을 위한 아마추어 콘서트'에는 그녀의 아이들 에블리나와 알프레드가 연주자로 참여했고, 루이자는 이 협회 이사회의 회원이었다. 단체의 목적은 쉽게 유추할 수 있다. 다른 장에서 살펴볼 이야기이지만, 동유럽과 중앙유럽의 가난한 유대인들이 영국으로 물밀듯 밀려들기 시작하자, 이민자들이 영국이 아닌 다른 곳으로 재이주하기를 바라는 유대인 엘리트들도 늘어났다.

이 시기를 거치며 자선에 대한 태도가 가장 급격히 바뀐 로스차일드가 사람은 제임스였을 것이다. 그것은 1840년대에 있었던 일련의 사건들을 겪고 난 후의 반응이었다. 그 사건으로 그는 두 가지 사실을(프랑스 사회 전반에 반유대적 감정이 어느 정도까지 퍼져 있는지, 그리고 파리의 불우한 사람들 사이에서 그 자신의 명성이 얼마나 실추되어 있는지) 깨달았다. 1848년 이전에 제임스는 마이어 암셀의 다섯 아들 중에서 유대인 사회의 일에 공적으로 관여하는 일이 가장 드문 사람이었다. 비록 1840년에 티에르와 격전을 벌이며 다마스쿠스의 유대인들을 대변해서 분기했던 제임스이지만, 파리의 유대인들을 위해서는 비교적 별로 한 일이 없었다. 그러나 혁명이 이를 바꿔 놓았다. 1850년에 제임스는 파리 유대교 회의(Consistoire de Paris)에 참석해 1841년에 건립된 형편없는 시설의 '파리의 가난한 유대인들을 위한 중앙 구호소'를 대체할 유대인 병원을 피크퓌스(Picpus) 가 76번지에 짓겠노라는 의사를 밝혔다. 2년이 지난 1852년 12월 20일, 이 병원(장 알렉상드르 티에리가 설계한 널찍한 새 건물)은 공공사업부장관과 센의 도지사까지 참석한, 《위니베르 이스라엘리트(Univers Israélite)》의 표현에 따르면 "유대교가 경축한 가장 웅대한 예식 중 하나"였던 개관식을 치르며 공식적으로 문을 열었다. 그와 거의 비슷한 무렵, 그는 이번에도 유대교 회의를 위해 티에리가 설계한, 노트르담 드 나자렛(Notre-Dame-de-Nazareth) 가에 로마 비잔틴 양식으로 세워진 시너고그에도 상당한 액수를 기부했다. 로지에(Rosiers) 가와 랑블라르디(Lamblardie) 가에 고아원을 짓는 데에도 역시 거액을 헌납했다(랑블라르디 가에 세워진 고아원에는 잘로몬과 카롤리네의 이름이 붙었다).

이 같은 자선 활동과 더불어 프랑스의 유대인 조직에 로스차일드가 사람들이 참여하는 일도 늘어났다. 1850년 알퐁스는 중앙 유대교 회의(Consistoire central)의 회원이 됐다. 2년 뒤에는 구스타브가 파리 유대교 회의의 회원으로 선출되어 1856년에는 회장에까지 오른다. 1858년 이후에는 유대교 회의가 자체 자금을 아예 드 로스차일드 프레르에 예치했다. 제임스는 나폴레옹 3세 치하에서 자신이 정치적인 '아웃사이더'라는 것을 의식한 뒤로, 그의 형제와 조카들이 유럽의 다른 지역에서 지금껏 해 왔던 것처럼 유대인 사회의 평신도 대표 역할을 맡아 보자는 용기를 낸 듯하다. 그러나 그는 또한 리볼리(Rivoli) 가에 무료 급식소를 세우는 등 종교적 신조를 떠나 필요한 곳에는 어느 정도 금액을 내놓는 신중한 면모를 보이기도 했다.

로스차일드가에서 불우한 동포들을 위해 기울인 노력의 규모를 가장 잘 보여 주는 것은 알베르 콘(Albert Cohn)이 1850년대에 마침내 설립한 예루살렘의 새 병원에 이들이 기부한 횟수와 기부금의 총액일 것이다. 병원과 부대시설을 위한 당시의 기부자 명단에는 최소한 열한 명의 로스차일드가 사람들의 이름이 남아 있다. 샬로테는 그곳에 '산업 연수원'을 지어서 매년 수표를 보내 주었고, 안젤름은 작은 은행의 설립비를 지원했으며, 베티는 임산부를 위한 옷을 보냈고, 알퐁스와 구스타브는 40명의 젊은이들이 수공업을 배울 수 있도록 장학금을 마련했다. 또 가족들은 총 12만 2850피아스터를 '자발적 기부'의 형태로 내놓았다. 가문의 모든 일가 사람들이 기부자 명단에 올라 있다는 사실은 그들이 벌인 자선 활동 대부분이 한 나라 규모(혹은 지역 단위)로 이루어졌지만, 여전히 더 광범위한 '보편적인' 유대인 사회에 대해 책임감을 느끼고 있었다는 것을 보여 준다.[16]

라이오넬의 출마

개종하지 않은 유대인이 하원 의석에 앉을 권리를 확보하는 데 라이오넬이 해낸 결정적인 역할을 논하지 않고서 로스차일드가의 역사를 전부 말했다고는 할 수 없을 것이다. 그러나 이 문제를 개별적인 사건으로 바라보거나, 혹은 영국 헌정의 발전을 기술한 목적론적인 '휘그당' 역사의 미미한 일화쯤으로 보아서는 안 된다. 하원 의원으로 선출된 유대인이 정작 의석에는 앉지 못하게 했던 제도적 장벽("그리스도교인의 신실한 믿음에 두고"라는 구절이 들어간 포기의 서약[Oath of Abjuration][17])은 로스차일드가 사람들이 1840년대와 1850년대에 적극적으로 맞섰던 수많은 장애물 중 하나에 불과했다.[18] 옥스퍼드 대학에 입학하거나 케임브리지 대학을 졸업할 수 없게 만든 장애 요소[19] 역시 같은 무게로 그들을 짓눌렀다.

게다가 유대인을 공식적으로 배제하지는 않았으나 그때껏 한 번도 유대인을 받아들인 적이 없는 사회 제도가 있었다. 이런 제도들을 뚫고 들어가는 것은 공공연한 차별적 법률을 전복시키는 것만큼이나 중요했다. 19세기 영국의 정치 구조에서 하원 의석에 앉는 것은 그 가치가 제한적일 수밖에 없었다. 지역 기반의 정치권력을 확보하는 것이 그만큼 중요했고, 그것은 어떤 면에서는 대의권자가 되기 위한 전제조건이기도 했다. 게다가 도시 유권자들에 기반한 권력이나 시골 선거구에 뿌리를 둔 권력 간에는 사회적으로 중요한 차이가 있었다. 중차대한 정치적 결정은 대부분 웨스트민스터가 아니라 '전원'에서 이루어졌다. 전원 영지에 들어선 귀족들의 저택을 한 바퀴 순회하는 일은 정치 엘리트들이 한 해에도 상당한 시간을 바쳐 공을 들이는 일이었다. 심지어 도시에서도 의회가 유일한 정치 토론장인 것은 아니었다. 피커딜리나 팰맬(Pall Mall) 부근에 산적한 런던의 클럽들 중 한두 곳 이상의 회원이 아닌 하원의원은 정치적으로 무력한 존재일 뿐이었다. 그리고 물론 하원에 진입했다고 해서 곧바로 상원 의사당의 문이 유대인 앞에 활짝 열릴 리도 만무했다.

어째서 로스차일드가 사람들은 영국 기득권층의 제도 앞에서 그들을 가로막는 걸림돌을 치우고 싶어 했을까? 가문의 정치적 영향력을 확대해서 결국에는 정부를 좌지우지하고 싶었으리라는 식의 꽉 막히고 기계적인 해석은 이치에 닿지 않는다. 사실상 그 무렵에는 런던의 비유대인 가문 상당수가 하원에 의석을 갖고 있었다(베어링가도 그 중 하나였다). 그러나 1840년대 로스차일드 가문은 발군의 개인 은행으로 런던에서 이미 기반을 굳힌 상태였다. 나탄의 죽음 이후 영국은행과의 관계가 냉랭해진 것은 사실이지만, 흔치는 않아도 영국 정부가 돈을 빌려야 하는 상황이 생기면 뉴코트에 손을 벌리리라는 것은 의심의 여지가 없었다. 더욱이 그들이 하원에 출입할 수 있었다고 해도, 로스차일드가가 그 시설을 (토론장으로라도) 이용했을 가능성은 희박해 보인다. 신빙성 있는 해석은 라이오넬이 모친의 영향을 받아 원칙적인 차원에서 유대인에게 지금껏 금지되어 온 특권을 쟁취하길 원했으리라는 것이다.

대륙의 친척들은 라이오넬이 의회 입회 자격을 얻어내려고 노력하는 과정 내내 격려를 아끼지 않았다. 제임스는 조카가 전체 유대인들을 위한 상징적인 전투, 40년 전 프랑크푸르트에서 마이어 암셀이 맞서 싸운 것과 연장선상에 있는 전투에 임하고 있다고 믿었다. 당시 대부분의 정치가들(존 러셀 경을 포함해)은 라이오넬을 휘그당파로 분류하는 경향이 있었지만, 자유주의를 옹호한 라이오넬의 진정성만큼은 왈가왈부할 여지가 없는 것이었다. 그와 그의 형제들이 토리당에서 멀어진 것은 꼭 '유대인 문제' 때문만이 아니었고, 그보다 훨씬 더 중요했던 1840년대의 유명한 명분(cause célèbre), 즉 자유무역 때문이기도 했다. 이는 1846년 토리당이 로버트 필 총리에게 반기를 들고 일어선 직후 자유당과 동일시된 명제였다.

이것이야말로 1848년의 최대 역설 중 하나였다. 대륙의 자유주의자들이 로스차일드 가문을 복고와 반동의 오른팔이라고 가차없이 비난을 퍼붓던 시절, 가문 사람들은 영국에서 법적 평등을 위한 전형적인 자유주의 운동의 지도자 역할을 수행하고 있었던 것이다. 비록 1852년에 번복되어 퇴보를 겪기는 했지만, 어쨌든 유대인 해방은 프랑크푸르트 의회가 이뤄낸 성취 중 하나였다. 심지어 혁명을 혐오하는 열혈 오를레앙파였던 베티조차도 이 점을 인정하지 않을 수 없었다. "우리 유대인들은……이 거대한 조류와 이해의 재배치에 불평해서는 안 된다. 방방곡곡에서 해방이 중세의 쇠사슬을 끊었으며, 광신과 편협성에 희생됐던 이들에게 인간으로서의 권리와 평등권을 돌려주었다. 우리는 이를 기뻐해야 한다."

그러나 여기에도 역시 단서를 달 필요가 있다. 첫째, 이미 보았듯이 혁명적 움직임 속에도 명백히 반유대적인 요소가 내재해 있었다. 실상 1848~1849년의 혁명에서 로스차일드가 사람들을 가장 넌더리나게 만든 것은 유대인들을 향한 폭력이었다. 둘째, 그들에게 정말로 중요했던 문제는 어찌 보면 영국의 유대인 사회 안에서 로스차일드가가 차지하는 지위였을지도 모른다. 유대인 엘리트 계층의 다른 이들(특히 데이비드 살로몬스)과의 라이벌 의식은 틀림없이 강력한 동기였다. 영국에 살고 있던 대부분의 가난한 유대인들에게는(대륙의 유대인들에게는 더더욱) 의회의 대의권이라는 개념은 케임브리지에서 수학하는 것만큼이나 딴 세상 이야기였던 것이 현실이었다. 유대 민족을 위해 단합해 투쟁한다는 미사여구를 쓰고는 있었지만, 로스차일드가는 어느 정도는 일개 가문으로서 이해관계(특히 그들 스스로 주장한 유대인 '왕가로서의 권리')를 추구하고 있었던 것이다.

뒤이은 사건들을 생각해 보면, 1839년 당시 《유대교 일반신문(Allgemeine Zeitung des Judentums)》이 유대인 해방의 명분을 명백히 훼손하고 있다는 혐의로 로스차일드가를 격렬히 비난했다는 것은 놀라운 일이다.

> 우리는 해방전쟁 시절에 거의 모습을 감췄던 독일 내 유대인 혐오가 로스차일드 가문의 부가 늘어나면서 같이 증식됐다는 경악스러운 사실을 잘 알고 있다. 그리고 로스차일드가의 부가 유대인의 명분에 불리한 영향을 끼쳐서, 그들이 몸집을 키울수록 유대인의 명분은 더 깊이 침몰해버린 것을 알고 있다.……우리는 로스차일드 가문과 그들의 협력자 전부를 유대인의 대의명분으로부터 완전히 분리시켜야 한다.

그러나 그 무렵에 로스차일드가 사람들에게 유럽 유대인들에 대한 폭넓은 관심이란 안중에도 없는 듯했던 것이 사실이다. 1835년에 런던 시의 주(州) 장관으로 선출돼 유대인의 참정권이라는 명분에 이른 승리를 안겨 준 사람은 로스차일드가 사람이 아니라 사업상의 라이벌이었던 런던웨스트민스터은행(London & Westminster Bank)의 데이비드 살로몬스였다. 그 과정에서 그와 휘그당 지지자들은 선출된 주 장관이 "그리스도교인의 신실한 믿음을 두고"라는 표현이 담긴 선언문에 서명해야 한다는 조건을 폐기하는 법률을 통과시키는 데 성공했다. 법조인 자격을 얻은 최초의 유대인 역시 로스차일드가 사람이 아니라 프랜시스 헨리 골드스미드(Francis Henry Goldsmid)였다. 기사 작위를 받고 나중에는 준남작이 되어 (제임스의 표현에 따르면) "영국 내 유대인들의 지위를 높인" 것 역시 로스차일드가 아니라 사돈 가문의 모제스 몬테피오레였다. 시민의 권리와 특권 쟁취를 위한 유대인 연합(Jewish Association for Obtaining Civil Rights and Privileges)을 이끈 사람도 로스차일드가 아니라 아이작 라이언 골드스미드였다.

그러나 1840년 다마스쿠스 사태 이후 로스차일드가 사람들은 유대인 해방 문제에 새로이 눈떴다. 가문의 영향력을 이용하여 유럽 국가 중 차별이 심한 곳에서 유대인들의 생활 조건을 개선시킨다는 전례가 당시를 계기로 세워졌고, 그 같은 행보는 1840년대 내내 계속 이어졌다. 1842년에 제임스는 "폴란드 유대인들에 대한 염려로" 외무장관 프랑수아 기조를 방문했으며, 안젤름은 프로이센에 새로 상정된 반유대인조치법에 맞서 언론을 조직하기 위해 노력을 기울였다. 1844년 니콜라이 1세가 페일(Pale, 유대인 정착이 허용된 지역)을 지금보다 축소시키고 러시아의 유대인 학교와 단체들을 국가가 직접 통제한다는 "형편없는 내용의" 새 조치법을 제출하자, 이에 자극을 받은 라이오넬은 차르가 런던을 방문하기에 앞서 애버딘(Aberdeen) 경 및 필과의 면담을 요구했다. 몬테피오레가 정부의 조치에 직접 항의하기 위해 러시아로 출발한 사이, 라이오넬은 또 한 번 필을 만나 러시아 외무장관 네셀로데 백작을 만날 수 있도록 소개장을 써 달라고 부탁했다. 이와 비슷한 사례로, 우리는 이미 로스차일드 가문이 1848~1849년에 로마에서 벌어진 정치적 위기를 이용해서 교황으로부터 그 도시의 유대인들에 대한 처우 개선 약속을 받아낸 과정을 살펴보았다.

그렇지만 그 어떤 사례보다 유명한 유대인 권리 운동이 추진되어 종국에는 승리를 거둘 수 있었던 곳은 (종교적 차별이 유난한 나라는 결코 아니었던) 영국이었다. 이 당시 영국 내에서 유대인의 지위는 많은 면에서 이례적이었는데, 중유럽의 기준에서 보았을 때 유대인 사회의 규모가 비교적 작았다는 사실과도 무관하지 않았다. 영국 본토에 거주하는 유대인은 1828년에 단 2만

7000명에 불과했다. 32년이 지나고서도 (몇 십 년 동안 영국 전반에 걸쳐 폭발적인 인구 증가가 이루어졌는데도) 유대인은 여전히 4만 명에 불과하여 전체 인구의 0.2% 수준이었고, 그 중에서도 절반 이상이 런던에 살고 있었다. 대륙의 기준에서 보면, 그리고 가톨릭(특히 아일랜드 가톨릭교도)에 대한 대중의 태도와 비교해 보면, 유대인에 대한 적대감은 사뭇 점잖은 편에 속했다. 그러나 사문(死文)으로나마 법령집에는 유대인의 토지 소유나 학교 설립을 금지하는 등의 다양한 장애 요소가 잔존해 있었다. 게다가 그보다 더 중요한 문제는 앞서 언급한 것처럼 의회를 비롯한 수많은 공공기관이 입회 자격을 얻는 과정에서 그리스도교적인 선서를 요구했다는 점이었다. 로스차일드가의 정치 활동의 최고 목표가 된 것은 바로 이 선서를 폐지하는 일이었다.

아내 해나의 영향을 받아, 나탄은 가톨릭 해방 법안이 성공적으로 통과된 직후였던 1829~1830년에 유대인의 참정권 문제에 천착하게 되었다. 로스차일드 가문이 토리당에 환멸감을 느끼게 된 것도 휘그당이야말로 유대인에 대한 평등한 조치들을 지지해 줄 집단이라는 것이 확실해진 이 무렵부터였다. 이 같은 정치적 입장 변화는 로버트 그랜트(Robert Grant)가 도입한 일련의 해방 법안들이 하원에서 주로 토리당의 반대에 부딪혀 기각되면서 나탄이 죽은 뒤에도 그대로 이어졌다. 지금까지 간과된 일부 기록들을 살펴보면, 지방자치운영위원단에 선출된 유대인 의원이 런던의 주 장관으로 선출됐을 때 살로몬스가 그랬던 것처럼 수정된 선서문을 읽을 수 있게 하자고 제안한 1841년의 캠페인에 냇도 힘을 보탰다는 사실을 알 수 있다. 로스차일드가 사람들이 주시하고 있는 와중에 토리당이 상원에서 이 조치에 맞불을 놓으면서, 당과 가문의 관계가 조금이라도 개선될 여지는 사라져버렸다.

어느 정당 활동가가 보낸 편지 한 통은 메이어가 자유당의 득표수를 높이기 위해 런던에서 투표권자 등록에도 참여했다는 사실을 알려 준다.[20] 나중에 필이 웰링턴에게 정부에 대한 지지를 이끌어내 달라고 요청했을 때, 웰링턴 역시 비관적이었다. 그는 이렇게 경고했다. "로스차일드가는 정치적 목표가 없는 사람들이 아닙니다. 특히 그 노부인[해나]과 라이오넬 씨가 그렇지요. 그들은 유대인에게 정치적 특권을 인정해 달라는 청원을 오랫동안 열성을 다해 지원해 왔습니다." 비록 "런던에 있었을 때보다 좀 더 토리당 편이 된 것 같다"고 썼던 냇도 필을 지지하는 것은 엄밀히 말해서 조건부라는 점을 강조했다. "저는 그가 우리 가련한 유대인들 편에 서 주리라고 믿습니다. 그가 우리를 해방시킨다면, 저도 그를 지지할 겁니다."

전반적으로 훨씬 자유주의적인 견해를 갖고 있던 앤서니는 필이 하원에서 당과 불화를 겪고 있다는 소식을 듣고 그것을 계기로 "로버트 경도 좀 더 자유주의적인 방향으로 입장을 틀고, 마침내는 가련한 유대인들을 위해 무언가 해 주리라"는 생각에(그의 확신은 옳았던 것으로 드러난다) 반가워했다. 라이오넬도 1843년 10월에 있었던 런던의 보궐선거에서 투표 당일이 안식일이지만 이번만은 투표하자고 유대인 유권자들을 설득하며 자유당 후보 제임스 패티슨(James Pattison)을 적극적으로 지원하고 나섰다. 그 표들은 대단히 중요했는데, 패티슨은 상대 후보로 출마한 토리당원, 다름 아닌 로스차일드가의 오랜 라이벌인 토머스 베어링(Thomas Baring)을 마침내 아주 근소한 차로 이겼기 때문이다.

그러나 라이오넬은 데이비드 살로몬스의 선례를 따라 자신이 직접 정치 활동에 뛰어드는 일만은 망설이고 있었다. 일단 현실적인 문제가 발목을 잡았다. N. M. 로스차일드 앤드 선즈처럼 거대한 은행의 시니어 파트너로서는 쉽게 허비하기 힘든 시간을 정치에 할애할 수는 없었기 때문이다. 라이오넬은 제임스가 일찍이 1816년부터 내비친 견해, 즉 "상인이 공무에 지나치게 개입하게 되면 그 순간부터 본연의 은행 사업을 끌고 가는 것이 어려워진다"는 견해에 공감하고 있었던 것 같다. 한편, 그가 영국에서 가문의 정치적 입지를 드높일 무언가를 해 주길 바라는 가족들(제임스를 포함해서)의 압력 역시 무시할 수 없었다. 그때까지도 제임스는 정치 활동이라는 것을 1820년대에 그와 그의 형들이 사업 관계를 맺고 있던 여러 왕실의 환심을 사서 직함과 훈장을 열심히 수집했던 경험에 비추어 생각하고 있었다. 그는 그의 조카가 1838년의 영국에서 자신의 모범을 따랐으면 하는 마음에 라이오넬에게 이렇게 써 보냈다.

나는 벨기에 왕을 오래 알현했고, 왕은 당신이 손수 영국 여왕에게 편지를 써 주겠다고 약속하셨다. 왕후께도 편지를 쓰게 해서 무도회마다 우리가 초대받을 수 있게 해 주겠다고 약속하셨지.……왕은 우리 네 형제에게 훈장을 하사하셨어.……사랑하는 조카야, 너도 그런 리본 같은 것에 환장한다면 이다음에는 바로 네가 그런 훈장을 받게 될 거라는 확신이 드는구나. 비록 영국에서는 그런 것을 차고 다니지 않는다지만 말이다.

안젤름은 그보다는 덜 고리타분한 소망을 드러냈다. 그는 "1년이나 2년 뒤에는 너희 중 하나가 의원이 된 것을 축하할 수 있을 것이다. 네가 달변으로 연설하는 것을 보고 경탄할 수 있겠지"라고 썼다. 아이작 라이언 골드스미드가 1841년 유대인 최초의 준남작이 되었을 때, 마침 파리에 가 있던 앤서니는 "라이오넬 형님은 라이오넬 드 로스차일드 경이라고 불리는 편이 훨씬 낫겠는데요. 한번 시도해 보라고 하세요"라고 써 보냈다. 잘로몬이 1843년 비엔나의 '명예 시민'이 되자, 앤서니는 "늙은 영국도 뭔가 깨닫는 것이 있기를" 바랐다. 1845년 데이비드 살로몬스가 또 한 번 중요한 득점을 올리자, 부담감은 더욱 커졌다. 포트소컨(Portsoken) 구의 행정 장관직을 두고 치러진 경쟁 선거에서 승리한 살로몬스는 "그리스도교인의 신실한 믿음에 두고" 선서해야 하는 상황에 놓였다. 그가 이를 거부하자, 행정장관회의는 당선 무효를 선언했다. 살로몬스는 (앤서니가 예상한 대로) 유대인에게 훨씬 동정적인 입장에 있는 필에게 항의했고, 필은 대법관 린드허스트에게 지방 공직 법령에 남아 있는 유대인 차별 조항을 전부 삭제하는 법안을 기초하도록 지시했다. 법안은 1845년 7월 31일에 법률로 제정되었다.[21] 라이오넬도 필에게 로비를 하기 위해 파견된 영국 유대교 대표 위원회 위원 다섯 사람 중 하나로서 법안을 통과시키는 데 힘을 보탰다. 그러나 영광은 살로몬스에게 돌아갔고, 경쟁심 강한 친척들에게 이는 속이 쓰라린 일이었다. "저는 형님이 런던 시장 겸 시티의 하원 의원이 되는 걸 보면 기쁘겠습니다"라고 냇은 써 보냈다. 1년 뒤에도 그는 같은 이야기를 반복했다. "우리 고리타분한 프랑스 식구들은……모두 형님이 곧 하원 의원이 되실 테니 지금부터 준비를 해 둬야 한다는 이야기를 하고 있습니다." 승리를 거둔 살로몬스가 나중에 파리를 방문했을 때, 해나의 반응은 냉랭했다. 그녀는 샬로테에게 이렇게 썼다. "그는 대의명분을 위한 싸움에서 이겼으니 만족스러워할 자격이 있고, 우리 역시 유대인 사회에 좋은 영향을 미칠 경사를 두 손 들어 환영해야겠지. 그 일에 손을 보탠 사람들도 각자의 선행과 공로를 인정받으리라는 것을 의심치 않는다."[22] 모제스 몬테피오레가 1846년에 준남작 작위를 받자, 앤서니는 "아마도 휘그당이 정권을 잡으면⋯⋯ 형님에게도 무언가를 바쳐야 한다고 생각할 것"이라는 희망을 내비쳤다. 필의 정부가 무너진 지 얼마 안 되어 냇은 그의 형에게 "출마하거나 아니면 공식적으로 출마 선언을 하라"고 설득하며 "똑똑한 사람 몇 명을 붙여 드릴 테니 저녁에 한두 시간 같이 공부하다 보면 이런저런 정치경제 문제에도 다소나마 익숙해지실 것"이라고 제안하기도 했다.

라이오넬에게 정치적으로 적극적으로 나설 것을 요구한 것은 가족뿐만이 아니었다. 1841년에는 아일랜드의 지도자 대니얼 오코넬(Daniel O'Connell)의 동지 한 사람이 "귀하의 영예로운 조국에서 가장 영향력 있는 인물 중 한 분"으로 그를 공청회에 초청했는데, 라이오넬에게 의뢰된 연설 주제는 '유대인의 정치적 지위'였다. 2년 뒤에는 그가 런던의 보궐선거에 출마하리라고 제멋대로 추측한 사람들이 미리부터 지원군이 되겠노라고 나서기도 했다.

그런데도 라이오넬은 여전히 망설이고 있었다. 다른 사람들은 일분일초가 아깝다는 듯이 살로몬스가 만들어 놓은 틈새를 비집고 들어갔는데(그의 동생 메이어도 그 중 하나였다. 메이어는 2월에 버킹엄셔의 주 장관이 되었다[23]), 라이오넬은 손을 놓고 있었다. 신임 총리 존 러셀 경이 준남작 작위를 제안했는데도, 그는 고집스럽게도 수락을 거절해 일가친척들을 경악하게 했다.[24] 그의 변명을 들어 보면 라이오넬도 꽤 성마른 기질이 있는 사람이었다는 것을 알게 된다. 말인즉슨, 다른 유대인이 이미 받아 놓은 영예를 두 번째로 받기는 싫고, 남작도 아닌 준남작에는 만족할 수가 없다는 것이었다. 앨버트(Albert) 공에 따르면 라이오넬은 "그보다 더 높은 것을 주실 수는 없습니까?"라고 대꾸했다고 한다. 그의 부친도 인정했을 법한 배짱 좋은 태도였지만, 그의 어머니 해나는 노여워했다.

자신들이라면 영예를 수락하고도 남았을 그의 형제들 역시 당황스러워했다. 냇은 장난기를 발휘해 이렇게 써 보냈다. "제가 형님이라면 영국 준남작 작위를 받을 겁니다. 독일 남작보다야 그 편이 낫지 않겠습니까? 빌리 옹(빌헬름 칼을 가리킴)은 '앤서니 경'이 아주 그럴듯하게 들린답니다. 그 작위를 형님이 갖기 싫으시면 아우에게 물려주면 되지 않느냐고 생각한다고요. 우리는 각자 아주 멋들어진 이름들을 고안했습니다. '멘트모어의 메이어 경'이라고 하면 연애할 때도 얼마나 그럴듯하겠어요?" 제임스 역시 끼어들었다.

내 사랑하는 조카야, 훌륭하신 여왕 폐하가 너를 그만큼 호의적으로 보셨다니 얼마나 감사한 일이냐. 앨버트 공의 질투심을 사지 않도록 주의해라. 그건 둘째 치고, 나는 네가 작위를 받아야 한다고 생각한다. 그런 영예를 거절하는 일은 있을 수 없는 법이며, 그런 기회를 그냥 흘려보내는 것도 안 될 말이다. 정권은 쉽게 바뀐다. 예전에 나는 이 땅에서 무엇이든 할 수 있었지만, 이제는 실상 그 모든 일이 불가능해졌잖느냐.

그러나 라이오넬은 미동도 하지 않았다. 결국 앤서니가 대신 작위를 받으면서 교착 상태는 해소되었다.[25] 라이오넬의 최후의 항복(1847년 총선에서 자유당 후보로 출마하는 데 동의한 것) 역시 이 같은 '망설임' 끝에 이루어진 것이었다.

의원직에 출마하겠다는 라이오넬의 결정(그는 1847년 6월 29일 런던 자유당 선거 등록 협회[London Liberal Registration Association]에 의해 후보로 채택되었다)은 로스차일드가의 역사에서 하나의 분수령이었다. 이 결정으로 로스차일드의 이름은 유대인 참정권 운동과 불가분 얽히게 됐고, 라이오넬은 이후 10년 동안 수차례의 선거와 의회에서의 고투에 시간과 노력을 바쳐야 했다. 이 분야는 사실 살로몬스나 같은 시기 하이드 선거구에 (맏형의 바람을 저버리고) 출마한 막내 메이어에게 쉽게 위임할 수 있는 일이었는데, 대외적으로 나서는 것을 가장 꺼렸던 사람이 어째서 그 일을 맡게 됐을까? 가족들의 압력에 끝내 저항할 수 없었기 때문이라는 말이 가장 명백한 설명일 것이다. 두 번째 가능한 설명은, 그가 입후보한 것이 가족의 설득 때문이 아니라 당시 런던의 현직 하원 의원이었던 존 러셀 경이 유대인 유권자들의 표를 자기편으로 확보해 두고 싶어서 설득한 결과였다는 것이다. 세 번째 가능성은 라이오넬이 애초부터 당선을 예상치 않았으리라는 것, 한창 뜨거운 대의명분을 내세웠던 것도 실은 형식적인 제스처에 불과했다는 것이다. 그가 결국 낙선해서 휘그당원들로부터 "그들이 들인 비용 전부를 보상하라"는 청원을 듣게 될 것이라고 예상한 사람도 적어도 한 명은 있었다. 그리고 당시 출마한 다른 유대인 후보자들 중에는 누구도 선출된 사람이 없었다는 사실 역시 지적해야 한다. 선거는 격전이었고, 토리당 지지자가 갈라지지 않는 한 휘그당원들과 급진주의자들은 하원에서 그저 한 자리 수 차이로 과반수가 될 수밖에 없는 형국이었다.

빅토리아 시대 런던의 복잡다단한 선거 정치는 승리를 미리 확신할 수 없게 만들었다. 타워 햄리츠(Tower Hamlets)까지 동쪽으로 뻗어나간 선거구는 대형 선거구(1847년의 표수만 거의 5만 표였다)로 네 명의 하원 의원을 뽑을 수 있었다. 이 선거구에 아홉 명의 후보(자유당 네 명, 필파[派] 한 명, 보호무역주의자 세 명, 무소속 한 명)가 출마했고, 한 달 안에 공청회가 열두 번이나 열렸을 정도로 선거운동은 치열했다. 라이오넬의 연설은 언뜻 평범해 보였다. 종교에 대한 "양심의 자유(liberty of conscience)"²⁶라는 주제를 언급한 것은 당연한 일이었고, 덧붙여 그는 자유무역을 지지한다고 선언했다. 분명히 그는 "총리 각하보다는 좀 더 세게 나가라"며 "가능한 한 자유주의자로 보여야 한다"는 냇의 충고를 따르지 않았다.

자세히 뜯어보면, 그는 심지어 자신에게 불리할 수도 있는 주장을 하고 있었다. 그는 담배와 차에 붙는 관세를 내릴 것과 재산세 도입을 주장했는데, 이는 선거권이 없는 가난한 사람들에게는 인기를 얻을 만한 주장이었지만 사재를 보유한 유권자들의 마음을 얻기 위한 공약은 절대 아니었다. 로크라는 이름의 어느 진취적인 가톨릭 사제로부터 공공연한 지원을 받았으면서도(이 지원은 받아들여진 것으로 보인다), 라이오넬은 메이누스(Maynooth)의 가톨릭 신학교에 보조금을 증대하는 일에 반대한다고 천명했다(각 종파에서 운영하는 학교에 대한 국가 지원이라는 좀 더 일반적인 원칙에 대해서는 확실한 의견을 표명하지 않았다). 유대인들의 표는 생각만큼 그리 중요하지 않았다. 아직은 투표 자격이 있거나 투표자로 등록된 유대인이 많지 않은 수준이었다. 라이오넬이 최소한 한 사람의 유대인 보수당원으로부터 지원 제의를 받았고, 그의 어머니도 "유대인들은 모두들 좋은 옷으로 차려입고 네게 투표할 것"이라 장담했지만, 필파의 존 매스터맨(John Masterman)은 유대인 해방에 반대 입장을 천명했는데도 어렵지 않게 의석을 지킬 수 있었다.

한편, 라이오넬에게는 두 가지 유리한 점이 있었다. 언론은 영국 전역을 통틀어 특히 런던에서 대단한 활약상을 펼치고 있었고, 라이오넬 역시 언론인들과 한층 가까운 관계를 맺고 있었다. 특히 당시는 유대계 신문의 요람기였다. 1841년 제이콥 프랭클린이 창간한 《야곱의 목소리(Voice of Jacob)》에는 라이오넬 역시 투자자로 참여했다(비록 곧이어 등장한 《유대교 신문(Jewish Chronicle)》이 유대인 언론의 주역 자리를 꿰차게 되지만). 그러나 그에게는 그보다 훨씬 영향력 있는 후견인이 한 명 있었다. 《타임스》의 스물아홉 살짜리 편집장 존 새디어스 딜레인(John Thadeus Delane)으로, 라이오넬의 선거 연설 초안을 잡는 일을 도와 달라는 부탁에 결국 설복된 인물이었다. 딜레인은 자신이 라이오넬의 승리를 일궈낸 장본인이라고 믿었다. 개표 결과가 발표된 뒤에 샬로테가 "열광적인 기쁨과 감사"를 표했고, 냇과 앤서니로부터도 "감사 인사를 너무 받아 현기증이 날 지경"이었다는 것이다. 《이코노미스트(Economist)》 역시 도움의 손길을 건넸다. 그러나 유대인 해방에 반대하는 진영에도 그만큼 영향력 있는 기자들이 포진해 있었다. 역사가 J. A. 프루드(J. A. Froude)는 토머스 칼라일(Thomas Carlyle)과 피커딜리 148번지 앞에 서 있었을 때 칼라일이 했던 말을 기억했다.

존 왕을 다시 섬겨야 한다는 뜻은 아닐세. 하지만 유대인들을 어떤 식으로 대하는 것이 전능하신 하느님의 뜻에 가장 가깝겠느냐, 그들에게 이런 궁궐을 지어 줘야겠느냐, 아니면 펜치를 들어야 하겠느냐고 내게 묻는다면 말일세, 나는 펜치라고 선언하겠네.……"자, 선생님, 당신이 금융 사업으로 쌓아올린 이 수백만 파운드 중 일부를 나라가 요구하는데 어떻게 하실는지요? 싫다고요? 네네, 좋습니다." (그러면서 그는 자기 손목을 비틀어 보였다.) "이제 금고를 여실는지요?" (또 한 번 비틀기. 그 수백만 파운드가 전부 쏟아질 때까지 그러겠다는 것이었다.)[27]

믿기는 힘든 이야기지만, 칼라일은 라이오넬이 유대인 차별 조치를 철폐해야 한다는 기조로 팸플릿을 써 준다면 보수를 후하게 쳐 주겠다고 자신에게 제안했다고 주장했다. 그 제안에 칼라일 자신은 이렇게 대꾸했다는 것이다. "나는 그런 일은 할 수 없다고 답했다.……또한 실로(Shiloh)[28]의 도래를 기다려야 할 그와 그의 도당이 어째서 비유대인들의 입법 기관에 자리를 얻겠다는 것인지 나로서는 이해할 수가 없다고도 말했다." 그는 이와 비슷한 견해를 하원 의원 몽크턴 밀른스에게 보낸 편지에서도 드러냈다. "진정한 유대인이라면 어떻게 자신의 조국인 비참한 팔레스타인을 뒤로하고 타국의 시민이 되겠다고, 심지어 상원 의원이 되겠다고 노력할 수 있겠습니까? 그의 모든 생각과 행보와 노력은 어디로 향하는 걸까요?"[29] 이런 칼라일의 태도는 윌리엄 새커리(William Thackeray)와는 정반대였다. 새커리는 로스차일드 일가와 친분을 쌓은 뒤 유대인 문제에 대해 입장 변화를 겪은 참이었다.[30]

자신에게 라이오넬이 접근했다는 칼라일의 주장에서도 드러나듯이, 라이오넬이 유용할 수 있었던 두 번째 이점, 어쩌면 무엇보다 중요했을 이점은 바로 돈이었다. 휘그당 전쟁장관이었던 그레이(Grey) 경에 따르면, 그는 "돈으로 이번 선거를 치르려 한다는 결심을 숨김없이 드러냈다". 냇이 파리에서 연이어 보내 온 편지들에서도 그의 형이 과연 "상당한 금액"을 "현찰로 지불"했다는 사실이 엿보인다. 결국 이것이 국면을 뒤집은 것도 무리는 아니었다. 라이오넬은 개표 결과 6792표로 3위로 선출되었고, 러셀은 7137표, 패티슨은 7030표, 매스터맨은 6772표를 얻었으며, 또 다른 자유당 후보 조지 라펜트(George Larpent)는 고작 세 표 차로 낙선했다. 라이오넬의 가톨릭계 지지자 로크는 라이오넬이 거둔 이날의 승리를 자신이 완성시켰다고 믿었다. 그가 로스차일드를 지원한 동기는 순전히 돈에 있었다.[31]

가족과 친지들에게 이것은 그들이 그리도 오랫동안 갈망해 왔던 정치적 승리였다. 냇은 이 승리가 "우리 가문에서 가장 위대한 승리 중 하나일 뿐 아니라, 독일을 비롯해 전 세계에 살고 있는 불우한 유대인들에게도 대단히 이로운 일"이라고 썼다. 그의 아내는 "당신처럼 걸출한 대변자가 있다는 것은 유대 민족에게는 새로운 시대의 서막과 같은 일"이라고 말했다. "틈새가 만들어졌다"고 베티는 기뻐서 어쩔 줄 몰랐다. "오명과 차별, 편견의 장애물들이 분명 허물어지고 있구나." 심지어는 메테르니히까지 축하를 보내 왔다(그는 이 사건이 1년도 채 지나지 않아 그로 하여금 영국으로 망명을 떠나게 하는 자유주의의 승리라는 것을 눈치채지 못했다). 그러나 이 기쁨의 도가니 속에서 묵과된 한 가지 사실은 라이오넬이 하원 의원으로 의석에 앉기를 원한다면 11년 전에 흐지부지된 선서 폐지 법안을 이번에도 정부가 통과시키지 않는 한 그가 결국에는 "그리스도교인의 신실한 믿음에 두고" 맹세를 해야 한다는 것이었다. 러셀은 이미 그런 법안을 제출하겠다고 약속한 상태였다. 사실상 라이오넬의 승리는 오직 양원 다수가 그 법안에 찬성표를 던져야만 완성될 승리였다.

디즈레일리

라이오넬의 당선으로 제기된 문제는 흥미진진하며 예측하기 힘든 방식으로 영국의 정치 엘리트들을 편갈라 놓았다. 특히 예상치 못했던 일은 의회에 남아 있는 유대인 제한 조치를 철폐하자는 러셀의 법안이 원내의 같은 당원들뿐만 아니라 양분된 토리당의 두 당파로부터도 지지를 얻어냈다는 것이었다. 1847년 12월 그가 법안을 제출했을 때, 필파의 우두머리 글래드스턴과 보호무역주의자들의 지도자격인 조지 벤팅크(George Bentinck) 경, 디즈레일리 모두 찬동하는 연설을 했다. 이 중에서 디즈레일리는 비록 동기나 행동은 상상 이상으로 복잡했지만, 인간적으로 가장 흥미로운 인물이었다.

그 무렵 디즈레일리는 거의 10년 가까이 로스차일드 가문과 친분을 유지해 오고 있었다. 그가 이 가족과 만나 교우한 것이 기록으로 남아 있는 것은 1838년부터로, 당시 시작된 교제가 순탄하게 이루어져 1842년 디즈레일리가 파리를 방문했을 때 그는 가족들로부터 따뜻한 영접을 받을 수 있었다. 1844~1845년까지 그와 아내 메리 앤은 로스차일드가 사람들과 여러 번 저녁 식사를 같이했다. 1844년 5월에 한 번, 1845년 6월에 두 차례, 다시 같은 해 여름에 브라이턴 휴양지에서 식탁에 마주 앉는 식이었다. 1846년에는 라이오넬이 디즈레일리가 프랑스 철도 회사에 투기하는 것을 돕는 데까지 관계가 발전했고, 나중에는 이리저리 얽힌 채무 문제를 해결해 주는 데까지 이른다(그때 문제가 된 빚의 규모만 5000파운드였다). 디즈레일리는 가문의 재력을 높이 샀고 로스차일드가 사람들은 디즈레일리의 재치를 흠모했지만, 그들의 우정에는 그 이상의 의미가 담겨 있었다. 당시는 디즈레일리의 소설가로서의 재능이 절정에 달한 때였다. 『커닝스비―새로운 세대(Coningsby, or The New Generation)』가 1844년에 발표됐고, 『시빌―두 개의 국가(Sybil, or The Two Nations)』

가 1845년에, 『탄크레드-신십자군(Tancred, or The New Crusade)』이 1847년에 출간되었다. 이러한 작품을 쓰는 데 로스차일드가와의 친교가 영향을 미쳤다는 사실은 널리 알려져 있으나 아직 제대로 평가받지는 못하고 있다.

시너고그와 관계가 틀어진 부친이 아들을 시골 영지의 신사로 키우고 싶어 했기 때문에 세례를 받게 된 디즈레일리는 평생 유대교의 매혹에 휩싸여 있었다. 적들은 그의 태생을 들먹이며 공격했지만, 디즈레일리는 배짱 좋게도 다른 이들이 약점이라고 보았던 것을 강점으로 변모시켰다. 특히 1840년대에 집필한 소설에서, 그는 그의 말마따나 "인종적" 유대인성(性)과 그리스도교 신앙 사이에서 자신이 실상 일거양득을 누리고 있음을 암시하며 두 요소 간의 화해를 시도했다. 로스차일드가와의 교제는 그가 유대교를 이해하는 방식에 중대한 영향을 미쳤음에 틀림없다. 라이오넬과 샬로테는 더할 나위 없이 매력적인 한 쌍이었다. 남편은 부유하고 영향력 있는 사람인 데다 아내는 지적이고 아름다웠다. 그러나 디즈레일리를(그리고 그의 아내를) 가장 매혹시킨 것은 그들의 유대인다운 면모였다. 더욱이 그 집의 자녀들은 자식이 없던 디즈레일리 부부를 두 배로 탄복하게 했다. 디즈레일리는 (1845년 6월 하이드파크에서 진행된 열병식을 구경하라고 아이들을 그로스브너 게이트[Grosvenor Gate]에 초대했을 때) 그 애들을 두고 "참 아름다운 아이들"이라고 썼다.

석 달 뒤 로스차일드 가족은 기이한 방문을 받는다. 잔뜩 흥분한 메리 앤이 찾아와 다짜고짜 샬로테의 품 안에 쓰러져버린 것이다. 자신과 남편은 지금 완전히 기진맥진한 상태이며("저는 교정지를 손보느라 눈코 뜰 새가 없는데, 출판사들은 얼마나 성가시게들 구는지요.……가엾은 디즈는 밤잠도 자지 못하고 글을 쓰고 있답니다"), 그래서 파리로 곧 떠나려 한다는 이야기로 서두를 마무리한 메리 앤은 샬로테의 여섯 살 난 딸 에블리나를 자신의 유일한 상속자로 유언에 남기고 싶다고 말하며 샬로테를 놀라게 했다.

디즈레일리 부인은 땅이 꺼져라 한숨을 쉬더니 이렇게 말했다. "작별 인사를 하려고 들른 거예요, 다시는 부인을 만날 수 없을지 몰라요. 정말 알다가도 모를 것이 인생이지요.……이 세상에는 절 사랑해 주는 사람이 한 사람도 없답니다. 제 사랑하는 남편만 빼면 저는 세상의 그 누구에게도 관심이 없어요. 하지만 저는 부인의 영광스러운 민족을 사랑해요." 나는 부인을 달래고 진정시키려 애썼다. 그런데 부인은 자신이 가진 재산과 소지품 목록을 일일이 열거하더니, 주머니에서 종이 한 장을 꺼내며 이렇게 말하는 것이었다. "이건 제 유언장이니 부디 읽어 보시고 남작께도 보여 주세요. 그리고 절 위해 잘 간수해 주세요."

샬로테가 자신은 "이렇게 큰 책임을 받아들일 수가 없다"고 부드럽게 말하자, 메리 앤은 종이를 펼치고서는 큰 소리로 읽기 시작했다. "내 사랑하는 남편이 나보다 먼저 세상을 떠날 경우, 나는 에블리나 드 로스차일드에게 내가 가진 재산을 전부 유증한다.……나는 유대인을 경애해요. [그녀는 계속 말했다.] 나는 당신의 아이들을 사랑하고, 에블리나는 그 중에서도 제가 가장 좋아하는 아이랍니다. 그 애가, 바로 그 애가 내 나비를 달아야 해요. ['나비'는 메리 앤의 장신구였다.]"

유언장은 이튿날 아침 돌려보내졌다. 그때 있었다는 "매우 마뜩찮은 장면"은 디즈레일리와 아내 사이에 벌어진 일이었을 것이다. 그러나 이들 부부가 로스차일드 집안에 갖는 관심은 퇴색할 기미가 없었다. 1845년에 레오가 태어났을 때, 디즈레일리는 (파리에서 편지를 보내며) "그 애는 그의 순결하고 성스러운 족속, 그 아름다운 형제자매들에 필적할 만한 사람으로 자랄 것"이라며 축복했다. 갓난아기를 직접 본 메리 앤은 탄복했다. "맙소사, 이 아름다운 사내아이는 어쩌면 우리가 줄곧 기다려 온 미래의 메시아일지도 몰라요. 그리고 부인이야말로 모든 여성 중에 가장 영광스러운 여성이 될 거예요!"

샬로테와 디즈레일리와의 관계 속에는 언제나 좌절된 연정의 자취가, 그리고 아내 메리 앤과의 관계에는 질투 어린 초조함이 깃들어 있었다. 디즈레일리는 자신의 심정을 굳이 부정하지 않았다. 그는 1867년 3월 샬로테에게 보낸 편지에 이렇게 썼다. "인생의 고투 한가운데서라도, 사랑하는 이들이 주는 동정은 위안이 됩니다. 그리고 제가 당신보다 더 사랑하는 이는 없습니다." 이것이 디즈레일리 특유의 과장 어법 그 이상이었으리라 생각할 만한 근거가 몇 가지 있다. 샬로테가 디즈레일리를 방문했던 어느 날, 메리 앤을 포함한 세 사람 사이에 어떤 남부끄러운 꼴이 연출되었던 것으로 보인다. 디즈레일리는 서둘러 (회의실 석상에서) 사과 편지를 썼다.

불편한 상황을 만들어 드려 더없이 유감스러운 심경이지만, 제 생각에 부인께서는 어제 방문하지 않으신 편이 낫지 않았을까 싶습니다. 아내는 장시간 눈을 못 붙인 데다 그 외 다른 이유들로 몹시 흥분해 있었기 때문입니다. 아내는······ 부인께 애정 어린 안부를 전해 달랍니다.······저 또한 그러고 싶습니다만, 저는 그 애정을 이미 오래전에 보내 드렸지요.

세 사람의 관계에서 특히 눈에 띄는 것은 메리 앤이 샬로테를 향해 대단히 연극적으로 표출했던 애정이었다. 그것은 그녀가 느꼈을지 모를 질투심에 대한 과잉 보상이었을 것이다. 메리 앤이 1869년에 앓아누웠을 때, 디즈레일리는 "아내가 당신께 편지를 쓰라고 중얼대는군요"라고 휘갈겨 쓴 쪽지를 샬로테에게 보냈다. 로스차일드가 사람들은 피커딜리 저택의 주방에서 만든 먹음직한 환자식을 보내어 이에 답했다(그러나 메리 앤이 죽은 뒤에는, 디즈레일리가 점점 더 많은 시간을 "B부인[브래드퍼드 부인]의 발치에서" 보내게 되어 오히려 샬로테가 질투심에 휩싸이게 된다. 이에 샬럿은 "여섯 바구니나 채운 영국 딸기, 파리에서 난 큼직한 아스파라거스 200개, 이제껏 본 중에 가장 크고 질 좋은 슈트라스부르크산 푸아그라"를 그에게 보내며, 자신이 그 "돈 많은 노부인"보다 언제든 훨씬 나은 것을 줄 수 있다는 점을 노골적으로 상기시키기도 했다).

그러나 그들의 교제에서 가장 특이했던 면은 종교적인 모호성이었다. 샬로테가 떠올린 일화에서처럼, 디즈레일리가 자신의 유대계 뿌리에 대해 보이는 태도는 항상 양가적이었다. 그녀는 1866년에 썼다. "내가 어떻게 잊을 수 있을까. 내 동서 루이자가 몬테피오레 가문과 모카타(Mocatta)가, 린도(Lindo)가를 거쳐 그와 사촌지간이 되는 대단한 기쁨과 영광을 누리게 되었다고 내가 운을 띄우자, 그가 얼마나 기막힌 표정을 짓던지. 그는 자신이 하늘에서 내려온 사람이기를 바란다. 런던만 해도 친인척들이 넘쳐나는데 그들의 존재를 완전히 무시하면서 말이다." 그러나 이 두 사람은 종교적인 문제를 논할 때만은 의견 일치를 보았다. 1863년에 그는 당시 상당한 논란을 불러일으켰던 에르네 르낭(Ernest Renan)의 근작 『예수의 생애(Life of Jesus)』를 그녀에게 건넸다. 그녀는 그리스도에 대한 신비주의를 걷어내려는 르낭의 시도가 "마음에 들었"지만, 저자가 그리스도의 유대계 뿌리에 대해 묘사한 부분에서는 의구심을 느꼈다. "학식을 갖춘 유대인이라면 1800여 년 동안 세상을 지배해 온 종교인 그리스도교의 위대한 창시자에 대한 이 책의 해석이 그다지 새롭게 느껴지지는 않을 것이다. 그러나 나와 같은 많은 유대교인들은 르낭이 우리를 그토록 어둡고 혐오스럽게 묘사한 것을 보고 마음이 쓰라릴 것이다. 이제야말로 편견이 사라지는 것 같은 시점에, 그토록 오랫동안 박해받은 나라가 진지한 사상가에게서 추악하고 냉혹하며 교활한, 심지어는 고집스럽고 매몰찬 데다가 속 좁은 나라로 비난받는 것은 무엇보다 심란한 일이다. 정확한 판단력과 고결한 감정을 지닌 위대한 작가라면, 자신이 그리는 그림의 찬란한 아름다움을 드높이겠다고 이토록 깊은 그림자를 드리워서는 안 될 것이다."

그로부터 10년 뒤, 디즈레일리는 샬로테가 그녀가 집필한 『설교집(Addresses)』 한 부를 보내 준 것에 감사 편지를 보낸다. "보내 주신 작은 책을 공감하고 감탄하면서 읽었습니다. 책을 관통하는 부드러운 어조, 독실하고 고상한 감정은 어떤 교리를 믿는 사람의 마음에서든 공명할 것이 틀림없습니다. 어젯밤에는 (안식일을 기념하기 위해) 책을 큰 소리로 낭독하는 기쁨을 누렸지요. 책에 담긴 독실한 심성과 웅변은 모여 있던 사람들을 깊이 감동시켰습니다."

디즈레일리의 소설은 이 모든 정황을 염두에 두고 읽어야 한다. 『커닝스비』에 등장하는 시도니아라는 인물은 디즈레일리의 전기를 집필한 블레이크(Blake) 경도 지적했듯이 라이오넬과 디즈레일리 자신을 반반 섞어 놓은 것 같은 모습이다. 좀 더 정확히 말하자면, 그는 라이오넬의 배경, 직업, 종교, 기질 그리고 심지어 외모까지 갖춘 한편("창백한 피부, 힘찬 눈썹 그리고 그 짙은 눈동자에는 위대한 지성이 담겨 있다"), 그가 취하는 정치관이나 철학적 관점은 디즈레일리 본인의 것이다. 그리하여 우리가 읽게 되는 이야기는 이렇다. 시도니아의 부친은 반도전쟁 당시 많은 돈을 벌어들여 "여러 해에 걸쳐 중요한 상업적 인맥을 쌓아 놓은 영국으로 이주하기로 결심했다. 그는 파리조약 이후 막대한 자본을 가지고 영국에 도착했다. 그는 워털루전쟁 채권에 전부를 걸었고, 그 결과 유럽 최고의 자본가 명단에 이름을 올리게 되었다". 전쟁이 끝난 뒤, 그와 형제들은 자신들의 돈을 유럽 각국에 대부했고("프랑스는 돈을 원했고, 오스트리아는 그보다 더 간절했으며, 프로이센은 약간이면 되었다. 러시아는 수백만이 필요했다"), 그리하여 그는 "세계 금융 시장의 주인이 되었다". 어린 시도니아는 은행가로서 필요한 그 모든 기술을 갖추고 있었다. 그는 수학에 뛰어났으며, 독일과 파리, 나폴리로 여행을 다니며 익힌 덕분에 "유럽의 주요 언어들을 완전히 습득하고 있었다". 그는 가공할 만큼 감정에 초연한 사람인데, 성격에 대한 묘사는 꽤 품을 들여 자세히 쓰고 있다(예를 들어, "그는 감수성이란 것을 마주치면 몸을 움츠리고, 괜히 빈정대면서 도피처를 찾는 적이 많았다"). 책에는 심지어 "야외 스포츠에 대한 그의 열정은……그의 에너지를 분출하는 안전밸브였다"는 이야기도 등장하며, 파리의 로스차일드 저택 중 한 곳일 것이 빤한 어떤 장소에 대한 상세한 묘사가 곁들여진다.

이런 맥락에서 보면 『커닝스비』중 가장 흥미로운 부분은 시도니아의 종교에 대한 구절일 것이다. 책의 초반에서 그는 "열두 사도가 그들의 주를 따르기 전에 믿고 있었다고 고백한 바로 그" 신앙을 갖고 있는 것으로 드러나며, 후반에서는 "지금도 시나이에서 나팔 소리가 울려 퍼지기라도 하는 듯 위대한 입법자(모세를 가리킴)의 계명을 굳게 지키고" 있는 사람이라 묘사된다. 그는 "자신의 태생을 자랑스러워하며, 자기 민족의 미래를 확신하고 있었다." 한 가지 중요한 측면에서 시도니아는 라이오넬보다 디즈레일리에 가깝다. 시도니아가 스페인계 마라노(Marrano, 겉으로는 개종한 가톨릭교도이지만 은밀히 유대교도로 남아 있는 스페인계 유대인)의 후손으로 등장하는 한편, 디즈레일리는 자신의 가족이 세파르디(Sephardi)계 유대인[32]이었으리라고 상상하길 좋아했기 때문이다. 그러나 그 외의 많은 부분들은 로스차일드 가문에서 영감을 얻은 게 틀림없다. 그리하여 청년 시도니아는 "다름 아닌 그의 선조들의 학식과 진취성 덕분에 고대 철학을 전수받을 수 있었던 대학과 학교로부터 오히려 입학을 거부"당하는 것으로 그려진다. 게다가 "그의 종교가 평범한 시민으로 활동할 수 있는 길을 막았다". 그러나 "그 어떤 세속의 족쇄도" 비유대인과 결혼함으로써 "그가 자랑스러워하는 민족의 순수성을 해치도록 유혹하지는 못할 것"이었다. 자신의 "민족"에 대한 시도니아의 견해를 파고들 때에야 비로소 인물에 투사된 디즈레일리의 면모가 라이오넬의 잔상 위로 본격적으로 떠오르게 된다.

유대인은 단일 민족이다.……순혈 민족으로 뭉친 이들은 자연의 귀족이나 다름없다.……많은 곳을 여행하면서, 시도니아는 세계 곳곳의 유대인 사회를 방문하고 관찰해 왔다. 그가 본 것은 으레 신분이 낮은 사람들은 타락하고 신분 높은 이들은 추악한 욕망에 빠져 있는 모습이었다. 그러나 그는 지적인 발전만은 온전하다는 것을 확인했다. 이것이 그에게 희망을 주었다. 이 민족은 박해를 이겨낸다는 것을 믿게 되었다. 그들이 견딘 고초를 되새겨 보면, 민족이 멸하지 않았다는 사실이 그저 놀라울 따름이었다.……무수한 세기에 걸쳐 수모를 당했는데도, 유대인의 정신은 유럽에서 벌어지는 일에 막대한 영향력을 발휘하고 있다. 지금까지 우리가 따르고 있는 그들의 율법에 대한 이야기가 아니다. 우리의 마음을 물들인 그들의 문학을 말하는 것도 아니다. 다만, 살아 있는 유대인의 지성을 말하는 것이다.

그러나 여기에서도 로스차일드가의 자취는 묻어난다. 디즈레일리는 유대인들이 유럽에 발휘하는 영향력을 묘사하기 위해, 시도니아의 목소리를 빌려 로스차일드 가문 근래의 역사를 놀라울 만큼 그대로 가져다 쓰고 있다.

"몇 년 전만 해도 러시아는 우리의 돈을 빌려 썼지. 이제 상트페테르부르크 왕가와 우리 가문 사이에 우정이란 남아 있지 않네. 폴란드의 유대인들, 머릿수는 어마어마해도 그 어느 민족보다 고통받고 퇴락한 유대인들을 위해 우리가 대변인 격으로 나서자, 차르는 마뜩치 않았던 걸세.……그러나 나는 마음을 돌이켜 상트페테르부르크로 향했네. 도착하자마자 러시아 재무장관 칸크린 백작을 만나 면담을 했지. 즉, 리투아니아 유대인의 아들을 만난 셈이었네. 이번 사업은 스페인과도 관련된 일이라서 나는 러시아에서 다시 스페인으로 떠났다네. 도착하자마자 반겨 준 사람들은 스페인 장관 세뇨르 멘디사벨이었네. 역시 나와 같은 민족, 아라곤 지방 출신 크리스티아노 누에보(cristiano nuevo)[33]의 자손을 만난 셈이었지. 마드리드에서 다른 일이 생겨, 나는 곧장 파리로 가서 프랑스의 총리를 만나 논의했네. 그는 프랑스 유대인의 아들이었지[술트 총리를 말하는 듯하다]."

"……그러니 친애하는 커닝스비, 세계는 사람들이 상상하는 것과는 달리 무대 뒤의 인물들이 **지배하고 있는 것이라네**."

이처럼 걸출한 인물들이 사실은 유대인이었다는 디즈레일리의 환상은 둘째 치고, 여기에서 드러나는 것은 틀림없이 로스차일드식의 배포다.

책에는 신랄하고 매우 시사적인 언급도 담겨 있다. 즉, 유대인들은 정치적으로 "수평파나 광교파(廣敎派) 교도들과 같은 위치에 있으며, 그 자신을 모멸하려는 체제 밑에서 손 놓고 있느니 차라리 자신의 목숨과 재산을 위험에 빠뜨릴 수도 있는 정책을 과감히 지지할 사람들"이었다. "토리당은 결정적인 시점에 중요한 선거에서 패했다. 유대인들이 나서서 반대표를 던졌기 때문이다.……그러나 유대인, 커닝스비는 본질적으로 토리당원이다. 토리즘(Toryism)이란 유럽을 형성해 온 강력한 원형의 복제물에 다름 아니다." 해나가 어째서 이 책을 좋아했는지는 쉽게 알 수 있다. 샬로테에게도 썼듯이 "시도니아의 민족이 지닌 우수한 면면을 설명하고 그들의 해방을 주제로 여러 가지 논지를 펼치면서, 이 소설은 우리가 알 만한 사연들을 솜씨 있게 소개해 준다. 인물들 또한 섬세하게 묘사되어 있다.……나는 그의 이 영적인 작품에 우리가 얼마나 경탄하고 있는지 디즈레일리 씨 앞으로 메모를 남기기도 했다."

『커닝스비』가 라이오넬에 대한 암호화된 헌사를 담고 있다면, 『탄크레드』는 그의 부인에게 바치는 헌사였다. 런던을 배경으로 펼쳐지는 이야기에는 이번에도 로스차일드를 암시하는 듯한 요소들이 등장한다. 독자들은 시도니아의 화려하게 장식된 저택뿐만 아니라 "시퀸 코트"라는 곳에도 들어서게 된다. 시도니아가 "그레이트 노턴"이라는 프랑스 철도를 손에 넣기 위해 애쓰는 장면은 시사적이다. 다시 한 번 시도니아는 디즈레일리 이론의 대변자가 되어, 이번에는 그리스도교를 본질상 유대교의 이형(異形) 혹은 신형(新形)으로 재규정하고자 한다.

"나[시도니아]는 하느님이 시나이 산에서 모세에게 말씀하신 것을 믿고, 자네는 하느님이 예수라는 인간의 모습으로 갈보리 산에서 십자가에 못 박히신 것을 믿네. 모세와 예수 두 사람 모두 최소한 세속적으로는 이스라엘의 자손들이었네. 그들은 히브리어를 써서 히브리 사람들에게 말을 했지. 선지자들은 오직 히브리인들뿐이었네. 제자들 역시 히브리인들이었지. 영원히 살아남으리라는 로마의 교회, 이 섬나라를 모세와 그리스도의 신앙으로 개종시킨 교회 역시……히브리 원주민이 세운 것이네."

이런 대화가 펼쳐질 때 가장 대담한 의견을 펼치는 것은 에바(Eva)라는 인물이다. 시리아계 유대인 공주로 등장하는 그녀는 일견 샬로테와 닮은 구석이 없어 보인다. 그러나 그녀의 외양을 묘사한 부분을 읽자면 샬로테가 디즈레일리에게 모델을 제공해 준 것은 아닐까 추측하게 된다. 샬로테가 갖고 있던 견해와 에바의 관점 사이에도 비슷한 점이 없을 것 같지만 속단해서는 안 된다. 가령 에바는 이교도와의 결혼이나 개종에 대해 로스차일드 특유의 혐오감을 드러낸다. 그녀는 "히브리인은 그들의 압제자들과 피를 섞지 않습니다"라고, 나중에는 "아니오, 난 절대 그리스도교인은 되지 않을 겁니다!"라고 선언한다. 같은 식으로, 디즈레일리가 흥미를 갖고 있던 주제(유대교와 그리스도교의 동일한 기원) 역시 에바의 목소리를 빌려 다시 등장한다. "당신은 유대인 여성을 숭배하는 프랑크족인가요, 아니면 유대인 여성을 매도하는 프랑크족인가요?"라고 에바는 탄크레드를 처음 만난 자리에서 그에게 묻는다(장소는 성지의 오아시스다). 그녀는 그에게 상기시킨다. "예수는 위인이지만, 유대인이었어요. 그런데 당신은 그를 경배하는군요." 그리고 말을 잇는다. "전 세계 그리스도교 교도들 절반이 유대인 여성 앞에 예배를 드리고, 다른 절반은 유대인에게 경배를 올리는 셈이지요."

디즈레일리가 샬로테를 훨씬 앞서 나간 부분은 우격다짐 격의(동시대 사람들에게는 괘씸하도록 충격적이었던) 논지가 드러난 곳으로, 예수를 십자가에 매달며 "제물과 제물 바치는 이들을 드렸"으니 유대인들은 하느님의 "선하신 의도를 완성"했고 "인류를 구원했노라"는 내용이었다. "그리스도교는 유대교의 완성이고, 그게 아니면 아무 의미도 없다.……유대교는 그리스도교 없이는 불완전하다"는(『시빌』에서 전개한) 주장 역시 샬로테는 공감하지 않았을 것이다.[34]

소설 속에서 윤곽을 드러낸 주장들은 러셀의 유대인 법안(Jewish Disabilities Bill)에 대해 디즈레일리가 어떤 견해를 지니고 있었는지를 시사한다. 그는 법안을 지지할 준비가 되어 있었으나, 첫 독회가 있기 2주 전 토리당원 특유의 어조로 라이오넬과 앤서니 그리고 그들의 부인들 앞에서 "우리는 종교적

용인과 양심의 자유가 아니라 우리의 권리와 특권을 요구해야 한다"고 말했다. 이 말은 식탁에 둘러앉아 있던 자유주의자들을 불편하게 만들었다. 루이자는 디즈레일리가 "이상한, 탄크레드 같은 태도"로 이야기했다고 묘사했으며, "그가 의회에서도 똑같은 논조로 연설할 용기가 있을지 의문"이라고 썼다. 그는 그렇게 했다. 그리고 샬로테는 일단 열광적인 반응을 보였다. 그녀는 1848년 3월 딜레인에게 이렇게 썼다. "우리의 벗 디즈레일리보다 영민하고 확고하며 재치 있고 창의적으로 의사를 표명하는 일은 불가능할 겁니다."

의회와 귀족

다만, 디즈레일리를 고질처럼 괴롭힌 문제는 소설로서는 인정받을 수 있었던 것도 현실 정치에서는 불운한 결과를 빚었다는 사실이었다. 그와 보호무역주의파의 지도자 벤팅크가 당을 양분하고 필을 토리당 당수로 쫓아내버린 지 1년도 채 되지 않은 시점이었다. 그런데도 러셀의 법안에 대한 지지 여부를 놓고 간부들과 평의원들 사이에 또 한 차례 분열의 조짐이 번지고 있었다. 애당초 그들 중 누구도 자신들이 휩쓸린 이 골칫거리의 위력이 어느 정도 일는지는 예상치 못한 듯하다. 특히 벤팅크는 태평하게도 1847년 9월 크로커(Croker)에게 보내는 편지에 이렇게 썼다.

제 생각에 저는 늘 유대인 편에 투표해 왔습니다. 단정지어 말씀드리지 못하는 이유는, 유대인 문제는 나라의 중대사인 로마가톨릭 문제와는 전혀 다른 문제라서 일부러 신경 써서 고민해 본 적도 없고, 솔직히 어떻게 표를 던져야 할지 확신도 없기 때문입니다.……저는 유대인 문제를 재산법이나 이혼법처럼 개인적인 문제로 생각합니다.……보호무역주의자들은 로마가톨릭 문제에서 그랬듯이 이번에도 융통성을 발휘해야 합니다. 아마도 저는 유대인에게 호의적인 태도를 유지하되, 당내 다수 세력이 이견을 보이면 그들을 공격하지는 않으면서 부동표를 던질 수도 있을 겁니다. 물론 디즈레일리는 열렬히 유대인 편을 들겠지요.……로스차일드가는 사람들의 존경을 받는 집안이고 런던에서도 라이오넬을 대표로 선출했으니, 우리 당이 유대인을 적대시하는 쪽으로 사태를 몰고 간다면 당에 좋은 일이 없을 겁니다."[35]

디즈레일리마저 11월 16일 확신에 찬 어조로 "위험이 코앞에 닥친 것은 아닙니다.……전투는 내년에야 치러질 겁니다"라고 벤팅크와 존 매너스(John Manners) 앞에서 장담했을 정도였다.[36]

지나치게 낙관적인 전망이었다. 사실 보호무역주의자들 중에서 그들에 합류해 법안 찬성론을 펼친 것은 고작 두 사람(밀른스 개스켈[Milnes Gaskell], 그리고 라이벌을 회심시키자는 견지에서 지지 입장에 섰을 토머스 베어링)에 불과했다. 로버트 잉글리스(Robert Inglis) 경 같은 완고한 인물들을 중심으로 적게 잡아도 138명이나 되는 사람들이 반대표를 던져 당을 새로운 충격으로 몰아넣었다. "그리스도를 십자가에 못 박은 자들과 못 박히신 그리스도 앞에 무릎을 꿇는 이들 사이에 아무런 차이가 없다고 주장하는 디즈레일리를……내가 응원해야 되겠는가?" 오거스터스 스태퍼드(Augustus Stafford)는 그렇게 반문했다. 벤팅크는 그의 말마따나 "반가톨릭, 반유대인 당"의 당수 자리를 스탠리(Stanley) 경에게 넘기고 사임해버렸다. 이 문제로 하원에서 격론이 일자 디즈레일리가 목소리를 낮추려 했던 것도 납득이 가는 일이다. 주목할 만한 점은 당시에도 그랬고 그 이후로도 (디킨스의 표현에 따르면) "양심 없는" 사람으로 널리 알려졌던 그가 유대인 해방에 대한 지지를 단념하지 않았다는 사실이다. 그의 행동을 두고 쏟아진 수차례의 비난은(특히 샬로테와 루이자가 비난의 화살을 돌렸다) 부당한 것이었다. 1847년에 취했던 입장을 번복하는 법 없이 줄곧 같은 표를 던졌고, 때로는 이를 위해 연단에 오르기도 했기 때문이다. 물론 야박하게 해석하자면, 이 무렵 그가 라이오넬에게 경제적으로 의존하고 있었기 때문에 정치적 입장을 선회하기가 불가능했다고 할 수도 있을 것이다. 샬로테도 그렇게 추측하고 있었다. 1848년 5월, 그녀는 디즈레일리가 보낸 편지에 라이오넬이 답을 하지 않는다고 항의하는 메리 앤과 또 한바탕 당혹스러운 장면을 연출해야 했다. 문제의 편지들 중 하나는 "그녀의 남편이 여전히 빚에 쪼들려 빚쟁이들로부터 끔찍이 시달리고 있으니 남편을 좀 도와 달라고 간청하는" 내용이었다. 두 여인 사이에 갈등이 빚어진 이후, 라이오넬은 결국 디즈레일

리에게 1000파운드를 더 빌려 주었다.[37]

필파 캠프에서도 역시 분열이 있었다. 러셀이 1847년 12월에 법안을 제출하자, 필의 근엄한 고교회파 피후견인 글래드스턴이 그에 찬성하는 발언을 하고 나섰다. 사실 그는 일찍이 유대인 해방에 반대 입장을 갖고 있던 인물이었다. 그는 자신의 결심을 '고통스러운' 결정이었다고 했지만(그 결정으로 의회에서 축출될지도 모른다고 일기에 고백하기도 했지만), 늘 그랬듯 그의 논리에는 빈틈이 없었다. 하원에 가톨릭교도와 퀘이커교도, 모라비아교도, 분리주의자, 유니테리언 교도를 받아들이고 지방 정부에 유대인을 받아들이면서, 유대인 하원 의원이 나오는 것을 금하는 일은 모순이라는 것이 그의 주장이었다. 필 자신도 1848년 2월에 있었던 나중의 토론에서는 찬성 의사를 연설로 밝혔고, 아홉 명의 다른 지지자들도 합류해서 찬성하는 편에 섰다. 그러나 필의 전 재무장관 골번은 자격이 없는 후보를 선출하는 것은 의회에 대한 반역이라며 반대 의사를 드러냈다. 40명의 다른 필파 의원들도 그 편에 섰다. 제2독회에서 필파는 또다시 분열되어, 이번에는 29명이 찬성 쪽에 섰고 43명이 반대표를 던졌다. 그러나 토리당과 필파의 반대표는 러셀의 법안을 무효화시키기에 충분하지 않았다. 법안은 애초 제1독회 이전에 67표의 득표 차로 승인되었고, 제2독회에서도 73표 차로 승리했다. 제3독회의 득표 차는 61표였다.

상원에는 '가편(可便)'이 없었다. 조심스러운 설득 끝에 소수의 휘그당원이 지지를 표했다. 그러나 쿠트 상회(Coutts & Co.) 같은 은행과는 달리 로스차일드가에는 귀족 채무자가 적었고(에일즈버리 부인은 예외적인 경우였다), 그래서 상원에 발휘할 수 있는 영향력에도 한계가 있었다. 데번셔 공작이나 랜즈다운 후작 같은 휘그당 고위 귀족들로부터는 지지를 기대할 수 있었고, 런던데리 후작은 이미 1848년에 아군으로 끌어들인 참이었다. 그렇지만 오퍼드 백작은 베드퍼드 공작의 집에서 해나를 만났을 때 자신은 법안에 반대한다고 말했다(그런데도 라이오넬은 결국 "원하는 바를 이룰 것"이라 덧붙였지만). 훗날 섀프츠베리 백작(Earl of Shaftesbury)이 되는 애슐리 경(당시 대단히 중요한 사회적 입법을 이끌어냈던 인물) 역시 또 한 명의 반대자였다. 주교들의 완강한 저항은 예상할 수 있는 일이었다. 러셀의 법안이 1848년 5월에 토론에 부쳐지자 옥스퍼드 주교 새뮤얼 윌버포스(Samuel Wilberforce)가 강력하게 반대 의사를 표했고, 캔터베리

대주교를 비롯해 열여섯 명의 주교들이 그에 합세했다. 요크의 대주교와 네 명의 휘그당파 주교들만이 찬성표를 던졌다. 라이오넬, 앤서니, 메이어, 해나, 해나의 동생 주디스 몬테피오레[38]가 특별 관람석에서 지켜보는 가운데, 법안은 35표 차로 기각되었다.

샬로테의 일기에는 그날의 토론이 준 인상과 그것이 가족에게 미친 파장이 생생하게 묘사되어 있다. 그녀와 루이자는 남편들이 웨스트민스터에서 돌아온 새벽 3시 반까지 뜬 눈으로 기다리고 있었다. "남자들이 방으로 들어왔다. 라이오넬은 웃는 얼굴이었고(그는 언제나 그렇게 당당하고 자제할 줄 아는 사람이다), 앤서니와 메이어는 얼굴이 시뻘게져 있었다.……그들은 의회에서 오간 연설이 그저 추잡할 뿐이니 그에 관한 기사는 한 마디도 읽지 말라고 조언했다. 나는 새벽 5시에 침대에 누웠다가 6시에 잠이 깼다. 거대한 흡혈귀가 내 피를 탐욕스럽게 빨아먹는 꿈을 꿨다.……개표 결과가 발표되자 상원은 우레와 같은 환호로 뒤흔들릴 듯했다. 정말이지 우리가 왜 그런 증오를 받아야 하나. 나는 금요일 한나절 내내 열에 들떠 울고 흐느꼈다."

상원의 귀족 의원들이 유대인 해방에 반대한 심사는 어떤 것이었는지 이해하기 위해서는 여왕의 삼촌인 컴벌랜드 공작(당시에는 하노버의 왕으로 군림하고 있었다)이 이 주제를 놓고 쓴 편지들을 살펴보면 된다. 어느 정도 그는 "구세주의 존재를 부정하는 사람들을 승인하는 것"을 "끔찍하다"고 여겼던 영국 국교회의 입장을 공유하고 있었다. 그러나 그가 느낀 불안은 세속적인 불안이기도 했다. 그는 "이 나라의 모든 부가 점차 유대인들, 제조업자들, 옥양목 직조인들의 손 안에 떨어질 것"이라 예견하며, 암셀이 프랑크푸르트에서 누리고 있는 지위가 유대인들의 사회적 허세를 극명히 보여 준다고 주장했다. 이미 몇 년 전에 해나의 집에서 저녁 대접을 받은 적이 있는 그였으니, 그는 이미 겪어서 아는 이야기를 하고 있었던 셈이다. 이런 두 얼굴의 속물근성과 당시 같은 주제로 간행된 조야한 만화들은 서로 별반 다를 것이 없었다. 〈유대인 해방의 한 가지 이점〉이라는 제목의 만화에는 헌옷장수가 아기 돼지를 집으로 가져가 아내에게 보이며 이렇게 외치는 모습이 그려져 있다. "여보, 내 사랑, 내가 당신한테 무얼 가져왔는지 봐! 로스트 차일드(Roast-Child) 남작과 필 씨에게 감사를."[39] [그림 2]

그 결과, 라이오넬은 로스차일드가의 구세대들이 1820년대와 1830년대에 (그보다는 덜 고상한 목적을 위해) 사용해서 최선의 효과를 냈던 방법을 채택하기로 결심했던 것 같다. 1846년 12월 23일, 냇은 그의 형에게 다소 모호한 어투로 편지를 보낸다. "형님이 상원의 표를 확보하기 위해 권장하고 싶지 않은 수단을 사용할 필요가 있다고 생각하신다는 걸 알게 돼서 유감입니다. 어쨌든 요점을 말하면, 삼촌과 저 또한 이 문제에서 우리가 너무 양심만 찾아서는 안 된다는 입장입니다. 액수를 정하지는 못하겠습니다. 얼마가 필요할는지는 형님이 우리보다 더 잘 아시겠지요. 어쨌든 삼촌께서는 저더러 이렇게 쓰라고 하셨습니다. 형님이 하시는 일은 최선을 위한 것이니 가족들을 납득시키는 일은 당신이 맡겠으며, 형님은 그저 그 금액을 상원에 풀어 놓으라고 말입니다."

한마디로, 라이오넬은 상원의 표를 돈으로 살 생각을 하고 있었다. 더욱

[그림 2] 〈유대인 해방의 한 가지 이점〉, 작자 미상

놀라운 것은 그가 (상원에서의 영향력이 막대한) 앨버트 공의 지지 역시 비슷한 식으로 얻어내려고 했다는 점이다. 물론, 앨버트 공은 애초부터 그의 사정을 동정하고 있었는지도 모른다. 라이오넬은 1847년에 정치 경력을 시작한 순간부터 공과 접촉하기 시작했고, 1848년에 냇은 "기쁜 소식입니다.……앨버트 공께서 형님을 호의적으로 생각하고 계시고, 우리 법안 역시 지지하겠다고 하십니다"라고 보고할 수 있었다. 그러나 그는 다시 라이오넬에게 "공께 지금 당장 돈을 드리고 다시 한 번 찾아 뵌 다음 좀 구슬려 보라"는 조언을 하기도 했다. 냇은 2월 14일자 편지에 이렇게 썼다. "이제는 궁정파를 움직이셔야 합니다. 형님의 친구이신 P. A.['앨버트 공'의 약자]가 영향력을 발휘하도록 만드신다면 법안은 통과될 겁니다." 이 말에 숨은 사연들이야말로 가장 흥미로우면서도 지금껏 간과되어 온 유대인 해방 과정의 일화다.

이 무렵에는 로스차일드가가 유럽의 고위층들을 연결하는 유능한 우편배달부로서 일찌감치 앨버트 공과 맺었던 인연이 진지한 금융 거래로까지 발전해 있었다. 예를 들어 1842년 제임스는 앨버트 공의 고문이던 슈톡마르 남작 명의로 프랑스 북부 철도에 10만 프랑을 투자했다. 3년 뒤 앨버트 공이 자신의 형과 재정 문제를 의논하기 위해 코부르크로 여행을 계획하고 있었을 때, 슈톡마르는 "로스차일드가는 폐하가 이번 여행 중 경제적으로 필요한 사항이 생기실 경우, 어떤 일이든 독일에서 이를 수행할 은행으로 임명된다면 그보다 큰 영예는 없을 것"이라는 라이오넬의 청원을 공에게 대신 전해 주었다. 1847년 로스차일드가는 앨버트 공의 빈털터리 친척인 바이에른 공국의 루트비히 폰 외팅겐 발러슈타인(Ludwig von Oettingen-Wallerstein) 공에게 앨버트 공이 개인적으로 보증한 3000파운드의 대출금을 마련해 주었다. 그래서 1년 뒤 외팅겐 공이 팔리지 않는 미술품 컬렉션만 담보로 남긴 채 돈을 변제할 수 없는 상황이 됐을 때, 앨버트 공은 로스차일드가의 채무자가 되었다. 그러니 냇이 파리에서 혁명이 터진 이후로 자신과 그의 삼촌이 어떤 지급 건이든 (경제적인 이유에서) 극렬히 반대하고 있었는데도 그의 형이 앨버트 공의 지원을 얻어내기 위해 "현금을 댈" 것으로 생각한 것도 당연한 일이다. 5월에 앨버트 공은 앤서니를 성으로 불러 "자신의 형인 코블렌츠(Coblenz) 공작['코부르크 공작'일 것이다]을 위한 대출금과 [자신을 위한?] 1만 3000파운드 또는 1만 2000파운드

(그러나 결국 1만 5000파운드까지 늘어난다)의 대출을 요청"했다. 냇은 반대 의사를 분명히 했다.

> P. A.에 대한 1만 5000파운드 대출금과 관련해 제 의견을 여쭈셨습니다. 저로서는 그에 찬성할 이유가 전혀 없다고 생각합니다. 형님은 지금 저희가 L. P.[루이 필리프]와 맺고 있는 관계를 앨버트 공과 맺고 있다는 사실을 아실 겁니다. 제가 잘못 알고 있는 게 아니라면, 형님, 우리가 바이에른 총리[외팅겐을 말함]에게 지급한 돈으로 앨버트 공은 이미 형님께 5000파운드를 빚지고 있습니다. 상황을 생각할 때 저로서는 형님이 그렇게 거액을 빌려 주신다는 것은 말도 안 된다고 생각합니다. 공에게 아첨할 이유는 조금도 없습니다. 형님이 돈을 건네든 말든, 유대인 법안의 운명에는 큰 차이가 없을 겁니다.

라이오넬이 아우의 소원대로 했는지는 불분명하다. 알려진 바에 의하면, 냇이 편지를 쓴 지 고작 열흘 만에 앨버트 공은 밸모럴(Balmoral) 성과 1만 에이커 규모의 토지 임차권을 2000파운드에 사들였다. 그러나 왕립기록보관소에서는 이 일에 로스차일드가가 관여했는지에 대한 그 어떤 단서도 찾을 수 없다. 한편, 라이오넬은 1849년 1월 윈저 궁에서 앨버트 공과 슈톡마르를 알현했다. 그리고 이 만남은 1850년 7월(라이오넬이 『구약성서』에 손을 얹고 수정된 서약문을 읊는 것으로 하원 자격을 인정받으려 했던, 이제는 유명해진 그 시도가 있기 단 11일 전에), 앨버트 공이 성심을 쏟았으나 만성적인 자금 부족에 시달렸던 '만국 산업' 대박람회를 위한 프로젝트에 그가 5만 파운드의 보조금을 제공했다는 사실을 떠올리게 한다. 3년 뒤, 필파와 휘그당이 연정을 구성할 수 있도록 애버딘 경으로 하여금 유대인 해방에 대한 반대 의사를 철회하도록 유도한 것은 분명 '궁정'의 압력(즉, 앨버트 공과 슈톡마르의 압력)이었다. 정황 증거일 뿐이지만, 무언가가 "P. A.로 하여금 입김을 발휘하게 했다"고 추측하는 것도 얼토당토않은 일은 아닌 듯하다.

그러나 라이오넬이 실제 시도했던 일이 무엇이었든 그것만으로는 충분치 않았다는 사실이 드러났다. '궁정파'에 사탕을 물려서 상원의 반대 세력을 누그러뜨릴 수 있으리라는 것은 비현실적인 생각이었다. 러셀은 신랄하게 이렇게 말했다. "당신한테는 무슨 일에든 화폐 가치를 부여하려는 가공할 만한 버릇이 있군요. 그래서 심지어는 원칙조차 돈으로 살 수 있다고 생각하는 것 같소. 현재 이 나라를 통틀어 당신의 법안에 적대적인 축들은 대부분 고교회파와 저교회파 세력들이오. 자, 하려거든 그들과 한번 맞붙어 보시오. 그들의 반대 의사는 양심에서 나온 것이니 말이오."[40] 총리의 말처럼, 뇌물이 아닌 설득이야말로 일을 진척시킬 수 있는 유일한 방법이었다. 1849년 여름에 러셀은 또 한 번 법안을 제출해 하원의 승인을 받았지만, (러셀의 예상대로) 이번에도 95 대 25로 상원에서 기각되고 말았다.

이로써 라이오넬은 마침내 "칠턴 헌드레즈(Chiltern Hundreds)의 관리직을 수락"[41]한다는(즉, 런던에서 보궐선거를 치르게 하자는) 결정을 내렸다. 이는 그가 《타임스》에 발표한 성명 「런던 유권자들에게 고함」에서 선언한 것과 일맥상통한 행보였다. "이제 대결은 상원과 여러분 사이에 펼쳐지고 있습니다. 그들은 종교적 편견의 남은 잔재를 고수하려 하지만, 여러분은 편견의 전면 철폐를 원합니다.……저는 여러분이 여러분 앞에 펼쳐질 위대한 헌법 투쟁에서 싸울 준비가 되셨으리라 믿습니다." 사실인즉, 급진 성향의 친구들(특히 하원 의원 J. 아벨 스미스[J. Abel Smith]와 존 로벅[John Roebuck])이 1년 전 러셀의 첫 법안이 무효로 돌아갔을 때 이미 그에게 보궐선거를 치르게 만들라고 종용했다. 라이오넬의 연설에 담긴 도전적인 어조는 샬로테의 표현대로 "폭풍"과 같은 비난을 불러일으켰다.

어째서 상황이 이렇게 되었는지를 이해하려면, 이런 사건들이 일어난 당시의 유럽 전반의 상황을 염두에 두는 것이 중요하다. 1848년 1월 1일 알퐁스는 라이오넬에게 쓴 편지에서 새해에는 "종교적 평등이 미신과 편견이라는 [부패한?] 원칙에 대해 승리를 거두는" 것을 볼 수 있기를 바란다는 희망을 피력했다. 물론 1848년은 그보다 훨씬 많은 일들이 일어난 해였다. 그러나 그해의 혁명으로 일부 유럽 국가에서는 유대인에게 (일시적인 것이었을지언정) 법적 평등권을 부여했는데도, 혁명이 영국 내 유대인 해방 운동에 미친 영향은 결과적으로 부정적이었던 것 같다. 파리와 프랑크푸르트, 비엔나에서 보내 온 편지에서 드러나듯이, 혁명은 독일 시골 지방과 헝가리 등지에서 단발적이었으나 충격적으로 반유대주의 폭동을 촉발시켰다. 그런 한편, 자신들을 혁명의 지도자라고 여겼던 급진 성향의 자유주의자들 상당수가 유대인이었던 것도 사실이었다. "유대인들 스스로 반유대주의를 선동한다"는 마이어 칼의 주장은 여기에서 나온 이야기였다. 그러므로 유대인 해방 문제를 거론하는 것이 자칫 대륙의 혁명을 연상시키게 된다면 말 그대로 갑절로 불리해질 일이었다. 라이오넬의 연설은 그를 지지하는 많은 휘그당 및 토리당파 사람들로 하여금 로스차일드가 역시 급진주의(심지어는 인민헌장운동[Chartism])에 찬동하고 있다고 생각하게 했다. 급진주의자들은 오히려 로스차일드가 헝가리 혁명 진압에 돈을 댔다는 죄목을 들어 이 가문을 맹렬히 비난하고 있던 찰나였는데 말이다!

지지자들에게 어떤 의혹을 불러일으켰든, 라이오넬의 술책은 선거의 초판수로 작용했다. 그는 토리당의 적수인 존 매너스 경(형식적으로 출마하게 된 사람처럼 보이는[42])에게 6017 대 2814로 완승을 거뒀다. 그러나 급진주의자들과 한 패가 된 라이오넬은 이제 그들이 조언한 다음 전략, 즉 하원에 출석하여 의석에 대한 권한을 주장하라는 조언을 따를 수밖에 없었다. 그것은 근본적으로 가톨릭교도 오코넬과 퀘이커교도 조지프 피즈(Joseph Pease)의 선례를 따르는 일이었고, 라이오넬로서는 지금껏 가장 도전적인 행보이기도 했다. 필은 대놓고 그 일을 뜯어말렸다. 그가 꼬박 1년에 걸쳐 뭉그적대며 러셀에게 다시 한 번 법안을 제출해 보도록 설득했던 것도 놀라운 일이 아니다. 그러나 1850년 7월 25일 런던 태번에서 만원사례로 열린 런던 자유주의자들의 집회에서, 라이오넬은 정부가 "개혁과 발전을 위한 조치들을 밀고 나가"지도, "시민적 자유와 종교의 자유라는 대의를 더욱 심화시키"지도 못했다며 공개적으로 정부를 공격하고 나섰다. 이튿날 12시 20분, 결의안이 회의에서 만장일치로 통과된 직후, 그는 소란스러운 하원의 연단 탁자 앞에 모습을 드러냈다. 서기가 프로테스탄트식 서약서에 서명하겠느냐, 아니면 가톨릭식 서약서에 하겠느냐고 묻자, 그는 "나는 『구약성서』에 대고 맹세하겠소"라고 대답했다. 골수 토리당원 로버트 잉글리스 경이 항의하려고 자리를 박차고 일어나자 하원의장은 라이오넬에게 자리에서 물러나라고 명했고, 곧 선서 절차에 대한 토론이 이어졌다. 주말이 지나고, 어째서 『구약성서』에 대고 맹세하기를 원하는지 당사자의 의견을 직접 들어 보자는 결정이 났다. 라이오넬은 이렇게 대답했다. "그것이야말로 제 양심에 가장 부합하는 선서 방식이기 때문입니다." 그가 다시 자리에서 물러난 뒤 의원들은 대단히 치열한 토론을 벌인 끝에, 그가 요구한 대로 할 수 있도록 허락해야 한다는 쪽으로(113 대 59로) 의견을 모았다.[43] 이튿날(7월 30일), 라이오넬은 다시 한 번 의회에 출석해서 정식 절차에 따라 『구약성서』를 건네받았다. 충성 서약과 지상권(至上權) 승인 선서가 진행되었으나, 서기가 "그리스도교인의 신실한 믿음에 두고"라는 구절을 읽었을 때 다음과 같은 일이 일어났다.

남작은 잠시 침묵하더니 곧 이렇게 말했다. "내 양심에 부합하지 않는 구절이니 그 말은 생략하겠소." 그러더니 모자를 머리에 도로 쓰고, 『구약성서』에 입을 맞추며 말했다. "하느님, 저를 굽어살피소서." 이 행동은 자유당원들이 앉은 의석 쪽에서 열렬한 환호를 이끌어냈다. 그는 수순에 따라 의회 명부에 서명하기 위해 펜을 들었다. 그러나 프레더릭 세시저(Frederick Thesiger) 경이 자리에서 일어났고, 의회 양쪽에서 대단한 소란이 일었으며, 의장은 의원들에게 정숙을 요구했다("안 돼! 안 돼!", "자리에 앉으시오!", "의장님!", "질서를 지키십시오!" 하는 요란한 고성들). 그러나 남작은 조용히 자리에서 물러나버렸다.

클라이맥스에 물을 끼얹기는 했지만, 그것은 아마도 현명한 결정이었을 것이다. 물론, 또 한 번의 패배나 다름없었다. 8월 5일에 재개된 논의에서 라이오넬이 포기 서약 전문을 낭독하지 않는 한 의석에 앉을 수 없다는 정부 결의안이 통과되었고, 정부가 결국 서약문을 사정에 맞게 수정할 수 있도록 하는 법안을 제출한 것은 거의 1년이 지나서였다.[44] 그러나 데이비드 살로몬스가 그리니치의 보궐선거에서 승리를 거두고 승세에 가속도를 붙여 보려고 했을 때, 이번에는 성공하지 못하고 오히려 다소 품위를 잃게 된 것도 사실이었다. 세 가지 선서 전문을 완전히 낭독하지 않고서 의석에 앉아버린 살로몬스는 의장으로부터 물러나라는 명을 받았지만 거절했다. 그가 의석에서 물러나야 한다는 발의가 통과되었을 때에도 그는 여전히 거부했고, 심지어는 그에 맞서 연설도 했으며, 발의에 반대하는 표도 던졌다. 그러다가 의장이 경위들을 시켜 그를 끌고 나가게 했을 때에야 결국 의회에서 물러났다. 최종 결과는 같았다. 투표가 계속 진행될수록 그나 라이오넬 모두 포기 서약을 읊지 않고서는 의석을 차지하는 것이 불가능해졌다. 살로몬스가 이뤄낸 유일한 성취는 그의 불법적 행동에 불리한 판결이 난 뒤 이론상으로는 그에게 적용되었을지 모를 고풍스러운 벌금형을 무효화시킨 1852년 6월의 법령이었다. 그가 1852년의 총선에서 완패한 것은 유권자들이 그의 전략에 내린 평결인 듯했다.

반대로 라이오넬은 선거에서 또 한 번 승리를 거뒀다. 유대인 해방이라는 문제가 하원에서는 분열을 초래하고 상원에서는 영원히 받아들여지기 힘들 것이라는 사실이 곧 명백해지자, 지구전이 재개되었다. 사실상 라이오넬은 의석만 없는 하원 의원처럼 활동하면서, 유대인에게 영향을 미치는 주제가 의회에서 거론될 경우 의사당 밖에서 로비 활동을 펼쳤다(예를 들어, 1851~1852년에 있었던 유대인 학교에 대한 국가 지원금 문제, 또는 1857년 민사 이혼 법정의 관할권에서 랍비의 이혼 건을 제외하는 문제). 그러나 법적인 교착 상태가 빚어졌다. 법안이 다시금 상원에서 결렬된 것이다. 1855년에는 로스차일드가의 숙적인 토머스 던콤이 정부의 크림전쟁 채권을 라이오넬이 발행하여 "공공사업 계약을 체결"했다는 것을 근거로 런던에서 또 한 번 보궐선거를 치르게 하려고 교묘하게 시도하기도 했다.

진정한 승리

의회에서 전투가 재개된 것은 1857년 선거 이후의 일이었다. 라이오넬은 또다시, 이번에는 자유당 간부 회의와 의견 충돌을 빚은 러셀보다 먼저 런던 선거구의 후보로 출마했다. 파머스턴은 절대다수의 지지를 등에 업고 "런던에서 또다시 라이오넬 드 로스차일드 남작이 선출되면서 의회가 회기를 시작하자마자 다시금 유대인의 의회 입회 허용 문제를 논의하게 됐으며, 이 안건은 정부의 상정으로 성공을 거둘 가능성이 높다"고 생각했다. 법안은 5월 15일에 제출되었고, 제3독회에서 123표라는 굉장한 득표 차를 이뤄냈다. 고위 토리당원들, 그 중에서도 존 패킹턴(John Pakinton) 경, 피츠로이 켈리(Fitzroy

Kelly) 경, 그리고 특히 토리당 당수인 더비 백작의 아들 스탠리 경까지 마음을 고쳤다는 신호를 보내 와 지지자들을 흡족하게 했다. 상원에서도 새로 임명된 런던 주교가 지지 의사를 표명했으며, 총 139명의 상원 의원이 찬성표를 던졌다. 그러나 이번에도 (라이오넬에게는 실망스럽게도) 그들은 아직 소수에 불과했다. 정부가 단독 결의안으로 상원 평결을 뒤엎는 방안에서 한발 물러나 그 대신 선서 유효법 수정 법안(Oath Validity Act Amendment Bill)을 제출하자, 라이오넬은 다시금 의석에서 물러나 그 문제를 놓고 보궐선거로서 싸우겠다고 결심했다. 그는 무리 없이 재선됐으며, 이번에는 "인민들 속에 서지 않고, 인민들의 바람을 알지 못하며, 사실상 자신들의 쾌락과 즐거움 외에 다른 것에는 거의 관심을 두지 않는 작자들"에 대한 강력한 공격을 감행했다.[45]

그러나 결국 교착 상태를 해소시킨 것은 귀족에 대항하는 인민에 다시금 호소했기 때문이 아니라, (역설적이지만) 보수당 소수 정부의 출현 덕분이었다. 이제 재무장관이자 하원의 원내총무가 된 디즈레일리가 주저하는 더비를 설득해 상원이 양보하도록 유도함으로써 로스차일드가에 진 빚을 마침내 갚을 수 있었기 때문이다. 그의 전략은 야당에 자유 재량권을 주자는 것이었다. 1858년 4월 27일, 러셀의 선서 수정 법안은 상원 내 위원회 심의에서 무엇보다 중요한 제5항이 삭제되는 큰 손해를 입었다. 2주 뒤, 상원의 결정에 "동의할 수 없다"는 취지로 러셀이 제안한 발의가 113명이라는 득표 차로 통과되었다. 더욱 놀라운 것은 괴짜 던콤이 불찬성에 대한 '이유'를 설명하기 위해 마련된 하원 위원회의 위원으로 라이오넬을 임명해야 한다고 주장하며 제안한 발의 역시 (55표 차로) 하원에서 통과되었다는 사실이다. 그러자 러셀은 그 '이유'가 회담을 통해 상원에 전달되어야 한다고 주장했다. 상원이 이에 동의한 것이 결정적인 전환점이었다.

5월 31일, 루칸(Lucan) 백작의 제안이 결국 해법이 되었다. 즉, 선서는 애초 의회 조례로 공인된 것이므로 하원은 결의안을 발의해 하원 입회를 위한 선서 문안을 수정할 수 있어야 한다는 것이었다. 이에 상원에서는 하원에 불찬성하는 그들의 '이유'를 자세히 설명했고, 더비는("골이 난 채 억지로"이기는 했지만) 7월 1일 루칸의 해결책을 지지한다고 선언했다. 23일, 합의된 내용은 두 개의 법령으로 제정됐다. 하나는 지금까지 선서를 요구해 왔던 모든 기관에서 충성, 지상권, 포기 서약 세 가지를 하나로 통합한다는 것이었고, 다른 하나는 유대인들이 그들이 입회하려는 기관의 동의하에 "그리스도교인의 신실한 믿음에 두고"라는 구절을 생략한 채 선서할 수 있다는 내용이었다. 7월 26일 월요일, 라이오넬은 다시 한 번 하원에 출석했다. 그가 축약된 선서를 할 수 있도록 하는 데 필요한 두 가지 결의안을 놓고 하원이 토론에 들어가면서(새뮤얼 워렌[Samuel Warren]이나 스펜서 월폴[Spencer Walpole] 같은 골수파들에게는 "불경한 자의 침입"에 반대 의사를 표명할 마지막 기회였다) 라이오넬은 다시금 의장에서 물러나 있어야 했지만, 그것도 이번이 마지막이었다. 이 중차대한 결의안이 32표 차로 통과되고, 라이오넬은 마침내 새로운 선서를 낭독함으로써(그리고 『구약성서』에 손을 얹고 맹세함으로써) 정식 의원으로 취임할 수 있었다. 애초에 그가 어떤 수단에 의존했는지를 생각하면 좀 께름칙한 일이지만, 그가 야당 의석에 앉자마자 투표권을 행사하게 된 첫 번째 법안은 바로 부패 행위 방지령 지속법이었다.

라이오넬이 의회에 앉게 된 것은, 제임스의 말마따나 "가문이 거둔 진정한 승리"였다. 이듬해에 열린 총선에서는 아우 메이어가 (데이비드 살로몬스도 역시) 형의 뒤를 이어 하원 의원이 되었다. 그리고 1865년에는 아들 내티도 선출된다. 샬로테가 내심 고소해하며 지적했듯이, (1864년 7월에 있었던) 아슬아슬하게 치러진 투표에서 파머스턴 정부는 "유대인 덕분에 살아날 수 있었다". 라이오넬의 당선은 유대인 사회 전체에 있어서도 대단한 사건이었다. 영국유대교대표위원회는 "진심 어린 기쁨……존경과 감사"를 표하는 결의문을 발표했으며, 라이오넬의 하원 입회 기념일은 유대인 자유학교에서 학생들에게 시상하는 날로 지정되었다. 그러나 라이오넬은 시티 오브 런던 스쿨(City of London School)[46]에 "그가 의석에 앉게 된 기념으로 최우수 [공모(公募)] 장학금"을 기부함으로써 종교적 관용에 대한 자신의 입장을 분명히 했다.

그러나 이 승리의 정치적 의미가 충분한 주목을 받았던 적은 거의 없다. 라이오넬은 자유당원으로 승리를 거뒀고, 장기간 진행한 캠페인 덕분에 수는 적지만 영향력 있는 자유당 하원 의원들과 정치적이고 사회적인 교분을 맺게 되었다. 글래드스턴은 자신의 일기에 1856년에서 1864년까지 그가 라이오넬이나 그의 아우 메이어와 네 차례 저녁을 같이 했으며, 다른 가족들과도 최소한 네 차례 이상 서신을 교환하거나 직접 만났다고 기술했다. 1860년대에 샬로테가 쓴 편지 속에 피커딜리 148번지의 단골손님으로 자주 등장하는 또 다른 자유당원들에는 울버햄프턴의 하원 의원 찰스 빌리어스(그는 1859년부터 1866년까지 빈민구호법위원회 위원장이었다)와 글래드스턴의 첫 내각에서 재무장관을 맡은 로버트 로(Robert Lowe)도 포함되어 있었다.[47] 그러나 라이오넬이 의원 명부에 서명하고 하원 의장과 악수한 뒤 가장 먼저 한 일이 투쟁의 마지막 국면에 결정적으로 기여한 디즈레일리와 악수를 나눈 일이었다는 사실은 의미심장하다. 디즈레일리와 로스차일드가의 관계는 1850년대 초 이래 꾸준히 발전해 왔고, 라이오넬은 1858년의 그 결정적인 몇 주 동안 디즈레일리와 긴밀한 연락을 주고받았다. 1월에 디즈레일리는 거너스버리에서 저녁을 함께 들기도 했다(와이즈먼[Wiseman] 추기경과 오를레앙파 망명자들도 동석한 자리였다). 5월에는 인도에 대한 정책 투표에서 정부가 가까스로 패배를 면했을 때 이렇게 말했다고 한다. "남작은 이에 대해 뭐라고 하십니까? 남작이야말로 모르는 게 없는 사람입니다!" 두 달이 지난 7월 15일, 라이오넬은 "우리 법안이 하원에 상정된 이래 그를 통 볼 수가 없어서" 재무장관의 사무실을 직접 찾았다. 디즈레일리는 자리에 있었다. 라이오넬은 아내에게 이렇게 써 보냈다. "기분 좋은 얼굴로 모든 것이 더없이 잘 진행되고 있다고 하더군.……나는 그에게 올해 안에 내가 등원할 수 있도록 법안이 제때 왕실의 승인을 받았으면 한다고, 우리 쪽에서는 촉각을 곤두세우고 기다리고 있다고 말했지만, 그가 얼마나 눈치 빠른 작자인지는 당신도 알잖소. 그는 아무것도 약속하지 않고 관례적인 이야기만 했소.……디즈레일리 부인은 메이어네 집 저녁 식사 자리에서 디즈레일리가 우리를 위해 얼마나 많은 일을 하고 있는데 어째서 믿어 주지 않느냐는 그 지겨운 이야기를 또 한 번 되풀이했다고 하오."

라이오넬이 이렇게 디즈레일리와 만난 일을 기술하면서 회의적인 어조를 보이고 있다고 해서 1858년에 디즈레일리가 최선을 다하지 않았다고 단정지을 수는 없다. 오히려, 더비가 마지못해 조건부로 항복한 것도 분명 디즈레일리가 영향력을 발휘했기 때문이었을 것이다. 라이오넬이 의석에 앉게 된 직후 두 사람이 얼마나 가까워졌는지를 보면, 로스차일드가 사람들이 그 이후로는 더 이상 디즈레일리의 성실성을 의심하지 않았다는 것을 알 수 있다.

가공할 만한 정치적 압박을 받고도, 시도니아와 에바의 창조자는 그의 '민족'을 실망시키지 않았다.

케임브리지

유대인의 의회 진출을 가능하게 하기 위해 치른 전면전을 같은 시기에 케임브리지에서 수학하기 위해 사용한 현실적인 임시방편과 비교해 보는 것은 유익한 일이다. 로스차일드가 사람들은 이번에도 선구자 역할을 해냈다. 케임브리지에 잔존해 있던 종교적 제약을 에둘러 가는 데 성공했던 그들은 의회 진출 과정에서 상원이 보인 비타협적인 태도에 당황할 수밖에 없었다. 두 사례에서 그들이 사용한 작전을 비교해 보는 일은 사태를 이해하는 데 도움이 된다.

먼저 짚고 넘어가야 할 것은 로스차일드가 사람들에게 옥스퍼드는 둘째 치고 케임브리지에서 수학하는 것은 굳이 하원 의석을 차지해야 할 필요가 없었던 것처럼 반드시 필요한 일은 아니었다는 점이다. 19세기를 통틀어 로스차일드가 자녀들의 교육은 영국의 사립 기숙학교나 대학에서 받을 수 있었던 것보다 훨씬 국제적으로 이루어졌다. 가족들은 아이에게 개인 교사를 붙여 가르치거나 여러 해를 타국에서 공부하게 해서, 무엇보다 가문의 전통대로 수개 국어를 사용할 수 있도록 키웠다. 은행 업무에 관한 한 유일한 교육법은 직접 은행에 나가 일하며 배우게 하는 것뿐이었다. 케임브리지에서 무언가 얻는 게 있다면, 그것은 가족 기업의 우선 사항들을 뒷전에 두도록 만들 만한 부차적인 관심사일 뿐이었다. 더욱이 영국의 사립학교와 대학교들이 20세기 후반에 이르기까지 극도로 남성 중심의 교육을 실시했던 것과는 달리, 로스차일드가 사람들은 1820년대나 1830년대와 마찬가지로 딸들의 교육도 아들을 가르치는 것만큼 중요하게 여겼다. 앤서니의 딸 콘스탄스와 라이오넬의 아들 내티는 똑같이 독일어 교습을 철저하게 받았다. 특히 샬로테는 자신의 딸들과 조카딸들이 정규 교육을 받아야 한다는 주장을 열렬하게 지지했다. 그러나 메이어가 케임브리지에 입학하자, 샬로테는 그녀의 아들들도 모두 삼촌의 선례를 따르게 해야겠다고 결심하게 되었다. 문제는 케임브리지에서 유대인의 지위가 여전히 회색 지대로 남아 있었다는 점이었다. 유대인은 학위를 받을 수 없다는 공식 규정은 1856년까지 남아 있었지만 학교에 입학하는 것은 가능했는데, 전체 칼리지 학부생들에게 필수로 지정된 채플에 참석할 의향이 있을 경우에 한해서였다.

희한한 것은 (포기 서약 때와는 다르게) 로스차일드가 사람들이 채플에 최소 빈도로, 가능한 한 소극적으로 참여한다는 조건에서 이 규정을 원칙상 따를 수 있는 그리스도교적인 의무 사항으로 생각했다는 점이다. 1권에서 살펴본 대로, 메이어가 1830년대에 트리니티 칼리지에서 수학할 수 있었던 것도 그러한 근거에서였다. 그리고 그의 외사촌 아서 코헨이 1849년 가을(라이오넬이 보궐선거에서 매너스를 물리치고 승리를 거둔 직후) 케임브리지에서 수학을 배우기로 결심했을 때, 메이어는 사촌도 자신과 비슷한 조건에서 공부하는 것이 가능하리라고 생각했다. 라이오넬의 가장 적극적인 정치적 후원자 중 한 사람이던 J. 아벨 스미스를 통해 메이어는 케임브리지 크리스트 칼리지의 학장 제임스 카트멜(James Cartmell)에게 코헨을 위해 예배 규칙을 수정해 달라고 설득하며, (카트멜의 기록에 따르면) "학장님께서 코헨 군을 입학시켜 주신다면 학장님을 제외한 누구도 그의 종교적 신념이 무엇인지 알 필요는 없을 것"이라고 주장했다. 또한 메이어는 카트멜에게 "코헨은 칼리지 채플 예배식에 참석할 각오가 되어 있다"고도 말했다. 그러나 학장은 꿈쩍하지 않았다. 그는 코헨의 종교를 숨기는 것은 "사회에 대한 믿음에 흠집을 내는 일이 될 것"이라고 말했다. "코헨 군이 그 근거와 정신을 전적으로 부인하며 불신하는 예식을 외견상으로만 준수하도록 강요하는 일은 그 무엇보다 기분을 상하게 하고 옳고 그름에 대한 내 관념에도 위배되는 일이오."

메이어에게 이는 "케임브리지 대학 교육이라는 혜택에서 어느 특정 종교 집단을 노골적으로 배제하는" 선례를 만드는 일로 보였다. 그래서 그와 모제스 몬테피오레는 앨버트 공을 찾아가(그는 당시 케임브리지 대학의 명예총장이었다) 당시 윈저궁의 주임 사제이기도 했던 막달레나 칼리지의 학장과 코헨의 사정을 의논해 달라고 요청했다. 메이어가 예배 참석 문제로 대학에서 강제 퇴학당해야 했던 1830년대 당시 로스차일드가의 압력만으로는 어림없었던 일을 왕실의 입김이 이루어냈다. 코헨은 그의 기록에 따르면 "수요일과 금요일에는 예배가 10분 만에 끝나니 다른 날 말고 그 요일에 참석하도록 조언하면서, 동시에 성찬식을 행하는 일요일에는 굳이 참석할 필요 없다고 말씀해 주신" 학장과의 밀약을 기초로 결국 대학에 입학할 수 있었다.

1859년에 내티를 선두로 다음 세대의 로스차일드들이 대학에 진학하면서 트리니티 칼리지에서도 비슷하게 규정 조율을 거쳐야 했다. 이 무렵에는 1854년과 1856년의 법령으로 유대인들도 학위를 받을 수 있었다(신학만 예외였다). 그러나 각 칼리지에는 아직 종교적 의무의 문제가 잔존해 있었다. 내티의 지도교수 조지프 라이트풋은 "예배에 있어서는 내가 할 수 있는 한 도와주겠다고 약속"했지만, 윌리엄 휴엘(William Whewell) 학장은 여전히 "개혁의 길을 가로막는 걸림돌"이었다. 1862년에 내티는 부모 앞으로 이렇게 써 보냈다. "트리니티의 교수들은……채플에서 영성체를 거부하는 학생이면 누구든 외출을 금지시키겠다고 벼르면서 인기를 깎아 먹고 있어요. 꽤 여러 명의 학생들이 오늘 예배에 불참했는데, 이 새 규칙 때문에 중요한 학칙을 어긴 죄로 문제에 휘말리게 될 것 같아요." 내티는 확실히 1850년대에 있었던 개혁으로 성취된 것이 거의 없다고 느끼고 있었다. 그는 이렇게 썼다.

> 개혁의 영향이 이곳에까지 미치려면 한참은 더 기다려야 할 것 같습니다. 대학들이 영국 국교회의 신학 대학 혹은 국교회의 일부로 추앙되고 있는 한, 더 이상은 손쓸 길이 없기 때문이죠.……저는 어째서 법적, 정치적 그리고 그리스도교적 승격의 디딤돌인 이 같은 국가 제도가 마치 예수회 신학 대학이나 탈무드 학교인 양 사제들의 지배를 받아야 하는지 모르겠습니다.

예배에 참석하는 것이 케임브리지에서 감수해야 했던 유일한 타협점은 아니었다. '리틀 고(Little Go)'라는 이름으로 불리는 2년차 시험을 치르려면 윌리엄 페일리(William Paley)의 저서 『그리스도교의 증거(Evidences of Christianity)』에 대한 상세한 지식이 필요했다. 샬로테가 레오에게 격분해서 쓴 편지는 그것이 얼마나 힘든 일이었는지를 보여 주지만, 그녀는 아들이 이를 극복할 수 있어야 한다고 생각했다. "네가 시험에서 어이없는 실수를 저질렀다는 사실에 분이 치민다. 물론 너는 사제 시험관들에게 모욕을 줄 의도가 없었고, 그런 생각을 했을 리도 없다. 그러나 그 실수만큼은 몹시 부끄럽고 용서할 수 없는 일이다. 상원 의사당에도 얼굴을 내미는 젊은이로서 『그리스도교의 증거』에 대해 시험을 치르는 데 이의를 제기할 수도 없는 입장인 한에는 그 주제를 충분히 공부해 두고 있었어야 하지 않겠니? 나는 네가 네 스승들께 그리스도교 신앙의 역사까지는 아니더라도 그 개요 정도는 여쭙는 상식은 있으리라 생각했구나."

레오로서는 "신학의 신비적 교의와……수많은 교리들"이 당혹스러울 뿐이었다. 어느 날 저녁, 논쟁하기를 좋아하는 한 무리의 교수들과 식사하는 동안 그는 "그 모든 신비스러운 이야기에 감히 입을 뗄 수도 없을 지경"이 되었다(동석했던 친구 하나도 "교수들이 내 존재를 잊고 유대인을 폄하하는 말을 할까 봐" 조바심을 내고 있었다). 심지어는 토론회에 모인 젊은 학생들 사이에서도 로스차일드가의 청년들은 곧 심기가 불편해지곤 했다. 내티는 어느 날 학생조합 모임에 참석했을 때, 연사가 "유대인 법안이 통과된 것은 지나치게 하원의 큰 권한을 방증하는 일례라고 말하는 것"을 듣고 "분노로 피가 부글부글 끓어올랐다"고 썼다.

그러므로 로스차일드가 케임브리지에 들어간 일은 라이오넬이 하원에서 거두기를 염원했던 승리에 비하면 조건부 승리에 불과했다(실제로, 그처럼 유서 깊은 대학들에서 기말 종교 시험이 폐지된 것은 1871년에 이르러서였다). 라이오넬의 형제나 아들들이 칼리지 채플에 참석하고 페일리의 이론을 공부하는 것을 흔쾌히 받아들이는 자세와 라이오넬이 그리스도교의 신앙 선언이 포함된 선서문을 낭독하기를 거절한 것 사이에는 뚜렷한, 그러나 그 까닭을 설명하기는 힘든 차이가 존재한다. 만약 학부생들의 성찬식 참석이 강제적인 의무였다면, 상황은 다른 식으로 전개되었을지도 모를 일이다.

런던 만국박람회와 수정궁

전투가 끝나기 전에 전승 기념물을 세우는 법은 없다. 그러나 로스차일드가는 라이오넬이 마침내 웨스트민스터의 의석에 앉게 되기 수년 전부터 그들의 정치적 위치를 선전할 기념물을 짓기 시작했다. 이러한 해석은 1850년에서 1860년 사이에 로스차일드 일가가 멘트모어, 애스턴 클린턴(Aston Clinton), 페리에르, 프레니(Pregny), 불로뉴(Boulogne)에 광대한 별장을 네 채나 짓고 한 채는 개축하는 등 건축에 이례적인 정력을 쏟아 부은 배경을 설명한다.

물론 1권에서 보았듯이 나탄과 형제들은 번영의 초창기부터 시골 별장을 사들이기 시작했다. 1848년 혁명 무렵에는 페리에르, 쉬렌, 불로뉴, 거너스버리, 쉴러스도르프, 그뤼네부르크에 자리한 저택과 토지가 가문의 것이 된 지 벌써 수년째였다. 1850년대에도 여전히 시골 별장을 선호했다. 1848년 이후 버킹엄셔에서 애스턴 클린턴의 농장을 비롯해서 토지를 새로 구입할 때, 런던의 파트너들은 부친이나 삼촌들이 그랬듯 경제적 합리성을 고려했다. 농지가 매입가의 3.5%의 이익을 내지 않는 한 그들의 흥미를 끌기는 어려웠다. 라이오넬은 1849년에 메이어에게 이렇게 썼다. "애스턴 클린턴이 2만 6000파운드의 가치가 있다고 생각한다면 네 제안에 반대하지 않겠다. 하지만 우리는 항상 전체 비용의 정확히 3과 2분의 1에 의지해야 하니 그다지 입맛 도는 땅은 아닌 것 같다. 투자라고 생각하고 처음부터 다시 생각해 보길 바란다." 1849년에는 쉴러스도르프를 방문하고, 그곳이 "장대한 땅"이며 "[잘로몬 삼촌이] 다소 과하다 싶게 주고 사셨지만, 잘만 관리한다면 흡족하게 이익을 낼 만한 곳"이라고 평했다.

토지를 매입하면서, (1840년대 중반의 심각한 흉작을 겪은 직후) 로스차일드가는 시장의 밑바닥에서부터 파고들었다. 버킹엄 공작이 결국 파산을 선언한 것은 1848년이었고, 이듬해 메이어는 아일랜드에 있는 부동산 중개인들로부터 그곳에 괜찮은 기회가 있다는 조언을 들었다. "감자 농사는 어디에서나 대흉이고, 자유무역이 생계 전체를 망치고 있습니다." 중개인이 건넨 소식이다. "아일랜드는 완전히 망했어요. 바로 지금이 아니면 조만간에라도 토지를 긴히 매입하시는 것이 좋습니다. 토지 재산 소유 증서를 받게 되시면 매입하신 것을 알려 주시고 웃돈을 많이 붙여 되파십시오."

사실 그와 그의 형제들은 부동산 투기에는 관심이 없었다. 그런 그들이 부동산으로 눈을 돌리게 된 것은 그들의 모친도 언급했듯이, 1849년 12월에 콘솔채 수익률이 3.1%로 떨어졌기 때문이었다. 땅을 사려면 "지금처럼 펀드가 최고로 올랐을 때가 적기"였다. "펀드 자산의 이자는 감소할 수 있지만, 땅은 언제나 등가이기 때문이다." 이 같은 투자를 기업가 정신이 쇠퇴했다는 증거로 볼 수는 없다. 프랑스 로스차일드 일가가 와인용 포도 재배지를 구입한 것 역시 같은 맥락이다. 냇이 1853년에 샤토 브란 무통(Château Brane-Mouton, 그는 이를 무통 로칠드라고 부른다)을 매입한 것, 제임스가 포이약(Pauillac) 근처의 샤토 라피트(Château Lafite)를 손에 넣으려고 오랜 전쟁을 치른 것 모두 고품질 클라레의 수요에 대해 기민한 조사를 거쳐 지략적으로 선택한 결과였다. 1868년에 마침내 샤토 라피트를 (17만 7600파운드에) 손에 넣었을 때 제임스는 이미 고령이었지만, 그는 당장 이 새로운 빈티지의 가격을 올리기 시작했다.

그러나 2만 6000파운드로 농장을 사는 것과 그만한 액수를 으리으리한 새 집에 들이는 것은 다른 일이다. 19세기에는 영국의 지주들이 자신이 살기 위해 '웅장한 저택'을 새로 짓는 일이 드물었다는 것은 흔히 잊히는 사실이다. 그들이 100여 년 전에 얼마나 어마어마한 살림을 꾸렸는지는 이제 논해 봐야 소용없는 일이었다. 반면, 로스차일드가 사람들에게 돈은 문제가 되지 않았다. 런던 일가가 1852년에 회사의 공동 자본에서 26만 250파운드를 (주로 그들의 건축 프로젝트를 위해) 인출해 갔을 때, 이 액수는 전체 자본의 3% 미만에 불과했다. 멘트모어에 새로 지은 저택의 견적 가격 역시 1만 5427파운드에 지나지 않았다. 건축업자 조지 마이어스(George Myers)가 1853년에서 1873년 사이에 로스차일드가를 위해 대단한 양의 일을 해내면서 받은 돈도 총합 35만 파운드에 그쳤다.

그러나 그들에게 그럴 만한 돈이 있었다는 사실이 어째서 그들이 투자 이익을 회수할 수 없는 대저택에 돈을 쏟아 붓기로 결정했는지를 설명해 주지는 않는다. 상투적인 설명이지만(그렇긴 해도 이 설명만으로 족할 것이다) 로스차일드가 사람들은 전원에서 여가를 즐기고 싶었던 것일지 모른다. 철도가 부설된 덕분에 시티의 업무를 소홀히 하지 않으면서도 전원생활을 즐기는 것이 가능해졌다. 런던 노스웨스턴 철도 덕에 라이오넬과 형제들은 멘트모어와 런던 유스턴 역 사이를 수월하게 출퇴근할 수 있었다. 라이오넬은 시골에서 한 바탕 말을 타고 '질주'하다가 시간에 맞춰 하원의 저녁 회의에 참석할 수 있었다. 1849년 5월에 개통한 스트라스부르-리니 철도는 페리에르에 머무는 제임스와 그의 아들들에게 이러한 혜택을 누리게 해 주었다.

그런데 반드시 짚고 넘어가야 할 것이 하나 있다. 새 저택들은 귀족 지위에 대한 자격 주장이었다. 일찍이 1846년 라이오넬은 준남작 따위는 자신에게 가당치 않은 지위라 생각했고, 귀족 작위를 받을 가망이 없다는 것이 명확해진 뒤에야 하원 의석을 차지하기 위한 활동에 돌입했다. 그러나 이는 '봉건화' 증상, 즉 퇴폐한 부르주아가 시대착오적인 상류 계급의 가치에 복속되는 현상과는 거리가 멀었다. 멘트모어를 한참 짓고 있던 시기에 라이오넬은 상원이 가진 입법 권한에 공개적으로 이의를 제기하고 있었기 때문이다. 영국의 귀족 지위에 입찰한 로스차일드가의 태도는 매우 단호했으며, 그들이 자신들을 위해 지은 저택만큼 이를 구체적으로 드러내는 것은 없었다. 저택들은 18세기 별장을 모방한 것 이상이었다. 그것은 로스차일드가의 권세에 대한 광고였고, 영향력 있는 손님들을 위한 5성 호텔이었으며, 개인 미술관이기도 했다. 간단히 말해, 로스차일드 기업에 있어서 고객 응대의 중심지였다.

그들이 어떤 건축가를 선택했는지도 중요한 부분이다. 조지프 팩스턴(Joseph Paxton)은 1830년대부터 가족과 알고 지냈고, 1840년대에는 루이즈가 귄터스부르크 저택을 짓는 데 조언해 주기도 했다. 그러나 가족들이 그를 여느 집과 장식만 다른 집이 아닌 그 이상을 지을 사람으로 신뢰하게 된 것은 그가 런던 만국박람회를 위해 설계한 수정궁 덕분이었다. 멘트모어를 짓기 시작한 것은 만국박람회가 있던 해인 1851년 8월로, 엘리자베스 시대에서 영감을 받은 이 저택은 유리 지붕을 얹은 거대한 홀에 온수가 나오고 중앙난방식으로 지어진, 당시의 기준으로는 혁신적인 건물이었다. 메이어와 그의 처자식을 위한 여염집이라고 보기에는 힘들었다. 1층에만 방이 스물여섯 개인 저택은 근본적으로 수많은 손님들이 즐기고 숙박하는 호텔에 가까웠고, 손님들은 이 집에서 집주인의 국제적 영향력을 되새길 수밖에 없었다. 과연, 트로피처럼 진열해 놓은 유럽 왕들의 두상(이탈리아 조각가 라파엘 몬티[Raphael Monti]의 작품이었다)은 로스차일드가의 트레이드마크가 되기도 했다. 한편 멘트모어는 로스차일드가가 움켜쥔 당대의 권력을 유서 깊고 고색창연한 선대의 영광과 연결시켜 보이기 위한 미술관이기도 했다. 그래서 베니스의 총독을 위해 제작됐던 거대한 랜턴 석 점, 고블랭(Gobelin) 벽걸이 융단, 16세기 이탈리아에서 만들어진 것부터 18세기 프랑스산에 이르는 앤티크 가구 소장품들이 전시되었다.

멘트모어 저택을 지으며, 메이어는 나머지 가족들에게 일종의 기준을 만들어 보인 셈이었다. 앤서니의 의뢰로 팩스턴의 사위 조지 헨리 스토크스(George Henry Stokes)가 1854~1855년에 걸쳐 개조를 맡은 애스턴 클린턴은 상대적으로 말썽이 많았다. 기존 건물을 확장하려 시도했던 스토크스는 루이자의 '꿈'을 완전히 좌절시켰지만, 그녀는 "처음에는 세상에서 가장 못난 집이라고 생각했는데, 조만간 곧 이 작은 집에도 정이 들겠지"라며 마음을 돌렸다. 한편, 제임스는 미리부터 결심을 단단히 하고 페리에르에 멘트모어를 능가하는 저택을 짓는 일에 착수했다. 그 지역의 석공들은 물론이려니와 프랑스 건축가들의 분노를 사며, 그는 팩스턴과 마이어스에게 일을 맡겼다. 그러나 두 사람은 이 일을 맡은 것을 몇 번이나 후회해야 했다. 제임스가 프랑스 건축가 앙투안 쥘리앙 에나르(Antoine-Julien Hénard)에게 2차적으로 의견을 묻고는 팩스턴이 내민 첫 번째 설계안을 미안하다는 말도 없이 물렸을 뿐더러, 현장에서는 영국과 프랑스 노동자들이 파업을 하고 결국에는 차등 보수 문제로 폭력 사태까지 빚어졌기 때문이다. 그렇게 탄생한 결과물은(건물은 1860년이 되어서야 완공되었다) 프랑스, 이탈리아, 영국의 양식이 혼합된 절충적인 대저택이었다. 공쿠르 형제처럼 안목이 고상했던 이들은 이 건물을 혐오했다. "관상수와 분수에만 수백만 프랑을 쓰고 저택 둘레를 장식하는 데에만 1800만 프랑을 쏟아 부은, 어리석고 실소를 금치 못할 낭비벽, 모든 양식을 녹여 만든 푸딩, 이 세상 모든 기념물을 집 한 채로 구현하자는 바보스러운 야망의 산물이로다!" 비스마르크는 이 저택이 "서랍장을 뒤집어 놓은 것"같다고 생각했다. 시인이자 외교관 윌프리드 스커웬 블런트(Wilfrid Scawen Blunt)는 이를 "유치찬란한 루이 필리프 취향으로 장식된 괴물 같은 팰맬 클럽"이라고 불렀다. 한편 반유대주의자 에두아르 드뤼몽은 이를 "감탄할 만한 고물상" 정도로 일축해버렸다.

그러나 페리에르는 최첨단 프로젝트였다. 손님들이 주방에서 요리하는 냄새를 맡는 일이 없도록 주방을 본채에서 100야드 떨어진 곳에 마련해 두고,

지하에 작은 철로를 만들어 식당 지하실과 주방들 사이를 서로 연결했다는 이야기는 유명하다. 멘트모어 저택처럼 이 역시 한편으로는 광고였으며(실내를 장식한 샤를 앙리 코르디에[Charles-Henri Cordier]의 여인상들은 지구를 지배하는 로스차일드가를 상징했다), 한편으로는 호텔이었고(방이 80개가 넘었다), 한편으로는 미술관이었다(수집품으로 갈수록 어수선해진 웅장한 홀은 제임스의 '개인 미술관'이었다). 그 모두가 장대하다고 할 만한 규모였지만(에블리나도 말했듯 "그곳은 왕궁 같아서 꼭 보초병이 있어야 할 것 같았다"), 몽롱한 키치풍의 베네치아 프레스코로 장식한 흡연실을 둔 설계에는 외젠 라미(Eugène Lami)의 인테리어 덕분에 이국적이고 연극적인 분위기도 스며 있었다. 스토크스가 아돌프를 위해 1858년에 지은 샤토 프레니(Château Pregny)는 그에 비하면 질박하다고 할 만한 건물이었다. 제네바 호수를 굽어보는 루이 16세 스타일의 이 저택은 무엇보다 아돌프가 수집하는 유화와 이국적인 수정, 귀한 암석과 목조 작품 같은 '오브제 다르(objets d'art)'를 전시하기 위한 쇼케이스였다. 1855년에 아르망 오귀스트 조제프 베르텔랭(Armand-Auguste-Joseph Berthelin)이 불로뉴에 지은 저택도 그와 흡사했지만, 베르텔랭의 작품은 루이 16세의 베르사유 궁에서 영감을 얻어 만든 것이었다.

1850년대와 1860년대에는 로스차일드가의 저택을 둘러싼 정원에도 크나큰 변화들이 생겼다. 페리에르에는 팩스턴의 지휘로 연못을 새로 내고 장식용 교량을 얹었으며, 공들인 온실과 겨울 정원까지 새로 만들었다. 에블리나는 거너스버리나 멘트모어의 정원을 더 좋아했지만, 그녀의 모친 샬로테가 이 시기에 페리에르를 묘사한 글에는 환호가 드러난다.

관목과 나무와 꽃, 온상과 온실 그리고……그 안에 심어진 화려하고 근사한 것들이며……제임스 삼촌은 오리와 백조, 꿩을 세계 각지에서 모으고 계신다.……오렌지나무 온실, 콘서바토리, 수정궁, 포도밭과 녹색 온실, 난초, 과일나무와 꽃나무 정원, 채소밭, 야생이거나 길들여진 진기한 동물들까지……페리에르에 비견될 만한 곳은 없다.……이곳은 요정의 정원, 환상적인 새장, 잉어가 헤엄치는 탄복할 만한 개천, 감미로운 과일과 빛나는 꽃으로 채워진 수정궁이 있는 알라딘의 궁전이다.

불로뉴에서는 정원사 포이어(Poyre)가 작은 폭포에 낭만적인 암석 정원을 갖춘 정교한 수생 식물원을 지어 올렸고, 여기에 제임스는 "굽슬굽슬한 깃털을 단 거위들"과 흰 오리, 이집트산 당나귀들과 말하는 앵무새 한 마리를 들여와 이국적인 동물원을 완성시켰다. 프레니에도 역시 아돌프가 수집한 파타고니아산 토끼들, 캥거루와 영양으로 이루어진 동물원이 마련되어 있었다. 가족들은 좀 더 낡은 저택과 정원도 그냥 내버려 두지 않았다. 안젤름은 그리 자주 가지는 않는 쉴러스도르프 저택의 정원 역시 슐레지엔풍으로 각색한 런던의 리젠트파크처럼 꾸며 놓았다. 또 호수를 만들어 야생 오리들을 끌어왔으며, 영지의 일꾼들을 위해 영국식 오두막을 여러 채 지어 주기도 했다. 이는 로스차일드가 사람들이 시골에서 보여 주는 온정주의의 초기 사례로, 그들이 수집한 다양한 동물과 새들 역시 이후 가문 사람들이 보이게 되는 동물학에 대한 열정의 발현이었다.

그러나 유럽 대도시들에 있는 일가의 거처들이 괄시당한 것은 아니었다. 라이오넬은 피커딜리 148번지 바로 옆집을 하원 의원 피츠로이 켈리로부터 사들여 건축회사 넬슨 앤드 인스(Nelson & Innes)에 의뢰해 두 저택의 집터 위에 훨씬 거대한 새 주택을 짓도록 하고, 공사가 진행되는 동안은 나이츠브리지(Knightsbridge)의 킹스턴 하우스에서 머물렀다.[48] 완성된 건물의 모습을 알고 싶다면(건물은 한 세기 뒤에 교통체증으로 파크레인을 확장하면서 허물어졌다), 런던의 웅장한 클럽들 중 한 곳을 들어가 보면 된다. 건물 지하는 남자 하인들의 방과 와인 저장고로 쓰였고, 1층은 널찍한 홀이었으며, 묵직한 대리석 계단을 올라가 2층에 이르면 널찍한 응접실들이 있었고, 3층에는 별실과 하녀들이 쓰는 다락방이 있었다. 주방은 정원 테라스 밑으로 쫓겨나 있었다. 파리에 마련한 저택들도 그만한 규모에 동일한 기본 구조를 갖추고 있었다.[49]

그리고 물론 이 모든 저택을 그에 어울리는 가구와 장식품으로 채워 넣는 일은 결코 끝나지 않는 과제였다. 파리에 쇼핑 원정을 간 샬로테가 2000파운드짜리 대리석 군상, 작은 조각상 넉 점, 크리스털 샹들리에, 로마 황제 흉상 넉 점, 5000기니를 투자한 "바다의 신 넵튠이 반인반어의 트리톤들과 바다의 님프들에 둘러싸인 모습이 비할 데 없이 아름답게 조각된, 탄성이 절로 나오는 적색 사기 꽃병 두 점", 그리고 150파운드짜리 테이블 하나를 사들인 일은 그저 평범한 일화였다. 이듬해 런던의 미술상들이 그녀에게 제안한 물건들 중에는 루벤스의 유화 한 점을 비롯해 "이니고 존스(Inigo Jones)가 만든 근사한 벽난로 선반, 조슈아 레이놀즈 경이 그린 아름다운 여인의 초상화……그리고 마지막으로 소개하지만 결코 앞선 것보다 못하지 않은, 러셀 씨가 오래전부터 약속했던 일본 혹은 중국의 작품들"이 포함되어 있었다. 공쿠르 형제같이 콧대 높은 사람들은 로스차일드가 사람들이 미술상에 의존하는 것을 보고 코웃음쳤다. 그들이 지어낸 유언비어 중 하나는 안젤름이 안경사를 불러 놓고 "감식안을 갖춘 사람들처럼 사물을 볼 수 있게 해 주는 안경"을 발명할 수 있다면 3만 6000프랑을 내놓겠다고 제의했다는 이야기도 있다. 제임스가 베로나산 작품을 좋은 값에 얻기 위해 미술상의 딸에게 공짜 드레스를 선물했다는 이야기도 있었다. 그러나 사실상 로스차일드가 사람들은 엘리트 미술 수집가들이었으며, 어쩌면 그 선두격이었다. "그저 그런 라파엘의 소품이 15만 프랑, 알베르트 코이프의 그림이 9만 2000프랑에 나왔다"고 냇은 1869년 파리 옥션에서 형제들에게 써 보냈다. "누군가 돈 많은 사람이 당장 이것들을 사버려야 할 텐데." 달리 말해, 그의 사촌 구스타브의 말마따나 "누군가 지금 당장 돈을 써야" 했다. 그러나 로스차일드가 사람이 아니면 누가 그만한 돈을 가졌겠는가?

이 모든 작업이 끝나고 1860년대 초반에 뉴코트의 은행 건물을 재건축한 일은 뒤늦게 문득 생각이 나서 진행한 일처럼 보였다. 분명 샬로테는 새 건물이 "성대한 사업을 위해 지어진, 정말 근사한" 건물이라고 생각했다. 향후 (예술과 건축은 차치하고) 정치가 로스차일드가의 젊은 세대들의 관심을 그 "성대한 사업"으로부터 얼마나 돌려놓을지는 아직 두고 볼 일이었다.

2장
이동성¹의 시대
(1849~1858)

우리의 숨통을 조르는 그 유대인을 한번 골탕 먹이는 것도 즐거운 일일 것이다.

─ 카보우르

    1850년대는 로스차일드 가문에게는 전혀 다른 시대였다. 최소한 그렇다는 것이 전통적인 견해다. 첫째, 제임스가 한사코 의심의 끈을 놓지 않았던 루이 나폴레옹 보나파르트가 공화정을 뒤엎고 스스로를 삼촌의 뒤를 잇는 황제로 선포했다. 둘째, 제임스의 사업상 경쟁자인 아실 풀드(베누아 풀드의 막내동생이자 시인 하인리히 하이네가 "파리 좌안" 철도의 "최고 랍비"라고 불렀던)가 프랑스의 재무장관이 되었다. 자주 인용되는 비엘 카스텔(Viel-Castel) 백작의 기록에 따르면, 풀드는 나폴레옹에게 이렇게 말했다. "폐하께서는 반드시 로스차일드의 후견에서 벗어나셔야 합니다. 폐하는 아랑곳없이 나라를 쥐고 흔드는 그들에게서 말입니다." 셋째, 제임스의 옛 협력자 페레르 형제의 발명품인 크레디 모빌리에(Crédit Mobilier)를 위시해 새로운 '유니버설 은행²'들이 설립되면서 프랑스에서뿐만 아니라 유럽 전역에 걸쳐 로스차일드 가문의 지배적 입지에 위협을 가했다. 마지막으로, 1850년은 국제적으로 불안정한 시기였다. 열강들 간의 대규모 전쟁이라는 로스차일드가의 악몽이 1815년 이래 처음으로, 일단은 크림전쟁(영국과 프랑스가 투르크를 두고 러시아와 대치한 일)을 통해, 그다음은 이탈리아에서(프랑스와 오스트리아가 이탈리아를 두고 대치한 일) 현실이 되었다.
 그러나 이런 설명은 두 가지 측면에서 독자를 오도한다. 역사가들이 아포니 백작의 뒤를 이어 오스트리아 대사가 된 휘브너(Hübner) 백작의 일기 같은 편향된 정보에 과도하게 의존해 온 까닭에, 나폴레옹 정권하에서 제임스가 겪었던 어려움이 과장되었기 때문이다. 게다가 그것은 지나치게 프랑스 중심적인 해석이다. 다른 일가들이 흥성하고 있던 시기에 제임스가 겪은 난관만 따로 떼어 놓고 보아서는 안 된다.

두 황제

 휘브너가 샹가르니에 장군과 베티와의 관계를 애정 관계로 묘사한 것은 악의적인 해석이었다. 사실, 그녀가 당시 미국에 체류 중이던 알퐁스에게 보낸 최근에 발견된 편지들을 보면 장군에 대한 그녀의 첫인상이 결코 호의적이지는 않았다는 것이 드러난다. 그녀가 처음 본 장군의 모습은 "마르고 중키에 못생긴 남자로, 콧수염만 빼면 군인 같아 보이지도 않는" 사람이었고 "첫눈에도 늙고 쇠약해 보였다". 1849년 1월에 그가 가족과 저녁 식사를 한 날, 그는 "썩 훌륭한 말벗이고 분위기를 띄우려고 노력하는 사람"이었지만 "이 점에서 그는 오직 부분적으로만 성공한 셈"이었다. "사람들이 그에 대해 칭찬해 마지않는 솔직한 성격과 신의를 나로서는 발견할 수가 없다. 반대로, 그는 다소 두 얼굴을 가진 사람 같다는 인상을 주었어." 디즈레일리는 해나로부터 샹가르니에가 좀 딱딱한 사람이라는 평을 들었다. 로스차일드가에서 그를 저녁 식사에 초대하며 어느 유명한 오페라 가수도 함께 초대하자, 그는 청을 거절하면서 "식탁에 대중 가수를 불러냈다며 [베티에게] 설교했다"는 것이었다. 아직까지 베티는 루이 나폴레옹에게 맞춰 가려는 노력을 포기하지 않고 있었다. 4월에 아들에게 쓴 편지에서, 그녀는 대통령이 "잘하고 계신다. 날마다 그는 질서의 원칙과 법의 강권에 대한 신념을 증명해 보이고 계신다"고 말했다. 한결 마음을 놓은 그녀는 "마침내 서먹했던 분위기를 깨고 대통령의 살롱에 드나들기" 시작했다. "더 이상 숨어 있다가는 정치적으로 비호의적이라는 인상을 풍길 수밖에 없을 것이다."

한편, 샹가르니에는 가문의 어느 누구보다도 혁명에 강한 반감을 보였던 여인을 안심시킬 만한 적당한 말을 찾아냈던 것이 분명하다. 베티는 호의적인 어조로 이렇게 썼다. "그는 제대로 된 반동주의자야.……며칠 전에 그는 프랑스 국기에 담긴 세 가지 이념에 대해 이야기하면서 내게 이렇게 말했어. '저는 우애를 몹시 싫어합니다. 제게 형제가 있다면, 형제라 부르는 대신 사촌이라 부르겠습니다.'" 얼마 뒤 그녀는 "내 친구 샹가르니에 씨가 광인들을 저지할 것"이라고 알퐁스를 안심시키며, 가족들도 "우리의 존경하는 샹가르니에 씨 덕에 보호받을 것"이라고 덧붙였다. 6월에 보낸 편지에서는 이렇게 선언했다. "우리의 훌륭하신 샹가르니에 씨는 돌아가는 정황을 훤히 꿰고 있는 까닭에 [위험한 상황이 생기면] 우리에게 바로 알려 줄 만한, 신임할 수 있는 친구다. 그가 얼마나 고귀한 사람인지, 얼마나 고매한 마음과 충심 어린 영혼을 지녔는지, 얼마나 솔직한 사람인지, 말로는 표현할 수가 없구나." 그녀가 만약 이 같은 생각을 다른 사람들 앞에서도 피력했다면, 휘브너가 그 말에서 정치적인 끌림만이 아닌 성적인 매혹을 감지했대도 그리 놀라운 일이 아닐 것이다. 그녀의 숙모인 해나 자신도 샹가르니에가 "우리 가족에게 대단히 헌신적이며, 베티의 재능과 능력을 높이 사고, 혁명 기간 동안 가족들이 보인 용기와 태도를 인정하며, 그들의 안녕을 살피는 것처럼 보인다"고 조심스럽게 평한 바 있었다. 제임스의 경우, 그는 말하길(존경과 당혹감이 뒤섞인 어투로) 샹가르니에는 정치적으로 예민한 사건들에 대한 정보(예를 들어, 돈 파시피코 [Don Pacifico] 사건에 대한 프랑스의 정책)를 기꺼이 알려 주면서도 자신은 그런 정보를 바탕으로 투기해 볼 생각을 안 한다는 것이었다. "샹가르니에는 [투기에] 발을 들이지도 않고, 투자하고 싶다고 말한 적도 없다. 사실인즉, 만약 내가 그나 그의 부관에게 뭔가를 제의했다간 그는 더 이상 나를 보려고 하지도 않을 것이요, 내 초대를 받아들이지도 않을 것이다. 그는 내가 아는 중에 가장 희한한 인물이다!" 그와는 대조적으로 보나파르트는 투자 기회가 있다면 반색하는 사람이었지만, 제임스와 손잡는 것만은 사절이었다.

1850년 내내 제임스는 권력을 쥔 사람은 나폴레옹이요, 잘못하다간 그 자신이 위험에 빠질 수 있다는 사실을 더욱 자각하게 되면서 보나파르트와 샹가르니에 두 사람을 화해시키려고 애썼다. "대통령 각하는 내가 당신을 우롱했다고 생각하시는 것 같다." 그는 1850년 1월에 그렇게 썼다. "한마디로, 내가 그리 총애받는 위치에 있는 것은 아니라는 뜻이다. 특히 풀드가 내게 좋은 일을 해 줄 리는 없을 테니 말이다. 하느님께 감사한 일이지, 그런 작자에게 도움을 구할 필요가 없으니." 여기에서 드러나듯이 그가 풀드를 불신했다는 것은 사실이다(게다가 그가 비유대인과 결혼했다는 사실이 상황을 더 그르쳤다). 그렇다고 해서 두 경쟁자가 맺은 관계를 잘못 해석해서는 안 된다. 두 사람은 서로 자주 만났고, 풀드는 제임스로부터 내키지 않는 존경을 받고 있었다. 제임스도 인정했다시피, 형제 중 하나는 은행가로 성공했고 다른 하나는 재무장관에까지 오른 것은 술수를 써서 이룬 일이 아니었다. 제임스는 그저 자기 자신이 사업에서나 정치적으로 불리한 위치에 있다고 느꼈을 뿐이다. 그는 불평했다. "사업 기회가 우리의 손을 떠나고 있고 우리 역시 예전의 우리가 아니라는 사실을 인정하자니 답답할 노릇이구나." 그러나 1850년 말미에 있었던 랑트 발행 사업을 확보하는 데 그가 실패했다고 해서 재계에서 그의 영향력이 줄어들었다는 증거로 보는 것은 잘못이다. 사실 제임스는 입찰을 준비했지만, 냇의 네 살 난 아들 마이에 알베르가 죽고 그 장례식이 재무장관의 경매 시점과 겹치는 바람에 미처 나서지 못했을 뿐이었다. 비통한 와중에도 제임스는 자신의 불참이 풀드의 경매를 "낭패"로 만들 것을 생각하면 고소해지는 것을 참을 수 없었다. "풀드의 뜻대로 로스차일드가를 제쳐 놓으면 결국 아무 일도 되지 않는다는 것을 다들 깨닫게 되겠지."

사실, 제임스의 1차적 관심은 경제적인 것보다는 외교적인 데 있었다. 그는 대통령의 변덕스러운 외교 정책이 그 상대가 영국이든(돈 파시피코 사건으로), 프로이센이든(독일 문제로) 다른 열강들과 프랑스 사이에 전쟁은 아니더라도 마찰을 일으키지나 않을까 두려워하고 있었다. 1850년 후반 나폴레옹과 샹가르니에가 동석한 자리에서 제임스가 프랑스의 정책을 유화시키려 노력하는 장면을 묘사한 오귀스트 시라크의 글은 허투루 지어낸 이야기가 아닌 듯하다. "자, 이런, 이게 다 무슨 일입니까? 독일을 두고 왜 이렇게 싸우는 것인가요?" 제임스는 애를 썼다. "합의점을 찾아봅시다. 부디 아무쪼록, 합의점을 찾아봅시다." 시라크의 이야기에 따르면, 나폴레옹은 그의 면전에서 등을 돌렸다 한다. 제임스는 1850년과 1851년에 실로 여러 차례 나폴레옹을 알현했지만, 그의 정책에 영향을 미치는 데 성공했다고 자신하지는 못했다. 오히려 그는 대통령이 "병정놀이 하는 것만 좋아하신다"고 툴툴거렸다. 대통령은 "전 세계를 적으로 만들고 말……고집불통"이라는 것이다. 특히 1850년 하반기에 불붙은 오스트리아와 프로이센 간의 싸움에 프랑스가 끼어들 가능성을 내비치자, 그는 불길한 예감에 사로잡혔다. 언제나 "빨갱이들의 수중에 던져질" 것을 두려워했던 제임스였지만, 루이 나폴레옹이 서툰 외교 정책으로 "루이 필리프처럼 쫓겨나는" 꼴을 보더라도 섭섭해하지는 않았을 것이다.

보나파르트의 쿠데타 가능성이 커지면서 제임스가 불안에 떤 이유도 이로써 설명된다. 이미 1850년 10월부터 그는 금을 런던 상사 쪽에 송금하기 시작했는데, 조카들에게는 이렇게 설명했다. "샹가르니에의 친구라는 이유로 나폴레옹 같은 작자한테 내 돈을 빼앗길지도 모르는 상황에 이 돈을 랑트에 투자하거나 지하실에 감춰 두기보다는, 차라리 내가 가진 금을 전부 너희에게 맡겨 두고 3% 이자를 받는 편이 낫겠다 싶구나. 겁을 내는 것은 아니다만 조심하고 싶어서 그런다. 정치적으로 이곳은 형편없는 나라다." 그와 동시에 제임스는 샹가르니에가 자신의 연대와 국민방위군 지휘관 자리에서 실각한 이후에도 그와 접촉을 유지하면서 더욱 정치적으로 접근해 갔다. 1851년 10월 제임스는 조카들에게 "우리의 장군"이 "위대한 꿈"을 갖고 있다고 썼다. 그러나 불안한 어조로 이렇게 덧붙였다. "그 꿈들이 실현되기도 전에 파리가 피로 물들지도 모르는 일이다. 나는 갖고 있던 랑트를 전부 팔아버렸다." 12월 1일과 2일 사이의 야밤에 쿠데타가 일어났을 때, 제임스가 샹가르니에와 다른 공화파 지도자들과 함께 자신도 체포될지 모른다고 두려움에 떨었던 것도 그럴 만했다. 무슨 복선처럼 그는 '루비콘 작전'(쿠데타의 코드명이었다)이 있기 일주일 전에 계단을 내려오다가 넘어져 발목을 접질려서, 보나파르트가 공격을 개시했을 때 말 그대로 굴복한 자세로 누워 있었다. 쿠데타가 있은 직후 런던으로 보낸 그의 편지들에 정치 이야기는 한 마디로 언급되지 않은 것은 놀라운 일이 아니다. 제임스도 설명했듯이, 도중에 편지를 가로채이는 일이 있을지도 모른다고 걱정할 만한 근거는 충분했다.

그러나 제임스는 자신의 정치적 선호를 사업상의 이해관계와 혼동할 사람이 아니었다. 샹가르니에에 대한 호감과는 별개로 그는 공화국에 애착이 없었고, 이 새로운 상황을 (휘브너의 표현대로라면) "달관하며" 받아들였다. 페레르는 라피트 가에 우연히 모인 은행가들 앞에서 상황을 낙관적으로 평가하며 그들을 안심시켰다.

루이 나폴레옹이 1852년 이전의 [헌법에] 종지부를 찍기로 결심한 데 대해서는 비난하지 않았다. 그것은 어느 정도 불가피한 일이라 여겼던 것이다. 다만 걱정스러웠던 점은 그것이 위험한 도박이라는 사실이었다. 장군 몇 사람이 체포되었다는 소식이 전해졌다. 이것이 군대에 분열을 일으키지는 않을까, 그리하여 승자가 누가 되든 프랑스의 종말을 가져오는 것은 아닐까 하는 공포가 번졌다. 페레르 씨에게 질문 공세가 쏟아졌다. 그는 자신이 보고 온 바를 이렇게 전했다. "장교들은 쾌활하고 병사들은 사기가 충천해 있습니다. 군사력은 굳건하고, 포고문을 읽는 사람들은 침착했으며, 아침에 일어난 충격적인 사건에도 파리는 평온했습니다." 금융가들은 이 낙관적인 소식에 반가워했다.

더욱이 급진 공화파 세력을 분쇄하고 팽창적 신용 정책을 지지한다는 신호를 보임으로써, 나폴레옹이 경제적으로 낙관적인 분위기를 조성하고 있다는 것이 곧 분명해졌다. 랑트의 가격을 보면 상황을 알 수 있다. 쿠데타 당일 저녁, 금리 3% 랑트의 시세는 56, 금리 5% 랑트의 시세는 90.5였다. 그 직후, 가격은 각각 64와 102.5로 뛰어올랐다. 그리고 1852년 말(나폴레옹이 쿠데타 1주년 기념일에 자신을 황제로 선포한 시점) 금리 3% 랑트의 시세는 83이었으니, 공화정이 제정으로 바뀌면서 거의 50%에 달하는 자본 이익이 생긴 셈이었다.[표 2] 철도에 대한 총 투자 역시 같은 상황을 보여 준다. 1848년에서 1851년까지 침체기를 겪은 이후, 1856년에 이르기까지 투자는 다섯 배로 증가했다. 제임스는 한동안 경제 사건과 정치적인 사건들이 공시성을 벗어난 데 주목하고 있었다. 심지어 전쟁 위협과 쿠데타 직전에 국내에서 있었던 소란마저도 그 자신이 예견한 것처럼 경제를 불안하게 만들지는 않았던 것이다. 그는 1850년 이렇게 썼다. "정치가들의 말을 듣다 보면 모든 게 망했다는 생각이 들 거다. 금융가들의 이야기를 들어 보면 그들은 꼭 그 반대로 말을 한다." 그러나

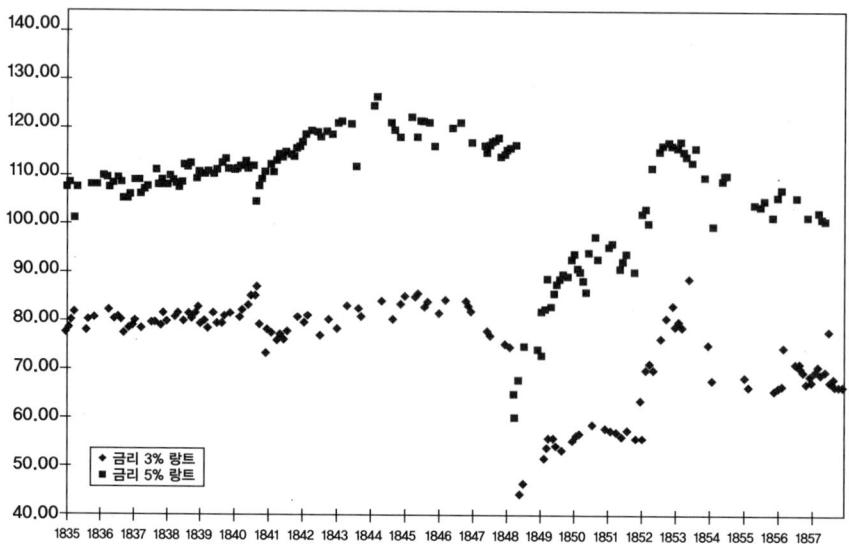

[표 2] 프랑스 금리 3% 랑트와 5% 랑트의 주간 종가(1835~1857년)

12월 2일 이래로, 자체 건전성을 증권거래소의 건전성과 의식적으로 동일시한 정부에 의해 정치와 경제는 다시 조화를 이루며 흘러가기 시작했다.

샹가르니에가 오를레앙파의 복귀에 길을 닦아 주기를 바랐을 제임스에게 나폴레옹 정권은 결코 이상적인 결론은 아니었다. 그러나 나폴레옹이 제임스에게 개인적으로 불이익을 주려는 의도가 없는 것이 확실해지자, 그는 그 정권도 감내하며 살 수 있었다. 그는 1850년 10월에 이미 (미리 내다보기라도 한 듯이) 자신의 입지를 이렇게 요약했다. "결국 우리는 다시 황제를 모시게 될 테고, 그 황제는 전쟁을 벌이겠지. 내가 전쟁을 두려워하지만 않는다면 기꺼이 제국주의자가 되었을 것이다." 쿠데타가 있은 후, 그는 자신이 이미 빈사 상태나 다름없는 공화파와 너무 가까이 지내면 경쟁자들이 그를 앞질러 손을 쓰리라는 사실을 곧 간파했다. 베티가 페리에르에 은거하다시피 하면서 나폴레옹에 대한 "실망"을 표출하고 있을 때, 그녀의 남편은 (다시 한 번) 시대와 발맞춰 움직이기 시작했다. 그는 쿠데타가 일어난 3주 뒤에 런던에 편지를 보냈다. "나폴레옹이 힘을 얻고 있는 것 같다. 고결하고 선한 사람들은 그의 초대에 응하지 않겠지만 말이다. 너희는 우리 역시 그렇게 완전히 물러나 있어야 한다고 생각하느냐?" 이것은 답을 듣자고 던진 질문이 아니었다. 로스차일드가의 여성들조차 사교적 보이콧을 영원히 지속할 수는 없었다. 과연, 그들의 기분도 12월 말에는 한결 누그러져 있었다. 냇의 아내 샬로트와 베티를 만난 아포니 백작은 그 만남에 대해 괴팍하게도 이렇게 기록해 놓았다. "그 온화한 분위기는 그들이 보유한 채권과 주식이 호황을 맞은 결과 그들이 벌어들인 어마어마한 액수의 돈다발에서 비롯된 것이다."

제임스가 파리에 자리를 잡은 이래 적어도 다섯 번째 바뀌는 정권이었다. 그로서는 이 같은 사건을 진지하게 생각하는 일이 날이 갈수록 어려워졌다. "맙소사, 조카들아, 프랑스 헌법을 두 냥에 사 가는 건 어떠냐? 지금 여기 노상에 내놓고 팔고 있단다." 전제정부는 "그다지 좋지" 않았다. "하지만 여기에서는 하고 싶은 대로 할 수가 있고, 그것도 잠깐이면 전부 잊히는구나." 1852년 10월에 제임스는 그가 "황제 이하 모든 이들과 최상의 조건으로 거래하고 있다"고 기운찬 어조로 소식을 전했지만, 그것은 사실 나폴레옹이 자신을 황제로 선포하기 두 달이나 전의 일이었다. 소식을 전하고 고작 며칠 뒤에 나폴레옹은 저 유명한 보르도 연설에서 "제국은 곧 평화다(L'Empire, c'est la paix)"라고 선포했다. 그 뜻은 곧 벨기에의 중립을 무모하게 침해한다거나 라인 지방의 프로이센 지배에 도전하는 등 지난 2년 동안 가장 우려스러운 문제들을 불식시키겠다는 뜻 같았고, 다른 열강들이 나폴레옹을 시비 거는 시늉만 하는 황제로 여겼던 까닭도 거기에 있었다.

물론, 상황은 그리 수월하지 않았다. 1853년 1월, 제임스는 여전히 새 황제를 알현할 기회를 잡는 데 어려움을 겪고 있었다. 그러나 그에게는 새 황실에 진입할 수 있는 두 가지 경로가 있었다. 첫째, 그는 아직 오스트리아 총영사 직책을 갖고 있었고, 그의 외교상의 신분을 망각한 사람들에게는 그저 진홍색 제복만 차려입고 그 앞에 나타나 주기만 하면 되었다. 1852년 8월, 그는 오스트리아의 새 황제 프란츠 요제프의 온건한 메시지를 나폴레옹에게 전달할 기회를 잡았다. 파리에서 비엔나를 대표하는 사람이라고 자임하는 제임스를 묵살하기 위해 최선을 다했던 휘브너마저 로스차일드가 사람들이 오스트리아 정부의 은행가로 남아 있는 한 그를 쫓아낼 도리는 없었다. 제임스가 나폴레옹의 환심을 사려 했던 두 번째 방법은 절반은 스페인계, 절반은 스코틀랜드 혈통인 과감한 아가씨 외제니 드 몽티조(Eugénie de Montijo) 편에서 그녀의 위신을 세워 주는 것으로, 누구 못지않게 속물스러운 파리지앵이었던 것으로 추정되는 이 여성은 나폴레옹의 다음번 정부가 된다. 나폴레옹은 1850년에 그녀를 소개받고, 1852년 말쯤에는 사랑에 빠졌다. 호엔로헤 랑겐부르크(Hohenlohe-Langenburg) 아델하이트 공주(빅토리아 여왕의 조카 중 하나였다)와 정략결혼하겠다던 계획이 좌초되자, 그는 (각료들을 경악시키며) 충동적으로 외제니와 결혼하겠다고 결심했다.

그러나 1월 12일 외제니가 다름 아닌 제임스의 에스코트를 받으며 튈르리궁의 무도회에 도착할 때까지(휘브너의 표현대로라면 제임스는 오랫동안 "저 젊은 안달루시아 여인의 매력에 빠져 있었으나, 이제는 결혼의 위력을 믿는 한 사람으로서 그 어느 때보다 그녀의 매력에 반해" 있었다), 나폴레옹의 결정은 아직 비밀에 부쳐져 있었다. 제임스의 아들 중 하나(아마도 알퐁스)가 아버지 대신 모친을 대동했다. 일행이 살 데 마레쇼(Salle des Maréchaux)³로 자리를 옮겨 숙녀들이 앉을 자리를 마련하려던 참에, 외무장관 드루앵 드 뤼(Drouyn de Lhuys)의 아내가 외제니에게 오만한 말투로 이곳의 좌석은 장관 부인들을 위해 마련된 자리라고 말했다. 이 말을 들은 나폴레옹은 두 여인 쪽으로 걸어와서 그들에게 황제의 연단에 있는 좌석을 권했다. 두 시간 뒤 황제와 외제니는 서재로 사라졌고, 다시 나타났을 때는 팔짱을 낀 채였다. 사흘 뒤에 그는 청혼했다. 22일에는 약혼이 공표되었다. 그로부터 일주일 뒤 결혼식이 거행되었다. "나는 내가 경애하고 존경하는 젊은 여인을 사랑하오." 나폴레옹은 선언했다. 안젤름의 아내 샬롯은 나폴레옹의 이 말에 이렇게 덧붙였다. "존경하지 않는 여자를 사랑하는 것은 가능하다. 그러나 경애하고 존경하는 여성하고만 결혼하는 법." 이 찬사(로스차일드 가문 사람들이 낭만적 사랑과 실제 결혼 사이에 늘 구분을 두어 왔다는 사실을 생각하면 다소 어색하게 들리는)는 응당 황제 부부의 귀에도 전해졌다.

물론 이 사건의 중요성을 과장해서는 안 될 것이다. 한편, 오늘날의 독자들로서는 19세기 궁정 생활의 복잡한 의식들을 당대 사람들이 얼마나 진지하게 생각했는지 간과하기 쉽다. 특히 그곳이 쿠데타로 왕좌를 얻고 교묘히 치러낸 국민투표로 적법성을 획득한, 행동을 예측할 수 없는 졸부의 황실이라면 말이다.

크레디 모빌리에

물론, 제2제정하에서 제임스의 운명이 정말 결정된 곳은 튈르리 궁도, 콩피에뉴(Compiègne, 나폴레옹이 사냥을 즐기던 곳)도 아닌, 증권거래소와 철도 회사 중역 회의실이었다. 바로 그곳에서 제2제정은 19세기의 위대한 기업 전쟁 중 하나로 즐겨 묘사되는, 로스차일드가와 크레디 모빌리에 간에 치러지는 막상막하의 결투를 지켜보게 된다.

크레디 모빌리에의 창립(1852년 11월 20일)과 제2제정의 공식 선포(12월 2일)가 비슷한 시기에 이루어졌다는 사실이 어느 정도 빌미를 제공하는 바람에, 이 신생 은행의 의의가 잘못 해석되곤 했다. 예를 들어, 많은 저자들이 이 은행의 탄생을 프랑스 국가 재정을 쥐락펴락하는 로스차일드가의 입지에 대한 정치적 도전으로, 즉 로스차일드의 후견으로부터 "해방되시라"는 풀드의 진언에 대한 나폴레옹 3세의 응답으로 묘사하고 있다. 또 다른 오해는 크레디 모빌리에가 로스차일드가로 대변되는 "낡은" 개인 은행과 대조되는, 혁명적인 신종 은행을 대변했다는 것이다.

사실 공모한 주식 자본금을 기초로 은행을 창설한다는 아이디어에는 근본적으로 새로울 것이 없었다. 1826년 이래 영국과 웨일즈의 합자은행들은 런던에 기반을 둔 개인 은행보다 그 수가 두 배나 많았다. 영국 합자은행이 기업 대부를 꺼렸다는 것도 사실이 아니다(장기 투자에는 뛰어들지 않는 경향이 있었지만, 당좌대월을 만기 연장하거나 실상 장기간에 걸친 방식으로 어음을 할인하는 경우는 자주 있었다). 크레디 모빌리에가 프랑스뿐만 아니라 대륙 전반에 걸쳐 산업화를 촉진시켰다고 주장한 알렉산더 거셴크론(Alexander Gerschenkron)과 론도 카메론(Rondo Cameron) 등의 경제사학자들에게는 미안한 말이지만, 장기적인 산업 투자는 어쨌든 크레디 모빌리에의 사업이 아니었다. 또한 페레르 형제가 프랑스에서 시도한 것은 이미 전례가 있던 일이었다. (존 로[John Law]의 방크 제네랄[Banque Générale]을 제외한다면) 자크 라피트의 통상산업일반은행(Caisse Générale du Commerce et de l'Industrie)이 그 최초의 사례일 것이다.

경제사학자 데이비드 랜즈도 지적했듯이, 로스차일드와 그 외 저명한 파리의 은행들이 크레디 모빌리에의 도전에 대응하면서 특별히 구태의연한 면모를 보였던 것도 아니었다. 그들 역시 장기적인 투자를 위해 주식 합자 형식이 필요한 이유를 이해하고 있었다. 프랑스와 오스트리아 로스차일드 은행의 자본은 순전히 은행주들의 개인 자본이라는 점에서 페레르 형제들과는 사정이 달랐지만, 그들 역시 자본을 이용하는 방식은 크레디 모빌리에가 채권 보유자들과 예금주들의 자본을 이용한 방식과 대단히 비슷했고, 나중에 가서는 크레디 모빌리에보다 성공을 거두기도 했다. 단순하지만 자주 간과되는 또 하나의 사실은 크레디 모빌리에가 로스차일드 은행들보다 그 규모가 더 크지도 않았다는 점이다. 크레디 모빌리에의 초기 자본은 2000만(나중에는 6000만) 프랑이었으나, 1852년 드 로스차일드 프레르의 자본은 8800만 프랑을 넘어섰고 전체 로스차일드 상사를 합친 규모는 자그마치 2억 3000만 프랑에 달했다. 크레디 모빌리에의 초기 자본 중 페레르 형제들 자신이 기여한 바는 고작 29%에 불과했다.

사실 로스차일드가와 크레디 모빌리에 사이에 심대한 차이가 있다고 당시 사람들과 근래의 역사가들을 확신시킨 것은 크레디 모빌리에가 했던 사업 자체라기보다 그들이 사업을 해낸 방식이었다(파리의 사정에 어두웠던 사람들만이 비스마르크처럼 "로스차일드, 풀드 그리고 페레르[Pereyre, 비스마르크가 오기함]"라고 셋을 한데 묶어 생각했다). 페레르 형제들은 랑트나 철도 증권에 투자해서 자신들의 주머니를 불릴 때조차 산업 투자의 공동 이익에 관한 고리타분한 생시몽주의적 수사법을 버리지 않았다. 반면 로스차일드가는 자신들이 투기를 해서 이득을 보고 있다는 사실을 전혀 숨기지 않았으며, 그들이 속한 공동체에 기여하는 일은 사업과는 별개인 자선 활동으로 다뤘다. 카스텔란 원수가 1850년에 앤서니를 처음 만났을 때, 앤서니의 이런 불평은 그에게 다소 충격이었다. "런던에서는 무엇에 투자하든 돈을 벌 수 있지요. 랑트는 물론이려니와 면직물로도 원하는 만큼 돈을 벌 수 있어요. 하지만 여기 파리에서는 랑트가 아니고서는 투기해서 돈을 벌 데가 없습니다." 그것은 생시몽주의자들이 하는 말과는 전혀 다른 이야기였다. 생시몽주의자들에게는 프랑스의 예금을 총동원해 증기 기관처럼 움직이는 유토피아를 건설하는 것이야말로 중요한 사안이었다. 그것은 주식중개인 페도가 회고록에서 생생하게 묘사한 바 있는 양식의 차이였다. 그는 제임스가 페레르 형제와는 달리 "그저 믿음직하고 명철

하며 영악한 '자본 상인'일 뿐"이라고 썼다.

막대한 재산에 붙는 수익을 극대화하는 일. 그것이야말로 24시간을 꼬박 채우는 그의 직업이었다. 매번의 월말 결제는 은행의 안전성, 그의 명성, 그가 지닌 권력의 확증을 위해 싸우는 전투와 같았다. 그는 세계 전역에서 들어오는 (정치, 경제, 상업 및 산업에 관한) 뉴스를 세세한 것까지 주시했으며, 아무리 사소해도 이익을 낼 기회가 있으면 동물적인 감각으로 한 건도 놓치는 법이 없었다.

이미 살펴본 것처럼, 제임스 같은 인물과 사업을 한다는 것은 특히 페도 같은 소인배에게는 고생만 있는 대로 하고 별 보상은 받지 못할 일이었다. 반대로, 누구든 크레디 모빌리에의 사무실을 찾아가기만 하면 "로스차일드 은행에서와는 충격적일 정도로 대조적인 상황을 접하게" 되었다.

페레르 형제는 거친 말로 공포심을 일으키지도 않고, 화를 버럭 내서 상대를 기죽게 만들지도 않았다. 어안이 벙벙해질 정도로 예의를 차리는 사람들로, 항상 집중하고 있고, 쇠막대처럼 긴장하고 있으며, 생각에 융통성이 없고, 자기 자신에 대한 경외로 가득 찬 그들은 늘 지인들에게 둘러싸여 있는데, 이들은 모두 그들의 수호자격인 이 형제들이 어떤 주식에 투자했는지, 팔려는지, 사려는지에 대한 이야기를 한 마디도 놓치지 않으려고 귀에 손을 대고 듣고 있다. 크레디 모빌리에의 직원들은 계단에서 기다리고 있다가 고객이 등장하면 시키실 일은 없느냐고 취조 아닌 취조를 시작한다. 돈을 얼마나 걸었든 모두 부자가 되고 싶어 했다. 한 사람 한 사람이 그들의 스승들이 가는 방향으로 따라가고자 노력했다.

제임스는 분명 이런 대조되는 상황을 즐겼던 것 같다. 한번은 그가 제2제정 시기에 그의 트레이드마크가 된 냉소적인 유머 감각을 발휘해, 페도에게 자신을 대신해 투자를 한 건 맡아 달라고 청했다. 말인즉슨, 크레디 모빌리에의 주식 1000주를 매입해 달라는 것이었다. 그는 같은 심부름을 무려 다섯 차례나 시키고는, 결제 시점에 실제로 전액을 지불하여 페도를 놀라게 했다. 페도가 미심쩍어하자, 제임스는 짐짓 놀라는 체하며 이렇게 되물었다.

그게 무슨 뜻인가, 젊은 친구? 내가 자네를 속일 리가 있겠나. 잘 듣게. 나는 두 분 페레르 씨의 재능을 대단히 신뢰하는 사람이네. 그들은 지구상에서 가장 위대한 은행가들이지. 나는 가정적인 사람이라 내 작은 재산 중 일부를 그들의 사업에 투자하는 게 기쁠 따름이라네. 한 가지 아쉬운 게 있다면, 내 재산 전부를 그 영특한 사람들한테 믿고 맡길 수가 없다는 점이지.

당대 사람들은(특히 은행가 쥘 이자크 미레[Jules Isaac Mirès]가 위신을 잃고 나서 그런 주장을 폈는데) 방식상의 차이를 두 집안의 서로 다른 문화적 배경 탓으로 돌리는 경우가 자주 있었다. "북구 출신의 유대인"들은 독일의 매섭고 구속된 환경에서 출발했기 때문에 이기적으로 부를 추구하는 과정에서 "냉정하고" "꼼꼼하며" 나라의 이익에 대해서는 무관심하다는 것이었다. 반면 "중부 지방의 유대인"들은 "고결한" "라틴적" 본능을 타고났을 뿐 아니라 프랑스의 유대인에 대한 훨씬 관용적인 처우에서 혜택을 받을 수 있었기 때문에, 그들의 사업 역시 이타적이고 애국적인 방식으로 끌고 나간다는 것이다. 또 다른 이들은 이들 간의 차이를 정치적인 용어로 표현하기도 했다. 즉, 로스차일드는 "금전의 귀족정"이자 "금융의 봉건주의"를 대변하며, 그의 경쟁자들은 "금융의 민주주의와 경제의 '1789년'"을 대변한다는 것이다.

그러나 실제로 이들 간의 경쟁은 철도 부설권이라는 별로 흥미진진할 것 없는 분야에서 벌어졌다. 공화정은 철도광들에게 불행한 막간이었다는 말은 과장이 아니었다. 정치가들이 어느 부설권을 누구에게 허가해야 하느냐를 두고 끝없이 논쟁을 벌였던 탓에, 투자며 건설 모두 정체되었기 때문이다. 금리는 높았고, 증권거래소는 침체의 늪에 빠졌으며, 고용주들은 노동 불안을 예의주시하고 있었다. 공사가 진행된 곳은 주요 노선 한 곳뿐이었다(베르사유에서 렌으로 가는 서부선). 나폴레옹의 쿠데타가 가져온 가장 즉각적인 결과 중 하나는 그것이 이 모든 상황을 종결지었다는 것이다. 권력이 강탈된 바로 그 날에 리옹-지중해 노선의 부설권이 인가되었고, 이틀 뒤에는 파리와 런던의 로스차일드 상사가 모두 참여한 컨소시엄이 파리-리옹 노선의 부설권을 따냈다. 북부 철도 회사의 면허권 역시 회사에 특히 호의적인 조건으로 계약이 재조정되었다. 제국은 철도 사업가들에게는 노다지였다. 1852년에서 1857년 사이에 최소 25건의 부설권이 양여됐으며, 1870년까지 30건이 추가로 허가되었다.

이 모든 일에서 막강한 역할을 수행한 것은 나폴레옹의 이복형제 모르니(Morny) 공작으로, 무엇보다 그는 새 정권을 사재를 늘릴 기회로 보고 소규모 철도 회사들을 소수의 대형 노선으로 통합할 것을 강력히 주장했다. 제임스는 1852년 초에 모르니와 이야기를 나눴고, 그에게서 들은 이야기가 마음에 들었다. 흥미롭게도, 이 시기에 작성된 프랑스 상사의 대차대조표는 제임스가 여러 철도 회사의 주식을 무려 2000만 프랑 넘게 확보하고 있었다는 사실을 보여 준다(파리 상사의 전체 자산 중 15%에 달하는 규모였다). 이들 주식의 가치는 투자자들이 새 정권의 투자 장려에 반응을 보이면서 놀랍도록 치솟았다. 아포니 백작은 제임스가 1852년 4월 단 한 주 동안 "동전 한 푼 들이지 않고" 150만 프랑을 벌어들였을 것이라고 추정했다. 1850년대에 파리 상사가 엄청난 규모로 자산을 키운 것을 생각하면 허위로 추정한 것 같지는 않다. 프랑스의 대규모 철도 여섯 곳 중에서 로스차일드가가 관할한 북부 철도가 가장 집중적으로 이용되었고 수익성도 가장 높았다는 점을 주목할 필요가 있다. 북부 철도는 길이로만 따지면 전체 프랑스 철도망의 9%를 차지할 뿐이지만, 전체 화물 운송의 14%, 전체 여객 수송의 12% 이상을 담당하는 노선이었다. 1850년대에 비용 대비 요금 및 화물 운임 비율은 2.7이었고, 1850년대와 1860년대 사이에 수송량은 두 배 이상으로 늘었다.

그러나 제임스와 페레르 형제의 관계는 점점 더 어그러지고 있었다. 둘 사이의 알력이 처음으로 조짐을 드러낸 것은 1849년으로, 페레르 형제는 그들이 제안한 파리-리옹-아비뇽 철도 프로젝트를 위해 자금을 모집하면서 로스차일드가에는 일언반구도 비치지 않았다. 신의에 금이 간 결정적인 사건이 정확히 언제 일어났는지는 알 수 없지만, 관계는 1852년까지 급속히 악화되었다. 양자 간 결렬을 일으킨 중요한 사건은 제임스가 파리-리옹 철도 신디케이트에 참여해 주식의 약 12%를 매입한 일이었다(그 밖에 다른 주주들에는 바르톨로니, 오탱게, 베어링이 있었고 면허권 소유자로 이름을 올리지는 않았지만 탈라보가 주도적인 역할을 했던 것으로 보인다). 이것은 페레르 형제가 계획했던 경쟁 프로젝트를 폐기시키겠다는 뜻으로밖에 해석할 수 없는 행동이었다.

그러나 동업 관계가 완전히 종지부를 찍은 것은 아니었다. 이자크 페레르(Isaac Pereire)는 새로 설립된 파리-리옹 철도 회사의 이사회에서 제임스의 대표인 역할을 위임받았다. 게다가 그의 형 에밀 페레르는 북부 철도 이사회 회장으로서 계속해서 주도적인 역할을 맡고 있었고, 북부 철도 사업권 재협상에도 참여해서 또 다른 주요 철도 계약을 1852년 1월에 매듭지었다. 회사는 무기명 채권 발행으로 4000만 프랑을 조성해 불로뉴-아미앵 노선을 인수하고, 지선들(모뵈주[Maubeuge] 노선)을 새로 놓았다. 그 대가로, 회사의 면허권 유효 기간은 나라가 1876년에 회사를 인수할 수 있다는 옵션을 달고 99년으로 연장되었다. 양측이 정말로 결별하게 된 것은 제임스가 다시 한 번 탈라보에 도움을 제공한 그해 후반의 일이었다.

탈라보의 목표는 새로운 파리-리옹 철도 회사를 그의 남행 철도들(아비뇽-마르세유, 마르세유-툴롱 노선 및 가르와 에로의 짧은 노선들)과 연결해 애초에 페레르 형제가 구상했던 것과 아주 흡사한 노선을 따라 거대한 지중해 철도 회사를 설립하는 것이었다. 야심차지만 재정적으로는 압박을 받고 있던 회사의 주식 2000주를 제임스가 매입하기로 결정을 내리자, 페레르 형제는 배신당한 꼴이 되고 말았다(모르니 공작 역시 이 회사의 주주였다는 사실을 생각하면, 페레르 형제가 로스차일드가를 물리치고 새 정권의 지원을 독차지했다는 단순한 해석은 미심쩍을 수밖에 없다). 제임스가 페레르의 남부 철도 회사에 비슷한 재정 지원을 거절한 것이 결정타가 되었다. 알퐁스가 이 회사를 위해 330만 프랑을 출자한 것은 절대 하찮은 일이 아니었지만, 그가 결국 이사회에서 사임한 것은 페레르 형제에게 불신임표를 던진 것과 같은 행동이었다. 그러므로 크레디 모빌리에는 모르니 공작으로 대변되는 정권의 지원을 받는 소위 '탈라보-로스차일드' 축에서 배제되는 쓴맛을 본 페레르 형제가 그에 응수하기 위해 설립한 회사인 셈이다.

페레르 형제는 철도 사업의 대체 자금원의 기초로 삼을 모델을 그리 먼 데서 찾을 필요가 없었다. 준공공은행 두 곳이 크레디 모빌리에를 구상하기 전에 이미 설립되어 성공적으로 운영되고 있었다. 최초로 설립된 은행은 풀드의 크레디 퐁시에(Crédit Foncier)로, 저축자들에게 담보부채권(19세기에 엄청난 인기를 끈 투자 형태)을 판매해서 토지 소유자들에게 장기 대부금을 제공하기 위해 1852년 3월에 정부의 지원으로 설립된 모기지은행이었다. 1852년 말까지 은행은 자본을 6000만 프랑으로 늘리고 총 2700만 프랑에 달하는 채권을 발행했다. 제임스가 크레디 모빌리에뿐만 아니라 크레디 퐁시에도 적대적이었다는 사실을 짚고 넘어가야 한다. 그는 1853년 10월에 크레디 퐁시에의 대부 이자율이 너무 높고 발행하는 채권 역시 시골의 지주들에게 신임을 못 받고 있어서 의도한 목적을 수행하기 어렵다는 주장을 펼쳤다. 농지 소유자를 지원해야 할 돈이 오히려 도시 부동산 개발을 위한 출자에 사용되고 있는 데다, 개발 사업 상당수가 투기성을 띠고 있다는 것이다.

또 다른 신형 은행은 당시 《철도 신문》의 편집장이었던 쥘 미레가 500만 프랑의 자본금으로 1850년에 설립한 투자 신탁 카스 데 악시옹 레유니(Caisse des Actions Réunies)였다. 미레가 이를 야심찬 카스 제네랄 데 슈맹 드 페르(Caisse Générale des Chemins de Fers, 철도일반은행)로 탈바꿈시킨 것은 1853년의 일이었으나, 이후에 자신의 은행이야말로 그보다 규모 있는 벤처 사업에 대한 착상을 베누아 풀드에게 제공했다고 주장했다. "풀드는 쥘 미레가 어떻게 혼자 힘으로 대규모 금융 사업과 산업체를 다스리는 거대한 조직을 창조할 수 있었던 것일까, 하고 혼자 중얼거렸다. [바덴에서] 돌아오는 길에 이 프로젝트에 끌어들일 사람들을 궁리해 보았지만……에밀과 이자크 페레르보다 적당한 사람은 없을 듯했다.……그렇게 해서 크레디 모빌리에가 탄생한 것이다."

또 다른 설은 내무장관 페르지니(Persigny)가 아실 풀드의 단호한 반대에도 크레디 모빌리에의 창설을 강제로 밀어붙였다는 것이지만, 이는 풀드가에서 크레디 모빌리에의 도산 이후 책임을 전가하기 위해 만들어낸 이야기였다. 사실 풀드가와 페레르 형제는 양대 지배 주주이자 동등한 파트너였다.

크레디 모빌리에는 그럼 어떤 면에서 새로웠던 것일까? 페레르 형제의 애초 의도에도 불구하고 프랑스은행에서는 크레디 모빌리에가 은행으로 불리는 것을 허락지 않았다. 본질적으로 그것은 페레르 형제가 이끄는 일단의 사람들이 2000만 프랑(나중에는 6000만 프랑)의 자본으로 설립한 투자 신탁이었으며, 그 1차적 기능은 소액 투자자들의 예금을 철도 사업에 끌어들이는 것이었다. 수많은 철도 회사들이 대단히 불안정한 주식을 막대한 규모로 발행했던 1840년대에는 많은 투자자들이 낭패를 볼 수밖에 없었다. 크레디 모빌리에는 이 문제를 단순화시켰다. 투자자들에게 다양한 상환 기간을 표준화한 채권을 제공하고, 그들의 자금을 은행 이사들이 적당하다고 판단한 주식과 증권에 투자하는 것이다. 간단히 말해, 크레디 모빌리에는 채권 시장과 주식 시장의 매개자이자 양도 불가능한 예금 증서 대신 채권을 발행하는 예금은행이었다. 11월 20일에 발간된 은행 정관 최종안은 신중한 정부 각료들과 페레르 형제가 타협으로 얻어낸 결과물이었다. 정관의 내용은 이러했다. 당좌예금과 단기채권 판매로 조성된 자금은 재무부가 요구한 수준의 두 배, 즉 회사 납입 자본의 두 배를 초과해서는 안 된다. 장기채권으로 조성된 자금은 회사 자본금의 열 배, 즉 6억 프랑을 초과해서는 안 된다.

크레디 모빌리에는 흔히 드 로스차일드 프레르의 권력에 대한 직접적인 도전이었던 것으로 간주된다. 두 회사가 곧 맹렬한 라이벌 관계로 접어든 것은 사실이다. 또 제임스는 얼마 전까지만 해도 자신의 하급자였던 이들이 사회적인 허세를 부리는 모습에(특히 페레르 형제가 페리에르에 이웃한 8200에이커 규모의 다르맹빌리에르[d'Armainvilliers] 영지를 구입하고, 샤토 무통 바로 인근의 팔메 포도 농장을, 심지어는 포부르생토노레에 냇이 사는 저택 바로 옆집을 샀을 때!) 진저리를 쳤다. 신생 은행에 대해 느끼는 의구심을 굳이 숨기지도 않았다. 11월 15일자로 나폴레옹에게 보낸 개인적인 편지에서 그는 그 은행이 별안간 대단한 위세를 떨치다가 위기가 닥치면 당장에 허물어지고 말 것이라고 썼는데, 이는 나중에 페르지니가 펼친 같은 변명보다야 덜 생청스러운 주장이었다.

제임스가 크레디 모빌리에를 비판하면서 든 첫 번째 근거는 회사의 임원들이 "익명"의 "무책임"한 자리에 있기 때문에 자신들의 권력으로 다른 이들의 돈을 남용할 수 있다는, 합자회사에 대한 고전적인 보수주의적 논거였다. 그러나 제임스는 한 걸음 더 나아가 이 새 은행이 "상업과 산업에 가공할 만한 지배력"을 발휘하는 위치에까지 오를지도 모른다고 예견했다. "그들의 투자 규모만으로도" 이 회사의 임원들은 "시장에 법을 만들 것이고, 그 법은 통제나 경쟁의 힘을 넘어설 것이며……국부의 상당 부분을 손아귀에 움켜쥘 것이다.……그것은 곧 재난이 될 것이다.……전면적으로 활동을 개시할 경우 그 은행은 정부 자체보다 더 강력해질 것"이라고 경고하기도 했다. 반면, 그 거대한 권력이 세워진 것은 모래 위였다. 곧 재앙이 닥치리라는 것이 확연한 이

유도 바로 그 때문이었다. 또 이 은행은 투자자들에게 고정금리 채권을 제공했지만, 은행 자체에서 하는 주식 투자는 "가변적이고, 의심스러우며, 불확실"했다. 위기가 닥치면 이 은행은 경제를 "심연 끝까지" 몰아갈 수 있었다. 새 은행은 충분한 준비금을 유지하지 않을 테니, 은행이 곤경에 처할 경우 정부는 "전반적인 부도 사태"나 금은 태환 정지 사이에서 선택을 내려야 할 것이라고 제임스는 예견했다. 이는 물론 루이 나폴레옹을 겁주기 위해 지어낸 과장된 공포였다. 그러나 앞으로 보게 되겠지만 전혀 근거 없는 이야기는 아니었다.

제임스가 크레디 모빌리에에 반대했다는 사실 때문에 이 은행이 제임스를 배척한 채 운영됐으리라고 생각해서는 안 된다. 페레르 형제가 제임스에게 새로운 벤처 사업의 주식을 제안한 것은 진심에서 나온 행동이었을 것이다. 제안을 거절한 것은 제임스였으니 형제들이 그를 적대시했다고 보기는 어렵다. 은행의 특허장이 제임스가 파리를 떠나 있었을 때 《모니퇴르 위니베르셀》에 실렸다는 것 또한 지나치게 확대 해석해서는 안 된다. 이탈리아와 독일에서 로스차일드가와 가장 가깝게 일했던 동업자들 일부(알레산드로 톨로니아, 아브라함 오펜하임[Abraham Oppenheim], 잘로몬 하이네)가 이 신생 은행의 주주였다는 사실 역시 반로스차일드 가설을 무력화시킨다. 형제는 제임스의 노여움을 샀다가는 잃을 것이 너무 많았다.

사실 공공의 이익을 위해 활동하는 금융의 "중심"을 자처했던 크레디 모빌리에는 오히려 프랑스은행에 도전적인 존재였다. 1854년, 페레르는 이 새로운 기관이 "통화 유통에 새로운 동인을, 날마다 이자를 불리는 새로운 신용화폐를 도입할 필요성에서" 창설됐다고 선언했다. 이는 그가 크레디 모빌리에의 채권이 준통화 기능을 수행한다고 보았다는 증거다. 무엇보다 당대의 기민한 평론가들이 지적한 것처럼, 크레디 모빌리에는 1848년 혁명 직후 프랑스은행이 취한 엄격한 대출 정책에 대한 하나의 대응책이었다. 프랑스은행은 1852년 이전까지 철도 주식을 담보로 한 대부를 거절했고, 랑트를 담보로 해서는 6%라는 높은 이자율을 매겨 대부했다. 1852년 11월 무렵 랑트의 수익률이 3.6%로 떨어진 것은 크레디 모빌리에가 출현하게 된 이유를 더욱 납득할 수 있게 해 주는 대목이다. 제임스가 그에 반대한 것 역시 당연한 일이었다. 1852년에 드 로스차일드 프레르는 113만 1078프랑 상당의 프랑스은행 주식을 보유하고 있었지만, 크레디 모빌리에가 등장하면서 주식 가치가 하락했다. 이때부터 로스차일드가와 프랑스은행의 동맹이 시작되었고, 1855년에는 알퐁스가 프랑스은행의 이사가 되면서 동맹은 완성되었다.

크레디 모빌리에는 갈채 속에 출발했다. 액면가 500프랑의 주식이 1100프랑으로 개시되어, 나흘 뒤에는 1600프랑까지 올랐다. 1856년 3월, 주가는 1982프랑으로 정점에 달했다. 최초 주주들에게는 어마어마한 자본 이익이 돌아왔을 테니 제임스가 이를 시샘하지 않았다면 거짓일 것이다. 배당금 또한 쏠쏠해서, 1852년에는 13%였던 것이 2년 뒤에는 40%까지 뛰어올랐다(각각 4%, 10%의 수익을 의미했다). 이런 결과로 재앙이 닥칠 것이라던 제임스의 예언이 신빙성이 없는 것처럼 보였다. 분식 회계로 빚어낸 결과도 아니었다. 프랑스 철도 건설이 붐을 이룬 영광의 시절이었기에 가능했던 일이었다. 1851년에서 1856년 사이 철도 사업에 대한 총 투자는 다섯 배로 늘었다. 1850년대에 개통된 노선은 1840년대에 비해 두 배 이상으로 많았다. 게다가 운용 비용 대비 요금 및 화물 운임 비율은 사상 최고치를 기록하고 있었다. 소위 크레디 모빌리에의 존재 이유는 페레르 형제가 이 활황 시장에서 한몫 잡을 수 있게 하는 것이었으며, 그 점에서 은행은 분명 성공적이었다.

그러나 그 성공의 규모를 과장해서는 안 된다. 페레르 형제가 크레디 모빌리에를 통해 조성한 자금으로 철도 회사들의 대규모 네트워크에 주식을 확보해서 남부 철도(보르도-세트 노선), 부르보네(Bourbonais) 노선을 경유하는 파리-리옹 철도, 서부 철도(파리-루앙, 루앙-아브르, 디에프-페캉, 베르사유-렌 노선을 통합한)에 지배적인 영향력을 발휘할 수 있었던 것은 사실이다. 그러나 로스차일드가는 여전히 북부 철도를 통제하고 있었고, 이후 그랑 상트랄(Grand Central) 철도 회사에 통합되어 1857년 파리-리옹-지중해 선을 이루는 파리-리옹 노선에서도 단일 최대의 주식 보유량을 자랑하고 있었으며, 남부 철도나 아르덴-우아즈(Ardennes-et-Oise) 철도에도 그보다는 적지만 지분을 갖고 있었다. 페레르 형제는 여러 프랑스 철도 회사의 이사회에서 8석의 자리를 확보해 놓고 있었지만, 로스차일드가에서 차지한 자리는 14석이었다. 게다가 그들 외에도 모르니 공작(1853년에 그랑 상트랄 철도 회사를 설립한)처럼 사업에 새로 뛰어든 이들이 수두룩했고, 그들 전부가 페레르 형제 편을 들었던 것도 아니었다. 전열(戰列)은 흔히 이야기되는 것보다 훨씬 모호했다. 샤를 라피트는 서부 철도에서는 페레르의 동업자였지만, 북부 철도에도 상당한 지분을 보유하고 있었다. 갈리에라(Galliera) 공작은 크레디 모빌리에의 설립자 중 한 사람이었지만, 북부 철도 이사회에 속해 있기도 했다. 나중에 동부 철도로 합쳐지는 노선에서 우세한 위치에 있었던 것은 페레르 형제였지만, 1854년 동부 철도 회사를 위해 런던에서 250만 파운드 상당의 채권을 발행한 것은 런던의 N. M. 로스차일드 앤드 선즈였다.

한 가지는 확실하다. 제임스가 "새 은행"으로부터 도전을 받아 1855년에는 결국 "왕위에서 물러났다"고 하는 미레의 주장은 수긍하기 힘들다. 사실, 능력을 넘어서는 일을 벌이는 모험을 한 것은 크레디 모빌리에 쪽이었다. 제임스의 말마따나 이 은행의 자본이 "보잘것없는 수준"이었다고 하는 것은 과장이겠지만, 페레르 형제의 포부에 비해 자본이 충분치는 않았다고 할 만한 근거는 있다. 일찍이 1853년에 이 회사는 자유 자금을 늘리려는 의도로 1억 2000만 프랑 상당의 채권을 발행하려 했으나, 정부가 이를 불허했다. 페레르 형제는 1855년에 또 한 번 시도했지만, 정부에 의해 다시금 좌절을 맛봐야 했다. 그 결과, 크레디 모빌리에는 주로 철도 회사 같은 연관 회사들에서 나온 대략 6000만~1억 프랑 수준의 예금에 의존할 수밖에 없었다. 이런 한계가 있었기 때문에 설립자들이 표명했던 의도와 은행의 실제 투자 전략 사이에는 극명한 격차가 있었다. 사실, 이 은행의 포트폴리오는 상대적으로 높은 회전율이 특징이었는데, 1854년 당시 5000만 프랑 사이에서 움직였던 자산 총액이 이듬해에는 2억 6600만 프랑 범위에서 오르내렸다.

페레르 형제가 활동 영역을 프랑스로만 국한했다면, 그들과 로스차일드가 사이의 그 유명한 "전쟁"은 실랑이 수준에 그쳤을지도 모른다. 그러나 그들은 프랑스 밖으로까지 반경을 넓혀 나갔다. 크레디 모빌리에가 제임스에게 진정 위협적인 존재가 될 수 있었던 것은 국경 너머로 팽창하여 범유럽적인 현상으로 자리매김할 수 있는 그 잠재력 때문이었다. 1853년 4월 2일, 아브라함 오펜하임과 샤프하우젠은행(Schaffhausen'scher Bankverein)의 구스타프 메비센(Gustave Mevissen) 등의 쾰른 은행가들이 헤세 다름슈타트 대공으로부터 할인 및 신용장 개설 은행을 열어도 좋다는 허가를 받아냈다. 그들은 이 새 은행을 다름슈타트 통상산업은행이라 칭했고, 예상 자본금을 2500만 굴덴(약 5400만 프랑)으로 잡고 페레르 형제풍의 특허를 갖춰 독일 버전의 크레디 모빌리에를 목표로 하고 있다는 사실을 분명히 드러냈다. 사실상 로스차일드가는 조상 대대로 물려받은 고향에서 시험대에 오른 것이나 다름없었다. 다름슈타트는 프랑크푸르트에서 남쪽으로 20마일도 채 떨어져 있지 않은 곳이었고, 오펜하임과 메비센이 그곳에 새 은행을 설립한 이유도 단지 프랑크푸르트와 쾰른 당국이 은행 허가를 거부했기 때문이었다. 다름슈타트 은행의 임원 아홉 명 중에 네 사람이 프랑크푸르트 출신이었으며, 그 중에는 로스차일드가의 오랜 라이벌인 모리츠 베트만도 끼어 있었다.

그러나 더 큰 걱정은 페레르 형제와 풀드 가문이 이 새로운 사업에 직접 뛰어들었다는 사실이었다. 앞서 언급한 것처럼 크레디 모빌리에의 최초 주주이기도 했던 아브라함 오펜하임은(그가 보유한 주식은 500주였다) 프랑스 투자자들의 관심을 불러 모으기 위해 아우인 지몬(Simon)을 아예 파리로 보냈다. 그는 후한 합의안을 마련했다. 최초 주식 4만 주 가운데 4000주는 창립 이사들이 보유하기로 했다. 또 다른 4000주는 베트만이 프랑크푸르트에서 발행하고, 1만 주는 크레디 모빌리에 주주들에게 액면가로 판매하며, 그 외 잔량은 오펜하임, 메비센, 풀드, 크레디 모빌리에가 공동으로 보유한다는 내용이었다. 그러나 이것이야말로 새 사업의 성공을 보장할 유일한 방법이었다는 사실이 드러났다. 프랑스가 매입하지 않았더라면, 5월에 주식을 공모했을 때 가격은 액면가 이하로 떨어졌을 가능성이 컸다(로스차일드가에서 술책을 부렸기 때문이라는 비난이 일 정도의 약세였다). 이 매입으로 크레디 모빌리에는 다름슈타트 은행의 주식 대부분을 보유하게 되었다. 오래지 않아 다른 나라에도 그와 비슷한 위성 은행들이 설립될 예정이라는 소문이 돌기 시작했다. 이미 1853년 7월에 제임스는 피에몬테의 은행가 루이지 볼미다(Luigi Bolmida)에게 토리노에 크레디 모빌리에가 생길지 모른다고 경고하면서, 그런 은행에도 물론 "긍정적인 이점"이 있겠지만 "마뜩찮은 일이 벌어질 가능성"이 훨씬 크다고 말했다. 페레르 형제가 스페인판 크레디 모빌리에를 설립하려고 처음 시도했던 것 역시 1853년의 일이었고, 벨기에판 크레디 모빌리에에 대한 구상도 비슷한 시기에 이루어졌다. 1854년에는 오스트리아마저 페레르 형제의 침투에 면역력을 발휘하지 못하는 듯 보였다. 그들의 이런 행보는 크레디 모빌리에가 결국 다국적 면모를 갖추어 이제껏 로스차일드 가문이 유럽 금융에서 유지해 왔던 특별한 지위를 흔들 수도 있다는 놀라운 가능성을 보여 주었다.

그러나 이번에도 이야기를 너무 단순화해서는 안 될 것이다. 1850년대에 합자은행이라는 가능성을 실현시킨 것은 페레르 형제뿐만이 아니었다. 큰 진전을 이루지는 못했지만 런던에도 비슷한 은행들이 여럿 있었다(크레디 퐁시에 앤드 모빌리에 오브 잉글랜드[Crédit Foncier and Mobilier of England], 인터내셔널 랜드 컴퍼니, 인터내셔널 파이낸셜 소사이어티 등). 1855년과 1856년에만 열세 군데의 비슷한 은행들이 독일 각지에 세워졌고, 여기에는 다비드 한제만의 디스콘토 게젤샤프트(Disconto-Gesellschaft), 베를리너 한델스게젤샤프트(Berliner Handelsgesellschaft), 페어아인스방크(Vereinsbank), 북독일은행(Norddeutsche Bank) 등이 포함되어 있었다(마지막 두 은행은 모두 함부르크에 설립됐다).

전통적인 개인 은행이나 머천트뱅크 구조를 채택한, 마찬가지로 중요한 신생 은행들 역시 간과해서는 안 된다. 많은 면에서 로스차일드가의 우위에 훨씬 항구적인 위협이 될 쪽은 바로 그들이었기 때문이다. 런던의 경우 베어링 브라더스와 N. M. 로스차일드가 (특히 어음 인수 시장에서) 독점하고 있던 지배적인 입지는 슈뢰더가나 프륄링 앤드 고션(Frühling & Goschen) 같은 기존 머천트뱅크가 성장하고, 특히 C. J. 함브로 앤드 선(C. J. Hambro & Son, 1839년 설립), 오버런드 거니(Overend, Gurney & Company), 클라인워트 앤드 코헨(Kleinwort & Cohen, 1855년 설립) 등의 신생 은행이 등장하며 도전받고 있었다. 프랑크푸르트에서도 M. A. 로스차일드 운트 죄네는 개종한 유대인인 뢰브 모제스 에를랑거(Löb Moses Erlanger)가 설립한 에를랑거 운트 죄네뿐만 아니라 야콥 S. H. 슈테른(Jacob S. H. Stern), 라자르트 슈파이어 엘리센(Lazard Speyer-Ellissen), 모리츠 B. 골트슈미트(1851년 설립), 게브뤼더 슐츠바흐(Gebrüder Sulzbach, 1856년 설립) 등과의 새로운 경쟁에 직면해 있었다. 파리의 신진 세력은 1854년에 설립된 라자르 프레르(Lazard Frères & Co.)였다.

1850년대 초의 호황도 득이 됐지만, 새로운 은행들이 이처럼 흥성할 수 있었던 것은 전신(電信)의 등장으로 시작된 통신 혁명 덕분이었다. 전신이 최초로 개발된 것은 18세기의 일이었지만 기술을 활용해서 시연에 성공한 것은 1830년대였고, 전신이 마침내 국제 금융에 실질적인 영향력을 발휘하게 된 것은 1848년 이후의 일이었다. 1850년에는 미국, 영국, 프로이센, 프랑스와 벨기에서 전신이 상업적으로 운영되었다. 그러나 진정한 분수령이 된 것은 1851년 도버와 칼레를 연결한 해저 케이블이었다. 케이블이 놓이기도 전부터 율리우스 로이터(Julius Reuter)[4]는 뉴코트로 이런 편지를 써 보냈다. "귀하께서 저희의 베를린 및 비엔나 환율 정보 전송 서비스에 관심이 있으시다면, 이 서비스를 런던에서는 오직 귀하의 은행에만 제공하겠다고 약속드리겠으며, 더불어 정보가 예정 시각에 도착하지 않을 시에는 비용을 변상해 드리겠습니다." 그러나 그런 독점 운용 방식은 유럽 본토에서는 이미 오래전에 사라져버린 뒤였고, 런던에서도 오래지 않아 모습을 감췄다.

전신을 기꺼이 수용했을 것 같은 제임스가 예상과는 달리 이 혁신에 적대감을 보인 것도 이 때문이었다. 1850년대 내내 그는 몇 번이고 "전신이 우리 사업을 망치고 있다"고 불평했다. 사실인즉, 가문이 이전까지 그리도 독창적으로 꾸려 왔던 일, 서로 멀리 떨어진 계열 은행들 사이에서 금융 사업을 진행했던 일이 전신의 등장으로 그저 손쉬운 것이 되어버렸다. 수많은 경쟁자들이 '전선'의 도움으로 가문의 선례를 모방하려 하고 있었다. 1860년대에 이르면 슈파이어가, 슈테른가, 에를랑거가 같은 프랑크푸르트 은행 가문들이 런던과 파리에, 슈파이어가의 경우에는 뉴욕에까지 지점을 설립하게 된다. 1851년 4월 제임스는 이렇게 불평했다. "어제는 일대 독일 악당들이 전신을 써서 런던에서 [프랑스] 철도 주식을 팔았던 것 같다.……전신이 생긴 뒤로 사람들이 전보다 일을 많이 하게 되었어. 매일 정오가 되면 급보를 치는데, 심지어는 사소한 거래 내역까지 일일이 전송한단다. 덕분에 그날 증권거래소가 폐장하기도 전에 이미 [벌어들인 수익이 얼마인지] 알게 되는 거야."

한때 로스차일드가는 집배원과 전령 비둘기를 이용한 독보적인 시스템으로 경쟁자들을 한발 앞설 수 있었다. 하지만 이제 "새 소식은 누구든 들을 수 있게 됐다". 제임스는 "똑같이 할 수밖에" 없다는 것을 알았지만, "전신을 사용할 수 있게 된 것은 끔찍한 일"이었다. 전신이 통용된다는 것은 심지어 그가 여름휴가 동안 온천에 들렀을 때도 손에서 일을 놓고 쉴 틈이 없어진다는 것을 의미했다. "물에 몸을 담그고도 머릿속이 생각할 거리들로 넘쳐난다니, 그리 좋지 않은 일이다." 1870년대가 될 때까지, 이제는 제임스의 아들들이 비슷한 불평을 반복했다. 로스차일드가로서는 신기술을 이용할 수밖에 다른 방법이 없었던 것은 사실이지만, 그들은 항상 과거에 금융 뉴스를 전파했던 방식을 아쉬워했고 1차 세계대전이 발발하기 직전까지 그들에게 익숙한 방식으로 서로에게 편지를 써 보내길 계속했다.

골드러시

그러나 그러한 불평도 어디까지나 군소리에 불과했다. 유럽에서의 경쟁은 점점 더 극심해졌지만, 사실 로스차일드가는 전 세계에서 활약하며 대적할 수 없는 위치를 지키고 있었다. 1850년대에 그들이 거둔 가장 큰 성공의 일부는 전신 기술이 닿지 않았던 대륙에서 이룬 것이었다. 유럽과 북미 혹은 인도를 연결하는 전선은 1866년에야 놓였다. 남미로 전보를 칠 수 있게 된 것은 1869년의 일이었다. 오스트레일리아는 1873년에야 전선이 연결됐다. 그런 지역에서는 정규적으로 소식을 전하지만 매일 연락하지는 않는 반독립적인 대리인을 정주시키는 로스차일드가의 전통적인 시스템이 여전히 독보적이었다. 유럽의 대리인들도 물론 제 역할을 계속하고 있었다. 마드리드에는 바이스바일러와 바우어가 있었고, 브뤼셀에서는 사뮈엘 람베르트(Samuel Lambert)가 장인 리슈탱베르제의 뒤를 이어 활약했으며, 콘스탄티노플에 이어 이탈리아에서 업무를 맡은 호라츠 란다우(Horaz Landau) 같은 신규 채용자들도 있었다. 정치 기밀 정보는 여전히 구하기 힘들었고 대리인들이 그만큼 잘 연결되어야 얻을 수 있었지만, 정보 수집자로서 그들의 역할이 이전보다 덜 중요해진 것은 사실이었다. 반면, 같은 시기에 전략적으로 한층 더 중요해진 역할을 맡은 이들은 멀리 떨어진 곳에 파견된 대리인들이었다.

1848년의 위기는 특히 대리인 한 사람이 뉴욕에서 그처럼 독립적인 권한을 발휘하는 지위에 앉아 있을 때 대서양을 사이에 두고 사업을 진행하는 일이 얼마나 어려운 일인지를 드러냈다. 그해 10월, 제임스가 알퐁스를 뉴욕으로 보낸 것은 로스차일드가의 정식 파트너로 벨몬트가 있던 자리에 그를 대신 세우려는 심산이기도 했다. 베티가 아들에게 보낸 편지들은 그 의도가 얼마나 진지한 것이었는지를 보여 준다. 그녀는 아들이 미국 사정에 통달할 만큼 경험을 충분히 쌓을 때까지 인내해야 한다고 조언했다. "무엇보다 먼저 공손히 처신하되, 그런 태도가 통하지 않으면 네 지위와 권한에 어울리는 힘과 위엄을 내세워서 네가 어떤 자리에 있는 사람인지를 확실히 해라. 벨몬트 씨가 아직도 왕 노릇을 하고 싶어 하며, 마음에 들지 않거든 너보고 떠나라는 식으로 나온다면, 그래, 너는 그 신사분께 나가실 문만 알려 주면 될 거야."

1849년 봄, 상황은 곪아터질 지경에 이르렀다. 베티는 3월 24일자 편지에 "벨몬트와의 관계를 더는 견딜 수 없다"고 썼다.

> 신뢰할 가치가 조금도 없는 사람이야.……다만 문제는 뉴욕에 우리의 이름을 내건 은행을 세우는 것이 가문의 장래에 과연 큰 도움이 될까 하는 것이다.……사람들이 미국의 미래를 그리도 거창하게 보고 있으니, 나는 그저 이렇게 믿게 되는구나. 그건 말이다, 내 아들이 우리 가문의 이름에 영광을 가져다줄 은행의 기초를 다지는 주인공이 되리라는 거야.……너는 대단한 경력을 쌓게 될 것이고……곧 대은행의 수장으로 뛰어오를 거다.

5월에 쓴 편지에 드러난 그녀의 바람은 알퐁스가 "미국에서 무엇으로든 자리를 잡는 것……그리고 대리인의 어리석음과 탐욕으로부터 가문의 장래를 구해내는 모습을 보는 것"이었다. "다시 한 번 말한다만, 신세계에 눌어붙어 있어라. 최악의 사태가 터져 만약 이 구세계가 멸망한다면, 하느님이 그렇게 하시지는 않겠지만 말이다, 바로 그 신세계가 우리의 새로운 고향이 될 것이다."

이 계획에 대한 논의는 1849년에 그녀의 아들이 (일시적으로) 유럽으로 돌아온 이후에도 계속되었다. "알퐁스는……돌아갈 마음을 굳혔다네." 라이오넬은 빌트바트에서 만난 사촌에게 그렇게 이야기했다. "미국의 사업에 대해 전반적인 이야기를 나눴어. 제임스 삼촌과 알퐁스 모두 미국에서 상당한 돈을 벌 수 있으리라 생각하고 있고, 사업을 계속 진행하길 바라고 있더군.……어쨌든 알퐁스는 다시 돌아갈 거라네." 알퐁스는 미국으로 돌아가면 "안정된 토대 위에서 사업을 성공시키겠다"고 이야기했고, 카스텔란 원수 역시 그가 곧 파리를 떠나 "뉴욕에 로스차일드 은행을 설립"하리라는 것을 의심치 않았다. 심지어 뉴욕에서도 "알퐁스 남작이 미국에 온다는 사실을 모르는 사람이 없었다."

그러나 계획은 무산되었고, 이는 로스차일드가에 있어서 최대의 전략적 실수라고 할 만한 사건이었다. 어째서 일이 그렇게 되었는지 설명하기란 쉽지 않다. 베티의 편지에서 드러나는 가능한 설명 하나는 알퐁스가 파리 생활의 안락함을 포기하고 파리에 비해 조야한 뉴욕의 생활에 적응할 수 없었기 때문이라는 것이다. 아들을 설득하는 임무를 맡은 어머니는 처음 2년만 지나면 새 은행을 운영하는 일은 "한시적으로 임시 대리인에게 맡"길 수 있고 그 이후에는 "우리 집안사람 중 누군가, 혹은 좀 더 시간이 지나면 네 아우들이 건너가서 몇 달씩 지내며 맡아 해 나갈 수 있을" 거라며 아들을 애써 구슬렸다. "은행이 설립되기만 하면 넌 곧바로 돌아올 수 있단다, 사랑하는 아들아. 그 뒤에는 너와 교대한 사람을 여기에서 감독만 하면 되겠지." 런던의 가족들은 벨몬트가 "우리의 돈으로 투기를 벌인다"는 의심을 떨치지 못했지만, 은행을 세운다는 생각에는 환호하지 않았다. 베티에 따르면, 라이오넬과 그의 형제들은 "이 프로젝트의 전망을 어둡게 바라보고" 있었다. 그들은 "파리 일가가 그 일로 너무 지친 것은 아닐까 걱정하며, 차라리 대리인을 앉혀 감독하는 편이 낫다고 생각하고" 있었다. "하지만 그 대리인이란 우리의 이익을 위해 열심히 일하고 있는 데이비슨이어야 할 것이다."

그러나 아무래도 가장 명쾌한 설명은 벨몬트가 마침내 제임스를 설득해서 자신을 대체해서는 안 된다는 점을 납득시켰다는 것이다. 그 무렵 그는 미국에서 이미 확고한 입지를 다진 뒤였고, 사회적인 지위나 정치적 영향력 또한 그의 재산만큼이나 빠른 속도로 불고 있었다. 1849년 그는 미 해군 준장 매튜 갤브레이스 페리(Matthew Galbraith Perry)의 딸이자 그 자신이 강조한 대로 "이곳 최고 가문 중 한 곳"의 자제인 캐럴라인 페리(Caroline Perry)와의 약혼을 발표했다. 4년 뒤에는 아예 역할이 반전되어, 벨몬트가 헤이그 주재 미국 대사 자격으로 유럽으로 돌아오게 된다(프랑스에서 교육받은 로스차일드가의 젊은이였다면 오래 걸려야 도달했을 직책이었다). 세속적인 성공의 징표들이 결국 제임스를 설득했고, 벨몬트를 대리인 자리에 놓아두자고 마음먹게 했을지 모른다. 심지어 베티조차 벨몬트가 "혼자 힘으로 강력하고 독립적인 입지를 구축했다"는 점을 인정했다. "그는 미국 사업계 안팎을 두루 알고 있으며, 상업계의 온갖 술책을 꿰고 있는 사람이다." 그녀의 남편 역시 1858년에 마지못한 투로 이렇게 결론 내렸다.

> 벨몬트는 신뢰할 만한 사람이고 그가 그곳의 사업을 완벽하게 터득하고 있으니, 이제는 마음을 비우고 벨몬트에게 전적으로 미국을 위임해야 할 것 같다. 그러면 우리는 이런저런 은행가들한테서 어음을 인수해야 하느냐 마느냐를 놓고 고민하지 않아도 될 테니 말이다.

벨몬트가 자신에게 뉴욕 대리점의 "장부를 보여 주지 않는다"고 지독하게 불평을 늘어놓던 제임스가 그로부터 7년 뒤에 내린 결론이었다.

물론 벨몬트가 책임지고 있었던 것은 동부 해안 쪽의 사업뿐이었다. 그 사업이란 주로 뉴욕, 펜실베이니아, 오하이오처럼 잘 정착된 북동부 주와 일리노이센트럴 같은 대형 철도 회사의 채권을 발행하는 일이었다. 그러나 1850년대에 매력적인 신천지로 떠오른 곳은 서부 해안이었고, 캘리포니아에서 금광이 발견됐다는 소식에 멕시코에 있던 벤저민 데이비슨도 4만 파운드의 여신 한도로 무장하고 그리로 파견됐다. 이번에도 로스차일드가는 까마득히 먼 시장("문명 수준이 아주 낮고, 사업에는 항상 개인적 위험이 따르는 곳")에 홀로 가 있는 사람에게 그들의 이익을 전부 맡겨버린 데 대한 불안감을 떨칠 수 없었다. 그리하여 프랑크푸르트 상사에서 일하는 존 메이라는 직원을 보내서 샌프란시스코에 있는 데이비슨과 합류하게 하자는 결정이 내려졌다. 제임스는 메이를 좋게 평가했다. "괜찮은 젊은이이고……꾀바른 데다 프랑크푸르트 출신 유대인이지. 나는 언제나 그런 축들을 신뢰하게 되더구나." 그러나 제임스의 환상은 곧 깨졌다. 1년이 조금 지나 메이와 데이비슨이 새집을 마련하는 데 2만 6000달러 내지 5만 달러를 쓰겠다는 소식을 전해 오면서 언쟁이 벌어졌다. 데이비슨의 동생은 곧장 형을 두둔하며, 캘리포니아 대리점이 고작 2년 만에 3만 7762파운드의 수익을 냈다는 사실을 강조했다. 샌프란시스코의 높은 생활비를 고려하면 그 정도의 유지비는 정당하며, 새집을 구입하기 이전에 벤저민은 "우리에 사는 돼지처럼 판잣집에 살면서, 끼니를 때우러 나가서도 불이 났다는 소리를 듣는 게 아닐까, 자신도 불에 타 죽지는 않을까 하는 두려움에 벌벌 떨면서 먹었다"는 것이었다.

대리인들과 벌였던 다른 비슷한 다툼이 그랬듯 이번 일도 곧 잠잠해졌고, 데이비슨과 메이도 대리인 자리를 유지한 듯하다. 10년 뒤에도 그들은 여전히 샌프란시스코에 있었다. 그러고 이제 집으로 돌아가게 해 달라고 비는 쪽은 메이였다. 그가 보내 온 편지는 로스차일드가 사람들과 미국 대리인들 간의 관계가 어땠는지를 짐작할 수 있게 해 준다.

> 하루하루 나이를 먹다 보니 이제 서른여섯 살이나 됐습니다. 남은 평생도 이처럼 고독하게 살아야 할지, 아니면 돌아가서 정착해야 할지 결정할 때라고 생각합니다. 이곳은 설사 문명과 사교에 관심이 없는 사람일지라도, 특히 유럽인으로서는 수년을 버티기가 힘든 나라입니다. 젊은 나이일 때는 나무랄 데 없는 곳이었지만 나이가 들면 생각이 바뀔 수밖에 없습니다. 제가 돈을 많이 벌어서 이제 그만 사업에서 손을 떼려 한다고 여기시지는 않으셨으면 좋겠습니다.……남작님께서는 친절히도 제게 이런 지위를 주셨습니다. 저는 그 은혜를 잊지 않고 평생을 남작님께 감사하는 마음으로 살겠습니다.

1850년대 후반에는 정치적으로는 불안했지만 여전히 중요한 사업 기회들이 잠재해 있던 멕시코로 또 다른 데이비슨(너대니얼 데이비슨)을 보내 벤저민이 비운 자리를 채우자는 결정이 내려졌다. 파산이 고질이 된 나라에 대부금을 지원하고, 무엇보다 수은광과 탄광, 주철 공장에 투자할 목적이었다. 이처럼 멕시코에 계속 사람을 주둔시키는 일은 이후 프랑스의 제국주의적 야심이 멕시코에 뻗치기 시작한 1860~1861년에 이르러 더욱 중요해졌다. 한편 당시 프랑스 상사의 수석 직원인 카를 샤르펜베르크가 파견되어 있던 쿠바는 미국 정부가 이 나라를 스페인으로부터 사들이려고 하면서 일시적으로 정치적인 중요성을 띠게 되었다. 쿠바를 사들이는 일은 벨몬트 역시 손을 댔다가 미국의 정치적 반대에 부딪쳐 실패한 일이었다.

마지막으로, 로스차일드가 사람들이 오래전부터 관심을 가져 온 아메리카의 또 다른 지역, 브라질에 대해서도 언급해야 한다. 이곳은 1820년대만 해도 나탄이 애정을 쏟던 곳이었지만, 부분적으로는 연이은 브라질 정부가 런던 자본 시장에 의지하지 않았던 까닭에 이후 20년 동안 런던과 리오 간의 사업은 제한적인 수준에서만 이루어지고 있었다. 그러던 상황이 1851년 아르헨티나와 우루과이 사이에 벌어진 전쟁으로 일단락되었다. 전쟁 비용 때문에 브라질이 이듬해 N. M. 로스차일드 은행을 통해 104만 파운드 상당의 채권을 발행해야 했기 때문이다. 브라질의 철도망이 급속히 확충된 것 역시 새로운 금융 수요를 창출했다. 1851년의 국채에 뒤이어 180만 파운드 규모의 바이아(Bahia) 샌프란시스코 철도 회사 채권이 발행되었고, 150만 파운드의 국채가 역시 철도 건설 자금을 지원하는 명목으로 발행되었다(둘 다 1858년에 발행). 이어 상파울로 철도 회사를 위해 200만 파운드 규모의 채권이 발행됐고(1859), 이외에도 140만 파운드에 못 미치는 국채가 더 발행됐다. 1860년의 통화 위기와 브라질 채권 가격의 급락으로 부채를 정리할 시간이 필요해졌다. 따라서 1863년에 380만 파운드의 채권을 새로 발행한 것은 주로 1820년대와 1840년대까지 거슬러 올라가는 예전의 채권을 전환하기 위해서였다. 그러나 1865년 파라과이와 전쟁이 터지면서 브라질 재정은 새로운 부담을 지게 되었고, 브라질 전권공사 모레이라(Moreira)와의 길고 긴 협상 끝에 라이오넬은 700만 파운드가 조금 못 되는 규모로 신규 채권을 발행하는 데 합의했다. 1869~1870년에 이르러 전쟁이 종국에 가까워지면서, 또 한 차례 채권 발행에 대한 논의가 이루어졌다. 이것은 브라질 정부와 런던 상사 사이에 자리잡게 되는 경제적인 일부일처 관계의 시작일 뿐이었다. 1852년에서 1914년까지 로스차일드가가 맡아서 발행한 채권은 자그마치 1억 4200만 파운드 규모에 이르게 된다.

브라질과 미국은 수십 년에 걸친 로스차일드가의 활동 지역이었지만, 아시아는 그에 비하면 미지의 땅이나 다름없었다. 그러나 미지의 땅에서도 1850년대는 팽창의 시기였다. 1839~1842년의 '아편전쟁' 직후 홍콩이 영국에 합병됐고, 그 외 다섯 곳의 중국 '조약항'이 유럽 무역상에 개방되었다. 이로써 중국의 차와 비단, 서양의 은과 인도산 아편 간의 교역이 가속화되었고, 영국 사업가들에게도 매력적인 기회가 창출되었다(그와 동시에, 역사가들이 '동방의 로스차일드'라 부르는 우빙젠[伍秉鑑] 같은 중국 상인들의 세력은 빛을 잃어 갔다). 1853년 런던 상사는 상하이 주재 무역 회사인 크램튼스 핸버리(Cramptons, Hanbury & Co.)와 꾸준히 서신을 교환하며, 멕시코와 유럽에서 생산한 은을 이 회사 편으로 정기적으로 선적해 보내고 있었다. 1차적인 관심은 분명 은이었으나, 인도산 아편에도 관심을 보여서 어느 정도의 양을 콘스탄티노플로 선적해 보내기도 했고, 1850년대 후반에는 캘커타의 쇤킬번(Schoene, Kilburn & Co.)과도 정규적으로 연락을 취하게 된다. 1850년대에 중국에서 일어난 반란과 1857년 인도의 세포이항쟁 같은 지역적 위기가 이전에는 아시아의 격변과 무관했던 뉴코트에도 반향을 일으켰다. 은행은 처음으로 대영제국의 통상에 발을 들인 셈이었는데, 이전까지는 다른 회사들에 양보해 왔던 분야였다. 그러므로 "전 세계가 로스차일드에 공물을 바친다. 그들은 중국과 인도에도, 심지어는 그보다 덜 문명화된 나라에도 지점을 두고 있다"는 말은 납득할 만한 과장일 것이다. 바로 이 점이 로스차일드가와 유럽 중심적인 페레르 형제를 가르는 극명한 차이점이었다.

　엄청난 양의 은이 동방으로 유입된 것은 19세기 중반에 일어난 세계 경제의 한 양상으로, 1840년대에 캘리포니아와 오스트레일리아에서 금이 발견되었을 때 어째서 사람들이 그렇게 열광했는지를 설명해 준다. 금맥의 발견이 미친 영향력은 과장이라는 말이 무색할 만큼 대단한 것이었다. 1846년 전 세계 금 생산량은 대략 140만 트로이온스(troy ounce, 귀금속의 중량 단위, 1트로이온스는 31.1035g)로, 이 중 절반 이상이 러시아에서 채굴된 것이었다. 1855년에 이르면 총 생산량은 640만 트로이온스로 치솟는데, 증가량의 절반 정도가 북미에서, 나머지 절반은 오스트레일리아에서 생산된 것이었다. 앞서 살펴본 것처럼 로스차일드가는 캘리포니아의 골드러시에 동참하기 위해 멕시코에 있던 벤저민 데이비슨을 그곳으로 파견했다. 오스트레일리아의 금광 역시 그들의 관심을 끌었다. 1851년 뉴사우스웨일스와 빅토리아에서 금이 발견되자마자 로스차일드가는 "금화 공급량이 막대한 이곳에 귀사의 지점을 세우면 지구를 통틀어 가장 방대하고 부유한 회사의 기초를 다지는 셈이 될 것"이라고 설득당했다. 그러나 그들은 편지의 조언에 따르지 않았다. 상하이와 캘커타에서처럼, 독립된 회사를 멜버른의 거래처로 두는 것만으로도 충분해 보였기 때문이다. 다만 이번에는 그 회사가 제이콥 몬테피오레(Jacob Montefiore)와 그의 아들 레슬리가 운영하는 회사였다는 점이 특별했을 뿐이다. 그러나 인척들은 능력을 증명해 보이지 못했다. 사돈 집안은 끌어들이지 말라는 마이어 암셸의 신성한 원칙을 증명이라도 하듯, 몬테피오레(Montefiore & Co.)는 런던 상사에 상당한 빚을 지고 1855년에 도산해버려서, 로스차일드가의 유능한 대리인 제프리 컬런(Jeffrey Cullen)이 급한 불을 끄기 위해 파견되어야 했다.

컬런가는 워털루전쟁 시절부터 N. M. 로스차일드에서 일을 해 왔기 때문에, 제프리 컬런은 고용주들이 무엇을 원하는지 정확히 알고 있었다. 심지어는 몬테피오레가의 뒤얽힌 일들을 마무리하기도 전에, 그는 수은과 그 외 식민지에서 수요가 많은 상품들을 보내 달라고 간곡히 요청하기도 했다(맥주든, 위스키든, 포트와인이든, 일단 알코올을 실어 달라고 했다). 그는 직물 거래상 시절의 젊은 나탄을 연상시키는 어조로 이렇게 써 보냈다. "제게 물건을 보내 주시기만 하면 저는 온갖 노력을 기울여 남작님께서 만족하실 만큼 사업을 번창시킬 테니, 남작님께서는 저를 믿고 마음 놓고 계십시오." 9월이 되자 그는 "우편선이 왕래할 때마다 5000파운드 내지 1만 파운드씩의 융자금"을 받게 해 달라고 요구했고, 더불어 그가 직접 금광을 방문할 수 있도록 "훌륭한 금융가 한 사람"의 도움이 필요하다고 전해 왔다. "이곳 식민지에는 괜찮은 금융가가 단 한 사람도 없기 때문입니다. 심지어 정부의 수장이라는 사람들도 자신들이 하는 사업을 제대로 몰라서, 재무부의 부탁으로 제가 대신 가서 그저 사소한 문제를 설명해 주고 돌아온 적이 한두 번이 아닙니다."

컬런이 로스차일드가의 초창기 금은 제국의 변방에 있었다면, 그 제국의 중심에는 같은 시기에 가문이 획득한 제련소와 조폐국이 있었다. 제임스는 일찍감치 1827년부터 파리에 제련소를 운영하고 있었고, 이를 케 드 발미(Quai de Valmy)의 신축 건물로 옮겨 1838년에는 제련업자 미셸 베누아 푸아자(Michel Benoît Poisat)가 총괄하는 합자회사를 설립했다. 동시에 그는 1843년 파리 조폐국장 샤를 루이 디에릭스(Charles-Louis Dierickx)와 동업을 시작했으며, 이 관계는 1860년까지 지속되었다. 새로 발견된 금광은 제련과 주조업 모두에 대단한 활력을 불어넣었다. 제임스의 말을 빌리면 그것은 "화폐 시장의 혁명"이었다. 그러므로 1849년에 라이오넬이 런던 상사를 금 제련 사업에 합류시키기로 결심했을 때, 그는 삼촌이 앞장선 길을 따른 셈이었다.

나탄이 활동하던 무렵에는 왕립조폐국(Royal Mint) 소유의 제련 공장 이외에도 런던에 네 곳의 민영 제련소(브라운 앤드 윈그로브[Browne & Wingrove], 존슨 앤드 스토크스, 퍼시벌 노튼 존슨[Percival Norton Johnson], 콕스 앤드 멀[Cox & Merle])가 더 있었다. 이 중에서 브라운 앤드 윈그로브는 영국은행의 제련 물량 중 막대한 몫을 담당하고 있었다. 그러다가 캘리포니아와 오스트레일리아에서 금광이 발견되자 은행으로 유입되는 금의 물량도 크게 늘었다. 1852년 금 매입량은 최고 1530만 파운드까지 치솟았는데, 그 중 3분의 2가 금괴 형태였고 브라운 앤드 윈그로브 혼자서는 소화하기 힘든 물량이었다. 라이오넬이 왕립조폐국 제련 공장을 임대하겠다는 제안을 내놓은 것은 바로 이 물량을 메우겠다는 심산에서였는데, 문제의 제련 공장은 1829년 이래로 국장 길버트 매티슨(Gilbert Mathison)의 지휘하에 황산 분리법을 도입해 이용하고 있었다. 1849년 9월부터 라이오넬은 정치적 동지인 J. 아벨 스미스와 존 러셀 경에게 "왕립조폐국 시스템에 변화"가 필요하다는 말을 "거듭하기" 시작했고, 결국 이 건의가 받아들여져 조폐국의 활동 상황을 점검하기 위한 왕립위원회(Royal Commission)가 조직되었다. 라이오넬은 형제들에게 이렇게 써 보냈다. "나는 각료들이 개혁을 택하는 과단성을 보여서 우리가 그 사업을 손에 넣을 수 있기를 바랄 뿐이다. 그건 무엇보다 중요한 사업이 될 거야." 냇이 말한 대로 "캘리포니아와 멕시코에서 정금이 쏟아져 들어오는 현재로서는 그것이야말로 그 어느 때보다 절실한 사업"이었다.

매티슨은 당연히 "민영화"에 저항했지만 헛수고였다. 로스차일드가로서는 다행스럽게도, 퍼시벌 노튼 존슨은 입찰에 참여하자고 설득한 새 동업자의 말을 듣지 않았다. 그리하여 1852년 1월 앤서니가 제련 공장의 임대권을 획득했으며, 12월에는 라이오넬이 역시 그의 정치적 동지인 영국은행 총재 톰슨 행키(Thomson Hankey)에게 "제 책임하에 제련하고 용융한 금·은괴를 영국은행에 직접 공급할 수 있도록 허가"해 달라고 공식적으로 요청했다. 운영 첫해에 제련 공장은 오스트레일리아산 금 30만 온스 이상과 캘리포니아산 금 45만 온스 이상을 공정해냈다. 글래드스턴(누구보다 열정적인 중금주의자)이 1862년 영국은행의 '원정'을 나선 직후 바로 이 공장에 방문한 것은 그곳이 그만큼 중요한 곳이었음을 상징하는 일이었다. 경제사학자 마르크 플랑드로(Marc Flandreau)가 지적한 것처럼, 영불해협 양쪽에서 제련과 주조 사업을 손에 쥐게 된 로스차일드가는 일단 런던 상사가 프랑스 일가를 위해 미국이나 오스트레일리아의 금을 사들이고 이를 런던 금괴 중개인들을 통해 파리로 전달하는 식의·독특한 차익 거래 '시스템'을 운영할 수 있게 됐다. 한편 파리 상사는 은을 매입해 뉴코트로 보냈고, 뉴코트에서는 런던이나 사우샘프턴을 거쳐 동방으로 수송했다. 물론 수익성 있는 사업이었고, 1850년대 후반에 이르면 이 시스템은 복본위제 국제 통화 체제의 일부로 자리 잡게 된다.

국가 재정과 크림전쟁

수십 년 동안 로스차일드가 사람들은 유럽에서 일어나는 대규모 전쟁을 경제적 입지를 흔드는 최악의 위험으로, 심지어는 혁명보다 더 그악한 위험으로 여겼다. 1854년 3월, 전쟁이 일어났다. 믿기 어려운 일이었지만, 크림전쟁의 시발점이 된 것은 소위 예루살렘의 '성지'라 불리는 곳에 대한 가톨릭과 그리스정교회 승려들 간의 분쟁이었다. 사실상 이것은 러시아가 당시 세력이 기울고 있던 오스만제국(몰다비아와 왈라키아 같은 다뉴브 공국들)과 흑해에 얼마만큼의 권한을 행사해야 하는가에 대한 오랜 문제가 재부상한 사건이었다. 1840년의 구도와는 달리, 이번에는 프랑스와 영국이 뭉쳤다. 프랑스는 신성동맹을 결렬시키기 위해, 영국은 다른 이유 없이 그저 차르에게 한 방 먹이기 위해서였다. 1849년 헝가리혁명을 진압한 차르에게 응당 쓴맛을 보여 주어야 한다는 것이 영국 내 자유주의자들의 여론이었다. 5년 전만 해도 중유럽의 지배자였던 차르가 이제는 신성동맹의 다른 회원국들로부터 버림받은 처지였다. 오스트리아는 서유럽 열강에 들러붙어 실질적으로는 전쟁에 합류한 것이나 다름없었고, 프로이센은 무력하고 무관심한 정책을 고수하고 있었다. 피에몬테는 어떤 전쟁이든 이탈리아 내에서 오스트리아의 입지를 약화시키리라는 믿음으로 반러시아 세력에 편승했다.

러시아가 연합국의 요구에 얼마나 빨리 응했는지를 생각하면, 전쟁을 그토록 오래 끈 것은 오히려 이상한 일이었다. 최초로 심각한 군사 작전이 펼쳐진 것은 1853년 여름, 차르가 군대를 다뉴브 공국 내부로 진격시키고 영국과 프랑스 해군이 다르다넬스해협으로 접근했을 때였다. 러시아와 투르크 사이에 전투가 벌어진 그해 10월 무렵, 러시아는 자국이 오스만제국 내 그리스도교인들의 유일한 비호자라는 억지 주장을 내세웠다. 그리하여 프랑스와 영국은 다뉴브 공국과 흑해를 두고 전쟁에 나서야 했다. 그러나 1854년 6월에 차르는 공국에서 철수하겠다고 오스트리아에 약속했고, 전쟁은 이제 흑해에 관한 전쟁으로 범위가 좁혀졌다. 따라서 프랑스와 영국의 군대가 세바스토폴(Sevastopol) 점령을 목표로 크림반도에 상륙한 것은 "유럽의 세력 균형을 위해" 1841년의 해협협정을 수정하기 위해서였다. 러시아 정부는 일찍이 1854년 11월에 (이번 역시 오스트리아가 참전할지 모른다는 두려움에서) 양국의 요구에 동의했지만, 도리어 프랑스와 영국이 어떤 식으로 조약을 수정해야 할지 결정하지 못해서 전쟁은 결론을 내지 못하고 질질 끌었다. 1855년 3월에 니콜라이 1세가 사망하고 뒤이어 타협안을 찾으려는 시도가 있었지만, 이 역시 불발로 끝났다. 타협은커녕, 러시아는 흑해에서 자국의 해군력에 제약을 가하는 세력에 대항하겠다는 무모한 결단을 내리고는 서유럽 열강들이 전쟁을 포기하도록 부추겼다. 세바스토폴은 9월 3일에 함락되었다. 프랑스는 전쟁을 계속할 명분을 몇 가지 더 내놓았지만, 마침내 파리회의(1856년 2~4월 개최)에서 위기는 종식되었다. 흑해에는 중립이 선포됐고, 러시아는 베사라비아(Bessarabia, 현재의 몰도바)의 상당 부분을 잃었다. 프랑스와 영국은 앞으로도 투르크의 독립을 보장한다는 데 합의했다. 실제로 이런 조건들은 러시아가 패전에서 회복하기까지(결국 약 20년 동안) 유지되었다. 전쟁과 패전이 차르 체제의 행정적 취약성을 가혹하고도 충격적으로 노출시켰기 때문이었다. 승전국들이 이뤄낸 것 중 가장 항구적이었던 성과는 다뉴브 공국들을 통합해 1859년에 루마니아를 세운 것으로, 애초에는 계획에 없었던 성과였다.

크림전쟁의 실제 명분이나 의의는 로스차일드가의 관심사가 되지 못했다. 그럴 이유가 어디 있겠는가? 그리스도교 유적을 두고 로마교회와 그리스정

[표 3] 크림전쟁의 경제적 영향

	최고가	날짜	최저가	날짜	변화폭 (백분율)
영국 금리 3% 콘솔채	101.38	1852년 12월	85.75	1854년 4월	-15
프랑스 금리 4.5% 랑트	105.25	1853년 2월	89.75	1854년 3월	-15
오스트리아 금리 5% 메탈리크(metallique)	84.62	1852년 12월	64.25	1854년 12월	-24
프로이센 금리 3.5% 공채	94.50	1852년 12월	84.25	1854년 12월	-11

* 주 : 영국과 프랑스의 채권 가격은 런던에서 공시된 주간 종가. 오스트리아와 프로이센의 채권 가격은 프랑크푸르트에서 공시된 연말 시세.

교회 사제들 간에 벌어진 다툼은 예루살렘 유대인 병원의 설립자들에게는 흥미 없는 일이었다. 또한 그들은 다뉴브 공국의 철도 사업에도 흥미가 없었다. 흑해의 국제적 지위에 관해서라면, 런던 상사는 이미 순전히 경제적인 이유로 오데사의 곡물 수출에는 관여하지 않기로 결정을 내린 뒤였다. 문제는 전쟁이(어떤 전쟁이든) 열강 사이에서 벌어지면 국제 금융 시장에 파괴적인 영향을 미치고야 만다는 점이었다. 이번에도 예외는 아니었다. [표 3]이 그 실태를 보여 준다.

외교계 인사들의 눈에 로스차일드가 사람들은 수심에 잠긴 듯 보였고, 응당 그럴 만했다. 상트페테르부르크의 거래 회사는 1853년 6월에 전쟁은 없을 것이라고 장담했고, 그들도 그렇게 믿고 있었다. 9월 27일(정부가 던다스[Dundas] 제독에게 해협을 통과하라고 지시한 사실이 누설된 직후), 라이오넬을 만난 영국 외무장관 클래런던(Clarendon)은 그에게서 "오늘 같은 날은 없었다"는 말을 듣는다. 1854년 1월 서유럽 해군들이 마침내 흑해에 진입했을 때, 휘브너는 제임스가 "완전히 기가 꺾여" 있다는 것을 알아차렸다. 암셸 역시 마찬가지였다. 1854년 2월, 러시아 대사가 파리에서 소환되었다는 소식을 들은 비스마르크는 "이 소식을 들으면 누가 제일 놀랄까 따져 보았다. 떠오른 사람은 바로 [암셸] 로스차일드였다. 내가 그 이야기를 입 밖에 내자마자 그의 얼굴은 분필처럼 새하얘졌다. 그가 꺼낸 첫마디는 이것이었다. '이걸 오늘 아침에 알았더라면!' 두 번째 마디는 이랬다. '내일 저와 함께 약소한 사업 하나 하시겠습니까?' 나

[표 4] 재정 지출 증가분(1852~1855년, 각국 화폐 기준, 단위 : 100만)

	오스트리아(굴덴)	영국(파운드)	프랑스(프랑)	러시아(루블)
1852	310	55	1,513	280
1853	321	56	1,548	313
1854	407	83	1,988	384
1855	441	93	2,309	526
증가율(%)	42	69	53	88

는 제안을 부드럽게 거절한 뒤에, 불안해서 어쩔 줄 모르는 그를 남겨 두고 자리를 떴다". 런던에서 가장 목청껏 반전(反戰)을 부르짖었던 이들 중 하나인 존 브라이트(John Bright)는 3월 31일에 라이오넬이 엄숙한 어조로 이렇게 말하는 것을 들었다. "빚이 8억 파운드나 있는 나라라면 또다시 전쟁에 뛰어들기 전에 한참 동안 심각하게 고민해 봐야 하는 겁니다."

그러나 크림전쟁은 로스차일드가의 입지를 약화시키기는커녕 국가 재정이라는 분야에서 차지하고 있던 우위를 새롭게 강력히 다지는 결과를 빚었다. 과연 이 전쟁으로 드러난 사실은 로스차일드가가 전쟁이 초래할 경제적 위험을 수년 동안 과장해 왔다는 것이었다. 실상 전쟁은(특히 1854년에서 1871년까지를 특징지은 단기전들은) 특유의 다국적 구조를 지닌 로스차일드가에 유리한 경제적 기회들을 창출해냈다. 크림전쟁 때문에 심지어 전투에 직접 개입하지 않은 열강에서도 군비가 세수를 넘어섰고[표 4], 그 결과 모든 나라들이(인색한 영국까지) 채권 시장에 나서는 것을 고려하게 되었다. 크레디 모빌리에를 위시한 경쟁자들도 가만히 있지는 않았지만, 채권 시장에서 로스차일드가가 전통적으로 자랑해 온 탁월함에 맞설 이는 아무도 없었다.

오랜 라이벌인 베어링가가 운 없게도 패전국의 은행가가 된 것 역시 로스차일드가의 사업을 수월하게 만들었다. 1850년에 러시아 정부가 550만 파운드의 신규 채권 사업을 베어링은행에 위탁했을 때만 해도 로스차일드가는 경쟁에서 밀려 후퇴한 듯싶었다. 대규모 초과 청약 사태를 빚은 채권은 시작부터 2%의 프리미엄이 붙었고, 조슈아 베이츠와 토머스 베어링은 수수료로 10만 5000파운드를 벌어들였다.[5] 그러나 2년 뒤 양국의 외교 관계가 악화되어 파머스턴이 하원에서 베어링가를 차르의 "대리인"이라 몰아세우고 베어링은행이 1854년에 러시아 전쟁 채권 사업에 참여했다는 소문이 돌면서(사실은 오해였다), 베어링가는 고립무원의 처지에 놓이게 되었다.[6]

로스차일드가가 영국의 전쟁 자금을 대는 일을 독점할 수 있었던 것은 그 때문이었다. 전쟁 발발 당시 재무장관이었던 글래드스턴은 "대규모의 체계적인 술수로 국민을 사취"한다는 근거를 내세워서 "채권으로 전쟁 자금을 조성하는 시스템"에 맞서겠다고 특유의 단호한 어조로 맹세했다. 영국은 그때까지도 나폴레옹전쟁이 초래한 막대한 부채에 짓눌려 있었다. 라이오넬이 언급한 대로 전쟁 직전에 나라의 빚은 약 7억 8200만 파운드에 달했고, 국민총생산 대비 부채 부담은 꾸준히 떨어지고 있었지만(1820년 당시 250%에서 1854년에는 약 115%로) 당시의 정치가들은 그 사실을 모르고 있었다. 그래서 글래드스턴은 소득세를 늘리고(처음에는 파운드당 7페니에서 10페니 반으로, 결국에는 14페니로) 일부 소비세를 올려 받는 것으로 전쟁 자금을 조성하자고 제안했다. 그러나 그것만으로는 감당이 되지 않았다. 그가 직책에서 물러날 무렵(조지 루이스[George Lewis] 경이 후임이 되었다) 정부 적자는 1854년 한 해에만 620만 파운드가 늘어났고(단기재무증권[Treasury Bill]을 매각해 자금을 충당했다), 이듬해에는 자금 부족액이 거의 네 배로 늘어날 상황이었다. 루이스는 총 550만 파운드에 이르는 신규 조세를 부과했지만, 1855년도의 적자는 여전히 2270만 파운드에 달했다. 정부는 런던에 도움을 요청할 수밖에 없었다. 베어링가에는 먹구름이 드리웠으니, 바라볼 곳은 뉴코트뿐이었다.

1855년, 런던 상사는 1600만 파운드 규모의 채권을 전부 도맡아 발행했다. 이듬해 2월에는(물론 이때는 이미 전쟁이 끝난 뒤였다) 500만 파운드 규모의 신규 채권에 단독으로 입찰했고, 5월에는 마지막 발행분인 500만 파운드를 손에 넣었다. 1855년에 있었던 두 차례의 채권 사업에서 라이오넬은 두 번 모두 재무장관이 제시한 최소액보다 살짝 낮은 가격을 제안했지만, 결국에는 주저 없이 정부의 조건을 받아들였다. 이 흥정이 얼마나 의미 있는 일이었는지 판단하기란 쉽지 않다. 합의된 조건은 콘솔채의 당시 시장 수익률보다 아주 조금 더 높은 수준이었기 때문에 은행이 부당 수익을 가로챘을 가능성은 없다. 라이오넬은 의석에 앉을 권리를 주장하는 자신의 입장에 힘을 실기 위해, 이익도 이익이지만 애국적인 면모를 과시하려는 생각이었을 것이다. 한편, 1856년에 발행한 채권은 대규모로 초과 청약됐다(2월분은 모집액의 거의 여섯 배, 5월분은 여덟 배 수준이었다). 파머스턴은 이를 시티로 대변되는 금융계가 정부를 신뢰하고 있다는 표시로 읽었다. 전쟁에서 승리한 뒤 재무장관이 지나치게 관대해진 증거라고 보는 것 역시 무리는 아니었다.

프랑스에서 로스차일드가가 국가 재정에 대한 영향력을 회복한 것은 사실 전쟁이 있기 전부터였다. 1852년 3월 14일, 나폴레옹은 국가 부채 중 상당한 규모에 지불해야 하는 이자율을 5%에서 4.5%로 낮춤으로써 채무 원리금 상환 비용을 줄일 목적으로 대규모 전환 사업을 공표했다.[7] 투자자들은 새로운 금리 4.5% 채권을 받을 것인지, 아니면 금리 5% 채권을 현금으로 상환할 것인지, 20일 안에 결정해야 했다. 이는 금리를 낮추고 산업 활동을 촉진하기 위한 전략의 일환으로서, 거시경제적인 관점에서 정부가 정당화한 행보였다. 그러나 금리 5% 채권 가격이 갑자기 급락했고(고작 열흘 만에 103에서 99로 떨어졌다), 예상보다 많은 채권 보유자들이 전환하기보다는 보유한 랑트를 현금화해 주기를 요구할지도 모른다고 걱정하여 신임 재무장관 장 비노(Jean Bineau)는 어쩔 수 없이 은행가들에게 도움을 청했다. 이어진 지원 사업에서 가장 큰 몫을 할당받은 것은 페레르 형제가 아니라 오탱게은행과 드 로스차일드 프레르였고, 이 사업을 통해 은행들은 금리 5% 공채를 사들여서 가격을 액면가 이상으로 돌려놓았다. 프랑스은행 역시 랑트에 대한 할인 편의를 확대해서 은행들의 매입을 수월하게 했다. 작전은 목적을 이뤘고, 랑트 보유자들 대다수가 신규 채권을 받아들였다.

2년 뒤 프랑스와 영국이 다뉴브 공국에서 물러나라는 최후통첩을 러시아에 전달했을 때, 제임스는 자연히 프랑스 재무부가 그를 다시 호출하리라고 예상했다. 1854년 3월 4일, 그는 앨버트 공의 형제인 에른스트 2세 작센코부르크 고타 공작을 만나서 "러시아와 전쟁을 하려면 당장 쓸 수 있는 돈이 어느 정도 있어야" 하며 "공작께서는 당장이라도 몇 백만 프랑이든 원하시는 만큼 마련하실 수 있을 것"이라고 말했다. 그러나 이번에는 크레디 모빌리에도 명단에 이름을 올렸고, 사흘 뒤 정부가 2억 5000만 프랑을 차입하겠다고 공표했을 때 두 은행 사이의 대결은 피할 수 없는 것이 되어버렸다. 나중에 미레는 일반 공모를 통해 채권을 직접 매각하는 쪽으로 비노와 나폴레옹을 설득했다고 주장했는데, 그 말은 사실이었을지 모른다. 그러나 당시 발행된 채권과 1855년에 이어진 5억 프랑 규모의 전쟁 채권이 "보통선거로 탄생한 왕조의 존엄과는 양립할 수 없는 금권의 폭정으로부터 프랑스 정부를 해방시켰다"고 주장한 것은 과장이었다. 1855년 4월에 7억 5000만 프랑의 자금이 더 필요해졌을 때, 신임 재무장관 피에르 마녜(Pierre Magne)는 나폴레옹에게 국내 시장이 포화점에 이르렀다고 보고해야 했기 때문이다. 그 결과 1855년의 채권 중 상당량을 런던에서 발행해야 했고, 나폴레옹은 이 도시에 둥지를 틀고 있는, 프랑스 정부의 전통적인 은행가에게 돌아가기로 결정했다. 이 발행분의 상당한 몫을 크레디 모빌리에가 인수하기는 했지만, 다시금 권한을 쥔 것은 로스차일드가였다. 파리 상사가 약 6000만 프랑에 달하는 채권을 처리했고, 런던 상사가 수령한 청약금은 총 2억 80만 프랑이었다.

전후의 통화 위기(부분적으로는 정부가 전쟁 중에 프랑스은행으로부터 단기 차입을 받은 결과로 생긴)를 겪는 동안 프랑스은행을 지원하는 일에서 로스차일드가가 맡은 역할은 제임스의 우위를 더욱 강조해 줄 뿐이었다. 1856년 4월에 쓴 편지에서, 제임스는 정권이 겪고 있는 어려움을 보고 고소해하는 심정을 감추지 못했다. "황제 폐하는 공주님의 탄생과 강화조약 체결로도 세평이 나아지질 않자 대단히 실망하셨다. 폐하가 전쟁을 끝내신 것은 아무래도 돈이 쪼들려서가 아니었나 싶구나." 사실상 당시의 금융 시장은 대단히 옹색한 상황이었고, 제임스가 브뤼셀로 출장을 가기라도 하면 사람들은 그가 자산을 전부 거기에 가져다 놓으려는 것이라고 수군거릴 정도였다. 이번이 마지막은 아니겠지만, 제임스는 정권이 경제적으로 자신에게 의존하는 것을 은근히 비웃고 있었다.

로스차일드가에서 돈을 빌려 준 또 다른 참전국은 투르크였다. 이번에도 역시 경쟁을 거쳐야 했지만, 로스차일드가가 이제까지 투르크 정부와 진지한 경제적 관계를 맺은 적이 없었다는 점(그리스전쟁 배상금 지불 건을 제외하면)을 감안하면 납득할 수 있는 일이었다. 1854년에 마련된 첫 투르크 전쟁 채권은 비쇼프샤임 앤드 골트슈미트(Bischoffsheim & Goldschmidt)가 맡았다(런던의 2류 은행인 팰멋 맥킬럽 앤드 덴트[Palmet, MacKillop & Dent] 역시 참여했던 것으로 보이지만, 제임스는 투르크까지 뻗쳤을지 모를 크레디 모빌리에의 오지랖을 편집증적으로 의심했다). 발행은 실패로 끝났다. 투르크 구리 광산에 대한 묘사에 혹해서, 이전에 나탄이 스페인을 생각했던 것처럼 투르크를 생각하게 된 제임스는 투르크를 인수하겠다는 결심을 세웠다. 그는 크림전쟁 직전에 로스차일드의 대리인으로 콘스탄티노플에 파견했던 호라츠 란다우를 협상가로 지목했다. 1855년에 투르크에서 자금을 더 필요로 했을 때, 로스차일드가는 이미 준비를 마친 상태에서 기다리고 있었다.

1855년 2월에 전투가 잠시 소강상태로 접어들었을 때, 란다우는 술탄의 각료인 푸아드 파샤(Fuad Pasha)와 서유럽 외교관들 사이를 요령껏 파고들었다. 당시 투르크 정부는(고전적인 로스차일드식 수법에 따라) 소액의 단기 대부금을 조금씩 제공받고 있었지만, 이번에 란다우는 프랑스와 영국이 보증하는 신규 융자를 제안했다. 그해 8월에 런던 상사는 란다우에게 500만 파운드의 융자금을 영국과 프랑스의 보증으로 투르크에 제공하기로 합의했으며, 양국의 보증 덕분에 여느 때보다 훨씬 후한 조건으로 계약할 수 있었다고 고지할 수 있었다. 전쟁이 끝나자마자 콘스탄티노플에 은행을 새로 설립하는 방안을 논의하기 위해 알퐁스가 현지로 파견됐지만, 이번에도 영국 2류 은행과의 경쟁에 맞닥뜨렸다(이번에 뛰어든 곳은 라야드[Layards]은행이었다). 그러나 1857년에 시작된 경제 위기(터키 재정에 관여할 경우 떠안게 될 위험 부담이 애초 예상보다 훨씬 크다는 사실에 대한 깨달음)는 로스차일드가를 이후 수년간 콘스탄티노플에서 물러나 있게 만들었다.[8] 란다우가 소규모 융자를 계속 제공하기는 했지만, (1857년 《타임스》에 실린 글을 인용하면) "투르크의 국립은행을 로스차일드 은행의 지점으로 만든다"는 계획은 보류되었다.

오스트리아는 크림전쟁에서 총탄 한 발 쏘지 않았다. 그러나 다뉴브 공국을 두고 러시아와 골치 아픈 외교 협상을 벌이기 위해서는 군사 준비를 만만찮게 해 두어야 했다. 게다가 1848~1849년의 여파로 금융과 통화 체제가 약해질 대로 약해진 상태라서, 프랑스 경제가 전면전으로 받은 영향이나 다를 바가 없었다(그보다 크지 않다면). [표 3]과 [표 4]에서 드러나듯이, 실제로 오스트리아 채권은 프랑스 랑트보다 더 큰 타격을 입었다. 오스트리아의 정부 지출은 자국의 불간섭 정책에도 그 상승폭이 프랑스와 큰 차이를 보이지 않았다. 이것은 1857년 이후 10년에 걸쳐 오스트리아에 닥치게 될 재난에 씨앗이 된 경제적 취약성이라는 '비극'의 1막에 불과했다. 과거와 현재의 군비 지출이 오스트리아의 예산을 버겁게 짓눌러서, 방위비 지출과 채무 원리금 상환 비용이 전체 예산의 60~80%를 차지할 정도였다. 절약하려는 시도는 있었지만, 군사적 위기가 새로 닥칠 때마다 여지없이 무산되었다. 세금은 치솟고 국가 자산은 매각되었다. 그런데도 정부는 지출 비용을 메꾸기 위해 돈을 더 빌려야 했다. 오스트리아 국립은행(Oesterreichische Nationalbank)에서 단기로 차입하자, 환율(1848년에 은과 비동조화된[decoupled])이 하락했다. 1853년 중반에서 1854년 중반 사이에 굴덴은 액면가의 9%에서 36%가 떨어졌다. 정부가 허약한 채권 시장에서 장기로 차입했을 때는 그 여파가 민간 투자를 몰아냈다. 1848년에서 1865년 사이 공공부채 총액은 11억 굴덴에서 25억 굴덴으로 치솟았으며, 연간 평균 증가폭은 약 8000만 굴덴이었으나 1850년대 중반처럼 파괴적인 정점으로 치닫는 경우도 있었다. 끊임없이 출혈을 일으키는 재정 및 통화 정책이 결국 경제 성장을 억제시켜서, 세제 기반은 침체되고 하강의 소용돌이는 멈출 줄 몰랐다.

이를 해결할 대책이 있었을까? 1851년 11월, 오스트리아 재무장관 크라우스(Krauss)는 제임스에게 편지를 보내 "통탄스러운 어조로 그의 조언을 구하면서, 그가 이 상황에 일말의 빛을 비춰 주기를 부탁"해 왔다. 이 편지를 본 아포니는 제임스에게 "그냥 빛만 비추지 말고, 유일한 실력자인 당신이 아예 횃불을 들고 사태를 해결해 달라"고 설득했다. 제임스와 파트너들은 노력을 기울였다. 로스차일드가는 1848년 이후 비엔나 상사를 닫을 수밖에 없었지만, 이번에는 안젤름이 나서서 부친이 세웠다가 무너뜨리고 만 것을 재건하는 일에 착수했다. 그것은 힘들기만 하고 보상은 없는 노고였는 데다가, 설상가상으로 안젤름의 아내는 자신이 극도로 혐오하는 도시에 정착하기를 거부했다. 홀로 된 안젤름은 일단 부친의 발자취를 밟아 가는 식으로 일을 헤쳐 나갔다. 고국에 돌아온 메테르니히를 만나고, 황제가 지원하는 자선 단체에 기부했으며, 심지어는 오스트리아의 외교 정책을 소극적이나마 지지하는 척하기도 했다. 그러나 안젤름은 부친이 겪은 영락의 기억에 시달렸고, 오스트리아의 재정을 떠받치려는 그의 모든 노력 밑에는 결국 실패하고 말리라는 생각이 전제처럼 깔려 있었다. 1853년 12월 메테르니히를 방문한 안젤름은 그에게 암담한 전망을 내놓았다.

> 로스차일드는 오스트리아의 재정 상황이……결국 위기로 치닫고 말 것이라고 말했다. 그걸 피할 올바른 방법을 우리가 찾아내지 못한다면 말이다.……로스차일드는 바움가르트너(Baumgartner, 크라우스의 후임 재무장관)에게 기대를 걸고는 있지만, 그 역시 현실 감각이 없고 직무를 맡을 능력도 모자란 듯하다고 했다.……내가 문까지 그를 배웅했을 때 그는 마지막으로 이렇게 말했다. "제 말씀을 잘 들으십시오, 저희는 지금 위기 직전에 와 있습니다. 그것을 뒤집을 만한 일을 하지 않는다면, 새해가 되기 전에 위기가 닥칠 겁니다!"

비록 화려하게 드러나지는 않았지만 로스차일드가가 비엔나에서 가문 전통의 영향력을 되살리는 데 성공한 경우도 있었다. 1852년에 런던과 프랑크푸르트 상사는 바움가르트너의 요청으로 오스트리아의 금리 5% 공채 350만 파운드 상당을 공동 발행했다. 1854년 4월에 통화 매도 쇄도에 직면한 정부는 다시 한 번 안젤름에게 도움을 청했고, 안젤름은 다른 일가들을 설득하여 3400만 굴덴의 추가 융자금 마련에 참여했다. 액수의 절반 정도는 풀드가 제공했지만 말이다.

한마디로, 크림전쟁이 직·간접적으로 영향을 미친 채권 발행은 주로 로스차일드가의 수완으로 이루어졌다. [표 5](런던 상사의 수치만 기재됨)가 개괄적인

[표 5] N. M. 로스차일드 앤드 선즈의 주요 채권 발행 내역(1850~1859년)

	국가	발행분의 명목 총액(파운드)	쿠폰 금리(%)	가격
1852	오스트리아	3,500,000	5	90.00
1855	영국	16,000,000	3	100.00
	프랑스	30,000,000	4.5 또는 3	89.46 또는 63.23
	투르크	5,000,800	4	102.62
1856	영국	8,890,000	3	90.00
	영국	5,400,000	3	93.00
1859	오스트리아	6,000,000	5	80.00

내역을 보여 준다.

모든 열강을 통틀어 크림전쟁에서 가장 미미한 역할을 한 것은 프로이센이었다. 파리회의(Congress of Paris)에 참석한 영국 대표단이 평화 협상에 프로이센을 참석시켜서는 안 된다고 주장할 정도였다. 그러나 실상 이 시기에 프로이센의 지출 규모는 급등하는 모습을 보였다. 1857년의 지출 총액은 10년 전보다 대략 45% 높은 수준이었다. 프로이센은 오스트리아보다 훨씬 탄탄한 재원을 갖추고 있었지만, 돈을 빌려야 할 상황이었던 것은 매한가지였다. 이번에도 로스차일드가는 금융적 영향력을 재수립할 수 있었다. 1851년에 이미 제임스는 프로이센의 재무장관인 보델슈빙(Bodelschwingh)과 금리 4% 신규 채권 발행에 대해 논의하기 위해 베를린을 직접 방문하기도 했다.

1850년대 초, 베를린과의 관계는 독일연방이 프랑크푸르트 상사에 맡겼던 장기 예치금(일명 '요새 자금')을 두고 비스마르크가 일으킨 어리석은 분규 때문에 어느 정도 훼손된 상태였다. 독일연방의 프로이센 대표로서 비스마르크는 오스트리아 대표인 툰(Thun) 백작을 가능한 한 골치 아프게 하는 것이 자신의 역할이라 생각하고 있었다. 독일연방이 요새 자금을 담보로 암셸에게서 26만 굴덴을 차입해 시대에 뒤떨어진 독일 해군에 투자해야 한다는 툰 백작의 주장은 절호의 기회였다. 얼마의 돈을 빌리느냐는 중요치 않았다. 진짜 문제는 이 회복된 연방이 예전처럼 오스트리아의 지휘를 받을 것인가 하는 것이었다. 툰 백작이 수석대표로서 1차 차입에 대한 승인을 얻어내자마자(1851년 1월), 비스마르크는 이를 두고 연방 자금을 불법적으로 이용하는 것으로 간주하겠다고 선언했다(돈이 실제로 요새 계좌에서 인출된 것이 아니었는데도). 암셸은 자신이 오스트리아와 프로이센 대표들로부터 쏟아지는 위압적인 명령의 십자포화에 휩싸였음을 깨닫고 공포에 사로잡혔다.

툰은 독일연방 사업을 다른 은행에 맡기겠다고 으름장을 놓았다. 비스마르크는 프로이센 대표의 계좌를 베트만은행으로 이전하겠다고 협박했다. 암셸은 비스마르크를 달래기 위한 갖은 수를 썼고, 비스마르크의 직무보 베첼(Wetzel)로부터는 대부금을 지급하지 말라는 노골적인 지시까지 받았지만, 공식적으로 인가된 툰 백작의 지시를 따르는 수밖에는 도리가 없다고 생각했다. 이어진 언쟁에서 오스트리아와 프로이센 사이에 얼마나 험악한 이야기가 오갔는지에 대해서는 1월 12일에 툰 백작이 슈바르첸베르크 공에게 보낸 편지에 잘 드러나 있다. 편지에서 그는 프로이센이 "의회에 등을 돌리고 대신 유대인에게 호소하기 위해 속이 뒤집힐 듯한 비루한 수단을 쓴다"고 썼다. "그들의 행동 때문에 상황이 너무 첨예해져서 더 이상은 양해나 화해가 불가능할 것 같습니다. 만약 로스차일드가 대부금 지급을 거부한다면, 설사 전쟁이 일어날지언정 저는 이 문제를 하루도 더 끌고 갈 생각이 없습니다."

그는 비스마르크에게 직접 이렇게 써 보냈다. "이 일을 생각하면 평생토록 얼굴을 붉히게 될 것 같소. 베첼 의원이 내게 [로스차일드에게 건넬] 항의서를 보여 준 저녁, 나는 조국에 닥친 이 망신스러운 상황에 그만 어린애처럼 울 수도 있었소." 그러나 비스마르크는 꿈쩍하지 않았다. "당신은 의회가 유대인과의 논쟁 때문에 진창에서 헤어나지 못하는 것을 우리 탓으로 돌리지만, 실은 그렇지 않소. 유대인이 보관하고 있던 돈을 헌법을 위반해 가며 애초 배정된 목적과는 다른 곳에 돌려쓰기 위해 유대인과의 연줄을 이용하려 했던 자들의 잘못이오."

비스마르크는 프로이센 총리 폰 만토이펠(von Manteuffel) 남작에게 보내는 편지에서 암셸에 대해 이렇게 묘사했다. "무슨 수를 써서라도 오스트리아 정부를 기쁘게 해 주려고 안달이 나서……프로이센 대표를 위한 송금액을 받는 족족 오스트리아 대표에게 고하고 있습니다. 한번은 툰 백작이 직접 이야기하기를, 제게는 이렇다 할 통보도 없이 로스차일드가에 그 돈을 지불하라는 지시를 내렸다고 합니다. 로스차일드가에서 보이는 태도 때문에 저는 그들의 저택에서 오는 초대는 모두 무시해버리는 등 그의 행동이 프로이센 정부를 불쾌하게 만들고 있다는 것을 그에게 일깨우려 하고 있습니다.……저로서는 프로이센 대표단이 로스차일드가와의 관계를 끊고 사업을 이곳의 다른 은행으로 이전하는 것이 훨씬 바람직하리라는 생각이 듭니다."

툰 백작과 비스마르크 모두 지나치게 스스로를 과신하고 있었다. 툰은 로스차일드로부터의 차입 문제를 항의한 연방 재무부의 프로이센 관료를 그 자리에서 파면했지만, 슈바르첸베르크 공의 질책을 피하지는 못했다. 베를린에서 역시 재무장관 보델슈빙과 지한들룽(Seehandlung)[9]의 대표 모두는 로스차일드가가 지한들룽의 예금을 대량 보유하고 있을 뿐 아니라 1850년에 발행한 프로이센 채권 역시 상당량을 매입했기 때문에 그들을 당장 베트만 은행으로 대체하기는 힘들다는 점을 분명히 했다.

비스마르크는 그들의 논지를 이해했다. 툰 백작을 들들 볶는 것을 즐겼던 그였지만, 정치 논쟁에서 경제적 이해타산을 갈무리하는 것만큼은 철두철미한 인물이었기 때문이다. 해군 논쟁이 해결점을 찾은 뒤(군함을 팔아버리는 것으로 합의되었다) 몇 달 지나지 않아서 이번에는 어조를 완전히 바꿔 로스차일드 편에 섰으며, 유대인에게 완전한 공민권을 부여하는 1848년, 1849년의 법률에 대해 프랑크푸르트의 가톨릭 세력이 오스트리아를 등에 업고 반대 시위를 벌이는 것을 목청 높여 비난했다.[10]

그래서 프랑크푸르트 일가가 프로이센 궁정에 "궁정 은행가"라는 칭호를 요청했을 때, 만토이펠 남작은 그들의 청을 받아들여야 한다고 생각했다. 그 이유는 "그렇게 되면 비엔나의 통화 가치를 향상시키기 위해 사력을 다해 노력했던 로스차일드가도 어느 정도는 주춤해서, 대신 우리가 계획 중인 철도 채권 사업에 관심을 표할 것이기 때문"이었다. 비스마르크도 그에 찬성하며, 해군 대부금을 놓고 대립했던 일도 그 특유의 냉소적인 어조로 별일 아니었던 양 무마시켰다. "로스차일드가가 반프로이센 세력에 동조했다고 할 순 없지요. 지금까지 일어난 모든 일은 우리와 오스트리아 사이에서 일어난 분쟁일 뿐입니다.……그들은 그저 우리보다 오스트리아를 더 무서워했을 뿐이고 말입니다. 가문의 다른 가족들도 암셀 남작이 노망이 들었다며 대신 사과를 해 왔으니, 저는 이 금융 권력이 제공해 줄 수 있는 서비스를 생각해서 그들의 이번 실수는 그만 잊어버리고 싶습니다."

과연 그는 로스차일드가를 오스트리아 편에서 완전히 떼어 놓겠다는 심산으로 마이어 칼에게 프로이센 훈장(3급 붉은 독수리 훈장)을 수여해야 한다는 제안까지 내놓았다. 이를 계기로 중유럽 관료주의를 아주 전형적으로 보여 주는 고풍스러운 토론이 또 한 번 벌어졌다. 훈장 수여를 조금 더 미룬다면 로스차일드가 좀 더 선의를 베풀어 주지는 않을까? 전통적인 십자가 모티프 대신 유대인에게 어울리는 다른 상징을 새겨 훈장을 새로 만들어야 하지 않을까? 그러나 그 기저에 분명히 깔려 있던 사실은 프로이센이 로스차일드가를 필요로 한다는 점이었다. 보델슈빙은 반대했지만 만토이펠 남작이 이를 기각했고, 그때까지도 프로이센 영사 신분에 불과했던 베트만으로서는 원통하게도 로스차일드가에 궁정 은행가라는 칭호가 수여되었다.

효과가 있었다. 훈장을 받고 나서 마이어 칼은 곧 비스마르크에게 "제 돈을 금리 3.5% 국채에 투자할 수 있는 기회를 주신다면 다시없는 영광일 것"이라며 에둘러 뜻을 전했다. 1854년 봄 프로이센 역시 전쟁에 말려들 가능성이 보이자, 만토이펠 남작은 그의 고문 니부어(Niebuhr)를 로스차일드가로 보내어 1500만 탈러 규모의 채권 발행을 협상하게 했다. 제임스와 냇이 하이델베르크를 방문하여 마이어 칼과 니부어를 만나 협상을 벌이고 다시 6월에는 하노버에서 만나는 등 길디긴 교섭이 이어졌지만, 프로젝트는 결국 좌초되고 말았다. 현존하는 모든 프로이센 국채의 이자를 프랑크푸르트 상사를 통해 지불하자는 제안은 보델슈빙이 보이콧했다. 그러나 마이어 칼은 1856년에 다시금 시도했고, 700만 탈러 상당의 신규 프로이센 공채를 발행할 수 있었다.

게다가 이제는 비스마르크까지 로스차일드가에 이자 지불을 위탁하는 방침을 특유의 현실주의적 논조로 지지하고 나섰다. "로스차일드 은행이 그런 제안을 한 데에는 그럴 만한 이유가 있다고 봅니다. 프로이센에 대한 충성심 때문에 그 모든 일을 떠맡으려는 것은 아닐 테니까요. 그러나 은행에 이로운 것과 우리에게 이로운 것이 동일하다고 해서 우리가 우리의 이익을 포기해야 할 이유가 어디 있겠습니까." 이 요청은 보델슈빙이 재무장관 자리에서 물러난 1860년에야 비로소 받아들여졌다. 비스마르크는 로스차일드가의 이해를 다른 식으로도 변호해 주었다. 마이어 칼이 붉은 독수리 훈장(처음에는 3급, 나중에는 2급 훈장. 그러나 통상 십자가가 붙는 자리에 타원 모양이 붙은)을 받는 것에 이의를 제기했을 때, 비스마르크는 그가 감히 그리스도교식의 십자가 훈장을 기대했다는 혐의를 서둘러 부인해서 무마시켰다. 1861년에는 제임스에게도 프로이센 훈장이 내려졌다.[11]

1850년대 말에 이르면 로스차일드가는 유럽 발군의 정부 대출 기관으로서 그들의 입지를 재확인하게 된다. 영국, 프랑스, 투르크, 오스트리아, 프로이센 모두 하나 혹은 여러 곳의 로스차일드 은행을 통해 공채를 발행했다. 목록에 오른 나라는 그뿐만이 아니었다. 이 시기의 또 다른 주요 고객 중에는 벨기에(국립은행이 새로 설립되어 과거보다는 사업을 많이 빼앗겼지만)[12], 프랑크푸르트 상사가 어느 정도 독점적으로 재정에 관여하고 있던 헤세나사우[13] 그리고 교황령이 있었다. 교황령의 경우, 로스차일드가는 교황의 로마 귀환에 지원금을 대면 그 답례로 로마 유대인들의 처우를 개선해 주리라는 희망으로 일찌감치 행동에 나섰다. 교황이 제임스에게 유대인 게토를 없애겠다고 별도로 약속해 주기는 했지만[14], 바티칸에서는 제한적이라도 유대인 해방 조치를 공식 조건으로 하는 차입은 강경히 거부했기 때문에, 협상은 예상했던 것보다 훨씬 힘들게 진행됐다. 금액 문제를 합의하는 일 역시 난관이었다. 칼은 교황의 로마 복귀 이전에 1000만 프랑까지만 선불할 예정이었지만, 교황은 그보다 훨씬 많은 액수를 원했다. 채권 발행은 교회 토지를 담보로 해야 한다는 칼의 요구마저 거부되었다.

최종적으로 합의된 조건(제임스가 직접 해결해야 했던)은 교황령이 이제까지의 지불 불능 사례와 당시의 불안정했던 정황을 생각하면 대단히 관대한 것이었다. 액면가 총 5000만 프랑의 금리 5% 채권이 교황의 귀환(1850년 4월)에 앞서 매입됐으며, 이어 총 2800만 프랑이 두 번의 분납으로 지급되었다. 채권 발행은 1853년(2600만 프랑 상당의 금리 8% 채권을 95에)과 1857년 8월에 추가로 이어졌고, 교황청의 부채를 통합하고 로마의 통화를 안정화하기 위한 야심찬 시도 역시 이루어졌다. 금리 5% 신규 채권이 파리 시장에 총액 1억 4240만 프랑 규모로 상장됐는데, 이는 교황령의 총 부채(약 3억 5000만 프랑) 중 대략 40%에 이르는 규모였다. 로스차일드가와 교황령의 관계에서 역설적이었던 점은 교황청이 자체적으로 재정을 개혁하지 않는 한 로스차일드가로서는 상당한 이익을 낼 기회를 잡을 수 있었지만, 거꾸로 바티칸이 재정을 개혁할 능력이 없다는 것은 유대인의 처우 역시 개선될 가망이 없다는 의미였다는 사실이다. 바티칸을 보이콧하느냐(교황청의 외부 차입에 대한 독점을 포기할 것이냐), 아니면 유대인 문제에서 한발 후퇴할 것이냐 하는 양자택일에서 로스차일드가는 후자를 택했다.

명백한 이유가 있어서 관계를 맺지 않은 러시아를 제외하고, 로스차일드가의 금융 우선 법칙이 예외적으로 적용되지 않은 지역이 두 곳 있었다. 하나는 스페인으로, 스페인은 1856년에 쥘 미레를 통해 채권을 발행했지만 로스차일드가로서는 수은을 담보로 한 대부 체제를 선호하면서 일찌감치 손을 뗐던 스페인 채권 시장에 다시 진입할 마음이 없었을지도 모른다. 스페인보다 더 중요한 사례는(그 예외가 단지 부분적이긴 했지만) 피에몬테 사르데냐 왕국이었다.

1849년 제임스는 피에몬테의 대규모 채권 사업을 손에 넣었지만, 그러기 위해 쓴 수법이 야심찬 젊은 금융가이자 정치가였던 카보우르의 비위를 건드렸다. 이탈리아에서 오스트리아를 몰아내려는 두 번의 시도가 모두 수포로 돌아가면서 국가 부채가 세 배로 불어난 피에몬테는 로스차일드가가 재정적 침투를 꾀할 만한 목표물이었다. 카보우르는 제임스가 1850년에 피에몬테의 재무장관 조반니 니그라(Giovanni Nigra)와 또 한 번 채권 사업을 논의하기 위해 방문한 것을 넌더리내며 바라볼 뿐이었다. 니그라가 "개탄스러울 만큼" 제임스에게 의존하고 있다는 카보우르의 비판은 신중히 바라보아야 하는 대목이다. 현실은 이러했다. 당시 피에몬테의 신용도는 좋지 않았고, 제임스가 작심하고 채권 가격을 내리깎은 것도 아니었다. 한편, 제임스가 피에몬테를 농부가 영양실조의 암소를 살찌운 다음 젖을 짜낼 궁리를 하듯이 바라보았다는 데에는 의심의 여지가 없다. 그가 조카들에게 의기양양하게 써 보낸 것처럼, 1850년도 채권 발행은 "이제껏 내가 체결한 것 중 가장 아름다운 계약"이었다. 2.5%의 수수료를 받는 것은 둘째 치고, 그것은 근본적으로 미래를 위한 투자였다. 총 1억 2000만 리라에 달했던 금리 5% 랑트 신규 발행분 중에서 제임스가 주당 85의 가격으로 2000만 리라 규모를 몰수하듯 가져갔으며 (그 자리에서 사들였다), 정부를 대신해서 추가로 6000만 리라 상당을 파리에서 판매하고 나머지는 니그라의 손에 맡기는 것으로 합의가 이루어졌다. 사실, 제임스는 확신을 갖고 예상한 피에몬테의 신용 회복을 기다리며 일단은 지켜볼 요량으로, 처음 손에 넣은 2000만 리라의 랑트 중 절반 이상을 재빨리 토리노의 지방 은행가들에게 넘겨버렸다.

그러나 곧 카보우르에게 기회가 찾아왔다. 1850년 10월에 그는 농림통상해운 장관직에 올랐고, 그로부터 두 달 뒤 (오스트리아에 전쟁 배상금을 지불한 토리노 중앙은행에 변제할 목적으로) 랑트를 추가 발행할 계획이라는 정보를 접하고는 이제 막 뿌리내리려던 로스차일드가의 독재 앞에 처음으로 칼을 뽑아들었다. 카보우르는 프랑크푸르트와 비엔나에서 새로 발행할 채권을 사들일 이들을 물색하며, 친구인 들라루(De La Rue)를 보내 골트슈미트와 지나에 접근해 보게 했다. 카보우르는 대놓고 이렇게 선언했다. "우리 숨통을 조르는 그 유대인을 놀라게 할 수 있다면 그 기쁨이 한량없겠소." 1851년 4월, 카보우르가 이번에는 재무장관으로 임명되면서 로스차일드가의 손에서 놓여날 기회가 찾아왔다.

재무장관이 해결해야 할 문제는 어마어마했다. 다양한 단기 대부 형태로 제임스에게 꾼 돈, 즉 제임스가 니그라에게 '찔끔찔끔' 넣어 줬던 돈 2500만 리라를 제외하고도 약 2000만 리라의 재정 적자에 총 6800만 리라에 달하는 다른 채무까지 눈앞에 닥쳐 있었다. 로스차일드의 손아귀에서 벗어나려면, 카보우르는 잽싸게 움직여야 했다. 그는 일단 토리노 단기 금융 시장에서 1800만 리라를 조성해 돈을 마련한 뒤, 런던 주재 대사를 시켜 대규모 피에몬테 신규 채권을 맡아서 발행할 의향이 있는 은행가가 있는지 알아보게 했다. "무슨 수를 써서라도 로스차일드가와의 악연에서 탈출해야 하오. 런던에서 체결할 채권 계약이야말로 우리가 독립을 회복할 유일한 수단이오.…… 런던과의 계약을 신속히 이루어내지 못하면, 우리는 또다시 로스차일드라는 카우디네 산길(Caudine forks)[15]을 올라야 할 거요." 카보우르는 대사를 도울 인물로 그의 오랜 라이벌이었던 레벨(Revel) 백작을 함께 파견했다. 베어링가에서는 미적지근한 반응을 보였지만, 설립된 지 얼마 안 된 칼 함브로(Carl Hambro)의 은행이 기꺼이 사업을 떠맡아서 360만 파운드 규모의 피에몬테 채권을 85의 가격에 발행했다.

상황을 눈치채자마자, 제임스가 새 채권 발행을 훼방하기 위해 온갖 수를 썼으리라는 것은 의심할 여지가 없다. 카보우르는 《타임스》에 피에몬테의 재정 상황에 대한 부정적인 기사를 실은 배후가 제임스이리라 확신했다. 제임스가 온 재량을 동원해 피에몬테 채권을 매각하고 있다는 사실은 보지 않아도 빤한 사실이었다. 과연 이 사건은 제2제정하에서 그의 트레이드마크가 되는 다소 조잡한 (그러나 당시 사람들에게는 날벼락 같은 의미였던) 압운 어구, 즉 "L'emprunt est ouvert, mais non couvert(채권을 내놓았으되, 청약자는 없도다)"를 만들어낸 계기가 되었다. 제임스는 승리를 코앞에 두고 있었다. 채권은 파리에서 할인에 들어갔고, 카보우르는 불안한 시간을 보내야 했다. 그러나 애초에 피에몬테 채권을 위한 시장을 만든 것은 제임스 자신이었으므로, 그 시장을 어물쩍 모른 척할 수는 없는 노릇이었다. 그는 조카들에게 이렇게 써 보냈다. "우리는 하고 싶은 대로 할 수 있지만, 피에몬테 사람들이 들고 일어난다면 그걸 무슨 수로 막겠느냐. 채권을 85에 발행해 준 것이 바로 우리였으니 말이다." 그는 "세상"이 상승세를 타고 있는데 계속 매각할 만큼 경제적으로 불합리한 행동을 할 사람도 아니었다. 1851년 말엽에 그가 보유한 피에몬테 채권은 약 100만 프랑 규모로 애초와 크게 변함이 없는 수준이었다. 제임스가 "상당 규모를 팔았다"던 카보우르의 주장은 틀린 것이었다.

그렇다고 해서 "로스차일드가와 당장에 연을 끊는 것"이 카보우르의 의도는 아니었으며, 다만 "우리가 그들 없이도 해 나갈 수 있다는 것을 보여 주려"던 것뿐이었다. 제임스 역시 카보우르를 높이 사지 않을 수 없었다. 정치가를 칭찬하는 일은 드물었던 그도 카보우르만큼은 "기개가 있는 사람"이라고 추어올렸다. 1852년에 알퐁스가 토리노로 파견되어 1850년에 니그라가 발행한 랑트 중 남은 분량(약 4000만 리라)을 주당 92에 매입하겠다고 제안했을 때, 카보우르는 자신의 뜻을 분명히 했다. 즉, 그로서는 그렇게 돈을 마련할 필요가 없으니 그 제안은 사양하겠다며 알퐁스를 공손히 돌려보낸 것이다. 그러나 그는 조만간 로스차일드가에 다시 도움을 구해야 하리라는 것을 잘 알고 있었다. 그가 정말 원했던 것은 흥정에서 유리한 위치를 차지하는 것이었다.

그리하여 1853년 1월에 제임스가 찾아와 전년도의 제안을 반복했을 때, 총리가 된 카보우르는 4000만 리라 규모의 채권을 주당 88에 사들이겠다는 제안을 주당 94.5로 밀어붙일 수 있었다. 이후에 또 한 번 채권 발행이 계획됐을 때, 그는 함브로와 파리의 풀드 그리고 알퐁스를 토리노로 보낸 제임스에게 동시에 접근했다. 카보우르에게 경쟁 구도는 값진 것이었다. 크림반도에 위기가 고조되자 모든 채권 가격이 추락했고, 피에몬테 채권 역시 마찬가지였다. 함브로는 금리 3% 신규 채권에 대해 65 이상은 제안할 수 없었고, 풀드는 그보다 약간 높은 값을 부를 수 있었으나, 알퐁스는 부친이 아끼는 고객을 빼앗기지 않기 위해 70이라는 가격과 단 2%의 수수료를 제안했다. 카보우르의 말마따나 "풀드와의 경쟁 관계는 수백만 리라의 값어치"가 있었고, 제임스는 자신이 감수하게 된 "상당한 손실" 때문에 속이 쓰릴 수밖에 없었다. 그 외에도 카보우르는 크림반도의 위기 초반에 함브로 채권의 이자를 지불하기 위해 제임스에게 도움을 구했는데, 이 관계는 피에몬테가 대러시아 전쟁에 참여하면서 지급된 영국 정부의 보조금으로 상황이 타개될 때까지 지속되었다.

카보우르는 1855년 1월에 절제미를 발휘해 이렇게 말했다. "로스차일드를 공정히 평가하자면, 그는 결코 돈을 구걸하는 법이 없는 사람이라고 해야 할 것이다. 그것이 그의 좋은 면이다." 카보우르의 말이 의미하는 것은 경쟁이 치열해진 1850년대의 금융 시장에서 이곳저곳의 가격을 비교할 수 있게 된 덕에 로스차일드가의 좋은 면이 부각되어 보였으리라는 것이다. 제임스가 토리노에서 신임을 회복했다는 사실이 명확해진 것은 페레르 형제로서는 억울하게도 그가 새로 설립된 피에몬테 투자은행의 주요 외국인 주주로 등장했을 때였다. "페레르는 한마디로 길길이 뛰고 있다." 1856년 2월 카보우르는 그렇게 썼다. "로스차일드는 즐거워 보인다. 그는 이탈리아를 위해 융자를 제공하고 싶다고 말한다. '제 말씀 좀 들어 보십시오, 총리께서 이탈리아를 가지셔야 합니다. 서두르십시오. [러시아와 서유럽 열강들 사이에] 강화조약이 체결되면 신속하게 움직일 수 있도록 준비를 갖추셔야 합니다.'" 그와 카보우르는 새 은행이 "피에몬테의 사업이 아닌 이탈리아의 사업"이 되어야 한다는 데 동의했다. 제임스는 놀랄 만한 통찰력으로 이미 다음번의 유럽 전쟁(그가 예상하기에 오스트리아와 피에몬테 사이에 벌어질 전쟁)을 위해 자금을 댈 준비를 하고 있었다. 그가 카보우르에게 그 같은 분쟁이 일어나면 그를 지원하겠다는 뜻을 피력한 것은 이번이 두 번째였다.

반격

경기가 상승했을 때 로스차일드가는 경쟁에 직면해 있었다. 경쟁자들을 물리칠 수 있었던 것은 경기가 침체를 겪을 때였다. 1850년대 역시 예외는 아니었다. 어느 시점에 이르자 신규 은행과 철도 회사들이 국제 자본 시장에 부과한 수요가 크림전쟁 참전국들의 차입과 맞물려 더 이상 감당하기 힘든 지경에 이르렀고, 통화 안정과 조화를 이루는 것도 어려운 일이 되었다. 침체의 조짐은 종전 이전부터 보이기 시작했다. 1857년 8월, 오하이오 생명보험신탁회사가 지불을 정지하고 그 여파로 미국 은행들이 줄도산하면서 증권 시장이 폭락했다. 위기는 곧 대서양을 건너와 함부르크는 물론 글래스고와 리버풀까지 퍼져서 두 도시에서 최소 네 곳의 은행이 도산했고, 런던의 영미계 은행 피바디 앤드 컴퍼니(George Peabody & Co.) 역시 영국은행에서 80만 파운드를 차입하지 않았다면 그 여파를 온전히 버텨내지 못했을 것이다. 로스차일드가는 알려진 바로는 단 한 곳도 타격을 입지 않았다. 그 이듬해에는 상황이 안 좋았지만, 1857년에 런던 상사의 수익은 오히려 다소 나아진 편이었다.

이 어려운 시기에 프랑스가 추진한 통화 정책은 여러모로 페레르 형제의 위세에 대해 로스차일드가 반격하는 핵심이 되었지만, 이 점은 대개 간과된 것이 사실이다. 두 은행의 경쟁 관계에 전환점이 찾아온 것은 1855년에 알퐁스 드 로스차일드가 프랑스은행의 이사로 선출됐을 때였다. 로스차일드가가 프랑스은행의 주주로서 차지하고 있던 비중을 생각하면, 가문의 일원이 은행의 이사회에 가담하는 것은 자연스러운 일이었다. 파리 상사는 1852년 당시에 프랑스은행의 주식을 1000주 이상 보유하고 있었다. 경제사학자 알랭 플레시(Alain Plessis)는 그들의 주식 보유량이 계속 증가하는 경향을 보여서 1857년에는 1499주, 1864년에는 1616주로 최고치를 기록했다는 사실을 제시한 바 있다. 게다가 가족 개개인도 개인 포트폴리오에 프랑스은행의 주식을 최대 200주까지 보유하고 있었다. 당시에는 주식 소유 집중도가 매우 높았다는 점을 감안하더라도, 로스차일드가는 프랑스은행의 최대 주주였을 것이다.

그러나 알퐁스의 선출은 여러 이유로 논쟁을 불러일으켰다. 첫째, 로스차일드가는 지분을 대량으로 보유하고 있었지만 1855년 이전에는 프랑스은행 총회에 입회할 수 없었다(엄밀히 따져서 제임스가 아직 외국인이었기 때문이었을 것이다). 둘째, 개종한 유대인인 아돌프 데슈탈이 그에 앞서 이사직을 맡기는 했지만, 개종하지 않은 유대인으로서 은행의 이사가 된 것은 알퐁스가 처음이었다. 마지막으로 가장 중요했던 요인은 그의 임명이 프랑스은행의 장래를 두고 벌어진 중요한 논쟁과 동시에 일어났다는 사실이었다. 1855년 1월 22일, 알퐁스가 차기 이사로 추천된 회의의 출석률이 전체 회기를 통틀어 가장 높았던 것도 그 때문이었다. 투표권을 행사한 138명의 회원 중에는 미레와 페레르 형제도 포함되어 있었고, 대단히 이례적으로 2차 투표까지 진행된 뒤에야 알퐁스가 과반수 표를 획득해서 다른 두 명의 후보를 물리치고 선출될 수 있었다. 은행의 이사들이 전부 프랑스 정치계의 전설인 대은행가 계급에 속해 있었던 것은 아니었지만, 알퐁스의 선출은 마침내 로스차일드가를 말레(Mallet), 다빌리에, 오탱게 가문과 대등하게 만들어 준 중대한 분수령이었다. 더 중요한 것은 그 덕분에 로스차일드가가 아주 중요한 시점에 프랑스은행에 대표를 둘 수 있게 되었다는 점이었다. 알퐁스가 프랑스은행의 의결 사항들을 해결하는 데 본격적으로 활약한 것은 1860년대였을지 모른다. 그러나 로스차일드가는 1850년대 프랑스 통화 정책에도 영향력을 발휘했고, 이는 로스차일드와 페레르 가문의 갈등에도 결정적인 역할을 했다.

근본적인 질문은 프랑스은행이 프랑스 단기 금융 시장에 영향력을 행사하는 방식에서 얼마만큼 더 영국은행을 닮아 가야 하느냐였다. 프랑스은행은 1848년의 위기를 거치는 동안 지역 발권은행들을 대대적으로 몰아내며 입지를 굳히기 위해 많은 노력을 기울였다. 그러나 은행은 여전히 상대적으로 규모가 작았고(1852년 당시의 자본금 약 7000만 프랑은 드 로스차일드 프레르보다 다소 적은 수준이었다), 크레디 모빌리에의 위세는 심각한 위협이었다. 1855년에 은행업과 철도 사업의 열기가 절정에 이르고 크림전쟁과 흉작으로 재정적 수요가 늘어나면서, 프랑스은행은 엄청난 부담에 짓눌리게 되었다. 1855년 8월, 프랑스은행 총재는 고갈된 준비금을 채워 넣기 위해 드 로스차일드 프레르로부터 3000만 프랑 상당의 금과 2500만 프랑 상당의 은을 비밀리에 사들여야 했다. 1년 뒤에는 상황이 더 악화되어, 총재는 통화 태환 정지 승인을 요청해야 할 지경에 이르렀다. 많은 이사들이 이 조치에 찬성했지만, 알퐁스의 생각은 달랐다. 그와 그의 부친은 재무장관 마녜의 지원을 등에 업고, 현금 지급을 유지하기 위해 재할인율을 인상하고 금과 은의 매입량을 늘리자는 주장(로스차일드가 자신들로부터 8300만 프랑 상당을 추가로 매입하는 것을 포함해)을 성공적으로 관철시켰다. 1855년에서 1857년까지 파리 상사는 뉴코트를 통해 약 11%의 프리미엄이 붙은 가격으로 사들인 7억 5100만 프랑 상당의 금을 프랑스은행에 공급했다.

프랑스은행의 특허를 갱신하는 문제를 놓고 토론이 벌어진 것은 은행 총재가 준비금을 채우기 위해 로스차일드가에 더욱 의지하게 되었던 시기의 일이었다. 그해 상반기는 알퐁스가 아직 은행 이사직에 앉기 전이었지만, 그의 부친이 이 논쟁에 참여해서 페레르 형제가 주장한 방침, 즉 자신들이 상당한 지분을 보유하고 있던 신규 투자은행에 유리한 방향으로 프랑스은행을 수정하는 급진적인 구조 조정에 맞섰던 것으로 보인다. 논쟁은 결국 보수주의자들의 승리로 결론이 났다. 프랑스은행은 정부로부터 1억 프랑 규모의 랑트를 받는 대가로 자본을 두 배로 불려도 좋다는 허가를 받았고, 통화 긴축이 필요할 경우 재할인율을 6% 이상까지 올릴 수 있게 되었다. 한마디로, 국내 금융 시장의 유동성보다는 환율의 안정성 유지를 우선하게 되었다는 뜻이다. 그리고 이로 인해 크레디 모빌리에는 실질적으로 제약을 받게 되었다.

이 같은 제도(制度) 전쟁이 치러지고 있던 바로 그해(1856), 제임스는 페레르 형제의 전술을 차용하여 그들에게 도전하겠다는 의도로 레위니옹 피낭시에르(Réunion Financière, 개인 은행들과 바르톨로니, 피예 윌, 블런트, 탈라보 같은 철도 금융가들의 느슨한 연맹)를 출범시키는 일에 착수했다. 제임스는 레위니옹을 기초로 크레디 모빌리에와 흡사한 신규 합자은행을 설립하려는 계획이었지만[16], 1856년 초에 마녜가 경기를 냉각시키고 정부의 긴급한 금융 수요를 충당할 유휴 자본을 만들기 위해 회사 신설을 일시적으로 금지하면서 계획은 어그러지고 말았다. 미레는 (자신의 계획 역시 이 금지 정책으로 차질을 빚었는데도) 이를 페레르 형제의 승리로 간주했고, 레위니옹 그룹이 통제하는 철도 자본이 페레르 형제 및 그들의 동맹이 보유한 자본보다 더 적다는 사실(4900만 프랑 대 9400만 프랑) 역시 부정할 길이 없었다. 그러나 레위니옹은 중요한 신호였다. 프랑스 로스차일드가는 이제 페레르 형제 방식의 투자은행업을 채택할 준비를 마친 상태였다.

사실, 국내 자본 시장에 부과된 제약이나 프랑스은행이 취한 제한적인 할인 정책은 로스차일드가보다 페레르 형제를 더욱 압박하고 있었다. 1857년 6월, 그랑 상트랄 철도가 로스차일드가가 통제하는 파리-오를레앙 철도에 합병되는 것을 막으려던 페레르 형제의 시도가 실패로 끝난 것은 이를 극명하게 보여 주었다. 이 좌절로 인해 페레르 형제는 자신들의 사업에 누군가 음모를 꾸미고 있다는 의문을 품었다. 그들은 나폴레옹에게 탄원했다. "우리를 무력하게 만들려는 치들이 일부러 우리가 무소불위라고 떠들고 다니는 겁니다." 그러나 사실상 1857년의 금융 위기가 격화되면서 더욱 고초를 면치 못하게 것은 페레르 형제들이었다. 철도 노선 전체를 통틀어 위기에서 가장 굳건히 버틴 것은 북부 철도였다. 프랑스은행이 다른 철도 회사에 제공한 대부금과 프랑크빌(Franqueville)협약(정부가 채산성 없는 지선 건설에 대해 배당금을 보증하고 보조금을 지급한다는 협약)은 로스차일드 같은 '구식' 은행이 아닌 '신식' 은행의 취약성에 대응하기 위해 마련된 대책이었다.

페레르 형제가 1856~1857년 이후에 철도 부설권을 놓고 벌어진 범유럽 규모의 경쟁에서 차상위로 뒤처지게 된 것도 그 때문이었다. 그 시기에 이르러 철도 사업이 진정한 의미에서 국제적인 사업이 되었다는 사실은 국제 관계의 변수로서 과소평가되는 경우가 많다. 철도가 일국의 통합된 시장을 형성함으로써 국수주의를 장려했다는 것은 신화일 뿐이다. 유럽의 철로 지도는 순식간에 국경을 넘어 초국적인 망을 이루었고, 스페인과 북이탈리아, 합스부르크제국, 러시아에서 철도에 투자된 자본 중 상당 부분은 영국 혹은 프랑스의 자본이었다. 이 같은 철도의 국제화는 철도가 화물과 승객의 수송뿐 아니라 군대 수송에도 전략적으로 중요한 역할을 할 수 있으리라는 군사 기획자들의 맹아적 깨달음과 맞물려 일어났다. 그리하여 철도 통제권은 경제적이면서 정치적인 문제가 되었고, 이탈리아와 독일 '통일'의 서곡이 된 일련의 사건에서도 대단히 중요한 변수 중 하나가 되었다.

똑같은 패턴의 상황이 벨기에, 스페인, 피에몬테, 나폴리, 오스트리아, 다뉴브 공국, 러시아, 심지어는 투르크에서도 되풀이되었다. 먼저, 이들 국가에 크레디 모빌리에 형식의 은행을 설립하려는 시도가 경쟁적으로 나타난다. 그러고 나서, 혹은 그와 동시에, 앞서 등장했던 인물들과 면면이 크게 다르지 않은 사람들이 이번에는 철도 부설권을 손에 넣기 위해 쟁탈전을 벌였다. 벨기에에서는 로스차일드가의 오랜 친구인 레오폴트 1세가 제임스를 적극적으로 지원하며 크레디 모빌리에 같은 은행을 설립할 수 있도록 독려했지만, 제임스는 페레르 형제들조차 그런 의도가 없다는 사실을 확인하자마자 계획을 접었다. 그는 오로지 경쟁자들을 좌절시켜야 할 필요가 있을 때에만 행동에 나섰다.

소시에테 제네랄 같은 기존의 벨기에 금융 기관들이 페레르 형제를 다소 군더더기처럼 만들고 있었던 것이 사실이었다. 덕분에 제임스는 나무르-리에주(Namur-Liège) 노선의 통제권을 확보하고 몽스-오몽(Mons-Hautmont) 노선의 건립을 위해 소시에테 제네랄과 컨소시엄을 구성하는 등, 북부 철도 회사의 영향력을 벨기에 철도망의 핵심 노선에까지 자유롭게 확장시킬 수 있었다. 그는 또한 벨기에의 오스텐트(Ostend) 항, 앤트워프(Antwerp) 항과 라인 지방을 잇는 중요한 연결 고리인 룩셈부르크 철도를 동부 철도 회사가 획득하는 과정에도 회사의 이사로서 간접적으로 영향력을 발휘했다. 스위스는 그보다 경쟁이 치열했다. 페레르 형제는 제네바 호수를 따라 이어지는 스위스 서부 철도의 주식을 대거 확보해 두고 있었지만, 그보다 중요한 중앙 철도와 북동 철도는 스위스 소유로 남아 있다가 결국 레위니옹 피낭시에르가 스위스로부터 지분을 사들여 남쪽으로 뻗은 다른 노선들과 병합해 연합스위스철도회사(United Swiss Railway Company)를 창설했다. 나폴리에서는 왕이 페레르 형제에게 은행 면허를 줄 듯한 조짐이 보여서 불안감이 고조되기는 했지만, 위기는 곧 지나가버렸다. 부르봉 정권은 경제적인 혁신이라는 것을 지극히 수상쩍게 여겼기 때문에 시칠리아에 철도를 건설하는 것조차 불가능할 뻔했을 정도였다.

그 외 다른 곳에서는 페레르 형제의 위협이 심각했고, 로스차일드가는 단호하게 대응하며 이에 맞섰다. 스페인에서는 1855년 12월에 합자은행이 합법화되면서 페레르 형제는 크레디토 모빌리아로 에스파뇰(Crédito Mobiliaro Español)을 설립하는 데 성공했다. 합자은행 설립에 나선 프랑스 은행가는 그들뿐만이 아니었다. (일반할인은행회사의) 아돌프 프로스트(Adolphe Prost)는 일반신용회사(Compañia General de Crédito)를 설립했고, 로스차일드 일가는 스페인 상공회사(Sociedad Española Mercantil e Industrial)를 설립해 그에 응수했다. 그러한 은행은 규모며 목적이 대체로 비슷했다. 페레르 형제는 그들이 소유한 남부 철도의 바욘(Bayonne) 종착역에서 피레네 산맥을 넘어 마드리드를 통과해 남서부 카디스(Cadiz)까지 이르는 철도를 건립하는 데 투자하는 것을 꿈꾸고 있었다. 로스차일드의 대응은 재빨랐다. 여기저기 안 나타나는 곳이 없는 모르니 공작과 동업 관계를 맺은 제임스는 1855년 데 살라만카(de Salamanca) 후작에게서 마드리드-알만사(Madrid-Almansa) 노선의 부설권을 얻어냈고, 2년 뒤에는 마드리드-사라고사-알리칸테(Madrid-Zaragoza-Alicante) 철도 회사를 설립해 그 중 첫 번째 노선(마드리드-알리칸테 선)을 1858년 5월에 개통했다. 동시에 모르니 공작은 코르도바를 경유해 말라가(Málaga)와 그라나다로 향하는 노선뿐만 아니라 시우다드 레알(Ciudad Real)과 바다호스(Badajoz)를 경유해 마드리드에서 포르투갈을 잇는 철도의 부설권까지 낚아챘다.

이로써 페레르 형제는 애초 구상했던 철도망에서 겨우 머리와 꼬리 부분만, 즉 1858년 12월에 북스페인철도회사로 조직되는 바욘-마드리드 철도, 그리고 샤를 라피트와 동업해 건설한 코르도바-세비야(Córdoba-Sevilla) 철도만 갖게 되었다. 로스차일드 그룹 역시 스페인에서 프랑스를 잇는 철도망을 확보하는 데 실패했지만, 그보다 중요한 사실은 페레르 형제의 진로에 차질이 생겼다는 점이었다. 1857년에 그들이 처한 곤경은 프랑스 밖에서 벌인 사업에 제동을 걸었다. 또한 놀라운 것은 제임스가 모르니 공작, 심지어는 미레(팜플로나-사라고사[Pamplona-Zaragoza] 철도를 확보하고 있었던)와도 협력해서 일하게 되었다는 사실이었다. 아마 그 두 사람도 제임스와 같이 일한다는 사실에 똑같이 어안이 벙벙했을 것이다.[17]

로스차일드가가 피에몬테에서 거둔 승리는 값비싼 대가를 치르기는 했어도 확실한 승리였다. 1855년 12월, 카보우르와 페레르 형제가 동맹을 체결해서(카보우르는 이들을 "놀랍도록 능력 있는" 이들이라고 생각했다) 제임스에게 심각한 타격을 입힐 듯한 순간이 있었다. 그러나 페레르 형제는 분명 너무 지나친 것을(카보우르가 불평하기로는 "독점권"을) 요구했다. 제임스는 그보다는 훨씬 신중하게 처신했고, 그리하여 1856년 2월에 피에몬테 유일의 공인 합자은행으로 토리노에 설립된 통상산업은행(Cassa del Commercio e delle Industrie)에서 외국인으로는 가장 많은 주식을(33%) 획득할 수 있었다. 그러나 토리노에 '이탈리아은행'을 세우려 했던 제임스의 계획은 시기상조임이 드러났다. 1857년의 금융위기가 우연찮게 통상산업은행의 이사 루이지 볼미다의 죽음과 겹치면서 계획은 난국에 빠졌고, 1858년에는 계획이 전부 무산되고 말았다.

제임스는 볼미다가 죽은 직후인 1857년 4월에 토리노를 다시 방문했고, 이 일을 기술한 어느 이탈리아인의 글에서 우리는 그와 볼미다 두 사람이 애초에 과연 무엇을 궁리하고 있었는지 추론해 볼 수 있다. 기록에 따르면 제임스는 "모든 국유 철도를 피에몬테의 크레디 모빌리에[즉, 통상산업은행을 의미]에 공여하는 방침을 카보우르로부터 승인받아서 크레디 모빌리에가 그랑 상트랄 철도를 창설하게 한다는 볼미다의 프로젝트를 재개하고, 피한지 두 곳의 대형 철도에 대한 부설권은 그 자신이 확보"하기를 원했다. 달리 말해, 새 은행은 스페인에서와 마찬가지로 로스차일드의 철도 제국 확장이라는 목적을 달성하기 위한 수단이었다.

분명 제임스는 샤를 라피트와 알렉산드르 비시오(Alexandre Bixio)가 1853년에 설립한, 토리노에서 프랑스와 스위스를 연결하는 빅토르 엠마누엘 철도회사(Victor Emmanuel Railway Company)를 손에 넣고 싶어 했을 뿐 아니라, 마르세유에서 니스, 제노아를 연결하는 철도의 부설권 또한 확보하고 싶어 했을 것이다. 비록 (프랑스 금융가 구스타브 들라앙트[Gustave Delahante]와 합작해서) 손에 넣은 것은 후자뿐이었지만, 제임스가 피에몬테에서 거둔 성공을 과소평가해서는 안 될 것이다. 더욱이 제임스는 프랑스 북부와 벨기에에서 머지않아 전략적으로 중요해질 지역, 즉 나폴레옹 3세가 탐을 내게 될 사보이(Savoy)와 니스, 그리고 피에몬테-롬바르디아의 경계를 이루는 지역에서 국경을 가로지르는 철도망을 건설하고 있었다. 북부 이탈리아에서 알프스를 가로지르는 철도 노선이 토리노 대신 오스트리아가 지배하는 밀라노와 베니스에서 출발했다는 점 역시 의미심장한 일이었다.

이는 오스트리아 영토에서 로스차일드가 취한 전략을 상당 부분 설명해주는 대목이기도 하다. 1855년 1월, 페레르 형제는 재정적 압박에 시달리고 있는 오스트리아 정부를 설득하여 국유철도망의 일부(보헤미아의 프라하-브륀 노선과 마르히펠트[Marchfeld]에서 동쪽으로 뻗어 헝가리로 진입하는 노선)를 매입하면서 초기 민영화 사례[18]를 또 한 차례 성공시키며 로스차일드가보다 선수를 쳤다. 로스차일드가에서는 여전히 잘로몬의 페르디난트 황제 북부 철도('노르트반[Nordbahn]')를 통제하고 있었지만, 국가가 짓고 관리하는 노선이 점점 늘어나면서 1848년 이래로는 오스트리아 철도에 그다지 관심을 보이지 않았다. 그러나 페레르 형제의 성공이 안젤름을 자극했다. 페레르 형제는 가공할 만한 컨소시엄을 창설해냈다. 그들이 새로 설립한 황제 및 국왕 특허 오스트리아 철도 회사('슈타츠반[Staatsbahn]')의 이사회에는 모르니 공작, 풀드, 루트비히 페레이라와 (이미 비엔나-라브 철도의 통제권을 확보한) 비엔나의 은행가 게오르크 지나와 다니엘 에스켈레스까지 포함되어 있었다.[19] 게다가 가격 흥정도 잘 해낸 것 같았다. 그들이 단 7700만 굴덴에 확보한 노선은 짓는 데에만 9400만 굴덴이 들었다. 그들은 또한 나폴레옹 3세의 외교 정책에도 도움을 주었다. 노선 매입은 1854년 12월에 체결된 오스트리아-프랑스 동맹을 굳건히 다지는 상징처럼 받아들여졌고, 파리의 휘브너는 매입을 적극적으로 독려하기도 했다. 안젤름은 참으로 "꼴사나운 사업"이라며 불만을 터뜨렸다. 그의 말마따나 그것이 얼마나 불미스러운 사업이었던지, 안젤름은 곧장 이를 모방할 준비에 착수했다. 페레르 형제가(분명 남아 있는 국유 철도마저 사들일 의도로) 비엔나에 크레디 모빌리에를 설립하는 방안을 정부에 제안했을 때, 안젤름과 제임스는 함께 경쟁 입찰을 준비하기로 결심했다. 문제가 된 철도가 비엔나에서 트리에스테를 잇는 노선(남부 철도['쥐트반(Südbahn)'])과 밀라노와 베니스를 잇는 노선(롬바르디아 철도)이었다는 점을 감안하면, 그들이 걱정한 것도 납득이 가는 일이다.

로스차일드가는 네 가지 결정적인 이점을 갖고 있었다. 첫째, 오스트리아와 프랑스가 맺은 우호조약은 결국 단명해버렸다. 둘째, 프랑스의 국내 경제 상황이 악화되면서 정부는 외국 증권을 국내 증권거래소에서 발행할 수 없도록 규제했는데, 페레르 형제에게는 이것이 치명적인 타격이 된 반면 제임스는 여전히 뉴코트와 런던 시장에 의지할 수 있었다. 셋째, 로스차일드가는 프라하의 저명인사였던 은행가 레오폴트 래멜(Leopold Lämel)은 물론이려니와 화려한 칭호를 단 인사들(예를 들면, 호테크 백작, 슈바르첸베르크 대공, 퓌어슈텐베르크[Fürstenberg] 대공, 아우어슈페르크[Auersperg] 대공 등)을 결집해서 동업자로 내세울 수 있었다. 마지막으로, 그들은 상무장관 브루크 남작 덕분에 페레르 형제의 입찰 내용을 미리 알 수 있었을 가능성이 컸고, 그래서 거의 두 배나 되는 자본(페레르 형제의 5660만 굴덴 대비 1억 굴덴)에 더욱 노골적인 친오스트리아적인 면모를 내세워 비슷하지만 훨씬 매력적인 대안을 내놓을 수 있었다. 1855년 10월 말에 안건은 마무리되었다. 11월 6일, 통상 산업을 위한 황제 및 국왕 특허 오스트리아 신용 기관(즉, 크레디탄슈탈트)가 공식 인가되었다. 한 달 뒤 최초의 주식이 발행되었고, 로스차일드가와 그들의 동업자들이 그 중 최소 40%를 확보했다.

프라하, 부다페스트, 브륀, 크론슈타트, 나중에는 트리에스테와 렘베르크에도 지점을 두게 되는 크레디탄슈탈트는 합스부르크제국의 유력 금융 기관으로서 입지를 빠르게 확립했고, 제1차 세계대전이 터지기 직전까지 타의 추종을 불허하는 탁월한 지위를 지켜냈다. 중부유럽에서 로스차일드가의 경제적 영향력을 재확립하는 데 가장 많은 기여를 한 사업이기도 했다. 그러나 크레디탄슈탈트가 페레르 형제가 주창한 방식의 윤리적 승리를 대변한다는 주장이 과장이라고 하기는 어려웠다. 제임스는 페레르 형제를 이기기 위해 (투자은행 개념에 대해 그가 애초에 쏟아냈던 비판에도 불구하고) 어쩔 수 없이 그들에 합류할 수밖에 없었다. 그는 러시아 국가평의회의 신임 의장 오를로프(Orlov) 백작에게 자신의 입장을 변명했다. "정부가 자문을 구해 올 때마다 저희는 그런 신용 기관들이 제기하는 위험을 강력히 지적했습니다만, 저희의 견해가 만방에서 설득력을 얻지 못한다면⋯⋯저희로서는 그들과 같은 사업에 참여할 수밖에 다른 대안이 없었습니다. 완전히 기권하기란 불가능했으니까요."

크레디탄슈탈트는 거의 모든 면에서 크레디 모빌리에를 모범으로 삼고 있었다. 게다가 무엇보다 그 특허 덕택에 크레디탄슈탈트는 가능한 모든 종류의 자산(기업 주식, 국채, 토지, 심지어는 재화까지)에 투자하거나 그것을 담보로 대부하고, 가능한 모든 방식(주식과 채권 발행, 예금 수취)으로 자금을 조성하는 자유를 누릴 수 있었다. 다시 말해, 로스차일드가가 비엔나에서 중흥할 수 있었던 열쇠가 된 것은 경쟁자의 기법을 뻔뻔하게 채택한 일이었다.

우선, 크레디탄슈탈트는 로스차일드가가 중부유럽의 철도망 개발 사업에서 차지하려 했던 지배적인 입지를 확보해 주었다. 1856년 페레르 형제는 롬바르디아 철도와 중앙이탈리아 철도를 두고 벌어진 경쟁에서 또 한 번 패했는데, 옛 동지였던 갈리에라 공작이 로스차일드 편으로 돌아선 것이 애써 공들인 일을 망친 원인이었다. 로스차일드가가 런던 자본 시장에 접근한 것이 진전을 보이기 시작한 것 역시 이 무렵이었다. 임페리얼 롬바르도 베네치안 중앙이탈리아 철도 회사(Imperial Lombardo Venetian and Central Italian Railway Company)가 출범했을 때, 총 600만 파운드 규모의 회사 주식 중 120만 파운드를 런던 상사가 이끄는 영국 그룹이 취득했고, 이외에도 런던 상사는 회사를 위해 310만 파운드 규모의 채권을 발행하기도 했다. 파리 상사는 총 필요한 자금의 절반이 안 되는 금액만 제공했고, 나머지는 크레디탄슈탈트에서 충당했다. 이로써 로스차일드가와 그들의 동업자들은 600마일이 넘는 이탈리아 철도, 그 중에서도 260마일은 이미 운영 중이었던 철도를 장악하게 되었다.

오스트리아에서 서쪽으로 달려 바이에른에 진입하는 노선 역시 그만큼 중요한 노선이었다. 프랑크푸르트 상사는 가장 초창기 남독일 철도의 일부인, 프랑크푸르트에서 비스바덴을 잇는 일명 타우누스반(Taunusbahn)에 관여하고 있었는데, 이 노선은 1853년에 나사우까지 연장됐다. 1855년, 프랑크푸르트 상사는 뉘른베르크에서 레겐스부르크, 뮌헨, 오스트리아 국경의 파사우를 연결하는 바이에른 동부 철도 건설에 자금을 대기 위해 요제프 폰 히르쉬(Joseph von Hirsch), 다이히탈, 비쇼프샤임 등이 구성한 컨소시엄에 가담해서 철도에 대한 영향력을 확대했다. 이 노선을 슈바인푸르트(Schweinfurth)를 통과해 베브라(Bebra)까지 북쪽으로 연장하려는 움직임도 있었다. 그러므로 로스차일드 그룹이 비엔나, 린츠, 잘츠부르크를 잇는 노선(엘리자베트 황후 서부 철도[Kaiserin Elizabeth-West-bahn])의 부설권을 확보한 것은 당연한 귀결이었다. 이번에는 파리와 비엔나 상사가 총 6000만 굴덴의 자본 중 3000만 굴덴을 출연했다. 합스부르크제국의 동쪽으로 뻗는 노선에서는 더 많은 장애물에 부딪쳤다. 여기에서도 일찌감치 발을 들여놓은 페레르 형제는 비엔나-부다페스트 노선을 세제드(Szeged)와 티미쇼아라(Timisoara)까지 잇는 동쪽 연장선(프란츠 요제프 황제 동부 철도[Franz Joseph Orientbahn])을 확보했는데, 이 노선은 국가 소유의 쥐트반과 연결된 노선이었다. 그러나 이번에도 역시 자금 부족으로 사업이 실패로 돌아갔다. 로스차일드 그룹은 헝가리의 다뉴브 기선 회사(Dunagözhajózási Társaság)를 손에 넣었을 뿐만 아니라, (탈라보를 통해) 아그람(Agram, 즉 자그레브[Zagreb])과 시사크(Sisak)에 이어지는 노선을 획득함으로써 오늘날의 슬로베니아와 크로아티아로 진입하는 남쪽 철로를 텄다. 오스트리아의 필라흐(Villach)와 클라겐푸르트(Klagenfurt)에서 슬로베니아의 마리보르(Maribor)를 잇는 노선의 부설권을 획득한 오펜하임가와도 협력해 사업을 진행했던 것으로 보인다.

1858년 8월, 제임스는 프란츠 요제프 황제 동부 철도와 쥐트반을 통째로 삼켜서 비엔나와 트리에스테로 뻗는 수많은 지선들을 합치는 "거대한 사업(une affaire gigantesque)"을 구상하고 이에 "전율"을 느꼈다. 그는 그 일을 감행했다. 한 달 뒤, 그와 탈라보는 1억 굴덴을 들여 오스트리아 정부로부터 남부 철도를 사들였고, 이를 롬바르디아 철도, 동부 철도와 합쳐 거대한 단일 철도, 즉 남부오스트리아 롬바르도 베네치안 중앙이탈리아 철도 회사로 탄생시켰다. 합스부르크제국의 트란실바니아로부터 자치 공국이 된 왈라키아와 몰다비아의 부쿠레슈티(Bucharest)까지 노선을 건설하자는 논의도 있었다.[20] 로스차일드가와 이해관계를 가진 철도들의 네트워크가 콘스탄티노플과 흑해 연안까지 뻗어 나가는 것은 시간문제인 것처럼 보였다.

이쯤에서 한 가지 단서를 달아야 한다. 크레디탄슈탈트가 창설되고 철도 병합 과정이 시작된 순간부터 로스차일드가의 지배력이 약화되는 것은 불가피한 일이었다. 앞서 기술한 사업의 전 과정이 제임스나 안젤름의 발의로 시작되었고, 심지어 그 두 사람이 모든 과정을 전적으로 지지했다고 단정하기는 불가능하다. 제임스는 부쿠레슈티를 잇는 노선 건설 계획에 분명 의구심을 느꼈을 것이다. 이 노선의 목적이 (제안된 경로가 합스부르크제국의 국경을 따라 이어지는 것으로 판단하건대) 상업적이라기보다는 군사적인 것이 명백해 보였기 때문이다. 1858년 여름, 실제로 안젤름은 "사업 수행 방식에 찬동할 수 없어서" 크레디탄슈탈트 이사회에서 사임하겠다고 벼르기도 했다. 그는 그 이듬해에 결국 자리에서 물러났다. 그의 아들 나타니엘이 1861년에 부친이 비운 자리를 채웠기 때문에 크레디탄슈탈트가 설립자와 완전히 결별했다고는 할 수 없었다. 그러나 이 사건은 오스트리아 철도망을 인수한 투자자들의 느슨한 연합체를 일컬을 때(혹은 로스차일드가와 그들의 프랑스 동업자들을 일컬을 때) "로스차일드 그룹"이라는 말을 쓰더라도 신중해야 할 필요가 있는 것처럼, 로스차일드와 크레디탄슈탈트를 동격으로 놓는 것 역시 경계해야 한다는 사실을 보여 준다.

로스차일드가가 경쟁자들에게 내주고만 유일한 유럽 국가는 러시아였다. 크림전쟁 직후 로스차일드가는 초기 단계의 철도망 개발 계획을 마련해서 새로 즉위한 차르 정부에 신중히 접근했다. 그러나 신규 철도의 잠재적인 수익성에 대해 비관적인 보고를 들은 제임스는 러시아 사업의 주도권을 페레르 형제에게 넘기는 데 만족했던 것으로 보인다. 그가 보고받았던 비관적 예측은 베어링가가 바르샤바와 상트페테르부르크를 연결할 대러시아 철도 회사 (Grande Sociétédes Chemins des Fers Russes)를 위해 런던에서 약 280만 파운드의 자금을 조성하려 했을 때 입증되었다. 채권 발행은 실패로 끝났고, 회사는 반러시아 성향의 언론으로부터 거센 비난을 받아야 했다. 무슨 계기였는지는 몰라도, 제임스는 1858년에 로스차일드 은행을 상트페테르부르크에 설립하는 계획을 다시 고려한 듯하다. 그가 지나가는 식으로 알퐁스나 구스타브 둘 중 하나가 "페테르부르크에 은행을" 설립하는 데 "수년"을 투자하는 게 어떻겠느냐고 제안했을 때, 단지 그렇게 하는 것이 "유대인 해방에 기여할지도 모른다"고 생각했을 뿐 상트페테르부르크의 사업적 잠재력에 마음이 끌렸던 것은 아니었다.

1858년 말엽에는 프랑스 내에서뿐만 아니라 유럽 대륙 전역에서 로스차일드가의 지위를 위협했던 도전이 모두 진압되었다. 페레르 형제의 역량이 근본적으로 파리에 집중되어 있었던 반면, 로스차일드가는 본래 다국적이었고 1850년대에 걸쳐 캘리포니아와 오스트레일리아의 금광 지대로까지 팽창시킨 기업 제국을 이루고 있었기 때문에 가능한 일이었다. 로스차일드가의 비할 데 없는 역량 덕에 크림전쟁이 벌어지는 동안 유럽 재정에 대한 지배력을 되찾을 수 있었다. 더불어 프랑스은행과 맺은 동맹은 1856~1857년의 경기 침체 상황에서도 통화 태환성이 유지될 수 있게 해 주었고, 페레르 형제가 과도하게 팽창할 수도 있었을 개혁안을 폐기시켰다. 따라서 이후 중남부유럽의 철도망 통제권을 두고 벌어진 경쟁은 공평한 경쟁이 아니었다.

한편, 로스차일드가는 오스트리아에서 독일, 이탈리아, 헝가리 및 발칸 반도를 잇는 핵심 철로를 확보하기 위해 토리노, 더 중요하게는 비엔나에 그들식의 크레디 모빌리에를 설립하며 페레르 형제를 모방해야 했다. 로스차일드 기업 제국은 점점 더 그 성격이 복잡해져서, 특히 이 시기 이후부터는 단일 통합체로 보기가 더욱 힘들다. 제임스는 여전히 단일체로 생각했던 것이 분명하지만 말이다. 1859년 이전에 로스차일드가는 한 가지 중요한 면에서 운이 좋았다. 그들이 크림전쟁에서 자금을 융통해 준 것은 패자 쪽이 아니라 승자 쪽이었다는 사실이다. 진정한 시험대는 1859~1870년에 찾아온다. 그리하여 그들은 유럽의 지형도를 바꿔 놓을 분쟁이 터질 때마다 자신들이 승자와 패자 양편에 발을 딛고 있는 현실을 거듭 목도하게 될 터였다.

3장
민족주의와 다국적 기업
(1859~1863)

롬바르디아를 잃는 것……그것이 그에게는 자신의 철도를 잃고 채권 배당금을 잃는 일에 불과하오!

– 섀프츠베리 백작, 1859년

    1858년 1월 14일 목요일 저녁, 파리 주재 오스트리아 대사가 생플로랑탱 가에 있는 알퐁스 드 로스차일드의 저택에서 저녁을 들고 있었을 때 로스차일드 사무실 직원 하나가 급한 전갈을 갖고 도착했다. 테이블에 같이 앉아 있던 제임스가 방을 나서더니 (휘브너에 따르면 "새하얗게 질린 채") 곧장 방으로 돌아와서, 모여 있던 사람들에게 이탈리아 테러리스트들이 나폴레옹 3세와 외제니 황후의 목숨을 노렸다는 소식을 전했다. 바로 이 일이 기폭제가 되어 프랑스가 또 한 번 이탈리아 문제에 개입하리라는, 이번에는 '혁명'의 편에 서서 오스트리아와 대적하리라는 것을 제임스는 예견했을까? 그랬을 것 같지는 않다. 암살 기도에서 목숨을 건진 황제가 이탈리아 민족주의 운동에 반격을 꾀하리라 기대하는 것이 더 타당했을 것이다. 황제의 첫 행보 역시 그렇게 보였다.
    그러나 나폴레옹은 암살 미수범 펠리체 오르시니(Felice Orsini)의 처형은 묵인했으면서, 그를 민족주의적 대의에 대한 공감을 표하기 위한 이상한 소통 채널로 이용하기로 했다. 오르시니가 썼다고 추정되는 두 통의 편지가 처형 직전에 공개됐는데, 그 중 하나는 "이탈리아가 독립을 되찾을 때까지 황제 폐하의 안녕이나 유럽의 평화는 장담할 수 없을 것"이라고 엄포를 놓고 있었다. 이 군대 소집령을 나폴레옹이 직접 작성하지는 않았다고 해도, 그는 최소한 이에 답할 의도였음이 분명했다. 그는 즉시 피에몬테 정부와 교섭을 시작했고, 7월 20일에는 플롱비에르(Plombières)에서 카보우르를 만나 말 그대로 이탈리아 지도를 다시 그리는 일을 논의했다. 카보우르는 프랑스에 사보이를 내주는 대신 피에몬테가 "알프스에서 아드리아 해에 이르는" 상(上)이탈리아 왕국을 건설한 뒤, 교황령과 양시칠리아 왕국, 중앙이탈리아의 나머지 국가들과 이탈리아 연방을 형성할 수 있도록 나폴레옹이 도와줄 것을 요청했다. 사실 프랑스와 피에몬테가 이 같은 조건을 걸고 공식적인 합의에 이른 것은 빅토르 엠마누엘 2세의 딸 클로틸드(Clotilde)와 나폴레옹의 평판 나쁜 사촌 제롬 공의 결혼이 상징처럼 이루어진 1859년 1월에서였다(더 큰 대의를 위해 니스 역시 프랑스에 헌납되었다). 그러나 그 몇 달 동안 벌어진 외교상의 움직임과 프랑스 언론이 연신 오스트리아에 공격을 퍼붓는 것을 보고 제임스의 시름은 깊어만 갔다. 아니, 최소한 그렇게 보였다.

12월 5일, 제임스는 나폴레옹을 찾아가 그 전날 《모니퇴르(Moniteur)》에 실린 기사가 금융 신뢰도에 영향을 미쳤다며 진언을 올렸다. 나폴레옹은 모르는 사이에 제롬 공이 흘린 소재로 작성된 기사였다. 불편한 침묵을 지키고 있던 나폴레옹은 곧 자신에게는 "이탈리아에 변화를 일으킬 의도가 없다"고 장담했다. 오스트리아의 정책에 대해서는 반대하는 입장이지만, 자신의 "의도만큼은 평화적이라고 항변했다". 그러나 한 달 뒤 나폴레옹이 오스트리아 대사 휘브너에게 건넨 말은 "[프랑스와 오스트리아 간의] 관계가 바라는 만큼 좋지 않더라도, [오스트리아] 황제 폐하에 대한 그의 감정에는 일말의 영향도 없을 것"이라는 정도가 고작이었다. 이 말은 제임스를 조금도 안심시키지 못했고, 바로 이튿날 그는 "대경실색한" 모습으로 영국 대사 코울리(Cowley)와 함께 휘브너를 찾아갔다. 파리 증권거래소도 공황 상태에 빠졌다고 휘브너는 기록하고 있다. 그래서 제임스는 다시금 황제를 알현했고, 황제는 자신은 휘브너를 모욕할 의도가 없었다며 그를 안심시켰다. 제임스는 "상당히 안심해서 돌아갔고, 증권거래소에서도 펀드가 올랐다". 그러나 고작 사흘 뒤 제롬 공과 클로틸드의 결혼이 발표되며 시장은 다시 곤두박질쳤다. 나폴레옹도 인정했듯이, 전 프랑스가 그를 지지해도 증권거래소만은 그의 편이 아니었다. 제임스가 황제와 사냥에 나선 1월 23일, 황제는 오스트리아가 이탈리아에서 병력을 증강하고 있다고 개탄하며 오스트리아가 "피에몬테를 공격할 수도 있다"고 경고했다. 이제 알아맞히기 게임이 시작되었다. 다음 주말, 제임스는 자신이 오스트리아와 대부 계약을 맺어야 하는지에 대해 황제의 의견을 타진했다. 나폴레옹은 반대하지 않았다. 그러나 2월에 제임스는 휘브너에게 드 로스차일드 프레르는 설령 제롬 공이 직접 부탁하더라도 "전쟁의 위험이 잔존하는 한 피에몬테에 대부하는 일은 결코 없을 것"이라고 장담했다.

3월 10일, 3국을 중재하려던 영국의 시도가 실패로 끝났다는 소문이 돌며 증권거래소는 다시금 공황에 빠졌다. 휘브너는 제임스가 이번에도 실색하는 것을 보았다. 그러나 2주 뒤, 러시아의 국제회의 제의와 오스트리아의 피에몬테 군축 요구에 뒤이어 카보우르가 직접 파리를 방문하면서 위기는 다시금 누그러졌다. 카보우르는 제임스에게 이렇게 물었다고 한다. "자, 남작, 말해 보시오. 내가 총리 자리에서 물러나면 당일 증권거래소 시세가 2프랑 오른다는 것이 사실이오?" 제임스가 대답했다. "오, 백작 전하, 전하께서는 자신을 과소평가하고 계시군요!" 제임스가 7년 전 보르도에서 있었던 나폴레옹의 유명한 연설을 끄집어내어 재치 있는 말을 던진 것도 그 무렵이었다.

> 황제는 프랑스를 잘 모르십니다. 20년 전에는 전쟁을 선포해도 그것이 경제에 미치는 파장에는 한계가 있었습니다. 은행가들 외에는 증권을 거래하는 사람이 드물었으니까요. 하지만 이제 철도 채권의 쿠폰이나 금리 3% 공채를 안 가진 사람이 어디 있습니까. "제국은 곧 평화"라시던 황제의 말씀은 지당하지만, 황제가 모르시는 것은 전쟁이 일어날 경우 제국은 그저 끝장이라는 사실입니다.

> "제 말씀 좀 들어 보십시오." 그는 누신젠 남작[1]을 연상케 하는 억양으로 암울한 결론을 내렸다. "평화가 땅에 떨어지면, 제국도 추락하는 법입니다."[2]

런던 역시 같은 상황이었다. 디즈레일리(오르시니 사건으로 파머스턴이 사임한 덕에 재무장관 자리에 복귀한)는 라이오넬로부터 일의 추이를 낱낱이 전해 듣고 있었다. 1월 14일, 그는 필경 뉴코트에서 전해 들었을 정보를 더비에게 편지로 알렸다.

시티가 받은 충격은 대단합니다. "지중해 무역 전부가 중단 상태"랍니다. 하락한 주식 가치는 최소한 6000만 파운드가 넘고, 파리의 사정은 이보다 훨씬 심각하다고 합니다. 한 주 더 이런 상황이 지속되면 파리 증권거래소는 무너지고 말 겁니다. 시티에서는 정부가 이 사건에 개입하지 않으리라 보고 있습니다. "상황이 며칠 안에 안정되더라도 신뢰가 회복되기까지는 몇 개월이 더 걸릴" 겁니다.

라이오넬은 4월 16일에 있었던 선거 연설에서 자유당이든 토리당이든 대륙에서 일어나는 "중차대한" 사건에 응대할 능력이 있는 "강력한 정부"가 필요하다고 목소리를 높였다. 오스트리아에 대항해 피에몬테를 강력히 지지하는 파머스턴의 노선에 호응한다는 뜻으로 해석할 수 있는 이야기였다. 그러나 일부 자유당원들은 라이오넬이 친오스트리아 성향을 숨기기 위해 짐짓 모호한 태도를 취하고 있다고 의심했다. 이는 로스차일드가가 국제 관계라는 영역에서는 여전히 자유당보다는 토리당원들과 상통하는 점이 더 많았다는 것을 드러낸 여럿 중 최초의 단서였다. 섀프츠베리 백작은 (유대인 해방에 반대한 사람이었으므로 불편부당한 의견이라고 하기는 힘들지만) 마젠타(Magenta)전투 직전에 라이오넬이 "거의 광분해 있었다"고 묘사하며 이렇게 덧붙였다. "오스트리아에 롬바르디아를 뺏기는 것이 그에게는 철도와 채권 배당금을 잃는 일에 불과하다!……괴이하고 소름 끼치며 굴욕적이지만, 그도 그러려니와 신앙심 없는 유대인에게는 한 나라의 운명도 그저 장난일 뿐일 테니 말이다!"

통일을 위한 재원

1859년에서 1871년 사이에 유럽과 아메리카에서 연이어 일어난 무력 충돌로 인해 로스차일드가는 분명 해결할 길 없는 새로운 딜레마에 직면했다. 매번의 충돌이 통일을 위한 전쟁(이탈리아의 통일, 미국의 통일, 독일의 통일)이라는 일면만 제시된 까닭에, 역사가들은 그런 전쟁으로 귀결된 결과들을 만약 정치에도 규모의 경제라는 '법칙'이 있다면 그 법칙에 따라 일어날 수밖에 없었던 일이라고 여기는 경향이 있다. 그러나 사실상 그 전쟁은 다국 간의 교전이었고, 그 결과도 예견하기 힘든 것이었다.

민족주의는 결정적인 변수가 아니었다. 폴란드의 '통일'은 1863년에 실패로 돌아갔다. 덴마크의 '통일' 역시 그 이듬해에 실패로 끝났다. 아메리카 노예주(州)들의 '통일'은 다시 그 이듬해에 무산되었다. 멕시코의 '통일'은 1867년에 좌절됐다. 정치가들이 이루려 한 것 역시 일원화된 국가(nation state)가 아니라 연방(federation)이었다. 카보우르가 애초 계획했던 것은 북이탈리아 연방이었다. 미국에서는 연방주의를 놓고 전쟁이 벌어졌다. 독일에서는 1866년 비스마르크가 "국가들의 연합[모델]을 고수하되, 이 연합[북독일연방, 나중에는 독일제국]에 노골적으로 드러나지는 않지만 그 영향권을 광범한, 탄력적인 의미에서의 연방국가의 성격을 부여"하겠다고 결심했다. 더욱이 당시의 분쟁은 세계 최강대국인 영국과 러시아 중 한 곳 혹은 두 곳 모두가 개입했다면 전혀 다른 양상으로 진행될 수도 있었다. 그러나 두 국가는 그들이 훨씬 중요하게 생각했던 근동 지역에 특별한 영향이 없는 한, 유럽에서 일어나는 사건은 그저 방관하는 편을 택했다. 한편, 그런 불간섭주의에도 예외 사례가 아예 없지는 않았다.

로스차일드가는 어려운 선택에 봉착했다. 피에몬테가 프랑스의 지원을 받으며 오스트리아와 전쟁에 나선다면, 세 나라 모두에 재정적으로 관여하고 있던 로스차일드가는 어느 편을 들어야 할까? 미국에서 연방을 표방하는 북부의 주와 연합을 주창하는 남부의 주가 전쟁을 벌이면 로스차일드가는 어느 편을 들어야 하나? 남부로부터의 면화와 담배 수입은 북부 주와 철도에 대한 투자만큼이나 대서양 횡단 사업에서 큰 몫을 차지하고 있었다. 프로이센과 오스트리아가 덴마크와 벌인 전쟁은, 비록 영국과 덴마크 왕가의 인연이 런던 로스차일드 일가를 당혹스럽게 하기는 했지만, 아무래도 골치는 덜 아픈 일이었다. 그러나 프로이센이 오스트리아 및 독일연방의 다른 회원국들과 맞섰을 때는 이해관계의 충돌이 한층 극심했다. 1870년에 프로이센과 프랑스 사이에 전쟁이 터졌을 때 역시 마찬가지였다.

이 같은 정황 탓에 그동안은 1860년대에 벌어진 전쟁으로 로스차일드가가 적잖은 피해를 입었으리라는 추론이 지배적이었다. 실제로 당시 외교관들이 남긴 일기에는 근심에 싸인 로스차일드가 사람들이 이런저런 나쁜 소식을 전해 듣고 낯빛이 핼쑥해졌다는 이야기가 차고 넘친다. 앞서 인용한 1859년 이탈리아전쟁 당시 그들의 반응에 대한 묘사가 전형적이다. 1862년 당시 제임스가 블라이히뢰더에게 "전쟁에는 돈을 빌려 주지 않는 것이 우리 가문의 원칙이오. 전쟁을 막는 것은 우리의 능력 밖의 일이지만, 최소한 전쟁에 기여한 바가 없다는 평판만은 유지하고 싶소"라고 전하며 가문 전통의 전쟁 혐오증을 되새긴 일화는 유명하다.

또 국제 금융 시장이 격변을 거듭했다는 사실을 기초로 전쟁이 로스차일드의 대차대조표에 악영향을 주었으리라 추론하는 것도 합당해 보인다. 이를 더욱 설득력 있게 해 주는 것은 이탈리아 통일과 연이은 독일의 통일이 다섯 곳의 로스차일드 상사 중 두 곳에 종말의 서곡을 울리는 듯했다는 사실이다. 가리발디의 혁명대가 부르봉 왕가로부터 시칠리아를 빼앗아 사보이 왕가에 의한 고대 왕국 합병의 기반을 닦고 고작 3년이 지난 1863년에 나폴리 상사는 문을 닫았다. M. A. 폰 로스차일드 운트 죄네는 프로이센이 프랑크푸르트를 합병한 이후 30년간 약체 상태에서 벗어나지 못했다. 그러나 프랑크푸르트 상사의 쇠락(최소한 상대적인 의미에서)은 베를린이 독일의 새로운 금융 중심지를 우격다짐으로 자처했던 1866년부터 시작된 듯 보인다.

[표 6] N. M. 로스차일드 앤드 선즈의 수익(1830~1909년, 10년 평균 수치)

기간	연간 수익(파운드)	자본 대비 수익 비율
1830~1839	65,915	4.9
1840~1849	17,808	1.8
1850~1859	102,837	4.9
1860~1869	221,278	7.0
1870~1879	468,308	9.8
1880~1889	366,819	7.5
1890~1899	244,463	4.6
1900~1909	265,407	3.3

[표 7] 로스차일드 전체 상사의 평균 연간 수익(1815~1905년, 단위 : 1000파운드)

기간	수익
1815~1818	479
1818~1825	330
1825~1828	85
1828~1836	209
1836~1844	221
1844~1852	219
1852~1862	1,301
1862~1874	1,096
1874~1882	1,912
1882~1887	785
1888~1896	952
1898~1904	1,558

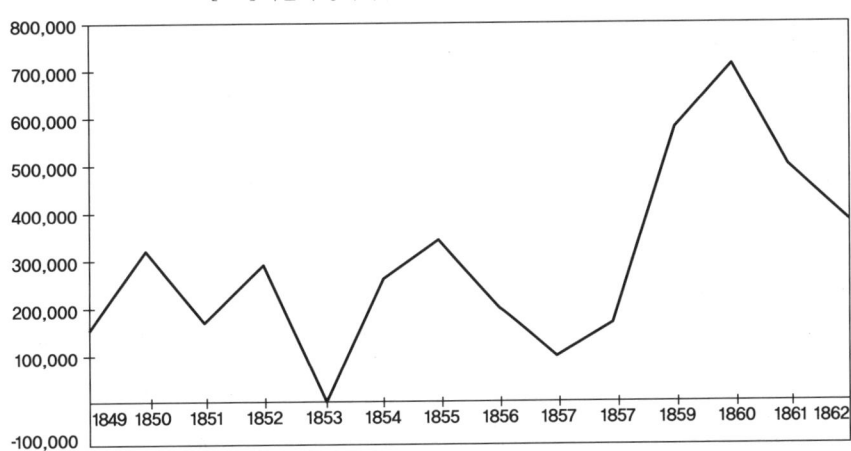

[표 8] 나폴리 상사의 소득(1849~1862년, 단위 : 두카트)

그러나 이 추론은 당시 로스차일드 은행들의 경제적 성과를 보여 주는 남아 있는 증거들과는 상당 부분 모순되는 주장이다. [표 6]에서 드러나듯이, 1860년대와 1870년대는 1914년 이전의 전 시기를 통틀어 런던 상사가 가장 큰 수익을 올린 30년 중 20년에 해당한다(나머지 10년은 1880년대였다).

다섯 상사를 합쳐 보면 그들의 평균 연간 소득은 1852년에서 1874년 사이에 전례 없는 수준으로 뛰어오른다.[표 7] 그 이후인 1874~1882년, 1898~1904년의 양대 기간에도 수익성이 좋았지만, 선례만 두고 보면 과연 '통일의 시대'야말로 황금기였다.

물론 이는 전쟁과 평화의 시기를 뭉뚱그려 추산한 수치이므로, 이 평균치만 가지고 해석해서는 사실을 왜곡할 수 있다. 그러나 연도별 내역을 따져 봐도 결과는 애초의 추측에서 벗어난다. [표 8]은 1859~1871년의 기간(이탈리아 통일전쟁이 벌어진 시기)이 사실상 나폴리 상사가 사상 최고의 수익을 올렸던 시기였음을 보여 준다.

런던 상사의 자료는 당시에 일어난 전쟁이 로스차일드가에 손해를 입혔다는 이론에 힘을 실어 주는 것이 사실이다. 비교를 위해, [표 9]는 뉴코트의 연수익 수치와 함께 시티의 경쟁사 중 선두격인 베어링은행과 슈뢰더은행의 수익 내역을 제시했다. 각 수치는 연수익을 이전 회계연도 말 기준 자본 대비 백분율로 계산한 내역이다. 자료는 1863~1867년(독일 통일전쟁이 벌어진 기간)에 런던 상사가 불경기였다는 사실을 확연히 드러낸다. 전쟁으로 피폐해진 1860년대 중반에 베어링은행이 융성했던 것으로 보이지만(슈뢰더도 그보다는 못

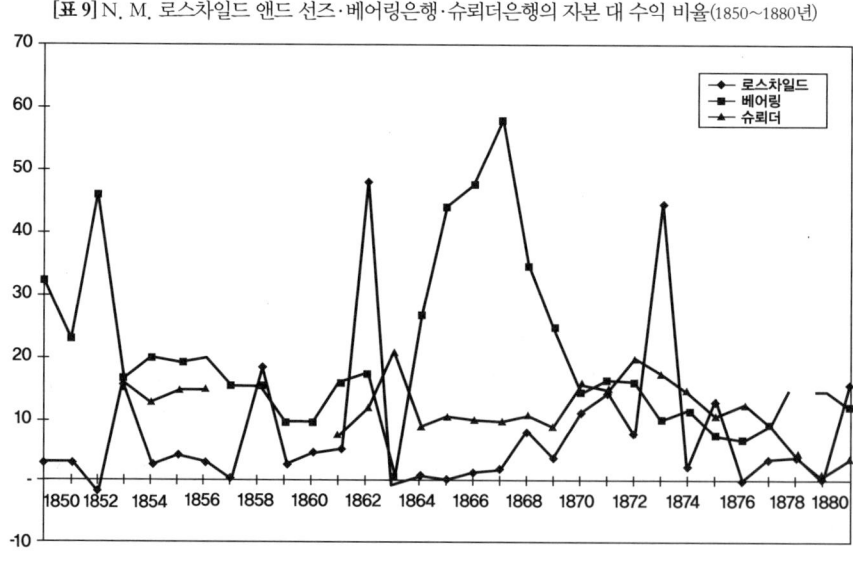

[표 9] N. M. 로스차일드 앤드 선즈·베어링은행·슈뢰더은행의 자본 대 수익 비율(1850~1880년)

하지만 호전되었다), 사실 베어링이 이렇게 높은 수익을 올릴 수 있었던 것은 유럽의 전쟁 덕분이었다기보다는 미국이 평화를 회복한 것과 관련이 깊다. 그러나 당시를 통틀어 로스차일드 전체 상사의 전반적인 수익성이 무력 분쟁의 발발과 전혀 무관하다고 주장하는 것은 불합리해 보인다. 곧 살펴보겠지만, 로스차일드가가 평화기에 고수익을 올릴 수 있었던 것은 무엇보다 유럽 각국의 전쟁 준비에 대한 자금 조달과 전시에 뒤따르게 마련인 국제 송금 사업이었기 때문이다. 19세기 중반의 전쟁은 세계 선두의 다국적 은행이라는 입지를 손상시키는 법 없이 로스차일드가에 전례 없는 사업 기회를 창출해 주었다. 50년 전, 전쟁이 그들을 부와 악명의 길로 인도했던 것과 같은 이치였다.

1850년대와 1860년대의 전쟁은 주로 현금에 쪼들리는 나라끼리의 전쟁이었다. 이는 무엇보다 당시 은행가들이 수행한 역할의 중요성과 그들이 벌어들일 수 있었던 상당한 수입을 설명해 주는 대목이다. 세수 기반은 여전히 취약했다. 특히 그 당시에 세수 기반이 한정되어 있었다고 주장할 수 있는 것은, 점점 더 많은 나라들이 교역을 자유화한 영국의 사례를 뒤따르기 시작한 까닭에(오스트리아는 관세를 낮추고 1853년 프로이센이 이끄는 독일 관세동맹과 통상협정을 체결했으며, 프랑스는 1860년 영국과 자유무역협정을 체결했다) 교역량의 증가가 공백을 메우기 전까지는 단기적으로나마 관세 축소 효과가 세수를 삭감시켰을 것이기 때문이다. 오스트리아는 서로 다른 영토의 조세 제도를 합리화하는 데 대단히 애를 먹었고, 1850년대에 재무장관 브루크가 심혈을 기울였는데도 이 시기에 예산이 균형을 이뤘던 적은 한 번도 없었다.

반면 프로이센은 징수 체계가 비교적 효율적이었고, 국가의 돈궤를 채워 줄 수익성 있는 국영 기업도 갖추고 있었다. 그러나 자유주의자들이 장악한 의회와 점점 더 보수적으로 변하는 군주 간의 정치적 갈등이 국가 재정을 난국 상태에 빠뜨렸다. 누가 군사 예산을 정할 것인가(주 의회인가, 국왕인가?) 하는 문제는 비스마르크가 해결해야 했던 두 가지 근본적인 문제 중 하나였다. 또 다른 문제(누가 독일을 지배할 것인가?)를 해결하기 위해, 비스마르크는 이 군사 예산의 규모를 대폭 늘려야 했다. 그가 프로이센 의회를 피해 가기 위해 채택한 재정상의 방편은 자도바(Sadowa)전투나 스당(Sedan)전투만큼이나 독일의 통일을 달성하는 데 결정적인 역할을 했다.

조세 외에 다른 수단으로 자금을 조성하려던 정치가들은 어느 때보다도 급성장하고 다변화되고 있던 국제 은행 시스템의 혜택을 보았다. 1850년대가 크레디 모빌리에와 유사 투자은행들을 위한 10년이었다면, 1860년대에는 항구적인 기관, 합자 예금은행이 융성했다. 이는 영국의 로스차일드가에는 큰 의미가 없는 일이었다. 예금은행 대다수가 런던 상사는 늘 피했던 국내 금융 사업에만 전념하는 경향을 보였기 때문이다. 그러나 1856년과 1862년에 영국 회사법이 완화된 직후 국외 사업에 야심을 품은 합자은행이 다수 설립됐고, 그 중에서도 앵글로오스트리아은행(Anglo-Austrian Bank, 1864년 1월 게오르그 그렌펠 글린[George Grenfell Glyn]이 설립했다)은 로스차일드가의 이해관계에 가장 심각한 위협이 된 은행이었을 것이다. 라이오넬의 장남 내티는 이들이 "무분별한 사업을 무지막지하게 저질러대는" 신참들이라며, "머피 삼촌[메이어]은 그들과 동업할 일이 거의 없거나, 아예 없으실 것"이라고 단정했다.

프랑스에서는 제임스가 같은 시기에 설립된 네 곳의 만만찮은 경쟁사들과 겨뤄야 했는데, 그들은 상공신용은행(1859년 설립), 예금당좌은행(1863), 소시에테 제네랄(Société Générale)(1864), 크레디 리요네(Crédit Lyonnais, 리옹은행, 1865년에 파리 지점 개설)였다. 사실 엄밀히 말해 이들 전부를 경쟁자라고 부르기는 어려웠다. 가령, 소시에테 제네랄은 이미 다양한 철도 사업을 통해 로스차일드가와 연을 맺고 있던 탈라보, 바르톨로니, 들라앙트가 포함된 그룹에서 설립한 은행이었으며, 설립된 뒤 로스차일드가와 제휴해 활동하는 경우도 잦았다. 크레디 리요네와의 관계 또한 화기애애했다. 오히려 이 신생 은행들이 심각한 위협이 된 쪽은 크레디 모빌리에였는데, 1850년대에 그 야심찬 투자 책략으로 제한적인 성공을 거둔 이래 그들 역시 갈수록 예금은행처럼 활동하고 있었기 때문이다.[3]

그럼에도, 이러한 신생 은행들은 프랑스의 금융 기반을 넓히는 역할을 했고, 이는 파리에서 로스차일드가가 누려 왔던 권력이 상대적으로 줄어들었다는 뜻일 수 있었다. 제임스는 소시에테 제네랄로부터 "진두에 서 달라"는 요청을 받기도 했지만 신규 은행의 일에 직접 개입하는 것은 피했다. 파리에 합자은행을 세우는 일에 대한 그의 열정도 레위니옹 피낭시에르 시절 이후로 수그러든 탓이었다. 오스트리아에도 로스차일드가의 크레디탄슈탈트와

[표 10] 이탈리아 통일의 경제적 영향

	최고가	날짜	최저가	날짜	편차 (백분율)
영국 금리 3% 콘솔채	98.00	1858년 12월	89.62	1861년 6월	-8.6
프랑스 금리 3% 랑트	72.00	1858년 12월	60.00	1859 5월	-16.7
오스트리아 금리 5% 메탈리크(metallique)	81.88	1858년 4월	38.00	1859 5월	-53.6

* 주 : 영국과 프랑스 채권 가격은 런던에서 공시된 주간 종가, 오스트리아와 프로이센 채권 가격은 프랑크푸르트에서 공시된 연말 시세임.

경쟁하는 새로운 합자은행들이 출현했다. 비엔나에 오스트리아 버전의 크레디 퐁시에를 설립하자는 방안이 1863년에 처음 제안됐을 때 제임스와 안젤름은 이를 일축해버렸다. 덕분에 모기지은행을 비롯한 금융 기관의 국제적인 망을 형성해서 유대계 로스차일드가를 대체할 가톨릭 은행가로 이름을 떨치려는 야망을 품고 있던 벨기에의 금융가 랑그랑 뒤몽소(Langrand-Dumonceau)는 어떤 간섭도 없이 계획을 진척시킬 수 있었다.

이런 모든 정황이 교전국에 과거보다 많은 선택의 여지를 제공했다. 로스차일드가가 자금 지원을 거부한다면 다른 은행으로 눈을 돌릴 수 있었다. 그러므로 로스차일드가가 호전적인 정책에 거부권을 행사할 가능성은 (이제까지는 거부권을 행사할 수 있었다는 가정에서) 사실상 사라진 셈이었다. 각국 정부는 전비가 모자라 전쟁에서 패할 수는 있어도, 자금 사정 때문에 전쟁을 시작하지 못한다는 것은 옛말이 되었다. 오스트리아, 미국의 남부 연합군, 프랑스의 패배를 경제적인 측면에서 설명할 수 있다면, 가능한 설명 하나는 그들이 피에몬테, 북부 연방군, 프로이센보다 이 새로운 자금원을 활용할 능력이 떨어졌기 때문이라는 것이다. 혹은, 금융 시장 쪽에서 그들에게 대부할 의향이 없었기 때문이라고 해도 좋겠다. 왜냐하면 비록 1848년 이전 몇 십 년간의 로스차일드가만큼 강력하다고 자처할 수 있었던 은행은 단 한 곳도 없었지만, 당시는 국제 통화 제도의 통합이 굳건해져서 은행가들이 집단적으로 전에 없던 권력을 가지게 된 시기였기 때문이다.

자유무역과 국제 통화 체제로 발전한 복본위제는 정치가들의 운신의 폭을 좁혔다. 사소한 계산 착오에도(회계상의 계산 착오뿐만 아니라 외교적인 계산 착오에도) 투자자들은 즉각적인 응징으로 대응했으며, 가장 명시적인 결과는 국채 가격의 하락 혹은 통화 당국의 화폐 태환성 유지 능력을 시험하는 통화 매도 쇄도였다. [표 10]은 1858~1859년의 위기가 오스트리아 채권에 입힌 피해의 심각성을 영국 및 프랑스 채권의 시세 추이와 비교해 제시하고 있다. 열강한 곳의 채권이 패전의 직접적인 결과로 가치를 절반 이상이나 상실했다는 사실이 모든 설명을 대신해 준다.

토리노에서 사라고사까지

외교관과 정치가들의 눈에 1859년 로스차일드가 사람들은 걱정거리가 많은 듯했다. 사실 그들은 분쟁 당사자 양편으로부터 그들이 제공한 금융 서비스에 대한 지불을 확실히 보장받기 위해 골똘히 계산 중이었는데, 이는 주로 외교관들의 편지와 일기에 의존하는 역사가들로서는 어쩔 수 없이 놓쳐버리기 쉬운 부분이다. 그래서 나폴레옹에게 평화를 지켜 줄 것을 간청했던 제임스도 대개 '전쟁 채권'으로 알려져 있는 1858년 5억 프랑 규모의 프랑스 채권 인수에는 아무런 망설임 없이 가담할 수 있었던 것이다. 같은 시기에 런던 상사는 브루크가 1855년 오스트리아 재무장관으로 임명된 이래 이루어 놓은 세제 및 통화 안정을 공고히 할 수 있도록, 1859년 1월 오스트리아에 600만 파운드 규모의 차관을 마련하는 일에 앞장섰다.[4] 피에몬테의 사정은 더욱 난해했다. 1858년 여름의 지지부진한 협상 끝에, 제임스는 카보우르를 위해 4540만 리라(명목 가치) 규모의 피에몬테 채권을 발행하는 일에 (파리 상사와 토리노 국립은행이 나눠 맡는 방식으로) 손을 보태기로 합의했는데, 이는 국내 시장에서 공모하는 방식으로는 성공할 가능성이 극히 적다는 사실을 피에몬테 정부가 깨달은 뒤에야 내려진 결정이었다.

그러나 그해 12월 카보우르가 프랑스 자본 시장에서 3000만~3500만 리라의 자금을 더 조성하려고 했을 때는 상황이 전혀 달라져 있었다. 카보우르는 페레르 형제와의 끊어졌던 연을 다시 이어 보려는 시도를 하면서, 바야흐로 제임스에게 "오랜 세월 동안 우리 랑트 사업에서 누려 왔던 독점"에 종지부를 찍을 기미를 보이고 있었다. 카보우르는 이렇게 말하기도 했다. "로스차일드와 이혼하고 페레르 형제와 결혼하면, 확신컨대 우리는 행복한 한 쌍이 될 거요." 그러나 두 경쟁자를 맞붙이려는 전략은 실패로 돌아갔다. 양편 모두 카보우르가 구상해 놓은 조건을 받아들일 의향이 없었던 까닭에, 그는 어쩔 수 없이 제한적인 공모 방식으로 돌아가서 150만 프랑 규모의 랑트를 그가 애초 양쪽 은행에 제안했던 가격보다 훨씬 더 낮은 가격에(86에서 79로 낮춰) 발행해야 했다. 로스차일드가뿐만 아니라 크레디 모빌리에 역시 전쟁에 자금을 대는 일에 반감을 느끼고 있었다고 해석할 수 있는 결말이지만, 당시는 오스트리아 채권이 실망스러운 결과를 거둔 직후였기 때문에 또 다른 대규모 채권 발행을 시도하기가 부담스러웠던 것도 사실이었다. 그러나 제임스가 휘브너에게 무엇이라고 말했든, 로스차일드가가 카보우르의 마지막 전전(戰前) 채권 발행에 참여했다는 사실, 총 400만 리라 규모의 채권 중 100만 리라를 맡았다는 사실은 짚고 넘어가야 한다.

그러므로 1859년 4월 말에(러시아와 프로이센이 편을 들어주리라고 잘못 생각한 오스트리아가 피에몬테에 무모한 최후통첩을 전한 직후) 마침내 전쟁이 터졌을 때, 로스차일드가는 참전국 세 곳 모두의 전쟁 자금 준비 과정에 어느 정도는 참여한 상황이었다. 그들이 전쟁을 막으려 했다고 단순히 생각하는 것은(전쟁 발발이 그들에게는 날벼락 같은 일이었으리라 생각하는 것은) 당시에 휘브너를 비롯해 여러 인물들이 저질렀던 실수, 즉 제임스를 행동이 아닌 말로 판단하는 실수를 범하는 일이다. 제임스는 전쟁을 막을 수 없었고, 스스로도 그 사실을 알고 있었다. 따라서 그의 목표는 이미 착수한 사업에서는 손해를 최소화시키고, 전쟁이 새로운 사업 기회를 창출하면 최대의 이득을 거두는 것이었다. 이를 여실히 보여 주는 전형적인 사례는 1859년 4월 30일에 런던 상사에서 파리로 보낸 전신으로, 그날은 오스트리아 군대가 국경을 넘어 사르데냐로 진군해 들어간 날이었다. 전보의 내용은 이러했다. "교전 시작됨. 오스트리아가 2억 플로린 규모의 자금을 원함."

전쟁은 어떤 경우에든 자연히 종식되었다. 오스트리아가 솔페리노(Solferino) 전투에서의 치명적 패배로 주춤하자마자(6월 24일), 나폴레옹은 프로이센이

라인 지방에 군대를 동원한 이후 전개될 수 있는 상황에 대한 두려움에 서둘러 타협했다. 비야프란카(Villafranca)에서 그가 프란츠 요제프 황제와 가결한 타협안(7월 12일)은 카보우르를 사면초가에 빠뜨리는 내용이었다. 오스트리아는 베네치아를 비롯하여 롬바르디아의 요새들까지 그대로 유지할 수 있었고, 이탈리아의 다른 지배자들(민족주의자들의 반란으로 위협을 받고 있던)도 권좌에 복귀할 수 있도록 하겠다는 애매한 약속이 이루어졌기 때문이다. 그러나 이탈리아 통일을 위한 모의가 재개될 수 있었던 것은 오직 이러한 가조약(假條約)으로 라인 지방에서 발생할지 모를 위기를 방지할 수 있으리라는 것이 확실해진 이후였다.

1859년 12월 말, 나폴레옹은 교황(그때까지 프랑스 군대가 명목상 방어해 주고 있던)을 차버릴 준비가 되어 있었다. 1860년 1월에는 카보우르도 총리 자리에 복귀해 있었다. 그리고 3월 23일, 두 사람은 플롱비에르에서 마련했던 계획안을 갱신했다. 프랑스는 사보이와 니스를 얻는 대신 이탈리아 국가들에서 시행될 일련의 국민 투표를 지지하기로 했고, 통일에 대한 찬반을 묻는 투표는 결국 빤한 결론을 내며 마무리됐다.

의문점은 두 가지였다. 카보우르는 자신이 시작한 혁명을 끝까지 밀고 나갈 수 있을까? 가리발디가 이끄는 1000명의 원정대가 나폴리에서 기력을 다하고 카보우르의 군대가 교황령을 일소했을 때에야, 그가 성공했으며 새로운 이탈리아는 피에몬테가 구상해 온 왕국이 되리라는 것이 분명해졌다. 또 다른 질문. 열강들은 과거에 그랬듯이 이번에도 메테르니히의 질서를 유지하기 위해 이탈리아에 개입할 것인가? 그러나 프로이센은 독일 내에서의 헤게모니가 답례로 돌아와야만 오스트리아를 도울 의향이 있었고, 이는 오스트리아가 거부하는 것이었다. 한편 러시아는 1856년에 체결된 흑해중립조항을 수정한다는 한에서만 프랑스와의 관계를 끊을 텐데, 이는 영국이 받아들일 수 없는 일이었다.

로스차일드가 사람들이 1861년의 공식 선포로 이탈리아 왕국이 된 나라를 어떻게 생각했는지 간단히 말하기는 어렵다. 제임스는 두 차례 기회를 잡아 카보우르에게 자신이 통일에 호의적이라는 심중을 비쳤다. 영국 일가에서는 젊은 세대들이 당시 만연했던 친이탈리아 열기에 사로잡혀 있었다.

1860년 앤서니의 10대 딸들인 콘스탄스와 애니는 "30분 남짓 걸려 가리발디의 「자유의 찬가」를 영시로 번역했다". 한편 제임스는 가리발디의 활약상에 심란해 하고 있었다. 그도 그럴 것이, 1860년 9월에 가리발디가 나폴리를 점령하면서 나폴리의 로스차일드 상사는 지극히 곤란한 입장에 처하게 되었기 때문이다. 아돌프는 부르봉 왕 프란체스코 2세와 함께 나폴리 북쪽 가에타(Gaeta)로 도망치는 쪽을 택했으나, 제임스도 안젤름도 그가 요청한 자금(두 사람에게 각각 150만 프랑과 200만 프랑)을 망명한 왕에게 제공할 생각이 없다는 사실이 분명해졌다. 아돌프가 느꼈을 당혹스러움은 그의 누나 샬로테가 가리발디에게 품었던 적개심을 어느 정도 설명해 준다. 그녀는 1864년에 가리발디가 영국을 방문했을 때, "이탈리아 반역자"를 휘그당의 엘리트들이 "몰상식하게 환영"한 것에 개탄해 마지않았다. 1866년에 그녀가 비스마르크에 대해 늘어놓은 성토도 그렇지만, 가리발디에 대한 이런 평가는 1848년의 혁명을 그토록 열광적으로 환호했던 여성이 그 기간 동안 삼촌 제임스의 사고방식을 얼마나 많이 공유하게 되었는지를 보여 주는 증거이기도 하다.

 제임스의 관점은 초국가적이었다. 그는 민족주의적 수사법에 설득되지 않았고, 민족주의가 국제 관계를 민주화하는 유감스러운 경향의 일부라고 보았다. 그러므로 증권거래소를 위협하는 행보만 잇달아 하는 가리발디를 불신하는 것은 당연한 일이었다. 그가 보기에 나폴레옹이 프랑스 내의 여론을 고려해 외교 정책을 결정한다는 사실은 나폴레옹 3세의 입지가 약해졌다는 신호였다. 이는 비스마르크가 프로이센의 목표를 달성하기 위해 독일의 민족주의 정서를 이용하려 했던 것이 더 이상은 그를 신뢰할 수 없게 됐다는 징표가 되었던 것과 마찬가지였다. 제임스의 취향으로 판단컨대, 1860년과 1866년의 사건에는 1848년의 요소가 지나치게 많이 개입되어 있었다.

 그러나 제임스가 1815년에 비엔나에서 맺어진 조약과 백년해로하려는 융통성 없는 반동분자였던 것은 아니었다. 그는 국가를 사업체로 생각하곤 했다. 이는 상당수의 이탈리아 정치가들이 은행업에 종사한 경험이 있었다는 사실(예를 들어, 카보우르와 피에트로 바스토지[Pietro Bastogi]을 감안하면 그리 터무니없는 생각도 아니었다. 그러므로 역사가들이 (당대의 지식인들이 그랬듯이) 국가의 건립에 대해 이야기할 때 제임스는 기업 합병과 분할을 보았던 셈이며, 1859년 이후 오스트리아가 처한 곤경에 대해 보인 반응에서도 그 점은 여실히 드러난다. 즉, 피에몬테가 이탈리아를 적대적으로 인수·합병한 것은 이치에 맞는 일이었고, 성공적이기도 했다. 패전 직후의 오스트리아는 종전과 마찬가지로 재정적으로 취약한 상태였다. 그러므로 베네치아나 홀슈타인에 대해 갖고 있던 소유권은 그것을 매입할 능력이 있는 열강, 즉 이탈리아와 프로이센에 매각하는 것이 합당했다. 오스트리아 황제가 쇠락하는 합스부르크제국을 상품화하는 대신에 군사적 패배를 한 번 더 감수하는 쪽을 선택한 것은 그를 어리둥절하게 만들었다. 결국 제임스에게는 베네치아가 비엔나의 지배를 받느냐, 토리노 혹은 피렌체의 지배를 받느냐는 아무런 차이가 없었다.

제임스는 유럽의 지도 역시 국경보다는 철도를 기준으로 생각했다. 섀프츠베리 백작이 정확히 짚어낸 대로, 로스차일드가에 있어서 이탈리아전쟁이 초래한 가장 중요한 결과는 임페리얼 롬바르도 베네치안 중앙이탈리아 철도의 노선이 뻗어 있는 영토의 상당 부분이 오스트리아에서 신생 이탈리아 왕국으로 양도되었다는 것이었다. 취리히조약(1859년 11월 체결)에는 오스트리아가 롬바르디아에서 허가한 기존 사업권의 효력을 승인하고, 필요한 경우 계약 당사자를 새 이탈리아 왕국으로 대체 기입하는 중대한 조항들이 담겨 있었고, 1860년 7월에는 같은 원칙이 구이탈리아 국가에서 인가한 사업권에도 적용되었다. 이탈리아와 오스트리아 국경 양쪽의 선로는 공식적으로 별개의 회사가 관리하는 것으로 되어 있었다. 그러나 실제로는 동일한 주주들이 파리에 모여서 제임스를 의장으로 삼아 북부이탈리아 철도망 전체에 대한 문제를 논의했다.

로스차일드가가 이탈리아 통일에 보인 반응은 이런 정황을 염두에 두고 이해해야 한다. 제임스는 일단 패배한 쪽이나 승자 모두에게 금융 서비스를 제공하는 식으로 사태에 대응했다. 1859년 8월, 오스트리아 정부는 파리의 로스차일드 상사가 이전에 있었던 거래의 잔금이기는 해도 벌써부터 토스카나를 위해 채권을 발행하는 것을 보고 놀라지 않을 수 없었다. 이듬해 3월에 제임스는 적자를 메우느라 난관을 겪고 있는 오스트리아 재무부 역시 기꺼이 돕겠다는 의중을 안젤름을 통해 넌지시 전했다. 으레 그랬듯, 그는 합스부르크제국의 취약한 상황을 이용해 무엇보다 중요한 조건에 확답을 얻고 싶어 했다. 즉, 다른 외국 은행이 개입하지 않는다는 조건이 충족되면, 그는 계획된 2억 굴덴 규모의 채권 중 2500만 굴텐까지 인수할 의향이 있었다. "재무장관께서는 이 사업을 우리 가문에 맡기는 것만은 계속 피해 보려고 하셨다." 그는 매서운 어조로 그렇게 썼다. "그분은 스스로 당신 자신의 신용을 얼마나 망치고 있는지, 사업의 성공을 얼마나 위태롭게 하고 있는지 모르고 계신다. 사람들은 우리 가문이 어떤 식으로든 오스트리아[의 채권?] 전체를 후원한다는 사실에 익숙해져 있단 말이다." 사업이 배타적으로 로스차일드가에 위임되지 않을 경우, 대중은 "우리가 오스트리아 재정에 대한 확신을 잃어 발을 빼고 있다고 생각할 테고, 아주 안 좋은 인상을 남길 것이다".

8월에 그는 비슷한 의중을 토리노에도 전했다. 1860년 8월, 토리노는 1억 5000만 리라 규모의 신규 채권을 발행했다. 제임스는 금리 4.5% 랑트를 약 1750만 리라 상당(80.5의 가격에) 확보했지만, 그보다는 더 큰 몫을 받았어야 한다고 느꼈다. 그곳은 "벌릴 돈이 있는 땅, 우리가 할 일이 있는 땅"이었다.

> 우리가 새로운 사업을 제안해야 한다거나, 그들의 랑트 가격을 알아서 인상시켜야 한다는 뜻이 아니다. 아니지, 가리발디가 계속 권좌에 머무는 한 나는 가격 인상을 지지하지 않을 거다. 그가 조용히 있어도 나는 랑트를 얼마간 파는 쪽을 택할 거다.……만약 우리가 지금……우리의 위력을 증명하기 위해 100만 주의 랑트를 팔아야 한다면, 그거야 좋다. 반대하지 않겠다.

곧 살펴보겠지만, 로스차일드가는 이탈리아전쟁의 여파를 이용해 프랑스에서도 그들의 위력을 재천명할 수 있었다. 프랑스에서는 그런 식의 협박이 굳이 필요하지는 않았지만 말이다.

제임스는 심지어 그가 1860년 12월 다소 성급하게 채권 이자 지급을 중단해버렸던 교황령과의 오랜 관계까지 소생시켜 보려 했다. 카보우르와 가리발디가 곧 로마에 새 이탈리아 왕국의 수도를 세우리라는 가정하에 내린 결정이었다면, 제임스는 금세 오판이었음을 깨달았을 것이다. 나폴레옹은 교황령을 카보우르에게 넘겨줄 의향이 있었지만, 로마에서 프랑스 군대를 철수시키기란 정치적으로 불가능한 일이었다. 이 문제에 있어서 황제는 여전히 교황권 지상론자들의 수인(囚人)이었다. 그런 연유로, 만성적인 적자에 시달리던 바티칸이 어쩔 수 없이 1863년에 라피트 가로 고개를 돌렸을 때, 로스차일드가는 적은 규모라도 응할 준비가 되어 있었다.

바티칸과 로스차일드가의 관계는 1830년대 처음 시작될 때부터 늘 불가해한 인상을 주었다. 이 시기에 교황 비오 9세가 취했던 공격적일 만큼 반동적인 태도를 고려하면 그 관계는 무척 기이해 보였고, 파리 주재 교황 대사가 이런 조롱을 받은 것도 놀라운 일이 아니었다. "명제(thèse)는 로스차일드를 화형에 처하는 것이요, 가설(hypothèsis)은 그와 같이 저녁을 먹는 것이니라."[5] 그러나 금융계의 "유다"를 "가톨릭 금융 권력"으로 교체하기를 꿈꾸었던 랑그랑 뒤몽소 같은 인물들은 현실적으로 로스차일드 같은 경제력을 갖추지 못하고 있었다. 그들의 사정은 1860년대에 걸쳐 바티칸의 신용이 내내 곤두박질치면서 오히려 궁해질 대로 궁해진 상태였다. 게다가 로스차일드가의 몇몇 식구들은 가톨릭의 감수성을 무척이나 경외하고 있었다. 앞에서 보았듯이 샬로테는 영국 가톨릭의 예배 형식과 자선 기관에 긍정적인 인상을 받았으며, 제임스는 1867년에 성직자의 세속 재산을 담보로 한 대규모 이탈리아 채권 발행을 포기할 만큼 가톨릭 정서에 민감하게 반응하기도 했다.

1867년의 채권 사업에 손을 대지 않기로 한 것은 신생 이탈리아 왕국의 금융 정책에 대해 로스차일드가 사람들이 환멸을 느꼈다는 맥락에서도 살펴봐야 한다. 1861년 12월에 이미 제임스는 이 신생 국가의 재정 안정성을 의심하기 시작했다. 그는 이탈리아 재무장관이 정부의 기존 채무에 신경 쓰기보다는 (통일을 완료하기 위해 앞으로도 전투를 치르리라는 예상에서) 신규 군사비 지출을 더 중요하게 생각하며 자국의 신용을 "망치려는" 심산인 것 같다고 개탄했다. 1860년대를 통틀어 제임스는 이 신생 국가의 장기적인 경제 전망에 대해 애초에 가졌던 낙관주의를 완전히 포기한 적이 없었다. 그의 표현에 따르면, 이탈리아는 "우리의 꿀단지"였다.

문제는 새 정부가 로마와 베네치아를 수중에 넣기를 열망하고 있는 한, 군비 지출이 팽창할 가능성이 높다는 점이었다. 남부이탈리아 사람들이 실상 피에몬테의 지배를 받게 된 상황에 심각하게 저항하고 있다는 사실이 새 국가의 세수와 지출의 격차를 한층 더 벌려 놓았다. 1859년에서 1865년 사이 새 정부는 자그마치 18억 7500만 리라를 차입했다. 세금과 다른 재원에서 얻는 당시의 세수로는 지출의 고작 절반만을 감당할 수 있었다. 이는 불가피하게 이탈리아 채권과 새로운 통화 모두에 영향을 미쳤다. 1862년에 제임스가 "75……잘하면 80"까지 오르리라고 예측했던 이탈리아 랑트는 1866년 54.08까지 추락했는데, 이는 로마의 채권 가격보다 낮은 수치였다. 프랑스, 벨기에, 스위스와 더불어 복본위제 라틴화폐동맹에 가입한 지 1년이 지나 바야흐로 오스트리아와의 새로운 전쟁을 앞두고 있었던 1866년 5월 1일, 이탈리아는 리라의 태환을 정지해야만 했다.

그러므로 신생 이탈리아는 일종의 경제적 낭패였다. 1860년대에 쓰인 로스차일드가의 편지에는 이 신생 왕국에 대한 모욕이 넘쳐난다. 이탈리아인들은 "선동꾼"이며, 일련의 각료들은 "멍청이"에 "얼간이"이고, 이탈리아 자체는 그저 "강대국 지망생"일 따름이었다. 1864년 9월, 알퐁스는 "파리 상사가 이탈리아 주식으로 과중한 부담을 지고 있어서 정신을 차릴 수 없다"는 말로 그의 사촌(이자 장모인) 샬로테를 염려시켰다. 샬로테는 알퐁스가 "이탈리아 왕국은 영원하지 못할 것"이며, "나폴리와 시칠리아, 토스카나, 피에몬테 사이에 증오"가 자랄 것이라 예견했다고 기록했다. 제임스는 피에몬테가 강건해진다거나 하는 낙관적인 귀결을 확신을 가지고 기대했다. 그러나 1866년 알퐁스가 쓰디쓴 어조로 언급했듯이, 이탈리아의 신용은 스페인이나 멕시코의 수준에 가까워지고 있었다. 그는 외국 자본에 새로운 세금을 부과한다는 소식에 분개하며 이렇게 써 보냈다. "이탈리아인들은 불한당들입니다. 최소한 저는 영국과 프랑스가 이탈리아에 낭만적인 찬사를 보내는 동안에도 그들을 항상 불한당으로 생각했다는 점만은 인정받을 수 있겠군요."

그러나 약체의 정부는 여전히 좋은 사업원이 될 수 있었다. 제임스는 불평을 입에 달고 살았지만, 로스차일드가는 말라드는 국립은행의 준비금을 귀금속으로 채우는 일을 1862년 9월부터 수차례 도왔다. 여섯 달 뒤, 런던과 파리 상사는 약 5억 프랑(명목 가치) 규모의 랑트 발행을 맡아 처리했다.[6] 그러나 얼마 되지 않아 돈은 다시 궁해졌고, 1864년에는 정부가 단기 재무증권을 매각하려고 생각해 둔 가격을 놓고 정부와 은행가들 사이에 길고 긴 논쟁이 빚어졌다. 1억 5000만 규모의 랑트 발행에도 일정 부분 참여했던 로스차일드가는 이탈리아 정부가 시장을 약화시킬 만한 가격에 단기 재무증권을 내다 파는 것을 경악하며 바라보았다. 단지 그 이상의 추락만은 막자는 목적에서 제임스와 라이오넬은 1억 7000만~1억 8000만 리라를 금으로 대부하는 데 합의했다.

이탈리아 정부가 예산 균형을 맞추는 데서 보인 무능함과 그에 따른 채권 가격의 하락이 주요 외국 은행가들을 다소 당황시킨 것이 사실이지만, 이 모든 거래는 꽤나 짭짤한 사업이었다. 그러나 제임스와 라이오넬은 그렇게 받는 수수료만으로 만족하지 않았다. 그들은 정부가 반복해서 겪고 있는 현금 흐름상의 난맥을 이용해 철도 회사에 대한 양보를 얻어낼 생각이었다. 사실인즉, 그들은 롬바르디아 철도와 리보르노, 로마, 나폴리를 향해 남쪽으로 달리는 미완성 노선들을 "병합"하고 싶어 했지만, 새 이탈리아 의회 내에서 국가 철도망을 외국인의 손에 넘겨서는 안 된다는 정치적인 반대가 제기되어 포기해야 했다. 의원들은 이탈리아가 고유의 국가뿐만 아니라 자국 소유의 철도 역시 갖출 수 있기를 바랐다. 그러나 1865년 당시 정부가 겪은 자금 압박이 그러한 경제적 민족주의를 묵살시켰다. 2억 리라를 받고 기존의 국유 노선들을 롬바르디아 철도 회사에 매각한다는 합의가 이루어졌다. 이 매입은 철도 회사 재정에도 대단한 부담이 되어, 신규 채권을 발행함으로써 필요한 자금을 조성하는 동시에 로스차일드 은행과 탈라보의 소시에테 제네랄 양쪽으로부터 단기 대부를 받아야 했다. 그러나 오스트리아와 스위스에서 획득한 노선과 합쳐 생각했을 때, 이 매입은 전략적인 투자였다.

1865년에는 알프스를 통과하는 노선 건설에 대한 논쟁 역시 재개되었다. 다른 이들이 프레쥐(Fréjus, 프랑스), 루크마니에르/생고타르(Lukmanier/St Gothard, 스위스), 브레너(Brenner, 오스트리아) 고개가 갖는 정치적인 이점을 두고 논쟁을 벌이고 있을 때, 제임스는 이미 그 모든 옵션들을 살펴본 뒤라 차분하게 관망할 수 있었다. 다른 이들이 나라를 통일하고 있는 동안 로스차일드가는 조용히 유럽을 통일하고 있었기 때문이다. 제임스가 12월에 란다우에게 써 보낸 것처럼 "이 모든 문제는 서로 연결되어" 있었다. 그는 은행가 다이히탈에게 보내는 편지에서 열광적인 어조로 말했다. "사실상 의심의 여지가 없는 일이오. 브레너 선은……유럽의 한가운데를 지나고 있어서 알프스를 통과하는 가장 중요한 루트가 될 거요. 그리고 이 선은 유럽 서부로 향하는 동부 철도, 지중해 철도, 아드리아 해 철도의 전체 수송량 중 상당 부분을 자체 수익으로 돌려놓을 거요." 이것이야말로 제임스의 유럽 전도, 곧 철도 노선도였다.

알퐁스가 스페인에서 타결을 본 또 다른 노선 역시 유용한 것이었다. 이 시기에 로스차일드가가 스페인과 맺은 거래는 이탈리아와의 거래와 외견상에서는 서로 유사했기 때문이다. 스페인에서도 역시 철도가 핵심이었으며, 스페인에 대한 제임스의 구상에서 사라고사 철도는 이탈리아에서의 롬바르디아 철도와 같은 역할을 했다. 이탈리아 정부처럼 마드리드 정부도 1820년대 이래 연이어 재정 적자를 겪고 있었다. 양국에 대한 로스차일드의 경제적 지원은 모두 철도 부설권을 조건으로 이루어졌다.

그러나 스페인과 이탈리아의 상황에는 세 가지 차이점이 있었다. 첫째, 정치 불안은 스페인에서 더 심각했다. 1854년 전제 정부에 대항해 일어난 군사 쿠데타는 혁명으로 완결됐지만, 온건파와 급진파 간의 오랜 입장 차(그들은 각자 다른 장군의 지휘를 받고 있었다)가 1856년 헌정 위기로 이어졌다. 레오폴도 오도넬(Leopoldo O'Donell)의 온건파 정권은 1863년에 왕당파의 쿠데타로 전복되었다. 3년 뒤에는 또 다른 장군이 일으킨 군사 반란이 허무하게 막을 내리기도 했다. 가끔은 이런 정치적 카오스가 농담의 소재가 되기도 했다. 제임스는 1864년 12월에 이런 편지를 썼다. "여긴 별일 없다. 그저 스페인 정부가 한번 바뀌었구나." 그러나 1867년 2월에 그는 아들들에게 스페인의 "1792년"을 예기하라는 선견지명 같은 경고를 던진다. 같은 해 후반에 알퐁스는 이렇게 썼다. "스페인은 전반적으로 다른 나라들과 정반대 방향으로 움직인다. 세계 전역이 혼란스러울 때는 고요하다가, 다른 곳이 이제 숨을 돌린다 싶으면 혁명을 일으킨다." 스페인은 "심지어 내일이 오리라는 것을 확신할 수도 없는 충격의 나라"였다.

스페인과 이탈리아의 또 다른 차이점은, 냇이 형제들에게 끊임없이 되새긴 것처럼, 스페인 쪽이 파산의 역사가 훨씬 더 길다는 것이었다. 스페인 정부는 채권 시장에 접근할 때마다 이전 정부들이 채무를 불이행하여 오래된 '무이자 채무'를 안고 있는 불만에 찬 사람들을 대면해야 했다. 1860년대 중반에 스페인을 옥죈 극심한 통화 수축 위기는 나라의 신용도를 한층 더 악화시켰다. 마지막으로, 스페인 철도는 이탈리아 철도보다 수익성이 크게 저조했다. 정부의 보조금이 바닥을 드러낸 1860년대 중반, 사라고사 철도는 파리 상사에 4000만 프랑에 달하는 빚을 진 채 연간 150만 프랑의 적자를 내며 운영됐다. 파리 상사에서 쓴 편지들은 이 재정적 "악몽"에 대한 한탄으로 가득하다.

1860년대에 스페인 정부가 차입금을 조달하기 위해 연이어 문을 두드렸을 때 제임스와 그의 조카들이 비교적 신중한 태도를 보인 것도 이런 내막이 있었기 때문이었다. 1861~1862년의 소규모 대부에 대해서는 합의가 이루어졌다. 그러나 1864년의 좀 더 큰 사업은 무산되었고, 페레르 형제나 베어링 같은 경쟁자들이 그 공백을 채우려 달려들었다. 2년 뒤, 제임스는 그의 철도 회사에 감세 조치를 해 주거나 보조금을 지급한다는 조건(일시적으로나마 로스차일드가와 페레르 형제의 이해관계를 융화시키는 듯했던 목표)이 수용되면 800만 프랑의 신규 대부금 지급에 합의할 준비가 되어 있었다. 그러나 풀드와 오탱게가 이끄는 경쟁 그룹이 마드리드 정부에 약 7900만 프랑 상당의 신규 채권 발행을 제안하며 선수를 쳤다. 뒤이어서 1867년에는 이자 지급이 유예되었던 소위 '무이자' 공채를 전환하기 위한 채권 사업이 소시에테 제네랄의 주도로 (베어링은행도 보조적인 역할로 참여해서) 진행되었다. 이 같은 경쟁이 제임스의 심기를 불편하게 했지만, 역사는 그저 되풀이될 뿐이었다. 영국 로스차일드 상사는 스페인의 신규 채권 사업에 뛰어들어 굳이 골치 아픈 일을 만드는 대신, 알마덴 광산의 산물을 담보로 적정한 액수를 대부하는 데 머물고 싶어 했다. 다른 형태의 보증도 제안되었지만(소금 독점권, 담배 독점권 혹은 쿠바에서 들어오는 식민지 세금), 수은의 매력에는 비할 수 없었다. 영국 상사는 언제나 금속을 선호했으며, 귀금속일수록 더 좋아했다.

반면 프랑스 상사는 난국을 겪고 있는 사라고사 철도의 사업권을 지키는 일이 무엇보다 시급했기 때문에, 사업권을 지킬 수 있다면 추가로 대부하거나 신규 채권 발행을 맡을 의향마저 있었다. "남작님의 사업은 항상 철도에서 비롯된다"는 앤서니의 뒷말은 정확한 지적이었다. 1867년에는 자본 수출을 막기 위해 1861년에 도입됐던 프랑스 증권거래소에서의 스페인 채권 발행 금지령을 둘러싸고 난해한 협상이 진행됐다. 프랑스 재무장관 외젠 루에르(Eugène Rouher)는 스페인 정부가 자체 재정 상태를 개선한다는 조건에서 이 유예를 끝낼 의향이 있음을(즉, 스페인 신규 채권 발행을 진행할 수 있게 하겠다는 바를) 내비쳤다. 문제는 이 과정에 제임스가 원했던 사라고사 철도에 대한 특전이 포함될 것이냐, 아니냐 하는 것이었다. 어째서 스페인 정부가 순전히 프랑스에서 장악한 철도 회사에 도로 내주기 위해 1000만 내지 1억 프랑의 돈을 빌려야 하는지는 설명하기 힘든 일이었지만 말이다. 나르바에스(Narváez) 정부를 대신해서 은행가 살라만카(Salamanca)가 참석해 시작된 협상은 혁명이 터질 때까지(나르바에스가 죽고 살라만카는 파산하는 시점까지) 결론을 못 맺고 지연되었다. 알퐁스는 "정치 체제가 조금만 더 믿음직하고 안정적이라면 어떤 보조금보다 도움이 될 것"이라고 불평했지만, 결국 그렇게 되지는 않았다. 9월, 후안 프림(Juan Prim)의 주도하에 제휴한 장군들이 혁명을 성공시켜 이사벨라 여왕을 권좌에서 끌어내렸다. 혁명이 있기 전에 여러 차례의 채권 협상이 실패로 끝난 이유 중 하나는 격변을 앞두고 많은 은행가들이 불안한 전조를 직감했기 때문이었는지 모른다. 알퐁스가 쓴 것처럼 바이스바일러 역시 "오래전에 이미 파국을 예견하고 있었다".

페리에르의 나폴레옹

알퐁스가 스페인과 협상을 진행하는 과정에서 프랑스 정부의 강력한 지원에 의지할 수 있었다는 것은 그 자체로 주목할 만한 일이다. 이탈리아전쟁으로 인한 가장 예상치 못한 결과는 로스차일드가와 보나파르트 치하 프랑스와의 관계 변화이기 때문이다. 이탈리아 통일 과정에서 프랑스가 맡은 역할은 외견상 나폴레옹 3세 치세의 정점 중 하나로 비쳤고, 제2제정이 1860년대 초만큼 대단해 보인 적은 없었다. 1861년 4월 파리를 방문했던 라이오넬은 조르주 오스만(Georges Haussmann)이 이뤄낸 도시의 변모에 현기증이 날 정도였다. 옛날의 어수선했던 골목을 광활한 대로가 대체한 것을 보고 반농담조로 그는 이렇게 말했다. "늙수레한 런던에도 조금이나마 변화를 주려면 황제 폐하를 석 달쯤 빌려 가야겠다."

그러나 이 같은 외관 뒤에 제국은 심각한 약점을 키워 가고 있었다. 부분적으로, 문제는 외교에서 빚어졌다. 1860년 3월, 나폴레옹이 사보이와 니스를 손에 넣자 영국의 자유주의적 여론은 프랑스로부터 완전히 등을 돌렸다. 숙부의 야심을 연상시키는 '광대한 구상'이 이렇게 모습을 드러내자, 같은 달 비준된 영불통상조약이 이루어낸 우호적인 분위기도 전부 무산되었다. 제임스가 보기에 영국과 프랑스의 반목은 프랑스가 겪을 곤란함만을 뜻했다. 그것은 루이 필리프의 죽음이 준 교훈이기도 했다. 그는 1859년 10월에 새로 부임한 오스트리아 대사 리하르트 메테르니히에게 이렇게 써 보냈다. "프랑스가 어떤 혁명적인 국내 정책을 펴든, 영국과의 관계 단절만큼 금융계를 가장 심각하게 강타하지는 못할 것이오." 이듬해 3월, 마이어 칼은 이렇게 썼다. "전 유럽의 평화를 위해 반드시 유지되어야 하는 영국과 프랑스의 우호적 관계를 마구잡이로 망쳐 놓으면서 별다른 좋은 결과를 이끌어내지도 못하는 [이탈리아에 관한] 당혹스러운 발언들 때문에 통상조약이 이끌어낸 우호적인 분위기가 퇴색하고 있으니, 유감이 아닐 수 없다." 바로 다음 달, 어느 외교 관계자는 "파리의 대금융가들, 그 중에서도 특히 로스차일드가"가 "공포를 획책하며, 두 해군 강국이 이제 곧 전쟁을 벌이리라고 옥상 위에서 소리를 꽥꽥 지르고 있다"고 썼다.

이렇게 양국이 외교적으로 소원해진 것은 경제적인 이유 때문이기도 했다. 미국에 남북전쟁의 그림자가 드리우면서 대서양을 건너 유럽으로 수송되던 금의 물량이 1860년을 기점으로 바닥을 드러내기 시작했다. 이는 런던과 파리 모두에 영향을 미치는 일이었으나, 영국은행이 준비금을 보호하기 위해 1차적으로 재할인율 인상에 의존했던 반면, 프랑스은행은 스레드니들 가의 방식을 엄준하지 않았다. 1860년 11월, 프랑스은행 총재는 재할인율의 추가 인상(일부 이사들이 반대했던 정책)을 막기 위해 런던에서 금을 매입하는 것을 허가했다. 운이 없었는지, 그 일을 맡은 대리인은 영국은행에서만 곧바로 30만 파운드가 넘는 액수를 인출해내는 실수를 저질렀으니, 양국 간의 분위기를 냉랭하게 만들어버린 것에 알퐁스는 개탄해 마지않았다. 영국은행은 5000만 프랑 상당의 금을 등가의 은과 교환하기로 프랑스은행과 합의했지만, 이는 단지 일시적인 유예를 제공한 데 불과했고, 프랑스은행은 곧 기형적인 규모의 국내 무역 적자와 정부의 자금 수요로 인한 추가적인 압박에 짓눌리게 되었다.

이런 문제로 프랑스 정부는 로스차일드가에 도움을 구할 수밖에 없었다. 1861년 10월, 파운드 어음의 프리미엄을 낮추고 영불해협 간에 금이 유출되는 것을 중단시키기 위해 드 로스차일드 프레르와 기타 다섯 곳의 파리 은행(오탱게, 풀드, 피예 윌, 말레, 뒤랑[Durand])이 런던 상사와 베어링은행 앞으로 200만 파운드 상당의 3개월 만기 어음을 발행한다는 치밀한 거래가 체결되었다. 그와 동시에 프랑스은행은 랑트를 매각했다(액면가가 낮은 채권을 5000만 프랑 규모로 발행함으로써 공개 시장 조작의 통화 수축 효과를 부분적으로 무효화하는 면은 있었지만). 그러나 이 같은 조치 중 어떤 것도 프랑스 은행의 곤란을 해소해 주지는 못했고, 봉쇄된 미국 남부를 대신하여 유럽 직물업계에 목화를 조달하는 주요 공급지로 떠오른 이집트와 인도 쪽으로 금과 은이 유출되기 시작한 1862~1864년까지 상황은 개선될 기미를 보이지 않았다.

파리의 로스차일드가에게 금융 긴축 상황이란 세력 부활의 기회를 의미했다. 그 같은 상황에서는 수많은 경쟁자들의 세력이 주춤할 수밖에 없었기 때문이다. 1861년 쥘 미레는 사기 혐의로 체포됐고, 제임스는 그가 몰락하는 모습을 흐뭇하게 바라보았다. 메리메가 보기에 "승자는 로스차일드"였다. "그는 자신이야말로 업계 유일의 거물이라고 말한다." 1860년대 초는 크레디 모빌리에 역시 곧 파멸하리라는 징조가 처음 드러난 때이기도 했다. 자회사인 콤파니 이모빌리에르(Compagnie Immobilière)[7]를 통해 부동산에 대규모로 투자해 왔던 페레르 형제는 1864년에 이르러 결국 대차 불균형이라는 난관에 직면했.

페레르 형제 같은 1850년대의 별들이 빛을 잃어 가자, 재계의 정통파인 알퐁스가 프랑스은행에서 내는 목소리에는 더 한층 힘이 실렸다. 1864년 10월 알퐁스는 크레디 모빌리에야말로 통화 위기의 "주 저자"이며 "유일한 구제책은 프랑스은행의 적극적인 저항에 있다"고 주장했다. 그는 페레르 형제가 살아남기 위한 마지막 희망으로 "태환 정지"를 기대하지나 않을까 두려워했다. "지금 이 상황은 대단히 중차대한 상황입니다. 금융의 구체제와 신체제, 크레디 모빌리에와 나라의 은행이 목숨을 건 분투를 벌이는 중이기 때문입니다." 그와 그의 부친이 1865년 화폐 여론 조사에서 한 진술은 팽창주의적인 신용 제도로 프랑스은행을 대체하겠다던 페레르 형제의 초창기 야심에 대해 한 발 앞서 내민 부고였던 셈이다. "은행을 열두어 개쯤 만들고 싶으십니까?" 제임스는 페레르 형제가 통화 완화를 요구한 사실을 언급하며 위원회에 되물었다. "그런 다음 그 은행에 은행권 발행 권한을 주고 싶으십니까? 그러면 신뢰는 어디로 사라질까요? 제가 어느 작은 은행의 행장인데 이 은행은 가진 돈은 없고 필요한 돈은 많다고 해 봅시다. 아무런 대책 없이 무슨 일이든 될 대로 되라는 식으로 움직이고 말 겁니다. 그러면 어느 다른 은행이 도우러 나서야겠지요. 이게 바로 새로 설립될 소규모 은행들, 다른 이들의 바보짓에 돈을 대느라 모은행에 손을 벌리듯 프랑스은행에 손을 벌릴 소규모 은행들이 보일 추태입니다."

그와 알퐁스는 통화 정책이 프랑스은행에만 해당되는 문제가 될 수 있다고 주장했다. 첫째, 프랑스은행이 발행하는 은행권의 태환성이 위협을 받으면 신뢰는 증발하듯 사라지고 말 것이었다. 둘째, 프랑스은행의 활동은 가능한 한 영국은행을 닮아야 할 것이며, 중요한 예외가 있다면 은행의 준비금에서 은이 계속 금과 동일한 비중을 차지해야 했다. 페레르 형제는 자신들이 곤경에 처한 까닭은 프랑스은행의 재할인율이 높고, 로스차일드가가 프랑스 자본을 해외로 유출해 고갈시켰기 때문이라고 비난하며 반격을 꾀했다. 1865년 11월 에밀 페레르는 이렇게 진술했다.

> 프랑스은행에는 우리의 사정이 악화되길 바라는 사람들이 있습니다.……[하지만] 사라고사-알리칸테 철도에 자금을 댄 것이 저희였던가요? 롬바르디아 철도에 돈을 댄 것이 저희였던가요? 이탈리아, 벨기에, 오스트리아, 로마, 스페인 채권에 15억을 쓴 것이 저희 책임입니까? 지금 언급한 모든 사업에 서명을 한 작자가 외국인들을 위해 국부를 낭비했다는 죄로 저희를 고발한 자들 중에 있단 말씀입니다!

그러나 로스차일드가는 '모빌리에들'이 겪는 단말마를 초연히 지켜볼 입장이 아니었다. 1864년에 있었던 모빌리에 주식 최후의 대폭 등락에 (당시 일부 사람들이 믿었던 것과는 달리) 제임스가 직접 관여하지는 않았겠지만, 제임스 역시 크레디 모빌리에 주식에 대한 가벼운 투기에 빠지기도 했기 때문이다. 어찌 됐든 "낡은" 은행은 모습을 일신했다. 그리고 "신형" 은행은 과거 속으로 사라졌다.

사실 1860년대 초에 겪었던 재정난은 손쓸 수 없는 세계 경제 추세 때문에 일어난 일만은 아니었다. 어느 정도는 정부의 재정 정책 탓에 초래된 결과였다. 이탈리아 전쟁은 공공 차입을 증대시켰다. 1859년만 예로 들면, 당시 프랑스은행은 재무부에 랑트를 담보로 1억 프랑을 대부해야 했으며, 2500만 프랑 상당의 단기 재무 증권을 할인했다. 그러나 이를 합한 액수도 1850년대를 통틀어 정부가 차입한 총액에 비하면 극히 일부에 불과했는데, 사실상 그 총액은(크림전쟁과 이탈리아전쟁에서 소모된 군비를 제외하고도 무려) 20억 프랑에 달했다. 전 국가장관 아실 풀드가 이 같은 정책 실태를 앞장서서 비판하기로 작심하면서, 10년 전에는 상상할 수 없었던 정치적 제휴의 토대가 마련되었다.

오랜 적수들 간의 화해의 장면은 시골에서 먼저 펼쳐졌다. 일찍이 1860년 11월부터 황제가 "풀드 및 로스차일드 씨와 생제르맹에서 사냥을 즐겼다"는 이야기가 들리기 시작했다. 이듬해 10월에는 "풀드, 제르미니 백작(Germiny, 프랑스은행 총재), 알퐁스 로스차일드 씨가 황제 폐하와 함께 콩피에뉴에서 재정 문제를 놓고 장시간 이야기를 나눴다"는 소문이 돌았다. 그리고 한 달 뒤 파리에서 풀드가 재무장관직에 복귀한다는 공지가 발표되자, 로스차일드가와 증권거래소 모두 눈에 띌 만큼 반색했다. "우리의 좋은 친구……풀드가 네 현명한 조언에 따라 프랑스은행의 재할인율을 낮추지 않기로 결정했다는 소식을 전하게 되어 기쁘구나." 몇 주 뒤 제임스는 알퐁스에게 그렇게 써 보냈다. 그러니 이제 풀드를 찾아가 허심탄회하게 이야기를 나누고 "우리가 그와 협력해 일할 기회를 각별히 바라고 있다"는 내심을 전하라는 것이었다.

로스차일드, 풀드, 보나파르트 세 사람이 합심했다는 증거는 1862년 1월에 (규모는 다소 작았던) 금리 4.5% 랑트를 3% 랑트로 전환하는 과정에서도 확인됐다. 마침 니스에서 겨울을 보내고 있던 제임스가 거래에 대해 다소 토를 달기는 했지만, 결국 풀드는 프랑스은행에서뿐만 아니라 라피트 가 자체에서도 로스차일드의 전적인 지원을 받을 수 있었다. 일단 파리 상사는 3% 랑트의 가격을 올릴 수 있도록 정부에 3000만 프랑을 (금리 5% 4개월 만기로) 대부했다.

이에 더해 알퐁스는 8590만 프랑 규모의 30년 만기 채무 증서를 매입하는 데 동의했으며, 이 역시 정부에 의해 금리 3% 랑트로 점차 전환되었다. 정부는 전환 사업을 성공적으로 마무리했다. 제임스로서도 프랑스 국가 재정에서 가문 전통의 우위를 재확인할 수 있어서 기뻤다.

1862년 12월 16일 황제가 사냥을 하러 페리에르를 방문한 유명한 일화는 이런 정황을 기초로 이해해야 한다. 흔히 역사가들은 이를 보나파르트와 옛 오를레앙파 재계의 거물이 화해한 상징적인 사건(보나파르트가 굴복한 사건이 아니라면)으로 묘사해 왔다. 사실 외견상으로는 그렇게 보였다. 풀드, 국가 장관(이자 나폴레옹의 사촌이었던) 발레브스키(Walewski) 백작, 영국 대사 코울리 백작, 그리고 플뢰리 장군 및 네이 장군을 시종 무관으로 대동한 나폴레옹은 열차를 타고 오전 10시 15분에 오주에르 라 페리에르(Ozouer-la-Ferrières) 역에 도착했고, 미리 나와 있던 제임스의 네 아들과 만났다. 황제와 일행은 기차역 플랫폼을 가로질러 펼쳐 놓은, 황금빛 꿀벌들이 수놓인 초록색 벨벳 카펫을 밟으며 걸음을 옮겨서 로스차일드 가문의 색인 청색과 황색으로 치장한 다섯 대의 마차에 나누어 타고 페리에르 성으로 이동했다.

일행이 도착했을 때 네 곳의 탑 꼭대기에서는 황실의 깃발이 펄럭이고 있었다. 홀에 모여 있던 다른 가족들(앤서니, 내티, 내티의 누나 에블리나를 포함한)까지 소개받은 황제는 잠시 그곳에 머물며 홀을 장식한 반다이크, 벨라스케스, 루벤스의 그림을 감상했다. 다시 밖으로 나가 정원에 기념수로 삼나무를 심은 다음에는 호사스러운 조찬이 이어졌다. 《타임스》는 경외심이 깃든 어조로 당시를 보고했다. "식사에 사용된 은식기들은 그 유일무이함을 보존하기 위해 제작 직후 원형을 부숴 없앴다고 한다. 게다가 접시 하나하나마다 부셰(Boucher)의 그림이 들어간 세브르 도자기에 산해진미가 담겨 등장했다." 사냥 역시 성공적이었으며, 포획된 사냥감만 약 1231마리였다는 보고였다. 오후의 일정은 홀에 마련된 뷔페로 마무리됐고, 만찬이 진행되는 동안 한쪽에서는 노령의 로시니가 특별히 작곡한 「민주적인 사냥꾼들의 합창」(원문 그대로임)이라는, 테너와 바리톤과 베이스, 두 대의 드럼과 한 대의 탐탐으로 구성된 희한한 곡이 연주되었다. 저녁 6시에 황제 일행은 다시 역으로 향했으며, 그들이 가는 길을 "관리인들, 사냥꾼들, 영지에 고용된 이들이 횃불을 들고 도열해" 밝혀 주었다.

그러나 로스차일드가 특유의 과시적인 접대 가운데서도 가장 호사스러웠던 이번 기회를 어느 정도까지 진정한 화해로 해석할 수 있을는지는 불분명하다. 황제에게서 상당히 좋은 인상을 받은 내티조차 부모에게 보내는 편지에는 그날 있었던 몇 가지 마뜩찮았던 점을 털어놓기도 했다.

[역에서 오는] 길이 유리판 같아서 마차를 타고 이동하는 것이 버거울 정도였습니다.……영국이었다면 사람들이 훨씬 열광적으로 반겨 주었을 거예요. 여기에서는 "황제 폐하 만세" 하는 소리가 마치 시급을 받는 고용인들이 중얼거리는 소리 같았거든요.……다소 지루하고 서먹했던 아침 식사를 끝내고 남자들은 야외로 자리를 옮겼습니다. 사냥은 굉장한 볼거리였는데, 총을 쏘는 사람들 대부분

[그림 3] 〈황금 송아지〉, 1862년

이 열 종이 넘는 와인을 마신 뒤라 사냥 솜씨는 형편없었어요. 다 해서 약 800마리의 꿩이 잡혔습니다. 원래는 1500마리를 잡아야 했지요.

게다가 일설에 따르면, 제임스는 황제를 배웅하며 잠시를 못 참고 뼈 있는 작별 인사를 건넸다고 한다. "폐하, 저와 제 자식들은 이날을 결코 잊지 못할 겁니다. 저희에게는 아주 값진 기억이 될 것입니다(Le mémoire nous en sera cher)." '기억'이라는 뜻의 'mémoire'에 남성 관사를 붙이면 그 의미는 '계산서'가 되므로, 황제의 지출(중의적 의미에서)을 비꼰 말장난이었다. 공쿠르 형제가 나폴레옹은 "돈을 국빈 방문하는" 프랑스 군주 중 가장 최근의 인물일 뿐이라고 했던 것처럼, 당대의 만화가들도 나폴레옹이 황금 송아지나 뚱뚱한 돈 '자루'[8]를 사냥하는 모습을 그리는 등 엉뚱한 추측에 빠져 있었다([그림 3]과 [그림 4]). 그러나 그들 모두 그 상황이 인위적인 냄새를 풍긴다는 점을 인식하고 있었다. 페리에르에서의 접대는 영국과 프랑스 양국의 화해를 요청하기 위해

[그림 4] 〈페리에르에서 : 로스차일드가에서의 성대한 사냥〉, 1862년

마련된 행사였다. 그래서 코울리 백작과 네 명이나 되는 영국 식구들도 참석했던 것이다. 그러나 그런 화해는 결코 이루어지지 않았다. 오히려 매번 외교 마찰이 빚어질 때마다 양국의 사이는 더 벌어지는 듯 보였다.

보나파르트 측과 로스차일드가는 공식적으로 우호적인 관계에 있었고, 제임스과 그의 친척들은 궁정의 사교 연회에도 꼬박꼬박 초대받았다. 일례로 공쿠르 형제는 1861년 1월 황제의 사촌인 마틸드 공주가 개최한 야회에 제임스가 참석한 것을 보았다. 몇 달 뒤 알퐁스는 다시금 콩피에뉴를 방문해 황제와 통화 정책에 대해 논한 뒤, "폐하는 엄격한 조치를 취할 필요성을 이해하고 계신 것 같다"고 만족스러운 평을 내렸다. 넉 달이 지나 그와 그의 아내는 가장무도회(황실에서 가장 선호했던 여가)에 참석하기 위해 성을 다시 방문했으며, 이때 레오노라는 "300만 내지 400만 프랑을 호가하는 다이아몬드를 머리와 목에 걸치"고서 "홀로페르네스의 머리를 든 유디트"로 분장한 채 등장했다. 그 이듬해 풀드는 페레르 형제가 어떻게든 나폴레옹을 설득해서 태환성을 포기하게 할지도 모른다는 두려움에, 특별히 제임스에게 부탁해서 황제와 통화 상황을 논해 달라고 부탁했다. 제임스는 직접 가는 대신에 알퐁스를 보냈는데, 임무를 완수하고 돌아온 알퐁스의 유일한 불평은 황후가 좀 수다스럽고 "유대인에 대해 이것저것 너무 많이 알고 싶어 하신다"는 것뿐이었다. 1865년 11월, 레오노라는 다시 한 번 콩피에뉴 성에서 열린 소인극(素人劇)에 초대되었다. 그녀와 남편 알퐁스 그리고 구스타브와 그의 아내 세실은 1866년 2월에 열린 황제의 유명한 가장무도회에도 참석했으며, 여기에서 황후는 불길하게도 마리 앙투아네트로 분장한 채 등장했다.

그러나 사람들은 이 관계의 양가적인 면을 그냥 지나칠 수 없었다. 제임스에 비해 나폴레옹은 아직 젊은 편이었다. 페리에르를 방문했을 때 그는 54세였지만, 제임스는 70세였다. 그러나 황제가 건강이 썩 좋지 않아 중요한 시점에 기력을 잃기도 한 반면, 제임스는 (시력은 떨어지고 손마디의 관절염도 악화됐지만) 엄청난 활력을 잃지 않았다. 샬로테는 1864년에 삼촌을 뵈러 라피트 가에 방문했을 때 자신이 본 광경을 이렇게 묘사했다. "삼촌은 점심을 들고 계셨는데, 먼저 감자를 곁들인 비프스테이크를 드신 다음 어마어마한 양의 가재 요리를 드셨다. 그렇게 과한 식단에 도전하는 사람이라면 아주 건강하거나 적어도 아프지는 않은 사람이라고 해야 할 것이다." 불로뉴, 니스, 빌트바트, 홈부르크(Homburg)는 물론이요, "파리와 페리에르를 끝없이 왕복하는" 그의 "지나치게 진을 빼는" 생활방식도 그녀에게는 그만큼 깊은 인상을 남겼다. 제임스는 살아생전의 마지막 해까지 파리 상사의 중추적 인물로 활약했고, 젊은 세대들로서는 따라잡을 엄두도 내지 못할 직업윤리를 동력으로 삼아 지치지도 않고 연락을 취하고 연이어 회의에 참석했다. 1867년 8월, 앤서니는 제임스가 런던을 방문한 바람에 자신이 어떻게 시달렸는지 불평조로 털어놓았다.

> 오늘 아침에 나는 증권거래소에 가 봐야 했다. 오전 9시에 남작께서 오셨고, 나는 그분과 함께 왕세자를 알현해야 했지. 케임브리지 공작을 만난 다음에는 이집트 총독을 만나고 그다음에는 술탄을 만났는데, 어찌나 정신이 없던지. 게다가 사무실에 자리를 비우기라도 하면 당장에 호통을 치시니, 편지도 제대로 못 쓸 지경이다.

그러는 와중에도 제임스는 다른 어디에서도 볼 수 없는 야생 조류들을 페리에르에 모아 놓고, 장관의 아내인 발레브스카 백작부인과 오랫동안 연애까지 즐겼다. 그가 매년 온천을 찾아 장기간 머물렀다는 사실 역시 기력이 쇠했다는 증거로 보기는 어렵다. 온천욕을 즐기러 갔을 때야말로 그는 "어느 때보다 젊고 팔팔해" 보였고, "여러 사람들이 앉는 식탁에 어울려 앉아 젊고 예쁜 아가씨만 보면 붙잡고 대화를 나눴다"고 하기 때문이다. 1866년에 프랑스 언론이 그가 시력을 완전히 잃었다는 기사를 내보내자, 제임스는 이렇게 반응했다고 한다.

> 격분하시면서, 그렇다면 전혀 뜻밖의 모습을 보여 그 사이비 기자들을 한바탕 골려 주겠노라고 안달하셨다. 말씀인즉슨, 아들들을 데리고 극장이란 극장은 모두 돌면서 출연하는 여배우들한테 끊임없이 추파를 던지고, 좌석이나 특별석에 앉은 미모의 관객도 그만큼 쳐다봐 주고, 날이 저물면 클럽에서 카드놀이를 해서 이기고, 당신의 정확한 사격 솜씨로 잡은 꿩, 자고새, 노루 등등의 포획물에

대해서도 열심히 설명하겠다는 것이었다.

원체 자신감이 남달랐던 사람인 데다 노령이 되자 더욱 대담해져서, 제임스는 여태껏 참아 왔던 냉소적인 유머를 마음껏 내뱉기 시작했다. 농담 중 몇 가지는 증권거래소의 전설이 되었다. "증권거래소에서 성공하려면 히브리어를 할 줄 알아야 하는 시대가 도래했도다." "증권거래소의 성쇠를 좌우하는 게 무엇인지 묻는 거요? 내가 그걸 알았으면 부자가 되었을 거요!" 한번은 어느 열성적인 젊은 중개인이 증권거래소에 회전문을 설치하고 입장료를 받는다면 랑트 가격에도 여파가 미치겠느냐고 묻자, 제임스는 무표정하게 대답했다. "내 생각은, 그렇게 되면 내가 매일 20수씩 내리라는 거요." 그러나 그의 농담 중에서 가장 유명한 것은 (페리에르에서 "mémoire"를 두고 한 말장난처럼) 은근히 황제를 골리는 것들이었다. "랑피르, 세 라 배스(L'Empire, c'est la baisse)"는 번역하기 힘든 농담이다. 직역하면 "제국은 곧 하락장이다"라는 의미로, 제국이 곧 "라 페(평화)"라는 나폴레옹의 유명한 선언을 빗댄 이 말장난은 곧 나폴레옹 정권에 유죄를 선고하는 묘비명이 되고 만다.

그러니 당시 사람들이 옛날 오를레앙파식의 농담으로 제임스와 그의 가족이 프랑스의 진짜 지배자들이라고 말한 것도 놀라운 일이 아니다. 당대의 일기 작가 중 가장 심술궂은 공쿠르 형제는 구스타브의 결혼식에 모인 74명의 로스차일드가 사람들의 모습을 이렇게 묘사했다.

> 나는 렘브란트가 그린 시너고그에서 그들이 햇빛을 받아 황금 송아지처럼 빛나는 모습을 상상한다. 나는 그곳에 모인 남자들의 머리, 수백만 프랑의 광택을 띤, 은행권 종이처럼 희고 따분한 두상들을 본다. 은행 소굴의 축제……세계를 다스리는 비천한 왕들. 오늘날 그들은 신문, 미술, 문단, 왕좌를 불문하고 모든 것에 탐을 내며 그 모든 것을 지배한다. 고리대금업자가 청년의 꿈을 할인해 그를 지배하듯, 나라의 철도를 할인해 국가와 제국을 통제한다.……이는 바빌론 유수가 아니라 우리가 그들에게 붙잡힌 예루살렘 유수다.

공쿠르 형제에게 제임스는 "기괴망측한 인물……가장 비열한 자, 개구리를 닮은 끔찍한 얼굴에 눈에는 핏줄이 서 있고, 눈두덩은 조개 같고, 돈 주머니 같은 입은 군침을 흘리는, 황금으로 만든 사티로스 같은 자"였다. 그러나 페도처럼 제임스를 그의 '천연 환경'(즉, 그의 사무실)에서 지켜본 사람이면 그가 내뿜는 순전한 생명력에 감탄하지 않을 수 없었다.

그에게는 자신의 생각에 집중하는, 심지어는 지옥 같은 난리법석 속에서도 골몰할 수 있는 범상치 않은 능력이 있다. 가장 중요한 일과 가장 사소한 일을 동시에 아무렇지도 않게 해내기도 한다. 그의 아들 중 하나, 대개는 장남을 자신의 사무실에 대신 앉혀 증권거래소에서 오는 직원들을 응대하도록 하고, 그러는 동안 자신은 같은 사무실 한구석에 어느 장관이나 대사와 옹송그려 앉아서는 수백, 수천만 프랑이 걸린 사업을 유쾌하게 논의하는 것이다.…… 이 금융의 천재는 모든 것을 꿰뚫어 보고, 스스로 모든 것을 할 수 있는 가공할 만한 능력을 지녔다.…… 이 타이탄은…… 모든 편지를 읽고, 모든 급보를 받고, 새벽 5시부터 일에 매진하면서도 저녁에는 사교 활동에 참여할 시간을 내는 것이다. 그의 그 거대한 은행에서는 모든 일이 시계태엽처럼 돌아간다! 얼마나 탄복할 만한 질서인지! 얼마나 충직한 직원들인지!

그 결과 나폴레옹이 정권 장악력을 잃기 시작했을 때조차, 제임스는 파리 금융의 절대군주로서 더 큰 위세를 떨칠 수 있었다. 공쿠르 형제가 썼듯이 금융이라는 "금전의 지성소(至聖所)" 앞에서는 "모든 인간이 평등"했다. "마치 죽음 앞에서 모든 인간이 전적으로 평등하듯이!"

질문은 남아 있다. 당시 사람들이 믿었던 것처럼 로스차일드의 권력이 보나파르트 정권의 기반을 약화시킨 것이 사실이라면, 그 정도는 어디까지였을까? 제임스가 제정에 대해 공식적으로 드러낸 태도가 최소한 양가적이었다면, 그와 그의 가족이 사적으로 고수하고 있던 태도는 완전히 적대적인 것이었다. 내티는 프랑스의 친척들이 "그 어느 때보다 터무니없을 만큼 오를레앙파답게 굴고 있다. 황제와 연관된 모든 것, 모든 사람에게서 잘못을 찾아낸다"고 느꼈다. 벤저민 데이비슨이 베티를 만났을 때 그가 받은 인상도 마찬가지였다.[9] 제임스는 애초 나폴레옹이 쿠데타를 한 번 더 일으키고 말 것이라 생각했다. 영국의 삼촌 라이오넬을 본받아 선거 출마를 결심한 알퐁스 역시 야당 후보로 나섰다. 제임스는 로스차일드가의 반대 입장을 너무 "공공연하게" 표방하는 것에 대해서는 찜찜하게 생각했지만 말이다.

어째서 로스차일드가는 1860년대 당시에는 사업을 방해한 적이 없는 정권에 반대 입장을 취한 것일까? 오를레앙파로서 앙금처럼 남아 있었던 감정보다 더 중요했던 것은 풀드가 다스리는 이른바 새 시대의 건전한 재정과 황제가 취한 어느 때보다 저돌적인(위기를 자초하는 듯한) 외교 정책이 제임스와 그의 아들들의 눈에는 근본적인 모순을 빚고 있는 것으로 보였다는 사실이다. 1860년대 초에는 일련의 국제 분쟁이 일어나 나폴레옹에게 '이간질'을 부추겼고, 그때마다 그는 정말 이간질에 나설 것 같은 기미를 보였기 때문에 군비 지출이 늘고 정부 적자도 더 늘어나리라는 기대 심리가 랑트의 가격을 떨어뜨렸다. 1863년 7월에 이미 신규 공채 발행에 대한 논의가 있을 정도였는데, 프랑스은행이 통화상의 난국을 반복적으로 겪은 것 역시 황제의 외교 정책이 금융 신뢰도에 악영향을 미친 탓이었을 것이다. 제임스는 이탈리아전쟁이 벌어지기 전부터 보나파르트식 정치에 대한 자신의 이론을 공식화했으니, "평화가 없으면 제국도 없다"는 것이 그것이었다.

그 뒤로 일어난 사건들은 그 같은 이론을 더욱 확신하게 할 뿐이었고, 그가 써 보낸 편지들에는 나라의 허약한 재정과 바로 그 점을 이용해 나폴레옹의 외교 정책에 손을 써 볼 가능성에 대한 언급으로 가득했다. 1863년 10월 그는 조카들에게 장담했다. "전쟁은 일어나지 않을 것이다. 일전에도 말했다만, 황제 폐하는 끔찍이도 평화적인 담화를 발표하셔야 할 것이다. 공채를 발행해서 돈 주머니를 채우시려면 응당 그러셔야지." 1865년 4월에는 또 이렇게 썼다. "증권거래소 시황이 저조하니, 황제 폐하는 당분간 마음의 평화를 유지하시리라 믿는다." 그리고 다시 1866년 3월에 쓴 편지. "당분간 벼락 칠 일은 없을 것이다. 저 위인[나폴레옹]께서 전쟁을 일으킬 돈이 없으시니." 그럼에도 불구하고 그가 불안을 깨끗이 떨쳐내지 못했던 것은 국내 정치 기반이 취약해진 나폴레옹이 나라 밖 모험에 내기를 걸자고 나설지도 모른다는 염려 때문이었다. 그 염려가 지레짐작이 아니라는 것이 확실해질수록, 제임스는 금융 위기가 곧 코앞에 닥치리라는 것을 느꼈다. 제국이 "평화"가 아니라 "하락장"이라고 말했을 때, 그가 의미했던 것도 바로 그 뜻이었다.

영국 중립주의의 기원

나폴레옹에 대한 불신은 1860년대에 일어난 사건들에 대한 로스차일드가의 반응을 이해할 수 있는 실마리 중 하나다. 그러나 같은 무렵 영국의 일가가 취했던 정치 외교적 태도, 즉 유럽 대륙은 물론이요, 미주에서 벌어지는 갈등에는 일절 간섭하지 않는다는 정책을 그들이 수용했다는 사실 역시 그에 못지않게 중요하다.

1860년대 영국 로스차일드가의 정치 참여 과정을 하나의 줄거리로 설명하는 일은 그리 쉬운 일이 아니다. 하원에 등원하게 된 라이오넬은 동료 의원들 앞에서 연설 한 번 하지 않았지만, 그가 정치 활동을 등한시했다고 치부하는 것은 잘못이다. 그는 의회에 자주 출석했고(관절염으로 거동이 어려워졌을 때는 들것에 실려 가 토론에 참석하기도 했다), 뉴코트와 피커딜리에서 정계 고위 인사나 언론인을 만나는 일도 잦았던 나머지 1866년에 그의 아내는 아들에게 보내는 편지에 이렇게 썼을 정도였다. "너희 아버지는 정치에 푹 빠지셔서 다른 일은 거들떠보지도 않으신다." 의회 의석에 앉기 위해 선거운동을 벌이는 내내 자유당 대다수의 지원을 받았던 라이오넬은 당연히 자유당원이었고, 전원에 터전을 잡은 그의 아우 메이어 역시 마찬가지였다. 경제 정책에서도 자유주의 노선을 취한 라이오넬은 그의 친구이자 자유당 외무장관 클래런던의 아우이기도 했던 찰스 빌리어스, 장래 자유당 재무장관이 될 로버트 로만큼이나 투철한 자유무역주의자였다.

그러나 우정의 끈이 그를 디즈레일리 쪽으로(디즈레일리의 당 쪽은 아니더라도) 기울게 했다. 그와 샬로테는 조너선 필 장군(로버트 필 경의 아우였지만 필파는 아니었던), 치체스터 하원 의원인 헨리 레녹스 경 같은 토리당 사람들과도 친하게 지냈다. 1865년에 라이오넬에게는 《타임스》의 딜레인에게 러셀 정부에 대한 공격 수위를 낮춰 달라고 요구하는 동시에 정부의 가장 매서운 혹평가(디즈레일리)를 뉴코트에 반갑게 맞아들이는 것이 일상적인 일이었다. 러셀의 선거법 개정 법안을 두고 한창 격론이 벌어지고 있던 1866년 4월, 로스차일드가에서는 "최대의 라이벌 두 사람을 저녁 식사에 초대"했다. "토요일에는 휘그당원[글래드스턴], 일요일에는 토리당원[디즈레일리]을 맞아야 하는 셈이다. 내티는 연이어 두 사람을 만나야 하다니 진퇴양난이라고 했다. 아무래도 우리는 이틀 내내는 아니더라도 그 중 하루는 부루퉁해서 불편한 심기로 보내게 될 것 같다."

내티(라이오넬의 장남이자 영국 로스차일드가를 통틀어 가장 정치적이었던 인물) 역시 지그재그 코스를 밟아 나갔다. 기록으로 남아 있는 그의 가장 초창기의 정치적 발언에서는 글래드스턴에 대한 영웅 숭배, 디즈레일리에 대한 냉소, 자유무역에 대한 코브던주의자적인 열정을 아우른 열렬한 자유주의가 드러난다. 그러나 그는 파머스턴에게도 열띤 찬사를 보냈고, 무역 협정이 나라의 전투 능력을 대체할 수 있으리라고 여긴 적은 없었던 듯하다(이는 직접 군사 훈련을 받고 버킹엄셔 기마 의용 부대에서 복무한 경험으로 다져진 관점이었다). (1866년 선거법 개정 법안 토론을 청취하러) 처음 하원 회의를 참관했을 때, 그는 "위대한 글래드스턴 씨의 웅변이 장중하고 화려하다고 생각했으며, 한편 디즈레일리 씨는 유쾌하고 재기가 넘친다고 생각했다". 선거법 개정 법안에 반대하는 로의 웅변 역시 그를 동요시켰던 것 같다. 그러나 그의 영웅은 여전히 존 브라이트(법안의 가장 열렬한 찬동자)였다.

1866년 7월, 런던에서 선거법 개정 법안을 옹호하는 시위가 벌어졌을 때 에블리나가 세브르 도자기들을 찬장에 넣어 잠그고 집 밖으로는 한 발자국도 나가지 않으려고 했다는 사실도 그렇지만, "어느 보수적인 신사가 내티더러 저 어리석은 선거법 개정론자들을 옹호하느냐며, 그들이 우리 집 창문을 전부 깨부수지 않은 것이 아쉬운 노릇이라고 말하자……내티는 우리가 더할 나위 없이 안전하다고, 사람들은 우리가 그들의 친구라는 사실을 알고 있기 때문이라고 말했다. 그러자 사람들은 갈채를 보냈고, 내티와 앨피[알프레드]도 인파에 합류했다"는 이야기는 로스차일드가의 모호한 정견에 대해 많은 점을 시사해 준다.

앨리스 필 부인이 라이오넬에게 "병사들이 폭도들을 20, 30명쯤 쏴버려야 폭동이 곧 끝날 것"이라고 경솔하게 말하자, 라이오넬은 그답게 에둘러 대답했다. "제게 무슨 말씀을 하셔도 좋습니다, 앨리스 부인. 하지만 그런 생각으로 런던 거리를 활보하지는 않으시는 게 좋겠습니다." 샬로테는 토리당 내무장관 스펜서 월폴(Spencer Walpole)이 시위자들의 하이드파크 진입을 통제해서 도리어 폭력을 유발했다고 비난했다. 그러나 그녀는 "만약 토리 정부가 자유주의적 법안을 도입하도록 할 수만 있다면 휘그 내각만큼 유능하게 움직이지 못할 이유가 없다"고 생각했다. 라이오넬은 "디즈레일리 씨가 정부에서 무슨 정책을 펼치든 성공하시길 기원"했지만, 부분적으로 이는 토리 내각이 무너질 경우 다음 총선에 또다시 출마할 의향이 없었기 때문이었다. 1867년 2월에 의회의 새 회기[10]가 시작되기 직전, 디즈레일리가 그에게 "우리가 다시 만났을 때 저는 승자일 수도, 패자일 수도 있겠지만, 나라의 마음을 돌리지 않고서는 결단코 물러나지 않을 겁니다"라고 말했을 때도 그의 의욕은 쉽사리 되살아나지 않았다.

　디즈레일리의 법안이 개정되고 마침내 통과되기까지의 오랜 과정을 거치는 동안, 로스차일드가의 문은 각양각색의 정치색을 지닌 모든 정치인들에게 활짝 열려 있었다. 샬로테는 존 스튜어트 밀(여성 참정권을 옹호할 정도로 급진적이었던)의 저서를 열독했고, 글래드스턴 내외에게는 차를 대접했으며, 디즈레일리 부부와는 정찬을 같이 들었다. 라이오넬은 토론회에 성실히 참석하고 선거법 개정안에 투표했으며 "우리의 친구" 디즈레일리와도 자주 상의했지만, "작년까지만 해도 누구보다 격렬한 태도로 법안에 반대하던 사람들이 이제는 법안을 통과시키는 일에 그토록 진취적으로 매달리는 모습"을 보게 되는 아이러니한 상황을 비꼬기도 했다.

　영국 로스차일드가가 초당파적으로 정치에 임할 수 있었던 것은 과거에 그랬듯이 외교 정책 덕분이었다. 파리 일가가 전해 준 완벽한 정치 정보로 무장한 그들은 자유당이든 토리당이든 정부의 주의를 끌 수 있었다. 제임스의 목표(나폴레옹 3세가 혹여 전면전으로 확대될지 모를 침략 행위를 하지 못하게 막는다는)를 공유한 그들은 으레 그 목표대로 영국의 정책을 조직하려 했다(영국 가족들이 프로이센에 대해서는 반대로 마음을 놓고 있었다는 것은 주목할 만한 점이다). 그러나 간과하기 힘든 사실은 이 시기에 대륙에서 일어나는 사건에 대한 일가의 관심이 다소 줄어들었다는 점이다. 안젤름이 1866년 3월에 쓴 편지를 보면, 과장된 면이 있다는 점을 감안하더라도, 그가 과연 뉴코트에서 어떤 내용의 편지를 받았을지 충분히 짐작할 수 있다. "환상은 품지 말거라. 영국이 대륙에서 일어나는 일에 정치적 영향력을 발휘할 가능성은 제로라고 할 수 있다. 칼은 칼집에 재워 두고 장갑함들은 항구에 정박해 둔 채로 무슨 역량을 발휘하겠느냐? 그러나 어쩌겠느냐. 존 불[11]은 공국들[슐레스비히와 홀슈타인]보다는 선거법 개정 법안이나 가축 유행병을 훨씬 중요한 문제로 치고 있는데."

그는 상황을 정확히 읽고 있었다. 1866년에 메이어의 골머리를 앓게 한 것은 독일의 통일에 관한 문제보다는 멘트모어에 있는 소들을 휩쓴 우역(牛疫)이었다. 결정적인 시점마다 영국에서도 극적인 사건(오버런드 거니의 도산[5월 10일], 러셀 정부의 실각[6월 26일], 런던에서 일어난 선거법 개정 법안 지지 소요[7월 23일])이 일어나 영국인들은 대륙의 일에 관심을 기울일 여력이 없었다. 라이오넬은 비스마르크의 행보가 왠지 께름칙했지만, 영국이 대륙의 일에 간섭하는 것을 크게 바라지는 않았다. 그리고 설령 간섭을 바랐다고 해도, 외무장관들이 연이어 고수한 고립주의 노선을 극복할 수는 없었을 것이다. 엄정한 재정 운영이라는 글래드스턴의 원칙이 효과를 발휘하여 영국의 예산은 균형을 이뤘고, 심지어 방위비 지출이 늘어났을 때도 차입이 아닌 조세로 비용을 충당할 수 있었다. 1858년에서 1874년까지의 기간 동안 정부가 적자를 기록한 것은 단 4년에 불과했고 그 규모도 작은 수준이었다. 국가 채무를 변제하고 채무를 더 늘리지 않는 경향이 장기간 이어졌다. 1858년에서 1900년 사이 국가 채무는 8억 900만 파운드에서 5억 6900만 파운드로 떨어졌다(글래드스턴이 이룬 것 중에 가장 명시적이었던 성취가 바로 이것일 것이다). 돈을 빌리지 않는 정부란 로스차일드가가 압력을 가해야 할 필요가 없는 정부, 그저 조언만 해 주면 되는 정부였다.

남북전쟁

영국의 불간섭주의는 러셀이 이탈리아의 통일을 감격에 차서 환영했을 때, 즉 러셀과 파머스턴이 그동안 프랑스의 정책 방향에 대해 품고 있던 의구심이 이탈리아의 통일로 다소간 무마되면서 그 기초가 마련됐다고 할 수 있을 것이다. 미국에서 남북전쟁이 발발하자 이제 영국의 관심은 캐나다를 수호하는 문제에 맞춰졌고, 이때 굳어진 불간섭 관례는 10년이 넘도록 유지됐다. 로스차일드가가 미국에서 벌어진 분란을 두고 취한 태도는 자주 오해를 받아 왔다. 사실 그들이 보인 태도는 그 당시 라이오넬이 외교 문제에서 수행한 본질적으로 수동적이었던 역할을 예증해 보인 것과 다름없었다. 벨몬트가 1860년 대선에서 (민주당 전국위원장으로서) 링컨의 상대 후보였던 스티븐 A. 더글러스(Stephen A. Douglas)를 앞장서서 지원했던 까닭에, 그는(그리고 뒤이어 로스차일드가는) 이듬해 전쟁이 발발했을 때 양편 모두의 맹비난에 처하게 됐다. 북부 공화당원들은 "더글러스의 전국위원장"이 노예 문제를 두고 박쥐처럼 처신한다고 매도했다. 남부 민주당원들도 매도하기는 마찬가지였으나, 비난하는 관점만 정반대였다.

벨몬트의 전기 작가 중 한 사람은 그가 내란이 벌어지는 동안 로스차일드가가 연방을 지지하도록 전력을 다해 설득했다고 썼다. 유럽에 있는 그의 "고용주들"이 남부에 재정 지원을 하는 것이야말로 그에게는 악몽 같은 일이었다는 것이다. 그런데도 그와 로스차일드가는 연합 주에 공감하고 있다는 비난을 듣기 일쑤였고, 특히 1864년에 조지 매클렐런 장군(George McClellan)이 민주당 후보로 지명된 직후에는 비난을 피하기가 더욱 힘들었다. 그는 벨몬트가 "토지 몰수[12]와 강제적인 노예 해방이라는 파멸적인 정책"이라고 표현한 링컨의 정책보다는 남부와의 강화 협상을 지지하는 사람이었기 때문이다. 1864년, 《시카고 트리뷴》은 열변을 토했다. "이제껏 남부 연합 채권을 사들인 벨몬트와 로스차일드가, 그리고 전체 유대인 족속을 부유하게 하기 위해 우리가 불명예스러운 평화를 받아들여야 하겠는가? 아니면 그랜트 장군과 셔먼 장군이 포문으로 쟁취한 영예로운 평화를 받아들이겠는가?" 같은 해 10월 《뉴욕타임스》에는 이런 기사가 실렸다. "몇 가지 부정할 수 없는 사실이 있다. 시카고[전당대회]에 참석했던 저 악명 높은 민주당 위원장은 실상 로스차일드가의 대리인이다. 그렇다. 저 위대한 민주당은 타락할 대로 타락해서 외국 유대인 은행가의 대리인을 수장으로 삼고 있는 것이다." 한 달 뒤에 있었던 선거 유세에서 펜실베이니아 출신의 어느 링컨 지지자가 야단스럽게 펼친 논조도 이와 다르지 않았다.

> 로스차일드가의 대리인이 민주당 최고 위원이라니! ("동감이오!" 하는 외침과 환호성)……만약 매클렐런 씨가 당선된다면 그는 그야말로 일류 재무장관이 되겠소이다! (일동 웃음) 전 세계 그리스도교 국가들 가운데 로스차일드가의 앞발에, 독니에, 발톱에 재무부의 심장을 쑤셔 박히지 않은 곳은 한 곳도 없습니다.……로스차일드가는 바로 여기에서도 똑같은 짓을 하려고 합니다.……그들과 제프 데이비스(Jeff Davis) 그리고 악마가 우리를 정복하려 하고 있습니다(긴 갈채).

그들이 남부를 지원했다는 의혹은 사실이었을까? 뉴코트는 아닐지언정 라피트 가에는 남부의 명분에 공감하는 분위기가 있었다. 그런 공감에 부분적으로나마 기여한 것은 (1858년에 미국에 파견됐던 알퐁스의 뒤를 이어) 1859년에 경영 교육의 일환으로 대서양을 건넌 뒤 전쟁이 발발한 1861년까지 미국에 머물렀던 제임스의 셋째 아들 살로몽이 전해 온 내용이었다. 살로몽은 미국 정치 활동의 모든 측면에 대해 디킨스 소설 속 주인공처럼 질겁하기는 했지만, 그는 남부 쪽으로 마음이 기울었고 파리에 보낸 전보에서도 유럽은 전쟁을 막기 위해 연합 주들을 인정해야 한다고 주장했다.

남부가 자체 법률을 결정할 수 있도록 해야 한다는 주장(글래드스턴 같은 뜻밖의 노예 주 지지자들을 사로잡았던 주장)도 있었지만, 그와는 별개로 북부가 남부의 면화 수출을 봉쇄하면서 유럽 경제에 혼란이 초래되자 남부의 승리는 아니더라도 빠른 평화 회복을 지지하는 입장에 힘이 실렸다. 런던 상사의 미국 거래처 중 최소한 한 곳은(버지니아 주 피터즈버그의 담배 무역상 치브스 앤드 오스번[Chieves & Osborne]) "영국은 이윤과 인간애라는 견지에서[원문 그대로임] 즉시 남부 연합을 인정해야 한다"고 거듭 주장했다. 벨몬트 자신은 (전기 작가 캐츠[Katz]가 기술한 것과는 반대로) 1863년에 런던을 방문했을 때 라이오넬에게 "북부는 곧 패할 것"이라고 대놓고 말하기도 했다. 그러나 로스차일드가는 전쟁 발발을 개탄하면서도, 영국이든 프랑스든 타국의 개입에는 반대하며 전쟁 초반부터 중립적인 자세를 취했다. 1863년 프랑크푸르트에 주재해 있던 미국 총영사는 마이어 칼과 이야기를 나눈 뒤 《하퍼스 위클리》에 이렇게 전했다.

이곳 M. A. 로스차일드 운트 죄네는 노예제에 반대하고 연방을 지지합니다. 역시 이곳에 적을 둔 개종한 유대인인 에를랑거는 300만 파운드라는 막대한 규모의 채권을 발행했지요. 로스차일드 남작은 노예제를 인정하는 정부에 돈을 댄 그의 행동을 전 독일이 질타하고 있으며, 에를랑거가 프랑크푸르트 증권거래소에서 감히 그런 채권을 발행했다는 사실에 반발 여론이 거세다고 말했습니다. 유대인들은 그런 죄를 범한 것이 같은 신앙인이 아니라는 사실에 기뻐하고 있습니다. 그런 일은 배교자들이나 할 일이라는 거지요.

1863년 3월, 최초의 '면화 보증' 연합 채권을 발행한 것은 미국인 존 슬리델(John Slidell)과 손잡은 에를랑거, 일명 에밀 데를랑제르(Emile d'Erlanger)[13]였다. 그리고 런던의 은행 가운데 이 사업에 가담한 유일한 은행은 N. M. 로스차일드가 아니라 공채 발행 경험이 전무했던 J. 헨리 슈뢰더(J. Henry Schröder & Co.)였다. 런던 상사에서는 벨몬트에게 "연합 채권은 투기성이 지나쳐서 온갖 무모한 투기꾼들을 끌어들일 가능성이 농후합니다.……외국인들이 진행하는 사업인 데다, 사업에 관여했다는 사람 중에서 신뢰할 만한 인물의 이름을 들어 본 적이 없군요.……우리는 여전히 중립적인 입장이며, 그 사업과는 전혀 무관합니다"라고 전갈을 보냈다.[14] 이미 1864년 무렵부터 제임스는 미국 북부가 유럽에서 수입하도록 자금을 조달했고, 링컨 정부를 얼른 지원하지 않고 꾸물거린다고 벨몬트를 질타했으며, 회의적인 조카 냇에게는 북부 채권이 좋은 투자 대상이라고 설득했다.[15] 남부에 자금을 지원했다는 혐의가 1874년에 다시 제기됐을 때, 벨몬트는 과장하지 않고 이렇게 말할 수 있었다. "약 9년 전, 파리에 계시던 고 제임스 드 로스차일드 남작께서는……제 눈앞에 당신의 장부를 꺼내 보이시며, 당신이 전쟁 중 우리 북부의 증권에 누구보다 먼저 대규모로 투자하셨다는 사실을 확인시켜 주셨습니다." 로스차일드가가 남부를 지원했다는 혐의는 미국이 페니언 형제단[16]에 보내는 지원금 지급을 벨몬트가 일부러 지체시켰다는 혐의처럼 사실이라기보다는 전설에 가까웠다.

분명한 사실은, 베어링은행이나 런던에 회사를 설립한 미국인들인 조지 피바디, 주니어스 스펜서 모건(Junius Spencer Morgan) 같은 경쟁자들에 비해 로스차일드가와 미국 재정의 이해관계는(북부와 남부를 통틀어) 한정적인 수준이었고, 세기가 끝날 때까지 내내 그러했다는 것이다. 뉴욕에 머물고 있던 가족 일원이 셀리그먼(Seligman)가 같은 신참들과 거래를 트기도 했지만 로스차일드가는 으레 미국 시장에서 한 걸음 물러나 있었고, 벨몬트가 점점 더 많은 시간과 정력을 정치에 쏟아 부으면서(그는 그 과정에서 강력한 적수를 많이 만들게 된다)[17] 그만큼 미국 시장과의 관계는 소원해졌다. 게다가 남북전쟁은 제임스조차 미국에 환멸감을 느끼게 했다. 1865년에 강화가 체결된 이후 대미 사업의 규모가 증대되자 희망에 부풀었던 그였지만, 정치적 '분란'이 재개될지도 모른다는 두려움을 떨쳐내지는 못했다. 이 문제를 놓고 1867년에 그가 마지막으로 남긴 말은, "미국이 예측할 수 없는 나라이기는 하지만 지금 재개되고 있는 전투가 대통령뿐만 아니라 남부에 대항한 전투라는 점을 분명히 깨닫고 있어야 한다고 깊이 확신"하는 바, 미국 펀드를 팔아버리라는 것이었다.

제임스의 아들들은 면화 시장에 대한 관심을 놓지 않았지만, 알퐁스는 1868년 1월에 사촌들에게 "우리는 남부에서 일어나는 흑인 폭동이나 기타 등등의 사건에 투기하고 싶은 마음이 없다"고 분명히 말했다. 그는 미국 철도에 대해서도 냉담한 입장이었다. 런던 상사도 그처럼 노골적이지는 않았지만 비슷한 반응을 보였다. 1870년에 미국의 금융가 제이 쿡(Jay Cooke)이 500만 달러 규모의 북태평양 철도 채권을 인수할 사람을 찾기 위해 런던을 찾았을 때, 라이오넬은 그 사업에 별 관심을 보이지 않았다. 미국 경제에 대한 로스차일드가의 관여는 주 정부나 연방 정부를 위한 채권 발행으로만 갈수록 범위를 좁혀 갔다. 심지어 이 정도의 사업에서도 문제가 생겼다. 런던 상사가 50만 달러 상당의 펜실베이니아 주 채권에 투자했지만, 전후에 재개된 이 사업은 출발이 좋지 않았다. 1년도 지나지 않아서 주 정부가 채권자들에게 가치가 하락한 달러로 변제하려 한다는 것이 명백해졌다. 벨몬트가 이에 저항했지만, 주 정부 회계 담당자인 윌리엄 H. 켐블(William H. Kemble)로부터 노골적인 반유대주의적 언사를 들었을 뿐이었다. "살점 한 파운드는 드리겠지만, 그리스도 교도의 피는 단 한 방울도 드릴 수 없습니다."

파리, 런던, 프랑크푸르트 상사가 아돌프 한제만과 손잡고 1870년에 발행한 뉴욕주 채권은 성공적이었고, 이는 1871년 또 한 번의 성공으로 이어졌다.

그러나 언제나 중앙 정부와의 거래를 선호했던 로스차일드가는 1869년부터 연방 재정 안정화 사업에 참여할 기회를 얻기 위해 율리시스 S. 그랜트(Ulysses S. Grant) 대통령에게 로비를 시작했다. 런던 상사는 1871년의 차환 채권 발행에 참여한 다섯 곳의 은행 중 한 곳이었으며, 같은 식의 사업이 2년 뒤에도, 다시 1878년에도 반복되었다. 벨몬트의 적들은 로스차일드가야말로 미국이 금본위제를 채택하게 만들어 여러 주의 채권 가치를 절상하는 것이 유일한 목적인 "유럽의 샤일록"이라고 끊임없이 비난했다. 그러나 남북전쟁을 거치며 유럽 대륙에 대한 영국의 영향력이 일시적으로 쇠했을 뿐만 아니라, 대서양 건너편에 대한 로스차일드가의 영향력 또한 항구적으로 쇠락하게 되었다는 것이 사실상의 전말이었다.

타국민의 내전에는 절대 참견하지 말아야 한다는 입장은 리오그란데 강 이남에서 일어난 사건들로 완벽한 근거를 갖추게 되었다. 나폴레옹 3세는 남북전쟁의 결과에 실력을 행사해 보려다가 실패했지만, 미 대륙에서 일어난 사건에 다른 식으로 개입할 방법을 찾아냈다. 프랑스의 멕시코 침공은 19세기를 통틀어 최악의 실패를 겪은 제국주의적 모험 중 하나였다. 부분적으로 이는 멕시코가 미국에 완전히 합병되지 않도록 지켜야 한다는 나폴레옹의 믿음에서 비롯된 일이었다. 또 한편으로는 롬바르디아에서 물러난 전 오스트리아 총독에게 새 직업을 주기 위한 일이었지만, 막시밀리안(Maximilian) 대공이 멕시코의 왕위를 받아들인 것은 작센코부르크 집안 출신인 그의 야심찬 아내 샬로테의 압력에 못 이겨 자신의 형인 프란츠 요제프 황제의 반대에도 불구하고 내린 결정이었다.

외견상으로는 그저 돈 때문에 시도된 침략이었다. 애초에 프랑스, 영국, 스페인이 1861년 멕시코에 원정대를 보낸 것은 새로 들어선 급진 정부가 그동안 쌓인 외채에 대한 이자 지불을 거부했기 때문이었다. 이후 수년에 걸쳐 당시의 사건을 정당화하기 위해 채권 소유자들이 받을 이자 문제가 자주 입에 올랐다. 그러나 사실 채권 보유자의 대다수는 영국인이었고, 프랑스는 자신들의 권리를 과장해서 주장하거나 (모르니 공작이 그랬던 것처럼) 다른 이들이 보유한 채권을 일부러 취득해야 했다. 1862년 4월에 영국과 스페인이 철군 결정을 내린 것, 이어 프랑스가 3만 명 병력의 군대를 추가 파병한 것은 멕시코 사태를 막대한 손실을 몰고 온 대실패로 만들어버렸다.

　나라를 점령하고 막시밀리안을 황제로 앉히는 것은 가능했지만, 프랑스 재무부는 이 한정 없는 사업을 지속할 여력이 없었다. 그리하여 체결된 미라마르(Miramar)조약은 새 멕시코 정권이 프랑스에 2억 7000만 프랑을 빚지고 있다고 명시했는데, 그 중 4000만 프랑은 채권 소유자들과 그 외 다른 사익에 할당된 돈이었고 나머지는 침략에 소요된 전비였다. 이를 변제할 수 있는 유일한 방법은 다시 유럽에서 멕시코 신규 공채를 모집하는 것이었고, 이를 위해서는 새 정권이 안정을 유지하는 것이 필수적이었다. 그러나 남북전쟁이 종식되고 미국이 막시밀리안을 멕시코의 합법적인 통치자로 간주할 수 없다는 신호를 보이자마자, 점령 상태를 유지하기란 불가능해졌다. 1866년에 나폴레옹은 수치스럽게도 군대를 철수해야 했고, 홀로 남겨진 불운한 막시밀리안은 이듬해에 총살되었다.

　로스차일드가가 멕시코 계획에 반대했다는 주장이 있었지만, 사실은 그렇지 않았다. 앞서 살펴본 것처럼 로스차일드가는 멕시코에 이해관계가 있었다. 사실인즉, 너대니얼 데이비슨은 후아레스(Juárez) 정부가 앞선 보수 정권이 체결한 계약을 인정하기를 거부한 결과 최소한 1만 달러를 잃게 될 것을 염려했는데, 특히 데이비슨이 약 70만 달러를 대부할 때 담보가 되었던 교회 토지에 관해서는 불안감이 더 클 수밖에 없었다. 그가 인수한 산라파엘 제철소 역시 위험한 상황이었다. 그랬던 터라 데이비슨은 베라크루스에 상륙한 유럽 병력을 환영했고, 그들이 후아레스 정권을 좀 더 신속하게 전복하지 않은 것을 유감스럽게 생각했다. 그는 서둘러 프랑스 원정대의 경리관을 도와 어음을 할인하고, 캘리포니아에서 수백만 달러 상당의 금을 공수하기도 했다. 막시밀리안 대공 역시 멕시코에 간접적인 이해관계가 있었다. 그의 아내는 벨기에 레오폴트 왕의 딸로, 레오폴트 왕은 이미 1848년부터 재산을 파리 상사에 믿고 맡긴 로스차일드가의 오랜 친구였다. 프랑스 정부가 멕시코 채권 문제를 들고 나서자마자 로스차일드가가 자신들의 이해관계를 숨기지 않았던 것도 그 때문이었다.

　분명 제임스는 멕시코 채권의 성공 가능성에 대해 회의적이었다. 그는 1863년 8월에 이렇게 썼다. "나는 정말 이해하지 못하겠다. 어떻게 오스트리아 대공이 프랑스 군대의 힘으로 황제 자리에 오를 수 있는지 말이다. 군대가 떠난 뒤에도 세금이 계속 징수되고 채권 이자가 지불되리라고 누가 보증할 수 있겠느냐는 말이다." 그는 미국 남북전쟁의 종식이 프랑스의 입지를 약화시키리라는 것 역시 정확히 예견했다. 제임스는 설령 사업 의뢰가 들어온다고 해도 그 모든 무모한 모험이 낭패로 끝나는 즉시 가치를 잃을 채권에 관여할 생각이 추호도 없었다.

그러나 이 같은 의혹 때문에 그가 멕시코 채권 사업에 대한 관심을 아주 접었으리라고 생각해서는 안 된다. 그는 지금껏 그랬던 것과는 달리 베어링 은행과 협력해서 움직이려고 애썼으며, 그렇게 해서 위험 요소를 분산시키고 런던 채권 보유자들로부터 그들이 마련한 조건에 대한 동의를 이끌어내기 위해 알퐁스와 둘이 감내해야 하는 수고를 나누려 했을 뿐이다. 그러다가 결국에는 멕시코 채권 사업을 크레디 모빌리에나 글린밀스 상회(Glyn, Mills & Co.) 같은 경쟁자들에게 빼앗긴 것을 안타까워했으며, 무엇이라도 기회를 잡기 위해 정력적으로 노력을 기울였다. 그는 멕시코에 새 은행을 설립하는 계획을 가능성 있는 "금덩어리 사업"이라 생각했고, 그마저 무산됐을 때는 실망해 마지않았다. 채권 사업은 둘째 치고 데이비슨이 과한 열의를 발휘해 프랑스 군대뿐만 아니라 막시밀리안 황제를 위해서도 어음을 할인해 준 덕분에, 로스차일드가가 멕시코 문제에 관여했다는 사실이 결국 외부에 노출됐다. 프랑스군이 퇴각을 선언했을 때(데이비슨은 공포에 떨었다), 그들에게 남겨진 막시밀리안의 저주받은 정부 어음의 가치는 약 600만 프랑이었다.

다시 말해, 멕시코 사태에는 프랑스의 모험을 지지한 정당한 근거, 결국 좌절되기는 했지만 상업상의 이유가 있었던 셈이다. 그러나 그보다 미묘하고 어쩌면 더 중요할지 모를 해석도 가능하다. 즉, 먼 나라 멕시코에서 자금과 인력을 낭비한 일이 프랑스의 주의를 중유럽 밖으로 돌려놓았다는 것이다. 로스차일드가의 사적인 서신에서는 이 점이 분명히 드러난다. 가령 제임스는 1863년 6월에 무뚝뚝한 어조로, 멕시코로 돈과 군대를 보내는 일은 "재무부에 해로운 일일 뿐더러, 폴란드를 두고 벌어질 전쟁도 막아 준다"고 썼다(다음 장 참조). 그런데 프랑스의 쇠락으로 일어난 결과는 그가 예견한 것보다 훨씬 막대했다. 막시밀리안 황제의 서거 소식이 들린 뒤 알퐁스가 내린 판단은 지나친 것이 아니었다. "우리는 이 상황을 분명히 바라봐야 합니다. 가련한 막시밀리안의 비극적인 죽음은 매우 심각한 결과로 이어질 수 있는 사건입니다. 프랑스에서는 국내 문제뿐만 아니라 국외 정책에 대한 정부의 경망스러운 처신을 놓고 불만스러워하는 여론이 지배적입니다. 바로 그로 인해 전반적인 불안, 미래에 대한 불확실성이 움트고, 결국 모든 거래에 영향을 미칠 것입니다."

그 '불안'이란 제임스가 오래도록 경고해 왔던 "하락장"이었다.

4장
혈(血)과 은(銀)
(1863~1867)

우리는 프로이센 왕을 위해 일하는 사람이 아니다.

-제임스 드 로스차일드, 1865년[1]

    1861년 6월, 프랑크푸르트에서 암셀의 오찬 초대를 받아들인 오토 폰 비스마르크는 자신이 누구의 선례를 따르고 있는지 알지 못했을 것이다. 30년 전 메테르니히 역시 암셀과 "수프를 먹었"고, 그 일은 오스트리아 총리와 로스차일드 가문 사이의 오래 지속될, 상호 호혜적인 우정의 시작이었다. 로스차일드가는 메테르니히의 개인 자산을 (여러 차례 특별한 조건으로) 돌봐주었고, 신속하고 은밀한 외교 소통 채널로서 임무를 수행했다. 그 보답으로 메테르니히는 민감한 정치 뉴스를 로스차일드에 건넸고, 가족들이 합스부르크제국의 재정뿐만 아니라 오스트리아 상류 사회에서도 특권적인 지위를 누릴 수 있게 해 주었다. 암셀은 분명 비스마르크와의 관계도 그런 수순을 밟기를 바랐을 것이다. 그리고 한동안 그의 소망은 비현실적인 기대가 아닌 듯했다.
    비스마르크가 프랑크푸르트 주재 공사로 재직 중이던 당시 그의 반오스트리아 정책이 일시적으로 로스차일드가와 갈등을 일으켰지만, 양측 누구도 이를 사적으로 받아들이지는 않았다. 비스마르크는 이후에도 개인 자산에 관한 일을 프랑크푸르트 상사에 믿고 맡겼고, 프랑크푸르트 상사 역시 프로이센 대표단의 공식 은행가로 활동했다. M. A. 로스차일드 운트 죄네는

1867년까지 비스마르크의 거래 은행이었다. 메테르니히가 그랬듯 비스마르크도 1866년 전까지는 부자가 아니었다. 그러나 메테르니히와는 달리, 그는 로스차일드가로부터 거액을 빌리려고 한 적이 없었다. 1866년에 지출(2만 7000탈러)이 총리로서 받는 봉급(1만 5000탈러)과 사유지에서 나오는 소득(약 4000탈러)보다 늘어나면서 당좌 대월을 다소 초과하기는 했지만, 부채는 오스트리아와의 전쟁에서 승리한 보상으로 프로이센 주의회가 건넨 40만 탈러의 상금으로 쉽게 변제할 수 있는 수준이었다. 그 이전에는 주로 당좌 계정 서비스를 받기 위해 로스차일드가를 찾았으며, 1865년에 비아리츠(Biarritz)를 방문했을 때는 적지 않은 경비(1만 550프랑)를 지불하는 데 파리 상사를 이용하기도 했다. 비스마르크는 "시계를 해시계에 맞추듯이 내 씀씀이를 추산할 수 있도록" 매년 초에 자신의 계좌에 대한 연간 통지서를 받아 보기를 원했다. 게다가 그의 계정이 흑자인 경우가 많았기 때문에(1864년 6월 당시의 예금액은 8만 2247굴덴이었다) 로스차일드가는 그에게 (4% 이율로) 이자를 지급했고, 틈틈이 그를 대신해 투자해 주기도 했다. 1851년 이전의 어느 시점에는 프랑크푸르트 상사가 대주주로 있던 베를린의 티볼리(Tivoli) 맥주회사 주식을 그를 대신해 매입해 주기도 했다(이 맥주 회사의 또 다른 대주주는 쾰른의 오펜하임이었다).

역사학자 프리츠 슈테른(Fritz Stern)의 지적처럼 1859년 이후 비스마르크는 개인 재무에 관해 더 많은 부분을 게르손 블라이히뢰더(Gerson Bleichröder)에게 위임했는데, 그는 4년 전 작고한 부친 사무엘로부터 베를린의 은행 사업을 물려받은 차였다. 그러나 이것이 곧바로 로스차일드가와의 관계 단절로 이어지지는 않았다. 블라이히뢰더는 꽤 오래전부터 로스차일드가가 거래해 온 베를린의 주요 은행가였고, 그를 처음 비스마르크에게 추천한 사람도 마이어 칼이었다. 게다가 블라이히뢰더는 베를린에서 자잘한 내용이라도 정치 정보를 얻어내기만 하면 로스차일드가에 전해 주기 위해 애썼다. 일례로, 1861년 3월에 그는 자유주의자들이 또 한 번 선거에서 승리를 거두면 왕과 주의회의 관계는 "군대 문제를 두고" 완전히 결렬될 것이며, "석 달이 지나지 않아" "또 다른 파경이 뒤따르고 결국에는 선거법이 개정될 텐데, 더불어 반동적인 총리가 등장하거나 의회가 완전히 폐기되거나 둘 중 하나일 것"이라고 어느 정도는 정확하게 예측하기도 했다. 그가 전하는 정보는 비스마르크가 상트페테르부르크의 임기를 끝내고 베를린으로 돌아온 뒤부터 꾸준히 질을 높여 갔고, 그때부터는 그의 서신에 "폰 비스마르크 씨로부터 얻은 개인적 정보에 따르면"이라는 문구가 등장하기 시작했다.

애초에 블라이히뢰더는 "반동적"이고 "인기 없는" 비스마르크가 권좌에 오래 있지 못할 것으로 예상했다. 그러나 그는 사면초가에 몰린 총리와 더욱 긴밀한 관계를 맺게 됐는데, 무엇보다도 비스마르크가 그를 파리에 있는 제임스와의 소통 채널로 이용하고 싶어 했기 때문이었다. 비스마르크의 보좌관 로베르트 폰 코이델(Robert von Keudell)이 썼듯이, 제임스는 "나폴레옹 황제를 언제든 자유로이 알현하고, 황제도 그가 재정 문제뿐만 아니라 정치적인 문제에 대해서도 터놓고 이야기하도록 허락했다. 덕분에 공식 루트로 전하기에는 부적절해 보이는 정보를 블라이히뢰더와 로스차일드가를 통해 황제에게 전달할 수 있었다." 블라이히뢰더가 코이델이나 비스마르크 본인과 만나는 일은 점점 더 잦아졌다. 곧 그의 편지는 "믿을 만한 정보원"에 대한 언급으로 가득 차게 된다.

점차 실세 자리를 굳히고 있던 이 고객을 프랑크푸르트의 마이어 칼이 방관하고 있었던 것은 아니었다. 앞서 살펴본 것처럼 그는 1860년에 이르러서 부분적으로는 비스마르크 덕택에 프로이센 왕실 은행가라는 지위와 작은 훈장을 손에 넣을 수 있었다. 그보다 더 큰 훈장을 바라는 마음에, 마이어 칼은 1863년 그의 영국과 프랑스 친척들은 이미 오래전에 버린, 공들여 아첨하는 말투로 비스마르크에게 편지를 썼다.

> 각하께서는 제가 각하를 위해 오랫동안 한없이 헌신해 온 것을 아시며, 프로이센의 이익을 위해 얼마나 골몰해 왔는지도 알고 계십니다.……저는 고귀하고 관대하시며 전능하신 대표자이신 각하를 전적으로 신뢰하고, 각하께서 친절히도 저를 고려해 주시어 제게 가장 높은 인정을 의미하는 고귀한 징표를 하사해 주시리라 믿어 의심치 않습니다.[2]

그러나 그런 일은 일어나지 않았다. 로스차일드가가 메테르니히와 맺은 재정적 관계는 꽃을 피웠지만, 비스마르크와의 관계는 사위어 갔다. 블라이히뢰더는 로스차일드가에 반(半)의존적인 입장이었고 로스차일드가 사람들이 탐탁지 않게 여기기라도 하면 아직은 작은 회사에 불과한 그의 사업은 타격을 입을 것이 분명했는데도, 그는 비스마르크의 계좌를 프랑크푸르트 상사로부터 빼앗아 올 수 있었던 것으로 보인다. 당초 블라이히뢰더가 맡았던 업무는 베를린에서 비스마르크의 봉급을 수취하고 가계비 지출 일부를 지불하는 데 그쳤다. 그러나 심지어 비스마르크가 베를린으로 복귀한 1862년 이전부터 블라이히뢰더는 그에게 투자 자문 서비스를 제공했고, 티볼리 맥주회사가 배당금을 지급하지 못했을 때는 이 소문상의 고객을 대신해 불만을 표시하기도 했다. 오래지 않아 비스마르크는 그로부터 프로이센 철도 회사와 은행의 주식 옵션을 연달아 제공받았을 뿐만 아니라, 베를린 증권거래소의 시황 보고까지 규칙적으로 전해 받게 되었다.

1866년 말, 블라이히뢰더는 결국 목표를 이뤘다. 비스마르크가 상금으로 받은 40만 탈러의 투자를 맡긴 것은 로스차일드가 아니라 블라이히뢰더였다. 게다가 1867년 7월 이후 어느 시점에 비스마르크는 프랑크푸르트에 있던 계좌를 해지하고 잔고(5만 7000탈러)를 블라이히뢰더 쪽으로 송금했다. 비스마르크는 나중에 이렇게 단언했다. "유대인들이 반드시 우위에 있으리라는 법은 없다. 다른 여러 나라의 유감스러운 실상처럼 유대인에게 경제적으로 의존하는 일이 항상 불가피한 것도 아니다. 총리로서 내가 유대계 금융 실세들과 맺은 관계는 언제나 내가 아닌 그들이 도리를 다해야 하는 관계였다." 그 말은 사실이었다. 비스마르크가 거래 관계를 유지했더라도 로스차일드가 사람들은 결코 취하지 않았을(마이어 칼이 현란한 문장을 선보이기는 했지만) 공손한 태도로 블라이히뢰더는 비스마르크를 대했다. 게다가 1862년 이래 비스마르크가 프로이센을 이끌어 간 행로는 로스차일드가가 오스트리아, 이탈리아, 프랑스에 두고 있던 이해관계와 한마디로 너무도 어긋나 있었다.

로스차일드가 사람들은 곧 비스마르크를 반감과 경외감이 뒤섞인 감정으로 대하게 되었다. 1866년 3월, 제임스는 그가 "무모한 인간"이라고 공언했다. 그 비슷한 시기에 안젤름은 그가 "분노로 입에 거품을 문 야생 돼지"라는 잊기 힘든 비유를 남긴다. 한 달 뒤, 제임스가 쓴 편지에서 비스마르크는 "그저 전쟁을 원하는 작자"였다. 샬로테는 이렇게 탄식했다. "그 끔찍한 비스마르크는 가치없는 사람이다. 이번 세기 후반을 통틀어 제일가는 날강도일 것이다." 그러나 이런 성토보다 더 많은 점을 시사해 주는 것은 가족들이 이 "반동 혁명가(white revolutionary)"에게 느낀 경외감의 표현이다. 일찌감치 1868년에 샬로테는 "비스마르크의 지성"이야말로 그녀의 사위에게 필요한 요소라고 생각했다. 가족 중에 그 누구보다 비스마르크를 증오할 이유가 많았던 알퐁스는 씁쓸한 심기를 두루뭉술하게 내비치며 그를 "세계의 위대한 주인"이라거나, "유럽의 정치극에 출연한 꼭두각시 인형들을 커튼 뒤에서……끈으로 조종하는 자"라고 부르기도 했다. 1890년 비스마르크가 마침내 권좌에서 물러났을 때 알퐁스는 이 오랜 적수에 대해 유례없는 헌사를 바쳤다. 그는 비스마르크가 가버렸으니, "유럽 국가들이 견실한 근본 원칙에 유념한다고 말하기란 어려울 것"이라 썼다.

반면 비스마르크는 로스차일드가 사람들에게 진심에서 우러난 존경심을 느낀 적이 한 번도 없었고, 오히려 반유대적인 표현을 써서 그들에 대해 언급하는 일이 적지 않았다. 그러나 그가 로스차일드가의 경제적 수완까지 낮잡아 본 것은 아니었다. 그는 그들에게서 자신과 동일한 냉철한 '현실주의'를 간파했던 것 같다. 생애 후반에 그는 정치적 원칙에 대한 자신의 관점은 암셸의 관점과 비슷하다고 이야기했는데, 그가 반농담조로 회상한 바에 따르면 암셸은 자신의 수석 직원에게 이렇게 묻는 습관이 있었다는 것이다. "마이어 군, 대답해 보게. 미국산 가죽과 관련해서 오늘의 내 원칙은 무엇인가?"

독일의 통일 : 경제적 배경

비스마르크가 당시의 어떤 오스트리아 정치가도 하지 못한 식으로 로스차일드가를 비롯해 그 어떤 은행가에게도 "의존"하지 않을 수 있었는지를 설명하는 것은 어쩌면 쉬운 일이다. 프로이센은 재정 면에서 다른 나라들과는 맞수가 되지 않았다. [표 11]은 당시 주요 참전국 중 세 곳에서 명목 지출이 각각 얼마만큼 증가했는지를 단도직입적으로 보여 준다. 프랑스와 프로이센의 수치는 사실 매우 비슷하다. 그러나 오스트리아의 수치(1857년에서 1867년 사

[표 11] 통일 시대의 공공 지출(1857~1870년)

	프랑스		오스트리아		프로이센	
	100만 프랑	지수	100만 굴덴	지수	100만 탈러	지수
1857	1,893	100.0	371	100.0	122.8	100.0
1867	2,170	114.6	943	297.5	171.0	139.3
1870	3,173	167.6	422	113.7	212.9	173.4

이에 지출이 거의 세 배로 뛰었다)는 합스부르크제국이 감당하기 힘들 만큼 군사 개입을 하고 있었다는 사실을 여실히 드러낸다. 이만한 규모로 지출이 증가한 이유는 군사 예산과 방위 예산 때문이었지, (흔히 생각할 수 있는) 인플레이션 탓이 아니었으며, 인플레이션의 영향은 비교적 제한적이었다(물가는 단 5% 상승했는데, 이 기간 동안 상당한 통화 팽창이 있었던 것을 감안하면 놀랍도록 미미한 수준이었다).

그러나 은행가들의 태도를 직접적으로 결정지은 것은 군비 지출에 자금을 조달하는 방식이었다. 여기에서 주요 경쟁국에 비해 프로이센이 지녔던 강점이 명확히 드러난다. 1847년에서 1859년 사이에 오스트리아의 총 부채는 2.8배 증가했다. 같은 기간 프로이센의 증가폭은 1.8배에 그쳤다. 더 중요한 사실은 프로이센의 경우 애초 부채 부담이 이례적으로 적은 상태에서 출발했다는 점이다. 1850년대 당시 국민소득 대비 공공 부채의 비율은 약 15%였으며, 1869년에 이르러서도 수치는 17% 미만을 유지하고 있었다. 프랑스의 경우 그 비율은 1851년 29%에서 1869년에는 42%까지 뛰어올랐다. 채무 원리금 상환 비용 역시 그만큼 극명한 격차를 드러낸다. 1857년에 오스트리아는 통상 세입의 26%를 채무 원리금 상환에 소비했으나, 프로이센의 지출 비율은 11%에 불과했다. 보나파르트 집권 시기를 통틀어 프랑스의 수치는 평균 30%였다. 반면 프로이센의 채무 원리금 상환 부담은 수치가 최고치를 기록한 1867년에도 그보다 낮은 수준이었다(27%). 장래 투자자의 관점에서 이는 프로이센의 신용 리스크가 낮다는 것을 뜻했다. 프랑스의 리스크는 다소 높았다. 오스트리아야말로 최악이었다. 이 같은 격차는 채권 가격과 연계해서도 살펴볼 수 있다. 오스트리아의 금리 5% 메탈리크의 가격은 1859년과 1866년

[표 12] 독일 통일의 경제적 영향

	최고가	날짜	최저가	날짜	편차 (백분율)
영국 금리 3% 콘솔채	93.75	1862년 11월	86.25	1866년 5월	-8.0
	94.12	1870년 5월	90.75	1870년 8월	-3.6
프로이센 금리 3.5% 채권	91.25	1864년 12월	78.25	1870년 12월	-14.2
프랑스 금리 3% 랑트	71.00	1862년 5월			
	65.05	1864년 3월	-8.4		
	69.40	1865년 9월	60.80	1866년 4월	-12.4
	76.98	1869년 3월	50.80	1871년 6월	-34.0
오스트리아 금리 5% 메탈리크	60.00	1864년 12월	42.38	1866년 12월	-29.4

* 주 : 영국과 프랑스 채권 가격은 런던 공시 가격, 프로이센과 오스트리아 채권 가격은 프랑크푸르트 공시 가격임.

두 차례에 걸쳐 약 42(나폴레옹 집권기 이래로 볼 수 없었던 가격)로 바닥을 쳤다. 반면 프로이센의 금리 3.5% 공채 가격은 78 밑으로 떨어진 적이 없었다.[표 12]

이렇게 보면 격차는 더욱 극명해진다. 1851년에서 1868년 사이에 프로이센과 오스트리아 채권 간의 수익률 스프레드는 2.7~8.6%pt 범위에 있으며, 그 평균은 거의 정확히 5%다.[표 13] 프로이센과 프랑스 채권 간의 비교치는 덜 현저하지만 차이가 없지는 않다. 1860년에서 1871년까지는 평균 잡아 1%pt를 조금 넘긴 수치에 불과했다. 1865년 1월, 탈레랑[3]이 (납득할 만한 과장법을 써서) 지적한 바에 따르면 "프로이센은 증권거래소에서 그렇듯 정치에서도 액면가 이상"이었다. 그러므로 1858~1871년에 벌어진 여러 갈등의 결과를 정치가들의 기민한 외교술이나 장군들의 대담한 전략을 들어 설명하는 이유는 여전히 가능하지만, 경제적인 설명 또한 그 결과를 이해하는 데 충분조건은 아니더라도 필수조건은 된다고 할 수 있을 것이다. 달리 말해, 오스트리아의 정책이 실패한 이유는 한마디로 그 정책이 재정적으로 감내할 수 없는 것이었기 때문이다. 이탈리아와 독일 양쪽에서 승전하기 위해 필요했던 군사 활동을 감당할 수가 없었던 오스트리아는 한 곳의 적국에 자국의 영토를 팔아 넘겨 다른 적국을 공격할 자금을 마련한다는 옵션을 받아들여야 했을 것이다. 이는 본질적으로 제임스와 그의 조카들이 표방했던 전략이었다. 그러나 자

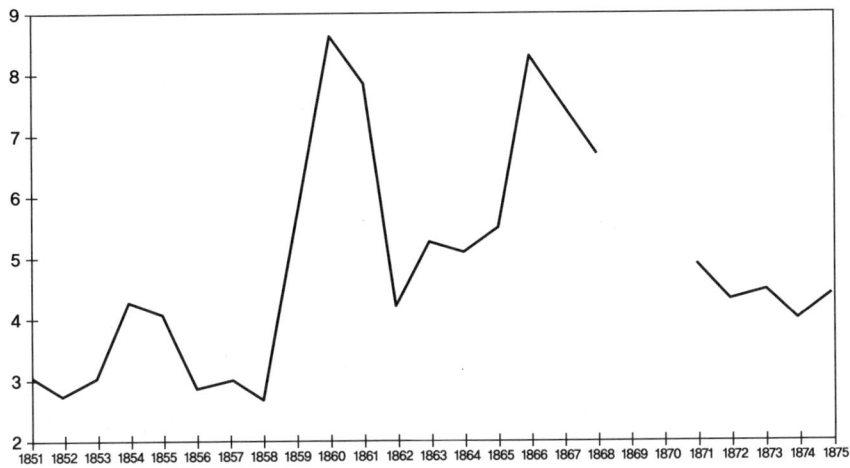

[표 13] 프로이센-오스트리아의 수익률 격차(오스트리아 채권 수익률-프로이센 채권 수익률, 1851~1875년)

국의 재정적 한계를 얕잡아 본 오스트리아는 결국 두 곳의 전쟁에서 모두 패하고 만다.

그렇다고 비스마르크의 승리가 재정적으로 그렇게 될 수밖에 없었던 결과였다고 가정하는 것은 잘못이다. 1862~1866년의 중요했던 시기에 비스마르크가 국가 재원을 사용한 일은 의회의 동의 없이 이루어진, 엄밀히 말해 불법적인 일이었으며, 그가 주장한 "불비(不備) 이론"[4]으로도 최종 승인된 예산 수준을 훨씬 초과하는 지출상의 증가를 쉽게 정당화할 수는 없었다. 1863~1866년의 지출 규모는 1861년에 의회의 인가를 받은 통상 지출 내역을 기준으로 연간 약 3800만 탈러씩 초과했다. 비스마르크는 개인적으로 책임을 지고 의회의 승인 없이 자금을 확보할 것을 각오했고, 1864년 1월에 자유주의 세력이 우세했던 주 의회는 단 1200만 탈러의 자금에 대한 요청마저 기각시켰다. 이런 상황에서 그는 (자신이 말했듯이) "구할 수 있는 곳이라면 어디에서든 자금을 마련"할 수밖에 없었다. 그래도 말이 쉬울 뿐 실제로는 고달픈 일이었고, 그가 1864년 여름 오스트리아 대리 공사 앞에서 자신이 7500만 탈러의 예비 자금을 갖고 있다고 한 것은 순전히 허세에 불과했다.

이 시기에 프로이센 재정에 대한 시장의 신뢰가 다소 지나친 것이었다는 지적은 그럴듯한 주장이다. 덴마크와의 전쟁이 끝나자마자 비스마르크는 자금 마련을 위해 방위비 감축을 주장했다. 그 정책이 성공하면 "누구도 프로이센의 재정 상태에 대해 가타부타할 수 없을 것"이라고 그는 생각했다. 프로이센 채권이 누렸던 높은 시세를 다소 다른 관점에서 보게 하는 이야기다.

어쨌든 독일에서 주도권을 쥐기 위한 투쟁은 군사적인 문제인 만큼 외교적인 문제이기도 했다. 전쟁의 근골을 채운 것은 돈이었으나, 1860년대 외교에 있어서 돈의 역할은 제임스도 원통해했듯이 비교적 제한적이었다. 오스트리아가 취약했는데도 비스마르크의 야심이, 설사 결딴나지는 않았더라도 좌절될 수 있었던 사건이 여러 번 있었다. 1860년대의 외교적 정황에는 우발적인 요인이 있었다는 사실을 기억해야 한다. 가령 러시아의 대오스트리아 정책이 덜 적대적이었다면, 비스마르크는 1849년에 올뮈츠에서 프로이센으로 하여금 독일 내 구헤게모니의 복원을 받아들이도록 강제했던 동방제국의 압력에 흔들렸을지 모른다. 영국이 그렇게 수동적인 태도를 취하지 않았다면, 폴란드와 덴마크를 두고 벌어진 분쟁이 프로이센에는 그다지 유리하게 전개되지 않았을 것이다. 나폴레옹 3세가 외무장관 투브넬(Thouvenel)을 드루앵 드 뤼로 교체하지 않았다면, 프랑스는 훨씬 중대한 정책을 펼쳤을 것이다. 즉, 나폴레옹은 (로마는 아닐지언정 베네치아에 대한) 이탈리아의 이익을 위해 움직이는 대신, 팽창주의를 표방한 프로이센이 프랑스에 가할 위협을 예견할 수 있었을 것이다. 독일연방을 개혁하려던 오스트리아의 시도들도 그저 몽상으로 끝나버리지 않았을 것이다. 오스트리아가 이 문제를 들고 나설 때마다(1862년 2월, 1863년 1월, 그리고 비스마르크에게는 가장 위험했던 순간으로 같은 해 8월에) 프로이센의 입지는 위태로워 보였다. 다른 독일 국가들도 오스트리아를 지지하고 있었다. 마지막으로, 프란츠 요제프 황제는 전쟁을 또 한 번 치르고 다시 패배하느니 차라리 베네치아나 홀슈타인을 현금과 "무화과 잎" 같은 영토[5]를 받고 내주는 편이 낫겠다고 마음을 정했을 수도 있었다.

결국 비스마르크에게 기회가 된 것은 다른 이들이 저지른 실수 덕분이었다. 1863년 11월에 덴마크가 슐레스비히와 홀슈타인을 합병하기로 결정한 것, 1866년 6월에 오스트리아가 이 공국을 두고 독일연방에 항소한 일, 그리고 1870년에 프랑스가 호엔촐레른(Hohenzollern)가의 스페인 왕위 계승권을 영구적으로 포기하라고 불필요한 요구를 내세운 일까지 말이다. 심지어 당시의 군사적인 상황도 대개 추정하는 것보다 훨씬 안정적이었다. 1866년의 전쟁 발발 당시 오스트리아는 다른 주요 독일 국가들뿐 아니라 강력한 프랑스의 지원까지 확보한 것처럼 보인 반면, 프로이센의 유일한 동지는 어느 프로이센 관리의 다소 과장된 표현에 따르면 "메클렌부르크(Mecklenburg) 대공[6]과 가리발디"뿐인 것 같았다. 프로이센의 보병대는 훈련도 잘 받고 무장도 잘 갖춘 상태였지만, 그들의 후장총이 쾨니히그래츠(Königgrätz)에서의 승리를 보장한 것은 아니었다.

최종 리허설 : 폴란드

1863년 1월, 러시아의 지배에 항거해 폴란드인들이 일으킨 봉기로 촉발된 위기는 1864년과 1866년의 전쟁에 앞서 일종의 리허설이 되었다. 러시아가 폴란드와 벌인 전쟁은 물론 국외에 상당한 동요를 일으켰지만, 러시아는 외국의 개입 없이 전쟁을 신속히 끝낼 수 있었다. 그러나 그 전쟁으로 초래된 경제적 결과는 그리 가쁘지 않았다. 로스차일드가의 입장에서 폴란드의 봉기는 무엇보다 달갑잖은 일이었다. 1862년 4월, 로스차일드가가 러시아의 대규모 채권 사업을 확보한 것은 40년 만의 일이었다. 사업은 노다지가 될 것 같았다. 1500만 파운드 상당의 금리 5% 채권 발행분 중에서 500만 파운드는 94의 가격에 곧장 파리와 런던 상사가 매입했고, 나머지는 위탁 공매되었다. 그러나 제임스의 기대와는 달리 발행은 그다지 순조롭지 못했고, 런던과 파리, 나폴리 상사는 최소한 200만 파운드 규모의 러시아 채권을 떠안은 채 폴란드에서의 봉기 발발 소식을 들어야 했다. 제임스는 러시아가 전쟁에 휘말리지만 않으면 채권 가격이 오르리라 기대했지만, 폴란드 위기가 그 희망을 꺾어버렸다. 상황이 그토록 첨예해진 것은 비스마르크가 다소 고압적인 태도로 차르를 지원했기 때문이라기보다는(이로써 그는 사방에 적만 만들게 된다)[7] 나폴레옹 3세가 폴란드를 옹호하는 모습을 보여서 이것이 (1830년에 그랬듯) 러시아-프랑스 전쟁의 발발을 위협했기 때문이었다. 비스마르크는 운이 좋았다. 만약 영국이 프랑스에 좀 더 열띤 지원을 보냈다면, 혹은 알렉산드르 2세가 퇴각론에 설득당했다면 그의 입지는 흔들렸을 것이다. 그러나 크림전쟁 당시의 연합국 배진을 되살리려던 드루앵의 시도는 대실패로 끝났고, 러시아와 영국 양국과 한꺼번에 소원해지는 결과만 낳고 말았다.

당시 디즈레일리가 이 사태에 대해 내놓은 특유의 상상력 넘치는 해석은 그 이후로 지금까지 로스차일드 권력의 증거로 거듭 인용되었다. 7월 21일, 그는 브리지스 윌리엄스 여사(그를 숭배했던 중년의 여성 팬)에게 "폴란드의 질서를 회복하겠다는 구실로 유럽 한가운데서 벌어질 전쟁은 전면전이자 장기전이 될 것"이라고 경고했다. 그러면서 "올해 러시아에 하나, 이탈리아에 하나, 모두 두 건의 채권 계약을 한 로스차일드가는……아주 불안해할 수밖에 없는 일"이라고 덧붙였다. 석 달 뒤에도 비관적인 어조는 여전했다. "폴란드 문제는 러셀 경의 신비한 실수로 시체의 파편에서 탄생한 외교적인 프랑켄슈타인입니다. 작금의 세계 평화는 정치가들이 아니라 자본가들에 의해 유지되어 왔습니다. 지난 3개월간 그것은 비밀 결사단들과 유럽 백만장자들 간의 투쟁이었지요. 지금까지는 로스차일드가가 승자였습니다."

이는 순전한 환상이었다. 사실상 위기는 로스차일드의 통제에서 벗어나 있었다. 제임스와 라이오넬이 할 수 있는 일이라고는 프랑스의 서툰 외교가 러시아와 이탈리아 채권 가격을 떨어뜨리고 있다는 사실에 대해 노여워하는 것뿐이었다. 러시아 대사로부터 나폴레옹이 "유럽의 지도 전체를 바꿔 놓겠다"는 야망을 품고 있다는 보고를 듣고 나서 제임스가 쓴 것처럼 "지금 채권을 발행하고 있다는 것 자체가 끔찍한 일"이었다. 그러나 그는 단 한 순간도 전쟁이 일어나리라고는 믿지 않았고, 단지 "안 좋은 시황"과 "말썽거리"에 대해서만 속을 태웠다. 제임스가 디즈레일리보다 낙관적일 수 있었던 것은 그가 정보에 더 밝았기 때문이었다. 그는 프랑스와 오스트리아 정부 모두 당면 문제를 두고 내부 의견이 갈렸다는 사실을 알고 있었고(프랑스의 경우 발레브스키는 전쟁에 찬성했고 페르지니와 풀드는 반대하는 쪽이었다), 그런 까닭에 위기 역시 곧 잠잠해지리라 예상하고 있었다.

그가 잠시나마 전쟁을 의심한 유일한 순간은 6월 17일, 러시아에 전해진 두 번째 영불통첩과 드루앵과 나눈 대화로 동요한 그가 2만 5000파운드 상당의 러시아 채권을 팔아버렸을 때였다. 그러나 7월 말에 빌트바트에서 알텐

부르크(Altenburg) 공을 만나 긴 대화를 나눈 끝에, 이 "늙은 증권쟁이"(제임스가 자신을 일컬었던 표현)는 평화가 유지되리라는 것을 확신하게 되었다. 런던의 라이오넬 역시 "곧 좋은 시절이 올 것"이라는 "웨스트엔드의"(즉, 정계의) 정보를 근거로 전쟁이 벌어지지는 않으리라고 굳게 믿고 있었다. "폴란드에는 아무 일도 없다." 그는 아들 레오에게 그렇게 썼다. "우리는 러시아인들보다 조금도 나은 게 없는 폴란드인들을 위해 간섭하는 일 따위는 하지 않을 것이다."[8]

폴란드 위기로 초래된 가장 심각한 결과는 러시아와 장기적인 관계를 수립하려 했던 로스차일드가의 계획이 좌절된 일이었다. 폴란드 봉기를 진압하는 데 소요된 경제적 비용은 새로 발행한 채권에 대한 이자 지급마저 마비시킬 만큼 버거웠기 때문에, 제임스와 라이오넬은 러시아 채권의 추가 발행분을 담보로 약 100만 파운드를 대부했지만, 동시에 그 이상의 채권 발행에 관여하는 것은 사절했다. 이 일로 러시아 재정에 대해 평소 품어 온 비관적 견해를 확신하게 된 냇은 1860년대가 끝날 때까지 러시아 채권 발행에 참여하는 일에 절대적으로 반대하게 된다.

상트페테르부르크와 안전거리를 유지하게 된 데에는 다른 이유도 있었다. 파리와 런던에는 친폴란드 정서가 강했고, 샬로테와 알퐁스 모두 이를 이유로 러시아 사업을 다른 이들에게 넘겨주어야 한다는 주장을 펼쳤다. 샬로테는 로스차일드가의 숙적이 신규 채권을 발행한다는 소식을 들은 직후인 1864년 4월, "우리가 아닌 베어링이 러시아 채권을 떠맡은 것이 얼마나 다행인지 모른다"고 썼다. "만약 우리가 그 협상에 참여했다면, 가련한 폴란드인을 탄압하는 잔인한 러시아인을 끔찍한 유대인들이 돕고 있다며 격한 항의가 빗발쳤을 것이다."

1860년대가 끝나기까지 러시아는 일찍부터 그들의 은행가로 활동했던 호프가나 베어링가에서 도움을 구했고, 이들은 1866년에도 600만 파운드 규모의 채권을 발행했다. 제임스는 그때까지도 그 일에 가담하지 못해 몸이 근질거리는 것을 애써 참아야 했다. 짜낼 수 있는 "신선한 포도주"가 있는 "나라를 놓쳤다는 게 진심으로 안타깝다"는 것이 그의 솔직한 심정이었다. 그리하여 1867년 2월부터 그는 자신이 이전에 퇴짜를 놓았던 러시아 철도 사업에 직접 관여하는 방안을 숙고하기 시작했고, 같은 해 차르와 총리 고르차코프(Gorchakov)가 파리를 방문했을 때에는 이 문제를 꽤 오랫동안 논의하기도 했다. 그러나 그는 러시아 정부가 철도 채권 발행을 시도하기보다는 파리와 런던에서 기존의 랑트를 발행함으로써 차용자 역할을 해야 한다고 확신하고 있었으므로 논의는 아무 결과 없이 끝났고, 러시아에 모기지은행을 설립한다는 계획 역시 결실을 맺지 못했다. 로스차일드가가 마침내 러시아 철도 채권 발행에 동의한 것은 제임스가 세상을 떠난 이후의 일이었다.

슐레스비히 홀슈타인

제임스로서는 1859년에 오스트리아가 이탈리아에서 패한 것이 하나의 전환점이었다. 그는 경제적인 측면에서 오스트리아를 절대 열강으로 치지 않았다. 그가 보기에 남은 중요한 문제는 마치 도산한 기업을 해산하듯이 이탈리아에 남은 오스트리아 세력을 어떻게 해산하느냐 하는 것이었다. 그의 논리에 따르면 부실기업은 경영 합리화를 위해 지속하기 힘든 사업을 청산할 필요가 있었다. 그의 이런 진단을 오스트리아 정부뿐만 아니라 친조카 안젤름까지 도외시하는 것은 제임스로서는 이해할 수 없는 일이었다. 안젤름은 (그의 부친이 그랬듯) 점점 더 합스부르크 정권에 동질감을 느끼고 있었는데, 특히 1861년 제국참의원 재정위원회에 선출된 이후로는 더욱 그럴 수밖에 없었다. 오스트리아가 어느 정도로 취약해졌느냐에 대한 제임스의 판단은 많은 면에서 옳았다. 그러나 바로 그 오스트리아인들이 굳게 그 사실을 부정하고 있었기 때문에, 그의 행동은 자칫 분수를 넘은 짓으로 보일 수 있었다.

앞서 본 것처럼 1859년에 전쟁이 발발하자마자 오스트리아 정부는 황급히 2억 굴덴 규모의 채권을 발행해 달라고 간청했다. 제임스는 오스트리아가 자기 앞에서 속수무책이기라도 한 양 다른 외국 은행은 절대 그 일에 참여해서는 안 된다는 주장을 내세웠다. 그러나 그런 독점권을 간단히 얻어내기에는 비엔나에 대부할 기회를 노리고 있던 경쟁 은행들이 너무 많았다. 결국 비쇼프샤임과 골트슈미트가 새 채권의 첫 번째 분할 발행분을 손에 넣었고, 이 채권은 복권식 채권으로 발행되었다. 제임스는 이에 앙갚음하기 위해 오스트리아 증권을 매각하고, 안젤름이 1859년의 채권에서 지급할 예정에 있던 1100만 굴덴을 정부에 지급할 때 협력을 거절했다. 제임스는 정부가 담보를 전혀 제시하지 않은 상태에서 비엔나에 돈을 지급한다는 생각에 "심기가 불편"했으며, 심지어는 "우리 돈"을 지키기 위해 오스트리아 정부를 상대로 법적 소송 절차에 착수하겠다며 위협조로 이야기하기도 했다. 1859년의 채권 발행분에 대한 미지급 수수료 문제로 지루한 언쟁이 벌어지고 그에 대한 이자 지불을 유예한다는 이야기까지 나온 1862년, 오스트리아와의 관계는 최악으로 치달았다. 같은 해 5000만 굴덴 규모의 신규 오스트리아 채권 발행 가능성이 제기됐지만, 제임스는 관심이 없었다.

나는 우리한테 많은 분량이 돌아오리라고는 생각지 않는다. 그러니 안젤름한테 우리가 얼마만큼 취할 수 있는지 24시간 앞서서 전보를 쳐 달라고 일러두자. 비엔나에서는 계획대로 흘러가는 일이 아무것도 없으니 말이다. 나로서는 결과가 어찌 되든 상관없지만, 안젤름이 우리가 그를 곤경 속에 내버려 두고 돕지 않았다고 말하는 걸 듣고 싶지는 않구나.

안젤름이 에를랑거를 비롯한 다른 은행들과 컨소시엄을 구성하겠다고 으름장을 놓고 나서야 다른 로스차일드 상사들도 서둘러 사실상 1860년 프리미엄부 채권의 두 번째 발행분이었던 채권 사업에 참여하는 데 동의했다. 안젤름의 그런 위협은 비엔나와 다른 일가 사이의 관계가 소원해졌음을 드러낸 신호였고, 마이어 칼과 제임스의 심기를 건드렸다. 1년 뒤, 오스트리아 재무장관 브렌타노가 또 한 번 채권을 모집하려 했을 때도 같은 상황이 되풀이됐다. 이번에도 안젤름은 입찰에 참가하기 위해 조직된 두 곳의 경쟁 신디케이트와 제휴 합의를 체결하면서 제임스를 길길이 뛰게 만들었는데, 이 신디케이트에는 크레디 모빌리에, 크레디 모빌리에를 모방한 런던의 인터내셔널 파이낸셜 소사이어티, 그리고 그해 초에 조지 그렌펠 글린이 설립한 앵글로오스트리아은행이 포함되어 있었다. 사실 이 느슨하게 조직된 컨소시엄이 브렌타노에게 제공한 금액은 400만 파운드에 불과했다. 정부가 이듬해 7000만 굴덴 규모의 채권을 발행해 이 차입금을 메우려 했을 때, 단 두 곳의 응찰자 중 한 곳이었던 크레디탄슈탈트는 1900만 굴덴만을 인수하겠다고 제안했다.

이로서 알 수 있듯이, 로스차일드가에서 오스트리아 정부에 재정 지원을 재개한 것은 무엇보다 가문의 결속을 지키기 위해서였다. 오스트리아 채권에 대해 내내 비관적이었던 제임스는 1862년 여름에 대거 매각에 나섰고, 그 이듬해에도 그렇게 했다. 1863년 11월에 예기치 않게 다시 불거진 슐레스비히 홀슈타인 문제는 이런 비관론에 확신만 더했을 뿐이었다. 그는 오스트리아가 프로이센과 연합해 슐레비히와 홀슈타인을 병합하려는 덴마크에 맞서는 것은, 특히 양국의 공동 침략이 프랑크푸르트 독일연방의회의 승인을 받은 것이 아닐 경우 전혀 실리가 없는 일이라고 생각했다. 엄밀히 따지면 덴마크가 런던조약을 위반한 것은 사실이었다. 그러나 1864년 2월에 터진 전쟁을 로스차일드가 사람들 대부분은 부조리한 사태로 받아들였다. 샬로테는 이를 "왕과 황제, 대공들이 벌이는 어처구니없는 짓!"이라 불렀다. 그녀는 덴마크인들을 동정했고, 그런 동정심은 런던과 파리 양쪽에 편재해 있던 정서였다. 제임스의 관점에서, 전쟁은 그저 오스트리아가 결국 감당하지 못할 지출만 증가시켜서 근래에 내놓은 오스트리아 채권 분할 발행분의 판매만 더욱 어렵게 만들 뿐이었다. 덴마크가 전쟁 배상금을 물게 되리라고 판단한 그가 재빨리 덴마크 채권 사업 가능성을 알아본 것은 두말할 필요가 없는 일이지만 말이다.[9]

제임스를 특히 놀라게 한 것은 덴마크가 무너지자마자 오스트리아와 프로이센 간의 동맹이 곧장 증발해버린 사태였다. 사실 양국은 덴마크에 대항해서 (그리고 프랑스와 영국이 시도했으나 성공하지 못한 외국의 중재에 맞서서) 연합했을 때마저도 공국을 처리하는 문제를 놓고 합의를 보지 못하고 있었다. 쇤브룬궁에서 만난 양국의 군주는 다양한 해결 방안을 놓고 논의했지만, 빌헬름 1세는 슐레스비히와 홀슈타인 두 곳을 받는 대가로 프로이센의 영토 일부를 포기하는 데 동의할 수 없었고, 프란츠 요제프 황제는 독일 북부에서의 군사 헤게모니를 요구하는 프로이센의 숙원을 들어줄 수 없었다. 오스트리아는 공국을 아우구스텐부르크(Augustenburg) 공에게 양도해야 한다는 독일 자유주의자들의 주장 쪽으로 점점 더 기울고 있었다. 그러나 1865년 2월에 비스마르크는 두 공국이 프로이센의 속국이 된다는 조건하에서만 그에 동의하겠다는 뜻을 내비쳤고, 이로써 (그가 독일 관세동맹에 오스트리아가 가입하는 것을 반대한 지 몇 달 만에) 또 한 번의, 이번에는 좀 더 심각하게 양국의 전쟁 가능성이 제기되었다. 이러한 불안이 오스트리아의 상황을 더욱 악화시켰다.

그러나 이상하게도 로스차일드가는 하필 이 시점을 골라 1859년에 발행된 파운드화 표시 채권에서 이미 맡았던 50만 파운드에 더해 300만 파운드 규모의 잔량까지 인수했다. 이렇게 무모한 사업을 벌이게 된 이유는 이번에도 단 하나, 또 다른 경쟁자 랑그랑 뒤몽소의 야망을 좌절시키기 위해서였다. 당시에 그는 오스트리아 모기지은행 설립과 왕실 소유지를 담보로 한 대출 계획을 열심히 선전하고 있었다. 그러나 오스트리아는 1865년 7월에 벨크레디(Belcredi) 백작이 슈메를링(Schmerling)에게서 총리직을 이어받았을 때 이미 8000만 굴덴의 적자를 짊어지고 있었고, 은행에서 또다시 대부금을 끌어 쓰는 것 말고는 이를 해소할 방법이 없는 파산 상태였다.

제임스가 보기에 오스트리아는 헝가리의 반가(班家) 에스테르하지 가문이 파산으로 추락하면서 더욱 극심한 오명에 빠져들었다. 프랑크푸르트와 비엔나 상사는 1820년대 이래 이 가문을 위해 채권을 모집했다. 1861년에서 1864년까지 에스테르하지의 영지를 담보로 한 채권 발행으로 조성된 자금만 자그마치 630만 굴덴이었다. 그러던 1865년 6월, 파울 에스테르하지는 자신의 이름이 기재된 프리미엄부 채권에 대한 이자 지급을 정지했고, 이로써 이 채권을 발행한 은행에 폭풍 같은 대중의 질타가 쏟아졌다. 모리츠 에스테르하지가 정무장관으로서 오스트리아의 외교 정책 방향에 점점 더 큰 힘을 발휘하고 있을 때, 그의 가문은 제국과 나란히 재정적으로 몰락하고 있었다. 이 같은 낭패로 로스차일드가가 겪어야 했던 곤란은 그들에게 일종의 경고가 되었을 것이다.

민영화와 외교

그렇다면 그들이 비엔나와의 사업을 이어간 까닭은 무엇이었을까? 제임스가 오스트리아 문제에 대한 해답을 자신이 쥐고 있다고 믿었기 때문이었다.

이미 1861년 12월부터 그는 자신이 보기에 오스트리아 정부에 경제적 이득뿐만 아니라 외교적 이점까지 제공하면서 상당한 수수료를 챙길 수 있을 사업, 즉 베네치아를 이탈리아에 매각하는 거래를 구상하고 있었다. 1865년 8월에 홀슈타인은 오스트리아에, 슐레스비히는 프로이센에 잠정 양도한다는 내용으로 체결된 가슈타인협정도 오스트리아가 홀슈타인을 프로이센에 매각하는 것을 제한하고 있지는 않았다. 비스마르크도 협정이 체결되기 1년 전에 이미 쇤브룬 궁에서 그 같은 거래에 대해 운을 뗐고, 가슈타인협정 역시 프로이센이 오스트리아에 250만 덴마크탈러를 지급하는 대가로 라우엔부르크(Lauenburg)를 양도받을 수 있도록 하는 조항을 만들면서 홀슈타인 매각 가능성에 현실성을 더한 듯했다. 그렇다면 이제 남은 문제는 양측이 모두 받아들일 만한 가격을 정하는 일뿐이었다. 이 거래가 이루어지면 오스트리아와 오스트리아 남북의 적들이 두고 겨뤘던 영토는 그저 부동산으로, 에스테르하지 가문의 거추장스럽게 된 사유지처럼 매매 가능한 토지로 바뀔 터였다.

우여곡절을 겪으며 진행된 1865년의 결정적인 협상에서 로스차일드가가 무엇을 하려고 했는지를 이해하려면, 프로이센, 이탈리아, 오스트리아 3국의 입장이 사실상 얼마간 균형을 이루고 있었다는 점을 유념해야 한다. 3국은 돈에 쪼들려 있었다. 그러므로 문제의 영토에 대한 장래의 구매자는 돈을 빌려야만 땅을 살 수 있었다. 그러나 프로이센은 헌법 분쟁에 발이 묶여 있었고 이탈리아의 신용은 추락을 거듭하고 있었기 때문에, 둘 중 어느 나라도 쉽게 나설 수 있는 상황이 아니었다. 로스차일드가에서 보기에 답은 분명했다. 양국은 국유 자산을 (무엇보다 철도를) 민영화해서 마련한 돈으로 홀슈타인과 베네치아를 매입해야 했다. 한편, 오스트리아는 재정적으로 대단히 위태로운 상황이었기 때문에 영토 한 곳 혹은 두 곳을 전부 매각하더라도 예산 균형을 맞출 가능성이 희박했다. 오스트리아는 이미 국영 철도의 대부분을 팔아넘긴 터라 민영화로 문제를 해결하기란 힘들었다. 제임스가 판단하기에는 이미 민영화된 철도 회사들이 정부에 재정 지원을 하되, 그 보상의 일환으로 정부로부터 세금 감면 혜택을 받아야 했다. 이것이 1865년 제임스가 마련한 구상, 즉 경제를 파탄시키는 전쟁을 일으킬 필요 없이 오스트리아의 지속 불가능한 제국을 청산하기 위한 상호의존적인 거래의 핵심이었다.

가장 잘 알려져 있는 것은 프로이센의 사례다. 프로이센은 재정적으로 오스트리아보다 훨씬 굳건했지만, 헌법 분쟁과 덴마크전쟁이 단기적으로 현금 유동성 위기를 초래했다. 주 의회가 정부에 어떤 종류의 융자도 허가하지 않으리라는 것이 명백해지자, 다른 자금원을 찾겠다고 으름장을 놓았던 비스마르크는 그 말을 실행에 옮겨야 했다. 1864년 초, 라파엘 에를랑거가 이끄는 은행가들의 컨소시엄이 곧바로 1500만 탈러를 대부하겠다는 제안을 내놓았다. 블라이히뢰더에게는 날벼락 같은 소식이었다. 그는 제임스가 에를랑거 같은 신흥 졸부들에게 얼마나 적개심을 품고 있는지 알고 있었기 때문에 서둘러 그 제안은 "깨끗이 거절당했다"고 제임스를 안심시켰다. 이 일이 있은 직후에 지한들룽이 에를랑거와 모종의 거래를 한 것은 사실이지만 말이다. 문제는 로스차일드가가 자신들이 직접 베를린에 대부할 의향은 없었으면서 에를랑거의 행보만큼은 블라이히뢰더가 중단시켜 주기를 바랐다는 것이었다.

정부가 슐레지엔 철도들(아직 매각되지는 않은)에 대금을 지불하기 위해 이미 의회 승인을 받아 놓은 금리 4.5% 공채 약 2000만 탈러를 저당 잡히는 방식으로 자금을 조성할 수 있지 않겠느냐는 제안을 블라이히뢰더가 타전했을 때, 제임스는 가타부타 대답 없이 마이어 칼에게 바통을 넘겼다. 그러나 마이어 칼은 파리 상사로서는 그런 거래에서 "완전히 물러나 있고" 싶다며 덤터기 쓰기를 피했고, 로스차일드가가 거절했다는 사실을 비스마르크에게는 숨기는 편이 현명하겠다고 판단한 블라이히뢰더는 나중에 이렇게 알렸다. "말씀 주신 것과는 달리, 저는 총리께 귀하의 훌륭한 가문이 프로이센 재정 운영에 기꺼이 도움이 되고자 하신다고 말씀드렸습니다."

그즈음 프로이센 정부는 재정 문제를 놓고 심각하게 분열되어 있었고, 재무장관 보델슈빙은 철도 채권을 군사 목적으로 전환하는 데 반대하면서 이미 승인된 채권을 지키겠다는 일념으로 비스마르크에게 의회를 소집하도록 압력을 가했다. 그 와중에 1865년에는 정부가 불법적인 행동을 했다는 비난이 쏟아지고 정부의 자금 요구도 모두 깨끗이 기각되면서, 덴마크와의 전쟁에서 거둔 승리가 주 의회 내부의 자유주의적 경향을 진정시키리라는 희망은 물거품이 되고 말았다.

여기에서 중요한 질문 하나가 제기된다. 오스트리아가 홀슈타인을 프로이센에 매각하는 방안을 받아들였다면, 프로이센은 그 대금을 어떻게 치러야 했을까? 비스마르크는 1864년 11월 이미 "훌륭한 금전적 등가물"을 제시하겠다고 약속했다. 에스테르하지는 프로이센 대사 베르테르(Werther)에게, 만약 그 등가물이 "고가(高價)라면" 자신은 "제안을 거절하지 않겠다"고 말했다. 로스차일드가가 브로커로서 처음 활동하려고 시도한 것은 바로 이 시점이었다. 블라이히뢰더와 비엔나 상사의 직원 모리츠 골트슈미트가 연락병 역할을 맡아 양측이 수락할 만한 가격을 알아보기 위해 이리저리 연락을 주고받았다. 골트슈미트의 말처럼 매입가는 "현금으로 합의를 본다는 그다지 명예롭지 못한 해법에 대한 엄청난 저항감을 극복할 수 있을 만큼 상당한 액수"여야 했고, 오스트리아 재무장관 플레너(Plener)의 생각도 그와 다르지 않았다. 프로이센이 생각하고 있는 액수는 4000만 굴덴(약 2300만 탈러)이라는 사실이 곧 드러났다. 그러나 그 돈을 어디서 구할까? 블라이히뢰더는 프로이센의 "금고는 가득 차 있다"고 주장했을지 모르지만, 보델슈빙은 덴마크전쟁에서 이미 2500만 탈러를 지출했으며 그 중 절반은 국가의 "비장금"(예비 자금을 의미)에서 충당했다고 의회에 보고했다. 블라이히뢰더의 계산에 따르면, 그 결과 예비 자금으로 남은 돈은 대략 3700만 탈러였다. 프로이센이 홀슈타인을 사들인다면 국고는 바닥을 드러낼 터였다.

그 외에 가능했던 또 다른 방법은 프로이센이 국유 자산을 매각해서 필요한 자금을 조성하는 것이었다. 사실상 옵션은 두 가지였는데, 블라이히뢰더가 1864년 이전에 이미 제안한 적이 있었다. 일단 쾰른과 (하노버에 가까운) 민덴(Minden)을 잇는 철도, 즉 "독일 북서부 철도 운송의 척추"를 매각하는 방법이 있었다. 두 번째 방법은 자르(Saar) 지방 한가운데의 왕실 소유지, 특히 그곳의 탄광과 관련된 야심찬 계획이었다. 프로이센 당국은 애초 쾰른–민덴(Cologne–Minden) 철도의 자본금 총 1300만 탈러 가운데 약 7분의 1을 충당했을 뿐이었지만, 프로이센 상무장관 아우구스트 폰 데어 하이트(August von der Heydt) 남작과 체결한 계약하에 전체 주식에 대한 이자 지급을 보증하는 대가로 1870년에 모든 다른 주주들의 주식을 매수할 권한을 갖고 있었다. 1862년 12월, 블라이히뢰더는 폰 데어 하이트의 후임이었던 폰 이첸플리츠

(von Itzenplitz)에게 정부가 이 "스톡옵션"을 1400만 탈러를 받고 회사에 되파는 방안을 제안했다.

두 번째 대안은 블라이히뢰더가 1863년 11월에 제안한 대로, 정부가 자르 지방의 왕실 소유지를 특별 설립한 합자회사에 매각하고 회사의 주식 과반수를 보유하되 그 나머지는 현금으로 받는 방법이었다. 프랑스 로스차일드가가 2000만 탈러에 광산을 매입하겠다고 제안했다는 보도는 사실무근이었지만, 그 같은 거래에 대한 소문은 이미 1861년부터 돌고 있었다. 이런 민영화에는 현금이 필요한 정부에 현금을 제공한다는 명백한 이점 외에도, 비스마르크도 심중에 두고 있었던 것처럼 프랑스가 프로이센의 지리적 팽창에 대한 '보상'으로 자르를 요구할 경우 광산만큼은 프로이센의 수중에 남길 수 있다는 이점이 있었다. 블라이히뢰더의 관점에서 민영화는 그와 사업상 긴밀한 관계를 맺고 있던 오펜하임가에서 기반을 닦은 라인 지방의 거대한 산업 제국을 더욱 확장할 수 있는 수단이었다.

이런 식의 방법으로 로스차일드가와 그들의 동업자들이 오스트리아와 프로이센의 분쟁을 해결할 수 있었다면 대단한 업적이었을 것이다. 그러나 함정이 있었다. 프로이센에 유용 자금이 생기면 비스마르크는 홀슈타인을 사들이는 데 쓰기보다는 전비로 도용해 오스트리아와 전쟁을 치르겠다고 나설 수 있었다. 사실 프로이센 정부는 이미 가슈타인협정을 맺기 전부터 정확히 이러한 행보를 염두에 두고 있었다. 1865년 7월 18일에 쾰른-민덴 철도의 계약이 합의점에 이르러 정부가 보유하고 있던 스톡옵션을 1300만 탈러에 양도하게 되자, 비스마르크는 당장에 황태자에게 이렇게 고했다. "전군 동원과 1년치 군사 활동에 필요한 재정적 수단이 손에 들어왔습니다. 액수는 약 6000만 탈러입니다." 전쟁장관 룬(Roon) 역시 기고만장했다. "필요할 경우 전군을 동원하고 일체의 군사 활동에 지출할 수 있을, 외교 정책상 재량껏 움직일 수 있게 해 줄 돈이 들어왔다.……어디에서 들어왔나? 무엇보다 쾰른-민덴 철도에 대한 합의를 통해 법을 어기지 않고서 얻어낸 돈이다. 나는 물론이려니와 심지어 보델스빙마저도 이 합의가 우리에게 매우 유리한 합의였다고 여긴다." 오래지 않아 오스트리아 대리 대사 호테크마저도 프로이센이 "통상 전쟁이 예기될 때나 준비해 두는 상당한 액수의 국비를 확보해 놓았

다"고 보고했다.[10]

그러나 쾰른-민덴 철도의 매각이 전승을 보장한 것은 아니었다. 그때까지도 룬의 관심사는 전쟁을 치르는 것이었다기보다는 누가 봐도 전쟁 준비를 완전히 갖췄다는 인상을 줌으로써 프로이센이 얻을 수 있을 외교적 영향력이었다. 같은 해 8월, 비스마르크 역시 블라이히뢰더에게 "전쟁에 대한 때 이른 공포감 때문에" 자신의 계좌에서 증권을 매각해버리지는 말라고 조언했다. 가슈타인협정 이후 그는 이런 평을 내렸다. "우리의 재정적·군사적 준비 상태를 보건대, 다짜고짜 조약을 파기하는 것은 바람직한 일이 아닐 듯하다." 특히 비스마르크는 오스트리아 역시 자금 조성에 성공한다면 양국 간에 갈등이 빚어질 경우 최소한 경제적인 면에서는 양국이 막상막하가 되어 안심할 수가 없으리라는 점을 염려하고 있었다. 그러므로 1865년 여름에 그의 목표는 분명했다. 무슨 수를 써서라도 오스트리아 정부가 성공적으로 채권을 발행하는 일을 막겠다는 것이었다.

1865년, 오스트리아는 정말로 돈이 필요했다. 8월 중순에 제임스가 78.9라는 다소 후한 가격으로 영국-오스트리아 채권 30만 파운드 상당을 매입한 것이 아마도 계기가 되어, 오스트리아 정부는 그에게 도움을 구하자는 결정을 내렸다. 애초에 신규 채권을 대규모로 발행하는 일을 제임스가 주저했던 것은 사실이었다. 9월 9일, 그는 협상을 위해 파리로 파견된 재무부 관리 베케(Becke) 남작에게 "저희로서는 채권을 발행하는 것이 불가능"하다고 말했다. 그러나 그에 대한 베케의 반응이 그를 감동시켰다. "남작은 아예 바닥에 몸을 던지더니 '그 말씀은 곧 우리 정부가 파산하게 됐다는 뜻입니다'라고 말하는 것이 아닌가." 이는 나폴레옹전쟁 중 오스트리아 재정이 붕괴됐던 상황을 상기시키는, 당시를 기억하는 사람의 마음을 돌리기에 충분한 매우 충격적인 위협이었다. 제임스는 서둘러 타협안을 제시했다. 1년 만기로 100~200만 파운드를 대부하되 런던과 파리 상사가 베어링은행과 협업해 진행하고(오스트리아가 베어링은행에도 접근했다는 사실을 그는 이미 알고 있었다), 가능하다면 이후에 추가 대부를 제공하는 방식이었다.

평소와는 다르게 베어링은행과의 동업(여기에 오스트리아 정부가 접근한 또 다른 은행인 소시에테 제네랄, 크레디 퐁시에까지 포함된)을 자진한 것은 제임스가 비엔나에 대부하는 일에 잠재한 위험을 낮잡아 보지 않았다는 증거였다. 그런데도 그는 "뭔가를 함으로써" 베케에게 "우리가 오스트리아를 적대시하고 있지 않다는 사실"을 보여 주고 싶어 했다. 이유는 간단했다. 다른 것은 차치하고, 로스차일드가는 그때까지도 상당한 규모의 오스트리아 채권을 보유하고 있었다. 제임스의 말마따나 그들은 "이 정부에 [투자한] 돈이 너무 많았다." 오스트리아가 정말로 파산을 선언한다면 채권의 가치는 곧 곤두박질칠 것이 분명했다. "남작이 원하는 것은 그저 이자 지불에 필요한 돈인 것 같고, 내가 보기에도 그는 합당한 일을 추진하고 있는 것 같다. 베어링가에서도 오스트리아에 투자를 많이 해서 이 일을 좌시할 수는 형편이다." 게다가 그처럼 생사의 갈림길에 선 나라와 협상을 진행할 경우 대부 조건은 유리하게 책정될 수밖에 없었다. "그는 분명 우리가 원하는 만큼 돈을 벌 수 있게 해 줄 것이다. 아무렴, 오스트리아는 언제나 훌륭한 나라가 아니었느냐."

당초 제임스는 일찍이 랑그랑 뒤몽소가 제안했던 대로 왕실 소유지를 담보로 채권을 발행하는 방법을 고려하기도 했다. 그러나 롬바르디아 철도가 당면한 재정적 난관(파리 상사와 소시에테 제네랄이 6300만 프랑의 현금을 투입해야 했던)이 그의 비옥한 사업적 상상력에서 또 다른 가능성을 도출해냈다. 철도 회사의 특허 조항에 따르면, 회사는 1868년부터 오스트리아에 추가 부담금을 지불해야 했다. 회사의 저조한 주가를 회복시킬 방법으로 제임스가 생각해낸 것은, 알퐁스의 말대로 "우리 롬바르디아 철도의 미래에 과도한 짐을 지우는" 부담금의 면제를 요구하는 것이었다.

마지막으로, 오스트리아와의 채권 협상은 오스트리아에 압력을 가해서 프로이센 및 이탈리아와 일종의 양해를 맺도록 함으로써 어쩌면 전쟁을 막을 수도 있을 기회를 만들어 주었다. 알퐁스는 9월 16일에 이탈리아 대사와 함께 베네치아를(현금 혹은 다뉴브 공국[루마니아]과) 맞바꾸는 가능성을 두고 논의했다. 사흘 뒤에 제임스는 "이탈리아 문제"가 이제 "결판"날 수 있겠다고 안도하면서, 평화를 유지한다는 조건에서만 대부금을 지급하겠다는 전형적인 로스차일드식 조항을 계약에 포함시켜야 한다고 주장했다. 9월 23일에는 훨씬 급진적인 제안을 하기도 했다. "영국이나 프랑스와 통상조약을 맺어야 한다는 조항을 덧붙일 수도 있다.······이번에 우리는 그야말로 특급 계약을 체결할 수도 있다. 이 사람들은 우리가 그들로부터 돈벌이를 하게 해 주겠다는 것이다. 우리가 제안하는 조건이란 다름 아닌 [융자를] 허락하고 군사 감축을 승인하는 의회. 입헌 국가에 사는 사람들은 과거보다 훨씬 나은 신용의 혜택을 받아야 한다고 나는 생각한다."

다시 사흘 뒤, 그와 알퐁스는 베케 남작과의 "긴 대화" 끝에 "우리가 원하는 모든 것"을 손에 넣었다고 생각했다. "무역 협정의 경우, 아무 문제 없이 이를 채권 발행과 연계시킬 수 있을 것이다.……롬바르디아 철도에 대한 부담금 문제 역시 조정이 가능할 듯하다. 드디어 오늘 [우리가 채권 계약에 서명하면] 우리는 최선의 조건을 확보하고 오스트리아 정부 역시 한시름 놓을 수 있을 것이다. 정부는 정치적 입지를 공고히 할 돈이 필요하고, 무슨 수단을 써서라도 그 목적을 달성하고 싶어 한다."

오스트리아 외교관 뮐리넨(Mühlinen)의 보고서를 보면, 당시 베케 남작이 제임스의 협력을 얻어내려고 얼마나 절박하게 노력했는지를 알 수 있다. 그는 오스트리아의 "재정적 운명"이 "그[제임스]의 손에 달려 있"다고 믿었기 때문에 아주 사적인 유인책을 내놓는 데에도 주저하지 않았다.

그를 설득하지 못하면 다른 이들과 무슨 일을 꾸미든 아무 결과도 내지 못할 겁니다. 그러니 우리는 반드시 저 늙은이 제임스를 얼러내야 합니다. 그에게 대수장(大綬章)을 수여하면 어떨까요? 러시아에서는 스타니슬라우스 십자훈장을 건네고 채권 사업을 성사시켰답니다. 제임스가 1급 철관훈장(鐵冠勳章)을 받았습니까? 아직 못 받았다면, 그가 그것을 갖고 싶게 만들 수 있지 않을까요?

10월 3일, 계약은 서명하는 일만 남은 듯했다.

비아리츠 회동

그러나 갑자기 일이 지연되었다. 물론 계약에 반대하는 목소리는 항상 있었다. 부분적으로 문제는 경제 상황에 있었다. 1865년 여름에 파리 단기 금융 시장이 압박을 받게 되면서, 알퐁스는 오스트리아 신규 채권을 발행하는 것이 "지금으로서는 불가능한 일"이라 여기게 됐다. 게다가 안젤름이 돌연 오스트리아에 필요한 금액을 1억 5000만 굴덴으로 높여 부르자, 프랑스의 사촌은 심기가 불편해졌다.

 그만큼 연륜 있는 사람이……제국참의원 재정위원회에서 일하면서 오스트리아 재정에 누구보다 정통한 사람이 오스트리아가 지금 벼랑 끝에 있다는 사실을 우리에게 미리 경고해 주지 못했다는 것을 이해할 수가 없습니다. 경고는커녕 우리가 수중에 [오스트리아] 증권을 떠안고 있는 것을 방관하고 심지어는 추가 매입을 부추기다가, 마른하늘에 날벼락같이 오스트리아가 1억 5000만 굴덴의 자금을 마련하지 못하면 파산을 선포할 수밖에 없다고 말하는 법이 어디 있습니까.

 알퐁스의 계산에 따르면, 오스트리아 정부가 임박한 부채 상환금을 지불하기 위해 필요한 돈은 사실상 4900만 굴덴(690만 파운드)에 불과했다. 냇은 오스트리아 신규 채권을 발행하는 즉시 "휴지 조각"이 되리라는 것을 조금도 의심하지 않았다. 10월 초의 결정적인 시점에 마이어 칼도 회의론자들 편에 가담했다. "유감스러운 일이지만 대륙에 관한 한, 특히 독일의 경우 전망이 절대 밝아 보이질 않습니다. 사람들은 영국-오스트리아 채권으로 돈을 너무 많이 잃어서 시장을 신뢰하지 못하고 있어요.……저 역시 갈대 같은 오스트리아 정부를 전혀 믿지 못하겠습니다.……여기에서는 오스트리아 증권이 매일같이 대대적으로 내다 팔리고 있어요."
 마이어 칼이 지적한 것처럼 정치적인 측면에서도 회의적인 상황이었다. 1865년 9월 제국참의원의 정회(停會)를 초래한 오스트리아와 헝가리 간의 헌법 분쟁은 그 이전에 프로이센에서 제기되었던 문제, 즉 정부가 신규 채권을 모집할 법적인 권한이 있느냐는 문제를 오스트리아에서도 똑같이 제기하는 듯 보였다. 이 논쟁은 프랑스은행보다는 영국의 은행을 훨씬 걱정하게 만들었다.
 역사가들이 지금껏 답하지 못한 문제는 오스트리아 채권 발행을 위해 진행됐던 논의가 결국 흐지부지된 이유가 과연 (오스트리아에서 스스로 그렇게 주장했듯이) 로스차일드가에서 오스트리아를 지원하는 일을 막기 위해 비스마르크가 제임스와 비밀 협약을 맺었기 때문이었느냐는 것이다. 분명 비스마르크는 채권 사업을 중단시키고 싶어 했다. 일찍이 6월 19일에 비스마르크는 ("복잡하게 얽힌 외교적 상황이 일으킬 수 있는 사태"를 언급하며) "오스트리아 채권 쪽으로 치우친 현 단기 자본 시장의 경향을 적절한 금융 조작을 통해 누그러뜨리는 것이 바람직하다"고 이야기했다. 과연 그는 어느 외교 문서에 인용된 오스트리아 관리의 말, 즉 "오스트리아 정부는 자금난으로 인해 일시적으로 열강의 입지를 포기할 수밖에 없을 것"이라는 구절에 밑줄까지 그어 놓았다. 룬에게는 "우리가 경제적 전략을 펼쳐" "오스트리아가 의도한 사업을 마비시킬" 필요가 있다고 말했다. 그가 블라이히뢰더에게 로스차일드가가 지한들룽으로부터 프로이센 채권을 매입하면 지한들룽은 그 수익금을 정부에 제공함으로써 미승인 차입을 금하는 의회의 규제를 이론상 피할 수 있을 거라고 제안한 것도 부분적으로는 이 목적을 염두에 둔 이야기였을 것이다.

　그 거래가 결국 수포로 돌아간 것은 비스마르크가 숨기고 있던 그 이면의 동기 때문이었을까? 가능한 일이다. 7월에 지한들룽에서 액면가로 제안한 1859년 발행분 프로이센 채권 900만 탈러 상당을 마이어 칼이 거절한 일은, 그가 애초 99.5 정도의 높은 가격을 예상했고 이 채권이 결국 일주일도 안 되어 베를린 은행가들에게 액면가로 팔려 101에 거래되었다는 점을 감안하면 정치적인 고려 없이 내려진 결정이라고 하기는 어려울 것이다. 확실히 제임스와 알퐁스가 보기에 프로이센은 점점 미심쩍은 의도를 드러내고 있었다. 가슈타인협정이 체결되기 전인 8월 4일, 제임스는 아들이 언급한 "독일 정치에 대한 불만"에 공감의 뜻을 표했다. 그는 "오스트리아가 현재로서는 바로 무릎을 꿇을 만큼 약체인지라" 전쟁이 일어날 가능성은 없다고 생각했지만, "무모한 승리"를 꿈꾸는 비스마르크를 비난했고 블라이히뢰더 역시 점점 더 "불신"하게 된다는 속내를 드러냈다. 그는 곧 40만 탈러 상당의 프로이센 증권을 매각하라는 지시를 내렸다. 이에 좌불안석이 된 블라이히뢰더는 친구의 조언에 따라 그 무렵 오스텐트에 머물고 있던 제임스에게 한달음에 달려갔다. 그리고 제임스가 냉담한 어투로 기록한 바에 따르면 "일이 어떻게 돌아가고 있는 건지 말해 달라"고 간청했다.

프로이센의 상황에 대해 제임스가 내린 평가는 그가 당시 비스마르크와 블라이히뢰더 모두를 얼마나 얕잡아 보고 있었는지를 드러낸다. "비스마르크는 전혀 신뢰할 만한 사람이 아니다. 자국에서의 입지도 매우 안 좋은 상황이다. 블라이히뢰더는 이 상황이 혁명으로 이어질지도 모른다고 생각한다. 완전히 헛소리다. 일언반구도 나는 믿지 않는다. 관직에 남아 있자고 조국을 내걸 사람이 어디 있겠느냐." 이후 비스마르크가 다시 접근했을 때, 제임스는 그가 무엇에 목적을 두고 있는지를 완벽히 깨달았다. 심지어 9월 2일에 두 사람이 바덴바덴에서 접촉하기 전부터, 제임스는 지한들룽의 재할인율을 인상하기로 한 결정이 "오스트리아가 대부금을 얻지 못하게 하고 공국[슐레스비히와 홀슈타인]을 양도할 수밖에 없게 만들기 위해 고안된 정치적 움직임"이라 판단하고 있었다.

그러나 바덴바덴에서의 회동이 제임스의 어조에 변화를 가져왔다. 그는 조카들에게 이렇게 전했다. "비스마르크가 어제 내게 말하길, 오스트리아가 현재로서는 공국을 매각할 의향이 전혀 없다는구나. 하지만 결국 그들도 항복하게 될 게다." 처음으로 비스마르크는 제임스가 오스트리아에 돈을 빌려 준다면 그것은 황제가 홀슈타인 매각안을 수용하도록 압력을 가하는 게 아니라 오히려 압력을 덜어내는 일이 될 것이라는 주장을 폈다. 이런 주장도 로스차일드가와 베케 남작의 협상이 성공적으로 체결되는 것을 막지는 못했다. 그러나 한 달 뒤에 이번에는 비아리츠에서 나폴레옹 3세를 만난 비스마르크는 이 대부금 사업을 방해하려고 재차 노력했고, 이번에는 그가 성공한 듯 보였다. 10월 6일, 제임스는 조카들에게 "현재로서는 대규모 거래를 생각하는 것이 불가능하다. 비스마르크가 드루앵 드 뤼에게 매우 호전적이고 거만한 언사를 썼다는 이야기가 전해진다"며 베케와의 추가 논의는 차후로 미뤘노라고 전했다. 이튿날 페리에르에서 함께 사냥에 나섰던 제임스와 비스마르크는 이후 밀실에 들어앉아 두 시간 동안 이야기를 나눴다(비스마르크는 페리에르 와인의 품질을 칭찬했다). 불안해진 묄리넨은 비엔나로 이렇게 타전했다.

두 사람 사이에 무슨 이야기가 오갔는지는 모르지만, 페리에르의 밀담이 있기 전날 저녁만 해도 노(老)남작은 매우 호의적이었고 사업의 성공을 위해 건배까지

했습니다.……그러나 문제의 밀회 이후로 협상은 악화일로에 있습니다. 비스마르크 씨가 홀슈타인을 양도받는 대가로 8000만 탈러를 제안했다는 소문이 돕니다. 심지어 로스차일드가의 아들 중 하나인 알퐁스는 제 동료에게 우리가 그 제안을 받아들여야 하며, 그렇다면 굳이 돈을 차입할 필요도 없을 거라고 말했답니다.

비스마르크가 제임스에게 오스트리아에 돈을 빌려 주는 것은 문제의 영토를 평화롭게 매매할 기회를 망치는 일이라고 또 한 차례 주장했다는 사실이 드러났다. 뮐리넨은 비스마르크가 홀슈타인의 가격으로 생각해 놓고 있던 액수만 잘못 알고 있었던 것이다(블라이히뢰더가 제안한 액수는 쾰른-민덴 철도 계약으로 얻는 수익의 3분의 2에 해당하는 2100만 탈러에 불과했다). 며칠 뒤(10월 15일이나 그 이전) 뮐리넨이 오스트리아 외무장관 멘스도르프(Mensdorff)에게 보고한 바에 따르면, 제임스는 누구의 말을 대변하고 있는지 숨기며 신중하게 처신했지만 분명 비스마르크의 메시지를 반복하고 있었다. 게다가 한술 더 떠서, 그는 그 무렵 이탈리아에서 비밀스럽게 내놓은 이야기, 즉 베네치아 역시 매각해야 한다는 제안을 덧붙이기까지 했다.

대화가 끝나 갈 즈음, 제임스 로스차일드가 갑자기 이렇게 말하더군요. "어째서 그 제안을 수용하질 않으십니까? 홀슈타인을 팔아버리십시오."……저는 그 말에 찬성할 수 없다고 대답했습니다. 그 문제에 대해 따로 지시를 받은 바는 없지만, 저는 그에게 제국 정부는 그 같은 일은 고려하고 있지 않다고 못 박았습니다. 남작은 베네치아 매각에 대한 이야기는 그저 증권거래소에서 도는 루머일 뿐이며, 어느 장관이나 외교관한테 들은 바가 아니라며 변명하더군요. 저는 근래 도처에서 들리는 이 훌륭한 프로젝트의 발의인[즉, 비스마르크]이 누구인지 추정할 근거가 너무 많을 뿐이라고 대꾸했습니다.……제국의 통합성을 훼손시키는 것은 오스트리아의 인민과 국부를 통째로 내던지는 것이나 다름없습니다.……만약 외국 자본이 우리의 적들을 위해 오스트리아에 마수를 뻗친다면 그들이 먼저 당하게 될 것입니다.

며칠간 제임스는 의혹과 통풍에 시달리며 어물쩍거리고 있었다. 계약이 지연됐다는 소식에 비엔나에서는 대중이 극성스러운 반응을 보이기도 했다. 에블리나는 그녀의 시아버지인 안젤름이 극장을 방문했던 날의 일화를 이렇게 기록했다. "새 작품을 보러 가신 삼촌이 좌석에 앉자, 주연 배우가 문득 이런 대사를 읊는 거예요. '비어 브라우헨 겔트, 겔트, 겔트(우리는 돈이 필요하다, 돈, 돈, 돈).'······관객 전원이 고개를 돌려 안젤름 삼촌을 쳐다봤어요. 삼촌은 현대판 아르고스[11]라 할 만한 대중의 시선을 한 몸에 받으시고는 대단히 불편해하셨습니다."

그러나 비스마르크는 목적을 이루지 못했다. 10월 18일에 제임스와 런던의 조카들이 오스트리아와의 협상을 계속 진척시키자는 결정을 내렸기 때문이다. 이틀 뒤, 4900만 굴덴의 대부금을 제공하거나 9000만~1억 5000만 굴덴 상당의 채권을 68의 가격에 인수한다는 내용에 더해, 롬바르디아 철도가 지불하기로 되어 있던 추가 부담금을 20년간 유예시키는 대신 제임스가 트리에스테와 베니스 철도망의 채권에 대한 정부 보증을 포기한다는 보조 계약까지 작성되며 조건은 합의에 이른 듯 보였다. 로스차일드가 사람들이 주고받은 개인 서신들은 사실상 그들이 가장 중요하게 생각한 문제는 철도 부과금(알퐁스는 연 140만 굴덴으로, 뮐리넨은 총 2800만 굴덴으로 추산한)의 면제였으며, 제임스가 채권을 인수할 경우뿐만 아니라 대부금을 직접 지급할 경우에도 이를 필수조건으로 내걸었다는 사실을 보여 준다. 롬바르디아 철도 특혜는 알퐁스의 말마따나 "가장 중요한 내용", "우리가 진지한 관심을 갖고 있던 제문제"였다. 그와 그의 부친이 미처 생각지 못한 것은, 그들이 홀슈타인과 베네치아 문제를 제기함으로써 오스트리아 정부의 입장에서는 주제넘은 행동을 하고 말았다는 사실이었다.

그 무렵, 알퐁스는 비엔나가 "안달하며 움직이고" 있다는 사실을 깨달았으나 때는 이미 늦었다. 비엔나의 은행가 자무엘 하버(Samuel Haber)의 제안으로, 뮐리넨과 베케는 크레디 퐁시에가 주도하고 오탱게, 말레, 풀드까지 아우른 파리 은행가 그룹과 접촉했다. 제임스가 (뮐리넨의 표현대로) "받아들일 수 없는 제안"을 하고 "롬바르디아 철도에 대한 부담금 면제라는 진짜 양보"를 요구한 데 반해, 경쟁 은행은 "어떤 보상도 요구하지 않고 로스차일드보다 훨씬 많은 것을 제안"했다. 뮐리넨은 솔직하게 이렇게 썼다. "로스차일드-베어링 그룹의 권위를 이 후발 컨소시엄이 갖추지 못했다는 이견도 가능할 것이다. 솔직히 말해, 우리가 7주 동안이나 제임스 남작의 입에서 나오는 참으로 난처한 이야기들을 들어 가며 참기 힘든 일을 해 왔던 것도 바로 그 권위 때문이었다." 11월 14일, 그와 베케는 크레디 퐁시에 컨소시엄과 계약을 체결했다. 따라서 제임스가 일을 그르친 것은 오스트리아 채권 사업을 방해할 꿍꿍이였던 비스마르크와 손잡고 행동했기 때문이었다기보다는 분수에 넘는 언사를 펼쳤기 때문이었다. 크레디 퐁시에가 그들보다 더 비싼 값을 불렀다는 것을 알았을 때 그와 알퐁스는 경악해 마지않았다. 이 일은 알퐁스를 충격에 빠뜨렸다. "너무 터무니없는 일이라 믿어지질 않습니다. 그만한 조건을 내걸었다니 참으로 대담한 사람들인가 봅니다." 제임스는 "오스트리아 불한당들"에 격노해서 베케가 뇌물로 매수됐다고 비난했다. 안젤름과 페르디난트는 "베케 씨의 행동에 대단히 불쾌"해했으며, 그가 "신사답지 못하고 노련하지 못하다"고 생각했다. 안젤름은 극단적으로 제국참의원에서 물러나겠다고 위협하기까지 했으나, 제임스가 이를 만류했다("오스트리아 사람들이 언제 다시 그런 자리에 유대인을 임명하겠느냐?").

계약을 결정적으로 무산시킨 이유가 정말 오스트리아 쪽의 주장처럼 제임스가 롬바르디아 철도에 대한 세금 우대 정책을 고집한 것이었는지는 의문이다. 제임스는 훗날 이 일을 돌아보며, 오스트리아는 순전히 프랑스에서만 차입하겠다는 본질적으로 정치적인 결단을 내릴 구실로 롬바르디아 철도에 대한 요구를 이용했다고 결론 내렸다. 그의 분석이 옳았다는 근거가 있다. 크레디 퐁시에의 대부 조건이 제임스가 구상했던 조건보다 사실상 눈에 띄게 열악했기 때문이다. 경쟁 컨소시엄의 경우 액면가 약 1억 5000만 굴덴의 채권을 실효 가격 61.25에 매입해서 수수료를 떼면 오스트리아 정부가 받는 돈은 단 9000만 굴덴에 불과했다. 제임스의 말처럼, 오스트리아 채권 시세가 70이었다는 점을 감안하면 고리대금업이나 다를 바 없는 조건이었다. 반대로 로스차일드가는 68이라는, 혹은 롬바르디아 철도 사업권의 가치를 감안할 경우 67.1이라는 적당한 가격을 제시했다.

그러므로 제임스가 홀슈타인과 베네치아 매매 가능성을 시사했기 때문에 오스트리아 협상가들이 다른 대안을 찾게 된 것이라는 설명이 훨씬 타당해 보인다. 프란츠 요제프 황제는 파리로 파견된 관리들로부터 제임스가 이탈리아를 왕국으로 인정한다는 조건하에 대부금 문제를 논하고 있다는 보고를 듣고 문서 귀퉁이에 이렇게 적었다. "더 협상할 것 없음." 존 러셀 경 역시 베네치아 매각안을 지지했다는 사실은 제임스와 비스마르크의 회동만큼이나 의혹을 증폭시켰을 것이다. 나폴레옹과 드루앵이 인가한 프랑스 컨소시엄의 대부금은 부대 조건이 훨씬 적은 듯했다. 이 대부 계약으로 프로이센과 이탈리아에 맞선 방어 동맹에 프랑스를 끌어들일 가능성이 커진 듯싶었다. 베케가 크레디 퐁시에의 제안을 받아들였다는 소식을 들은 골트슈미트는 "홀슈타인 매입 문제에서 이루어진 것은 전혀 아무것도 없다"고 결론 내렸다.

그러므로 모든 사안을 종합해 보면, 결국 핵심은 홀슈타인도, 베네치아도 팔지 않겠다는 오스트리아의 뿌리 깊은 결심이었지, 비스마르크의 술책도, 철도에 관한 제임스의 사적인 요구도 아니었다. 이 비타협적인 태도는 프란츠 요제프 황제가 갖고 있던 합스부르크제국의 명예라는 고리타분한 관념 때문이었다는 것이 통상적인 추론이다(심지어 황제 자신조차 훗날 과거 오스트리아의 정책에 대해 "매우 명예로웠으나 아주 어리석었다"고 평했을 정도였다). 그러나 홀슈타인과 베네치아를 두고 이루어진 다양한 제안을 거절한 것이 과연 그만큼 어리석은 일이었는지 되짚어 볼 필요가 있다. 1866년 2월까지의 기간 동안 오스트리아 채권자들을 만족시키는 데에만 4900만 굴덴이 필요했다면, 프로이센이 홀슈타인의 대가로 제안했던 4000만 굴덴은 "너무 적었을" 것이다. 프로이센이 슐레지엔의 일부(비스마르크 자신은 글라츠 군[郡]을 생각하고 있었다)나 프로이센 왕가의 고향인 뷔르템베르크의 작은 호엔촐레른 고립 영지를 대신 내놓음으로써 이쪽에서도 시원스럽게 양보했다는 인상을 주자고 한 골트슈미트의 제안은 터무니없는 주장이 아니었다(빅토르 엠마누엘도 조상 전래의 고향 사보이를 프랑스에 바치지 않았나?). 다국적으로 이루어진 제국의 일부를 팔아버리는 것은 무력으로 맞서다가 땅을 잃는 것보다 더 나쁜 전례를 만들 것이라는 멘스도르프의 주장 역시 어쩌면 옳았을지 모른다. 전쟁에서는 희박할지언정 승리할 가능성은 항상 있을 테니 말이다.

쾨니히그래츠로 가는 길

잘못을 저지른 것이 자기 자신이었다는 사실을 깨달을 때만큼 울화가 치미는 적도 없다. 제임스는 비스마르크를 대신해 홀슈타인과 베네치아 문제를 거론하면서, 롬바르디아 철도에 득이 되었을 계약을 자기도 모르게 무산시켰다는 것을 깨달았다. 그러나 그와 그의 친척들은 결국 손실이 크고 힘든 철도 회사 신주 발행을 위해 첫 단추부터 다시 꿰면서도 자책하지 않았다. 오스트리아를 비난할 법도 했는데, 그러지도 않았다. 그도 그럴 것이, 비엔나와의 신규 대부금 협상이 일찌감치 1866년 2월 1일부터 재개되었기 때문이었다. 반면, 그들이 평소 같지 않은 맹위를 떨치며 비난을 퍼부은 쪽은 다름 아닌 프로이센이었다. 그해 11월, 제임스는 페리에르를 방문한 기념으로 체면상 부르고뉴산 포도주 한 상자를 비스마르크에게 보냈다. 그러나 오스트리아 채권 사업이 실패로 돌아간 이후 프로이센 총리에 대한 로스차일드가 내부의 의견이 회복되기까지는 수년이 걸리게 된다. 1866년 1월 17일, 마이어 칼은 머지않아 군 소집령이 내려질 프랑크푸르트에서 노기 어린 편지를 써 보냈다.

이곳의 상황은 날마다 악화되고 있습니다. 프로이센은 역사상 전례 없는 행보를 보이고, 나머지 독일 국가들을 업신여기는 그 가증스러운 태도에는 합당한 벌이 내려져야 한다는 것이 이곳의 여론입니다. 앞으로 무슨 일이 일어날는지 예측할 수는 없지만, 야망에 눈먼 프로이센의 정책에 분명 독일 전체가 분노하고 있습니다.

케임브리지에 있던 라이오넬의 막내아들 레오도 같은 심정을 드러냈다. "아직도 만족할 줄 모르고 약소국들을 통째로 파괴하지 못해 안달하는 프로이센인들은 정말로 야만적입니다." 비엔나에서는 골트슈미트가 비스마르크의 호전적인 태도에 초조해하고 있었다. 파리 주재 프로이센 대사 골츠(Goltz)가 "오스트리아가 홀슈타인에 대한 권리 매각은 절대 있을 수 없다는 부정적인 답변을 프로이센에 전달했기" 때문에 오스트리아와의 전쟁이 벌어질 가능성이 있다고 솔직하게(그리고 물론 정부의 재가 없이) 경고하자, 제임스의 심경은 착잡할 따름이었다. 알퐁스가 보기에 프로이센인들은 "잔치에 찬물을 끼얹는 이들"이었다. 그는 비스마르크가 그의 소위 "합병 정책"을 고집하며 권좌에 남아 있는 한 금융 시장이 안정을 찾을 여지는 없다고 생각했다. 이 모든 정황은 제임스가 로스차일드가에서 신디케이트를 조직해서 정부가 보유하고 있던 쾰른-민덴 철도 주식의 잔량 8만 주를 2000만 탈러에 매입하라는 제안에 그토록 냉담한 반응을 보인 이유를 설명해 준다(그는 블라이히뢰더의 동업자 레만[Lehmann]의 방문을 받고 골츠와도 두 시간에 걸쳐 면담한 뒤, 3월 14일에 거절 의사를 밝혔다).

제임스가 이 거래를 거절한 일화는 "전쟁을 위해서는 돈을 빌려 주지 말 것"이라는 로스차일드가 일반 규칙의 증거로 자주 인용된다. 이번에는 전설과 사실이 잘 들어맞는 편이다. 사실상 그 유명한 구절은 1861년에 쓴 편지에서 인용된 것이다. 그러나 제임스는 당시에도 비슷한 말을 했다. 런던의 조카들에게 보내는 편지에 이렇게 썼다. "우리로서는 전쟁을 하는 데 돈을 빌려 줄 수는 없다는 이유를 들어 블라이히뢰더의 동업자를 돌려보냈다. 양국 정부가 확실히 합의에 도달한 뒤에야 우리도 다음 행보로 나아갈 수 있을 것이다." 제임스는 초창기 쾰른-민덴 철도 거래를 주의회 위원회가 불법이라 선언하면서 비스마르크의 입지가 심각하게 위축됐다고 믿었고, 그것은 일리 있는 생각이었다. 그는 프로이센이 진짜 재정난에 빠졌다고 판단했다. 비스마르크가 홀슈타인 문제를 재론하기 위해 2000만 탈러를 융통하려고 했다면 제임스는 관심을 보였을 것이다. 그런데 골츠는 비스마르크가 독일 문제를 무력으로 해결하려 한다고 귀띔했다. 블라이히뢰더도 이를 부정하지 못했다. 그가 둘러댈 수 있었던 말은 그저 "[오스트리아와 프로이센 간의] 결렬이 일어난대도 4월이나 5월 전에 일어나지는 않을 것"이라는 정도가 고작이었다. 이런 상황에서 쾰른-민덴 주식을 사들이는 것은 주의회의 명백한 의지를 거역하는 일이 됐을 뿐만 아니라(로스차일드가 역시 의회의 승인 여부를 대단히 중요히 생각했다), 프로이센이 전쟁 태세를 갖추는 데 자금을 대는 셈이 되었을 것이다. 비스마르크가 3월 13일에 쓴 편지에서 그처럼 미묘한 시점에 자신의 패를 노출시킨 골츠를 꾸짖은 것도 놀라운 일이 아니다.

마침 파리에 머물고 있던 앤서니는 프로이센의 제안을 경멸조로 묘사했

[그림 5] 〈로스차일드의 전쟁 준비 태세〉, M. E. 슐라이히 (Schleich), 만화 원본, 《뮌헤너 푼쉬》 19권 20호, 1866년 5월 20일자

다. 프로이센은 전쟁을 하려고 "안달복달하고" 있지만 "그들의 자금 사정은 그 어느 때보다 좋지 않습니다.……나라 전체가 전쟁에 반대하고 있고 총리는……두 시간 전부터 남작님을 붙들고……이런저런 철도 허섭스레기를 담보로 정부에 2000만 탈러를 대부해 달라고 조르고 있습니다." 3월 17일, 골츠는 왕에게 "로스차일드가에서는 프로이센이 전쟁에 나서는 것을 막으려고 안간힘을 쓰고 있다"고 고했다. 왕세자의 표현대로 "로스차일드는 비스마르크에 백방으로 맞서고" 있었다. 풍자 만화가들도 이번에는 제대로 짚었다. 5월 20일 《뮌헤너 푼쉬(Münchener Punsch)》의 표지에는 〈로스차일드의 전쟁 준

비 태세〉라는 만화가 실렸는데, 그림 속에서 제임스는 돈주머니에 들러붙어 이렇게 외치고 있다. "아무것도 주지 않을 테다! 난 돈이 없어! 내 유일한 낙은 중립일 뿐이야. 설마, 그 하나뿐인 낙을 빼앗진 않겠지?"[그림 5]

결국 제임스는 전쟁을 막지 못했다. 그러나 제임스의 실패에 집중한 나머지, 당시 비스마르크의 입지가 취약했다는 사실을 묵과해서는 안 된다. 골츠가 편지를 쓴 당일에 베를린에서는 프로이센 장관들의 회동이 있었고, 그날 기록된 간략한 의사록이 보여 주듯이 그들에게 남은 대안은 놀랄 만큼 적었다. "자금 조달 과정에서 문제 발생. 쾰른-민덴 철도의 주식을 발행하는 것은 손해만 보고 끝날 수 있음. 자르브뤼켄(Saarbrücken)[12]을 매각하는 방안이 제안됨. 또 다른 가능성은 의회를 소집해 차입금을 얻어내는 것이나, 그다음 행보는 대(大)독일 계획, 대독일의회일 것임." 이 마지막 대안은 자유주의자들에 대한 조건부 항복을 의미하는 것처럼 보였다. 당시는 소위 "코부르크 도당(徒黨)[13]"의 시대, 비스마르크를 실각시키기 위해 빅토리아 여왕, 러셀 경, 디즈레일리, 로스차일드 일가가 작당했다는 음모론이 떠돌던 시기였다.

3월 20일, 제임스는 "비스마르크가 내각에서 물러나고 평화가 유지될 것"이라는 베를린발 루머를 열심히 퍼뜨렸다. 이틀 뒤, 디즈레일리는 메이어에게 비스마르크는 "교수형에 처해져야 한다!"고 말했다. "비스마르크가 난관에서 탈피하기 위해……전독일의회 소집을 고려하고 있다"는 소식을 들은 구스타브는 비스마르크가 "갈 데까지 갔다"는 생각에 "믿을 수 없을 만큼" 놀라워했다. 비스마르크가 당시 얼마나 절박한 상태에 처해 있었는지를 보여 주는 또 다른 증거인 셈이다. 마이어 칼은 프로이센 총리가 "칼로 만사를 해결하겠다는 생각으로, 제 발로 끔찍한 혼돈 속으로 걸어 들어가고 있다"고 썼다. 이처럼 로스차일드가 사람들은 비스마르크가 자국에서 처한 곤경이 그의 전쟁열만 자극하는 것은 아닐까 싶어서 마음을 놓지 못했다. 당시는 그들이 비스마르크를 "무모한 작자"라거나 "입에 거품 문 야생 곰"이라고 가차없이 매도하던 시절이었다. 제임스의 말마따나 "그가 무슨 일을 벌일지는 누구도 알 수 없다. 그는 왕이 손만 들어 준다면 어린애 장난인 양 전쟁을 선포할 인물"이었다.

비스마르크가 왕의 지지를 얻어낸대도, 그가 어떻게 필요한 전비를 댈 수 있겠느냐는 의문이 아직 남아 있었다. 보델슈빙에게 남은 돈은 4000만 탈러가 전부였고, 5월 2일 내각에서는 자르 광산 매각안을 기각했다. 이런 상황에서 비스마르크의 실각을 기대하는 것은 허망한 일이 아니었다. 4월 7일, 오스트리아가 내놓은 군축 제의는 비스마르크의 곤란만 가중시켰다. 2주 뒤, 그는 이 제안을 받아들여야 했다. 보통선거로 선출하는 독일연방의회를 제안함으로써 혁명적 민족주의의 망토를 두르기로 한 그의 결정은 1848년 이래 그가 주장해 온 모든 것과 상치되는 일로 보였다. 4월 27일까지 블라이히뢰더는 프로이센이 결국 무릎을 꿇고 비스마르크는 사임할 가능성을 배제하지 않고 있었다. 5월 둘째 및 셋째 주에 프로이센 정부는 일대 혼란에 빠져들었다. 비스마르크에 대한 암살 기도, 주의회의 해산, 베를린 증권 시장의 위기. 거기에 더해 룬은 아홉 개 군단을 동원하는 데 드는 비용이 2400만 탈러이며, 전시 편대를 유지할 경우 개월당 600만 탈러가 추가로 든다는 계산을 내놓았다. 5월 18일에는 비상 신용 기관들이 설립되고 통화 태환이 정지되었다. 사흘 뒤 지한들룽은 파리에서 단기 재무 증권을 판매하려 했으나, 제임스는 다시금 골츠에게 반대 의사를 표했다. 6월 9일(보델슈빙의 후임 장관이 블라이히뢰더와 오펜하임이 이끄는 컨소시엄에 쾰른-민덴 철도 주식을 매각하는 데 실패하고 일주일 뒤), 로스차일드가에 "쾰른-민덴 주식을 담보로 혹은 지한들룽 앞으로 발행된 환어음을 담보로 금괴나 은괴를 은행(the Bank)**14**에 대출해 줄 의향이 있는지 묻기 위해" 레만이 다시 파리로 파견됐다. 이번에도 그는 헛걸음만 하고 돌아갔다. 알퐁스가 썼듯이 그것은 "꽤 큰 수익"을 낼 수 있는 거래였다. 그러나 제임스는 레만 스스로 '아슬아슬한 상태'라고 묘사한 정부를 도울 "마음이 현재로서는 전혀 없었다."

제임스는 비스마르크에게 대부하기를 거절하는 것으로 만족하지 못하고 그가 생각하기에는 프로이센에 그만큼 절실한 다른 것을 불허하겠다고 결심했는데, 그것은 바로 이탈리아와의 동맹이었다. 이탈리아는 프로이센 및 오스트리아와 여러모로 비슷한 상황에 처해 있었다. 이탈리아의 재정 안정성에 대한 로스차일드가의 신뢰는 1850년대 이후 급격히 추락했고, 제임스는 1865년 8월에도 이탈리아 채권을 매각하고 있었다. 9월, 이탈리아 정부가 2억 8000만 리라 규모의 적자를 공표했을 때 그와 그의 아들들은 충격을 받았다. 그러나 이탈리아와의 연을 끊으면 안 되는 이유가 있었다. 첫째, 만약 오스트리아가 베네치아를 이탈리아에 양도하는 거래가 평화롭게 이루어진다면 이탈리아는 매입에 필요한 자금을 지원받아야 할 것이었다. 둘째, 그리고 아마도 더욱 중요한 이유로, 당시 이탈리아는 롬바르디아 철도 회사의 철도망이 지나는 방대한 지역을 통치하고 있었다. 그러므로 1866년에 받은 정부의 대부 요청은 회사의 사업권을 지킬 두 번째 기회였다. 한 가지 위험은 이탈리아 역시 프로이센과 마찬가지로 수중에 돈이 생기면 베네치아를 평화롭게 매입하는 데 쓰기보다 전비로 도용할 가능성이 있다는 것이었다. 이탈리아 정부가 1865년 9월에 총 3500만 리라 규모의 단기 대부를 요청했을 때 제임스는 그런 이유로 지원을 거절하지는 않았지만, 거래가 그 이상 이어지기 전에 이탈리아의 군축 현황을 계속해서 주의 깊게 관찰한 것은 사실이었다.

1866년 초가 되자 이탈리아 정부가 1억 5000만 리라 규모의 채권을 발행할 계획이라는 소식이 들려왔지만, 정부가 애초 란다우에게 요청한 액수가 1400만 리라에 불과했기 때문에 로스차일드가는 큰 관심을 보이지 않았다. 그러나 그해 3월에 정부는 방향을 바꿔, 1억 2500만 리라의 대부금을 요청하며 그 대가로 롬바르디아 철도 회사 사업권 계약을 더 후한 조건으로 갱신해 주겠다고 제안했다. 로스차일드가로서는 절실했던 방편을 얻은 듯했지만, 오래지 않아 국채에 세금을 징수하겠다는 정책이 발표된 것은 이탈리아가 로스차일드의 협조를 얻어내기 위해 당근뿐만 아니라 채찍을 사용할 각오까지 하고 있었다는 증거였다. 로스차일드가가 이탈리아를 설득해서 평화적인 정책을 채택하게 했다면(그리고 이상적으로는, 채권 수입을 베네치아 매입 비용으로 사용하도록 설득할 수 있었다면), 비스마르크는 외교적으로 고립되었을 것이다.[15] 이탈리아 대사 니그라[16]는 오스트리아와 전쟁이 벌어질 경우 이탈리아는 프로이센 편에 가담할 것이라는 말로 제임스를 동요시켰다. 그러나 3월 22일에 이탈리아 정부는 뜻밖에도 로스차일드가의 대리인 란다우에게 "베네치아[매입]에 대한 제안을 대신 전달해서 전쟁을 막을" 중재자로 활동해 줄 것을 요청해 왔다. 이 제안을 듣고 알퐁스가 내린 판단에서는 많은 점이 드러난다.

우리 측에서 그렇게 전면에 나서는 것은 부정적으로 받아들여질 소지가 있고,

비엔나에서의 입장도 꽤나 난처해질 겁니다. 우리는 이미 이 문제에 대해 여러 차례 언급해 왔고, 그 이야기를 다시 꺼내 폐하의 자존심을 건드려서는 안 된다는 것도 깨닫지 않았습니까. 현재와 같은 상황에서는 오스트리아 정부가 생각을 바꿀 수도 있겠지만……이탈리아 정부가 그런 외교적인 요구를 해 왔다는 것은, 전쟁이 발발할 경우 참전하겠다는 결정은 내렸지만 아직 프로이센과 조약을 맺은 것은 아니라는 뜻일 것입니다.

소위 '란다우 제의'는 오스트리아와 이탈리아를 압박해 베네치아 문제를 평화롭게 해결하자는, 영국이 지지했던 노력의 일부였다. 당시 거론된 가능한 대안에는 선출 군주인 알렉산드루 이오안 쿠자(Alexandru Ioan Cuza)가 반란으로 강제 퇴위당한 루마니아를 베네치아와 맞바꾸는 방안, 그리고 홀슈타인을 글라츠(Glatz)와 교환하는 방안 등이 있었다.

이런 노력이 결국 실패로 끝난 것은 이번 역시 오스트리아가 자국의 영토를 매각한다는 생각을 받아들이려 하지 않았기 때문이었다. 베네치아를 매각하라고 제안해 봤자 즉석에서 거절당하리라고 확신한 안젤름은 이 제안에 대해 에스테르하지에게 귀띔하기에 앞서서, 먼저 이탈리아가 부탁한 임무를 수락하지 말라고 란다우를 설득했다. 란다우가 비엔나에 치욕스러운 제안을 전달한다면 로스차일드가는 "이탈리아 도당"이라는 불명예에 빠져 헤어날 수 없을 터였다. "오스트리아 내각은 아무것도 두려워하지 않소. 필요하다면 날뛰는 황소의 뿔이라도 부여잡을 태세요. 프랑스가 지원하지 않으면 이탈리아 군대는 사방의 요새에 맞서 무익하게 애쓰다가 기진해버리지 않겠소? 정부에서는 이탈리아의 제안에 대해 완전히 귀머거리처럼 굴고 있는데, 그건 그 나라의 주머니가 비었다는 사실을 알기 때문이오."

에스테르하지가 란다우 제의를 거부한 것, 프로이센이 오스트리아 병력이 이동했다는 혐의를 제기한 것 모두 이 암울한 진단을 확증해 줄 뿐이었다. 영국 정부가 베네치아를 4000만 파운드에 매입하겠다고 공식적으로 제안했지만, 때는 이미 너무 늦었다. 이탈리아가 국내에서 2500만 리라 규모의 채권을 발행하겠다고 선언한 것도 이제는 전쟁 준비에 자금을 대려는 수단으로밖에는 달리 해석할 수 없었다. 4월 8일, 이탈리아는 프로이센이 오스트리아에 대항해서 전쟁을 벌일 경우 함께 나설 것이며 그 보상으로 베네치아를 얻는다는, 유효 기간이 단 3개월뿐인 비밀 협약을 프로이센과 체결했다. 이로써 이탈리아는 로스차일드가가 일제 사격처럼 쏟아내는 비난에 맞설 버팀목을 얻었다.

이탈리아 정부가 채권 보유자들에게 일괄적으로 세금을 부과하겠다는 결정을 내리자, 가족들의 비난은 더욱 거세졌다. 제임스는 이탈리아가 외교와 재정 정책으로 "국가 신용에 치명상을 입히고" 있다고 비난하면서, 이탈리아 정부가 외채 모집을 새로이 시도한다면 "공식적으로 선언하는 바, 파리에서 이탈리아 펀드를 후원해 왔던 나는 이탈리아와 관련한 신규 거래에는 일절 참여하지 않을 것이며, 이제부터는 이탈리아 채권에 대한 이자 지급 의무도 거부하겠다"고 노골적으로 위협을 가했다. 그는 비스마르크에 대해서도 똑같이 분노를 터뜨렸다. 이탈리아와의 동맹은 그가 "전쟁만 원하는 작자"라는 사실을 확신시켰다. "선언컨대 그자는 다시없는 악한이다. 가증스러운 비스마르크를 권좌에서 끌어낼 수만 있다면, 나는 기꺼이 오스트리아 편에 가담하겠다."

그러나 전쟁을 막기 위한 노력을 결국 좌절시킨 것은 프로이센의 호전성도, 오스트리아의 비타협적인 태도도, 이탈리아의 태평스러움도 아니었다. 사실상 명예 문제를 놓고 그토록 분분했던 비엔나의 정치가들도 전쟁이 임박했음을 깨닫자마자 뒤로 물러나 타협안을 찾았다. 4월 9일, 오스트리아 대사로 파리에 와 있던 메테르니히는 제임스에게 프랑스가 프로이센 편을 든다면 오스트리아는 "항복할 것"이라는 언질을 주었다. 그는 이튿날에도 같은 이야기를 반복했는데, 이에 대해 제임스는 이렇게 썼다.

> 오스트리아 역시 다른 열강들처럼 돈이 급한 것 같고, 덕분에 나는 평화가 유지되리라고 믿을 수 있을 것 같구나.……메테르니히는 평화를 지키기 위해서라면 오스트리아는 무엇이든 내놓을 테고, 결국에는 아마 항복할 거라고 말한다.……오스트리아에 필요한 돈은 800~1000만 굴덴이고, 돈을 공수할 수 있다면 우리의 요구 조건을 전부 받아들이겠다는구나. 그들이 어쩔 수 없이 프로이센에 항복하게 된다면 나는 엔간히 언짢을 것 같다.

마지막 문장에서 드러나듯이, 제임스는 점점 더 오스트리아의 입장에 동정심을 느끼게 되었다. 그러나 여기에서 중요한 점은 그가 오스트리아의 조건부 항복을 예상했다는 것이다. 과연 그런 예상이 가능했던 상황이었고, 심지어는 비스마르크가 슐레스비히와 홀슈타인을 프로이센 왕세자에게 바치자는, 오스트리아로서는 당연히 용인하기 힘든 가블렌츠(Gablenz) 제안을 해 온 이후에도 마찬가지였다. 오스트리아가 마침내 이 "타협안"을 거부한 것은 5월 28일의 일이었다. 그리고 6월 1일, 오스트리아는 프랑크푸르트의 독일연방의회에 이 문제에 대한 조정을 요청했는데, 이 행동은 오스트리아와 프로이센이 그 이전에 공국을 두고 맺은 합의에 위배되는 일이라서 비스마르크에게는 전쟁의 빌미를 제공한 것이나 다름없었다. 심지어 그 와중에 오스트리아 군대는 전투 한 번 없이 홀슈타인에서 철수해버렸다.

평화로운 결말이 맺어질 수도 있었던 것을 종국에 방해한 것은 프랑스의 정책이었다. 로스차일드가는 일찍부터 프랑스의 역할이 결정적이리라는 사실을 깨닫고 있었다. 제임스는 프랑스가 오스트리아와 이탈리아 사이에서 정직한 브로커 역할을 할 경우 양국이 합의에 도달할 수 있을 것이라고 생각했다. 그러나 프랑스가 이탈리아를 부추겨서 비스마르크와 한 배를 타도록 만든다면 전쟁은 불가피할 터였다. 이는 나폴레옹 3세가 임기를 통틀어 내려야 했던 가장 중요한 결단이었고, 그는 양다리를 걸치려 노력했다. 비엔나에서 안젤름은 전쟁이 일어날 경우 프랑스가 프로이센의 반대편에 가담하리라 생각하고 있었다. 제임스와 알퐁스도 나폴레옹이 프로이센을 저지하려는 것이 아니라 그저 "어부지리를 챙기려" 한다는 의심이 들기는 했지만, 역시 같은 식으로 사태를 내다보기 시작했다. 그들이 옳았다. 사실상 나폴레옹은 이탈리아에 자제를 종용하는 대신, 비스마르크의 제안을 받아들이도록 몰래 조언하고 있었다. 제임스가 마침내 평화 수호를 위한 마지막 제안, 그러나 헛되이 끝나버릴 제안을 하게 된 것도 나폴레옹이 전쟁을 말리기는커녕 조장하고 있다는 사실을 깨달았기 때문이었다. 아이러니한 것은 그가 프랑스의 정책을 돌려놓는 데 성공했다면, 그것이 결국 원래의 목표와는 정반대의 결과를 초래했을 수도 있었다는 것이다.

전쟁에 반대하는 자신의 논조에 힘을 싣기 위해 제임스가 일부러 금융 위기를 조장할 필요는 없었다. 유럽의 주식 시장은 이미 총체적인 공황 상태로 치닫고 있었다. 전쟁에 대한 공포는 원인 중 일부에 불과했다. 공교롭게도 이 외교적 위기는 영국과 프랑스 양국의 은행 공황과 맞물려 일어났는데, 후자의 경우 근본 원인은 미국 남북전쟁이 끝난 뒤 국제 면화 시장이 정상화된 데에 있었다. 로스차일드가 역시 이 위기로 손실을 입었지만, 합자은행이나 투자은행들이 입은 격심한 피해에 비하면 양호한 수준이었다. 최대 피해자는 런던의 오버런드 거니와 크레디 모빌리에였다. 위기는 라이오넬과 그의 아들들이 안식일에도 뉴코트를 지키고 있었을 만큼 심각한 것이었고, 하원은 물론이고 다운셔 부인의 무도회에 이르기까지 사람들의 대화를 지배한 주제는 "시티의 대규모 도산"이었다. 그러나 제임스에게 주식과 채권 가격의 하락은 환영할 만한 일이었다. 그는 경쟁자들과는 달리 "빚진 곳이 없다는 사실에 신께 감사"드렸으며(실제로 그는 런던 상사에 곤란한 상황을 해결하라고 15만 파운드를 보내기도 했다), 위기는 오히려 그의 손에 이상적인 외교 수단을 쥐어 주었다. 전쟁이 경제에 초래할 부정적인 결과가 전쟁이 가져다줄 어떤 국제적인 (그래서 국내 정치적인) 이득보다도 크고 막심할 것이라고 나폴레옹 3세를 설득하는 것이 그의 목표였다.

그가 작전을 개시한 것은 4월 8일, 즉 프로이센-이탈리아의 비밀 동맹이 체결된 당일이었다. 내티가 보고한 대로, 그는 "어젯밤 튈르리 궁에서 황제와 긴 대화를 나누면서 평화를 유지해야 할 필요성을 폐하께 깊이 각인시키려 노력"했다. 사흘 뒤에 황제를 다시 만났을 때도 제임스는 같은 이야기를 되풀이했는데, 그것은 페레르 형제들 역시 주장하고 있었던 것처럼 "전쟁은 경제 상황에 큰 불행을 초래할 것이라고 그를 설득"하기 위해서였다. 알퐁스의 기록처럼, 나폴레옹은 짐짓 제임스를 안심시키는 말을 했다. "프로이센은 프랑스의 지원을 기대할 수 있으리라고 생각하지만, 프랑스의 지원 같은 건 없을 겁니다. 황제는 베네치아 문제가 해결되는 것을 보고 싶어 하십니다. 오스트리아가 동의한다면 폐하는 결연히 오스트리아와 행군할 것이며, 프로이센은 결국 어리석은 행동의 죗값을 치르게 될 겁니다."

2주 뒤에 발레브스키 백작으로부터 전쟁이 불가피하리라는 사실을 확인한 후, 제임스는 다시금 "평화를 설교하러" 나폴레옹을 찾아갔다. 다시 만난 황제는 이미 "그 문제에 골몰해" 있었고, 알퐁스는 당시의 상황을 이렇게 기록했다.

> 황제는 말씀하시길 문제는 이미 해결할 수 있는 시점을 지난 듯하며, 비스마르크 역시 정권을 유지하기는 어려울 것이라 하셨습니다. 또 폐하께서 이 상황에 개입한다면 오히려 혼란만 가중될 테니 싸움에 끼어들고 싶지는 않다고 하셨습니다.……하지만 폐하는 오스트리아가 이탈리아에 대해 전시 편성을 갖추고 있다는 전갈을 받으셨다고 합니다.……아버지께서는 폐하께 어째서 오스트리아와 이탈리아의 양해 체결을 위해 개입하지 않으시느냐고 물으셨지요. 황제는 오스트리아가 어떤 제안에도 귀를 막고 있기 때문에 그 양해라는 것도 오로지 전쟁을 통해서만 가능할 것이며, 당신이 이미 [다뉴브] 공국을 제안해 보기도 했지만, 그들은 슐레지엔을 원하기 때문이라고 하셨습니다.

여기에서 드러나듯 나폴레옹은 여전히 이탈리아 편을 들겠다는 요량이었고, 이탈리아가 아직 전쟁 준비를 시작하지 않았다고 주장하고 있었다. 그것은 어디에서 혁명이 일어나든 그 혁명의 뒤를 봐주는 그의 오랜 수법이었다. 5월 6일, 오세르(Auxerre)에서의 연설에서 그가 1815년의 조약을 맹렬히 비난하며 이번에도 혁명을 지지하는 발언을 하자, 로스차일드가는 간담이 서늘해졌다. 그 연설이 파리 증권거래소에 미친 영향은 참담했다. 이튿날 알퐁스가 기록했듯이, 그것은 "새로운 시대"가 도래했음을 알리는 인장과도 같았다. "이제 그 누구도 세상에서 무슨 일이 벌어질는지, 유럽이 평형을 회복하기 전까지 우리가 어떤 혁명을 견뎌내야 할는지 추측조차 할 수 없게 되었다." 그날 밤 황후가 개최한 튈르리 궁의 무도회에서 메리메는 "대사들의 얼굴이 아주 우울해 보여서, 누가 봤으면 죽음을 앞둔 사람들로 착각했을 것이다. 그러나 그 중에서도 가장 죽을상을 한 사람은 로스차일드였다. 들리는 이야기에 따르면 그는 지난 저녁에 1000만 프랑을 잃었다고 한다"고 썼다. 제임스가 "제국은 곧 하락장"이라는 그 유명한 경구를 읊은 것도 사실 (파리 증권거래소에 새로운 공황을 불러일으킨) 오세르의 연설이 있은 뒤였다.

나폴레옹이 오스트리아에 맞서 이탈리아 편을 들고 프로이센을 지지하는 일에 지조를 보였다면 오스트리아는 싸움을 단념했을지 모른다. 그러나 마지막 순간에 (부분적으로는 제임스에게 설득당해) 나폴레옹은 오스트리아의 구세주로 나서려는 듯 보였다. 이 외교적 타협은 먼저 경제적으로 전조를 드러냈다. 우선 크레디 퐁시에가 메테르니히의 요청에 따라 또 다른 현금 대부를 제공했다. 이어 4월 15일에 파리에서 열린 롬바르디아 철도 회사의 연례 총회는 "눈부신 성공"으로 마무리됐고, 이 역시 프랑스와 오스트리아의 경제적 연계를 재차 확인해 주는 것처럼 보였다.

5월 중에 중요한 진전이 있었다. 오스트리아가 프로이센에 맞서 자국을 지원해 주는 대가로 베네치아를 프랑스에 양도하겠다는(그러면 프랑스가 이를 다시 이탈리아에 넘겨주도록) 제안을 갑작스럽게 해 온 것이다. 나폴레옹은 그의 장기인 국제회의(Congress)를 들먹이며 망설였지만, 이 놀랍고도 자주 오해를 받는 제안은 6월 12일에 양국이 프랑스의 중립을 보장하는 조약에 서명하는 것으로 결실을 맺었다. 교섭이 이루어지는 동안 제임스는 나폴레옹을 비롯해 재무장관 루에르, 영국 대사 코울리와 꾸준히 만나며 프랑스와 "오스트리아의 친선을 도모"하기 위해 적극적인 활동을 펼쳤다. 늘 그랬듯이, 이탈리아와 개인적으로도 불화를 빚고 있던 그는 랑트에 세금을 물리려는 이탈리아와 사적으로 벌어진 시비에 프랑스 정부가 간여해 줄 것을 요청했다. 오스트리아가 롬바르디아 철도 계약을 두고 트집을 잡으며 공격하기는 했지만, 오스트리아에 대한 일종의 유인책으로 애초 로스차일드가가 비엔나에 제공했던 단기 신용을 갱신할 수 있다는 가능성을 비추기도 했다.

5월 23일, 비스마르크는 블라이히뢰더에게 "황제[나폴레옹]는 그가 원한다면 아직 전쟁을 막을 수 있다"고 말했다. 그러나 이는 소용없는 이야기였다. 사실상 나폴레옹은 오스트리아의 입장을 두둔하며 전쟁 발발에 결정적으로 기여하고 있었기 때문이다. 6월 12일에 체결된 비밀 조약은 프랑스가 중립을 지키는 동안, 오스트리아는 프로이센과 이탈리아를 격파할 뿐만 아니라 양국을 해체할 수도 있다는 가정에 입각하고 있었다. 오스트리아는 베네치아를 포기하는 대신 양시칠리아 왕국, 중앙이탈리아의 교황령, 심지어는 토스카나, 파르마, 모데나 같은 옛 공국들에도 부르봉 왕조를 복원시킬 의도를 품고 있었다. 프로이센은 1807년 당시의 국경까지 물러나야 했고, 그렇게 해서 남겨질 슐레지엔은 오스트리아가, 루사티아는 작센이, 라인 지방은 하노버, 헤세 다름슈타트, 바이에른, 뷔르템베르크가 돌려받아야 했다. 블라이히뢰더는 5월 4일 이미 전쟁이 터진 것처럼 이야기했지만, 오스트리아가 항복 대신 전쟁을 결심한 것은 사실 6월 12일 이후의 일이었다. 제임스 역시 6월 13일까지는 전쟁이 시작되었다고 생각지 않고 있었다. 그러므로 슐레스비히 홀슈타인 문제로 불거져 개전 휴전 상태로 끝날 수도 있었을 것을 독일과 이탈리아의 미래를 건 전면전으로 비화시킨 것은 (주저 없이 이탈리아와 오스트리아에 싸움을 부추긴) 프랑스의 정책이었다. 나폴레옹을 이탈리아 편에서 오스트리아 편으로 돌려서 평화를 지키려 했던 제임스의 노력은 의도치 않게 합스부르크 정권으로 하여금 양쪽 전선에서 맞서 싸우도록 부추긴 꼴이 되고 말았다.

고난 속의 희망

로스차일드가는 1866년의 전쟁을 막으려고 노력했지만, 그 노력은 실패로 끝났다. 오스트리아는 전쟁으로 엄청난 대가를 치러야 했다. 그 시대 사람들 대부분(그 중에는 로스차일드가 사람들도 끼어 있었다)의 예상과는 달리 오스트리아와 독일 연맹국들은 전장에서 프로이센에 가차없이 패했고, 이 패배는 오스트리아가 이탈리아에 거둔 승리를 무마시킬 만큼 의미심장한 사건이었다. 이번에 로스차일드가는 패전국 편에 서 있었다. 게다가 쾨니히그래츠 전투는 막심한 여파를 남겼다. 로마 교황 사절이 "세상의 종말"이라는 표현을 쓴 것도 무리가 아니었다. 프로이센의 보수주의를 민주주의, 소(小)독일 자유주의, 이탈리아 민족주의, 심지어는 헝가리의 혁명과 결연시킨 비스마르크의 동맹은 세상을 발칵 뒤집어 놓았다.

오스트리아의 로스차일드 일가는 절망감에 휩싸였다. 쾨니히그래츠 전투 직후 안젤름의 아들 나타니엘은 이렇게 썼다. "전장에서 들려온 끔찍한 소식에 걱정스럽고 우울해져서 편지를 쓰는 것도 힘에 부칠 지경입니다." 안젤름이 부상병들의 치료를 위해 10만 굴덴을 기부하면서 애국심을 재확인시키기는 했지만(그는 또한 오스트리아 군대의 유대인 병사와 비유대인 병사를 구분해서 돕는 활동에 단호히 반대하기도 했다)[17], 나타니엘이 드러낸 감정은 단지 상처받은 애국심만은 아니었다. 7월 26일에 니콜스부르크(Nikolsburg)에서 예비 강화조약이 맺어지기 전까지는 프로이센 군대가 계속 남하해서 비엔나까지 쳐들어올 가능성이 충분해 보였다. 사실상 전장에 인접해 있던 로스차일드가의 영지는 곧장 프로이센의 통제하에 놓였다. 비트코비츠에 로스차일드가가 소유하고 있던 제철소와는 연락이 두절됐고, 근로자들에게 임금을 지불하는 것도 불가능했다. 쉴러스도르프가 점령됐으며(소문으로는 프로이센의 세력을 등에 업은 헝가리 군대에 의해), "상당한 규모의 사냥감이" 약탈됐다는 소식이 전해졌다. 실제로 그해 9월에 쉴러스도르프에 도착한 페르디난트는 프로이센 기병 대여섯 명이 남아 있는 것을 목격했다. 심사가 뒤틀린 그는 편지로 이렇게 전했다. "그들은 떠나기 전에 공원의 자갈길 위로 말을 타고 구보를 했습니다. 그 중 하나는 울타리를 제 방 창문 밑에 세워 놓고 그걸 앞뒤로 껑충껑충 뛰어넘더군요. 영국 하인들도 전부 나와서 구경하면서 그 형편없는 기술을 비웃었습니다."

프랑크푸르트 역시 공포에 휩싸여 있었다. 그리고 이 공포 역시 프로이센의 무력이 도시에 가하는 직접적인 위협의 반증이었다. 전쟁 초기부터 마이어 칼은 "문제의 복판에 서 있는" 프랑크푸르트의 취약성을 깨닫고 있었고, "양편 모두와 좋은 관계를 유지"하기를 바랐던 그의 희망은 곧 물거품이 되어버렸다. 그로서는 프로이센에 맞선 대다수의 독일 국가들과 독일연방을 지지하지 않을 수 없었다. 6월 11일, 그는 이렇게 썼다. "이제 전투가 시작됐다. 고금의 역사에도 없는 무책임한 행동을 한 프로이센은 그에 마땅한 참패와 응징을 당해야 한다." 6월 20일 무렵에는 "프로이센인들이 프랑크푸르트에 닥쳐들지 못하게 하기 위한" 준비가 진행 중이었다. 그러나 프로이센군이 도시를 공격할 태세를 갖춘 7월 8일에 저항은 수포로 돌아가리라는 것이 분명해 보였고, 마이어 칼은 딸들을 프랑스로 서둘러 피신시켰다. 7월 17일에 프로이센은 독일연방 군대와 응전해 또 한 차례 결정적인 승리를 거뒀고, 결국 도시는 점령되었다. "극심한 동요와 불안 속에서" 마이어 칼의 아내 루이즈는 시누 샬로테에게 이렇게 써 보냈다.

프로이센인들의 오만불손함, 그들의 손에 자행되는 약탈……그들은 상점마다 들어가서 가장 귀하고 값비싼 물건만 골라 그대로 들고 나온답니다. 자일에 있는 빌리[빌헬름]의 집에는 병사들이 오직 매티[한나 마틸데]의 침실만 빼고 방마다 점령해서는 식사 때마다 샴페인이 아니면 다른 것은 마시지도 않는답니다!

그 무렵 로스차일드가 사람들이 각자 자국의 환경에 동화되기 시작했다는 것이 사실이라면, 중립을 지킨 런던과 파리에서는 반프로이센 정서가 그만큼 현저하지는 않았을 것이다. 그러나 그렇지 않다. 가문 전체가 오스트리아-독일 편에 공감했던 것처럼 보인다. 제임스는 쿠스토차전투에서 이탈리아인들이 오스트리아 군대로부터 그의 말마따나 "진짜배기 매질"을 당했을 때 희희낙락했다. "그게 그들한테는 도움이 될 게다. 평화에 이르는 것도 훨씬 쉬워질 테고 말이다." 마이어 칼은 프랑스 일가가 블라이히뢰더의 애걸에 설득되어 뒤늦게나마 프로이센을 도우려 나설는지 모른다고 두려워했지만, 물론 그럴 가능성은 전혀 없었다. 제임스는 "오스트리아가 저 빌어먹을 프로이센을 속 시원히 물리쳐 주기를 진심으로 바랄 뿐이다. 프로이센인들이 모든 것을 망쳐 놓았으니 당연한 노릇이 아니냐"고 목청을 높였다. 그래서 쾨니히그래츠전투가 있기 직전에 들려온 오스트리아의 패배 소식은 그를 "반쯤 미치게" 만들었다. 그는 조카들에게 이렇게 썼다. "이번 전쟁에서 나는 전적으로 오스트리아 편이다. 전황이 너무 불공평하게 흘러가고 있지 않느냐." 심지어 그의 여덟 살 난 손녀 베티나도 "베니스를 차지한 비스마르크 씨에게 아주 화가 나" 있었다. 그녀는 영국의 외조부모에게 이렇게 물었다. "할아버지, 할머니가 거너스버리로 가셔야 할지, 아니면 다른 곳으로 가셔야 할지가 비스마르크 씨한테 달린 일인가요?"

그러나 무엇을 할 수 있었겠는가? 황제의 측근들 다수가 계속해서 황제에게 반오스트리아 정책을 종용한 반면, 알퐁스는 4월에 이미 독일의 전쟁이 프랑스에 초래할 위험을 깨닫고 있었다. 나폴레옹의 우유부단함(이탈리아와 오스트리아 양쪽에 싸움을 부추긴 것)은 그를 그가 바라던 중재자의 위치에 올려놓기는커녕 단지 구경꾼으로 전락시켜버렸다. 7월 1일, 알퐁스는 날카로운 통찰력을 발휘해 프랑스 정책의 모순을 꼬집었다.

오스트리아가 이긴다면 우리 정부는 그들 편에 설 겁니다. 오스트리아가 진다면 거꾸로 그들을 공격하겠지요.……머지않아 두 개의 정찰 부대가 각각 라인 강과 알프스에 조직될 가능성이 있습니다. 구체적인 목표를 두고서가 아니라 예방책으로써 말입니다. 황제는 마음을 굳히지 못하고 있다고 합니다. 그러면서 프로이센과의 관계에 있어서는 냉랭하고 초연한 태도를 취하고 있습니다. 사실상 프랑스는 큰 도박을 하고 있는 셈입니다. 독일에서 프로이센이 우위를 차지하는 것은 라인 지방을 얻는 것으로도 보상되지 않을 만큼 막대한 위험이 될 겁니다.……모든 여론이 오스트리아를 지지하고 있습니다. 황제의 꿍꿍이를 알 수 없으니 오스트리아의 승리를 바라는 만큼 그 결과가 두려운 것도 사실이지만 말입니다. 황제의 측근들이 프로이센 편에 서서 그를 선동하고 있기 때문입니다.

알퐁스가 정확히 파악한 대로 나폴레옹이 오스트리아 편에 가담해 참전하자는 결단을 내리지 못한다면(혹은 그럴 만한 전투력이 결여되어 있다면), 승전한 프로이센으로부터 '보상'을 요구할 수는 없을 터였다. 로스차일드가 사람들이 보기에 독일과 벨기에, 룩셈부르크 영토에 대해 프랑스가 내놓은 갖가지 요구는 무효로 돌아갈 운명이었다. 프랑스에게 남겨진 최선은 이탈리아를 설득해 아무것도 요구하지 말고 베네치아를 인계받도록 하는 것뿐이었다. "침략국 프로이센이 프랑스제국의 손에 혼쭐나기를" 고대했던 제임스는 "내가 황제라면 스스로가 부끄러울 것"이라며 모진 평을 내렸다. 그와 그의 아들들에게 프로이센 대 프랑스의 전쟁은 그저 시일만 연기된 필연으로 보였다. 결국 나폴레옹은 "어쩔 수 없이 프로이센과 전쟁을 하게 될 것"이었다. "그들이 유럽을 자기들 것인 양 주무르고 있으니 말이다." 프랑스와 프로이센 사이에 유지된 평화는 "가짜 평화"에 불과했다.

영국의 로스차일드가 역시 프로이센의 승리에 낙담했다. 샬로테에게 1866년의 전쟁은 프로이센에 의한 독일의 통일이 아니라 프로이센에 의한 독일의 분열(그리고 전패[戰敗])를 상징하는 사건이었다. 7월 10일, 그녀는 프로이센의 야심찬 행보에 결국 영국마저 개입하게 될 것이라고 예견하기도 했다.

프로이센인들은……승리를 거두고도 잠잠해질 기미를 보이지 않는다. 우리는 개입할 의사가 없고……더비 경 역시 대륙의 대사(大事)는 우리와 무관하다는 정치가답지 못한 연설을 했지만, 문명 세계가 프랑스와 프로이센으로 양분되는 것을 막기 위해 영국이 무장 개입에 나서야 할지도 모른다.

물론 알퐁스도 언급했듯이, 만약 프로이센을 저지하기 위한 프랑스의 개입에 영국이 그만한 지원을 해 왔다면 나폴레옹은 더욱 단호하게 행동했을지 모른다. 그러나 일은 그렇게 되지 않았다. 비스마르크가 내건 조건(마인 강 북부의 독일은 프로이센이 군사적으로 통제하되, 남부 독일의 국가들에는 "국제적으로 독립적인 지위"를 보장하는)은 런던이 굳이 합동으로 중재에 나설 필요가 없을 만큼 충분히 온건해 보였다. "딜레인 씨에게《타임스》에 강경한 기사를 게재해 달라고 요청해 달라"는 루이즈의 부탁에 샬로테는 이렇게 답했다. "비스마르크 백작이 영국 신문에 실린 기사에 관심이라도 있겠어요? 그는 세계를 정복했지만, 그의 마음에 찰 만큼 광대한 제국을 손에 넣은 다음 혁명이나 전쟁의 위험 없이 통치할 수 있게 되기까지는 평화를 허락하지 않을 거예요." 샬로테가 할 수 있었던 최선의 일은 "불쌍한 오스트리아 병사들을 위한 기부금을 모으기 위해 결성된 부녀자 위원회"에 합류하는 것뿐이었다.

그러나 쾨니히그래츠 전투는 경제적 여파보다 정치적 여파가 훨씬 큰 사건이었다. 분쟁이 신속히 종결되자 오히려 전반적으로 경제 회복이 가능해졌고, 앞선 몇 개월간 경색됐던 통화 상황도 단숨에 해결될 것이다. 이 점을 고려한다면 로스차일드가가 치러야 했던 전쟁의 경제적 비용을 과장해서는 안 될 것이다. 앞서 살펴본 것처럼, 임박한 폭풍을 예감한 제임스는 전쟁이 시작되기 몇 주 전에 이미 불안한 사업에서 손을 떼고 위험 노출을 최소화할 수 있었기 때문이다. 일찍이 4월 9일에 그는 런던의 조카들에게 그의 평화주의적 격언들만큼 유명해질 만한 가치가 있는 몇 가지 조언을 써 보냈다. 그는 조카들에게 갖고 있는 증권을 전부 팔아버리라고, 심지어 손해를 보더라도 매각하라고 조언했다. "나는 전쟁이 몹시 두렵구나. 수중의 현금을 지킬 수만 있다면 그 어떤 희생이라도 마다않겠다. 전쟁 중에는 가진 돈에서 벌 수 있는 돈이 나오기 때문이다." 그에 앞서 일주일 전, 제임스는 전쟁이 불가피하다는 확신이 들자 곧 블라이히뢰더에게 베를린에 보유하고 있던 증권을 매각하라는 지시를 내렸다(블라이히뢰더가 너무 조급하게 일을 진행해서 화를 내기는 했지만). 4월 10일에는 "롬바르디아 회사의 채권 전부를 청산"했으니 이제 "전쟁을 침착하게 관망"할 수 있다고 런던 일가에 써 보냈을 정도였다. 파리 증권거래소에 불어닥칠 "전면적인 공황"을 염두에 두고 그는 이렇게 썼다. "자, 나의 조카들아. 세상은 멸망하지 않을 것이다. 그리고 전쟁이 일어나면, 우리는 돈을 벌 만한 다른 방법을 찾게 될 게다." 결국 그것이야말로 제임스가 고수한 제일의 원칙이었다. 어떤 값을 치러서라도 평화를 지키는 것이 아니라 어떤 상황에서도 이익을 추구하는 것. 전시냐, 아니냐는 중요하지 않았다.

전쟁 초기에 제임스가 내린 판단은 전쟁과 평화에 평생 자금을 대며 얻은 경험의 산물이었다. "종국에 가서는 모두들 대부금이 필요할 테니 증권 가격은 전부 하락할 것이다. 이탈리아도 대부를 원하고 있고, 어떤 열강도 두 달 동안 전쟁을 끌 만한 여력은 못 된다. 그러니 아마도 전쟁은 속결로 끝날 것이다." 그의 아들 알퐁스 역시 전쟁의 정치적 결과에 대해 개탄하기는 했어도 전쟁의 경제적인 이점마저 간과하지는 않았다. 그가 런던의 사촌들에게 써 보낸 것처럼, 롬바르디아 철도에서 얻은 수입금이 1859~1860년의 전쟁 기간보다 풍성했던 적은 없었으며, 오스트리아 정부가 이탈리아로 군대를 수송하면서 회사에 돈을 지불했으므로 수입금은 다시 급증할 전망이었다. 정치와 사익을 별개로 생각하는 능력은 가문 고유의 특성이었다. 전쟁이 시작되기 전에 "지나치게 열성적인 오스트리아인"이라고 비난받았던 안젤름은 자신이 "그보다 훨씬 독실한 친로스차일드파"라고 맞받아쳤다.

게다가 그들이 심중으로 어느 편을 지지하고 있었든, 로스차일드가가 패전국에 경제적으로 관여할 수 있는 여지에는 실상 한계가 있었다. 6월 내내 그들은 비엔나에 소규모 대부금을 제공하고 프랑크푸르트에서 "영국-오스트리아" 채권을 판매하는 것으로 오스트리아 정부를 도왔지만, 그게 전부였다. 마이어 칼은 오스트리아 편에 섰던 독일 국가들로부터 들어오는 대부 요청을 고의적으로 묵살했다. 4월에는 바덴에서 요청한 300만 굴덴의 대부금 지급을 거절했으며, 5월에는 바이에른이 요청한 1200만 굴덴의 대부금을, 6월 17일에는 뷔르템베르크에서 어떻게라도 좋으니 자금을 달라고 간청하는 것을 (꼭 넉 달 전에 슈투트가르트 채권 사업을 위임받기 위해 에를랑거와 경쟁했던 사실도 잊은 양) 거절했다. 파리와 프랑크푸르트 상사 역시 한참을 심사숙고한 끝에 뷔르템부르크 왕국에 대부하기로 결정했지만, 대부금은 고작 400만 굴덴에 불과했고 그것도 6개월 만기 조건이었다.

아닌 게 아니라 제임스는 승전국 프로이센에 대부해야 한다는 블라이히뢰더의 주장을 내내 무시하고 있었다. 8월에 그는 프로이센 대사가 2000프랑을 요구하는 것을 "일언지하에 거절"해버렸다. 그러나 이탈리아 앞에서는 애매한 태도를 취했다. 오래전에 맺은 계약 조건에 따라 로스차일드가는 파리에서 이탈리아 랑트에 대한 이자를 지불해야 했을 뿐만 아니라, 롬바르디아 철도와 관련해서도 이탈리아 정부에 돈을 지급해야 했다. 이 두 가지 모두 피렌체로부터의 독촉이 점점 다급해졌는데도 전쟁 때문에 한동안 미뤄야 했던 것으로 보인다. 한편, 제임스는 이탈리아가 전승국 쪽에 들게 되리라고는 정확히 예상했지만, 이 나라가 결국 전패하리라는 것은 미처 예견하지 못했다. 그래서 이탈리아가 오스트리아에 격파당한 당일 늦게까지 수중에 있던 상당 규모의 이탈리아 랑트를 매각하지 않고 있었다. 아이러니하게도 전쟁 중 프랑스 상사가 치러야 했던 최대 손실은 바로 이탈리아 랑트로 본 손실이었다. 휴전과 강화 협상이 진행되는 동안 이탈리아에 재정적 영향력을 발휘할 수 있다는 것은 위안이 되지 못했다. 그러나 7월 8일에 알퐁스가 한 짤막한 언사에서는 그들의 전형적인 사고방식이 드러난다. "물론 강화가 체결된 뒤에야 이탈리아는 우리에게 돈을 바랄 수 있을 겁니다. 강화가 체결되면 그때 가서 사정을 참작해 봐야겠지요." 이번에도 로스차일드가는 "전쟁을 계속하라고 돈을 댈 수는 없다"는 입장이었다.

문제는 알퐁스와 그의 부친이 너무도 잘 알고 있었듯이, 가장 수익성 좋은 사업 기회는 갑자기 반등했던 이탈리아 랑트처럼 강화 합의가 체결되기 직전에 사라지고 없으리라는 것이었다. 제임스는 이탈리아 정부가 롬바르디아 철도에 대해 앞으로 지불해야 할 1억만 리라를 최대 40% 할인하여 선불로 받겠다고 제안했을 때 "마음이 동했다". 그러나 (이례적으로) 그는 나폴레옹의 분명한 허가 없이는 움직이지 않기로 마음을 정했고, 란다우가 랑트를 담보로 2500만 리라를 대부할 수 있다며 시기상조로 내놓은 제안도 취소시키고 휴전 합의가 이루어지기 전에는 아무것도 해서는 안 된다는 자신의 판단에 따랐다. 이탈리아 정부는 베네치아뿐만 아니라 전쟁 배상금과 티롤 지방의 영토까지 되풀이하여 요구하고 다른 은행들(크레디 퐁시에와 슈테른가)의 도움을 이끌어내면서 이에 응수했다. 그러므로 그들이 결국 베네치아만으로 만족하게 된 것은(그리고 그 값으로 오스트리아에 8600만 프랑을 지불하게 된 것은) 경제적인 압력보다는 외교적인 압력의 결과였던 셈이다.

어느 정도는 제임스 덕분에 비스마르크는 지불 여력이 없는 와중에도 전쟁에 나가 싸울 수 있었다. 나중에 고백했듯이, 쾨니히그래츠전투 직전에 그는 "실제로는 갖고 있지도 않은 100만 달러를 걸고 도박판에 뛰어든" 사람과 같은 심경이었다. 그것은 사실이었고, 전쟁에 패했다면 그는 정말로 "세계 최대의 악당"이 되었을 것이다. 그러나 전쟁에서 승리한다면, 애초 비스마르크를 권좌에 올려놓고 뒤이은 4년 동안 그를 몹시 괴롭혔던 프로이센의 근본적인 재정 위기를 해결할 수 있었다. 관례에 따라 승전국은 패전국에 배상금을 물릴 수 있었기 때문이다.

프로이센 주 의회 내부의 자유주의 세력 역시 전쟁의 패자들이었다. 비스마르크가 주창한 소독일 계획은 자유주의자들을 분열시켰다. 오스트리아에 대해 거둔 승리는 거국 단결보다는 의회 주권을 더 중요시하는 것 같았던 '급진주의자들'을 고립시켰다. 쾨니히그래츠전투 당일에 치러진 선거에서 그들이 패배한 것은 비스마르크에게는 전장에서 오스트리아를 무찌른 것만큼이나 중대한 사건이었다. 그러나 한 가지 근본적인 측면에서(이는 간과되곤 하는 부분인데) 비스마르크 역시 타협하지 않을 수 없었다. 전쟁 직전에 보델스빙의 뒤를 이어 재무장관으로 재임명된 폰 데어 하이트 남작은, 전쟁이 끝난 이후에 주 의회에 배상금 조례를 요구하는 등 수년에 걸친 재무 정책이 "법적 기반 없이" 이루어졌다는 점을 비스마르크가 인정해야 한다고 주장했다(자유주의적 사업가 출신인 폰 데어 하이트는 1862년에 헌법을 위반하느니 차라리 재무장관직에서 사임해 버린 인물이었다). 이 요구를 받아들임으로써, 비스마르크는 당초 빌헬름 1세에게 군사 예산에 대한 국왕의 절대적 통제권을 주장하겠다고 했던 약속을 사실상 철회한 셈이 되었다. 북독일연방과 이후 독일제국의 군사 예산이 매년 표결에 부쳐진 적은 없지만, 여전히 주기적으로는 투표가 진행됐기 때문이다. 프로이센이 재정적으로 정상을 회복할 수 있었던 것은 (블라이히뢰더가 파리로 보낸 편지에서 미리 예고되고, 그해 9월 압도적인 과반수로 표결 통과됨) "내부 문제의 해소" 덕분이었다.

그러나 비스마르크는 프로이센 납세자들이 승리의 비용을 고스란히 지불하도록 할 생각이 눈곱만큼도 없었다. 처음부터 그는 해적과 같은 정신으로 다른 독일 국가에 대항해 싸웠다. 제임스는 일찍이 6월 29일에 비스마르크가 "장군들을 전부 [하노버 왕에게] 보내 왕의 돈은 물론이요, 왕과 그의 병사들까지 남김없이 앗아 갔다"는 이야기를 들었다. 비스마르크의 전체 경력 중 가장 혁명적이었던 행동은 하노버 왕국을 합병하고 그 오랜 왕가를 폐위시킨 일이었을 것이다. 그렇게 한 것은 부분적으로나마 경제적인 동기에서였다. 작센 왕국은 그대로 유지됐지만, 비스마르크는 이곳에도 (서둘러 조직한 헝가리 군대에 지불할 돈을 마련하기 위해) 일당 1만 탈러의 점령세를 부과했으며, 나중에는 1000만 탈러의 최종 배상금까지 요구했다.

비스마르크가 군주들의 재산만 몰수하는 한, 로스차일드가는 조용히 사태를 관망할 수 있었다. 과연, 먼 옛날 헤세카셀의 선제후가 나폴레옹 1세의 군대로부터 막대한 재산을 숨겨야 했던 시절을 떠올리게 하는 상황이 펼쳐졌다. 작센 공사 피츠툼(Vitzthum) 백작은 (드레스덴에서 서둘러 뮌헨으로 옮겨졌던) 정부의 금은 비축분을 중립 지역으로 이송할 길을 마련하기 위해 뮌헨으로 파견되었고, 그 중 은(약 100만 탈러의 은화가 병에 담겨져 있었다)을 파리의 로스차일드가로 보내기로 결정했다. 제임스는 수수료에 대한 답례로 돈이 파리에 도착하면 프랑으로 환전할 생각이었다. 그러나 피츠툼은 로스차일드가 사람들이 엄청나게 번창시킨 선제후의 재산에 대한 전설을 제임스에게 상기시키며 이렇게 말했다. "작센의 국왕 폐하도 당신을 그처럼 신뢰하고 계십니다. 설마 폐하를 실망시키진 않으시겠지요." 그러나 한 수 앞선 것은 제임스였다. 프로이센이 작센에 부과할 배상금을 1000만 탈러로 확정짓자, 그는 블라이히뢰더에게 드레스덴 정부가 돈을 지불하는 데 필요한 자금을 확보해 두라고 종용했다.

오스트리아에 부과된 3000만 굴덴의 "전쟁 군세"[18] 역시 비엔나 상사와 크레디탄슈탈트가 포함된 30개 은행의 컨소시엄에 의해 조성되었다. 알퐁스가 평한 대로 한동안은 오스트리아가 "회복될는지, 고사할는지"조차 불확실한 상태였지만, 차후의 채권과 대부금에 대한 협의가 곧 재개되었다. 뷔르템베르크 역시 배상금 지불을 위해 1400만 굴덴 상당의 채권을 발행해야 했다. 어디에나 끼어드는 에를랑거를 물리치기 위해 이윤 폭을 쥐어짜야 했지만, 이 사업에서 프랑크푸르트와 런던, 파리 상사는 큰 몫(1000만 굴덴)을 챙길 수 있었다. 과거에 그랬듯 전후의 배상금 이전은 그 수익을 다른 이들과 나눠야 하는데도 벌이가 되는 사업원이었다. 공국을 잃고 퇴위된 헤세나사우 공이 프로이센으로부터 보상금으로 880만 탈러를 받자, 언제나처럼 때마침 마이어 칼이 나타나 그 돈을 투자할 최선의 방법을 조언해 주었다. 그리고 물론 슐레스비히 홀슈타인 사태와 같은 파동은 으레 미술 시장에 활기를 불어넣었다. 아돌프가 바덴 대공의 크리스털 컬렉션을 살 수 있었던 것도 바로 이 시기였다. 1866년 가문 전래의 보석을 팔아치워야 했던 중앙유럽의 명문 왕조는 에스테르하지뿐만이 아니었다.

이는 모두 정해진 수순이었다. 그러나 프랑크푸르트 역시 배상금을 지불해야 한다는 것이 분명해지자 로스차일드가에도 먹구름이 드리웠다. 어쨌든 프랑크푸르트에는 대공의 가문이 없었다. 로스차일드가가 있을 뿐이었다. 프로이센이 얼마의 배상금을 요구하든 도시의 가장 부유한 시민들에게 개인적 희생을 구하는 것은 불가피한 일이었다. 프로이센이 요구 사항을 알려 오기 전부터 아돌프는 앞으로 있을 일에 애를 태웠다. 안전한 제네바에 머물고 있던 그는 런던으로 이렇게 써 보냈다. "프로이센인들이 프랑크푸르트에서 보이는 행동이 제 심기를 건드립니다. 제 저택에서 나왔던 임대소득도 이제 다 잃은 셈입니다. 시에 외교 사절이 들어올 일도 없어졌는데, 이제 누가 제 선친이 살던 그 거대한 저택에서 묵겠습니까? 더욱이 저희는 세금을 물어야 할 거예요. 참으로 우울하고 울화가 치미는 일입니다."

프로이센이 청구서를 제시했을 때(우선 프로이센군 사령관 만토이펠[19]이 요구한 600만 탈러, 그리고 비스마르크가 부가세 겸 추가로 덧붙인 것이 분명한 2500만 탈러), 일가는 경악했다. 프랑크푸르트 상공회의소를 대신해 마이어 칼이 즉각 액수에 대해 항의했고, 비스마르크에게도 같은 의사를 전보로 알렸다. 알퐁스는 프랑크푸르트에 부과된 배상금이 ("30년전쟁 때의 조치라고 해도 좋을 만큼") "잔인하다"고 생각했고, 프로이센인들이 도시를 쫄쫄 굶겨 항복시킬 생각을 한다는 소문이 사실일 수 있다고 믿었다. 샬로테의 귀에는 "엉클 찰스[마이어 칼]가 감옥에 갇혔다"는 ("그 지긋지긋한 에를랑거 씨"가 퍼뜨린) 소문마저 들려왔다. "나는 그것이 사실이 아니길 바라고, 또 그렇게 믿고 있다. 하지만 프로이센 사람들은 더없는 괴물들이니!" 같은 소문을 들은 제임스는 펄쩍 뛰며 소리쳤다. "로스차일드가 감옥에 갇혀? 어림없는 소리!" 안젤름 역시 프랑크푸르트에 대한 "어마어마한 전쟁세"에 반대하는 청원에 서명했다. "프로이센의 곤봉 통치가 만연한 지금" 청원이 과연 도움이 될 수 있을는지에 대해서는 회의적이었지만 말이다.

"이 참화를 막기 위해……무언가 조정안을" 마련하려 했던 마이어 칼의 노력은 어느 정도 성공을 거뒀다. 7월 25일, 그는 베를린을 찾아가 "프로이센 왕에게 가련한 프랑크푸르트 시민들을 조금 덜 가혹하게 대해 주시길" 요청했다. 꼭 일주일 만에 그는 다시 초청을 받아 베를린을 방문했고, 8월 6일과 7일에 비스마르크와 두 차례 회동했다. 그가 맺은 타협안의 약정은 로스차일드가에게 훨씬 중요했던 것이 국경 문제가 아닌 돈 문제였다는 사실을 다시금 보여 준다. 프로이센의 합병을 받아들이는 대가로, 프랑크푸르트가 지불할 점령 비용은 애초의 600만 탈러로 줄어들었다. 샬로테가 "우리 선조들의 훌륭하고 역사 깊은 도시가 프로이센의 위용에 덧붙여질 미미한 부속물로 탈바꿈한 사건"이라 부른 것은 분명 2500만 탈러보다는 견딜 만한 희생이었다. 이야기에 따르면 "엉클 찰스는……프로이센의 부당한 요구가 최고조에 달했을 때 7만 6000명 도시 사람들의 마음을 얻었다". 그리하여 이후 비스마르크의 새로운 북독일연방의회 선거에 후보로 나섰을 때, 마이어 칼은 정적인 자유주의적 언론인 레오폴트 존네만(Leopold Sonnemann)이 1866년 도시에서 피신했을 때 자신은 만토이펠 앞에 "남자답게 맞섰다"는 것을 유권자들에게 상기시킬 수 있었다. 그는 민주당 후보를 6853 대 311표로 물리치는 압승을 거뒀고, 추가로 400만 탈러의 변상을 받아내면서 자신을 뽑아 준 사람들의 기대를 채워 주었다.

그러나 비스마르크에게 재정 지원을 거부한 로스차일드가에게는 치러야 할 대가가 남아 있었다. 최종적인 프라하 강화 회의가 있기 꼬박 일주일 전이었던 8월 14일, 제임스는 블라이히뢰더의 조언에 따라 프로이센 채권 발행에 대한 제안을 내놓았다. 베를린에서 들려온 답변은 퉁명스러웠다. 지한들룽은 형식도 차리지 않고 곧장 마이어 칼에게 프랑크푸르트 상사가 더 이상 남독일에서 프로이센 채권 발행을 위임받을 일은 없을 것이라는 전갈을 보냈다. 1865년 9월, 제임스는 로스차일드가가 "프로이센 왕을 위해 일하지 않았다"는 점을 자랑스럽게 내세웠다. 그러나 이제는 프로이센 왕에게 로스차일드가가 필요 없어진 듯했다.

5장
채권과 철(鐵)
(1867~1870)

> 우리는 결국 전쟁을 치르게 될 것이다. 외부의 위협 때문이 아니라, 과도한 자유가 너무 빨리, 너무 성급히 찾아온 탓에 말이다.
>
> – 제임스 드 로스차일드, 1867년 2월 1일

1868년 11월 15일, 마이어 암셸의 다섯 아들 중 유일하게 남아 있던 제임스 로스차일드가 76세를 일기로 세상을 떠났다. 때때로 한 차례씩 병치레를 하기는 했지만(가장 자주 호소한 것은 '안질'이었다), 그는 생의 마지막 해까지 참으로 범상치 않은 활력을 유지했다. 한 해 전 2월에 그는 "은퇴하고 싶다"고 이야기하며 아들들에게 (나폴레옹 시대에 청년기를 보낸 사람다운 어조로) "내 이제 전장에서 물러나노니, 모든 권한을 장군들에게 위임하노라"라고 말했다. 그러나 실제로 그런 일은 없었다. 그의 기력이 마침내 쇠하기 시작한 것은 1868년 4월에 이르러서였다. 페르디난트는 이렇게 써 보냈다. "제임스 삼촌께서 심하게 앓으십니다. 사무실에도 거의 나가지 않으시고 하루 반나절을 안락의자에 앉아 계세요." 임종이 얼마 남지 않은 무렵이었지만 제임스는 손아래 친척들을 주눅 들게 하는 위인이었다. "제가 편지를 써 보내지 않았다고 닦달하시더군요." 페르디난트는 질겁해서 덧붙였다. "하지만 아직 호통을 치지는 않으셔서 다행입니다." 건강 상태가 심각해지자, 제임스는 으레 그래 왔듯이 친척들에게 자신의 상태를 손수 써서 알렸다. 10월 초에 그는 이런 불평을 적어 보냈다. "고통이 가장 격심할 때면 마음까지 약해지는구나. 눈 상태도 형편없고, 몹시 고통스럽다." 10월 31일까지도, 비록 침대에 누워 있는 처지였지만, 그에게는 여전히 스페인 채권 문제에 대해 아들 에드몽에게 보낼 편지를 구술할 기력이 남아 있었다. "정말 놀랄 만한" 개수의 큼지막한 담석을 배출하고, 알퐁스의 말에 의하면 "아버지와 진지하게 사업 이야기를 하기가 점점 더 어려워진다"고 했지만 11월 3일 제임스는 기록으로 남은 마지막 지시를 내렸으니, 랑트를 매각하라는 것이었다. 사업가로서 그가 쌍둥이처럼 빼닮았던 형 나탄처럼, 제임스도 매도를 외치며 숨을 거뒀다.

아들들에게 세상은 갑자기 그 축을 잃은 듯했다. 조카들에게 제임스 삼촌의 편지가 뚝 끊긴 것은 각자가 어렵게 쟁취한 자주권에도 불구하고 "남작님"이 세대 중 1인자로 버티고 있던 그 장구한 시기가 끝났다는 것을 의미했다. "최소한 우리는 노소를 떠나 전 세대가 같은 슬픔을 나누고 있다는 데에서 위안을 받는다"고 알퐁스는 썼다.

11월 18일에 치러진 제임스의 장례는 가문의 역사에 있어 분수령이 되었음은 물론, 프랑스 공직 사회에서도 특기할 만한 사건이었다. 프랑크푸르트에서 대표로 온 가족들(빌헬름 칼과 그의 형수 루이즈)과 런던에서 온 가족들(앤서니, 레오, 내티, 알프레드)은 삼촌의 하관식에 나타난 추도 물결에 놀라지 않을 수 없었다. 레오는 이렇게 전했다. "파리 전체가 일어나 경의를 표했습니다. 지인들과 낯선 사람들이 뒤섞여 저택 앞을 지나는 통에 안마당에는 발 디딜 틈도 없었습니다. 장례 행렬이 출발했을 때 대로에는 구경꾼들이 긴 줄을 이루고 있었어요.……그것은 삼촌의 위대한 성품과 유명세가 이뤄낸 장례였고, 그렇게 자진해서 쏟아져 나온 조문 행렬에 저와 친척들은 무척 흐뭇했습니다." 레오의 맏형 내티는 이렇게 썼다. "오늘 아침처럼 많은 사람들이 라피트 가로 찾아온 것은 본 적이 없습니다. 4000명이나 되는 사람들이 응접실을 거쳐 갔고, 안마당에는 6000명의 사람들이 모였다고 합니다. 라피트 가에서부터 페르 라셰즈(Pere la Chaise)[공동묘지]에 이르기까지 길 양편에는 마차들이 5열로 겹쳐 서 있었어요."

가족들이 과장한 것이 아니었다. 심지어 《타임스》의 파리 특파원 프레보 파라돌(Prévost-Paradol)도 감탄할 정도였다. "오전 10시가 되기도 전에 라피트가는 가족에게 조의를 표하러 파리 전역에서 몰려든 사람들로 가득 찼다. 이제껏 많은 행사가 있었지만 나는 그 거리의 모퉁이에서부터 생드니 개선문에 이르는 대로가 그보다 북적였던 것을 본 적이 없다. 순경들이 애를 써야 행렬이 지나갈 길이 겨우 뚫렸다." 인파 속에는 프랑스은행, 증권거래소, 북부 철도 회사의 대표들뿐만 아니라 외교관들(오스트리아 대사 메테르니히를 포함해), 세 명의 최고 랍비를 위시한 유대 사회의 지도자들도 섞여 있었다. 무엇보다 일단의 하수 은행가들, 즉 게르손 블라이히뢰더와 지그문트 바르부르크(Siegmund Warburg) 같은 이들도 "권력 중의 권력"이었던 최고위자에게 마지막 경의를 표하기 위해 몸소 파리를 찾았다. 레지옹도뇌르 대십자 훈장을 수여받은 이에게 치러 주는 군장(軍葬)의 예는 가족들이 사양하여 생략되고, 그의 묘비에는 군더더기 없는 비명만이(그저 "R"이라는 머리글자만) 새겨져 있었는데도, 제임스의 장례는 알프레드에게 "민간인의 장례식이라기보다는 황제의 장례식 같다"는 인상을 남겼다.

사실 황제는 장례식에 모습을 드러내지 않았다. 대신 무명의 궁정 의전관 캉바세레(Cambacérès) 공작을 보낸 것이 전부였다. 그를 제외하면 정계 고위 인사의 모습은 눈에 띄지 않았다. 게다가 오스트리아의 프란츠 요제프 황제로부터 미국 대통령 율리시스 S. 그랜트에 이르는 각국 수장들이 보내 온 조전(弔電) 속에는 나폴레옹 3세로부터 왕좌를 강탈당한, 망명 중의 오를레앙 왕가에서 보낸 전보마저 있었다. 이 상황의 의미심장함을 당대 사람들도 무심코 넘어가지 않았다. 프레보 파라돌이 《주르날 데 데바》에 기고한 부고 기사에서 쓴 표현처럼, 제임스는 "금융의 왕족"을 대표하는 인물이었다. 정치의 왕족과는 대조적으로, 그는 "끊임없이 되풀이되는 정치적 알력 한가운데서 부득불 신중한 중립성을 유지해야 했던 사람"이었다. 그가 "언제나 정확히 가이사의 것을 가이사에게 지불했음은 누구도 부정할 수 없는 사실이지만", 그는 "어느 특정 국적에 매인 사람이었다기보다는 세계의 시민"이었다. "그러나 그에게도 그 나름의 호시절이 있었다.……그에게 가장 행복했던 시절은 왕정복고기였으며……오를레앙 정부 역시 그에게는 애틋한 존재였다.……[그러나] 그는 그 특유의 정확한 직관으로 오직 자유로운 정부하에서만 사업의 안전을 보장받을 수 있다는 사실을 깨닫고 있었다. 그는 사업을 진지하게 다뤘다. 텅 빈 이론은 믿지 않았으며, 위험을 무릅쓴 모험은 좋아하지 않았다. 그를 현시대에서 분리시키고 정치와 사업 모두에서 위험 혐오증이 덜한 세대 가운데서 구풍을 풍기게 만든 것은 바로 그와 같은 기질이었을 것이다."

이는 물론 보나파르트 정권을 향한 에두른 비난, 1867년에 자유주의적인 언론법이 도입된 이래 가능해진 일종의 언론 비평이었다. 또 거의 정확한 지적이기도 했다. 제임스는 마지막까지 제2제정에 적대적이지는 않았어도 양가적인 태도를 유지하고 있었고, 바로 그 때문에 장례식에서도 정치계 실세들의 부재가 두드러졌던 것이다.

제임스의 죽음은 많은 면에서 한 시대의 종언을 뜻했다. 그는 프랑크푸르트 유덴가세에서 태어난 세대의 마지막 인물이었다. 1836년에 형 나탄의 자리를 물려받은 그는 가족 회사의 키를 잡고 역사상 가장 격심했던 1848년의 폭풍을 헤쳐 나갔다. 런던 상사에 독립적인 권한을 내주면서도, 가문 내부에서 기질과 이해관계의 갈등으로 발생하는 원심력을 상당 부분 억제해 왔다. 그는 회사가 애초 집중해 왔던 인수 및 발행 사업에 철도 '제국'을 갖춘 산업투자은행이라는 새로운 역할을 더하며 파리 상사의 사업 구조를 변모시켰다. 1815년, 그가 파리에 설립한 회사의 자본금은 5만 5000파운드였다. 1852년에 이 액수는 354만 1700파운드로 늘어났고, 그가 죽고 정확히 10년 뒤에는 1591만 4000파운드까지 늘어나 있었다.[1] 그의 이런 성취가 한층 더 비범해 보이는 까닭은 간헐적인 경제 위기뿐만 아니라 1830년, 1848년, 1852년의 극심한 정치 위기까지 극복해내고 이룬 성과이기 때문이다. 또한 그는 거의 40년에 걸쳐 프랑스 외교 정책과 유럽의 국제 관계 전반에 독특한 영향력을 행사해 왔다. 모두 1868년 이후에는 불가능할 일이었다. 페리에르와 파리 북역(그가 후대에 남긴 두 개의 가장 웅장한 기념물)도 과거의 독보적인 위상을 잃었다.

개인으로서도 그는 분명 역사상 가장 부유했던 이들 중 한 사람이었다. 《타임스》에 따르면 그의 유언에 따라 상속자들에게 분배된 재산은 11억 프랑(4400만 파운드)에 달했다고 한다. 《쾰니셰차이퉁(Kölnische Zeitung)》은 그보다 더 높이 잡아 20억 프랑으로 추산했다. 이 액수(심지어 라피트 가, 페리에르, 불로뉴, 샤토 라피트에 소유한 광대한 전원 및 도시 부동산은 포함하지 않은 액수였다)는 너무나 엄청나서 믿기 힘들 정도다(프랑스 국민총생산 대비 백분율로 따지면 11억 프랑은 무려 4.2%에 해당했다).

그러나 남아 있는 자료를 취합해 보면 현실적인 수치를 구할 수 있다. 제임스의 유언에 명시된 바에 따르면 그의 친척 및 (하인을 포함한) 소수의 수령자들에게 주는 현금 지급금이나 연금은 총 2000만 프랑에 달했고, 이 중 가장 큰 몫(1600만 프랑)은 그의 아내 베티에게 돌아갔다. 더불어 로스차일드 상사들의 결합 자본 중 제임스의 지분을 포함해 명시되지 않은 잔여 재산 역시 그의 세 아들들과 딸 샬로트, 손녀 엘렌에게 분배되었다.[2] 불행히도 1863년에서 1879년까지는 회사 자본에 대한 어떤 수치도 남아 있지 않고, 1863년의 수치 역시 역사학자 베르트랑 질(Bertrand Gille)의 추정치에 불과하다. 1855년에 제임스의 개인 지분이 전체 자본의 25.67%였다는 점을 감안하면, 그로부터 8년 뒤 그의 지분 가치는 572만 8000파운드 혹은 약 1억 4320만 프랑이었으리라고 추정할 수 있다. 제임스의 부동산에 정확한 값을 매기는 것은 불가능하지만, 페리에르 저택 내용물의 자산 가치가 2000프랑으로 매겨졌고 라피트의 영지는 410만 프랑이었다는 사실을 고려하면 약 3000만 프랑이라는 대략적인 수치를 낼 수 있을 것이다. 이 액수를 전부 더하면 총 1억 9300만 프랑(7700만 파운드)이 된다. 사뭇 그럴듯해 보이지만 이 역시 필경 너무 낮잡은 수치일 것이다(우리는 제임스가 가족 회사의 지분 외에 별도로 축적한 주식 포트폴리오가 어떤 규모인지 알지 못한다. 게다가 그의 방대한 미술 컬렉션에 가치를 매기는 것 역시 불가능하다). 메리메는 빈정대며 이렇게 썼다. "수백만 프랑을 수중에 쥔 채 죽어야 하다니, 이렇게 억울한 일이 또 있을까?"

제임스가 상속자들에게 남기고자 했던 것은 재산 외에도 더 있었다. 그것은 바로 그가 부친 마이어 암셀로부터 물려받은 가문의 문화였다. 그의 유언은 로스차일드가의 성공의 기틀이 된 저 독특한 기풍을 올곧이 드러낸 마지막 증례였다고 해야 할 것이다. 유언에는 아들들에게 "실천으로 마침내 가장 복된 과실을 맺게 될 하나의 의무로서" 형제간의 단합을 충고하는 오랜 호소가 담겨 있었다. 그의 뜻은 분명했다.

내가 내 사랑하는 형제들과 지켜 온 우애, 즐거운 시절에는 행복의 원천이 되고 고난의 시절에는 피난처가 되어 준 형제간의 신뢰와 단합을 절대 잊어서는 안 된다. 내 선친의 유언이기도 했던 형제간의 단합은 우리의 힘이자 우리를 보호하는 방패였고, 일에 대한 사랑, 덕의 실천과 더불어 우리에게 번영을 가져다준 원천이 되었다. 이제 내가 너희에게 전하는 이 소원을 아비의 가장 깊은 유산으로 여기고 각자가 가슴 깊이 새기길 바란다.

유언에는 또한 그의 아들들이 "국채든, 상품 거래든, 증권 사업이든 간에, 가족 회사를 벗어나서 사업을 해서는 안 된다"는 (최초의 파트너십 계약에서부터 중시되어 온) 오랜 원칙도 담겨 있었다. 특히 제임스는 전 시대였다면 불필요하다 싶었을 정도로 이 점에 대해 상세히 기술해 놓았다.

> 모든 파트너가 같은 이해관계 안에서 같은 방식으로 일을 해야 회사가 제대로 돌아가고 그 응집력도 유지될 것이다. 내가 너희 각자에게 남기는 재산이 굳이 위험한 사업에 뛰어들 필요가 없을 만큼 충분하기를 바란다. 온갖 사업에 가문의 이름을 남발하지 않기를, 가문의 명망을 지금처럼 유지할 수 있기를 바란다. 나는 너희가 전 재산을 증서화해서 갖고 있지 않기를, 가능한 한 빨리 현금화할 수 있는 통용 증권으로 보유하고 있기를 권한다.

이 마지막 명령에는 로스차일드 사업 철학의 핵심, 즉 자산의 일부는 부동산에 투자하고 증권 포트폴리오에서는 높은 환금성을 중시하라는 원칙이 드러나 있다. 제임스는 그의 선친이 반세기 전에 했던 말을 되풀이하며 자식들에게 그들의 사업과 종교와의 관계를 강력히 되새기는 것으로 말을 맺었다. "선조들의 성스러운 전통을 절대 버리지 말거라. 그것은 내가 너희에게 남기는, 그리고 너희가 네 자녀들에게 물려줄 귀한 유산이다. 하느님의 뜻으로 인간은 목숨과 함께 종교를 얻었다. 이 천명을 따르는 것이 우리에게는 무엇보다 중한 의무다. 믿음을 저버리는 것은 죄악이다. 조상의 신을 경애하고 신께 선행을 바쳐라. 내가 지상에서 너희를 지켜봐 왔듯이 하늘에서도 하느님의 품 안에서 너희를 지켜볼 수 있기를."

이 신성한 원칙들의 인도를 받아(원칙들 '덕분에'라고도 할 수 있겠다) 제임스는 전부는 아닐지언정 대부분의 경쟁자들보다 오래도록 굳건히 살아남을 수 있었다. 그 중에서도 가장 통쾌한 승리는 마법사의 제자들[3] 같았던 페레르 형제에게서 그가 마지막으로 거둔 승리일 것이다. 크레디 모빌리에는 한동안 곤경에 처해 있었는데, 부분적으로는 그들의 부동산 자회사 크레디 이모빌리에르 때문이었고, 또 어느 정도는 오스트리아와 스페인 재정에 발을 들이려 했던 시도가 실패로 끝났기 때문이었다. 재난의 첫 조짐이 드러난 것은 1866년 초, 형제들이 대규모 신주 발행으로 명목 자본을 두 배로 키우고 크레디 이모빌리에르를 위해 추가로 8000만 프랑을 조성하려 했을 때였다. 중앙유럽에 전쟁의 긴장감이 고조되며 악화된 경제 위기는 치명적이었다. 1866년 6월에 420프랑까지 곤두박질친 모빌리에의 주가를 다시 높이기 위해 형제들은 갖은 애를 썼지만, 그해 말 그들은 배당금을 지급할 여력조차 없는 처지에 놓였다.

에밀 페레르는 이번에도 그들이 곤경에 처한 것은 "로스차일드 그룹"이 그들에게 "적대적으로 행동"했기 때문이라고 비난하며 정부 내부의 지인들에게 도움을 청했다. 그러나 크레디 퐁시에에서 제공한 2900만 프랑의 대부금으로도 상황은 해결되지 못했다. 1867년 4월, 크레디 이모빌리에르가 입은 손실의 총 규모가 확연해지자 페레르 형제는 프랑스은행(한때 그들이 스스로 대체하기를 꿈꿨던)의 자비를 구하며 7500만 프랑의 대부금을 요청할 수밖에 없었다. 예상대로 그들의 요청은 별 관심을 끌지 못했고, 특히 프랑스은행의 이사로서 영향력을 키운 알퐁스가 냉랭한 반응을 보인 것은 말할 나위도 없다. 9월 14일에 열린 특별 회의에서 그는 융통할 수 있는 돈은 3200만 프랑이라고 못 박고는, 그 돈으로 "크레디 모빌리에의 청산을 촉진해야" 한다고 주장했다. 모빌리에의 주가가 140프랑으로 바닥을 치자, 생시몽주의자들의 기함(旗艦)은 물밑으로 가라앉아버렸다.

페레르 형제의 추락과 몰락은 로스차일드가 사람들에게 일말의 동정심도 불러일으키지 못했다. 그 비참한 결말에 이르기까지, 크레디 모빌리에의 원칙 자체에 대한 제임스의 뿌리 깊은 반감은 그대로였다. 그는 1867년 3월, 란다우에게 이렇게 썼다. "언젠가 그 모든 금융 회사들은 자기들끼리 합심해서 전 사업을 삼켜버리고 우리한테는 그저 뼈다귀만 남긴 채 모든 것을 앗아 가버릴 것이다." 그는 크레디 모빌리에를 구하려는 모든 노력에 단호히 반대했다. 그러나 제3자가 보기에 뼈다귀만 남고 전부 빼앗긴 쪽은 오히려 페레르 형제들이었다. 프랑스은행에서의 그 결정적인 회의가 있고 열흘 뒤, 나폴레옹 3세의 실질적인 대리역이었던 루에르는 이렇게 평했다. "페레르 형제는 사실 동정받아 마땅할 사람들이다. 그들이 추진하려 했던 일들을 빌미로 이토록 맹렬한 증오를 살 이유가 없는 이들이다." 그의 말이 옳았다.

크레디 모빌리에가 사실상 말소되자, 로스차일드가는 앙심을 품고 페레르 형제의 개인 재산들을 사들이기 시작했다. 앞서 언급했듯이, 페레르 형제가 로스차일드가의 부동산 근처에 타운 하우스와 별장을 사들인 것은 언제나 제임스의 속을 들쑤시던 일이었다. 1868년에 아돌프가 몽소 가 47번지의 저택을 이자크 페레르의 아들 외젠에게서 단돈 4만 2000파운드에(페레르 형제가 애초 사들인 가격보다 1만 7200파운드 적은 액수로) 구입했을 때, 그리고 1880년에는 에드몽이 페레르의 샤토 다르맹빌리에르를 사들였을 때 로스차일드가 사람들이 느꼈을 희열을 상상하기란 어렵지 않다. 힘껏 쑤셔 넣은 칼을 이제 비틀어 볼 때라는 듯이, 알퐁스는 1872년 페레르가의 미술 컬렉션이 매물로 나왔을 때에는 단 한 점의 그림도 구입하지 않았다. 그는 경멸조로 이렇게 일축했다. "그다지 유명한 그림들도 아니더군요. 그저 괜찮다 싶은 평범한 그림이 전부였습니다." 이 마지막 문장은 페레르 형제에 대한 비문(碑文)처럼 읽힌다.

반면, 제임스가 세상을 떠난 뒤 로스차일드가는 비할 데 없이 독보적인 우위에 오른 듯했다. "결국 한 명이 줄어든 로스차일드가가 있을 뿐이다." 1868년 한 언론인은 찬양조의 기사에서 그렇게 선언했다. "로스차일드가는 영원할 것이다." 1870년 영국의 잡지 《시대》는 라이오넬을 현금과 채권의 왕좌에 앉아 세계 각국의 지배자들(중국 황제, 술탄, 나폴레옹 3세, 교황, 빌헬름 1세, 빅토리아 여왕 등등)로부터 인사를 받고 있는, 새로 권좌에 오른 로스차일드 "왕"으로 묘사한 만화를 실었다.[그림 6]

그러나 크레디 모빌리에의 실패가 합자은행업의 총체적 실패를 의미한 것은 아니었다. 오히려 그런 식의 은행들은 제임스가 세상을 떠난 이후로도 소강할 기미 없이 번창해 갔다. 또한 국제 금융 시장이 규모를 키우고 경쟁이 치열해지고 통합성이 높아지면서, 개인 자본을 집중시킨 방식의 로스차일드

[그림 6] 〈라이오넬 드 로스차일드 남작(현대판 크로이소스[4])〉, 《시대 (The Period)》, 1870년 7월 5일자

가의 자본은 물론 아직 거대한 규모였지만 상대적인 중요성을 이미 잃어 가고 있었다. 제임스가 세상을 떠나기 2년 전, 프랑스의 언론인 에밀 드 지라르댕(Emile de Girardin)은 이렇게 평했다. "거대한 [개인] 은행 가문들은 그 영향력을 잃어버렸다. 이제……투기라는 보통선거권이 [개인] 은행가들의 영향력을 압도하게 될 것이다." 그는 "은행가들"의 집권은 종말을 고했다고 썼다. "기관들, 거대한 금융 기업들의 집권"이 시작되고 있었다.

1868년이 프랑스 금융사의 한 전환점이었다면, 당시는 정치적으로도 역시 전환점이 아니었을까? 그렇게 볼 수도 있을 것이다. 크레디 모빌리에의 도산에 뒤이은 제임스의 죽음은 정권에 경제적 종말의 전조를 비친 것 같은 사건이었다. "제국은 곧 하락장"이라고 제임스는 1866년에 말했다. 그렇다면 정권의 정치적 종말 역시 프로이센이 오스트리아에 승리를 거둔 직후 이미 임박해 있었던 것이 아닐까? 이것이 사실이라면("정통 은행가"들이 "이미 비틀거리고 있던 제2제국의 신용에 마지막 한방을 날렸다"는 것이 사실이라면), 역사가로서는 이야기를 풀어 가는 것이 수월할 것이다.

그러나 실상 1866년부터 1870년까지의 기간에서 가장 두드러진 특징은 바로 프랑스 금융 시장의 낙관주의였다. 1863년에서 1866년 사이에는 확실히 '하락'하는 경향이 있기는 했다. 1862년 10월 후반에 71.75로 정점을 찍은 랑트 가격은 1864년 11월 64.85까지 추락했다. 그러나 그 뒤부터 가격은 다시 상승세를 타기 시작했다. 제임스가 프랑스의 정책 변화를 촉구하며 언급했던 오스트리아–프로이센의 전쟁으로 인한 위기는 여러모로 보아 그저 일시적인 감퇴에 불과했다. 랑트 가격이 최저점(60.80)을 찍은 것은 전쟁이 발발하기 거의 두 달 전인 1866년 4월 28일이었다. 이 수치는 쾨니히그래츠전투가 벌어진 주에 사실상 63.03에서 68.45로 뛰어올랐다. 그 뒤로도 여러 번 부침이 있었지만(나폴레옹의 건강에 대한 염려가 원인일 때가 많았다), 전반적인 추세는 명백했다. 1870년 5월 21일에 마감 주의 종가는 75.05로, 1850년대 제국이 평화롭던 시절 이후로는 볼 수 없었던 수치였다. 1870년만큼 채권 시장이 폭락의 걱정 없이 태평스러웠던 적도 드물었다.

이를 어떻게 설명할 수 있을까? 분명한 것은 쾨니히그래츠 이후의 제2제정이 얼빠진 금리 생활자들의 천국이었다는 것이다. 이는 무엇보다 국제적인 이유로 금융 정세가 완화된 덕분이었다. 프랑스 국제 수지의 향상이 라틴화폐동맹의 창설과 결합하여 프랑스은행의 준비고에 금과 은을 유입시켰고, 덕분에 재할인율은 1866년 8월에 3%로, 1867년 5월에는 2.5%로 떨어졌다. 산업 활동의 쇠퇴에 대해 상당히 우울한 전망이 쏟아졌던 같은 시기에(철도에 대한 투자는 1862년 이후로 급격히 감소했다), 소위 "수십억 광맥의 발견"(프랑스은행의 전례 없이 건실해진 준비금을 빗댄 말)은 상승세에 있던 채권 가격에 긍정적인 영향을 미쳤다. 1868년 여름에 신규 발행한 3억 4000만 프랑 상당의 랑트는 대규모 초과 청약 사태를 빚었다. 1868년, 1869년의 수확 역시 좋았다. 이 모든 사실이 중요한 이유는 프랑스가 1870년의 패전을 겪고 나서도 1871~1873년에는 평화를 쟁취할 수 있었던 까닭을 설명해 주는 대목이기 때문이다.

1860년대 후반, 금융 시장의 활황세는 나폴레옹이 도입한 자유주의적 개혁에 의해 한층 더 고무되었다. 독재권을 쥐고 있던 그가 처음으로 한발 물러선 것은 1860년과 1861년의 일로, 그때까지는 문서에 도장 찍는 일이 전부였던 입법원의 권력이 이후에는 완만히 증대되었다. 그러나 나폴레옹 3세가 "자유주의적 제국"을 기치로 내걸고 개혁을 서두른 것은 1867년에 이르러서였다. 입법원 의원들에게는 장관들에게 이의를 제기할 권한이 부여됐다. 1868년에는 언론 규제가 풀렸다. 당장은 이 조치가 그저 앙리 로슈포르(Henri Rochefort)의 주간지 《랑테른(Lanterne)》의 지면에서 신랄함의 극치를 이루게 되는 정권 비판의 판도라 상자를 열어버린 일인 듯했다. 그러나 자유를 얻은 야권이 거둔 가장 큰 성공은 아마도 센의 도지사 조르주 오스만이 제국 정권의 가장 명백한 성과물이라 할 만한 파리의 웅대한 재건 사업에 함부로 지출한 돈 때문에 생긴 전례 없는 규모의 회계 부정을 폭로한 일일 것이다. 루에르가 최선을 다해 사태를 수습해 보려 했지만, 1869년 5월에 치러진 선거에서 정부를 지지한 표는 단 57%에 불과했다. 1850년대에는 지지표가 무려 80%를 넘어섰더랬다.

　이런 상황에서 로스차일드가는 다소 양가적이지만 중요한 역할을 맡았다. 일찍이 1866년 12월 12일 디즈레일리는 스탠리[5]에게 "로스차일드가의 일원으로부터 프랑스의 상황에 대해 놀라운 소식을 들었습니다. 사람들이 제국에 점점 더 염증을 느끼고 있다고 합니다"라고 썼다. 제임스는 처음부터 제국의 자유주의화에 회의적이었다. 그는 1867년 1월, 자녀들에게 보내는 편지에 이렇게 썼다. "이런 자유주의적인 변화가 신용이나 나라에 크게 득이 될 거라고 믿는 것이 나로서는 쉽지 않구나. 그건 사실상 정권이 대단히 취약하다는 것을 드러내는 징후일 뿐이다." 그가 아들들에게 쓴 특기할 만한 편지에서, 제임스는 실상 그의 정치적 유언이라 할 만한 논지를 폈다.

　너희는 네 아비가 견해를 자꾸 바꾼다고 생각할지도 모르겠다. 전에 너희에게 스페인 문제에 대해 썼을 때는 자유주의 편에 섰다가, 또 프랑스를 두고서는 반자유주의적인 논조로 이야기하니 말이다. 일단 바른말로 너희가 옳다고 해야 되겠다. 그러나 내 안에는 정치적이고 자유주의적인 면이 있는 한편, 경제적인 면도 존재한단다. [한 나라의] 경제는 자유가 없으면 발전할 수 없지만, 자유가 과도하게 주어져도 발전할 수 없는 것이 사실이다. 옛일을 돌이켜 보자. 루이 필리프가 집권하던 그 15년간 정부가 의원들의 자유로운 국회 연설과 언론의 완전한 자유를 허락했던 때를 말이다. 그래서 어찌 되었느냐? 정권은 무너지고 지금까지의 그 모든 동란과 혁명을 겪어야 했다. 불행히도 프랑스는 허영의 나라, 진정한 국익은 안중에도 없는 웅변가들이 잘 꾸민 연설로 의회에서 목청을 높이는 나라이기 때문이다. 물론 나도 간단한 기사를 출판할 권리, 회자되고 있는 문제에 관해 터놓고 말할 권리는 용인되어야 한다고 생각하지만, 내가 말하는 자유란 황제가 허용하려고 하는 자유와는 전혀 다르다. 솔직히 말해 그런 자유란 매우 심각하고 위험한 것이며, 그 때문에 우리는 결국 좋든 싫든 전쟁으로 내몰릴 수밖에 없을 것이다. 외부의 위협 때문이 아니라 과도한 자유가 너무 빨리, 너무 성급히 주어진 때문에 말이다.

제임스처럼 엄격히 경제적인 관점에서만 사태를 보지는 않았던 알퐁스도 어느 정도는 부친의 비관론에 공감하고 있었다. "조만간 자유주의적 경향은 거스를 수 없는 흐름이 될 것"이라고 내다보면서도, 그는 또 다른 "갈등"과 정치적 격변이 닥칠 것을 예견하고 있었다. 1866년 말, 그는 장모 샬로테에게 이렇게 써 보냈다(다음은 샬로테의 기록이다).

> 그는 제국이 영원하지 않을 것이고, 오래지 않아 공화국이 그 뒤를 이을 것이라고 확신한다. 시급한 개혁을 서둘러 도입하고 왕이나 황제를 부르봉 가문이나 오를레앙 가문의 생존자들 중에서 선출할 시간을 마련해 줄, 전 프랑스가 과도기의 임시 체제로 기꺼이 받아들일 공화국 말이다.

처가 사람들이 나폴레옹이 그의 자유주의적 정책을 꾸준히 추진하길 바란다는 희망을 피력하자, 그는 암울한 어조로 이렇게 대꾸했다. "애초 정책이란 것이 있었다면 또 모르겠습니다. 지금 그들은 자신들이 어디로 가고 있는지, 누구와 함께 가고 있는지도 모르고 있어요." 그러나 그런 판단도 그가 기회가 찾아왔을 때 보나파르트 정권에 적극적으로 맞서는 것을 포기시키지는 못했다. 1867년 여름, 그는 반정부 강령을 기초로 센에마른(Seine-et-Marne)의 지방 의회 선거에 출마했다. 흥미롭게도 제임스는 "아들이 반대파로 꼽히는 것에 다소 초조함을" 표시했고 "대놓고 반대하는" 방침을 못마땅하게 여겼다. 과연 그는 나폴레옹을 안심시키기 위해 황제 앞에서 단도직입적으로 자신은 "반대파가 아니"라고 장담했다. 그러나 한편으로는 아들의 행보를 굳이 막으려 들지도 않았다. 그는 아들에게 "어떤 각료도 우리를 반대파로 치부할 배짱은 없을 것"이라고 말했다. 달리 말해, 그는 프랑스의 그 어떤 정부도 로스차일드가와 소원해지는 위험을 무릅쓰지는 못하리라는 확신에서 알퐁스의 활동을 정부에 압력을 가할 방편으로 여겼던 것이다.

제임스는 또한, 1865년 《주르날 데 데바》에 게재한 글로 오스만의 파리 통치에 반대하는 캠페인을 촉발시키고 쥘 페리(Jules Ferry)의 유명한 팸플릿 『오스만의 환상적인 회계(Les Comptes fantastiques d'Haussmann)』[6]의 기초를 제공하기도 한 구스타브의 친구 레옹 세(Léon Say)의 활동에 대해서도 반감을 보이지 않았다. 사라고사 철도와 북부 철도 회사 이사회의 일원이었던 세는 많은 사람들 사이에서 로스차일드의 '종복'까지는 아니더라도 로스차일드가 사람으로 여겨졌다. 그에게도 분명 자신만의 정치적 야망이 있었겠지만, 오스만을 공격함으로써 그가 로스차일드가의 도끼날을 갈아 주었다는 것만은 확실하다. 로스차일드가는 1860년 파리 시를 위해 소규모 융자 사업을 진행했지만, 그 이후 오스만은 후불제 형태의 차용증과 소위 '유통성 채권'을 받아들일 의향이 있는 토건업자들을 고용했을 뿐만 아니라, 건설 사업에 필요한 자금을 마련하는 일은 어느 정도 크레디 퐁시에에 의지해 왔다. 그러므로 세는 도(都)의 회계 부정을 공개함으로써(미승인 부채만 통산 약 4억 프랑이었다) 알퐁스로서는 흐뭇할 만큼 크레디 퐁시에에 간접적으로나마 한 방을 날려 준 셈이었다.

로스차일드가는 오스만의 덜 정통적인 채무를 청산하기 위해 마련된 신규 채권 사업에 주저 없이 뛰어들었다. 그러므로 1869년 5월에 치른 선거에서 자유주의 야권이 명백한 성공을 거뒀을 때, 비록 구스타브의 취향에는 "빨갱이"들의 성공이 과분해 보였고 냇은 노동자 계급의 "대소란"에 다소 경각심을 보인 것도 사실이지만, 알퐁스가 (조심스럽게) 기뻐한 것은 놀라운 일이 아니었다. 1869년 7월, 알퐁스는 런던에 이렇게 써 보냈다. "프랑스는 자유를 원하고 있지만 혁명적 분위기는 예전보다 훨씬 덜한 듯합니다. 보수적인 정서가 몇 해 전보다 한층 두터워졌어요. 저는 우리가 이 위기를 떠들썩한 사건이나 심각한 곤경 없이 극복할 수 있으리라 믿고 있습니다." 분명 노동자 계급이 불만의 조짐을 드러내기는 했지만, 그는 폭넓은 지지 기반을 갖춘 내각제 정권이 이를 헤쳐 나갈 수 있으리라 확신하고 있었다.

자유주의의 승리를 이렇게 받아들였다는 사실은 제2제정이 이미 1870년 전쟁이 발발하기 전부터 정치적으로 혁명으로 기울고 있었다는 통설의 기반을 약화시킨다. 그와는 반대로, 나폴레옹은 야권의 의견을 수렴하면서 '루에르느망(Rouhernement)'[7]의 몰락을 자신에게 유리한 상황으로 반전시킨 듯했다. 1870년 1월 2일, 이제까지 공화파 웅변가로 활약했던 에밀 올리비에(Émile Ollivier)가 새 자유주의 정부를 구성한다는 소식이 공표되었다. 이는 지난해 7월에 냇이 이미 예견한 움직임이었다. 알퐁스는 올리비에를 그다지 좋아하지 않았지만, 근본적으로는 사태를 낙관적으로 보고 있었다. 1870년 1월 초에 그는 이렇게 써 보냈다. "파리는 새 내각에 대한 기쁨으로 만연해 있습니다. 만나는 사람들마다 모두 만족해하고 있고, 증권거래소도 굉장한 반등세를 보이며 자유주의에 대한 공감을 표하고 있습니다. 내각의 인물들은 아주 비범한 인재까지는 아니더라도 제법 현명하고 분별 있는 사람들입니다. 그들은 일단 원내 과반을 차지했고, 앞으로도 신임을 유지할 수 있을 겁니다." 같은 달 앤서니와 연락이 닿았던 디즈레일리는 이런 기록을 남겼다. "로스차일드가는……일이 원만히 풀리리라 확신하고 있다. 그들은 황제가 헌법 체제를 채택함으로써 오를레앙파를 노련히 앞질렀고, 그의 아들의 장래 역시 확신을 갖고 기대해도 좋으리라 생각한다." 심지어 빅토르 누아르(Victor Noir)의 장례식[8]에서 로슈포르가 일으킨 난행에도 알퐁스는 크게 동요하지 않았다. 그는 사촌들에게 장담했다. "여론을 얻은 정부는 대단히 강한 정부입니다. 반대로 민주주의자들이 무기력하다는 것은 의심할 바 없는 사실이고요."

뒤 이은 석 달에 걸쳐 헌법은 의회주의 노선에 따라 개정되었고, 5월 8일에는 투표자의 68%가 새 정권에 지지표를 던졌다. 이번에도 국민투표에 의존하자는 결정이 내려졌을 때, 알퐁스는 애초 심기가 편치 않았다. 그것은 "대단히 치기 어린 생각"이자 새 각료들의 기량 부족과 범속함의 또 다른 증거였고, 황제가 두 번째 쿠데타를 일으키거나 대도시에서 사회주의자들이 폭동을 일으킬지 모른다는 두려움만큼이나 그를 놀라게 했다. 그러나 개표 결과가 밝혀지자, 그는 이를 "무질서 당파에 맞선 질서의 당, 자유주의 당파의 위대한 승리"라 부르며 기뻐해 마지않았다. 증권거래소도 새로이 상승세를 보이며 그의 평결을 지지하는 듯했다.

문제는 자유주의화로 감수해야 할 대가가 군사적 취약성이었다는 점이었다. 쾨니히그래츠전투에서 교훈을 얻은 나폴레옹은 군대의 규모를 두 배로 늘리기 위해 해이한 병역 체제의 개혁을 요구했다. 샬로테는 이미 1866년 8월에 황제가 "새로운 후장포와 후장총, 가공할 만한 대포에 대한 계획과 프로젝트를 두고 한없이 숙고 중이시다"는 기록을 남겼다. 넉 달 뒤에는 제임스도 황제의 군대 증강 계획에 대한 소식을 들었다. 그러나 황제는 입법부의 수장 자리를 반대파에 내줌으로써 자신의 군대 개혁 법안이 무력해지는 길을 손수 열어 주고야 말았다. 10년 전에 프로이센에서 있었던 일들이 증명하듯이, 자유주의자들은 병역 확대와 그에 따른 비용을 충당하기 위한 세금 확충 계획에 반대하는 경향이 있었다. 지출 증대를 반대하는 주장은 이미 멕시코에서 낭비한, 그리고 알제리의 식민화 사업으로 계속해 낭비되고 있던 거액을 생각하면 한층 타당해 보였다.

그리하여 군사력 확충을 위한 정부의 노력은 모두 맹렬한 정치적 반대에 부딪쳤다. 로스차일드가 사람들도 프랑스의 재무장에 반대하는 입장이었다. 제임스는 재무장이 "부정적인 결과를 초래하고, 사람들이 전쟁을 신봉하게 만들 것"이라 생각했다. 그래서 그와 그의 아들들은 군사 개혁 법안이 가지치기를 당하는 와중에도 눈도 끔벅하지 않았다. 당시 대부분의 사람들이 그랬던 것처럼, 그들은 알퐁스의 말마따나 비스마르크가 "적당해 보이는 시점에 프랑스에 프로이센과의 전쟁 명분을 제공하는 최악의 실수를 저지를" 경우에도 프랑스는 프로이센과 대결할 수 있을 만큼 이미 충분히 강하다고 믿고 있었던 것 같다. 파리 만국박람회의 주최자들(그 중에는 알퐁스도 있었다)이 각 주에서 미술 작품을 대여해 오는 데 어려움을 겪자, "프로이센인들이 와서 챙겨 가면 어쩌려고" 하는 농담이 퍼졌다. 이 일이 의미심장한 까닭은 그것이 정말 농담으로 회자됐다는 점 때문이다. 제임스가 썼듯이 프랑스의 상황에는 "설명 불가능한 모순"이 존재했다. "우리는 막 박람회를 열었고, 나라를 발전시키기 위한 산업 프로젝트에 모든 자본을 쏟아 부어야 한다. 그런데 그러는 대신 사실상 [방위비] 지출을 감당하기 위해 차입해야 하는 처지로 몰리고 있는 것이다." 재무장관 마녜가 1868년 1월에 융자 계획을 공표했을 때, 그 계획의 목적은 재무장을 위한 비용 마련뿐만 아니라 경제 촉진이기도 했다.[9] 알퐁스는 사촌들에게 보내는 편지에서 프랑스 재무장의 타당성에 대해 거듭 의문을 제기했다. 그는 군비 확충 경쟁이야말로 전쟁의 원인이라는 (잘못된) 이론을 일찌감치 받아들이고 있었던 것으로 보인다. 베를린에 있던 마이어 칼도 비슷한 견해였다. 그 역시 비난받아야 할 쪽은 프로이센의 정책이 아니라 프랑스의 정책이라고 생각했다. 알퐁스는 1869년 12월 파리에서 보낸 편지를 통해 재무장관이 "6000만 프랑의 흑자가 남은 매우 순조로운 상황이며, 이 금액 중 대부분은 공공사업에, 나머지는 세금 감면 및 하급 공무원들의 지위 향상에 지출하겠다"고 공표했다는 소식을 열띤 어조로 전해왔다. 한 달 뒤, 가족들의 화제는 새 정부가 지급하는 철도 건설 보조금으로 바뀌어 있었다.

이처럼 근본적으로 취약했던 군사력도 전적으로 소극적인 외교 정책에 따를 능력이 있는 정권이었다면 문제가 되지 않았을 것이다. 그러나 상황은 그렇지 못했다. 프랑스의 취약성의 전모가 극명히 드러난 것은(혹은 드러나야 했던 것은) 나폴레옹이 비스마르크가 독일에서 세운 공적에 필적할 만한 것을 쟁취하기 위해 애써 골몰하고 있던 와중이었다.

라틴의 미망(迷妄)

19세기를 통틀어 존재했던 한 가지 경향(법칙이라고 하기에는 예외가 너무 많다)은 외교 관계가 실제로 자본의 이동을 기초로 수립되지는 않았을지언정 자본의 이동 위에는 돈독해졌다는 것이다. 지속적인 자본 수출을 가능케 할 만큼 충분한 국제수지 흑자를 이뤄낼 수 있었던 최초의 국가인 영국은 나폴레옹에 맞선 대부분의 동맹국들을 그런 식으로 확보했다. 그리고 1815년 이후 공식적이자 비공식적인 대영제국이 건설된 것은 불어나는 해외 대출의 흐름 위에서였다. 19세기에 대규모 자본 수출이 가능했던 또 다른 열강은 프랑스였다. 과연 1861~1865년에 파리에서 발행된 외국 국채의 총액은 런던에서 발행된 액수에 거의 근접한 수준이었다. 앞에서 살펴봤듯이, 1850년 이후에 스페인, 이탈리아, 오스트리아 같은 나라들에 설립된 다수의 은행과 철도는 프랑스의 자본을 근간으로 삼고 있었다. 이런 추이는 1860년대에 절정에 이르렀다.

그러나 그로 인한 경제적 이득이 무엇이었든 간에(과연 경제적 이득이 있었는지 의문을 제기하는 이들도 많았다), 그로부터 얻을 수 있었던 외교적 혹은 전략적 혜택에는 한계가 있는 것으로 드러났다. 프로이센이 정말로 프랑스의 대륙 내 위상에 도전할 경우, 프랑스에게는 믿을 만한 동맹국이 있어야 했다. 영국은 유럽 외 지역에 대한 투자 비중을 갈수록 늘리고 있었다. 1854년에서 1870년 사이에 영국의 대외 투자 중 유럽 대륙에 할당된 비율은 54%에서 25%로 떨어졌다. 1900년에 이르면 비율은 단 5%에 그치고 만다. 영국의 외교적 '고립'이 심화된 까닭을 설명해 주는 대목이다.

오스트리아-프로이센전쟁 직후 앤서니는 코브던주의적 자유주의자들과 고립주의 토리당원 양편을 모두 대변하며 이렇게 공표했다. "어떤 대가를 치르든 우리가 원하는 것은 평화입니다. 정치가들도 모두 평화를 바라고 있습니다. 일례로, 더비 경을 보십시오. 그는 아일랜드와 랭커셔에 있는 그의 땅에 공장과 공업지구가 들어선 덕에 12만 파운드의 수입을 올리고 있습니다. 그가 군국주의 정책을 지지할 것 같습니까? 우리는 모두 한배에 타고 있습니다. 우리가 어째서 독일, 오스트리아, 혹은 벨기에 문제에 열을 올려야 합니까? 그런 행태는 이미 고리타분해졌습니다."

그동안 대륙에서는 프랑스의 자본이 이자를 지불하는 것 이상으로 답례할 능력이 없거나 아예 그럴 의사가 없는 나라들로 (심지어는 이자를 지급할 능력마저 없는 나라들로) 흘러들고 있었다.

1866년 이후에 유럽의 경제 발전에서 주목할 만한 특징은 자본 시장의 지역적 분할이 점점 더 극명해졌다는 점이다. 프랑스는 벨기에, 스페인, 이탈리아에 대규모로 투자했고 이들과 교역을 이어 나갔다. 이는 1865년에 프랑스와 벨기에, 이탈리아, 스위스가 라틴화폐동맹을 창설해 활동할 수 있었던 까닭을 설명해 준다. 오스트리아는 1866년의 참화를 겪은 뒤 정치와 경제 양면에서 헝가리와 발칸 지역 쪽으로 관심을 돌렸다. 한편 프로이센의 북독일연방에서 번창하던 은행들은 다른 독일 국가들과 스칸디나비아반도, 러시아에 상당한 자금을 투자하기 시작했다. 그것이 프랑스의 외교 정책에 갖는 함의는 간과되었던 만큼 심각한 것이었다. 프랑스의 자본은 세력 균형이라는 측면에서 대수롭지 않은 세력에 불과했던 두 국가(벨기에와 스페인)와 로마라는 딜레마 때문에 보나파르트 치하의 프랑스에 노골적으로 개입할 수 없었던 이탈리아로 흘러들고 있었기 때문이다.

프로이센을 확실히 억제하려면 프랑스에게는 러시아가 필요했다. 혹여 러시아를 얻는 데 실패한다면, 쾨니히그래츠에서 너무도 명백히 결론이 난 문제를 다시 제기할 생각을 하고 있던 오스트리아라도 있어야 했다. 양국 중 어느 곳과도 동맹을 맺지 못한 까닭은 어느 정도는 외교 때문이었다고 해야 할 것이다. 비스마르크가 러시아와 오스트리아-헝가리로 하여금 신성동맹의 재건이라는 구상에 막연하게나마 계속 관심을 갖게 할 수 있는 한, 프랑스는 양국 중 어느 쪽에 지원을 구하든 훨씬 비싼 값을 부를 수밖에 없는 처지였다. 게다가 오스트리아와 러시아 모두 나폴레옹이 쉽게 수긍하기 힘든 가격을 요구했다. 오스트리아는 근동에서 러시아에 대항해, 또 러시아는 오스트리아에 대항해 자국을 지원해 달라는 것이었다. 그러나 오스트리아나 러시아 어느 한쪽이 대규모 프랑스 자본의 수혜자였다면 프랑스는 교섭에서 훨씬 유리한 위치를 차지할 수 있었을 것이다. 돈이 아니라면, 프랑스가 제공할 수 있는 것은 군사력밖에 없었다. 그리고 앞서 본 것처럼 프랑스는 군사력조차 미덥지 못했다.

이 과정에서, 로스차일드가는 대개는 의식하지 못한 채 극히 중대한 역할을 해냈다. 영국의 로스차일드가는 당시 팽배했던 파머스턴의 견해대로 유럽의 평형을 위협하는 세력은 프로이센이 아니라 프랑스라고 생각하고 있었다. 1866년 8월, 프라하 강화조약이 계획되기 일주일 전, 샬로테는 아들에게 그 무렵 널리 퍼져 있던 견해를 적어 보냈다. "나폴레옹 황제야말로 전쟁 선동가

이며 전쟁에서 이득을 챙기고 싶어 한다는 사실을 우리는 이미 오래전부터 알고 있지 않았니." 라이오넬은 삼촌이나 사촌들이 전해 오는 프랑스 정책에 대한 비평을 지체 없이 디즈레일리에게 전했다.

1866년에 중립을 지킨 보답으로 자국에 일종의 영토상의 '보상'이 있어야 한다는 주장을 환기시키려 한 나폴레옹의 어리석은 노력은 영국인들의 프랑스 공포증을 강화시켰다. 결국에는 물리고 말 주장을 나폴레옹은 그해에 두 차례나 되풀이했다. 1867년 3월, 그는 다시 한 번 시도했다. 유럽에 기정사실을 제시하라는 비스마르크의 선동에 넘어간 나폴레옹은 네덜란드 왕으로부터 룩셈부르크 공국을 매입하는 계약을 체결했는데, 이는 1860년대의 특징이었던, 결국 수포로 끝나고 말 부동산 거래 중 하나가 되고 만다. 룩셈부르크는 이례적인 곳이었다. 네덜란드 왕의 개인 재산이었던 동시에 1815년부터는 독일연방에 속하게 되어 역내의 요새에는 프로이센 군대가 주둔해 있었다. 이곳은 또한 프로이센 관세동맹의 회원국이기도 했다. 그러므로 프랑스가 룩셈부르크 공국을 합병할지 모른다는 전망은 (비스마르크에게서 이 사실을 귀띔받은) 독일 국가자유당 당원들의 노여움을 불러일으켰고, 다시금 프랑스-프로이센전쟁에 대한 우려를 불러일으키는 듯했다.

제임스와 알퐁스는 파리와 헤이그 사이에서 진행된 협상 과정에 직접 참여하지는 않았지만 그 풍문을 들었을 때는 자연히 질겁했고, 영국의 중재를 요청하는 애끓는 청원을 런던에 퍼붓기 시작했다. 정치적 자유주의화가 프랑스를 전쟁으로 몰고 가리라는 제임스의 예견은 두 달도 안 돼서 놀랍게도 곧 실현될 듯 보였다. 나폴레옹은 이번에도 뜻을 굽혔지만 프로이센이 전쟁을 택할 가능성은 남아 있었다. 마이어 칼은 비스마르크가 평화를 원한다고 장담했지만, 이는 베를린에서 블라이히뢰더가 전해 오는 소식과는 완전히 모순되는 이야기였다. 이 같은 전쟁 공포는 양측이 해당 문제를 런던에서 개최될 국제회담에 회부하는 데 합의한 뒤에야 가까스로 누그러졌다. 회담에서는 1839년 이후의 벨기에를 모범으로 삼아 룩셈부르크를 중립국으로 만들자는 결정이 내려졌다. 그러나 그 뒤에도 갈등은 그저 연기된 것처럼만 보였다. 그해 여름 늦게 대륙을 방문했던 앤서니는 라인 강 양쪽에서 군사 준비가 진행 중인 것을 알고 충격을 받았다. 메이어는 이미 9월에 "프랑스가 도발할 경우"

다른 독일 국가들이 프로이센 편에 가담할 것 같다는 인상을 받았다.

1867년의 위기에서 그나마 고무적이었던 것은 로스차일드가의 오랜 비공식 외교 시스템이 고스란히 부활했다는 사실이었다. 제임스와 알폰스는 4월 한 달 동안 황제와 루에르를 거듭 만났다. 블라이히뢰더와 마이어 칼은 비스마르크로부터 (틀림없이 모순되는) 정보를 전해 왔다. 라이오넬은 이를 디즈레일리에게 전했고, 디즈레일리는 이를 스탠리 경에게, 그는 다시 여왕에게 전했다. 영국의 답신은 그 어느 것이든 로스차일드가 사람들을 거쳐 블라이히뢰더의 '친구'의 귀에 전해졌다. 스탠리가 여왕에게 보고한 것처럼, 뉴코트가 "대륙에서 전달받는 정보는 외교 채널을 통해 얻는 정보만큼이나 빠르고 정확"하다는 것은 여전히 분명한 사실이었다. 당면 문제를 런던회담에 회부하자는 결정도 베를린과 런던 간에 암호 전보를 주고받으며 협상의 기본 틀을 구성하는 식으로, 어느 정도는 비공식 채널을 통해서 내려진 결정이었다. 그러므로 영국의 실질적인 중재를 원했던 알폰스는 바람을 이룬 셈이었다.

그러나 그 이후 연달아 일어난 사건들 때문에 1870년에는 같은 수순을 밟을 수 없었다. 우선 런던에서는 보수당 정부가 물러났다. 레오가 외무장관 클래런던의 아들과 친했고 라이오넬과 샬로테가 글래드스턴을 종종 만나기는 했지만, 그 관계는 디즈레일리가 정권을 잡고 있었을 때에 비하면 서먹하기 그지없었다. 둘째, 제임스가 세상을 떠나고 알폰스가 점점 야권에 동화되어 가면서, 알프레드가 1868년 4월에 쓴 것처럼 "라피트 가에서는 프랑스 각료로부터 거의 어떤 소식도 전해 듣지 못하고" 있었다. 셋째, 1869년에 프랑스 정부는 몇 곳의 중요한 벨기에 철도 통제권을 획득하는 일에 엉켜들면서 영국 여론의 반감에 불을 지폈다.

그것은 한때 로스차일드가에 대단한 관심을 불러일으켰을 계약이었다. 그러나 브뤼셀에서 그들의 영향력은 몇 해에 걸쳐 이울고 있었다. 부분적으로는 그들의 오랜 벗이자 고객이었던 레오폴트 1세가 1865년에 유명을 달리한 것이 원인이었다. 그 가족들과 그의 아들과의 관계는 부친과 맺었던 관계만큼 가까워지지 못했다. 그러나 그보다 더 중요한 원인은 벨기에 은행들(특히 벨기에국립은행과 벨기에 소시에테 제네랄)이 충분히 건실해져 그곳 정부가 1820년대부터 의지해 왔던 로스차일드의 지원을 굳이 찾을 필요가 없어졌다는 데 있었다. 벨기에 정부가 1865년에 6000만 프랑 규모의 공채를 모집했을 때, 파리 상사에 제공된 액수는 400만 프랑뿐이었다. 2년 뒤에 다시 같은 규모의 채권을 발행했을 때 로스차일드가의 몫은 전보다 좀 더 늘어났지만(600만 프랑), 이는 알퐁스의 말마따나 "하찮은" 액수에 불과했다. 프랑스 정부가 벨기에 철도를 매입하려 했다가 실패하기까지의 과정에도 로스차일드가는 개입하지 않았다. 프랑스가 그런 시도를 한 데에는 특정한 전략적 목적이 있었다는 견해가 일반적이었다. 즉, 프로이센과 전쟁이 벌어질 경우 프랑스 군대를 벨기에로 신속히 이동시키기 위해서였다는 것이다. 런던에서는 이를 외교상의 신성모독으로 받아들였다. 벨기에의 중립을 보전해야 한다는 원칙은 영국 대륙 정책의 성역이 되어 가고 있었다.

프랑스의 금융과 외교가 가장 모순적으로 펼쳐진 곳은 단연 스페인이었다. 프랑스가 결국 1870년에 프로이센과의 전쟁에 나선 것은 스페인의 정치적 미래 때문이었다. 그러나 역사가들은 으레 여기서 멈출 뿐, 어째서 그렇게 되었는지에 대해 해명을 시도하는 이는 드물다. 답은 1860년대에 프랑스 자본이 스페인 경제에 지속적으로 침투하고 있었다는 사실, 보나파르트파 정치가들이 바로 이를 토대로 프랑스가 스페인에 비공식적인 황실의 영향력을 발휘할 수 있으리라고 확신하게 되었다는 사실에서 찾아야 한다. 1868년 9월의 혁명은 스페인 재정과 광산, 철도에 눈독을 들이고 있던 여러 프랑스 은행의 계획을 중단시키기는커녕 프랑스의 개입을 증대시키는 계기만 만든 듯했다. 사실상 마드리드에 대한 대부 계획이 제임스가 1866년부터 구상해 온 방침대로 마침내 합의에 이를 수 있었던 것도 혁명이 있고 난 이후의 일이었다.

처음 있는 일은 아니었지만, 나라의 정체(政體)가 강제로나마 의원 내각제로 바뀐 것은 로스차일드가의 사기를 북돋운 듯했다. 1868년 스페인 채권은 레옹 세가 당시 《주르날 데 에코노미스트(Journal des Economistes)》에 기고한 글에서 표현한 대로, 계약이 마무리되기 며칠 전에 안타깝게도 세상을 떠난 제임스가 이뤄낸 마지막 대성공이었다. 파리 상사는 1억 프랑 상당(액면가)의 금리 3% 채권을 33의 가격에 인수해서 파리 시장에 스페인 채권을 위한 수문을 다시금 활짝 열었다. 그 대가로 스페인 정부는 사라고사 철도 회사에 3000만 프랑에 달하는 보조금을 지급했다. 로스차일드가는 수십 년 만에 처음으로 스페인을 위해 채권을 발행했고, 그것은 스페인을 "다시 자립시키기" 위한 노력의 시작이었다.

그러나 새 정치 체제에 대한 열광은 스페인뿐만 아니라 파리에서도 쉽게 시들어버렸다. 혁명 이후 흔히 발현되는 원심성(遠心性) 경향과는 별개로, 새 정권은 쿠바에 대한 지배권을 지키기 위해 큰 손실을 감수하며 장기전을 치러야 했고, 이는 재정 안정화를 불가능하게 했다. 고전적인 로스차일드식 해결책(섬을 미국에 매각하는 것)은 비록 알퐁스가 프림 총리 역시 이를 긍정적으로 생각하고 있다는 것을 확인했지만, 정치적으로는 불가능한 해법으로 드러났다. 이는 결국 채권 가격의 하락, 수은이나 담배를 담보로 한 임시변통의 융자, "마가 낀 철도"로 인한 끊임없는 손실이라는 구래의 패턴으로 돌아갈 수밖에 없다는 뜻이었다.

한편, 다른 은행들은 1860년대와 마찬가지로 마드리드에서 로스차일드가가 전통적으로 지켜 온 우위에 도전할 기회만 엿보고 있었다. 특히 맹공을 펼친 곳은 파리은행(Banque de Paris)으로, 은행 이사였던 들라앙트는 "알마덴 광산과 리오 틴토(Rio Tinto)[의 구리 광산], 그 외 많은 국유 재산의 수익을 자본화하는 것, 한마디로 그 자신이 중앙 행정을 대체하는 것"을 구상하고 있었다. 그는 이 구상을 로스차일드가에게 그들이 함께 추진할 수 있는 벤처 사업으로 제안했지만, 알퐁스는 들라앙트가 스스로 로스차일드가까지 대체하려 한다는 것을 조금도 의심치 않았다. 어쨌든 정세가 또다시 불안해지고 통화 상황도 심각하게 악화되면서, 그 계획은 수포로 돌아갔다. 경쟁자들 간의 이런 알마덴 광산 통제권을 손에 넣으려던 들라앙트의 시도를 로스차일드가가 가까스로 물리친 1870년에 정점에 이르렀다. 상징적으로나 경제적으로 엄청난 타격을 입을수 있었던 일이었다.[10]

심지어 그런 일이 있은 뒤에도 프랑스의 경쟁 은행들은 마드리드에서 로스차일드가와의 세력 다툼을 포기하지 않았다. 그러나 그들은 부분적인 성공을 달성하는 데 그쳤다. 1871년, 이번에도 파리은행이 주도한 컨소시엄이 스페인 신규 채권을 성공적으로 발행했을 때, 그들이 로스차일드가에 허용한 몫은 "아주 작은 조각"에 불과했다.[11] 그 이듬해에도 유사한 상황이 벌어지자 크레디 리요네에서는 "로스차일드"가 "스페인을 잃었다"는 자만에 찬 이야기가 나오기도 했다. 그러나 스페인 정부에 대한 장기 대부는 여전히 위험천만한 사업이었다. 1866년에서 1882년까지는 스페인의 부채가 폭증한 시기였다. 공공 부채는 35억 페세타에서 129억 페세타까지 치솟았다. 신규 부채 중 막대한 액수는 해외 대주(貸主)들이 떠안고 있었다. 총 부채 대비 재외 부채의 비율은 1867년의 18%에서 1873년에는 44%로 증가했다. 이는 감당하기 어려운 증가세였다. 총 부채를 GNP 대비 백분율로 환산하면 애초 약 70%였던 수치가 1879년에는 180%로 최고점에 이른다. 1868년에 30을 웃돌았던 스페인 채권 가격은 1873년에 입헌 군주정이 무너지자 18 이하로 곤두박질쳤으며, 이후 몇 해에 걸쳐 하락세는 계속됐다.

경쟁자들이 뒤로 물러나 덴 손가락을 빨고 있는 동안, 로스차일드가는 스페인 채권과는 달리 그 가치를 신뢰할 수 있는 알마덴 광산의 산출물을 담보로 대부하는 구래의 방식을 이어가는 것으로 만족할 수 있었다. 광산은 1920년대에 이르기까지 믿음직한 수입원 역할을 해냈다. 1870년대 초(정치적 불확실성이 최고조에 이르고 채권 가격이 바닥을 쳤을 때)에는 통상 한 병당 6~8파운드였던 수은 가격이 1873년에는 22파운드에 이를 정도로 극적인 오름세를 보였다. 가격이 치솟자 다른 생산자들이 경제성 없는 광산을 우후죽순으로 개장할 것을 우려한 로스차일드가는 서둘러 광산의 산출량을 늘렸다. 1873년에서 1887년 사이에 생산량은 거의 두 배 가까이 증가했다.

알마덴 시스템은 매우 효과적으로 보였고(알퐁스는 광산을 "젖소"에 비유했다), 1872년에는 이 시스템을 스페인 정부가 소유한 리오 틴토의 구리 광산에도 적용할 수 있으리라는 가능성이 제기됐다. 1873년, 스페인에 공화국이 선포되면서 계획은 잠정 보류되는 듯했다. 그러나 이듬해 말 부르봉 왕가가 권좌에 복귀한 뒤, 광산들을 영국의 한 회사에 370만 파운드(로스차일드가에서 따져 본 가치보다 다소 비싼 가격)에 매각하는 거래가 이루어졌다. 로스차일드가가 리오 틴토의 대주주로서 광산에 이해관계를 두게 된 것은 그 뒤의 일로, 전 세계 구리 수요가 급등하면서 사업에 참여한 것이 굉장히 실속 있는 투자였음이 밝혀졌다. 그러나 프랑스 상사가 계속 관여해 왔던 사라고사 철도 회사의 사정은 전혀 달랐다. 코르도바-세비야 노선 같은 단거리 노선들을 꾸준히 병합했는데도 'MZA'(마드리드-사라고사-알리칸테 철도 회사)는 주주들에게 단 한 번도 배당금을 지급하지 못했다. 회사에 대한 국가 보조금이 총 2400만 파운드에 달한 데 반해 프랑스의 투자액은 7000만 파운드에 불과했지만, 이 회사와 페레르 형제의 북스페인 철도 회사가 장장 1920년대까지 끌고 간 경쟁은 로스차일드의 사업 전략 중 가장 무익했던 전략 중 하나였다고 평가할 수 있을 것이다.

스페인에 이처럼 지속적인 경제적 이해관계를 두고 있었다는 사실은 무엇보다도 1868년 혁명 직후 프랑스 정부가 이 나라에 정치적으로 간여하게 된 이유를 설명해 준다. 이사벨라 여왕이 권좌에서 축출되자 곧 여러 유럽 왕가들 가운데 어느 가문이 왕위를 계승할 것인가에 대한 추측이 시작되었다. 로스차일드가는 기민함을 발휘해 부르봉 왕가와의 인연이 끊어지지 않도록 신중을 기했다. 실제로 파리 상사가 왕가의 재정에 직접 개입하기 시작한 것은 왕실을 전복시킨 혁명이 있기 고작 몇 주 전부터였던 것으로 보인다. 그러나 나폴레옹 3세가 이사벨라 여왕의 아들인 아스투리아 왕자 알퐁소에게 호의를 보였는데도 부르봉 왕가는 얼마 못 가 논외로 치부되고 말았다. 그런 난맥상이 벌어지면 언제나 그랬듯 작센코부르크 왕가의 페르디난트 역시 후보군에 올랐다. 그러나 혁명이 발발한 시점부터 마침내 1870년 10월 사보이 왕가의 아마데오(Amadeo, 이탈리아 왕 빅토르 엠마누엘의 아들)[12]가 왕위를 받아들이기까지의 기나긴 공위기 동안 거론된 이름은 그뿐만이 아니었다. 프로이센 왕의 친척인 호헨촐레른 지그마링겐(Hohenzollern–Sigmaringen) 왕가의 레오폴트 역시 가능성 있는 인물이었다. 당연히 그의 입후보를 막은 것은 프랑스였다. 프랑스에 있어서 레오폴트의 등장은 결국 1870년의 치명적인 전쟁을 촉발하게 될, 남쪽으로부터 치고 올라오는 프로이센의 새로운 위협으로 보였던 것이다.

벨기에와 스페인이 열강 축에 들지 못했다면, 이탈리아는 적어도 유력한 도전자였다. 제임스는 1866년의 위기 상황에서 이탈리아 정부에 경제적 압력을 행사하려 했지만 별반 성공을 거두지는 못했다. 이탈리아가 오스트리아로부터 베네치아를 사들여야 한다는 그의 구상은 결국 실현됐지만, 그가 막으려 애썼던 전쟁이 있고 나서야 가능했던 일이다. 프라하 강화조약이 체결된 이후 프랑스와 이탈리아가 반프로이센 동맹을 맺을 수 있다는 가능성이

한 차례 이상 제기되었고, 여기에 합류할 수 있는 제3의 동맹국으로 거론된 것은 바로 오스트리아였다. 비스마르크는 이 조합을 "억측으로 만든 헛소리"라고 일축했다. 그러나 당장 묵살할 일은 아니었다. 1869년 2월에 냇은 "황제 폐하가 대중의 관심을 국내 사건에서 돌려놓기 위해 전쟁을 벌이기로 결심할 것"이며, 파리 주재 이탈리아 대사가 "정치적 동기를 갖고, 즉 자국 정부로 하여금 프랑스와 공수 동맹 조약을 체결하도록 설득하기 위해" 이탈리아로 돌아갔다는 소문을 들었다. 사실상 이탈리아는 이미 두 달 전에 전쟁이 일어날 경우 티롤을 양도받는 대가로 중립을 지키겠다는 제안을 비밀리에 전달해둔 뒤였다. 그리고 1870년에 전쟁이 터지자, 비토리오 에마누엘레는 프로이센에 맞서 프랑스 편으로 참전할 것을 진지하게 고심했다. 그의 제안은 각료들의 반대로 무산되었는데, 왕에게 있어 그런 경우는 드문 일이었다.

그러나 경제적인 측면에서 볼 때 이탈리아는 다른 나라를 위협할 위력이 없는 나라였다. 전쟁 비용은 (대외 전쟁과 국내 전쟁 비용을 합산해) 1862년 9억 1600만 리라였던 지출을 1866년에는 13억 7100만 리라로 끌어올렸다. 그러나 세입은 4억 8000만 리라에서 고작 6000만 리라가 올랐을 만큼 증가세가 지지부진했고, 1866년에는 총 지출의 절반 이상을 차입으로 충당해야 했다. 1861년 이후 4년에 걸쳐 두 배 이상 급증한 국가 부채는 약 50억 리라(GNP의 약 55%)에 육박했다. 이탈리아 랑트의 가격은 약 66에서 1867년에는 50을 조금 웃도는 수준까지 떨어졌고, 1866년에는 리라의 태환이 중지되어 통화 가치의 급락을 초래하기도 했다. 가령 파운드화를 기준으로 했을 때, 1862년에서 1867년 사이에 이탈리아 통화 가치는 약 12% 하락했다. 이탈리아의 정치는 여전히 외국의 관찰자들을 당혹스럽게 만들었다(로스차일드가에서 보기에 카부르의 "문하생" 퀸티노 셀라[Quintino Sella]는 좋게 말해서 후기 리소르지멘토[Risorgimento][13]의 실세에 불과했다. 최악의 모사꾼 우르바노 라타치[Urbano Rattazi]는 그들에게 눈엣가시였다). 그런 와중에도, 스페인에서와 마찬가지로 이탈리아가 경제난에서 벗어나기 위한 방편으로 어떤 금융 거래를 선택하든 거기에 참여하려는 프랑스 은행가들 간에 치열한 경쟁이 벌어졌다. 1867년 초에는 가톨릭 금융계의 괴짜 선지자 랑그랑 뒤몽소가, 그리고 바로 이어서는 로스차일드가가 후발 주자로 뛰어들었다.

이탈리아와 프랑스가 그 어떤 가능한 동맹을 꾀하든 그 산통을 깨는 것은 이탈리아 왕국과 로마가톨릭교회의 관계 문제였다. 이를 해결할 외교적 열쇠는 1864년 프랑스와 체결한 협정에도 불구하고 이탈리아 정치가들이 계속 눈독을 들여 온 로마 시의 지위에 있었다. 그러나 이탈리아와 교황령 사이에 고조된 적대감의 파장은 경제 영역으로까지 확대되었다. 이탈리아 정부가 교회 토지를 매각해서 자금을 조성하자는 안을 내놓자, 외국 은행들에서는 상당한 관심을 보였다. 몇 달 간의 협상을 거쳐, 토지 매각에 앞서 정부에 선금을 제공할 신디케이트(로스차일드, 소시에테 제네랄, 크레디 퐁시에가 조직하고 랑그랑 뒤몽소가 뒤에 따라붙은)가 조직됐다. 6억 리라의 대부금을 지급하되 그 대가로 10%의 수수료와 10억 리라가 넘는 것으로 추정되는 교회 토지를 양도받는다는 것이 합의된 내용이었다. 그렇지만 교황이 교회 토지의 매각을 맹렬히 반대하고 있다는 사실, 더 중요하게는 이탈리아 정부가 토지 몰수에 대한 책임을 은행가들에게 전가시키려 한다는 사실이 드러나자, 로스차일드가는 사업에서 발을 빼기 시작했다.

그러나 철수 결정을 내리게 된 것은 어느 정도는 사업상의 이유 때문이었다. 거래 조건 중에는 제임스의 마음에 거슬리는 점들이 많았는데, 특히 랑그랑 뒤몽소 같은 "사기꾼"과 몫을 나눠야 한다는 것이 탐탁지 않았다. 그러나 런던으로 보낸 사적인 편지들에서 드러나듯이, 주된 이유는 제임스가 프랑스에서 갈수록 세를 더해 가는 교황지상주의자들의 분노를 초래할 일을 질색했기 때문이었다. 가톨릭계의 정서에 대한 이런 민감한 태도는 제임스가 말년에 보인 흥미로운 측면이다. 그는 이미 1865년에 "유대인에게 시너고그를 세울 자유조차 허락하지 않는 스페인 같은 가톨릭 국가의 정부와 각료에 맞서는 것은 길게 봐서 좋을 게 하나도 없다"는 근거를 들며 스페인 채권 매각에 반대했을 때부터 그런 조짐을 드러냈다. 이번에도 그는 같은 논지를 폈다.

> 유대인으로서, 나는 성직자들과 대립하고 싶지 않다. 그게 화근이 되면 결국 도처의 유대인들이 피해를 입을 것이기 때문이다.……유대인인 내가 성직자에게 강요해서 억지로 땅을 팔게 할 수 있겠느냐?……나는 그들을 우리의 적으로 만들 정치판에 끼어드느니 그저 금융가로만 남고 싶다.

심지어 실용주의자 알퐁스도 "우리에게 이익이 될 정치 활동에 참여하는 데는 동의하지만, 이윤을 내자고 좋은 평판을 희생하거나 이탈리아 유대인들을 겨냥한 중세의 광분을 선동하는 일은 정당한 일도, 공평한 일도 아니"라고 생각했다.

로마의 저항은 끝내 극복할 수 없었다. 1867년 7월에 크레디 퐁시에와 라타치 정부가 이번에는 군더더기 조건 없는 1억~1억 2000만 리라의 대부금 협상을 재개했지만, 그해 가을에 로마를 두고 또다시 위기가 불거지면서 이마저도 흐지부지되었다. 말 그대로 오페라 부파(opera buffa)[14] 같은 상황이었다. 라타치는 가리발디가 다시 한 번 로마를 공격하도록 부추겼고, 다시 가리발디를 체포했다가, 프랑스가 로마에 군대를 급파하자 총리직을 사임해버렸다. 가리발디는 이후 은신해 있던 카프레라(Caprera) 섬에서 탈출했지만, 심드렁한 로마 주민들과 이탈리아 정규군이 프랑스군에 가담한 현실만을 발견했을 뿐이다. 그의 의용군은 마치 5년 전 아스프로몬테(Aspromonte)전투에서처럼 멘타나전투에서 무너지고 말았다.

프랑스와 이탈리아 간에 전쟁이 일어날지 모른다는 공포를 잠시 부추긴 이 대참패가 있은 직후 교회 토지에 관한 이야기가 다시 수면에 떠올랐지만, 런던 상사에서 노골적으로 불만을 터뜨렸는데도 제임스와 알퐁스는 이번에도 참여하기를 거절했다. 여느 때처럼 이번 유보에도 사업적인 이유가 있었다. 크레디 퐁시에가 점점 더 독자적으로 협상에 임했다는 점도 문제였지만, 이탈리아 랑트에 세금을 매기겠다는 이야기가 제임스의 심기를 건드렸다. 그러나 근본적으로 결정적이었던 문제는 역시 종교였다. 알퐁스는 애석한 어조로 이렇게 말했다. "우리가 사는 나라는 가톨릭 국가입니다. 자기가 사는 나라의 종교적 편견을 거스를 수는 없는 법이지요. 특히 신앙이 다른 사람이라면 말입니다." 냇도 같은 생각이었다. "파리 상사로서는 교회와 관련된 거래에 뛰어드는 것이 대단히 어려운 일"이라고 그는 주장했다. "교회 사람들은 할 수만 있다면야 우리를 갈기갈기 찢어 놓기라도 할 겁니다. 그런 사업에 발을 담그는 것보다 우리의 평판을 악화시킬 일이 또 어디 있겠습니까? 얼마나 수익성 있는 사업이든, 우리가 이 일과는 무관했으면 하는 게 제 진정한 바람입니다."[15]

알퐁스는 런던의 사촌들에게 "영국이 러시아에 맞서 폴란드를 옹호했던 시절, 영국 내의 자유주의적 정서 때문에 러시아 융자 사업을 포기했던" "지금과 거의 유사한 상황"을 눈치껏 환기시켰다. 더욱이 이번에는 프랑스 군대가 로마에 주둔해 있다는 사실이 정치적 문제를 더하고 있었다. 1868년 2월과 3월, 알퐁스와 제임스는 나폴레옹 및 루에르를 만나 긴밀한 논의를 진행했다. 두 사람은 이탈리아에 어떤 형태로 융자를 제공하든 간에 로마에 대한 합의가 사전 조건이 되어야 한다는 입장이었다. 그러나 합의는 끝내 이루어지지 않았다.

이탈리아에서의 로스차일드가의 역사에 있어 일대 전환점이 된 것은 1863년에 나폴리 상사를 폐쇄한 일이 아니라 오히려 1867~1869년에 수포로 돌아간 협상이었다고 해야 할 것이다. 마이어 칼은 "우리의 적들, 사방에서 끊임없이 우리를 방해하던 치들이 그렇게 수익성 좋은 사업을 독차지하다니 대단히 유감스럽다"고 불만을 터뜨렸고, 그의 지적은 옳았다. 그러나 사실상 교회 토지의 매각으로 조성된 자금은 의도했던 것보다는 액수가 적었다. 매각으로 인한 주된 결과는 이탈리아의 땅값 하락이었다. 그리고 로스차일드가는 1880년대까지 이탈리아의 외채 사업에서 월등한 입지를 고수하고 있었다. 1861년에서 1882년까지 외국 보유 랑트에 대한 이자 지급의 70% 이상이 로스차일드가를 통해 이루어졌다. 이탈리아 정부가 1880~1881년에 정화 지불을 재개하자는 결단을 내리고 6억 4400만 리라의 통화 안정 차관을 요청한 곳도 바로 런던 상사였다. 그러나 알퐁스는 제임스가 1850년대와 1860년대에 누렸던 이탈리아 정부에 대한 영향력을 다시는 발휘할 수 없었다.

이탈리아의 교회 토지 매각이 야기한 난국은 프랑스의 외교 측면에서 불길한 조짐을 보였다. 로마의 혼란스러운 시국은 교회 토지를 매매하는 과정에 로스차일드가가 참여할 수 없게끔 했을 뿐 아니라, 프랑스와 이탈리아가 프로이센에 대항해서 제휴할 가능성마저 사실상 무마시켜버렸기 때문이다. 프랑스 로스차일드가가 교회 토지 사업에서 발을 뺄 때마다 그 자리를 대신한 것은 에를랑거, 오펜하임, 한제만 그리고 블라이히뢰더 같은 독일 은행가들이었다.

이탈리아에 대한 프랑스 자본의 영향력이 감소하고 있다는 것을 드러낸 또 다른 징후는 제임스의 가장 훌륭한 작품 중 하나였던 남부오스트리아 롬바르도 베네치안 중앙이탈리아 철도 회사가 겪은 점차적인 쇠진이었다. 사라고사 철도에 비하면 롬바르디아 철도는 성공 사례였다. 주주들에게도 배당금이 돌아갔다. 회사의 전망 역시 장밋빛으로 보였다. 1867년에 오스트리아의 브레너 고개에 철로가 개통됐고, 1871년에는 프레쥐 철도 터널이 개통되어 이탈리아에서 프랑스까지의 여행 시간을 급격히 단축시켰다. 마침 롬바르디아 철도망으로 여행하게 된 영국 식구들은 이 같은 발전상에 감탄했다. 게다가 롬바르디아 철도가 지리상의 권역을 계속 확대해 나가지 못할 이유도 없어 보였다. 1867년, 회사는 이탈리아 정부에 1100만 리라라는 그리 크지 않은 규모의 대부금을 제공한 대가로 로마 노선 다수의 통제권을 손에 넣었다. 2년 뒤에는 회사의 철도망을 콘스탄티노플을 향해 발칸 지역 내부로 확장하는 구상이 논의되면서 회사의 채권 가격도 뛰어올랐다.

그러나 엄연한 문제들이 존재했다. 내티와 그의 삼촌 앤서니는 철도망의 이탈리아 권역에 필요 이상의 인력이 배치된 것에 불만을 품고 있었다. 더 심각한 문제는 회사의 재정적 수요를 충족시키는 것이 불가능해 보였다는 것이었다. 롬바르디아 철도 회사에 흡수된 자금 규모는 정부의 보조금이 지급된 이후에도 놀랄 만한 수준이었다. 베르트랑 질에 따르면 프랑스 상사는 1864년에서 1870년까지 회사에 500만 파운드 이상을 쏟아 부었으며, 연간 요구된 액수도 해마다 증가했다고 한다.

A. J. 에이어의 자료를 보면, 런던 상사가 1866년에서 1871년까지 액면가 2460만 파운드 상당의 롬바르디아 채권을 발행했다는 사실을 알 수 있다. 이 채권들의 발행 가격에서 상황의 전말이 드러난다. 1866년 1차 발행 당시의 가격은 액면가의 93%였다. 같은 해의 추가 발행분은 평균 가격 79로 발행되었다. 1871년에 그 가격은 다시 43으로 떨어졌다. 1874년 한 해에만 런던 상사가 철도 회사 계좌에 지급한 금액은 총 89만 3000파운드에 달했다. 1860년대에는 현금 유동성 위기가 마치 연례행사처럼 찾아왔다. 회사가 재정적으로 흔들리자 대주주들 역시 과거에 누렸던 정치적 영향력을 상당 부분 포기할 수밖에 없었다. 오스트리아-이탈리아 국경에 걸터앉아 양쪽 정부에 정기적으로 상당한 액수를 지불했던 이 철도는 한때 제임스에게 완벽한 정치적

영향력을 부여했다. 1860년대 후반, 이미 상황은 달라져 있었다. 정부에 지불할 돈을 앞서 대부하는 오래된 게임은 여전히 계속할 수 있었다. 그러나 점점 더 많은 나라들이 회사에 입김을 발휘하기 시작했다.

가령 1868년에는 이탈리아 정부가 긴축 재정 계획의 일환으로 철도 보조금 지급을 중단하겠다고 위협했고, 2년 뒤에는 알퐁스가 철도망의 이탈리아 권역에서 산출되는 수익 전체를 집어삼켜버릴 것을 두려워한 징세 방침을 내놓기도 했다.[16] 한편 오스트리아 정부는 정치적으로 민감한 티롤 지방에 타산이 맞지 않는 지선을 건설하라고 회사에 압력을 가했다. 프로이센 정부는 독일에서 생고타르 고개를 거쳐 이탈리아에 이르는 대체 노선 건설을 추진하면서 로스차일드가의 지위를 흔들었다. 마이어 칼은 상정된 보조금 계획에 반대표를 던졌지만, 새 고갯길이 롬바르디아 채권 가격 역시 띄워 주기를 바랐던 친척들로부터 질책만 받았을 뿐이었다. 오스트리아 정부가 이윤이 적은 이탈리아 철도망에서 오스트리아의 쥐트반을 재정적으로 분리시키는, 1866년 이래 거듭 미뤄진 사업을 강행하겠다는 방침을 공표했을 때에도 로스차일드가의 위상은 타격을 입었다. 그것은 한 시대의 종언이었다. 1875년에 로스차일드가는 7억 5000만 프랑(3000만 파운드)에 이탈리아 철도망을 정부에 매각했다. 이후 이탈리아 철도는 자국 정치 엘리트들의 전유물이 되었다.

이 같은 재정적·정치적인 압박은 런던, 프랑크푸르트, 비엔나, 파리 사이에 주기적으로 '설전'을 일으키며 가족들 간에 새로운 알력을 조장했다. 다른 일가가 보기에 파리 상사는 롬바르디아 철도 회사의 재정 상태를 지나치게 낙관한 데다, 탈라보 같은 대주주들의 압력에도 속수무책이었다. 알퐁스는 안젤름이 가문 전체의 이익보다 크레디탄슈탈트의 이익을 먼저 챙긴다고 비난하며 맞받아쳤다. 그러나 이 다툼은 뿌리 깊은 분기 과정의 일부에 지나지 않았다. 이 분기는 1870년대에 이르면 로스차일드가 전통의 다국적 파트너십의 근간이 되었던, 제임스가 유언 속에 그토록 감명 깊게 되새김했던 명분에 의문을 제기하는 것처럼 보이게 된다. 개인적인 불화가 없었다고는 할 수 없지만, 가족들 간의 이해관계가 이렇게 갈린 것은 무엇보다 자본 형성의 패턴이 변화하면서 중앙유럽이 서유럽의 영향력에서 점차 벗어날 수 있었기 때문이었다. 상사 간의 이해관계는 지리적으로 점점 더 극명한 차이를 드러냈다.

프로이센의 세력을 어떻게든 견제하고자 했던 프랑스의 노력이 결국 실패로 끝난 것 역시 이러한 추이에 원인이 있었다.

오스트리아-헝가리제국의 고립

프랑스와 이탈리아의 동맹이 이루어졌더라도 오스트리아가 가담하지 않았다면 그 전략적 가치는 미미했을 것이다. 외견상 1866년 이후 가장 가능성 있어 보였던 조합은 프랑스-오스트리아 동맹이었다. 사실 그 동맹은 1866년 중에 이미 출현했고, 오스트리아가 프로이센에 대항해 전쟁을 감행한 이유로 여겨지기도 한다. 오스트리아의 패배 이후, 프랑스는 양국 간의 동맹을 부활시키려는 시도를 거듭했다. 1867년 4월과 8월, 1868년 여름, 같은 해 12월, 1869년 3월과 9월에 각각 그런 시도가 있었다. 그라몽(Gramont) 공작(비엔나 주재 프랑스 대사로서 1870년 5월 외무장관직에 오르는)은 그러한 동맹을 단지 달성할 수 있는 것으로 보았을 뿐 아니라, 이미 달성된 일이라 믿고 있었다. 그라몽은 결국 무효로 돌아간 1869년의 협정도 "도의적으로 조인"(나폴레옹의 희망 사항이 담긴 표현)됐을 뿐 아니라 진짜로 조인된 것처럼 간주했다. 심지어 양국 합동 군사 작전을 논의하기 위해 프랑스 장군 한 사람을 비엔나로 파견하기도 했다.

그러나 동맹이 이루어지는 것을 내내 방해한 근본적인 걸림돌이 된 것은 새 오스트리아-헝가리의 2중제국이 옛 오스트리아제국과는 다른 문제에 우선순위를 두고 있었다는 점이었다. 라이오넬이 1867년 디즈레일리에게 전한 것처럼 비엔나에서는 독일이나 이탈리아에서 잃어버린 땅을 탈환할 가능성을 심각하게 고려하고 있지 않았고, 부다페스트의 입장은 말할 나위도 없었다. 2중제국의 앞날은 발칸 지역에 달려 있는 듯했다. 프랑스가 당면한 문제는 오스트리아 총리 보이스트(Beust)가 보스니아 헤르체코비나에 관심을 두고 있다는 사실이 프로이센이 아닌 러시아와의 갈등의 씨앗을 품고 있다는 점이었다. 또 프랑스가 동방문제(가령, 투르크의 지배에 대한 크레타의 반란)를 두고 오스트리아 편에서 러시아에 맞설 생각이 없다면, 오스트리아-프랑스 동맹이 현실화될 가능성은 없었다. 그리고 프랑스는 그럴 의향이 없다는 것이 입증되었다. 기회는 단 한 번(1868년 말) 찾아왔다. 비엔나 일가는 친척들에게 보이스트가 프로이센에 대항해서 또 한 차례 전쟁을 치르는 것을 심각하게 고려 중이라고 전했다. 그러나 그 역시 분명 프랑스보다는 루마니아와 크레타에서 일어난 사건과 관련된 일이었다.

외교적 배경에 대한 논의는 이쯤에서 마무리하자. 그러나 경제적인 배경을 살펴보지 않고서 이제까지 언급한 사건들을 이해하기란 어려운 일이다. 역시 이해의 실마리는 유럽 자본 시장의 지역 분할에서 찾을 수 있다. 앞서 살펴본 것처럼 1850년대와 1860년대에는 오스트리아가 재정 적자를 거듭 겪어도 영국과 프랑스의 자본에서 어느 정도는 자금이 공급됐다. 1866년의 패전 이후, 제임스는 사업을 이전 수준으로 재개하려고 애썼다. "오스트리아의 부실한 신용을 더 이상 신뢰하지 않는다"고 공언했지만, 사실상 그는 전쟁이 끝나자마자 곧장 현금 대부를 제공하기 시작했다. 그는 1867년 여름에 비엔나를 개인적으로 방문해 '영국-오스트리아' 채권(1859년에 발행했던 것과 같은 파운드 표시 채권)의 신규 발행 협상을 시도하기도 했다. 그러나 이는 다른 가족들의 눈에 오스트리아와 헝가리 간의 '대타협'¹⁷이 아직 완료되지 않은 시점에는 시기상조인 것처럼 보였다. 마이어 칼은 오스트리아-헝가리의 '공통' 방위 예산을 위해 비교적 낮은 수준의 분담금을 부과한 것을 제외하면 헝가리에 완전한 재정적 자치를 허용하고 있는 이 "이원(二元)"적인 신체제가 과연 재정적으로 버틸 수 있을지에 대해 회의적이었다. 그는 가격이 극히 낮을 경우에만 신규 오스트리아 채권 발행을 검토할 생각이었다. 영국의 내티 역시 신중하자는 입장이었다.

이런 의구심은 1867년 11월에 오스트리아 정부가 크레디 퐁시에와 파리의 다른 은행들로부터 경쟁 제안을 확보해 두려는 노력을 보이면서 더 굳어지고야 말았다. 알퐁스의 푸념처럼 "언제나 돈에 쪼들려서 여기저기 한꺼번에 손을 내미는 오스트리아 정부와 거래하는 것은 사실 상당히 힘들"었으며 "어떤 관계를 맺든 행복한 결론에 이르는 것이 불가능"했다. 게다가 심지어 이런 논의가 진행되는 와중에, 정부는 모든 유가 증권에 신규 세금을 부과할 것이며, 기존 국채에 대한 이자율을 5%에서 4.5%로 강제 전환하겠다고 공표했다.

이 정책은 알퐁스가 다소 극단적인 어조로 비난한 것처럼 "현실성 없는 경제적 자코뱅주의"였고, 그저 오스트리아의 신용에 상처만 입히는 사실상의 "파산"이나 다름없었다.[18] 헝가리 정부가 미숙하나마 자체적으로 차입을 시도했지만, 여기에도 비슷한 어려움이 있었다.

이런 문제들은 비엔나 일가와 다른 로스차일드가 사이의 소통 두절(과 신뢰의 와해)이라는 맥락에서 살펴볼 필요가 있다. 1867년에 안젤름은 노기충천한 삼촌을 무시한 채 비엔나에서 자체적으로 구성한 신디케이트와 함께 오스트리아 왕실 소유지를 담보로 한 채권 발행을 협의했으며, 심지어는 소시에테 제네랄이 신규 채권을 파리에서 발행하는 것을 허락하기도 했다. 이것은 철도 사업에서 가족들 간의 이해관계가 분기한 것과 나란히 일어난, 준자치권을 발휘하겠다는 그의 새 방침이 첫 조짐을 드러낸 사건이었다. 비엔나 상사와 크레디탄슈탈트가 1867년에 헝가리 일반신용은행을 설립한 것도 같은 추세를 따라 이루어진 일이었다. 안젤름은 헝가리에서 새로운 사업 기회를 좇으며 파리와 런던 상사에는 그저 마지못해 참여를 권했다. 1868년의 강제 전환에 뒤이어 런던에서 오스트리아 채권을 유예하자, 안젤름은 그가 꼴사나운 소수 집단이라고 여긴 영국 채권 보유자에 대항해 정부 편을 들며 길길이 뛰었고, 자신의 의견에 동조하지 않는다며 라이오넬을 비난했다.

안젤름이 오스트리아-헝가리에 편향적이라는 사실은 1870년 2월에 그가 3000만 굴덴 규모의 복권식 채권 발행 계약을 헝가리와 체결했다고 알려 왔을 때 또 한 번 드러났다. 사업에 참여한 동업자들은 전적으로 오스트리아와 헝가리의 은행이었고, 그가 라이오넬에게 참여 의사를 물으며 제안한 금액은 25만 굴덴이라는 우스꽝스러운 액수에 불과했다. 비엔나 상사 외에 또 다른 상사(프랑크푸르트)가 헝가리에 대한 국영 철도 담보 융자에서 상당한 몫을 차지할 수 있게 된 것은 1871년에야 가능해진 일이었다. 비엔나와 런던 사이에 연락이 뜸해진 것 역시 일가들 사이에 벌어진 틈이 커지고 있음을 드러내는 증후였다. 안젤름의 아들 알베르트가 1871년에 오스트리아의 경제와 정치에 대해 자세한 이야기를 써 보내며 정규적인 서신 교환이라는 전통을 되살리려 했지만(그의 편지에서 알 수 있는 것은 무엇보다 그의 부친과 보이스트가 가까운 사이였다는 사실이다), 이 역시 곧 중단되었다.

예상대로, 안젤름의 독자적인 행보는 다른 일가들을 분노하게 했다. 제임스는 "상당수의 거래가 사업 자체의 이해관계라는 관점에서 보면 오스트리아 시장보다는 외국, 특히 파리 시장에 더 적합"한데도 안젤름이 "모든 거래 내역을 합의가 이루어지기 전이 아니라 합의를 다 끝낸 뒤에 보고한다"고 불평했다. 마이어 칼은 과거에 안젤름의 부친 잘로몬에게 불평했던 것과 똑같은 식으로 이제는 안젤름이 "언제나 정부의 이익만 따지지, 가문의 이익은 나 몰라라 한다"고 비난했다. 알퐁스 역시 안젤름이 "정부와 좋은 관계를 맺고는 있지만 비엔나가 어떻게 돌아가는지에 대해서는 깜깜할 때가 많다"고 투덜댔다. 무엇보다 안젤름은 "모든 사업을 남의 손에 쥐어 주는" 것처럼 보였다(마이어 칼의 지적). 알퐁스는 비난의 포문을 열었다. "삼촌은 그 많은 신설 은행들을 아낌없이 지원하시면서 결국에는 유럽 전역의 우리 상사들과 경쟁을 부추기고 계십니다."

이런 불만에 대해 안젤름이 내놓은 변명은 가족 내에서 점점 심해지고 있던 알력 다툼에 대해 많은 점을 드러내 준다. 그는 자신이 파리 상사와 별개로 헝가리 신용은행을 세운 것이 사실이며, 그 이유는 자신이 더 이상은 "대리인 혹은 가문을 위해 보고를 올리는 사람" 정도로 취급받고 싶지 않았기 때문이라고 했다. 자신이야말로 이제껏 허다하게 다른 상사들이 맡은 거래에서 "완전히 무시당했다"는 것이었다. 그는 말을 이었다. 그 무렵에 있었던 "롬바르디아 철도 채권 사업에서도 저는 그저 파리 증권거래소 상황이 좋다, 나쁘다는 이야기만 쓰여 있을 뿐, 이탈리아나 스페인과 벌이는 중요한 협상에 대한 내용은 생략된, 알맹이 없는 편지들만 받으며 속아 왔습니다. 제가 많은 사업을 크레디탄슈탈트와 진행하고 있는 것은 사실이지만, 그것은 더없이 당연한 일입니다. 크레디탄슈탈트가 탄생하기까지는 그 누구보다 제 노력이 컸습니다.……저는 그 은행에 애정을 갖고 있고, 어쨌든 5000만 굴덴의 자본 덕택에……은행도 이제 무시할 수 없는 경제 세력으로 우뚝 섰다는 말씀입니다."

1869년 4월 페르디난트는 부친을 대신해 그와 비슷한 메시지를 라이오넬에게 전했다.

아버지는 진행 중인 사업에 대단히 만족하고 계십니다. 비엔나 상사는 크레디탄슈탈트 주식을 약 1만 4000주 보유하고 있는데, 거기에서 10만 파운드의 수익이 나왔습니다. 아버지는 현재 헝가리 정부와 페슈트(Pesth)에 있는 교량 매각에 대해 교섭 중이신데, 그 사업으로는 2만 파운드의 수익을 내고 싶어 하세요. 비엔나 증권거래소는 활기가 넘치고 사람들은 마치 눈먼 사람처럼 아버지를 따르고 있으며, 당신은 동료 금융가들 사이에서 누리고 계신 지위가 대단히 만족스럽다고 하십니다.

그러나 앤서니를 확신시키기에는 역부족이었다. 1869년 9월에 비엔나를 방문한 그는 국립은행의 해이한 통화 정책이 투기 거품을 자극하고 있다는 인상을 받았다. 크레디트슈탈트가 파리은행의 융자 계획, 그것도 하필 스페인에 대한 대부에 참여하게 되었을 때 안젤름은 또다시 프랑스와 영국 일가의 반감을 샀다. 자신이 대주주이기는 하지만 지배 주주는 아닌 합자회사의 대부 정책을 자신이 좌우할 수는 없었다는 그의 변명도 파리에는 먹히지 않았다.

안젤름이 1869년 초에 열의를 갖고 착수한, 오스트리아 철도망을 발칸 지역을 통과시켜 투르크까지 확장한다는 계획은 로스차일드가의 이해관계의 분열을 극명히 드러낸 계기가 되었다. 안젤름으로서는 분하게도 다른 상사들은 그의 계획에 대단히 회의적인 태도를 보였고(부분적으로는 투르크의 재정적 안정성을 신뢰할 수 없다는 이유에서, 또 어느 정도는 기존의 철도 사업만으로도 부담이 크다는 판단에서), 결국 그는 사업 참여를 포기하고 벨기에의 은행가 모리스 드 히르쉬 남작에게 기회를 넘겨야 했다. 알퐁스와 라이오넬은 "투르크 철도는 우리한테 아무런 이익이 안 된다"는 확고한 입장이었다. 안젤름은 1866년 이후로 친척들로부터 매정한 말들을 들어야 했으나, 이번에는 힐책을 되돌려 줄 명분이 있었다. 콘스탄티노플까지 철도 링크를 연결하는 계획은 "프랑스와 영국의 금융력"을 오스트리아와 결합시킬 수 있는 "장대한 유럽의 사업"이라는 것이었다. 이후 그가 오스트리아-오스만 은행 설립에 참여하려는 것을 알퐁스가 반대하자, 안젤름은 더 못 참고 분통을 터뜨렸다. "나는 어째서 [파리 상사가] 이 사업에 반감을 느끼는지 이해할 수가 없구나. 가문의 이익은 물론 파리 상사에도 해가 되지 않을 사업이다. 조금이라도 해가 되는 사업이었다면 나는 응당 손을 뗐을 것이다."

런던과 파리 상사가 발칸 지역과 투르크에 발을 들이는 일을 기피했다면, 그들에게 그곳이 아닌 다른 곳에서 안젤름이 독자적으로 활동한 것을 비난할 자격이 있었을까? 이것은 본질적으로 보이스트가 나폴레옹 3세에게 물었던 것과 같은 질문이었으며, 정답이란 없는 질문이었다.

독일제국의 경제적 기원

발칸 철도에 대한 입장이 어떠했든, 1860년대와 1870년대에 비엔나를 제외한 로스차일드 일가의 진정한 관심을 불러일으킨 동유럽 문제는 루마니아 유대인들의 상황이었다. 루마니아의 유대인 인구는 러시아제국에서 이주해 온 사람들로, 한동안 증가세에 있었다. 1866년에 유대인 해방에 관한 법률 제정 문제로 벌어진 논쟁이 부쿠레슈티의 집단 학살로 이어졌고, 그와 유사한 폭력 사태가 그 이후로도 끊이질 않았다. 이아시(Iași, 당시에는 보통 '야시[Jassy]'라고 불렸다)의 유대인들은 그칠 줄 모르고 이어지는 가혹한 박해에 시달렸다. 루마니아 정부는 무관심해 보였다. 로스차일드가는 이번에도 그들의 "가련한 동포 신자들"을 위해 자신들의 국제정치적 영향력을 이용할 방법을 모색했다. 파리에서 제임스는 부쿠레슈티 정권에 공식 항의할 것을 프랑스 정부에 촉구했다. 런던에서도 로스차일드가는 "이아시에서 벌어지고 있는 참혹한 유대인 사냥"에 대한 공식적인 비난 성명을 얻어내는 데 성공했다. 비록 영국 유대교 대표위원회에서 이번에도 모제스 몬테피오레를 외교 사절로 파견하자는 제안을 했을 때 라이오넬은 미덥지 않다는 반응을 보였지만 말이다.

그러나 로스차일드가 사람들이 전력을 집중한 곳은 다름 아닌 베를린이었다. 이는 언뜻 이상하게 보일 수 있다. 그러나 1866년 4월에 프로이센의 왕자(호엔촐레른 지그마링겐 가문의 카를 안톤의 둘째 아들)가 루마니아의 왕 카롤 1세가 되었고, 골트슈미트가 블라이히뢰더에게 말했듯이 "프로이센은 부쿠레슈티에서 최고의 지위와 대단한 영향력을 갖고 있다"고 추정하는 것이 당연했다는 사실을 기억해야 한다. 페르디난트 역시 마이어 칼이 베를린에서 "불행한 유대인들을 위해" 그의 명망을 이용해 주길 바랐다. 런던 주재 프로이센 대사는 최소 "열두 명의 로스차일드가 사람들이 대단히 끈덕지게" 프로이센의 개입을 촉구해 왔다고 말했다. 마이어 칼 또한 루마니아 군주의 부친에게 직접 서한을 올렸던 것으로 보인다.

실제로 비스마르크는 부쿠레슈티에 있는 총영사에게 상황을 조사하고 "필요할 경우 당국에 예를 갖춰 이의를 제기하라"고 지시했다. 그러나 그는 다뉴브 공국을 자국의 세력권으로 여겼던 러시아의 지원 없이는 그 이상의 행동을 취할 생각이 없었다. 루마니아 유대인들 중 상당수가 더 극악한 상황을 피해 동쪽으로부터 이주해 온 사람들이었다는 점을 고려하면, 러시아 외무장관 고르차코프가 "루마니아 정부가 자국의 유대인 문제를 해결하기 위해 취한 조치를 범죄로 치부"하는 것을 단호히 거부한 일도 놀랍지만은 않다. 그는 덧붙여 "모든 유대인들이 로스차일드나 크레미외 같다면 사정이 다르겠지만, 그렇지 않은 이상 그 흡혈귀 같은 족속에 맞서서 자국의 인민을 보호하려는 정부를 비난할 수는 없는 일"이라고 말했다. 마이어 칼은 루마니아 왕의 부친이 "그의 아들을 끊임없이 공격하는 오스트리아 신문에 몹시 개탄"하고 있다고 전하며, "특히 유감스러운 점은……그 신문들 대부분이 유대인 소유라는 사실"이라고 썼다. 1869년 10월, 그 문제를 놓고 직접 루마니아 왕을 알현한 알퐁스는 왕이 "지성과 에너지로 충만한 매우 상냥한 청년"이라는 인상을 받았고, 그에게서 "가련한 유대인들을 보호하겠다"는 약속을 받아내기도 했다.

이 같은 노력들(1872년, 1877년 그리고 1881년까지 거듭된)이 얼마만큼의 성과를 거뒀는지는 불분명하다. 1900년에 이르러서도 로스차일드 상사들과 헝가리 신용은행은 부쿠레슈티 정부가 유대인에 대한 부당한 처우를 계속했던 까닭에 디스콘토 게젤샤프트가 제안한 루마니아 석유 사업에 참여하는 것을 거절해야 했다. 다만 그들이 기울인 노력이 의미심장한 이유는 무엇보다 로스차일드가 1866년의 사태로 심각하게 훼손된 비스마르크와의 관계를 회복할 준비가 되어 있었다는 것을 반증해 주기 때문이다.

그들의 관계가 그토록 빨리 회복될 수 있었던 것은 자신의 독일 정책을 좌절시키려고 백방으로 애를 쓰는 로스차일드가 여전히 자신에게 유용한 인맥이라는 비스마르크의 판단 때문이기도 했지만, 한편으로는 마이어 칼의 남다른 수완 덕분이기도 했다. 양자 간의 정치적인 관계 회복이 이루어지기 시작한 것은 1867년 2월, 베를린에서 열릴 예정이던 새 북독일연방의회 선거에 출마하라는(분명 비스마르크의) 설득에 마이어 칼이 결국 출마를 결심했을 때였다고 해도 좋을 것이다. 여기에서 반드시 지적해야 할 사실은 애초에 마이어 칼은 영국 사촌들처럼 의회 정치에 발을 들이는 일을 흔쾌히 여기지 않았다는 점이다. 내티는 이렇게 썼다. "삼촌은 출마를 거절하실 겁니다. 삼촌은 이곳 사람들이 크게 두 무리로 갈리는데, 한쪽에서는 삼촌이 정치에 한눈을 파는 동안 모든 사업을 독차지할 생각을 하고 있고, 나머지 사람들은 삼촌이 베를린에 가셔서 독일 통화에 대해 조언을 해 주고 프랑크푸르트가 아닌 프로이센의 이익을 위해 애쓰시는 것을 마뜩찮게 여길 거라고 하시더군요." 그러나 샬로테는 이렇게 썼다. "프랑크푸르트는 그가 아닌 다른 사람이 도시의 대표로 나서는 것을 용납하지 않을 것이다. 드 비스마르크 씨와 드 자비니 씨[연방 헌법의 초안 작성에 참여했던 칼 프리드리히 자비니를 말함]는 부디 이 영예를 받아들이라고 간청하는 편지를 써 보냈다. 그의 능력과 지식 그리고 경험이 베를린에서도 크게 인정받으리라는 것이다. 이보다 감격스러운 호의와 존경의 증거가 어디 있을까."

영국 로스차일드가에 있어서 마이어 칼이 거의 만장일치로 선출된 일은 라이오넬이 수립한 전통에서 거둔 가문의 승리였다. 게다가 그 임직은 그 자체로도 "영예로운 직책"이었다. 그가 "50년 전만 해도 공원 입구에 '유대인 출입 금지'라는 추악한 표지를 세워 두었던 도시에서……5600표 가운데 5300표를 획득"했다는 사실은 실로 의미심장한 일이었다. "반유대주의적인 프랑크푸르트라는 도시가 독일 의회에서 시의 이익을 대변해 줄 인물로 로스차일드가 사람을 만장일치로 선출"했다는 사실보다 상징적인 승리는 상상도 할 수 없었다.[19] 한편, 마이어 칼은 현실적으로 일장일단을 따져 보고 있었다. 이제 그에게는 "독일의 모든 거물들과 접촉"할 수 있는 베를린을 정기적으로 방문할 좋은 구실이 생겼다. 베를린에 로스차일드가 사람이 생긴다는 것은 비스마르크에게도 환영할 만한 일이었다. 그는 마이어 칼의 입후보만 독려한 것이 아니었다. 1867년 여름에 파리를 방문한 그는 잘 고른 올리브 가지[20] 대신 붉은 독수리 대훈장을 제임스에게 건네주었다. 알퐁스는 이렇게 썼다. "대단한 영광입니다. 이제껏 프로이센에서 유대인이 받아 본 가장 높은 영예이지요." 비스마르크는 그해 11월, 마이어 칼을 프로이센 상원에 승격시키는 데까지 손을 썼다. 이는 사실상 영국 로스차일드 일가가 마침내 세습 귀족 지위를 얻어내기 거의 20년 전에 얻은 1대 귀족 작위였다. 그는 마이어 칼에게 베를린에서 더 많은 시간을 보낼 수 있도록 도시에 따로 거처를 마련하라고 권하기까지 했고, 1871년에는 마이어 칼도 이 조언에 따라야 할지 고심했다. 두 사람의 친분은 금세 두터워졌다. 1867년 베를린의 왕궁에서 열린 음악회에서, 비스마르크는 마이어 칼에게 "영국이 아비시니아[21]에 앉힐 왕을 찾고 있다면 하노버의 전 군주[22]를 추천해 줄 수 있다"며 농을 던지기도 했다. 이 만남의 장소가 말해 주듯, 마이어 칼은 '궁정에 입장할 자격이 있는(hoffähig)' 인물로도 여겨졌다. 1869년 3월에 그는 "만사에 대단한 관심을 갖고 계시고 매우 견문이 넓으신 왕세자 전하와 오랫동안 대화를" 나눴으며, 나중에는 왕후를 알현하기도 했다. 이듬해에 그는 "양 폐하"가 주최하는 작은 파티에 초청받아 차르의 아우인 미하일 대공을 만났다. 4월에는 궁에서 공연된 연극을 관람하기도 했다.

마이어 칼의 입장에서는 비스마르크가 쾨니히그래츠의 괴물에서 그가 "늙은 B"라고 부를 수 있는 좋은 친구로 변한 것이 우쭐한 일일 뿐만 아니라 유용한 일이기도 했다. 1868년 4월부터 그는 그전까지만 해도 블라이히뢰더의 전유물이나 다름없었던 베를린의 생생한 정치 소식을 직통으로 전해 들을 수 있게 됐다. 비스마르크에게는 그 점이 핵심이었다. 마이어 칼을 통해 그는 파리뿐만 아니라 런던까지 연결하는 직접적인 소통 수단을 확보한 셈이었다. 이렇게 갱신된 양측 간의 관계가 실행으로 옮겨진 대표적인 사건은 1868년 4월, 전체 관세동맹 지역에서 민주적으로 선출된 후보들이 모이는 '관세의회'의 개회식에 참석하기 위해 마이어 칼이 베를린에 머물고 있던 때에 벌어졌다. 비스마르크의 본래 의도는 남부독일이 북독일연방에 가입할 길을 열어 두자는 것이었지만, 남부독일 회원들 대다수가 반프로이센 정서를 드러내서 그로서는 낭패가 아닐 수 없었다. 그가 프랑스-프로이센 쌍방 군비 축소안을 로스차일드가를 통해 상정하자는 결정을 내린 것도 바로 그 때문이었을 것이다.

4월 23일 아침, 마이어 칼은 런던으로 전보를 쳤다. "친구[디즈레일리]에게 전할 것. 이곳에서는 5월 1일을 기점으로 군대를 축소한다는 결정이 내려짐. 다른 나라가 같은 방침을 채택할 경우 훨씬 큰 규모로 이를 지속할 예정." 그가 같은 날 써 보낸 편지에는 이 내용이 자세히 부연되어 있다.

> 늙은 B가 취한 방침은 좋은 결과로 이어지리라는 것이 제 생각입니다. 프랑스 황제에게도 군비 확충을 중단해 달라는 요청이 전해질 겁니다.……이제 모든 것은 프랑스의 손에 달렸습니다. 런던에서도 영향력을 발휘해 준다면 새로운 국면을 맞게 되겠지요. 군축은 5월 1일부로 시작될 예정이고, 그 효과는 대단할 겁니다.……프로이센이 평화를 원한다는 자그마한 증거 하나만큼 지금 필요한 것은 없을 테니까요.

이를 전해 들은 디즈레일리는 전보 원본에 특유의 과도하게 흥분해서 쓴 설명서까지 첨부해 스탠리에게 보냈다.

> 제가 보기에는 중요한 사안입니다. 찰스[마이어 칼]의 말은 곧 비스마르크의 말이나 다름없습니다. 며칠 전만 해도 B는 노발대발하면서 프랑스가 전쟁을 하려고 안간힘을 쓰고 있다는 등 큰소리를 쳤습니다. 그래서 지난 월요일에 R 쪽[로스차일드가]에서 베를린에 편지를 보내, 영국은 프로이센이 진정으로 평화를 바라고 있다는 것을 믿고 또 매우 만족스럽게 생각한다는 등등의 내용을 전했습니다. 즉, 영국은 프랑스의 요청이 있더라도 프로이센에 대한 불신으로 비칠 만한 조치는 아무것도 취하지 않겠다는 취지였지요. 이 전보가 그 답신입니다. 아무래도 경께서는 유럽 평화의 수호자로서 명예를 드높이실 또 하나의 굉장한 기회를 만나신 것 같습니다.

이틀 뒤에 도착한 마이어 칼의 편지는 재무장관의 마음을 한껏 더 부풀게 했다.

> 그들[로스차일드가]이 오늘 아침에 지난번 전보의 내용이 보강된 편지를 가져왔

습니다. 5월 1일에 시작될 군축의 세부 내용이 편지에 전부 설명되어 있습니다. 프랑스가 이에 응수한다면 곧 훨씬 큰 규모로 군축을 진행시키겠다는 겁니다.

디즈레일리의 고무적인 답변은 신속히 다시 베를린으로 전해졌다. 그러나 예상대로 스탠리는 미온적이었다. 그는 디즈레일리가 "우리 쪽에서 대신 프랑스에 이를 설명하고 프랑스도 군축에 대한 약속을 제시하도록 설득할 수 있을" 것이라고 생각한다는 사실을 알고 있었다. 그래서 "마침내 결과가 공개되면 영국은 만방의 신뢰를 얻을 것이요, 내각은 특히 힘을 얻을 것"이라는 이야기였다. 그러나 그는 "이 교묘한 연합 작전이 과연 실현 가능성이 있는 일인지 의심했다". 그럼에도 마이어 칼이 전하는 정보의 신뢰성만큼은 의심치 않았던 그는 디즈레일리가 이 문제로 처음 보낸 편지의 한쪽 여백에 이렇게 적어 놓았다. "그들[마이어 칼과 비스마르크]은 서로 매일 만난다." 1869년 3월에도 베를린과 런던 사이에 이와 유사한 정보 교환이 이루어졌다. 3월 15일, 마이어 칼은 이렇게 써 보냈다. "늙은 B 역시 벨기에 문제에 대한 우려를 완전히 거두지는 못했지만, 여전히 평화 수호를 위협하는 일은 일어나지 않을 것이라고 보고 있습니다. 그는 모든 것이 프랑스 황제의 결정에 달려 있는데, 황제가 또 다른 계획을 품고 있는지는 누구도 짐작할 수가 없다고 하는군요." 다시 나흘 뒤. "B는……오늘 의회에서 제 옆자리에 앉아 똑같은 이야기를 전하면서, 늙은 냅[나폴레옹]의 계획이 무엇인지 알고 싶어 하더군요. 오스트리아와 이탈리아와 동맹을 맺는다는 것이 사실인지도 말입니다."

이런 정보 교환이 불러일으키는 의문은 단 하나다. 즉, 마키아벨리 같은 비스마르크가 마이어 칼을 이용해 프로이센의 의도에 대한 역정보를 런던과 파리에 전달했던 것은 아닐까? 마이어 칼이 1867년 4월에 이미 프로이센의 권익을 자신의 일처럼 생각하기 시작했다는 데에는 의심의 여지가 없다. 프로이센 정부를 언급하면서 그가 처음으로 "우리"라는 말을 쓰기 시작했다는 것이 그 증거다. 1870년에 생고타르 터널에 대한 보조금 지급안에 반대표를 던져서 가족들의 반발에 부딪쳤을 때, 그는 "나는 로스차일드 가문의 대표가 아니라 인민의 대표로 제국의회에 나왔고, 나라가 여전히 재정 적자로 신음하고 있는데 외국 철도에 보조금을 지급한다는 방침에는 인민을 위한 견지에서 반대할 수밖에 없기 때문"에 지원을 철회했노라고 응수했다.

"프로이센과 그 외의 모든 하찮은 나라들이 서로 다르다는 것은 익히 아는 사실이다." 보불전쟁이 터지기 직전 마이어 칼이 쓴 이 같은 탄사는 1866년을 계기로 프로이센에 팽배하게 된 우악스러운 쇼비니즘에 그 역시 물들어 있었다는 것을 보여 주는 증거일 것이다. 그러나 이를 독일계 유대인 부르주아들이 융커 권력인(Machtmensch)[23] 앞에 "투항"했다는 구래의 통설로 해석해서는 안 된다. 비스마르크가 로스차일드가를 농락하려 했다고 보기도 어렵다. 비스마르크는 남부 독일이 새 북독일연방에 가입하는 문제가 언젠가는 프랑스와의 갈등으로 이어지리라는 것을 예상하고 있었을지도 모른다. 그러나 1870년 3월 이전의 그 어떤 시점에서도 그가 무리하게 전쟁을 부추겼다고 비난할 근거는 찾기 어렵다. 그가 1868년 2월에 썼듯이 "독일 통일이 폭력적인 사태로 진전을 볼 수 있다는 주장은 그럴듯한 이야기지만……폭력적인 대재앙을 유도한다는 것은 전혀 다른 문제"였으며 "현 시점에서 독일 통일은 아직 다 익은 과일이 아니"었다. 비스마르크가 블라이히뢰더를 통해 파리로 전한 신호 역시 평화적인 것이었고, 1868년 가을에 알퐁스가 "내년 봄에는 전쟁을 피하기 어려울 것"이라는 베를린발 소식을 전해 들었을 때는 마이어 칼이 그 설을 일축했다. "나는 블라이히뢰더가 하는 말에는 크게 신경 쓰고 싶지 않다. 그는 주로 하락세에 있는 사람들이 지껄이는 말을 들어서 되풀이하고, 스스로도 우리의 목적에 맞다고 생각하면 항상 암울한 이야기만 하니까 말이다."

마이어 칼이 단기간이나마 비스마르크의 의도가 평화적이라고 믿은 데에는 그만한 이유가 있었다. 그가 파악한 바로는 프로이센의 재무 상태가 평화 쪽을 가리키고 있었기 때문이다. 1866년의 전쟁에 뒤이어 프로이센에 민간 부문에 대한 투자 기회가 새로이 넘쳐났다는 사실이 그런 인상을 강화시켰다.

프로이센 재정에 대한 로스차일드가의 개입은 일찌감치 1867년 1월부터 재개됐다. 마이어 칼은 1400만 탈러 규모의 금리 4.5% 국영 철도 채권 발행 사업에 프랑크푸르트와 파리 상사의 참여를 주선했다. 이 사업은 디스콘토 게젤샤프트와 합작해 진행하게 될 수많은 거래의 시작이 된 사업으로, 마이어 칼은 디스콘토 게젤샤프트의 이사 아돌프 한제만을 급변하는 프로이센–

독일 금융계의 전도유망한 인물로 꿰뚫어 보고 있었다. 마이어 칼은 그가 느끼고 있던 반감에도 불구하고 1866년의 전쟁이 끝나자 곧바로 프로이센 채권 컨소시엄에 다시 뛰어들었다. 마치 전쟁 당시의 독설은 입 밖에도 낸 적이 없었다는 듯한 행동이었다. 뒤이어 그는 프로이센의 전후 군비 지출을 충당하기 위한 두 건의 추가 채권 사업에도 참여했는데, 일단 1867년 3월에 3000만 탈러 규모의 채권이 발행됐고 같은 해 8월에 2400만 탈러 규모가 더 발행됐다. 1868년 5월에 1000만 탈러 규모의 채권 사업이 또 한 번 있었다. 같은 해 11월에는 2000만 탈러 규모의 철도 채권이 발행됐다. 1869년 5월, 철도 채권 500만 탈러가 추가로 발행됐다.

매 사업마다 프랑크푸르트 상사는 자신이 할당받은 몫을 런던 및 파리 상사와 똑같이 나눴다. 1869년 성탄절에 마이어 칼은 내티에게 이렇게 장담했다. "프로이센 채권이나 북독일연방을 위한 대부 사업이 내가 모르는 사이에, 혹은 나 없이 진행되지는 않을 것이고, 진행될 수도 없다는 것은 틀림없는 사실이다.……알다시피 나는 캄프하우젠과도 사이가 좋고 한제만과도 좋은 친구 사이다. 우리가 모르는 사이에 무슨 일이 일어나지나 않을까 걱정하는 것은 쓸모없는 일이다." 1870년, 캄프하우젠이 프로이센의 부채 통합을 시도했을 때에도 마이어 칼은 "프랑크푸르트에 있는 우리 상사가 새 사업을 위탁받을 유일한 회사가 될 것"이라고 자랑할 수 있었다.

마이어 칼도 잘 알고 있었지만, 이러한 차입 활동은 정부가 계속해서 예산 문제를 겪은 탓에 초래된 결과이기도 했다. 전쟁과 정치 변동이 공식 통계 자료를 뒤죽박죽으로 만들어 놓은 까닭에 당시 프로이센의 재정 정책이 어떠했는지 밝혀내기란 쉽지 않다. 그러나 현재 남아 있는 자료만으로도 당시의 상황은 명확히 드러난다. 공표된 예산에 따르면, 프로이센의 공공 지출은 1860년 1억 3010만 탈러에서 1867년 1억 6890만 탈러로 증가했다. 차액의 약 40%는 육해군 예산의 증가액이었다. 그러나 이 수치들이 보여 주는 것은 일부에 불과하다. 실제 지출된 액수는 그보다 훨씬 컸기 때문이다. 1863년에서 1868년까지 지출이 예산 목표를 앞질렀다. 예정보다 초과되어 지출된 액수는 총합 약 2억 4600만 탈러에 달했다. 여기에서도 문제의 핵심은 군비 지출(경상, 임시, 예산외 지출 포함)에 있었다. 총 지출에서 군비가 차지하는 비율은

1861년 23%에서 1866년에는 48%까지 증가했다. 이러한 비용은 단기 차입(단기 재무증권을 베를린 은행에 판매하는 방식)으로 충당됐고, 다시 이 차입금을 되갚을 돈은 1866년 이후에 앞서 언급한 채권 발행을 통해 마련됐다. 국가 부채는 1866년 8억 7000만 탈러에서 고작 3년 만에 13억 200만 탈러로 가파르게 증가했다.

앞서 살펴봤듯이 프로이센이 전쟁으로 감당해야 했던 재정적 중압은 오스트리아에 비해 훨씬 적었고, 그럴 수 있었던 이유는 두 가지였다. 첫째, 프로이센은 상대적으로 적은 부채 부담을 안고 통일 전쟁을 시작했다. 둘째, 경제 성장은 거시경제적 관점에서 부채의 증가폭을 낮추는(어느 추정치에 따르면 국민소득의 2% 미만까지) 결과를 낳았다. 그런데도 (이 같은 현대적 데이터를 참조할 수 없었던) 당시의 채권 시장은 동요했다. 1864년에서 1870년에 이르는 기간 동안 프로이센 채권 가격은 91.25에서 78.25로 급락했다.

마이어 칼은 비스마르크가 여전히 현금 부족 문제로 시달리고 있다고 확신했다. 1868년 5월, 그는 편지에 이렇게 써 보냈다. "이곳 재무부는 심각한 자금난을 겪고 있습니다. 전시 채비라도 해야 할 상황이었다면 정부의 입장은 참으로 난처했을 겁니다." 1868년 가을, 담배 전매권을 담보로 채권을 발행하려 했던 정부의 시도는 실패로 끝났다. 마이어 칼은 1869년 4월에 다시 이렇게 써 보냈다. "자금 사정이 빡빡합니다. [게다가] 최근에 발행한 프로이센 채권도 사정이 안 좋습니다." 정부의 재정 곤란 상황을 가장 명백히 드러낸 사건은 그해 여름에 프로이센 철도를 담보로 1억 탈러 규모의 복권식 채권을 발행하겠다는 정부의 계획이 기각된 일이었다.[24] 캄프하우젠이 폰 데어 하이트의 후임으로 재무장관직에 오른 뒤에야, 마이어 칼은 재정 전망을 전보다 낙관할 수 있었다.

그러나 비스마르크가 프로이센과 새 독일연방을 위해 충분한(그리고 무엇보다 정치적 규제로부터 자유로운) 세수를 확보하려고 시행착오를 거듭하는 와중에도, 독일의 민간 투자는 호황을 누리고 있었다. 당시는 흔히 '창업 시대(Gründerzeit)'라 불리는 시기(합자회사들이 우후죽순으로 출현한 1866년에서 1873년에 이르는 시기를 일컫는, 문자 그대로 '창립자들의 시대')의 첫머리였다. 마이어 칼은 1870년 3월에 이렇게 썼다. "지금 이곳 업계에서 얼마나 치열한 경쟁이 벌어지고 있는지 아직 모르실 겁니다. 광증이나 콜레라도 이 열기에는 미치지 못할 겁니다." 이 정신없는 시기에, 마이어 칼은 한제만과 맺은 관계 덕에 단치히와 쾨니히스베르크 시의 지방채 사업, 슐레지엔, 마그데부르크, 쾰른-민덴 철도를 위한 채권 발행 등 수많은 거래에 참여할 수 있었다.

국제 정세를 낙관할 만한 근거는 또 있었다. 이 시기에 설립된 가장 야심 찬 은행 중 하나가 프랑스의 크레디 퐁시에를 모델로 한 프로이센판 모기지 은행인 프로이센 중앙토지신용주식회사였기 때문이다. 본래 아브라함 오펜하임의 구상이었던(마이어 칼은 이를 부정했지만) 이 프로젝트는 1870년에 한제만이 본격적으로 착수해서 성공적으로 이루어냈다. 비스마르크가 보기에 이 프로젝트가 국내 정치적 측면에서 갖는 매력은 분명했다. 동(東)엘베의 지주들[25]을 (저리 융자를 통해) 새로운 자유주의 시대에 융화시킬 방법이 등장한 것이다. 마이어 칼의 해설에 따르면 "왕의 위대한 소망은 크레디 퐁시에를 감탄해 마지않는 신귀족들을 위해 프로이센판 크레디 퐁시에를 마련하는 것"이었다.

그러나 우리의 논점에서 주목해야 할 것은 이 구상이 지닌 국제적 중요성이다. 이 구상은 파리의 크레디 퐁시에가 주도하고 파리은행과 프랑스의 로스차일드가가 합류하는 식으로, 애초부터 프랑스-프로이센 사업으로 계획되어 있었다.[26] 이번에도 비스마르크에게서 마키아벨리적인 동기를 찾아내려 하는 것은 쓸모없는 일일 것이다. 크레디 퐁시에가 6월 26일자로 신주를 발행한다는 소식을 블라이히뢰더로부터 전해 들었을 때 그는 이미 스페인 위기가 임박했다는 사실을 알고 있었지만, 그 문제에 관해 입을 닫은 것은 전쟁 직전에 프랑스 자본을 유용하자는 생각이었기 때문이 아니었다. 비스마르크는 그저 프랑스 로스차일드가가 그들이 프로이센 재정에서 탄탄히 확립해 놓은 역할을 계속 수행해 주기를 바랐을 뿐이다. 6월의 신주 발행이 정말로 의미심장한 것은 그것이 오히려 파리에서 막대한 성공을 거둬들였다는 사실 때문이다. 보나파르트 치세의 증권거래소에서 일어난 어리석은 투자의 전형이었다.

이 같은 정황에서 뜻밖에 드러난 사실 하나는 당시 마이어 칼과 블라이히뢰더가 대단한 불화를 빚고 있었다는 점이다. 역사가 프리츠 슈테른의 추론과는 달리 로스차일드가는 블라이히뢰더에 대한 인내심을 잃었고, 그가 아닌 한제만을 베를린의 주요 사업 파트너로 여기고 있었다. 1868년 가을부터 마이어 칼은 블라이히뢰더에 대해 거듭 불만을 터뜨렸다. 그는 베를린에서 자칭 로스차일드가의 "대리인"이라 주장하고 있는데, 이는 터무니없는 소리라는 것이다. 1868년 프로이센의 신규 채권 발행을 위한 협상을 진행하던 중에 마이어 칼은 뉴코트로 이런 편지를 써 보냈다. "블라이히뢰더가 자기에게 사업을 모두 떠맡겨 주십사 하고 그쪽과 파리 상사에 편지를 보냈다니, 참으로 어이없는 일입니다. 그는 이번 사업과 아무 관련이 없습니다." 이듬해 그는 블라이히뢰더가 "8분의 1의 수수료[27]만 준다면 누구나 붙잡고 사업하는 주제에, 자칭 우리 집안의 대리인이라 떠벌리고 다니는 낫살깨나 먹은 얼간이"라고 비난했다.

마이어 칼이 비스마르크의 의도를 평화적이라고 확신했던 마지막 이유는 남부 독일 국가들을 연방에 가입시키기 위해 굳이 전쟁을 일으킬 필요가 없었기 때문이었다. 경제적 요인들이 자발적으로 통일 과정을 완수하고 있는 듯했다. 1867~1870년에 이르는 시기에 마이어 칼은 프로이센 재정은 물론이요, 아직 비스마르크의 연방에 소속되지 않은 남독일 국가들을 포함한 여타 독일 국가들의 재정 문제로 분주하게 보냈다. 일례로, 그는 뷔르템베르크 왕국에 몇 차례 이어 융자를 제공했다(1867년에는 총 1500만 굴덴 중 900만 굴덴을 주선했고, 1868년에는 2500만 굴덴을 대부했다). 바덴, 바이에른, 작센을 위해서도 채권을 발행했다. 게다가 그보다 좀 더 규모가 작은 여러 국가들, 특히 브라운슈바이크, 작센마이닝겐, 작센코부르크 고타, 함부르크 도시 국가에도 대부금을 마련해 줄 수 있었다. 이러한 대부의 액수나 거기에서 얻는 수익은 근소한 경우가 많았다. 그러나 마이어 칼은 "사소한 도움"이나 "계란 반쪽이 빈 껍질보다는 낫다"고 굳게 믿는 사람이었다.

여하간 이 같은 활약의 진정한 의의는 그 지리적 범주에 있었다. 그 무렵에는 사실상 프랑크푸르트, 베를린, 함부르크를 중심으로 통합된 독일 자본 시장이 형성되어 있었고, 새로 탄생한 남북독일연방(제국의 맹아)을 위해 제 역할을 하고 있었다. 이런 차입 대부분이 군사적 목적이 아니라 철도 건설을 위해 이루어졌다는 사실은 상황을 설명해 주는 좋은 단서다. 즉, 남독일 국가들은 프로이센에 으르렁거리기는 했어도 결단코 물어뜯을 의도는 없었다는 것이다. 프랑크푸르트와 베를린 사이를 오갔던 마이어 칼에게 독일이 경제적으로 통일을 이뤄냈다는 것은 사실로 보였다. 왜 굳이 전쟁이 필요했겠는가?

러시안 옵션

돌이켜 보면, 비스마르크의 방식대로 독일이 통일되는 것을 정말로 막을 수 있었을 방법은 프랑스와 러시아 간의 동맹뿐이었다. 그 조합을 이룰 수 있는 외교적 기회가 1867년 6월, 고르차코프와 차르가 '사업상' 파리를 방문했을 때 찾아왔다. 그러나 크레타의 봉기에 대한 양국의 견해차는 극복할 수 없는 장애물이었다. 또 다른 장애물은 (1887년 이후의 상황과 극명한 대조를 이루는 부분인데) 파리 자본 시장이 러시아 재정에서 지배적인 입지를 구축하는 데 실패했다는 사실이었다. 앞서 살펴봤듯이 제임스는 여러 차례 상트페테르부르크에 "로스차일드의 새 근거지"를 세우려고 시도했지만 매번 실패했다. 1867년 가을에는 파리 상사로 준공식적인 제의가 들어오기도 했지만, 제임스가 1868년 8월에 재무장관 로이테른(Reutern)을 만난 일은 허사로 끝나고 말았다. 긴 논의 끝에 제임스가 신규 철도 건설에 자금을 대기 위한 대규모 국채 발행이라는 "대형 재정 사업"을 맡겠다고 제안했지만, 로이테른의 반응은 미지근했다. 정부는 당초 "재정 사업을 전혀 염두에 두지" 않았고, 결국 제임스에게 (더 낮은 이자율로) 다시 맡기게 될 돈을 굳이 차입할 의향이 있을 리도 만무했다. 로이테른이 바랐던 것은 오히려 러시아 철도에 대한 국가 개입을 최소화하는 것, 국가가 철도 회사에 직접 자금을 대지 않도록 하는 것이었다. 그가 제임스에게 제안할 수 있었던 사업은 그저 모스크바에서 오데사(Odessa)에 이르는 노선의 민영화에 참여하는 일뿐이었다. 이 사업을 놓고 띄엄띄엄 협상이 진행됐지만, 그 일은 로스차일드가가 원했던 것이 아니었다. 제임스가 보기에 "우리의 행동 반경에서 너무 멀리 떨어진 지역에서" 민간 사업에 직접 개입하는 일은 위험 부담이 너무 컸다.

러시아 사업에 대한 신중한 태도는 제임스의 죽음 이후 오히려 강화되었다. 1868년 후반에 프랑크푸르트 일가에서 간추려 썼듯이 그때까지 그들은 "러시아와의 관계에서 그다지 운이 좋지 못했다. 무슨 사업이 있든 우리는 마치 식후에 내온 겨자 같은 꼴이었고, 그것은 기분 좋은 일도, 영예로운 일도 아니"었다. 1869년 초에 러시아 정부가 마음을 바꾼 것처럼 보였을 때조차 마이어 칼은 대규모 채권 사업을 꾸려 갈 생각에 겁을 냈다. "통상적인 방식으로 연락을 주고받는 것만으로 그렇게 엄청난 규모의 사업을 긴밀히 살피기란 불가능합니다.……[하지만] 페테르부르크로 보낼 사람도 마땅치 않고, 무엇보다 우리는 이제껏 북쪽의 오랑캐들과는 운이 없었으니, 무심코 비밀을 누설해서 다른 이들이 수확을 가로채지 않도록 조심해야 합니다." 그는 상트페테르부르크로 가기를 거절했다. 알퐁스도 마찬가지였는데, 그는 로스차일드가 상트페테르부르크를 방문한다는 소문이 만방에 퍼진 것이 그저 러시아가 자국이 전통적으로 거래해 온 은행가들인 베어링과 호프를 압박하기 위해 고안한 수작이라고 의심하고 있었다. 사업은 1869년이 저물 때까지 어중간한 상태에 놓여 있었다. 미국에서 그랬듯이, 로스차일드가는 상트페테르부르크에 가문의 대표를 앉힐 결심을 하지 못했다. 1871년 8월, 고르차코프는 마이어 칼에게 "페테르부르크에 로스차일드 은행을 세워야 한다"고 충고하며 "러시아에 사업 기회가 얼마나 많은지 짐작도 못하실 것"이라고 주장했다. "한마디로 '금광이나 마찬가지(C'est une mine d'or)'라고 하더군요." 이 역시도 가족들의 관심을 끌지 못했다. 알퐁스는 심지어 크레디탄슈탈트가 상트페테르부르크에 설립할 오스트리아-독일 합자은행에 안젤름이나 마이어 칼이 간접적으로 관여하는 것마저 반대했다.

그러나 베를린의 다른 은행가들은 그처럼 경계하고 있지 않았다. 1868년 5월, 마이어 칼은 도무지 믿지 못하겠다는 어조로 "베를린 증권거래소는 러시아 증권을 위한 자본 시장"이라고 써 보냈다. "게다가 사람들은 오직 러시아 증권을 향해서만 몰려들 뿐입니다." 블라이히뢰더는 한제만-로스차일드-오펜하임이 주도한 프로이센 모기지은행에 대응할 만한 러시아판 크레디 퐁시에를 설립하자는 계획을 세우고 이를 끈기 있게 추진했다. 블라이히뢰더와 한제만은 러시아 철도 사업에도 로스차일드가보다 훨씬 열성적이었다. 이는 독일 자본이 동방으로 움직인 초기 동향의 일환으로 볼 필요가 있다. 또 1860년대는 베를린과 함부르크에서 스웨덴과 핀란드에 대한 융자를 다양하게 제안했던 시기이기도 했다(양국은 차르의 지배를 받고 있었지만, 독립적인 의회를 두고 상당한 자치권을 행사하고 있었다). 대륙의 로스차일드 상사들은 이 같은 사업에 그저 마지못해 참여하는 수준이었다. 일례로 1867년에 발행된 5000만 루블 상당의 러시아 모기지 채권에서 그들은 총 5%의 몫을 차지했지만, 2년 뒤에 같은 채권이 추가로 발행됐을 때는 옵션을 거절했고, 이후로도 변덕이 심했다.

러시아 사업의 가치를 가장 확신했던 쪽은 오히려 런던의 로스차일드가였는데, 1863년 그들이 러시아에 대부하는 일에 유보적인 입장이었다는 점을 감안하면 희한한 일이다. 내티는 결국 무효로 끝난 1869년의 협상 당시에 마이어 칼이 모스크바로 가지 않은 것을 비난했고, 같은 해 12월에 런던 상사가 굳이 그 사업을 마무리한 것도 그의 주도에서였던 것 같다. 1200만 파운드 상당의 금리 5% 러시아 채권을 80이라는 가격에 발행한 것은 그 당시 로스차일드가에서 맡은 가장 야심찬 사업이었으며, 청약이 개시된 모든 시장에서 대성공을 거뒀고, 파리와 베를린에서는 대규모 초과 청약마저 빚어졌다. 마이어 칼은 이를 "당대에 거둔 최대의 성공"이라며 격찬했다. "러시아 정부는 특히 여러분께 감사할 테고, 앞으로도 여러분이 아닌 다른 곳에 의뢰할 생각은 하지 않겠지요. 바라건대 다른 수많은 거래도 여러분께 돌아갈 겁니다." 이 발행은 1875년까지 다섯 차례에 걸쳐 진행된 대규모 러시아 채권 발행(액면가 총 6200만 파운드 규모) 중 첫 사업이었지만, 상트페테르부르크와의 관계는 여전히 미덥지 못했다.

로스차일드가는 러시아 정부가 자신의 역할을 채권 발행으로만 한정하고 민간 철도 회사 채권을 보증하는 일은 중단하기를 바랐지만, 블라이히뢰더를 비롯해 다른 은행가들이 러시아 철도에 직접 투자할 의향이 있는 한 실현하기 어려운 일이었다. 마이어 칼은 여러 차례 "러시아 정부가 전부 공매로 이루어질 채권을 철도 회사마다 발행할 수 있도록 허락해서 우리 시장을 망쳐버리고 있으니 정말 유감스럽다"며 불평했다. 더욱이 1870년 10월부터 영국-러시아 관계는 러시아가 1856년에 맺어진 흑해 중립 방침을 폐기하겠다고 선언하면서, 동방문제를 놓고 악화되기 시작했다. 1874년 함께 상트페테르부르크를 방문했던 알퐁스와 에드몽이 희망적인 분위기를 전했는데도, 이듬해 발칸 지역에서 발생한 봉기는 로스차일드와 러시아의 관계를 또다시 와해시켰다. 프랑스와 러시아가 손잡고 여기에 영국까지 가세해서 새 독일을 견제하게 되는 경제적 재편은 10년도 더 남은 미래의 일이었다.

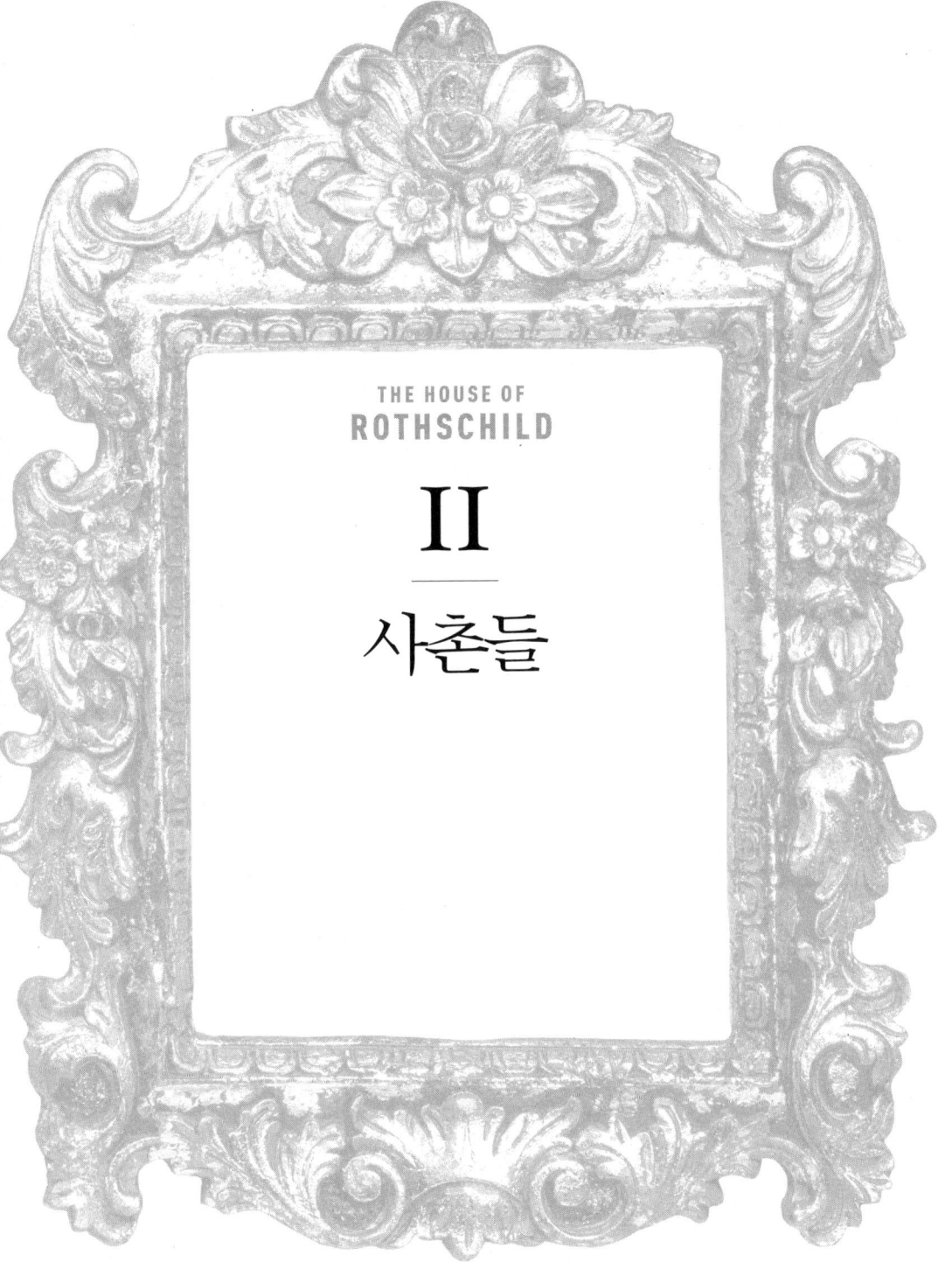

THE HOUSE OF
ROTHSCHILD

II

사촌들

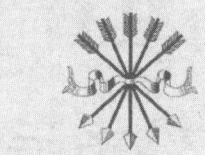

THE HOUSE OF ROTHSCHILD

6장
제국, 공화국, 랑트
(1870~1873)

이제는 세상이 최소한 독일이 어떤 나라인지는 알았으면 하는 바람이다.

―마이어 칼 폰 로스차일드, 1870년 9월 1일

덧붙이자면, 프랑스 랑트는 언제나 구매자를 만날 수 있는 증권이다.

―알퐁스 드 로스차일드, 1870년 8월 22일

겉으로 보기에, 1870~1871년의 보불전쟁은 로스차일드가에는 재앙이었다. 일가 사람들은 그들이 어떻게 해서도 막을 수 없었던 유럽의 대전쟁에서 처음으로 진영이 갈리게 되었다. 모리츠 골트슈미트의 아들은 회고록에서 1870년에 안젤름이 안달하며 이렇게 외쳤다고 회상했다. "전쟁이 일어나는 것을 두고 보지 않을 테다! 두고 보지 않을 거야! 전쟁 덕에 내가 수천만 굴덴을 벌 수 있다고 한들, 천만의 말씀! 나는 용납하지 않겠다!" 그러나 전쟁은 찾아왔다. 파리의 파트너들은 프로이센 군대가 프랑스의 수도를 향해 진격해 오고 있는 와중에도 "자기 자리를 지키고" 있기로 마음을 굳혔다. 프랑스의 준비 부족과 전쟁을 촉발시킨 보나파르트 정권의 과오를 일찍이 깨달았던 알퐁스와 구스타브도 심정적으로는 '조국'의 편이었다. 그들은 프랑스의 전쟁수행에 자금을 조달하고, 프랑스의 외교 목표를 이루기 위해 런던에서 영향력을 발휘해 보려고 시도하기도 했다. 프랑스 로스차일드가의 젊은 세대

중 최소한 두 명(막내 에드몽과 냇의 아들 제임스 에두아르)이 국민유격대에서 복무했다. 조국과의 일체감을 드러낸 가장 상징적인 사건은 프로이센 군대의 페리에르 점령이었다. 1870년 9월에 비스마르크와 빌헬름 1세가 영지에 당도했을 때, 그것은 로스차일드의 금력이 프로이센의 '철혈' 앞에 무릎을 꿇어야 하는 새로운 시대가 도래했음을 알리는 준엄한 상징처럼 보였다.

한편 프랑크푸르트의 마이어 칼은 전승국 프로이센에 대한, 그리고 단지 프로이센뿐만이 아니라 프랑스의 패배 직후 선포된 새 독일제국에 대한 일체감을 노골적으로 드러냈다. 이번에도 대단히 상징적인 상황이 벌어졌다. 프로이센 왕이 베르사유 궁전의 거울의 방에서 '빌헬름 황제'로 선포되기 전날, 프로이센 왕에게 '경의를 표하기' 위해 북독일연방 제국의회에서 파견한 의회 대표단에 마이어 칼 역시 선출되어 함께 파견된 것이다. 그러나 마이어 칼은 기념식 당일 전에 베르사유를 떠났다. 화가 안톤 폰 베르너가 당시의 장면을 걸출하게 묘사해낸 그림 〈독일제국의 선포〉 속에 등장하는 환호하는 병사들과 제복 입은 관리들 틈에는 로스차일드가 사람이 한 사람도 없었다. 이번 역시 로스차일드가는 독일이 새로 쟁취한 과시적인 군사력 앞에 왜소해진 듯했다.

그러나 프랑스의 패배에서 가장 인상적이었던 측면은 (패전에 이른 속도는 둘째 치고) 프랑스가 패전을 극복해낸 속도였다. 1870년의 한동안은 보나파르트 정권의 몰락이 프랑스를(혹은 파리를) 1792년이나 1848년에 비견할 만한 혁명의 혼란 속으로 휩쓸 듯했다. 국민 총동원이라는 수단으로 전쟁을 연장시키려 한 강베타(Gambetta) 같은 공화당원들의 헛된 노력은 '부르주아 사회'가 이룬 모든 물질적 성취를 위태롭게 만들 듯 보였다. 1871년 1월에 마침내 수락한 강화조약은 영토 측면(알자스와 로렌 지방의 상실)에서뿐만 아니라 경제적인 면(50억 프랑의 배상금 지불 의무)에서도 참담한 내용이었다. 제3공화국은 자칫 19세기판 바이마르 공화국이 될 수도 있었다. 그러나 프랑스는 극적인 경제 회복으로 배상금을 예정된 기한보다 일찍 지불할 수 있었고, 그 결과 1873년에는 프랑스 북부에 대한 독일 점령을 종식시킬 수 있었다. 같은 해, 빈과 베를린의 주식 시장 붕괴는 중앙유럽 전체를 경제 불황 속으로 몰아넣으며 비스마르크 체제의 내적 안정성에 대한 의혹을 불러일으켰다. 로스차일드가는 이 경제적 보복에 결정적인 역할을 했다. 그 결과 파리에서(그리고 유럽에서) 그들의 권력은 쇠퇴하기는커녕 더욱 막강해진 듯했다.

스페인의 왕위 계승 문제를 두고 로스차일드의 첩보 시스템이 실망스러울 만큼 실력 발휘를 못했다는 것은 틀림없는 사실이다. 그들은 마드리드의 의회에서 논의되고 있던 후보 중 하나가 호엔촐레른 지그마링겐 가문의 레오폴트라는 사실을 잘 알고 있었다. 그러나 그들은 비스마르크가 2월부터 일찌감치 작정하고 이 후보를 지지한 것이 얼마나 의미심장한 일인지를 알아차리지 못했다. 알려진 것처럼 비스마르크는 자신의 결정을 블라이히뢰더에게도 숨겼던 탓에, 그의 개인 은행가는 7월 5일이 될 때까지 "정치권에는 불안을 일으킬 요인이 없다"고 믿고 있었다. 흥미로운 것은 그가 로스차일드가에는 무심결에 힌트를 내비친 것 같다는 점이다. 4월 5일 날짜가 기재된 뉴코트로 보내진 편지에는 "늙은 B"가 마이어 칼에게 "스페인발 소식은 상당히 골치 아프고, 그 나라의 재정 상태는 특히 위태로워 보인다"라고 말했다고 쓰여 있다. 그러나 이것이 임박한 스페인 위기에 대한 암호화된 경고였다면, 마이어 칼이 이를 해독하는 데 실패했다는 뜻이 된다.

알퐁스 역시 그해 5월 그라몽 공작이 프랑스 외무장관으로 임명된 일에 담긴 의미를 깨닫지 못했다. 프랑스-오스트리아 동맹이 사실상 존재한다고 믿었던 그라몽은 반드시 영국의 지원이 전제되어야 프로이센에 어떤 식으로든 맞설 수 있다고 생각했던 전임자들보다 외교적으로 훨씬 과감한 행보를 취할 수 있었다. 그러나 그라몽의 취임 소식을 들은 알퐁스는 이렇게 평하는 데 그쳤다. "어느 모로 보나 기쁜 소식이다. 명성을 얻자고 눈부신 공적을 세울 생각만 하는 사람이 아닌, 현명하고 연륜 있는 그와 같은 인물이야말로 장관감이기 때문이다." 이보다 빗나간 인물평은 상상하기 어려울 것이다. 공작의 아들이 훗날 로스차일드가의 딸(마이어 칼의 딸 마가레타[Margaretha])과 결혼한 것으로 보아 그가 애초부터 가족의 친구였을 가능성도 없지는 않지만 말이다. 7월 2일 마이어 칼이 베를린 주재 프랑스 대사 베네데티(Benedetti)를 방문했을 때, 그는 마침 온천욕을 즐기기 위해 (언제나처럼 고위 귀족들, 정치가들, 은행가들의 무리를 이끌고) 빌트바트로 출발하려던 참이었다. 마이어 칼이 뉴코트로 보낸 편지에 따르면, 그는 "대수도에서의 고단한 업무를 모두 마치고 잠깐 쉬러 갈 수 있어서 매우 즐거워했다. 그는 활력이 넘쳐 보였고, 만사가 순조로우니 평화도 염려 없이 유지될 것이라고 말했다".

안일함에 빠져 있었던 것은 로스차일드가만이 아니었다. 7월 12일, 그랜빌 경을 신임 외무장관으로 맞게 된 영국 외무부의 정무차관은 "오래 근무해 왔지만 외교 문제가 이처럼 현저히 소강상태를 보인 적은 없었다"는 눈먼 소견을 내놓았다. 그런데 7월 2일에 마이어 칼이 쓴 편지는 어째서 은행가들이 스페인 위기를 눈치채지 못했는지에 대한 귀한 단서를 제공한다. 당시가 마침 휴가 시즌이었기 때문만은 아니었다. 그가 편지마다 언급한 것처럼 프랑크푸르트 증권 시장은 파리의 증권 시장과 마찬가지로 "활력이 넘쳤다". 프로이센판 크레디 퐁시에(프랑스-프로이센 경제 협력의 상징)가 상장을 앞두고 있었고, 마이어 칼이 간혹 조바심을 내며 했던 말도 "모든 일이 잘 풀려야 할 텐데" 같은 잔걱정에 불과했다. 7월 7일에 단 한 번 "스페인의 소동"에 대한 우려를 비치기는 했지만, 그때 역시 그 일이 "심각한 파란으로 비화되지는 않을 것"이라고 확신했다. 그런 호경기에 매도에 나선 헨리 라파엘 같은 시티의 초기 비관론자들은 다른 이들의 눈에는 새삼스레 실수를 저지르고 있는 것으로만 보였다. 그러나 로스차일드가가 모르는 사이, 프로이센과 프랑스 정부는 전면전까지는 아니더라도 중대한 외교적 대결을 결심한 상태였다.

비스마르크가 굳이 호엔촐레른 가문의 후보를 지지하고 나선 것은 분명 프랑스를 자극하기 위해서였다. 그는 7월 8일에 이미 "전 군대를 동원해 프랑스를 공격"한다는 말을 입에 올리기도 했다. 이는 그가 외교적인 위기를 어느 정도는 재정 문제나 프로이센이 주도하는 통일에 대한 남부독일의 저항이라는 내국의 교착 상태에서 탈출할 수단으로 보았기 때문이었다. 일례로 7월 10일 그는 "정치적인 관점에서 보자면, 프랑스의 공격은 우리의 상황에 매우 이로운 일이 될 것"이라고 속내를 드러냈다. 다만 비스마르크가 부닥친 난제는 레오폴트의 부친 칼 안톤의 반대를 극복하는 것, 더 중요하게는 스페인 왕위 계승 문제를 두고 프랑스와 분쟁을 일으킬 생각이 없던 빌헬름 1세를 설득하는 일이었다. 실제로 레오폴트는 4월 22일에 후보가 되는 것을 고사했고, 비스마르크는 그의 결정을 뒤집기 위해 한참을 설득해야 했다. 마드리드의 암호 담당원이 레오폴트의 출마 수락 의사를 담은 스페인 사절의 메시지를 오독하면서 문제는 가중되었다. 레오폴트를 선출할 수 있도록 의회가 개정 상태를 유지했어야 했는데, 의회는 해산되었고 예기치 않은 유예 상황이 빚어졌다.

그것은 한마디로 혼선 전쟁이었다. 7월 9일, 바트 엠스(Bad Ems)에서 베네데티를 만난 빌헬름은 레오폴트가 다시 한 번 고사한다면 그 결정을 받아들이겠다고 시사했지만, 베네데티가 파리로 보낸 전보 중에서 한층 우호적인 내용이 전송 도중의 기후 간섭으로 해독할 수 없이 훼손되어버렸다. 그런데도 베네데티가 이튿날 다시 빌헬름을 들볶으러 돌아왔을 때, 빌헬름은 접견을 거절하지 않았다. 빌헬름은 순전히 호엔촐레른 지그마링겐 가문의 문제라는 이유로 자신이 직접 레오폴트에게 기권을 요구하는 일만은 거부했지만, 런던 주재 대사 베르테르에게 그라몽 공작이 프로이센의 평화적 의도를 확인할 수 있도록 하라고 지시한 것은 사실이었다. 7월 12일, 결국 칼 안톤은 그의 아들이 후보로 나서지 않을 것이라고 공표했다. 이튿날 아침, 야외 정원에서 베네데티를 만난 빌헬름은 그에게 이렇게 말한 것으로 유명하다. "자, 그것이야말로 우리를 난관에서 구해 줄 희소식일세(Eh bien, voilà donc bonne nouvelle qui nous sauve de toutes difficultés)." 심지어 같은 날 오후에는 대사에게 자신은 레오폴트의 기권에 "그가 수락했을 때와 같은 의미에서, 같은 정도로" 다시 말해, "전적으로, 기탄없이" 찬성한다고 말했다.

엠스에서 이런 일이 진행되는 동안, 비스마르크는 일종의 외교적 조치에 활용할 독일 언론을 일찌감치 준비시켜 놓기는 했지만 상황에서 얼마간 '소외되어' 있던 게 사실이었다. 그가 상황 통제력을 회복한 것은 7월 13일, 빌헬름과 베네데티의 만남의 골자를 전하는 엠스발 전보를 받았을 때였다. 비스마르크가 언론 게재를 위해 개작한 전보의 내용은 호엔촐레른 가문에서 또다시 후보로 나선다고 해도 자신은 "영원히, 절대, 다시는 동의하지 않겠다"는 왕의 견해를 정확히 피력하고 있었지만, 프랑스가 무례한 요구를 했기 때문에 왕이 베네데티를 다시 만나기를 거절했다는 것처럼 쓰여 있었다. 이는 전보 원본의 요지와는 전혀 다르며, 그라몽에게 모욕을 주기 위해 계산된 내용이었다. 비스마르크는 조작된 전보를 국내 및 해외 여론을 향한 반프랑스 선전전의 단초로 활용했다.

그리하여 비스마르크는 프로이센의 정책을 그의 주군이 바란 것보다 훨씬 공세적으로 만들어버렸다. 그러나 전쟁에 대한 책임을 프로이센에 전적으로 돌릴 수만은 없는 일이다. 1869년 3월 이래, 프랑스는 호엔촐레른 가문 사람이 후보로 나서면 안 된다는 입장을 시사해 왔다. 레오폴트의 출마 소식이 7월 2~3일에 파리로 전해지자, 여론은 즉시 들끓기 시작했다. 구스타브는 프랑스의 분위기를 간추려 보냈다. 시장은 "냉정을 유지"하고 있었지만, "오늘 아침 그 소식이 정부는 물론이려니와 대중에게 어떤 영향을 미쳤는지 짐작도 못하실 겁니다. 무슨 대가를 치르더라도 왕자가 스페인 왕으로 임명되게 두어서는 안 되고, 필요하다면 프로이센과의 전쟁도 불사하겠다는 겁니다. 한마디로 절대 불가라는 것이 이곳의 입장입니다".

이윽고 7월 6일, 프랑스 정부는 그라몽이 초안을 잡은 대단히 선동적인 선언문을 입법원에서 낭독하는 것을 허락했다. 구스타브가 지적한 것처럼 그라몽의 "과격한" 수사는 정부의 입장을 그대로 반영한 것이었다. 즉, 호엔촐레른가의 출마에 대해 "왕이 전면 거부권을 행사"하지 않는 한, 그 무엇이든 "전쟁 선포"로 간주하겠다는 것이었다. 구스타브는 말을 이었다. "모두들 당장이라도 전쟁에 나설 수 있다는 태도입니다. 전쟁을 치르기에 이보다 나은, 더 대중적인 명분은 없다고들 생각합니다."[1] 구스타브가 프랑스 총리 올리비에를 만났을 때에도, 총리는 호엔촐레른가의 출마를 막기 위해 프랑스는 "모든 수단"을 이용할 것이고 "심지어는 전쟁도 불사할 것이며, 지금 같은 상황이라면 그 전쟁은 1789년 같은 열기로 치러질 것"이라고 경고했다. 그는 또한 이렇게 예언했다. "황제는 그가 원하는 것을 얻을 겁니다. 의회의 투표를 거쳐서 결국 치르게 될 전쟁 말입니다."

프랑스가 그러한 방향을 택한 상황에서 결정적인 사건이 된 것은 그라몽이 7월 12일(레오폴트가 기권한 이후)에 베네데티가 빌헬름으로부터 "다시는 이 출마를 인정하지 않겠다는" 불필요하고도 주제넘은 확약을 받아내야 한다고 주장한 일이었다. 빌헬름이 프랑스 대사의 분부대로 그렇게 확약해 줄 리 만무했고, 그라몽이 베네데티에게 그 주장을 반복한 것 역시 독일에 나폴레옹에게의 사과 서한을 요구한 것처럼 베를린을 자극하기 위해서였다. 빌헬름은 결국 베네데티에게 회유적인 말을 건넸지만, 이에 만족하지 못한 그라몽은 엠스 전보 사건을 개전의 이유로 삼아 7월 14일 오후에 프랑스에 동원령을 내렸다. 사실 그에 앞서 나폴레옹은 외교적 곤경에 처할 때마다 꺼내들었던 낡아빠진 해결책, 즉 국제회의를 개최하자는 이야기를 다시 거론한 참이었다. 허나 때는 너무 늦었다. 7월 15일, 올리비에와 그라몽은 엠스 사건의 전모를 비스마르크만큼 왜곡해서 의회에 보고했고 곧 전쟁이 선포되었다. 빌헬름이 프로이센의 군사 동원을 승낙한 것은 이 소식이 베를린에 전해진 뒤였다. "프랑스는 싸움을 걸려고 마음을 단단히 먹었다." 마이어 칼은 그렇게 결론 내렸다. 그것이 비스마르크에게는 반가운 일전이었고 프랑스에는 오히려 치명적인 싸움이었지만, 그의 평결을 부정하기란 어려운 일이다. 구스타브에 따르면 프랑스는 "우리가 전쟁을 해야 한다면, 그리고 정말 불가피하다면, 6개월 뒤에 하느니 지금 하는 편이 낫다"고 생각하고 있었다.

그의 말은 사실이었다. 프랑스는 프로이센보다 호전적으로 보였을 뿐만 아니라 실제로 영국의 불간섭주의를 결정지은 침략국이었다. 1867년의 룩셈부르크 위기 때처럼 로스차일드가는 런던과 잠재적 교전국들 사이에서 소통 채널 역할을 했다. 7월 5일, 나폴레옹은 알퐁스에게 호엔촐레른 가문의 출마를 철회시키는 일에 지지를 구하는 메시지를 글래드스턴에게 전해 달라고 요청했다. 알퐁스에게서 전달받은 메시지를 글래드스턴에게 전하기 위해 내티가 7월 6일 이른 아침에 칼튼 하우스 테라스 11번지로 찾아갔을 때 글래드스턴은 여왕을 알현하기 위해 이제 막 윈저 궁으로 떠나려던 참이었고, 내티는 마차를 같이 타고 기차역까지 동행했다. 존 몰리의 기록에 따르면, "글래드스턴 씨는 한동안 잠자코 있더니······이윽고, 자신은 그 출마에 찬성하지는 않으나 자국의 군주를 선택할 스페인 인민의 자유를 간섭할 생각은 없다고 말했다."[2] 이 대답이 프랑스 로스차일드가의 희망에 일격을 가한 것처럼 해석되곤 했지만, 사실 가족들이 듣고 싶어 했던 이야기는 바로 그런 대답이었던 것 같다. 점점 더 무모해지는 그라몽을 자제시키려면 그런 냉담한 대답이 필요했던 것이다. 구스타브는 영국이 "평화를 지켜" 주기를 바랐다. 다시 말해, 프로이센에게와 마찬가지로 프랑스에도 압력을 행사해 주길 바랐다는 것이다.[3] "영국 정부가 우리 정부에 [타협을] 받아들이도록 상당한 압력을 가했다는 소식을 들었습니다." 그는 7월 11일에 그렇게 썼다. "하지만 불행히도 대중과 의회는 점점 더 분기하고 있습니다." 그리하여 7월 12일에 호엔촐레른 가문의 출마가 취소됐을 때, 파리 일가는 "프랑스인들은 만족해하고 있다"는 낙관적인 내용의 전보를 런던에 보낼 수 있었다. 글래드스턴은 그날 밤 늦게 이 전보를 확인했다. 이를 신호로 그랜빌은 파리 주재 대사 라이언스(Lyons)에게 전보를 쳤다. 프랑스는 응당 "레오폴트 왕자의 출마 취소를 만족스럽게 받아들이고 상황을 종결지어야 한다"는 것이 전보의 요지였다.

영국의 압력은 파리에 어느 정도 영향을 미쳤다. 라이언스가 메시지를 전한 뒤, 예비군을 소집해야 한다는 르뵈프(Leboeuf) 장군의 요구는 국무회의에서 기각되었고, 출마 비갱신을 보장하라는 그라몽의 요구를 최후통첩으로 간주하지 말자는 결정이 내려졌다. 로스차일드가의 비공식 중재가 또 한 번 평화 유지에 실력을 발휘한 듯했다. 구스타브는 7월 12일에 빌헬름이 레오폴트의 기권을 무조건적으로 지지한다는 소식을 듣고 이렇게 썼다. "반 시간만 늦었더라도 전쟁이 선포됐을 겁니다. 황제는 전쟁을 원했으니 내키지는 않겠지만 그래도 이 응답에 만족해야 합니다. 그리하여 평화가 이루어졌습니다. 혹은 전쟁이 연기되었다고 해야겠습니다. 두 나라가 내내 우호적인 관계를 유지할 리는 없으니까요." 그러나 마이어 칼이 느낀 안도감은 그와 같은 조건부가 아니었다. "모든 것이 만족스럽게 해결됐고 유럽의 전쟁이라는 무서운 재앙도 모면하게 됐다. 하느님, 감사합니다." 바로 이튿날 닥친 환멸은 극심한 것이었다. 그리고 그들은 누구를 비난해야 하는지 똑똑히 알고 있었다. 전쟁이 터진 당일, 구스타브는 프랑스가 일찍이 벨기에를 두고 계획했던 바를 재시도할 가능성을 제기했다. 런던에서 그보다 프랑스의 평판을 떨어뜨리는 일은 없었다.

이 위기의 경제적 결과는 역사가들이 간과해 온 부분이지만 주목해 볼 만한 가치가 있다. 이 역시 영국의 불간섭을 설명하는 힌트가 될 수 있기 때문이다. 전쟁이 시작된 첫 달에는 독일과 프랑스의 금융 시장이 다소 비슷한 수준으로 영향을 받았다. 파리의 상황은 좋지 않았다. 랑트 가격은 호엔촐레른 가문의 출마 소식이 터지자마자 미끄러지기 시작해서, 6월 4일에 74.93이었던 것이 7월 9일에는 71.25로 떨어졌다. 전쟁이 터지고 이는 다시 67.05로 급락했다. 그러나 프랑크푸르트나 베를린의 사정도 크게 다르지 않았다.

두 도시에서는 근래에 발행한 금리 4.5%의 프로이센 공채 가격이 93.5에서 77.3으로 추락해 있었다. 다시 말해, 전쟁 발발 당시의 위기는 독일 쪽이 훨씬 극심했다.

유동성 선호 현상은 양국의 수많은 은행을 곤경에 빠뜨렸지만 로스차일드가는 비교적 무사한 편이었다. 러시아에 지불해야 할 거액(3500만 프랑)만 제외하면 프랑스 상사는 문제되는 부채가 비교적 드물었고, 프랑크푸르트 상사 쪽은 거의 없었다. 비스마르크의 힌트를 놓쳤던 마이어 칼도 "늦지 않게 예방책을 취할" 수 있었다. 프랑스가 스피셰렌(Spicheren)과 프뢰슈이예(Froeschwiller) 전투에서 처음 패배했다는 소식이 후방에 알려지자, 무너진 것은 프랑스 시장이었고 독일의 시장들은 상승세를 탔다. 반면 영국 시장은 내내 거의 영향을 받지 않았다. 최대 낙폭이라야 1870년 5월에서 8월 사이에 3.6% 하락한 것이 전부였다. 1866년 당시 오스트리아와 프로이센의 전쟁이 런던의 격심한 금융 위기와 나란히 일어났던 것과는 천지차이였다(1870년에는 전투 초창기부터 프랑스 자본이 런던으로 흘러들기 시작했던 것으로 보인다. 정부가 구사한 그 모든 화려한 수사에도 파리에 일말의 비관적인 분위기가 감돌고 있었다는 증거다). 다른 누구도 아닌 글래드스턴이 7월 18일에 2만 5000파운드 상당의 콘솔채를 90의 가격에 사들였다는 사실은 그냥 넘길 일이 아니다. 그것은 곧 영국의 불간섭주의에 대한 사적인, 그리고 근거 있는 신임표였기 때문이다.⁴

따라서 영국 로스차일드가는 문제를 일으킨 장본인으로 프로이센을 비난했던 1866년 당시보다는 훨씬 중립적인 시각에서 대륙의 사건을 바라보았다. 그러나 때마침 알퐁스의 아내 레오노라가 런던에 와 있었던 탓이기도 했지만, 프랑스가 스당전투에서 패했다는 소식에 가족들이 다소나마 친프랑스적인 정서로 반응했던 것은 사실이었다. 같은 정서에서 라이오넬도 프로이센의 잔학 행위에 대한 자세한 정보를 요청하고, 나중에는 프랑스의 사상자와 전쟁포로를 위해 해외에서 모금한 기금을 전달하는 역할을 맡게 되었을 것이다. 스당전투가 있기 전에도 런던 일가는 프로이센보다는 프랑스의 전쟁 노력을 위해 더 많은 일을 했다. 프랑스가 영국에서 비스킷과 소금에 절인 돼지고기를 구입했을 때 그 비용을 융통한 것은 런던 상사였다. 비록 그 과정에서 프랑스 정부의 어음이 그리 너그럽지 않은 조건으로 할인된 것은 사실이지만 말이다. 게다가 뉴코트에서는 일찌감치 프랑스의 전쟁 채권은 종류를 막론하고 인수할 의향이 있으며, 프랑스은행의 요구가 있으면 금을 보내겠다고 제안했다. 프랑스 정부가 전쟁 초반에 국내 시장에서 단기 재무증권을 판매해 자금을 조달했던 까닭에 제안이 성사될 기회는 없었지만 말이다. 그러나 정작 8월 후반에 프랑스 정부가 전쟁 채권을 내놓았을 때에는 런던 일가의 관심도 훨씬 식어 있었다. 1870년 가을에 국방 정부가 런던에서 1000만 파운드 상당의 공채를 모집하려 했을 때, 도움을 청해야 했던 곳은 런던 상사가 아닌 2류 미국계 회사 J. S. 모건이었다.

반대로, 전쟁이 발발한 당시에는 괄시받았던 프로이센 전쟁 채권에 대한 마이어 칼의 제안은 그해 10월 런던 상사가 100만 탈러 규모를 인수하는 이야기로까지 진행됐다. 그다음 달 한제만은 5100만 탈러 규모의 5년 만기인 중기 재무증권 발행을 준비하기 위해 런던에 파견됐다. 채권의 규모와 배상금의 액수는 서로 무관했지만, 채권의 짧은 상환 기한은 프랑스에 배상금을 부과하겠다는 의중의 표시였다. 마이어 칼은 이 사업에 로스차일드가 참여해야 하는 이유에 대해 설득력 있는 주장을 폈다.

> 정부는 저희 도움을 기대할 권리가 있고, 저희가 돕지 않고 다른 은행에 일을 넘겨버리면 그걸 잊지 않고 내내 걸고넘어질 테니, 프랑크푸르트 상사로서는 난처한 입장입니다. 그렇다고 다른 가족들의 비위에 거슬리는 일이나 파리 식구들과의 관계를 어색하게 만들 일을 벌일 마음은 없습니다. 제가 바라는 건 다만 한제만 씨가 방문할 경우 그를 친절하게 맞아 주시고, 여러분의 의사를 정확히 말씀해 주셨으면 하는 겁니다.……1차적인 문제가 영국에서 자금을 조달하는 일이 아니었다면 이렇게 구구절절 써 보내며 가족들을 괴롭히지는 않았을 겁니다. 솔직히 말씀드려서, 에를랑거와 그 도당들의 앞잡이인 슈뢰더가 프로이센 사업을 장악해버리면 저는 그야말로 통탄스러울 겁니다. [북독일] 연방 채권에 관심이 있는 은행들은 모조리 그쪽에 붙을 테고, 우리 가족을 배제시키면서 즐거워할 것이 뻔하기 때문입니다.

런던 상사는 이 신규 채권 사업에 공개적으로 참여하기를 주저했지만, 한제만을 그 대신 런던은행[5]과 접촉할 수 있게 한 것은 분명해 보인다. 마이어 칼 역시 지한들룽을 일종의 간판으로 삼고 사업에 참여했다. 뉴코트는 또한 지한들룽의 은 준비금을 채우는 일에도 조력했는데, 이는 채권 발행의 주목적 중 하나이기도 했다.

이런 경제적 요인들은 영국이 프랑스 로스차일드가가 기대한 중재자 역할을 고사한 까닭을 어느 정도 설명해 준다. 전쟁이 시작된 직후부터 알퐁스와 구스타브는 영국 정부가 조속한 강화 체결을 중개해야 한다고 설득했고, 영국 정부뿐만 아니라 영국의 사촌들도 다시금 평화적인 소통 채널 역할을 해주길 기대했다. 그러나 그런 개입을 유도할 만한 사건은 벨기에에 대한 잠재적인 위협이 될 프랑스의 승전밖에 없었고, 그럴 가능성이 사라져버리자 글래드스턴과 그의 각료들은 사태가 흘러가는 대로 내버려 두는 데 만족했다. 가능했던 또 다른 위험(러시아와 오스트리아-헝가리까지 "전면전"에 휘말리는 것)은 끝내 실현되지 않았다. 고르차코프와 보이스트는 (일찍이 1869년 9월에 합의한) 불간섭 정책을 고수했으며, 7월 13일과 20일에 각각 자국의 중립을 선포했다. 디즈레일리는 글래드스턴의 미온적인 태도를 공격했지만, 그 역시 반사적인 행동에 지나지 않았다. 그는 '독일혁명'에 저항해야 할 진짜 이유를 알지 못했다. 나폴레옹 3세를 구해야 한다고 생각했다면, 자신의 소설 『로테어(Lothair)』를 오를레앙파 오말 공작에게 바쳤겠는가? 특히 알퐁스를 갑갑하게 한 것은 《타임스》에서 (편집장 딜레인과 라이오넬의 우정이 잘 알려진 상태에서) 전쟁 보도 초반에 강력하게 반프랑스 기조를 내비친 것이었다. 특히 베네데티가 1866년에 비스마르크에게 건넨 조약문의 초고를 신문이 게재하면서 프랑스가 벨기에에 무슨 심산을 품고 있다는 의심에 힘이 실리는 듯했다.[6] 1870년 10월에는 글래드스턴 자신이 《에딘버러 리뷰(Edinburgh Review)》에 익명으로 기사를 투고해 "새로운 국제법은……프랑스의 침략을 견책했다"고 공표했다. 같은 달에 《타임스》가 어조를 바꿔 알자스와 로렌 지방의 합병을 막기 위해 영국이 개입해야 한다고 주장한 것은 로스차일드가가 입김을 발휘했기 때문이라고 믿는 사람들이 있었다. 그러나 사실 영국의 중재를 마련할 만한 근거를 찾아내려 했던 로스차일드가는 그 어떤 결실도 내지 못했다. 전쟁이 결말이 나지 않는 장기전이 되리라는 추측 역시 런던에서는 일단 지켜보자는 방침을 굳히

게 했다.[7]

대륙의 로스차일드가에서 중립을 선택하기란 불가능했다. 마이어 칼은 지체하지 않고 1차 발행된 프로이센 전쟁 채권 100만 탈러 상당을 청약했다. 공모(公募)로 조성된 금액이 정부가 원했던 1억 2000만 탈러의 절반밖에 되지 않자(전쟁 초기에 독일인들이 불안을 느꼈다는 또 다른 증거였다), 그는 즉시 한제만이 이끄는 신디케이트에 합류해서 추가로 2070만 탈러 상당을 인수했다(프랑크푸르트 상사는 그 중에서 300만 탈러를 인수했다). 프로이센의 전승 소식이 프랑크푸르트에 전해지자, 그는 비스마르크의 후광을 누리고 싶은 마음을 이기지 못했다. 프뢰슈이예 전투가 있은 뒤, 그는 기쁨을 감추지 못하고 이렇게 썼다. "파리 사람들은 좀 놀랐겠습니다. 독일이 그들을 그렇게 쉽게 이기리라고는 대부분 꿈도 꾸지 못했을 테니 말입니다. 지금 이곳은 나라 전체가 열광의 도가니이고, 짐작하시는 대로 모두들 환희에 젖어 있습니다." 일주일 뒤에 그는 다시 썼다. "틀림없이 독일 군대가 승리를 거두고 평화는 오래 유지될 것입니다. 일거리도 넘쳐나서, 모두들 아주 풍족하게 살게 될 것을 기대하고 있습니다."

전장에서 희소식이 전해질수록 그의 어조도 점점 더 뻔뻔해졌다. 8월 27일에 그는 이렇게 천명했다. "프랑스가 이길 가능성은 없다고 봅니다. 독일과 겨루는 것이 과연 어떤 것인지, 백만 대군과 겨루는 것이 어떤지를 배우게 되겠지요." 많은 독일인들과 마찬가지로 그도 스당에서 들려온 승전보에 흥분을 감추지 못했고, 국채 보유량을 열성적으로 늘려 나갔다. 그는 11월 23일에 이렇게 선언했다. "[독일] 정부는 미래의 유럽 콘서트[8]에서 필시 제1바이올린 주자로 지명될 겁니다." "강하고 통일된 독일은 그 어떤 나라보다 세계 평화에 이바지할 수 있을 겁니다." 그러나 그와 그의 가족들도 전쟁이 초래한 인명 피해에 대해서만큼은 환상을 품고 있지 않았다. 영국 태생인 아내 루이즈는 상이군인들을 위해 설립한 병원에서 아이들을 데리고 '밤낮으로' 일했다. 그러나 마이어 칼은 프로이센의 명분이 정당하다는 데 추호의 의심도 없었다. 그는 비록 여정은 불편했지만 "베르사유로 독일 황제께 경의를 표하기 위해" 다른 의원들과 함께 초청됐다는 사실에 대단히 자부심을 느끼고 있었다.

파리에서는 또 그들만의 방식으로 모국에 대한 일체감이 구현되었다. 제임스와는 달리 그의 아들들은 프랑스 시민이었고 애국심에도 빈틈이 없었다. 예컨대, 7월 19일에 알퐁스는 북독일연방의 프랑스 주재 총영사직에서 물러났다. 형제들은 8월분 전쟁 채권을 최소 5000만 프랑은 청약했다. 전쟁 초기부터 알퐁스와 구스타브는 "첫 교전이 프랑스군의 승리로 끝나기를" 바라는 마음을 드러냈다. 애초에 그렇게 바란 주된 이유는 프랑스의 승리가 영국의 외교적 중재를 유도하리라는 믿음에서였다. 그러나 전쟁이 진행되면서, 반프로이센적인 감정이 냉정성을 잃은 애국심을 이끌어내기 시작했다. 마침 파리에 도착한 페르디난트는 사촌들이 "매우 흥분해서 프로이센인들, 비스마르크와 그 일당에 대해 저주의 말을 쏟아내는" 것을 보았다. 그는 런던에 이렇게 써 보냈다. "그들은 관점이나 감정 모두에서 둘째가라면 서러울 프랑스인들입니다. 교황보다 독실한 가톨릭교도라고나 할까요."

에드몽 그리고 냇의 아들 제임스 에두아르는 앞서 언급한 대로 국민유격대에서 복무했다. 그리고 11월 30일에 트로슈 장군이 감행한(그러나 결국 실패로 끝난) 파리 남쪽을 향한 '돌격대'에 가담했을 가능성이 있는 제임스 에두아르처럼, 알퐁스 역시 프로이센의 포위에 임박해 파리의 성벽을 지키며 본분을 다했다. 8월 6일, 메리메는 "로스차일드가 사람이" "가방과 빵 덩어리를 등에 지고" 8월에 파리를 떠나 "그들 일가가 2000만 주를 보유한 북부 철도의 3등 칸에 탔더라"는 소문을 들었다. 안젤름은 스당전투가 있기 전에 빈으로 돌아갔고, 제임스 에두아르의 아우 아르튀르는 1870년 후반에 브뤼셀에 있었던 것이 분명했는데도 그 이야기는 악의적인 소문을 불러일으켰다. 사실 로스차일드가는 다른 부유한 파리지앵들과는 달리, 위기 앞에서 물러서지 않고 목숨을 걸었다.

프랑스의 가족들을 상심시킨 것은 전쟁이 시작된 직후부터 맞닥뜨리게 된 충격적인 패배의 조짐이었다. 전쟁이 발발한 당시 마침 파리에 있었던 안젤름은 "프랑스인들은 열의로 충만하지만, 프로이센의 군사 조직이 훨씬 우수하고 군대의 규모 면에서도 우세하다"는 견해를 솔직히 드러냈다. 알퐁스 역시 프랑스의 운명에 비관적이었다. 7월 20일, 그는 이렇게 썼다. "포도주가 부어졌다. 그리고 불행히도 그걸 마셔야 한다. 쓰디쓴 맛일 테지." 프랑스가 부실 경영되고 있다는 징후로 로스차일드가의 눈에 제일 먼저 들어온 것은 전쟁의 경제적 여파에 대한 정부의 대응이었다. 프랑스은행이 금태환 정지 방침을 거론하고 정화(正貨)가 파리에서 유출되는 것을 막으려는 서투른 시도가 계속되자, 재할인율을 상향 조정하는 방안을 지지했던 알퐁스는 화가 머리끝까지 치솟았다. 8월 4일에는 로스차일드가가 정부를 대신해 약 200만 프랑 규모의 은을 금과 교환하기 위해 벨기에로 수송하고 있던 중, 그들이 은을 나라 밖으로 은닉하려는 줄로 생각한 경찰이 이를 압류해버리는 사고가 일어났다.

12일, 프랑스은행은 사실상 정부의 압력으로 태환 정지를 단행했고, 이는 어음에 대한 지불 정지로 이어졌다. 이런 조치들이 진행되는데도 알퐁스가 은행의 이사직에서 물러나지 않은 유일한 이유는 그 자신이 썼듯이 사임은 곧 "전투가 벌어진 판에 주둔지에서 이탈하는 것"과 같았기 때문이었다. 그러나 무엇보다 경종을 울린 사건은 "군 고위급 인사"가 자신의 증권을 포장한 작은 꾸러미를 안전을 위해 런던 상사로 보내 달라고 요청해 온 일이었다. 알퐁스는 이렇게 썼다. "그런 위치에 있는 사람이 그 같은 요청을 해 왔다는 사실은 우리의 의혹을 들깨웠습니다. 우리 역시 그의 방침을 따를 생각입니다." 사흘 뒤, 그들은 작업에 착수했다. 8월 11일, 제임스 에두아르는 자신이 수집한 희귀 서적과 그림을 송부했다. 국면이 심각해지면서 증권은 브뤼셀에 있는 로스차일드의 대리인 랑베르에게 보내졌다. 스당전투가 있던 당일, 파리 상사는 블라이히뢰더의 권고에 따라 쾰른–민덴 철도의 주식을 (상당한 이윤을 남기고) 팔아넘겼다.

그러나 자본 도피 제한 조치들은 알퐁스에게 사소한 걱정거리에 불과했다. 무척 이른 시점부터(전방에서 패배 소식이 들려오기 훨씬 전부터) 그와 그의 아우는 전쟁이 파리에 혁명을 일으키지나 않을까 두려워했다. 7월 19일에 이미 구스타브는 1848년을 떠올리고 있었다. 일주일 뒤 그의 형은 파리에서 "기습 작전"을 조직하려는 "좌익 세력"의 "필사적인 노력"에 대항하기 위해 어떤 조치들이 취해지고 있는지 자세히 기록했다. 당시까지는 아직 정부가 상황을 통제하고 있다고 확신하고 있었던 것이다. 그러나 8월 첫 주가 되자 그는 정부가 자본 도피를 막는 데에만 애를 쓰면서 정작 자신이 "혁명의 비탈 아래로 끌려 내려가고 있는 상황은 방치하고 있다"고 생각했다. "과거에 피의자로 지목된 것이 귀족들이었다면, 이제 뭇매를 맞을 이들은 사업가들입니다." 8월 3일에 보낸 편지의 어조는 암담했다. "위험은 프로이센군이 아니라 우리 내부에 있습니다. 이곳[파리]에는 군 병력이 전무합니다. 불행히도 우리가 패배한다면, 군중의 분노가 얼마나 극단으로 치달을지 누가 알겠습니까?" 재무장관도 "공화국 시절로 되돌아갔다고 착각하는 내각 일부의 성향"을 저지하지 못하는 듯했다. 알퐁스는 8월 6일, 만약 승전보가 빨리 전해지지 않으면 "혁명 세력이 주도권을 잡을 것"이라고 경고했다. 사흘 뒤, 혁명은 더 이상 가능해 보이지 않았지만 승전고가 울리지 않으리라는 것만큼은 확실해졌다. 입법원이 개회되자, 올리비에의 사임뿐만 아니라 샬롱(Châlons)에 새 군대를 동원하려고 광적인 노력을 기울이고 있던 황제의 퇴위에 대한 요구까지 등장했다. 알퐁스의 눈에 제국의 몰락은 "기정사실"이나 다름없었다.

어떻게 이처럼 혁명을 예견할 수 있었는지 설명하기란 어렵지 않다. 로스차일드가에게 (메테르니히에게와 마찬가지로) 근대 역사의 가장 중요한 교훈은 프랑스의 혁명이 언제든 유럽의 전쟁으로 비화될 수 있으며, 거꾸로 프랑스가 가담한 전쟁은 프랑스의 혁명으로 이어질 수 있다는 것이었다. 로스차일드가는 1815년 이래 몇 차례고 이런 우려에 기초해 앞일을 점쳤지만, 상황이 예상대로 정확히 흘러간 적은 없었다. 1830년과 1848년에는 혁명이 일어났지만 전쟁은 없었다. 1855년과 1859년에는 전쟁이 벌어졌어도 혁명은 일어나지 않았다. 1870년 역사는 최소한 로스차일드의 공식대로였다. 로스차일드가가 1870~1871년의 위기에서 상처 없이 빠져나올 수 있었던 것도 바로 그 때문이었을 것이다.

동시에, 알퐁스는 그의 부모가 내내 의심을 갖고 바라보았고 자신도 정권 말엽의 자유주의적 시기에 노골적으로 반기를 들었던 보나파르트 정권을 축출할 제한적인 공화주의 혁명을 진심으로 바라고 있었다. 8월 13일, 알퐁스가 런던에 보낸 편지에서는 그가 이미 중도 성향의 공화파 지도자들("현재와 같은 상황에서 사태에 영향력을 발휘해 달라고 요청할 만한 사람들")과 접촉했으며, 그들로부터 질서 유지를 위해 노력하겠다는 장담을 받아냈다는 사실이 드러난다. 새 국방 정부에서 최소한 한 명(크레미외)은 로스차일드가의 오랜 지인이었고, 알퐁스는 서둘러 사촌들에게 새 정권의 선의를 확신시켰다. 9월 4일, 그는 이렇게 썼다. "공화정이 선포되면 군중의 분노도 무장 해제될 것이고, 거리에서도 심각한 소란은 일어나지 않을 겁니다." 보나파르트가 복귀하거나 혹은 섭정이 되는(비스마르크도 반대하지 않았던 대안) 그 어떤 가능성에 대해서도 알퐁스는 맹렬히 반대했다. 분명 그와 구스타브는 부르봉 가문, 오를레앙 가문을 불문하고 왕정복고가 이루어진다면 이를 환영했을 것이다. 그러나 패전으로 인해 직면한 위기 속에서 그들은 두말없이 공화정을 지지했다. 비록 속으로는 그것이 과도정권이기를 바랐지만 말이다.

페리에르의 비스마르크

조국의 패전으로 프랑스 로스차일드가가 치른 대가를 가장 통렬히 드러낸 상징은 분명 페리에르 성과 영지 일부가 점령당한 사건일 것이다. 스당전투가 있기 전부터 알퐁스가 전전긍긍하며 염려해 왔던 사태였다. 프로이센이 파리로 진군을 시작한 지 일주일 뒤인 9월 14일, 우려는 현실이 되었다.

새 프랑스 정부가 평화를 향한 잠정적인 첫 걸음을 떼어 놓았으나 결국 실패한 곳은 페리에르였다. 그리고 비스마르크와 몰트케(Moltke)가 전략을 놓고 공공연히 언쟁을 벌였던 곳도 페리에르였다. 주된 역사적 중요성은 바로 거기에 있다. 그러나 페리에르 점령은 또 다른 면에서도 의미심장했을 수 있다. 프로이센의 왕과 융커 총리가 로스차일드의 부, 그러므로 곧 유대인의 부를 가장 호화찬란하게 웅변하는 성에 머물게 됐다는 '아이러니'가 그것이다. 역사가 슈테른에게 독일인들의 그 "요란한" 행동은 불길한 전조를 띤 반유대주의의 표현이었다. 문제는 당대의 기준에서 점령자들이 실제로 얼마나 부적절하게 행동했느냐는 것이다.

영지 관리인 베르그만이 알퐁스의 아내 레오노라에게 나중에 쓴 편지에 따르면, 최초로 도착한 프로이센인은 폰 오이플링 장군과 폰 고르돈(von Gordon) 장군 그리고 그들의 병사들이었다. 로스차일드가 하인들과의 관계는 당연히 출발부터 좋지 않았다. 9월 17일, 고르돈 장군은 수석 집사에게 15인분의 저녁 식사를 마련하라고 일렀다. 그러나 32명의 식객이 나타나자 음식이 태부족이었고(포도주는 65병을 비웠지만), 고르돈은 징계의 의미로 하인 하나를 밤새 마구간에 가둬 놓았다. 이튿날 아침에 고르돈이 떠나자, 19세기는 드디어 빌헬름 1세가 비스마르크, 참모총장 몰트케, 전쟁장관 룬이 수많은 다른 고위 관리들과 약 3000명의 장정을 이끌고 도착하는 것을 목격하게 된다(그 외에 성에서 머문 이들 중에는 바덴 대공과 메클렌부르크 슈테를리츠[Meklenburg-Sterlitz] 대공도 있었다). 초대받지 않은 손님들 중 최소한 몇 사람에게 페리에르는 하나의 계시였다. 멘트모어를 닮은 외관에 이국적인 인테리어를 갖춘 성은 "동화 속에 나올 법하고 장엄"해 보였다. 그러나 유대인이(룬이 칭한 대로 "유덴쾨니히[Judenkönig, 유대인의 왕]"가) 만든 작품이라는 사실이 찬탄과 함께 경멸을 불러일으켰다. 화려하게 장식된 벽과 천장마다 반복해 등장하는 이니셜 'JR'(제임스 드 로스차일드)은 억지춘향식의 유머 감각을 발휘해 "유다에오룸 렉스(Judaeorum Rex, 라틴어로 '유대인의 왕')"라고 번역되었다.

비스마르크는 제임스가 1866년에 자신의 계획을 좌절시키려 했던 일을 마음에 두고 유난히 잔인하게 그 상황을 즐겼던 것처럼 보인다. 그는 제임스의 스위트룸이었던 곳에서 9월 21일에 아내에게 편지했다. "지금 나는 늙은 로스차일드와 그의 가족을 그린 초상화 아래에 앉아 있소. 온갖 잡다한 교섭자들이 마치 시장 상인을 둘러싼 유대인들처럼 내 외투 끝자락에 매달리는구려." 로스차일드의 저장고에서 포도주를 가져다가 바치기를 거절한 하인을 때리겠다고 위협한 것은 비스마르크였다. 성의 영지에서 꿩 사냥을 하면서 자기가 받은 총이 너무 작고 탄약도 너무 적으며 제대로 발사되지 않는다고 불평한 사람도 비스마르크였다. 로스차일드가의 푸대접에 대한 기사를 독일 신문에 내보낸 것도 아마 비스마르크였을 것이다. 이후 공화제 정권과 강화 조건을 협의할 준비가 되어 있느냐는 질문을 받았을 때, 비스마르크는 "공화국뿐만 아니라, 원한다면 강베타 왕가와도……물론 어떤 왕가와도 가능하오. 블라이히뢰더든, 로스차일드든"이라고 악의적인 대답을 하기도 했다.

반면 그의 군주에게는 비스마르크 같은 개인적 앙심이 없었다. 페리에르를 본 빌헬름은 이렇게 말했다. "우리 같은 사람은 이만큼 출세할 수 없지. 오직 로스차일드만이 할 수 있는 일이야." 그는 가문 사람들에게 모욕을 주지나 않을까 염려하며, 영지에서 그 어떤 것도 징발해서는 안 되고 사냥감과 포도

주 저장고도 고스란히 남겨 둬야 한다고 명을 내렸다. 베르그만은 이렇게 보고했다. "왕이 머무르신 동안은 모두 무사했습니다. 왕께는 개인 주방과 주방 조리사들을 붙여 드렸고, 영지에서는 사냥감, 과일, 꽃 등 필요한 모든 것을 제공해 드렸습니다. 왕께서는 성의 하인들을 위해 2000프랑을 주고 가셨습니다." 왕은 또한 "당신이 떠난 뒤에도 성에서 손실되는 것이 없도록 하라고 서면으로 된 명령을 남기실 만큼 애써 주셨"고, 파수를 볼 75명의 장정을 남기고 떠났다. 이렇게 극기심 서린 왕의 명령이 모두 지켜진 것은 분명 아니었다. 베르그만은 불만을 터뜨렸다. "병사들이 라 타파레트(La Taffarette)[영지의 일부]에서 숙영을 했습니다. 연못마다 돌면서 낚시하더니, 그것만으로 모자랐는지 어느 날 밤에는 이튿날 아침에 물고기를 많이 보겠다고 아예 수문을 열어 두자고 하더군요. 이 일을 전해 듣고 저는 일꾼들 몇 명을 데리고 자물쇠 수리인과 함께 수문에 도착했지만, 마침 기병들이 말에 물을 먹이려 다가오는 것이 아니겠습니까. 끔찍이도 실망했지요, 물이 없었으니까요! 병사들은 물을 말린 것이 제 소행이라 생각하고, 저를 장군 앞으로 끌고 갔습니다."

10월 5일에 왕이 떠난 뒤, 저택 몇 곳과 성의 저장고들이 '약탈'당했고, 담요와 매트리스는 근처의 야전병원으로 징발되었다. 1871년 1월 1일, 베르그만은 이렇게 한탄했다.

> 농장에는 가축이 남아 있지 않고 석탄도 다 떨어졌습니다. 외곽 수렵장의 사냥감들은 프로이센인들과 밀렵꾼들에게 죽임을 당했습니다. 영지는 프로이센인들이 차지하고 있고, 밤마다 사령관이 순찰을 돕니다. 사냥터 관리인들은 프로이센인들이 도착한 날에 무장해제를 당했고요.……현금 통에도 돈이 남아 있지 않아서, 저희는 빵 배급표를 돈 대신 쓰고 있습니다. 농장들은 병영으로 사용되고 있어요.……성이 더러워진 것은 두말할 나위도 없습니다.

그러나 절망에 빠진 노복의 말을 너무 과신해서는 안 되겠다. 프로이센 군대는 1871년 8월 말까지 페리에르에 남아 있었다. 당연히 프랑스 로스차일드가는 점령자들의 행동에서 흥허물 삼을 만한 것이 보이면 보이는 족족 꼬집었다. 그러나 앤서니가 9월 1일에 "프로이센인들이 무슨 짓을 해 놓고 갔는지, 모든 것이 남작님이 남겨 놓으신 그대로 있는지 어떤지 확인차" 성을 방문했을 때, 그는 예상외의 상황에 안도할 수 있었다.

저택, 공원, 나무 모두 손상된 곳이 조금도 없습니다. 공원에는 예전처럼 꿩이 많이 보이고, 자고새는 훨씬 많고, 그 외의 새들도 다 있습니다. 정원도 멀쩡한 것을 보니 왕의 명령이 지켜진 것 같습니다. 심지어 베르사유까지 타고 갔던 마차들도 모두 돌려놓았더군요. 저장고 한 곳에 있던 포도주는 깨끗이 사라졌습니다. 완전히 끝내 놓았더군요.……없어진 것들도 있지만 굳이 열거할 만큼 중요한 것들은 아닙니다. 비스마르크는 양을 250마리 가져갔어요. 물론 카펫은 좀 망가졌지요.……하지만 프로이센 군대가 지나갔다는 것을 생각하면……아무것도 파손되지 않았다는 사실이 놀라울 따름입니다.……모두들 폐하께 감사드리고 입 다물고 있어야 해요.……페리에르에 관한 한 전쟁으로 훼손된 것은 아무것도 없고, 공산주의자들에게 빼앗긴 것도 없고, 아무도 다치거나 부상을 입지 않았으니, 그들이 아주 평온히 지나갔음을 하느님께 감사드려야 합니다.

앤서니가 애초부터 프랑스 친척들의 불평불만을 가만히 듣고 있지 못했던 점은 인정하더라도, 그의 보고는 튜턴족의 약탈이라는 인상을 타파해버리는 것으로 보인다. 구스타브 역시 조금 늦은 같은 달에 성을 방문했을 때, 영지가 "예상한 것에 비하면 상당히 양호한 상태"라는 점을 인정했다.

생각해 보면, 프로이센인들이 제멋대로 훔치고 약탈했다는 이야기는 비스마르크가 페리에르에서 초안을 잡은 강화 조항들 때문에 유발된 것이었을지 모른다. 프랑스인들에게 강화 조건은 지나치게 가혹했다. 그래서 그들은 독일 군대가 페리에르 같은 시골에서도 가차없는 도적 떼처럼 굴었으리라고 생각하기 쉬웠다. 강화 협상 과정에서 로스차일드가가 맡은 역할은 매우 중요했기 때문에 프랑스의 운명을 페리에르의 운명과 동일시하게 된 것, 페리에르가 입은 피해를 과장하게 된 것은 어쩌면 불가피한 일이었을 것이다.

앞서 살펴봤듯이 알퐁스와 구스타브는 스당전투의 패배 직후 주저 없이 온건 공화파 정권의 필요성을 받아들였지만, 그런 와중에도 파리에서 본격적으로 자코뱅혁명이 일어날지 모른다는 불길한 예감은 떨치지 못하고 있었다. 1870년과 1871년에 그들이 런던으로 보낸 편지들을 읽을 때는 그들의 근본적인 목적이 영국의 신속한 개입을 이끌어내어 전쟁을 종식시키고, 너무 가혹하지 않은 강화 협약을 체결하는 것이었다는 사실을 염두에 두어야 한다. 따라서 혁명이 임박했다는 경고에도 어느 정도는 외교적인 의도가 담겨 있었을 것이다. 알퐁스는 8월 8일에 런던으로 보낸 편지에서 "만약 유럽이 프랑스가 무정부주의의 온상이 되는 것을 원치 않는다면, 이미 대전투가 한 번 벌어졌으니 더 이상 시간 낭비 말고 진지하게 개입하는 것이 필요"하다고 썼다. 닷새 뒤에 쓴 편지에서는, 영국의 실질적인 중재가 새 프랑스 공화국에 정치적 안정을 확립시킬 조건이기도 하다고 주장했다. 심지어 이 무렵부터 알퐁스는 프랑스가 수락할 수 있는 강화 조건에 대해 솔직히 언급했고, 그 때문에 그의 개인적 견해와 온건 공화파 지도층의 견해를 구분해 읽기가 힘들 정도다. 사실 알퐁스가 그 주제를 놓고 런던에 써 보낸 첫 번째 편지는 제국의 몰락보다 몇 주 앞선 것이었다. 8월 13일, (글래드스턴에게 공화파의 소견을 전하려는 의도가 분명한, 신중하게 써 내려간 개요문에서) 그는 프랑스가 패전한다는 가정하에 새 공화제 정권이 수락할 수 있는 조건에 대해 기술했다.

프랑스를 분할하는 조치는 절대 받아들일 수 없습니다. 프로이센이 어떤 식으로든 그런 주장을 한다면 필사적인 저항에 부딪치게 될 것입니다. 전쟁 배상금부터 수락하기 어려운 조건으로 제시되겠지만……만약 저희가 패전한다면 어느 정도는 패전의 법에 따라야 하겠지요. 그러나 열강들은 개입할 준비를 서둘러야 할 겁니다. 중재는 즉시 이루어져야 합니다. 그러지 못할 경우 손실된 시간은 격앙된 분위기만 더하고, 중재의 성과 역시 실망스러운 수준에 그칠 겁니다.

그는 스당에서 군이 완패했다는 소식이 파리에 전해지던 날인 9월 4일에도 같은 이야기를 되풀이했다.

돈을 바쳐 얻을 수 있는 것이라면 그 내용이 얼마나 비참하고 모욕적이든 주저 없이 강화조약에 서명할 겁니다. 그러나 영토 할양을 요구하는 강화조약에는 그 누구도 서명하지 않을 겁니다. 지금처럼 영략한 처지에 그런 주장은 무익한 노릇이라고 하시겠지요. 우리에게는 더 이상 군대도, 탄약도 없다고 말입니다. 그것은 사실입니다. 그러나 여론은 확고합니다. 프랑스는 영토를 양도하느니 차라리 유린당하고 폐허가 되는 쪽을 선택할 겁니다. 지금이야말로 개입이 필요한 시점입니다. 어떤 조치든 즉시, 강력하게 이루어져야 합니다.

쥘 파브르(Jules Favre)가 9월 6일에 한 유명한 연설, 즉 "1인치의 영토도 내줄 수 없다"는 다짐이 런던에는 그다지 놀랍게 들리지 않았을 것이다. 알퐁스는 연설이 있던 당일에 파브르와 만났고, 그의 주장을 또 한 번 선수 쳐서 말했다. "영토의 할양만 아니면 어떤 희생도 감수할 수 있습니다.……영토 할양을 수락하는 것은 전체 정부를 무능하게 만들어버릴 것이기 때문입니다.……저는 현 정부가 평화 수립이라는 한 가지 일 외에는 생각하고 있지 않다고 확신합니다. 하지만 이 평화가 덧없는 것이 되지 않도록 개입하는 것은 유럽의 이해와도 관련된 일입니다." 나중에 구스타브는 파브르의 전술을 비판하며 그 책임을 트로슈(Trochu) 장군에게 돌린다. 그러나 로스차일드가에서 주고받은 편지들로 판단컨대, 그의 형은 그 두 사람을 크게 조력하고 있었고, 파브르의 성명을 "훌륭하고 탁월하다"고 생각했던 것이 분명하다. 알퐁스의 편지를 근거로 살펴보면, 1870년 9월에 프랑스의 외교 정책을 만든 것은 파브르도 파브르이지만 바로 알퐁스였다. 일례로 같은 달 11일에 뉴코트로 보낸 그의 편지에는 영국의 중재를 확보하려고 의도된 위협과 약속이 담겨 있는데, 그것이 전부 정부의 승인을 받은 내용이라고는 보기는 어렵다. "평화를 수립하고 프랑스가 무정부 상태로 추락하는 것을 막는 것, 최악의 분규가 일어나 어쩌면 프로이센이 승전의 결실을 보지 못하게 될지도 모를 상황을 막는 것은……전 유럽의 이해관계가 달린 문제입니다. 협박이 아닙니다. 사실을 말씀드리는 겁니다. 영토 할양 조건이 담긴 강화조약에는 그 누구도 서명하지 않을 겁니다. 평화를 위해서는 무슨 조건이든 수락하겠지만, 영토 할양만은 받아들일 수 없다는 점을 명심하십시오. 전쟁 배상금, 해군의 일부, 심지어 프랑스의 식민지, 심지어는 룩셈부르크까지 양보할 수 있습니다."

독일이 배상금에다 영토까지 요구하리라고 생각한 알퐁스의 예상은 물론 맞아떨어졌다. 8월 15일, 마이어 칼은 프랑크푸르트 증권거래소에서 떠도는 소문을 런던에 이렇게 전했다. "프랑스는 옛 독일 지방과 대규모 함대를 반납하고 거액의 배상금까지 물게 될 것 같습니다. 일반적으로 그렇게들 생각하는군요." 며칠 뒤 그는 같은 주제에 몇 마디 덧붙였다. "이곳 그리고 독일 전역이 얼마나 뜨거운 열기로 뒤덮여 있는지 상상할 수 없을 겁니다. 프랑스의 굴욕은 여론을 만족시키기 위한 수단으로 이용될 것입니다. 모든 것이 상승세이고, 독일 채권에는 7%의 프리미엄이 붙었습니다. 프랑스가 모든 비용을 치르게 될 테니·오름세는 더 커질 것이 분명합니다." 그는 모호한 예견을 달았다. "독일인들은 평화를 오래도록 보장해 줄 조건을 부과하는 데 각별한 노력을 기울일 겁니다." 8월 26일에는 좀 더 자세한 내용을 써 보낼 수 있었다.

> 프랑스인들에게는 굴욕적이겠지만, 그것이 우리로서는 전쟁이 계속되는 것을 막기 위한 유일한 방법입니다. 프랑스는 알자티아(Alsatia)[9]와 로렌 지방, 일대 함대를 포기하고, 최소 1억 파운드의 전쟁 배상금을 부담해야 할 겁니다. 스트라스부르(Strasbourg)와 메츠(Metz)는 독일연방의 요새가 될 겁니다. 전반적인 견해가 그렇습니다. 늙은 B는 흥정에서 이기리라고 자신하고 있습니다.

마이어 칼은 전략적인 이유뿐만 아니라 애국적인 근거에서도 알자스-로렌 지방의 합병을 정당화했다. "이미 정복한 옛 독일 영토를 지키지 않고 독일이 싸움을 그만두리라고 생각하는 건 어리석은 일입니다."

그러나 영국이 개입해서 독일의 요구 조건을 완화시켜 주리라는 새 프랑스 정부의 희망은 앞서 기술한 이유들로 인해 현실성이 없는 바람이었다. 9월 6일, 알퐁스는 수심이 깃든 답장을 뉴코트로 전했다. "보내 주신 편지들은 받았습니다. 영국이 개입할 의사가 없다는 것이 너무도 유감이군요." 그러나 그가 영국의 정책을 바꿀 수 있다는 희망을 곧바로 저버린 것은 아니었다. 그는 영국 대사 라이언스 경과 꾸준히 접촉했고, 지원을 구하기 위해 직접 런던과 상트페테르부르크를 방문했던 티에르[10]의 외교 노력에도 개입한 정황이 있다. 글래드스턴으로부터 공감을 끌어낼 수 있으리라는 희망이 아주 비현실적인 것만은 아니었다. 그는 프랑스 영토의 일방적인 병합에 강력히 반대하고 있었고, 개인적으로는 룩셈부르크를 프로이센에 양도하는 것을 "묘안"으로 여기고 있었기 때문이다. 그러나 그의 지원이 마치 기정사실인 듯 못을 박고, 심지어는 (어리석게도) "벨기에의 이해관계에 대한……근사한 가설"까지 제시해 보인 로스차일드의 편지가 그의 화를 돋웠다. 과연 9월 말엽이 되자, 글래드스턴은 로스차일드가 사람들이 자신에게 정보의 일부를 "곡해"해서 보내고 있다고 의심하기 시작했다.

영국이 실질적으로 개입할 가능성은 러시아가 위기로 빚어진 기회를 틈타 흑해 중립 조항 문제를 다시 제기하면서 묻혀버리고 말았다.[11] 이 무렵 알퐁스는 정부를 위해 랑트를 할인하는 일을 중단했으며, 대신 남아 있던 현금을 프랑스은행 어음으로 전환해서 안전을 위해 런던으로 보냈다. 프로이센 군대가 파리로 진격해 오고 조만간 휴전이 이루어질 조짐도 없었던 시점에 로스차일드가 사람들 사이에서는 예의 그 아이러니한 축소어법이 등장했다. 알퐁스는 이렇게 썼다. "너무 극단적이라 거북한 이야기지만, 아무튼 정부는 성명을 통해 우리에게 파리 성벽 밑에 묻힐 준비를 하라고 알렸습니다. 앞날이 그리 황홀해 보이지는 않는군요." 파브르가 페리에르에서 비스마르크와 면담하기 하루 전이었던 9월 17일, 라이언스는 구스타브에게 독일의 입장을 미리 통보했다. 구스타브는 이렇게 전했다. "[비스마르크는] 돈은 필요 없고, 정말 필요한 것은 메츠와 스트라스부르라고 말했답니다.……그 요구가 거부될 경우, 그는 파리에 입성해 사업상의 연락을 두절시키고 도시를 전쟁의 구렁텅이에 빠뜨릴 겁니다." 구스타브는 고립되기 전 런던에 보낸 마지막 편지에 작별 인사로 이렇게 썼다. "안녕히 계십시오, 사촌들이여. 라이언스 경을 비롯해 각국 대사들은 오늘 저녁에 떠납니다. 그러면 우리는 앞으로 무슨 일이 일어날지 알 수도 없이 살아가야겠지요. 장밋빛 앞날이군요." 그러므로 18일에 파브르가 진행한 면담의 결과는 로스차일드가가 이미 예상하고 있던 바를 확인시켜 준 것에 지나지 않았다. 파브르는 비스마르크에게 프랑스가 스트라스부르와 알자스를 유지할 수 있게 해 준다면 50억 프랑을 내겠다는 제안까지 했지만, "늙은 B"의 대답은 인상적이었다. "돈 이야기는 나중에 합시다. 우리는 우선 독일 국경을 정해서 지키고 싶소."

연락이 완전히 두절된 것은 아니었다. 짬짬이 기구에 실린 편지들이 국경을 넘었으며, 런던으로는 선보가 가기도 했다. 그러나 포위된 파리 시내로 편지를 전하기란 매우 어려운 일이었다. 일례로 알퐁스가 12월 10일에 받아본 편지는 사촌들이 10월 21일에 보낸 것이었다. 그리고 뉴코트의 집배원이 커다란 광주리를 가지고 저택에 도착한 것, 즉 정규적인 서신 왕래가 마침내 가능해진 것은 1871년 2월 3일의 일이었다. 사실상 파리 일가는 고통스럽던 몇 개월을 자력으로 버텨야 했으며, 심지어 1월 28일에 휴전이 맺어진 뒤에도 6월까지 교신은 일정치 못했다. 프로이센이 도시를 포위하고 있던 중에는 편지를 주고받지 않았기 때문에 그들이 어떤 경험을 했는지는 알아내기 힘들다. 그러나 포위된 도시에 남아 있던 모두가 그랬듯이, 그들도 상당한 추위와 굶주림, 공포를 견뎌내야 했을 것이다. 런던에서 보낸 음식 꾸러미가 2월에 도착했을 때, 알퐁스와 친척들은 "보내 주신 그 모든 훌륭한 것에 어린애처럼 기뻐"했다. 이번에도 비스마르크는 앙심을 품고 로스차일드가가 영락했다는 생각에 고소해했다. 휴전 협정이 조인된 지 이틀 뒤인 1월 30일, 그는 로스차일드를 조롱하는 재미에 빠져 있었다. 로스차일드가 파리를 떠나려 한다는 소식을 전해 들은 그는 '프랑티뢰르'(franc-tireur, 게릴라 저격수)[12]라는 혐의를 씌워 그를 체포해야 한다고 주장했다. "그러면 블라이히뢰더가 헐레벌떡 달려와서 로스차일드 가문을 대신해 납작 엎드리겠군" 하고 비스마르크의 사촌이 거들었다. 비스마르크는 빈정대며 말을 받았다. "그렇다면 둘 다 체포해서 파리로 보내면 되지. 그곳에서 개 사냥꾼 무리에 합류시키면 될 테니 말일세." 이는 도시에 갇혀 있던 사람들의 비참했던 식생활을 빗댄 말이었다.

책략의 주축 : 배상금

한 가지 근본적인 질문이 제기된다. 이는 반세기 뒤에 입장이 뒤바뀌어 독일이 패전국이 되었을 때 같은 장소에서 수립된 강화 조건을 두고 역사가들이 무수히 던진 질문이다. 강화조약이 지나치게 가혹했나? 또 다른 질문은 (역시 1919년의 강화조약에 대해 자주 제기된 질문인데) 국내에서 혁명과 내전을 일으키는 위험을 감수하면서까지 전투를 계속하며 강화조약에 맞서야 했는가 하는 것이다. 역설적인 것은 당시 이루어진 영토에 대한 요구(알자스와 로렌의 할양)가 터무니없는 것은 아니었다는 점이다. 오스트리아도 1859~1860년과 1866년에 전패했을 때 영토를 내놓았다. 그러나 프랑스로서는 그것이 도저히 용납할 수 없는 요구였다. 반대로, 요구된 배상금 수준은 현저하게 가혹했다. 그렇지만 프랑스는 처음부터 이를 받아들일 의향이 있었다. 강베타가 기구에 몸을 싣고 파리를 탈출해서 국민 총동원에 대한 지지를 불러 모으려 애썼던 것은 여러모로 부질없는 일이었다. 새로 조직된 군대가 프로이센 점령군 측에 뜻밖의 사상자를 내기는 했지만, 그들이 적군에 맞서 진짜 승리를 거둘 가능성은 없었다. 그렇게 평화를 연기한 대가는 국내 정세의 안정이라는 면에서 매우 값비싼 것이었고, 프로이센의 강화 조건을 수정하지도 못했다.

그러나 이를 1919년 이후 바이마르 공화국의 경험과 비교해 보는 것은 네 가지 면에서 시사하는 바가 크다. 첫째, 무력으로 저항하려 했던 헛된 시도는 스당전투 이후 파리에서 극좌파들이 제기했던 초창기의 '배신' 이론[13]을 무마시키거나 약화시키는 데 기여했을지 모른다. 1871년에는 누구도 프랑스가 '전장에서' 패했다는 사실에 반론을 제기하지 못했다. 공화주의자들이 비겁하게 행동했다는 속설 없이 우익의 다양한 당파들이 결집하기란 어려운 일이었다. 둘째, 1871년 여름 파리가 무정부 상태에 빠지고 곧이어 파리코뮌이 진압된 사건은 자코뱅주의, 블랑키주의, 프루동주의 그리고 마르크스주의의 유령을 수세대에 걸쳐 추방시키는 역할을 했을지 모른다. 온건 공화파들을 뭉칠 수 있게 한 극좌파에 대한 사회 일반의 반감이 바이마르 독일에는 존재하지 않았다. 셋째, 1870년 이후 대규모의 프랑스 영토가 프로이센 군대에 계속 점령된 상태였다는 사실은 온건 공화파 정부에 1920년대의 독일에는 없었던 전쟁 배상금 지불 동기를 제공했다. 반대로 반 세기 뒤의 프랑스는 영토를 점령한 뒤 배상금을 지불받으려 한 것이 아니라, 독일이 채무 불이행을 선언한 뒤에야 독일 영토를 점령하려 했다.

마지막이자 결정적으로, 1870년 이후에는 배상금을 지불하려는 진지하고 확고한 시도가 로스차일드 상사들이 주도하는 유럽 자본 시장의 전폭적인 지원을 받을 수 있었다. 1870년대 초반에 프랑스는 패배의 대가로 거액을 지불했다. 전쟁 전에 군사 준비에 지출할 만한 적정 비용이라고 생각한 액수를 결국에는 초과해버렸다는 점이 이이러니였다. 금융 시장들은 비교적 저비용으로 가능한 한 신속히 배상금을 이전하는 데 필요한 자금을 제공함으로써 프랑스의 노력에 보상했다. 이는 한마디로 19세기 최대의 금융 사업이었고, 이론의 여지는 있을지언정 로스차일드가에게도 최고의 성취였다. 이와는 대조적으로, 1920년대 초반에 독일은 배상금 지불 거부에 나섰고, 그 과정에서 독일 자체만 초인플레이션에 휩쓸린 것이 아니라 외국 채권자들까지 화폐 폭락으로 피해를 입었다. 시장은 독일 정부에 대한 영구 불신으로 이에 대응했고, 이후 독일 정부가 배상금을 장기 소액 상환 방식으로 지불하려 시도했지만, 이는 비참한 실패로 끝나고 말았다. 제3공화국은 70년간 살아남았다. 바이마르 공화국은 14년도 버티지 못했다. 이런 차이를 설명해 줄 열쇠는 1871년의 강화조약에 있을지도 모른다.

물론 두 사례의 차이를 간과해서는 안 된다. 1870년의 전쟁은 1914~1918년의 전쟁에 비해 단기전이었고, 인명과 재산 피해도 훨씬 적었다. 그 결과 프랑스는 국가 부채가 훨씬 적고 재정 및 통화 문제도 덜 심각한 상태에서 배상금 지불에 착수할 수 있었다. 그런데도 독일이 부과한 배상금의 청산 과정은 근대의 위대한 경제적 무훈 가운데 하나로 여겨진다.[14] 1871년 6월부터 1873년 9월까지 프랑스가 독일에 지불한 액수는 49억 9300만 프랑으로, 첫해에 지불한 금액은 국내총생산의 약 8%, 이듬해의 지불액은 13%에 해당했다. 이 수치는 기존의 국가 부채 수준과 비교해 볼 필요가 있다(당시의 부채 수준은 1815년에 비해 상당히 높았다). GDP 대비 백분율로 계산했을 때, 프랑스의 국가 부채는 전쟁 전인 1969년에 이미 44%에 육박했고, 배상금 대부분이 아직 지불되기 전이었던 1871년에는 49% 수준이었다. 결국 1871년에는 내국채 및 외채 부담을 합한 총 규모가 GDP의 80%에 조금 못 미치는 수준에까지 이르렀다. 이는 (배상금 총액이 비로소 확정된) 1921년 당시 독일을 옥죈 총 부채 부담의 절반 수준이었다. 그러나 1920년대 독일의 배상 스케줄은 수십 년에 걸쳐 있었기 때문에 연간 원리금 상환 및 할부 상환 부담은 1920년대 내내 GDP의 평균 3% 미만이었다. 프랑스가 연 2년에 걸쳐 GDP의 평균 10%가 넘는 금액을 지불한 것은 놀라운 성과였다. 더 놀라운 것은 자금 이전에 따른 환절하와 국내 인플레이션이 최소한도로 진행되었다는 점이다. 이것이 어떻게 이루어졌는지는 관심을 가져 볼 만한 주제다.

로스차일드가가 처음 프랑스 배상금 문제를 생각하기 시작한 것은 일찍이 1870년 8월부터였다. 앞서 본 것처럼 마이어 칼은 예상 총액으로 1억 파운드(25억 프랑)를 언급했다. 이미 11월부터 안젤름은 그렇게 큰 금액을 어떻게 지불할 수 있을지 해법을 궁리하고 있었다. 그는 라이오넬에게 1815년의 전례에 따라 금리 5% 랑트를 신규 발행하는 방법을 제안했고, 1815년 당시에는 베어링가가 수행했던 중개자 역할을 이번에는 로스차일드가에서 맡아서, 파리에서 베를린으로 돈을 이전하는 방안을 구상했다. 결국 대단히 선견지명 있는 이야기였지만, 라이오넬이 이 제안에 반대한 데서 알 수 있듯이 당시로서는 아직 이른 이야기였다. 비스마르크에 따르면 9월 회동 당시 파브르가 언급한 액수는 알자스-로렌을 프랑스가 계속 보유한다는 조건으로 제시한 액수였지만, 총 50억 프랑이었다. 독일인들이 영토 할양을 요구하자 협상은 다시 중단되었고 전쟁은 이어졌다. 배상금 문제에 대한 논의가 재개된 것은 1871년 2월의 일이었다.

처음부터 독일 은행가들은 정부가 거둔 승리의 전리품에는 온전히 그들의 몫이 될 배상금 추심권까지 포함되어 있으리라고 생각했다. 블라이히뢰더는 베르사유에 있던 비스마르크가 자문을 위해 그를 (기업가 헨켈 폰 도너스마르크[Henckel von Donnersmarck]와 함께) 호출했을 때, 자신이 경쟁자들을 앞질렀다고 믿었다. 그래서 여행에서 돌아오자마자, 그는 프랑스 채권을 베를린 시장에서 발행하자고 제안하며 파리 로스차일드가를 들들 볶았다. 마이어 칼은 블라이히뢰더를 끌어들이는 데 당연히 반대했고, 어떤 거래든 한제만 및 지한들룽과 제휴해서 진행해야 한다고 주장했다. 그러나 알퐁스는 처음부터 독일 은행가는 가능한 한 전부(심지어 프랑크푸르트와 빈에 있는 사촌까지) 배제하기로 마음먹었던 것처럼 보인다.[15] 그의 계획은 파리와 런던에서 로스차일드가 이끄는 두 개의 연합 신디케이트를 구성하는 것으로, 파리의 신디케이트에는 예전의 개인 은행들(소위 '고위급 은행')을 전부 포함시키되 합자은행은 일절 배제하고, 런던의 신디케이트는 오직 N. M. 로스차일드와 베어링은행만으로 구성하는 것이었다. 두 가지 면에서 의미심장한 전략이었다. 우선 애국적인 이유라고 할 만한 근거에서 독일 은행을 징벌하기 위한 전략이었다. 또 한편으로는 '구식' 은행들이 프랑스와 영국의 합자은행에 크게 한 방 먹이자고 고안한 계획이기도 했다. 이 두 번째 명분 앞에서는 일찍이 개인 은행들끼리 벌였던 경쟁(특히 1815년 당시의 프랑스 배상금에 대한 자금 조달과 배상금 이전까지 거슬러 올라가는 로스차일드가와 베어링가의 경쟁)은 까맣게 잊힐 정도였다.

사업 주도권을 쥐기 위한 투쟁의 제1라운드는 그해 2월에 독일 점령군이 파리 시에 요구한 2억 프랑을 지불하는 문제를 두고 벌어졌다. 두말할 나위 없이 이 초기 단계부터 프랑스와 독일 간에는 팽팽한 긴장감이 감돌았다. 독일인들이 프랑스 은행권을 받겠다고 했다면 문제는 간단했을 것이다. 프랑스 은행이 2억 1000만 프랑을 임시 시의원들(그 중 한 명은 레옹 세였다)에게 대부하는 것은 쉬웠다. 그러나 프랑스 화폐 가치가 하락할 것을 걱정한 독일인들이 경화 지불을 주장하고 나섰다. 알퐁스로서는 터무니없는 주장이라서, 그들이 협상을 파기하고 휴전 따위는 무시한 채 파리로 진군해 들어올 구실을 찾고 있다고 생각했다.

런던과 연락을 유지하는 것이 여전히 곤란한 상황이었는데도, 알퐁스는 결국 합의안을 타결시켰다. 5000만 프랑은 당장 프랑스 은행권으로 지불하되, 5000만 프랑은 가능한 한 빠른 시일 내에 금화나 은화로 지불한다는 내용이었다. 그리고 잔금은 런던과 베를린의 상업 어음으로 지불하기로 했다. 작업은 로스차일드가 이끄는 프랑스 은행 신디케이트의 보증하에 런던 상사의 도움을 받아 이루어졌다.[16] 매입해서 독일에 전달한 어음 대부분(1억 중 6300만)이 런던의 단기 어음(1주 혹은 2주 만기)이었다. 알퐁스가 블라이히뢰더에게 건네서 그를 황홀하게 만든 100만 탈러 상당의 두 장의 어음만 예외였을 뿐이다. 이는 알퐁스가 베를린이 아닌 런던을 배상금 지불 과정의 거점으로 삼으려 한다는 것을 드러낸 첫 신호였다. 실제로 알퐁스는 2월 21~22일에 급히 뉴코트를 방문해서 임박한 국가 단위 배상금 지불을 위해 어떻게 종전의 사업을 규모만 키워서 다시 할 수 있을지 논의했다. 그의 예상대로 '런던'을 그토록 대량 매입한 일은 파운드화 대비 프랑의 가치를 약간 떨어뜨렸다. 독일인들은 협약의 보호 조항에 따라 피해를 보지는 않았지만 말이다(은행가들도 마찬가지였다. 파리 당국은 고정 금리에 합의한 상태였다). 동시에 알퐁스는 독일인들이 파운드 표시 어음을 일거에 금으로 전환하려 들 경우 런던에 초래할 수 있는 문제도 내다보고 있었다.

파리가 지불한 배상금은 애피타이저에 불과했다. 최종적으로 부과될 배상금 총액은 아직 미결 상태였다. 액수를 정하는 과정은 결코 쉽지 않았다. 베르사유에서 이야기가 오간 액수는 30억에서 80억 프랑까지 오르내렸다. '강팍한' 비스마르크가 애초 티에르에게 요구한 액수는 총 60억 프랑이었고, 티에르는 이를 ("마치 미친개에게 물린 양" 펄쩍 뛰면서) "치욕적인 요구"라며 물리쳤다. 비스마르크가 50억 프랑으로 깎았을 때도 프랑스는 여전히 "터무니없다"며 이를 일축했다. 비스마르크는 "외관상 너무 부담스러운 이 조공을 여러분이 두 눈 감고 편안히 지불할 수 있는 절차"를 블라이히뢰더와 헨켈이 이미 고안해 놓았다고 큰소리치며 프랑스 교섭자들을 한층 더 분노하게 만들었다. 파브르가 씁쓸히 내뱉은 말처럼, 두 명의 독일 금융가들은 "그들이 얼마나 우리의 수십억으로 대사업을 이끌고 싶어 하는지 증명하기 위해 최선을" 다하고 있었다. 티에르가 런던에 가 있던 알퐁스를 불러서 베르사유에서 파리와 런던 로스차일드가 양쪽의 견해를 대변해 달라고 요청한 것은 이를 저지하기 위해서였다. 협상이 교착 상태에 빠져 있던 2월 25일, 알퐁스가 베르사유에 출두했다. 그날 저녁에 도착한 그를 독일 총리는 오싹하도록 냉랭하게 맞아들였다.

비스마르크는 프랑크푸르트 출신 유대인의 아들인 '로트쉴트'가 어떻게든 상황을 중재할 수 있으리라고 기대했을지 모르지만, 결과는 실망스러웠다. 물론 알퐁스는 "격분한" 티에르와 파브르가 "협상 테이블을 박차고 나가서 유럽의 품으로 뛰어들"지 못하도록 적극 만류했다. 그러나 독일 대표가 첫 연간 납입액 15억 프랑을 절반은 정화로, 절반은 어음으로 지불하는 방안을 제시하자, 그는 "프랑스 교섭자들이 강화의 첫째 원칙부터 동의하지 않는 상황에서 이런 [기술적인] 문제를 논의할 수는 없다고 선언"했다. 결론 없는 논쟁을 한 시간이나 끌고 있을 때, 비스마르크가 나타났다. "그는 분노로 하얗게 질려서 우리가 어떤 안에 합의했는지 따져 물었습니다. 나는 두 정부가 기본 원칙에 대한 합의를 이루지 못한 상태에서 그 문제를 검토할 수는 없다고 대답했지요. 비스마르크가 날 잡아먹으려는 줄 알았습니다. 이렇게 소리를 지르더군요. '허나 그럴 경우 강화는 불가능하오!'"

알퐁스는 티에르, 파브르와 함께 다음 방안을 논의하기 위해 자리를 떴지만, 비스마르크는 아직 끝난 것이 아니었다. "잠시 뒤에 [그가] 다음과 같은 제안을 가지고 다시 나타났습니다. 10억 프랑은 1년 안에 지불해야 하며, 나머지는 3년 안에……" 그때는 밤 10시였고, 알퐁스는 파리로 출발해야 할 시간이었다. 그가 이튿날 아침 휘갈겨 쓴 편지에 따르면 마지막 토론은 "극도로 격렬하게 진행됐고, 비스마르크는 전쟁이 재개되면 이전에는 본 적이 없을 만큼 호되게 벌이겠다고 협박하기 직전까지 갔습니다". 심지어 블라이히뢰더도 비스마르크의 "소름 끼치도록 무뚝뚝한 태도와 고의적인 무례함"에 충격을 받았다고 고백했다. 이제껏 로스차일드가 사람을 이런 식으로 대했던 사람이 있었을까? 알퐁스는 감탄할 만한 절제미를 발휘해 자신의 입장을 그저 "어렵다"고만 적어 보냈다.

어떤 면에서 비스마르크의 엄포는 효력이 있었다. 알퐁스의 예상대로, 이튿날 티에르와 파브르는 50억 프랑의 제안을 받아들였다. 자세한 내역은 이렇다. 2월 26일에 합의한 조건에 따라 프랑스는 독일에 50억 프랑과 여기에 붙는 5%의 이자를 지불해야 했고, 알자스와 로렌 지방의 프랑스 철도 가치는 총액에서 상쇄하기로 했다.[17] 이미 징수한 파리의 배상금과 다른 점령 비용은 이 금액과는 별개로 간주되었다. 지불 일정은 촉박했다. 5억 프랑은 최종 강화조약이 조인(5월 10일)된 뒤 첫 달 안에 지불해야 했으며, 10억 프랑은 1871년 말까지, 5억 프랑은 1872년 5월까지, 나머지 수십억 프랑은 뒤이은 3년에 걸쳐 매달 3월에 치르게 되어 있었다. 이는 알퐁스가 보기에 그저 "처참하고" "수치스러운" 조건이었다. 그는 50억 프랑은 "엄청난 액수"이며 "3년 안에 갚기란 거의 불가능하다"고 개탄했다. 1919년의 케인스(Keynes)처럼, 그는 요구된 금액의 지불 가능성에 대해 맹렬하게 거듭 반론을 펼쳤다. 나중에는 25억 프랑까지는 고려해 볼 수 있다고 하지만, 애초에 20억 프랑도 "어이없는 액수"라고 반박했다. 또 그는 케인스와 같은 통찰력으로 과도한 배상금은 패전국을 경제적 카오스 상태로 빠뜨릴 뿐만 아니라, 유럽 경제 전반을 붕괴시킬 수도 있다고 경고하기도 했다. 그런 거액의 자금을 일방적으로 이전할 경우 국제 금융 시장에 혼란을 일으킬 수 있었다. 그러나 케인스와는 달리 알퐁스는 그 누구도 설득시키지 못했다. 프랑스 정부는 마지못해 강화조약을 받아들였지만, 1920년대의 베를린과는 달리 배상금 지불을 불이행하겠다는 의도는 전혀 없었다. 알퐁스 역시 영국 사촌들에게 50억 프랑을 지불하는 것은 불가능하다는 논지를 펼친 지 며칠 되지 않아 첫 분할 불입금을 전달하기 위한 준비 작업에 열심히 매달렸다.

이처럼 절망이 곧장 행동으로 돌변할 수 있었던 까닭은, 알퐁스가 비스마르크의 격노를 참아내는 대가를 치르기는 했지만 사실상 베르사유에서 중요한 양보를 얻어냈기 때문이었다. 그 중 하나는 벨포르(Belfort)의 요새가 프랑스의 수중에 그대로 남게 된 것이었다. 그러나 더 중요한 것은 예정 기한에 앞서 할인된 액수를 지불할 수 있다는 조건이 승인된 사실이었다. 배상금을 조기에 완납한다면, 프랑스 북동부를 점령하고 있던 독일군의 단계적 소개 역시 앞당겨 이루어질 수 있었다.[18] 무엇보다 알퐁스는 독일인들이 배상금 총액을 확정짓고 지급 기한도 못을 박았지만, 프랑스가 (어떤 한도 내에서는[19]) 재량으로 지불 조건을 조정할 수 있으리라고 확신하고 있었다. 그가 베르사유에서 티에르에게 설명했듯이, 블라이히뢰더와 헨켈은 "거액의 자금 운용을 강화조약 체결과 직결시키고" 싶어 했다. 그러나 알퐁스의 생각은 달랐다.

> 배상액 규모와 지불 시점은 두 정부의 합의로 정해져야 하겠지만, 프랑스 정부는 자체적으로 판단해서 적절한 방식으로 지불을 이행할 수 있어야 합니다. 그러지 않을 경우 전반적인 이해관계와 특수한 이해관계가 서로 뒤죽박죽이 될 수 있고, 제가 보는 바로는 그것이야말로 가장 후회 막심한 결과를 낳을 수 있기 때문입니다.

알퐁스는 역시 그 아버지의 그 아들이었다. 그가 발휘한 것은 전통적인 로스차일드식의 수완이었기 때문이다. 50억이라는 액수에 반대하던 티에르가 이튿날 아침 고집을 꺾은 것도 그 덕분이었을 것이다. 무엇보다 이는 배상금 자금 조달 과정에서 지배권을 쥔 이들이 독일 은행가들이 아닌 로스차일드가라는 점을 확인시켰다.

배상금을 지불하고 점령을 종식시키려면, 최소한 여섯 가지의 기술적 질문에 답해야 했다. 첫째, 파리 시의 사례처럼 프랑스 환율에 해를 입히지 않고 배상금을 지불하는 것이 어느 정도까지 가능할까? 두 번째 질문은 이와 긴밀히 연관된 질문이다. 전쟁 중 프랑의 금은 태환을 정지시켰던 프랑스은행은 복본위제로 돌아가는 것을 목표로 삼아야 하나? 스당전투 이후로 프랑스 정부는 재정 수요를 충당하기 위해 단기 재무 증권을 담보로 한 프랑스은행의 단기 대부에 크게 의존해 왔다.[20] 독일에 지불하는 첫 납부금도 분명 같은 방식으로 조달해야 했다. 그러나 프랑을 베를린의 수취 통화로 전환할 경우 환율 위기를 감수해야 했듯이, 단기 재무 증권을 담보로 추가 발행하는 화폐는 알퐁스가 거듭 경고한 대로 "휴지 조각으로 떨어져버릴" 위험이 있었다. 세 번째 질문은 앞의 질문에 필연적으로 이어지는 질문이다. 인플레이션을 일으키지 않으면서 배상금 지불에 필요한 (그리고 정부의 자체 수요를 위한) 돈을 마련하려면 랑트를 프랑스 시장, 그리고 특히 외국 시장에서 얼마나 빨리 발행해야 하나?[21] 넷째, 이 과정에서 새로 부담하게 될 거액의 부채를 탕감하기 위해 신규 세금을 도입하고 국내 재정 지출을 통제하는 것이 가능할까? 이는 다시 신규 세금의 형태에 대한 질문으로 이어진다. 프랑스는 뒤늦게나마 영국을 본받아 소득세를 도입해야 하나? 그 대신, 원자재에 관세를 부과해야 하나? 그것도 아니면, 증권거래에 새로 인세를 부과해서 증권거래소 자체적으로 패전 비용의 일부를 부담하도록 해야 할까? 마지막 질문. 가장 거대하고 가장 가시적인 개인 자본의 집적은 무엇일까? 철도인가? 그렇다면 세금을 부과하거나 그 자체를 독일에 대한 부채의 담보로 이용하든지 해서 그 자산과 수익을 어떻게든 활용할 수는 없을까?

패전으로 탄생한 정부가 답하기에는 극히 어려운 질문이었다. 정부의 재정 자문관 로스차일드가가 보기에도 여기에는 복잡하고 애매한 문제가 걸려 있었다. 대규모 배상금 이전을 지휘하는 일은 대단한 벌이를 약속하는 기회였지만, 모든 일이 실패로 끝난다면, 혹은 일을 성공시킨 대가가 로스차일드의 재산에 부과될 세금이 되고 만다면 수익이고 뭐고 전부 무효가 될 터였다. 무엇보다 그런 거액을 베를린에 건네는 일에 주축으로 참여한다는 사실이 알려지는 것은 상당히 위험했다. 1920년대 독일에서 '이행' 정책[22]을 주도했던 유대인 은행가와 정치가들은 그로 인해 혹독한 대가를 치러야 했다. 돌이켜보면, 알퐁스가 1870년대에 그와 비슷한 역할을 수행하면서 동시대 사람들로부터 거의 비난받지 않았다는 사실은 놀라울 정도다(비록 1880년대에는 상황이 달라지지만 말이다).

배상금의 첫 분할 납입금 지불을 위한 준비가 한창 진행 중이던 1871년 3월에서 5월 사이, 다름 아닌 파리에서 새 정부의 권위가 무너진 사건은 그 일에 수반된 어려움을 극명히 보여 준다. 알퐁스는 사촌들에게 프랑스인 대다수는 보수 성향이라고(2월 8일에 열린 국민의회 선거에서 군주제 지지자들이 거둔 승리로 확인된 견해) 몇 번이고 장담했지만, 숨어 있거나 투옥되어 있던 사시사철 '붉은' 오귀스트 블랑키(Auguste Blanqui)와 나머지 일당들이 제국의 몰락 이후 재등장한 시점부터 수도에서 '적색당'의 위협은 말 그대로 현실이었다. 패전 이후 그들은 두 차례, 즉 1870년 10월 31일과 이듬해 1월 19일에 '군중'을 이끌고 시청으로 진격했다. 그해 3월, 무대는 1848년의 재연을 위해 준비된 듯 보였다. 등장인물까지 똑같았다. 온건 공화파는 티에르와 쥘 그레비(Jules Grévy)가 이끌고 있었고, 의회에서 급진 좌파를 대표한 사람은 루이 블랑, 들레클뤼즈(Delescluze), 르드뤼롤랭이었다. 3월 18일에 티에르가 국민방위대(전쟁 중에 거대해진 동시에 정치화된)를 무장 해제시키려 했을 때 역사는 어김없이 반복됐지만, 재연된 것은 희극이 아닌 또 한 번의 비극이었다. 수적으로 대단히 열세였던 정부군은 군중 편에 서기를 택했다. 더 이상의 군 이탈을 막기 위해, 티에르는 파리를 국민방위대 중앙위원회의 수중에 남겨 둔 채 모든 병력을 이끌고 베르사유로 향하기로 결정을 내린다.

3월 26일에 새로운 지방 정부가 선출되고, 이 '코뮌'(1792년을 연상시키는 이름이었다)은 곧 블랑키주의자들과 자코뱅주의자들의 지배하에 놓였다. 4월 초에 교전이 벌어졌고, 곧 다시 전면적인 포위가 진행됐다. 꾸깃꾸깃한 사료를 읽어 가며, 코뮈나르(파리 코뮌 가담자)들은 5월 1일 공안위원회를 세우고, 옛 혁명력을 되살렸으며, 서로를 재판에 넘기기 시작했다. 그러나 과거 혁명당원들의 손에서 이루어졌던 공포가 이번에는 거꾸로 그들을 덮쳤다. 5월 28일에 막을 내린 '피의 일주일' 동안 약 2만 명이 목숨을 잃었고, 그 중 절반은 군 지휘관들의 명령을 받은 코뮈나르 수인들에 의해 즉석 '도살장'에서 나란히 세워져 사살당했다.

프랑스 로스차일드가에게 코뮌의 출현은 1815년에서 1940년까지 통틀어 목숨은 아닐지언정 그들의 재산을 위협한 가장 심각한 사태였다. 3월 26일, 알퐁스는 구스타브에게 파리를 떠나 베르사유에 가 있으라고 조언했지만 자신은 라피트 가에 남아 있을 생각이었다. 그러나 4월 1일에 아우를 잠깐 방문하고 돌아오는 길에, 그는 기관사로부터 코뮌에서 베르사유와의 통신을 중단하라는 명령을 내렸기 때문에 그가 타고 있는 열차가 도시로 들어가는 마지막이 될 것이라는 경고를 들었다. 그는 도중에 하차해서 베르사유로 돌아갔다. 그것은 현명한 결정이었다. 만약 열차를 타고 도시 한가운데까지 들어갔다면, 결국 볼모로 붙들렸거나 19세기를 아울러 가장 잔혹했던 시가전에 말려들고 말았을 것이다. 로스차일드의 사무실과 저택은 간발의 차로 화재를 면했다. 파리 북역 역시 프랑스은행이나 재무부 청사와는 달리 심각한 화를 피해서 알퐁스는 한시름 놓았다. 6월 늦게 파리를 방문한 알프레드도 "총탄 몇 발이 집 안까지 들어왔지만 흡연실 천장 구석만 건드렸을 뿐"이라며 한숨 돌린 듯한 어조로 상황을 전했다.

그러나 페르디난트는 위기를 겪으며 피폐해진 사촌들의 건강 상태를 보고 충격받았다. 8월에 파리를 방문했을 때 그가 본 알퐁스와 구스타브는 "가슴이 아프도록 파랗게 질리고 창백"했으며, 당황스러울 만큼 말이 없었다.

배상금 지불 문제에 관한 한 파리의 내전 상황은 경제 활동을 거의 마비시킬 만큼 심각한 차질을 빚었다. 그러나 상쇄 효과도 있었다. 파리에서 벌어진 사건은 각국 정부에 하나의 위협이자, 카르타고식 화평[23]의 무모함을 드러내는 또 다른 증거로 보일 수 있었다. 게다가 정규군에서 군사 훈련이 재개되면서 정부에는 "사회를 지속적으로 위협하는 해충, 진짜 교수형감을 제거할" ("프랑스와 전 세계로부터 빨갱이들을 일소할") 기회가 생겼다. 알퐁스도 피의 일주일을 야기한 파리의 "위험한 계급"에 대해 분명 맹렬한 반감을 느끼고 있었다.

이점이 하나 더 있었다고 해도 좋을 것이다. 즉, 코뮌의 진압은 대통령으로서 티에르의 입지를 강화시켰다. 그러나 이것이 정말 유리한 일이었을까? 1870년대 초의 수수께끼 중 하나는 티에르와 로스차일드가가 유지한 관계의 성격이다. 일찍부터 알퐁스는 티에르를 "우리의 벗"이라 일컬었고, 티에르가 "사태에 노련하게 대처하는" 것을 흡족하게 지켜봤던 것 같다. "대(對)파리 전쟁"이 진행되는 동안과 그 직후까지 알퐁스가 티에르와 온건 공화파들을 굳건히 지원했다는 것 역시 분명한 사실이다. 알퐁스는 티에르야말로 공화주의적 파리를 군주제적 지방 도시들과 화해시킬 수 있는 유일한 인물이라고 여겼다. 그러나 "우리의 벗"이란 표현은 감정이 배제된 로스차일드식의 완곡어법이었다. 사실 알퐁스는 티에르에 대해 의구심을 갖고 있었고, 이 감정은 곧 겉으로 드러났다. 티에르는 루이 필리프가 통치하던 시절에 알퐁스의 부친의 친구였던 사람이었다. 그리고 그 때문에 로스차일드는 이 노인과 있는 것이 불편했던 것 같다. 그를 만나고 돌아온 알퐁스는 불편한 심경을 드러냈다. "그분과 대화하기란 정말 어렵습니다. 특히 그분을 어려서부터 알아 온 저 같은 사람한테는 말입니다." 알퐁스가 티에르를 무서워했던 것일까? 알퐁스는 "위대한 공화국의 왜소하신 대통령을 찾아뵙는 것은 황공한 일"이라고 썼다. 그는 그런 불편한 감정을 티에르의 (특히 프랑스은행에 대한) 독재적인 경향 혹은 그의 정치적인 표리부동을 비판하는 식으로 표현하는 일이 잦았다. "이 프로테우스께서는 그 거구에도 항상 우리 손가락 사이를 빠져나가십니다."[24] 티에르에 대한 그의 묘한 평결이었다. 1871년 6월에 이미 알퐁스는 티에르가 실각한다면 틀림없이 그 후임은 오말 공작이 될 것이며, 오를레앙 왕정복고를 위한 길이 열릴 것이라고 내다보기도 했다.[25]

그러나 티에르에게는 로스차일드도 고개를 끄덕일 만한 일면이 있었다. 그는 1871~1873년의 상황에서는 금융이 다른 요소보다 중요하다는 사실을 파악하고 있었다. 6월 초에 알퐁스는 티에르에게 이렇게 말했다. "무엇보다 정치적인 상황이 명확히 해소되어야 하는 게 사실이지만, 현재로서는 경제적인 문제를 1차적으로 다뤄야 합니다." 그 이후 이어진 성과들은 티에르가 알퐁스의 조언을 받아들였다는 것을 증명한다. 대통령은 알퐁스보다 연장자이면서도 경제 문제에 대해서는 대개 그의 조언을 따랐다. 로스차일드가의 지위에 도전하려는 경쟁 은행들의 분투가 끊이지 않았는데도, 그는 배상금 지불 문제를 해결하는 데 로스차일드가의 통솔력이 필요하다는 사실을 의심한 적이 없었다. 이것은 알퐁스가 나중에 강베타에게도 이야기했듯이, 1872년 후반에 티에르의 입지가 위태로워졌을 때 그가 어째서 티에르의 집권 유지를 위해 노력했는지를 설명해 주는 이유일는지 모른다.

다른 은행들도 배상금 지불을 그만큼 잘(혹은 그보다 적은 비용으로) 처리할 수 있지 않았을까? 이는 논의의 여지가 있다. 금리 3% 랑트의 가격은 1871년 전반기에 50~53프랑을 유지하며 저평가된 양상을 띠었다. 블라이히뢰더는 그 "엄청난 사업"에서 거대한 수익을 건져 올릴 기회를 꼭 수수료만이 아니라 랑트의 시세가 저가에 머문다면 양도소득에서도 찾을 수 있다고 판단했지만, 그렇게 깨달은 유럽 은행가가 그만은 아니었다. 1815년 이래 하나의 투자로서 랑트에서 낸 실적을 살펴보면 상당한 증가세는 불가피해 보였다. 5월에 블라이히뢰더를 위시한 독일 은행가들은 한몫 차지할 요량으로 파리로 몰려들었다. 그들만 있는 것이 아니었다. 파리은행 역시 로스차일드가보다 높은 값을 부를 생각이었고, 1870년 10월에 프랑스의 전쟁 준비에 자금을 대는 위험마저 감수했던 J. S. 모건 역시 경쟁자였다.

그렇지만 그 어떤 경쟁자도 로스차일드가가 발행 회사로서 활용할 수 있는 국제적 범위의 세력에 필적할 만한 것을 제시할 수는 없었다. 크레디 리요네의 마제라(Mazerat)가 지적했듯이, "로스차일드의 광대한 범유럽 관계망과 자본 자원의 위력은 그들에게 단연 비범한 역할을 부여"했다. 그것이 핵심이었다. 티에르와 프랑스 재무장관 오귀스탱 푸예 케르티에(Augustin Pouyer-Quertier)는 채권 발행을 통해 최대한 양의 경화를 조성할 수 있도록 신규 랑트를 프랑스 밖에서, 이상적으로는 런던에서 가능한 한 많이 판매하기를 원했다. 알퐁스는 자신을 파리의 고위급 은행뿐만 아니라 뉴코트의 대변인으로 제시하는 비장의 카드를 쓸 수 있었다. 그는 런던에 이렇게 보고했다. "우리의 의견이 [재무]장관이 결정하는 일에 대단한 영향력을 발휘할 것이 틀림없습니다. 우리는 물론 여러분의 견해를 크게 참작해 의견을 정할 테고요." 그는 나중에 이렇게 덧붙였다. "장관이 다름 아닌 우리에게 일을 부탁해 왔습니다. 영국에서 진행될 전체 사업은 여러분이 확실히 진행해 주리라 믿겠습니다." 알퐁스는 또 독일에서 랑트를 발행하는 일 역시 크레디 리요네나 한제만보다는 프랑크푸르트 상사에 맡겨야 한다고 장관에게 조언했는데, "정부가 직접 독일 은행가들을 통해 청약을 모집하는 것은 어려운 일이겠지만, 로스차일드가는 범세계적인 이름이기 때문"이었다.[26] 로스차일드가의 경쟁자들이 투덜댄 것은 당연한 일이었다. 마제라가 썼듯이, 알퐁스는 "곧 등장할 전체 금융 책략의 주축"이었다. "그가 추진해 가는 사업을 따라잡기란 불가능"하다.

　정부는 로스차일드가에 일을 위임했지만, 운영의 메커니즘만큼은 유일하게 합의를 보지 못한 채 남아 있었다. 1871년 6월에 보낸 알퐁스의 편지는 그에 대한 협상이 어떤 식으로 이루어졌는지 알려 주는 최선의 자료다. 해결해야 할 문제는 여러 가지였다. 발행 시점(7월 27일에 있을 선거 이전인가, 이후인가?), 발행 물량(20억 프랑인가, 그 이상인가?), 프랑스와 영국을 비롯해 기타 각 시장에 분담할 분량, 채권에 지불할 이자와 할부 상환액, 발행가(80~85 사이에서 논의가 이루어졌다), 청약금 지불 시점(몇 달간 분납할 것인가?), 은행의 정확한 역할(채권 회사가 되어야 할 것인가, 인수 역할을 맡을 것인가, 아니면 발행 전 과정을 맡을 것인가?), 은행이 받을 수수료, 중개수수료 및 기타 요금의 규모, 마지막으로 국외 청약자들에게 이자를 지불할 때의 환율(프랑이 평가 절하되는 것을 막기 위해 환율을 고정시켜야 하는가?) 문제까지.

　며칠에 걸친 입씨름 끝에 도달한 답은 다음과 같았다. 26억 상당의 금리 5% 랑트에 대한 청약을 6월 26일에 발행가 82.5에 개시하되, 청약금 지불 시점은 최종 가격이 약 79.5일 때로 한다. 영국의 이자 지불에 적용할 환율은 파운드당 25.30프랑으로 고정시킨다. 로스차일드가가 런던과 파리에서 이끄는 두 신디케이트는 총 발행량의 10억 6000만 프랑만을 인수하고 그 대가로 명목가의 2% 수수료(2120만 프랑)를 받기로 공식 합의했으므로, 그들의 청약분의 실효 가격은 오히려 77.5에 가까워진다(알퐁스의 계산으로는 77.7이었다). 그러나 일종의 함정이 있었다. 엄밀히 말해 신디케이트들은 (베를린 은행가들이 기대한) 거액의 최초 발행분이 아니라 거액의 2차 발행분을 인수하게 되어 있었다. 그러므로 발행이 실패로 돌아갈 경우 그들이 대량의 랑트를 떠안은 채 남겨질 가능성은 더 높아지는 셈이었다. 발행이 순조롭게 진행된대도 은행가들은 수수료만으로 만족해야 했다. 베를린 은행가들은 이를 "얼토당토않은" 조건이라고 생각했다. 그러나 프랑스 정부는 인수한 랑트의 일부 혹은 전부를 계속 가지고 있어도 좋다는 취지의 비밀 구두 합의를 로스차일드가와 체결했다. 그러므로 로스차일드의 몫은 4억 1050만 프랑(인수된 총량의 3분의 1 이상, 다시 말해 전체 발행분의 16% 이상)이었다.[27] 이제 그들이 벌어들인 수익을 계산하는 것은 간단한 연산 문제다. 수수료만 따져도 800만 프랑이었다. 그러나 이 수치에는 대규모의 양도소득이 빠져 있다. 만약 파리와 런던 상사가 실효 가격 77.7을 지불한 랑트를 전부 보유하고 있다가 다음번 시세가 급등한 1871년 11월(시가 97.1)에 전부 팔아버렸다면, 그들은 약 8000만 프랑(약 300만 파운드)에 달하는 수익을 낼 수 있었을 것이다.[28]

알퐁스가 이를 그다지 성사될 가능성이 없는 일로 본 것은 그다운 판단이었다. 로스차일드가만의 완전한 독점 시장을 만든다는 것은 불가능했다. 프랑스 합자은행들이 작은 몫을 확보하기도 했지만, 심지어 청약이 개시되기 전부터 중개인들은 브뤼셀에서 비공식적으로 거래를 시작했을 정도로 런던과 파리를 제외한 다른 시장들은 사실상 '난전'이나 다름없었기 때문이다. "이건 정말 대혼란이라고 해야겠습니다." 알퐁스는 불만을 터뜨렸다. 그는 노련미 없는 푸예 케르티에를 한 번도 높이 산 적이 없었다. "절대 우리의 잘못으로 일어난 일이 아닙니다. 이런 일을 막으려면 아예 우리가 재무장관이 되어야겠습니다." 그러나 며칠 지나지 않아 채권이 얼마나 큰 성공을 거뒀는지가 확연해지자 그런 불평도 잠잠해졌다. 애초에 청약 액수는 발행 규모의 두 배였다고 한다. 7월 20일에 알퐁스는 이를 여덟 배로 추정했다. 뿐만 아니라 프랑스 합자은행들은 경쟁에서 완전히 밀려났고, 얼마 지나지 않아서는 파리에서도 도시의 자체 채권을 로스차일드가를 통해 발행하면서 한 차례 더 패배를 맛봐야 했다.

알퐁스가 프랑스은행의 주도권을 쥔 이사인 데다 로스차일드가의 "오래되고 가까운 친구"인 레옹 세가 센의 도지사가 된 상황이었기 때문에, 합자은행들은 그들이 정치적 차별의 희생양이 되었다고 생각했다. 그러므로 그들이 8월 5일에 조인한 협약은 거의 반로스차일드 동맹이나 다름없었다. 마제라가 쓴 대로, 합자은행들은 알퐁스가 과연 애국할 만한 사람이냐는 의혹을 의도적으로 제기하며 "조국의 일에 적법하게 참여할 자격"을 요구할 수 있는 "프랑스 기업으로서" 한데 뭉쳤다.

독일 은행을 사업에서 제외시키자는 목표 역시 달성되었다. 그것이 어느 정도까지 의사소통의 문제였는지, 베를린의 소심함 혹은 파리의 고의적인 악의 때문이었지는 판단하기 어렵지만 말이다. 단지 블라이히뢰더, 한제만, 오펜하임뿐만이 아니라 프랑크푸르트와 빈에 있는 로스차일드 상사까지 배제됐다는 점은 중요한 사실이다. 안젤름은 신규 랑트를 3100만 프랑이나 신청했고 크레디탄슈탈트는 4700만 프랑을 신청했지만, 신청 의사가 파리에 전해졌을 때는 인수가 이미 끝난 뒤였다. 마이어 칼은 200만 프랑을 인수하는 데 그쳤다. 유럽 자본 시장을 가른 단층선들이 이번에도 로스차일드 상사들 간의 전통적인 협력 관계를 끊어 놓았고, 무사한 것은 오직 영국-프랑스 축뿐이었다. 알퐁스는 분명 이를 염려하지 않았다. 그는 냉정한 만족감에 젖어 이렇게 썼다. "후회 없습니다. 우리가 그들 없이도 거래를 맡아 완수해낼 수 있다는 사실을 그들 앞에 증명해 보였지 않습니까? 제법 쏠쏠한 수익을 낼 수 있었는데 그 기회를 놓쳐버린 베를린 사람들이 빠진 뒤에도 아무 문제가 없었듯이 말입니다." 티에르가 처음 발행한 랑트로 영국과 프랑스 일가는 승리를 만끽했지만, 통합된 범유럽 세력으로서의 로스차일드가는 분열을 향해 한 걸음 더 내딛게 되었다.

물론, 마무리된 것은 전 과정의 첫 단계에 불과했다. 랑트 발행으로 조성된 돈을 어떻게 독일 정부로 이전할 것인가 하는 문제가 남아 있었다. 가능한 방법은 정부가 런던에서 어음(가장 인기 있었던 유동성 금융 상품)을 매입한 다음 이를 베를린에 양도하는 것이었다. 첫 18억 프랑 중 3분의 1가량은 실제로 이렇게 지불됐다. 알퐁스로서는 애가 타는 일이었지만, 프랑스 정부의 어음 매입을 독점하기란 결국 불가능한 일로 드러났다. 게다가 이번에는 독일인들이 파운드 표시 장기 어음 대신 금이나 독일 탈러 어음을 받겠다고 주장하고 나섰다.[29] 이번 역시 블라이히뢰더는 이 문제에 대한 그의 "친구"의 견해를 파리에 전하며 거드름을 피웠다. 알퐁스의 반응은 냉담했다. "그들이 [전쟁에서] 대승을 거뒀는지는 몰라도 금융가로서는 아주 모자란 치들이라는 것은 확실합니다. 우리가 송금한 돈은 꽁꽁 묶어 놓고, 지불 과정에 도움이 될 만한 일은 전혀 하지 않는군요." 자금 이전으로 생긴 문제가 1871년의 마지막 몇 달간 가벼운 통화 위기를 일으켰는데, 마침 그해의 농사는 흉작이었고(프랑스는 외국산 곡물을 수입해야 했다) 증권거래소에서는 투기 열풍이 일었으며 처음으로 조세 정책에 대한 심각한 논쟁에 불이 붙은 와중이었다. 프랑스은행은 준비금을 보호하기 위해 신규 소액권을 발행해야 했고, 정부에는 대량의 유동 부채를 줄이도록 압력을 가했다. 그리하여 증권거래소의 거품이 터졌다. 11월에 정상에 도달했던 랑트 가격은 1872년 전반기에 약 5%pt만큼 떨어졌다.[표 14] 이런 상황들로 인해 1872년 5월에 베를린에서 예정되어 있던 차기 지불에 대한 논의는 이듬해까지 연기될 수밖에 없었다.

프랑스 정부가 어려움에 처하자, 로스차일드가의 경쟁자들은 때를 놓치지 않고 호객에 나섰다. 도전자들 중 선두에 선 것은 파리은행으로, 이곳은 특히 헨켈 폰 도너스마르크를 비롯한 독일계 이해관계자들이 내세운 간판이었다(고 알퐁스는 의심했다). 1871년 여름에 벌어진 어음 쟁탈전에서는 '파리바(Paribas)'은행[30]의 이사 수베랑(Soubeyran)이 알퐁스를 앞질렀다. 5월까지 지불하기로 되어 있던 3억 프랑에 대해서도 오랜 아귀다툼 끝에, 알퐁스는 액수의 절반만 그와 다른 개인 은행이 보증하고 나머지 절반은 합자은행에 양보하는 데 동의하며 한발 물러나지 않을 수 없다. 이 일은 남아 있던 미지불금 30억을 두고 벌어질 냉혹한 경쟁의 맛보기에 불과했다. 블라이히뢰더는 때마침 베를린을 방문한 푸예 케르티에와 접촉하는 등 여전히 전력을 쏟아 붓고 있었다. 그는 순전히 다음번 대사업에서 더 큰 몫을 차지하기 위해 고안한 다소 무모한 계획을 가지고 알퐁스를 들볶았다. 즉, 프랑스-독일 합자은행을 새로 파리에 설립해서 다음번 채권 사업을 맡겨야 한다는 것, 그리고 남은 30억은 프랑스 철도 주식으로 보증해야 한다는 것이었다(달리 말해, 프랑스

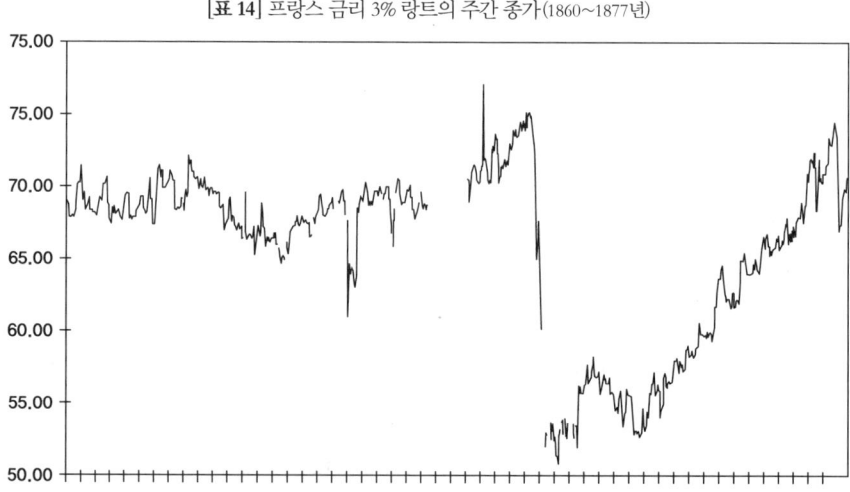

[표 14] 프랑스 금리 3% 랑트의 주간 종가(1860~1877년)

철도 주주들이 주식을 랑트로 바꾸고 프랑스 철도망의 통제권을 베를린에 양도하라는 뜻이었다). 헨켈 폰 도너스마르크가 제안한 복권식 채권처럼, 독일에서 나온 이런 계획은 모두 결국은 현실성이 없는 이야기였다. 프랑스에서 갑작스레 솟구친 애국심(가능한 한 빨리 점령 상태에서 벗어나야겠다는 조급증) 덕분에 1871년의 랑트 발행이 다시 진행될 가능성이 높아졌다. 다만 문제는 파리와 런던의 로스차일드가가 새 발행분마저 손에 쥐면서 애초에 거뒀던 성공을 반복할 수 있느냐 하는 것이었다.

원래 알퐁스는 프랑스의 정치 불안과 1872년 봄에 프랑스와 독일 사이에서 빚어진 가벼운 관계 악화를 두고 봤을 때, 30억을 일정에 앞서 지불하는 것은 거의 불가능한 일로 생각하고 있었다. 그러나 6월 말경 파리바 그룹에서 선수를 칠지 모른다는 두려움에 정신이 번쩍 든 그는 곧바로 행동에 들어갔다. 정부가 두 번째 작업에서는 처음만큼 아량을 베풀지 않으리라는 것은 예상할 수 있는 일이었다. 은행가들은 이전의 인수 체제를 유지하기 위해 정부에 경화로 7억 프랑을 제공하겠다고 약속해야 했다. 알퐁스의 표현대로, 이는 단지 "이전보다 거액이 될 수수료를 정당화하기 위해" 필요한 일이었다. 발행가도 더 높게 잡혔다. 인수자들이 지불할 순가격은 80.5였지만, 공모가는 84.5였다. 합자은행들이 참여 규모를 늘리는 것 역시 불가피해 보였다. 그러나 이번에도 알퐁스는 흥정에서 실력을 발휘했다. 작년에 그랬듯이 총 발행분인 35억 프랑 중에서 단 10억 프랑만 보증되었다. 이 중에서 로스차일드 그룹(파리와 런던 상사, 베어링은행, 고위급 은행들)이 64.3%를 인수했으며, 3분의 1에 못 미치는 나머지는 합자은행이 가져갔다. 7억 프랑의 외환 대부 사업 역시 같은 비율로 배분되었다. 그러므로 두 곳의 로스차일드 상사가 확보한 양은 보증된 거액 중 2억 8200만 프랑, 7억 프랑의 대부금 가운데 1억 9750만 프랑이었고, 두 건 모두 전체의 28%에 해당했다.

1872년과 1873년에 이전된 자금 대부분이 탈러 어음으로 지불됐는데도 독일 은행들의 역할은 미미한 수준에 머물러 있었다. 블라이히뢰더는 한제만이 독일 시장을 진퇴양난에 빠뜨리기 위해 음모를 꾸몄다고 생각하고 이에 대항하기 위해 직접 파리로 달려가기도 했지만, 사실 한제만의 처지도 그와 다를 바가 없었다. 독일이 인수한 분량은 전부 300만 프랑에 불과했다.[31] 마이어 칼마저도 불평하는 것 말고는 속수무책이었다. "우리는 그저 감감무소식으로 앉아 있습니다. 파리에서 써 보내는 장황하고도 공허한 편지를 받아 보는 것만으로도 영광이지요." 운 좋은 내부자들은 이번에도 상당한 수익을 거뒀다. 수수료는 보증된 10억의 1.5%(1500만 프랑), 외환 7억 프랑에 대해서는 2500만 프랑으로, 두 곳의 로스차일드 상사가 벌어들인 것만 1120만 프랑이었다. 이 액수는 랑트 가격이 매입가를 넘겨 급등하면서 조성된 대규모 양도 소득을 생략한 수치다. 로스차일드가는 랑트를 인수하기만 한 것이 아니라 직접 투자까지 한 셈이라고 보는 것이 옳다.

마이어 칼은 채권 발행이 실패로 끝났어도 조금도 동정하지 않았을 것이다. 알퐁스가 예견한 대로 보증 채권이 작년에 비해 훨씬 과하게 책정된 것은 사실이었다. 결국에는 엄청난 규모로 빚어진 초과 청약 사태(약 여덟 배)가 그를 놀라게 했지만 말이다. 그가 보기에 이는 "터무니없는" 상황이었고, 단기적으로는 그의 직감이 맞는 듯했다. 자금 이전으로 빚어진 문제가 1872년 후반에 또다시 환율 하락을 일으켰고, 랑트 가격은 전후 최저치까지 주저앉았다. 독일 정부가 이번에는 함부르크로 발행된 어음 형태로 지불받는 것을 거절하면서 일이 복잡해졌다.³² 그러나 7월에 반복된 초과 청약 사태는 시장이 평가한 랑트의 중간 전망이 전혀 비현실적인 것이 아니었다는 사실을 입증했다. 금리 5% 랑트의 가격은 1872년 12월(81.5)에서 1877년 3월(107.88)까지 3년 반 동안 25%pt 이상이나 멈추지 않고 상승했다. 이 가격은 제국이 붕괴하기 직전에 마지막으로 볼 수 있었던 최고가였다.

1870~1871년의 위기를 거치는 동안 프랑스의 경제력과 정치력이 서로 별개인 양 무관하게 움직였다는 사실을 이처럼 잘 보여 주는 실례는 없을 것이다. 결국 이 같은 질문을 던지게 된다. 프랑스가 50억 프랑에 달하는 배상금 지불을 단 2년 만에 완료해서 그토록 신속하게 '평화를 쟁취'할 수 있었다면, 어째서 전쟁에서는 그리도 한심하게 패배했던 것일까? 어째서 프랑스는 전쟁이 터지기 전에 승리의 가능성에 투자하는 데는 주저했다가, 패전한 뒤에는 기꺼이 패배의 비용을 치르려고 했을까? 논리적으로 보자면, 보나파르트 정권은 1860년대 후반에 50억 프랑 규모의 랑트를 발행해서 재무장 비용을 충당했어야 했다. 경제적으로는 해낼 수 있던 일이었다. 그러나 정권 자체의

정치적 결함 때문에 할 수가 없었던 것이다.

차변(借邊)과 대변(貸邊) [33]

그리하여 전리품이 승자의 수중에 들어왔다. 그러나 승자는 그것으로 무엇을 할 것인가? 배상금 이전을 시작할 때부터 알퐁스는 배상금 수령인들의 경제적 능력을 의심했다. 1872년 12월, 그는 탄식하듯 써 보냈다. "베를린 시장은 충격적인 상황입니다. 우리가 지불한 50억은 다 어디로 갔답니까? 부정하게 얻은 부에서 아무런 이익도 내지 못했다는 이야기가 들립니다." 1873년 여름에 중앙유럽의 금융 시장을 휩쓴 위기는 그의 말을 전적으로 입증하는 듯했다. "우리가 건넨 50억으로 그들은 비싼 대가를 치르게 됐습니다." 그해 9월, 그는 흡족하다는 듯이 그렇게 썼다.

정치적 분계의 반대편에서, 마이어 칼 역시 스당전투 이후 활력을 되찾은 '창업 열기'가 과연 얼마나 지속될는지 의심하고 있었다. 특히 그는 신규 합자은행들이 독일 전역으로 확산되고 있다는 사실에 불안해했다. 물론 그가 이 추세에 반감을 느낀 것은 자기본위적인 이유에서였다. 1871년 1월, 그는 불만스러운 어조로 이렇게 썼다. "그런 은행들은 투자할 기회만 생기면 자신들이야말로 우리를 밀어내고 대부금을 조달할 유일한 세력이라는 것을 증명할 생각에 뛸 듯이 기뻐한다." 그러나 경제가 과열 조짐을 보이고 있다고 판단한 그의 직감은 옳았다. 그 역시도 과열의 진짜 원인이 무엇인지는 짚어내지 못했지만 말이다. 1871년 10월, 그는 이렇게 썼다. "신규 은행 주식에 불고 있는 광적인 투기 열풍은 어디서나 화젯거리입니다. 그 쓰레기 같은 사업들이 어째서 이렇게 엄청난 자금을 빨아들이며 열광을 일으키고 있는지는 오리무중입니다." 한 달 뒤에 그는 덧붙여 썼다. "새 은행, 또 다른 크레디 모빌리에를 설립하자는 광증은 쉽사리 수그러들지 않는군요. 이런 기관들이 발기인들의 돈으로 과연 무슨 사업을 하려는지도 불확실한 판국이니, 이 광증은 분명 파국으로 끝나버리고 말 겁니다."

그러나 새 제국에서 넘쳐나는 사업 기회는 경쟁 과열이라는 골칫거리를 보상하고도 남을 정도였다. 1871년 1월에 제국이 막 선포되고 있던 와중에도, 마이어 칼은 뷔르템베르크와의 대부 협상으로 눈코 뜰 새가 없었다. 그 사업은 결국 "에를랑거와 그와 동업한 쓰레기 같은 은행들"에 양보해야 했지만 말이다. 같은 해에 바덴 역시 자본 시장에 눈을 돌려 그에게 호기를 마련해 주었고, 레겐스부르크 공국에도 소규모로 대부할 기회가 생겼다. 그러나 뮌헨과는 인연이 없었다. 남부독일의 사업을 로스차일드가가 장악했던 것은 과거의 일이었다. 그러므로 마이어 칼에게는 한제만과 디스콘토 게젤샤프트, 그리고 한제만을 통해 급성장하는 베를린 시장과의 유대를 발전시키는 것이 무엇보다 중요했다. 그는 영국 사촌들에게 빅토리아조 특유의 과장어법으로 한제만을 이렇게 소개했다. "그는 탁월한 인물이자 사려 깊은 친구입니다. 오직 자기의 이익과 명성만 좇는, 허영심 강하고 야망으로 똘똘 뭉친 블라이히뢰더보다는 몇 배나 더 나은 사람입니다.……한제만 씨와 가까워지지 못하면 이곳 정부와 사업을 하지 못할 겁니다. 정부에서는 그를 특히 호의적으로 생각하고 있고, 그도 이제는 만만찮은 영향력을 쥐고 있으니까요. 그러니……우리는 한제만 씨와 최선의 관계를 맺어야 합니다."

마이어 칼이 쾰른-민덴 철도를 포함해 여러 수익성 좋은 철도 사업에 참여할 수 있었던 것도 한제만을 통해서였다. 철도 사업에 함께 참여한 것이 분명한 뉴코트로 그는 이렇게 써 보냈다. "여러분은 만족하고도 남을 겁니다. 이 늙은 찰리가 겉보기와는 다르게 그리 허술한 사람은 아니라는 걸 아실 테죠." 이 말에는 프랑크푸르트의 파트너들이 느끼기 시작한 경제적인 열등감이 묻어 있다. 그가 남부독일 철도에 관여할 수 있었던 것도 한제만과의 인연이 얽힌 일이었던 것으로 보인다. 1870년대 초에 마이어 칼은 디스콘토 게젤샤프트의 위성 노릇을 하는 일이 점점 더 잦아졌고, 런던과 파리로부터 또다시 괄시당하는 조짐이 보일 때마다 특히 더 그랬던 것 같다.

프랑스의 배상금과 1873년에 독일 경제를 멈춰 세운 공황을 단선적인 인과관계로 해석하는 것은 지나친 일일 것이다. 결국 5월 8~9일에 위기가 시작된 곳은 베를린이 아니라 빈이었으니 말이다. 그럼에도 배상금 지불이 이루어지던 시기에 독일의 재정 및 통화 정책이 전후의 '광증'을 억제하는 데 두 손 놓고 있었다는 것은 분명한 일이었다. 1872년 3월, 마이어 칼은 이렇게 썼다.

"상원에서 재무장관을 만났습니다. 여윳돈이 너무 많아 어찌해야 좋을지 모르겠으니 그 돈을 좀 유용해 보겠느냐고 묻더군요." 이것은 물론 과장된 이야기다. 그러나 전쟁으로 독일이 2억 2000만 탈러를 소모했다는 사실을 감안하면, 13억 탈러(50만 프랑)의 배상금은 사실상 초과 예산을 만든 셈이었다. 독일 정부는 이 돈을 여러 곳에 사용하며 증권 시장의 열기에 기름을 부었다. 물론 1억 2000만 탈러는 다음 전쟁을 위한 '군자금'으로 율리우스 탑[34]에 비축되었다. 어떤 방법보다 가장 효과적인 불태화 정책이었을 것이다. 그러나 독일인들은 새 제국의 수도 베를린에 장엄한 건물을 짓는 데 약 6000만 탈러를 쏟아 부었고, 남은 돈의 상당 부분을 제국의 회원국들과 북독일연방의 부채를 탕감하는 데 썼다. 이것이 이미 활황세였던 경제에 추가적으로 유동성을 창출했다.

이와 연관된 또 다른 문제는 독일 통화가 아직 미확정 상태였다는 점이었다. 1871년 당시에 새 제국에는 최소한 일곱 가지의 주화 체계가 있었고, 그 대부분이 은화로 이루어져 있었다. 그러나 1870년 이후의 통화 논쟁에서 주도권을 잡은 루트비히 밤베르거(Ludwig Bamberger) 같은 자유주의적 은행가들은 금 대비 은 가격의 하락 등을 이유로 들어 금을 기반으로 한 새로운 독일 화폐 체계를 만들어서 채택하자는 주장을 폈다. 이에 대한 입법은 1871년 10월에 시작됐지만 주화법이 마침내 통과된 것은 1873년 7월이었고, 중앙은행인 라이히스방크(Reichsbank)가 설립되어 새 통화를 관리하게 된 것은 1875년 3월의 일이었다. 거품은 이미 오래전에 터졌다. 남아 있는 통계에 따르면 1871~1873년 동안 통화 공급량은 약 50% 증가했고 물가도 비슷한 폭으로 상승해 있었다. 1873년의 공황은 그렇게 증대된 것들을 일소시켰고, 수천 개의 기업을 도산으로 몰았다.

베르사유에서 오만방자하게 군 천벌이었을까? 알퐁스는 그렇게 생각했다. 그러나 1873년의 금융 위기와 뒤이어 발생한 소위 '대공황'(1890년대까지 계속된 농산물 가격의 하락)도 프랑스의 전략적 취약성에 막을 내리지는 못했다. 프랑스 영토에서 마지막 독일 군대가 떠나고 고작 넉 달이 지난 1874년 1월, 티에르의 후임 드카즈(Decazes) 공작은 독일이 프랑스에 또다시 전쟁을 일으킬 계획을 세우고 있다는 혐의를 제기했다. 이듬해에는 독일의 비스마르크 기관지들이 "전쟁이 임박했나?"라는 제목의 기사를 실어서 프랑스 시장을 공포에 몰아넣었다.

경보는 결국 오보였음이 드러났다. 비스마르크는 국내 정치용 수단으로 군국주의의 북을 울렸을 뿐이지, 그 이상을 의도한 것은 아니었을 것이다. 그러나 로스차일드가가 보기에 정말로 사태를 돌려놓은 사건은 디즈레일리와 고르차코프가 유럽의 평화를 위해 중앙아시아에 대한 양국의 입장차는 일단 묻어 두자고 합의한 일이었다. 최소한 디즈레일리는 가족에게 그 같은 합의가 이루어졌다고 전했다. 샬로테는 아들에게 편지했다. "어제저녁 [디즈레일리가] 너희 아버지를 급히 방문해 대륙의 평화 유지를 위한 협상에서 대단한 성공을 거뒀다고 말하더구나." 총리는 으레 그 특유의 과장어법에 한껏 취해 있었다. 그러나 그의 처신과 1870~1871년에 글래드스턴이 보인 행동의 차이를 라이오넬이 모르고 지나치지는 않았을 것이다. 몇 해 동안 일어난 사건들은 두 가지 사실을 일깨웠다. 첫째, 열강들 간에 벌어진 갈등은 일가족으로서의 그들에게는 위기가 될지언정 은행가로서는 무익하지 않다는 것이다. 그리고 또 하나는 국제 사회 안정의 열쇠가 놓인 곳은 파리도 베를린도 아니요, 바로 런던이라는 사실이었다.

7장
코카서스계 왕족

> 로스차일드가는 한 가지 면에서 정말로 희한하게 왕가를 빼닮았다. 즉, 그들은 너나없이 서로 반목하다가도 세상에 맞설 때는 함께 뭉친다.
>
> — 찰스 딜크(Charles Dilke) 경, 1879년 3월

한자동맹 도시의 상인 일가와 그들의 가족 회사가 쇠하고 몰락하는 과정을 그린 토마스 만의 1901년작 소설『부덴브로크가의 사람들』에서 데카당스, 즉 퇴락은 3대에서 그 징후가 발견되며 4대에 이르면 치명적인 것이 된다. 1878년 이후의 로스차일드 가족사를 쓰면서 그 공식을 머릿속에서 지워내기란 분명 어려운 일일 것이다. 마이어 암셸의 손자들이 세상을 떠나자, 가족기업을 성장시키고 흥성하게 했던 기업가적 추진력과 경제적 수완이 결핍된 것 같은 4대손들이 수뇌부를 넘겨받았다. 교육 기회의 확대로 혜택을 본 그들의 관심은 사업이 아닌 다른 데 있었다. 전통적인 상류 사회에 동화된 그들의 몸과 마음은 모두 도시가 아닌 전원에 가 있었다. 1865년 알퐁스는 사촌들에게 열정적인 어조로 이렇게 썼다. "사업에도 분명 새 시대가 시작됐습니다. 대학 교육을 받은 젊은 세대들만이 이 시대의 급변을 이해할 능력이 있지요. 그러므로 신시대의 장대한 금융 사업에서 방향키를 쥘 이들은 젊은 세대들입니다." 그러나 이 젊은 세대는 동시대 사람들에게 에피고니[1] 같은 인상을 주었다.

그 같은 서사를 뒷받침할 만한 증거는 찾기 쉽다. 냇의 죽음(1870), 안젤름

(1874), 메이어(1874), 앤서니(1876), 마지막으로 라이오넬(1879)의 죽음은 프랑크푸르트와 파리의 늦둥이 사촌들만을 3대의 대표로 남겨 놓았다. 제임스의 아들 중에는 알퐁스가 1905년에 임종할 때까지 동생 구스타브의 도움을 받아 가며 프랑스 금융계에서 가공할 만한 세력가로 남아 있었으나, 살로몽 제임스는 스물아홉의 나이에 세상을 떠났고 에드몽이 사업에서 맡은 역할은 단역에 불과했다. 칼의 아들 중에서 아돌프는 1863년에 사업에서 발을 뺐고 마이어 칼은 1870년대 후반부터 건강이 나빠져서 1886년에 결국 세상을 떠났기 때문에, 프랑크푸르트 상사의 마지막 남은 세월은 독실하지만 경제적 야심은 없었던 빌헬름 칼이 도맡아 꾸려 나가야 했다.[2]

고령에 병까지 앓으면서도 사업에서는 정력적인 파트너들이었던 3대들은 선대의 직업윤리가 뼛속까지 새겨진 이들이었다. 냇은 1870년 2월에 숨을 거두기까지 수년 동안 병약한 상태로 지냈다. 그의 하인은 그가 어떻게 "장장 18년 동안이나 남들이라면 견딜 수 없었을 병마와 싸워 오셨는지" 감탄해 마지않았다. 죽기 몇 시간 전에도 "나리는 알퐁스 나리께 미국 증권과 러시아 채권에 대해 이야기하셨습니다.……돌아가시기 직전에는 하인들에게 다음 날 아침 일찍 차를 한잔 가져오라고 하셨어요. 조간신문도 같이 읽어 달라는 분부이셨지요." 정계에서 활동한 형의 그늘에 가려져 있었던 앤서니도 무엇보다 은행가로서 살아간 인물이었다. 그는 친구들이나 친척을 만나면 예외 없이 "무슨 소식이라도?"라고 물었다. 진짜배기 은행가만의 인사법이었다.[3]

라이오넬은 류머티즘성 통풍(요즘 용어로는 관절염이 적당할 것이다)의 발병으로 오랜 세월 동안 극심한 통증을 감내해야 했는데, 때로는 들것에 실려서 하원에서 진행된 유대인 해방에 대한 토론에 참석하기도 했다. 《타임스》는 이렇게 썼다. "20년이 넘는 세월 동안 그는 저택의 방에서 방으로, 혹은 마차에서 내려 사무실에 놓인 특수 제작된 의자까지 휠체어로 움직여야 했다." 그러나 신문에서도 기록한 것처럼 "세상을 떠나기 전날, 그 마지막 근무일까지도 그는 가공할 만한 규모의 사업을 이끄는 원동력으로 남아 있었"으며 "사업의 향배를 결정한 것은 무엇보다 그의 현명함과 근면이었다". 물론 신문사에서 얼마 전에 퇴임한 편집장 딜레인이 가족과 가까운 사이였으니 부고 기사가 그토록 열정적인 필치로 쓰인 것도 당연한 일일 것이다. 그러나 라이오넬의 역할과 능력에 대한 촌평은 통찰력 있는 것이었고, 라이오넬의 통솔 아래 런던 상사가 이루어낸 성과에 근거한 이야기임은 틀림없었다.[4]

디즈레일리가 라이오넬을 "내가 아는 가장 유능한 사람"이라 불렀을 때 그는 굳이 과장할 이유가 없었다. 라이오넬은 또한 거부 중의 거부이기도 했다. 그는 270만 파운드를 남기고 세상을 떠났고(아내와 아이들에게는 1만 5000파운드만 물려주었다), 피커딜리와 거너스버리에 있는 저택들, 그 시대 최대의 개인 소장 미술 컬렉션 중 하나였던 작품들 역시 그의 유산이었다. 라이오넬을 좋아하지 않았던 사람들도 사업에 대한 그의 열정만큼은 부정하지 못했다. 임종 전날, 그는 중개인 에드워드 왜그(Edward Wagg)를 피커딜리 148번지의 그의 침상으로 불러 이렇게 말했다. "내 격주 장부를 살펴보자니 당신이 덧셈을 잘못 했구려."[5] 그가 죽고 30년도 더 지나서까지 그의 인품에 대한, 이제는 악의적으로 왜곡된 일화들이 회자되었다. 금융가 호레이스 파쿠아(Horace Farquhar)는 허버트 애스퀴스(Herbert Asquith)에게 "그 늙은 유대인은 뉴코트의 사무실 책상 위에 진주를 채워 넣은 작은 궤를 올려놓고는 일하는 중간마다 만지고 애무했다더라"는 심통 사나운 (그리고 아마도 거짓말이었을) 이야기를 하기도 했다.

3대 중 가장 맏이였던 안젤름은 그런 성격 중 많은 부분을(특히 막스 베버가 자본 축적의 주된 동기라고 생각했던 금욕주의를) 앞 세대와 공유하고 있었다(베버는 금욕주의의 원천을 칼뱅주의에서 찾았지만 말이다). 그는 독서광이었고, 오브제 다르(레네가세에 특별히 갤러리까지 만들어 소장해 둔)의 열정적인 전문 수집가였으며, 오페라 극장에 전용 특별석까지 둔 광적인 공연 애호가이기도 했다. 그러나 그는 대체로 검소하게 살았고, 부친에게서 물려받은 빈의 대궐 같은 집에서도 방은 단 두 칸만 사용했으며, 쉴러스도르프 성에서 휴가를 즐길 때는 영지에 지은 작은 오두막에 묵는 것을 좋아했다. 영지에 손님을 초대하는 일도 드물었다. 헤르만 골트슈미트의 회고에 따르면 "그는 이민자의 삶, 수전노의 삶을 살았다. 그는 부를 과시하는 것을 혐오했으며, 큼직한 마차 택시를 탔지, 전용 사륜마차를 둔 적은 없었다". 그렇게 자신을 내세우지 않고 인색했던 까닭에 그는 초상화도 그리지 못하게 했다. 그와 아내는 결혼 생활 대부분을 별거 상태로 지냈다(일단은 그녀가 빈에서 사는 것을 싫어했기 때문이었던 것 같다). 그러나 부친과는 달리 안젤름은 오스트리아에서는 양심적으로 불륜을 피했고, 런던과 파리를 방문했을 때도 잠깐 시랑 놀음을 하는 것으로 그쳤다(그가 가장 애호한 악덕은 코담배였다).

그 역시 아들들에게는 에너지가 무한정해 보이는 사람이었다. 1868년 여름, 프랑스와 네덜란드로 골동품 사냥에 나섰을 때를 페르디난트는 이렇게 회상했다. "아버지는 아침 6시에 일어나셔서 땅거미가 질 때까지 걸어 다니셨는데, 그렇게 쇼핑하고 경치를 구경하는 내내 불쌍한 두 남자[그의 비서와 수발 드는 하인]를 끌고 다니셨습니다. 부디 그 체력을 이 아들들에게도 물려주셨으면 하는 바람입니다." 가업 운영의 상당 부분은 골트슈미트에게 위임되었지만(안젤름은 사무실의 다른 직원들은 가능한 한 무시했고, 일부러 프랑스어로 이야기하여 그들과 거리를 두었다), 그는 여전히 주인이었고 그것도 엄했다. 화가 나면 그는 펜을 방 저쪽까지 집어던지고 침을 뱉었다. 심한 방광통으로 고생했지만, 그 역시 죽는 날까지 의욕적이었다.

프랑크푸르트에 "최대한 소박하게" 묻히고 싶다고 한 안젤름의 요청은 보수적인 생활방식의 연장인 셈이었다. "장례식은 마치 가난한 유대인의 장례인 것처럼 허례가 없었다"고 《타임스》는 썼다. "시신은 기차역에서 운반인의 마차로 옮겨졌다.……장례식 시간이 비밀로 유지된 까닭에 비교적 적은 수의 사람들만 예식에 참석했다." 그러나 그는 유언장에 총 5000만 탈러가 넘는 돈을 남긴 인물이었고, 그 액수는 비스마르크가 지적했듯이 예수회 자산의 두 배였다. 제임스와 라이오넬의 장례식을 비교하면 그 대비는 두드러진다. 새로 지은 윌즈던(Willesden) 공동묘지에서 있었던 라이오넬의 매장식에는 사촌들, 로스차일드의 대리인과 중개인들, 의원들(윌리엄 하코트[William Harcourt] 경과 전 영국은행 총재 톰슨 행키[Thomson Hankey]도 와 있었다), 수많은 유대인 단체의 대표들로 인파를 이루었다.[6]

증손들

세대교체가 어려웠다는 사실은 일단 의아해 보일 수 있다. 출산율이 높았던 시대였으므로 4대는 3대보다 자연스럽게 수적으로 많았고, 그 세대에 태어난 44명의 아이들 중에서 충분히 능력 있는 사업가가 나오리라는 기대도 할 수 있었을 것이다.[7] 당대 사람들도 로스차일드가의 불어난 머릿수에 놀라워했다. 1859년 공쿠르 형제는 구스타브와 세실 앙스파크의 결혼 피로연에 대략 74명의 로스차일드가 참석했다며 경탄했다. "로스차일드는 아무리 많아도 좋다"는 유명한 말을 남긴 것은 디즈레일리였다. 그 말은 자명한 사실이 아니었던가?

한 가지 문제는 딸들이 초과 공급되었다는 사실이었다. 우리에게는 터무니없어 보일 수 있는 이야기이지만, 3대들은 아들을 낳지 못하는 것에 민감해했다. 그 불안감을 전혀 이해할 수 없는 것은 아니다. 4대로 태어난 아이들은 남아 대 여아의 비율이 17 대 27에 달했기 때문이다. 게다가 남아 중 다섯 명이 유아기에 사망했다.[8] 나폴리와 프랑크푸르트 상사가 전자는 1863년에, 후자는 1901년에 문을 닫은 것도 부분적으로는 칼의 아들들 중 누구도 아들 후계자를 낳지 못했기 때문이었다.

살아남은 아들들이 가문의 부의 근간이 된 근로와 타산의 에토스로부터 멀어진 것은 불가피한 일이었다. 심지어 그들의 친어머니조차 런던 상사의 사업을 물려받게 될 세 명의 젊은이에 대해 상당히 박한 평가를 내리고 있었다. 샬로테는 특유의 냉정한 솔직함으로 1840년에 이미 내티에게 이런 평가를 내렸다. "야위고 못생긴 아기이지만 그건 중요하지 않다. 그 애는 아들이니, 아이 아버지와 전 가문에는 그보다 더 반가운 일이 없을 테니까. 그러나 나는 그 애를 딸들만큼 예뻐하기가 어렵다." 내티가 아홉 살이 되었을 무렵, 그녀는 이 아이한테 "진심 어린 마음과 솔직함이 결여되어 있다"고 생각했다. "그 애는 말이 없고 부끄럼을 타고 대범하질 못하다. 사실 그 애는 우리 아이들 중에 유일하게 돈을 좋아하고 돈이 있으면 모조리 재어 놓는다.…… 그 애는 나면서부터 게으르다." 이어진 6년 동안 호전되는 듯했지만(그는 공부에 전념하는 듯 보였), "그 애는 여전히 수줍음을 탄다"고 샬로테는 무뚝뚝하게 결론지었다. "재바르지는 못하겠지만, 많이 알고 대단히 교양 있는 사람은 될 것 같다."[9]

내티는 삼촌 메이어의 뒤를 이어 1859년 10월에 윤리학(윤리철학, 정치경제, 근대사, 일반 법학, 영국 법률이 포함된 과목)을 공부하기 위해 케임브리지에 입학했고, 학업에도 별 어려움이 없었던 것으로 보인다.[10] 그러나 그는 '리틀 고'라고 알려진 일반 학부생들의 2년차 시험에서 고생했는데, 필수로 지정된 수학과 신학 과목 때문이었다.[11] 부모에게 보낸 그의 편지에서는 그가 사냥개를 데리고 승마하기, 아마추어 연극, 학생 조합에서 벌이는 토론에 참여하는 일(많이 듣던 이야기다)에 더 많은 시간을 할애했다는 것이 엿보인다. 그러나 그는 다른 가족들과는 달리 예술과 건축에는 흥미를 보이지 않았다. 그의 관심을 사로잡은 것은 바로 정치였다. 그는 아주 어려서부터 박식한 부친과 함께 정치 문제에 대해 논하는 것을 즐겼을 것이다.

장래의 하원 의원으로서는 좋은 출발일지 몰라도, 역동적인 시티에서 경력을 쌓을 사람치고는 준비가 너무 부족한 것이 아닌가 싶을 수도 있겠다. 특히 내티에게 수학적 재능이 없었던 것은 경제적 계산 능력이 유전된다는 《타임스》의 주장에 대한 반증처럼 보였을지 모른다. 그의 부모는 그에게 더 많은 것을 기대했는데, 그가 사냥과 ADC 클럽[12] 활동을 비호하며 변명조로 쓴 편지에서도 그가 느꼈을 가족의 압력을 어림짐작할 수 있다.

내티는 '리틀 고'를 통과했다. 그러나 트리니티 칼리지의 학장 윌리엄 휴웰과 헐스 신학 교수 조지프 라이트풋(뒤에 더럼의 주교가 되는)의 집중적인 '코칭'과 격려에도 우등 학위를 받을 가망은 없어 보였고, 결국 그는 1862년 미클머스 학기 말에 기말시험을 치르지 않고 케임브리지를 떠났다. 애서니엄(Athenaeum) 클럽의 회원으로 뽑히고(1860), 에일즈버리 선거구의 하원 의원으로 선출되어 의회에 앉고(1865), 버킹엄셔 기마 의용부대에서 장교가 되고, 삼촌의 준남작 작위를 세습받은(1876) 내티는 금융계보다는 정치계에서 경력을 쌓을 운명인 듯했다. 그러므로 그가 시티에 입성한 직후 갈채를 받았던 것도 하원이 되기 전까지 보여 준 그런 증거들 때문이었다. 샬로테도 물론 대단히 놀라워했다.

그녀와 라이오넬이 어째서 그토록 아들들의 학업 성적에 목을 맸는지 궁금해지는 것은 당연하다. '대학 교육'에 대한 알퐁스의 신념은 확고했지만, 케임브리지의 우등 학위가 어째서 시티에서 득이 될 수 있는지 그 근거는 분명하지 않았다. 그러나 19세기 전반에 걸쳐 시티의 은행가들 중에서 사립 기숙학교를 졸업하고 옥스퍼드나 케임브리지에서 교육받은 이들의 비율이 현격하게 증가했던 것은 사실이다. 샬로테는 레오에게 충고했다. "하루에 한두 시간쯤은 영작문 연습을 해라.……뉴코트에서 실무에 임할 때도 계약서를 작성한다든지 중요한 금융 거래에 대한 보고서를 쓴다거나 훌륭한 서류를 완성할 때 도움이 되지 않겠니. 그런 문서는 사무원을 시켜서 쓰게 하는 것이 아니란다." 그러나 그녀의 진짜 목적이 레오에게 "뉴코트에서……실무를 꾸려 나갈 수 있도록" 준비시키는 것이 아니라, 그보다는 그녀가 열망했으나 받지 못했던 고전 교육을 아들에게 시키고, 그 결과 로스차일드의 컬렉션에 또 하나의 트로피를 더하려는 것이었다고 생각할 수도 있겠다. 학위는 하원 의석과 마찬가지로 은행가로서의 로스차일드가에게 실질적인 득이 되는 것은 아니었지만, 비유대인 엘리트들과 사회적으로 완전히 대등해지기 위한 분투에서는 상장을 얻는 것과 같은 일이었다. 샬로테는 1865년에 막내아들에게 이렇게 설교했다. "대학 우등 학위는 대단한 자격증이다. 우등 학위를 받은 사람이 반드시 대단한 재능을 갖춘 고명한 사람이라고 할 수는 없지만, 우등 학위는 그 사람이 지식을 얻기 위해 집중하고 최선을 다했다는 것, 굳은 의지와 원기가 있고 근면하며 인내심이 있다는 것을 증명해 주기는 한다. 그것은 귀중한 자질이야."

그녀와 라이오넬은 레오가 친구에게 돈을 꿔 주었다는 소식에 격노했다. 그것은 케임브리지라는 이름으로 일부나마 지워 보려 했던 사회적 출신을 노출하는 짓이나 다름없었기 때문이다. "나는 네가 상식 있는 청년인 줄로만 알았구나. 제 주머니에 푼돈조차 없는 그 어리석은 망나니한테 500파운드를 빌려 줄 만큼 네가 주책없을 줄은 생각도 못했다. 돈을 빌려 주는 것은 누구에게나 위험한 짓이야. 로스차일드라는 이름을 가진 사람한테는 더더욱 그렇다. 돈을 빌려 주는 것은 친구를 적으로 만드는 일이지. 아무도 로스차일드에게는 돈을 갚을 생각을 안 할 거다. 그러면서도 빌려 준 사람을 피하려 할 테고, 결국 영영 피하게 되겠지.……케임브리지를 좀먹고 네 귀중한 시간, 선의, 에너지를 빼앗는 그 게으르고 나태하고 아무 짝에도 쓸모없는 청년들과는 담을 쌓고 차라리 방문을 걸어 잠그고 지내려무나."

그러나 이 세대는 좀처럼 대학 학위를 따지 못했다. 그나마 내티는 케임브리지에서 체면을 구기지는 않았지만, 그의 아우들은 적이 실망스러웠다. 샬로테는 알프레드가 "케임브리지에 가서 발군의 실력을 보여야" 한다고 조바심을 냈지만, 겨우 1년 만에(1861~1862) 그는 몸져누워 다시는 대학으로 돌아가지 않았다. 알프레드를 자선 사업이나 정계에 입문시키려는 노력도 있었다. 앤서니의 개인 지도를 받으며 그는 1867년의 엄동설한에 "기분 전환을 위해" 시티 지자체의 위원회에 출석했다. 조바심이 난 어머니는 편지를 썼다. "네 동생이 참석하길 바라고 또 그러리라 믿는다. 회의에 참석하는 데 익숙해지는 것이 그 애[알프레드]에게 좋은 일이다. 그리고 때가 되면 하원 의원이 되는 것을 다시 생각해 볼 수도 있지 않겠니. 지금은 그 애의 비위에 맞지 않는 일이지만 말이다." 1868년에 알프레드는 유대인 최초로 영국은행 이사회에 선출되지만, 이는 그의 능력보다는 전적으로 가문의 이름 덕에 얻은 자리였다. 그러나 알퐁스가 프랑스은행의 이사로서 제 구실을 다했던 것과는 달리, 그는 영향력 있는 입지에 오르지 못했다.[13] 알프레드는 세기말적 탐미주의자의 삶을 살았고, 나약한 데다가 소심했다. 막스 비어봄(Max Beerbohm)의 삽화(《세이무어 플레이스에서의 어느 고요한 저녁. 의사들이 과연 알프레드 씨가 잠자리에 들기 전 두 개째 프랄린[14]을 먹어야 하는지를 두고 토론을 벌인다》)는 그 유약함을 포착하고 있다.[그림 7] 알프레드가 남겼다는 기력 없는 재담 역시 마찬가지다. 한번은 영국은행의 동료 이사가 (안젤름의 유언을 들먹이며) "50년 안에 《타임스》에 그의 형님이 유산으로 버킹엄셔를 통째로 남겼다는 기사가 실릴 것이라고 말했다. 동료의 부적절한 언사에 알프레드는 이렇게 대꾸했다. '잘못 알고 있군그래. 정말로 난 그보다 더 큰 것을 남길 걸세. 난 이 세상을 남길 거야(I shall leave the world).[15]'"

레오폴드(레오)는 그보다 더 실망스러웠다. 라이오넬과 샬로테가 학문적 성취에 대한 마지막 희망을 그에게 걸고 있었기 때문에 더더욱 그랬다. 케임브리지에서 생활하는 동안 부모의 훈계와 책망이 폭격처럼 집요하게 쏟아졌는데도(혹은 바로 그 때문에) 레오는 '리틀 고'를 미뤄야 했고, 그리스도교 신학에 대한 지식이 부족해 감점을 받았으며, 기말시험에서는 가까스로 3등급을 따냈다. 그의 어머니는 아들이 "누구보다 우둔하고 분별없고 피상적인 인간으로 통할까 봐" 공포에 떨었고, 친구인 매튜 아널드가 한 말에 굴욕감을 느꼈다. "그분은 지금도 그렇지만 앞으로도 네가 학구파가 되기란 힘들어 보인다고 하셨다. 네가 뉴마켓¹⁶ 이야기를 꺼냈다면서 그분은 그걸 아주 애석하게 생각하셨단다. 네가 더 나은 인물이 될 수 있다고 생각하셨기 때문이야. 과장이 아니라, 아놀드 씨는 그 경마장 이야기를 세 번이나 하셨어." 샬로테처럼 아들이 "1등급 그리고 아주 높은 성적"을 받는 것을 보고 싶었던 라이오넬은 매서운 평을 던졌다. "네 시험관들이 네가 찍는 데 선수라고 했다니, 그 사람들이 제대로 봤구나." 레오와 그의 형제들에게 불쌍한 생각이 드는 것은 어쩌면 당연한 일일 것이다. 1866년 집에서 보내 온 편지는 으레 이런 내용이었다. "아버지께서는 네가 적어 보내는 소위 '소식'이라는 걸 읽고 싶어 하지 않으신다. 하지만 네가 시간을 어떻게 활용하는지, 몇 시에 애지중지하는 베개와 작별하는지, 언제 아침을 먹는지, 하루 중 가장 처음 드는 식사에 어떤 영양소를 갖추었는지 알고 싶어 하시고, 학업에는 얼마나 많은 시간을 들이는지, 예습과 강의에 시간은 어떻게 쪼개 쓰는지, 그리스어와 라틴어로 된 작품 중 누구의 작품을 읽는지, 산문을 읽는지, 시를 읽는지, 여가 중 얼마

[그림 7] 〈세이무어 플레이스에서의 어느 고요한 저녁. 의사들이 과연 알프레드 씨가 잠자리에 들기 전 두 개째 프랄린을 먹어야 하는지를 두고 토론을 벌인다〉, 막스 비어봄

나 많은 시간을 현대시나 역사 같은 가벼운 독서에 쓰는지, 운동은 얼마나 하는지 궁금해하신다."

대학에서 가르치는 사람이라면 이 같은 부모의 압력이 의도와는 반대되는 결과를 낳을 수 있다는 것을 모를 리 없다. 레오가 시릴 플라워(Cyril Flower) 같은 "게으르고 나태하고 아무짝에도 쓸모없는 청년들"과 어울려 시간을 낭비하는 쪽을 택했다면[17], 어느 정도는 부모의 끊임없는 설교에 대한 반항이었을지 모른다. 샬로테가 절박하게 "뭔가를 좀 배워 봐라. 그림이든, 음악이든, 외국어든 말이야" 하고 그를 다그칠수록, 그의 관심사는 점점 다른 곳으로, 특히 경마로 향했다[18]. 결국 이 세대 중 대학 학위(법학에서)를 획득한 유일한 '영국' 로스차일드는 프랑스에서 태어나 학업도 프랑스에서 마친 냇의 아들 제임스 에두아르뿐이었다. 그러나 그를 고등교육의 선전탑으로 내세우기란 어려운 일이다. 희귀 서적을 모아 방대한 컬렉션을 만들고 조금이라도 흠이 있는 책은 강박적으로 내다 버릴 만큼 열렬한 애서가였던 그는 1881년에 서른여섯의 나이로 스스로 목숨을 끊었다고 전해진다. 그는 가치 있는 물건을 축적하려는 욕망을 문제적으로 표출한 최초의 로스차일드였을 것이다.

물론 레오처럼 경마에 대한 애착에는 이미 선례가 있었다. 그의 삼촌 앤서니는 젊을 적에 열렬한 경마 팬이었으며, 삼촌 메이어는 그보다 더 심한 경마광이었다. 실제로 1860년대에는 메이어가 "줄곧 나돌아 다니며 오락거리를 찾는 데 급급해서, 파트너들이나 조카들이……나지막이 하는 말은 제대로 알아듣지도 못한다더라"는 이야기가 돌기도 했다. 소위 '남작의 해'라고 불리게 된 1871년에, 그의 말들은 5대 '클래식' 경주에서 네 곳, 즉 더비(Derby), 오크스(Oaks), 사우전드 기니(Thousand Guineas) 대회, 그리고 세인트 레저(St Leger)에서 우승을 거뒀다. 8년 뒤에는 레오가 무명이었던 자신의 말 베비스 경을 출전시켜 로즈버리 백작의 비스콘티를 3등으로 물리치며 더비 대회의 승자가 됐다(당시 레오는 자신의 정체를 감추기 위해 '미스터 액턴'이라는 가명을 썼다). 그는 1896년에도 세인트 프러스퀸으로 더비에서 다시 우승을 거뒀고(그 말은 왕세자의 펄시몬에 이어 2등으로 들어왔다), 1904년에는 생 아망으로 또 한 번 우승을 거머쥐었다. 이것은 데카당스라기보다는 연속성의 증거였다. 그가 한 시즌에 상금으로 4만 6766파운드나 벌 수 있었다는 것은 가문 전통의 수완을 드러낸 일례였을지 모른다.

동시에 스포츠는 시티 문화의 일부가 되어 있었다. 1880년에는 런던증권거래소 팀과 레오가 꾸린 선수단이 크리켓 경기를 벌였는데, 빅토리아조 후기의 기업 접대는 흔히 그런 식으로 이루어졌다. 또 하나 눈길을 끄는 것은 레오가 세기말 백만장자들의 장난감이었던 자동차에 열광했다는 사실이다. 세인트 프러스퀸 같은 경주마를 보석상 파베르제(Fabergé)에 의뢰해 은으로 주형을 떠서 소장하는(그리고 청동상도 열두 개 만들어 친구들에게 나눠 주는) 사치 역시 그 세대의 새로운 면모였다.

안젤름의 아들들도 비슷한 성향을 드러냈다. 맏아들 나타니엘(1836년생)은 브륀에서 공부했지만, 그를 낭비벽이 있고 경제적으로 무능하다고 여긴 아버지와 지독하게 다퉜다. 페르디난트(1839년생)는 형보다도 가업에 흥미가 없었으며, 어머니와 아내가 나고 자란 영국에서 지내는 것을 더 좋아했다. 그는 자신이 로스차일드가의 가장 중요한 자질을 결여하고 있다는 사실을 굳이 숨기지 않았다. 그는 1872년에 애처롭게도 이렇게 썼다. "이거 참 이상한 일이지요. 제가 주식을 팔면 값이 오르고, 주식을 사면 값이 떨어지니까요." 그리하여 남은 자식은 잘로몬 알베르트(1844년생)로, 가족들은 흔히 그를 '잘베르트'라고 불렀다. 알베르트는 "대단한 원기, 인내심, 집중력을 발휘해 성공적으로" 브륀뿐만 아니라 본에서도 학업을 이어갔지만, 1866년에 아버지가 병상에 눕자 빈 상사에 대한 "책임이 한꺼번에 자신의 어깨 위에 떨어지리라는 생각에 심하게 불안해하고, 지나치게 겁을 먹고, 두려움에 떠는" 것처럼 보였다. 결국 8년 뒤에 세상을 떠난 안젤름은 부동산과 미술 컬렉션의 대부분을 나타니엘과 페르디난트 앞으로 남기고, 가업의 파트너십 지분만 알베르트에게 물려주었다. 알베르트는 자신이 "제대로 대우받지 못했다"고 느꼈다. 한마디로 알베르트는 부득불 강제로 사업에 떠밀린 셈이었다.

1969년, 제임스의 죽음 이후 파리에서 권력을 쥐게 된 것은 물론 4대가 아닌 3대였다. 그러나 여기에서도 데카당스는 진행 중인 듯했다. 문제의 일부는 제임스가 지나치게 횡포한 아버지였다는 데 있었다. 페도는 제임스가 "자신이 맡은 거대한 책무의 최소한도 자식들이나 직원들에게 위임한 적이 없다"고 말했다. 그는 탄복하는 시늉을 하며 비꼬아 말했다. "아들들이 그의 말에 어떻게 복종했던가! 얼마나 대단한 위계질서인가! 얼마나 대단한 경외심인가! 그들은 심지어 사소한 거래를 두고도 아버지와 상의 없이 직접 서명하는 것(가문을 묶어 주는 저 비교[祕敎]적인 서명)을 용납하지 않는다. '아버지께 여쭤 보세요.' 마흔 줄에 접어든 사람이, 부친만큼이나 노련한 사람이, 상대가 얼마나 하찮은 질문을 하든 그렇게 대꾸하는 것이다."

맏아들 알퐁스는 (부친이 임종했을 때 41세였다) 가부장 집권의 기나긴 세월을 누구보다 잘 버텨낸 것처럼 보였는데, 유덴가세의 정신을 계승 혹은 흡수할 가능성이 가장 컸던 이들이 바로 3대의 맏이였다는 점을 시사해 주는 대목이다. 부르봉 학교에서 수학한 알퐁스는 미술에 (그리고 우표 수집에) 열의가 있었지만, 그런 관심 때문에 은행의 진지한 사업에 몰두하는 데 방해를 받는 일은 없었다. 1866년 3월 저녁 만찬이 끝난 뒤 한 친구가 그에게 물었다. "어째서인지 이유 좀 말해 주게. 자네는 이미 대단한 재력가인데 어째서 부자가 되고 싶어 안달하는 검둥이처럼 일을 하는가?" 알퐁스는 대답했다. "아! 자네는 그리스도 교도를 밟고 올라서는 기쁨을 모르는군." 라이오넬과 안젤름처럼 그도 간소한 생활을 즐겼다. 1891년, 니스를 출발해 몬테카를로(그가 "아주 조금 즐기러" 가는 휴양지)로 가는 기차를 타는 그의 모습에 대한 묘사를 보면, 오히려 눈길을 끌었던 것은 그의 평범함이었던 것 같다. "그는 보통 사람처럼 벤치에 앉아서 기차를 기다리며 담배를 태웠다." 비록 기차 차장은 매처럼 그를 주시하며 그가 승차하려는 기미를 보이는 즉시 객실 문을 열 준비를 하고 있었지만 말이다. 구스타브 역시 윗세대 사람들의 태도를 상당 부분 답습하고 있었다. 메리메가 1867년에 구스타브 내외와 함께 칸에서 만찬을 들던 때를 조롱조로 묘사한 것처럼 "그는 나머지 가족들처럼 대단히 종교적이며, 역시 돈이라는 주제에 박식한 사람 같았다". 이후 구스타브가 갑작스럽게 니스로 떠났다는 소식을 들은 메리메는 그가 칸의 빌라를 쏠쏠한 값에 전대(轉貸)한 것이 틀림없다고 생각했다.

골치를 썩인 것은 제임스의 막내아들이었다. 공쿠르 형제는 1862년에 살로몽 제임스(1835년생)가 부친에게서 얼마나 고압적인 대우를 받았는지에 대한 일화를 기록했다.

증권거래소에서 100만 프랑을 잃은 뒤, 그는 백만장자 아버지로부터 이런 편지를 받았다. "살로몽 로스차일드 씨는 페리에르에 가서 하룻밤 묵으며 지시를 기다리시오." 이튿날, 그는 프랑크푸르트로 떠나라는 명을 받았다. 프랑크푸르트 상사의 회계실에서 2년을 보낸 뒤, 그는 이제 고행도 끝났겠거니 생각했다. 그는 아버지께 편지를 썼지만 돌아온 답은 냉정한 한마디였다. "살로몽 씨의 사업은 아직 끝나지 않았소." 그리고 새 명령이 떨어졌으니, 이번에는 미국에서 두어 해를 더 보내라는 것이었다.

물론 희화화된 이야기지만 현실에 기초한 이야기였다. 제임스가 1851년 8월에 장남에게 보낸 편지의 어조도 사실상 그와 별반 다르지 않았다. 아들들에게 10만 프랑 규모의 신규 피에몬테 채권을 건네며, 그는 살로몽이 "이를 실현하는 일에 개입해서는 안 되며, 그 문제에 대해서는 일절 생각도 말아야 한다. 무슨 대가를 치르든 그가 중개인들과 이야기하거나 공개 시장에 간여하지 못하게 하기를 바란다.……투기에 관한 생각이 그 애의 머릿속에 또다시 들어가는 것을 원치 않는다"고 노골적인 명을 내렸다. 살로몽은 끝내 파트너십의 공동 경영자로 받아들여지지 못했다.

3년 만에 살로몽은 죽었다. 공쿠르 형제는 그가 "증권거래소에서 투기하는 스트레스로" 목숨을 잃었다는 이야기를 듣는다. "로스차일드가 돈 문제로 스트레스를 받아 죽다니!" 그러나 인과를 정확히 따지자면, 그의 심부전을 유발한 것은 증권거래소라기보다는 경마장이었던 것 같다. 샬로테가 쓰고 있듯이 "불쌍한 살로몽은 지난 일요일 경마장에 갔다가 기백이 넘치는 말을 타고 온 탓에 아주 지쳐서 돌아왔다. 한밤중에 그는 식은땀으로 범벅이 된 채 깨어나 극심한 호흡 곤란을 겪었다.……수요일까지는 참을 만했나 보다. 그러다가 치명적인 심장 발작이 찾아왔다. 가련한 환자는 피를 토하기 시작했고, 심장의 펄럭임은 더없이 고통스러운 것이었기에 처음부터 의사들은 가망이 없다고 선언했다. 죽기 전에 얼마간 그는 정신이 깨어 있었는데, 자신의 상태를 모르는 것 같았다".[19]

막내아들 에드몽(1845년생)은 그보다야 훨씬 나았다. 하지만 1864년에도 그의 맏형은 그를 "앞으로 5, 6년간 사무실에 들어서는 안 될 어린애"라고 무시했다.

학구적인 청년이었던 에드몽은 (샬로테의 질투심을 유발하며) 바칼로레아를 "그저 만족스러운 정도가 아니라 아주 눈부신 점수로" 통과했고, 그 상으로 이집트를 여행할 수 있었다. 이는 그의 평생에 걸친 중동에 대한 관심의 시작이었다.

새 세대가 겉보기에 데카당스에 빠진 것 같았던 이유는 부분적으로 로스차일드가 사람들의 전례 없던 규모 때문이었다. 그 중 소수만이 파트너십과 사업에 입문할 것을 요구받은 반면, 사업에 거리를 둔 사람까지 포함해 가족 전원이 왕처럼 살 수 있는 재산을 갖고 있었기 때문이다. 다른 것은 둘째 치고, 그것은 곧 건축에 막대한 투자가 이루어졌다는 것을 뜻했다. 전원 지역에 토지를 매입하고 별장을 짓기 시작한 것은 1870년대나 1880년대가 아니라 앞서 본 것처럼 그보다 수십 년 전의 일이었다. 그래서 내티와 그의 아내 엠마도 트링에 있는 그들의 저택을 질적으로 크게 다르게 여기지는 않았다. 갓 결혼한 아들을 위해 라이오넬이 선물한 트링은 과연 여러모로 보아 손위 세대가 지닌 포부의 연장이었다. 페르디난트의 워드즈던(Waddesdon)과 알프레드의 홀턴(Halton)처럼(그리고 이 시기에 짓거나 구입한 다른 영국 저택들처럼), 그 집은 당대 사람들의 눈에는 에일즈버리 베일과 그 주위를 둘러싼 가문의 토지 제국에 더해진 또 하나의 식민 영지로 보였다.[20] 내티는 기존 건물을 못 알아볼 만큼 뒤바꿔 놓는 가문의 버릇을 버리지 못했다. 건축가 조지 드베이(George Devey)의 도움을 받아서 그는 우아한 새장 같던 집을 다소 둔하고 규격화된 빅토리아조풍 무더기로 바꿔 놓았다. 레오도 삼촌 메이어에게서 받은 애스콧(Ascott)에 그 비슷한 작업을 벌였는데, 같은 건축 회사에 의뢰해서 저택을 모조 튜더 왕조풍으로 개조했다. 내티와 레오 모두 관례에 따라 자신들의 영지에 주민과 고용인이 살 수 있는 그림 같은 작은 주택을 지었다. 실로 내티는 트링에 일종의 온정주의적인 '복지 국가'를 설립하는 데 공을 들였다.

로스차일드의 부동산 투자에서 새로웠던 점은 질적인 면보다는 오히려 양적인 면에 있었다. 저택을 가장 많이 불린 것은 프랑스 로스차일드가로, 기존 건물을 현대적으로 개조했든, 새로 지어냈든 간에 이 시기에 최소 여덟 채의 새로운 별장을 탄생시켰는데, 1880년대에 랑글레(Langlais)와 에밀 울만(Emile Ulmann)이 에드몽의 의뢰를 받아 앵글로 노르만 양식의 시골풍으로 지은 'S' 자로 구부러진 샤토 다르맹빌리에르도 그 중 하나였다.[21] 오스트리아에서는 나타니엘이 두 곳의 전원 영지를 새로 사들였다. 그 중 한 곳인 라이헤나우(Reichenau)에는 건축가 아르망 루이 보케(Armand-Louis Bauqué)와 에밀리오 피오(Emilio Pio)가 색색으로 화려한 샤토 페넬로프(château Penelope)를 지었고, 또 한 곳인 푀슬라우(Vöslau) 근처 엔체슈펠트(Enzesfeld)에 마련한 저택은 쇤부르크 백작으로부터 사들인 것이었다. 그의 아우 알베르트도 하(下)오스트리아 칼칼펜(Kalkalpen) 산맥에 자리한 란가우(Langau) 영지를 사들였고, 여동생 알리체(Alice)는 두 채의 저택을 지었는데 하나는 워드즈던 영지에 지은 에스롭(Eythrope)이었고 다른 하나는 남프랑스 그라스(Grasse)의 빌라였다. 마지막으로 1880년대 후반, 프랑크푸르트 일가의 빌헬름 칼과 한나 마틸데 역시 보케와 피오를 고용해 타우누스 산지의 쾨니히슈타인(Königstein)에 빌라 한 채를 지었다. 타운 하우스도 최소한 일곱 채가 새로 생겼다.[22] 로스차일드의 본가인 '녹색 방패 집'도 1884년에 유덴가세에 남아 있던 건물이 헐렸을 때 개축했다는 것 역시 언급해야 할 것이다. 로스차일드가는 이 집을 그들의 게토 출신에 대한 기념물로 보전하고 싶어 했다.[23] 과거에 그랬듯이 가족들은 국경과는 상관없이 양식과 건축에 대한 취향을 공유하고 있었다. 3대와 4대가 유일하게 정말 달랐던 점은 아마도 1850년대에 영국 취미가 풍미했던 것과는 달리 1870년대와 1880년대에는 프랑스 건축가와 프랑스 양식이 인기를 끌었다는 점일 것이다. 페르디난트와 알베르트의 의뢰로 데타이외르(Destailleur)가 건축한 작품들에서도 그런 경향이 드러난다.

한편 로스차일드가 사람들이 많아졌다는 것은 미술 컬렉션의 규모도 그만큼 늘어났음을 뜻했다. 사실 훨씬 많은 작품을 입수하고 더 거대한 컬렉션을 축적한 것은 젊은 세대였다기보다는 그 앞 세대였다. 그러나 이렇게 모은 것들이 상속자들에게 분배되면서 그들에게도 수집품을 불리고 싶은 의욕이 일어났다. 이 시기에 로스차일드가는 세계에서 손꼽히는 미술품 구매자가 되었고, 그들이 탐을 낸 작가나 양식의 가격은 1880년대의 주요 거래에서 천정부지로 치솟았다. 로스차일드가는 블레넘(Blenheim), 리 코트(Leigh Court), 폰테인(Fountaine) 컬렉션에서 엄청나게 사들여서 (다른 사람들은 물론이려니와) 왕실 미술품 보관관이던 제임스 로빈슨(James Robinson) 경이 불안해할 지경이었다. 샬로테는 말보로 공작의 컬렉션[24]을 나라를 위해서 매입해 둬야 한다고 생각했지만 말이다.

미술품에 대한 이 같은 열광에는 그로데스크한 면이 없지 않았다. 1870년, 페르디난트는 28년 전만 해도 250파운드도 되지 않았던 조르주 드 기스(George de Gys)의 상감(象嵌) 방패를 6800파운드에 구입했다. 1878년, 에드몽은 루이 15세의 정부였던 마담 뒤 베리(Mme du Barry)를 위해 만들어진, 세브르 자기로 덧입힌 장식 서랍에 2만 4000파운드 내지 3만 파운드의 돈을 썼다. 2년 뒤에 마이어 칼은 뉘른베르크의 메르켈가(家)에 3만 2000파운드를 지불하고 뉘른베르크 세공사 벤첼 얌니체르(Wenzel Jamnitzer)가 1550년에 부분적으로 금도금하고 에나멜을 입혀 만든 장식용 잔을 구입해, 그 물건을 이제껏 팔린 미술품 중 가장 값비싼 것으로 만들었다. 그러나 1911년에 그의 은식기 컬렉션의 상당 부분이 팔렸을 때, 1500파운드가 넘었던 물건은 89건의 경매 물품 중에서 14점뿐이었다. 페르디난트와 구스타브 모두 1884년에 열린 폰테인 컬렉션 경매에서 타원형 에나멜 접시 두 점에 7000파운드가 넘는 돈을 썼고, 페르디난트가 이번에는 알퐁스와 말보로 공작의 컬렉션에서 세 편의 루벤스의 작품(이라 추정되는 것)에 한 점당 25만 파운드 이상을 소비했다. 사상 최초로 그림 한 점 가격이 20만 파운드를 넘긴 사건이었다.

15년 뒤, 에드몽은 슈와절(Choiseul) 공작의 터무니없이 화려한 사무용 책상(이전에는 탈레랑과 메테르니히가 갖고 있기도 했던)에 4만 8000파운드를 지불했다. 심지어 내티도(미술에 관심이 없다고 알려진 그마저) 부친에게서 물려받은 18세기 영국 미술 컬렉션에 몇 점을 더하고 싶은 충동을 이기지 못했다. 1886년, 그는 제2대 더들리 백작 컬렉션 경매에서 조슈아 레이놀즈의 〈비극과 희극 사이의 개릭(Garrick between Tragedy and Comedy)〉을 약 2만 파운드를 들여 구입했다. 레오 역시 아버지에게 물려받은 36점의 그림에 몇 점을 더 추가했지만, 그의 취향은 프랑수아 부셰에서 스텁스(Stubbs), 프란스 스니데르스(Frans Snyders)부터 호가스(Hogarth, 〈매춘부의 편력: 정부와의 말다툼(The Harlot's Progress: Quarrels with her Protector)〉)까지 아우르는 훨씬 더 절충적인 것이었다.

질적으로 새로웠던 것은 새 세대의 일부(특히 알프레드, 나타니엘, 그리고 페르디난트)가 그들의 별장, 정원, 미술 컬렉션에 부여한 우선순위였다. 윌리엄 로저스가 알프레드를 위해 할튼에 지은 17세기 프랑스풍 저택(1882년에서 1888년에 걸쳐 지어졌다)은 그 자체로 멘트모어보다 장관은 아니었다. 실상 메인 홀의 규모도 작았다. 방문객들을 얼마간 당혹스럽게 만든 것은 그 안에 갖춰진 서커스 무대, 볼링장, 스케이트 링크, 실내 수영장 그리고 인도식 파빌리온 같은 진기한 부속 시설이었다. 알프레드의 유화와 예술품 컬렉션이 부친의 것보다 인상적이지도 않았다. 네덜란드 거장들, 18세기 영국 및 프랑스 유화들, 세브르 자기, 프랑스 가구, 은제품 모두 윗세대의 취향이었다. 총 160점이 넘는 유화를 새로 구입했지만(그에 비해 물려받은 것은 38점에 불과했다), 그것들은 부친이 좋아하던 테마(장 바티스트 그뢰즈, 롬니[Romney], 레이놀즈, 게인즈버러[Gainsborough], 퀍[Cuyp])의 변주에 지나지 않았다. 취향상의 유일한 진짜 변화는 알프레드가 18세기 프랑스 작품을 선호했다는 점뿐이었다. 삽화를 넣어 호화롭게 장정한 두 권짜리 카탈로그로 컬렉션을 정리해서 출간한 것 역시 새로운 점이었다. 또 그토록 어마어마한 물량의 세브르 자기(60점의 꽃병과 오브제, 식기 풀세트 여섯 점 등등)를 모은 것, 그리고 여성 초상화에 보인 열정도 그의 새로운 면이었다.

알프레드가 음악에 관심을 보인 것도 가문에서 처음 있는 일은 아니었다(그는 〈장미 단추(Boutons des Roses)〉라는 제목으로 여섯 편의 피아노 연주곡을 작곡해 마이어 칼의 딸들에게 헌사하기도 했다). 그러나 자신만의 개인 오케스트라를 창단해서 직접 지휘대에 오른 것은 그가 처음이었다. 앞 세대의 로스차일드들은 여봐란 듯이 과시하는 것만으로 만족해했지, 그 이상으로 나아가는 적은 없었다. 그들 중 누군가가 실크해트를 쓰고 파란 프록코트를 입고 라벤더 빛깔의 장갑을 끼고 서커스 단장같이 차려입은 모습, 혹은 다이아몬드가 박힌 회양목 지휘봉을 휘두르는 모습을 상상하기란 어려운 일이다. 몇몇 손님들이 "소름 끼치는 것들, 그 겉만 번지르르한 것들이라니! 호사스러운 돈 냄새가 얼굴을 후려갈긴다.……끔찍하게 조야한 광경이다"라고 반발한 것도 놀라운 일은 아니다. 글래드스턴의 비서였던 앨저넌 웨스트(Algernon West) 경은 이를 "비대해진 악몽이 된 화려함, 몰취미로 잘못 적용된 호화로움"이라며 경멸했다. 그의 후임 에드워드 해밀턴(Edward Hamilton)도 같은 의견이었다. "안타깝게도 장식이 너무 지나쳐서 지친 눈은 자연스레 금으로 번쩍이지 않는 곳을 찾게 된다." 데이비드 린지(David Lindsay)는 더욱 경멸적으로 평했다. 그는 알프레드가 "퇴색한 부에 물든" 사람이었다고 썼다.

데타이외르가 르네상스와 18세기 프랑스적인 요소를 혼합한 양식으로 설계한 페르디난트의 워드즈던 저택은 그가 고른 지대가 모래가 많고 배수가 불량해서 건축 작업이 결코 쉽지 않았다. 그러나 분투는 승리로 마무리됐고, 로스차일드가의 저택 중 최고라 할 만한 것이 탄생했다. 저택의 장대한 정원에는 50개의 온실이 있었고 그만큼 많은 직원이 일했다(지금도 마찬가지다). 그의 여동생 알리체는 농장과 낙농장을 포함해 영지의 정원을 관리하는 데에만 1만 파운드를 썼다. 저택 내부에는 (페르디난트가 집안 장식용으로 많이 구입한) 롬니, 레이놀즈, 게인즈버러 등의 영국 유화뿐만 아니라 쿱, 더 호흐(de Hooch), 테르 보르흐(ter Borch) 같은 네덜란드 화가들의 작품들까지 포함하여 화려한 컬렉션이 갖춰져 있었다.

그러나 워드즈던(버킹엄셔 깊숙이 틀어박힌 르와르풍[25]의 성채)이 누구나의 취향에 다 맞지는 않았다. 글래드스턴의 딸 메리는 이곳을 방문했을 때 "극단적인 화려함과 호사스러움에 짓눌리는 기분"을 느꼈다. 수년간 로스차일드의 법률 자문가로 활동했던 자유당 상원 의원 리처드 홀데인(Richard Haldane) 경은 페르디난트의 지나치게 공들인 접대를 조롱했다. 그는 1898년 이렇게 썼다. "나는 적당한 호사를 즐기는 사람이다. 아침에 침대에 누워 있을 때 하인이 조심스레 방으로 들어와 차, 커피, 초콜릿, 코코아 중에서 무엇을 마시겠느냐고 물을 때 나는 대단히 흡족해진다. 그것은 저명한 친구들의 저택을 방문할 때마다 누리는 특권이다. 그러나 오직 워드즈던에서만 내가 차를 마시겠다고 하면 시종은 실론산, 소종(小種), 아삼 차 중에서 어떤 것을 마시겠느냐고 되묻는다."[26]

데이비드 린지는 "페르디난트 남작의 손은 언제나 초조함에 떨고 있었다"는 이야기를 쓰기도 했다. "그는 손님들의 편의를 빈틈없이 돌봐주면서도 종종 안절부절못하며 돌아다닌다. 나는 값을 매기기도 힘든 그의 그림들이 그에게는 진정한 기쁨이 되지 못한다는 생각이 들었다. 그가 2만 5000파운드를 내고 마련한 시계, 3만 파운드를 주고 산 접이 책상, 조각상, 도자기, 최상급 보석 컬렉션, 법랑, 기타 등등 (그는 이것들을 '싸구려들'이라 부른다) 모든 것들이 그에게는 변변찮은 만족감만을 줄 뿐이다. 그리고 나는 그가 그런 소장품에서 얻는 유일한 즐거움은 그것들을 친구들에게 보여 주면서 느끼는 기쁨이라는 인상을 받았다. 심지어 그럴 때마저 우리는 그의 무식하고 부적절한 코멘트를 듣게 되는 것이다.……그가 비로소 행복을 찾는 순간은 정원과 관목 숲에 있을 때다.……관목과 난초 틈에 있을 때에야 페르디난트 남작의 초조한 손도 평안을 찾는다."

페르디난트가 가깝게 지내던 또 다른 친구 로즈버리 백작에게 종종 보냈던 신경증적인 편지들에서도 흡사한 인상을 받게 된다. 페르디난트의 열정적인 감정이 완전히 보답받지는 못한 듯 보이지만, 당시의 기준으로 보더라도 둘의 우정은 감정적으로 대단히 고양된 관계였다. 1878년, 로즈버리에게 쓴 편지에서 그는 자신을 이렇게 묘사했다. "나는 이 금도금된, 대리석으로 만든 집에 살고 있지만, 외롭고 고통받고 가끔은 아주 비참하기도 한 사람입니다."[27] 또 다른 벗인 에드워드 해밀턴은 1898년에 페르디난트가 세상을 떠난 뒤 양가적인 내용의 약전(略傳)을 집필했는데, 그 중 일부는 인용해 둘 만하다. "그보다 아량 넓고 가식 없이 친절했던 사람은 근래에 다시없었다.……그는 다소 부적절한 태도를 보였고 심심찮게 서툰 행동을 했다. 사람을 쉽게 공격하고 상처도 쉽게 받았다. 그러나 근본은 누구보다 상냥하고 충실한 사람이었다.……그는 자신의 민족과 가문을 자랑스러워했다. 그리고 자신이 가장 걸출한 선조와 가장 고귀한 가계를 둔 것처럼 선조들에 대해 이야기하길 좋아했다.……그렇지만 나로서는 그가 진정 행복한 사람이었는지 의심스럽다." 이 글은 페르디난트의 성격뿐만 아니라 가문 사람들이 정계의 엘리트들과 맺었던 양가적이었던 관계에 대해서도 통찰할 수 있게 해 준다.

알프레드와 페르디난트처럼, 나타니엘은 저택과 미술품, 그 자신의 섬세한 감수성에 모든 정력을 쏟아 부었다. 그가 테레지아눔가세(Theresianumgasse)에 르네상스 양식으로 지은 궁궐은 로스차일드가 사람들이 세운 최고의 타운 하우스 중 하나다. 일설에 다르면 그는 작업 초반에 돈을 다 써버려서 부친으로부터 100만 굴덴을 빌려야 했다고 한다(그러고도 나폴리에서 장미꽃을 수입하는 데 수만 굴덴을 더 들였다). 실내는 거의 프랑스풍으로 꾸몄고(조각가 프랑수아 앙투안 죄거[François-Antoine Zoegger]가 만든 응접실 한 곳이 특히 화려했다), 미술 컬렉션 역시 그뢰즈, 레이놀즈, 렘브란트, 반 다이크와 같은 낯익은 작가들의 작품들, 그리고 마리 앙투아네트와 관련된 수많은 가구들의 혼합이었다. 한

마디로 "로스차일드 취향"의 요약본이나 다름없었다. 알프레드처럼 나타니엘에게도 개인 오케스트라가 있었다. 페르디난트처럼 그도 자신의 정원에, 특히 1884년에 보케와 피오 그리고 장 지레트(Jean Girette)가 호헤 바르테(Hohe Warte)에 조성해 준 정원과 온실에 온 관심을 쏟아 부었다.[28] 그리고 (예상할 수 있는 것처럼) 나타니엘은 극도로 예민한 인물이었다. 심기증 환자였고 특히 불면증이 고역이었다. 헤르만 골트슈미트에 따르면, 그가 라이헤나우와 엔체슈펠트 영지를 한꺼번에 사들인 것도 잠을 이룰 곳을 찾기 위해서였다고 한다. 엔체슈펠트에서는 그 지역에 전염병이 돈다는 소문을 듣자마자 첫 기차로 떠난 까닭에 하룻밤밖에는 묵지 못했지만 말이다. 영국에서 건조한 400만 굴덴에 달하는 요트를 타고 항해에 나설 때도, 그는 빠져 죽는 것이 두려워 해변에서 아주 멀리 나가지는 않았다.

그러나 이 시기에 로스차일드가가 미술계에 공동으로 기여한 바는 폄하할 수 없다. 알프레드는 런던국립미술관과 월러스(Wallace) 컬렉션의 운영 이사로서 자신의 전문가적인 감정 능력을 공익을 위해 발휘했고, 페르디난트도 부친의 보고에서 물려받은 범상치 않은 작품들 중 일부를 자신이 수집한 작품과 함께 대영박물관에 유증했다.[29] 알퐁스 역시 제3공화국의 여러 미술관에 대규모로 기증했다. 1885년 프랑스예술원 회원으로 선출된 그는 네덜란드 거장들의 작품이 주조를 이룬 인상적인 개인 컬렉션을 꾸몄을 뿐만 아니라, 약 2000점에 이르는 작품(그 중에는 로댕 같은 당대 작가들의 작품도 있었다)을 총 150곳의 미술관에 나누어 기증하기도 했다. 요점은 알프레드, 페르디난트, 나타니엘의 경우에서 보듯 심미주의자가 금욕주의자들의 자리를 이어받았다는 사실이다. 이는 1887년에 발표된 오스카 와일드의 단편 『모범적인 백만장자(The Model Millionaire, a note of admiration)』에서도 엿보인 변용이었다. 이야기는 이렇다. 어느 가난한 젊은 풍류랑이 자신의 화가 친구가 초상을 그려 주던 늙고 비루한 거지에게 1파운드짜리 금화를 건넨다. 그러나 그 '거지'는 "유럽에서 가장 부유한 인물 중 하나이며……내일 당장 런던을 통째로 사버려도 통장 잔고가 바닥날 일 없는, 유럽 각국의 수도에 저택이 있고 세 끼를 금 접시에 담아 먹는다는" 변장한 모습의 "하우스버그 남작"이었다는 사실이 밝혀진다. 그는 다만 자신이 후원하고 있던 화가에게 "나를 거지로 그려 달라"고 주문했던 것이다(결말은 예상대로다. 남작은 젊은이가 연인과 결혼하는 데 필요한 1만 파운드를 선사하며 너그러운 마음씨에 보답한다). 이것은 세기말의 어법으로 번역된 로스차일드가의 이야기나 다름없다. 즉, "모범적인 백만장자"는 그의 부가 기원한 곳으로부터 멀찍이 벗어나 예술가들의 자애로운 후원자가 되었다. 알프레드가 짓궂은 장난으로라도 거지로 변장하는 일은 있을 리 만무했지만 말이다.

파트너들

그런데도 이런 '데카당스'의 증상들이 은행가로서 로스차일드가의 능력에 얼마만큼 영향을 미쳤느냐 하는 의문은 남는다. 몇 가지 일화들은 영향이 없지는 않았다는 점을 반증한다. 젊고 야심찬 함부르크 출신의 은행가 막스 바르부르크(Max Warburg)가 수습으로 일을 배우기 위해 1890년대에 뉴코트에 도착했을 때, 알프레드는 그에게 단호한 어조로 이렇게 말했다. "신사는 11시 전에 사무실에 나타나서는 안 되고, 오후 4시가 지나서까지 남아 있지도 않는다네."[30] 제1차 세계대전이 끝나고 로스차일드 은행에 입사한 어느 직원의 이야기를 들어 보면, 레오의 일과는 오전 11시 출근, 오후 1시 반 점심 식사, 저녁 5시 퇴근으로 이루어졌다고 한다. 알프레드는 대개 오후 2시에 출근해서 3시 반에서 4시 사이에 점심을 들었고, 오후의 대부분은 파트너 사무실의 소파에서 낮잠 자는 일로 보냈다. 내티는 그보다 열심히 일했지만 역시 마지못해 은행가가 되었다는 인상을 주었다. 금융계에서 성공을 거둘 수 있는 공식이 있느냐는 질문을 받으면 내티는 입에 붙은 대답을 했다. "네, 너무 빨리 팔면 됩니다." 그들의 그런 태도가 때로는 위험 부담을 지나치게 회피하는 경향으로 비쳤다. 내티는 로즈버리에게 런던의 "시즌"[31]이 끝난 뒤에도 사무실에 "외로운 은둔자"처럼 남아 있어야 하는 자신의 신세를 한탄하기도 했다.

경쟁자들은 전에 없던 어조로 뉴코트를 혹평했다. 에드워드 베어링(Edward Baring)은 로스차일드가가 "분별이 없고 게을러서 그들이 사업을 맡으면 그 사업이 제대로 진행될는지 의심스러울 정도다. 그들은 새로운 것을 연구할 생각은 하지 않고, 지력이나 수완도 일류가 못 된다"고 평했다. 1890년대에 시티에 입성한 정력적인 신참 중 하나였던 어니스트 카셀(Ernest Cassel)은 그보다 더 경멸적인 표현을 썼다. 1901년에 그는 로스차일드 형제들이 "완전히 무능하고 지적으로도 범상할 뿐"이라고 단언했다.

사실 런던 로스차일드가는 1880년대에 심복 직원 중 하나로 부상한 또 다른 함부르크 출신의 젊은이 칼 메이어(Carl Meyer)의 "한결같은 근면함" 덕에 헤아릴 수 없을 만큼 큰 도움을 받고 있었다. 아내에게 보내는 메이어의 편지들은 뉴코트의 사업이 파트너 사무실 밖에서는 여전히 정신없는 속도로 진행되고 있었음을 보여 준다. 1880년대 중반에 보낸 그의 편지들은 으레 이런 내용이었다.

> 아침부터 검둥이처럼 일하고 있소. 나리[내티]께서는 특별 식당에서 같이 점심을 들자고 청하셨소. 그러니 내가 어떻게 일하고 있는지 상상할 수 있을 거요.……금요일 저녁에 시간을 내려면 그때까지는 계속 이럴 것 같소. 하지만 어떻게든 끝내야지.……할 말이 별로 없소. 하루 종일 바쁜 와중에 굳이 빤한 이야기를 쓰기도 그렇고.……나는 정말로 짐승처럼 과로하고 있소.

메이어가 단골 식객으로 참석했던 파트너들의 점심은 한담을 나누는 시간이었을 뿐 아니라 다른 은행가들, 중개인들, 공무원들도 초대된 정보 수집의 자리였다. 그러나 1890년에 그가 업무 대리인[32]으로 승진을 요구했을 때 (즉, 6000파운드의 연봉, 회사를 대표해 서명할 권리, 그리고 개인 사무실을 요청했을 때) 요구는 거절당했고, 1897년에는 그의 사직서마저 수리됐다. 시티에 나돌던 소문에 따르면, 형제들은 그가 점점 "분수를 모르게 되었다"고 생각했다. 메이어는 회사를 떠나 어니스트 카셀과 사업을 시작했다.

부하 직원들에 대한 이런 모멸적인 대우는 고질적인 것이었다. 1905년에 칼 메이어는 알프레드가 "직원들을 전보다 더 참을 수 없게끔 대하며, 30년 근속한 사람을 사환처럼 부린다"는 이야기를 듣는다. 중개인들 역시 같은 처우를 받고 이를 갈았다. 헬버트 왜그(Helbert, Wagg & Co.)의 알프레드 왜그는 이렇게 회상했다. "로스차일드 경과의 면접은 굉장히 촉박하게 진행해야 했다.……그는 들어와서는 회중시계를 책상 위에 올려놓더니 면접은 5분 만에 끝날 것이라고, 혹은 3분, 혹은 그보다 더 빨리 끝날 수도 있다고 말했다." 1912년에 그의 회사가 증권거래 업무를 그만둘 것이라는 소식을 알리기 위해 내티를 찾았을 때도 그는 비슷한 경험을 했다.

나는 그에게 [거래 계약 철회를 설명하는] 편지를 건넸고, 편지에 쓰인 조건들은 그보다 더 후할 수 없는 조건이었다. 그는 자리에 앉아 편지를 주의 깊게 읽더니 곧 일어나서 "그래, 당신들 사업은 누구보다 당신들이 잘 알겠지" 하고 걸어 나가는 것이었다. 행운을 빈다든가, 한 세기에 걸쳐 긴밀했던 두 회사의 관계가 끝나는 것에 대한 안타까움의 말 한 마디도 남기지 않은 채 말이다.

내티를 "알현"하는 것 같은 준왕실적인 면모를 지적한 프레드 크립스(Fred Cripps)의 묘사는 과장이 아니었다. "누구든 그분이 있는 곳으로 안내받기 전에는 대기실에서 기다리고 있다가, 마치 그곳이 버킹엄 궁이라도 되는 것처럼 일렬종대로 들어갔다." 이런 일들은 당하는 입장에서 보기에 시대착오적으로 느껴졌을 뿐만 아니라, 회사의 상대적 비중에 비해 위세가 너무 지나치다는 인상을 주었다.

같은 시기, 프랑스 일가 역시 무사안일주의라는 유사한 혐의로 비난을 받았다. 1875년에 크레디 리요네의 앙리 제르맹(Henri Germain)은 알퐁스가 사업상의 문제를 다루면서도 "성공을 가로막는 일종의 위엄"을 챙기려 한다고 말했다. "그는 결코 수고를 무릅쓰지 않는다. 항상 누군가가 나서서 자신을 찾아주길 바란다." 경제사학자 팔마드(Palmade)는 이 무렵 로스차일드가가 프랑스의 경제 생활 주기에서 슈네데르(Schneider)[33] 같은 대실업가들에게 정점을 내주고 "약세로 기울고 있었다"고 주장한다. 1914년에 출간된 한 논문은 당시 프랑스 시장에서 발행된 대규모 채권마다 로스차일드의 이름은 계속 등장하고 있지만, 대부분의 신규 채권은 이제 예금은행들이 도맡아 발행하고 있다는 사실을 지적했다. 파리 상사는 (특히 외교적 요인들이 중요한 사업에서) 그 "정신적" 영향력만큼은 유지하고 있었지만, 실질적인 경제적 영향력은 사실상 쇠퇴하고 있었다.

파트너들이 서로 주고받은 편지들 속에서도 이런 견해를 뒷받침하는 증거를 찾을 수 있다. 편지에는 치고 올리오는 경쟁자들에 대한 불평이 반복해서 등장한다. 마이어 칼은 1869년에 데퉁맞게 밀했다. "다른 축들은 백만장자들이 됐더군요. 사람들은 우리의 변함없는 바보짓을 비웃고 있습니다." 이듬해에도 그는 침울하게 이렇게 썼다. "이 회사들[합자은행들]은 막강한 데다 만인의 지지까지 받고 있으니, 우리가 손 털고 떠나 준다면 기뻐서 춤이라도 출 겁니다. 사람들은 이제 회사 이름 같은 것에는 연연해하지 않고 그저 이익만 바랄 뿐이니까요.……우리의 위치가 30년 전과 같으리라고 생각하는 건 쓸데없는 망상입니다.……경쟁이 얼마나 치열한지 모르실 겁니다. 우리를 몰아낼 수 있다는 것을 보여 주고 싶어 하는 신참들 때문에 우리의 처지가 얼마나 어려워졌는지 말입니다."

그것이 단지 '창업 시대'의 한시적 경향이었던 것은 아니었다. 1906년에 내티는 예전에 그의 제자였던 "우화 속 개구리를 닮은 함부르크 출신의 바르부르크가 허영심에 부풀어 올라서 유럽 시장을 손에 넣고 주무르는 것은 물론이요, 그 어떤 신디케이트를 꾸리든 모든 대은행 가문을 자기편으로 끌어들일 수 있다고 자신한다"라고 (질투심 이상의 감정을 내비치며) 독설을 퍼부었다. 이따금씩 무사안일주의적인 이야기가 재등장하기도 했다. 1891년, 알퐁스는 이렇게 썼다. "경쟁자들 때문에 걱정하지도 말고 재무장관들을 닦달하지도 말자는 네 의견에 공감한다, 알프레드야. 우리는 우리에게 맞는 사업, 그때그때의 상황에 따라 우리 손에 들어오는 사업만 하면 되는 거야." 내티는 1906년에 (크레디 리요네의 사업 방식을 비판하면서) 이렇게 덧붙였다. "우리는 지금까지 그랬듯 평범하게 사업을 꾸리며 묵묵히 갈 길을 가면 됩니다. 제르맹 씨가 유능한 행정가이자 대단한 조직력을 갖춘 사람인 것은 분명합니다. 반면, 여기 있는 우리는 그가 거래하는 방식이 본질적으로 틀려 먹었다고 확신할 만큼 구식이지요."

그러나 (앞으로 보게 되겠지만) 로스차일드 상사들이 수익과 자본(물론 당시 파트너가 아닌 사람들로서는 알 도리가 없었던 자료) 차원에서 1878년 이후로 정말로 그토록 형편없었다고 단언하기란 어려운 일이다. 계속해서 정예 군단의 역할을 했던 핵심 인물들(특히 내티, 알퐁스, 알베르트)이 알프레드, 페르디난트, 나타니엘 같은 이들의 무능을 어느 정도 상쇄해 준 것도 사실이다. 물론 파트너들

간에는 불화도 있었고, 언쟁도 벌어졌다. 그런 일은 새삼스러운 일이 아니었다. 진짜 문제는 런던, 파리, 프랑크푸르트, 빈에 기반을 둔 다국적 개인 은행으로 활동하는 것이 당시 정세에서는 더 이상 최선이 아니었다는 사실이었다. 상사들 간에 이해관계를 놓고 갈등을 빚은 것도 로스차일드 체제의 일면이었을 뿐이다. 그러나 1860년대부터 대립이 점점 더 격렬해지다가, 결국 1900년대 초에 파트너십 체제가 붕괴되는 상황에까지 이르게 된다. 그렇게 되기까지는 개인적인 요인도 일부 영향을 미쳤지만, 무엇보다 그들의 통제력에서 벗어난 정치경제적 사건들, 즉 유럽 자본 시장의 분할, 1859~1871년의 전쟁들이 가져온 정치적 여파, 영국과 프랑스의 외국 투자가 유럽 외 시장으로 방향을 전환한 것이 주된 원인이었다.

로스차일드 체제의 원칙은 끊임없이 재천명되었다. 1862년, 마이어 칼은 이렇게 선언했다. "네 곳의 로스차일드가가 자신의 이름을 걸고 하는 일에는 다른 동업자를 덧붙일 필요가 없습니다." 그 이듬해에 알퐁스는 치열해진 경쟁 상황에 대응할 최선의 방책은 "상사들을 결속시키고 우리의 세력을 공통의 끈으로 묶어 주는 유대감을 다시금 탄탄히 하는 것"이라고 썼다. 1865년, 제임스는 이렇게 강조했다. "우리는 서로 뭉쳐야 한다. 그러려면 사업 관계에서 서로 불화가 생기지 않도록, 서로 다른 상사를 격려하고 사업에 관해서는 정확한 정보를 계속 나눌 수 있도록, 누구든 혼자 모든 것을 독차지하지 않도록 서로 동반해 나가야 한다." 그의 유언은 마이어 암셀로부터 파트너십에 대한 이 같은 철학을 직접 전수받은 아들이 남긴 마지막 언명이었다. 그러나 그가 죽은 뒤에도 구래의 체제를 재천명하는 말은 계속 이어졌다. 1895년에도 만트라는 여전히 되풀이되고 있었다. 칼 메이어는 이렇게 썼다. "로스차일드가의 각 상사는 각자 최선이라고 생각하는 일을 한다. 그러나 그들은 가족들이 결국은 하나라는 사실을 알고 있기 때문에, 어떤 상사도 다른 상사의 이익에 거스르는 사업은 하지 않는다."

그러나 행동이 매번 그 원칙에 좌우되지는 않았다. 가족의 분열을 극명히 예기한 최초의 사건은 1863년에 아돌프가 나폴리 시장이 "중요성을 잃었다"는 이유로 나폴리 사업을 접고 파트너십에서 탈퇴하겠다고 일방적으로 선언한 일이었다. 이는 제임스를 충격에 빠뜨린 전례 없는 사건이었고, 상황을 조정하기 위한 협상에만 몇 달이 소요됐다. 아돌프가 최종 결정을 받아들이기 전에 다른 일가의 장부를 살펴보겠다며 석 달을 요구한 것, 심지어는 자신이 원하는 대로 할 수 없을 경우 독자적으로 새 은행을 열겠다고 위협하기까지 한 것은 새로이 불거진 불신의 분위기를 드러낸 징후이기도 했다. 아돌프는 곧 행동에 들어갔다. 1863년 9월 22일, 그는 파트너로서의 권리를 양도하고 자신의 몫이었던 지분 총 159만 3777파운드를 회수했다. 문을 닫은 나폴리 상사의 자본(132만 8025파운드)과도 맞먹는 액수였다.

그런데 그가 가족들과 어정쩡한 관계를 유지한 채 이탈리아에서 사업을 계속하려 하자, 이번에는 제임스가 딱 잘라 막아섰다. 제임스는 그를 "인간 쓰레기"라거나 "미련한 놈"이라며 맹비난했다. 아돌프에게 "뒈져라"라고 말하고 싶었지만 "내게 답장을 쓰는 영광을 주지 않으려고" 대신 아들들에게 화풀이하기도 했다. 무엇보다 조카가 토리노 시장에서 파리 상사와 경쟁 관계에 놓일 만한 사업에 뛰어들려고 한다는 소식을 들었을 때, 그는 노기충천했다. 장자 상속권을 포기한 아돌프는 사적으로 파문당한 처지가 되었다. 조카가 혹여 크레디 모빌리에로 투항하지나 않을까 싶었던 제임스가 짐짓 조카를 달래는 듯한 모습을 연출했지만 말이다. 결국 아돌프는 사업에서 완전히 은퇴해서 나폴리에 있던 저택을 팔고 남은 생을 프레니에 마련한 자신의 오브제 다르 컬렉션에 허비하며 가족들과 완전히 결별하는 일만은 피했다.

내분의 두 번째 신호는 안젤름이 이끄는 빈 상사가 점점 자율적으로 움직이기 시작한 것으로, 사실상 그 계기가 된 것은 1863년의 협약 갱신이었다. 아돌프가 파트너십에서 탈퇴하겠다고 선언하자, 안젤름도 빈 상사가 프랑크푸르크 상사에 종속적이었던 관계를 끊으려고 했던 것 같다. 결국에는 가족 변호사인 라인가눔(Reinganum)으로부터 그러지 말라는 조언을 듣고 뜻을 물렸지만 말이다(그럴 수밖에 없었던 본질적인 이유는 빈 상사가 그보다 훨씬 작은 규모로 유지되고 있었지만, 사실상 안젤름이 결합 자본에서 총 25%의 지분을 갖고 있었기 때문이었다). 이런 불안정한 상태가 지속되면서 안젤름과 나머지 가족들 간의 관계는 악화 일로를 걸었다. 1867년에 제임스는 "[안젤름의] 참신한 정의에 따르면, 회사란 그저 머릿속 상상에 불과하다"고 비꼬았다. 안젤름은 곧장 자기변호에 나섰고, 파리 상사가 자신을 그저 "대리인이나 연락책"으로 취급해 왔다고 주장했다. 자신의 논지에 힘을 싣기 위해 그는 빈 상사가 프랑크푸르트 상사에 지고 있던 미결 부채 전액을 일정보다 2년 앞서 갚아버렸고, 덕분에 마이어 칼과의 관계는 더욱 어그러졌다. 뒤이어 1870년에는 런던과 빈 사이에 그와 유사하게 회계상의 '이혼'이 이루어졌다.

파리와 다른 상사들 간의 관계 역시 다소 악화됐는데, 1870~1871년의 정치적 격변 때문만은 아니었다. 1868년 2월, 냇은 런던에 있는 형제들에게 "가족 사이에서 협상할 수 있는 사업을 두고 [제3자와] 양해를 맺게 되는 날에는 사람들이 우리의 오랜 제휴 관계가 파기됐다고 믿고 말 것"이라고 경고했다. 가족들 간의 관계가 점점 더 소원해졌음을 드러낸 증후 하나는 갈수록 더해 가는 파리 파트너들의 비밀주의였다. 다른 일가 사람들은 이전 세대들처럼 파리에 방문하는 일이 꽤 잦은 편이었지만(앤서니와 알프레드는 1867년에도 파리를 방문했다), 제임스를 따라 이 회의, 저 회의에 참석하거나 일상적인 서신에 서명하는 내내 허깨비 취급을 받고 있다는 느낌을 받았다. 페르디난트는 1871년에 파리를 방문했을 때 특히 난처한 기분이었다. 그는 라이오넬에게 이렇게 썼다. "확실히 말씀드립니다, 삼촌. 영국에서 잠시나마 시간을 보내며 런던 가족들의 화기애애하고 정감 있는 태도에 적응이 된 사람한테는 파리의 친척들이 놀랍도록 대조적으로 보일 수밖에 없습니다. 구스타브는 제가 사업상의 비밀이라도 발견할까 봐 불안해서 어쩔 줄을 모르고, 제가 질문이라도 하면 얼버무리는 태도로 에둘러 대답합니다."

불신이 일방적으로 생겨난 것은 아니었다. 파리 상사의 사업 방식이 비난받는 일도 빈번했다. 마이어 칼은 으레 뉴코트로 보내는 편지에 불만을 토로했다. "파리에서는 모든 일을 주도하고 싶어 합니다. 특히 자신들이 정통한 사업이 아닌 일을 말이지요. 그래서 결국 일이 틀어지고, 우리가 공들인 데서 다른 축들이 어부지리를 얻고 맙니다." 물론 이런 불평은 파리 상사가 상대적으로 몸집을 키운 데 대한 질투심으로 인한 반응이었을 것이다. 제임스가 세상을 떠난 뒤 대차대조표를 작성한 알퐁스는 파리 상사가 전년도에 "400만 파운드 넘게" 벌어들였다는 사실을 깨닫고 "대단히 기뻐했다"(그리고 다른 일가에서는 적잖이 낙담했다). 한편, 이 발견이 심지어 프랑스 일가에조차 충격으로 다가왔다는 사실은 로스차일드가가 어떤 식으로 정산해 왔는지를

짐작할 수 있게 해 준다.[34]

이런 갈등 요인들이 있었기 때문에(더불어 프랑스-프로이센 관계가 악화된 까닭에) 마이어 칼은 이후 파리의 친척들을 가리켜 "다시는 그들과 아무 일도 하지 않겠다"고 맹세까지 하게 된다. 페리에르가 프로이센인들에게, 라피트 가가 코뮈나르에 점거됐을 때 그는 내심 고소해하고 있었다. 1871년, 그는 벼락같이 외쳤다. "만약 파리 일가에서 내 말을 끝까지 무시한다면 조만간 그에 따른 대가가 따를 겁니다. 그때는 이미 너무 늦었겠지만!" 한편 알퐁스가 생각하기에 개별적으로 행동하려는 다른 일가들에 맞서 집안의 화합을 유지하기 위해 노력하는 것은 바로 자신이었다. 그런데다 그는 상대적으로 부진한 마이어 칼의 사업 실적에 대해 한 번씩 짚고 넘어가고픈 유혹을 뿌리치지 못했다. 1882년, 그의 어조는 신랄했다. "내 친애하는 사촌이 모든 문제를 다른 일가에 덮어씌우는 버릇이 있다는 사실은 너무도 잘 알고 있습니다. 자신이 우월하다는 사실을 증명하려면 가장 좋은 방법은 좀 더 나은 대차대조표를 제시하는 것이겠지요." 그리하여 1870년대 말엽에는 네 곳의 상사 사이에 이루어지는 협력이 각각의 상사가 해당 지역의 맹우들과 맺는 협력보다 그리 대단하지 않은 것이 되어버렸다.

이 모든 상황이 파트너십 협약을 수정하는 일(파트너들이 세상을 떠나면서 불가피해진)을 점점 더 어렵게 만들었다. 1868년에 제임스가 사망한 당시에는 관계가 너무 악화되어 있던 상태라, 알퐁스는 계약을 수정하기 위해 가족회의를 여는 일을 피하고 싶어 했다. "가족들의 지극히 이질적인 면들이 서로 마주치는 순간" 폭언이 오갈까 두려웠기 때문이다. "마이어 칼과 안젤름 삼촌이 당장 멱살을 잡고 싸우지 않겠습니까?" 1869년 8월에서야 마침내 파트너들이 모였지만 언쟁은 그 이전부터 불이 붙었고, 1년 뒤에 냇이 죽었을 때도 알퐁스는 "대차대조표를 새로 만드는 일"을 피하고 싶어 했다. 이번에는 그의 뜻대로 되었다. 새 협약을 위한 협상은 1874년에서야 재개되었고, 그 이후로는 그런 문제들이 생겨도 전통적인 가족회의 없이 편지로 해결했다. 그러나 독설은 언제 어느 때고 터져 나왔다. 내티는 페르디난트의 유언을 두고 알베르트와 말다툼을 벌인 뒤에 알퐁스에게 불만을 쏟아냈다. "그가 사는 빈의 정책과 최근에 친척들에게 보인 행실이 서로 닮았다고 가정한다면, 제가 드릴 수 있는 말씀은 빈에 반유대적인 정서가 그렇게 희박한 것이 놀랍다는 것뿐입니다."

1874년 이후의 파트너십 협약에는 세 가지 두드러진 특징이 있었다. 첫째, 아돌프가 만든 전례에 따라 파트너들은 고정 이자만으로 생활하는 데 만족하지 않고 파트너십에서 상당한 액수의 자본을 인출해 가기 시작했다. 1869년에 런던 일가의 건의로 이 문제가 처음 제기됐을 때 논의된 액수는 일가당 약 50만 파운드였다. 1872년이 되면 액수는 70만 파운드로 늘어나는데, 그 이유는 (알퐁스가 썼듯이) "상사들이 대단히 번창해서 자본을 인출하는 것이 해가 되지 않기 때문"이었다. 부득이하게 안젤름은 빈 상사의 자본을 감축시킬 수 없다는 결정이 내려졌다. 그러나 그의 죽음이 이 원칙의 장벽을 허물었고, 1874~1875년에 체결된 새 협약은 결합 자본인 총 3550만 파운드에서 자그마치 800만 파운드를 인출할 수 있도록 허용했다. 라이오넬의 죽음에 뒤이은 1879년의 계약에서도 같은 절차가 되풀이됐다. 이번에는 470만 파운드가 회수되어 결합 자본은 2550만 파운드로 줄어들었다. 1881년에 제임스 에두아르가 세상을 떠났을 때는 50만 파운드가 인출되었고, 같은 해 후반에 380만 파운드가 더 차감됐다. 1887년의 계약(1년 전 마이어 칼의 죽음에 뒤이은)에서는 340만 파운드, 1888년의 계약에서는 다시 270만 파운드, 1898년에는 280만 파운드, 그 이듬해에는 110만 파운드가 인출됐다. 빌헬름 칼이 세상을 떠나자 640만 파운드가 빠져나갔고, 아르튀르가 죽었을 때는 200만 파운드가, 나타니엘의 임종 뒤에는 140만 파운드가, 알퐁스가 죽고 나서는 450만 파운드가 차감되었다.[35] 1874년부터 1905년까지 파트너십에서는 통틀어 4130만 파운드가 회수되었다. 그 돈이 회사에 남아 있었다면, 1905년의 자본 규모는 당시 실제 자본(3700만 파운드)의 두 배가 넘었을 것이다. 로스차일드가가 그렇게 어마어마한 자본 삭감을 감당할 수 있었다는 것은 그 자체로도 놀라운 일이다. 그러나 더 이상 그들이 거둔 이익을 가족 기업에 재투자하지 않았다는 사실은 그보다 더 의미심장한 대목이다.

작고한 파트너들의 유언을 집행해야 한다는 명백한 이유 외에 이에 대한 공식적인 변명은 여러 파트너들의 지분에 일종의 균형을 유지할 필요가 있다는 것이었다. 그러나 결과는 취지와 딴판이었다. 1863년의 계약 조건에서는 배분된 지분이 서로 동일했다. 제임스는 25%를 가졌고 안젤름도 (잘로몬의 상속자로서) 마찬가지였으며, 나탄의 아들들과 칼의 아들들 모두 25%씩을 갖고 있었다. 반대로 1879년의 계약 조건에서는 제임스의 아들들이 31.4%, 안젤름의 아들들은 22.7%, 마이어 칼과 빌헬름 칼은 22.3%, 라이오넬의 아들들은 15.7%, 그리고 냇의 아들들은 7.9%를 갖게 됐다. 냇의 아들들은 프랑스에서 나고 자랐기 때문에, 무슨 분쟁이 생기면 파리 일가 편을 들 것이고 프랑스 파트너들에게 지분의 태반까지는 아니더라도 다른 일가보다는 적잖이 더 많이 양도하리라는 예상이 가능했다. 상속 과정에서 생긴 예측 불허의 변화들이 수치를 다소 바꿔 놓았지만 프랑스의 우세를 꺾지는 못했다. 1905년에 이르면 프랑스 파트너들은 앙리가 가진 3.9%를 제외하고 총 자본의 약 46.8%를 보유하게 된다. 오스트리아 파트너들의 지분은 25.9%, 영국 파트너들이 보유한 지분은 단 23.5%였다. 그러나 그런 식의 계산은 파리 상사의 훨씬 막대했던 규모를 축소시켜 보일 뿐이다. 총 결합 자본의 22%를 가진 비엔나, 20%를 소유한 런던에 비해 프랑스 상사가 보유한 지분은 57%에 달했다. 개인과 기관 지분 사이에 이런 불일치가 생긴 까닭은 (역시 근친결혼과 상속으로 인해) 오스트리아와 영국계 로스차일드들이 파리 상사에 상당 규모의 개인 지분을 보유하고 있었기 때문이었다. 그런 점에서 파트너십이 (1905년 10월에서 1909년 7월 사이의 어느 시점에) 폐지되기 전까지는 분명 통합된 다국적 기업으로 남아 있었다.

둘째, 파트너들의 수가 증가함에 따라(1879년 당시 파트너는 총 열두 명이었다) 1874년 이후에는 활동적인 파트너와 '슬리핑' 파트너를 명시적으로 구분할 필요가 생겼다. 예를 들어 라이오넬과 앤서니가 단호하게 주장했던 것은, 냇의 아들이지만 프랑스에서 태어난 제임스 에두아르와 아르튀르가 런던 상사에 경영권을 보유한 파트너인 부친의 전권을 상속해서는 안 된다는 것이었다. 1875년의 계약에도 안젤름의 아들들 중 나타니엘이나 페르디난트는 경영권을 발휘해서는 안 된다는 조항이 못 박혀 있다[36] (흥미롭게도 이때의 계약은 빈 상사를 무력화시키는 내용을 담고 있었다. 계약서는 알베르트가 "다른 상사들과 사전에 상의하고 최소한 그 중 한 곳의 동의를 받지 않는 한 그 어떤 중요한 거래도 맡아서는 안 된다"고 명문화하고 있다). 제임스 에두아르의 아들 앙리 역시 '슬리핑' 파트너였다. 그러나 주요 파트너와 보조 파트너 사이에는 차별이 없었다. 자본 지분만 놓고 보면 알퐁스는 그의 형제인 구스타브나 에드몽과 지위가 다르지 않았다. 뉴코트를 책임진 것은 분명 내티였지만 그와 알프레드, 레오 역시 파트너십에서는 동등하게 간주되었다. 프랑크푸르트에서도 마찬가지였다. 주요 파트너였던 마이어 칼이 아우인 빌헬름 칼과 말도 붙이지 않을 만큼 소원한 사이였는데도 말이다. 심지어 그들은 편지에 서명할 때도 굳이 서로를 볼 필요가 없도록 같이 쓰는 책상 위에 칸막이를 세워 둘 정도였다.

이제는 역설적으로 보이는 상황에 대해 설명할 차례다. 로스차일드 상사들 간의 제휴가 느슨해질수록, 파트너십을 갱신하는 빈도는 잦아졌다. 대단한 사연이 있었다기보다 그저 평범한 이유에서였다. 상속세가 도입되면서 파트너십의 개인 지분을 훨씬 정밀하게 평가할 수단이 필요해지자, 1898년에 처음으로 연 단위 결합 대차대조표를 작성하자는 결정이 내려졌다. 다소 막연하고 비정규적이었던 파트너십 형태를 엄격히 다잡아야 할 법적인 필요성도 있었다. 훗날 홀데인 경은 그가 1889년 무렵에 "불성실한 파트너 한 사람의 손에 전 가족이 휘둘릴 수도 있는, 아주 애매한 관계에 있던 로스차일드 파트너십을 재조정"했던 일을 회고하기도 했다. 그러나 19세기의 마지막 10년 동안 파트너십은 실상 영국-프랑스 축을 중심으로 움직이는 수준이었고, 빈과의 관계는 최소한으로만 남아 있었다. 1906년에 런던 상사가 할인한 어음 2800만 파운드 중에서 1200만 파운드가 파리 상사의 계정을 위한 것이었으며, 그런 일이 통상적이었다. 한편 1908년에 빈 상사가 대규모 오스트리아 채권을 발행했을 때 뉴코트에서는 심지어 통고조차 받지 못했다. 이러한 상황을 놓고 보면, 1905년 이후로는 파트너십이 갱신되지 않은 것도 그리 놀라운 일이 아니다.

그러므로 1905년의 그날(나탄, 제임스, 잘로몬이 설립한 런던, 파리, 빈 상사가 완전히 별개의 회사가 된 날)은 로스차일드가의 역사에서 진정한 분수령이었다. 1820년대까지 거슬러 올라가는 다국적 파트너십이라는 유례없는 '연맹' 체제가 결국 종말을 고했기 때문이다. 1866년에 프랑스의 기민한 한 저널리스트는 그런 해산이 무엇을 의미할는지를 이미 간파하고 있었다. 로크플랑(Roqueplan)은 이 체제의 기원을 회고하며 이렇게 썼다.

마이어[암셸]의 다섯 아들들이 서로 간에 확립한 일종의 경제적 균형은 리슐리외가 꿈꿨던 대륙의 균형과 닮은 면이 없지 않았다. 각 지역에서 기반을 잡은 아들들 사이에는 전반적인 우호 협약이, 마찰과 분열과 야망을 다스리고 계산 착오를 줄여 주는 중도의 원칙이 수립되었다.……로스차일드 가문은……전 유럽 재정의 감독관이라고 해도 좋다. 로스차일드가를 프랑스, 영국, 오스트리아, 나폴리 일가로 나누어 보라. 그러면 그들의 중재적 영향력은 사라질 것이다. 그저 [또 다른] 일국의 은행들만 남게 될 것이다. 유럽 국가들 간의 경쟁을 제약하고 해소하기도 했던 만국의 은행은 더 이상 아니게 될 것이다.

그러나 로스차일드 파트너십 체제를 방해한 문제들을 개인사적인 수준에서 설명할 수도 있겠지만, 그보다 더 중요했던 것은 구조적인 요인이었다. 이 시기를 통틀어 빈과 다른 상사들 간에 불화를 일으킨 1차적인 원인은 안젤름이 페레르 형제와 크레디 퐁시에의 제휴사들, 심지어는 혐오스러운 에를랑거 '도당' 같은 경쟁 은행들과 서슴없이 사업을 하려 했다는 데 있었다. 다른 일가들은 크레디탄슈탈트를 빈 상사의 자회사로 간주한 반면, 안젤름은 그렇지 않다고 고집한 것이 말썽을 일으켰다. 로스차일드가가 대주주였지만 기업 지배권을 행사하지는 못했던 철도 회사에 대해서도 유사한 갈등이 빚어졌다. 주요 금융 시장들마다 합자은행들이(그리고 물론 개인 은행들도) 제각기 몸집을 키운 상황에서는 신의에 관한 갈등이 빚어질 수밖에 없었다. 로스차일드가는 더 이상 각국 토착 은행들의 도움 없이 대규모 채권 발행을 맡을 수 있는 지배적인 은행이 아니었다. 각 상사들이 자체 시장에서 비공식 파트너들을 개발하는 일이 점차 늘어났으며(런던은 베어링은행, 파리는 고위급 은행, 빈은 크레디트슈탈트, 독일은 디스콘토 게젤샤프트), 곧 그들과 해내는 사업이 다른 로스차일드 상사들과 국경을 초월해 진행하는 사업의 규모를 초과하기 시작했다. 프랑크푸르트 상사가 한제만의 "위성"이 되었다는 비난은 물론 근거 없는 이야기가 아니었지만, 파리 상사에서 마이어 칼이 자체 궤도를 유지할 수 있을 만큼 충분한 사업 기회를 제공하지 않은 것도 사실이었다.

마찬가지로, 전통적인 유급 대리인 체제에 의존하는 것도 점점 더 어려워졌다. 암스테르담의 베케르 엔 풀트(Becker en Fuld)[37]의 사례가 보여 주듯이,

대리인들이 수많은 기회를 무시하고 오로지 로스차일드가의 사업에만 집중하기를 기대하는 것은 무리였다. 게다가 자영 사업 비중을 늘린 대리인들은 로스차일드가의 경쟁자가 되었다. 마이어 칼이 한제만의 디스콘토 게젤샤프트를 신임하고 블라이히뢰더를 적대시한 것 모두 같은 흐름상의 일이었다.

심지어 로스차일드 상사의 사무실에서도 옛 관례는 쇠퇴기를 맞고 있었다. 1873년 마이어 칼은 이렇게 불평했다.

> 직원들이 연이어 회사를 떠납니다. 은행 지점장이 된다거나 자영으로 회사를 세울 거랍니다. 터무니없이 야심만만한 유대인들이야말로 최악의 직원이에요. 그저 아무 곳에나 참견하고, 자기 목적에 맞으면 도망칠 수 있을 만큼 일단 많이 뜯어내고 보자는 이들입니다. 고용할 만한 좋은 직원이 없어요. 이것이야말로 골칫거리입니다.……새 은행들이 수당을 톡톡히 쳐 주니 아무도 우리 회사에는 들어오려고 하질 않아요.

당초부터 로스차일드 조직 체제는 능력 있는 '외부인'들이 가족 지배의 연속성에 도전하는 일이 없도록 '사무원' 직급 이상으로 승진할 길을 막고 있었다. 그러나 합자은행들이 "재능 있는 사람이면 누구나 출세할 수 있는 기회"를 열어 놓자 능력 있는 직원을 채용하거나 근속하게 하는 것이 점점 더 어려워졌고, 결국에는 칼 메이어마저 떠나버렸다.

마찬가지로, 프랑크푸르트 상사가 내리막길을 간 것도 마이어 칼과 빌헬름 칼이 후계할 아들을 보지 못한 것 때문이라고만은 할 수 없다. 두 형제가 사업을 더 성공적으로 일으키지 못한 것을 너무 책망할 수도 없는 일이다. 경영 실적이 실망스러웠던 것은 사실이고, 빌헬름 칼은 일찌감치 1890년부터 사업에서 손을 뗄 준비를 하고 있었지만 말이다. 상사의 쇠락은 부분적으로 프랑크푸르트가 금융 중심지라는 위상을 베를린에 내주었기 때문이기도 했다. 빌헬름 칼이 세상을 떠난 뒤 다른 파트너들이 "옛 프랑크푸르트 상사를 소생시키거나 상사를 아예 새로 여는" 방법을 두고 심사숙고하기도 했지만, 이 계획은 프랑크푸르트 당국과 세금 문제로 분쟁이 빚어진 탓에 무산되고 말았다. 그 결과 로스차일드 부의 원천이자 기원(M. A. 폰 로스차일드 운트 죄네)

은 1901년에 결국 문을 닫았다. 물론 로스차일드가는 프랑크푸르트에서 건재하고 있었다. 미나(Minna)의 남편 막스 골트슈미트는 하이픈 뒤에 붙이기는 했어도 로스차일드의 이름을 지키려고 노력했다. 그러나 폰 골트슈미트 로트쉴트(von Goldschmidt-Rothschild)가 1차 세계대전이 있기 전에 프랑크푸르트에서 (그리고 물론 독일제국 전체를 통틀어) 가장 큰 부자였고 1911년 당시 상위 열 명의 고액 납세자 가운데 총 다섯 명이 골트슈미트 로트쉴트 가족이기는 했어도, 자본 소득은 두드러지게 저조했던 것이 사실이었다.[38] 옛 은행의 직원들이 대부분 디스콘토 게젤샤프트로 자리를 옮겼다는 사실은 로스차일드가의 권세가 이울고 있다는 상징이었다. 암셀과 잘로몬이 사업을 일으켜 최초의 황금기를 맞았을 때 지은 파르가세의 사무실은 빌헬름 칼의 유언에 따라 유대인 골동품 박물관이 되었다.[39]

이런 정황을 놓고 보면, 1860년대와 1870년대에 걸쳐 로스차일드가의 근친혼이 마지막으로 물밀듯 이루어졌다는 사실은 의미심장한 일이다. 결혼한 31명의 4대 가운데 열세 명이 또 다른 로스차일드와 결혼했다.[40] 1849년에서 1877년 사이에 총 아홉 쌍이 그런 식으로 맺어졌는데, 안젤름의 딸 한나 마틸데(빌헬름 칼과 1849년에 결혼)와 율리(아돌프와 1850년 결혼)를 시작으로, 10년 뒤에는 제임스의 아들 알퐁스(레오노라와 1857년에 결혼)와 살로몬 제임스(마이어 칼의 딸 아델과 1862년에 결혼)가 짝을 찾았다. 3년 뒤에 안젤름의 아들 페르디난트가 라이오넬의 딸 에블리나와 결혼했을 때, 그날은 로스차일드 족내혼에서 가장 빛났던 순간이었다. 피커딜리 148번지에서 개최된 피로연에는 126명의 하객이 참석했는데, 디즈레일리, 영국 해군본부위원회 수석위원, 오스트리아와 프랑스의 대사까지 와 있었다. 이어진 무도회에서는 케임브리지 공[41]이 자리를 빛내 주었다. 결혼은 런던과 빈 일가의 유대를 갱신하기 위한 것이었고 또 그렇게 해석됐으며(페르디난트의 어머니는 물론 라이오넬의 큰누나 샬롯이었다), 신혼부부는 피커딜리와 쉴러스도르프 양쪽에서 생활하기로 했다. 안젤름은 "에블리나가 한 명뿐이라 다른 아들들도 똑같이 그처럼 좋은 대접을 받을 수 없다는 것이 한탄"스러울 지경이었다.

그것은 또 명백한 연애결혼이기도 했다. 다소 우스꽝스럽게도 약혼녀보다 페르디난트가 결혼 예물에 더 열광했지만 말이다. 그러나 1886년 12월, 쾨니히그래츠전투 직후에 남편이 부친을 돕기 위해 오스트리아에 가 있는 동안 에블리나는 분만 중에 목숨을 잃었다. 그것은 영국 로스차일드 일가의 역사에서 가장 뼈아픈 사건 중 하나였다. "이제부터 내 삶은 그저 슬픔과 비통과 쓰라린 그리움뿐일 것이다." 페르디난트는 레오에게 그렇게 써 보냈다.

"햇살과 행복의 집에 닥친 재앙에 상처를 입은 뒤 삶이 우울해지고 황량해진" 그는 재혼하지 않고 평생을 홀로 지냈지만, 역시 독신이었던 여동생 알리체와의 우애가 큰 의지가 되었다. 그는 죽은 아내를 위해 두 개의 가슴 아픈 기념물을 남겼다. 사우스워크의 뉴 켄트 로드에 있는 아동병원에 그녀의 이름이 붙여졌으며, 포레스트 게이트에 있는 유대인 묘지에는 영묘(靈廟)가 세워졌다.[42]

이런 비극도 샬로테가 "요정들의 원무"[43] 속에서 큰아들을 위한 배우자를 찾는 일을 단념시키지는 못했다. 애초 그녀는 내티가 "사랑에 빠지거나 그 행복한 감정에 미끄러져, 저 훌륭하신 준남작[앤서니]의 두 딸 중 누군가에게 청혼해서 기쁨을 안겨 주기를" 바랐다. 그러나 내티가 마이어 칼의 딸 엠마에게 관심을 표했을 때도 그녀는 못지않게 기뻐했으며, 두 젊은이는 1867년에 프랑크푸르트에서 식을 올렸다. 다른 가족들로부터 애초 엠마의 짝으로 점지됐던 냇의 아들 제임스 에두아르에게는 그들의 약혼이 충격이었지만, 두 사람의 결합은 아무래도 최선이었을 것이다. 소박한 내티와 신중한 엠마는 아주 잘 어울렸고, 1871년에 성사된 엠마의 동생 로라 테레즈와 제임스 에두아르의 결혼 역시 별로 매력은 없어도 그만큼 좋은 결합으로 받아들여졌다. 페르디난트는 이렇게 썼다. "두 사람처럼 행복한 한 쌍은 없을 겁니다. 둘은 사랑을 속삭이고 아기와 집에 대해 이야기하는데, 마치 다른 사람은 아무도 결혼을 해 본 적이 없고 그들의 앙리야말로 이 세상 유일한 앙리인 것처럼 굽니다(제 눈에 앙리는 못생겼어요). 이 말은 꼭 해야겠어요. 전 그렇게 우스꽝스러운 어린 부부를 본 적이 없습니다. 너무 땅딸막하고 토실토실하고 뚱뚱해요."

이런 이야기들은 그렇게 성사된 결혼들이 반드시 부모의 의사대로 이루어진 것만은 아니었으며, 진심 어린 애정에 기초한 결혼이기도 했다는 것을 보여 준다. 장래의 배우자 범위가 좁혀진 것은 다 같이 일하고 교제하고 휴가를 같이 보내는 가문의 생활방식 때문이었다. 1875년, 알베르트가 알퐁스의 딸 베티나와 약혼했다는 소식을 들은 샬로테는 "사촌에게서 청혼을 받았다는 말이 들리기 전에는 어떤 청년도 시야에 등장하지 않는다. 이제껏 우리가 너무 집안사람들과 결혼을 해 놔서 이런 일도 이제는 예사로울 뿐이다"라고 썼다. 그들은 이듬해에 식을 올렸다. 베티나 외에 알베르트가 신붓감으로 생각해 본 적이 있었던 사람은 마이어 칼의 딸들 중 하나였을 뿐이다. 1877년, 마지막으로 알퐁스의 막내아들 에드몽이 빌헬름 칼의 딸 아델하이트와 결혼했는데, 그는 그에 앞서 이미 그녀의 사촌 마가레타에게 딱지를 맞은 뒤였다.

그러나 이 무렵이 되면 족내혼이라는 관례가 그다지 오래 지속되지는 않으리라는 조짐이 보인다. 1874년, 샬로테는 "결혼을 목적으로 오스트리아 로스차일드가의 영토를 침범해 봤자 현재로서는 유익한 점이 없을 것"이라는 말을 들었다고 썼다. 어째서 그런지에 대한 이유는 부연하지 않았지만 말이다. 그녀는 마가레타가 에드몽과의 결혼을 거절했을 때 연민조로 말했다. "아마도 파리에서 제8대 로스차일드 부인이 된다는 것이 그 애의 마음에는 들지 않았겠지요." 한 번도 그 이유가 명시된 적은 없지만, 에드몽과 아델하이트의 결혼을 마지막으로 순혈 로스차일드가의 결혼은 막을 내리고 만다.

어쩔 수 없이 이런 질문을 던지게 된다. 가족들이 '근친교배'의 유전적 위험성에 대해 확실히 깨우쳤기 때문이었을까? 내티가 엠마와 결혼했을 때, 그는 결국 고모의 딸 혹은 외삼촌의 딸과 결혼한 셈이었다. 현대 유전학자의 관점에서 그런 식의 결합에는 문제의 소지가 있었다(앞서 1권의 6장에서 논한 이유로). 또 4대와 5대 중 몇몇이 보였던 특이 체질을 유전학적인 용어를 써서 설명할 수도 있을 것이다. 그러나 로스차일드가가 의학적 근거에서 사촌 간의 결혼을 포기했다고 보기는 어렵다. 그레고르 멘델의 유전학 연구가 1860년대에 시작되기는 했지만 결과가 널리 알려진 것은 1900년대 초에 이르러서였고, 반면 1880년대에 유행했던 '우생학' 이론은 가족 간은 아니더라도 인종 내의 근친교배를 적극 장려했기 때문이다. 로스차일드의 족내혼을 끝낸 것은 과학이 아니라 가문 밖 사회에 대한, 특히 사회의 엘리트층에 대한 가족의 태도에서 일어난 변화였다.

귀족 사회의 일원

4대와 그들의 부모 사이의 중대한 차이점은 로스차일드가의 딸들 중 많은 수가 비유대교도와 결혼했다는 것, 그것도 1839년에 해나 메이어가 헨리 피츠로이와 결혼했을 때와 같은 맹비난을 일으키지 않고 결혼했다는 점일 것이다. 그런 결혼의 첫 사례는 앤서니의 딸 애니와 제4대 하드위크(Hardwicke) 백작의 아들 엘리엇 요크(Elliot Yorke) 사이에 성사된 1873년의 결혼이었다. 5년 뒤에 애니의 언니 콘스탄스는 레오의 케임브리지 대학 동창인 시릴 플라워(이후 배터시 경이 되는)와 결혼했고, 1878년에는 메이어의 딸 해나가 당시 이미 자유당의 떠오르는 스타였고 이후 외무장관(1886년과 1892~1893년), 글래드스턴의 후임 총리(1894~1895)를 역임하는 제5대 로즈버리 백작 아처볼드 프림로즈(Archibald Primrose)와 결혼했다. 같은 해, 마이어 칼의 딸 마가레타는 그라몽(Gramont) 공작인 아제노(Agénor, 전 외무장관의 아들)와 결혼했고, 1882년에는 막내딸 베르타 클라라(Bertha Clara)가 나폴레옹의 참모총장의 후예 바그람 공 알렉상드르 베르티에(Alexandre Berthier)와 결혼했다. 마지막으로 1887년, 살로몽 제임스의 딸 엘렌은 네덜란드의 에티엔 판 죌른 드 네이펠트(Etienne van Zuylen de Nyevelt) 남작과 결혼한다.

이 역시 (한때 그토록 결연히 유대교에 충절을 바쳤던) 가문 본래의 문화가 희석된 증거로 해석할 수 있을 것이다. 동시대의 유대인들도 일부는 그렇게 판단했다. 1877년 10월, 《유대교 신문》은 이렇게 썼다. "모두들 랍비식의 화두를 던지고 있다. 불꽃이 삼나무를 덮쳤는데 하물며 벽에 자란 우슬초는 어떨 것인가? 리바이어던이 낚싯바늘에 걸려 끌려 나오는데 어떻게 송사리들이 무사하겠는가?'" 그러나 사실 이렇게 결혼한 딸들 중 개종하지 않은 사람은 넷이나 됐다. 콘스탄스는 결혼 전에 분명 개종을 염두에 두고 자신은 "오직 민족상으로만 유대인일 뿐, 종교적으로나 교리적으로는 아니"라고 언명했다. "제 마음은 조금도 유대교 교리에 물들어 있지 않습니다. 고독한 지위가 자랑스럽지도 않고요. 제 신앙은 보편적인 신앙이고, 우리 하느님, 전 인류의 아버지, 그리고 제 신조인 자애와 인내, 덕성입니다. 저는 그 어떤 이름으로 불린들 위대한 창조주께 경배할 수 있어요." 한번은 극단적으로 이렇게까지 선언하기도 했다. "제가 그리스도교인이라면 좋겠습니다. 저는 그 교의와 예배식이 좋습니다." 그러나 결국 그녀는 개종이 "불가능"하며 "허위"일 수밖에 없다는 결론을 내린다. 남은 생을 "그리스도교의 문전 바깥에서" 보내기는 했지만 말이다. 애니 역시 최소한 명목상으로는 유대교도로 남아 있었다. 가문의 신앙에 대한 해나의 믿음은 그보다는 훨씬 강했던 것 같다. 결혼식을 교회에서 올리고 아이들을 그리스도교인으로 키우기는 했지만, 그녀는 금요일 저녁마다 초를 밝혔고 속죄일에는 시너고그의 예배에 참석하고 금식하고 기도를 드렸다. 남편의 스코틀랜드 문화유산을 받아들였지만, 그녀는 죽어서 달메니(Dalmeny)[44]에 묻히는 대신 윌즈던에 있는 유대인 묘지에 묻혔다.

가족들이 그 같은 결합을 무조건 찬성한 것도 아니었다. 마이어 칼은 그리스도교로 개종했다는 이유로 마가레타를 유언에서 삭제해버렸다. 시간이 많이 지나 1887년이 되어서도 마찬가지였다. 살로몽 제임스의 미망인 아델은 비유대교도와 결혼한 딸 엘렌에게 상속을 거부하고 베리에르(Berryer) 가에 있던 저택을 프랑스 정부의 예술관리국에 기증했다. 알퐁스의 손자 기가 부모로부터 "틈만 나면" 들었던 설교는 "비유대인 여성 혹은 유대교로 개종할 의향이 없는 여성과 결혼해서는 안 된다는 것이야말로 가장 중요한 원칙"이라는 이야기였다. 1860년대에 쓴 샬로테의 편지들은 로스차일드가 사람이라면 같은 가문 사람은 아니더라도 신앙이 같은 사람과 결혼해야 한다는 생각이 끈질기게 남아 있었다는 사실을 보여 준다. 그녀가 생각하기에 로스차일드가의 딸들에게 이상적인 배우자는 "좋은 가문에서 자란 유복한 유대인"이었다. 그녀가 애니와 콘스탄스에게(혹은 그들의 사촌 클레멘타인에게) 어울리겠다고 생각한 남편감 중에는 줄리언 골드스미드(Julian Goldsmid)도 있었다.[45] 앤서니의 딸들이 비유대인들(치체스터 하원 의원인 헨리 레녹스 경을 포함해)의 구애를 받는다는 소식을 처음 듣고, 샬로테는 "앤서니는 구혼이 들어오면 분명 '노'라고 대답할 것"이며 그녀들의 어머니 역시 "'예스'라 답하지는 않을 것"이라고 확신했다. "디즈레일리 씨가 그리스도교 미남들을 가리켜 부르는 소위 '납작코 프랑크족'보다야 코카서스계 남편이 당연지사 훨씬 낫다."

1866년 후반에는 샬로테도 콘스탄스가 그리스도 교도 배우자를 선택할 수 있다는 사실을 받아들였던 것 같다. 그러나 애니가 엘리엇 요크의 청혼 사실을 밝혔을 때, 그녀의 아버지는 라이오넬과 내티로부터 결혼을 허락해 주지 말라는 강한 압력을 받는다. 메이어와 그의 아내 줄리애나 역시 반대를 표했고, 그들의 딸 해나도 명백히 (그리고 아이러니하게도) 같은 의견이었다. 제임스의 미망인 베티도 마찬가지였다. 그녀는 애니의 어머니에게 콕 집어 써 보냈다. "애통한 감정을 말로 표현할 수가 없구나. 그러나 그런 슬픔에도 나는 네가 겪는 고충, 그리고 내 사랑하는 조카 앤서니의 고충에 진심 어린 연민을 느낀다." 앤서니가 결국 딸의 탄원에 굴복한 것은 냇의 미망인 샬로테와 안젤름, ("거너스버리의 전원을 대표해") 알프레드가 이 젊은 한 쌍을 지지해 준 이후였다. 그런데도 콘스탄스는 호적등기소에서 예식을 치르던 당시를 이렇게 회상했다. "아버지는 무척 슬퍼 보이셨다. 우리 모두 그 사실을 뼈저리게 느끼고 있었다. 애니 자신을 포함해서." 그러나 뒤이은 사건들은 결혼을 미심쩍어한 사람들이 결국 옳았다는 것을 입증해 주는 것 같았다. 분명 행복한 결혼이었지만, 요크가 5년 만에 유명을 달리했기 때문이다.

애니의 언니 콘스탄스와 레오의 친구 시릴 플라워 사이에 두 번째로 이루어진 '혼성' 결혼 역시 완전무결하지는 않았다. 이번에 문제는 "놀랍도록 잘생긴" 플라워가 동성애자였을 가능성이 높았다는 데 있었다. 그는 이미 케임브리지 재학 시절부터 여자 흉내를 잘 내는 것으로 유명했다. 공평하게 말해서, 진지한 성격의 콘스탄스는 당시 가장 '진보적'인 자유당 하원 의원이었던 사람과 결혼하는 것을 기뻐했던 듯하고(그녀 자신이 열렬한 금주주의자였다), 남편이 1892년에 배터시 경이라는 이름으로 귀족의 지위에 오르자 반가워 마지않았다. 그러나 그 이듬해 남편이 글래드스턴으로부터 뉴사우스웨일스의 지사직을 제의받았을 때, 콘스탄스는 어머니를 (그리고 그녀의 자선 사업을) 버리고 오스트레일리아로 떠날 마음이 없었고, 그래서 남편도 임명을 단념해야 했다. 아내는 그의 이런 결정이 "내 사랑하는 시릴의 경력을 망칠"지도 모르고 그들로 하여금 "비참한 세월"을 보내게 할지도 모른다는 생각 때문에 시름에 잠겼다.

당시 있었던 혼성 결혼 중에 가장 유명했던 것은 메이어의 딸 해나와 로즈버리의 결혼이었다. 이 결혼 역시 로스차일드가에서 일부 반대했던 것으로 보이는 증거가 있다. 두 사람이 맺어지리라는 소문은 1876년부터 돌기 시작했는데, 정작 약혼이 발표된 것은 그녀의 부모가 죽은 다음이었다. 또 결혼식에 로스차일드가의 남성이 참석하지 않기 때문에 디스레일리가 대신 신부를 데리고 입장해야 했다. 게다가 이번에도 역시 로즈버리가 마지못해 독신을 포기했다는 설이 있었다. 최악의 이야기로는 로즈버리가 여성 혐오자였는데, 무엇보다 경제적인 목적에서 로스차일드와 결혼했다는 것이다. 어쨌든 그녀는 당대에 가장 부유한 여상속인 중 하나였고, 멘트모어와 피커딜리 107번지의 저택을 물려받았을 뿐 아니라 매년 10만 파운드씩을 받고 있었다. 덕분에 야심찬 정치가한테는 그녀보다 매력적인 신붓감이 없었다는 것이다. 그녀는 (그녀의 사촌 콘스탄스의 표현대로) "큰일에 대해서는 관심이 없고" (그녀의 남편에 따르면) 의사 표시를 "어린애처럼" 하는 사람이었지만 말이다.

로즈버리가 어렴풋이나마 반유대주의적인 편견을 품고 있었다는 주장도 있었다. 여러 해가 흐른 뒤에 밸케러스(Balcarres) 백작 데이비드 린지는 이렇게 회고했다. "해나 로스차일드가 그날따라 유난히 많은 동포들을 멘트모어에 불러 모아 파티를 열었던 어느 저녁의 일이었다. 숙녀들이 웅장한 계단에 모여 앉아 불 켜진 초를 들고 막 일어서려는 찰나, 아름다운 여성들로부터 멀리 떨어져 냉담하게 서 있던 로즈버리가 손을 번쩍 들어 올렸다. 그녀들은 다소 어리둥절해서 바라보았다. 그는 엄숙한 어조로 말했다. '이스라엘아, 너희의 장막으로 돌아가라.'[46]" 린지는 또 "해나가 죽고 일주일도 안 되어서 그는 유대인 자선 사업에 기부를 중단했고, 오래 지나지 않아 전부 취소시켰다"는 소문을 듣기도 했다. 마지막으로, 로즈버리와 그의 개인 비서 드럼랜리그(Drumlanrig) 경, 그리고 가장 악명 높은 멤버인 오스카 와일드를 포함한 동성애자 집단이 모종의 관계를 맺었다는 혐의가 퀸즈베리(Queensberry) 후작[47]에 의해 제기되기도 했다.[48]

그러나 이런 주장을 뒷받침할 만한 근거가 없다. 다른 것은 차치하고라도, 로즈버리는 이미 엡솜(Epsom)의 저택(더던스[Durdans])뿐만 아니라 스코틀랜드에 대규모 영지(달메니)를 소유한 데다 연 3만 파운드가 넘는 수입까지 있었다. 하고많은 사람들 중에서도 그는 돈 때문에 결혼할 이유가 없는 사람이었다. 로스버리가 해나를 사랑했다는 것 또한 의심할 나위가 없다. 글래드스턴에게 쓴 편지에서 그는 자신의 약혼을 "내 인생에서 가장 중요한 사건"이라고 묘사했다. 그의 일기에 그녀에 대한 이야기가 거의 없다는 사실은 부부 사이가 냉담했다는 증거로 해석되기도 하지만, 일기를 주로 자신의 정치 활동에 대한 기록으로 여겼다는 점을 고려하면 사정은 오히려 그 반대였을 가능성이 높다. 1877년의 일기에 로스차일드가에서 함께한 저녁과 점심 식사에 대한 언급이 많은 것은 그가 적극적으로 구혼했다는 뜻이며, 한편 1878년에 결혼한 후 몇 달 동안 완전히 침묵을 지킨 것은 해나와 시간을 보내는 것이 일기 쓰기보다 좋았기 때문이었을 것이다. 즉, 밸케러스는 그저 농담으로 던진 말을 오해했을 뿐이다. 또 퀸즈베리 후작의 주장은 1차 세계대전 중에 노엘 펨버턴 빌링(Noel Pemberton Billing)이 제기한 광적인 "남색자 음모" 이론의 전조 정도로 무시해버릴 수 있다.[49]

게다가 로즈버리가 그에게 결여되어 있던 정치적 "투지"를 북돋워 준 해나에게 의지했다는 믿을 만한 증언도 있다. 그랜빌 경은 꽤 진지하게 "부인께서 그가 계속 기대에 부응할 수 있게만 해 주신다면, 그는 틀림없이 역사의 한 페이지를 쓰게 될 겁니다"라고 해나를 격려하기도 했다. 에드워드 해밀턴도 그녀가 "다른 이들의 노력을 이끌어내고 원기를 북돋는 뛰어난 능력"을 지녔다고 썼다. 윈스턴 처칠은 그녀를 이렇게 묘사했다. "그[로즈버리]가 의지했던 빼어난 여성……그녀는 그의 삶에 평화와 안정을 베풀었다. 이제 그 누구도 온전히 신뢰할 수 없게 된 그로서는 다시 구할 수 없는 존재일 게다." 이 같은 촌평은 해나가 험프리 워드(Humphry Ward)의 소설 『마르셀라(Marcella)』(1894)와 『조지 트레서디 경(Sir George Tressady)』(1909)에 등장하는 야심찬 마르셀라 맥스웰의 모델이 되었다는 주장에도 신빙성을 부여한다.[50] 처칠은 해나가 장티푸스에 걸려 고투하다가 1890년에 비극적이고 고통스러운 죽음을 맞았을 때 로즈버리는 "불구가 되었다"고 생각했고, 로즈버리의 짤막하지만 번민 속에서 쓰인 것이 분명한 일기 속에서도 그런 사실은 드러난다. 그를 장례식에서 본 헨리 폰손비(Henry Ponsonby) 경은 이렇게 썼다. "그는 전혀 입을 열지 않았지만 관을 무덤 속으로 내릴 때까지 관 옆에 붙어 있었다. 로스차일드 경이 그를 데리고 예배당으로 갔으나, 그는 내내 바닥만 내려다보고 있었다.…… 사람들 앞에서 초연한 모습을 보이고 싶어 했으나, 그의 마음은 이미 무너져 내리고 있었다." 해나가 죽고 나서도 로즈버리와 로스차일드가 사람들은 가까운 관계를 유지했다.

혼성 결혼에서는 상대편 가족도 불편할 수 있었다는 점 역시 강조해야 되겠다. 로즈버리의 어머니 클리블랜드 공작부인은 "그리스도의 신앙과 소망을 품지 않은 사람"을 배우자로 선택한 아들의 결정에 맹렬히 반대했다. 그녀는 아들에게 말했다. "두 사람의 종교가 다르면 엄청난 희생을 치르지 않으면서 결혼할 수는 없는 법이다. 덧붙여 말하는 걸 용서해 다오. 특히 그 두 사람을 누구보다 아끼는 사람들을 슬프게 하거나 실망시키지 않고 결혼하기란 불가능하다는 뜻이다. 세상도 네게 비정한 판단을 내리리라는 것 또한 각오해야 할 것이다." 아내의 장례를 치르고 사흘이 지나서는 로즈버리 자신이 빅토리아 여왕에게 사무치는 고백을 했다. "아내를 잃은 상실감만큼 고통스러운 비극이 하나 더 있습니다. 그것은 임종의 순간에 우리의 교리가 서로 다르다는 사실을 깨닫는 것, 또 다른 종교가 치고 들어와 죽은 자에 대한 권리를 주장하는 것입니다. 불가피했던 일이고 저도 푸념하지는 않습니다. 아내의 가족들도 제게 더없이 친절했습니다. 하지만 그것은 가슴을 찌르는 고통입니다."

마지막으로, 이렇게 이루어진 결혼이 로스차일드가의 아들들과는 무관했다는 점을 기억하는 것이 중요하다. 파트너십의 자본과 마이어 암셀의 종교적 유산을 물려받을 상속자였던 그들은 결혼에 관한 한 선택의 자유가 훨씬 적었다. 이런 이유로 정말로 골치 아팠던 문제는 알프레드와 그의 정부 마리(미나[Mina]) 웜웰(Wombwell, 결혼 전의 성은 보이어[Boyer])의 관계였다. 그녀가 그리스도 교도였을 뿐 아니라 유부녀이기까지 했기 때문이었다. 그녀와의 사이에 사생아를 두기는 했지만(아이의 이름 '알미나'는 아버지의 이름 첫 글자 '알'과 어머니의 이름 '미나'의 조합인 듯하다), 알프레드가 실제로 결혼까지 생각했는지는 알 길이 없다. 불가피하고 또 견딜 수 없을 가족의 반대를 예상하고 그 생각을 접었으리라는 추측도 가능하다(또 다른 가능성은 알프레드가 실은 동성애자였다는 것이긴 하지만 말이다). 그러나 알프레드는 그의 증조부가 보기에 똑같이 중한 죄를 짓고 말았다. 그는 알미나가 카나본(Carnarvon) 백작과 결혼할 때 (이 남편감의 15만 파운드나 되는 빚을 청산해 주었을 뿐 아니라) 50만 파운드의 지참금을 안겼으며, 150만 파운드에 달했던 그의 전 유산에서 꽤 큰 몫(12만 5000파운드와 시모어 플레이스에 있는 저택)을 이들 부부와 아이들에게 남겼다.[51]

간단히 말해, 이제까지 기술한 여러 건의 '혼성' 결혼을 가족들의 가치관이 크게 변했다는 증거로 여길 수는 없을 것이다. 그러나 제임스가 살아 있었을 때 가능했으리라고는 상상하기 어렵다. 모든 결혼이 귀족 가문들과의 결연이었다는 사실(결혼 이후에 귀족이 된 콘스탄스의 남편 시릴 플라워는 예외로 치고)은 우연이 아니다. 영국과 프랑스의 엘리트층과 연계를 맺음으로써 얻는 사회적 이득이 종교 문제를 양보하는 손실보다 더욱 크게 느껴졌을지 모른다. 그러나 결혼을 사회적 신분 상승을 위한 일종의 전략으로 이용했다고 생각하는 것은 잘못일 것이다. 《유대교 신문》도 암시했듯이, 로스차일드가의 사회적 신분이 상승했다는 사실 자체가 그런 결혼을 가능하게 했다고 보는 것이 정확한 해석이다. 콘스탄스는 사촌이 케임브리지에 다녔기 때문에 시릴 플라워를 만날 수 있었다. 해나는 그녀의 아버지가 인정받는 정치인이자 스포츠팬이었기 때문에(장인과 사위는 뉴마켓 경마장에서 메리 앤 디즈레일리의 소개로 면식을 익혔다는 이야기가 있다), 그리고 페르디난트가 그와 막역한 사이였기 때문에 로즈버리를 만날 수 있었다. 경제사학자 카시스도 제시했듯이, 19세기 시티의 은행가들 중 상당히 높은 비중이 귀족의 딸들과 결혼했다(그의 표본 집단에서는 무려 38%나 되는 개인 은행가들, 그리고 전체 은행가 및 은행 임원을 통틀어 최소 24%가 귀족의 딸과 결혼했다).

이 시기의 로스차일드가와 귀족 사회와의 관계는 자주 거론되어 온 문제다. 요점은 1885년에 내티가 귀족으로 격상된 일이 로스차일드가가 마이어 암셸 시절부터 계속해 온 사회적 동화를 위한 투쟁에서 거둔 궁극적인 승리였다는 것이다. 한편 19세기 후반에 걸친 '봉건화' 과정이 부르주아지의 기업가적이고/이거나 자유주의적인 정신을 약화시켰다고 주장하는 이들도 내티의 사례를 하나의 전형처럼 인용한다. 현실은 그보다 훨씬 복잡하다. 준남작에서 세습 귀족으로의 전환은 로스차일드가가 왕실 가족뿐만 아니라 총리와 맺은 관계에 그 뿌리를 두고 있었다. 사회적 신분 상승은 정치적 공로나 공무에 대한 보상이었던 동시에, 왕가의 호의를 드러내는 표시였기 때문이다. 유대인이 하원 의석에 앉을 권리와 마찬가지로, 영국이 일부 대륙 국가들보다 얼마만큼은 뒤처져 있었다는 점도 지적하는 것이 좋겠다.

오스트리아 일가의 사례는 로스차일드가의 지위가 미묘하게 변화한 양상을 예증해 준다. 엄밀히 따지면 로스차일드가는 합스부르크제국 황제로부터 일찍이 1816년에 처음으로 귀족 지위를 부여받았고(폰이라는 경칭과 가문의 문장을 받았다), 6년 뒤에는 거기에 '남작'이라는 작위가 더해졌다. 그러나 로스차일드가 사람(안젤름)이 귀족 계층과 정치적으로 동등한 지위에 오른 것, 즉 라이히슈라트(Reichsrat) 혹은 제국참의원에 의석을 얻게 된 것은 1861년의 일이었다. 그리고 궁극적인 사회적 성취(궁정에 발을 들일 권리)는 1887년 12월에 알베르트와 그의 아내가 공식적으로 '호패이히(hoffähig)'로 선언되고 나서야 거둘 수 있었다. 《타임스》가 보도한 것처럼 이것은 "오스트리아에서 유대교도에게 그 같은 특혜를 부여한 최초의 사례이며, 사회에 센세이션을" 일으켰다. 로스차일드 가문 사람들과 오스트리아 왕실 가족들이 오스트리아에서 사교적으로 어울리기 시작한 것은 이 이후부터였다.[52] 특히 나타니엘은 그의 부친과 조부는 절대 불가능했던 방식으로 빈의 귀족 사회에 받아들여졌고, 그를 "대단히 매력적인 사람이며 진정 귀족적인[원문 그대로임] 성품"이라 여겼던 빌체크(Wilczek) 백작 같은 고위 귀족들로부터 스스럼없이 '너(du)'라고 불리기도 했다. 메테르니히 가족과의 관계도 사회적으로 매우 귀중한 역할을 했다.

그 당시 떠돌던 소문에 의하면, 나타니엘은 나중에 루돌프 황태자의 정부가 되는 마리아 페체라(Maria Vetsera) 남작부인과 바람을 피웠다고 한다. 게다가 루돌프와 마리아가 1889년 1월에 메이얼링(Mayerling)의 왕실 사냥 별장에서 동반 자살했을 때, 그 비극적인 소식을 가장 처음 전보로 전해 받고 이를 왕궁에 알린 사람은 (노르트반의 회장이었던) 나타니엘의 아우 알베르트였다. 이는 출처가 불분명한 이야기이지만, 루돌프의 모친인 엘리자베스 황후가 아돌프의 미망인 율리와 가까운 사이가 되었다는 것만은 틀림없는 사실이다. 그녀는 제네바 호수에서 이탈리아 무정부주의자에 의해 살해당한 1898년 9월에 스위스 프레니에 있는 로스차일드의 저택을 방문했다. 프란츠 요제프가 1908년에 재위 60주년을 기념하며 웅장한 연회를 열었을 때, 알베르트도 그곳에 있었다. 그는 민간인 복장으로 행사에 참석한 몇 안 되는 내빈 중 하나였다.

독일에서도 귀족의 지위로 승격되면서 사교적 교제로 이어지는 비슷한 과정이 전개됐다. 앞서 본 것처럼 마이어 칼은 1867년에 프로이센 상원(헤렌하우스[Herrenhaus])으로 임명되었고 그 이후 '호패이히'로 대우받았다. 블라이히뢰더가 입신출세를 위해 안달하는 것은 끝까지 경멸했으면서(블라이히뢰더가 귀족으로 승격됐지만 남작 작위까지는 받지 못하자 고소해서 어쩔 줄 몰랐으면서[53]), 마이어 칼 자신은 사소한 일일지언정 프로이센 황족을 알현할 기회라도 생기면 편지에 언급했다. 그와 그의 아내가 1870~1871년에 프랑크푸르트에서 전쟁 부상자들을 위한 병원을 설립한 일은 확실히 궁정의 호감을 샀다. 1871년 12월, 그는 감격을 쏟아냈다. "방금 전하를 알현했는데 꼬박 한 시간이 걸렸습니다. 제가 황후 전하를 위해 전하의 병원에 이바지한 것이 황제 전하를 그 무엇보다 기쁘게 해 드린 덕분에 양전하와 저희 사이가 더없이 화기애애했다는 사실을 누누이 쓸 필요는 없겠지요. 황후 전하는 루이즈를 매우 총애하시고, 그녀가 한 일을 얼마나 훌륭하게 생각하는지 말씀하시며 기뻐하셨습니다.……우리를 위해서도 무엇보다 득이 될 일이지요." 특히 황후는 그들과 가깝게 지냈던 것으로 보인다.

이후 빌헬름 칼의 아내 한나 마틸데와 프리드리히 3세의 미망인이자 영국 빅토리아 여왕의 딸이었던 빅토리아는 막역한 사이로 발전했는데, 빅토리아는 쾨니히슈타인에 있는 로스차일드 저택의 친영국적인 분위기를 좋아했던 것 같다. 빅토리아의 아들 빌헬름 2세는 로스차일드가 사람들에게 미심쩍은 인상을 남겼고 실제로 반유대적인 편견을 지닌 인물이었지만, 1888년에 그가 황제로 즉위한 사실이 로스차일드가의 입지에 해가 되지는 않았다. 1903년, 빌헬름 칼의 사위 막스 골트슈미트는 '폰 골트슈미트 로트쉴트 남작'이라는 작위를 수여받기도 했다.[54]

반대로 영국에서는 그 과정이 거꾸로 진행되었다. 로스차일드가는 하원 의석에 앉기 몇 년 전에 궁정에 발을 들였고, 왕족들과도 이미 가까운 사이였다. 유대인이 귀족에 오르는 것이 1866년에 법적으로 가능해졌는데도, 빅토리아 여왕이 이를 실행에 옮기는 것을 강력히 반대했기 때문이었다. 로스차일드가는 1856년에 이미 궁정에 출입할 수 있는 신분으로 인정받았는데, 당시 빅토리아는 왕궁 응접실에 있던 라이오넬의 딸 레오노라의 "지극히 어여쁜" 외모를 알아보기도 했다. 그러나 1861년에 케임브리지에서 내티가 세인트올번스 공작에 의해 왕세자(장래의 에드워드 7세)에게 소개된 일이야말로 진정한 돌파구였다. 사냥에 대한 공통된 열정이 매개가 되어 알프레드와 레오도 연달아 왕세자와 교분을 맺었다. 경마 역시 비슷한 역할을 했다. 메이어는 왕세자가 1864년 더비 경주에서, 그리고 다시 1866년에도 "케이크와 마요네즈, 샴페인을 드는" 모습에 "흐뭇해"했다. 곧이어 가족들은 궁정의 행사나 왕족 역시 참석하는 귀족 모임에 정기적으로 초청받았다.[55] 답례로 그들 역시 왕실 가족들을 대접했는데, 주로 왕세자가 단골이었다.[56] 이듬해 3월에 그는 멘트모어에서 메이어와 함께 수사슴 사냥에 나섰고, 두 달 뒤에는 앤서니의 집에서 만찬을 즐겼다. 그와 알렉산드라 왕세자비는 1871년에 라이오넬의 저택에서 벌어진 "끝없이 계속된 연회"에 참석하기도 했고, 4년 뒤에는 왕세자가 디즈레일리와 함께 페르디난트의 집에서 저녁을 들기도 했다. 왕세자는 1878년 로즈버리-로스차일드가의 결혼식에도 (삼촌인 케임브리지 공과 함께) 참석했고, 1881년에는 레오와 마리 페루자의 결혼에도 참석했는데, 특히 후자는 궁정의 종교적 관용을 드러내는 비범한 제스처였다.[57]

다소 격식을 차린 행사에서뿐만 아니라, "왕세자 할(Hal)[58]"(디즈레일리가 이렇게 불렀다)은 그가 선호했던 좀 더 수상쩍은 방식으로도 접대받았다. 일단 알프레드는 저녁 만찬에 넬리 멜바(Nellie Melba), 아델리나 패티(Adelina Patti) 같은 오페라 스타들, 사라 베르나르(Sarah Bernhardt) 같은 여배우를 초대할 수 있는 사람이었다. 가족의 친구이자 부상하는 '쇼 비즈니스' 업계에 몸담고 있던 사람 중에는 오페라 작곡가인 아서 설리번 경도 있었다.[59] 페르디난트 역시 이 왕위 계승자를 즐겁게 해 주는 방법을 알고 있었다. 왕세자가 1898년에 워드즈던의 층계에서 넘어져 다리가 부러지자, 이 이야기가 전국 신문에 게재될 정도였다.[60] 열렬한 친불파였던 그는 해협 건너편에서도 로스차일가의 단골이었다. 1867년 여름에는 불로뉴에서 제임스가 그를 접대했다. 왕세자는 5년 뒤 페리에르를 방문했고(1888년에 다시 찾는다), 1895년에는 칸에서 알퐁스와 점심을 먹었다. 그런 관계가 그가 왕위에 오른 뒤에 중단되지는 않았다. 오히려 그 반대였다. 로스차일드가 사람들은 에드워드 7세가 주도하는 국제적인 사교계의 일원이었고, 그렇게 어울린 이들 중에는 사순(Sassoon)가, 철도 금융가 모리스 드 히르쉬, 어니스트 카셀, 호레이스 파쿠아를 비롯하여 에드워드 해밀턴이 "최상류 계급"이라고 인정한 사람들이 포함되어 있었다.

그러나 로스차일드가가 왕족을 두려워했다거나 귀족 계층으로 신분 상승을 하고 싶어서 애가 탔다는 식으로 묘사하는 것은 적잖이 틀린 말일 것이다. 일례로 내티는 왕세자와의 대화를 "진부하고 아주 지루하다"고 생각했다. 그는 부모에게 이렇게 썼다. "왕세자는 사냥을 과하게 좋아하십니다. 수수께끼와 독한 시가를 아주 좋아하시고요. 비할 데 없이 예의 바르시기는 한데, 그것이야말로 그분의 결점을 보완해 주는 면모입니다. 그분이 자신의 기질대로 이끌렸다면, 도박에 빠지고 지금 꼭 들어야 하는 법률 수업에서도 도망쳐버리셨을 겁니다."

5년 뒤에도 그는 견해를 바꾸지 않고 "전쟁과 평화 그리고 국사(國事)는 전하의 머릿속에서 오락의 반만큼도 차지하지 못한다"고 딱 잘라 말했다. 그의 어머니도 같은 인상을 받았다. 그녀는 장래의 왕이 "어디에서도 뒤지지 않는 매너"를 갖춘 "매혹적일 만큼 상냥한" 사람이라고 생각했지만, "그가 진지한 일에는 잠시도 투자하지 않는 것, 정치, 예술, 과학 또는 문학계의 명망 있는 사람들과 우정을 나누거나 모임을 갖지 않는 것은 개탄스러운 일"이라고 생각했다. 그녀는 (왕세자가 글래드스턴이 연설하는 도중에 하원 방청석에서 자리를 뜬 이후) 그가 "진지한 주제에는 취미가 없다"고 결론지었다. 왕세자가 경마장에서 로스차일드의 말에 걸어서 "큰돈"을 땄을 때, 샬로테는 입술을 앙다물었다. "물론 전하께서 로스차일드가의 말에 걸어서 돈을 잃느니 분명 따시는 편이 낫지요. 하지만 장래에 영국의 군주가 되실 분이 도박을 해서는 안 되는 겁니다."

그들이 보인 태도에는 프랑크푸르트 게토에서 태어난 세대로부터 물려받아 끈질기게 이어 온 일말의 금욕주의가 서려 있었다. 스스로 노력해서 그만큼이나 입신출세한 로스차일드가 사람들은 많은 면에서, 특히 경제적인 면에서는 자신들이 귀족들보다 우월하다고 느끼고 있었다. 왕세자와 그의 형제들이 왕실비에서 받는 용돈으로는 생활을 꾸리지 못하는 인물들이라는 것은 주지의 사실이었고, 덕분에 로스차일드가는 미래의 통치자들에게 돈을 빌려 주는 가문의 전통을 이어갈 수 있었다. 앤서니가 그들을 원조했고, 1874년 8월이면 여왕은 장남이 "A. 드 로스차일드 경에게 거액의 빚을 졌다"는 소식을 듣고 대경실색하게 된다.[61] 그러나 당시에도 그랬거니와 27년 뒤 왕세자가 왕위를 계승했을 때에도 로스차일드가의 1차적인 역할은 왕실 소유의 샌드링엄(Sandringham) 대저택을 담보로 16만 파운드를 비밀스레 융사한 사건을 제외하면 왕세자를 빚더미에서 구해내는 일이었다.

왕족은 아니더라도 귀족들이 경제적으로 의존적이었다는 사실을 드러낸 또 다른 사건은 아가일 공작의 아들 월터 캠벨(Walter Campbell) 경이 연봉 1000파운드를 조건으로 로스차일드가의 증권 중개인 아서 왜그의 개인 비서로서 시티에 입성했으면 한다는 희망을 피력한 일이었다. 라이오넬은 신중히 "월터 경에게 공작께 먼저 여쭤 보라고 조언"했다. "그 자존심 센 귀족은 자기 아들이 이스라엘 사람과 동업하는 것을 좋아하지 않을 테기 때문"이었다. 그러나 샬로테는 캠벨이 왕실과 연줄이 있다는 사실에 신이 났다. "왜그 가는 좋아서 펄쩍 뛰겠네요. 정말로 동업하게 돼서 루이즈 공주 전하의 시동생과 사업상 관계를 맺게 된다면 말이지요. 만약 성사된다면 그건 코카서스계 미녀들이……런던의 사교계를 점령하는 것보다 훨씬 놀라운 일이 될 겁니다." 궁정과 시티 간의 그 같은 연계는 1907년에 이르면 흔한 일이 되었고, 그 무렵 레오는 리오틴토의 중역감으로 "아주 지조 있는 분이시며, 시티 포병대의 대령이자 전에는 여왕의 시종관이셨고 현재는 왕의 시종관이신, 유쾌한 성품의 가톨릭교도 귀족인 덴비 백작"을 손꼽기도 했다.

내티는 이처럼 귀족들의 위상이 실추될 조짐에 기꺼워 마지않았다. 자유주의로 탱천한 학생이었던 그는 케임브리지에서 귀족들이 노력 없이 누리는 특혜에 분개했다. 그는 부모에게 불만을 터뜨렸다. "어째서 귀족과 그들의 자제들은 7학기만[62] 다니고 리틀 고를 통과하지 않고도 학위를 얻는지 이해가 안 됩니다. 귀족이나 펠로 커머너(Fellow Commoner)[63] 모두 없어져야 하지만, 과연 그런 날이 올지 모르겠습니다." 느지막이 1888년에도(그 자신이 로스차일드 경이 되고 나서) 그는 "몇몇 귀족들이 빈번히 돈과 관련해서 분별없고 비열한 면모를 드러내고 도박에 빠지는 등 귀족 계층의 평판을 해친다"고 준엄한 목소리를 냈다. 로스차일드가 사람들은 겉으로는 그렇게 보일망정 자신이 귀족화되고 있다고는 생각하지 않았다. 반대로 그들은 오히려 귀족들이 그들을 닮기를 바랐다. 샬로테의 말마따나 메이요(Mayo) 백작의 아들이 "웨스트엔드에서 배를 주리며 사느니 차라리 시티에서 열심히 노력하고 움직이고 노동해서 제대로 벌어 생활하는" 쪽을 선택한 것은 현명한 일이었다.

로스차일드가 사람들의 태도를 이해하는 열쇠는 유럽의 유대인 가운데 왕족에 가장 비등한 이들로서 자신들을 왕족과 동격으로 여겼다는 사실에 있다. 알프레드 왕자[64]가 알베르트가 학업 중인 본(Bonn)을 방문할 예정이라는 소식을 들은 샬로테는 "코카서스계 왕족의 특출한 자손과……영국 왕가의 명석한 자손" 간에 만남을 주선하려 노력했다. 몇 주 뒤에 그녀는 선언하기를, 다른 유대인들이 생각하는 "야망을 위한 결혼"은 곧 "로스차일드 혹은 코이누르(Koh-i-Noor)[65] [시어머니의 가문인 코헨가에 대한 비유]와 결혼하는 것이라고도 했다. "19세기 현재에는 유대인 여왕이나 황후가 없기 때문이다." 그렇게 따지면 줄리애나와 해나[66]는 "이스라엘과 멘트모어의 여왕과 공주"였다. 로스차일드가 사람들이 왕가와 경쟁하려는 성향을 보인 까닭이 이로써 설명된다. 내티는 케임브리지에서 같이 사냥할 때 왕세자의 말보다 자신의 말이 더 월등하다는 이야기를 흡족한 어조로 써 보냈다. 마찬가지로 페르디난트는 버킹엄 궁을 방문했을 때 "그 어떤 여성도 자신의 아내와 필적할 만한 인물이 없었고, 그들이 타고 간 마차보다 나은 마차도 없더라고 말했다." 그리고 스태퍼드 하우스에서 유달리 사치스러운 만찬을 차려냈을 때도 그것은 "왕실풍이 아니라 로스차일드풍"이었다. 궁에서 저녁 초대를 받은 메이어는 "보이는 것마다 흠 잡을 데를 찾겠다"고 마음을 먹고 출발했다. 그의 형수 샬로테는 1876년에 오스트리아 황후가 영국을 방문했을 때, 황후가 윈저 궁보다 워즈즈던에서의 접대에 훨씬 기꺼워했다고 단언했다. 당대 사람들은 로스차일드가를 종종 "유대인의 왕"이라고 불렀다. 가족들이 주고받은 편지들은 이 찬사가 달갑잖은 것은 아니었다는 사실을 드러낸다.

그렇지만 (어쩌면 가족들이 보인 허세 때문에 더더욱) 라이오넬을 상원에 등용하도록 빅토리아 여왕을 설득하는 일은 끝내 불가능했다. 라이오넬이 상원에 오를지 모른다는 소문은 일찍이 1863년부터 돌던 이야기였다. 그러나 왕궁에는 로스차일드가에 호의적이지 않은 이들이 있었고, 1861년에 앨버트 공이 서거한 이후로는 그들도 주저할 것 없이 적개심을 드러냈다. 왕세자의 결혼식이 거행되는데도 로스차일드가 사람들은 피로연에 초대받지 못했다. 궁정 내부의 적 중 하나였던 스펜서 경은 왕세자와 세자비가 로스차일드가의 무도회에 참석해서는 안 되며, "사교계에서 공인된 지위에 있는 사람들만 방문해야 하기 때문"이라고 진언했다. "로스차일드가는 꽤 격이 있는 사람들이지만, 그들의 지위는 무엇보다 재산에서, 그리고 그들이 낳은 첫 딸들이 우연히 갖춘 미모에서 얻은 것에 불과합니다." 왕세자의 개인 비서였던 프랜시스 놀리스(Francis Knollys) 경도 그의 주인이 로스차일드가와 가깝게 지내는 것을 무조건 허용하지는 않았다. 한편 여왕의 시종무관인 아서 하딩은 영국을 방문한 러시아 왕족과 함께 "히브리인의 황금으로 찬란한" 로스차일드가의 만찬을 즐긴 이후에는 "교정을 위해" 그를 데리고 웨스트민스터 사원을 방문할 필요를 느꼈다. 왕세자는 분명 이런 압력에 굴하지 않았다. 내티와 알프레드가 1865년 왕실의 알현식에 참석했을 때, 샬로테는 승리감에 차서 이렇게 썼다.

세자 전하는 여느 때처럼 자애로우셨고 미소하시며 악수하셨답니다. 그러나 아이들을 정말 즐겁게 한 것은 전하가 유대인 혐오자인 시드니 경을 질책한 일이었답니다. 내티를 무슈 '로실'이라 불렀기 때문이지요. 그는 결국 세자 전하로부터 '미스터 드 로스차일드'라고 정정하는 말을 들어야 했답니다.

이 시기에 그들에게 또 다른 반가운 동맹이 되어 준 사람은 여왕의 상궁이었던 엘리(Ely) 부인으로, 그녀는 1865년에 왕세자와 세자비를 위해 상류 사회의 엄선된 사람들만 초대한 무도회에 내티와 알프레드, 페르디난트, 에블리나를 초대해 주었다.

그러나 그녀도, 장래의 왕위 계승자도, 관직 임명권 문제를 놓고 여왕의 의사를 바꿀 만한 위치에 있지는 못했다. 빅토리아 여왕이 "유대인에게 작위와 [그녀의] 인정의 징표"를 주는 것이 차마 내키지 않는다는 이야기는 일찍이 1867년에 디즈레일리가 로스차일드가에 전한 적이 있었다. 당사자인 라이오넬 자신은 디즈레일리가 수여하는 작위를 받고 싶은 마음이 전혀 없었다는 점을 강조해야 되겠지만 말이다. 그는 1868년 3월에 아내에게 이렇게 써 보냈다. "우리의 친구[울버햄프턴의 자유당 하원 의원 찰스 빌리어스(Charles Villiers)]는 내가 귀족으로 승격되리라는 신문 기사에 대단한 호기심을 보인다오. 무슨 일에서든 마찬가지이지만, 자유당원들은 모든 일을 그들의 손으로 수행하고 싶어 하오.……빌리어스뿐만 아니라 파머스턴 부인 댁에 모였던 이들도 내가 현 정부로부터 어떤 것도 받아들일 의사가 없다는 것을 믿지 못하는 것 같소. 모두들 디즈레일리가 내게 대단한 의무감을 갖고 있다고 생각하니 말이오. 그러니 내가 할 수 있는 최선은 그저 묵묵히 그들이 좋을 대로 생각하도록 내버려 두는 것일 거요."

선견지명이 있는 이야기였다. 글래드스턴은 총리가 되자마자 여왕에게 열한 명의 자유당원을 귀족으로 임명해 달라고 청하면서, 그 중 한 명으로 라이오넬을 추천했기 때문이다. 상원의 자유당 당수 그랜빌 백작의 표현대로, 로스차일드가가 "부, 지성, 학문적 인맥, 하원에서 차지한 의석 등으로 크나큰 영향력을 발휘하게 된 계층"을 대표한다는 것이었다. "그들을 민주주의 진영으로 미느니, 귀족들 편에 서도록 하는 것이 더 현명한 일일 겁니다." 그러나 여왕은 제안을 받아들이지 않았다.[67] 그랜빌은 씁쓸해하며 여왕이 "그 문제에 강한 반감"을 갖고 있다는 말을 써 보내야 했다. "유대인을 귀족으로 만드는 것은 내가 승낙할 수 없는 조치"라는 것이 여왕의 말이었다. 뜻이 꺾인 그랜빌은 글래드스턴에게 그 문제를 억지로 진행하려 들지는 말라고 조언했다. "여왕은 결국 두 손을 들겠지만 마지못해서야 그럴 겁니다. 비판 여론이 일면 그 이야기가 여왕의 귀에도 들어갈 테고, 결국 여왕은 정부보다는 자신의 판단을 믿어야겠다고 생각할 테니, 또 다른 문제가 생기면 그때는 상황이 더 어려워질 겁니다." 이를 논리적 모순이라 생각한 글래드스턴은 화가 치밀었고, (그리스도 교도) "실업가(commercial man)"를 대안 인물로 내세우는 것을 거부했다. "로스차일드를 추천하는 장점은 그의 위치가 명확하고 독립적이라는 겁니다."[68] 그는 특유의 지적인 엄정함을 발휘해서 여왕의 논리를 반박했다. "여왕의 주장에는 타당성이 없습니다. 그 주장이 타당하다면, 여왕이 유대인 해방에 동의한 것 자체가 과실입니다." 그는 라이오넬이 "그 위치에 올라갈 법한 누구보다도 작위를 받을 만한 인물"이라고 주장했다. 그를 배제하는 것은 "과거에 법령으로 존재했으나 정부와 의회에서 폐지하는 것이 옳다고 판단한 법적 제약을 여왕의 대권으로 부활시키는 것"이었다. 총리는 가능한 한 모든 방안을 검토했지만(라이오넬에게 아일랜드 귀족 작위를 준다든가), 결국 주장을 굽혀야 했다. 1873년에도 계획을 재개하려 했지만 그때 역시 굴복했다. 결국 라이오넬은 평민의 신분으로 죽었다.

빅토리아 여왕은 반유대주의자였을까? 그녀는 확실히 "유대 신앙을 가진 사람을 귀족으로 만드는 것에 거역하는, 자신에게서 없앨 수 없는 감정"을 인정했다. 그러나 유대 혈통을 대대적으로 떠받든 디즈레일리에게 보인 호의를 생각하면 인종차별의 죄목을 붙일 수는 없을 것 같다.[69] 사실 그녀가 불복한 것은 종교적인 이유는 물론이요, 사회적이고 정치적인 이유 때문이었다. 그녀는 일기에 이렇게 기록했다. "그의 종교 때문에, 그리고 그가 재산의 대부분을 금전 거래 등으로 벌어들였다는 이유로 나는 청을 거부해야 할 것이다. 그토록 귀족을 많이 만들어내려 하는 휘그당의 치행 역시 지적해야 하겠다." 그녀는 1869년 11월 1일, 글래드스턴에게 보내는 편지에서 특히 그녀가 든 두 번째 이유에 대해 자세히 언급했다(다음은 그랜빌 백작의 기록이다).

여왕은 막대한 재산을 외국 정부와의 차관 계약으로, 혹은 증권거래소에서의 투기로 얻은 사람이 영국 귀족의 지위를 정당히 요구할 수는 없다고 생각합니다. L. 로스차일드 경[원문 그대로임]이 아무리 대중의 존경을 받는 사람이라 할지라도, 그런 사업은 일단 규모부터 막대한 데다 여왕이 기꺼이 작위를 내릴 만한 합법적인 거래와는 전혀 다른 도박이기 때문입니다. 합법적인 거래에 종사하는 사람들은 끊임없는 노력과 확고부동한 성실함으로 부를 얻고 영향력 있는 지위에 오릅니다. 고 토머스 큐빗(Thomas Cubitt, 건축가)이나 조지 스티븐슨 같은 사람들은 어떤 귀족 가문에도 면목을 세워 주었을 겁니다.

그러나 이는 변명으로 치부할 수도 있다. 당시에는 이미 은행업으로 부를 축적한 귀족이 셋이나 있었기 때문이다.[70] 여왕의 반대를 설명해 주는 더 그럴듯한 이유는 "상원과 하원 간에 존재하는 유감스러운 반목"에 대한 그랜빌의 언급에서 찾을 수 있다. 상원은 유대인의 의원 임명을 막은 최대의 걸림돌이었고, 1858년에도 하원 의원에 한정된 신임 의원 서약을 개정할 권리를 하원에 허락하며 거짓으로 타협하는 선에서 물러났다. 여왕은 라이오넬에게 작위를 내림으로써 1850년대에 있었던 헌법 논쟁을 되풀이하게 될 것을 염려했을 수 있다. 글래드스턴이 '유대인 귀족' 후보를 일부러 로마 가톨릭교도 후보(존 액턴[John Acton] 경)와 동시에 제시했다는 사실은 특기할 만하다. 그랜빌도 썼듯이, 그 문제가 1873년에 수면 위로 다시 떠올랐을 때 로스차일드에게 작위를 내려야 한다는 주장의 근거가 된 것은 "가톨릭 귀족도 있으니 그에 대한 보완 차원"이라는 것이었다. 이처럼 라이오넬에 대한 서작(敍爵)은 어느 충성스러운 자유당 하원 의원에게 공로에 대한 보답을 내리는 것보다는 훨씬 많은 것이 걸린 문제였다.

그 와중에도 정작 로스차일가 사람들은 잠잠했다는 사실을 지적해야겠다. 수년 전에 라이오넬은 격에 맞지 않는다는 이유로 준남작 작위를 거절했으며, 1860년대에는 귀족 신분을 얻으려고 노력할 의향이 전혀 없었다. 글래드스턴은 1873년에 밸모럴(Balmoral) 성에서 그 문제를 다시 언급했다. "로스차일드는 제가 아는 가장 훌륭한 사람 중 하나입니다. 그리고 제가 그의 부친이 전쟁 중에 자금과 관련해 공헌한 내용을 증명할 적요(摘要)를 그에게서 받아낼 수 있다면, 그것만으로도 이에 관련된 모든 난관이 해결될 겁니다. 그러나 제가 애걸했고 그들도 4년 전에 내주겠다고 약속했는데도 아직 유효한 형태로 받아 본 적이 없습니다." 라이오넬이 세상을 떠난 뒤에 그의 아들이 귀족 작위를 기대할 수 있었던 것도 아니었다. 그와는 반대로, 그는 정치 문제에서 글래드스턴과 더 어그러지게 되었다(그래서 알퐁스는 1885년에 내티를 귀족으로 앉힌 것이 그가 아닌 솔즈베리[Salisbury]였다고 생각했을 정도였다). 여왕과 총리 사이에 오랫동안 논쟁이 진행되는 동안, 로스차일드가는 전적으로 소극적인 입장에 머물러 있었다.

그렇다면 1873년에서 1885년 사이에 여왕의 마음에 남아 있던 "강한 거리낌을 극복"하게 한 것은 무엇이었을까? 글래드스턴의 비서 해밀턴이 생각하기에는 로스차일드가 귀족이 되는 것의 의미심장함은 1885년에도 변함이 없었다. "그로써 종교적 자격 박탈의 마지막 잔재마저 사라졌다"고 그는 기록했다. 내티도 "우리의 신앙을 지닌 사람에게 처음으로 귀족 작위를 수여"해 준 "시민적 자유와 종교적 자유의 가장 위대한 수호자"에게 감사를 표하며 역시 같은 소회를 드러냈다. 그리고 그는 분명 부친이 하원에서 이뤄낸 승리를 재현하며 환희를 맛보았을 것이다. 1885년 7월 9일, 내티는 모자를 머리에 쓴 채 히브리어로 된 『구약성서』에 손을 얹고 서약을 읊었다. 글래드스턴이 "실로 유익했던 공무"에 대해 언급했다는 사실이 여왕이 불복 의사를 거둔 까닭을 설명해 줄는지도 모른다.[71] 글래드스턴이 언급한 것은 나폴레옹전쟁 당시 나탄이 했던 역할이었다. 뒤에서 보겠지만, 로스차일드가에서 영국 왕실 재정에 직접 열의를 갖고 개입한 것은 1870년대 중반 디즈레일리의 재임 당시부터였고, 여왕도 이를 간과하지는 않았다는 것이 그럴듯한 설명일 듯싶다. 이 집트에 금융 서비스를 제공한 공로를 귀족 작위로 사례했다고 단정짓는 것은 지나친 감이 있지만 말이다. 다시 언급하겠지만, 내티가 상원에 오른 것은 어쩌면 글래드스턴이 자신의 외교 정책에 걸림돌이 된 평의원 비판가를 "허울뿐인 요직"에 앉히려고 시도한 결과였을지도 모른다.

로스차일드의 서작은 전반적인 사회적 대변동의 일환으로 볼 필요도 있다. 에드워드 해밀턴도 썼듯이 그 목적은 "상원에 실업가의 수를 더하는 것"이었고, 내티가 귀족에 오른 같은 해에 에드워드 베어링도 레블스토크(Revelstoke) 경이 되었다. 카시스 역시 시티 은행가들 다수가 1차 세계대전이 터지기 전에 25년에 걸쳐 작위를 받았다는 것, 그리고 전체의 5분의 1에 이르는 수가 1890년 이후에 귀족이 되었다는 사실을 입증해 보였다. 세습 귀족 작위는 대부분 그 이전의 10년에 걸쳐 수여되었다(애딩턴 경, 올드넘 경, 에이브버리 경, 비덜프 경 그리고 힐링던 경은 모두 대략 같은 시기에 작위를 받은 세습 귀족들이다). 따라서 1885년에 이루어진 내티의 서작은 시티에 불어닥친 귀족 붐의 일환이었다. 게다가 내티는 곧 다른 유대인 귀족들, 즉 완즈워스(Wandsworth) 경(시드니 제임스 스턴), 스웨이슬링(Swaythling) 경(새뮤얼 몬터큐), 퍼브라이트(Pirbright) 경(헨리 드 보름스, 보름스는 마이어 암셸의 장녀 지네트의 후손이었다)과 함께 상원 의원 자리에 오르게 된다.

그렇다고 내티의 승격이 글래드스턴이 예견했듯 "만인의 환영"을 받으며 이루어진 것은 아니었다. 해밀턴이 기록한 것처럼 일부 사람들은 "로스차일드가 귀족이라는 사실에 콧방귀를 뀌었다". 그러한 속물근성은 쉬 사라지지 않았다. 앞서 인용한, 알프레드와 다른 가족들에 대한 적대적인 평들 중 많은 수는 그 전형적인 표현으로 읽을 수 있다. 그러나 로스차일드가 사람들에게 그것은 가문의 전성기를 거듭 천명해 주는 순간이었다. 대부분의 실업가 귀족들과는 달리, 내티는 트링의 로스차일드 남작(Baron Rothschild of Tring)이라는 작위를 받음으로써 가족의 성을 지켜내어 친척들을 기쁘게 했다. 1885년 이후에는 왕족들도 편견을 깨끗이 지운 것처럼 보인다. 로스차일드가 사람들은 여왕의 재위 50주년에 개최된 다양한 기념행사에 참석했다. 1890년 5월에는 여왕이 직접 워드즈던의 페르디난트 일가를 방문하기도 했다. 유약하고 섬세한 '퍼디'는 그의 말년에 여왕의 총애를 받는 인물이 되었다. 여왕은 또 1891년 남프랑스에 머무는 동안 그라스에 있던 페르디난트의 여동생 알리체의 집을 수차례 방문하기도 했다.[72]

바꿔 말하면, 로스차일드가가 이 시기에 공식적으로 귀족 계층에 합류하고 '궁정 사회'에 진입했다는 사실을 단순히 '봉건화' 과정 혹은 기존 유럽 엘리트들의 가치에 순순히 동화된 징표라고만 간주해서는 안 될 것이다. 심지어 도금한 대저택과 매끈히 다듬은 정원에 일생 동안 전념한 4대의 일원들도 가문의 유대인 정체성을 의식하고 자랑스러워했다. 페르디난트는 (에드워드 해밀턴의 말을 또 한 번 인용하자면) "자신의 민족과 가문을 자랑스러워했으며, 마치 자신이 가장 걸출한 선조와 가장 고귀한 가계를 둔 것처럼 선조들에 대해 이야기하길 좋아했다". 그와 알프레드, 나타니엘은 근면한 사업가가 되는 길을 포기했다. 그러나 세기말 탐미주의자가 되었을망정 유대인의 정체성마저 포기하지는 않았다. 마치 해나가 스코틀랜드 백작과 결혼하면서도 유대인이기를 그만두지 않았던 것처럼 말이다. '동화'라는 말은 로스차일드가 사람들이 그들 고유의 지위를 (샬로테 특유의 표현에 따라) "코카서스계 왕족"이라고 주장한 사실을 설명하기에는 어색한 단어다. 1840년대에 조르주 데른바엘은 로스차일드가가 작센코부르크 왕가 다음으로 "유럽에서 가장 머릿수가 많은 왕가"라고 썼다. 이후 두 가문 사이의 유사성은 계속 이어져서, 이 국제적인 가족들은 뒤이은 수년에 걸쳐 점점 더 규모를 키워 나갔다. 알프레드가 1892년에 브뤼셀의 레오폴 2세를 방문했을 때, 그 중 한 사람은 이를 동등한 사람들 간의 만남으로 여기고 있었다. "왕은 제게 이렇게 말씀하셨습니다. 'Votre famille m'a toujours gâté[당신 일가는 언제나 날 극진히 대접해 주십니다]. 그래서 전 이렇게 대답했습니다. 'Pardon Sire, c'est Votre Majestéqui a toujours gâténotre famille.'[73] 간결하고 상냥하게 답해 드렸죠."[74]

8장
유대인 문제

여러분, 여러분이 우리를 돕지 않으신다면 우리는 여러분을 우리의 조국이 될 땅에서 영영 추방해야 할 것입니다.……그러나 여러분이 우리를 도우신다면, 우리는 여러분을 여러분의 가문을 세운 미약한 창시자보다 더 위대하게, 혹은 그의 긍지 넘치는 자손이 꿈꾸었을 것보다 더 위대하게 만들어 드리겠습니다.……우리는 여러분의 가문에서 첫 군주를 선출해서 여러분의 이름을 드높일 것입니다.

– 테오도어 헤르츨, 「로스차일드 가문 회의에 보내는 담화문」, 1895년

로스차일드가와 유럽 유대인 사회의 관계는 4대에 이르러서도 많은 면에서 변하지 않았다. 앞 장에서 기술한 귀족들과의 결혼은 예외적인 경우였다는 점을 짚고 넘어가야겠다. 대부분의 가문 사람들은 여전히 다른 유대인들과 짝을 맺었다. 실상 이 시기에 발견되는 정말로 중요한 변화는 '다른 유대인'들이 더 이상은 '다른 로스차일드'가 아니었다는 점일 것이다. 3대에서는 그런 결혼이 단 세 건 있었는데, 그 중 두 건은 사실 외가로 연결된 사촌과의 결혼이었다. 로스차일드가 사람과 결혼한 최초의 유대계 외부인은 1858년에 안젤름의 딸 자라 루이제와 결혼한 이탈리아 기업가 라이몬도 프란체티 남작, 그리고 이듬해 구스타브와 결혼한 세실 앙스파크였다. 베티와 그녀의 며느리 아델이 세실에게 느꼈던 반감은 외부인들이 가족 안에 받아들여지는 것이 얼마나 어려웠는지를 암시한다. 1877년 이후로 상황은 변했고, 유대

인 사회의 다른 엘리트들과 결혼하는 것이 평범한 일이 되기까지는 그리 오래 걸리지 않았다. 1878년에 빌헬름 칼의 딸 미나는 막스 골트슈미트와 결혼했는데, 그의 여동생은 모리스 드 히르쉬의 아내였다. 미나의 아들 알베르트가 1910년에(그의 부친이 귀족이 되어 '폰 골트슈미트 로트쉴트'라는 이름을 쓰고 있었을 당시[1]) 에드몽의 딸 미리암과 결혼한 것은 족내혼 전통이 얼마나 집요하게 남아 있었는지를 보여 준다. 이 시기에 프랑스 로스차일드가와 혼인 관계를 맺은 또 다른 가문은 알팡(Halphen)가였다. 1905년에 알퐁스의 아들 에두아르는 제르맨 알팡과 결혼했고, 에드몽의 아들 모리스는 1909년에 그녀의 사촌 노에미(Noémie)와 결혼했다.

　왕가들의 동맹 중 가장 유명한 사례는 인도와 극동에서 부를 쌓은 뒤 그 일부가 영국에 정착한 가문인 사순가와 로스차일드가의 동맹일 것이다. 1881년에 레오는 트리에스테 상인 아킬레 페루자(Achille Perugia)의 딸 마리 페루자와 결혼했는데(왕세자가 참석했고 언론이 대대적으로 보도한 것으로 유명한 혼례였다), 아킬레 페루자의 또 다른 딸이 결혼한 사람은 아서 사순이었다. 사순가와의 또 다른 연계는 1887년에 구스타브의 딸 알린(Aline)이 앨버트 사순의 아들이자 상속자인 에드워드 사순 경과 결혼하며 구축됐다. 그리고 1907년에 구스타브의 아들 로베르와 결혼한 넬리 비어(Nelly Beer)의 가족 역시 사순가와 결혼으로 얽혀 있었다. 이 세대의 다른 결혼 역시 모두 사회적 지위가 비슷한 부유한 유대인들과 이루어졌다.[2] 이는 19세기 중반까지 유지됐던 혼인상의 배타주의가 종말을 고했다는 것을, 그리고 로스차일드가가 부유한 유대인 가문들로 이루어진 더 넓은 '사촌 관계' 속으로(동배 중 1인자[primus inter pares]로서였지만) 통합되었음을 나타내는 신호였다.

　다시 말해, 로스차일드가는 확고하게 유대인으로 남아 있었다. 그 결혼의 결과로 유대인 사회 전반으로부터 덜 괴리될 수 있었다는 것 또한 사실이었다. 물론 종교에 대한 확신이 흔들렸던 때도 있었고, 불변한 것만도 아니었다. 알퐁스와 레오노라의 갓난 아들 르네가 할례를 받은 뒤 감염(단독[丹毒])으로 목숨을 잃는 비극적인 사건이 있은 뒤, 샬로테는 오랫동안 고심에 잠기기도 했다. 그녀는 또 빌헬름 칼과 그의 가족들이 지켰던 엄격한 코셔 식단에도 깜짝 놀랐다. 그녀는 그들 가족의 "파리하고 쇠약한" 외양을 지적하며 이렇게 썼다. "그들처럼 먹는다는 말은 아무것도 안 먹는 것이나 마찬가지다. 고행보다 힘든 일이다." 오랫동안 헤어져 지낸 삼촌을 프랑크푸르트에서 다시 만난 내티는 빌헬름 칼이 "너무 코카서스인 같으셔서 태가 나질 않으셨다. 그분의 걸음걸이나 태도나 말씀하시는 것은 유대인이지만, 용모는 아니다"라고 생각했다. 그러나 선조의 종교에 대한 내티의 충심에는 흔들림이 없었다. 대학 시절, 그는 페일리의 『그리스도교의 증거』를 "내가 머리 아프게 읽은 그 어떤 단어 무더기보다 더 터무니없는 책"이라고 무시하며 "그러니 여기 있는 많은 사람들이 예견한 것과는 달리 제가 개종할 위험은 전혀 없습니다"라고 자신했다. 레오 역시 페일리의 책을 읽는 것은 물론 그보다 더 많은 것을 공부해야 했지만, 그가 1869년에 삼촌 앤서니, 사촌 앨버트와 함께 빈의 시너고그에 참석한 일을 묘사하며 엿보인 열정은 진심 어린 것이었다. 1877년에 베이스워터의 세인트피터스버그 플레이스에 새 시너고그가 세워질 때, 7년 전에 센트럴 시너고그 건립 공사가 착수될 당시 그의 부친이 그랬듯이 주춧돌을 놓은 사람은 바로 레오였다.

조부와 부친이 그랬듯이, 내티와 그의 형제들은 교리의 정묘한 논점이라든가 종교 의식에 대해서는 그다지 관심이 없었다. 일례로 1912년 내티는 "미크바(mikvah, 유대인 욕장)의 모양이나 크기를 논하는 것이 정통 유대교의 일부라고 생각하지는 않는다"고 말했다. 그들에게 종교란 유대인 사회의 조직과 활동을 의미했다. 그리고 로스차일드가 사람으로서 그들이 영국 유대인 사회의 평신도 대표로 활동해야 하는 것을 자명한 일로 여겼다. 19세기 후반에 그들이 그런 지위를 어느 정도까지 확보할 수 있었는지는 주목할 만한 부분이다. 내티는 1878년부터 1915년에 세상을 뜨기 전까지 연합시너고그(United Synagogue)의 회장이었다(그곳의 일상적인 업무에는 거의 관심이 없었지만).[3] 1868년에서 1941년까지 로스차일드는 영국유대교대표위원회의 회계부장 자리를 처음에는 페르디난트(1868~1874), 다음에는 내티(1879년까지), 다음은 레오(1917년까지), 뒤이어 라이오넬이 맡는 식으로 꾸준히 지켰다. 내티는 또 시너고그연맹(Federation of Synagogues)의 명예회장이기도 했고, 유대인 자유학교 교장, 재영(在英)유대인연합(Anglo-Jewish Association)의 부회장, 유대인구빈위원회의 위생위원회 및 입법위원회의 위원이었다. 레오는 그의 뒤를 이어 자유학교의 교장이 되었고, 불우유대인임시보호소의 부소장이기도 했다. 로스차일드가는 또 《유대교 신문》의 편집권이 애셔 마이어스에게 있었을 때 신문에 영향력을 발휘하기도 했다(1907년에 신문이 시오니스트였던 레오폴트 그린버그[Leopold Greenberg]의 손에 들어간 뒤에는 상황이 달라졌지만). 프랑스에서 로스차일드가는 몇 곳에 시너고그를 새로 건립했는데, 빅투아 가의 한 곳(1877)과 1907년에서 1913년 사이에 에드몽이 자금을 지원한 세 곳이 대표적이다. 대조적으로, 빈의 로스차일드가는 동포 유대인들의 일에 관여한 바가 적은 편이었다.

단일한 일률적 집단이 아니라 차이가 극명한 수많은 집단에서(시너고그연맹 세력 외에도 스페인계와 포르투갈계 세파르디 유대인, 개혁파 교도 그리고 동유럽 이민자들이 구성한, 점점 그 규모를 키워 가는 정통파 신도단까지 있었다) 로스차일드의 우위가 전적으로 이의 없이 받아들여질 리는 없었다. 내티의 지위가 도전을 받은 일로 가장 자주 언급되는 사례는 1887년에 창설된 시너고그연맹과 관계된 일이다. 시너고그연맹은 금괴 중개인이자 정치가였던 새뮤얼 몬터규가 정통파 신도들을 결집시킬 포괄적인 기구를 목표로 착안해낸 단체였다. 내티는 한동안 이스트엔드 지역에 만연해 있다고 생각한 소위 '영적인 궁핍'에 대해 고심해 왔고 연맹이 설립되면서 단체의 대표가 됐지만, 1888년 12월에 연합시너고그 평의회에서 시너고그연맹을 런던셰히타위원회(도축 의식을 감독하는 당국)에 가입시키는 문제를 두고 대립한 뒤 몬터규에게 대표 자리를 양보하고 물러날 수밖에 없었다. 그의 바람은 신규 이민자들에게도 연합시너고그의 권위를 발휘하는 것이었던 듯하다. 그의 애초 계획이 화이트채플 로드에 대형 시너고그를 세워서 이를 '유대인 토인비 홀(Jewish Toynbee Hall)'[4]과 연계시키는 것이었으니 말이다.

그러나 이 일의 의미를 지나치게 크게 해석할 필요는 없다. 실상 내티는 명예회장 직책을 유지하고 있었고, 1892년에 연맹이 첫 시너고그를 뉴 로드에 완공했을 때는 직접 개관식을 거행하기도 했다. 사실상 다양한 유대인 사회를 통합하길 원했던 그의 바람을 환영한 것은 연합시너고그의 회원들보다는 오히려 몬터규 쪽이었다. 장기간 재직한 최고 랍비인 네이선 마커스 애들러(Nathan Marcus Adler)가 1890년에 세상을 떠난 뒤 (그리고 애들러의 아들이자 후계자였던 허먼의 반대에도) 내티가 시너고그들 간의 회담을 제안하며 "유대인 사회의 가장 빈한한 곳부터……정통파는 물론이려니와 여러 나른 지파들을 끌어들여 모두 하나로 뭉칠 시점이 왔습니다. 저는 어느 단체의 대표가 아니라 단 한 분의 영적인 지도자를 따를 것입니다"라고 언명한 것도 그 목적을 위해서였다. 그러나 세력 경쟁을 벌이는 여러 집단을 화해시키는 일은 결국 불가능했다. 1910년에도 유사한 시도가 있었지만 같은 이유에서 실패로 끝났다. 그런데도 내티는 1912년에 최고 랍비 자리에 조지프 허먼 허츠(Joseph Herman Hertz)를 애들러의 후임으로 임명할 수 있을 만큼 강력한 인물이었다. (일설에 따르면) 허츠의 임명은 여러모로 밀너(Milner) 경의 추천에 힘입은 것이었다고 하지만, 내티가 허츠를 시너고그연맹이나 연합시너고그 양측에(즉, 정통파적 이스트엔드와 영국 사회에 훨씬 동화된 웨스트엔드 모두에) 호소력을 발휘할 수 있는 사람이라고 보았을 가능성이 더 크다.

그의 영향력이 본질상 종교적인 권역에서 이만큼 널리 확대됐다는 것을 고려하면, 유대인 사회와 관련된 정치적인 문제들에서 내티가 준제왕적인 지위를 인정받은 것도 놀라운 일이 아니다. 유대인 가문을 통틀어 가장 부유한 가문의 자손으로서, 시티의 핵심 인물이자 하원 의원 그리고 귀족으로서, 당대 최고위층 정치가들을 직접 접촉할 수 있는 비공식 외교관으로서, 그에 필적할 만한 사람은 아무도 없었다. 다양한 유대인 집단이 유일한 영적인 '지도자'를 따르도록 하는 것은 불가능했을지 모른다. 그러나 내티가 사실상 그들의 임시 지도자였다는 것만은 틀림없는 사실이었다.

그 의미를 제대로 이해하기 위해서는, 그 당시 유럽에서 유대인의 지위에 대해 제기되고 있던 심각한(그리고 놀라운) 문제들을 이해할 필요가 있다. 내티가 귀족이 되었을 때 알퐁스가 보인 반응은 특히 눈길을 끈다. "오스트리아와 독일에는 파급이 꽤 큰 소식이구나. 반유대주의가 여태까지도 그토록 맹렬한 곳이니 말이다." 19세기 후반은 그 이전까지만 해도 두서없고 정치적으로도 이질적이었던 반유대적인 편견들(앙시앵레짐에서 유대인들이 감수해야 했던 제약들을 새삼스레 다시 들먹인다거나, 혹은 유대인들을 비롯한 착취적 자본가들의 재산을 전부 몰수해버리는 유토피아를 기대하기도 하는 등)이 조직화된 정치 운동에 가깝게 변모한 시기였다. '반유대주의'라는 표현 자체가 이 시기에 등장한 것도 우연이 아니다. 당시는 유대인들의 소위 반사회적인 행동을 그들의 종교보다는 유전자로 설명할 수 있다는 인종 이론들이 한창 전개되고 있던 시점이었다. 글을 깨우친 사람들이 늘어나고 선거권도 확대되어 정치 활동이 한층 더 민주화되자, 대략 1877년부터는 반유대주의 신문과 연설, 그리고 러시아 같은 일부 국가에서는 반유대적인 정책들이 물밀듯 쇄도하기 시작했다. 로스차일드가는 동유럽이나 중앙유럽에서 이주한 유대인들과 종교를 제외하면 거의 유사한 점이 없었다. 이제껏 살펴본 것처럼, 그들은 서유럽 유대인들에게 남아 있던 모든 사회적 장벽을 사실상 모두 극복해낸 부유한 엘리트였다. 그러나 1820년대 이후로 좌·우익 양쪽의 정치적 불평분자들의 목표물이 되어 왔던 로스차일드가가 또다시 '유대인 문제'의 체현으로 여겨지게 된 것은 불가피한 일이었을 것이다. 그것은 '유대인의 왕'이었기 때문에 감수해야 했던 불이익이었다.

반유대주의

20세기 중반에 일어난 사건들은 19세기 후반에 있었던 반유대주의 경향을 과장되게 보이기 쉽다. 조직화된 정치 운동으로서의 반유대주의는 사회주의에 비하면 아류에 지나지 않았다. 또 유대인에 대한 적개심의 표현을 전부 반유대주의의 발현으로 보는 것은 실수다. 정작 반유대주의 후보를 지지하는 표는 얼마 되지 않았다는 사실에서도 드러나듯이, 그 같은 반감은 그저 편재해 있던 정서였기 때문이다. 국가사회주의에 대한 기억은 반유대주의의 징후를 먼저 독일 영토에서 찾아보고 싶게 만든다. 물론 찾을 수는 있다(로스차일드가의 경제적 권위가 퇴조하고 있던 독일보다는 오스트리아 쪽에 훨씬 만연해 있었다). 그러나 그런 자취는 영국에서도 찾을 수 있고, 특히 러시아는 강대국 중 유일하게 유대인을 조직적으로 차별한 나라이기도 했다. 그러나 유대인들이 어디에서보다 오랫동안 동등한 권리를 누려 왔던 프랑스야말로 반유대주의적 출판물이 어마어마한 규모로 쏟아져 나온 곳이었다.

'안티제미티스무스(Antisemitismus)'라는 명백히 인종차별적인 어휘를 독일 정치에 도입한 인물 빌헬름 마르(Wilhelm Marr)가 젊은 시절에 빈의 로스차일드 일가와 긴밀했던 베르트하임슈타인가에서 일했다는 사실은 그냥 간과할 수 없는 부분이다. 출간되지 않은 회고록에서, 마르는 회사에서 유대인 직원들보다 열심히 일했는데도 1841년에 해고된 것은 결국 자신이었다는 이야기를 쓰고 있다. "경제 위기의 여파를 짊어져야 하는 것은 다름 아닌 '고이(goi)'[5]였다"고 그는 비통한 어조로 썼다. 그런 경험담들은 1873년의 공황 이후 많은 독일인들이 경제적 어려움을 겪고 있던 상황에서 적잖은 공감을 불러일으켰던 듯하다. 마르 같은 작가들에게서 영감을 받은 반로스차일드 논고의 좋은 예는 1880년에 '게르마니쿠스(Germanicus)'라는 필명으로 출간된 『프랑크푸르트 유대인 그리고 인민의 부의 사취(Die Frankfurter Juden und die Aufsaugung des Volkswohlstandes)』였는데, 제목에서 모든 내용이 드러난다. 그 무렵이면 이미 유명해진 선제후의 재산에 관한 이야기를 제멋대로 각색한 내용으로 서두를 뗀 저자는 창업 시대와 그 이후에 이어진 독일의 경제적 난국의 원인을 로스차일드가와 각종 경제 신문을 장악한 그들의 추종자들이 조장한 (특히 러시아로의) 자본 수출과 연관 짓는 데 관심이 있었다.

이 팸플릿의 요지나 1890년에 제국의회의 헤세 지방 대의원 오토 뵈켈(Otto Böckel)이 제기한, 로스차일드가가 세계 석유 시장을 쥐락펴락하고 있다는 주장, 즉 5년 뒤에 베를린의 목로술집에 모인 사회민주당원들이 다시금 천명하게 될 죄목(그런 수사법이 그때까지도 얼마나 선뜻 좌익 쪽에 받아들여져 이용됐는지를 보여 준다) 사이에는 큰 차이가 없다. 프리드리히 폰 셰르브(Friedrich von Scherb)는 1893년에 출간한 책 『로스차일드 가문의 역사』에서 이 요지를 더욱 자세히 발전시켜서, 로스차일드가의 집요한 폭리 행위가 새 목표를 찾아냈다고 주장했다. 국채를 지배하고 철도 건설을 장악한 다음, 이제 그들이 노리고 있는 것은 전 세계를 아우른 원자재 독점이라는 것이다.

경제학자 베르너 좀바르트(Werner Sombart)가 편향적이지만 대단한 영향력을 발휘한 책 『유대인과 경제생활(Die Juden und das Wirschaftsleben)』을 출간한 1911년 무렵에는 이미 그 같은 주장들이 어느 정도 학문적 위신마저 부여받고 있었다. 좀바르트에게 "로스차일드라는 이름"은 "그 이름을 달고 있는 회사뿐만이 아닌 그 이상"을 의미했다. 그것은 "증권거래소에서 활동하는 모든 유대인"을 뜻했다. "로스차일드가가 최고 권력자의 지위를 손에 넣고 반세기 동안이나 그 지위를 유지할 수 있었던 것은 오직 그 유대인들의 도움이 있었기 때문이다. 이 세계적인 가문을 멀리하고 그들과 협력하기를 거절한 재무장관은 임직에서 물러나야 했다는 이야기도 과장이 아니리라.……어느 모로 보나 오늘날의 증권거래소는 곧 로스차일드의 것(고로, 유대인의 것)이다".

그러나 반유대주의의 뿌리를 반드시 이런 유의 사이비 사회학에서 찾을 필요는 없다. 유대인과 독일인의 인종적 차이는 논증 없이도 천명할 수 있는 주장이었다. 막스 베버[6]의 팸플릿『비스마르크와 로스차일드』(1891)는 게르만적인 투박한 미덕의 현현인 비스마르크를 그의 국제적인 안티테제 로스차일드와 대조시킨다. "비스마르크의 물질적이고 정신적인 형상은 모두가 볼 수 있을 만큼 명확하고 구체적이다.……그러나 로스차일드에게 그 어떤 물리적 상이 있단 말인가? 그들은 사람 몸에 숨은 촌충처럼 눈에 보이지 않는다. 로스차일드 '가문'이란 구조가 없는 기생적인 무엇, 배배 꼬인 전화선처럼 프랑크푸르트, 파리, 런던에 이르기까지 세계로 증식하는 무엇이다. 그에게는 구조도 생명도 없다. 그 무엇도 땅에서 자라 올라 신을 향해 분투하지 않는다. 반면 비스마르크의 영혼은 고딕식 건물과 같다.……작금의 정치 문화에는 적대적으로 마주한 양대 세력이 존재한다. 삶을 파괴하며 만족할 줄 모르는 유대인, 그리고 삶을 창발하는 원기왕성한 독일인."

유사한 출판물들은 오스트리아에도 있었다. 그러나 로스차일드가가 중요한 경제 세력으로 남아 있었던 오스트리아에서는 독일에 비해 반유대주의가 정치적으로 동원되는 면이 더 컸다. 칼 루에거(Karl Lueger)가 유대인의 경제적 지배에 맞선 '기독교사회주의' 캠페인을 구상한 것은 1873년에 빈 증권 시장의 폭락을 겪은 이후의 일이었다. 이 캠페인에서 전환점이 된 것은 1894년으로, 잘로몬이 1836년에 양허받은 페르디난트 황제 북부 철도의 면허권이 만료되어 정부가 갱신을 제안했을 때, 루에거가 로스차일드 소유의 이 철도를 국유화해야 한다고 주장한 사건 때문이었다. "로스차일드의 목소리 대신 이제 인민의 목소리에 귀 기울여야 한다"는 루에거의 주장은 게오르크 쇠네러(Georg Schönerer)의 범독일연합의 공감을 이끌어냈고, 1893년에 알베르트가 오스트리아-헝가리 제국의 통화 개혁에 기여한 공로로 철십자훈장을 수여받은 일은 그들의 분노에 기름을 끼얹은 격이 되고 말았다. 그러나 루에거는

1897년에 빈의 시장으로 권좌에 오르자마자 로스차일드가를 완전히 외면한다는 것이 얼마나 어려운지를 깨닫게 된다. 1890년대 후반에 이르면 보수주의자 카를 크라우스(Karl Kraus, 그는 태생이 유대인이었다) 같은 비평가들과 사회 민주주의 신문인 《노동자 신문(Arbeiterzeitung)》은 루에거가 "로스차일드가와 친밀한 관계"를 맺고 있으며 심지어는 "유대인 로스차일드와 손잡고" 일한다는 비난을 퍼붓는다. 합스부르크제국에서는 통상적인 일이었지만, 같은 시기에 어느 유대계 잡지는 로스차일드가가 유대인보다 반유대주의자들을 우선 고용하고 있다고 비난했다! 심지어 정치적 속셈이 별달리 없는 사람들에게도 로스차일드의 권력은 일종의 대명사처럼 여겨졌다. 여러 가지 예를 들 수 있겠지만, 특히 티롤 출신의 시인이자 지리학 교수였던 아돌프 피힐러(Adolf Pichler)는 1882년에 "로스차일드"가 "오스트리아 국채라는 올림포스 산을 휘청거리게 했다"고 쓰기도 했다. 그가 빈정대며 덧붙인 표현에 따르면 그것은 "숭고하기 그지없는 광경"이었다.

그러나 반유대주의가 가장 노골적으로 발언되고 가장 만연했던 곳은 프랑스였다. 1880년대를 특징지었던 반로스차일드적인 내용을 담은 출판물의 홍수는 19세기의 역사를 통틀어 전무후무했던 사건이었다. 1846년에 북부 철도에서 사고가 터지면서 불이 붙었던 팸플릿 대전쟁에서도 중상과 비방이 그 정도로 난무하지는 않았다. 이번에 촉매가 된 '사고'는 성직자들이 후원했던 위니옹 제네랄(Union Générale) 은행이 1882년에 도산한 사건이었다. 위니옹 제네랄을 폐쇄하자마자 은행의 창립자였던 폴 외젠 봉투(Paul Eugène Bontoux)는 "유대계 금융"뿐만 아니라 그와 결탁한 "정부의 프리메이슨주의"를 비난하기 시작했다. 이 주장이 후렴구처럼 신문 지면을 채우기 시작했다. 《모니퇴르 드 리옹(Moniteur de Lyon)》은 "독일 출신 유대계 은행가 집단이 조직한 음모"와 "독일인-유대인의 공모"에 대한 기사를 싣기도 했다.

이후 드레퓌스 지지자로 활동한 사실을 두고 보면 아이러니한 일이지만, 소설가 에밀 졸라는 이 주장을 유포시키는 데 가장 관심을 가졌던 작가였다. 그의 소설 『돈(L'Argent)』(그의 방대한 '루공 마카르 총서' 중 한 권)은 제2제정기를 배경으로 하고 있지만 명백히 위니옹 제네랄 도산 사건에서 영감을 얻어 쓴 작품이다(드문드문 크레디 모빌리에에 대한 언급도 보인다). 그리고 군더만이라는 등장

인물의 모델이 알퐁스가 아니라는 점은 확실하지만, 한두 군데 수정을 거쳐 그의 선친 제임스를 묘사한 듯한 부분은 틀림없이 눈에 띈다. 노골적일 만큼 사실적인 필치로 부활한 이 인물이 오싹한 느낌을 주는 까닭은 제임스를 모델로 한 또 다른 위대한 문학적 창조물인 발자크의 누신젠 남작이 지닌 인간미를 결여하고 있기 때문이다. 그것은 졸라가 발자크만큼 제임스를 알지 못했기 때문일 것이다. 제임스가 죽고 10년도 더 지난 뒤였기 때문에 그가 영감을 찾을 만한 곳은 다른 이들이 쓴 회고록밖에 없었다. 실제로 『돈』에는 페도가 쓴 글을 얼마간 그대로 옮겨 쓴 것처럼 읽히는 구절들이 있다. 소설의 서두에 등장하는 군더만에 대한 소개는 이렇다. "은행가들의 왕, 증권거래소의 주인이자 세상의 주인……그는 모든 비밀을 알고 있으며, 사람을 마음대로 부리고, 신이 번개를 내려치듯 시장의 흥망성쇠를 명한다.……황금의 왕……군더만은 진정한 주인이요, 전능한 왕이요, 파리와 전 세계가 그를 두려워하며 그 앞에 머리를 조아린다."

그는 냉정하고 계산적이며 소화불량이고(소설적으로 각색된 부분) 금욕주의적이며 일 중독자다. 반대로 사카르(Saccard)는 격정적인 성격의 젊은 금융가 지망생으로, 발칸 지방과 중동에서 융자 사업을 시작해 언젠가는 예루살렘을 매입하고 그곳에 교황령을 재건할 것을 꿈꾸는 종교적인 인물이다. 군더만의 지원을 얻어내리라는 희망으로, 그는 군더만이 그의 "셀 수 없이 많은 가족"(다섯 명의 딸, 네 명의 아들, 열네 명의 손자손녀)과 함께 기거하며 근무하는 "장대한 대저택"으로 그를 만나러 간다. 다시금 우리가 들어서게 되는 곳은 인파로 들끓는 라피트 가의 사무실이다. 꼬리에 꼬리를 문 중개인들이 무표정한 은행가들 곁을 지나치고, 그 은행가들은 그들을 무관심하게, 혹은 (그들이 감히 군더만 씨를 찾기라도 하면) 노골적인 경멸조로 대하는 곳, 중개인들이 미술품 중매인, 외국 대사들 틈에서 군더만의 관심을 끌기 위해 경쟁하는 곳, 그리고 (이쯤 되면 졸라가 페도의 영향을 받았다는 것이 분명해진다) 대여섯 살쯤 되어 보이는 작은 사내아이가 빗자루를 가랑이에 끼고 그 틈에 끼어들어서는 트럼펫을 불어대는 곳. 이 기이한 궁정의 풍경이 사카르의 눈에는 군더만이야말로 "만국의 왕족"이라는 증거로만 보일 뿐이다.

사카르는 군더만의 지원을 원했다. 사실은 자신도 군더만처럼 증권거래소에서 돈을 긁어모을 수 있다면 히는 마음이 간질했다. 그러나 "그 유대인"에 대한 생각이 머릿속에 자리 잡자, 반사적으로 자신은 "이마에 땀을 흘려 먹고 사는 정직한 사람"이라는 생각이 솟고 유대인에 대한 "억누를 수 없는 혐오감"이 그를 압도하게 된다.

별안간 닥친 그 증오심은 제 나라도 군주도 없는 이들, 그래서 기생충처럼 여러 나라에 빌붙어 살며 그곳의 법을 준수하는 척하지만 실은 오직 그들 종족이 섬기는 도적의 신, 피의 신, 분노의 신에게만 경배하는 저주받은 족속을 향한 감정이었다.……무엇이든 흉포히 정복해버리고, 납작 엎드려 먹잇감을 기다렸다가 다가오는 것을 낚아채 피를 빨아먹는, 다른 이들의 목숨에 빌붙어 제 살을 찌우는 혐오스러운 족속.

사카르는 유대인들에게는 금융 분야에서 그리스도 교도보다 뛰어날 수 있는 유전적인 이점이 있다고 생각하고, 군더만의 사무실에 들어서면서는 "결국에는 유대인들이 전 인류를 정복할 것"이라고 예견하기도 한다.
소설의 전개상 당연한 수순이겠지만 군더만이 그의 제안을 무시해버리자, 사카르의 혐오는 더더욱 광폭해진다. "아, 더러운 유대인 같으니라고! 개가 뼈다귀를 물어뜯듯이 유대인을 자근자근 씹어버릴 수 있다면 좋으련만! 삼키기에는 너무 끔찍하고 비대하지만 말이다." 그는 외친다.

제국은 유대인들에게, 그 더러운 유대인들에게 팔리고 말았다. 우리의 돈은 모조리 그들의 굽은 손아귀로 떨어져버린다. 방크 위니베르셀(Banque Universelle)은 그들의 전능함 앞에 속수무책으로 몰락할 수밖에 없다.……세계의 정복을 노렸던 그들은 그들이 지닌 무적의 금력으로 언젠가는 그 야망을 이루고야 말 것이다.……아! 군더만! 속내는 그저 프로이센 사람인 자.……언젠가 그는 살롱에서 만약 프로이센과 프랑스 사이에 전쟁이 터진다면 지는 쪽은 프랑스일 것이라고 감히 단언하지 않았던가!

물론, 마침내 이기는 쪽은 군더만이다. 방크 위니베르셀은 도산하고, 결국 옥살이를 하게 된 사카르에게는 찢어진 가슴과 빈털터리가 된 주머니만 남는다.

졸라의 사전 조사에는 흠 잡을 데가 없다. 제임스의 사무실 정경이 목격자의 설명을 기초로 공들여 재현되었을 뿐 아니라, 위니옹 제네랄의 흥망성쇠 역시 정확하게(성직자와 귀족의 예금이 탕진되는 과정, 자사의 주가 올리기, 최종적인 파산까지) 묘사되었다. 그러나 졸라의 소설은 프랑스 로스차일드가가 친독일 성향을 지녔다는 유언비어뿐만 아니라 위니옹 제네랄이 도산한 것이 사실 로스차일드가 때문이었다는 음모론에 문학적인 신빙성을 더하는 역할을 하기도 했다. 그런 이야기가 제3공화정 시기의 프랑스에서 공감을 얻었다는 것은 분명한 사실이다. 졸라의 『돈』이 설득력 있는 서사라면, 기 드 샤르나세(Guy de Charnacé)의 『흡혈귀 남작(Le Baron Vampire)』은 허접스러운 작품일 뿐이지만 책에 담긴 메시지만큼은 크게 다르지 않다. 레브 슈물(Rebb Schmoul)이라는 인물은 군더만처럼 돈을 다루는 일에 특유의 민족적 재능을 지닌 독일계 유대인이다. "맹금" 같은 인물인 그는 전쟁의 공포에서 이익을 내고, 나중에는 라코니츠(Rakonitz) 남작으로 변신하여 그를 사회적으로 후원해 준 무일푼의 남작 부인들에게 투자 조언을 해 준다. 이런 유의 고정관념은 1888년에 봉투의 회고록이 출간되면서 한층 더 만연해졌다. 봉투가 로스차일드가를 실명으로 거론하지는 않았지만, "지난 50년 동안 돈궤에 들어온 수십억으로도 만족하지 않으며……전 유럽의 금융 사업 가운데 최소한 10분의 9를 틀어쥔 독점권에도 만족하지 않는" "유대인 은행(la banque Juive)"이 위니옹 제네랄을 파괴한 앞잡이였노라고 고발했을 때, 그가 지목한 이들이 누구인지는 너무도 명백했다.

그러나 프랑스의 반유대주의 신화에 개인적으로 가장 크게 기여한 사람은 좌절을 겪고 앙심을 품은 또 다른 인물, 에두아르 드뤼몽이라고 해야 할 것이다. 드뤼몽은 젊은 시절에 크레디 모빌리에에서 일한 적이 있었고, 조사에만 수년을 바쳐서 어떻게 유대인들이 프랑스의 정치경제를 지배하고 있는지를 충실히 묘사했다고 주장하는 방대하고 두서없는 묵직한 책을 펴냈다. 1886년에 초판이 출간되어 대성공을 거둔 덕에 200쇄까지 찍어낸 『유대인의 프랑스(La France Juive)』는 유대인의 성격은 인종적인 소인(素因)으로 결정되며 애초부터 반프랑스적이라는 개념을 구성한 뒤, 이를 사이비 학설로 발전시킨 책이다. 말인즉슨 이렇다. "로스차일드가는 그 엄청난 재산에도 헌옷 매매상의 분위기를 풍긴다. 그들의 아내들은 골콘다의 다이아몬드로 아무리 호사를 부려도 화장대 거울에 비치는 모습은 장사꾼 같아 보인다." 심지어는 세련된 베티 남작부인조차 대화 중에 보석이 화제로 오를 때는 "프랑크푸르트 유대인 여자"라는 출신을 감추지 못한다.

드뤼몽의 저서는 어느 정도는 1840년대의 팸플릿을 개정 증보한 것에 지나지 않았기 때문에(그는 주로 데른바엘에게서 영감을 얻었다), 첫 권에서 그가 주목하는 것은 대개 로스차일드가 쥐고 있는 과도한 정치권력에 대해서다. 그는 모든 이야기를 재탕했다. 워털루전쟁의 승패를 놓고 벌인 투기, 북부 철도 부설권으로 얻은 막대한 이익, 애국적이었던 페레르 형제들과의 반목까지. 역시 유대인이었던 재무장관 구드쇼가 1848년에 그들의 도산을 막았고, 파리코뮌의 유대인들은 1871년의 방화 사태에서 로스차일드의 재산을 지켜냈다. 공화국의 정치는 그저 이 이야기를 연장한 것에 지나지 않는다. 강베타는 유대인 및 프리메이슨단과 한 패이고, 레옹 세("유대인 왕의 심복") 역시 비슷한 역할을 하고 있으며, 프리메이슨 최고회의의 의장인 쿠장은 유대교도-프리메이슨의 거대한 기계, 즉 북부 철도 회사의 톱니바퀴에 지나지 않는다. 심지어 쥘 페리가 실각한 것도 로스차일드가가 악의적인 영향력을 발휘한 때문일는지 모른다. 뭐니 뭐니 해도 최고로 꼽을 만한 내용은 위니옹 제네랄이 사실 성직자들의 예금을 사취하기 위해 유대인이 고안한 정교한 함정이었다는 주장이다.

드뤼몽의 다음 저작 『반유대주의자의 유언(Testament d'un antisémite)』(1894)은 이 악의적인 생각들을 더 한층 발전시키는데, 부분적으로는 반유대주의 운동이 제한적인 성공을 거두는 데 그친 이유를 설명하기 위해서였다. 이번에는 훨씬 더 사이비-실증적인 논증 방식을 취한 그는 로스차일드가의 소위 30만 프랑이라는 재산이 은화로는 얼마나 무게가 나가는지를(즉, 그걸 옮기려면 몇 사람의 장정이 필요한지!) 계산하고 로스차일드가가 소유한 토지 면적의 수치를 교단 소유의 토지 면적과 비교한다. 불랑제주의자들이 반유대주의를 내세우지 않은 것은 다만 "로스차일드가에서 후보들이 반유대적인 입장을 취해서는 안 된다는 조건하에 지역 선거 비용으로 [그들에게] 20만 프랑을 지급했기" 때문이며, 또 블랑제주의의 선봉장 라게르(Laguerre)가 개인적으로 5만 프랑을 받았기 때문이었다. 프랑스 경제가 침체된 것은 "레옹 세가……방크[프랑스은행]를 독일계 유대인들에게 넘겨주"어 로스차일드가가 은행의 금을 영국은행에 대부할 수 있게 했기 때문이다.[7] 프랑스가 국제적으로 고립된 것은 로스차일드가가 이집트를 영국에 넘겨주고 프랑스 자본으로 이탈리아 군비 확충에 돈을 댔기 때문이다. 애국심 결여라는 이 마지막 죄목은 몇 년 뒤에 『프랑스에 대적하는 유대인(Les juifs contre la France)』(1899)에서도 반복해서 등장한다. 드뤼몽은 "로스차일드라는 신이야말로" 프랑스의 진짜 "주인"이라고 결론 내린다. "황제도, 차르도, 왕도, 술탄도, 공화국의 대통령도 아닌 그는……권력과 그 모든 이권을 누리고서도 책임은 전혀 지지 않는다. 단지 개인적 목적을 위해 정부의 모든 권력을, 프랑스의 전 자원을 쥐고 휘두를 뿐이다."

드뤼몽은 로스차일드가에 총구를 들이댄 당대의 반유대주의 작가들 중에서 가장 다작한 사람에 지나지 않는다. 유사한 비방을 퍼뜨린 또 한 사람은 오귀스트 시라크(Auguste Chirac)로, 그의 저작 『공화국의 왕들(Les Rois de la République)』(1883)은 선제후의 재산과 워털루전쟁의 신화 같은 오래된 이야기를 북부 철도라든가 로스차일드가 1848년과 1870~1871년 당시 혁명당원들과 맺었던 관계에 대한 새로운 주장들과 뒤섞고 있다. 이 책 역시 인종과 국가 차원에서 논지를 전개시킨다. 로스차일드는 유대인일 뿐만 아니라 독일인이다. 그래서 그들은 1815년과 1871년에 전쟁 배상금 지급에 자금을 조달한다는 명목으로 프랑스를 약탈하는 데 혈안이 되어 있었다는 것이다.

이후에 낸 책 『제3공화국에서의 투기, 1870~1887년(L'agiotage sous la troisième République, 1870~1887)』(1888)은 위니옹 제네랄(그 자체가 불합리한 기업은 아니었지만, 로스차일드와 레옹 세에게 확증이 없는 혐의를 무모하게 제기했다가 역시 위험에 처한 은행)의 위기 전후에 걸친 채권 가격의 변동 추이를 분석함으로써 로스차일드가가 근래에 벌어들인 수익을 설명하려 한, 좀 더 상세하게 파고든 저작이다. 글에 적용된 실증주의적 기술 방식은 피상적이지만, 이 책은 사실상 "금전 봉건주의의 승리와 노동자에 대한 압제", 그리고 "유대인 자본이라는 창녀와 하녀를 거느린 로스차일드 왕"이 공화국을 지배하는 현실에 대한 비판이기도 했다. 책에서 제기된 주된 혐의는 금융을 무기로 "프랑스를 살해하는" 역사적 사명을 띤 로스차일드가가 영국을 위해 이집트에서 프랑스의 영향력을 약화시키는 음모를 꾸몄다는 것이다. 겉보기에는 평범한 알퐁스도 그 속내를 들여다보면 "유럽 그리고 세계의 정복을 위해 진군하는 자. 왕가의 이름과 정치라는 허울 뒤에 [진짜] 권력을 소유한, 한마디로 모든 이득을 누리되 아무 책임도 지지 않는 몰로크 바알(Moloch-Baal), 즉 황금의 신"이라는 주장이었다.

자연히 그 같은 비방에는 악의에 찬 캐리커처가 뒤따랐는데, 그 중에서 가장 유명한 것은 레앙드르(Léandre)가 그린 〈하느님이 이스라엘을 보호하시다〉일 것이다. 그림 속에서 깡마르고 반쯤 졸고 있는 거인으로 등장하는 알퐁스는 갈고리 같은 손으로 지구를 움켜쥐고 벗겨진 머리에는 금송아지 모양의 관을 쓰고 있다.[그림 8]

비슷한 식으로, 르네프뵈(Lepneveu)가 그린 〈나탄 마이어 혹은 부의 기원〉은 늑대의 몸에 턱수염을 기른 로스차일드가 워털루의 전장에서 뼈다귀와 동전 더미를 침대 삼아 누워 있는 모습을 그리고 있다.[그림 9] 그보다 좀 더 잔인

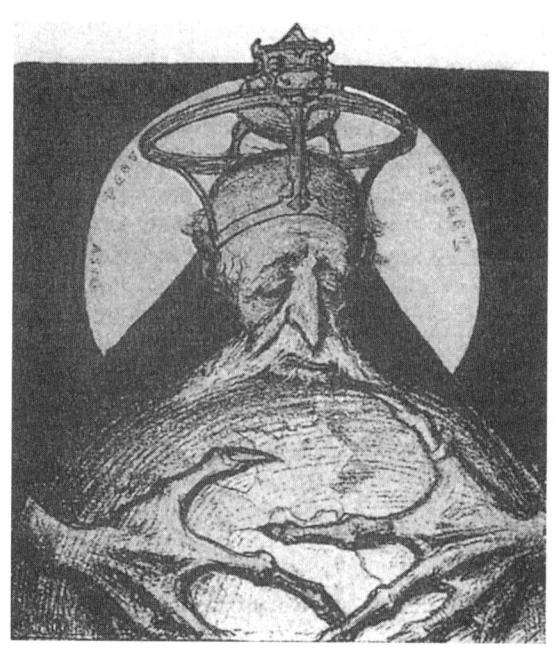

[그림 8] 〈하느님이 이스라엘을 보호하시다〉, 샤를 레앙드르, 《꿈》, 1898년 4월호

한 또 다른 만화는(좌익 매체에 실린 그림이었을 것이다) "로스차일드"를 누더기를 걸친 노동자들이 끄는 마차에 실려 가는 거대한 돼지로 묘사했으며, "어찌나 묵직한 놈인지! 우리는 말라 가는데 이놈은 살만 찌는구려"라는 대사까지 달아 놓았다.

음모 이론을 펼쳤던 드뤼몽과 시라크 같은 저자들도 로스차일드가가 프랑스의 고급문화와 상류사회에까지 세력을 뻗고 있다는 사실 역시 주목하고 있었다. 『유대인의 프랑스』 2권에서 드뤼몽은 꽤 긴 분량을 할애하여 페리에르의 성과 정원에 대해 썼다. 그는 그곳의 미술품과 가구들이 장려하고 격조 있다는 사실을 인정했다. 다만 개탄스러운 것은 그 무수한 프랑스의 보석이라 할 유산들이 그것들을 그저 "잡동사니"처럼 뒤섞어 놓을 줄만 아는 유대인의 소유라는 사실이었다.

[그림 9] 〈나탄 마이어 혹은 부의 기원〉, 르네프뵈, 《공포 박물관》 표지, 43호, 1900년경

로스차일드가가 사들인 것은 프랑스 문화뿐만이 아니었다. "역사가 없는 이 성은 과거 봉건 영주의 장엄했던 생활을 떠올리게 하시 못한다"고 그는 평했다. 그러나 성의 방명록만큼은 "프랑스 귀족 중에서 가장 걸출한 이름들"을 담고 있었다. 주앵빌(Joinville) 왕자("혈관에 루이 14세의 피가 흐르는 자")마저도 한낱 "고리대금업자" 앞에 몸을 낮췄다. 로스차일드가의 결혼식이라도 있던 날에는 완벽한 귀족의 명부가 만들어졌다. "프랑스의 [유서 깊은] 문장들 전부가······황금 송아지 앞에 경배하기 위해, 그리고 부야말로 현존하는 유일한 왕권이라는 것을 유럽의 눈앞에서 증명하기 위해 모여들었다." 1885년 사강 공작부인이 개최한 가장무도회에서도 같은 장면이 펼쳐진다. "이 비참한 귀족들은" 수치심도 없이 랑베르 로칠드 부인(Lambert-Rothschild)[8], 에프뤼시(Ephrussi) 부인[9], 그 밖에 다른 "유대인들"과 어깨를 스친다. 내심 낭만적인 정통주의자였던 드뤼몽은 이들 부르봉과 오를레앙 귀족들을 프랑스 민족의 반역자로 여겼다. 그는 이 주제를 『반유대주의자의 유언』에서도 다시 논하며, 샬로트가 "시몽 드 몽포르(Simon de Montfort)가 세운 수도원"(보 드 세르네[Vaux-de-Cernay] 수도원)을 사들인 것, 에두아르가 최상류층만을 받아들이는 클럽 세르클 드 라 로얄의 회원으로 선출된 것, 로스차일드의 가든파티에 이번에도 대단한 명사들이 참석한 것 등을 절망적인 어조로 지적했다. 시라크 역시 로스차일드가와 포부르그 생제르맹(Faubourg Saint-Germain)[10]의 엘리트들의 관계에 대해 불쾌한 투로 촌평을 썼는데, 한때 제임스와 베티를 업신여겼던 귀족들이 이제는 그들의 자손을 사회적으로 동등하게 받아들이고 있다는 것이었다.

상당한 수준까지 사회적으로 동화될 수 있었던 동시에 반유대주의가 대중적으로 표출되는 것을 목도해야 했던 것은 제3공화국 당시 유대인들이 겪었던 이례적인 경험 중 하나였다. 왕당파 귀족들은 편견을 버렸는데 드뤼몽 같은 아웃사이더들이 불평을 쏟아내서 생긴 문제였던 것만은 아니었다. 로스차일드가와 교제하는 사람들이면서도 드뤼몽과 시라크가 제기한 주장에 공감하는 경우도 있었다. 로스차일드가에 대한 태도에서 엿보이는 분열증적인 경향은 그 시대의 두 가지 중요한 출전, 즉 공쿠르 형제의 일기와 프루스트의 『잃어버린 시간을 찾아서』에서도 찾아볼 수 있다. 공쿠르 형제는 드뤼몽과 견해를 같이했을 뿐 아니라, 그와 잘 아는 사이이기도 했다. 그들이 1870년에서 1896년까지 기록한 일기는 로스차일드가의 "유대인적인" 성격(물질주의, 속물근성, 등)에 대한 악의적인 일화로 가득 차 있다. 그러면서도 형제들은 로스차일드의 접대만큼은 대단히 기꺼워하며 받아들였다. 그들은 1874년과 1887년에 에드몽과 함께 프랑스 판화에 대해 논했고, 1885년에는 냇의 미망인에게서 식사 대접을 받았으며, 1888년에는 레오노라와 함께, 1889년에는 에드몽의 집에서 저녁 식사를 했다. 공쿠르 형제가 로스차일드가의 진수성찬을 칭찬하고 1년도 안 되어 드뤼몽의 주장에 동조하며 그의 글을 인용한 것은 당시의 전형적인 양상이었다. 그들은 1887년 3월에는 드뤼몽과 저녁 식탁에 마주 앉아서 그가 "로스차일드를 궁지에 몰아붙여야 한다"고 떠벌리는 이야기를 즐겁게 듣다가, 같은 해 12월에는 에드몽과 판화 이야기를 나누었다. 1889년 6월에는 에드몽의 집에서 식사하고, 1890년 3월에는 드뤼몽과 반유대주의적인 비화들을 교환하기도 했다. 드뤼몽이 반유대주의자들의 궐기를 촉구했으나 뜻을 이루지 못한 5월 1일로부터 겨우 몇 달 앞선 시점이었다.

그처럼 유대인과 반유대주의자들이 일상적으로 뒤섞여 있던 파리 살롱들의 세계는 프랑스 참모본부에 소속되어 있던 유대인 장교 알프레드 드레퓌스(Alfred Dreyfus)가 1894년에 독일 스파이로 고발되어 군사법원에 회부되고, 조작된 문서를 근거로 유죄 판결을 받고, 결국 악마의 섬에서의 무기징역을 선고받으면서 완전히 분열되고 만다. 드레퓌스의 혐의에 대해 알퐁스가 애초에 느꼈던 감정은 드레퓌스가 정말로 유죄라는 가정하에 이 사건이 반유대주의 정서를 부추길지 모른다는 불안감이었다. 그러나 드레퓌스가 누명을 썼다는 증거가 연이어 등장하면서 불안은 곧 분노로 바뀌었다. 어느 성직자의 회고록에는 알퐁스가 "드레퓌스에 대한 유죄 판결과 프랑스 귀족들의 무관심에 울화를 터뜨렸다"는 기록이 등장한다. 그러나 다른 가족들은 공공연하게 '드레퓌스파'로 나설 마음이 별로 없었고, 그보다는 그들이 속한 상류 사회 내부의 분열을 최소화시키려고 노력하는 편을 택했다.

프루스트는 게르망트(Guermantes) 공작부인을 둘러싼 이질적인 인물들이 드레퓌스파에 대한 공감을 애써 숨겨 가며 이야기하는 모습을 묘사하며 당시의 분위기를 포착했다. 비교적 평범한 집안 출신의 유대인인 블로크(Bloch)에게 로스차일드라는 이름은 경외심을 불러일으켰다. 그는 공작부인의 저택에서 자신이 오만하게 대했던 영국 노부인이 실은 "알퐁스 드 로스차일드 남작부인"이었다는 것을 알게 되자 벼락을 맞은 듯했다. "그 순간, 돌연 백만장자의 부와 특권에 대한 수많은 생각들이 블로크의 동맥을 타고 넘쳐흐르기 시작했다.……그는 마치 뇌일혈이나 정신적 발작을 일으킨 사람처럼 되어, 상냥한 노부인이 있는 앞에서 자기도 모르게 탄성을 지르고 말았다. '미리 알았더라면!' 그것은 그로 하여금 여드레를 연이어 잠 못 들게 할 자신의 멍청함에 대한 탄식이었다."

한편 게르망트 대공은 로스차일드 가문의 사람을 집안에 들이기는커녕, 성의 부속 건물이 전소되는데도 이웃한 로스차일드가에서 양수기를 빌려 오느니 차라리 그냥 내버려 두고 말 정도의 인물이었다. 사실 그는 비밀리에 드레퓌스파를 지지하고 있었던 것으로 드러난다. 그러나 드레퓌스파로 밝혀지면 사회적인 대가를 치러야 한다는 것을 알았기 때문에 이를 숨겨 온 것이다. 게르망트 공작은 그의 아내가 "드레퓌스파였고……로스차일드가 사람들을 집에 초대했으며……한동안은……게르망트 공작 자신과 같은 절반은 독일인인 국제적 부호들에게 호감을 가졌기" 때문에 경마클럽 회장에 선출되는데 실패하면서 그 대가를 치른다.

드레퓌스 사건은 정치적 좌익 세력에도 비슷한 반응을 촉발시켰다. 베르나르 라자르(Bernard Lazare)라는 유대인 저널리스트가 친드레퓌스 경향의 팸플릿을 출간했을 때, 사회주의자 알렉상드르 제바에스(Alexandre Zévaès)는 곧장 《프티트 레퓌블리크(Petite République)》의 지면을 통해 그를 "로스차일드 폐하의 헌신적인 숭배자"라고 공격했다.

그런 식의 태도는 영국에서도 드러났다. 1900년 6월에 데이비드 린지는 허트퍼드 하우스를 방문한 일을 일기에 기록했는데, 마침 그곳에는 "알프레드 로스차일드와 로즈버리가 초대한 많은 사람들이 왕세자를 만나기 위해 모여 있었다". 린지는 이렇게 썼다. "저택에 모인 유대인들은 그 수가 도무지 믿기지 않을 정도였다. 나는 반유대주의의 문제에 진지하게 천착해 보기도 했고, 저열한 태도만큼은 지니지 말자고 다짐하고 또 다짐하는 사람이지만, 이클하이머(Ickleheimer)가, 퍼펜베르그(Puppenberg)가, 라파엘가, 사순가, 그 외에 그들과 같은 민족들을 한꺼번에 대면하게 되자 감정이 논리와 정의를 눌러버리고 루에거와 드뤼몽에게 일말의 공감마저 느끼게 되었다. 존 번즈[노동당 당수이자 차후 자유당 내각에서 장관이 되었다]는 한마디로 유대인은 문명의 촌충이라고 말한다."

그러나 린지는 그 이후로도 워드즈던과 트링의 초대를 받아들였다. 시티에서도 비록 유대인과의 거래를 피하는 것은 불가능했지만, 비유대인 은행가들이 간혹 그와 비슷한 감정을 사적으로 표출하기도 했다. 후기 빅토리아시대의 소설 속에도 유대인 출신의 전형적인 악질 금융가들이 수두룩이 등장한다. 앤서니 트롤럽(Anthony Trollope)의 『우리가 지금 살아가는 방식(The Way We Live Now)』에 등장하는 상스러운 멜모트는 로스차일드가 사람을 모델로 삼은 인물이 아니지만, 찰스 레버(Charles Lever)의 소설 『데이븐포트 던(Davenport Dunn)』 속의 글럼딜 남작("외국어 억양이 슬며시 남아 있는" "프랑크푸르트 출신 백만장자")과 정계에서 전능을 발휘하는 "가문"의 출처가 어디일는지는 쉽게 추측할 수 있다.

영국이 프랑스와 달랐던 점은 반유대주의가 정치적 출구를 얻을 가능성이 우익보다는 좌익 쪽에서 더 컸다는 사실이다. 드뤼몽이 불만에 가득 찬 성직자적인 정통주의자였다면, 공개적으로 로스차일드가를 공격한 영국 작가들은 사회주의자들이거나 혹은 급진적 민족주의자로 등장한 존 번즈 같은 신자유주의자일 가능성이 컸다. 이를 잘 드러내고 있는 책은 존 리브스(John Reeves)의 『로스차일드: 세계 금융의 지배자(The Rothschilds: The Financial Rulers of Nations)』(1887)로, 책의 요지는 결국 전형적인 평결의 되풀이다. 즉, "로스차일드가는 어느 한 나라의 국민이 아니다. 그들은 세계주의자다······ 그 어떤 당에도 적을 두지 않는, 부자가 될 수 있다면 적이든 아군이든 무차별로 희생시킬 수 있는 이들"이었다. 그로부터 4년 뒤 《노동자 리더(Labour Leader)》지에는 로스차일드가에 대한 이런 비난이 실렸다. "그들은 근세기 동안 유럽에서 벌어진, 헤아릴 수 없는 재난과 비참의 원인이 된 전쟁을 조장함으로써 막대한 부를 쌓아 올린 흡혈 족속들이다. 유럽 어딘가에서 말썽이 빚어지면 그곳이 어디든, 전쟁이 일어나리라는 소문이 돌고 풍파와 재난에 대한 공포로 인심이 흉흉한 곳이면 거기가 어디든, 독자들은 매부리코를 한 로스차일드가 그곳 어딘가에서 먹잇감을 노리고 있으리라고 확신해도 좋을 것이다."

아마도 무엇보다 가장 흥미로운 사례는 이제는 고전이 된 『제국주의론(Imperialism: A Stuey)』(1902)을 쓴 좌파 자유주의자 J. A. 홉슨(J. A. Hobson)일 것이다. 당대의 많은 급진적 문필가들이 그랬듯이, 홉슨은 보어전쟁이 "노동의 대가가 아닌 이익을 얻기 위해, 심지어는 다른 이들의 노동의 대가를 가로채는 것도 아니요, 다만 기업을 설립하고 홍보하고 숫자를 조작해서 이익을 얻기 위해……전 세계 그 어디에든지……빌붙을 준비를 한" "소규모 국제 금융가 집단, 특히 태생은 독일인이고 민족은 유대인"인 이들이 획책한 결과라고 여겼다. 그가 로스차일드가를 이 소집단의 중추로 여겼으리라는 데에는 의심의 여지가 없다. 홉슨은 이후에 이 같은 반유대주의적 논쟁에서 탈피해 정통적인 사회주의적 반자본주의로 방향을 바꾸었다. 그러나 그 수사법만큼은 에드워드조(朝) 급진주의의 정치 언어로 자리 잡았다. 곧 다루게 될 내용이지만, 1909년의 예산안을 두고 논쟁이 벌어졌을 때 내티를 지목해서 깜짝 놀랄 만큼 인신공격을 퍼부은 사람은 전전(戰前)의 재무장관 역임자 중 가장 급진적이었던 로이드 조지(Lloyd George)였다. 로이드 조지도 유대인 금융가들(아이작스 형제)과 함께 마르코니(Marconi) 사건에 개입한 정황으로 우파의 비난을 받게 되지만 말이다.

반(反)로스차일드주의는 미국에도 있었다. 경제적 영향력을 비교적 크게 발휘하지 못했던 미국에서도 로스차일드가는 1830년대 이래 정치적 목표물이 되었다. 그러나 그들이 남북전쟁 중에 감수해야 했던 비난도 인민당(People's Party)이 짧은 전성기를 누렸던 1890년대에 퍼부어진 공격에 비하면 아무것도 아니었다. 인민당파, 즉 '포퓰리스트'들은 1880년대의 곡물 가격 하락으로 인한 농민들의 불만을 결집시킨, 미국의 금본위제 편입을 근본적으로 반대한 이들이었다. 그러나 "유럽과 미국의 황금 도박꾼들"과 "국제 황금 동맹이라는 비밀 도당"에 대한 그들의 비판에는 반영국적인 요소뿐만 아니라 맹렬한 반유대주의도 개입되어 있었는데, 그것은 무엇보다 미국을 금본위제로 전환시킨 채권 사업에서 런던 로스차일드가가 두드러진 역할을 했기 때문이었다.

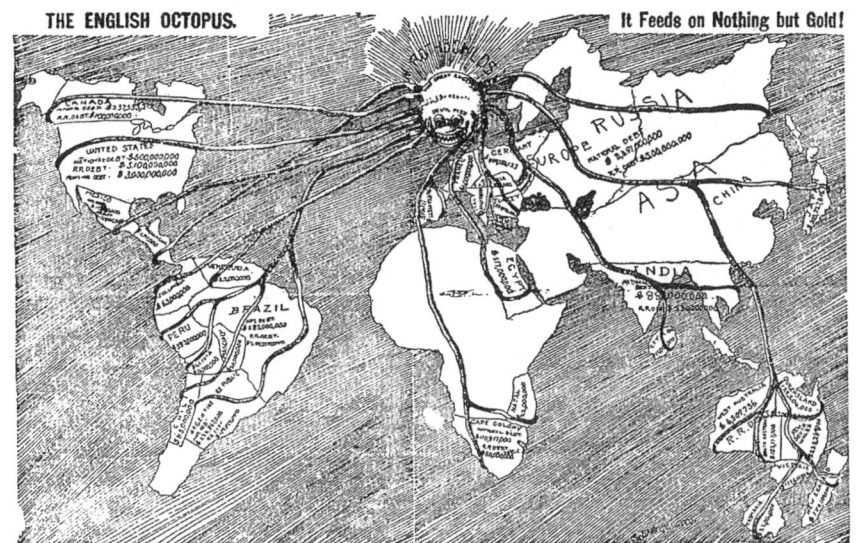

[그림 10] 〈영국이라는 문어 : 오직 황금만 먹고 산다네!〉, '코인' 하비, 1894년

고든 클라크(Gordon Clark)의 책 『샤일록 : 은행가, 채권 소유자, 뇌물 제공자, 음모자(Shylock: as Banker, Bondholder, Corruptionist, Conspirator)』(1894)는 링컨과 존슨 집권기에 재무장관을 지낸 휴 맥컬럭(Hugh McCulloch)와 제임스 로스차일드 간에 모종의 계약이 있었다는 혐의를 제기했다. 저자의 주장은 이렇다. "로스차일드와 미국 재무부가 벌인 이 거래의 가장 참혹한 결과는 설령 그것이 수억 달러였을지언정 돈을 잃었다는 것 자체가 아니다. 영국이 오래도록 자국 유대인들의 손에 휘둘려 온 것처럼, 미국이라는 나라가 통째로 이제 영국의 손아귀에 떨어져버렸다는 것, 그것이야말로 진짜 비극이다."

『코인의 경제 교실(Coin's Financial School)』(1894)이라는 책에서 저자인 '코인(Coin)' 하비(Harvey)는 "로스차일드"라는 이름을 한 거대한 "영국 문어"가 전 세계에 마수를 뻗친 모습을 그려 보인다.[그림 10] 동일한 저자의 소설 『두 나라 이야기(A Tale of Two Nations)』에는 은이 본위화폐의 자격을 상실하게 함으로써 "미국을 파괴하려는" 영국의 음모와 이 계획의 주모자인 "로드 남작(Baron Rothe)"이라는 은행가가 등장한다. 포퓰리스트 집단이 민주당에 병합된 뒤에는 이런 주장들이 얼마간 당황스러운 전과가 되어버렸다. 민주당 대선 후보였던 윌리엄 제닝스 브라이언은 유대계 민주당원들에게 그와 포퓰리스트 지도자들이 로스차일드가를 공격한 것은 "특정 민족을 공격한 것이 아니라 민족도 종교도 모르는 욕심과 탐욕을 공격한 것"이라고 해명해야 했다.

이렇게 일어난 격론들이 궁궐 같은 저택에서 마냥 안전하게 지냈을 것 같은 로스차일드가 사람들에게 과연 해를 끼칠 수 있었을까 하는 의문이 들 수도 있다. 그러나 로스차일드가를 유대인 자본가 음모의 설계자들로 지목하는 주장이 거듭되면서 가족들을 겨냥한 폭력 사건이 빚어진 것은 불가피한 일이었다. 내티의 아들 월터가 트링 근처에서 사냥을 하다가 몇몇 실직 노동자들에 의해 말에서 끌려 내려온 일이나, 그의 동생 찰스가 해로스쿨(Harrow School) 재학 시절 시달려야 했던 '유대인 사냥' 같은 일은 그나마 가벼운 축에 속했다. 더 심각한 사건은 당시에 있었던 두 건의 암살 시도였다. 1895년 8월, 조잡한 편지 폭탄이 플로랑탱 가에 있던 알퐁스의 자택으로 배달되었다. 그가 집에 없었기 때문에 편지는 라피트 가로 보내졌는데, 편지가 폭발했고 그의 수석 사원이 큰 부상을 당했다. "로스차일드를 목표로 무정부주의자가 감행한 공격은 전혀 뜻밖의 사건이 아니다"라고 《타임스》는 썼다. "다른 곳에서처럼 프랑스에서도 그들은 백만장자일 뿐만 아니라 걸출한 지위까지 누리고 있기 때문에 무정부주의자들의 공격 목표가 되기 십상이다. 더욱이 프랑스에 현존하는 강력한 반유대주의 정서를 고려하면, 어떻게 그들이 이토록 오랫동안 화를 피할 수 있었는지 경탄스러울 정도다." 암살 시도는 프랑스 밖에서도 있었다. 런던에서는 1912년에 윌리엄 테비트(William Tebbitt)라는 이름의 남자가 막 차를 몰고 뉴코트를 빠져나오는 레오에게 권총 다섯 발을 발사하면서, 그의 차는 총탄으로 벌집이 되고 정문을 지키고 있던 경찰관이 중상을 입는 사건이 일어났다. 테비트는 정신 이상자인 것으로 드러났다(그는 사실 레오에게서 도움을 받은 일이 있는 사람이었다). 그 공격은 권총과 수류탄의 등장으로 과거 어느 때보다 암살이 용이해진 시기에 가족이 위험에 노출되어 있었다는 사실을 드러낸 징후였다.

대응

공격을 당했을 때 가장 초보적인 대응은 맞받아치는 것이다. 그것은 알퐁스의 아들 에두아르와 구스타브의 아들 로베르가 택했던 방식으로, 두 사람 모두 결투를 신청함으로써 민족적 모욕에 응수했다.**11** 그러나 반유대주의자들 전부를 상대로 결투를 벌일 수는 없는 일이었다. 종교적이고 인종적인 편견에 어떻게 대응할 것인가 하는 문제는 로스차일드가 사람들이 오랫동안 숙고해 왔던 주제였다. 그러나 세기말에 횡행한 새로운 형태의 편견에는 새로운 대응책이 필요했다. 대책 마련은 결코 쉽지 않았다.

그들이 사회적으로 독특한 위치에 있었기 때문에(전체 유대인 사회의 정상에 있었던 동시에 유럽 귀족 사회와도 더욱 가까워진 까닭에), 로스차일드가 사람들은 종종 반유대주의의 책임을 반유대주의자 당사자들이 아니라 애먼 유대인들에게 돌리는 경향이 있었다. 1875년에 마이어 칼은 비스마르크에게 이런 편지를 보냈다. "반유대주의 정서에 관한 한 탓해야 할 사람은 유대인들 자신입니다. 민심이 동요하고 있는 것도 유대인들의 오만함, 허영심, 이루 말할 수 없는 무례함에 원인을 돌려야 합니다." 현대인의 시각에서는 충격적인 언사일 수밖에 없다. 로스차일드가가 유대인 사회의 평신도 지도자라는 주장과는 상치되는, 전체 유대인 사회에 대한 일종의 불충처럼 보이기 때문이다. 그러나 레오를 암살하려 했던 남자가 (내티의 표현대로) "우리와 신앙이 같은" 사람이었다는 사실이 중요하다. 이 무렵에는 유대인들 사이에도 극심한 긴장감이 감돌고 있었다.

로스차일드가를 가장 염려시킨 두 집단은 졸부들(로스차일드가보다 훨씬 나중에 부를 쌓은 유대인 은행가 및 사업가들)과 특히 오스트유덴(Ostjuden)이었다. 즉, 그 규모가 가일층 거대해진 동유럽 유대인들(반드시는 아니었지만 주로 러시아 제국 출신이었다), 그 중에서도 1881년에 알렉산드르 2세의 암살이 유대인 학살의 도화선이 되고 이듬해 새로운 차별적 법률이 도입된 이후 서유럽으로 몰려든 250만의 유대인들이었다.**12** 마이어 칼이 블라이히뢰더를 불만스럽게 생각한 것은 대개 사업상의 의견 충돌 때문이었다고 보아야 하겠지만, 블라이히뢰더가 처음 언급한 집단, 즉 졸부에 속했기 때문에 더 반감을 일으킨 것도 사실이었다. 1880년 11월에 블라이히뢰더가 독일 내 반유대주의에 대해 써 보낸 편지를 동봉하며, 내티는 디즈레일리에게 이렇게 썼다. "블라이히뢰더 자신이 유대인 박해의 원인을 제공하고 있는 게 뻔하지 않습니까. 독일 정부의 일을 자주 의뢰받다 보니 자만할 대로 자만해서 자신이 그저 정보책이라는 사실을 잊어버립니다. 그 외에도 원인은 많습니다. 그 중에서도 폴란드, 러시아, 루마니아 유대인들이 끊임없이 유입되고 있다는 사실, 굶주려서 도착한 이들이 부자가 되기 전까지는 사회주의자 행세를 한다는 것이 문제일 겁니다. 유대인들은 또 신문 소유주들인데, 특히 반러시아 논조의 신문 절반이 유대인 소유입니다.……제가 듣기에 폰 블라이히뢰더 부인은 또 지극히 무례하고 오만한 사람이라고 하더군요." 이 촌평에서 드러나는 것처럼, 새로운 빈곤층은 졸부들만큼이나 그들을 곤혹스럽게 했다.

반유대주의에 대한 로스차일드의 대응이 그저 (드뤼몽이 주장한 것처럼) 엄중한 경찰의 보호를 요구하고 저택을 요새화하는 데 그친 것만은 아니었다. 앞서 언급한 암살 미수 사건을 생각하면 과잉 대처였다고 할 수도 없는 조치였지만 말이다. 반유대주의적 감정을 돌이키거나 경감시키는 최선의 방법이 무엇인가 하는 문제에 있어서, 로스차일드가에서는 오랫동안 한 가지 견해를 고수해 오고 있었다. 마이어 암셀 시절부터 가족들은 그들이 속한 유대인 사회에 기부하는 것은 물론이요, 사회적 용인을 얻어내기 위한 전략으로 비유대인들의 '대의'를 위해서도 자선 기부를 하는 신중함을 발휘해 왔다. 사실 3대 중 일부는 생애 후반 몇 십 년 동안 이 전통을 도외시한 경향이 있었다. 그러나 로스차일드가의 젊은 세대들이 1880년대와 1890년대에 걸쳐 의식적으로 이를 되살려냈다. 다만 영국에서는 금전적인 기부에 더해 공공사업에도 중점을 두게 되었고, 지역을 불문하고 보건과 교육이라는 전통적 관심 분야뿐만 아니라 빈민을 위한 주거를 제공하는 일 역시 중요한 사업이 되었다.

페르디난트가 아내 에블리나의 죽음 이후 그녀를 기념하는 병원을 건립했다는 이야기는 앞에서 언급했다. 그의 처남 내티 또한 세 곳이나 되는 병원의 회장이었고, 에드워드 7세 병원 기금의 회계부장, 영국적십자 평의회의 의장인 동시에, 자신의 트링 영지에서도 소위 '이원(二元) 의료 서비스'[13]를 운영하고 있었다. 프랑크푸르트에서는 마이어 칼과 루이즈가 요절한 큰딸 클레멘티네를 기리며 클레멘티네 초교파 여아(女兒) 병원을 건립했고, 유대인 공중목욕탕에 기부하기도 했다. 마지막으로, 부부의 셋째 딸이자 평생 독신으로 지낸 한나 루이제는 이후에 치과 치료를 전문으로 하는 의료 재단 마이어 칼 폰 로스차일드 남작 카롤리눔 재단을 포함해 수많은 공공재단을 설립했다. 빈 일가에서도 종합병원과 고아원, 맹아와 농아를 위한 시설을 설립하는 등 이 분야에 많은 기여를 했다. 나타니엘은 되블링(Döbling)과 로젠휘겔(Rosenhügel)에 신경증 환자를 위한 요양원을 건립하는 데 거액을 기부했고, 라이헤나우에 있던 그의 저택도 병원으로 개조됐다. 프랑스에서는 알퐁스가 제네바 외과의의 시술로 눈에 박혀 있던 금속 조각을 제거한 이후 이를 계기로 파리에 안과 병원을 설립했으며, 앙리는 마카데 가 199번지에 의료원을 세웠다. 교육 역시 (프랑크푸르트에 필란트로핀[Philanthropin] 학교를 설립한 이래) 중요한 분야였다. 카롤리눔 재단을 세웠던 한나 루이제는 칼 폰 로스차일드 공공도서관(나중에 운터마인카이에 있는 로스차일드 저택 건물에 들어서게 되는)과 안젤름 잘로몬 폰 로스차일드 예술진흥재단을 세웠다. 그녀의 사촌 한나 마틸데는 1910년에 설립된 프랑크푸르트 대학의 주요 후원자였다.[14]

그러나 저렴한 주거를 공급하는 일이 로스차일드 자선 사업의 목표가 된 것이야말로 시대 상황을 드러내는 표식이었다. 19세기 후반은 전 유럽에 걸쳐 수백만의 사람들이 일자리를 찾아 농촌을 떠나 도시로 밀려들면서 도시화 속도가 가속화된 시기였기 때문이다. 정도의 차이는 있었지만 런던, 파리, 빈, 프랑크푸르트 모두 그 영향을 받았다. 주거에 대한 민간 투자는 적잖이 이루어졌지만, 유럽의 여러 이스트엔드들의 '슬럼'에 만연했던 경악할 만한 수준의 생활 조건은 이미 누구도 못 본 체할 수 없는 지경에 이르러 있었다. 임대주들은 소유지에 사람을 많이 들일수록 이득을 보았고, 제대로 된 위생 시설(최소한 건축업자와 토지 소유자의 협력을 요했던)을 제공해서 얻는 이익은 전무했다. 이에 대응해 로스차일드가에서 시도한 일은 그들이 스스로 모범적인 임대주가 되어 본보기를 보이는 것이었다. 내티, 레오, 페르디난트는 버킹엄셔에 있는 그들의 영지를 현대판 온정주의의 모범으로 운영했으며, 입주자들에게 향상된 주거 환경, 수도 시설, 클럽 하우스와 그 외의 편의 시설을 제공했다. 그렇지만 이 같은 실험적 민간 복지(당시 독일의 일부 대규모 산업 회사들이 채택했던 것과 그게 다르지 않았던)는 로스차일드 소유의 땅이 한 뙈기도 없는 슬럼 지구에서는 실제로 적용될 가능성이 없었다.

도시 문제를 해결하기 위해 가장 먼저 조치를 취한 곳은 파리 로스차일드가로, 1874년에 임대료 사업(나중에는 '로스차일드 원조[Secours Rothschild]'라 불렸다)이라는 기금을 조성해서 파리 각 구의 구청장들에게 연간 10만 프랑을 지급함으로써 집세를 낼 수 없는 빈곤 가정을 지원할 수 있게 했다. 30년 뒤에는 그보다 큰 규모로 '노동자들의 물질적 생활 조건 향상을 위한' 로스차일드 재단이 설립되어 파리 11, 12, 19구에 노동자 계층을 위한 저렴한 주택 지구를 건설하는 데 1000만 프랑의 자본을 제공했다. 사실 이 사업의 모델이 된 것은 영국 로스차일드가가 1880년대에 설립한 4% 산업주거회사(Four Per Cent Industrial Dwellings Company)였다.

그 구분이 항상 명확하지는 않았지만, 모든 활동은 가족들이 유대인 사회의 후원자로서 베푼 자선 활동이라는 맥락에서 볼 필요가 있다. 대륙의 로스차일드가 사람들은 특히 유대인을 위한 시설을 꾸준히 설립했다. 가령 제임스 에두아르는 1870년에 베르크 쉬르 메르에 골질환을 전문으로 하는 병원을 세웠고, 에드몽은 부친이 픽퓌스 가에 세운 유대인 병원을 현대화하는 작업을 맡았다. 그와 구스타브는 유대인 학교도 각자 한 곳씩 새로 세웠다. 오스트리아에서는 1870년에 안젤름이 바링에 유대인 병원을 지었고, 프랑크푸르트에서는 지칠 줄 모르는 자선 사업가 한나 마틸데가 유대인 고아원, 외국 유대인 환자를 위한 게오르기네 자라 폰 로스차일드 재단, (자일에 있던 옛 로스차일드 저택에) 유대인 여성 양로원을 세웠고, 바트 나우하임 지역에는 유대인 여성요양원을, 그녀의 여름 별장이 있는 쾨니히슈타인과 가까운 온천 바트 조덴에는 불우 유대인 요양소를 짓기도 했다. 런던에서는 주로 유대인 자유학교와 (자유학교보다는 선호도가 덜했지만) 유대인 대학을 설립했다.

그러나 동유럽 유대인들의 유입은 기존의 시설로는 해결할 수 없는 새로운 문제를 낳았다. 다수의 비국교도들과는 달리, 영국의 유대인들은 종교 교육을 유대인 사회에서 계속 관장할 수 있는 한 국가에서 비종교 교육에 대한 지원을 늘리는 것을 불안하게 생각하지 않았다. 더불어, 내티와 그의 친척들은 정규 교육 기관 이외의 시설 역시 필요하다는 사실을 절감했다. 일례로 내티의 아내 엠마는 1896년에 화이트채플에 설립한 브래디 스트리트 소년 클럽에 드는 연비용 중 60%를 유대인 청소년들을 착실히 붙잡아 둘 갖가지 활동비에 할애했다. 그녀의 아들 월터는 1901년에 유대인 청년 범죄자들의 갱생을 위한 헤이스 공업학교가 설립될 당시 5000파운드, 즉 총 설립비의 거의 3분의 1에 달하는 액수를 기부했다. 2년 뒤에는 로스차일드가와 몬테피오레가에서 손을 잡고 노동 계층 여아들이 받는 종교 교육을 향상시키자는 분명한 목표하에 헤이스 학교와 흡사한 여학교를 설립했다. 이 모든 노력들이 어떤 사상에서 배태되었는지는 1905년 6월 28일에 근로 청년을 위한 허치슨 하우스 클럽 개장식에서 있었던 라이오넬[15]의 연설에서 어림해 볼 수 있다. "우리는 이웃의 젊은이들이 거리에서, 뮤직홀에서, 술집에서 만나는 유혹을 물리치고 너른 세상으로 나가 성공할 수 있도록 돕고자 합니다. 우리는 소년들에게 야망을, 유대인의 자부심을, 그리고 영국인으로서의 자부심을 심어 주고 싶습니다. (환호) 우리는 그들에게 인내와 스포츠 정신을 가르치고자 합니다."

[그림 11] 〈테이트 갤러리에서의 어느 고요한 아침〉, 막스 비어봄, 1907년

문화적 통합에 대한 요구로 이보다 간결 명확한 표현은 없을 것이다. 1891년에 연합시너고그의 평의회에서 연설하면서 내티가 언명한 것처럼, "유대인 사회에 주어진 무엇보다 중요한 의무"는 "현재 런던 이스트엔드에 살고 있는 수많은 우리의 외국 동포들을 영국인으로 만드는 과업"이었다. 막스 비어봄의 만화 〈테이트 갤러리에서의 어느 고요한 아침〉은 로스차일드가 "우리의 외국 동포들"을 이해하는 데 겪었던 어려움을 꼬집어 보인다. 만화 속 큐레이터는 시너고그에 모인 정통파 랍비들을 그린 그림의 "영적인 순수성을 미술관 이사에게 설명하려고 애쓰고" 있는 모습이다. 깔끔하게 다듬은 콧수염에 실크해트를 쓰고 지팡이를 든 문제의 이사(알프레드)는 아무래도 감동을 못 받은 듯한 표정이다.[그림 11]

한편, 주거 문제는 새로운 형태의 자선 활동을 필요로 했다. 1884년 5월, 내티는 스피탈필즈, 화이트채플, 굿먼스필즈 같은 이스트엔드 지구들(1888년 잭 더 리퍼 사건이 있기 전부터 범죄와 매춘으로 악명을 떨치던 지역)에 거주하는, 그 수가 점점 늘어나는 가난한 유대인 세입자들에게 더 나은 주거를 제공할 방법을 강구하기 위해 설립된 유대인구빈위원회의 위생위원회에 합류해 달라는 요청을 받는다. 위원회에서는 그해에 불우유대인임시보호소를 설립함으로써 이민자 주거 문제를 해결하기 위한 첫걸음을 뗐는데, 독신 남성의 경우 이 시설에서 최대 14일간 머무를 수 있었고, 가족 단위의 이민자들은 셋방을 구하는 과정에서 시설의 도움을 받을 수 있었다. 그러나 내티를 위원장으로 새로 창설된 이스트엔드 조사위원회에서는 1860년대 이래 급증했으며 1875년에 리처드 크로스(Richard Cross)가 입안한 수공업노동자주거개선법으로 더욱 장려된 일종의 주택 회사를 설립함으로써 영구적인 주거("가난한 사람들도 충분히 집세를 내고 꾸려 나갈 수 있는……건강한 가정")를 창출하는 방안을 내놓기도 했다. 임종을 앞둔 모친으로부터 그 사업에 최선을 다하라고 격려받았던 내티는 다른 부유한 유대인(라이오넬 코헨, 금괴 중매인인 F. D. 모카타, 클로드 몬테피오레[Claude Montefiore], 새뮤얼 몬터규 등등)의 협력을 이끌어내려 노력했으나, 결국 1885년 3월에 설립된 4% 산업주거회사는 4만 파운드의 주식 자본 중 4분의 1을 로스차일드가에 의지해야 했다(또 다른 거액 기부자는 회사 창립 2년 뒤에 8000파운드를 보태 준, 로스차일드가 지원하는 유대인 자유학교였다).

엄밀히 따지면 산업주거회사는 자선 재단이 아니었다. 이 회사가 공표한 목표는 "납입 자본에 대한 순 4%의 연 배당금을 산출할 수 있는 최소한의 임대료로 최대한의 주거를 제공하는 것"이었고, 그렇게 탄생한 연립 주택들의 "무자비한 공리주의"는 현대 사회사가들의 비판을 받았다. 그러나 이 고정 수익과 순전히 영리적인 임대주들이 거둬들인 고수익 간의 격차는 엄청났으며, 이 정도의 수익은 일종의 사업 보조금으로 생각할 수도 있는 수준이었다. 게다가 주거회사가 건립한 연립 주택들도 이들이 대체한 슬럼에 비하면 대단히 향상된 수준이었다는 점 역시 중요하다. 1차 입주 모집을 시작하고 두 달이 지나서, 내티는 대도시사업국으로부터 플라워 앤드 딘 스트리트(스피탈필즈 중심에 위치한 커머셜 스트리트의 뒷골목)에 있는 부지 한 곳을 7000파운드에 사들였다. 1887년 4월에는 유대인 건축가 N. S. 조지프가 설계한 소박한 7층 건물들이 이곳에서 개관됐고, 내티의 모친 샬로테의 이름이 붙었다. 건물에는 최대 228세대가 입주할 수 있는(방 개수 총 477개) 검소하고 엄격한 양식의 주거가 갖춰져 있었다. 회사는 브래디 스트리트에도 비슷한 단지를 지었고, 플라워 앤드 딘 스트리트에도 또 다른 부지를 확보해서 1891~1892년에 걸쳐 '너대니엘 드웰링스(Nathaniel Dwellings)'를 완공시켰다.

물론, 이 모든 일들을 순전히 반유대주의의 극성에 맞선 대응책이었다고 여기는 것은 잘못이다. 로스차일드가는 유대인으로서 자선 사업을 종교적 의무로 생각했고, 빅토리아조 자유주의의 자발주의적 에토스가 그런 동기를 한층 더 강화시켰다. 앤서니의 딸 콘스탄스의 경우만 보더라도, 그녀는 여성근로자전국조합 회장이자 서머셋 부인이 이끈 영국여성금주협회의 이사였으며, 아동학대방지협회의 적극적인 회원이었고 영국 내무부에서 임명한 재소자 자원 봉사자이기도 했다. 이런 활동들은 야심찬 자유당 하원 의원을 남편으로 둔 부인이라면 응당 찾아 나설 법한 일이었다. 어쨌든 그녀는 숙모 샬로테가 그랬듯 분명 그 활동에서 보람을 느끼고 있었다. 그녀는 유대인 단체에서도 그만큼 적극적으로 활동했다. 그녀가 활약한 단체에는 유대인여성조합, 유대인구빈위원회의 부녀자합동방문회, '타락한 여성'(미혼모와 매춘부에 대한 완곡한 표현)을 구조하고 유대인 노동자 계층 가정의 소녀들이 나쁜 길로 빠지는 것을 방지하기 위한 예방및구조사업을위한유대인부인협회(이후 여아및여성보호를위한유대인협회로 개칭) 등이 있었다. 이는 1850년대와 1860년내에 살로테가 전례를 보인 활동이었고, 그녀와 콘스턴스 모두 남자 친척들이 '회계실'과 정치에서 얻었을 성취감을 이런 일에서 누릴 수 있었다. 엠마 역시 강박적인 자선 사업가였다. 그녀는 1879년 한 해 동안 트링 지역에 최소 400회나 자선 기증을 했고 177가지 '대의'에 기부했는데, 그런 단체 중에는 교회소녀연합, 젊은여성그리스도교협회, 트링연합소년금주단도 있었다!

물론 '방어적인' 명분도 분명 개입되어 있었다. 일단은, 부유한 은행가들이 사회문제 개선을 위해 자발적으로 기여하리라고 기대하는 것이 가능했던 시절이었다는 점을 지적해야 한다. 다시 살펴보겠지만, 점점 더 많은 좌익 진영의 정치가들이 소득과 부의 재분배에 국가의 직접 개입을 요구하고 나섰기 때문에, 이는 그만큼 더 불가결해진 일이었다. 세기말에 신자유주의자들이 내놓은 제안은 온건한 편이었는데도, 로스차일드가는 당시 부유층 대다수가 그랬던 것처럼 어떤 식으로든 직접세를 늘리는 것에 대해서는(특히 노동자 계층의 삶의 질을 향상시키자는 동기에서 증세[增稅]하는 것에는) 강한 반감을 갖고 있었다. '자본'이란 축적될 수 있도록 세금으로부터 자유로워야 한다는 것이 로스차일드의 논리였다. 그래야만 경제가 성장하고 취업자가 늘어나며 임금 확대도 가능해진다는 것이었다. 그 대신에 부자들은 자격 있는[16] 빈자들의 곤궁을 해소하기 위해 자발적으로 기여해야 한다는 것이 주장의 요지였다. 여기에서 잠시 논의를 중단하고, 실제로 기부가 대략 어떠한 규모로 이루어졌는지 계산해 보자. 알퐁스의 유언은 좋은 판례를 제공하는데, 자선 목적의 유산으로 총 약 63만 5000프랑에 달하는 거액을 남겼기 때문이다. 그러나 이것은 아들 에두아르가 세금 한 푼 떼이지 않고 상속받은 로스차일드 파트너십 지분 가치(1억 3500만 프랑)의 0.5%도 안 되는 규모다.[17] 물론 이 액수는 알퐁스가 일평생 자선 명분에 기부한 거액이 누락된 수치다. 그리고 그의 수입 중 얼마만큼의 비율이 자선 목적에 쓰였는지 알아내려면 더 많은 조사가 필요할 것이다. 그러나 세기의 전환기에 사적으로 이루어진 자선 기부가 전통적인 십일조 수준에도 못 미쳤다는 사실은 증세를 반대하는 보수파의 주장에서 내내 허점이 되었다.

특히 유대인을 위한 자선 사업에는 그 외의 동기, 즉 갓 정착한 동유럽 유대인들의 '영국화'를 가속화해야 한다는 필요성 역시 개입되어 있었다. 물론 영국 일가와 그들의 사촌들이 18세기 후반과 19세기 초반에 이뤄냈던 급속한 사회 동화를 다시 이룰 가능성은 높지 않았다. 어쨌든 그들은 비교적 풍족하고 교육도 잘 받은 상태에서 영국에 도착했기 때문이다. 19세기 후반에 동유럽에서 탈출한 유대인 대다수는 가난한 직공이었다. 이런 정황에서 무엇보다 충격적이었던 사건은 1888년에 일어난 이스트엔드 재단사들의 대규모 파업이었다. 내티 같은 열렬한 반사회주의자들에게 유대인 사회 안에서 대규모 산업 분쟁이 일어난 것은 적잖이 거슬리는 일이었다. 그와 새뮤얼 몬터규는 양측의 의견 차를 줄일 수 있으리라는 기대를 품고 지체 없이 중개자로 나섰다. 내티가 이스트엔드의 노사 관계에 대해 많이 알고 있었으리라고 보기는 어렵지만 말이다. 두 사람의 개입에는 이스트엔드에서 급진 세력의 맹아가 발견되는 족족 그들을 유화시키려 했던 유대인 엘리트 계층의 불안이 반영되어 있었다. 혁명 운동에 유대인들이 너무 많이 개입했기 때문에 유대인 박해가 그럴싸한 명분으로 정당화되었던 러시아의 실례를 이미 보았기 때문이다.

로스차일드 자선 사업을 비판하는 사람들이 제기했던 주장 중 하나는 산업주거회사가 사회 동화를 촉진했다기보다는 새로운 게토를 창출했다는 것이다. 샬로테 드 로스차일드 연립 주택의 세입자 중 95%가 유대인이었다는 점도 함께 지적되었다. 그러나 이는 오해에 불과하다. 1890년 2월 18일에 있던 임원 회의에서는 브래디 스트리트 연립 주택의 "세입자는 유대인 대비 그리스도 교도의 비율을 가능한 한 33%에서 40%로 늘려야 한다"는 결정이 내려졌다. 1899년에는 회사가 마련한 이스트햄 부지에 비유대교도를 위한 예배소 건립터를 조성하기도 했는데, 그것은 "단지가 절대 '게토'로 변하지 않도록" 하기 위해서였다. 샬로테 드 로스차일드 연립 주택에는 주로 유대인 가족들이 입주한 것이 사실이지만, 1904년 자료에 따르면 스톡 뉴잉턴 연립 주택 중 나바리노 맨션에는 세입자의 3분의 1이 비유대인이었다. 회사의 캠버웰 단지(에블리나 맨션들이 건립된)의 경우 1911년에는 유대인 세입자가 단 한 사람도 없었다.

이민으로 야기된 문제를 해결하는 또 하나의 대안은 물론 이민을 중단시키는 것이었다. 그러나 1880년대에 처음 이민 규제에 대한 논의가 제기됐을 때 로스차일드가와 지인들은 당혹감을 감추지 못했다. 로스차일드 연립 주택의 설계를 맡은 N. S. 조지프가 쓴 것처럼 "입국 거부(exclusion)라고 쓰나 추방(expulsion)이라고 쓰나 결국에는 매한가지"였기 때문이다.[18] 이민 반대 운동을 벌였던 아널드 화이트가 1891년에 내티에게 편지를 썼을 때, 이민 규제 법안을 만들자는 그의 주장은 퇴짜를 맞았다(전체 의견이 깡그리 무시된 것은 아니었지만). "외국에서 태어난 사람들의 유입은 그들의 신체적 무능력이나 정신적 질병 때문에 공공의 부담이 될 가능성이 있어서 바람직하지 않으며 중단시켜야 한다는 당신의 의견에는 공감합니다. 그러나 이미 이곳에 와 있는 사람들이 입법을 정당화할 만큼 충분한 수가 된다고 확신할 만한 근거가 없습니다." 그러나 세기가 바뀔 무렵에는 한층 더 많은 보수당 하원 의원들이 이민 규제의 필요성을 확신하게 되었고, 이 때문에 내티는(그 무렵에는 이미 열성 당원이 된) 어려운 입장에 놓였다. 1900년의 선거에서 내티는 이스트엔드 지역 대리인이 이민 규제 지지자로 드러난 두 후보(스텝니 선거구의 윌리엄 에덴 에번스 고든[William Eden Evans-Gordon] 경과 화이트채플 지역의 데이비스 호프 키드[David Hope Kyd])를 지지하는 모습에 당혹감을 느꼈다. 또 세인트 조지 인 디 이스트 선거구의 통일당 후보 토머스 듀어(Thomas Dewar)가 험악한 내용의 선거 연설을 하고 그 내용이 《유대교 신문》에 게재됐을 때는 그와 의절해야 할 의무를 느꼈다.

결국 에번스 고든의 선동으로 이민 문제가 왕립위원회에 회부되자, 내티는 '입국 거부'에 대한 반대 의사를 숨기지 않았다. 물론 왕립위원회의 위원이었던 그는 무엇보다 참고인들에게 질문하는 일에 관심을 쏟았다. 그러나 그들 중 많은 수가 (아널드 화이트를 포함해) 가난한 이민자들을 끌어들인 "자석"이 된 것이 로스차일드가의 자선이었다고 꼬집어 지적하자, 그는 응수하지 않을 수 없었다. 내티는 보고서에서 "바람직하지 않은" 이민자들(범죄자, 정신적 장애가 있는 자, 전염병 환자, "나쁜 성품으로 악명 높은" 자 등등)은 입국을 막거나 추방해야 한다고 주장한 위원회 대다수의 의견에 이의를 제기했다. 내티는 반대 의견서를 제출하면서, 그 법률이 제정될 경우 "무일푼으로 도착했다는 사실이 자립 능력 부재의 증거가 되지 않는, 자격 있고 근면한 사람들에게 응당 악영향을 끼칠 것"이라고 강력히 주장했다. 그에게는 "유대인 자유학교에서 생전 처음으로 배움의 기회를 갖게 된 유대인 소년"이 1908년에 케임브리지에서 수학 학위 수석 1급 합격자가 된 일이야말로 더없이 이상적인 사례였다. 이 젊은 수학자의 아버지는 "수년 전에 오데사에서 이민 온" 사람이었다. "이민 전에는 어느 작은 시너고그에서 설교하던 사람이었다고 알고 있습니다. 이제는 작은 재단 사업장의 감독으로 높은 임금을 받으며 일하고 있고, 조그만 유대교 초등학교에서 가르치고 있다고 합니다. 그의 아들이야말로 러시아에 큰일을 했을 사람입니다. 나는 진심으로 그가 이곳에서 성공하길 바랍니다."

그의 아들 월터도 같은 의견이었다. "대영제국은 이민자들이 사회 규범을 지키고 근면하게 일하는 한, 억압받고 부당하게 학대당하는 외국인들의 피난처가 되어야 한다"는 것이 그의 주장이었다. 1904년에 제출된 법안에 내티가 반대 주장을 펴고 1905년의 마일엔드 보궐선거에서는 이 법안에 반대한 자유당 후보들을 지원했는데도, 결국 그해 후반에 법률이 통과되는 것을 막을 수는 없었다. 그는 이 법률이 "경찰의 간섭과 간첩 행위, 여권과 자의적 권력이라는 혐오스러운 체제"를 확립시킨다고 주장했다. 그런데도 그는 (영국유대교대표위원회의 다른 위원들이 희망한) 법률 폐지 청원에는 반대했는데, 논쟁이 재점화되면 법 적용이 오히려 더 엄격해지리라는 이유에서였다. 그 대신 그는 이 법을 관대하게 적용하도록 정부를 설득하는 일에 희망을 걸었다. 결국 1905년에 외국인법이 통과된 사실은 "로스차일드가 얼굴을 찌푸리면 총리와 영국 내각이 정책을 바꾼다"는 아널드 화이트의 주장이 망상이었음을 드러낸 증거였다.

이민 문제를 중재하는 방법에는 두 가지가 더 있었다. 그 중 하나는 러시아 영토에 거주하는 유대인에 대한 차별을 중단하도록 러시아 정부를 직접 설득하는 일이었다. 많은 수의 러시아 유대인들은 로스차일드가의 경제력이 차르 정권의 정책 방향을 바꿀 수 있으리라고 믿었기 때문에 이 방법에 희망을 걸고 있었다. 과연 유대인 주거 지역에서 회자된 "로스차일드 성의 차르" 같은 이야기들은 '로스차일드'라는 이름에 초자연적인 힘을 부여하는 한편, 로스차일드가 차르에게 말 그대로 한 수 가르치리라는 소망을 담고 있었다. "솔로몬 왕의 인장 반지"를 갖고 있는 로스차일드는 그 덕분에 "어마어마한 황금 더미가 보관된, 거구의 전사들이 호위하는" 장대한 성에 살며 "나라들의 운명을 좌우하는 자"가 되었다. 차르가 성에서 하룻밤 머물다 가라는 로스차일드의 초청을 받아들인다면, 그가 들려주는 유대인 역사의 눈부신 비전에 차르도 결국 감화될 것이라는 이야기였다. 그런 이야기 속에는 히브리의 부적에 대한 신화가 생생히 살아 있었다. 그러나 뒤에서 보게 되겠지만, 이 문제를 두고 상트페테르부르크에 영향력을 발휘하는 일에는 마법이 아닌 돈이 개입하게 된다. 게다가 외교적인 요인들 때문에 로스차일드가는 유대인 차별 정책에 항의하는 것 이상으로 실력을 발휘하기가 어려웠다.

또 다른 전략은 신착자 중 가능한 한 많은 수를 다시 이주시키는 것이었다. 이는 사실 유대인 사회에서 수년 전부터 해 온 일이었다. 1867년에 구빈위원회에서는 8000파운드를 잃고 이제는 고향으로 돌아가길 원한다는 "매우 자격 있는" 그리스 상인인 "하임 코헨 하하마케(Haim Kohen Hahamake)"라는 인물을 대신해 뉴코트에 편지를 보냈고, 로스차일드가에서는 이에 100파운드를 보내 주었다. 이 무렵, 알프레드도 이스트엔드 이민 및 구호 기금의 위원회 회원으로 일하고 있었다. 그런 식의 사업을 통해 1881~1885년 사이에만 약 2310세대의 가족들이 동유럽으로 돌려보내졌다. 내티는 당시 영국을 떠나 캐나다로 이주하고 싶어 하는 200세대의 가족을 위해 이주 비용을 충당해 주기도 했다. 1891년 러시아 유대인을 아르헨티나로의 이주시킨다는 목적하에 모리스 드 히르쉬가 프랑스에 기반을 둔 유대인식민지건설회사(Jewish Colonisation Association, JCA)를 창립했을 때 내티도 여덟 명의 창립 주주 중 한 사람으로 참여했다. 뿐만 아니라 "능력 있고 끈기 있는 농업전문가라는 것이 입증된 사람들에 한해……신중히 가려 뽑은 인원[400~500세대의 가족]의 러시아 유대인들을 남아프리카로 이주시키고 해안에서 멀지 않은 훌륭한 농업용지를 만드는 데 4만 파운드를 투자"하자고 개인적으로 제안을 내놓기도 했다. 1905년, 러시아 이민이 대폭 늘어나자 이민자들을 이처럼 '재수출'하는 문제가 재차 관심선상에 떠올랐다. 그보다 한 해 앞서 내티가 왕립위원회에서 한 이야기를 두고 보면 그가 당시에도 여전히 특정한 조건하에서 이민자를 '재수출'하는 방안을 긍정적으로 생각하고 있었음을 알 수 있다.

그러나 유대인들이 그들의 성경에 기록된 고향으로 돌아갈 수는 없었을까? 로스차일드가가 그들의 부를 이용해 성지에 유대 왕국 예루살렘을 재건할 것이라는 이야기는 1830년대부터 등장했던 이야기였고, 러시아의 페일에서도 이 믿음은 시든 적이 없었다. "로스차일드야말로……흩어진 이스라엘을 약속의 땅으로 불러 모으고 다윗의 왕좌에 오를 만한……왕이 아닌가?" 로스차일드가 사람들이 다마스쿠스 사태 이래로 중동의 유대인들에게 관심을 가져 왔고 예루살렘의 유대인들을 위한 교육 및 기타 시설에 꾸준히 돈을 기부하기는 했지만, 팔레스타인에 유대인 식민지를 건설하는 일에 처음으로 진지한 관심을 보인 것은 훨씬 나중의 일이었다. 제임스의 막내아들 에드몽은 전(全)이스라엘연합 중앙위원회의 자독 칸(Zadok Kahn)과 미셸 에를랑거의 영향을 받아 1882년에 이 식민지 계획에 관심을 갖게 되었다. 벨로루시의 유대인 농부들을 팔레스타인에 재정착시키고 싶어 했던 라돔(현재는 폴란드에 속하지만 당시에는 러시아였다)의 랍비 자무엘 모힐레버(Samuel Mohilever)를 그에게 소개해 준 것도 그 두 사람이었다. 그리고 그들이 소개한 또 한 사람인 요제프 파인베르크는 자파(현재의 텔아비브) 남쪽의 리숀 레지온(Rishon LeZion, "시온의 일착자[一着子]")에 이미 건설된 식민지에 자금을 지원해 주길 원했다. 에드몽이 리숀 레지온에 지하수를 뚫을 수 있도록 파인베르크에게 2만 5000프랑을 전달하자 그 지역의 다른 정주자들도 그를 돕겠다고 나섰는데, 그 중 카르멜 산(현재의 지크론 야코브) 근처 사마린에 정착해 있던 일단의 루마니아 유대인들은 경제적 도움도 필요하지만 명망 높은 로스차일드가 지도자가 되어 주었으면 한다는 바람을 내비치기도 했다.

에드몽은 열의를 다해 그에 답했다. 그가 '미크베 이스라엘(Mikveh Israel)'[19] 농업학교의 학장이었던 새뮤얼 히르쉬에게 말한 바에 따르면, 그의 목표는 "일종의 거점 촌락들을 장래에 형성될 이주지의 모범으로 삼고, 그곳들을 중심으로 차후의 이주자 집단들이 정착할 수 있게 하는 것"이었다. 리숀 레지온에 새로 정착하는 사람은 누구나 "나는 행정 당국이 남작의 권위로써 토지 경작 및 그에 따른 노무에 관해 적실하다고 판단한 지시에 전적으로 따를 것이며, 설령 내게 불리한 조치가 이루어질 경우에도 나는 그에 반대할 권리가 없습니다"라는 내용의 합의문에 서명해야 했다. 이처럼 명백히 권위주의적인 기반에서, 에드몽은 모힐레버가 이끈 이주자들이 에크론(이후 에드몽의 모친 베티의 이름을 따서 마즈케레트 바티야[Mazkeret Batya]로 개명되는 곳)에서 포도 재배를 시도하도록 지시했나. 보쉬 피나에서는 향수와 유리 생산뿐만 아니라 명주 제조를 실험해 보기도 했고, 정착지에 시너고그와 학교, 병원이 들어선 것은 두말할 것도 없었다. 그리고 그에 관한 모든 세부 사항은 남작의 '관리들'의 감독하에 이루어졌다. 에드몽은 그가 진행한 일은 자선 사업이 아니라 경제적으로 자족적인 정착촌을 세우는 일이었다고 단언했지만, 그가 취한 고도로 온정주의적인 접근법은 어쩔 수 없이 '의존 문화'라 할 만한 것을 조장할 수밖에 없었다. 1889년까지 총 160만 파운드에 달하는 투자가 이루어졌는데도 경제적 실패를 드러내는 징후는 한둘이 아니었다. 그가 지역 자치권을 훨씬 큰 폭으로 허용해야 한다는 필요성을 무언중에 받아들여서 1900년에 정착촌의 행정을 유대인 식민지건설회사에 양도하기는 했지만, JCA 팔레스타인위원회의 의장이라는 권한으로 회사의 은행가 역할만큼은 계속해 나갔다. 1903년까지 팔레스타인의 28개 유대인 정착촌 중 19곳이 그에게서 부분 보조금을 받아 운영되거나 혹은 전액 보조금만으로 운영되었다. 그가 정착촌에 지출한 금액은 통틀어 약 560만 파운드에 달했다.

에드몽의 식민지 건설 사업을 유대인 국가 창건을 목표로 하는 유대인 민족주의라는 의미에서의 시오니즘과 동격으로 생각해서는 안 되며, 유대인 식민지 사업에 영국 로스차일드가에서 보인 관심 역시 마찬가지다. 1890년, 내티는 (새뮤얼과 코헨 같은 런던 유대인 사회 인사들과 함께) 영국 호베베이 지온(Hovevei Zion, '시온을 사랑하는 사람들') 연합 창립 회의에 참석했는데, 호베베이 지온 연합은 러시아의 집단 학살에 대한 반발로 1883년 이후에 조직된 다양한 호베베이 지온 지부들을 통합한 단체였다. 레오 역시 메소포타미아(이라크와 쿠르디스탄 지역)에 유대인 식민지를 건설하고자 했던 이스라엘 장윌(Israel Zangwill)의 유대인자치구역획득기구에 지원을 제공했다. 그러나 이 세대의 로스차일드 중에 중동에 유대인 국가를 건설한다는 계획을 좋아한 사람은 아무도 없었다. 실제로 에드몽은 이주자들에게 오스만제국의 시민권을 얻도록 조언하기도 했다. 알베르트는 식민지 사업에 대한 관심이 그보다도 적었는데, 1895년에 둘도 없이 장황한 구걸꾼으로부터 또 돈을(더도 덜도 말고 10만 프랑을) 달라는, 반쯤은 광적인 요구를 받게 된다.

1895년, 빈의 극작가 겸 저널리스트 테오도어 헤르츨은 "유대인 문제의 유일한 해결책"은 유대인들이 유럽을 떠나 그리스인, 이탈리아인, 독일인, 그 외 다른 민족들이 19세기에 걸쳐 이룩한 독립 국가를 모델로 그들만의 유대인 국가를 세우는 것이라고 확신하게 되었다. 히르쉬가 자신의 말에 공감하는 데 자신감을 얻은 그는 로스차일드가가 반유대주의의 공격에 맞서서 그들의 불가지하도록 방대한 자본을 곧 "정리할" 것이며, 자신이 그들에게 그 자본을 투자할 "역사적 사명"을 제시할 수 있으리라 굳게 믿고는, 로스차일드의 지원을 얻어내기 위해 시도했다. 그러나 빈의 최고 랍비 모리츠 귄더만이 중개를 섰는데도 "로스차일드 가문 회의에 보내는" 헤르츨의 장장 여섯 페이지에 달하는 담화문은 전달되지 못했다.[20] 심지어 첫 시도에서 알베르트로부터 답변조차 들을 수 없었던 그는 결국 자신이 절절히 써 내려간 담화문을 "저속하고 오만하며 이기적인 인간들인 로스차일드가 앞에 내놓아서는 안 된다"는 통렬한 결론을 내렸다. 그 대신 유대인 군중을 동원해 "권세 있는 유대인들에 대항한 전투"를 벌여야 한다는 것이었다.

이렇게 환심을 사려다가 결국 적대적으로 돌변하는 것은 로스차일드가에 편지를 보내는 특정 유형의 사람들이 보였던 특성이었다. 바이에른의 왕 루트비히 2세도 동화 속 궁전에 대한 그의 광증에 자금을 대기 위해 로스차일드가에 대부를 요청했다가 거절당하자 비슷한 반응을 보였다. 즉, 그는 하인들에게 프랑크푸르트에 있는 로스차일드 은행에서 강도질을 하라고 시켰다. 그러나 헤르츨은 로스차일드의 지원에 대한 희망을 결코 버리지 않았다. 이듬해 5월, 그는 파리의 최고 랍비 자독 칸을 통해 에드몽에게 자신의 계획을 설명할 기회를 얻으려고 노력했는데, 심지어는 자신이 시작한, 이제 갓 태동한 운동에서 에드몽이 지도자 역할을 맡을 의향이 있다면 자신은 뒤로 물러나겠다고 제안하기도 했다. 그런데 에드몽이 오스만제국의 영토에 나라를 세운다는 헤르츨의 이야기를 자신이 진행하는 식민지 건설 사업에 위협이 된다고 생각하자, 헤르츨은 다시 호전적으로 돌변해서 1년 뒤에는 로스차일드가를 "유대인의 민족적 불행"이라고 폄하했다. 1896년 8월, 결국 에드몽과 대면하기는 했지만 그 만남 역시 환멸만 더했을 뿐이다. 1898년에 이르면 그는 에드몽이 머리가 둔하니 경제적으로 훨씬 영향력 있는 알퐁스를 설득해야겠다고 결론을 내린다. 그해 10월에 알퐁스가 리숑 레지온을 방문하자, 그의 확신은 더욱 굳어졌다.

런던에서는 애초부터 아무런 진전이 없었다. 1901년에 내티는 (사촌인 배터시 부인의 알선에도) 그를 만나는 일 자체를 거절했고, 이듬해 헤르츨이 외국인 이민에 대한 왕립위원회에서 증언했을 때는 그와 충돌을 빚기도 했다. 이 첫 만남 직후 내티는 자신이 "유대인 식민지 건설을 그야말로 혐오스럽게 생각할 뿐"이라는 점을 분명히 했다. 그는 단호히 말했다. "제가 확신하는 한 가지는 팔레스타인의 꿈은 신화이며 환상이라는 겁니다." 레오 역시 헤르츨이 주창하는 시오니즘에는 반대했다. 결국 헤르츨이 전략을 바꿔서 시나이반도에 세운 유대인 식민지도 대영제국의 일부가 될 수 있다고 주장했을 때에야, 내티는 그 이야기에 관심을 보이며 그를 조지프 체임벌린(Joseph Chamberlain)에게 소개했다. 시나이 반도에 영국-유대인 식민지를 세운다는 계획은 외교적 난점 때문에 결국 무산되었지만, 내티의 지원은 헤르츨의 생애 후반 동안 눈에 띌 만큼 늘어났다.

어째서 로스차일드가는 헤르츨이 처음 주창한 "유대인 국가"라는 발상을 그토록 가차없이 무시했을까? 부분적으로는, 로스차일드가에서 자신을 도와준다면 경제적 혜택이나 그 밖의 다른 것으로 보답하겠다는 헤르츨의 확약에도(그는 심지어 신생 국가 최초의 선출 '군주'를 로스차일드가 사람 중에서 뽑겠다는 이야기까지 했다), 그가 제시한 유토피아가 과연 로스차일드가를 꾀려고 만든 것인지 의심스러울 정도로 확연히 사회주의적인 경향(특히, 국영화된 은행 시스템)을 띠고 있었기 때문이었다. 실로 헤르츨은 이타심을 발휘해 줄 것을 호소하다가 돌연 "로스차일드가를 파산시키겠다"고 위협하고, 만약 자신의 계획에 이의를 제기한다면 일가에 대항해서 "잔인한 선동을 일으킬 것"이라고 위협하는 불쾌한 인물이었다.

그러나 로스차일드가가 반대한 데에는 그보다 더 중요한 이유가 있었고 헤르츨 자신도 그 점을 솔직하게 인정했으니, 문제는 유대인 국가가 건설될 경우 반유대주의자들이 들고일어나서 기존 사회에 융화되어 살아온 유대인들의 국민적 정체성에 의혹을 제기할 가능성이 크다는 사실이었다. 내티는 유대계 영국인이었고, 알퐁스는 유대계 프랑스인이었으며, 알베르트는 유대계 오스트리아인이었다. 헤르츨은 각국의 시민권 따위는 반유대주의 정부가 들어서는 즉시 철회되고 말 것이라는 비관적인, 그러나 선지자적인 주장(《신 자유신문(Neue Freie Presse)》에 드레퓌스 사건을 취재 보도하는 과정에서 확신하게 된)을 펼쳤지만, 그들은 이에 공감하지 않았다. 그들에게 시오니즘이란 '유대인 문제에 대한 해답'이기는커녕, 자신들의 입지 기반을 흔드는 위협이었다. 독일을 떠나는 인산인해의 유대인들 사이에 그들도 끼워 그린 만화(그런 만화가 처음 등장한 것은 아니었지만)는 그들이 개인 마차를 타고 부둣가에 도착한 모습으로 그려졌는데도([그림 12] · [그림 13]) 당사자들에게는 극심한 불안감을 일으키는 것들이었다. 유대인들의 집단 이민을 묘사한 그런 그림들은 이주자들이 향하는 곳이 팔레스타인 성지이든, 혹은 (반유대주의적 만화에 반영된 소망처럼) 바닷속이든, 한 세기 전 나탄이 외국 이민자 신분으로 영국에 도착한 이래 그들 가문이 쌓아 올린 사회적 지위를 일순에 무효화시켜버리는 표상이었다.

[그림 12] 〈공화국을 건설하기 위해 약속의 땅으로 향하는 이스라엘의 자손들〉, 크리스티안 숄러, 1848년

[그림 13] 〈유대인들의 독일 대탈출!〉, 작자 미상, 《접지식(摺紙式) 정치화보(Politischer Bilderbogen)》 17호, 1895년

유대인의 눈에는 왕족이요, 대다수 비유대인들에게는 귀족이었던 그들도 어쨌든 나고 자란 각 나라의 백성이요, 시민이었다.

돌이켜 보면 헤르츨은 예언자였다. 그가 죽고 반세기도 지나지 않아 독일과 오스트리아, 프랑스 로스차일드 일가 모두 그가 예언했던 반유대주의의 맹습 앞에 무력하게 무너져버렸다. 그러나 그의 선견지명이 당시에는 그저 환상처럼, 심지어는 위험한 생각으로까지 비춰졌던 것도 충분히 이해할 수 있는 일이었다.

9장
제국주의 편에서
(1874~1885)

투자자 고유의 이해관계가 공공의 이익과 충돌하고 골자 빠진 정책을 양산하기 쉽다면, 그보다 더 위험한 것은 금융가들의 특별한 이해관계다.……이 거대한 사업들(은행업, 중개업, 어음 할인, 채권 발행, 발기 설립)은 국제적 자본주의의 중추를 이룬다. 가장 강력한 유대의 편제로 뭉쳐 언제나 가장 가까이에서 가장 신속히 교류하고, 전 국가의 기업 자본의 중심에 자리 잡고 있으며, 특히 유럽에 관한 한 수세기에 걸쳐 금융 경험을 쌓아 온 특정한 민족이 지배하는 이 사업들은 국가들의 정책을 조종하는 특별한 위치에 있다.……로스차일드가와 그의 일당들이 외면한다면 유럽의 그 어떤 국가가 대전(大戰)을 치르고 대규모 국채를 발행할 수 있겠는가?

새로운 자본 흐름을 일으키거나 기존의 투자 가치에 큰 변동을 일으킬 수 있는 중요한 정치 행위는 무엇이든 이 작은 무리의 금융 왕들로부터 허락을 받거나 실질적 지원을 받아야 시행된다.……투기꾼 혹은 금융 도박꾼들인 그들은……제국주의 경제에서 가장 중요한 일개 요소를 이룬다.……그들이 꾸리는 수익성 높은 사업의 모든 조건이……그들을 제국주의 편에 서게 만든다.……전쟁, 혁명, 무정부주의자의 암살 기도, 그 어떤 충격적 사건이 대중을 놀라게 하든 그들에게 이득이 되지 않는 경우는 없다. 그들은 대중의 신용에 일어나는 갑작스러운 혼란에서 이득을 빨아먹는 괴물들이다.……그들 기업의 부, 사업의 규모, 범세계적인 조직은 그들을 경제 정책의 최고 결정권자로 만든다. 그들이야말로 제국주의 사업에서 최대한의 배당을 받는 이들, 자신들의 의지대로 각국의 정책을 움직일 만한 막대한 수단을 지닌 이들이다.……금융은……제국주의 엔진의 조속기(調速機)로, 에너지의 방향을 정하고 수행할 과업을 결정한다.

— J. A. 홉슨, 『제국주의론』, 1902년

쇠퇴란 상대적인 개념이다. 1880년 이전에 국제 자본 시장에서 차지했던 월등한 입지에 비하면, 그 이후 로스차일드가가 쇠락했다는 것은 여지없는 사실이다. 그들은 경쟁 은행들에 비해 수익률도 낮았고 성장 속도도 느렸다. 그러나 [표 15]에서 볼 수 있듯이 로스차일드가는 1차 세계대전 직전까지도 절대적인 의미에서 가공할 만한 금융 세력이었다. N. M. 로스차일드 앤드 선즈는 자본을 기준으로 했을 때 런던 시티의 개인 은행 중 단연 최대 규모였다. 런던 상사가 당시에도 그저 네 곳의 로스차일드 상사 중 한 곳에 불과했다는 사실을 생각하면 이 우위는 더욱 인상적이다. [표 15]는 일련의 파트너십 계약에 따른 로스차일드 상사들의 결합 자본 내역을 보여 준다. 1874년

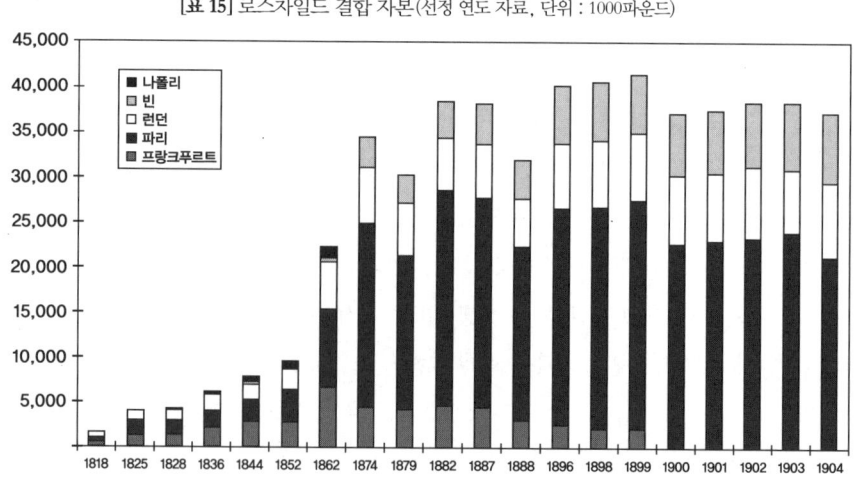

[표 15] 로스차일드 결합 자본(선정 연도 자료, 단위 : 1000파운드)

에서 1887년까지 그 규모는 3440만 파운드에서 3800만 파운드로 늘었고, 1898년에는 총액 4150만 파운드로 정점에 달했다. 결합 자본 내역이 작성된 마지막 해인 1904년에도 액수는 여전히 3710만 파운드 수준을 유지하고 있었다. 1898년 이후로 자본 인출이 없었다면 총 자본은 4500만 파운드가 넘었을 것이다. 이 규모 덕에 N. M. 로스차일드는 런던 최대의 개인 은행이 되었을 뿐 아니라 종류를 불문하고 전 세계 은행 가운데서도 최대에 속할 수 있었다. 1881년, 총 71개의 다양한 신용 기관들이 14억 9000만 프랑의 납입 자본으로 파리 증권거래소에 상장됐다. 그 중 10만 프랑에 가까운 자본을 보유한 곳은 통합 로스차일드 상사가 유일했고, 파리 상사는 (5억 9000만 프랑의 자본 규모로) 여전히 프랑스 최대 은행 중 한 곳이었다. 1913년에 독일의 다섯 개 대형 은행(다름슈타트은행, 디스콘토 게젤샤프트, 도이체방크, 드레스덴은행, 베를리너 한델스 게젤샤프트)의 총 주식 자본은 8억 7000만 마르크(4300만 파운드)였으니, 10년 전 로스차일드 상사의 결합 자본에 비해 절대적으로 큰 규모는 아니었다.

[표 16] N. M. 로스차일드 앤드 선즈 등 머천트뱅크들의 자본 및 인수 규모(1870~1914년, 단위: 100만 파운드)

	자본	자본	자본	인수	인수	인수
N. M. 로스차일드	5.90	7.07	6.37	0.91	3.44	1.31
베어링브라더스	1.63	1.02	1.02	6.70	3.89	3.72
브란트 앤드 선즈	0.18		1.00	0.10	0.70	0.72
브라운시플리	1.20		0.78		4.50	5.10
A. 깁스 앤드 선즈			1.22		0.88	1.17
C. J. 함브로	0.63	0.04	1.00	0.98	0.84	1.34
프레데릭 후스 앤드 컴퍼니	0.50	0.60	0.75			3.30
클라인워트 앤드 선즈	0.84	1.19	4.42	2.10	5.40	8.50
라자르 브라더스	0.60†	1.20	1.00			
J. H. 슈뢰더	1.69	1.24	3.54	3.22	4.00	5.82
J. S. 모건*	1.80†		1.00		4.20	
셀리그먼브라더스	1.35		3.00			

* 1910년부터는 모건그렌펠(Morgan, Grenfell & Co.).
† 추정치.

물론 로스차일드가의 대치대조표 수치는 대형 합자 예금은행에 비해 상당히 적었다. 영국 최대의 '청산' 은행(어음교환조합은행)이었던 미들랜드은행(Midland Bank)은 1차 세계대전 발발 직전 1억 2500만 파운드에 달하는 예금을 비축하고 있었지만, 런던 상사의 같은 내역 수치(자산-자본)는 1400만 파운드를 넘어서는 데 그쳤다. 도이체방크(1914년 당시 독일 최대 은행)의 해당 내역 규모는 7400만 파운드였다. 그러나 이는 정당한 비교가 못 된다. 로스차일드가는 예금 수취에 관심을 가진 적이 없었다. 그들의 주된 관심은 그들의 자본을 기초로 대규모 채권 시장에서 인수를 맡고 외부 자금을 신규 증권으로 끌어들이는 데 있었지, 예금을 유인하는 데 있지 않았다.

로스차일드가와 경쟁자들이 보인 앞서보다는 덜 인상적인 차이는 전자의 수익성이 상대적인 의미에서 후자들보다 더 낮았다는 것이다. [표 17]을 참조하면 시티의 다섯 개 주요 은행들과 로스차일드가를 더 체계적으로 비교해 볼 수 있다. 런던 상사의 평균 소득을 자본 대비 퍼센티지로 계산한 수치는 1870년대에 9.8%로 최고점을 기록한 뒤 감소하는 경향을 보이며 1900~1909년 사이에는 3.9%까지 추락한다. 로스차일드 상사는 무난한 경영 방식을 취했던 것으로 보인다. 선대로부터 물려받은 자본이 막대한 규모로 축적되어 있었기 때문에 내티와 형제들은 베어링은행이나 슈뢰더은행이 달성한 것 같은 고수익에 대한 압박감을 느끼지 않았고, 미들랜드은행 같은

[표 17] 런던의 주요 은행 여섯 곳의 자본 대 수익 비율(1830~1909년, 10년 단위 평균치)

	N. M. 로스차일드	베어링 브라더스	슈뢰더	클라인워트	J. S. 모건/ 모건 그렌펠	미들랜드
1830~1839	5.9	15.5				
1840~1849	1.8	13.3				16.3
1850~1859	4.9	21.3				17.9
1860~1869	7.0	27.6	10.6			22.2
1870~1879	9.8	11.9	11.6		15.1	21.9
1880~1889	7.5	13.6	6.3	4.0	5.2	19.8
1890~1899	4.6	13.6	7.5	4.1	7.8	24.3
1900~1909	3.9	27.1	10.5	3.6	4.7	22.8

합자은행에 비하면 부담은 훨씬 덜할 수밖에 없었다. 1890년에서 1914년까지 어음 인수 내역만 보더라도 런던 상사는 클라인워트, 슈뢰더, 모건그렌펠(Morgan, Grenfell & Co.)에 뒤쳐졌고, 1910년 이후에는 브랜트은행(William Brandt's Sons & Co.)이나 함브로은행에 추월당하기도 했다.

1890~1914년까지 N. M. 로스차일드의 연간 인수 규모는 평균 270만 파운드로 베어링의 570만 파운드, 슈뢰더의 720만 파운드, 그리고 시장을 주도했던 클라인워트의 900만 파운드와 비교된다. 자산 내역을 보아도, 남아 있는 대차대조표들은 베어링과 슈뢰더가 1914년 이전의 10년 동안 로스차일드를 급격히 추격했다는 것을 보여 준다. 1903년에 뉴코트의 자산은 총 2500만 파운드였는데, 슈뢰더의 자산은 1030만 파운드, 베어링은 990만 파운드였다. 10년 뒤 로스차일드의 자산 총액에는 거의 변동이 없었던 반면, 슈뢰더의 대차대조표 수치는 1910만 파운드로 급등했고 베어링의 수치 역시 1580만 파운드로 뛰었다.

상대적인 쇠퇴를 드러낸 또 다른 징후는 개인 재산에 관한 한 로스차일드가 사람들이 더 이상 이례적인 부호가 아니었다는 사실이었다. 내티는 영국 일가의 같은 세대 중 가장 부자였다(1915년에 세상을 떠나며 2500만 파운드를 남겼다). 그러나 1890~1915년 사이 최소한 열세 명의 영국 백만장자들이 그만큼 혹은 그보다 더 많은 유산을 남겼다. 대서양 너머에서는 주니어스 모건이 1890년에 사망하면서 이미 그만한 유산을 남겼다. 1913년, 그의 아들 피어폰트가 세상을 떠나면서 남긴 유산 중 미술품 컬렉션을 제외하고 어림잡은 순자산 가치는 6830만 달러(1400만 파운드)였다. 미술작품까지 포함하면 전 재산은 2400만 파운드에 가까웠다. 1901년, 모건가의 동업자 클린턴 도킨스(Clinton Dawkins)가 이렇게 떠벌렸던 것도 놀라운 일이 아니다. "노(老) 피어폰트 모건과 그의 회사는 로스차일드가가 유럽에서 점한 위치보다 훨씬 우세한 위치를 미국에서 차지하고 있다.……자본상으로도 미국과 런던의 모건은행을 합치면 로스차일드가에 크게 못 미치지는 않을 것이다.……그러므로 우리가 계속 성장해서 추후 20년 동안 회사를 지탱해 나갈 한두 명의 인재를 더 들인다면, 로스차일드가를 후방으로 던져버리고 모건이 최고의 자리를 꿰찰 수 있을 것이다."[1]

그러나 결론을 내리기에 앞서 몇 가지 조건을 달아야 한다. 첫째, 1830~1869년의 실적을 참작해 보면 1879년 이후로 N. M. 로스차일드 앤드 선즈의 실적은 그 이전에 비해 현저히 저조했다고 할 수 없었다. 1870년대는 이례적인 10년이었다. 1870년대 이전과 이후는 크게 다르지 않았다. 그러므로 과거에 비해 쇠락했다는 표현은 정확한 기술이 아니다. 둘째, 안전한 경영을 지속함으로써 로스차일드가는 실로 안전할 수 있었다. 같은 시기에 베어링은행이 경험한 것과는 지극히 대조적이었다. [표 17]은 1890년에 발생한 위기로 경쟁 은행들이 겪었던 불황의 수준을 보여 준다. 베어링은행이 그토록 높은 수익률을 낼 수 있었던 것은 부분적으로 은행의 자본 기반이 위험할 정도로 협소했던 덕분이었다. 수익성은 상대적으로 낮은 편이었지만 장수할 수 있었던 로스차일드는 일찍이 1827년에 프리드리히 겐츠(Friedrich Gentz)가 탁월하게 지적한 요점을 상기시킨다. 즉, 로스차일드의 두 가지 기본 원칙 중 하나는 "맡은 사업에서 과도한 이익을 추구하지 않는 것, 각 사업의 운용에 명확한 한계를 긋는 것, 그것이 얼마만큼의 창의력과 주의를 요하는 일이든 우연의 장난에 빠지지 않는 것이다. 이 금언 속에는 그들이 지닌 힘의 중요한 비밀 하나가 숨어 있다. 그들이 수중에 쥔 수단으로 이런저런 사업에서 훨씬 높은 수익을 거둘 수 있었다는 것은 틀림없는 사실이다. 그러나 어떤 경우든 그들은 자신들이 지닌 자원을 수많은 거래에 배분하는 대신 그보다 적은 수에 배분하는 원칙을 지킨다. 결국 거래 기회란 경제 사정이 어떻든 앞으로도 꾸준히 등장할 것이기 때문이다".

N. M. 로스차일드가 인수 시장에서 슈뢰더와 클라인워트에 뒤처졌다는 사실도 꼭 쇠락의 징후로 해석해야 하는 것은 아니다.[2] 제시된 자료가 정확하다고 해도, 로스차일드가는 런던의 다른 머천트뱅크처럼 인수 사업 위주로 수익을 내려고 한 적이 없었다. 그들은 예전처럼 자원을 채권 시장에 집중시켰고 그 시장에서만큼은 독보적인 입지를 지키고 있었다. 마지막으로, 런던 상사의 수익을 다른 일가와 별개로 놓고 보는 것 역시 오해의 소지가 있는 일로, 여러 파트너들이 수익의 상당 부분을 계속 나누고 있었기 때문이다. 파트너들이 세상을 떠나면서 많은 금액이 인출된 까닭에 로스차일드 전체 상사가 거둔 수익을 계산해내기는 어렵지만 [표 18]에서 적당히 조정해서

산출된 수치를 볼 수 있다. 이번에도 드러나는 결과는 하락세가 아니다. 평균 연수익은 (1852년에서 1874년 사이에 100만 파운드를 넘어선 이후) 1874~1878년 사이의 침체기 동안 하락세(거의 절반 수준으로 떨어졌다)를 보였다. 그러나 1879~1882년은 로스차일드 역사상 수익이 가장 높았던 시기로 보이며(평균 연수익이 400만 파운드를 초과했다), 비록 이 수준이 유지되지는 못했지만 1888년에서 1904년 사이에도 역시 상승세를 이루고 있다(1880년대 중반에 78만 5000파운드를 기록했다가 1898년에서 1904년 사이에 160만 파운드까지 상승했다).

런던 로스차일드 상사와 영국 경제 전반의 실적을 서로 비교해 보는 것도 유익한 일이다. 오래전부터 경제사학자들은 약 1870년 이후의 영국 경제가 상대적인 쇠퇴를 겪었고, 같은 시기 미국이나 독일 경제는 훨씬 급성장했으며, 제조품 수출에서 지배적인 위치를 차지했던 영국의 위상이 퇴보하는 경향을 보였다고 주장해 왔다. 일부는 이러한 상대적인 쇠퇴의 원인을 "기업가 정신의 결핍", 심지어는 문화적으로 그렇게 될 수밖에 없었다는 "산업 사기(士氣)의 부재"에서 찾은 한편, 다른 이들은 다름 아닌 런던 시티가 19세기 후반에 과도한 자본 수출을 부추김으로써 영국 산업의 근대화를 지연시킨 제도상의 주범이었다고 지목해 왔다. 로스차일드가는 19세기에 걸쳐 이 자본 수출을 독려하는 데 주요한 역할을 해 왔고, 1914년에 이르기까지 그 역할을

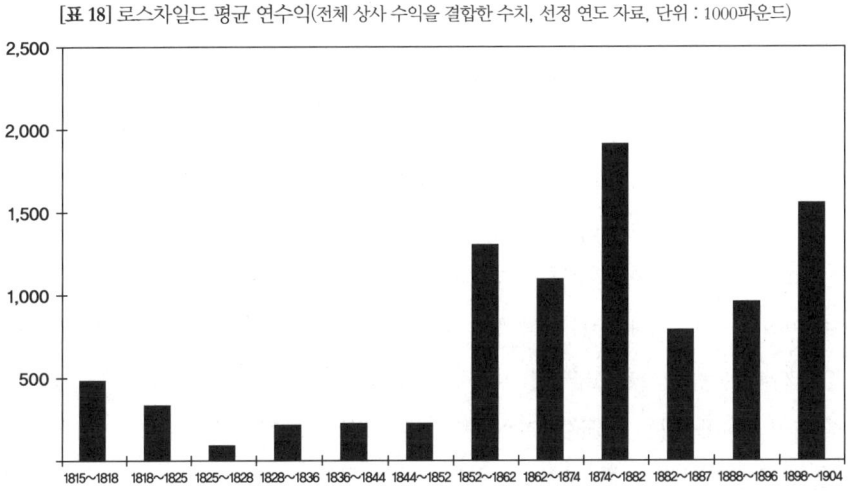

[표 18] 로스차일드 평균 연수익(전체 상사 수익을 결합한 수치, 선정 연도 자료, 단위 : 1000파운드)

계속했다. 그러므로 로스차일드 상사뿐만 아니라 영국 경세 전반을 퇴보시킨 장본인으로 내티에게 비난의 화살을 돌릴 수 있을는지 모른다.

사실은 이렇다. 영국 경제의 쇠퇴는 1914년 이전에 로스차일드가가 쇠락했다는 주장과 마찬가지로 그 정도가 과장되었다. 영국 기업들이 자본이 부족해서 공장을 현대화할 수가 없었다는 것을 입증할 수 있다면 자본 수출이 영국 산업을 투자 기근 상태로 내몰았다는 주장이 가능할 것이다. 그러나 그 견해를 뒷받침해 줄 증거는 거의 전무하다. 사실 영국의 대규모 자본 수출은 영국 경제가 맡았던 전지구적 역할, 즉 제조품 수출국, 식량 및 기타 1차 상품의 수입국, 국제 통화 체제의 최종 대출자, 거의 모든 대양과 방대한 육지(1860년에는 950만 제곱마일, 1909년에는 1270만 제곱마일)에 숙련된 식민지 주민, 특히 제국의 치안 보증인을 수출했던 주요 수출국이라는 역할의 일부였다. 이 체제의 비용 대 편익을 지나치게 협소한 관점에서(영국제도에 거주했던 영국인들의 번영이라는 측면에서) 계산하는 것은 요점을 벗어나는 일이다. 1차 세계 대전 직전까지 약 4억 4400만의 사람들이 어떤 형태로든 영국의 지배를 받으며 살고 있었다. 탈식민지 시대의 민족주의적 프로파간다와는 달리, 당시 영국 정치가들은 영국(United Kingdom) 안에 살고 있는 10% 인구의 이익만을 위해 경제 정책을 만들 수도 없었고, 만들지도 않았다. 해외 팽창의 이익은 분명 소수의 엘리트 투자자들에게 흘러 들어갔지만, 영국이 자금을 댄 투자와 무역의 광범한 '승수(乘數)' 효과는 제도(諸島) 밖으로 훨씬 멀리까지 파급됐다. 제국을 통치하고 방어하는 데 들어간 비용 역시 과장해서는 안 된다. 영국이 초래한 세금과 부채 부담은 막강한 영국의 군사력과 자유무역, 자유로운 자본 이동, 자유 이민이 보장되는 안전한 제국에서 산출된 막대했던 경제적 혜택에 비하면 사실상 적은 수준이었다.

1850년대에 이미 영국의 대외 투자는 그 규모가 약 2억 파운드에 달했다. 그러나 자본 수출의 거대한 흐름이 세 차례에 걸쳐 발생한 것은 세기 후반의 일이다. 1861년에서 1872년까지 순 대외 투자는 GNP의 단 1.4% 수준에서 7.7%까지 상승했다가 1877년 0.8%로 추락했다. 이는 다시 얼마간 꾸준히 상승해서 1890년에는 7.3%에 이르렀다가 1901년에 또다시 1% 미만으로 떨어진다. 세 번째 상승기에는 1913년에 9.1%라는 공전의 최고치를 기록했는데, 이는 1990년대에 들어서야 초과된 수치였다.³ 이 같은 대외 투자는 절대치로 볼 때 해외 자산을 막대한 규모로 축적시켜서, 1860년에 3억 7000만 파운드였던 해외 자산이 1913년에는 열 배가 넘는 39억 파운드, 즉 영국 부의 총량 중 약 3분의 1에 이르는 수준에까지 증대되었다. 영국에 버금갔던 프랑스의 해외 자산은 영국 총액의 절반에도 못 미쳤고, 독일은 그저 4분의 1을 넘어선 수준이었다.

1차 세계대전 직전, 영국은 세계 총 해외 투자의 약 44%를 차지하고 있었다. 해외 투자 주기와 국내 고정 투자 주기가 서로 역관계를 보이기는 했지만, 이처럼 고도로 이루어진 자본 수출을 영국 경제에서 자본이 '말라버렸다'는 조야한 표현으로 이해해서는 안 된다. 자본 수출이 어떤 식으로든 영국의 무역 적자 증대를 '야기했다'고 보는 것도 잘못이다. 실상 이런 투자에서 벌어들이는 수입은 신규 자본 수출량에 필적하는 이상이었고, ('보이지 않는' 거래[즉, 무역 외 수지]에서 얻는 수익과 합치면) 어김없이 그 규모는 무역 적자 폭을 넘어섰다. 1890년대에 순 해외 투자는 GNP의 3.3% 규모였고, 해외에서 얻는 순 재산 소득은 GNP 대비 5.6%였다. 뒤이은 10년에 걸쳐 이 수치는 각각 5.1%와 5.9%로 바뀐다.

영국 경제는 어째서 이런 식으로 움직였을까? 해외 투자 중 많은 부분은 성격상 '직접' 투자였다기보다는 '포트폴리오' 형태로, 즉 외국 정부와 회사들을 대신해 발행한 채권과 주식 판매를 통한 증권거래 형식으로 이루어졌다. 경제사학자 마이클 에델스타인(Michael Edelstein)은 1870~1913년의 자료를 평균해 보면 외국 증권이 '유인'된 까닭을 외국 증권에 수반되는 고도의 위험 부담에도 그것에서 얻는 수익이 국내 증권에서 얻는 것보다 다소(약 1.5%pt 정도) 높았기 때문이었다고 설명한다. 그러나 이렇게 평균한 수치만으로는 적지 않은 변동 내역을 간과하고 넘어가게 된다. 랜스 E. 데이비스(Lance E. Davis)와 로버트 A. 허튼백(Robert A. Huttenback)은 482개 회사의 회계 내역을 분석해서 국내 투자 수익률이 때로는(예를 들어 1890년대에는) 해외 투자 수익률보다 높았다는 사실을 밝혀냈다. 그들의 연구는 또 제국주의 투자자들의 시각에서 중요한 사실을 정량화하고 있는데, 제국 안에서 투자해 거둔 수익률이 정치적으로 영국의 통치를 받지 않았던 외국 영토에 투자해 얻은 수익률과 현격한

[표 19] N. M. 로스차일드 앤드 선즈가 발행한 채권(1852~1914년)

	총액(파운드)	백분율	공공 부문 총액	총액 대비 백분율
영국	11,941,582	8.7	96,266,582	86.0
유럽	90,034,413	45.6	54,929,413	94.1
중동	78,677,640	6.1	78,677,640	100.0
남미	189,003,610	14.6	175,898,990	93.1
북미	291,700,448	22.5	284,900,448	97.7
오스트레일리아	5,000,000	0.4	5,000,000	100.0
아시아	20,200,000	1.6	11,500,000	56.9
아프리카	7,200,000	0.5	3,700,000	51.4
대영제국	77,547,580	6.0	65,347,580	84.3
총계	1,293,757,693	100.0	1,210,873,073	93.6

차이를 보였다는 것이다. 즉, 1884년 전에는 전자가 67%만큼 더 높았지만 그 이후에는 40% 더 낮아진다.

그렇다면 영국의 해외 투자 증가 수준은 경제적으로 부조리한 제국주의의 산물(최대 수익이 아닌 깃발을 따라 자본이 흘러간 상황)이었을까? 상당수의 현대 역사 문헌들은 대영제국의 급격한 팽창을 비경제적인 동기에 초점을 맞춰 설명하고 있다. 그러나 데이비스와 허튼백은 전체적으로 볼 때 영국 투자의 주요 행선지가 제국의 속령(屬領)이 아니었다는 사실을 보여 준다. 1865년에서 1914년까지 제국에 이루어진 투자는 전체 투자의 약 25%에 불과했고, 그 외의 30%는 영국 자체에, 45%는 외국에 대한 투자였다. 그들의 연구가 지적하는 것은, 대영제국에 물질적 이해관계를 갖고 있는 엘리트 투자자들이 국제 자본 시장 전반을 안정화시키기 위한 메커니즘으로 존재했다는 사실이다. 19세기 후반의 제국주의는 20세기 후반의 '세계화'와 흡사한 경제적 과정에 부속된 정치적 과정이었다.

제국주의 엘리트 투자자들 중에서도 주역이었던 로스차일드가가 영국 제국주의에서 맡은 역할은 상당했다. 1865년에서 1914년까지 런던에서 공모 발행된 외국 증권은 총 40억 8200만 파운드에 달했다. N. M. 로스차일드 앤드 선즈는 단독 혹은 공동으로 이 총액의 4분의 1 이상(1085파운드)을 맡았다.[4]

[표 20] 영국 전체 지불 청구 자본(called-up capital)의 지리적 분포(1865~1914년)

	단위: 1,000파운드	백분율
영국	1,487,519	31.8
유럽	349,974	7.5
북미	1,059,797	22.7
남미 및 카리브 해	631,235	13.5
아프리카	310,198	6.6
아시아	442,518	9.5
오스트레일리아 및 태평양	374,404	8.0
미상(未詳)	22,800	0.4
총계	4,678,445	100.0

베어링은행이 1860~1890년에 선전했고, 그 이후 피어몬트 모건이 바짝 따라 붙었으며, 셀리그먼 브라더스도 크게 뒤쳐지지 않았고, 어니스트 카셀은 세기가 바뀔 무렵이면 가공할 경쟁자가 되지만, 그 어떤 은행도 로스차일드의 실적에 필적하지는 못했다. [표 19]는 1852년 이후에 발행된 로스차일드 채권의 유형과 지리적 분포 내역을 보여 준다.

이 로스차일드 자료를 데이비스와 허튼백이 제시한 데이터[표 20]와 비교해 보면 N. M. 로스차일드가 계속해서 민간 부문의 발행보다는 정부 재정에 훨씬 더 큰 관심을 보였다는 것을 알게 된다. 1865년에서 1914년까지 전체 '지불 청구된(called-up)' 자본 중 약 36%만이 정부와 관련된 것이었다. 같은 시기에 런던 로스차일드가에서 발행한 채권 중 동일 내역의 수치는 90%가 넘는다(나머지 대부분은 외국 철도 회사에 관련된 내역이다). 국공채 발행 분야에서 로스차일드가가 보였던 우위는 놀랄 만하다. 런던 시장 전체를 놓고 볼 때 1865년에서 1914년 사이에 외국 공공 부문 발행분은 14억 8000만 파운드에 달했는데, 그 중 4분의 3에 달하는 액수를 로스차일드가에서 단독으로, 혹은 다른 은행과 연합해서 취급했다. 또, 뉴코트는 런던 시장 전반의 경향에 비해 유럽에 대한 관심이 훨씬 컸고, 영국에는 관심이 훨씬 적었으며, 아프리카와 아시아, 오스트레일리아 채권에는 관여 수준이 높지 않았다.

그 중에서도 가장 놀라운 사실은 로스차일드가가 제국에서 발행된 채권에는 상대적으로 덜 개입했다는 점일 것이다. 그들의 전체 사업에서 대영제국 채권 발행 규모는 단 6%에 지나지 않았는데, 영국 전체 자본 시장의 경우 제국 채권 발행 규모가 약 26%에 달했던 것과 대조적이다. 내티와 알프레드가 제국주의 정치에서 세력가들로 활동했다는 점을 감안하면 이는 대단히 놀라운 사실로, 그들이 사적인 경제 활동의 장으로서는 제국에 비교적 큰 가치를 부여하지 않았다는 사실을 드러낸다. 더 정확히 말해, 그들은 정치적으로 독립적인 국가(가령, 브라질)의 채권과 영국의 금융 통제력이 보증하는 국가(가령, 이집트)의 채권 간에 차등을 두지 않았다. 그러므로 (어니스트 카셀이 알프레드를 지목해 말한 것처럼) 로스차일드가가 "영국 정부가 보증하지 않은 것은 어떤 것도 맡으려 하지 않았다"는 말은 사실이 아니었다.

런던 상사가 시티 전체를 '대표'한 것은 오직 두 가지 측면에서뿐이었다. 북미와 남미의 채권 발행분은 런던 상사의 사업에서 양쪽이 거의 동일한 비율을 차지했는데, 시장 전체를 두고 보아도 그 점은 역시 마찬가지였다. 국내 민간 부문 금융에 비교적 관심이 없었던 것 역시 로스차일드가나 시티 모두 공유한 성향이었고, 특히 로스차일드의 전체 발행분 중에서 이 부문이 차지하는 비중은 고작 1%를 넘겼을 뿐이다(로스차일드가가 국내 산업에 특히 무관심하다는 것은 그전부터 익히 알려진 사실이었지만). 에드워드 기네스 경이 1886년에 그가 경영하던 아일랜드 맥주양조회사를 주식 시장에 상장하려고 했을 때, 런던 상사가 고사한 600만 파운드 규모의 발행 사업은 베어링은행이 덥석 낚아채버렸다. 회사의 주식과 사채는 인기가 대단했고 (거의 20배나 초과 신청됐다) 베어링은 발행을 통해 약 50만 파운드의 이익을 챙겼다.

이 기회를 물리친 것을 후회하지 않느냐는 신문기자의 질문을 받았을 때, 내티는 이렇게 대답했다. "전 그런 식으로 생각하지 않습니다. 매일 아침 은행에 출근해서 제안이 들어오는 사업마다 전부 '노'라고 대꾸해버리면 아무 걱정 없이 홀가분한 마음으로 저녁에 퇴근할 수 있습니다. 하지만 어떤 제안이든 동의하고 나면 곧장 불안이 밀려들지요. '예스'라고 말하는 것은 손가락 하나가 기계에 끼이는 것과 같아요. 횡횡 도는 바퀴가 손가락을 물고 곧 몸뚱이까지 통째로 삼켜버리는 겁니다." 4대 특유의 조심성을 전형적으로 드러내는 말로 자주 인용되는 이야기다. 그리하여 다른 이들이 런던 지하철 철도망 건설 사업에 융자하며 대단한 수입을 거둬들이는 와중에도 로스차일드가는 태연히 지켜보고만 있었다. 심지어 영불해협 터널을 건설한다는 계획(프랑스 로스차일드가로서는 북부 철도의 교통량을 늘릴 수 있는 기회로 귀가 쫑긋할 수밖에 없었던)에도 내티는 관심이 없었다. 그는 1906년 사촌들에게 이렇게 전했다. "제가 드리는 말씀을 명심하십시오. 이 조치[영불해협 터널 법안]는 상원에서 과반수의 반대로 기각될 겁니다. 시간과 돈을 낭비하기에는 일고의 가치도 없는 일입니다."

그런 기권의 원칙에도 일부 예외는 있었다. 베어링은행이 기네스에서 거둔 만큼 성공해 보이겠다는 심사였는지, 내티는 1886년에서 1891년까지 맨체스터 선박용 운하 회사의 주식 및 사채 발행을 연이어 맡았는데, 총 1300만 파운드에 달하는 규모였다. 에드워드 해밀턴도 기록했듯이, 첫 회 발행이 실패로 돌아가자 시티에는 "로스차일드의 물"이 "베어링의 맥주"에 비하면 맹맹하더라는 "시샘 섞인 비교"가 나돌았다. 심지어 2차 발행은 베어링과 합작해서 진행했는데도 성공시키지 못했다. 비슷한 사례로, 19세기 전반기에 빠른 통신의 선구자였던 로스차일드가는 전화 같은 기술 혁신의 가치를 간파했을 법했다. 실제로 가족들은 일찌감치 1891년부터 파리와 런던 사이의 통신 수단으로 전화를 실험해 보기도 했다. 그러나 이듬해 맡아서 발행한 뉴 텔레폰 컴퍼니의 주식은 48만 8000파운드밖에 지나지 않는 사소한 사업이었고, 런던과 파리의 파트너들은 그 이후로도 그들의 부친과 조부, 증조부들이 그랬던 것처럼 직접 쓴 편지로 연락을 계속 주고받았다.

이런 일들은 어째서 역사가들이 이 세대의 로스차일드가가 금융에 접근하는 방식이 "보수적"이었다고 여겼는지를 설명해 준다(분명 그와 정반대의 경향을 보였던 이들은 프랑스 일가로, 이들은 그때까지도 북부 철도를 비롯한 철도 회사의 대주주로 남아 있었다). 그러나 그런 평가는 로스차일드가의 경영 방식과 19세기 후반의 세계화 과정에서 그들이 맡았던 역할에 대한 오해에서 비롯된 이야기다. 일례로, 국내 산업 중에도 로스차일드가가 어느 정도 성공을 거둔 부문이 있었는데, 예상했겠지만 그것은 정부와 가장 밀접한 산업, 즉 방위 산업이었다. 또 그 어떤 국내 산업이나 수송업에 대한 투자도 무색하게 할 만큼 중요했던 것은 로스차일드가가 해외의 광산들과 전 세계 금속 및 귀금속 시장과 맺고 있던 이해관계였다(이 내용은 다음 장에서 논하게 된다).

그러므로 제국주의 경제와 정치에서 로스차일드가가 맡았던 역할을 '쇠퇴'라는 목적론에 의지해 단순하게 해석해서는 안 된다. 여러모로 보아 그전까지 승승장구하던 그들의 기세가 제국주의로 인해 꺾였다고 단정짓기는 힘들다. 해외 공공 부문에 대한 투자는 여전히 그들의 주력 사업이었고, 프랑스와 오스트리아-헝가리, 그보다는 덜했지만 영국이 모두 늘어나는 제국 방위 비용을 충당하기 위해 신규 채권을 계속 발행하는 한, '본국' 정부의 차입이 차상위로 중요한 분야였다. 이 국제 채권 시장에서는 로스차일드가와 진정한 동급이라 할 만한 세력이 거의 없었다. 로스차일드가가 해외 민간 부문 금융(특히, 철도)에서 해 보인 역할은 그보다는 대단하지 않았고, 인수 사업에서도 활약했다고 보기는 힘들다. 그러나 그들이 국제 채광 산업에 두고 있던 이해관계는 (뒤에서 보게 되겠지만) 방대하기 그지없었다.

과거에 그랬듯이, 로스차일드가는 자본, 재화, 인력이 가능한 한 자유롭고 안전하게 이동할 수 있는 국제 경제 체제를 지속시키고 팽창시키는 일에 관심이 있었다. 그러나 그런 과업을 정치적 개입 없이 달성할 수 있으면 그것에 만족했다. 로스차일드가가 장기간에 걸쳐 브라질에 투자해 온 내력은 그들이 공식적인 제국의 지배를 수익성 있는 자본 수출의 전제조건으로 여기지는 않았다는 사실을 드러낸다. 중요한 채권이 채무국의 정치 불안으로 위험에 처했다는 판단이 들 때에야 로스차일드가는 직접적인 정치 개입을 지지했다. 스페인과 멕시코에서의 채광 사업은 두 국가가 정치 불안을 반복적으로 겪었는데도 외국의 개입이 필요하지 않았다. 반면 버마의 루비 광산이나 뉴칼레도니아의 니켈 광산에 대한 투자가 유럽의 직접적인 통제가 없는 상황에서 가능했으리라고는 상상하기 힘들다. 남아프리카에서의 사례는 세실 로즈(Cecil Rhodes)로 현현된 제국주의에 로스차일드가가 표한 양가적인 태도를 잘 보여 준다. 금광과 다이아몬드 광산의 유혹은 대단했지만, 그들은 영국의 정치적 세력권을 케이프 식민지 북쪽으로까지 확대하려는 로즈의 야심찬 계획에는 회의적이었다. 제국령에 철도를 부설하는 사업에도 관심을 보였다는 증거가 전혀 없다.

대체로 로스차일드가는 다른 유럽 열강과의 갈등을 유발하지 않으리라는 확신이 들 때에만, 혹은 (그런 경우는 적었지만) 영국이 먼저 나서지 않을 경우 경쟁 열강이 경제적으로 훨씬 더 규제된 방식으로 식민지 통치를 강행하리라는 판단이 들 때에만 영국의 제국 건설을 지원했다(프랑스와 독일 정부가 영국보다 더 보호무역주의적이라는 통념이 있었는데, 사실 양국의 관세가 영국보다 엄청나게 더 높지는 않았다). 또 그들은 국제 분쟁을 피하고 싶어 했기 때문에 '다국적 제국주의'라고 부를 수 있는 조건, 즉 경제적 이해관계가 하나 이상의 유럽 열강에 의해 보장되는 것을 선호하기도 했다. 전형적인 예는 이집트에서의 사례로, 로스차일드가는 영국과 프랑스 국적의 채권 보유자가 공유한 이해관계 안에서 양국의 정치적 이해관계가 갈등을 빚는 것을 중재하려고 노력했다(그리스와 투르크에도 비슷한 다국적 금융 보증 방식이 적용됐지만, 이 두 국가에 대한 그들의 관심은 이집트보다는 덜했다). 중국에서도 그들이 선호한 것은 유럽 열강들의 협력이었다.

강조해야 할 것은 이 모든 일들이 어느 정도는 직관적으로 이루어졌다는 점이다. 홉슨 같은 비평가들은 제국주의 '이론'을 만들어냈지만, 제국주의 자체에는 이론이 없었다. 내티는 1906년 5월 파리에 그렇게 써 보냈다. "희한한 일입니다. 투자자들이나 자본가들이 자국의 증권을 어찌나 꺼리는지요. 특히 유럽에 사는 사람들이 그렇습니다." 그는 "이국적인" 주식이 수익률이 더 높기 때문에 투자자들을 끄는 것이며, 그것은 해외 투자의 위험 부담이 더 높기 때문이라고 막연하게나마 가정하고 있었다. 그러면서도 투자를 위해 어느 지역이나 어느 부문을 선택할 때는 많은 부분이 언외의 추측에 근거했던 것으로 보인다.

그러나 제국주의 정치에 대한 그의 가설이 언외의 추측에 그친 적은 절대 없었다. 내티는 로스차일드가를 통틀어 전무후무할 만큼 정치적인 인물이었다. 바로 여기에서 중요한 단절이 드러난다. 과거에 로스차일드가는 경제적 이해관계라는 프리즘을 통해 정치를 바라봤다. 제임스가 외교 영역에 관여할 때는 어김없이 사업상의 계산이 그 밑에 깔려 있었다. 그러나 4대의 행동 방침은 달랐다. 경제적인 이해타산은 여전히 중요했지만, 내티와 알프레드는 제국이 지배할 가능성이 전혀 없는 지역에 사적인 이해관계를 두는 등, 가끔은 N. M. 로스차일드 앤드 선즈의 포트폴리오와 관계없는, '순수하게' 이상적인, 혹은 정당 정치적인 근거에 입각한 입장을 취했다. 특히 내티는 자신을 "모자를 두 개 쓴 사람"이라고 생각했다. 즉, 뉴코드에서 쓰는 모자가 따로 있고, 웨스트민스터에서 쓰는 모자가 따로 있다는 것이다(혹은, 이스트엔드에서 쓰는 모자와 웨스트엔드에서 쓰는 모자라고 할 수도 있었을 것이다). 전업 정치가들도 같은 주장을 하고는 했지만, 전자든 후자든 사적인 이해관계와 공적인 이해관계가 완벽하게 구분된 적은 없었다.

사실 제국주의 정치가 경제적인 고려보다 우선시된 경우는 로스차일드가 사람들이 스스로 생각했던 것보다 훨씬 잦았다. 고도의 자본 수출에서 그들 역시 이득을 얻은 것은 사실이지만, 특히 4대들은 로스차일드가 전체의 경제적 이익보다 자국의 정치적 고려 사항을 우선시하는 경우가 종종 있었다. 영국 금융이 유럽 대륙 밖으로 눈을 돌린 것이 런던, 파리, 프랑크푸르트, 빈을 잇는 로스차일드가의 연결망을 다소 느슨하게 만든 것이 사실이다. 동시에, 프랑스와 영국이 식민지를 두고 빚은 마찰은 로스차일드가 사람들을 난감한 상황에 직면하게 했다. 각 상사들이 독자적으로 운영되기 시작한 것도 이때부터다. 영국과 프랑스의 불화 그리고 유럽 밖 세계에 대한 오스트리아의 무관심이 그 원인이었다.

제국의 금융 정치 : 이집트

로스차일드가에서 영국 제국주의에 관여한 실례 중 가장 잘 알려진 것은 이집트의 사례다. 1875년에 디즈레일리 정부에 400만 파운드를 대부하여 영국 정부가 수에즈운하회사 주식을 대량 취득할 수 있게 한 것이 바로 로스차일드 런던 상사였다는 것은 이미 유명한 사실이다. 사뭇 낭만적으로 들리는 일화이지만, 또 한편 이 거래는 1882년 이후로 영국이 이집트를 군사적으로 점령하고 경제적으로 통제하게 되는, 로스차일드 역시 간접적으로 힘을 보탠 과정의 첫걸음으로도 종종 해석된다. 그러나 수에즈운하회사 주식을 매입한 전후의 정황이 곧바른 외길을 따라 전개된 것은 아니었다. 로스차일드가가 이집트에서 맡았던 역할은 '제국주의'와 같은 역사적 개념 뒤에 존재하는 모호성과 우연성을 예증해 준다.

1875년에 숨 가쁘게 일어난 사건들의 의미를 이해하기 위해서는 당시 중동의 재정 상태에 대해 알 필요가 있다. 크림전쟁의 여파 속에서 콘스탄티노플의 술탄과 카이로에 주재하고 있던 그의 봉신(封臣)인 총독 혹은 '커디브' 모두 결국에 가서는 국내 및 해외 부채를 감당할 수 없을 만큼 어마어마한 규모로 쌓아 올리고 있었다.[5] 1855년에서 1875년 사이에 오스만제국의 빚은 약 900만 투르크 리라에서 약 2억 5100만 투르크 리라로 불어났다. 오스만 정부의 재정 재원으로는 도무지 갚을 수 없는 액수였다. 당시 세입에 대한 비율로 따지면 부채 부담은 130%에서 약 1500%로 늘어난 셈이었다. 정부 지출에 대한 비율로 계산하면 이자 지급 및 분할 상환금은 1860년의 15%에서 1875년의 50%로 최고치에 도달한다. 이집트의 사정도 다르지 않았다. 이집트가 처음 외채를 들여온 1862년부터 1876년까지 공공 부채 총액은 330만 이집트 파운드에서 7600만 파운드로 늘어나 총 세입의 열 배에 이르게 되었다. 게다가 이집트의 커디브 이스마일 파샤(Isma'il Pasha)는 개인 계좌에 약 1100만 파운드에 달하는 빚까지 있었다. 1876년의 예산 내역은 부채 비용이 총 지출의 절반을 넘었음(55.5%)을 보여 준다.

19세기 당시에 감당할 수 있는 차입이 어느 정도였는지 대략적인 개념을 세워 보기 위해서라도 이 같은 수치들을 일종의 상대적인 관점에서 놓고 볼 필요가 있다. 19세기 동안(1873년까지) 영국의 국가 부채는 전체 세입의 열 배가 넘었다. 1818년부터 1855년까지 총 지출의 약 50%를 차지한 것이 부채 비용이었다. 그러다가 1840년대부터 1914년에 이르기까지 영국의 부채 부담은

[표 21] 세입 대비 국가 부채 비율(선정 연도 및 국가 자료, 1869~1913년)

	영국	프랑스	투르크	이집트	스페인	브라질	러시아
1869	1,060.7	587.1	608.1		1,033.4	205.2	
1879	905.5		1,758.5	1,074.5	1,628.2	167.8	
1889	693.2		871.3	976.5	784.4	177.3	
1899	501.5		1,044.7	883.2		398.7	
1909	438.5		1,015.8	599.5		282.9	
1913	331.0	650.8		532.1			258.3

거의 중단 없는 하락 추세를 보였다. 즉, 1차 세계대전 직전에는 총 부채가 총 세입의 세 배를 넘는 수준에 그쳤고, 부채 비용은 총 지출의 10%에 불과했다. 게다가 영국 경제는 역사상 전례 없는 속도로 성장하고 있었다. 반대로 투르크와 이집트는 1875년까지의 20년에 걸쳐서 국가 예산 대비 부채 규모가 풍선처럼 부풀어 오른 반면 경제 활동은 둔화되어 있었다. 국제 시장의 다른 주요 채무국들(브라질이나 러시아)에 비해 투르크와 이집트는 통제 수준을 넘어서 있었다. 브라질과 러시아 부채는 전체 세수의 세 배를 초과한 적이 없었고, 채무 원리금 상환 비용도 대개 총 지출의 15% 미만이었다. 사실 중동과 상황이 가장 비슷했던 곳은 1870년대에 채무 불이행을 선언한 스페인이었다([표 21] 및 [표 22]). 1873년 이후로 전반적인 금융 위기가 전체 유럽 시장에 타격을 입힌 상황에서 중동의 채무 위기는 불가피한 일이었다.

전략적으로 내건 대가들이 채무를 불리는 데 한몫 했다. 크림전쟁 중에 오스만제국의 군사력을 뒷받침한 것은 각각 1854년, 1855년에 쉬블림 포르트[6]를 위해 영국이 처음 발행한 채권(1855년도 발행분은 런던 로스차일드가에서 맡았다)과 1856년에 설립된 오스만은행(이후 오스만제국은행으로 개칭)이었다. 두 건의 채권 발행 모두 오스만 정부가 이집트에서 걷는 세수 전체를 공식 담보로 잡고 이루어졌다. 그러나 1860년 이후에 유럽이 중동에 제공한 차관은 대부

[표 22] 지출 대비 채무 원리금 상환 비용 비율(선정 연도 및 국가 자료, 1860~1910년)

	영국	투르크	이집트	스페인	브라질	러시아
1860	41.2	15.2		60.1	9.3	
1865	39.3			48.4	6.7	
1870	40.4			29.0	8.0	
1875	37.1		55.5	31.3	9.9	
1880	34.5	28.8		50.7	10.2	
1885	32.8			72.4	10.7	
1890	27.0	11.9		77.6	6.2	
1895	23.1	19.7		37.5	12.2	
1900	16.1	19.3		38.9	15.8	14.2
1905	16.6			40.5	17.9	9.6
1910	13.3	33.4		56.2	21.8	15.7

분 그 기저에 경제적 계산이 깔려 있었다. 투르크의 경우, (히르쉬를 필두로 한) 유럽의 철도 사업가들은 오스트리아 철도망을 발칸 지방을 지나 보스포루스해협까지 확장시켜서 투르크 시장을 유럽 통상이라는 신시장에 개방시키려 구상하고 있었다. 한편 프랑스의 사업가이자 공상가 페르디낭 드 레셉스(Ferdinand de Lesseps)는 지중해와 홍해 사이에 운하를 만드는 오래된 꿈을 실현시키면 국제 무역의 핵심 동맥이 뚫려 런던에서 봄베이에 이르는 해로를 40% 이상 단축시킬 수 있다고 생각했다.

미국의 남북전쟁 덕분에 이집트산 목화 수출이 탄력을 받게 된 것 역시 구실이었다. 수에즈 운하가 영국과 인도의 교역에서 얼마나 중요한 역할을 할는지가 분명했고 영국 외교는 전통적으로 오스만제국에 힘을 실어 주자는 원칙을 고수하고 있었는데도, 투르크와 이집트의 재정 적자를 메워 준 것은 영국 투자자들이 아니었다. 투르크에서는 1875년 이전에 프랑스 은행들(특히 소시에테 제네랄)이 주도적으로 움직였고, 이집트에서 주도권을 쥔 이들은 프랑크푸르트 출신의 금융가 헤르만 오펜하임과 헨리 오펜하임(Henry Oppenheim), 프랑스의 형제 금융가 에두아르 데르비우(Edouard Dervieu)와 앙드레 데르비우(AndréDervieu)였다. 단기적으로 보아 이는 발행 회사들에 수익성 좋은 사업이었을 것이다.

1877년이 되면 투르크의 부채는 총 2억 5100만 리라에 달하게 되는데, 수수료와 할인액을 제하고 콘스탄티노플의 재무부가 받아 온 액수는 고작 1억 3500만 리라에 지나지 않았다. 그러나 기구한 채권 보유자들은 사실 중동의 경제 발전을 촉진하기는커녕 그저 만성적으로 헤픈 정부에 돈을 대 주고 있었던 것뿐이었다. 술탄 압둘아지즈(Abdul Aziz)는 1867년에 호사스러운 유럽 여행으로 수백만 리라를 낭비했다. 게다가 그의 전임자 압둘메지드(Abdulmecid)가 이미 세랄리오[7]와 빅토리아조 기차역을 이종 교배시킨 것 같은 돌마바흐체(Dolmabahce) 궁을 지으면서 한껏 부채를 쌓아 둔 참이었다. 히르쉬의 철도나 레셉스의 운하 같은 민간 사업도 기대만큼 수익이 나지 않았다. 사실인즉, 두 정부로서는 히르쉬와 레셉스에게 영업권을 양도해서 얻은 손실이 그들에게서 돌려받은 수익보다 훨씬 컸다.[8]

그러므로 로스차일드가가 1855년에서 1875년까지 중동에 개입하는 것을 자제한 것은 신중했던 처사로 보인다. 가령 레셉스는 일찍이 1854년 6월에(필요한 영업권을 커디브에게서 얻어내기 5개월 전에) 해협 프로젝트에 대한 지원을 구하기 위해 제임스에게 접근했다가 퇴짜를 맞았다. 로스차일드가의 토리노 주재 대리인 란다우에게는 알렉산드리아에서 오펜하임과 손잡고 일하는 형제가 하나 있었는데, 그 역시 1860년대 중반에 로스차일드가를 설득해 이집트 정부에 대부하게 하려 했으나 허사로 돌아갔다. 사실 노년의 제임스는 마음이 흔들렸지만, 이 일은 위험 부담을 감수하기를 싫어하는 그의 조카 냇이 삼촌을 (다행히도) 이긴 드문 사례 중 하나가 됐다. 1867년에는 이집트 국회의원 한 사람이 선물을 싸들고 라이오넬을 직접 찾아오기도 했지만, 라이오넬은 정중히 거절 의사를 전했다. 심지어 운하가 공식 개통된 1869년까지도 알퐁스는 수에즈운하회사가 도산할 것으로 내다봤으며, 런던에서는 이 회사가 무너지면 이집트 정부도 안전하지는 못하리라 예상하고 있었다.

런던과 파리 상사에서는 투르크의 재정 전망 역시 어둡게 내다봤다. 쥐트반을 발칸 지방을 거쳐 연장시키는 일에 안젤름은 관심이 있었지만, 사촌들은 분명 그렇지 않았다. 1874년, 이집트 재무장관 이스마일 사디크 파샤가 로스차일드가에 재정 지원을 부탁했을 때도 가족들은 단호히 거절했다. 그들이 지원을 마다하지 않았던 일은 단 하나, 1871년에 작곡가 베르디가 카이로 오페라하우스에 올린 〈아이다〉 세계 초연에서 직접 지휘봉을 잡았을 때 그가 공연 수임을 확실히 받을 수 있게 한 것이었다.

1875년 초까지도 로스차일드가가 견해를 바꿀 만한 분명한 이유가 보이지 않았다. 파산 직전에 놓인 레셉스는 1871년 이래로 운하를 한 곳이나 그 이상의 유럽 열강에 매각하는 계획을 성사시키기 위해 백방으로 애를 썼지만, 오스만 정부는 제출되는 계획안마다 거부권을 행사했고, 글래드스턴 내각은 아무런 관심도 보이지 않았으며, 운하의 미래는 운임을 놓고 벌어진 복잡한 법적 분쟁 속으로 엉켜들고 있었다. 1874년 2월, 디즈레일리가 권력의 중심으로 복귀한 것은 로스차일드가를 무대 전면에 나서게 한 첫 번째 중요한 계기가 됐다. 동방문제에 대해서는 언제나 낭만주의자였던(그러나 새로 제기된 '동방의 위기[Eastern crisis]'에 접근한 방식이나 이집트가 장래에 전략적으로 중요해지리라는 것을 미리 파악한 점에서는 현실적이기도 했던) 디즈레일리는 라이오넬에게 부탁해서 영국의 운하 매입 논의를 재개해 보려 했고, 그에 따라 내티가 파리로 보내졌다. 로스차일드가 사람들로서는 이집트 운하 문제에서 그들이 이전에 유럽 철도를 두고 해 왔던 일, 즉 주요 자산 매입에 자금을 조달하는 일을 되풀이할 수 있다는 것을 기민하게 알아본 참이었다. 그러나 구스타브가 전해 온 이야기처럼, 영국의 매입 계획에 대한 프랑스 정계의 반대를 극복하기란 불가능해 보였다. 그 대신 디즈레일리가 커디브의 운하회사 주식을 사들이겠다는 제안을 로스차일드가를 통해 전달하자, 이번에는 금융계에서 반발이 일었다. 크레디 퐁시에와 소시에테 제네랄, 앵글로이집트은행 간의 긴밀한 관계가 반영된 반응이었다.

돌연 커디브와 프랑스 은행가들의 입지를 약화시키며 상황을 뒤엎은 것은 10월 7일에 오스만제국의 총리 마흐무드 네딤 파샤가 투르크의 파산을 선포한 일이었다.[9] 투르크가 파산하자, 이집트로서는 더 이상 돈을 빌리는 것이 쉽지 않았다. 그러나 이스마일은 (그의 말에 따르면) 11월 말로 예정된 지불금을 내기 위해서는 300~400만 파운드가 필요했다. 프랑스 은행가들과 데르비우 형제 양쪽에서 커디브가 보유한 운하회사 주식을 담보로 융자하는 계획을 세웠지만, 이들 경쟁 신디케이트들은 곧 교착 상태에 빠지고 만다. 이것이 디즈레일리에게 기회가 되었다. 11월 10일, 커디브가 이집트 재정을 "개혁하고 통제"하기 위해 영국 재무부로부터의 지원을 요청한 것은 이미 최후의 수단으로 런던에 손을 벌릴 준비가 되어 있다는 것을 시사했다.

나흘 뒤, 《팰맬 가제트》의 편집장 프레더릭 그린우드(Frederick Greenwood)는 헨리 오펜하임(근래에 런던에 와서 정착해 있던)으로부터 앵글로이집트은행과 데르비우 사이에 이루어진 협상에 대해 듣고, 당시 외무장관이던 더비 경[10]에게 수에즈운하의 주식이 곧 프랑스의 손에 넘어가게 됐다는 (아주 정확치는 않은) 이야기를 전했다. 사실, 크레디 퐁시에는 주식을 5000만 프랑(200만 파운드)에 사들이겠다고 제안했고 그렇게 할 수 있는 옵션까지 확보한 상태였지만, 프랑스 외무장관 드카즈 공작은 더비 경의 공식적인 인정 없이는 일을 진행시키지 않기로 했고 물론 더비는 딱 잘라 거부 의사를 밝혔다. 그리하여 커디브로서는 주식을 영국에 매각하는 수밖에 대안이 없었고, 11월 23일에 자신의 주식을 400만 파운드에 양도하겠다고 제안하며 저당 잡힌 쿠폰을 돌려받고 배당금 지급이 재개될 때까지 매입가에 대한 5% 이자를 추가로 지급하겠다고 약속했다. 더비 경과 재무장관 스태퍼드 노스코트(Stafford Northcote) 경은 운하가 국제위원회의 통제를 받아야 한다고 주장하며 제안 승낙을 반대했다. 그러나 이 문제가 11월 18일에서 24일까지 다섯 차례에 걸쳐 개최된 내각 회의에서 재차 논의된 결과, 마침내 승리를 거머쥔 것은 디즈레일리였다.

1875년 당시에 400만 파운드란 대단한 액수였다. 이 매입비는 부채 비용을 뺀 영국 전체 예산의 8.3%에 맞먹는 규모였다. 게다가 디즈레일리가 11월 18일에 여왕에게 보낸 편지에서처럼 커디브가 "이달 30일까지" 돈을 요구했기 때문에 "오래 생각할 여지도 없"었다. 난점은 의회가 회기 중이 아니라는 것, 의회의 승인 없이 정부가 영국은행에서 자금을 조성할 수 있을지가 확실치 않다는 점이었다. 11월 24일(혹은 그 전날), 주식 매입에 대한 내각의 동의를 얻자마자 디즈레일리가 그의 수석 개인 비서 몬터규 코리를 라이오넬에게 보낸 것도 그 때문이었다. 코리는 후에 이 에피소드를 그가 모시던 인물이 발휘했던 서술적 열정을 그대로 반영해서 이렇게 설명했다고 한다.

> 디즈레일리는 내각 회의실 문밖에 그를 대기시켰고, 그는 그의 상사가 회의실 밖으로 고개를 내밀고 '예스'라고 말하면 곧장 행동에 들어가야 했다. 신호가 떨어지자, 그는 뉴코트로 달려가 로스차일드에게 총리가 400만 파운드를 '내일' 원하신다고 당당히 말했다. 로스차일드는……일부러 머스캣 포도 한 알을 집어 먹고는 껍질까지 뱉고서야 이렇게 물었다. "담보는 뭔가?" "영국 정부입니다." "돈을 받을 수 있을 걸세."

반쯤은 과장된 이야기다. 십중팔구 총리가 이미 사적으로 라이오넬과 그 문제를 논했을 것이며, 라이오넬의 결정도 순식간에 내린 것이 아니었을 것이다(디즈레일리는 나중에 왕세자에게 이야기하기로, 로스차일드가는 "마음을 정할 시간이 나흘하고도 20시간"이나 있었다고 했다). 합의된 조건은 돈을 영국 정부에 지급하고 이집트 정부가 처분할 수 있도록 하면(12월 1일에 100만 파운드를 먼저 지급하고 나머지는 1월까지 지급하는 방식으로), 그 대가로 2.5%의 수수료를 받는 것이었다. 정부는 또 돈이 상환될 때까지 연 5%의 이자를 물어야 했다(주식 배당금 지급이 재개될 때까지 커디브가 영국 재무부에 5% 이자를 지불하게 함으로써 이자 지불 의무는 사실상 커디브에게 이전된 셈이었지만). 계약은 11월 25일에 영국 총영사 스탠턴(Stanton) 장군과 이집트 재무장관에 의해 조인됐다. 나흘 뒤, 라이오넬은 이집트 정부가 12월 1일부터 200만 달러를 쓸 수 있을 것이며(애초 구상된 최초 분할 상환금의 두 배), 100만 달러는 12월 15일부터, 그리고 남은 액수는 1876년 1월 1일부터 송금하겠다고 이집트 정부에 전보를 쳤다. 1월 5일까지 N. M. 로스차일드 앤드 선즈는 예정됐던 전액(397만 6582파운드 2실링 6펜스)을 지불했고, 그 중 많은 액수는 이집트 정부의 채권자들에게 곧바로 지급됐다.[11] 의회는 2월 21일에 408만 파운드의 지급을 가결했고(대부분의 자금은 금리 3.5% 국고채권[Exchequer Bond]을 만들어 조성했다), 그렇게 조성된 자금에서 대부금과 9만 9414파운드의 수수료가 3월 한 달에 걸쳐 상환되었다. 예정되어 있던 이자(5만 2485파운드)는 6월 2일에 최종적으로 납부되었다.

이 전례 없는 거래에 대해서는 두 가지 서로 다른 이야기가 역사 문헌상에 남아 있다. 하나는 디즈레일리의 시점에서 기술된 것으로, 밸모럴 성에 머물고 있던 빅토리아 여왕에게 보낸 그의 편지에 실린 이야기다. 그는 여왕에게 운하 주식의 매입은 "주식 보유자가 운하의 운영에 실로 막대한 영향력을 발휘할 수 있게 해 줄 겁니다. 운하를 영국에 귀속시키는 일은 지금과 같은 중대한 시점에 여왕 폐하의 권위와 권세를 위해 다시없이 중요한 일입니다"라고 썼다. 마침내 성공을 거둬 승리감과 희열에 도취된 그는 그 영광을 라이오넬과 나누고 싶어졌다.

해결됐습니다. 이제 폐하의 것입니다. 우리의 작전으로 프랑스 정부를 물리쳤습니다. 그들은 고리대금 같은 이율에 사실상 이집트 정부를 사들일 만한 조건을 제시하며 융자를 제안했지요. 커디브는 실망스럽고 또 그들이 역겹기도 해서 영국 정부에게 자신의 주식을 직접 매입해 줄 것을 제안했습니다. 그리하여 그는 전에는 들도 보도 못했을 조건을 제시받게 됩니다. 400만 파운드! 게다가 그것도 당장! 그게 가능한 은행은 오직 한 곳, 바로 로스차일드가입니다. 그들은 모범적인 행동을 보이며 저리(低利)로 돈을 융자했고['5%'라고 썼다가 지운 흔적이 있다], 이제 커디브가 가졌던 이권 전체는 폐하의 것이 됐습니다.

프랑스를 상대로 외교적 승리를 거뒀다는 인상을 더하기 위해, 디즈레일리는 나중에 왕세자에게 라이오넬이 "그의 가장 막상한 동지인 파리의 친척들에게 도움을 구할 수가 없었습니다. 알퐁스는 이제 프랑스 사람인지라(si francisé) 당장에 모든 계획을 누설했을 테니까요"라고 말했다.[12] 존 매너스 경은 디즈레일리가 승리에 "한껏 고무되어" "이번 일로 해외에 대한 영국의 영향력이 위대하게 부활하리라고 기대"했다고 썼다. 비스마르크가 이 일을 프랑스의 권위에 가한 일격이라 묘사한 것은 과연 그다운 표현이었다. 또한 디즈레일리가 로스차일드의 지원을 받아 프랑스 정부의 허를 찔렀다는 혐의는 앞서 본 것처럼 이후 시라크 같은 프랑스의 반유대주의자들의 먹잇감이 되고 만다.

그에 맞서는 해석(정확히 말해, 야권의 해석)은 디즈레일리가 다름 아닌 자유당 사람들의 의표를 찔렀다는 것이었다. 그들의 반응에는 당황한 기색이 역력했다. 글래드스턴은 지체 없이 반격에 나섰다. 그는 그랜빌에게 이렇게 써 보냈다. "주식 매입을 정당화하거나 변명할 수 있는 명분이 과연 있습니까? 운하가 차단되는 것을 막아야 한다는 것이 유일한 명분일 겁니다. 그러나 그렇게 치면……런던과 북서부[철도]가 폐쇄되는 것도 그만큼 가능성 있는 일이잖습니까?" 운하회사의 주식 매입이 "다른 열강들과의 합의 속에서" 이루어졌다고 해도, 그것은 "장래에 당황스러운 일을 만들 만한 어리석은 행동"이었다. 게다가 열강들과의 합의 없이 일방적으로 추진한 일이라면, 그것은 "사적인 위험까지 걱정해야 하는 어리석은 행동"이었다. 그는 "심상찮은 결과"가 초래되리라고 내다봤다. 글래드스턴이 생각하기에 적절한 절차에 따라 행동하려면 의회의 자문을 먼저 구하고 영국은행도 그 일에 개입했어야 했다. 그러나 11월 28일, 그랜빌이 글래드스턴에게 보낸 답장은 미숙하게 던진 질문 목록에 지나지 않았다. 그는 서두를 이렇게 시작했다. "제가 처음 받은 인상에 대해 말씀드리자면, 첫인상이라 확신할 수는 없지만, 그 행동은 매우 어리석은 일이었던 듯합니다." 그러나 그는 어째서 그렇다는 것인지에 대해서는 명확히 쓰지 못했다. "평범한 수단으로는 정부가 지배권을 발휘할 수 없는 민간 사업에 정부가 부분 주주가 된 것이……전례 없는 일이라서"였을까?

정치적인 수단만으로도 다른 나라들이 운하 폐쇄에 대한 예방 조치를 취하도록 유도할 수 있지 않았을까요? 레셉스와 로스차일드가 프랑스 자본가들이 운하를 매입하려 한다는 속임수로 정부를 위협해서 수에즈 운하 주식에 그토록 대단한 가치를 부여하게 한 것은 아닐까요? 정부가 운하에 대한 실질적인 지배권을 획득하기 위해 공개 시장에서 또 다른 10만 주를 더 높은 가격으로 사들이려는 것은 아닐까요? 이 일이 온갖 국제 문제를 일으키지는 않을까요? 그렇게 책임이 막중한 일을 의회와의 협상 없이 진행해도 될까요?

이런 서투른 질문들을 열거한 뒤에 그는 결론을 지었다. "제 생각에, 지금 시점에서는 수에즈 운하에 대해 침묵을 지키는 것이 나을 듯합니다." 하팅턴(Hartington) 경도 같은 생각이었는데, 글래드스턴의 사임 이후 공식적으로 자유당 당수를 맡고 있던 그는 디즈레일리가 거둔 성공이 얼마나 환호받고 있는지를 분명히 알고 있었던 것이다.

그리하여 글래드스턴의 반사적인 반대 의사를 완전히 표출하는 일은 전 재무장관이었던 로버트 로의 몫이 되었다. 디즈레일리가 빈정대며 예상한 대로 "주식에 투기하는 내각에 대한 엄청난 독설"을 퍼부으며, 로는 로스차일드가가 받는 대금(3개월 만기로 400만 파운드를 대부하고 받는 15만 파운드)이 연이율 15% 수준에 달한다며, 이 수치는 영국 정부보다는 이집트 정부에 부과되어야 마땅한 수치라고 주장했다(당시 재무부에도 이 의견에 동의하는 사람들이 있었는데, 재무부 차관 W. H. 스미스도 그 중 하나였다). 또 자유당 비판가들은 운하회사 주식 매입이 "증권거래소에서의 도박 행위"로 이어졌다는(내부 정보를 꿰고 있는 이들, 다시 말해 로스차일드가가 이집트 채권에 투기했다는) 그랜빌의 주장을 내세우기도 했다. 이 주장은 이후 디즈레일리의 사무 변호사 필립 로즈가 로스차일드가에서 "수백만 파운드 상당의 이집트 증권을 매입"해서 "대단한 이익을 보았다"고 주장하면서 신빙성을 얻었다. 디즈레일리 자신도 그들이 "최소한 25만 파운드" 상당을 사들였다는 소문을 들었다. 몬터규 코리는 다른 소식통으로부터 "로스차일드가는 정부를 대리하고 있다고 생각했기 때문에 알고 있는 정보를 손톱만큼도 이용하지 않았다"는 이야기를 들었지만 말이다. 야권에서 내세운 또 다른 주장은 하원 의원인 내티가 국채로 사리를 취하는 것은 금지된 일이라는 새로울 것 없는 이야기였다. 이 주장은 내티가 아직 은행의 정식 파트너가 아니었다는 사실, 그리고 라이오넬은 1874년에 이미 의석을 잃었다는 사실로 쉽게 반박되었다.

진실은 이 양극단 사이에 있다. 우선 정치적인 측면에서, 영국이 운하의 지배권을 쟁취했고 매입 과정에서 프랑스 정부의 허를 찔렀다는 것은 사실이 아니다. 역사가 뤼시앵 울프(Lucien Wolf)의 주장에 따르면, 프랑스 정부는 프랑스의 매입 시도에 반대하는 쪽으로 결정을 내렸고 그래서 영국의 개입을 이집트 위기를 해소할 반가운 해결책으로 보았고 한다. 운하회사의 원주(原株) 44%를 확보했다고 해서 운하 자체에 대한 통제권이 영국에 넘어간 것 또한 아니었다(특히 주식에는 1895년까지 투표권이 없었고, 그 이후로도 투표가 실시된 것은 단 열 차례뿐이었기 때문에). 한편, 커디브가 운하 주식에 대한 배당금 대신에 5% 이율로 이자를 지불하겠다고 약속한 까닭에 영국 정부는 이집트 재정에 새롭고 직접적인 이해관계를 갖게 되었다.

한편, 수에즈운하회사가 영국 선박의 운하 진입을 차단할 수 있다고 한 디즈레일리의 주장은 틀렸다. 법적으로 가능성 없는 일이었다. 그러나 또 한편 모든 선박에 운하를 개방하도록 회사를 강제한 법이 내내 지켜지리라는 보장 역시 없었고, 디즈레일리가 정확히 지적했듯이 혹여 수송로 차단 위협을 받을 경우 보유한 주식은 영국에게 부가적인 "영향력"(보복할 수 있는 좀 더 확실한 정당성)을 부여할 수 있었다. 《타임스》와 다른 은행가들(오버스톤[Overstone] 경을 포함해)도 같은 견해였는데, 돌이켜 보면 타당성 있는 주장이었던 것으로 보인다. 프랑스 정부가 영국의 주식 매입을 전적으로 환영하는 입장이었다면, 로스차일드가가 11월 23일에서 25일 사이 기밀 유지에 그토록 엄격할 필요는 없었을 것이다. 12월 31일자로 쓰인 구스타브의 편지에 따르면, 파리에서는 애초 영국이 이집트를 인수했다는 생각에 "공황" 상태가 빚어졌다고 한다. 2주 뒤에는 그의 형이 프랑스 정부의 에두른 경고를 전해 왔다. "영국이 또 다른 금융 사업을 진행해서 커디브를 구조하려 들거나 이집트의 주요 세원을 장악하는 식으로 이집트 정세에 대한 개입 정책을 더욱 강화할 경우, 프랑스 정부의 입장은 매우 미묘해질 겁니다."

경제적인 측면에서도 자유당의 비판에는 근거가 부족했다. 디즈레일리가 하원에서 글래드스턴과 로의 기를 꺾는 답변을 하며 지적했듯이, 로의 주장은 특히 (파리와 프랑크푸르트 일가가 보내 온 편지에서 확인되듯이) 프랑스 또는 러시아가 외교적으로 대응할 가능성이 없지 않은 상황에서 그 엄청난 액수를 심지어 석 달 안에 마련하라는 촉박한 통보에 응하며 로스차일드가가 감수한 기회 비용을 축소해서 평가한 이야기였다. 증권중개인 아서 왜그가 로스차일드가는 그 돈을 무상으로 제공했어야 했다고 주장하자, 라이오넬은 경멸조로 받아넘겼다. "아서 왜그, 당신은 아직 애송이라 한참 더 배워야겠소. 난 그 계약으로 10만 파운드를 벌었지만, 그게 20만 파운드라면 더 좋았을 거요." 그가 2월 19일에 코리에게 털어놓았듯이, 그 일은 위험 부담을 안고 있었다. 커디브는 대금 전체를 금으로 지불해 달라고 주장할 수 있었다. 또 "예기치 못한 사태"가 금융 시장을 압박했을 수도 있었다. "로스차일드가와 사업을 해 온" 또 다른 정부가 "당장 거금을 지급해야 하는 거래를 맡아 달라고 청하고, 요구가 이행되지 않으면 다른 회사에 사업을 넘길" 가능성도 있었다. 영국은행에 접근했더라도 은행이 기꺼이 그 돈을 제공했을 것인지도 역시 미지수였다. 코리가 라이오넬과 면담한 뒤 디즈레일리에게 이렇게 말했다.

> 의회를 소집해서 결정을 내렸다면 분명 기밀을 유지하며 일을 신속히 처리할 수는 없었을 겁니다.……로스차일드 남작은 정부가 영국은행에 400만 파운드를 찾아내라고 강요했을 거라고 생각합니다(그것도 더 낮은 수수료율로 말입니다). 그러나 그것은 그악스러운 짓일 뿐이고, 영국은행 또한 수수료를 받기 전에 자영은행들로부터 돈을 뜯어내려고 온갖 수단을 썼을 거라는 것이 남작의 주장입니다. 또 영국은행이 금융 시장에 대혼란을 일으키지 않고 필요한 자금을 얻어낼 수는 없었을 거라고 단언하더군요.

라이오넬은 "그런 대혼란이 일어나지 않았다는 사실"이 무엇보다 "부과된 수수료 수준이 정당했음"을 입증하는 증거라고 말을 맺었다.

자기변호를 위한 변명쯤으로 무시할 수는 없는 주장이었다. 로스차일드의 손익명세서 역시 그들이 이집트 채권에 대규모로 투기해 떼돈을 벌었다는 그랜빌과 로의 주장을 불식시킨다. 1875년도 손익명세서에는 그들이 1873년에

1만 2682파운드 상당의 이집트 채권을 매각한 사실이 기록되어 있지만, 55에 사들인 채권을 11월 26일에 76에 팔았는데도 총 수익은 단 3505파운드에 불과했다. 운하 주식 매입으로 금융계에 일어난 가장 의미 있는 사건은 이집트 채권 보유량이 훨씬 많았던 크레디 퐁시에 같은 프랑스 은행가들에게 숨 쉴 여유가 생겼다는 것이었다. 따라서 영국의 주식 매입이 프랑스의 이해관계에 타격을 입혔다는 주장은 사실과 달랐다. 마지막으로, 주식 매입은 비판가들이 예상한 것보다 영국 납세자들에게 훨씬 이득이 된 거래였다. 1876년 1월까지 주식은 22파운드 10실링 4펜스에서 34파운드 12실링 6펜스로 50%까지 값이 올랐다. 정부 수익의 시장가치는 1898년 2400만 파운드에서 1차 세계대전 직전에 4000만 파운드, 1935년에는 9300만 파운드(1주당 약 528파운드)까지 뛰어올랐다.[13] 1875년부터 1895년까지 정부가 카이로에서 받은 금액은 연당 20만 파운드였다. 그 이후부터는 정식 배당금이 지급됐고, 그 액수 역시 1895년 69만 파운드에서 1901년 88만 파운드로 뛰었다.[14]

또 다른 동방문제

오버스톤을 비롯한 사람들이 일찌감치 깨달은 것처럼, 운하 주식의 매입은 이집트 재정에, 궁극적으로는 이집트 정부에 대규모로 이루어질 영국의 개입에 서곡을 울린 데 불과했다. 또한 이는 영국이 동방문제 전반에 영향력을 행사하겠다는 결심을 재개했다는 것을 알리는 신호이기도 했다. 일찍이 1876년 7월에 베를린에는 "영국 정부가 1000만 파운드에 이집트의 종주권을 사들였다"는 소문마저 돌았다. 그러나 1875년을 기점으로 1882년 영국의 이집트 군사 점령에 이르는 길을 일직선으로 묘사하는 것은 옳지 않다. 로스차일드가가 그 길을 따라 전진하기를 열망해 마지않았다는 주장 역시 오해를 조장하는 이야기일 뿐이다. 운하 주식을 성공적으로 매입한 직후, 더비 경은 앞서 영국의 재정 지원을 요청했던 커디브의 청에 대한 뒤늦은 응답으로 경리총감 스티븐 케이브(Stephen Cave)를 이집트로 파견했다. 케이브에게 부과된 1차 목표는 영국이 취득한 운하 주식에 5% 이율의 이자가 계속 지급될 수 있도록 이집트 재정에 일종의 통제권을 수립하는 것이었다. 그리하여 로스차일드가가 이집트 정부의 대규모 부채를 통합 정리하고 전환하는 일을 도울 수밖에 없다는 사실이 곧 드러났고, 국가부채관리청 감사원장이자 수에즈 운하회사 평의회의 영국 정부 대표이기도 했던 찰스 리버스 윌슨(Charles Rivers Wilson)이 강력히 밀어붙인 견해 역시 같은 취지였다.

그러나 로스차일드가에서 사적으로 주고받은 서신을 보면 그들이 얼마나 마지못한 제국주의자들이었는지가 드러난다. 초기부터 그들은 디즈레일리에게 케이브의 보고서를 발간하지 말라고 권했고, "대규모 금융 사업에 우리가 앞장서는 것이 곤란한 이유"를 역설하기도 했다. 그들이 주저한 것은 경제적인 문제 때문이기도 했다. 라이오넬과 알퐁스는 이집트 채권에 소규모로 투자하는 일에는 망설임이 없었지만, 이스마일이 커디브로서 권좌에 앉아 있는 동안 이집트 재정을 안정화시키는 것이 얼마나 어려운 일인지를 케이브와 리버스 윌슨이 분명 과소평가하고 있다고 생각하고 있었다.

그러나 정치적으로도 껄끄러운 점은 있었다. 라이오넬과 알퐁스는 이집트에 외국의 경제적 통제력을 부과하는 것보다 열강들이(이 경우에는 프랑스와 영국이) 조화로운 관계를 유지하는 것을 더 중요하게 여기고 있었다. 영국 정부가 프랑스 대통령 마크마옹(Mac-Mahon)의 타협안을 처음 전해 들은 것도 알퐁스를 통해서였다. 타협안의 내용인즉슨, 영국, 프랑스, 이탈리아가 동등한 대표권을 행사하는 다국적 위원회를 결성해서 이집트 재정을 감독하자는 것이었다. 파리에서 알퐁스는 더비 경의 발뺌하는 말에 드카즈가 "노여워"하고 있다고 전하며, 영국 정부가 프랑스의 제안에 "찬물을 끼얹어서는 안 된다"고 경고했다. 라이오넬은 디즈레일리의 답변을 전했다. "정부에서는 프랑스가 그럴듯한 계획을 짰으면 한답니다. 커디브는 뒤로 제쳐 놓고 돈을 자기 주머니에 챙기는 계획 말고 말입니다." 난점은 이집트의 이자부(利子附) 채권을 보유한 이들과 커디브에게 단기부로 돈을 대부했던 이들(주로 프랑스와 이집트 은행들) 간의 이해관계에서 빚어진 갈등이었다. 본질적으로 채권 보유자들은 단기부 채권자들이 동일한 권리 대상이 되는 것을 용납하지 않았기 때문에, 종류를 막론하고 이집트의 부채를 20% 일괄 인하하는 방침(영국 정부가 지지한 방침)을 거부했다. 이것이 5월에 설립된 공공부채기금[15]의 활동을 마비시켰다. 로스차일드가는 영국-프랑스 간의 합의가 이루어지지 않은 상태에서 이집트 부채 재편 작업을 맡는 일은 일언지하에 거절했고, 통합된 부채를 7600만 파운드(커디브의 토지를 담보로 한 사채 1500만 파운드와 600만 파운드에 달하는 거액의 유동 부채를 포함하지 않은 액수)로 고정시키는 과업은 결국 조사위원회[16]에 맡겨지게 됐다.

이 같은 난관이 마침내 극복된 듯 보였던 것은 1878년, 공공부채기금의 대표들과 레셉스, 리버스 윌슨 그리고 한 명의 이집트인으로 구성된 위원회가 발족되어 이 위원회에서 누바르 파샤 총리 밑에 리버스 윌슨을 재무장관으로, 프랑스 대표 에르네 가브리엘 드 블리니에르(Ernest-Gabriel de Blignières)를 공공사업부장관으로 하는 '국제' 정부를 수립할 것을 권고했을 때였다. 그와 동시에 영국과 프랑스 로스차일드가는 커디브가 소유한 광대한 토지를 담보로 850만 파운드의 채권을 발행하는 데 합의했다. 덕분에 투자자들이 확신을 얻은 것은 물론이요, 더 큰 의의는 영국-프랑스 간에 친선이 이루어졌다는 인상을 준 것이었다. 《주르날 데 데바》에서는 이를 "프랑스와 영국 사이에 동맹이 체결된 것과 거의 등가"라고 묘사했을 정도였다. 이는 틀림없이 로스차일드가에서 바랐던 분위기였다. 그러나 투자자들이 이집트에 갖게 된 확신과 마찬가지로, 이 분위기 역시 곧 증발해버리고 만다.

영국과 프랑스의 이집트 정책을 별개로 볼 수는 없다. 앞서 본 것처럼 그것은 사실 커디브가 수에즈 운하 주식을 매각하게 된 전제가 됐던 오스만제국의 채무 위기라는 큰 스토리의 서브플롯일 뿐이었다. 오스만제국의 채무 위기 역시 열강 외교라는 맥락에서 볼 필요가 있다. 결국 이 모든 일에 불을 지핀 것은 오스만제국의 지배에 저항하여 보스니아 헤르체고비나와 불가리아에서 일어난 반란이었기 때문이다. 러시아 외교관들이 대외 정치상의 구실로, 그리고 영국 자유당원들이 국내 정치상의 구실로 이용하려 했던 것은 다름 아닌 '그리스도교적인' 명분이었다. 이집트에서 로스차일드가 맡았던 역할이 정치적으로 민감한 것이었다면, 1875~1878년의 발칸 위기 당시 그들이 처했던 입장은 그보다 훨씬 심각한 것이었다. 디즈레일리와 친분이 있는 그들은 디즈레일리의 본질적으로 친투르크적인 정책 쪽으로 기울기 쉬웠다. 그러나 러시아에 경제적 이해관계가 있는 입장에서 올곧이 투르크를 지지하기란 불가능했다.

러시아는 1870년 10월에 차르가 1856년에 체결된 파리조약의 흑해 조항 이행을 거부했을 때부터 투르크를 향해 '진취적인' 정책을 취해 왔다. 해협의 중립(크림전쟁의 몇 안 되는 구체적 결과 중 하나)을 폐기하자는 주장은 런던에서 열린 국제회담에서 다른 열강들에 의해 제지된 것이 사실이다. 또한 독일, 오스트리아, 러시아를 '3제동맹'이라는 깃발 아래 융화시키려 했던 비스마르크의 정책은 1870년대 초에 러시아의 발칸 정책을 저지하는 역할을 했다. 그러나 투르크를 두고 러시아와 영국 사이에 어떤 식으로든 대립이 일어날 가능성이 컸고, 특히 3제동맹의 폐지를 꿈꿨던 디즈레일리가 권력을 쥔 상황에서는 두말할 나위가 없었다. 1875년 여름에 보스니아 헤르체고비나에서 폭동이 일어나자마자 디즈레일리는 오스만제국의 분열을 조장하고 있다며 러시아와 오스트리아, 프로이센을 비난하기 시작했다. 실은, 오스트리아-헝가리제국의 외무장관 안드라시(Andrássy)와 러시아 외무장관 고르차코프 모두 투르크에 '실질적 조치'를 취하자는 여섯 열강 간의 합의에 만족한 상태였고, 더비경도 (프랑스와 이탈리아가 그랬듯이) 이를 받아들이는 입장이었을 것이다. 그러나 디즈레일리에게는 관심 밖의 일이었다.

1876년 5월 26일, 라이오넬은 디즈레일리에게 편지를 썼다. "조만간 합의 체결을 축하드린다는 인사를 전할 수 있기를 바랍니다. 정력적이고 확고한 정책 덕에 결실을 본, 오래도록 평화를 지속시킬 협정일 테니까요." 사실 베시크 만에 함대를 파견하고 3제동맹을 분열시키려 한 디즈레일리의 '정력적 정책'은 하마터면 영국을 전쟁으로 몰아넣을 뻔했다. 1876년 5월에 술탄이 폐위되고 다음 달에는 세르비아와 몬테네그로가 반투르크 봉기에 가담했으며, '불가리아 참극'(최대 1만 5000명의 불가리아 그리스도 교도들이 바시바조크[Bashi-Bazouk]라 알려진 오스만제국 비정규군에 의해 몰살당한)은 글래드스턴을 의분으로 무장시켜서 은퇴 정치인 신분에서 벗어나 다시금 전면으로 나설 수 있는 완벽한 기회를 만들어 주었다. 6월 9일, 라이오넬이 마련한 저녁 만찬 자리에서 러시아 대사 슈발로프를 만난 디즈레일리는 영국의 외교적 고립에 불편해하는 기색이 역력했다. 과연 당시 인도 국무장관으로 재임 중이던 솔즈베리 경은 더비 경이 소집한 국제 회담에 참석차 콘스탄티노플을 방문했을 때, 투르크가 불가리아를 분할하여 자치권을 허용해야 한다는 방침으로 러시아 대사 니콜라이 이그나티에프(Nikolai Ignatiev)와 합의를 끝낼 뻔했다. 한편 오스트리아를 3제동맹에서 매수해내려 했던 디즈레일리의 조야한 시도는(그는 그저 무뚝뚝하게 "얼마나 원하십니까?"라고 물었다) 무익하게 끝나고 말았다. 라이오넬이 총리에게 금융권의 정보와 격려의 말을 함께 담아 보냈던 일련의 편지들 중에서 9월 8일자로 보낸 편지는 총리가 "매우 어렵고 곤란한 싸움"을 벌이고 있었다는 사실을 확인해 준다. 만약 1877년 6월에 영국과 러시아가 전쟁에 나섰다면 그 책임은 고르차코프만큼이나 디즈레일리에게 돌아갔을 것이며, 더 큰 비난을 감수해야 했을 사람은 디즈레일리였을 것이다. 사실상 그는 이 문제를 두고 두 명의 고위 각료(더비 경과 카나본 경)를 잃어야 했다.

밀려드는 전운에 로스차일드가가 경악을 금치 못한 데에는 충분한 이유가 있었다. 1870년에서 1875년까지 런던과 파리 로스차일드가는 총 6200만 파운드에 달하는 러시아 국채를 공동으로 발행해서 러시아 재정에 영향력을 발휘할 수 있는, 그토록 오래 고대해 온 기회를 마침내 손에 넣은 참이었기 때문이었다. 그것은 수익성 좋은 사업이었다. 금리 5% 러시아 채권의 가격은 1870년 3월 당시 85에서 1875년 8월에는 106으로 24% 상승했다. 1875~1877년의 동방 위기로 인한 폭락은 이 상승폭을 고스란히 씻어낸 것 이상이었다. 채권 가격은 1876년 10월에 74로, 러시아가 투르크에 전쟁을 선포한 이듬해 4월에는 68까지 떨어졌다. 그 파장은 대부분의 국채와 유럽의 모든 주요 증권거래소에까지 미쳤다. 훗날 내티는 글래스고은행의 도산을 시작으로 웨스트오브잉글랜드은행의 도산에서 절정에 달했던 1878년의 은행 위기를 "영국 은행 역사상 알려진" 최대의 위기였다고 회고할 정도였다. 라이오넬과 내티가 (특히 내티가 병환 중인 부친의 뒤를 이으려고 준비하고 있던 와중에) 부닥친 딜레마는 난제 중의 난제였다. 오스만제국이 능욕당하고 심지어는 붕괴되는 것을 지켜보며, 그 모든 여파가 이집트에, 그리고 영국에 미칠 수 있는 위험을 감수하면서까지 러시아를 지원해야 할까?

그들은 투르크를 선택했고, 1877년의 러시아 채권은 멘델스존이 이끄는 독일 은행 컨소시엄을 비롯해 한몫 차지하려고 경쟁을 벌이고 있던 프랑스 합자은행들(특히 콩투아 데스콩트[Comptoir d'escompte]와 크레디 리요네)에 넘기고 돌아섰다.**17** 그리하여 그해 8월에 디즈레일리는 여왕에게 로스차일드가가 "러시아의 현 정책에 맹렬히 반발하고 있으며, 작금의 긴급한 상황에서 차르를 돕는 일을 거절했다"고 보고할 수 있었다.**18** 이것은 진짜 희생이었다. 이 일로 로스차일드가는 무려 15년 동안이나 러시아의 재정에서 배제되어야 했기 때문이다. 오스만제국에 대한 경제적 이해관계라는 측면에서만 설명할 수는 없는 일이었다. 그런 이해관계가 1877년의 위기 당시에는 거의 존재하지 않았기 때문이다. 발칸 지역의 주요 철도 영업권은 대부분 히르쉬의 수중에 있었고, 로스차일드가에서는 콘스탄티노플에서 재정 지원을 요청할 때마다 그 청을 일축했다. 이집트에 최초로 대규모 대부금을 제공하게 되는 것은 1년 뒤에나 있을 일이었다. 그러므로 유일하게 가능한 설명은 비경제적 차원의 해석이다.

수에즈 운하 주식을 매입하는 과정에서 로스차일드가가 한 역할에 대해 글래드스턴과 로가 공격을 퍼부은 일로 라이오넬이 정당에 품고 있던 충심이 크게 상처 입은 것은 분명한 사실이다. 그러나 그보다 더 중요한 점은 '동포 신자들'의 입장에 선 로스차일드가가 슬라브 민족주의자들이 발칸 지역에서 승리하는 것을 달갑지 않게 여겼다는 사실이다. 글래드스턴은 1876년 9월에 『불가리아 참상과 동방문제(Bulgarian Horrors and the Question of the East)』라는 팸플릿을 발간한 순간부터 디즈레일리의 정책에 맞서 정치 운동이 아닌 일종의 종교적인 성전을 벌이기 시작했다. 발칸 지역의 그리스도 교도들을 대변하는 이 같은 호소는 애초부터 로스차일드가 사람들의 마음을(그리고 골드스미드 같은 다른 부유한 유대인들의 마음을) 얻기 힘들었고, 특히 그런 호소가 디즈레일리를 뽑은 유권자들에게 디즈레일리의 출신을(그리고 디즈레일리 지지자들의 출신을) 상기시켰기 때문에 더더욱 마뜩찮을 수밖에 없었다. 더비의 기록에 따르면 "글래드스턴은……유대교도가 아닌 사람들까지 아우르는 '유대인적 공감'이 동방문제에 영향력을 미치고 있는 상황을 개탄했다. 이것이 디즈레일리를 가리킨 이야기인지, 혹은 《데일리 텔레그래프(Daily Telegraph)》 사람들에 대한 이야기인지[19], 혹은 로스차일드가에 대한 언급인지는……분명치 않다".

라이오넬은 투르크인을 공격하거나 할 뿐 "내란과 혼란의 원인에 대해서는" 침묵하는 "그 수없는 공청회들"에 대해 쓴소리를 했다. 그가 고민하는 바는 전혀 다른 문제였고, 그 내용은 그가 디즈레일리에게 써 보낸 이후 베를린회의에서 큰 소리로 낭독되는 편지 속에 드러나 있었다. 다시 말해, 그가 사람들의 관심을 불러일으키고 싶어 한 문제는 동유럽(특히 루마니아)에서 벌어지고 있던 유대인 박해였다. 알퐁스도 블라이히뢰더를 거쳐 비스마르크에게 비슷한 압력을 행사했다. 최종 조인된 베를린조약의 제44항, 즉 발칸 지역에서는 그 어떤 신앙에 대해서도 종교적 관용을 보장한다는 조항은 로스차일드가의 입장에서는 불가리아를 두고 이루어진 난해한 타협안보다 분명히 몇 배는 더 중요한 성과였다.

그러므로 라이오넬은 디즈레일리의 정책에 절대적인 지지를 보냈다. 1877년 3월 말, 그는 이렇게 썼다. "애국적이고 정의로운 정책이 승리를 거둔 데 대해 제가 얼마나 기뻐하고 있는지 모르실 겁니다. 당신의 훌륭한 결의와 정치가다운 식견 덕분에 우리는 머잖아 세계의 평화를 눈앞에 두고 당신께 축하 인사를 건넬 수 있을 겁니다." 내티 역시 몬터규 코리에게 자신은 확고한 "투르크 지지자"라고 단언했다.[20] 위기가 진행되는 동안 그들은 대륙에서 전해 받은 정보를 요약해서 정기적으로 디즈레일리에게 전달했고, 빈과의 비공식 소통 채널로도 활동했다. 8월에 디즈레일리는 세르비아와 불가리아의 중립에 관해 러시아가 오스트리아와 한 약속 "문제를 놓고 로스차일드가 사람들과 비밀리에 상의해 보기로 결론을 내렸"다고 여왕에게 보고했다. "그들은 오스트리아뿐만 아니라 오스트리아 왕가와도 관계가 긴밀합니다. 로스차일드 남작은 빈 일가의 대표에게 전보를 보내, 무엇이든 조치가 취해지기 전에 그가 먼저 안드라시 백작으로부터 문제에 관한 구체적인 통지를 받을 수 있게 해 달라고 요청해 보겠다고 했습니다.……이틀 뒤 그들은……당시 떠돌던 소문과는 다른 [정보를 담은] 답신을 받아 왔습니다." 다른 핵심 외교계 인사들이(러시아 대사는 물론이요, 자국의 외무장관까지) 무시당한 기분을 느낄 수밖에 없었던 것은 로스차일드가가 총리와 이토록 친밀한 관계였기 때문이었다.

디즈레일리와 로스차일드의 관계가 자유당 당수의 귀에 전해지지 않을 리 없었다. "로스차일드가는 가증스럽게 행동하고 있습니다." 그랜빌은 1877년 8월 글래드스턴에게 그렇게 써 보냈다. 바로 석 달 전 글래드스턴은 "정부가 언명한 정책에 대한 핵심적인, 혹은 중대한 변경을 요구하는 결의안"을 하원에 제출한 참이었다. 그로부터 넉 달 뒤, 그랜빌은 다시 화가 치미는 이야기를 듣는다. "N. 로스차일드(열혈 투르크파)는 디즈레일리가 전쟁을 기도하고 있다는 이야기를 비웃습니다. 그는 투르크인들 스스로 디즈레일리에게 의지한 것이며(참으로 아름다운 신뢰입니다), 러시아는 결국 굴복할 거라고 합니다." 내티에 따르면 "디즈레일리는 해협이 모든 전함에 개방되는 것을 막자고 전쟁에 나설 생각이 없"었다. 그러나 그는 나중에 디즈레일리의 전기를 집필한("로스차일드 경의 관점에 준하여" 집필하도록 설득했으나 뜻을 관철시키지는 못한) 역사가 J. A. 프루드에게는 전혀 다른 이야기를 했다. 당시를 회고하며, 내티는 "그(비컨스필드 경)는 전쟁을 하려는 생각이 확고했다. 전쟁은 그의 정책상 필수 사항이었다. 여왕도 그에게 압력을 가했고……오직 내각 안팎에서 부닥친 반대가 그를 저지했던 것뿐"이라고 인정했다.

그저 엄포를 놓았던 것이든 그렇지 않든, 디즈레일리는 운이 좋았다. 첫째, 비스마르크는 고르차코프와 이그나티에프를 지지하지 않는 쪽으로 결단을 내렸는데, 러시아가 너무 완벽한 성공을 거두면 오스트리아-헝가리가 열강의 지위에서 돌이킬 수 없이 영락해버릴 수 있다는 두려움에서였다. 둘째, 러시아는 1877년 12월에 플레브나전투에서 진군을 제지당하며 군사적인 난관에 부딪쳤다. 셋째, 러시아는 앞서 보스니아 헤르체고비나를 오스트리아-헝가리에 넘기겠다고 한 약속을 저버리고 산스테파노 조약에 따라 새로이 '대불가리아'를 세우려 하는 등 과욕을 부리는 실수를 저질렀다. 이 모든 것이 1878년 봄에 더비의 뒤를 이어 외무장관이 된 솔즈베리의 과업을 한층 더 수월하게 만들었다. 러시아(베사라비아와 바툼을 유지), 투르크(아시아 영토를 보장받는 대가로 영국에 사이프러스를 양도), 오스트리아(보스니아 헤르체고비나 및 세르비아와 몬테네그로 사이에 있는 노비파자르 군[郡]의 점령이 허용됨)와 일련의 협정을 체결함으로써, 솔즈베리는 베를린에서 완성되는 디즈레일리의 외교적 '승리'를 위한 길을 닦았다.

사실 베를린조약이 실로 승리를 의미했는지는 논쟁의 여지가 있는 문제다. 불가리아를 3등분한 것(자치권을 갖게 된 불가리아, 투르크 종주권 아래 남게 된 동[東]루멜리아, 오스만제국의 일부로 남게 된 마케도니아)은 오래 지속될 만한 해결책이라는 인상을 주지 못했다. 게다가 투르크는 발칸 지역에 미미한 영향력만 남긴 채 다른 전부는 포기해야 했다. 물론 러시아 군대는 1879년 말까지 발칸 지역에서 완전히 철수했고, 디즈레일리가 동방문제 외교에 관한 한 영국의 리더십을 역설했다는 것 역시 틀림없는 사실이었다. 러시아가 독일 및 오스트리아-헝가리와 불화하게 된 상황 또한 그에게는 만족스러운 결말이었다. 로스차일드가에서 디즈레일리에게 열화와 같은 찬사를 보낸 것이 아주 가당찮은 일은 아니었다. 그런데도 합의안의 성격이 불확정적이었다는 사실은 베를린회의가 끝나고 채 1년도 안 되어 드러났다.

1879년 4월, 커디브는 이집트 국민들의 호감을 사지 못한 '국제' 정부를 해산시켰다. 그 결과, 로스차일드가에서 발행한 신규 채권 가격이 급락했다. 내티가 바로 이 시점부터 이집트에 대한 영국의 군사 개입을 주장했다는 주장이 종종 제기되었지만, 그것은 틀린 주장이다. 내티는 "투르크 정부의 칙령 및 열강들의 지지에 따라 총독을 즉각 해임시키고, 그의 장남 투피크(Tewfik)를 후임으로 앉혀야" 한다는 리버스 윌슨의 주장을 수용하는 입장이었다. 그러나 그는 1877년에 협상한 대부금 지급을 보류해야 하며, 그래야 강제 퇴위가 더 손쉽게 이루어지리라고 생각한 전 장관의 주장에 반대했다. 그와 프랑스 사촌들은 "대부금 지급을 취소해버리면 이집트의 입장에서는 매우 불명예스럽게 느낄 터이므로 윌슨의 제안에는 절대 반대"한다고 선언했다. 이번에도 그들이 목표했던 것은 글래드스턴이 반박하려야 할 수 없었던 것, 즉 이스마일을 퇴위시키고 그 자리에 투피크를 앉히기 위해 다른 열강들과 연합해서 합동 행동을 취하는 것이었다.

그러나 채권자들 사이의 이해관계가 빚는 구래의 갈등이 곧 표면화되었다. 당연히 로스차일드가에 무엇보다 중요했던 문제는 1877년도 채권의 담보를 재설정하는 것이었고, 그것은 그보다 일찍 발행된 이집트 채권을 보유한 이들과는 전혀 다른 목표였다. 다른 채권자들의 권리를 축소시키는 일 없이, 로스차일드의 채권에 담보로 설정된 토지는 안전하게 보전한다는 타협안에 대해 오스트리아와 그리스 정부의 동의를 마침내 얻어낸 것은 1879년 12월의 일이었다. 그런데도 새 정권(사실상 영국-프랑스 주도로 구성된 청산위원회의 통제를 받는)은 앞선 정권과 마찬가지로 단명할 운명이었다. 몇 개월 못 가 무너진 '2중 지배' 체제 역시 다시는 복구되지 못했다.

투자에서 침략으로

글래드스턴은 1880년 봄에 치러진 선거에서 승리를 거두며 로스차일드가가 상상했던 최악의 시나리오를 지체 없이 실현해냈다. 그가 권좌에 오른 것은 투르크가 또 한 번 파산을 선포한 직후였고, 그는 투르크 채권자들이라는 그 자신을 포함한 대규모 이질적인 집단을 대변해 일종의 경제 제재를 마련하는 일에 즉각 매달렸다. 그는 투르크 주재 영국 군영사를 소환했고, 투르크 정부가 그리스와 몬테네그로에 베를린에서 합의된 양보 조항을 이행하도록 강제한 것으로도 모자라 이제는 스미르나 항을 점령하는 방안까지 고심하고 있었다. 로스차일드가로서는 경악할 일이었다. 내티가 디즈레일리에게 일렀듯이, 무엇보다 스미르나의 세수는 이미 로스차일드가에서 1855년에 발행한 정부 보증 채권에 담보로 잡혀 있었기 때문이다. 내티는 이 정책을 지지할 가능성이 있는 나라는 오직 러시아, 그리고 어쩌면 이탈리아일 뿐이며, 글래드스턴의 "오만함" 때문에 국제 분쟁이 일어날 수도 있다고 디즈레일리에게 경고했다. "증권거래소에서는 유럽 콘서트(즉, 유럽 협조 체제) 티켓이 매도세를 보이고 있다는 말이 돕니다." 그는 10월 8일에 블라이히뢰더에게 이렇게 썼다.

다른 열강들과 사이가 틀어지게 되면 무슨 일이 일어날지는 예측할 수 없습니다. 격정적이고 과민한 글래드스턴은 무슨 일이든 일단 저지르고 볼 겁니다. 그가 러시아와 이탈리아만 믿고 일을 추진한다면 평판이고 인망이고 모두 최악으로 떨어지겠지요. 이 넨장맞을 사업을 처리할 수 있는 사람은 오직 한 사람, 바로 비스마르크 후작입니다. 그가 문제의 주도권을 쥐는 것이 가장 바람직합니다.

그랜빌은 그날 아침에 독일 대사 뮌스터 백작을 방문했다가 그 자리에 이미 알프레드가 와 있는 것을 보았다. 그랜빌은 글래드스턴에게 이렇게 썼다. "그와 알프레드 로스차일드는 같이 있는 것을 들킨 것이 다소 계면쩍은 눈치더군요. R이 뭘 알고 싶어 하더냐고 물었더니, 뮌스터는 그가 자신이 알고 있는 바를 전해 주기 위해 왔다고 하더군요. 스미르나에 관한 일로 말입니다."

내티는 "글래드스턴이 혼자 처리하고 싶어 한다"고 확신했지만 그가 "다른 공사들[외국 대사들]의 의견을 묻지 않고" 행동에 나설 수는 없으리라고 자신했다. "영국은 독일 없이는 움직이지 않을 것이며, 러시아 없이 혼자 나서지도 않을 겁니다. 이건 충분한 근거가 있는 이야기입니다. 최고의 소식통들이 하는 말을 들어 보면, 비스마르크는 현재 외교 정책에서 그 어느 때보다 막강한 힘을 발휘하고 있다고 하더군요."

나중에 밝혀졌듯이, 글래드스턴은 굳이 스미르나를 점령하지 않고도 그의 목적을 달성할 수 있었다. 1881년 12월 20일, 술탄은 투르크의 부채 및 연간 납입금을 감축한다는 내용의 무하람칙령을 반포하고 오스만 국제채무관리국을 새로 설치했다.[21] 형식상 이 관리국의 설립은 베를린회의에서 통과된 결의안 조항에 보장된 열강들의 직접 개입을 막기 위해 채권 보유자들이 합의해서 이뤄낸 선제 행동이었다. 그러나 실상 관리국의 각국 대표들은 정부의 승인을 받아 임명되었고, 관리국 국장을 영국과 프랑스 대표가 번갈아 맡게 한 규칙은 언뜻 이집트의 '2중 지배' 체제의 연장처럼 보이기도 했다(담배 전매권이 빈의 로스차일드 상사, 크레디탄슈탈트, 블라이히뢰더가 포함된 컨소시엄에 임대된 것은 '2중 지배'라는 인상을 흩트리는 변칙적인 상황이었지만). 이후로도 일어나는 일이었지만, 글래드스턴이 갖은 수단을 부린 끝에 마지막에 내놓는 해법은 로스차일드가로서도 외면하기 어려운 것이었다. 알퐁스가 투르크의 재정 안정성을 끝내 불안해하기는 했지만, 로스차일드가는 이 새로운 체제하에서 1891년에 690만 파운드, 3년 뒤에는 900만 파운드 규모의 채권을 발행했다(뒤엣것은 오스만은행과 공동으로). 두 건 모두 1855년 발행한 투르크 채권과 마찬가지로 이집트 세금을 담보로 삼았다는 사실은 의미심장한 일이다.

무하람칙령을 이해하려면 당시 유럽 열강들 간의 외교 관계가 어떤 변화를 겪었는지를 먼저 알아야 한다. 러시아-투르크 전쟁 직후 비스마르크는 독일, 오스트리아-헝가리, 러시아와의 3제동맹을 회복시키기 위해 분투했는데, 그 시발점이 된 것은 1879년 10월에 오스트리아와 비밀리에 맺은 방어동맹이었다. 오스트리아와의 동맹이 사실상 러시아를 겨냥한 동맹이었는데도, 그는 바로 다음 단계로 러시아가 오스트리아와 일종의 양해를 맺도록 독려했고, 이 같은 노력이 드디어 1881년 6월에 제2차 3제동맹 체결로 결실을 맺었다. 이 동맹은 본질적으로 3국 중 어느 하나가 제4의 열강과 전쟁을 하게 될 경우 나머지 회원국은 중립을 지킨다는 조약이었지만, 그보다 훨씬 중요한 것은 발칸 지역에 관한 조항이었다. 동맹 조약은 투르크와 마찰을 빚을 경우를 따로 상정하고 있지 않았지만, 오스트리아-헝가리는 사실상 러시아에 불가리아를 '통일'할 재량권을 용인하는 한편 러시아는 오스트리아가 (베를린회의 이래 오스트리아에서 점령하고 있던) 보스니아 헤르체고비나를 병합할 수 있는 가능성을 인정한다는 내용을 담고 있었다. 더불어 오스트리아는 세르비아와 준보호령이라 할 만한 관계를 수립해서 1881년에는 밀란 왕을 공인했고, 2년 뒤에는 러시아가 공격할 경우 루마니아 방어에 독일도 합류한다는 약속을 받아냈다. 그와 동시에 1881년 5월에는 독일, 오스트리아, 이탈리아가 전혀 별개의 3국동맹을 체결했는데, 이는 부분적으로는 프랑스의 지중해 팽창 정책(1881년의 튀니스 점령이 신호탄이 된)을 겨냥한 것이었으나, 오스트리아가 러시아와 전쟁을 벌일 경우 이탈리아의 중립을 보장받기 위한 것이기도 했다. 3제동맹과 3국동맹이 서로 모순적이라는 사실은 분명했다. 그러나 오스트리아와 러시아가 마찰을 빚지 않는 한 이는 잠재적인 모순이었고, 3제동맹은 1884년 3월에 별다른 어려움 없이 갱신되었다. 1878년에 베를린에서 체결된 협정들은 그렇게 신속히 재정비되었다.

그 결과, 영국과 프랑스는 어떤 상황에 처하게 됐을까? 이집트에서 양국 관계가 악화될 경우 잠재적으로 고립될 수 있는 상황(물론 둘 중 어느 한쪽 혹은 양국 모두가 친[親]러시아 정책을 취하지 않는 한)이었다는 것이 그 답이다. 러시아의 세력이 중앙아시아를 거쳐 페르시아, 아프가니스탄 그리고 라지(Raj)[22]의 북서 국경까지 확대되면서 영국-러시아가 양해를 맺을 기회는 실낱마저 사라져버렸다. 공화국과 차르 제정이라는 막심한 정체 차이에도 프랑스-러시아의 관계 회복이 현실적으로 더 가능성 있는 이야기였고, 비스마르크가 그 정교한 3제동맹 체제를 직조했던 것 또한 많은 면에서 바로 이 조합의 실현 가능성을 염려했기 때문이었다. 한마디로 그는 독일을 식민지 분쟁에 대한 중재자뿐만 아니라 잠재적인 동맹국으로도 만들어 보일 수 있었다.

바로 그러한 수완이 영국 로스차일드가의 마음을 샀다. 그리하여 1880년 이후 로스차일드가의 정책은 점점 더 비스마르크의 미묘한 영향력 아래 놓이게 됐고, 블라이히뢰더도 마침내 그가 이전에는 인성받지 못한 중개인 역할을 할 수 있게 되었다. 한때는 재정 안정성을 파탄으로 보고 갔던 비스마르크가 1880년대에는 의심할 나위 없는 보증인이 되어 있었다. 영국 대사인 앰틸 경은 1882년에 블라이히뢰더를 방문했다가, 그곳에서 카이저의 건강 상태에 대한 급보를 요청하는 파리 로스차일드가의 전보를 보았다고 보고했다. "저는 블라이히뢰더에게 프랑스 금융가들은 카이저의 서거 조식이 파리 증권거래소에 어떤 영향을 미칠 거라고 예상하고 있는지 물었습니다. '10~15%에 달하는 전반적인 폭락입니다. 새로운 카이저 밑에서 비스마르크가 재임할 수 있을는지가 불확실하기 때문입니다.'" 그 이듬해, 런던 주재 독일 대사는 내티로부터 영국-독일 간의 양해 체결은 "일부 각료를 제외하고 이성을 갖춘 대부분의 영국인들이" 원하는 일이라는 말을 듣는다. 1881년 이후로 투르크 부채가 점점 더 많은 비중이 베를린 자본 시장에 흡수되었다는 사실(도이체방크가 주도적인 역할을 했다)은 친독일적 분위기를 설명해 준다.[23]

로스차일드가의 관점에서 영국-독일 간 관계 회복으로 생길 수 있는 불이익은 그것이 도리어 영국-프랑스의 관계를 악화시킬 수 있다는 것이었다. 사실상 그 가능성은 커디브 투피크의 무력한 정권에 대항해 일어난 아라비 파샤(Arabi Pasha)가 이끄는 민족주의 군사 반란이 이집트의 '2중 지배' 체제를 마비시켰을 때 현실이 되었을 수도 있었다. 프랑스가 1880년 모로코에서, 이듬해에는 튀니스에서 힘자랑을 한 일은 글래드스턴 내각이 영불 합동 개입 정책에 착수하기를 주저한 이유를 설명해 줄지도 모른다. 이집트 사태에 개입하는 것 자체를 글래드스턴이 지나치게 신중하게 고민하고 있었다는 이야기는 변명이 되지 못한다. 실로 그는 놀랍도록 짧은 시간 안에 알렉산드리아를 포격하고(1882년 7월) 아라비를 타도하라는(9월) 명령을 내렸기 때문이다.

충격적인 대사건들이 연이어 벌어지는 동안 로스차일드가에서 맡은 역할은 무엇보다 영국과 프랑스 정부 사이를 중재하는 일이었다. 그러나 내티와 글래드스턴이 서로를 미심쩍게 생각하고 있었던 터라, 그것은 런던 안에서도 이미 어려운 일이었다. 위니옹 제네랄 은행 위기의 여파가 없었더라면, 프랑스의 정치적 입장은 일을 한층 더 엇나가게 만들었을 것이다.

위니옹 제네랄의 흥망이 졸라의 소설 『돈』의 영감이 되었다는 이야기는 앞서 언급했다. 이번에는 이 사건을 제3공화국과 동방문제라는 복잡한 정치 상황과 연결지어 따져 볼 텐데, 짧은 기간이나마 수에즈 운하에 맞먹는 중요한 역할을 한 사건이었기 때문이다. 근본적으로 위니옹 제네랄은 1860년대 후반 랑그랑 뒤몽소가 주춧돌을 놓고 히르쉬가 그 뒤를 이어 진행한, 발칸 지역을 통과해 콘스탄티노플을 잇는 철도망(동방 철도)의 건설을 위해 탄생한 은행이었다. 그러나 투르크가 채무 불이행을 선언하고 산스테파노조약으로 투르크 철도 부설권 일부가 발칸 지역의 신생 독립 국가들에 양도되면서 은행은 수렁에 빠져들었다.

무명의 프랑스 철도 기술자였던 폴 외젠 봉투는 독일 슈타츠반과 로스차일드 소유의 쥐트반에서 경력을 쌓은 뒤, 1870년 중반 오스트리아-헝가리에서 자신의 사업 제국을 건설하기 시작했다. 애초에 그가 바랐던 것은 프랑스 자본의 물길을 중앙유럽의 다양한 사업에 끌어다대는 일이었다. 그러나 1878년에 쥐트반을 그만두면서, 그는 로스차일드-크레디탄슈탈트 그룹이 빈에서 차지하고 있던 지배적인 위치에 도전할 만한 새로운 금융 기관을 설립해야 한다는 확신을 갖게 됐다. 그 첫 행보가 1878년에 2500만 프랑의 자본금으로 위니옹 제네랄을 재출범시킨 것이었다면, 1880년에 오스트리아 지방 은행을 창립한 것은 그 두 번째 행보였다. 오스트리아 총리 타페의 지원하에, 봉투는 오스트리아-헝가리 철도 노선들과 탄광에 대한 이권을 획득했고, 베오그라드-콘스탄티노플-살로니카를 연결하는 철도 건설에서 히르쉬를 대신해서 자신이 주축이 될 기회를 노렸다. 이후로 그는 사업을 다각화했고, 그 결과 위니옹 제네랄은 유럽 전역에 걸친 대단히 광범한 범주의 사업에 지분을 갖게 되었다.

그러나 위니옹 제네랄은 크레디 모빌리에를 모델로 삼은 또 하나의 투자신탁 그 이상이었다. 앞서 랑그랑 뒤몽소가 했던 식으로, 봉투는 의도적으로 교황지상권적이고 반로스차일드적인 수사법을 동원하여 보수적인 가톨릭계 투자자들의 예금을 끌어들였다. 정통 왕조파의 왕위 요구자 샹보르 백작 역시 위니옹 제네랄의 주식 투자자 중 한 명이었다. 회사의 규모는 결코 크지 않았다. 회사 자산은 한창 때에도 3800만 프랑을 조금 웃도는 데서 그쳤다. 그러나 회사의 명목 자본을 실제 조성할 수 있었던 출자금보다 훨씬 늘려 놓은 봉투의 행태는 위니옹 제네랄이 장기 투자를 하기에는 자본이 부족하고 단기예금으로 대차대조표를 만회한, 투기성 짙은 '카드로 만든 집'이었다는 사실을 드러냈다. 명목가 500프랑이던 주식이 1881년 12월에는 3000프랑까지 올랐지만, 봉투가 부인했는데도 위니옹 제네랄 주식의 상당한 비중(1만 주 이상, 약 1700만 프랑 상당)을 사실상 은행 자체에서 보유하고 있었기 때문에 은행이 거둔 이익으로 알려진 액수는 실제가 아닌 기대 수치에 불과했다. 프랑스은행이 금리를 높이기 시작한 1881년 말엽, 투기 거품은 터지기 직전에 직면해 있었다. 1월 4일부터 2주에 걸쳐 주가는 3005에서 1300으로 떨어졌으며, 1월 31일에 위니옹 제네랄은 지불을 정지할 수밖에 없었다. 배임 혐의로 유죄를 선고받고 스페인으로 도주한 이후, 봉투는 거듭해서 자신이 "유대인 음모"의 희생양이었다고 주장했다. 그러나 이 혐의를 뒷받침하는 근거는 없다. 사실 파리 시장에서 금융권의 도미노 붕괴를 막은 것은 파리의 대형 은행들이 거둔 거액의 대부금 덕분이었으며, 로스차일드가에서도 1000만 프랑을 보탰기 때문이다(뒤에서 보게 되겠지만, 이런 식의 집단 구제는 8년 뒤 베어링은행이 도산했을 때 런던에서 다시 되풀이된다).

위니앙 제네랄 위기의 역사적 의미는 무엇보다 은행이 도산한 시점에 있다. 1881년 11월(즉, 도산 직전)에 레옹 강베타가 프랑스 총리로 취임해서 대외적으로는 모험적이고 대내적으로는 급진적인(것처럼 보였던) 정책을 천명했기 때문이다. 그가 단 두 달 만에 실각하게 된 원인으로 꼽을 수 있는 시차적으로 가장 밀접한 사건은 선거법 개혁 문제를 놓고 국민회의 투표에서 패한 일이겠지만, 그의 입지를 정말로 뒤흔든 것은 1월에 일어난 금융 위기로 그가 계획한 대규모 부채 전환과 철도 국유화 사업이 무산된 일이었을 것이다. 정황 증거밖에는 없는 이야기이지만, 국제적인 관점에서 로스차일드가가 강베타의 실각을 (그리고 세가 프랑스 내각에 복귀한 것을) 환영했으리라는 데에는 의심의 여지가 없다. 1월 25일에 알퐁스는 내티에게 보내는 편지에서 강베타가 영국 대사 라이언스 경이 제안한 조건대로 영국과 협력해서 이집트 문제를 다룰 의향이 없는 것 같다고 통고하고, 당시 논의 중이던 영불 통상조약이 과연 실현 가능할는지에 대해서도 의문을 제기했다. 내티는 "불만족스러움"이라는 암호 같은 코멘트와 함께 이 편지를 딜크(당시 외무부 정무차관이었던)에게 전했다. 바로 이튿날 강베타는 총리 자리에서 물러나야 했다. 그로부터 2주도 지나지 않아 프랑스 외무부에서 라이언스를 만난 알퐁스는 "이집트 문제와 관련해 프레시네 씨[24]에게 내가 무슨 말을 했으면 하는지" 물었다. "그는 잠시 생각하더니 대답하더구나. '통상조약을 맺는 쪽으로 설득해 주시지요.'" 내티와 알퐁스는 각자의 부친들처럼 새 프랑스 정부를 위해 비공식 소통 채널 역할을 했던 것으로 보인다. 내티는 파리에 "딜크가 시사한 내용"을 편지로 써 보냈고, 알퐁스는 "프랑스 내각에서 영국과의 통상조약이 지니는 의미를 레옹 세만큼 잘 아는 사람은 없다"고 확신에 찬 답변을 보냈다. 로스차일드가의 진짜 동기가 무엇인지 습관적으로 의심하던 그랜빌과 글래드스턴도 이 정보가 "흥미롭다"는 사실을 부인할 수는 없었다.

그보다 더 흥미로웠던 정보는 아라비 파샤를 축출하기 위해 영국이 강경한 행동을 취하더라도 프랑스 정부가 반대하지 않을 것이라고 장담한 알퐁스의 전언이었다. 알퐁스도 지적했듯이, 프랑스의회의 반대를 물리치고 프랑스 정부가 전면적인 '무장 개입'에 참여한다는 것은 불가능해 보였다. 그와 세가 바랐던 것은 영국의 독자적인 추진이었다. 이 정보가 런던에 도착한 것은 단독적인 군사 행동을 주장한 각료들(특히 하팅턴 경)의 압력에도 글래드스턴은 콘스탄티노플에서 회담을 개최해서 다자 해법에 도달하리라는 희망을 고수하고 있던 시점이었다.

그해 7월(군사 행동의 명분을 강화해 주는 듯했던 알렉산드리아의 폭동이 있은 지 한 달이 지나), 영국 함대가 알렉산드리아를 폭격하자 알퐁스는 "영국이 어떻게 이집트 전역의 치안이 재확립되기까지 지켜만 보고 있을 수 있겠느냐"며 반가워했다. "이집트에 합법적인 이해관계가 있는 사람들한테는……이보다 더 나은 보증이 없을 것이다." 두 달도 안 되어 울즐리(Wolseley) 장군이 텔엘케비르(Tel-el-Kebir) 전투에서 승리를 거뒀다는 소식에 그는 "더없이 만족스러워"했다. 로스차일드가가 영국 정부로 하여금 양심의 가책을 느끼는 글래드스턴을 무시한 채 (7월 31일자 내각 의사록에 쓰여 있듯이) 무력으로 "아라비를 진압"하도록 조장했다는 결론을 피하기는 어렵다. 그 결정이 이루어진 날은 강베타의 후임 프레시네가 영국과 프랑스가 운하 지역을 공동 점령하는 방안을 제안했으나 의회에서 뜻이 꺾인 당일이었다. 9월 7일이면 그랜빌은 이집트에서

"영국이 장래의 우위를 확보했다는 것이 명백해졌다"는 내티의 견해를 얼마간 인정하기까지 이른다. 프랑스가 이를 묵인하리라는, 로스차일드가에서 기꺼워하며 전했을 강력한 암시 없이 심경의 변화가 가능했으리라고는 생각하기 힘들다. 오로지 한 가지 측면에서만 알퐁스와 내티는 이집트 점령을 달리 보고 있었다. 알퐁스는 그것을 계기로 비스마르크에게 영국과 프랑스가 단결했다는 사실을 알리고 싶어 했지만, 내티의 관심은 이 독일제국의 총리와 함께 움직이는 데 있었다.

로스차일드가가 글래드스턴을 함정에 빠뜨리길 원했다면, 이집트를 점령하도록 유인하는 것보다 확실한 함정은 없었을 것이다. 글래드스턴 자신도 그 같은 조치가 야기할 문제들을 정확히 예견했다. 그런데 이제 그 자신이 바로 그 문제에 영락없이 포위되어 있었다. 일단, 커디브 정부가 어떻게 재편될지 확실하지 않았다. 둘째, 어떤 채권자들에게 우선권을 부여하느냐에 대한 오래 묵은 경제적 문제가 남아 있었다. 셋째, 글래드스턴이 마지못해 결국 제국주의를 받아들이게 함으로써 야당의 수에 넘어가게 만든 국내 정치적 난제들이 있었다. 마지막이자 가장 중요한 문제는, 이번 일로 그는 다른 유럽 열강들에 영국을 후려칠 곤봉을 쥐어 준 것이나 다름없게 됐다는 사실이었다.

프랑스가 자국이 단연 더 큰 경제적 이해관계를 갖고 있던 영토를 영국이 점령하는 것을 묵인한 사실은 기이한 일이었다. 과연 묵인은 오래가지 않았다. 구스타브가 내티에게 전하고 다시 내티가 그랜빌에게 알린 것처럼, 울즐리가 승전보를 전한 뒤 채 한 달도 지나지 않아 파리에서는 영국 정부가 수에즈운하회사의 최대 주주가 되기 위해 공개 시장에서 운하 주식을 매입하려 한다는 소문이 돌기 시작했다. 내티는 정부가 실제로 그렇게 해 줬으면 하고 바랐을 것이다. 그러나 글래드스턴은 1875년에 디즈레일리가 처음 주식을 매입했을 때와 비슷한 거래는 어떤 것이든 지극히 수상쩍게 보고 있었고(그는 그때까지도 당시 거래의 몇 가지 내역이 숨겨져 있다고 생각했다), 레셉스와 운하회사의 프랑스 주주들과 합의에 이르는 것은 어쨌든 불가능한 일로 드러났.

운하는 이집트 문제의 일부에 불과했다. 놀라운 일은 아니겠지만, 글래드스턴은 곧 논하게 될 이유 때문에 이집트의 재정을 "신성한 문제"로 여겼다.

그러나 그 문제를 '유럽 협조 체제'를 통해 풀겠다는 결심은 여전했다. 비스마르크의 현실정치(Realpolitik) 시대에 그것은 불가능한 일이었다. 블라이히뢰더는 곧 베를린으로부터 영국의 이집트 정책에 대한 독일의 갑작스러운 태도 변화를 암시하는 신호를 보내 왔고, 글래드스턴이 희망을 걸었던 런던 회담은 1884년 여름에 교착 상태로 종결되었다. 의지할 데가 없어진 글래드스턴은 이집트 재정 재건 사업을 로스차일드와 베어링이라는 시티의 고전적인 조합에 맡길 수밖에 없었다.

8월 4일, 해군본부위원회 수석위원 노스브루크(Northbrook) 경(베어링 가문 출신이지만 은행 사업에 참여한 적은 없는)이 재정 상태를 조사할 목적으로 이집트로 파견되었다. 랜돌프 처칠(Randolph Churchill)이 하원에서 목청을 높이며 지적했듯이, 그의 사촌 에블린 베어링(Evelyn Baring, 이후 크로머[Cromer] 경이 된다)은 이미 카이로에 총영사로 가 있었다.[25] 처칠은 노호했다. "그 말인즉슨, 대(大)베어링 가문의 두 일원이 이집트에 대한 영국의 정치경제적 특권을 독점적으로, 거의 무제한으로 행사할 권한을 부여받았다는 겁니다.……이런 연줄로 임명한다면, 베어링가에서 두 명을 보내든, 로스차일드가에서 두 명을 뽑아 보내든, 무슨 차이가 있습니까? 두 가문은 규모도 비슷하고, 동방에 관한 경제적 이해관계가 크다는 것도 동일합니다. 정부가 정황이나 대중적 입지를 고려해서 로스차일드가 사람을 파견하자고 제안했다면, 하원은 물론이려니와 나라에서는 불만의 함성이 대단했을 겁니다. 그러나 로스차일드와 베어링, 두 집안 사이에 다를 것이 무엇입니까?"

노스브루크의 정치 경력을 고려하면(그는 앞서 인도 총독을 지냈다) 처칠이 꼬집은 것은 하찮은 부분이었고, "이제껏 이 나라의 공무는 런던 시티의 상업 및 금융 사기업들과 일말의 연계도 맺지 않고 한결같이 자유로웠다"는 그의 주장은 응당 말도 안 되는 것이었다. 그러나 그가 이집트 정책에 로스차일드가가 개입했다면 베어링가가 개입한 것보다 더한 여론의 반발을 일으켰으리라고 생각했다는 사실은 흥미로운 부분이다.

처칠이 몰랐던 것은, 노스브루크가 이집트로 파견된 당일, 내티가 그랜빌에게 당면한 이집트 적자 문제를 해결하기 위해 자신의 은행에서 100만 파운드를 단기 대부해 주겠다고 약속한 사실이었다. 그가 "빌려 준 돈의 담보로 정부가 무엇을 해 줄 것인시" 알고 싶다고 노골적으로 요구해 오기는 했지만 말이다. 대부를 갱신해야 할 필요가 생기자, 처칠이 애꿎게 베어링가를 들먹이며 지적했던 정치를 움직이는 금융 권력, 바로 그것이 로스차일드가의 수중에 들어왔다. 12월 26일에 내티는 그랜빌에게 이집트가 파산할 날이 코앞이라는 암담한 이야기를 꺼내며, 다른 열강들과의 협상에 박차를 가하게 하려는 속셈으로 만기를 2주만 더 연장할 의향이 있다고 말했다. 심지어 그렇게 숨통을 조이면서도, 내티는 베를린이나 파리에서 날아온 상반되고 모순적인 메시지들로 정부를 괴롭히는 일을 즐겼던 것 같다. "우리에게 마지막으로 남은 대안은 비스마르크와 합의를 보는 겁니다." 8월에 그는 해밀턴에게 그렇게 말했다. 9월 1일에는 그랜빌에게 "비스마르크는 분개한 나머지, 독일도 이제는 자국 채권 보유자들의 권리를 적극 방어하기 위해……이집트인들의 불법적인 행동에 맞설 것이고, 영국에는 최후의 수단을 쓰겠으며, 유럽의 위임권은 프랑스에게 넘길 작정인데, 우리가 그 같은 상황에 맞닥뜨리고 싶어 하지는 않을 거라고 하더군요"라고 전했다. 그러나 다시 석 달 뒤 글래드스턴과 함께한 만찬 석상에서는 "프랑스의 이집트 토지세 계산 내역을 비웃으며" 노스브루크가 이집트 재정을 영국이 단독으로 통제해야 한다는 요지로 한 달 전에 발표한 보고서에서 게재된 추정치야말로 정확한 수치라고 편을 들었다.

가차없이 등을 떠밀려서 이집트를 사실상의 영국 보호령으로 만들어버린 글래드스턴을 동정하지 않기란 어려운 일이다. 로스차일드가가 그야말로 어디에나 발을 들이고 있는 듯 보였기 때문에, 그는 (하팅턴이 비스마르크에게 전할 수 있도록 내티에게 노스브루크 보고서의 세부 내용을 제공하고 있던 당시) 그들이 결정적인 정보를 프랑스 정부에 누설했다는 의혹을 제기했다. 전혀 근거 없는 혐의는 아닌 듯했다. 그해 10월, 프랑스 총리 쥘 페리는 비스마르크의 아들 헤르베르트(Herbert)에게 "영국은 거대 금융가들, 특히 로스차일드가를 선동하고 있습니다. 영국 정부가 곤경에 몰릴 경우 이집트 채권은 종잇장이 되고 채권 보유자들은 완전히 낭패를 볼 거라고 설득한답니다.……금융가들은 실로 불안해하며 영국에 대한 프랑스 정부의 태도를 누그러뜨리려고 노력하고 있습니다"라고 말했다. 이 중요한 시점에 로즈버리가 서둘러 내각에 합류한 것은 놀라운 일이 아니다. 그는 이번에도 틀림없이 처칠이 금융 가문들을 주제로 또 한 번 격론을 펴리라고 예상했다. 이 예상을 뛰어넘어, 처칠은 "런던과 파리의 유대인 고리대금업자 일당들이 이스마일 파샤를 그들의 둥지로 꾀고 있"으며, "글래드스턴이 이집트를 유대인 십장들의 올가미 속으로 되던져 놓았다"고 과격한 언사를 쏟아냈다.

마지막으로, 불가피하게 맞닥뜨린 또 하나의 문제는 영국이 새로 얻은 사법권을 어느 한도까지 발휘하고 어디쯤에서 포기해야 하느냐는 것이었다. 이집트 남쪽의 수단에서는 마디(Mahdi)[26]가 주도하는 종교적인 봉기가 맹위를 떨치고 있었다. 이번에도 로스차일드가는 영국의 개입을 권고했고, 이번에도 글래드스턴은 국내의 제국주의 정서와 "현장의 인물"인 "중국인" 고든(Charles George "Chinese" Gordon)의 찌를 듯한 야망이 결합된 압력에 저항할 수가 없었다. 당사자 일동은 영국의 힘을 과대평가하고 있었고, 프랑스 로스차일드가에서는 "고든 파샤가 봉기를 일소할 만한 영국 최고의 무기로 영국은행권 10만 파운드를 가지고 갔다"는 증권거래소 농담을 몇 번이고 언급하며 즐거워했다. 수단에서 철수하기 위한 병참 계획을 보고하라는 지시가 있었지만, 고든은 아랑곳하지 않고 마디와의 대결을 고집했다. 1885년 2월 5일, 그가 전사한 것 같다는 소식이 런던에 전해졌다. 뜻을 굽히지 않던 로즈버리가 마침내 정부에 합류하기로 결정한 것도 이런 위기 때문이었다. 내티는 그의 결단을 환영하며 은근히 속내를 내비쳤다. "매부의 명석한 판단력과 애국적 열의는 정부를 조력하고 나라를 수호할 겁니다. 저는 매부께서 대규모로 증강한 병력을 나일 강으로 파견하는 조치가 이루어지도록 노력해 주셨으면 합니다. 수단에서의 군사 행동은 실수 하나 없이 대성공으로 마무리지어야 합니다."

영국의 이집트 점령으로 로스차일드가가 직접적인 혜택을 입은 것은 틀림없는 사실이다. 구스타브가 썼듯이 "이집트의 대외 채무를 영국이 공동으로 책임질 경우 이집트의 신용에는 분명히 도움이 될 것"이었으므로 영국의 지배는 (비록 전부는 아니더라도) 대부분의 이집트 채권 보유자들에게는 희소식이었다.[27] 그뿐만 아니라 로스차일드가 자신들에게는 안전한 신규 채권을 발행할 기회가 생겼다. 1884년 이후에 발행된 모든 이집트 채권은 실질적으로 영국에 의해 인수되었다. 1885년에서 1893년까지 런던, 파리, 프랑크푸르트의 로스차일드 상사는 거의 5000만 파운드에 달하는 네 건의 이집트 채권 발행분을 합동으로 맡았다. 로스차일드가가 이 발행 사업을 블라이히뢰더와 그리고 한 번은 디스콘토 게젤샤프트와 동업으로 진행한 것은 외교적으로 의미 있는 일이었다. 1884년 3월에 이 채권들 중 첫 발행분을 관련 열강들 전체가 보증한다는 합의가 이루어졌으나, 비스마르크는 독일은행(즉, 블라이히뢰더)이 참여해야 한다는 조건에서 이 합의를 승인했다. 덕분에 채권을 (인도를 비롯한 다른 식민지 채권처럼) 영국은행을 통해 발행하는 방안은 배제될 수밖에 없었고, 따라서 명백한 해법은 로스차일드가에 운용을 맡기는 것이었다. 1885년 여름, 솔즈베리가 소수 내각을 구성하자마자 맡게 된 첫 과제 중 하나는 다음과 같은 소식을 영국은행에 전하는 것이었다. "영국 몫의 채권 발행은 N. M. 로스차일드 에이전시에 맡기려고 합니다. 당 회사는 파리 및 프랑크푸르트에 있는 동명의 은행과 동일 업체이며, 베를린의 블라이히뢰더 은행과도 유사한 관계에 있기 때문입니다."

그러나 그 어떤 보증보다 중요했던 것은 에블린 베어링이 이집트 재정을 성공적으로 안정화시키는 일이었다. 1890년과 1893년의 채권은 이집트 부채의 이자를 줄이기 위해 발행된 전환 채권이었다. 이집트 민족주의자들의 표현대로 이를 이집트의 이권을 두고 외국 투자자들이 거둬낸 승리였다고 간추릴 수는 없는 일이다. 베어링이 통치하는 동안 이집트에는 대규모 기반 시설 투자가 이루어졌다(철도 부설, 그리고 가장 유명한 것은 1898년에서 1903년 사이에 건설된 아스완 댐). 게다가 절대적인 부채 부담도 1891년에 1억 600만 파운드로 정점에 달했다가 1913년에는 9400만 파운드 수준까지 떨어졌고, 1인당 과세 부담도 줄어들었다. 달리 설명하자면, 베어링이 개입한 초기의 부채 부담은 세수의 열 배 수준이었지만 통치 말엽에는 세수의 다섯 배로 줄어들었다. 영국의 금융 통제가 너무도 엄격했기 때문에, 오래지 않아 로스차일드가마저 이집트 사업으로 받는 수수료가 박해지고 있다고 불평할 정도였다. 베어링이 임직에서 물러난 1907년 이후, 로스차일드가가 이집트 사업을 어니스트 카셀에게 양보했던 것도 부분적으로는 그 때문이었다. 그러나 재점화된 이집트 민족주의 앞에서 영국의 지배력이 주춤하고 있다고 판단한 내티의 염려 때문이었다는 것이 그럴듯한 설명일 것이다.

영국이 이집트를 공식적으로 지배하게 되면서 가장 막심한 손해를 입은 것은 채권 보유자들이나 영국의 납세자들이 아니라 영국의 외교 정책이었다. 1882년부터 1922년까지 영국은 다른 열강들에게 이집트 점령을 끝내겠다는 약속을 최소한 66차례나 반복했다. 그러나 영국을 이집트에서 건져내려는 시도는 매번 다른 열강들의 상충적인 입장에 직면에 실패로 끝나고 말았다. 1885년 9월, 내티는 이집트에 주둔하고 있던 영국 군대를 투르크 군으로 대체하자는 드러먼드 울프(Drummond Wolff)의 견해를 베를린에서는 어떻게 생각하는지 타진해 보라는 요청을 받았다. 비스마르크의 아들 헤르베르트는 부친을 대신해 철두철미하게 부정적인 답변을 전했다. 1887년에 영국 외무부에서 제기한 "영국의 후견하에 이집트를 중립국화"하자는 계획도 똑같이 실패로 끝났다. 이번에는 프랑스 측에서 술탄이 그 제안에 반대해야 한다고 고집했기 때문이다. 사실상 "가면을 쓴 보호령"(알프레드 밀너의 표현)이 수립되었고, 중대한 선례가 만들어졌다. 수에즈운하 주식을 매입할 당시 글래드스턴이 경고했던 그대로였다.

아이러니 중의 아이러니는 그 사업의 주요 수혜자 중 한 사람이 다름 아닌 글래드스턴 자신이었다는 사실이다. 1875년 후반(그의 최대 라이벌이 수에즈운하 주식을 매입하기 전이었을 것이다), 그는 이집트 세금을 담보로 1871년에 발행된 오스만 채권 4만 5000파운드(명목가)를 38에 구입했다. 그의 일기를 묶어 낸 편집자가 서문에서 상세히 열거한 것처럼, 그는 1878년(베를린회담이 있던 해)까지 추가로 5000파운드(명목가) 상당을 매입했고, 1879년에는 1854년 발행분을 1만 5000파운드 추가 구매했는데 이 역시 이집트 세금을 담보로 한 채권이었다. 1882년이 되면 이 채권들은 그의 전체 포트폴리오에서 자그마치 37%(명목가로 5만 1500파운드)를 차지하게 된다. 심지어는 (그의 명령으로) 이집트를 군사적으로 점령하기 전에도 채권은 훌륭한 투자처였음이 드러났다. 1871년에 발행된 채권 가격은 38에서 1882년 여름에는 57로 올랐고, 그 전해에는 62에 달하기도 했다. 영국이 이집트를 점령하자, 총리에게는 더 큰 이득이 돌아갔다. 1882년 12월, 1871년에 발행한 채권의 가격은 82로 올랐다. 1891년이 되면 가격은 97까지 오르고, 글래드스턴은 애초에 투자한 1875년 발행분에서만 130% 이상의 양도소득을 거두게 된다. 그가 언젠가 투르크의 국가 도산을 "모든 정치 범죄 중에서 최악의 범죄"라고 묘사했던 것도 놀라운 일이 아니다. 빅토리아 시대의 위선에 대해 말할 때 글래드스턴이 성(性)에 보였던 억압된 태도를 흔히 떠올리곤 한다. 그러나 정말로 위선적이었던 것은 제국주의 금융에 대한 그의 태도였다. 디즈레일리가 수에즈운하 주식을 매입한 일을 맹렬히 비난하면서 그 뒤에서는 일평생 가장 수익성 높은 투기 중 하나가 될 일에 손대고 있었던 것은 그야말로 영웅적인 위선이었다. 동방문제는 이 시기에 로스차일드가와 글래드스턴 사이에 분립을 일으켰던 주요 원인 중 하나였다. 글래드스턴의 이중적 기준(디즈레일리의 낭만적인 과장법과 현격한 대조를 이루는)이 그 균열의 뿌리였다고 결론짓는 것도 그럴듯해 보인다.

10장
정당 정치

디즈레일리는 우리 집에 와 있다.……우리의 이 친구분은 아주 기분이 좋고, 하원에서 무례한 공격을 받았는데도 전혀 불쾌한 기색이 없다. 내가 이 편지를 쓰고 있는 동안 네 어머니와 같이 앉아 있는 다른 방문객에 대해서는 어떻게 생각하니? 지금 나는 저 유명한 글래드스턴 씨가 어머니와 차를 마시고 빵을 먹는 소리를 듣고 있는데, 그가 정작 날 만나러 찾아올는지는 의심스럽구나.

— 라이오넬이 레오와 레오노라에게, 1876년 3월

1870년대의 이집트와 투르크에 대한 논쟁이 로스차일드가와 글래드스턴 사이를 훨씬 소원하게 만든 것은 틀림없는 사실이다. 그러나 그들이 자유당에서 완전히 탈퇴했다거나 보수당주의를 무조건적으로 수용했으리라고 생각하는 것은 잘못일 것이다. 1876년, 글래드스턴이 샬로테와 차를 마시던 날에 디즈레일리가 라이오넬을 방문했다는 사실은 상징적이다. 그저 한 번 우연히 벌어진 일이 아니었다. 4년 뒤, 페르디난트는 그의 친구이자 사돈인 로즈버리 백작에게 편지를 쓰며 비슷한 상황을 묘사했다. "B경[비컨스필드 경][1]이 [알프레드와] 같이 있습니다. 일전에는 글래드스턴이 케임브리지 공작을 만나겠다고 정찬에 참석한 까닭에 그는 대신 내티와 저녁을 먹으라고 내보내야 했지요." 1905년까지 로스차일드의 정치에는 언제나 사람들이 들고나는 '회전문' 같은 일면이 있었다. 가족들이 (특히 내티가) 점점 더 보수당주의에(혹은 자유통일당주의에) 공감하게 된 와중에도, 글래드스턴파와의 소통 채널이 닫힌 적은 없었다. 디즈레일리 이후의 보수당 지도층과의 관계가 항상 완벽히 조화로웠던 것도 아니었다. 1900년 이후 유대인 이민 문제가 정치화되면서 빚어진 정황은 어째서 가족들이 애초에 자유당원이 되었는지를 일깨우는 대목이다.

분명 4대의 로스차일드들은 정치를 그들의 부친이나 조부보다 이념적인 차원에서 생각했다. 그 점은 아일랜드 문제에서 가장 명백히 드러난 사실이지만, 유럽의 도시들이 점점 더 과밀해지면서 제기된 '사회 문제'에서 역시 마찬가지였다. 그들이 글래드스턴과 갈라지게 된 가장 큰 이유가 바로 그 문제 때문이었다. 그러나 내티는 세기가 바뀌고 나서야 자유당에서 완전히 돌아서게 된다. 부친과 조부가 그랬듯이, 그는 어떤 당이 권력을 잡든 재정과 외교 문제에서 중시해야 하는 것은 바로 로스차일드 가문이라 믿었다. 그랬기 때문에 로즈버리, 랜돌프 처칠 경, 아서 밸푸어(Arthur Balfour)처럼 정치적 지향이 다른 정치가들과 친분을 맺는 것이 가능했을 것이다. 빅토리아조 후기의 사적이고 친밀한 정계에서 로스차일드가는 그런 인사들과 자주 내왕했다. 시티에서도 그랬고(뉴코트에서 점심을 먹으며 재정에 대해 이야기하기 위해), 웨스트엔드에서도 마찬가지였다(클럽이나 피커딜리 저택에서 저녁을 들며 정치를 논하기 위해).

그들뿐만 아니라 다른 수많은 정계의 엘리트들이 자유당원이든 토리당원이든 가릴 것 없이 로스차일드가의 전원 별장(특히 트링, 워즈던, 핼튼)을 빈번히 오갔다. 당시에는 정치적으로 중요한 결정들이 대부분 그런 무대에서 이루어졌다. 그리고 로스차일드가 사람들은 정계의 친구들과 직접 만나서 이야기할 수 없을 때는 편지를 썼다. 그것이 역사가들에게는 다행스러운 일이 된 것은, 내티가 사후에 자신의 서신을 파기하도록 유언한 탓에 로스차일드가의 문서보관소에는 그의 편지가 별로 남아 있지 않기 때문이다. 파리에서 보내 온 편지들이 여전히 뉴코트에서 일어났던 일들을 소상히 설명해 주고 있기는 하지만, 이어지는 내용의 많은 부분은 정치가들이 직접 남긴 기록에 기초한 것으로, 로스차일드가가 정계에서 보인 활약상 중에서 얼마나 많은 부분이 후세로서는 영영 알 수 없는 것이 되어버렸을까 하는 궁금증을 일으킨다.

글래드스턴에서 디즈레일리로

사실 가족의 일부는 자유당원이기를 포기한 적이 없었다. 메이어와 앤서니 모두 이념적으로는 투박할지언정 생애 마지막까지 확고한 자유당원이었다. 메이어는 포크스턴 지역에서 어부들의 표를 얻기 위해 선거운동을 벌이며 하이드 선거구 의석을 토리당 지주 계급으로부터 지켜내는 데 보람을 느낀 한편, 앤서니는 내내 코브던주의 진영으로 기울어 있었다. 1866년 9월, "식민지들에서 빨리 놓여날수록 영국에는 더 이로울 것"이라고 언명한 것은 바로 앤서니였다. 당시의 로스차일드가 사람으로서는 놀라운 정서요, 타협을 모르는 경제적 자유주의의 표현이기도 했다. 앤서니의 딸 콘스탄스와 애니도 평생 동안 굳건히 자유당 편에 서 있었고, 메이어의 딸은 글래드스턴의 뒤를 이어 자유당 총리가 되는 인물과 결혼했다는 사실을 잊어서는 안 된다.

라이오넬의 아들들 역시 공공연한 자유당원으로 정치 경력을 시작했다. 1865년에 처음으로 선거운동에 나선 그들의 사촌 레오도 유권자들에게 "파머스턴, 러셀, 글래드스턴의 통치를 받고 싶으십니까? 아니면 더비, 디즈레일리, 맘스버리(Malmesbury)의 통치를 받으시겠습니까?"라고 노골적인 질문을 던졌다. 전자로 묶인 사람들이야말로 분명 그가 지지하는 이들이었다. 같은 해에 에일즈버리 선거구에 자유당 후보로 출마한 내티는 "마차를 타고 미슨던(Missenden)까지 가서 대규모 군중의" 환영을 받았는데, 이들은 "도시를 가로질러 언덕을 넘고 더 멀리까지" 그를 "마치 길들인 곰인 양 데리고 다녔다". 교회 유지세를 폐지해야 한다고 생각하느냐는 비국교도 유권자들의 질문에 그는 단호히 "그렇다"고 대답했다. 그것은 그가 케임브리지 대학 시절에 분명히 피력했던 교조적인 자유주의를 떠올리게 하는 입장이었다.

가족들과 글래드스턴 사이에도 글래드스턴의 정치 경력 내내 빈번한 접촉이 이어졌다는 점 역시 중요한 사실이다. 1868년 12월에 그가 처음으로 총리에 오른 이후에도 1850년대에 시작된 교제의 양상은 바뀌지 않았다. 그랜빌 경은 1869년에는 멘트모어에 머물면서 지난해의 선거에 대한 로스차일드의 견해를 글래드스턴에게 적어 보내기도 했고, 한편 글래드스턴 자신도 1869년과 1870년에 피커딜리 148번지에서 라이오넬 내외와 함께 만찬을 들었다. 라이오넬과 '사업상' 만나는 일도 잦았다. 일례로 1869년 4월에 두 사람은 예산을 논의하기 위해 만났고, 앞서 언급한 것처럼 글래드스턴은 1870~1871년의 보불전쟁 중에 가족들과 몇 차례 중요한 면담을 갖기도 했다. 1874년 7월과 그 이듬해에도 그는 라이오넬을 만나기 위해 뉴코트를 방문했다(일기만 봐서는 방문한 목적을 알 수 없지만). 이런 만남이 중단된 것은 수에즈운하 논란이 있은 뒤였다. 라이오넬은 그 후로도 가끔씩 짤막한 소문 같은 것들을 그랜빌을 통해 전하기는 했지만 말이다.

심지어 수에즈 사건이 있은 뒤에도 글래드스턴은 라이오넬의 아내 샬로테와 단순히 사교적 교우 이상의 관계를 이어 나갔다. 1874년에 그는 그녀에게 자신의 초상화를 보냈고, 1년 뒤에는 일기에 그녀와 "믿음의 상태에 대해" 나눈 대화 내용을 기록했다. 이는 이듬해 8월까지 계속되는 편지 교환으로 이어졌는데, 그동안 샬로테는 글래드스턴에게 유대인 저자들의 성서 해설을 보내 주면서 그의 신학적 탐구 과정을 도와주었다. 샬로테는 남편의 죽음 이후로 정신적으로 쇠진해졌던 것 같다. 글래드스턴은 그녀가 머물던 거너스버리를 계속 방문했고, 그녀의 아들은 그의 방문을 "어머니께서 병환 전에 누리셨던 마지막 즐거움"이었다고 묘사했다. 그녀는 1884년에 죽었다. 글래드스턴과 내티는 정견의 차이는 있었지만 1884년과 1885년에 저녁을 함께 했으며, 글래드스턴의 세 번째 임기 중에는 여러 가지 많은 일로(주로 이집트 문제를 논하기 위해) 만났다. 총리에서 물러난 뒤에도 이 원로는 로스차일드의 정찬에서 예전과 같은 환영을 받았고, 1891년 2월에는 트링을 방문하기도 했다.

글래드스턴은 내티의 아내 엠마와 일찍이 그녀의 시어머니와 했던 신학적인 서신 교환을 재개하는 데에도 주저하지 않았다. 일례로 1888년 8월, 그는 "모세의 율법을 현대 혹은 고대의 다른 법질서와 윤리적이고 사회적인 측면에서 다양한 요점을 들어 비교한, 평이하면서도 능란한 설명"을 찾고 있다며 그녀의 도움을 요청하는 편지를 썼다. 엠마는 신학자가 아니었지만(그녀는 영국이나 독일 문학을 논하는 것을 더 좋아했다) 분명 그처럼 걸출한 인물에게서 편지를 받은 것에 기뻐했으며, 그를 돕고 공통 기반을 찾기 위해 최선을 다했다. 그의 서명이 들어간 성서 해설집 한 권을 선사받은 데 감사하면서, 그녀는 "그리스도교인과 유대교인이 기도로 구하는 것은 여러모로 상이하지만, 당신이 '우리 안에서 나와 우리를 덮치는 올가미를 끊어내는 수단이 되어 우리를 무장시킨다'고 말씀하신 『성서』에 충실하다는 점에서 양자는 하나입니다"라고 썼다. 괴테에 대한 공통된 열정도 서신 교환에 주제를 더해 주었다.

글래드스턴은 페르디난트와 그의 여동생 알리체와도 교제했고 콘스탄스와 그녀의 남편 시릴 플라워와도 친분을 나눴는데, 시릴 플라워에게는 자신의 네 번째이자 마지막 임기 중에 귀족 작위를 수여하고 뉴사우스웨일스 지사직을 제안하기도 했다. 1893년에는 애니 역시 "G. O. M."[2]을 만나는 기쁨을 누렸다. 언니에게 보낸 편지에서, 그녀는 "그가 비열한 투르크인들에 대해 말할 때 그의 노안이 어떻게 결기와 불꽃으로 빛을 발하는지"를 신이 나서 묘사했다. 같은 해, 글래드스턴은 내티와의 정치적 견해 차이에도 트링에서 보내 온 초청을 받아들여 급진 언론들을 대경실색하게 했다. 그러나 1896년에 내티가 답례로 엠마와 함께 글래드스턴의 하든 자택을 방문한 일은 그들이 더 이상은 정치 문제를 논하지 않았으리라는 것을 암시해 준다. 이 방문 이후로 엠마와 글래드스턴이 주고받은 편지의 주제는 다름 아닌 자작나무의 최대 둘레였다. 'G씨'와 그녀의 남편은 마침내 공통의 열정을 찾아냈으니, 그것은 바로 수목이었다.[3]

그러나 이렇게 지속된 사적인 교류도 로스차일드가가 글래드스턴의 정견으로부터 멀어져 갔다는 사실을 감출 수는 없다. 로스차일드가와 디즈레일리 사이의 유난히 친밀했던 관계와도 분명 무관하지 않은 일이었다. 앞서 살펴본 것처럼 디즈레일리는 경력 초기에 로스차일드 가족을 자신의 소설 속에 낭만화해서 그려 넣었고, 그들과 사교적으로 친분을 쌓았으며, 프랑스 철도 주식에 투기하면서 조언이 필요할 때는 라이오넬에게 도움을 구했다. 그러나 그는 투기로 돈을 벌지 못했고, 그의 재정(부채와 고리의 이자로 엉망진창이 됨)은 1850년대 말에 바닥으로 치달았다. 떠도는 소문과는 달리, 로스차일드가에서 그를 구제해 준 일이 없다는 사실을 강조해야 하겠다.[4] 1862~1863년에 앤드류 몬터규라는 이름의 부유한 요크셔 지주가 도움을 자청해서 디즈레일리의 부채를 모두 사들이는 대신 휴언든 저택을 담보로 5만 7000파운드를 연리 3%에 대출받는 조건으로 합의가 이루어지면서, 디즈레일리는 연 지출액을 상당히 줄일 수 있었다. 노부인의 환심을 사는 데 천부적이었던 그는 오래지 않아 역시 그에게 헌신적이었던 브리지스 윌리엄스 부인에게서 3만 파운드를 상속받았고, 소설을 출간해서 약 2만 파운드의 수입을 챙기기도 했다. 디즈레일리가 죽은 뒤 그의 조카 커닝스비가 부채를 물려받기 전에 로스차일드가가 휴언든에 잡힌 융자금을 전부 갚아 주었다는 주장이 있는데, 그들이 그렇게 할 만한 명백한 이유는 없었다.

가족들이 디즈레일리와 교제하기 시작한 초창기에는 특히 그가 부친의 신앙에 대해 갖고 있던 기이한 태도 때문에 가족들의 비웃음을 사기도 했다. 그러나 1860년대에 이르면 경멸이 찬탄에 자리를 내줄 만큼 그는 정치적으로 굳건한 기틀 위에 올라서게 된다. 선거법 개정 법안이 다뤄지던 시기, 샬로테의 편지에는 그의 정치 능력에 대한 찬사가 끊이지 않고 등장했다. "디즈레일리 씨"는 "유쾌하고 상냥하신 분"이라는 말은 1866년에 그녀가 반복했던 이야기였다. "네 아버지와 나는 그가 하는 말을 탄복해서 듣는단다.……그의 말을 듣는 것은 비할 데 없는 기쁨이고, 디즈레일리 부인이 같이 있다는 사실마저 그 즐거움을 망치지는 못한다."

라이오넬 역시 디즈레일리가 '기름 바른 장대 꼭대기에 오르는'[5] 동안 그에게 눈에 띌 만큼 호의적인 태도를 보여 주었다. 1867년에 선거법 개정 법안 논쟁이 진행되는 동안, 두 사람은 의회가 파하면 자주 함께 식사를 하고 정치에 대해서도 숨김없이 이야기를 나누며 가깝게 지냈다. 이 시절에 그들이 주고받은 편지의 어조를 보면 두 사람 사이에 정당 정치적 마찰이 거의 전무했다는 인상을 받게 된다. 디즈레일리는 라이오넬을 재무장관이 야당 하원의원을 대할 법한 태도로는 절대 대하지 않았으며, 라이오넬 역시 남아 있는 그의 편지 속에 등장하는 정견이 매우 중립적이라서 다른 증거 없이는 그의 당파를 짐작하는 것이 어려울 정도다. 가끔씩 디즈레일리는 애매한 침묵으로 자신의 입장을 지켰다. 가령 1867년 8월에 샬로테가 실망한 투로 이렇게 썼다. 그는 "(디즈레일리는) 토요일에 정무를 마치고 여기에 들렀지만" "네 아버지가 아무리 노력해도 그 위인이 공적인 일에 관한 한 작정하고 침묵하는 데는 어쩔 도리가 없었단다. 그는 네 아버지 앞에서 입도 벙긋하지 않을 것 같고, 선거법 개정 법안의 운명은 그야말로 오리무중이구나". 메이어도 조카 내티처럼 당시에 디즈레일리가 펼쳐 보인 대담한 리더십에 깊은 인상을 받았다.

디즈레일리가 마침내 숙원이던 총리 자리에 오르자 메리 앤은 숨 돌릴 겨를도 없이 로스차일드가에 소식을 전했고, 프랑스 로스차일드 일가는 이 "비범한 인물"이 거둔 성공에 대해 그들이 느낀 기쁨을 편지에 담아 보냈다. 소수 내각이 살아남을 가능성에 대해서는 현실적이었던 라이오넬도 딜레인이 《타임스》에서 새 총리를 공격한 것에 대해서는 항의했다. 디즈레일리는 자신의 입법 계획에 대해서는 라이오넬에게 선뜻 알리지 않았지만, 내각 구성에 대한 의도만큼은 놀랄 만큼 솔직하게 털어놓았다. 아일랜드 국교 문제에 관해, 라이오넬은 1868년 3월에 "나는 그가 확고한 계획을 갖고 있지는 않으며, 선거법 개정 법안에서와 마찬가지로 상황에 따라 움직이리라 생각한다"는 기록을 남겼다. 다시 이틀 뒤에는 이렇게 덧붙였다. "디즈레일리가 장대 꼭대기의 자리를 지키기 위해 무엇을 할는지는 알 수 없는 일이다." 그 무렵 라이오넬은 야당의 의도에 관한 정보를 "누설"함으로써 적극적으로 디즈레일리의 노고를 덜어 주었던 것으로 보인다. 그는 3월 9일에 아내에게 보낸 편지에 이렇게 썼다. "어제는 우리 집에 디즈레일리만 방문했소. 내게 별말은 안 했고, 보고서 내용을 전부 알고 싶어 하더군. 내가 그에게 그곳[그가 갖고 있던 자유당 자료들]에 쓰인 예상대로라면 지지자들 중 많은 수가 아일랜드 문제에 있어서 그에게 등일 돌릴 거라고 말했더니, 그는 자신이 무슨 안을 들고 나오든 모두 자신을 지지해 줄 것이라고 대꾸했소. 나는 그에게 근사한 야회(夜會)를 몇 차례 여는 게 어떠냐고 제안했지."

디즈레일리가 1868년의 선거에서 패했을 때도 라이오넬은 변함없는 지지를 보냈다. 이듬해 3월, 그는 디즈레일리에게 이렇게 써 보냈다. "의회의 그 엄청난 분투 속에서 당신은 참으로 중요한 역할을 해냈습니다. 조수의 흐름이 잠시 바뀌었다 해도 당신이 웅변과 재능을 다시 한 번 내보일 기회가 될 뿐입니다. 우리는 언제나 당신의 성공에 기뻐할 것이며, 당신이 매 순간 보여 주시는 그 우정에 감사할 것입니다." 그는 상징적으로 경주마 한 마리에 디즈레일리의 소설 『로테어』에 등장하는 인물의 이름을 붙였고, 이 암말이 경주에서 우승을 거두자 서둘러 그 소식을 적어 보냈다. 한편 앤서니는 "한 개 대대에 달하는 꿩과 몇 마리의 토끼"를 선물로 보냈다.

그들의 관계는 디즈레일리가 야당에 있는 동안에도 같은 식으로 지속되었다. 1870년 한 해 동안 디즈레일리는 피커딜리 148번지에 최소한 세 차례 초대를 받았고, 그 외에도 사교적 접촉은 다양하게 이루어졌다. 그는 콘스탄스가 쓴 책에 비평을 적어 보내기도 했고, 알프레드는 디즈레일리가 런던에서 지낼 곳이 없어졌을 때 자신의 저택의 방들을 비워 주었다. 1873년 9월 샬로테는 거너스버리에서 편지를 보냈다. "한동안 이리 오셔서 지내셨으면 좋겠습니다. 빨리 오실수록, 그리고 우리의 금식일이자 속죄일인 10월 1일을 넘겨 오래 머무실수록, 저희 모두는 더더욱 기쁘고 감사할 겁니다." 이런 환대에 더해, 라이오넬은 정치 노선의 반대편으로부터 언제나 귀중한 소식(자유당이 기초한 법안의 내용에 대한 정보, 딜레인이 《타임스》에 기획하고 있는 논설의 윤곽 등등)을 제공해 줄 수도 있었다. 디즈레일리는 브래드퍼드 경과의 여담 중에 뼈 있는 말을 건넸다. "로스차일드 남작은 자유당원입니다. 그리고……모든 것을 알고 계시지요." 디즈레일리가 1874년에 권좌로 복귀했을 때 혹여 선수를 쳐서 라이오넬에게 귀족 작위를 수여하지나 않을까 하며 자유당에서 불안해한 것도 놀라운 일이 아니다.

이 시기에 디즈레일리와 로스차일드가의 친교가 얼마나 긴밀했는지는 과장할 수도 없을 정도다. (아주 정확한 표현은 아니더라도) 그는 가족의 일원으로, 특히 1872년에 그의 아내 메리 앤이 세상을 떠난 뒤에는 로스차일드가의 일원으로 대접받았다고 표현할 수 있을 정도다. 해나가 1878년에 로즈버리와 결혼했을 때 신부의 손을 잡고 입장한 것은 디즈레일리였다. 그리고 그해 12월에 총리는 유언을 작성하면서 유언 집행자로 내티를, 그리고 변호사로는 필립 로즈 경을 임명했다. 이듬해 6월에 라이오넬이 세상을 떠난 뒤, 그의 아들들은 디즈레일리의 위로에 답하며 부친은 "귀하를 당신의 '가장 경애하는 벗'으로 여기셨다"고 그에게 전했다. 말년에 디즈레일리와 그보다 가까웠던 사람을 생각해내기는 어려운 일이다.

라이오넬의 아들들은 부친처럼 줄곧 하원의 자유당 의석에 앉아 있었지만 내내 '비컨스필드주의'에 기울어 있었던 것 역시 부친과 매한가지였다. 동방 문제에 대해 디즈레일리가 내세운 '징고(jingo)'[6] 정책이 1878년에 하원에서 표결에 부쳐질 무렵, 자유당 지도층에서는 내티를 이미 얼마간 단념하고 있었다. 글래드스턴의 심복인 윌리엄 하코트 경은 "현 사태로 금전적 이해관계가 심각하게 손상된" 다른 많은 "실업가들"과 마찬가지로 로스차일드가는 "완전히 토리당으로 돌아섰다"고 말했다. 하코트의 예상처럼, 내티는 그해 2월에 정부가 긴급 신용을 요구했을 때, 그리고 다시 두 달 뒤 윌프리드 로슨(Wilfrid Lawson) 경이 예비군 소집에 반대하며 수정안을 제출했을 때, 기권이라는 당의 공식 노선을 거부하고 두 번 모두 정부 쪽에 표를 던졌다. 그는 또 하팅턴 경이 낸 인도 병력의 이동에 관한 결의안(5월 23일)과 베를린조약에 대한 결의안(8월 2일)에도 모두 반대표를 던졌다. 자주 지적되어 온 것처럼 당시는 로스차일드를 비롯한 부유한 유대인들이 정치적 교차로에 맞닥뜨렸고 장기간의 유대인 해방 운동을 통해 구축됐던 자유당주의에 대한 충정이 마침내 디즈레일리적 제국주의의 매력에 굴복해버린 시점이었다. 더 정확히 말하면, 이것은 대체로 귀족적이고, 혹은 전원에 기반을 두고 있던 40명 정도의 휘그당 일파가 글래드스턴적인 자유주의에서 버젓이 이탈해 나간 첫 번째 행보였다.

'비컨스필드주의'에 대한 글래드스턴의 맹공(역사책에는 글래드스턴이 선거에 출마할 것을 설득당하고 스코틀랜드의 미들로디언 주 선거구에서 후보로 출마한 뒤에 벌인 '미들로디언 캠페인'으로 기록되어 있다)을 받으며 1879~1880년에 디즈레일리 정부가 몰락해 가는 동안, 내티는 자유당 옷을 걸친 토리당원처럼 행동하기 시작했다. 한 번은 눈에 띄게 당황한 그가 몬터규 코리에게 이렇게 털어놓았다. "의회에 들어갔을 때는 한창 표결이 진행 중이었습니다. 아무도 내가 정부를 견책하는 다수 쪽에 투표했다는 사실을 눈치채지 못한 것 같더군요. 이 이야기를 당신께 쓰는 것은, 그런 일을 하느니 차라리 내 양손을 잘라버리고 싶은 심정이었다는 것을 당신이 알 것 같아서입니다." 그러나 그는 1879년 3월에 디즈레일리에게 찰스 딜크 경이 이산들와나 전투에서 줄루족에 대패한 책임을 물어서 정부의 남아프리카 정책에 대한 자유당의 불신임 투표를 제의하려 하고 있으며, "꽤 많은 보수파들이 투표에서 기권할 것"이라고 조언하는 것으로 앞서 지은 죄를 씻었다. 이런 정보(내티의 표현에 따르면 "웨스트엔드의 사교 클럽과 시티에서 나눈 대화에서" 취합한)는 현대인의 시점에서는 사소해 보일지 모른다. 그러나 그것은 빅토리아 시대의 총리가 "대중(즉, 정치적 엘리트층)의 의견을 듣는" 유일한 방식이었다. 1879년 12월, 내티는 자유당 당수를 "사탄 글래드스턴"이라 일컬으며 디즈레일리에게 보내는 신년 인사를 "그[글래드스턴]가 당신에게는 이롭고 자신에게는 해로운 일을 벌이길" 기원하는 것으로 끝맺었고, 그의 정치적 충정이 방향을 바꾸었음을 그런 식으로 확인시켰다. 페르디난트가 로즈버리에게 "나는 당신의 G씨가 바다 밑에 잠기길 기원합니다"라고 말했을 때 그 역시 같은 심중을 표현하고 있었다.

1880년 자유당의 승리로 선거가 끝난 뒤, 알프레드는 디즈레일리가 시모어 플레이스 1번지에 있는 그의 저택 스위트룸에 머물 수 있게 했고, 내티는 자유당의 내분에 대한 최근 소식을 계속 전해 주었다. 일각에서는 그 목적이 이제 야당이 된 보수당에 다시금 불길을 일으켜 보자는 것이 아니라 그저 은퇴한 노인을 즐겁게 해 주려는 것이겠거니 생각하고 있었지만 말이다. 로스차일드가가 "뇌샤텔가"로 다시 한 번 허구화되어 등장하는 디즈레일리의 마지막 소설 『엔디미온』이 출간되자, 내티는 너무한다 싶을 만큼 열심히 찬사를 보냈다(시도니아와 아드리안 뇌샤텔의 차이점 중 하나가 그 자신과 선친의 사회적 신분 차이와 동일하다는 점을 인식한 듯하다).[7]

그는 그 책이 "영문학에 더해진 명작"이라 선언했다. 이 공경받는 문인은 계속 알프레드("세상에서 가장 훌륭하고 친절한 집주인")의 저택에서 지내다가 1881년 1월에 『엔디미온』의 수익금으로 마련한 커즌 가 19번지에 있는 집으로 이사했다. 알프레드는 거꾸로 디즈레일리의 손님이 되어 1881년 3월 10일에 처음이자 마지막으로 그 집에서 즐거운 시간을 보냈다. 4월 19일 새벽에 디즈레일리가 세상을 떠난 뒤, 휴언든에 묻힌 그의 아내 곁에 나란히 묻어 주고 자신의 장례식도 "그녀의 장례식처럼 간소하게" 치러 달라고 했던 그의 마지막 소원을 집행하는 것은 내티의 몫으로 남겨졌다. 이 마지막 소원을 들어주어야 했기에, 글래드스턴이 (이를 악물고) 제안했던 국장은 정중히 고사했다.

벅스(Bucks)[8] 정치

알퐁스는 디즈레일리가 "우리 가족의 가장 좋은, 가장 진실한 친구"라고 말했다. 그러나 로스차일드가를 자유당에서 멀어지게 한 것이 이 우정 때문만은 아니었다. 글래드스턴적인 자유당파(그들 중 일부는 눈에 띄게 급진적이었다)

와 보수적으로 편향된 휘그당파 간의 이념적 차이도 그만큼 중요한 요인이었다. 이 차이는 선거에서 가장 극명히 드러났다.

로스차일드가가 1850년대에 걸쳐 버킹엄셔에서 정치 세력으로 입지를 굳혀 나가던 초창기에, 에일즈버리나 그 주변 지역에서 이미 기반을 잡은 휘그당 지도층들은 그들에게 꽤나 적대적인 태도를 보였다. 캐링턴 경은 신랄하게도 그들을 "홍해"라 불렀고, 액턴 틴달(Acton Tindal)은 에일즈버리당의 "할례"에 반대하자는 농담을 했다. 1865년에 내티는 무경쟁으로 의석에 복귀했지만, 틴달과의 견해 차(일례로, 교회 유지세 철폐 문제에 관한)는 여전히 뚜렷했다. 그러나 3년 뒤에 돌연 정당의 총애를 받는 것처럼 보였던 것은 로스차일드가였다. 급진 세력에서 서기를 맡았던 조지 하월(George Howell)이 에일즈버리 선거구에서 거의 강제로 그들에게 떠맡겨졌고, 이는 로스차일드와 토리당원이 2인 선거구 의석에 무경쟁으로 복귀하는 화기애애한 조정으로 마무리되었다. 시티에서 라이오넬은 타워햄리츠 선거구의 자유당 후보이자 개종한 유대인인 조지프 다귈라르 사무다(Joseph d'Auilar Samuda)와 연계되는 것이 당황스러웠다. 그가 의석을 잃은 것도 부분적으로는 이 때문이었을 것이다. 전반적으로 자유당 표가 늘어난 선거에서 유별난 패배였다. 6년 뒤, 라이오넬은 또 한 번 패한다. 그러나 이번에는 재정 정책을 두고 그와 글래드스턴 사이에 벌어진 균열이 원인이었다. 《타임스》는 라이오넬이 ("그가 참석했던 중 유일하게 훌륭했던 선거 회의에서") 이렇게 지적했다고 기록했다.

> 그는 소득세 등을 폐지하자는 글래드스턴 씨의 제안대로라면 나라에서 매년 900만 파운드가 결핍될 것이며, 흑자도 그 액수의 절반 이상을 채우지는 못할 것이라고 말했다. 나머지 절반을 채우기 위해 새로운 세금을 더 만들어야 한다는 것이다. 청중들이 "안 될 소리요!"라며 "경제!"라고 외치자, 그는 1년에 450만 파운드를 아껴야 할 만큼 경제가 어려운 상황은 아니지 않느냐고 답했다. 드 로스차일드 남작의 의견은 새 세금을 부과하되, 부동산에 부과해야 한다는 것이다. 그는 면허세를 제안했는데, 그것은 오스트리아에서 실업가들이 지불하는 것과 같은 종류다.

세금 인상을 주장하는 것이 선거 결과에는 부정적일 수 있다는 것은 당시 사람들도 빤히 아는 사실이었다. 그런데도 라이오넬의 주장은 1874년에 노스코트의 예산에 소득세가 포함되면서 그 정당성을 입증받았다. 한계 금액이 더 높게 책정되었고 연소득 400파운드 미만인 사람들에게는 실효세율이 더 낮게 적용되었지만 말이다.

로스차일드가와 글래드스턴 간의 정당 정치적 긴장감은 때마침 글래드스턴의 '잔학 범죄자' 캠페인[9]이 절정에 달했던 1876년에 디즈레일리가 상원에 올라 버킹엄셔 선거구에서 보궐선거를 치르게 되면서 곪아 터지기 직전에 이르렀다. 글래드스턴은 자유당의 승리를 열망했고, 불가리아 문제를 그 목적을 위한 수단으로 생각했다. 그는 자유당 후보 루퍼트 캐링턴(Rupert Carington)에게 "250장의 아해들"(그의 팸플릿 사본을 의미)을 보냈고, 매 같은 눈으로 선거운동의 추이를 지켜보았다. 그랜빌의 친구 하나가 투표 닷새 전에 라이오넬의 의중을 떠보려 했을 때, 그는 "디즈레일리와 더비의 맹우이면서 마치 캐링턴을 옹호하는 것처럼" 말했다. "하지만 지금 같은 투표 제도에서 표의 향방을 어떻게 알 수 있겠습니까? 그의 세입자들만 예로 들어도, 그들이 그와 같은 표를 던질지, 교구 목사와 같은 표를 던질지는 아무도 모르는 일입니다. 그는 F[토리당 후보 토머스 프리맨틀]가 500표나 600표 차로 이기리라 생각합니다." 라이오넬의 예상은 적중했다.

2년 뒤, 에일즈버리의 두 번째 의석이 자유당 후보 조지 W. E. 러셀(존 러셀의 조카)에게 돌아가자 균열은 한층 더 벌어졌다. '비컨스필드주의'에 맞선 정치 캠페인의 반유대적인 저류를 극명히 드러낸 일례로, 그랜빌이 글래드스턴에게 시인한 것처럼 러셀은 "디즈레일리가 유대인(Jew), 징고이며 'J'로 시작되는 또 다른 무엇"이라고 공격했다(또 다른 무엇이란 '사기꾼[Juggler]'이었다). 이것이 보수파 지역 신문인 《벅스 헤럴드》에 게재되자(러셀이 "유대인"이라는 말은 취소하려 했지만), 분개한 내티는 다음번 글래드스턴을 만났을 때를 러셀에게 "욕설을 되갚아 줄 첫 번째 기회"로 삼았다. 자유당 지도층에서 이런 식으로 행동하는 것에 개의치 않았다는 사실은 로스차일드가가 디즈레일리 쪽으로 기울었던 것이 순전히 외교 정책을 놓고 글래드스턴과 의견 차를 빚었기 때문이라고 주장하기 어렵게 만든다.

외교적인 요인들도 분명 그 자체로 중요한 원인이었다. 1880년의 선거에서 자유당이 거둔 승리는 보수당이 계속 권력을 잡아야 "늙은 영국이 위신과 영향력을 유지"할 가능성이 크다고 생각한 프랑스 로스차일드가의 입장에서는 "유감스러운" 결과였다. 또 그들은 "글래드스턴 씨가 외교 정책을 경시"하고 있다고 생각했기 때문에 1885년 말에 솔즈베리가 권좌에 남기를 진심으로 바라기도 했다. 1885년, 정계 진출을 결심한 페르디난트가 자신은 자유당 후보로 출마하겠다고 주장한 것은 사실이다. 그러나 그는 급진 성향의 딜크에게 정당의 외교 정책에 대해 확신을 갖지 못하겠다는 속내를 드러내며 그의 정치적 충성심은 자유당이 제국주의 노선을 고수해야 한다는 단서를 단 조건부라는 점을 암시했다. 그가 쓴 편지에서는 이 시기의 로스차일드가에서 특징적이었던 정치적 양가성이 잘 드러난다.

저는 당신이 생각하시는 것처럼 천성적으로 보수적인 사람은 아닙니다. 보수주의는 외국 여러 곳을 영락시킨 원인이었고, 자유주의적 정치는 영국의 번영을 이끈 힘이었지요. 제 견해나 태도는 그 어떤 형태의 토리주의에도 물들어 있지 않습니다. 그러나 저는 선거법 개정이라는 옹색한 문제를 위해 영국 국기와 이름의 이권까지는 아니더라도 그 마력을 희생시킨 현 정부의 편협한 정책에 개탄하고 있습니다. 저는 유니언잭이 폴리네시아의 모든 섬 위에, 히말라야의 모든 바위틈에, 동방의 사원 그 모든 탑 위에 꽂히는 걸 보고 싶습니다(이건 그저 비유입니다). 하르툼 원정의 성공과 늘어난 식민지들을 보십시오.……마침내 하원 의석을 얻게 된다면, 저는 현 자유당 정부를 지원할 생각입니다.……[그러나] 결국 정치가 저를 실망시키는 쪽으로 흘러간다면(일부러 강한 표현을 썼습니다), 저는 정치 따위는 집어치우고 지금까지 지내 온 무명의 삶으로 돌아갈 것입니다.

이 편지가 갖는 의미는, 내티가 귀족이 되면서 페르디난트가 미드버킹엄셔의 새 1인 선거구에서 의회 후보가 되었다는 사실을 생각하면 더욱 뚜렷해진다. 글래드스턴이 두 번째 임기 말엽에 내티를 귀족으로 추대한 이유 중 하나가 선거를 앞두고 내티의 의석에 다른 사람을 앉히기 위해서였다는 추정은 이미 언급했다. 그리고 어째서 그가 그러기를 원했는지는 분명해졌다. 1884년

10월 29일, 하팅턴의 비서 레지널드 브레트(Reginald Brett)가 이 문제에 대해 자유당 원내 수석 총무이자 관리전형장관이었던 리처드 그로스브너 경에게 보낸 편지에는 그 요점이 드러나 있다. 브레트는 "경이나 글래드스턴 씨가 내티 로스차일드에게 뭔가 특별한 예의를 표해야" 하지 않느냐며 서두를 뗀다. "그는 아주 확고한 자유당원은 아닙니다. 하지만 그를 당에서 이탈하게 할 이유는 없다고 봅니다, 토리당으로 돌아서게 할 이유는 더욱이 없고요." 이것은 로스차일드에게 귀족 작위를 수여하자는 옛 시도를 재개해 보자는 에두른 제안이었다. 그러나 그는 하원에 내티 대신 페르디난트를 앉힌다고 해서 원하는 대로 자유당 지배 체제를 달성할 가능성은 희박하다는 조언을 뒤에 덧붙였다.

로스차일드가 사람들을 서로 대결시킬 수 있다고 생각하는 것, 그리고 페르디난트가 좀 더 무난하고 유순한 동지가 될 것 같으니 내티 대신 그가 천거받을 수 있으리라고 생각하는 것은 큰 실수를 범하는 일일 겁니다. 로스차일드가는 수세대에 걸쳐 단합해 왔고, 그들이 지키는 기율은 러셀가와는 비할 바가 안 됩니다. 자유당이 내티와 결별하는 것은 곧 가문 전체와 결별하는 것이 될 텐데, 제가 생각하기에 그렇게 해서 얻을 수 있는 것은 아무것도 없습니다.

페르디난트가 딜크에게 보낸 편지는 그 같은 판단을 확증시킨 것 이상이었다. 그가 내티 대신 의석에 앉았더라도 외교 정책에 대한 로스차일드의 입장은 종전과 다를 바가 없었을 것이다. 편지 수신자는 불편해진 심기로 이렇게 적었다. "F. 로스차일드는 의회에 들어가고 싶어 하고, 나는 그가 토리당원이며 토리당원으로 출마해야 한다고 말했다.……조만간 그가 자유당원으로 선출되는 일은 없을 것이다, 확실히 그렇다." 예측은 얼마간 들어맞았다. 페르디난트가 자유당원으로 출마하기는 했지만(심지어 비국교도의 표를 얻기 위해 금주 운동에 지지를 표하기도 했다), 1890년에 하원에서 자신을 "[솔즈베리] 정부의 맹렬하고 열정적인 지지자"로 묘사했다.

페르디난트가 워드즈던에 놓아 둔 방명록은 그의 정견이 얼마만큼 모호했는지를 극명히 드러내준다. 1881년에서 1898년까지 방명록에 빈번히 등장하는 정계 인사들의 면면을 살펴보면 자유당원들이 좀 더 자주 들렀다는 것을 알 수 있다. 에드워드 해밀턴은 무려 52회나 찾아와서 따라올 사람이 없고, 그 뒤를 잇는 것은 자유당 당수 하팅턴(10회), 자유당 내무장관 겸 재무장관 하코트(9회), 로즈버리(9회), 딜크(2회) 순이었다. 자유당에서는 그 외에도 글래드스턴, 레지널드 브레트, 역사가 액턴 경, 그의 동료 제임스 브라이스(이후 랭커스터 공작령 대법관 및 상무부 장관이 된다), 미래의 자유당 당수 허버트 애스퀴스, 캐링턴 경(뉴사우스웨일스의 주지사가 된다), 댈하우지(Dalhousie) 백작(스코틀랜드 국무장관이 된다) 등이 방명록에 이름을 올렸다. 그러나 가장 자주 얼굴을 비친 이들 중 두 사람은 자유통일당 소속으로, 법무장관 헨리 제임스는 17회 방문했고 조지프 체임벌린은 12회 방문했는데 가끔은 아들 오스틴을 데리고 들르기도 했다. 토리당원들도 자유당원들만큼이나 발걸음이 잦았다. 해리 채플린(농림부 장관이었다가 나중에는 지방정부 장관이 된다)은 워즈즈던에서 26회나 묵고 갔다. 그 외에도 솔즈베리 경의 조카이자 후임으로 총리에 오른 아서 밸푸어(8회), 솔즈베리의 개인 비서이자 인도 국무차관이었던 조지 커즌(8회), 농림부 장관 월터 롱(5회), 랜돌프 처칠 경(2회), 전쟁부 차관 브라운로 백작(2회) 그리고 외무부 차관 제임스 퍼거슨 경이 워즈즈던을 방문했다.[10]

딜크에게 보낸 페르디난트의 편지에서 드러나듯이, 로스차일드가 사람들이 자유당 주의에서 멀어진 것은 제국주의 문제 때문이 아니었다. 점점 더 중요해진 문제는 체임벌린과 딜크처럼 도시에 기반을 둔 급진적 자유주의자들이 주창하는 사회 정책에 대해 느낀 의혹이었다. 페르디난트는 이렇게 설명했다.

> 제가 제 자신을 급진주의자라고 부르지 않는 것은 체임벌린과 당신 같은 위대한 지도자들이 넓은 원칙 위에서 인민을 통치하고 그들을 중대사에 대한 논의에 참여시키는 대신, 예를 들어 수렵법 철폐 문제같이 사소한 조치를 변호하고, 프랑스가 익히 보여 줬듯이 비참한 결과를 낳고 마는 사회적·금전적 평등에 대한 불건전한 욕망을 자극함으로써 대중의 인기에 영합하고 계신 것이 환멸감을 불러일으키기 때문입니다.[11]

지방 당국이 토지를 강제로 매입해서 노동 계층에 시민 농장을 분여하자는 체임벌린의 제안도 내디로서는 대경실색할 법한 이야기였나. 로스차일드가가 글래드스턴적인 자유주의로부터 벗어난 것은 미적지근한 제국주의에 대한 불만뿐만 아니라 그의 당이 국내 정치에서 보인 경향에 대한 불신을 반영하기도 했다. 아일랜드 문제가 1880년대와 1890년대의 정치에서 그토록 결정적인 역할을 하게 된 이유 중 하나는 아일랜드 소작인들의 생활을 향상시키자는 제안이 로스차일드가 같은 영국 지주들의 마음속에 토지 재산을 잃을지 모른다는 불안감을 일깨웠기 때문이었다.

아일랜드 합방론

현대 역사가들 중에는 아일랜드를 영국 최초의 식민지로 간주하는 이들도 있지만, 아일랜드는 17세기 이래 연합왕국(United Kingdom)의 일부였고, 웨스트민스터 하원에 아일랜드 의원들이 선출되어 의석에 앉은 것은 1800년부터였다. 로스차일드가 사람들에게 아일랜드는 낯선 땅이었다. 경제적 이해관계가 있지도 않았고, 사실상 아일랜드에 발이라도 들여 본 가족이 드물 정도였다. 앤서니는 1865년에 딸들을 데리고 아일랜드에서 휴가를 보냈고, 그때 방문한 몇몇 영지의 자연미에 감명을 받았다. 3년 뒤에 섬을 찾은 페르디난트는 그곳의 "극도로 야생적인" 풍경에는 매료되지 않았지만 현지 사람들만큼은 "더할 나위 없이 친절하다"고 생각했다. 더블린에서 가톨릭교도로 오해를 받아 곤혹스러웠던 순간이 있었지만 말이다. 그러나 로스차일드가 사람들 대부분에게 아일랜드는 미지의 땅이었다. 1865년에 쓴 글에서 샬로테는 그곳을 머나먼 곳에 뚝 떨어진 식민지인 양 외지고 낯선 곳으로 묘사했다. 즉, 그곳은 상스러운 태도, 주정뱅이들, 무분별한 폭력이 난무하는 고질적인 "관리 불량"의 나라였다. 내티가 그곳을 방문했는지는 알 수 없다. 방문했다면 그에 관한 기록은 파기된 듯하다.

그러나 아일랜드는 당시의 모든 이슈 중에서 그의 정치 활동에 가장 큰 영향을 미친 문제가 되었다. 이유는 두 가지였다. 지주에 대한 아일랜드 소작인들의 지위를 강화시키려는 시도가 모든 토지 소유자들의 권리를 위협하는 것처럼 보였기 때문만은 아니었다. 아일랜드에 '자치권'을 부여한다는 생각(즉, 어떤 형식으로든 입법과 행정 권한을 양도한다는 생각) 역시 연합왕국의 통합성을 위협하고 유럽 전역에 걸친 권력의 탈중심화를 예기하는 듯 보였기 때문이기도 했다. '젊은 휘그당파' 내티 드 로스차일드, '토리 민주주의자' 랜돌프 처칠 경, 급진 자유당파 조지프 체임벌린이라는 기발한 조합을 정치적 동지로 뭉치게 하고, 그럼으로써 글래드스턴식의 자유주의를 뒤흔들고 후기 디즈레일리식 보수주의를 재구성하게 한 것이 아일랜드 문제가 지닌 두 가지 중요성이었다.

아일랜드 문제의 해법에 대한 로스차일드의 반발이 처음으로 그 조짐을 보인 것은 1880년에 내티가 귀족들 위주로 구성된 '젊은 휘그당파'에 합류해 글래드스턴의 아일랜드 토지법안에 반대표를 던진 것으로, 이 법안은 임대료를 지급하지 못해 지주에게 쫓겨난 소작인들을 위한 보상 방안을 담고 있었다. 그들이 반대의 근거로 삼은 것은 그 무엇도 계약의 존엄성을 침해해서는 안 된다는 원칙이었다. 내티는 그가 디즈레일리에게 써 보낸 것처럼 그 법안의 조치가 "사유재산 몰수"와 다를 바가 없다고 여겼다. 내티는 자유당 지도부의 정책에 시종일관 반대한 여섯 명 중 하나로서, 장해보상법안[12]에 두 차례 반대표를 던지고 본래 법안의 취지를 뒤엎어버린 개정안에는 두 차례 찬성표를 던졌다. 덕분에 그는 J. C. 던더스, C. W. 피츠윌리엄, 앨버트 그레이(이후 4대 그레이 백작이 된다) 같은 휘그당 귀족들과 일당을 이루게 됐다. 1885년 12월의 선거 직후(찰스 스튜어트 파넬[Charles Stewart Parnell]이 이끄는 아일랜드 민족주의자들이 웨스트민스터에서 세력 균형을 확보했을 때) 글래드스턴은 아일랜드 내정 자치를 위해 좀 더 급진적인 해법을 고려했지만, 내티가 이번에도 그 계획의 반대자들에게 동조하리라는 것은 뻔히 보이는 사실이었다.

돌이켜 보면, 글래드스턴의 구상('제국의 문제와 구별되는 아일랜드의 문제를 아일랜드 입법기관이 처리하는 것')은 사뭇 건전한 방안이었고, 구상이 실현됐다면 얼스터의 내정 자치 반대 운동이 아직 초창기였을 때 아일랜드 민족주의의 맹렬함을 누그러뜨릴 수 있었을지도 모른다. 글래드스턴이 생각한 것은 방위, 외교 정책 및 관세는 '제국' 정부에 위임하는, 아주 제한적인 권력만 지닌 아일랜드 의회를 구성하되, 그 대신 웨스트민스터에서는 아일랜드 의석을 없애거나 최소한 그 수를 줄이는 방안이었나. 토리당파가 좀 더 멀리 내다봤다면 그들 자신도 파넬에게 비슷한 방안을 제안했을는지 모른다(실제로 그것을 고려하기도 했다). 그러나 내정 자치에 대한 반대는 아일랜드인들의 염원보다는 영국 정당 정치의 내적 역동과 더 관련 깊은 일이었다. 최소한 내티가 그 문제에 대해 주고받은, 남아 있는 편지에서 받은 인상으로는 그렇다.

자유당의 주도권이 하팅턴(데본셔 공작 작위를 승계한 휘그당파의 정수)에게 넘어오기를 바랐던 내티는 글래드스턴의 지배력이 되살아난 것에 실망을 금치 못했다. 11월 29일자로 하팅턴에게 보낸 암호문 같은 편지에 그는 "글래드스턴의 이름은 이가봇(Ichabod)이라 바꿔도 무방하겠습니다"라고 쓰고는 『구약성서』를 인용한 주석을 동봉했다. "엘리의 손자는 '이가봇'이라 불리었으니 이스라엘이 필리스티아 사람들에게 패하여 '영광이 이스라엘에서 떠나다'라는 뜻이니라. 「사무엘서」 4장 21절." 글래드스턴의 아들에게서 아일랜드에 대한 부친의 의도를 엿들은 닷새 뒤(1885년 12월 17일), 내티는 랜돌프 처칠을 만나서 솔즈베리에게 전할 수 있도록 자유당이 갈릴지도 모른다는 사실을 알리며, "존 몰리와 체임벌린은 갈라섰고, 돈 한 푼 없이 오직 공직에서 나오는 봉급만 바라보는 몰리는 G. O. M.에게 전적인 복종을 표명했으며……파넬은 글래드스턴을 단단히 묶어 놓았고 글래드스턴은 꼼짝 못하는 처지"라고 설명했다. 이 회담의 목적은 명백했다. 처칠과 드러먼드 울프(처칠의 자칭 '제4당'의 핵심 인물 중 하나) 모두 이미 "로스차일드를 통해 [휘그당과의] 제휴를 협의"하려고 생각하고 있었다. 아일랜드와 본토 간의 정치적 '융합'을 증대시키거나 양쪽을 통합하자는 처칠의 '급진적인' 생각 때문에 이미 많은 휘그당원들은 가슴을 쓸어내렸지만 말이다.

해결되지 않은 문제는 휘그당파 중 누가 자진해서 글래드스턴을 버리고 나설 것인가, 그리고 분리파들은 1월 30일까지 정권을 잡고 있을 보수당 당원들과 어떤 관계를 맺게 될 것인가 하는 것이었다. 6월 8일에 아일랜드 자치법안이 결정적으로 무효화될 때까지 피 말리는 몇 개월 동안, 로스차일드가는 정치적 중개자 역할을 했다. 가령 1월 8일에 처칠은 시릴 플라워 덕분에 자유당 캠프의 따끈한 정보를 솔즈베리에게 전할 수 있었는데, 시릴 플라워는 이제 막 글래드스턴이 처칠을 가리켜 "줏대 없는 새파란 불량배 같은 놈"이라고 비난하는 말을 듣고 온 참이었다. 내티 역시 정보원 노릇을 하며 브레트에게 "하트코트와 딜크는……글래드스턴이 아일랜드 내정 자치 법안을 포기하고 느지막이 동지들의 견해 쪽으로 되돌아오리라고 생각한다"고 전했다. 이 반체제자들을 격려하기 위해, 알프레드는 하팅턴에게 그가 이끄는 연정(聯政)에서 솔즈베리가 외무장관을 맡고 싶어 한다고 알렸다. 그는 또 처칠에게는 "하팅턴이 뜻을 접었다는 소문은 사실이 아니다. 도리어 그 반대라고 보면 된다"라고 장담할 수 있었다.

3월이 되면 관심은 체임벌린의 입장으로 옮겨 가게 되는데, 그는 한동안 글래드스턴과 끝내고 싶어서 안달하고 있던 차였다. 레지널드 브레트가 개최한 정찬 자리에서, 밸푸어는 휘그당파 핵심 인물인 앨버트 그레이, 내티와 함께 체임벌린을 만났다. 밸푸어가 솔즈베리에게 말한 것처럼 "Ch.[체임벌린]가 결국 정부를 떠날 것"이며 글래드스턴은 자신의 아일랜드 계획에 대해 "대중에게 최소한 계획을 철회하지는 않을 것임을 확신시킬 만큼" 충분히 피력했다는 것이 정찬 참석자 전원이 "공공연히 인정한" 바였다. 토론 중에 내티와 그레이는 "시티에서 대규모 내정 자치 반대 집회"를 여는 계획이 진행 중에 있다고 설명했다. 내티나 체임벌린이나 그 집회가 대단한 도움이 되리라고 생각하지는 않았지만 말이다. 그러나 집회는 4월 2일에 길드홀에서 예정대로 개최되었다. 한 달 뒤에 웨스트민스터 팰리스 호텔에서 개최된 두 번째 집회에서는 내티가 연단에 올라서 자신의 입장을 표명했다. 이 회의에서 내티가 자유통일당 중앙위원회에 선출되면서 그와 글래드스턴의 정치적 결별이 최종적으로 결정나게 된다. 그와 같은 노선을 택한 유명한 유대인 하원의원 중에는 그의 사촌 페르디난트와 프랜시스 골트스미드도 있었지만, 결정적인 요인은 그들의 민족성이 아니었다. 시티의 기득권층이(조지 고션[George Goschen], 레블스토크 그리고 다른 많은 이들이) 압도적으로 합방론을 지지하고 있었다.

알퐁스가 지적했듯이, 로스차일드가에 절실했던 것은 사실 '하팅턴-솔즈베리 내각', 다시 말해 자유통일당과 보수당의 연정이었다. 그러나 그것은 간단히 이룰 수 있는 일이 아니었다. 처칠과 내티는 그들의 계획에 하코트를 끌어들이려 했지만 결국 실패했다. 한편 6월 13일(내정 자치 법안이 하원 투표에서 무효화되고 닷새가 지나), 워즈든에서 열린 회의에서 체임벌린은 밸푸어에게 자신은 자유통일당-보수당 연정이 "불가능하다"고 본다고 말했다. 그는 다만 보수당 소수 내각이 "하팅턴과는 확실하고 전적인 양해를, 나와는 적절하지만 그보다는 덜 전적인 양해"를 맺어서 "배후의 협의로 서로 행동을 충분히 통일"할 수 있도록 하는 것이 최선의 방법이라고 생각하고 있었다. 사흘 뒤 내티가 하팅턴에게 접근했을 때, 그 역시 본질적으로 같은 생각을 드러냈다.

"글래드스턴을 떼어버리자"는 공동의 목표는 혹독하게 실현되었다. 그해 7월에 실시된 총선 결과는 글래드스턴과 내정 자치 법안을 '몰락'시켰다. 보수당원이 316명, 자유통일당원이 78명 당선된 데 반해, 글래드스턴파는 191명, 아일랜드 민족주의자들은 85명의 당선자를 내는 데 그쳤다. 특히 내티가 처칠과 체임벌린 두 사람의 등을 떠밀어 선거운동에 내보냈던 스코틀랜드("그 늙은이의……거름 더미 동네")에서 글래드스턴이 거둔 참패는 중요한 사건이었다. G. O. M.으로부터의 전향은 페르디난트가 출마한 에일즈버리 같은 시골 선거구에서도 두드러졌다. 그러나 합방주의자들의 화합(처칠과 내티와 체임벌린이 "제국의 사업을 대부분 함께 수행하는" 것 같다고 한 브레트의 인상적인 묘사 속에 포착된)은 오래가지 못했다. "자유통일당 일대 도당들"을 멘트모어에 초청해 함께 사냥을 즐기는 것은 쉬운 일이었지만, 정부에서 함께 일하는 것은 수월하지 않았다. 이미 12월부터 솔즈베리, 처칠, 체임벌린은 정부의 주의회 설립 법안을 두고 의견이 엇갈렸다. 같은 달, 처칠은 국방 예산 문제를 두고 뜻이 어긋나자 재무장관직에서 사임해버렸다. 이듬해 2월이 되면 내티 역시 아일랜드에 대한 정부의 정책(강압책과 "다시 없이 부패한" 신규 토지법의 결합)에 환멸을 느끼게 된다. 내티는 정부가 "주의를 기울이지 않으면, 현재와 같은 무질서와 불만보다는 어떤 식으로든 아일랜드 내정 자치를 허용하는 것이 더 나으리라는 여론이 부상할 것"이라고 내다봤다.

그 무렵, 내티의 진짜 충심은 하팅턴에게 가 있었던 것으로 보인다. 브레트가 하팅턴에게 말한 것처럼, 내티와 처칠, 체임벌린 세 사람이 모두 동의한 것은 "[자유]통일당을 유지"하는 것이었다. "그리고 바로 그 때문에 그들이 무슨 계획을 짜든 당신의 구상과 견해를 1차적으로 고려하는 것 같습니다.……

근본적인 과제는, 랜돌프가 말한 것처럼, '글래드스턴 일당을 정권에서 쫓아내는 것'이죠."

8월에 내티와 저녁 식사를 함께한 에드워드 해밀턴은 그에게서 "하팅턴이 조만간 총리가 될 것이며, 현재는 소위 보수당원들이 대변하고 있는 진짜 '자유' 당의 총리가 될 것"이라는 단언을 듣는다. "하팅턴은 급진주의자들의 모략에 다시는 넘어가지 않을 겁니다. 정당에 대한 신의 때문에 '오욕을 참았던 것'을 뉘우친 지 오래됐으니까요." 그러나 내티는 체임벌린이 점점 더 미심쩍어진다는 심중도 털어놓았다. 체임벌린은 그때까지도 옛 자유당 분파들이 재통합할 수 있으리라 생각하고 있었다. "체임벌린에 대해 말하자면 그는 절대 리더가 되지 못할 겁니다. 그는 토리당 양가죽을 뒤집어쓴 급진파 늑대입니다. 그는 전형적인 민주주의자(낭비벽이 있는 징고)인데, 이는 경제 및 외교 문제에 있어 필파를 닮은 R. 처칠과는 매우 대조적이지요. G씨에게는 역량이 부족합니다. 한 가지 생각이 2년을 가지 않고, 심지어 2개월도 가지 않습니다. 나라에는 언제나 위험스러운 인물이지요."

충실한 글래드스턴주의자였던 해밀턴이 이 이야기를 듣고 불쾌하게 생각한 것도 놀라운 일이 아니다(내티가 "현재 돌아가고 있는 상황을 누구보다 잘 알고" 있다는 사실을 부정할 수는 없었지만). 그러나 해밀턴의 다음 용무가 그 자신이 장래에 최소한 상원에서 자유당 당수가 될 사람으로 여기고 있던 로즈버리와 멘트모어에서 만나 저녁 식사를 한 일이었다는 사실은 흥미로운 일이다.

다시 말해, 당면 문제는 하팅턴과 체임벌린이 양쪽에서 끌고 있고 그 중간에 낀 로즈버리는 글래드스턴의 난파선에서 무언가라도 구조해내려 애쓰고 있는 자유당의 운명이었다. 어떻게든 처칠과 하팅턴 두 사람 모두를 '진짜' 자유당의 공천 후보로 만들고 싶어 했던 내티의 희망은 처칠의 심신이 급속히 쇠약해지면서 요원한 꿈이 되어버렸다. 그러나 당시는 자유통일당이 보수당에 완전히 넘어가는 것을 피하는 일이 아직 가능해 보였던 시점이었다. 그것이 아니었다면 어째서 내티가 1890년에 하팅턴에게 자유통일당의 선거 자금을 대겠다는 제안을 하고 더비 경까지 설득해서 같이 나서도록 했겠는가? 1888년에 내티가 그랬듯이, 글래드스턴이 "권력에서 영원히 축출"되었고 "G씨가 사라졌으니 내정 자치파들은 자연사할 것"이라고 추정하는 것도 당시로서는 터무니없는 일이 아니었다. 1892년 선거에서 자유당이 승리를 거둔 뒤에도 글래드스턴의 정치적 부활은 일장춘몽에 머물고 말았다. 그리고 로즈버리의 총리직 승계는 그가 내정 자치 법안이나 상원 개혁에 갖고 있는 신념이 그저 피상적일 뿐이라는 믿음에서 신중하게 축하할 수 있는 일이었다.

처칠과 로즈버리

1880년대의 복잡다단했던 정당 정치에서 내티가 맡은 역할 중에 가장 두드러져 보이는 측면은 정치적 활약상과 은행가로서의 관심사 간의 요원함일 것이다. 아일랜드나 복지 정책 문제와 부유한 지주로서 그 자신의 이해관계 사이에 미약하나마 관련이 있었을 뿐, 내티의 활약은 로스차일드가 사람이 다른 목적을 위한 수단이 아니라 그 자체가 목적인 천직으로서 정치에 참여한 최초의 사례였다고 할 만하다.

그러나 이 모든 일이 진행되는 와중에도 내티는 여전히 평일 대부분을 뉴코트에서 보냈다는 사실을 잊어서는 안 된다. 은행가로서 그가 가장 주목했던 정치적 관심사 역시 국내 정책보다는 대외 정책에 관한 것이었다. 그가 내정 자치 논쟁에서 맡았던 역할을 밝혀내고 재구성해 보는 동안에도, 사실상 그에게 더 중요했던 문제는 제국주의 외교였다는 점을 기억해야 한다. 이 시기에 로스차일드가는 외교 정책에 영향력을 발휘하는 데 그들이 갖고 있던 정치 인맥을 과연 어느 정도까지 활용할 수 있었을까? 이 질문에 접근하는 한 가지 방법은 후기 디즈레일리 시대에 그들과 가장 가까운 사이였던 두 명의 정치인, 즉 랜돌프 처칠과 로즈버리와의 관계를 살펴보는 일일 것이다. 그리고 이제 빅토리아조 영국이 갖고 있던 제국주의적 소유물 중 다시없이 중요했던 보물 한 가지에 대해 이야기할 때다. 그 보물은 바로 인도다.

1880년 이전에 로스차일드가는 인도에 있는 회사들과 몇 차례 거래하기는 했어도 인도에 큰 관심을 갖고 있지는 않았다. 친척인 가브리엘과 모리스 보름스가 25년이나 머물던 실론에서 1865년에 돌아왔을 때, 샬로테는 그들의 외모뿐만 아니라("늙고 흉측한 영국-코카서스계 인도인들") 차 플랜테이션에서의 생활에 대해 그들이 들려준 이야기에도 질겁했다. 벌거벗은 쿨리들, 격심한 열기, 뱀, 코끼리, 호저, 진주를 먹는다는 곤충까지, 실론은 한마디로 다른 행성이었다. 보름스가 플랜테이션 한 곳에 '로스차일드'라는 이름을 붙였던 것은 경의를 표하기 위해서였지, 로스차일드가가 라지에 경제적으로 관여했다는 표식은 아니었다. 그러나 1880년 이후로 상황은 달라졌다. 1881년에서 1887년까지 샬로테의 아들들은 총 640만 파운드에 달하는 인도 철도 회사 주식을 맡아 발행하게 된다.

1885년 여름, 자유당이 정권에서 물러나고 솔즈베리 경이 처칠을 인도 국무장관으로 임명하면서 인도에 대한 로스차일드가의 관심이 꽃피울 길도 같이 열렸다. 유성같이 화려했던 정치 경력과는 전혀 다른 태도로, 처칠은 자신이 앞서 이집트 문제를 두고 글래드스턴이 베어링 가문과 맺었다고 비난했던 것과 정확히 똑같은 관계를 내티와 그의 형제들과 맺었다. 인도 미들랜드 철도 회사를 위한 채권 발행을 계획하는 동안, 처칠은 총독 더퍼린 경에게 "만약 채권이 발행될 내년에도 제가 임직에 있게 된다면……[버트럼] 커리[13]와 대판 싸우더라도 그 일을 로스차일드가에 맡길 겁니다. 영국은행은 경제에 관해 아는 것이 없지만, 로스차일드가의 정보는 엄청나고 고객 규모도 어마어마하니까요"라고 숨김없이 이야기했다.

처칠의 전기를 쓴 로이 포스터(Roy Foster)는 로스차일드가가 실제로 이 신생 회사의 주식 발행을 도왔다고 주장했다. 당대 사람들 역시 처칠이 버마 합병을 결정한 것(1886년 새해 초하루에 합병을 공표했다)이 로스차일드가와 그가 점점 가까워진 사실과 무관치 않다고 생각했다. 에드워드 해밀턴은 "징고이즘(Jingoism)은……돈이 되는 한 인기가 있다"며 냉소적으로 기록하기도 했다. 실제 로스차일드가는 합병이 선포된 바로 그 주에 "버마 철도를 전부" 인수하고 "노선을 국경까지 연장"하겠다고 나섰고, 처칠은 그들이 "더할 나위 없이 열성적"이라고 솔즈베리 앞에 장담했다.

1889년에 로스차일드가가 발행을 맡은 버마 루비 광산 주식이 막대한 성공을 거둔 사실은 이 모든 정황을 대변해 주는 듯 보였다. 주식을 신청하려고 몰려든 인파 때문에 내티는 은행 사무실까지 사다리를 타고 올라가야 했다는 소문이 있었고, 주식은 프리미엄이 300%까지 치솟았다. 1886년에 브레트는 하팅턴에게 "치칠과 내티 로스차일드가 체임벌린과 상의하면서 대영제국의 사업을 대부분 함께 수행하고 있는 것처럼 보인다"고 말하지 않았던가? 나중에 해밀턴은 (로즈버리에게) 처칠이 "난관에" 빠진 것은 그가 "특정 금융 가문"과 "지나치게 친밀"했기 때문이라고 이야기하지 않았는가? 그리고 솔즈베리 부인은 "모든 일을 내티 로스차일드와 상의하는 랜돌프에 대항해" 헤르베르트 폰 비스마르크 및 로즈버리와 대화를 "개시"하고, "대(大)금융 가문에 공짜로 정치 뉴스를 건넬 사람은 없다는 점을 암시"하지 않았는가? 그들이 지나치게 가까운 사이였다는 증거는 확고해 보이고, 특히 처칠의 개인 재정이 불안정했다는 사실을 생각하면 더욱 그렇다. 지금은 잘 알려진 이야기이지만(그의 초기 전기 작가들은 그 사실을 숨기려 했다), 숨을 거둘 당시 처칠은 런던 상사에 '6만 6902파운드라는 거액'의 빚을 지고 있었다. 로스차일드의 조언에 따라 광산 주식에 투자해 얼마간 돈을 벌기도 했지만 말이다.

그러나 좀 더 자세히 들여다보면, 처칠이 인도 식민 정부에서 근무한 것이나 재무장관으로 일했던 것은 은행가로서의 로스차일드가의 역량에 그다지 대단한 영향을 미치지 못했고, 처칠의 개인 은행가로서 로스차일드가가 맡은 역할도 그가 임직에서 물러난 이후에야 정말로 중요해졌던 것으로 보인다. 버마 루비 광산 주식은 30만 파운드 규모에 불과했고, 실제 발행된 것도 처칠이 인도 식민 정부에서의 짧은 임기를 마치고 귀국한 지 4년이 지나서였다. 로스차일드가에서 버마 철도 회사를 위해 200만 파운드 상당의 주식을 발행한 것 역시 1896년의 일이었다. 10년 전에 그들이 처음 인도재정위원회에 접근했을 때는 사실 빈손으로 돌아서야 했다. 솔즈베리의 두 번째 정부에서 재무장관이 된 처칠은 재정 정책을 두고 로스차일드가의 조언을 구했다(내티를 공공지출 조사위원회에 앉혔다).

그렇지만 처칠이 군비 증대에 대해 사실상 자기파괴적이고 초(超)글래드스턴적인 태도로 반대한 것을 로스차일드의 이해관계에 득이 되는 일이었다고 해석하기란 어려운 일이다. 이집트와 통화 정책에 대해서도 그의 견해는 내티의 견해로부터 급격히 갈렸다. 1886년 12월에 마침내 사임을 택한 그의 불길한 결단에 로스차일드가가 개입했다는 정황 역시 찾아볼 수 없다. 레지널드 브레트가 그에게 그 소식을 내티에게 전할 수 있겠느냐고 물었을 때, 처칠은 "아니라고 말했다. 이유인즉슨 그에게 강경히 대립하는 알프레드 로스차일드가 영 불만스럽기 때문이라는 것이다. '그는 내가 자신의 가족과 상의하지 않는다고 불평합니다. 그들을 친구로 두는 것은 기쁜 일이지만, 난 리버스 윌슨도 아니요. 그들한테 보수를 받는 사람도 아닌데 말이죠". 내티가 보기에 처칠의 사임은 그저 "분을 못 참고 부린 객기"에 불과했다. 처칠 자신도 결국에는 그 결정이 "단순한 오판"이었다고 단언했지만 말이다. 그는 "솔즈베리가 '비장의 수'를 갖고 있는 줄 몰랐다. 즉, 솔즈베리는 공석에 고션을 앉힐 준비가 되어 있었던 것이다".

정황이 말해 주듯이, 그가 로스차일드가에서 거액을 빌리기 시작한 것은 사임한 뒤부터였다. 1888년까지 그의 당좌 대월 규모는 900파운드에 불과했는데, 그것이 마침내 1만 1000파운드까지 불어난 것은 1891년에 이르러서였다. 내티는 처칠이 언젠가는 임직에 복귀할 수 있으리라는 확신을 갖도록 계속 격려했지만, 전 재무장관의 행동이 점점 더 통제 불능이 되어 갔다는 사실에 비춰 보면 그가 확신을 갖고 그런 말을 했을 가능성은 적다. 에드워드 해밀턴은 1888년 8월 "R. 처칠은 N. 로스차일드에게 모든 것을 의지하고 있다.……그러나 R. C.의 최고 멘토인 로스차일드는 정치가로서의 R. C.에게 이미 희망을 잃었다"고 썼다.

매독은 실로 가차없이 처칠을 무너뜨렸고, 따라서 1886년 이후로 내티가 처칠을 경제적으로 지원한 것은 무엇보다 우정 어린 행동이었다고 해석하는 편이 옳다. 그는 정치적으로나 경제적으로 자산이기보다는 부채에 가까웠다. 또 한 번 이 기벽의 정치인은 가만히 있지 못하고 1891년에 로스차일드의 지원을 받아 떠났던 아프리카 마쇼날랜드(Mashonaland) 원정에서 돌아와 그곳의 경제적 전망을 공개적으로 비난했는데, 다시 언급하겠지만 이는 분명 내티의 화를 돋운 실수였다. 로스차일드가에서 처칠의 야심찬 아들의 경력에 관심을 갖게 된 것은 노림수에서 나온 행동이었다기보다는 점점 더 딱한 상태로 빠져드는 처칠을 위해 베푼 친절이었다. 젊은 윈스턴이 맨체스터 선거구의 자유당 하원 의원이 되어 1904년의 외국인 법안에 반대했을 때 그들이 흡족해한 것은 틀림없는 사실이지만 말이다.

로스차일드가 발휘한 영향력이 어느 정도였느냐는 비슷한 질문이 제기되기는 하지만, 로즈비리의 경우는 처칠의 경우와 이질적이었다. 글래드스턴의 세 번째 및 네 번째 내각에서 외무장관으로 일했고, 1894년에는 아예 그의 후임으로 총리가 된 남자가 로스차일드 가문의 딸과 결혼한 것은 정치적으로 의미심장한 사건이었을까? 처칠에 대해서 그랬듯이, 당대 사람들 일부는 역시 그렇게 생각했다. 자유주의적 경향의 정기간행물 《정의(Justice)》는 1893년 9월에 글래드스턴의 트링 방문에 대해 "시기상 현명한 선택은 아니"라고 평했다. "외무장관이 결혼을 통해 저 비밀스러운[원문 그대로임] 금융 가문과 긴밀히 얽힌 시점에, 글래드스턴 씨가 로스차일드 경과 가깝게 지내는 모습을 보이는 것은 우려스러운 일이다."

그가 해나와 결혼한 그 순간부터 가족 중 정치에 관심이 많은 일원들이 로즈비리의 경력에 관심을 갖게 된 것은 틀림없는 사실이다. 1878년 9월(결혼 후 고작 6개월 만에), 페르디난트는 로즈비리에게 이 관심의 정도를 드러내고야 말았다.

> 내티는 평소처럼 당신 이야기를 많이 했고, 경마라든가 정치 활동에 대한 이야기를 쏟아 붓다시피 열심히 제게 들려줬습니다. 다른 이야기도 많이 했지만 무엇보다 그는 자유당이 다시 정권을 잡아서 당신에게 제의가 들어온다면 차관직도 수락할 의사가 있는지 알고 싶어 하더군요. 나는 제발 관심 좀 끊으라고 애원했습니다. 오늘 아침 11시에 나타난 알프레드는 제 진척 상황을 알고 기분 좋아 하더군요.……그는 이미 우리가 어제저녁에 같이 극장에 다녀왔다는 것을 알고 있었습니다. 종교재판이 폐지된 것이 얼마나 유감인지요. 제 친척들은 죄다 정찰꾼들입니다!

처칠의 경우, 개인 재정 문제로 가족과 연계된 것은 권좌에서 물러난 이후부터였다. 그러나 로즈비리의 경우에는 순서가 반대였다. 1878년 11월, 페르디난트는 로즈비리에게 이렇게 제안했다. "만약 몇 천 파운드 정도의 여유 자금이 있으면(9000~1억 파운드 정도) 우리 은행이 다음 주에 발행할……이집트 채권에 투자할 수도 있을 겁니다." 1880년에 내티가 보낸 편지는 로즈비리가 사돈들에게서 받았던 "투자에 대한 좋은 조언"에 대해 확실한 실마리를 던져

준다. 그는 능글맞게 썼다. "이런 이야기를 하게 되어 기쁘군요. 장관들이 무슨 일을 하려는지 하는 것은 직접 듣기 전에 저로서는 알 수 없는 일이겠지만, 한 가지 말씀드릴 수 있는 것은 제가 오늘 뉴코트를 위해 10만 주를 샀으니 당신도 메이 씨[로즈베리의 중개인이거나 로스차일드가의 직원일 것이다]를 시켜 당신 몫을 매입하라고 조언하고 싶다는 겁니다."

1884년, 글래드스턴이 로즈베리에게 공공사업장관의 임직을 맡고 옥새상서로 내각에 참여하는 것을 제안했을 때 그가 고사했던 이유도 바로 그런 사정 때문이었을 것이다. 그는 그랜빌에게 정부에서 이집트 재정 문제를 놓고 조만간 내려야 할 결정에 대해 이야기하며 이렇게 덧붙였다. "경께서는 그 문제에 있어서 제가 얼마나 미묘한 입장에 있는지 이해하실 수 있으실 겁니다. 저는 로스차일드가 사람은 아니지만 인척 관계와 우정으로 그들과 더없이 긴밀히 얽혀 있는 터라, 지금 시점에 내각에 들어가는 것은 부담스러운 일입니다." 그러나 고든 장군의 죽음으로 인해 마음을 돌리고 결국 글래드스턴의 제안을 받아들이게 됐을 때, 로즈베리도 로스차일드가에서도 둘 사이의 경제적 관계를 일부러 끊으려 하지는 않았다. 로즈베리는 정부에 합류한 뒤 2주 동안 가족들을 최소한 네 차례 만났는데, 내티와도 두 번이나 같이 저녁을 먹었다. 그리고 1885년 8월, 글래드스턴의 사임이 그를 일시적으로 공직에서 물러나게 한 지 겨우 두 달이 지나, 로즈베리는 런던 상사에서 발행한 신규 이집트 채권 5만 파운드를 할당받는다. 흥미롭게도 "[로즈버리의] 부탁에 따라 채권 배당금은 로스차일드 은행의 해나의 계정으로 지급되었다."

로즈베리가 1886년에 외무장관이 되었을 때도 같은 양상이 반복됐지만, 이번에 공개적으로 의구심을 드러낸 것은 내티 쪽이었다. 그는 그해 1월에 레지널드 브레트에게 "로스차일드가와 인맥으로 묶인" 로즈베리는 자유당 외무장관 후보로 "전혀 간주할 수 없는 인물"이라고 말했다. 1887년, 거너스버리에서 저녁 식사에 초대받은 에드워드 해밀턴은 내티가("결혼으로 그토록 가까운 관계가 된 것을 자랑스러워하며……로즈베리를 추켜올릴 것"이라 기대했던 바로 그가) 로즈베리에 대해 비방조로 이야기하는 것을 듣고 당혹스러워졌다. "로즈베리는 훌륭한 연사가 못 됩니다. 그의 연설에는 힘이 없어요. 외무장관으로서 그의 명성은 과대평가된 겁니다. 바툼 문제를 놓고 물어뜯을 용기는 없으면서 괜히 으르렁대기만 한 급송 문서를 러시아에 보내서 자신의 평판을 깎아 먹었지요. 비스마르크는 그에게 대단히 실망했습니다." 그러나 이런 일화를 액면 그대로 받아들여서는 안 된다. 예전과 다름없이 로즈버리와 로스차일드가는 외교 문제(특히 아프가니스탄 문제)에 대해 긴밀히 논의했고, 알프레드는 "사방팔방에서, 심지어는 먼 나라로부터도 새 외무장관의 임명이 대단히 만족스럽다는 이야기가 들려온다"는 격려 편지를 써 보내기도 했다. 내정 자치 법안이 무효화되면서 또 한 번 임직에서 물러난 로즈버리에게 신설된 런던 지방의회 의장이 되어 정치 경력을 계속 이어가도록 격려한 것은 다름 아닌 내티였다. 1892년에 정부에 복귀하기 직전에도 로즈버리는 알퐁스와 노사관계에 대해 논의했다. 그것은 이듬해에 그가 광부들의 파업에 개입하게 되는 것을 예기한 것이기도 했다. (독일 대사가 주장한 것처럼) 로스차일드가에서 로즈버리가 외무부로 복귀하는 것을 말렸다는 이야기도 사실 무근으로 보인다. 그들이 당시 주고받은 편지들은 가족들이 계속해서 그에게 금융과 외교 정보(가령, 이집트에 대한)를 제공했다는 것을 보여 준다. 프랑스 로스차일드가는 글래드스턴의 사임에 뒤이어 그가 총리가 된 것을 기뻐해 마지않았고, 알프레드는 영국은행의 전(前) 출납계장이 분실했다고 알려진 증권 상자 문제로 영국은행과 분쟁이 벌어졌을 때 총리 대신 나서는 이례적인 행보를 보였다(그의 중재로 자그마치 2만 파운드에 달하는 법정 밖 합의금이 지불되었다).**14** 나중에 로즈버리가 총리에서 물러나기로 결정했을 때 내티는 그저 통탄스러울 따름이었다. 그의 사임은 곧 ("그 어느 때보다 더 거만해지고 시끄럽고 신뢰가 안 가는") 하코트의 승리, 점점 더 급진적으로 흐르는 재정 정책의 승리를 뜻했기 때문이었다.

  로즈버리는 글래드스턴파 곁에서 내티보다 오래 버텼다. 그러나 1902년에 그가 제국주의 경향의 자유당 연맹을 결성한 것은 그의 사상이 통일당원들과 크게 다르지 않았다는 사실을 시사했다. 그리고 1905년에 자유당과 완전히 결별한 이후, 로즈버리의 정치 경력은 내티의 경력과 사뭇 겹치게 된다(가령, 두 사람은 모두 로이드 조지의 1909년 예산안에 반대했으며, 상원의 권한을 제한하는 의회 법안에도 반대했다).

  그러나 처칠의 경우와 마찬가지로, 로스차일드가 로즈버리와의 관계에서 과연 실질적인 이득을 얻었을까 하는 질문은 남는다. 그 답은, 전반적으로 보아 그렇지 않다는 것이다. 남아 있는 편지들은 분명 로스차일드가가 로즈 버리에게 금융이나 외교상의 정보를 제공해 주었다는 사실을 드러낸다. 로즈 버리가 총리직을 승계했을 때 사소한 관직 임용을 청탁한 일을 제외하면, 어떤 사안에서든 행정권을 발휘해 줄 것을 직접적으로 요구한 경우는 드물었다. 로즈버리의 외교 정책에 대한 최근의 연구에서도 로스차일드의 영향력으로 설명할 만한 사례가 드러난 적이 없다. 그러므로 급진 성향의 자유당원들이 로즈버리와 로스차일드가 사이의 "미심쩍은" 관계에 표했던 우려는 근거 없는 것이었다고 결론 내릴 수도 있을 것 같다. 그러나 로즈버리가 외교정책상 중요한 결정을 로스차일드가에 한발 앞서 통보해 준 사례가 최소한 한 번은 있었다. 1893년 1월, 당시 외무장관이었던 그는 레지널드 브레트를 뉴코트에 보내어 정부가 이집트에 주둔군을 증강시킬 계획이라는 소식을 전하게 했다. "내티와 알프레드를 만났습니다"라고 브레트는 보고했다.

> 그리고 장관께서 이 정보를 그들이 재량껏 이용했으면 하신다고, [군사력 증원 결정 소식이] 신문 지면에 게재되기 전에 먼저들 알았으면 하신다고 전했습니다.……물론 그들은 기뻐했고 매우 감사해했습니다. 내티는 그가 장관님께 드리는 모든 정보와 지원은 언제나 장관님 뜻대로 사용하시면 된다고 전해 달라고 제게 부탁했습니다.

이런 일은 이 사례가 유일했는지도 모른다. 한편, 내부 정보가 자주 구두로 전해졌거나, 지금은 남아 있지 않는 서신으로 전해졌을 가능성도 부정하기는 어렵다.

프랑스의 보수주의

영국 로스차일드가의 정치 활동과 프랑스 사촌들의 활동 사이에는 분명 유사한 면이 있었다. 물론 알퐁스가 편지에서 질리도록 썼던 것처럼 프랑스 공화국은 정치 환경이 영국과 매우 상이했고, 좌익과 우익 모두 영국보다 훨씬 극단적인 입장을 취하고 있었다. 게다가 프랑스 로스차일드가는 그간 꽤나 빈번하게 정권 교체를 겪어 온 까닭에 이념적으로 한층 더 중립적(혹은, 탄력적)이었다. 사실 알퐁스와 그의 형제들은 내심으로는 그들의 모친과 같이 오를레앙파였다. 이를 증명하는 왕정복고에 대한 긍정적인 언급은 그들의 편지 속에서도 어렵지 않게 찾아볼 수 있다. 그러나 그들은 그들의 부친이 그랬듯이 공화주의자 정치가들과 일하는 것에 일말의 거리낌도 느끼지 않았다. 다만 그들은 온건한, 혹은 보수적인 공화주의자와 급진적, 혹은 '적색' 공화주의자라는 두 집단을 구분했을 뿐이다. 그들은 1873년 마크마옹 원수가 티에르의 후임으로 공화국 대통령에 오른 데 대해 아무 유감이 없었고, 4년 뒤인 1877년 5월 16일에 불발로 끝난 쿠데타 이후 마크마옹이 물러나게 된 것을 개탄했으며, 선거에서 공화당이 승리를 거두자 알퐁스는 되살아난 코뮌의 악몽에 시달렸다. 오랜 친구인 레옹 세가 그해 12월에 재무장관으로 임명된 것이 알퐁스를 안심시킨 유일한 소식이었다. 세가 금리 3% 신규 랑트를 일반 투자자에 직접 판매함으로써 가족들이 으레 챙겨 왔던 인수 수수료를 줄이기는 했지만, 로스차일드가는 채권 청약에서 열성적으로 가담했다. 그들은 무려 1억 프랑 이상을 청약해서 1881년 중반에 발행된 국채에 힘을 실었다.[15]

내티가 토지 재산에 대한 "중시"를 보수주의의 시금석으로 보았다면, 프랑스 로스차일드가는 당시에도 그들이 대규모 지분을 보유하고 있던 프랑스 민영 철도 회사들에 그만큼의 중요성을 두고 있었다. 1870년대 초에 지선 건설 사업에 불이 붙었을 때, 알퐁스는 북부 철도가 타사의 철도들 때문에 우회되는 것을 염려했다. 그러나 그 이후에도 그의 뇌리를 떠나지 않은 고민거리는 철도 국유화(그 오랜 1848년의 목표)라는 훨씬 심각한 위협이었다. 영국에서 그랬듯이, '사회주의'는 지금껏 규제가 없었던 재산권에 대한 국가의 침입 위협을 일컫는 약칭이 되었다.

로스차일드가에서 1870년 전쟁의 공화주의자 영웅 레옹 강베타를 대했던 태도를 납득할 수 있으려면 바로 이런 배경을 염두에 두어야 한다. 1869년의 벨빌선언으로까지 거슬러 올라가는 미치광이(fou furieux)라는 악명에도 불구하고, 로스차일드가는 그가 프랑스에서 제국주의 정책을 구현하는 데 집중하는 한 그를 지원할 준비가 되어 있었다. 강베타의 짧았던 총리 재임 시절

(1881~1882)에 있었던 만찬 석상을 묘사한 일화는 유명하다.

그와 알퐁스는 창가에서 화기애애하게 대화를 나누고 있었다. 프랑스를 실제로 통치하는 강베타와 로스차일드, 두 사람의 원수(元首)가 말이다. 강베타는 해군력을 과시해 보이고 싶었다. "군함 다섯 척을 튀니스 항에 보내고 5개 중대를 상륙시킨 다음 총독에게 말했습니다. 프랑스의 보호령이 되는 것을 수락하거나 꺼져버리라고 말이죠. 24시간 안에 이뤄낸 작전이었습니다." 그제야 알퐁스 드 로스차일드는 입을 열었는데, 그의 이야기에서는 이탈리아와 영국 정치가에 대한 대단한 박식함이 묻어났다. 강베타는 찬탄과 놀라움이 뒤섞인 표정으로 듣고 있었다.……[건배할 때가 되자] 강베타는 "프랑스의 부흥을 위해!"라고 외쳤다. 알퐁스 드 로스차일드는 "프랑스를 부흥시킬 이를 위해!"라고 응수했다. 그 말은 해석하기 나름이라서, 강베타를 가리킨 말일 수 있었지만 같이 있던 갈리페[드 갈리페 장군]을 가리킨 것일 수도 있었다. 그러나 강베타는 다짜고짜 그 말을 자신에 대한 헌사로 믿어버렸다. 그는 적절한 응수를 찾기 위해 얼마간 고민하더니 결국 포기하고는, 그저 "아! 꼭 그렇게 하겠습니다!"라고 말해버렸다. 벨빌 선거위원회가 같이 참석해서 그들의 영웅 강베타가 이 대공들과 후작부인들 틈에 끼어 있는 것을 보았다면 좋았으련만.

이 일화가 말하고 있는 요점은 강베타가 권력을 얻기 위해 애초의 원칙을 깡그리 저버렸다는 것이다. 그러나 같은 시기에 강베타가 진행하고 있던 국내 정책들은(사회주의 정책과는 거리가 멀었는데도) 튀니스 정복에 비하면 로스차일드가의 입맛에 맞지 않는 것들이었다. 첫째, 강베타는 약 60억 프랑 규모의 금리 5% 랑트를 대량 전환하는 사업을 구상했다. 세가 강베타 정부에서 재무장관직 수락을 거절한 것은 이 사업을 고위급 은행들이 반대하고 있다는 신호였다. 과연 경찰 보고서에는 1881년 12월에 알퐁스가 기자들에게 이렇게 말했다는 기록이 있다. "우리가 원하는 건 총력전이오. 강베타가 우릴 무너뜨리기 전에 우리가 그를 무너뜨리겠소." 위니옹 제네랄의 도산이 어떻게 그 붕괴를 촉진시켰는지는 이미 앞서 살펴보았다.

둘째, 강베타는 철도를 국유화할 의도였던 것처럼 보였다. 국가가 노선 재

매입 권리를 행사하기 전에 철도 회사들에게 30년 추가 영업권을 허용하는 합의가 이루어진 것은 그가 총리에서 물러난 이후였다. 강베타 같은 좌익 정치가가 제국주의 정책을 추구하는 우익 정치가로 변하는 것은 어렵지 않은 일이었는지도 모른다. 그러나 로스차일드가는 무엇보다 국내 정치적인 이유에서, 그들이 제국주의로 돌아서더라도 그 제국주의가 보수주의적이기를 바랐다.

한편, 프랑스 우익의 쇼비니즘적 경향은 (타당한 이유로) 그들에게 경계의 대상이었다. 그들은 1887년 5월에 불랑제 장군이 전쟁장관에서 해임되자 열화처럼 끓어오른 그에 대한 지지 여론에 반감을 느꼈다. 이러한 동요는 그들이 생각하기에 (그 이전의 보나파르트주의가 그랬듯) 국내 정치적 급진주의와 그들이 프랑스의 국력과 분수가 맞지 않는다고 생각한 대외적인 공세주의가 결합된 산물이었다. 그들이 불랑제의 개인 은행가로 활동하기 시작한 것은 1889년에 그 "쓸모없고" "무능한" 장군이 몰락한 이후부터였다.

노동조합과 사회주의 정당이 늘어나는 것을 불안해하며 바라본 것은 분명 영국 일가보다는 프랑스 일가 쪽이었다. 그 이유가 단지 혁명적인 정치 운동에 대한 프랑스의 역사적 감수성이 훨씬 예민했기 때문일 수도 있지만 말이다. 1892년 에드몽은 "금권정치"에 공격을 퍼붓는 사회주의자들이 점점 더 기세등등해지는 것이 불안하다는 심사를 편지에 옮기며 "무정부주의"가 코앞에 닥쳐 왔다고 경고한 한편, 알퐁스는 "사회주의라는 유행병"이 영국보다 프랑스에서 더 "위험"하리라고 내다봤다. 1892년에 로즈버리와 노사관계에 대해 논했을 당시, 알퐁스는 노동 분쟁에 어떤 형태로든 국가가 개입하는 것에는 절대 반대한다고 강경히 말했다. 로즈버리가 수수께끼 같은 인물이라는 인상을 받았던 그는 만남이 있은 뒤 빈정대는 투로 이렇게 썼다. "광대한 장원에 살면서 1년에 10만 파운드를 벌어들이는 급진주의자라니. 여기 프랑스에서는 있을 수가 없는 일이다." 1897년에는 작가 쥘 위레(Jules Huret)에게 이렇게 말했다. "나는 이런 노동계급 운동을 믿지 않는다네. 확신컨대……통상 노동자들은 자신들의 운명에 매우 만족하고 있네. 불평 따위도 없고 소위 사회주의라는 것에는 일말의 관심조차 없지. 여덟 시간 근로를 요구하는 이들은 게으르고 무능한 이들일세. 근면하고 진지한 가장들은 자신과 가족을 부양

할 수 있을 만큼 오래 일하기를 바랄 걸세. 그런데 그들이 전부 어쩔 수 없이 하루에 여덟 시간만 일하게 된다면, 대다수의 작자들이 남는 시간에는 무엇을 할지는지 아는가? 글쎄, 술을 마시겠지!……그들에게 무얼 더 바라겠는가?"

위레가 알퐁스의 말을 잘못 인용했을 수도 있지만, 그가 런던에 보낸 편지들은 위레의 인용이 그가 생각하는 대로였다는 것을 드러낸다. 노동시장에 대해 아둔하기까지는 않더라도 강경한 방임주의적 관점은 당시 많은 기업가들이 드물지 않게 표명했던 견해였다. 알퐁스가 경제적 불평등을 변호하며 내세운 주장 역시 그처럼 평범했던 이야기였다.

과연 '고위급 은행'이 무엇을 뜻하는지 모르겠습니다. 그것이 무슨 의미인가요? 조금 더 부유한 사람이 있고, 조금 더 가난한 사람이 있을 뿐입니다! 오늘은 더 부유했지만 내일은 더 가난해지는 사람도 있겠지요.……그런 변화는 누구나 겪습니다, 예외 없이 누구나 말입니다! 돈은 돌고 돕니다.……[그리고] 열매를 맺지요. 그것이 바로 국부(國富)입니다! 만약 누군가 겁을 줘서 그걸 쫓아낸다면, 그것은 사라질 겁니다. 그 결과 모든 것을 잃게 되겠죠. 국가의 번영도 그걸로 끝일 겁니다. 자본은 곧 노동입니다! 일부 불행한 예외만 제외하면……각자는……그의 지성, 정력, 근면을 발휘한 공로로 마땅히 받아야 할 자본의 몫을 지니고 있습니다.

현실에 안주하는 식의 이런 변명은 새로운 세기가 도래하면서 로스차일드 가가 사회적으로나 정치적으로 고립된 까닭을 설명해 준다. 더불어, 다가오는 새 시대에는 정치권력이 더 이상은 사교 클럽의 만찬 테이블이나 전원의 별장에만 갇혀 있지는 않을 것이라는 사실을 암시해 주기도 한다.

11장
제국의 위험과 수익
(1885~1902)

구할 수 있으면 예수회 헌장을 구해 보십시오. 그리고 '로마가톨릭교회'
라는 문구가 있는 자리에 '대영제국'을 집어넣으십시오.

— 세실 로즈가 로스차일드 경에게 보낸 편지, 1888년

1889년 재무장관 조지 고션은 5억 파운드 상당의 금리 3% 콘솔채를 2.5% 채권으로 전환하는, 국가 부채의 절반을 다루는 사업에 착수했다. 이 전환 사업은 제국주의적 팽창이 재정 긴축과 맞물려 일어난 영국에서 수립된 비상한 선순환의 상징처럼 보였다. 국가 부채 규모는 나폴레옹전쟁 이래 절대 최저 한도를 향해 꾸준히 감소했고, 빅토리아조의 영국은 경제적인 무리수 없이 제국을 이뤄낸 듯했다.

또한 고션의 전환 사업은 런던 채권 시장에서 N. M. 로스차일드 앤드 선즈가 여전히 우위를 지키고 있었음을 증명해 준 사업이었다. 글래드스턴에 대한 충심을 잃지 않았던 에드워드 해밀턴(당시에는 재무부 직원이었다)도 일말의 망설임 없이 고션에게 베어링과 "로스차일드가에……믿고 맡겨 보라"고 추천했을 정도였다. 그러나 재무부에서 2억~2억 5000만 파운드 상당의 금리 2.5% 채권을 99가 조금 넘는 가격에 제공하겠다고 제안했을 때, 내티가 "실현 가능한 차익금"이 "위험 부담을 전혀 감안하지 못하고 있다"고 일축하며 제안을 "거들떠보지도" 않고, 그보다 훨씬 협조적이었던 레블스토크를 설득해

가격이 97.5보다 높아서는 안 된다고 고집하도록 몰고 가는 것을 보고 해밀턴은 할 말을 잃었다. 그가 보기에 내티는 금리가 꾸준히 떨어지고 있는 시점에 기이하리만큼 인색한 주장을 하고 있었다. 그러나 내티가 어째서 그렇게 신중하게 처신했는지는 고작 1년 만에 확연히 드러나게 된다.

비공식 제국의 위험 : 베어링 위기

역사가들은 어느 정도까지 제국주의의 "깃발을 무역이 뒤따랐는지", 혹은 어느 정도까지 그 거꾸로 된 과정이 일어났는지 하는 문제를 두고 오랫동안 논쟁을 벌였다. 이집트에서는 부채가 먼저였고 제국주의의 기치가 그 뒤를 좇았다(부채보다 앞섰던 것은 무역이었지만). 그러나 투자가 침략으로 전이되는 과정이 항시 불가피한 일이었던 것은 아니었다. 다른 해외 시장에서는 유럽 투자자들의 이해관계가 정치적인 외압을 부과하는 구실이나 변명이 된 적이 없었다. 이 점을 드러내는 고전적인 사례는 먼로주의가 선포된 이후 유럽의 제국주의 세력이 '공식적'이고 정치적이기보다는, 다소 '비공식적'이어야 했고 따라서 주로 경제적이어야 했던 남미의 경우다(이 규칙이 지켜지지 않은 유일한 사례는 가이아나에 있었던 영국, 프랑스, 네덜란드 식민지들이었다). 1890년(아르헨티나의 부실 채권으로 베어링은행이 도산 직전까지 갔던 해)에 있었던 사건들은 제국주의를 비공식적으로 구현하는 경우의 불이익을 입증해 보였다. 아르헨티나가 중동이나 아시아 국가였다면, 나라의 내정이 불안해질 경우 베어링은행 같은 대규모 채권 보유자의 이해관계를 보호하기 위해 정치적 개입을 감행했을지도 모른다. 남미 특유의 중립적인 지위가 그러한 해결책을 불가능하게 했다.

베어링은행의 위기는 드물잖게 논의되어 온 주제이지만, 로스차일드가의 역사라는 맥락에서는 다음 세 가지 질문에 주목할 필요가 있다. 첫째, "유대인의 손가락"(로스차일드 가문)이 그들의 가장 오랜 경쟁자의 몰락을 어떤 식으로든 촉발했다는 당시 제기된 주장은 사실이었을까? 둘째, 내티는 어떤 계획이 있었기에 베어링은행을 구제하는 일에 참여했을까? 그리고 셋째, 어떻게 로스차일드가는 그런 재앙을 피해 갈 수 있었을까? 베어링은행이 아르헨티나에 관여한 것과 큰 차이가 없는 규모로 로스차일드가 개입했던 브라질은 아르헨티나의 바로 이웃이었고 정치 불안 역시 그만큼 심각한 곳이었다.

베어링은행의 아르헨티나 진출은 1850년대 이후 10년 동안 꾸준히 규모를 키웠고, 대체적으로 무척 성공적이어서(1880년에서 1889년까지의 수익률은 자본 대비 평균 13%였다), 1880년대 말에는 치명적인 과신이 자리 잡기에 이르렀다. 그러나 다른 이들은 먹구름이 짙어지는 것을 눈치채고 있었다. 《뱅커스 매거진》에서 아르헨티나 연방의 안정성에 의문을 제기한 것은 일찍이 1888년의 일이었다. 1889년 중반 《스테이티스트(Statist)》는 폭락이 "불가피"할 것임을 경고했다. 나중에 랜돌프 처칠은 내티가 그에게 (1889년에) 베어링은행은 "무사히 잘 있고 아무 문제도 없다"고 말했다고 회고했지만, 내티는 그저 예민한 주제를 놓고 발언에 신중을 기한 것일 뿐이었다. 사실 로스차일드가는 베어링은행의 위기를 최소한 2년 앞서 예견하고 있었다. 알퐁스는 1888년 10월 아르헨티나가 쌓여 가는 부채를 상환할 수 있으려면 "하루 빨리 거부가 되어야" 한다고 썼다. 구스타브는 조만간 "아르헨티나 펀드가 폭락하고 전체 시장이 불길하게 반응"하리라고 내다보면서, 이 암담한 전망이 "베어링가 사람들, 파리은행을 비롯해 아르헨티나에 관여한 모든 이들의 열기를 가라앉히기를" (헛되이) 희망했다(사실 로스차일드가가 아르헨티나와 완전히 무관했던 것은 아니었다. 1889년 빌헬름 칼은 아르헨티나 정부의 프랑크푸르트 주재 재정 대리인으로 임명되었다). 1889년 하반기에 영국은행의 재할인율이 4%에서 6%로 오른 것은 은행 총재 윌리엄 리더데일(William Lidderdale)이 남미 상황에 대해 "겁을 먹고 있다"는 신호와도 같았다. 과연 남미발 위기가 발생하면 금이 고갈될지 모른다는 두려움에 고션은 1파운드 은행권 발행을 제안하기도 했다.

1890년까지 베어링은행의 포트폴리오에는 오만 가지의 아르헨티나 증권이 들어 있었는데, 이 중에는 토지 소유자들에 대한 저당 대출을 담보로 아르헨티나 은행들이 발행한 채권인 세둘라(cédula)도 다량 포함되어 있었다. 베어링은행이 도시의 수도 시설과 하수 체계를 현대화하기 위해 설립된 부에노스아이레스 수도 및 배수 회사를 위해 200만 파운드에 달하는 대규모 주식 발행을 맡은 것이야말로 치명적인 결정이었다. 은행이 이 중 15만 파운드 이상을 공모 발행하려 했지만(투자자들을 끌어들이기 위해 '시장 계책'에 의존했다는 이유로 이후에 많은 비판을 받았는데도) 시도는 결국 실패로 끝났다. 1889년 말 부에노스아이레스를 방문한 존 베어링(John Baring)은 수도 시설 건설 작업에는 진척이 없고, 회사는 정치적 맹공을 받고 있으며, 세대주들은 주주들에게 상당한 배당금을 보장하리라고 기대했던 경화 대금 지불을 회피하는 것을 알고 충격에 빠졌다. 정치 상황은 무난했지만, 베어링은행은 나락으로 빠져들었다. 위기는 1890년 7월에 미겔 셀만(Miguel Celman) 대통령의 인플레이션 유발 정책이 문제가 되어 재무장관이 사임하면서 가속화되었다. 환율은 급락했고, 해군 장교들이 가세한 혁명에 셀만은 결국 외국으로 도피했다. '무정부주의'가 모습을 드러냈고, 채무 불이행이 눈앞에 닥쳤다.

그러나 문제의 규모는 막판까지 숨겨져 있었다. 에드워드 해밀턴이 10월 8일(영국은행의 대출 금리가 다시 6%로 오른 이튿날)에 저녁 식사 자리에서 만난 내티는 "시티의 현 상황에 매우 불안한 심경이라고 털어놓았다". 그러나 해밀턴은 "정확히 어째서 불안감이 만연해 있는지는 아무도 몰랐다. 그저 일부 대형 은행들이 1차적으로는 아르헨티나 위기 때문에, 그리고 증권의 전반적인 하락세 때문에 아주 편치는 못한 입장이라는 것을 짐작으로 알 뿐이었다"고 덧붙였다. 10월 13일에 레블스토크로부터 시급한 융자를 부탁받았을 때, 글린 밀스은행의 버트럼 커리(Bertram Currie)가 애초 추정하기로 베어링은행이 인수한 어음과 100만 파운드 규모에 달하는 은행의 포트폴리오상의 어음 사이에 격차가 있지만, 이는 어렵지 않게 메울 수 있으리라고 생각했다. 커리는 즉각 해당 액수의 4분의 3을 대부했다.

11월 2일이 되어서도 융자 사실을 알고 있던 소수의 은행가들(내티를 포함해)은 비교적 낙관적으로 전망하고 있었다. '격차'의 규모가 밝혀진 것은 그 뒤의 일이었다. 커리와 전 영국은행 총재 벤저민 버크 그린은 은행의 회계 장부를 철저히 검토한 결과, 지급어음(1580만 파운드)과 수취어음(700만 파운드) 간의 차이가 앞서 눈치챘던 것보다 훨씬 크다는 사실을 파악했다. 그리고 그것이 전부가 아니었다. 베어링가의 총 부채는 (러시아 정부가 1889년 후반부터 인출하기 시작한 거액의 예금을 포함해) 2100만 파운드에 육박했고, 은행의 자산에는 부에노스아이레스 회사 새뮤얼헤일상회(Samuel B. Hale & Co.)와 공동 보유한 400만 파운드 상당의 아르헨티나 증권이 포함되어 있었다.

1890년 베어링브라디스의 자본이 난 290만 파운드였다는 점을 고려하면 이는 재앙과도 같은 수치였다. 14%에 그쳤던 그들의 부채 대 자본 비율은 1880~1889년까지 N. M. 로스차일드의 평균 비율이 39%였다는 사실에 견주어 보아야 한다. 아르헨티나 증권 포트폴리오를 회사의 총 자본 규모 이상으로 축적한 것은 막심한 우행이었다. 리더데일의 표현처럼, 그것은 "그 어떤 회사도 비극에 잠기게 할 만한 무계획적인 운영"이었다. 위기의 실태가 결국 대중에게까지 알려지게 되자 《타임스》도 한 목소리를 냈다. 즉, 베어링가는 "사려 분별의 한도를 넘어섰다"는 것이다. 일의 전말이 그러했으니, 내티가 11월 8일 아침에 에버라드 함브로(Everard Hambro)의 방문을 받았을 때 처음에는 베어링은행이 망하도록 그냥 내버려 두라고 주장하고, 리더데일이 로스차일드가에서 아르헨티나 정부에 영향력을 발휘해서 "증권 시장을 짓누르고 있는 막대한 양의 신용 잃은 남미 증권들을" 지원하게 해 달라고 부탁했을 때 이를 일축해버렸으며, 마지막으로 커리가 로스차일드가와 "서너 곳의 다른 은행들이 베어링은행에 300만 파운드를 대부해서 그들이 난관을 헤쳐 나가게" 하자고 제안했을 때 그에 반대한 것도 놀라운 일이 아니다. 그것은 적개심이 있어서도 아니었고(로스차일드와 레블스토크는 분명 개인적, 사업적으로 경쟁 관계에 있었지만), 은행의 지급 불능 규모에 경악했기 때문만도 아니었다.[1]

러시아 정부가 베어링은행에서 거액의 현금을 인출해서 위기를 절정으로 치닫게 한 배후에는 로스차일드가의 입김이 있었을 거라고(레블스토크의 아우 로버트 베어링 대령이 그랬듯이) 주장하는 것 또한 터무니없는 일이었다. 로스차일드가가 여느 다른 은행의 입지를 위태롭게 하지 않는 한에서 "파국을 미연에 방지하기 위해 최선의 노력을" 기울이려 했다는 것은 (파리에서 뉴코트에 보낸 편지에 드러나듯이) 틀림없는 사실이다. 즉, 내티는 영국은행뿐만 아니라 재무부도 베어링 구조 작업을 지원할 의향이 있다는 것을 확인한 뒤에야 직접 나서는 데 동의했다.

그러나 11월 29일에 내티가 레지널드 브레트에게 털어놓은 것처럼, 베어링은행에서 인출된 러시아 예금 중 일부가 뉴코트에 들어와 있었던 것도 사실이었다. 브레트는 이렇게 썼다. "그들은 현재 러시아 정부 소유의 거액을 보유하고 있습니다. 러시아에서는 자국 정부의 증권을 전량 보유하고 있었던 베어링은행이 아르헨티나에 투기했다는 것을 알고 위기감을 느꼈던 것 같습니다. 현재 베어링 일가에서는 스탈[2]이 러시아 예금을 인출하라는 지시가 담긴 전보를 받았으리라 의심하고 있습니다. 내티가 애초에 B. 커리의 제안에 응했다면 그 지시는 로스차일드 은행에도 적용되어 그곳에서도 인출 사태가 벌어졌을 겁니다. 로스차일드 역시 추락했겠지요." 고로, 내티의 계산에는 이해타산적인 측면도 반영되어 있었다.

자칫 역사 속으로 사라질 뻔한 베어링은행을 살려내고 시티를 "미증유의 공황"에서 구해낸 공로는 으레 "스레드니들 가의 신드바드"(고선의 후임 하코트가 영국은행장을 일컬은 표현)에게 돌려졌다. 이는 리더데일 그 자신도 지적한 것처럼, 정부의 행동을 이끌어낸 내티의 역할을 과소평가한 이야기였다. 애초에 고션은 (제1재무위원 W. H. 스미스도 마찬가지로) 리더데일이 100만 파운드를 요청했을 때 이를 거절하면서 "재계의 거물들(la haute finance)"이 "자체적인 해법을 찾아야" 한다고 주장했다. 그가 제안할 수 있었던 최대 조치는 11월 11일에 리더데일에게 건넨 언질처럼, 영국은행의 준비금이 심각한 수준으로 고갈될 경우 은행조례의 유예를 승인하겠다는 것이었다(이 제안은 거절당했다). 그러나 고션이 솔즈베리에게 미리 덧붙여 주의를 준 것처럼 "로스차일드가에서 결기해 압박해 들어올 것"이 틀림없었다.

이윽고 11월 12일에 총리가 사람을 보내 내티를 데려왔을 때, 그들은 이 손님에게서 혹독한 언사를 들어야 했다. 내티는 솔즈베리에게 베어링은행은 이제 끝났다고 오만하게 말했다. 은행 파트너들은 각자 매년 1만 파운드씩은 받을 수 있을 것이며, "남은 자본을 나눠 갖고 시골로 들어가 연 4% 이자를 받으며 은거해 사는 편이 낫다"는 것이었다. 그러나 진짜 위험은 그들의 손실이 너무도 커서 "세계의 모든 사업이 런던에서 어음으로 거래되는 상업적 관습에 종말을 고할 파국"이 도래하리라는 것이었다. 내티는 브레트에게도 그와 비슷한 요지를 전했다. 만약 베어링은행이 "도산하도록 내버려 둔다면, 런던의 대형 은행 대부분이 나란히 몰락할 것"이라는 이야기였다. 다름 아닌 정부의 개입만이 1866년의 위기보다 한층 막대한 이번 위기를 막을 수 있다는 뜻이었다. 1914년에 또 한 번 닥칠 위기에서와 마찬가지로, 런던 인수 시장의 위기는 런던 시티 전체의 위기, 다시 말해 국가적 위기로 간주되었다.

정부 지원을 끌어들이지 못한 상태에서 내티가 제공할 수 있었던 최대의 지원은 위기에 대한 소식이 퍼지면서 영국은행에 곧 필요해질 금을 구하는 일에 팔을 걷어붙이는 일이었다. 로스차일드가의 전통대로, 그는 이미 알퐁스에게 프랑스은행에서 금 200만 파운드를 3개월 만기로 차입해서 스레드니들 가에 보내 달라는 급신을 보내 놓은 참이었다. 11월 12일, 리더데일은 내티에게 100만 파운드 상당의 금을 추가로 확보해 달라고 요청했다. 작업은 신속히 진행됐고, 프랑스은행은 적절한 단기 재무 증권이 발행될 때까지 콘솔채를 담보로 받았다.[3] 그 결과, 11월 7일에 1100만 파운드까지 줄어들었던 영국은행 준비금은 한 달 뒤 1660만 파운드로 늘어났고 은행의 부담은 미약하나마 완화될 수 있었다.

그러나 알퐁스가 지적했듯이 그것으로 "모든 난관을 해결할 대책이 마련된 것은 아니"었다. 핵심은 솔즈베리를 설득해서 책임지고 나서게 하는 것, 즉 고선의 반대를 극복하게 하는 것이었다. 내티는 11월 12일에 이미 1점을 올렸다. 그가 솔즈베리를 만난 직후, 내각은 영국은행이 "아르헨티나 증권을 담보로" 베어링은행에 대부함으로써 은행의 특허 조항을 위반해야 한다면 "글래드스턴의 동의를 받는 조건에서" 면책법을 통과시키는 데 합의했다. 내티가 솔즈베리와의 면담을 "만족스러운 편"이었다고 평한 것도 그 때문이었다. 그는 자신이 정부의 외고집을 극복했다고 생각했다.

이튿날이 되자 "어떤 심각한 사고"(은행가 존 비딜프 마틴의 표현)에 대한 소문이 퍼지고, "무수한 소문들이 맴돌며 점점 더 집요하게 베어링가 사람들의 이름에 집중되기 시작"했다. 베어링은행 앞으로 발행된 위험할 정도로 막대한 양의 어음이 할인을 위해 영국은행에 전달되기 시작한 것은 금요일이었던 14일부터였다. 상황의 심각성이 분명해지자, 정부는 직접 행동에 나섰다. 그날 오후에 고선이 의례적인 연설 행사에 참석하기 위해 스코틀랜드로 떠난 사이, 솔즈베리와 스미스는 당일 오후 2시를 기점으로 24시간 동안 영국은행이 맡은 베어링은행의 어음에서 생기는 손실의 절반을 분담하는 데 동의했다.

다음 단계는 베어링은행의 자산이 청산될 때 생길 수 있는 손실의 비용을 분산하기 위한 보증 기금을 구축하는 일이었다. 이 작업은 영국은행 재무부 위원회[4]와 일류 머천트뱅커들이 영국은행 총재실에 모여 진행한 회의에서 이루어졌다. 이번에도 협상은 저울추를 조정하듯 신중하게 진행되었다. 리더데일은 시티의 다른 은행들이 최소한 300만 파운드를 보장한다는 조건 하에 영국은행이 자체적으로 100만 파운드를 출현하겠다고 약속하며 입찰을 개시했다. 말이 끝나기 무섭게, 커리는 로스차일드가가 동참한다면 양쪽 은행이 각각 50만 파운드를 출현했으면 한다고 제안했다. 다시 한 번 베어링가의 운명은 내티의 손에 맡겨졌다. 톰 베어링(고로, 편파적일 수밖에 없는 인물이다)에 따르면, 그는 망설이더니 커리에게 "체면 상하는 말을 듣고서야" 동의했다고 한다. 커리 자신이 남긴 신뢰할 만한 기록에 따르면, 내티는 "주저하다가 곧 그의 형제들과 의논해 보고 싶다"고 말했지만(시간을 벌기 위한 로스차일드 전통의 수법이었다), "얼마간 압력을 받은 뒤에 결국 설득되고 말았다". 에드워드 해밀턴에 따르면 그 '압력'이란 리더데일이 내티에게 던진 한마디였다. "당신 없이 우리끼리도 해낼 수 있소."

아마도 그럴 수 있었을 것이다. 그러나 내티의 승낙은 그것이 마지못해 내뱉은 것이었어도, 그들의 과업을 더없이 수월하게 만들어 주었다. 내티가 발을 들인 이후로 일류 머천트뱅커들 전원이 기부자 명부에 이름을 올렸고, 이튿날에는 합자은행들까지 뒤를 이으면서 보증 기금의 규모는 급속히 불어났다. 24시간이라는 '제한 시간'이 끝날 때까지 총 1000만 파운드가 축적되었다(최종 축적된 금액은 1700만 파운드였다. 실제 필요했던 돈은 750만 파운드에 불과했지만). 알퐁스는 이것이야말로 예증이라고 생각했다. "이것은 영국 일가가 그들의 의무를 완벽히 이해하고 있다는 증거다. 베어링은행은 영국 상업 신용의 기틀이나 다름없으니, 베어링은행에 닥친 참사를 막아낸 일은 영국 일가 자신들의 이익을 위한 행동이기도 했다. 베어링은행의 몰락은 세계 전역의 영국 상거래에 엄청난 재앙을 가져왔을 것이다."

중요한 것은 정부 보증과 머천트뱅커들의 신디케이트 수립 소식이 전해지자, 베어링은행이 배서한 어음을 갖고 있던 사람들은 자신의 돈이 무사하리라고 확신할 수 있었다는 사실이었다. 그러나 상황은 해피엔드와는 거리가 멀었고, 베어링은행 위기에 뒤이은 파문들은 내티가 절체절명의 시점에 주저했던 까닭을 설명해 준다. 아르헨티나의 전면적인 채무 불이행 가능성은 여전히 남아 있었고, 만약의 사태가 벌어질 경우 베어링은행 자산의 5분의 1에 해당되는 가치가 단숨에 날아가버릴 수 있었다. 심지어 별일이 없었는데도 1891년 7월에 아르헨티니 증권 가격은 1889년 3월의 40%까지 떨어져버렸다. 그 무렵에 내티는 부에노스아이레스에서 전체 영국 채권 보유자들의 이해관계를 보호하는 임무를 맡은 은행위원회의 위원장이 되어 있었다.[5] 그가 원했던 방침은 관세 세입 담보 계약에 기초한 통화 안정화 프로그램을 정부에 부과하는 것이었지만, 결국 채택된 것은 좀 더 단편적인 접근법이었다. 1892년, 아르헨티나 정부에 신규 대부금을 지원하여 정부에서 상수도 시설을 매입하게 함으로써 베어링은행의 가장 부담스러운 채무를 청산하자는 합의가 이루어졌다. 그러나 이로써 아르헨티나의 대외 부채는 3800만 파운드로 늘어났고, 1893년의 추가 대부는 부채 총액을 한층 더 높여버렸다. 이 두 번째 대부(로메로 협정[Arreglo Romero]이라 불리는)는 아르헨티나 철도망에 대한 경제적 통제권을 얻는 조건으로 이루어졌다. 아르헨티나 정부가 이자 지급을 완전히 재개할 수 있었던 것은 1897년부터였다.

이로 인해 베어링은행의 파트너십 해산 과정은 지지부진하게 이루어질 수밖에 없었고, 알퐁스가 지적한 것처럼 사실 그것이야말로 "제문제(諸問題)"의 핵심이었다. 그는 12월 29일에 이렇게 썼다. "베어링가의 일시적인 영업 정지를 막은 것만으로는 충분치 않다. 그러나 그보다 안 좋은 것은 혼란을 야기한 사태를……일소시킴으로써 해산을 미연에 막는 것이다." 베어링은행의 자산 매각이 예상보다 훨씬 지체된 까닭에, 1893년 4월에 은행들의 보증은 (기금 규모는 줄어들었지만) 이듬해 11월까지 연장되어야 했다. 남아 있는 아르헨티나 채권을 청산하기 위해 새로운 회사(베어링 에스테이트[Baring Estate Co.])가 설립됐을 때 세실 베어링(Cecil Baring)은 내티가 "인정미를 보여 주셨다"고 이야기했지만, 베어링에 대한 보증이 그들의 자산을 계속 붙잡고 있는 것을 로스차일드가는 원통하게 생각하고 있었을 것이다. 재편된 베어링은행이 보증인들의 대부금을 마침내 탕감한 것은 1894년의 일이었다.

이 모든 정황은 은행가들의 공식 모임에서 내티가 차지하고 있던 지위가 베어링 위기를 계기로 월등해진 까닭을 설명해 준다. 레블스토크가 영락했기 때문만은 아니었다. 로스차일드가에도 그보다 더 격심하게 진행될 수 있었던 금융 위기를 막아내는 데 중추적인 역할을 해냈다. 위기가 있기 전에 에드워드 해밀턴은 로스차일드가를 다소 낮잡아보고 있었다. 1889년 4월, 재무부에서 소규모 재무부 증권 사업을 진행 중이던 당시 그는 일기에 이렇게 썼다. "유대인들을 이스트엔드에서 쫓아버려야 한다고 늘 생각하면서도, 나는 오늘도 뉴코트에서 점심을 먹고야 말았다." 그러나 자유당이 정권을 되찾고 새로 재무장관이 된 하코트는 증권거래소 인지세에 대한 복잡한 문제를 두고 그 누구도 아닌 내티에게 긴밀히 자문을 구했다. 그로부터 10년 뒤, 다음 자유당 정부가 들어서기 직전에, 해밀턴은 내티야말로(어니스트 카셀 및 2대 레블스토크 경과 함께) 어떤 재무장관이든 면식을 익혀야 하는 "수석 자문관"이자 "[시티의] 대표 인물"이라고 단언했다.

1890년에 일어난 일은 금융 시장의 공식 규칙대로라면 도산했어야 할 은행이 영국은행이 주도한 집단 개입으로 구제된 사건, 결정적인 시점에 정부가 보증에 나서고 커리와 로스차일드가 이끄는 시티 은행들의 방대한 연합체가 대금을 지불한 사건이었다. 정부와 납세자들의 입장에서 아르헨티나가 중동의 채무 불이행 국가였다면 대안이 됐을 법한 포함(砲艦)이나 침략 부대 파견보다는 저렴한 해법이었다. 은행들이 감당했던 비용도 낮은 편이었다. 베어링은행의 채권자들에게 지급하기 위해 자금을 동결시켰을 때의 비용을 약간 초과하는 정도였는데, 이 비용 자체도 베어링은행을 도산시켰다면 감수해야 했을 비용보다는 훨씬 적었다. 그러나 한 가지 의문은 남는다. 어떻게 로스차일드가는 베어링가의 전철을 밟지 않을 수 있었을까? 여러모로 그들 역시 남미 재정에 깊숙이 개입해 있었기 때문이다. 베어링은행의 경험을 브라질에 투자한 로스차일드가의 사례와 비교해 보는 것은 비공식 제국의 상대적 비용과 이득을 이해하는 데 도움이 된다.

1890년 11월, 내티는 솔즈베리에게 "[우리는] 사태와 무관하게 흘러가고 있다.……부채는 전혀 없다"라고 말했지만 그 말은 순전한 허세에 불과했다. 사실 로스차일드가도 자체의 남미 채무 위기로 한동안 고군분투를 벌여야 했다. 앞서 살펴본 대로, 라이오넬은 1860년대에 브라질과 로스차일드가의 옛 관계를 되살려낼 수 있었다. 파라과이전쟁이 끝난 1870년대에는 브라질 정부의 차입 요구가 드물었다. 그나마 규모가 있었던 사업은 1875년에 발행한 530만 파운드 상당의 채권이 전부였다. 그러다가 1880년대에 접어들자 새로운 사업들이 한꺼번에 전개되면서 로스차일드가는 다시금 런던에서 브라질 정부 유일의 발행 에이전트로 활동하게 되었다. 통틀어 살펴보면 로스차일드가는 바이아-샌프란시스코 철도 회사를 위해 32만 파운드 규모의 채권을 발행했을 뿐만 아니라, 1883년에서 1889년까지 총 3700만 파운드에 달하는 브라질 국채의 발행을 맡았다. 기존의 유동 부채를 통합 정리하고 일찍이 발행된 채권들을 이율이 낮은 채권으로 전환하는 작업을 도왔을 뿐 아니라 이렇게 마련된 자금이 기존 철도 회사에 대한 이자 지급금으로 사용되거나 선박회사에 보조금을 지급하는 데 쓰였으므로, 최소한 그들은 어느 정도는 발전적인 투자, 특히 기반 시설 투자에 지원한 셈이었다. 모든 것이 무던히 흘러가는 듯했다. 노예제는 1888년 폐지되었고, 통화는 이듬해 금 평가를 회복했다. 그러나 페드로 2세 정권이 군대가 가담한 공화주의 혁명에 전복되는 사태가 벌어졌다. 이 일이 로스차일드가를 충격에 몰아넣었다. 아르헨티나에서처럼 통화 매도가 쇄도했고, 브라질 채권의 해외 시세도 폭락했다. 1893년이 되면 해군과 영토 남부의 무정부주의자들이 새로 구성된 정부에 도전하면서 나라는 내전 상태에 빠지게 된다. 1895년의 안정화 조짐은 환상에 불과했다. 1896~1897년에는 북동부의 소작농들이 봉기를 일으켰다.

어째서 이 같은 상황들이 베어링은행 위기와 유사한 로스차일드 위기로 이어지지 않았을까? 한 가지 분명한 사실은 절대적인 수치상 런던 상사가 1890년에서 1893년까지 손실을 본 액수는 단 74만 파운드에 그쳤다는 것이다. 이는 부분적으로 로스차일드가가 브라질 채권을 대량으로 보유하지 않았던 덕분이었다. 1886년을 예로 들어보면, 당시 런던 상사의 총 자산에서 채권이 차지한 비중은 단 2.4%에 불과했다. 둘째, 앞서 언급한 것처럼 로스차일드가는 베어링은행보다 부채 대 자본 비율을 훨씬 높은 수준으로 유지하고 있었다. 이 무렵 기록했던 가장 낮은 수치도 19.5%(1890) 수준을 유지했을 정도다. 따라서 1889년에 비슷한 위기가 발생했을 때 그들은 대처 준비가 훨씬 잘된 상태에서 위기를 헤쳐 나간 셈이었다. 마지막으로 무엇보다 확실한 설명은 1890년 당시 베어링은행의 자본이 290만 파운드였던 데 반해 런던 상사의 자본은 590만 파운드였으며, 게다가 이는 다른 로스차일드 상사들의 자본을 고려하지 않은 수치에 불과했다는 것이다. 따라서 그들이 감수해야 했던 손실은 상대적으로 훨씬 적었다.

로스차일드와 베어링의 사정이 서로 달랐던 것처럼, 브라질도 아르헨티나와 같지 않았다. 1889년 이후 10년간 정치 불안을 겪었는데도 브라질 정부가 대외 채무에 모라토리엄을 선언한 것은 실상 1898년에 이르러서였다. 이 시점까지 정부가 원리금 상환을 지속할 수 있었다는 것에 알퐁스는 탄복했지만, 사실 그리 특별한 성취는 아니었다. 같은 시기의 여러 대규모 채무국들과 비교하면 브라질의 기어링(gearing)6 수준은 그다지 높지 않았다. 심지어 부채 비율이 절정에 달한 1898~1899년에도 총 국가 부채는 세수의 400%를 넘지 않았다. 대외 부채에 대한 이자 및 할부 상환이 전체 정부 지출에서 차지하는 비율도 전반적으로 낮은 편이었다. 1890~1899년의 평균 10.5%는 여타의 채무국에 비해 현저히 낮은 수치였다. 사실 진짜 부채 문제가 형성되기 시작한 것은 1898~1900년의 안정화를 거친 이후였다. 1890년에서 1914년까지 런던 상사는 브라질 공공 부문에서 8300만 파운드라는 믿기 힘든 규모의 채권을 발행했고, 민간 부문에서 추가로 580만 파운드 상당의 증권을 발행했다. 게다가 내티와 형제들은 그 무렵 동시에 팽창했던 칠레의 차입 수요에도 깊이 관여하기 시작해서, 1886년부터 1914년까지 총 3300만 파운드에 달하는 칠레 채권을 발행하기에 이른다. 이렇게 누적된 부채는 이 나라들이 달성할 수 있었던 경제 성장 규모를 훨씬 초과하는 것이었고, 각국의 주요 수출품(브라질은 커피와 고무, 칠레는 구아노와 구리)에 대한 수요가 전 세계적으로 증가했던 상황을 고려하더라도 사정은 마찬가지였다. 1890년에서 1913년 사이에 브라질의 총 부채는 (영국 파운드화 기준으로) 3.5배로 늘어났다. 같은 시기 국내총생산의 증대 규모는 2.7배에 그쳤다. 게다가 상파울로의 커피 생산량이 대폭 늘어나(1870년에서 1900년 사이에 네 배로 증가) 공급 초과 위기로 이어졌다.

분명 로스차일드가는 브라질에 재정적으로 막대한 영향력을 발휘할 수 있었다. 정부가 1898년에 기존 채권에 대한 지불을 중지했을 때, 런던 상사는 필요한 채무 연장 조건(모든 감채 기금 지급을 1911년까지 연기하도록 하는 것이 핵심이었다)을 사실상 지시할 수 있는 위치에 있었다. 여러 채무를 통합 정리하기 위해 로스차일드가에서 발행한 신규 펀딩론은 오스만제국 식으로 관세 수입을 담보로 했고, 정부는 그 대신 철저한 긴축 재정 프로그램을 강제로 수행해야 했다. 이 프로그램의 내용을 자세히 기술된, 뉴코트에서 브라질 대통령 당선자 캄포스 살레스(Campos Salles)에게 보낸 단호한 편지는 만천하가 읽을 수 있도록 《타임스》에 그대로 게재되기까지 했다. 이 정책은 브라질 통화(밀헤이스[milréis]) 가치를 7펜스 4파딩에서 1913년에는 16펜스로 급격히 상승시켰고, 이 경향은 세계 커피 시장 가격이 떨어지고 있는 와중에 브라질의 비용을 높임으로써 이미 극심했던 커피 산업 위기를 한층 더 악화시켰다.

그러나 비공식 제국주의를 통해 발휘할 수 있는 통제의 여력에는 한계가 있었다. 일단, 국제 자본 시장에서 강력히 부상한 경쟁 세력이 19세기 대부분에 걸쳐 브라질 외부 금융에서 로스차일드가가 누려 왔던 우위를 잠식하기 시작했다. 1906년에는 로스차일드의 입지가 칠레(슈파이어은행과 도이체방크에 의해)와 브라질(슈뢰더은행에 의해) 양쪽에서 공격을 받았다. 1905년에 상파울루 주(州)에서 주산물 가격 폭락을 저지할 수 있으리라는 기대를 걸고 있던 커피 비축 계획을 위해 대부를 요청했을 때, 알프레드는 그런 "가격 설정책"은 결국 재앙으로 끝나고 말 "인위적이고 광적인 투기"라고 일축하며 청을 거절했다. 내티도 같은 시기에 연방 정부가 밀헤이스–파운드 환율을 통제하기 위해 전환국을 신설한 것을 똑같이 탐탁찮게 생각했다.

그러나 슈뢰더와 클라인워트는 뉴욕, 함부르크, 르아브르 커피상들로 신디케이트를 꾸려 1906년 가을부터 1908년 5월까지 무려 800만 포대에 달하는 커피(세계 연간 소비량의 절반이 넘는 양)를 사들였다. 슈뢰더은행이 신디케이트에서 상파울루에 대부한 돈을 청산하기 위해 1500만 파운드 규모의 채권 발행을 계획하며 내티의 지원을 얻어 보려 했을 때, 내티의 첫 반응은 퉁명스러웠다. "당치도 않은 사기 행위를 돕고 싶은 마음은 추호도 없소." 그가 끝까지 거절했다면 슈뢰더은행은 위험에 처했을 것이다. 로스차일드가의 지원 없이는 브라질 연방 정부의 보증을 받아낼 수도 없었을 것이고, 정부 보증 없이 발행한 채권은 실패로 끝났을 것이며, 슈뢰더은행은 자본의 6분의 1을 상파울루에 건네고 담보로 받은 커피콩만 한가득 떠안은 채 빈털터리가 되었을 것이다. 내티는 가격 설정 계획에 직접 자금을 대는 것과 브라질 주에 대부하는 것 사이에(그렇게 대부한 돈이 결국 공공 가격 정책 계획에 사용된다 하더라도) 예수회를 연상시킬 만큼 결벽증적으로 구분을 지었다. 슈뢰더은행의 애간장을 태우고 난 뒤 그는 결국 채권 사업에 참여하는 데 동의했지만, 그의 직감대로 정부의 그런 계획이 지속적인 성공을 거두기는 어려운 일이었다. 1910년에 동인도가 경쟁 산지로 부상하면서 고무 가격은 급락했고, 이렇게 떨어진 가격은 고무 비축분이 얼마나 되었든 완충해낼 수 없는 것이었으며, 그 결과로 초래된 외환 위기는 브라질 전환국을 무력화시켰다. 이미 쇠락하고 있던 브라질 채권 시장은 이 위기로 결딴이 났고, 로스차일드가 1913년에 발행한 1100만 파운드 상당의 채권 가운데 94%가 인수자들의 손에 그대로 떠맡겨졌다. 브라질은행을 외국에서 통제한다는 조건으로 신규 채권을 발행하자는 합의가 이루어지기 직전인 1914년에 유럽은 전화에 휘말렸다.

비공식적 제국주의는 (정의에 따르면) 일반적으로 정부 개입이라는 궁극적인 제재가 없는 것이었다. 1888~1889년에 프랑스 투자자들이 깨달았던 것처럼, 돈을 파나마 운하에 투자하는 것은 이집트의 운하에 투자하는 것과는 전혀 다른 사업이었다. 이집트에서는, 비록 영국의 영향력에 밀려나기는 했지만, 프랑스의 기세가 상당했기 때문이다. 남미에서는 미국의 지배 아니면 지배 부재뿐, 그 이외의 대안이 없는 듯했다. 일례로 1895년에 브라질 정부가 트리니다드 섬의 합병을 계획하고 있는 것으로 드러났을 때, 내티는 솔즈베리의 수석 개인 비서 숌버그 맥도넬(Schomberg McDonnell)에게 브라질에 외교상의 항의를 표해서 브라질이 영토에 대한 소유권 주장을 중재에 기탁하도록 해야 한다고 촉구했다. 그러나 맥도넬은 솔즈베리에게 이렇게 전했다. "군 철수 정책이 옳았다는 것을……입증할 사람은 로스차일드가입니다. 그들이 이번 일에 힘을 발휘할 수 있다면 중재 과정에서도 큰 난관이 해결될 겁니다.……로스차일드가가 그 일을 할 수 있는 것은 물론 당연한 일입니다. 우리가 대신 해 주길 바랐겠지만 말이지요." 그 말은, 이 문제를 놓고 브라질 재무장관에게 전보를 보낼 것인가 말 것인가는 내티 본인에게 달렸다는 뜻이었다. 정부에서 생각하기에 브라질은 말 그대로 로스차일드가의 일이었기 때문이다.

그러나 브라질뿐만 아니라 아르헨티나, 칠레까지 해군력 증강에 엄청난 금액을 쏟아 붓기 시작하면서 영국 은행가들이 발휘할 수 있는 영향력의 한계는 극명해지기 시작했다. '재정 파탄'을 경고하는 조짐이 눈에 보였는데도 남미의 군비 경쟁을 저지하는 것이 불가능했던 까닭은 무엇보다 그 알짜배기 주문들이 영국 선박 회사에 떨어졌기 때문이었다. 내티가 브라질 철도 건설 사업을 거머쥘 계획을 세우며 솔직하게 언급한 것처럼 "정부의 정책을 문제 삼는 것은 언제나 미묘한 문제"였다.

열렬한 단본위제주의자들

19세기 후반과 20세기 초를 특징짓는 영국으로부터의 막대한 자본 수출은 어느 정도는 세계 통화 체제의 발달로 촉진된 것이었다. 처음 기틀을 잡은 것은 양본위제(은과 금) 체제였지만, 1870년대 중반부터는 금본위제가 주요 통화 대부분의 환율을 금을 통해 고정시켰고, 그리하여 이 통화들을 세계 준비 통화였던 영국 파운드화에 묶어 놓았다. 이 과정에서 로스차일드가가 맡은 역할이 최근까지 전반적으로 관심을 얻지 못했고 잘못 이해되기도 했던 것이 사실이다.

일반적으로 전해 내려온 생각은, 로스차일드가가 양본위제에서 금본위제로의 전환을 확고하게 지지해 왔다는 것이다. 과연 미국 포퓰리스트들은 로스차일드가를 "국제 황금 동맹"의 현현으로 보았고, 은이 본위 화폐 자격을 잃게 된 배후에도 그들이 있었다고 굳게 믿었다. 그렇게 생각한 이유를 찾기는 어렵지 않다. 로스차일드가는 당시까지도 제련 및 금괴 중개 사업을 지속해 오고 있었다.[7] 그리고 곧 등장할 이야기지만, 그들이 금광에 갖고 있던 이해관계 역시 19세기의 마지막 20년 동안 급성장세를 보였다. 게다가 이 무렵에 로스차일드가에서 진행한 채권 발행의 많은 수가 수혜국들의 금본위제 채택과 관련되어 있었다. 이 점은 그들과 그들의 대리인 어거스트 벨몬트가 (남북전쟁 동안 중단됐던) 정금 지불 재개에 자금을 조달하는 데 주된 역할을 했던 미국에서 가장 뚜렷하게 드러났다.

1874년 7월, 런던 상사는 뉴욕 은행가 조지프 셀리그먼과 손잡고 4500만 달러 규모의 금리 5% 미국 채권을 1억 2300만 달러에 대한 6개월 옵션으로 인수하는 데 합의했다. 사업이 지지부진하자 2500만 달러 상당의 두 번째 발행분을 위한 신디케이트에는 주니어스 모건 그룹과 뉴욕제일국립은행이 새로 합류했고, 로스차일드가는 전체 발행분의 55%를 맡았다. 1873년에서 1877년까지 런던과 뉴욕에서 발행된 미국 채권 가운데 N. M. 로스차일드가 관여한 발행분의 규모는 자그마치 2억 6700만 파운드에 달했다. 이런 채권들이 계획된 목적은 미국 재정을 안정화시키기 위해서였을 뿐 아니라, 미국이 가까운 장래에 금본위제를 채택할 수 있도록 하기 위해서였다. 그러나 1877년 10월에 소집된 제45회 의회에서는 "자유로운" 은화 주조가 가능해지고 은의 법적 통화 지위를 회복시키는 법안이 기초되었고, 분을 참지 못한 벨몬트는 이를 "노골적인 절도"이자 "맹목적이고 부정한 발악"이라며 비난을 퍼부었다. 엄격히 제한된 규모에 한해 은의 유통을 허용하고 기발행(既發行) 채권에 예정된 이자를 은으로 지급해서는 안 된다는 내용이 명기됐을 때에야 로스차일드가는 수그러들었다.

이윽고 같은 해에 재무장관 존 셔먼(John Sherman)은 벨몬트를 통해 5000만 달러 규모의 금화 대부를 협의했는데, 이렇게 마련된 금화 덕에 1879년 초에 금본위제 채택을 추진할 수 있었다. 여기에 뒤이어 추가적으로 채권이 발행되었다. 이번에는 주니어스 모건의 패기만만한 아들 피어폰트가 로스차일드가를 사업에서 배제할 생각을 하기도 했다. (그가 브라운 시플리 상회[Brown, Shipley & Co.]의 허먼 호스키어[Herman Hoskier]에게 털어놓은 바에 따르면) 라이오넬과 내티가 "미국 신디케이트에 참가해서 누구의 지배나 명령을 받기는 싫다고 했고, 그들만의 방식으로 주위의 지인들과 일을 진행할 수 있는 주도권이 주어진다면 참여하겠다"고 해서 그의 신경을 건드린 것이 원인이었다.[8] 미국의 금본위제 전환에 대한 도처의 불신이 내내 누그러지지 않았다는 사실은 미국 철도 주식이나 전후 채권이 엄청난 호황을 맞았던 당시에 로스차일드가가 그토록 소극적으로 움직였던 까닭을 설명해 준다.[9]

이 문제가 아직 정치적으로 미결인 상태로 남아 있었던 1893년 3월, 대통령으로 갓 취임한 그로버 클리블랜드(Grover Cleveland)는 미국의 금 준비금이 급감할 경우 태환성을 유지하기 위해 5000~6000만 달러 규모의 금 대부금 조성에 나섰다. 모건가에서 협력할 의사를 비쳤지만 내티와 알프레드, 레오는 망설였다. 클리블랜드가 은의 제한적 통용을 허용해 온 셔먼 은 매입법을 폐지시킨 뒤에도 알프레드는 사업 참여에 여전히 "크게 반대"하는 입장이었다. 그러나 결국 합의는 이루어졌고, 사업은 대단한 수익을 냈다(이는 모건의 해석대로 그들이 지나치게 신중했다는 증거였다기보다는 형제들의 협상 능력을 입증해 준 증거였을 것이다). 6230만 달러 상당의 금리 4% 미국 채권을 은행가들은 104.5로 인수했고, 눈에 불을 컨 투자자들은 이를 112.25에 사들였다(가격은 이후 119까지 오른다). 단 24분 만에 600만 달러의 소득을 거뒀다는 이야기는 포퓰리스트들의 먹잇감이 될 수밖에 없었고, 덕분에 1896년에 민주당 대선 후보로 선출된 것은 클리브랜드가 아닌 윌리엄 제닝스 브라이언이었다. 그러나 공화당 후보 윌리엄 매킨리(William McKinley)가 브라이언을 누르고 대통령에 당선된 것은 미국의 금본위제 전환을 완성시키는 계기가 된다.

미국의 통화 안정화는 더욱 광범한 흐름의 일부였다. 1869년 당시에 금본위제를 따르고 있던 국가는 영국을 비롯해 영국에 경제적으로 의존하고 있던 국가들(포르투갈, 이집트, 캐나다, 칠레, 오스트레일리아)뿐이었다. 프랑스와 나머지 라틴화폐동맹 회원국, 러시아, 페르시아, 남미의 일부 국가들은 양본위제를 따르고 있었다. 중부유럽 대부분을 포함해 세계의 나머지 국가들은 전반적으로 은본위제였다. 그러나 그로부터 40년 뒤에는 중국, 페르시아 그리고 몇 안 되는 중앙아메리카 국가들만이 은본위제 국가로 남게 된다. 금본위제는 실상 세계를 아우르는 통화 체제였다. 많은 수의 아시아 국가들이 실상 (국내 통화가 실제 금 대신 영국 파운드화로 태환되는) 금환본위제를 따르고 있었고, 유럽과 아메리카의 여러 '라틴' 경제권에서는 태환성을 전혀 유지하지 않았지만 말이다. 이탈리아에서는 1881~1882년에 함브로은행에서 과욕을 부려 선수를 쳤지만, 로스차일드가는 그 외 다수의 주요 유럽 국가들(독일[1871~1873년], 프랑스[1878년], 러시아[1897년])에서 본위제 이행을 촉진하는 데 핵심적인 역할을 했다. 이후 런던과 파리 상사에서는 양국의 중앙은행에 불가결한 보조자 역할을 하며, 어느 쪽 시장에서든 위기가 발생하면 다량의 정금을 해협 건너로 실어 보냈다. 그것은 그 자체로도 수익성 있는 사업이었다. 동시에, 금본위제는 금 기반 통화로 표시된 외화 채권들이 환율 변동에 내항력을 갖출 수 있게 했고, 그렇지 않으면 콘솔채나 '홈레일(home rails)'[10]만 고집했을 신중한 투자자들에게도 시장성을 발휘할 수 있게 해 주었다. 통화 통합은 국제 채권 시장의 성장을 촉진했으니, 태환성 자체가 "국가가 건전한 예산, 안정된 외채 상환, 적정 수준의 해외 차입을 유지하려 노력한다는 신호"가 되었기 때문이었다. 고로, 로스차일드가의 주된 사업에도 좋은 일이었다.

그러니 1890년대 초에 재개된 양본위제 논쟁에서 영국 로스차일드가가 중금주의 정통론을 옹호했다는 이야기가 빈번했던 것도 놀라운 일이 아니다. 일례로 알프레드는 1886년에 영국은행 총재를 위해 작성한 비밀 보고서에서 "대영제국의 금속 유통에 급격한 변화를 가져오는 처사는 무엇이든 막론하고……강력히 반대"한다고 썼다. 그리고 4년 뒤, 내티는 실상 1844년의 체제를 순전히 현대화한 것에 지나지 않았고 영국은행의 수요 증대에 대한 합리적인 대응이었던 개혁, 즉 1파운드 은행권을 도입하자는 고션의 제안에 단호히 반대했다. 그러므로 글래드스턴과 재무장관 하코트가 1892년 브뤼셀에서 개최될 국제통화회의에서 미국의 양본위제 계획에 반대표를 던질 만한 적당한 영국 대표를 물색하다가 알프레드야말로 이상적인 인물이라고 생각한 것도 당연한 일이었다. 하코트가 썼듯이, "금융계를 통틀어 로스차일드라는 이름만큼 권위를 발휘하는 이름은 없을 겁니다. 이 주제에 대해 알프레드가 어떤 견해를 갖고 있는지는 잘 모릅니다만, 저는 그가 죽을 때까지 금본위제만을 고집할 열렬한 단본위제주의자(글래드스턴 씨는 이를 '정신이 제대로 박힌 사람'이라고 부릅니다)라고 생각합니다". 알프레드는 "저보다 더 독실한 단본위제 지지자는 찾을 수 없을 것"이며 자신은 "영국이 제일의 상업 대국으로 우뚝 설 수 있도록 한 영국의 금융 패권을 지키기 위해 전력을 다하고" 있다며 하코트를 안심시켰다.

그러나 알프레드는 그에게 맡겨진 "정신이 제대로 박힌 사람" 역할을 오래 지속하지 못했다. 회의가 개최된 11월, 그는 자체적으로 만든 타협안을 가지고 나타나 모두를 (특히 그와 함께 영국 대표로 나섰던 버트럼 커리를) 놀라게 했다. 시티와 재무부의 적들로부터 비웃음을 샀을 뿐 아니라 당시 회담장의 분위기가 첨예하게 양극화되었던 것을 감안하면 실현될 가능성도 없었겠지만, 그의 제안은 은에 금과 동일한 지위를 부여하지는 않는 조건에서 5년간의 국제매입 협약을 통해 은의 가격을 올리고 유지시킴으로써 중금주의자들과 양본위제주의자들을 화해시킬 수 있는 여러모로 합리적인 방안이었다. 알프레드는 이 방침을 채택한다면 "남아프리카 광산들은 자체 연간 생산량이 전 세계의 추가 수요를 만족시킬 만큼 충분한지 알아볼 시간이 생길 것이고, 인도 역시 금 기반 통화와 금본위제를 도입할 만한 시간을 벌 수 있을 것"이라고 주장했다.[11] 그러나 "가차없는 단본위제주의자" 커리가 보기에 그것은 하코트가 그들에게 반드시 이뤄내라고 말했던 "명예로운 단본위제" 혹은 "양본위제의 안락사"와는 거리가 멀었다. 과연 알프레드의 계획은 회의에 참석한 일부 양본위제주의자들로부터 조건부 지지를 얻을 수 있었다. 사실상의 안건으로 올리기에는 충분히 지지를 얻지 못했지만 말이다.

게다가 1897년에 이 문제가 다시 수면 위로 떠올랐을 때, 내티 역시 양본위제주의자 경향을 띤 아서 밸푸어의 영향을 받아 기존의 입장을 누그러뜨렸다는 소문이 돌았다. 커리가 양본위제에 반대한다는 취지로 작성된 시티의 각서를 들고 돌아다니며 대부분의 일류 머천트뱅커들로부터 서명을 받아냈을 때도, 그는 이름을 올리지 않았다. 게다가 은화광들에게 제한적으로 양보하는 방안을 다시 생각해 보면 어떠냐는 이야기를 꺼내어 신임 재무장관 마이클 힉스 비치(Michael Hicks Beach) 경을 당혹스럽게 만들기도 했다. 그가 염두에 둔 대안은 인도조폐국을 다시 여는 것, 영국은행 준비금 중 5분의 1을 은으로 전환하는 것, 그리고 은에 대한 법정 통화 한도를 2파운드에서 4파운드로(미국 양본위제주의자들이 주장한 10파운드가 아니라) 인상하는 것이었다.

그들이 이렇게 온건하게나마 이단을 표명한 사실을 어떻게 설명해야 할까? 기억해야 하는 역사적 사실 하나는 내티의 조부 역시 과도하게 엄격한 중금주의를 비판했던 인물 중 한 사람이었다는 것이다. 그러나 알프레드와 내티가 단순히 과거를 되풀이하고 있었던 것은 아니었다. 그들은 (알퐁스 자신의 표현대로) 양본위제의 "과격한" 신봉자들인 프랑스 파트너들의 입장 역시 고려하고 있었다. 알퐁스는 프랑스은행의 이사로서 1860년대에 걸쳐 지폐 옹호론자(페레르 형제)와 라틴화폐동맹 지지자들의 공격에 맞서 양본위제 체제를 방어해 왔다. 어떻게 보면 그의 행동은 영국 친척들의 성향을 연상시키는 화폐 보수주의(은행가의 '통념')의 발현일 수도 있었다. 내티가 1파운드 은행권 발행을 영국의 현 상태를 뒤흔들 만한 위협으로 여겼던 것처럼, 알퐁스 역시 1870년에 25프랑 동전이 도입되는 것을 맹렬히 반대했다.

그러나 마크 플랑드로가 분석한 것처럼, 이렇게 명백히 모순적으로 보이는 로스차일드가의 입장도 실상은 논리적으로 내려진 결론이었다. 양본위제는 1873년에 프랑스 정부가 독일이 대량의 은을 금으로 전환함으로써 은을 폐화로 만드는 것을 저지하겠다는 정치적 결정을 내렸기 때문에 작동을 멈췄다. 1873년 이전에 양본위제가 움직일 수 있었던 까닭은 "[양본위제 국가들의 개별 중개자들이 진행한] 두 금속 간의 차익 거래가 한 금속은 녹이고 다른 금속은 주화로 만드는 비용을 반영한 범위 안에서 금은 환율을 고정시켰기" 때문이었다. 로스차일드가가 주요 차익 거래자로 활약했던 이 체제는 금본위제를 실시하는 영국과 양본위제를 운영하는 프랑스 양쪽에 의존하고 있었다. 따라서 영국 로스차일드가가 양국이 각자의 체제를 유지하는 쪽을 선호했던 것도 그럴 법한 일이었다. 영국 로스차일드가는 전 세계에서 은이 폐화로 추락하는 것을 바란 적이 없었다. 알퐁스 역시 은을 위한 투쟁에서 패한 이후에도, 금본위제가 아닌 양본위제가 영불 통화 정책에 훨씬 융통성 있는 체제를 제공한다고 주장했다. 마지막으로, 영국 로스차일드가에서 은이 본위 화폐 자격을 완전히 잃는 사태를 피하려 한 것은 이익이 걸려 있었기 때문이기도 했다. 그들은 금광업에 막대한 이해관계를 갖고 있었고, 수은에 갖고 있던 이해관계 역시 무시할 수 없는 수준이었다(수은은 주로 은을 제련하는 데 쓰였다).

지하 제국

남미 채권을 취급한 은행가들이 겪어야 했던 난관은 새삼스러운 것이 아니었다. 사태는 로스차일드가가 1820년대에 맞닥뜨렸던, 그리고 1830년대에 스페인과 포르투갈에서 맞닥뜨렸던 상황과 여러모로 닮아 있었다. 로스차일드가가 부채 위기에 대응한 방식 역시 새로울 것이 없었다. 1830년대에 그들은 스페인처럼 불안정한 나라에 돈을 대부해야 할 경우 일종의 유형 자산이 필요하리라는 생각에서 알마덴 수은 광산의 통제권을 확보했다. 1880년대 역시 비슷한 계산에서 출발했지만, 이번에 그들이 광산에 개입한 규모는 전례가 없는 수준이었다. 런던과 파리 일가가 소위 '광산 제국'을 개발하기로 결정한 것은 1830년대에 철도 금융 사업에 뛰어든 이래 그들의 사업 운영 형태를 변화시킨 가장 중대한 결정이었다고 해도 과장이 아니다. 제임스가 범유럽 철도망을 통제하는 것이 19세기 중반의 신생 국가들에 융자해 주는 것만큼이나 중요하다고 보았던 것처럼, 내티와 알퐁스도 광산에 투자하는 것이 유럽의 해외 식민지와 경제적 위성 국가들을 위해 채권을 발행하는 것만큼 중요하다는 사실을 간파하고 있었다. 앞 세대의 철도가 그랬듯이 광산은 국채보다 고율의 수익을 냈다. 게다가 광산은 자산으로서도 가치를 잃을 가능성이 적었다(징벌적 조세, 심지어 징발의 위험도 있었지만 정부의 채무 불이행 위험보다는 전반적으로 현실화될 확률이 적었다). 로스차일드가가 1880년 이후로 위용을 잃었다는 주장은 이렇게 중요한 방향 전환을 염두에 두지 않은 판단일 뿐이다.

앞에서 1870년대에 런던 상사가 알마덴 수은 광산 산물에 대한 통제권을 재확립한 과정을 살펴보았다. 이 광산들은 1920년대까지 꾸준히 성과를 냈다. 일례로 1871년에서 1907년까지 런던 상사는 광산을 통해 약 90만 파운드, 즉 총 수익의 8%를 벌어들였다.[12] 그러나 파트너들이 주고받은 편지들로 판단하건대, 로스차일드가가 알마덴에서 맡았던 역할은 금광이라는 훨씬 역동적인 산업에서 보인 활약상에 비하면 소극적인 수준이었다.

1840년대부터 런던 상사는 신세계에서 발견된 금광에 열렬한 관심을 보였고, 1852년에는 런던에 자체적으로 제련소를 확보하기도 했다. 그들은 데이비슨 형제들에게 특히 캘리포니아와 멕시코에서 가장 유망한 광산 개발에 긴밀히 간여하라고 열심히 주문하기도 했다. 1870년대에는 이 지역에 새로운 동업자들을 두게 된다. 한 사람은 자문역 광산 기술자 해밀턴 스미스(Hamilton Smith)로, 1881년에 베네수엘라의 엘카야오 금광에 대해 기록한 보고서는 로스차일드가가 그곳에 투자하도록 설득하는 역할을 했다. 스미스가 1885년에 영국에 정착해서 또 다른 광산 전문가 에드먼드 드 크라노(Edmund de Crano)와 회사를 설립할 수 있었던 것은 내티가 주선한 덕분이었을 것이다. 1년 뒤, 그들은 새로 창립된 런던탐사회사(London Exploration Company)의 상무이사가 된다. 로스차일드가가 광산에 품은 야망을 실현시키는 결정적인 수단이 될 회사였다.

애초에 런던탐사회사는 주주들에게 광산 문제에 대해 조언하는 자문 회사로 출발했다. 그러나 1889년에 명목 자본 30만 파운드의 합자회사로 재출범한 뒤에는 회사 활동을 점점 더 늘려 나갔다(즉, 광산 회사들을 증권거래소에 상장시키고 명목 자본의 20%를 수임으로 받았다). 이것은 본질적으로 시티의 명망 있는 은행들이 자신들의 이름을 직접 내걸지 않고 고도로 투기적인 사업으로 널리 알려진 광산 개발에 뛰어들 수 있는 방법이었다. 회사의 창립 주주 20인에는 로스차일드가를 비롯해 레블스토크, 에버라드 함브로, 헨리 오펜하임, 아서 왜그까지 포함되어 있었다. 호레이스 파쿠아는 1896년까지 회사에서 회장을 맡았다. 그 무렵이면 회사는 자본이 125만 파운드까지 늘고 회사의 시장 가치는 223만 파운드에 이르러, 은행가 해리 깁스의 표현대로 "전 세계 동종 업계에서 가장 탄탄한 회사"가 되어 있었다. 회사 설립자들은 수익의 10%를 배당하고 남은 금액의 절반을 수령할 수 있었을 뿐만 아니라 강력한 투표권으로 회사 지배권을 유지할 수 있었기 때문에 굉장히 유리한 투자였다. 회사는 1889년에서 1903년까지 통틀어 총 23개 업체를 위해 액면가 2070만 파운드에 달하는 주식을 발행했다. 1889년에서 1895년 사이에는 배당금으로 최초 납입 자본금 3만 파운드의 총 265%를 지급하며 주식 가치를 네 배로 불렸다. 뒤이은 10년 동안 배당금은 80%로 떨어지고 1905~1914년에는 40%까지 떨어지지만 말이다. 런던탐사회사는 분명 로스차일드의 창조물이었다. 전체 주식의 30%가 내티와 형제들의 수중에 있었고(회사가 규모를 키워 감에 따라 지분이 줄기는 했지만), 1889년에서 1897년까지는 회사의 사무실이 아예 세인트 스위딘스 레인에 있었다.

이 회사에 투자해서 얻은 수익에 더해, 로스차일드가는 회사가 추천한 여러 광산 회사로부터도 상당한 수익을 거둬들였다. 1886년, 런던 상사의 대차대조표에 기록된 광산 회사 주식 보유량은 다 합쳐도 2만 7000파운드에 불과했다. 고작 몇 년 만에 이 액수는 대폭 늘어난다. 1891년에 로스차일드가는 남아프리카 금광 개발 회사 콘솔리데이티드 골드 필즈(Consolidated Gold Fields)의 1파운드 주식 5000주를 갖고 있었고, 이후 그들의 지분은 1만 3000주까지 늘어났다. 율리우스 베른허(Julius Wernher)와 알프레드 바이트(Alfred Beit)(굴지의 '랜들로드'[Randlord]¹³들)가 1893년 2월에 랜드 마인스(Rand Mines)를 상장했을 때, 로스차일드가는 전체 10만 주 가운데 2만 7000주를 배당받았다. 그리고 같은 회사가 1897년에 100만 파운드를 추가로 조성했을 때, 그들은 3만 5000파운드 상당의 채권을 사들였다. 이로써 그들은 1902년에서 1914년까지 랜드에서 생산된 금의 약 37%를 차지하게 되는 거대 그룹 '코너 하우스(Corner House)'[14]에 상당한 지분을 갖게 됐다. 투자에서 나온 수익은 막대했다. 랜드 마인스의 주식은 1897년에는 14파운드 10실링에 불과했지만, 1899년에는 45파운드까지 치솟았다. 이 밖에도 런던과 파리 상사는 신규 회사 마리베일 나이젤 골드마인스 에스테이트가 1895년에 증권 시장에 상장되기 전에 10만 파운드 상당의 주식을 사들였다가 상장 직후에 매각해 25%의 수익을 냈다. 그들은 또한 회사가 상장하면서 4파운드로 오른 1파운드 주식 5만 주에 대한 '콜(call)'을 지니고 있었다. 프랑스 상사의 투자는 그만큼 성공적이지 못했다. 1894년 초에는 일부 광산 주식에서 거둔 수익이 다른 주식으로 잃은 것을 겨우 만회할 뿐이라며 투덜대기도 했다.

금광이야말로 런던탐사회사의 첫사랑이었다. 비트바테르스란트에서 금맥이 새로 발견되고 심부 채광 기술이 등장하면서 남아프리카 금 생산량이 극적으로 팽창한 점을 고려하면 당연한 일이었다.[15] 1892년, 회사는 통합심부채광회사(Consolidated Deep Level Co.)와 겔덴휘스 딥(Geldenhuis Deep)을 출범시켰다. 뒤이어 1893년에는 랜드 마인스와 마쇼날랜드의 골드필즈를 상장시켰고, 1894년에는 점퍼스 딥 레벨스(Jumpers Deep Levels)와 트란스발 앤드 제네럴 어소시에이션(Transvaal and General Association)을 상장시켰다. 이 모든 과정에 로스차일드가는 기민한 관심을 보였다. 1892년 초에는 칼 메이어가 여러 금광을 둘러보기 위해 트란스발로 파견됐다. 그의 보고서에서는 행복감이 묻어났다. 그가 보기에 금광 지대 앞에는 "그야말로 찬란한 미래"가 펼쳐져 있었다.

이 나라는 앞으로 10년 내지 20년 동안 남미나 유사한 국가들보다 유럽 자본에 훨씬 큰 기회를 제공할 겁니다. 기후도 무난하고 네덜란드인들과 앵글로색슨족[원문 그대로임]이 살고 있는 나라, 이제 막 개발되기 시작해서 각종 광물이 넘쳐날 뿐만 아니라 전 분야의 농업이 가능한 아름다운 나라입니다. 수익성 좋은 사업을 여럿 벌일 수 있는 현명한 대리인을 이곳에 주재시키면 로스차일드가에는 큰 이익이 될 거라는 생각이 듭니다.

"현명한 대리인"을 파견하지는 않았다 해도, 런던탐사회사를 통해 로스차일드가가 남아프리카 황금 붐에 간접적으로 참여한 정도가 과소평가된 것은 사실이다. 런던탐사회사가 남아프리카에서만 사업을 벌였던 것도 아니었다. 1894년, 회사는 지역 자회사로 웨스트 오스트레일리언 앤드 제너럴 어소시에이션(West Australian and General Association)을 설립했고, 그 뒤를 이어 1896년에는 뉴질랜드탐사회사(New Zealand Exploration Company)를 상장시켰다. 이들 회사 중 어떤 곳도 남아프리카의 자회사만큼 수익성이 좋지는 못했지만 말이다.

이처럼 광범한 지역의 금광에 막대한 이해관계를 확보한 것은 세계 금시장의 미래를 내다본 과감한 행보였다. 알퐁스의 표현대로 랜드는 "알라딘의 동굴"에 대한 환상을 불러일으켰다. 그가 금이 과잉 공급될 가능성에 대해 염려하는 빛을 보이지 않았던 것은 언뜻 이상해 보인다(랜드가 수은이나 구리의 미개척 보유고였다면 그는 분명 우려를 표했을 것이다). 답은 간단하다. 자국 통화 체제의 근간으로서 금을 채택하는 나라들이 점점 더 늘고 있었기 때문에, 금에 대한 수요는 계속 팽창할 가능성이 높았다. 수요가 유지되는 한 공급량의 증대는 가격을 떨어뜨리지 않을 것이고, 다만 통화 팽창을 일으키고 모든 자산의 가격을 전반적으로 상승시킬 뿐이다. 그런 기대를 뒷받침해 준 것은 1893~1894년에 남아프리카 광산 주식에서 일어난 소위 '카피르 붐(Kaffir boom)'이었다. 영국 로스차일드가가 금본위제의 확산을 장려한 것도 놀라운 일이 아니었다.

로스차일드가는 단본위제주의자가 아니었다. 오히려 다본위제주의자였다. 같은 시기에 좀 더 중요해진 금속은 구리였다. 구리는 비금속이었지만 19세기의 4분기에 걸쳐 전기공학이 급속히 발달하면서 수요가 커졌다. 1870년대 후반에 소시에테 데 메투(Société des Métaux)와 콩투아 데스콩트가 주도해서 구리시장의 장악을 시도했을 때 파리 로스차일드가가 간접적으로 참여했을 수도 있지만, 그보다는 투기 거품이 터진 1889년 이후에 구리로 눈을 돌렸을 가능성이 더 높아 보인다. 1880년대 후반, 런던과 파리 상사는 당시 세계 총 구리 생산량의 10% 이상을 차지했던 리오틴토 광산의 지배권을 획득하면서 스페인에 두고 있던 이해관계를 배가시켰다. 이것은 다른 무엇보다 중요한 투자였다. 1900년대 초에 이르면 '틴토 주식'의 가격은 한 세기 전 콘솔채나 랑트의 가격이 그랬듯이 런던과 파리 일가가 주고받는 서신에 자주 인용되는 기준 가격이 된다. 한편 런던 로스차일드가는 1895년 리오틴토의 은행 역할을 맡아 360만 파운드 상당의 사채를 발행하기도 했다(그에 따른 수수료는 11만 500파운드였다).

그것은 구리 광맥이 여기저기에서 새로 발견됨에 따라 구리 가격이 하락하는 것에 맞서 리오틴토에 대한 투자 이익을 지키기 위해 구리 채광 사업과 마케팅에 기울이기 시작한 적극적인 노력의 일환이었다. 1880년대에도 파리 상사는 멕시코 구리 광산을 운영하는 콤파니 뒤 볼레오(Compagnie du Boleo)의 지분 37.5%를 획득했다. 그리고 1895년 이후에 런던탐사회사는 몬태나에 기반을 둔 아나콘다 구리 채광 회사(Anaconda Copper Mining Company)에 자금을 조달하는 1차적인 재원이 된다. 이렇게 확보한 이해관계로 로스차일드가는 세계 구리 시장에서 실권을 발휘하는 위치에 올랐다. 그들은 뉴욕의 레너드 루이존(Leonard Lewisohn), 런던의 브랜다이스 골드슈미트(Brandeis, Goldschmidt & CO.)와 함께 마케팅 신디케이트를 구성하여 1895년을 기점으로 직접 매입과 산출 규제를 통해 구리 가격을 톤당 50파운드로 되돌려 놓는 데 성공했다.¹⁶ 그들은 투자처가 새로 발견되는 족족 구리 산업에 대한 이해관계를 늘려 나갔다. 1903년, 런던탐사회사는 남서아프리카에 설립된 독일 회사 오타비 광산 철도 회사(Otavi Minen-und Eisenbahn-Gesellschaft)를 위해 100만 파운드의 자금을 조성했다. 프랑스 로스차일드가 역시 콤파니 제네랄 드 트락숑(Compagnie Générale de Traction) 같은 회사에 투자해서 구리를 활용하는 산업에도 이해관계를 확보했다.

로스차일드가는 귀금속 추출 산업에도 그만큼 관심을 보였다. 다이아몬드 회사 드비어스(De Beers)에 개입한 일(그들이 벌인 광산 사업 중 가장 유명한)은 나중에 논할 것이다. 그러나 드비어스가 그들이 동종 사업에 투자한 유일한 사례는 아니었다는 사실은 짚고 넘어가야 한다. 1889년에 그들은 버마 루비 광산 회사를 상장했는데, 이는 3년 전에 그 영토를 합병한 영국 정부로부터 7년 채굴권을 따내기 위해 오랫동안 드잡이를 벌인 뒤에야 이룰 수 있었던 성과였다. 이 역시 벌이가 좋은 사업이었다. 루비 가격은 4년이 지난 뒤에도 급등세를 지켰다(다이아몬드 시세와는 두드러지게 대조적이었다).

금과 귀금속에 관한 한 프랑스 상사는 대개 런던 상사의 전문성에 의존했다. 드 로스차일드 프레르가 1895년에 프랑스 금광 및 탐사 회사(Compagnie Française de Mines d'Or et d'Exploration, CONFRADOR)의 주주가 된 것은 런던탐사회사를 통해서였다. 그러나 알퐁스와 형제들도 같은 시기에 그처럼 빠른 속도로 광산에 대한 투자를 늘려 나갔다. 가령 1880년대에 프랑스 상사는 스페인에서 산출되는 은 함유 납광석에 관심을 갖고 카르타헤나의 대리인을 거쳐 광물을 사들인 다음 르아브르 제련소에서 은과 납으로 정제해냈다. 그러다가 런던의 해밀턴 스미스 같은 전문가(쥘 아롱[Jules Aron]이라는 파리국립광업학교 졸업생)의 조언에 따라, 알퐁스와 형제들은 르아브르 제련소 시설에 25만 프랑을 투자하고 스페인 생산자에게서 광물을 직접 구매하는 방식으로 시스템을 바꿨다. 스페인 제련소에 직접 투자하라는 아롱의 조언에는 주저했지만 말이다. 결국 그들이 아롱에게 설득되어 스페인 소유주로부터 납 광산 제국을 임대해서 페냐로야 광업 및 야금 회사(Société Minière et Métallurgique de Peñarroya)를 설립한 것은 1880~1881년의 일이었다. 1913년 무렵이면 이 회사는 자그마치 스페인 은의 80%, 스페인 납의 60%를 생산하게 된다. 페냐로야 회사와 독점 판매 에이전시에 40%의 지분을 보유한 프랑스 상사는 국제 납 시장의 최대 단일 주자가 되었다.

그와 동시에 알퐁스와 형제들은 태평양에 있는 프랑스령 뉴칼레도니아 섬에 오스트레일리아 사업가 존 히긴슨이 설립한 니켈 광산 회사(Société Le Nickel)의 지분 25%를 확보했다. 그것은 야심찬 전략이었지만(1884년까지 회사는 유럽 니켈 제련소 대부분을 손에 넣었다) 1891년 캐나다에서 니켈 광산이 새로 발견되면서 니켈 시장 독점의 꿈이 뒤흔들렸고, 결국 니켈 광산 회사의 자본 가치를 반으로 줄이고 미국-캐나다 협력 기업인 국제 니켈 회사(International Nickel Company)와 느슨한 시장 분할 협약을 맺을 수밖에 없었다. 이 시기의 광산 투자 중 셋째로 규모가 컸던 곳은 앞서 언급한 멕시코의 구리 광산 회사인 콤파니 뒤 볼레오였다. 대략 1900년까지를 통틀어 프랑스 상사가 투자한 이런 광산 회사들은 액면가가 1150만 프랑(46만 파운드), 시장 가치는 그 두 배였으며, 이는 상사의 총 자본 중 약 4%에 맞먹는 규모였다.

프랑스 로스차일드가가 러시아 석유 산업에 투자한 방식 역시 비슷했다. 1860년대부터 미국에서 석유를 수입하기 시작한 프랑스 상사는 마침내 1879년에 정유 사업가 도이치 드 라 뫼르트(Deutsch de la Meurthe)와 합작해 스페인에서 등유를 제조하기 시작했고, 나중에는 피우메[17]에 정유소를 건설했다. 이 정유소에 공급할 석유를 구하기 위해 로스차일드가는 바쿠 주변에서 급속도로 성장하고 있던 러시아 석유 업체들을 처음으로 물색해 보게 된다(오스트리아 상사에서도 갈리시아 지방의 석유 사업에 다소간 관여하고 있었지만, 양쪽이 협력할 생각은 애초부터 없었던 것으로 보인다). 1883~1884년에 노벨 형제 석유 회사에 협력을 제안했다가 거절당한 뒤, 파리 상사는 바투미 석유 가공 교역 회사(러시아식 약자 'BNITO'로 흔히 알려져 있던)를 아예 사들이는 쪽을 택했다. 그들은 또 유조차 2000대라는 대함대를 제작했을 뿐만 아니라, 노보로시스크의 정유소와 오데사의 석유 저장고에 '막대한 자본을 고정'시켰다. 역사학자 존 P. 맥케이(John P. McKay)는 세기가 바뀔 무렵 러시아 석유 산업에 대한 파리 상사의 투자 가치가 약 5800만 프랑(230만 파운드)에 달했으리라고 추정했다. 최전성기에는 러시아 석유 생산량의 약 3분의 1이 로스차일드의 통제하에 있었다.

1890년대는 세계 석유 시장이 광적인 성장을 보였던 시기였다. 로스차일드가 생산한 러시아 등유는 그들이 소유한 카스피해 및 흑해 등유 회사(Société commerciale et Industrielle de Naphte Caspienne et de la Mer Noire)를 통해 (즉, 스페인 납과 매우 비슷한 방식으로) 유럽에 판매됐다. 이후 그들은 러시아 내수 시장에서의 판매 역시 확대하기 위해 러시아 해운 회사(폴락 상회) 및 상트페테르부르크 국제상업은행과 합작해 '마조트'[18]라는 회사를 새로 설립했다. 이것은 그들이 노벨 형제뿐만 아니라 미국의 거대 기업 스탠더드 오일과도 경합을 벌이고 있었음을 의미했다. 비슷한 경쟁이 아시아 시장에서도 불붙었다. 1891년, 런던에 기반을 둔 마커스 새뮤얼(Marcus Samuel)과 새뮤얼 새뮤얼(Samuel Samuel) 형제는 그들의 첨단 유조선을 이용해 BNITO의 등유를 수에즈운하 동쪽 지역에 판매할 수 있는 권리를 확보했다. 이를 시작으로 그들은 1897년에 셸 운송 통상 회사(Shell Transport and Trading Company)를 설립한다. 아시아에서 그들에 필적했던 경쟁자는 네덜란드령 동인도에 기반을 두고 급성장 중이던 로열 더치 석유 회사였다.

경쟁이 치열해지면서 석유 가격이 하락하자, 이윤 분배 카르텔을 수립해서 '석유 전쟁'을 끝내자는 관례적인 시도가 이루어졌다(1893~1895). 그러나 스탠더드 오일과의 협상은 아무 결론도 내지 못했고, 상황은 셸과 로열 더치가 점진적으로 합병되는 과정에 로스차일드가가 참여하는 쪽으로 흘러갔다. 로스차일드가는 1902년에 두 석유 회사가 설립한 아시아 석유 회사(Asiatic Petroleum Co.)의 지분 중 3분의 1을 확보했고, 1911년에는 러시아에서 운영하던 사업 전체를 로열 더치와 셸의 주식으로 교환하여 양 회사의 최대 주주로 떠올랐다. 그런 뒤에도 로스차일드가 BNITO와 마조트에 갖고 있던 지분은 그 가치가 290만 파운드에 달했고, 동시에 그들이 확보한 로열 더치/셸의 주식도 상당한 수익을 약속했으므로 이는 썩 괜찮은 거래로 보였다. 로스차일드가 바쿠에서 물러난 것이 지혜로운 결단이었다는 사실은 단 6년 만에 명백해진다.

수은, 금, 구리, 납, 은, 다이아몬드, 루비, 그리고 석유. 1900년에 이르면 로스차일드가는 전 세계의 비규소 금속, 귀금속 및 석유 시장에서 괄목할 만한 입지를 확보하게 된다. 그들은 직접적으로, 혹은 런던탐사회사를 통해 신규 광산 회사에 자본을 조성했을 뿐 아니라, 광산 회사 주식에 직접 거액을 투자하기도 했고, 카르텔 결성이나 그 외 다른 식으로 국제 원자재 시장을 통제하려는 노력에도 긴밀히 관여했다. 쇠락이라는 말과는 어울리지 않는 사업 전략이었다. 오히려 런던과 파리 상사는 세계 경제에 일어나고 있던 근본적이고 구조적인 변화에 대한 대응으로 그들의 오랜 사업 분야 하나를 성장시키는 방법을 기민하게 깨쳤다고 해야 할 것이다.

로즈와 로스차일드

전반적으로 고수익을 보장했다는 점은 차치하고라도, 로스차일드가가 1880년대와 1890년대에 거머쥔 광산 제국의 매력 중 하나는 정치적 통제에서 자유로웠다는 점에 있었다. 영업권을 허가받거나 영토의 일부를 매입하는 즉시 광산 회사는 완전한 자율을 누릴 수 있었는데, 특히 광산이 외진 곳에 떨어져 있다거나 국가 구소가 비교적 미성숙한 지역에 있을 때는 두말할 나위도 없었다. 그러나 이런 식의 제국주의도 휘날리는 국기, 지도 위의 점선으로 상징되는 공식적인 제국주의로부터 완전히 분리될 수는 없었다. 특히 세실 로즈의 마음속에서는 그랬다.

로스차일드가와 로즈와의 관계는 1882년에 내티가 과거 샌프란시스코 대리인이었던 앨버트 갠슬(Albert Gansl)을 킴벌리(다이아몬드 광업의 핵심 지역)로 보내어 그 지역에 있는 네 개 주요 '파이프'[19] 중 하나였던 듀토이츠판(Dutoitspan, 다른 세 곳은 킴벌리, 불트폰테인[Bultfontein], 드비어스였다)에 앵글로아프리칸 다이아몬드 광산 회사가 광구 소유권을 주장한 사건에 대해 보고하게 했을 때로 거슬러 올라갈 것이다. 몇 달 뒤 갠슬은 소규모의 무수한 회사들(다 해서 100곳이 넘었다)이 과잉 생산으로 서로가 서로를 해치고 있다며 기업 합병이 필요하다는 단호한 소견서를 제출했다. 그러나 런던에 합병위원회가 수립되고 합병된 다이아몬드 회사에서 350만 파운드 상당의 주식을 발행하자는 계획도 세워졌건만, 경쟁 회사들의 주주 및 임원들이 서로 욕심을 부리는 바람에 합병은 결국 무산되고 말았다. (기업 합병이 되면 새 주식으로 교환될) 기존 주식의 가치를 두고 합의에 이르는 것이 힘들었을 뿐 아니라, 1882~1883년에 다이아몬드 가격이 급락한 사실 역시 로스차일드가의 열의를 떨어뜨렸을 것이다. 프랑스 로스차일드가에서는 런던의 사촌들이 추천한 영국-아프리카 광산 회사 주식에서 손해를 보았다고 툴툴대는 말을 적어 보냈다.

다이아몬드에 대한 로스차일드가의 관심을 간접적으로나마 되살린 것은 바로 런던탐사회사로, 회사에서 또 다른 미국인 기술자 가드너 윌리엄스(Gardner Williams)를 고용해 남아프리카의 광업 전망에 대해 보고하도록 지시한 것이 계기가 되었다. 그 무렵에는 회사 합병 과정도 5년 전보다 한층 진전되어 있었다. 킴벌리 광구들을 사실상 단독으로 지배하고 있던 킴벌리 센트럴 광산 회사(Kimberley Central Mining Company)는 1887년 당시에 시가 약 245만 파운드였고 적재량당 1.3캐럿[20]의 생산량을 내고 있었다. 그다음으로 규모가 컸던 곳은 드비어스 광산 회사(De Beers Mining Company)로, 이 회사는 시가 약 200만 파운드에 다이아몬드 산량도 전자보다 살짝 적은 수준이었다. 세실 로즈(드비어스의 이사이자 대주주이면서 킴벌리 회사의 주식까지 사들이고 있던)의 마음을 사로잡고 있던 한 가지 문제는 둘 중 어느 곳이 킴벌리 파이프에 마지막으로 남은 독립 회사들 중 한 곳인 '콤파니 프랑세즈(Compagnie Française)'[21]를 자사에 합병하는 데 성공할 것이냐 하는 것이었다.

로즈는 드비어스와 센트럴 두 곳 모두 재원에 한계가 있다는 사실을 고려할 때 임박한 경영권 인수전에서 승리하기 위한 열쇠는 런던에 있다는 것을, 즉 시티의 대형 은행에서 자금 지원을 먼저 확보하는 쪽이 이기리라는 것을 깨달았다. 뉴코트에 입성한 윌리엄스(1885년에 런던으로 가는 증기선에서 처음 만났던)가 자신을 위한 입장권이 되어 주리라는 사실을 간파한 그는 지체 없이 윌리엄스를 드비어스의 부장 자리에 앉혔다. 그리고 두 달 뒤, 로즈는 고명하신 로스차일드 경과 첫 면담 약속을 잡고 런던으로 출발했다. 내티는 그에게 유리한 조건으로 흥정을 했다. 8월 4일, 로즈는 드비어스에 콤파니 매입 자금을 안겨 줄 상세한 계획을 킴벌리에 전보로 쳐 보냈지만 실상은 빡빡한 조건이었다. 추려 보면, 로스차일드가는 드비어스의 신주 5만 주를 주당 15파운드에 사들이면서 현금으로 75만 파운드를 선불했고, 추가로 20만 파운드 상당의 사채를 매입했다. 그들은 사업 수수료로 10만 파운드를 받았을 뿐만 아니라 드비어스 주식에 지불한 15파운드 주당 가격과 1887년 10월 5일 기준으로 런던 시장 시세 사이에서 만들어지는 차액의 절반도 받았다. 경제사학자 로버트 터렐(Robert Turrell)에 따르면 차익으로 받게 된 돈은 15만 파운드였으므로 "로스차일드 신디케이트는 회사 매입을 위해 75만 파운드를 대부하고 25만 파운드를 받은" 셈이었다. 파리에서 9월까지 이어진 지지부진한 협상 끝에, 콤파니의 임원들은 프랑스 주식을 100 대 162의 비율로 드비어스 주식으로 전환하는 합병 조건을 받아들였다.

그러나 로즈는 아직 승리한 것이 아니었다. 콤파니에 대한 센트럴의 대항 매수 시도를 떨쳐내버린 것은 사실이나, 그렇게 할 수 있었던 것은 다만 콤파니를 센트럴에 65만 6000파운드에 팔겠다고 약속했기 때문인 듯하다. 이 중 10만 파운드를 제외한 전액이 킴벌리 센트럴의 주식 및 증권 형태로 지불됐기 때문에 역사가들은 로즈가 머리를 굴려 센트럴에 이해관계를 확보했다고 생각해 왔다. 실상 일어난 일은 센트럴이 헐값으로 콤파니를 갖게 된 것뿐이었고, 당대 사람들의 눈에는 이제 조만간 드비어스가 센트럴에 넘어갈 일만

남은 듯했다. 로즈는 볼드폰테인과 듀토이즈판에 아직 남아 있던 독립 광산들의 지분을 사들여 드비어스-킴벌리 센트럴 합병을 완성시키는 것을 구상했지만, 이를 위해서는 킴벌리 센트럴의 회장인 프랜시스 베어링 굴드(Francis Baring-Gould)와 회사의 최대 주주인 패기만만한 바니 바나토(Barney Barnato)의 동의를 얻어야 했다. 두 사람 모두 저항한다면(전해 내려오는 이야기에 따르면 그랬다고 한다), 로즈는 패할 수밖에 없었다.

결국 강단으로 버틴 사람은 베어링 굴드 쪽이었다. 오히려 한밑천 볼 기회라고 생각한 바나토는 로즈에게 비밀리에 협조했다. 그해 11월, 드 크라노는 로즈가 센트럴의 주식을 사들이기 위해 30만 파운드의 차입금을 더 필요로 한다는 내용의 킴벌리발 전보를 받았다. 전보에는 로스차일드가에서 돈을 제공하지 않는다면 로즈의 협력자 알프레드 바이트가 대신 돈을 댈 것이라는 으름장이 섞여 있었다. 내티가 자신의 몫으로 드비어스의 주식 5754주를 매입해 회사의 최대 주주 중 하나로 떠오른 것도 이 시점이었다(로즈 자신은 단 4000주만 갖고 있었다). 이런 전략을 1888년까지 이어가는 내내 로즈와 내티는 베어링 굴드의 저항을 무마해 보려 애썼다. 1888년 3월 13일, 로즈는 310만 파운드의 자본금에 150만 파운드 상당의 무상환 사채를 추가로 발행해서 드비어스 통합 광산 회사(De Beers Consolidated)를 공식 등록했지만, 여전히 베어링 굴드와 센트럴 주주 소수 세력은 버티고 있었다. 1888년 상반기에 상한가를 친 센트럴과 드비어스 주식으로부터 묵직한 이득을 챙길 수 있으리라는 전망도 있었지만, 결정적으로 바나토를 설득할 수 있었던 것은 그에게 새 회사의 '종신 이사직'을 부여한, 내티가 드러내 놓고 불쾌해했던 특별한 양보 덕분이었다.[22]

그런데도 합병은 계속 지연됐는데, 첫째는 센트럴 주주들이 새 회사의 목적을 기술한 신탁 증서의 포괄적 용어를 걸고넘어지며 법적인 대응을 했기 때문이었고, 다음으로는 202명의 희생자를 낸 드비어스 광산의 대형 화재 때문이었다. 킴벌리 센트럴의 청산이 마침내 완료된 것은 1889년 1월의 일로, 그 무렵 드비어스는 이미 경쟁사의 자본을 93%까지 확보한 상태였기 때문에 센트럴의 최종 매입비는 회사 사정 가격 530만 파운드의 10분의 1보다 적게 들었다. 일이 마무리된 뒤 남아 있는 작은 회사들을 흡수하는 것은 상대적으로 쉬운 일이었다.

 이 장기전을 치르는 동안 내티가 맡았던 주된 역할은 로즈가 주식 매입에 필요한 돈을 마련할 수 있게 해 주는 것, 225만 파운드 규모의 첫 무상환 사채를 발행해서 드비어스의 묵은 빚을 갚고 듀토이츠판과 불트폰테인에 차지(借地)를 확보할 수 있게 해 준 것이었다. 합병에 든 총 비용은 그가 애초 예상했던 것보다 확실히 많았다. 그러나 당대의 수두룩한 사람들이 그랬듯이, 내티 역시 로즈의 멜로드라마적인 매력에 대한 면역력이 없었다. "이 사업 전부는 경께서 제게 보여 주시는 신뢰와 믿음 여하에 달려 있습니다." 로즈는 1888년에 그에게 그렇게 호소했다. "누군가 수완이 더 좋은 사람이 있을 수도 있겠지요. 저는 모르겠습니다. 경은 제 목표를 알고 계시며, 지금 중요한 것은 오로지 신뢰입니다. 경께서 저를 도우시는 한 제가 말씀드린 바를 모두 이룰 수 있을 겁니다. 그러나 경께서 달리 생각하신다면, 저 또한 무어라 드릴 말씀이 없겠지요." 두 사람의 관계는 합병이 완료된 뒤에도 계속 이어졌다. 일례로 1889년에 175만 파운드 규모의 드비어스 통합 광산 담보부 사채를 발행한 것은 런던탐사회사였으며, 이 중 17.8%는 런던 로스차일드가에서 매입했다. 1894년에는 런던 상사에서 직접 350만 파운드 상당의 드비어스 사채를 발행했다. 이 모든 사실은 결국 로스차일드가가 새 회사에 상당한 지분을 확보했으며, 그렇게 얻은 재정적 권한으로 로즈의 급소를 쥔 위치에 서게 됐다는 것을 의미했고, 로즈는 인수전에서 필요했던 고도의 기어링에 이제는 불편함 이상의 감정을 느끼게 되었다. 새로 구성된 드비어스 이사회에 칼 메이어가 임명된 것은 내티가 회사의 향방을 예의 주시할 의도라는 것을 명백히 드러낸 신호였다. 1899년까지 N. M. 로스차일드 앤드 선즈는 드비어스의 두 번째 대주주(3만 1666주 보유)로 성장하게 된다. 그들이 보유한 주식 규모는 바나토의 조카들인 조엘 형제들(3만 3576주)에 살짝 못 미치는 정도였다. 로즈의 보유량은 1만 3537주에 불과했고, 바이트의 보유량은 1만 1858주였다. 곧 밝혀질 것은, 그들이 다시없이 훌륭한 투자를 했다는 사실이었다.

 이사회가 안정을 찾아가자, 새 드비어스 통합 광산 회사(바야흐로 남아프리카 다이아몬드 산량의 98%를 통제하게 된)가 어떻게 국제 다이아몬드 시장에서 지배력을 발휘할 것인가 하는 문제가 곧 대두되었다. 신디케이트를 구성하는 방안이 논의된 것은 1887년부터였지만, 드비어스가 베른허 바이트가 주도하는 우호적인 5개 업체의 연합과 마침내 협약을 체결한 것은 1890년 3월의 일이었다. 그것은 로스차일드가가 수은 가격을 유지하기 위해 전통적으로 진행해 온 방식이자 당시에도 구리 가격을 지키기 위해 추진 중이던 일이었으므로, 로스차일드가 자체의 참여는 제한적이었지만 내티는 곧 신디케이트를 정식적으로 인정했다. 그러나 로스차일드가에서 단호히 반대했던 한 가지 전략은 다이아몬드 비축이었다. 내티가 1891년 7월에 로즈에게 써 보낸 것처럼, 로즈는 "다이아몬드에 투기할 생각은 떨쳐버리고 오직 가능한 최선을 다해 팔아야" 하는 사람이었다. 그는 이렇게 말을 맺었다. "다이아몬드를 처분하는 방식에 대해 아무리 다시 생각해봐도, 나는 당신이 수요와 공급의 일반 원칙을 따르는 것이 최선이며 모든 인위적인 수단, 결합, 축적, 기타 등등의 편법은 가능한 한 배제해야 한다는 확신이 듭니다." 그렇지만 결국 킴벌리의 중역들이 부진을 면치 못한 주가를 끌어올리기 위해 암암리에 '비밀 저장고'를 만들었다는 사실이 밝혀지자(현장 근무자들이 여러 차례 저지른 불복종 중 하나였다), 칼 메이어는 이를 "추행"이라며 비난했다. 결국 그런 조치는 불필요했던 것으로 드러났다. 다이아몬드 시장은 1896년을 기점으로 회복되기 시작했고, 드비어스의 연간 배당금은 뒤이은 5년에 걸쳐 40%(160만 파운드)까지 올라서 지지부진했던 주가는 고공으로 뛰어올랐다. 1900년에 내티는 로즈에게 이렇게 말했다. "드비어스의 이력은 한 편의 동화 같군요. 당신은 다이아몬드 생산을 사실상 독점했고, 그 산물을 위한 강고한 시장을 만들어냈으며, 이 모든 과정을 이끌어 갈 수 있는 조직 체제를 완성했습니다." 한마디로, 이제 더 무엇을 바랄 수 있겠는가? 그런데도 로즈는 다이아몬드 판매에 있어 자신에게 부과된 제약에 내내 안달하다가, 1898년에는 마케팅 신디케이트의 수익이 과도하다고 항의하기 위해 직접 런던을 방문하기도 했다.

드비어스를 킴벌리 다이아몬드 광산 지대의 군림 세력으로 일으켰지만 킴벌리와 주변 지역(그리퀄랜드 웨스트)이 이미 1871년에 영국에 합병된 곳이었기 때문에 정치적 여파는 거의, 혹은 전혀 일어나지 않았다. 그러나 애초부터 로즈의 야심은 영국령 밖으로까지 뻗어 있었다. 케이프 식민지 북쪽까지 영국의 영향력을 확대한다는 생각이 그의 야욕을 자극한 것은 보어인[23]들이 지배하는 비트바테르스란트에서 금맥이 발견됐기 때문만은 아니었다. 사실 로즈는 랜드에 투자해서 그다지 성공을 거두지 못했고, 곧 그의 회사 통합 골드 필즈는 아직 발견되지 않은 금맥이 묻혀 있을 훨씬 더 먼 지역에 기대를 걸게 되었다(회사가 드비어스 주식에 투자하기 전의 일이다). 한마디로 로즈가 원했던 것은, 트란스발(Transvaal)[24] 너머 북쪽으로 로벤굴라(Lobengula) 왕이 통치하는 마타벨레(Matabele) 왕국까지 뚫고 들어가 금맥을 움켜쥐는 것이었다.

1888년 1월, 로즈는 림포포 강 이북에 "끝없이 펼쳐진" 금광 지대를 개발하기 위해 로벤굴라 왕으로부터 채굴권을 막 얻어냈으니 지원을 요청한다는 장문의 편지를 내티에게 써 보냈다. 이로부터 알 수 있는 분명한 사실은 그가 로스차일드가에서 이 사업에 "참여하시길" 바라기는 했지만, 그에게 중요했던 것은 로스차일드의 돈이었다기보다는 그들이 지닌 정치적 영향력이었다는 점이다. 그가 보고한 대로 "저희가 확보한 채굴권의 범위를 놓고" 포르투갈 정부[25]뿐만 아니라 "현지에서도 반대가 격심"했는데, 특히 기퍼드 경과 조지 코스턴이 설립한 경쟁사 베추아날란드(Bechuanaland) 탐사 회사의 저항이 만만치 않았다. 무엇보다 그를 걱정하게 만든 것은 케이프 식민지의 영국 고등판무관 자리에 있던 그의 심복 허큘리스 로빈슨(Hercules Robinson)을 다른 인물로 대체한다는 소문이었다. 그것이 그를 불안하게 만든 까닭은 그가 품은 장기 계획 때문이었다.

그[로빈슨]는 지난 8년간 임무를 훌륭히 수행해 왔습니다. 아프리카 진영의 신임을 얻는 동시에 북쪽으로 세력 팽창을 위해서도 꾸준히 애써 왔습니다. [보어] 공화국에 완전히 둘러싸인 상태에서 우리가 발 강으로부터 잠베지 강까지 세력을 넓힐 수 있었던 것은 전적으로 그의 노고 덕분입니다. 지도를 한번 보십시오. 그의 정책 덕에 트란스발 공화국은 완전히 고립되어 더 이상 영토를 넓힐 수 없게 됐습니다. 지금과 같은 정책을 유지한 채 트란스발에서 금광을 개발한다면, 우리는 마침내 영국 깃발 아래 남아프리카를 통일할 수 있을 겁니다.……해결해야 할 문제는 산적해 있습니다. 예를 들어 스와질란드의 미래, 그리고 마타벨레 왕의 처우에 대한 문제가 있는데, 하나같이 제대로 다뤄지지 않을 경우 끊임없는 소동으로 이어질 문제들입니다. 그러므로 저는 8년 동안 경험을 쌓은 허큘리스 경이야말로 임직을 맡을 인재라고 생각합니다.

같은 해에 로즈는 내티에게 비슷한 내용의 편지를 다시 써 보내며, 이번에는 드비어스를 "광대한 미개척지를 하루하루 개척해 나가는……또 하나의 동인도회사"로 상정하고 그가 "꿈꾸는 전망"에 대해 좀 더 자세히 설명했다.

마타벨레 왕은……중앙아프리카의 유일한 걸림돌입니다. 우리가 그의 영토만 차지하면 나머지는 식은 죽 먹기입니다. 그 외의 지역은 그저 독자적인 추장을 둔 서로 독립적인 마을로 이루어져 있으니까요. 몸바사의 동아프리카 회사는……독일인들과 콩고 사이를 비집고 탕가니카 호수를 통과해 잠베지 강까지 밀고 내려와 북진하고 있는 우리와 합류해야 합니다.……제가 현재 바라는 바는 단 하나, 이렇게 단절된 상태를 끝내는 겁니다.……핵심은 마타벨레랜드입니다. 황금이 매장되어 있다는 보고는 뜬소문이 아니니까요.……상상해 보십시오, [마타벨레랜드에 있는] 이 금광 지대는 2년 전만 해도 약 15만 파운드에 매입할 수 있었는데, 이제는 1000만 파운드가 넘는 가격에 팔리고 있습니다. 저는 바이트와 로빈슨에게 우리가 이 지역 전체를 사들여야 한다고 제안했습니다. 약 30마일에 이르는 지역을 남김없이 말입니다.

이 구상들과 1895년 12월에 낭패로 끝난 "제임슨 습격" 사건이, 그리고 1899년에 보어인들과 벌이게 되는 전쟁이 직렬로 연결되어 있다는 사실을 묵과하기란 어려운 일이다. 로즈가 전심을 기울이고 있던 포위 및 팽창 정책은 보어 공화국들의 독립적인 존속과는 양립할 수 없는 것이었다. 그리고 그는 내티가 자신을 지원해 주리라고 기대했다.

자신의 비전을 실현하는 일을 내티가 도우리라고 단단히 확신한 그는 1888년 6월에 드비어스 주식 2000주(자신의 형제자매들에게 남길 몫)를 제외한 전 재산을 내티에게 유증하겠다는 내용으로 유언을 수정했다. 세계 최고의 부자에게 수십억 파운드를 유산으로 남기겠다는 것은 별난 결정으로 보일 수 있다. 그러나 유언장에 딸린 편지에서 로즈는 그 돈이 "제국을 위한 선민회(選民會)"를 창설하는 데 쓰여야 한다고 못 박았다. "이 문제에 관한 한, 구할 수 있으면 예수회 회헌을 구해 보십시오. 그리고 '로마 가톨릭 교회'라는 구절을 지우고 그 자리에 '대영제국'을 집어넣으십시오." 성 이그나티우스 로욜라가 1540년에 초안한 예수회 헌장을 로즈가 읽어 보았을 가능성은 대단히 적다(로스차일드는 말할 나위도 없다). '선민회'란 그저 그의 이상이었던 헌신적인 형제애에 대한 약칭이었을 뿐이다. 그러나 놀라운 것은 로즈가(같은 시기에 그와는 전혀 다른 몽상가였던 테오도르 헤르츨이 그랬듯이) 전설적인 로스차일드 경이야말로 자신의 꿈을 현실로 만들어 줄 능력을 지닌 유일한 인물이라고 생각했다는 사실이다.

로즈의 팽창주의적 열망을 로스차일드가도 공유했으리라는 것이 통상적인 추측이다. 그게 아니라면 어째서 로즈가 내티에게 자신의 야망에 대해 그토록 많은 이야기를 털어놓았겠는가? 그러나 신중할 필요가 있다. 분명 내티와 형제들은 영토를 크게 넓힌 영국령 남아프리카를 수립한다는 생각에 이견이 없었다. 로즈가 베추아날란드 회사의 기퍼드(Gifford), 코스턴(Cawston)과 합심해서 중앙탐사연합(그의 마타벨레랜드 계획을 진두지휘할 회사)을 설립했을 때 내티는 대주주로 참여했고, 이 회사가 1890년에 통합채굴권회사(United Concessions Company)가 되었을 때는 참여 폭을 더 늘렸다. 그는 또 로즈가 1889년에 영국남아프리카회사(British South Africa Company)를 설립했을 때는 창립 주주로 참여했으며, 회사의 무임 투자 자문으로 활동하기도 했다.[26] 그보다 더 중요한 사실은 1892년 1월자 편지가 보여 주듯, 내티가 로즈의 야망을 오해 없이 정확히 알고 있었다는 점이다. "남아프리카 문제와 관련해 우리가 무엇보다 바라는 바는 당신이 식민지의 민정을 계속 이끌면서 일생의 꿈인 위대한 제국 정책을 실행에 옮기는 것입니다. 당신이 정책을 추진해 나가는 동안 우리는 충심으로 당신을 지원해 왔습니다. 또 앞으로도 우리의 지지에는 변함이 없을 겁니다."

사실상 내티는 더 이상 로즈에 대한 비난을 가만히 듣고 있지 못했다. 심신이 갈수록 더 불안정해졌던 랜돌프 처칠이 1891년에 남아프리카 유람에서 돌아와 마쇼날랜드의 전망을 비관적으로 평하고 신문지상에 "[광산] 탐사 신디케이트에 돈을 투자하는 것보다 더 멍청하고 위험한 투기는 없다"는 글을 실었을 때, 내티는 격분하고 말았다. 처칠의 여행 경비를 댄 사람이 바로 그였기 때문이다.

로즈가 자신의 길을 막는 마타벨레인들이나 다른 흑인 부족들에게 무력을 사용한 것에 대해서도 로스차일드가는 그 어떤 불만도 토로한 적이 없었다. 1893년 10월, 아르튀르 드 로스차일드가 파리에서 보낸 편지에는 "특허 회사[27] 주식의 반짝 급등"과 "마타벨레인들과 벌어진 격렬한 교전"이 전형적인 제국주의자적인 태도로 나란히 묶여 언급되어 있다. "마타벨레인 100명이 죽임을 당했다지요. 그런 상황에서도 우리 편에는 어떤 사상자도 없었다니 다행스러운 일입니다." 파리 상사의 파트너들도 그에 못지않은 관심을 보였고, 특히 1890년에 총리 자리에 오른 로즈가 케이프 식민지를 통치하는 독재적인 스타일이 인기를 얻었다.

그러나 영국의 세력을 케이프 식민지로부터 확장해 나가는 수단에 관한 한, 로즈와 로스차일드 사이에는 상당한 견해 차가 존재했다. 주의(主義)로 놓고 보면, 로즈는 '주변'에 있는 식민지 개척자들의 야망을 '중앙' 정부의 외교적 이해관계보다 아래에 두려 한 솔즈베리의 정책보다는 자유주의적 제국주의 쪽에 가까웠다. 그는 후기 빅토리아조 정치의 시금석이었던 아일랜드 내정 자치 문제에서 내정 자치를 지지하는 쪽이었다. 내티에게서 너무 많은 것을 기대한 로즈는 환멸 또한 그만큼 빨리 맛봐야 했다. 그는 모잠비크 해안의 중심 항이자 트란스발의 미래에 전략적 관문이 되는 델라고아(Delagoa) 만을 양도하도록 포르투갈 정부를 설득하지 못하는 로스차일드가의 무능함에 좌절했다. 협상은 더디게 진행됐고, 내티가 포르투갈로부터 그 땅을 사들이는 방안에 대해 희망적으로 이야기했지만 외교적인 저항은 끝내 극복할 수 없었다. 로즈는 또 솔즈베리가 "포르투갈 문제를 두고 [자신을] 아주 부당하게 대우"했다고 느꼈는데, 내티는 애써 이 혐의를 반박했다. 그는 이 불같은 성미의 제국주의자에게 해명했다.

당신은 잊지 말아야 합니다. 전 유럽의 여론은 포르투갈 쪽으로 기울어 있습니다. 그 와중에 솔즈베리 경이 정책을 잘못 펴서 우리에게 우호적인 열강들로 하여금 우리가 남아프리카의 어느 미개발 지역을 차지하기 위해 작고 약한 포르투갈을 쳐부수려 한다고 비난하게 만들었다면 전혀 현명한 처사가 아니었을 겁니다.

자유당 정부였다면 이 이상을, 혹은 이만큼이라도 기대할 수 있었겠습니까?"

로즈는 포르투갈 공사 루이스 데 소베랄(Luiz de Soveral)과 직접 접촉해서 재도전을 꾀했지만, 그러는 내내 내티의 지원은 영 뜨뜻미지근한 것만 같았다. 그는 1893년 5월에 불만을 터뜨렸다.

경께서도 역시 소베랄과 똑같이 지금 형편으로는 방법이 없다고 생각하고 계신 듯합니다. 저는 경께서도 델라고아 만의 중요성을 익히 알고 계시니 최선을 다해 도와주실 줄로만 알았습니다.……우리가 과연 델라고아 만을 매입할 수 있을지 염려스럽군요. 트란스발이 몸집을 불리고 있는 상황에서 더 이상 지체하면 우리가 지불해야 할 대가는 더 커질 수밖에 없고, 델라고아 철도가 완공되면 우리의 계획은 영영 물거품이 되고 말 겁니다.

로스차일드가에서 보기에 그는 이제껏 그랬듯이 너무 성급하게 움직이고 있었고, 로스차일드가로서는 포르투갈 정부가 문제의 영토를 팔 의향이 없다는 사실을 그에게 알아듣도록 설명하느라 녹초가 될 지경이었다. 로즈는 이미 1891년 2월에 레지널드 브레트에게 내티가 "마음은 곧지만 지략은 모자란 사람"인 것 같다고 털어놓기도 했다. 유언을 또 한 번 수정해서 내티 다음으로 두 번째 유산 관재인을 임명하기 얼마 전의 일이었다. 그는 이렇게도 말했다. "내가 죽으면 전 재산이 선량하지만 내 계획을 전혀 이해하지 못하는 사람의 수중에 떨어진다는 생각이 이따금 나를 괴롭힌다네. 아무리 열심히 설명해도 그에게서는 감명받은 기미를 찾을 수가 없었어.……난 시간만 낭비한 꼴이었네."[28]

내티의 입장에서는 로즈가 드비어스 통합 광산 회사를 이용해 마타벨레랜드에 계획한 바를 맹목적으로 밀어붙이려는 것이 불안할 따름이었다. 처음 갈등이 빚어진 것은 드비어스가 영국남아프리카회사(서신에서는 으레 "특허 회사"라고만 언급된)의 대주주가 되어야 한다는 로즈의 결단 때문이었다. 그러나 내티는 "드비어스가 증권을 그렇게 투기적인 수준으로 보유해서는 안 된다"고 생각했고, 줄곧 "특허 회사의 전망을 어둡게 생각"하고 있던 칼 메이어도 내티의 편을 들었다. 1892년 1월, 내티는 "툭 터놓고 솔직하게" 자신의 생각을 털어놓았다.

케이프 식민 정부가 북부의 영토를 인수해야 하는지, 아닌지를 결정할 권한은 당신한테 있습니다. 그러나 우리가 할 수 있는 말은, 만약 그것이 당신의 정책이고 그 목적을 위해 돈이 필요하다면 드비어스가 아닌 다른 재원에서 돈을 구해야 한다는 겁니다. 우리는 지금까지 드비어스를 순전히 다이아몬드 광산 회사로 유지해 왔습니다.……만약 드비어스가 특허 회사에 돈을 빌려 준 사실이 알려진다면 일부 주주들은 법원의 금지 명령을 받으려 할 것이고 이사회를 재편하려 할 텐데, 이는 그야말로 최악의 상황일 겁니다. 그러므로 드비어스의 자금을 그런 식으로 유용하는 것이 옳으냐, 그르냐를 떠나서, 매우 무분별한 짓이고 회사와 임원들의 신용과 명성에 해악이 될 일이라는 점을 분명히 말해 둬야겠습니다.

특허 회사에 돈이 필요하다는 로즈의 호소에, 내티는 이렇게 답했다.

드비어스가 특허 회사를 지탱하게 하느니, 다이아몬드에 소규모 수출세를 붙이는 쪽이 낫겠습니다. 초기에는 다소 불평이 있겠지만 교역도 결국 적응하고 안착할 겁니다. 그러면 그때 당신은 케이프 정부가 다이아몬드 광산들을 인수하고 주주들을 매수해야 하는지 하는 문제를 고려할 수 있을 겁니다. 이 생각을 당신의 비옥한 두뇌에 흘려 보시고 어떤 의견이신지 회신 주십시오.

로즈가 드비어스와 특허 회사를 그렇게 직접적으로 정치적 통제권하에 두자는 생각을 어떻게 생각했을는지는 빤한 일이다.

그런 협상을 벌일 때 내티는 불같은 로즈가 자칫 적으로 돌아서게 하지 않으려고 내내 신중을 기했다. 그는 1892년 7월에 로즈를 안심시켰다. "[드비어스의] 운영에 간섭할 마음이 없다는 것은 아실 겁니다. 오직 바라는 것은 회사가 배당금을 넉넉히 지급할 수 있게 되는 것, 부채를 꾸준히 줄여 가는 것뿐입니다." 실상 로즈는 런던의 "명령"을 여러 차례 무시했다(가령 그는 이후 '수상[首相]' 광산으로 불리게 되는 웨셀턴[Wesselton] 광산 매입을 자기 뜻대로 밀어붙였다). 그러나 내티는 돈주머니의 끈을 쥔 사람은 다름 아닌 런던 이사회의 거대 주주들이라는 사실을 로즈 앞에서 굳이 숨기려 하지 않았다. 런던 이사회와 종신 이사들 간의 갈등은 1899년에 드비어스가 돈을 빌려 배당금을 지급하는 와중에 로즈가 마타벨레랜드의 금광과 철도에 투자하겠다는 계획을 들고 나오면서 다시금 폭발했다. 내티가 이를 반대하며 종신 이사 체제를 비난하고 나서자, 로즈는 "런던 이사회는 창설된 이래 지금까지 내가 드비어스에 관해 추진하려는 정책에 한결같이 반대해 왔다"고 울화를 터뜨렸고 애꿎은 칼 메이어만 "막무가내의 독설"로 볶아 대기 시작했다. 그러나 그는 내티가 "프랑스 주주들 과반수와 함께……회사의 자본 중 거대한 몫을 대표"하고 있으며, 그들이 종신 이사직 폐지를 주장할 수 있다는 사실을 간과하고 있었다. 로즈의 개인 계정에도 로스차일드가에 진 빚이 적지 않았다는 점도 짚고 넘어가야 한다. 케이프 식민지의 총리로 있던 1895년 중반에 그가 빚진 돈은 1만 6515파운드에 달했다. 그 무렵에는 로즈도 특히 드비어스 주식 덕분에 백만장자가 되어 있었지만, 그가 진 빚은 랜돌프 처칠이 임직에 있을 때 로스차일드가에 진 빚보다 액수가 컸다.

드비어스는 차치하고라도, 내티는 남아프리카의 미래에 대해서도 로즈와 본질적인 면에서 여러모로 다른 구상을 하고 있었다. 가령 1891년에 내티가 차르의 박해를 피해 탈출한 수백 명의 러시아 유대인 가족들이 아프리카로 이주해서 정착할 수 있도록 보조금을 지급하자고 제안했을 때, 로즈가 이 제안을 반색하며 받아들였으리라고는 믿기 어렵다. 균열을 빚은 더 심각한 원인은 로즈의 계획이 보어 공화국들과의 평화로운 공존을 배제하고 있다는 사실을 내티가 인정하려 들지 않은 데 있었다. 1892년 5월, 로즈는 런던 상사가 트란스발 정부가 자체 철도망을 확장할 수 있도록 250만 파운드를 융자하는 방안을 고려하고 있다는 이야기를 간략히 전해 듣는다. 그것은 이미 그해 초에 칼 메이어가 요하네스버그를 방문했을 때 파울 크루거(Paul Kruger) 대통령이 꺼냈던 이야기였다. 메이어가 뉴코트에 보고한 바에 따르면, 크루거는 "늙고 괴팍한 보어인으로, 추한 외모에 옷 입은 꼴도 형편없고 매너도 모르지만, 당당한 위인이며 매우 인상적인 웅변가"였다. 메이어는 정치적인 평도 덧붙였다. "토착 보어인들과 새로 유입된 광업 종사자들의 관계는 이제까지에 비헤 훨씬 좋아지고 있습니다." 로즈가 마침 런던에 가 있을 때 이런 이야기가 진행된 것은 우연이 아니었다.

1892년의 대부금의 목적이 트란스발에 비공식 제국의 통제력을 드리우기 위한 것(로즈가 환영했을 만한 일)이었다는 주장도 물론 가능하다. 내티는 솔즈베리에게 이 문제에 대해 보고하면서, 크루거가 애초 포르투갈의 델라고아 만 노선을 사들일 목적으로 훨씬 거액의 융자를 요구했지만 협상 끝에 대부금 규모를 삭감했다는 사실을 강조했다. 그리고 로즈에게 쓴 편지에서는 "계약서를 작성하면서, 당신이 이야기한 대로 추후의 대부에서는 우리가 발언권을 쥘 수 있도록 주의를 기울였"으며 "때가 되면 케이프 노선에 관해서도 반드시 합의를 이뤄야 한다는 점"을 분명히 했다고 주장했다. "우리는 또 그들에게 나탈 식민지 쪽으로 노선을 확장할 명목으로 추가 자금을 빌리는 데에는 동의할 수 없다고 말했고, 취지서를 보면 아시겠지만 대부금이 전적으로 공화국 국경 내에서만 유용되어야 한다고 못 박았습니다. 물론 그들에게 우리가 당신 뜻대로 움직인다는 인상을 줘서는 안 되겠지요."

여기에서 드러나듯이, 일단 로즈가 예견한 것은 보어인들이 남북을 잇는 철도 노선을 자체적으로 건설할 경우에 결국 그들 마음대로 마타벨레랜드의 금광에 요구 조건을 달 수 있게 되리라는 것이었다. 내티는 분명 그를 안심시키고 싶어 했지만, 자신도 인정했듯이 "완공된 노선에 어떤 관세를 부과할는지 우리가 직접 트란스발 정부에 지시할 수는 없는 노릇"이었다. 역사학자 스탠리 D. 채프먼(Stanley D. Chapman)도 지적한 것처럼, 보어인들은 은행가들에게 공감을 당하고 있을 사람들이 아니었다. 뉴코트에서 그저 관례적인 경고문으로, 조성된 자금은 "신중을 기해 경제적으로 사용해야" 하며 "모든 지출은……엄격하고 효율적인 통제하에 이루어져야" 한다고 써 보내자, 프레토리아(Pretoria)**29**에서는 "그 어떤 지시도 받지 않겠으며, 몇 가지 계획안을 그려 보기 전에는 정부가 어떤 목적에 돈을 사용할는지 단언할 수 없고, 더욱이 정부로서는 돈이 필요한 시점까지 귀측에 자금을 예치해 두고 있어야 한다는 조건에 동의할 수 없다"고 사나운 답장을 보내 왔다. 따라서 트란스발 채권이 런던 시장에서 거둔 성공은 로즈에게는 제대로 된 타격이었다. 채권 발행은 케이프 식민지와 보어인들의 평화로운 공존에 입각한 것이었지만,

이미 1895년 후반에 케이프타운에서는 트란스발의 비(非)보어인 '아이틀랜더(Uitlander)'[30]들의 이름으로 크루거 정부를 전복시키기 위한 계획이 진행 중에 있었다.[31]

제임슨 습격 사건(실상 베추아날란드에 주둔해 있던 로즈의 사병들이 트란스발을 침공하려 했으나 실패한 사건)은 쿠데타 계획을 눈치조차 채지 못한 로스차일드가를 경악시켰다. 로즈가 아이틀랜더들을 선동해서 봉기를 일으키게 하자는 계획을 조지프 체임벌린(1895년 여름 식민지 장관으로 솔즈베리 정부에 합류한)과 의논하기는 했지만, 내티에게는 그 어떤 말도 건네지 않은 것이 분명했다. 내티 역시 암시라도 받을 만큼 체임벌린과 막역하지도 못했다(《타임스》의 아프리카 통신원과도 마찬가지였다). 시도가 대참패로 끝난 직후, 내티는 런던과 프레토리아 간의 관계를 대충이라도 수습해 보기 위해 크루거에게 자신은 제임슨과 아무 면식도, 연계도 없다는 점을 강조하면서 런던을 방문해 달라고 설득했다. "무조건 초청에 응하시면 대통령께서는 공화국의 독립을 지키실 수 있을 겁니다. 런던에서는 트란스발의 반정부 세력에 힘이 실리는 것을 원하지 않으며, 보어 정부에 대한 적대감이 커지는 것을 막는 일 또한 시급합니다. 지금까지 여론은 당신 편이었고, 저희 역시 각하의 과업을 수월하게 할 만한 일은 무엇이든지 도울 겁니다." 제임슨이 벌인 엉뚱한 사건에서 "금융가들"이 이득을 보았다고 한 홉슨의 주장은 틀렸다. 사실은 그 반대였다.

공식적 제국의 함정 : 보어전쟁

그러나 제임슨 습격의 실패는 보어 공화국들과의 충돌을 조금 지연시킨 데 불과했다. 1897년, 고등판무관으로 부임한 알프레드 밀너는 남아프리카에 도착한 지 1년도 안 되어서 영국이 공화국들의 대외 팽창 정책을 통제할 수 있는 유일한 수단은 전쟁뿐이라고 확신하게 되었다. 그가 즉시 내세운 명분은 아이틀랜더들의 선거권이었고, 체임벌린은 정당 정치적인 이유 때문에 꼼짝할 수 없는 형편이었다. 이 두 사람의 영향력은 1898년 11월에 내티가 트란스발의 두 번째 채권 발행을 단념하게 만들 정도로 강력했다.[32] 그러나 밀너의 입장에서는 로스차일드가의 비공식 외교가 여전히 프레토리아와의 반목을 누그러뜨리는 것을 목표로 삼고 있다는 사실이 영 탐탁지 않았다. 1899년 6월, 알프레드는 체임벌린과 사전에 상의하기는 했어도 식민지부의 지시를 받아 썼다고 보기는 힘든 메시지를 크루거에게 직접 전보로 전했다.

    영국은 전쟁을 원치 않습니다. 그러나 앞으로 무슨 일이 일어날지, 여론이 정부를 어느 쪽으로 끌고 갈는지는 누구도 알 수 없는 일입니다.……현 상황에서 가장 중요한 문제는 아이틀랜더들이 포크스라트(Volksraad)[33]에서 즉시 직접적인 대표권을 얻어야 한다는 것입니다. 각하께서 제안하신 대로 변화의 시점을 늦추기만 한다면 현 상황에는 아무 도움도 되지 않을 것입니다.

크루거는 이런 호소를 못 들은 체하지 않았다. 7월 6일, 체임벌린은 뉴코트로부터 크루거가 양보했다는 소식을 미리 전해 듣는다. 아이틀랜더들에게는 "7년 거주자에게 소급 적용되는 선거권"[34]이 부여될 것이며, 이는 "솔즈베리 경이 전쟁에 나서지나 않을까 하고 두려워하고 있던 비영국 아이틀랜더들로서는 환호할 만한" 소식이었다. 내티는 열이틀 뒤에 이를 숌버그 맥도넬에게 공식 통보했고, 이에 체임벌린은 위기가 "끝났다"고 공언했다. 8월 25일에도 칼 메이어는 "크루거가 영국 정부의 인내를 시험하고 있다는 점은 인정하지만……그리고 공중에 감도는 화약 냄새가 불안하기는 하지만" "이번만은 잠정 협정을 맺을 수 있을 것"이라 믿고 있었다. 세실 로즈 역시 마찬가지였고, 그는 전쟁이 터지기 직전까지도 "보어인들은 끝내 굴복할 것"이라고 자신하고 있었다. 그러나 이번에는 크루거가 뜻을 굽히지 않으리라는 것이 분명해지자, 로스차일드가는 사태를 평화롭게 해결하기 위해 마지막 노력을 기울였다. 하팅턴(그 무렵에는 데본셔 공작이 되어 있었던)의 제안에 따라 그들은 프레토리아의 동료 사업가 새뮤얼 마크스에게 전보를 보냈는데, 그 내용은 사실상 (체임벌린이나 솔즈베리의 승인 없이) 영국의 정책을 새로 쓴 것이나 다름없었다.

    대영제국 정부는 평화를 열망하고 있습니다. 5년 거주자에게 선거권을 부여하는 데 아무 조건 없이 동의해 주시면 트란스발 정부는 차후에 호의적인 분위기에서 더 자세한 논의를 할 수 있을 겁니다. 이 이상의 요구는 없을 것임을 장담합니다.……우리는 대영제국 정부나 국민 모두 트란스발의 자주권을 침해하길 원치 않는다는 N. M. 로스차일드 앤드 선즈의 확언을 받았습니다.……강력히 충고드리는 바, 조건 없이 선거권을 양허하십시오. 그래야만 전쟁을 피할 수 있습니다.

보어인들은 이 제안에 코웃음을 쳤지만, 어쨌든 솔즈베리 역시 거부했을 만한 제안이었다. 솔즈베리는 그런 "지하 협상"이 "심각한 혼선"을 빚을까 봐 두려워했고, 내티에게 "프레토리아와 이런 식의 통신은 더 이상" 하지 말아달라고 "간곡히" 부탁했다.

그러나 로스차일드가 보어 자치 정부에 깊은 공감을 느껴서 그런 활동을 펼친 것은 아니었다. 내티가 맥도넬에게 말했듯이, 새뮤얼 마크스는 평화가 보전된다면 "15년 안에 트란스발은 영국령이 될 것"이라 확신하고 있었다. 마크스의 동업자 루이스는 이렇게 주장했다. "크루거는 낡은 보어판 토리주의의 마지막 주자입니다. 또 트란스발에 등장할 그런 부류의 대통령으로서도 마지막일 겁니다." 게다가 전쟁이 터지자 내티는 망설임 없이 전쟁 준비에 힘을 쏟았고, 델라고아 만을 통한 보어군의 군수품 공급을 즉시 차단해야 한다고 주장했다. 버킹엄셔의 병사들이 전장에서 돌아왔을 때는 어김없이 애국적인 수사법이 등장했고, 알프레드는 그의 특기를 살려 코번트가든에서 환상적인 야회를 개최했다. 내티 역시 밀너와 사이가 좋았고, "남아프리카에 여왕 폐하의 자치령을 굳건히 수립하신 것"을 축하드린다는("내 아내를 대신해"라는 말이 붙었지만) 충심 어린 편지를 써 보냈다. 그러나 사적으로는 영국 군대가 벌여야 했던 "야비한 게릴라 전쟁"을 통탄스럽게 생각한 것도 사실이다. 강화 조약이 체결되고 채 두 달이 지나지 않아 알프레드는 영국과 보어인 장군들을 그의 만찬에 초대해서 화해를 주선했다.

내티는 당시 전쟁을 치르고 있는 이유가 다름 아닌 금광과 다이아몬드 광산 지대에 경제적 이해관계가 있는 이들의 사익을 위해서라는 홉슨 같은 급진적 문필가들의 주장에 부쩍 불안해했다. 그는 로즈에게 이렇게 조언했다.

전쟁 수행에 대해서나 군사 당국과 당신의 관계에 대해 이야기할 때는 주의하십시오. 현재 영국 내의 정서는 전쟁에 관련된 모든 것에 격앙된 상태인 데다가, 의회에서는 양당 모두 전쟁에 대한 책임을 자본가들, 남아프리카 광산에 이해관계를 가진 이들에게 전가하려고 드는 추세입니다. 이미 붙은 불에 기름을 붓지 않도록 조심하십시오. 무슨 말을 하든 신중을 기하시고, 전쟁부 하급 직원들에 대해 불평하실 일이 있더라도 사적인 기회에 하셨으면 합니다.

이것은 두 달 뒤 내티가 밸푸어에게 편지를 보내 "훌륭한 전쟁장관은······ 그의 장군들의 요구를 갑절로 들어준다"며 설득한 까닭을 설명해 준다. "며칠 전, 《데일리 뉴스》에 영민한 기사가 하나 실렸습니다. 기사의 결론은 이렇습니다, 정부에 평화를 이룰 능력이 없다는 것은 전쟁을 계속 수행할 능력은 더욱 없다는 뜻이다.······지금 큰 노력을 기울이는 것이 전쟁을 1년 더 질질 끄는 것보다는 결과적으로 비용을 최소화하는 방법일 것입니다.······저는 당신이 이 문제에 대한 여론과 아프리카에 팽배해 있는 불안 모두를 익히 알고 계셔야 한다고 생각합니다. 돈을 절약하려다가 종국에 가서는 훨씬 큰 지출을 초래할 수도 있으니까요."

요약하자면 이렇다. 내티는 로즈와 마찬가지로 전쟁이 수행된 방식에 대해 유감스러워했다. 그러나 킴벌리와 마타벨레랜드의 광산에 그토록 막대한 이권을 지닌 인물이 그런 견해를 공공연히 표출하는 것은 더없이 지각 없는 행동이라 판단한 것이다.

그러나 로스차일드가가 이처럼 전시의 허위 절약[35]에 대해 경고했다는 것은 아이러니한 일이다. 보어전쟁은 그들이 한때 누구보다 큰 영향력을 발휘했던 영국 국가 정책의 한 영역, 즉 재정에서 더 이상 예전 같은 위력을 발휘하지 못한다는 사실을 노출시켰기 때문이다. 보어전쟁은 크림전쟁 이래 영국이 국가 채무를 대규모로 증대시키며 전쟁 자금을 대야만 했던 최초의 사건이었다. 그러나 1850년대에는 재무부가 N. M. 로스차일드 앤드 선즈에 손을 벌려 차입 수요를 충당하는 것이 당연했던 반면, 반세기가 흐른 뒤에는 상황이 달라져 있었다. 내티는 에드워드 해밀턴에게도 말한 것처럼 애초부터 재무장관 마이클 힉스 비치 경이 "준비가 되면 나를 찾을 것"이라 예상하고 있었다. 그러나 로스차일드의 보증하에 콘솔채를 발행하자는 그의 제안은 국고 채권을 98.5의 가격에 "훨씬 격이 있는" 공개 시장에서 판매하자는 어니스트 카셀의 주장에 묻혀버렸다. 이 '카키(Khaki) 채권'은 엄청난 열기로 초과 신청되었고, 해밀턴은 "로스차일드가가 카셀을 시샘한다"는 것을 눈치채고 고소해했다.

7월에 추가 자금을 조성할 필요가 생겼을 때, 내티는 카셀 뒤에 꼭 붙어서 (그리고 대항마였던 영국은행에 맞서서) 이번에는 1000만 파운드 규모로 잡혀 있던 두 번째 발행분을 차지하기 위해 싸웠다. 그러나 해밀턴은 J. P. 모건의 클린턴 도킨스, 회생한 베어링은행의 레블스토크 경과 총액의 절반을 미국에서 선발행하는 데 합의함으로써 로스차일드가에게 두 번째 일격을 날렸다. 런던 시장에서 전량을 발행하리라는 생각에 청약자 모집에 나섰던 내티가 격분한 것은 말할 나위도 없었다.

1100만 파운드 규모의 세 번째 발행분은 미국 시장에 의지하지 않고 판매된 것이 사실이다. 그러나 그보다 규모가 한참 더 큰 6000만 파운드를 콘솔채로 발행할 계획을 세운 정부는 그때 역시 다시금 모건을 찾았다. 총액의 절반은 모건, N. M. 로스차일드, 그리고 영국은행이 (각각 1000만 파운드씩) 확정 가격 94.5에 인수했다. 더욱이 모건이 챙긴 수수료는 런던의 은행들보다 두 배 더 많았다. 그보다 규모가 작은 회사에는 얼마 되지 않는 분량만 돌아가게 되자, 호레이스 파쿠아의 형제인 그랜빌 파쿠아의 표현에 따르면 이는 "더러운 독일계 유대인들이 깡그리 다 차지하고 자신들은 쫓겨난 데 격분한" "시티의 영국인 서클" 내부에 대단한 적의를 불러일으켰다. 그러나 사실인즉, 제일의 승자는 분명 비독일인에 비유대인이었던 피어폰트 모건이었다. 한 세기를 거쳐 처음으로 영국 정부는 자신의 제국에서 전쟁을 치르기 위해 외국 열강으로부터 거액을 빌려야 했다. 이것은 금융 중력의 중심이 대서양 건너편으로 옮겨졌다는 때 이른 신호, 새로운 세기의 결정적인(로스차일드가에게는 운명적인) 일면을 일찌감치 드러낸 신호였다.

모건은 1902년 봄에 3200만 파운드 규모의 신규 채권 모집이 결정됐을 때에도 또 한 번 역량을 발휘했다. 내티(도킨스의 추측으로는 여전히 "지난 콘솔채 발행분 상당량을……손해를 보고 떠안고 있을")는 트란스발 보증 채권을 발행하자고 주장했지만, 모건이 친히 영국을 방문하면서 힘을 얻은 도킨스는 콘솔채 발행을 고수하도록 힉스 비치 경을 설득해냈다. 미국인들이 단 500만 파운드만을 취하는 데 동의하기는 했지만(로스차일드가에는 700만 파운드, 카셀과 영국은행에는 각각 200만 파운드가 돌아갔다), 발행 가격(93.5)을 정할 수 있었던 것 역시 그들이었다. 내티가 런던의 모건 은행에 할당분을 일부 나눠 주기를 거절한 것은 이 새로운 미국 경쟁자가 호감을 사지 못했다는 증거였다. 전쟁이 끝난 뒤에도 로스차일드가는 교섭상의 우위를 회복하지 못하는 듯했다. 1903년에 3000만 파운드 규모의 트란스발 채권이 미국의 지원 없이 팔리기는 했지만, 내티가 요구한 금리 2.75% 쿠폰은 너무 낮다는 이유로 재무부에서 거절당했고 2000파운드 미만의 신청은 배제한다는 결정이 내려졌다. 알프레드가 성을 내며 "더없이 비영국적"이라 비난한 정책의 변화였다.

보어전쟁에서 거둔 승리로 남아프리카에서 런던의 직권이 무조건적으로 행사될 수 있었던 것도 아니었다. 보어인들이 끝내 강제로 강화를 맺어야 했던 것은 사실이지만, 영국의 승리로 이득을 본 것은 런던이라기보다는 케이프타운(그리고 킴벌리)이었다. 드비어스 회사 내에서 런던 이사회와 로즈 간에 생긴 마지막 알력 다툼은 모든 상황의 축소판이나 다름없었다. 트란스발에서는 전쟁이 터져서 정신이 없는 와중인데도 로즈는 내티로부터 "유동 부채는 상환하고 담보부 콘솔채는 처분 요망. 이윤이 생겨 지불할 수 있어도 그 이전에 배당금 지급은 불가……그러면 5만 주의 주식을 창출할 좋은 기회가 생김. 이 주식들은 곧 기존 주주들에게 흡수될 것임"이라는 전보식 단문으로 된 훈계를 받았다. 이런 전보로도 모자라서 내티는 8개월 뒤 로즈의 회계 방식과 특히 (그와 다른 종신 이사들이 "광산과 관련된 일이든 또 다른 투자나 사업을 위해서든 목적을 가리지 않고 유용하기 위해") 잉여금을 대규모로 축적해 두는 그의 습관을 조목조목 꼬집었다. 로즈는 런던의 다이아몬드 마케팅 신디케이트가 쥐고 있는 권력을 무너뜨리겠다는 야심을 품고 있었지만, 내티는 쉽게 물러서지 않았다.

그러나 로즈는 사후에 그 뒤를 이은 드비어스의 후임자들에게 난공불락이라 할 만한 입지를 남겨 주었다. 1896년에서 1901년까지 약 160만 파운드(주당 40%)였던 연간 배당금이 1902년에서 1904년 사이에는 200만 파운드로 올랐다. 그것은 내티 역시 인정하지 않을 수 없었던 "눈부신 성과"였다. 더욱이 남아프리카 광산에서 중국 노동자들을 부리는 데 대해 정치적인 비난이 폭등하면서(1906년 선거에서 자유당은 이 문제를 핵심 이슈로 들고 나왔다), 런던과 케이프타운 간의 균열도 한층 더 크게 벌어졌다. 마지막으로, 내국세 수입국이 회사의 납세 부담을 영국 주주들이 받는 배당금뿐만 아니라 회사 전체의 순이익까지 확대하려 한 까닭에, 런던 이사회는 어쩔 수 없이 공식적으로 해산하고 유럽 주주들에 대한 킴벌리의 우위가 확고해지면서 드비어스에 대한 로스차일드가의 지배력은 막대한 타격을 입었다. 황망해하며 내티가 썼듯이 "런던 사무실이 완전히 문을 닫는다면 드비어스는 베른허 바이트 상회가 될 것이고, 결국 그들이 통제권을 틀어쥐면 우리는 회사가 어떻게 돌아가는지 까맣게 모르는 처지가 될" 수밖에 없었다.

그 무엇보다 암담한 전조였던 것은 보어전쟁의 자금 조달 과정에서 로스차일드가의 역할이 줄어들었다는 사실이었다. 10년 전에 고선이 채권 전환을 추진하고 베어링은행에 위기가 닥쳤을 때만 해도 N. M. 로스차일드는 변함없는 금융계의 지배자인 듯했다. 그러나 새로운 세기의 여명 속에 드러난 것은 로스차일드가의 우위가 종국에 다다랐다는 뚜렷한 표식이었다. 로스차일드가 사람들은 이를 알고 있었을까? 그랬던 것 같다. 1900년 섣달 그믐날의 정경을 에드워드 해밀턴은 일기 속에 이렇게 기록해 두었다.

> 로스차일드가 사람들은 19세기의 마지막을 지켜보기 위해 멘트모어에 모였다. 전부 스물네 명이었다고 기억된다. R[로즈버리]과 그의 미혼 자녀 셋, 크루거, 내티와 그의 두 아들, 레오 내외와 세 명의 아들, 그리고 아서 사순 가족들······로즈버리는 저녁 식사 후 짧지만 감동적인 연설을 마치면서 '로스차일드 가문의 번영'을 위해 건배를 제의했다. 내티와 레오는 눈물을 보였다.

12장
금융과 동맹
(1885~1906)

요사이 [알프레드는] 과대망상증에 시달리고 있습니다. 영국과 독일 사이에 우호적인 분위기를 조성하기 위해 노력한 공로로 독일 황제가 그에게 대훈장을 하사했기 때문입니다.

— 숌버그 맥도넬이 솔즈베리 경에게 보낸 편지, 1899년 1월

정치와 금융이 나란히 간다는 것은 틀림없는 사실입니다. — 로스차일드 경

1870년에서 1914년까지의 유럽의 역사는 흔히 분극화된 동맹 체제를 형성하고 결국에는 비참한 전쟁을 야기한 제국주의적 경쟁의 역사로 기술되었다. 그러나 이런 서사에는 몇 가지 의문을 제기할 수 있다. 제국주의 때문에 일어날 수 있었던 전쟁은 1870년대와 1880년대에 불발된 영국과 러시아 간의 전쟁이었다. 혹은 1880년대, 어쩌면 1890년대에 발발했을 수 있었던 영국과 프랑스 간의 전쟁이었다. 이 세 곳의 열강이야말로 진정한 제국주의적 라이벌들이었고, 그들 사이의 알력과 마찰은 콘스탄티노플에서 카불에 이르기까지(영국과 러시아의 경우), 그리고 수단에서 샴에 이르기까지(영국과 프랑스의 경우) 끊임없이 빚어졌다. 당대 사람들 중에 이 나라들이 결국 같은 편에서 전쟁을 치르게 되리라는 것을 예상할 수 있었던 이는 거의 없었을 것이다.

결국 파괴적인 결말로 이어지는 '영국과 독일의 반목'이 거스를 수 없었던

추세 때문에 빚어졌다고 볼 수도 없는 일이다. 실상 로스차일드가의 판단으로는 정확히 그 반대의 결과가 바람직해 보였을 뿐만 아니라 가능성 있는 일로도 보였다. 그들이 보기에 영국-독일 간의 양해(본격적인 동맹까지는 아니더라도)는 영국, 프랑스, 러시아 간의 제국주의적 불화에 대한 논리적인 귀결이었다. 역사가들은 실패로 끝난 외교 전략에 대해서는 언제나 애초 실패할 수밖에 없는 전략이었다고 단정짓거나 혹은 애초 실패할 수밖에 없었던 이유를 증명해 보이려 하면서 우쭐대고 싶은 강한 유혹을 받는다. 1차 세계대전이 발발하기 전 여러 해에 걸쳐 영국과 독일 사이에 일종의 양해를 체결하기 위해 벌였던 노력들도 역사가들이 자주 생색을 냈던 주제다. 알프레드 드 로스차일드가 영독 동맹의 중개 과정에서 그토록 중요한 역할을 수행했다는 사실은 그 계획이 애초 무익한 것이었다는 편견만 북돋워 주었을 뿐이다.

앞서 언급한 것처럼 알프레드는 동시대 사람들에게 존경을 받던 인물이 아니었고, 딜레탕트로서의 명성 때문에 후대의 문필가들도 그가 했던 모든 일을 그저 경솔하고 감상적인 처사였으리라 여기기가 쉬웠다. 마치 그가 "체임벌린과 하츠펠트(Hatzfeldt)(혹은 에카르트슈타인)를 저녁 식사에 초대하는 간단한 편법으로" 양국 간의 동맹을 달성할 수 있으리라고 진심으로 믿었다는 듯이 말이다. 독일 대사관의 1등 서기관 헤르만 폰 에카르트슈타인(Hermann von Eckardstein) 남작의 역할 역시 그를 "로스차일드가에 좌지우지당하는 영독 정사(政事)의 비공식 중매꾼"이라고 폄하했던 에드워드 해밀턴 같은 당대인들의 험담을 좇아 역사가들에게 폄하된 것이 사실이다. 영독 동맹이라는 전략에 공감한 이들은 기껏해야 런던 시티의 은행가들, 특히 독일계 유대인 은행가들뿐이었으리라는 추측(배독[排獨] 성향을 지녔던 당대인들이 발설하기를 주저하지 않았던 견해)이 지배적이었다.

그러나 영국과 독일의 관계가 결국 1914~1918년의 참혹한 전쟁으로 치달은 사실을 소급해서 "과도하게 결정론적으로" 해석해서는 안 된다. 완전한 동맹은 아닐지라도 일종의 양해를 맺어야 한다는 주장들은 많은 면에서 양국 공통의 국제적 이해관계를 바탕으로 하고 있었다. 참호의 대학살을 피할 수도 있었을 영독 관계의 "놓쳐버린 기회"에 대한 진부한 논의, 후대의 깨달음이나 신뢰할 수 없는 회고록에 의존해 온 논의를 되풀이할 생각은 없다.

다만 영독 우호 협약 체결의 실패를 예정된 결과였다기보다는 우연이 빚은 결과로 보아야 한다고 제안하려는 것이다. 1914년 이전의 그 어떤 외교적 조합에 대해서도 이미 예정된 결과였다고 말할 수는 없을 것이다.

치르지 않은 전쟁

이집트를 점령한 순간부터, 영국은 제국주의 라이벌들의 비슷한 영토 팽창을 저지하려고 할 때마다 자신이 외교적으로 불리한 입장이라는 사실을 통감해야 했다. 영국은 단 한 차례, 즉 독일이 움직였을 때만은 굳이 저지하려 나설 기미를 보이지 않았다. 그러나 러시아와 프랑스가 야욕을 내비칠 때, 영국의 외교는 유순한 낯빛을 떨쳐버렸다.

독일 총리는 자신에게 아프리카 지도는 그저 유럽 지도의 부속일 뿐이라고 했다. 그런데도 그는 (그의 아들이 글래드스턴에게 전한 대로) "식민지 문제가 원만히 해결된다면 이집트에 대한 논란은 있을 수 없고 있지도 않을 것"이라고 을러대기를 좋아했다. 내티도 1886년 9월에 독일 대사 하츠펠트 백작에게서 비슷한 메시지를 받아 랜돌프 처칠에게 전달했다. 독일에 건넬 보상용 식민지를 찾을 만한 곳은 대번에 봐도 벨기에 왕 레오폴 2세가 콩고국제연맹을 통해 광대한 사유 제국을 세운 사하라 이남 지역이었다. 영국의 이해관계는 훨씬 남쪽에 있었지만, 믿을 수 있을 만큼 친영국적인 포르투갈인들이 콩고 남쪽의 영토 일부에 대해 권리를 주장하도록 부추겨서 간접적인 전략적 발판을 마련하는 것도 신중한 처사인 듯했다. 로스차일드가에서 레오폴의 지원 요청을 거절한 것도 이 전략에 대한 암묵적인 동의나 다름없었다.

비스마르크는 1884년을 기점으로 이집트를 구실 삼아 이 지역에 대한 간섭을 이어갔다. 그는 아프리카에서 프랑스와 독일 양국이 "중립국 연맹"을 체결하겠다며 영국을 위협했고, 남서아프리카의 앙그라 페케나(Angra Pequena)에 대한 독일 관할권과 함께 케이프 식민지와 포르투갈령 서아프리카 사이에 있는 영토 전체에 대한 권리를 요구하고 나섰다. 이에 대한 영국의 응대는 독일의 남서아프리카 식민지 수립을 받아들이고 카메룬스와 동아프리카에 영토를 추가로 확보하는 것까지 인정하면서 독일을 구슬리는 것이었다. 1886년에 하츠펠트가 제기한 잔지바르(Zanzibar) 문제는 그 전형적인 사례였다. 독일은 잔지바르에 내세울 만한 경제적 이해관계가 없었다(그리고 결국 1890년에 이를 북해의 헬리골랜드[Heligoland] 군도와 맞바꾸게 된다). 그러나 영국이 이집트에서 처한 입장에 당혹스러워하고 있는 한, 그런 영토를 요구하는 것도 쓸모없는 일은 아니었다.

러시아 역시 최소한 두 지역에서, 즉 중앙아시아와 발칸 지역에서 그와 비슷한 점유권을 요구할 수 있었다. 두 곳 중 어느 곳에 대해서도 영국이 이를 저지할 수 있으리라고 확신할 수 없는 상황이었다. 그래서 반유대적인 차르 정권에 적의를 키우고 있던 로스차일드가도 영국이 회유와 양보 정책을 고수해야 한다고 믿었다.

글래드스턴의 두 번째 내각이 임기의 막바지에 다다른 1885년 4월, 러시아가 아프가니스탄 군대와 판즈데(Penjdeh)에서 충돌하여 승리를 거두면서 영국-러시아 관계는 분쟁 직전으로 치달았다. 전쟁을 막아야 한다는 일념하에, 내티는 당장 (레지널드 브레트의 제안에 따라) 러시아 대사 드 스탈 백작과 접촉해 그의 의사를 타진했다. 스탈이 영국은 외교적 타협을 위한 기반으로 무엇을 얻으면 "만족"하겠느냐고 물었을 때, 내티는 "논란이 되고 있는 국가로부터 러시아 군대가 즉각 철수하는 것"이라 대답하고는 다시 이렇게 덧붙였다. "군대를 철수시키십시오. 그러면 러시아에서 직접 그은 것과 다르지 않은 국경을 얻으실 겁니다." 스탈은 곧 브레트에게 그런 취지의 제안을 했고, 브레트는 이를 글래드스턴에게 전했다. 통상 내티가 주도하는 일을 미심쩍어했던 에드워드 해밀턴도 "러시아 대사관에서 뭔가 끄집어내는 일은 쉽지 않은 일이었는데, 비공식적인 방식으로 해낸 것 같다"고 인정해야 했다.

로스차일드가의 전통적인 방식대로 내티는 자유당과 토리당 정치가들을 부른 만찬에 스탈을 같이 초대하여 화평 공작에 속력을 냈는데, 초대된 이들 중에는 내무장관이 된 하코트, 브레트, 드러먼드 울프, 보수당의 떠오르는 스타 아서 밸푸어도 포함되어 있었다. 1885년 여름에 처칠이 인도부의 업무를 총괄하게 되자 내티는 러시아가 아프가니스탄 국경 문제를 매듭짓고 싶어 한다는 희소식을 서둘러 알렸고, 처칠은 9월 3일에 셰필드에서 특유의 현란한 연설로 양국이 국경 문제에 관해 합의에 이르렀다고 공표할 수 있었다. 그러나 이는 시기상조였다. 1886년 1월, 자유당 정권이 복귀하자마자 알프레드는 로즈버리에게 이렇게 경고해야 했다.

아프가니스탄 사태는 영국에 매우 불리하게 진행되고 있습니다. 러시아는 아프가니스탄을 완전히 에워싸고 있고……영국국경위원회는 실제적인 위험에 노출되어 있는 상황입니다. 아프가니스탄 사람들은 우리를 노골적으로 적대시하고 있고 영국국경위원회가 거의 비무장 상태인 반면, 러시아인들은 근처에 3만 명을 주둔시킨 채 철도 건설도 최대한 속도를 내어 계획대로 밀고 나가고 있습니다.

위기는 다시 누그러졌지만, 로스차일드가는 북서부 국경을 계속 주시하고 있었다. 1888년에 에드몽이 러시아의 호위를 받으며 사마르칸트를 여행한 것은 표면상으로는 '상업적 조건'을 조사하기 위해서였지만, 러시아가 카불에 가하고 있는 군사적 위협의 정도를 파악하러 갔을 가능성이 더 컸다.[1]

1885년, 불가리아를 두고 위기가 폭발했을 때도 이야기는 비슷한 식으로 전개되었다. 로스차일드가가 생각하기에 영국의 외교적 고립이 점점 더 심화되고 있는 시점에 불가리아 문제에 끼어들어 득이 될 일은 없어 보였다. 이집트의 국사를 좌우할 권리가 영국에 있다면, 1885년 9월에 불가리아 군주 알렉산더가 독자적으로 불가리아와 동(東)루멜리아를 통일하려 했을 때 이를 막을 권리가 러시아에 없다고 할 수도 없는 노릇이었다. 러시아의 개입에 반대할 수 있는 유일한 명분은 왕가와 관련된 이유(빅토리아 여왕의 딸 하나가 알렉산더의 아우 헨리와 결혼했다), 그리고 윤리적인 이유(글래드스턴이 '잔학 범죄자' 정치 선동을 벌인 이래 불가리아인들의 운명은 대중의 감정을 자극하는 주제가 되었고, 러시아에서 알렉산더를 납치한 일이 새로운 분개를 일으켰다)뿐이었다. 내티는 "불가리아 대공의 왕위를 지키고 세르비아 같은 소국들이 멋대로 움직이지 못하게 할" 필요성에 수긍했지만, 곧 러시아가 "발칸 지역에 발을 들이려 한다"는 것을 눈치챘다. 그의 견해는 본질적으로, 영국이 이를 눈감아 주어야 한다는 것이었다.

이 문제에 관한 한 내티는 비스마르크와 의견이 같았다. 로스차일드가가 영국-독일 관계 개선 프로젝트에 관심을 갖게 된 것 역시 이 시점이었다.

1886년 9월, 내티는 랜돌프 처칠에게 보내는 편지에 영국의 불가리아 정책에 대해 독일 대사 하츠펠트가 이의를 제기한 것을 사뭇 기꺼운 태도로 성심껏 전했다.

그는 당신이 불합리하게 행동하고 있으며, 그 때문에 엄청난 위험을 감수하고 있다고 했습니다. 당신의 측근이나 언론은 당신이 다뉴브 지역이나 발칸반도에 직접적인 이해관계가 없고 러시아의 권리를 인정하고 있으니 러시아도 이집트에 간섭하지 말기를 바라고 있다고 이야기합니다. 그러나 오늘 소피아에 있는 우리 대리인이 보내 온 전보에 따르면 [프랭크] 라셀레스(Lascelles) 경[불가리아의 총영사]이 여전히 러시아에 대항하여 묘책과 음모를 꾸미고 있다고 하더군요. 불가리아에서 당신이 보이고 있는 행동은 설명이 불가능하고 지지할 수도 없는 행동입니다. 러시아가 결국 프랑스 편에 선다고 해도 놀라운 일이 아닐 겁니다.

분명 내티가 바란 것은 처칠이 외무장관 이즐리 경(스태퍼드 노스코트)의 노선보다는 비스마르크의 노선을 따르는 것이었다. 이즐리 경(내티가 "늙은 염소"라거나 "꼬꼬댁거리는……늙은 암탉"이라고 다양하게 경멸을 표했던)이 알렉산더 콘디 스티븐(Alexander Condie Stephen)을 뉴코트에 보내 소피아의 반러시아 정권을 위해 대부금 40만 파운드를 요청했을 때 내티는 그의 진의를 의심했다. 그는 처칠에게 이렇게 써 보냈다. "당연히 저는 거절했습니다. 그런 어리석은 투자가 또 있겠습니까?" 처칠은 스티븐이 소피아 공사로 임명되는 것을 방해하는 것으로(심지어 외무부 암호로 쓴 전보에 '이즐리'라고 서명해서 솔즈베리에게 보내기도 했다) 대답을 대신했다. 한발 더 나아가 무저항의 논조를 강화하기 위해 독일이 프랑스를 공격할 수 있다는 하츠펠트의 경고(영국이 러시아와 동시에 마찰을 빚을 경우 유럽 전쟁이 벌어질 수도 있다는 암시)를 (밸푸어를 거쳐 솔즈베리에게) 전하기도 했다. 자유당이 정권에 복귀한 이후 내티가 레지널드 브레트와 로즈버리에게 쓴 편지도 같은 내용, 즉 러시아가 불가리아에서 어떤 정책을 취하든 눈감아 주어야 한다는 주장을 담고 있었다. 내티는 점점 더 자주 독일의 희망 사항을 언급하며 이 주장을 정당화하기 시작했다. 그가 11월에 로즈버리에게 전한 바에 따르면, 비스마르크는 프랑스가 "불가리아에서 러시아의 보호자로 굴며 무모한 행보를 취해서 입장이 난처해져" 있었다. 한 달 뒤에는 비스마르크가 "프랑스를 고립시켰고, 그가 영국과 러시아를 확고한 우국으로 삼는다고 해도 조금도 놀라운 일이 아닐 것"이라고 보고한다. 이듬해 2월, 내티는 이렇게 결론짓는다. "전쟁이 일어나지는 않으리라는 게 개인적인 생각입니다.……프랑스는 러시아에 아첨을 떨어 왔어요. 그 결과는 누구든 예상하는 대로입니다. 비스마르크는 러시아가 발칸 지역에서 하고 싶은 대로 하도록 내버려 둘 겁니다."

영국과 독일이 협력하기를 바랐던 로스차일드가의 소망은 이번에도 이루어지지 않았다. 부분적으로는 지중해와 흑해에서 현 상태를 유지하기 위해 이탈리아 및 오스트리아와 새로운 3국 협상을 협의하는 것이 솔즈베리의 입장에서는 바람직해 보였기 때문이었다. 영국으로서는 탄복할 만한 동맹국들은 아니었지만, 새 불가리아 왕으로 영국 왕가와도 멀찍이 이어져 있고 더 중요하게는 오스트리아-헝가리 군대에서 복무한 경력이 있는 인물(앨버트 공의 사촌의 아들인 작센코부르크 가문의 페르디난드)이 선출된 뒤에는 그 두 국가와 뭉치는 것만으로도 러시아가 극단적인 행동을 취하는 것을 단념시키기에는 충분했다. 동시에, 솔즈베리의 주장에 따르면, 3국 협상은 이탈리아와 오스트리아가 회원국인 3국동맹을 통해 베를린과도 간접적인 연계를 맺을 수 있었다. 이것은 논리적으로 (3제동맹을 그 흔적이나마 보존하려고 비스마르크가 그토록 애를 썼는데도) 러시아-프랑스의 관계 회복을 암시하는 불편한 평형이었다. 양국의 화해가 얼마나 쉽게 이루어질는지, 양국의 협력이 영국-독일 간의 협력 가능성을 강화 혹은 약화시킬는지 하는 의문은 그대로 남아 있었지만 말이다.

제국주의 열강을 통틀어 영국이 이집트를 점령했을 때 가장 공세적인 반응을 보인 것은 프랑스였다. 실로 1880년대와 1890년대의 외교 정세에서 가장 두드러졌던 특징은 영국과 프랑스의 반목이었다. 그때까지도 긴밀한 협업 관계를 유지하고 있던 두 곳의 로스차일드 상사가 런던과 파리에 기반을 두고 있었기 때문에, 영국과 프랑스의 대립은 과거에 그랬듯 가문에는 그 어떤 국가 간 분열보다 더 곤란한 일이었다. 그러나 대립을 해소하기 위해 할 수 있는 일이 무엇인지는 분명하지 않았다. 1886년에 프랑스가 인도차이나의 통킹으로 원정에 나섰을 때, 프랑스 로스차일드가는 헤르베르트 폰 비스마르크에게 "다음번 유럽 전쟁은 영국과 프랑스 사이에서 벌어질 것"이라고 불안하게 예견했다. 1892년에 로즈버리가 외무장관으로 복귀하자 사태가 곧 안정되리라는 희망이 생겼지만, 그것도 잠시뿐이었다. 영국, 오스트리아, 이탈리아의 반프랑스 지중해 협약을 마지못해 승인했던 로즈버리도 이전 정부의 혐프랑스 정책에서 완전히 탈피하지는 못했다. 1893년 7월, 프랑스가 메콩 강에서의 해군 대치 이후로 샴² 점령을 계획하고 있다는 소문(프랑스 로스차일드가에서는 맹렬히 부인한 소문)은 그를 경악시켰다. 그리고 이듬해 1월, 로즈버리는 러시아가 다르다넬스해협을 두고 꾸미는 음모에 오스트리아가 동요하는 반응을 보이자 자신은 "영국을 러시아와의 전쟁에 말려들게 할 위험이 있더라도 꽁무니를 빼지 않을 것"이라며 오스트리아 대사를 안심시켰고, 프랑스가 러시아를 거들고 나설 경우 "프랑스를 제지하기 위해 3국동맹의 도움이 필요하게 될 것"이라고 덧붙여 말했다.

예상대로 영불 반목의 주된 원인이 된 것은 이집트, 그리고 이집트 남쪽에 이웃한 수단이었다. 1895년에는 영불전쟁이 실제로 일어날 것처럼 보였을 만큼 양국의 갈등은 첨예했다. 앞서도 등장한 이야기이지만 로즈버리는 1893년 1월에 정부가 이집트 주둔 병력을 강화할 계획이라는 사실을 로스차일드가에 미리 귀띔했다. 그에 대한 보답으로 알프레드는 1894년 1월과 2월, 영국 통치에 대한 반감으로 카이로에 반영국적인 분위기가 점점 더 거세지고 있다는 불안스러운 보고서를 전해 받고 이를 로즈버리에게 건넸다. 그 무렵은 프랑스 정부가 나일 강 상류의 파쇼다에 대한 통치권을 탈환할 생각을 갖고 있다는 것이 이미 분명해진 시점이었다. 프랑스가 파쇼다를 장악하면 이집트에서 영국의 입지가 위태로워질지도 모른다는 두려움 때문에, 로즈버리(그해 3월에 총리가 되었다)는 프랑스가 파쇼다로 접근하는 것을 막기 위해 벨기에 국왕과 파쇼다 남쪽 지역을 벨기에령 콩고에 임대하고 그 대가로 서부 콩고의 작은 지역을 받겠다는 내용의 합의를 서둘러 맺었다.

이후로 난해한 협상을 이어가는 동안 중재자로 나선 프랑스 로스차일드가는 자국 정부가 "영국 혐오 일색"은 아니라며 영국 사촌들을 구슬렸지만, 한편 영국의 아프리카 정책이 파리에서는 눈감아 주기 힘들 만큼 "저돌적으로" 보인다고 경고하기도 했다. 모든 노력이 무효로 돌아갔다. 프랑스 외무장관

가브리엘 아노토(Gabriel Hanotaux)가 파쇼다를 두고 일종의 절충안을 마련해 보려 한 시도는 실패로 끝났고, 프랑스 탐험가 마르샹(Marchand)이 이끄는 원정대가 나일 강 상류를 향해 출발하자 로즈버리 내각의 외무부 차관 에드워드 그레이(Edward Grey) 경은 이를 "비우호적 행위"로 규정해버렸다. 로즈버리의 사임(1895년 6월)으로 영국이 전례 없는 외교적 고립 상태에 빠진 것은 바로 이 결정적인 시점에 일어난 일이었다.

새로 들어선 솔즈베리 정부에는 다행스럽게도, 그 무렵 이탈리아가 아도와전투에서 아비시니아 군대에 대패하면서 프랑스의 돛은 바람을 잃고 꺼져버렸다. 아도와 전투가 어째서 그런 여파를 일으켰는지에 대해 내티는 솔즈베리를 생각해서 맥도넬 앞으로 자세히 써 보냈다. "프랑스인들은 이탈리아의 패배가 3제동맹의 부활로 이어지지나 않을까 하는 생각에 극도로 긴장하고 있습니다. 즉, 프랑스 정부는 너무 약체라서 우리를 심각한 곤경에 빠뜨리지는 못할 겁니다." 그러나 그는 "만약 열강들이 연합해서 [이집트에서의] 철수 문제를 다시 들고 나온다면, 영국 정부가 그에 맞서는 것은 불가능할 것"이라고 경고를 덧붙였다. 이는 지금 당장 행동해야 한다는 신호였다. 정확히 일주일 뒤, 수단을 재정복하라는 명령이 떨어졌다.³ 아노토의 후임 테오필 델카세(Théophile Delcassé)는 키치너(Kitchene)r가 옴두르만전투에서 수단의 다르위시(dervish)⁴들을 대파하자 파쇼다(Fashoda)를 점령하는 것으로 그에 맞섰고, 로스차일드가는 엄포를 부리는 프랑스가 과연 어디까지 나갈지 부추겨 보라고 솔즈베리를 꼬드겼다. 9월에 내티는 맥도넬에게 키치너가 당장 "마르샹을 포로로 잡으라"는 명령을 받아야 한다고 말했다. 두 달 뒤에 위기가 절정에 달했을 때, 이번에는 알프레드가 "프랑스는 항복할 것이고 전쟁은 없을 것"이라고 맥도넬을 안심시켰다.

내티는 이집트에 대한 영국의 전략적 이해관계를 생각하느라 파리 사촌들의 감정은 무시한 것일까? 그럴 수 있다. 그러나 더 그럴듯한 설명은 프랑스 로스차일드가는 (1882년에 그랬듯이) 영국이 이집트에서 지배력을 행사하는 데 이의가 없었고, 심지어 프랑스의 자존심에 상처가 가더라도 크게 개의치 않았다는 것이다. 알퐁스가 델카세의 대결주의 전략을 옹호했다는 증거는 없다. 어쨌든 로스차일드가는 프랑스의 입지가 취약하다는 사실을 충분히 인식하고 있었다. 파쇼다 위기가 벌어지고 있던 와중에 러시아 대사가 내티에게 시사한 것처럼, 상트페테르부르크는 아프리카에서 벌어진 문제 때문에 파리를 지원할 의사가 없었다. 파리가 흑해에서 분란이 일 때 굳이 상트페테르부르크 편에 가담할 마음이 없었던 것과 마찬가지였다.

파쇼다 사건이 흥미로운 이유는 그것이 결국 일어나지 않았던, 그러나 일어날 수 있었던 열강들 간의 전쟁을 연상시키기 때문이다. 마찬가지로, 1895년과 1896년에 영국과 러시아 양국 모두 자국의 해군을 해협에 파견해 콘스탄티노플에 대한 직접적인 통제권을 주장할 궁리를 했다는 점을 기억해야 한다. 당시에는 영국이나 러시아 그 어느 쪽도 자국의 해군력을 믿고 그 같은 모험을 무릅써도 좋을지 확신하지 못했다. 그러나 어느 한쪽이라도 모험을 감행했다면 1878년과 같은 심각한 외교 위기는 거의 피할 수 없었을 것이다. 이때 역시 소위 '영러전쟁'은 실현되지 않았다. 다시 말해, 이 모든 사실로 알 수 있는 것은 어째서 결국 전쟁이 벌어졌는지, 어떻게 해서 영국, 프랑스, 러시아가 같은 편에서 싸우게 됐는지를 설명하려 할 때 그 답을 제국주의에서 찾을 수 있는 가능성은 없으리라는 것이다.

프랑스-러시아 우호 협약

이 시기에 생겨난 외교적 조합 중에서 프랑스-러시아의 우호 협약은 전략적으로나 경제적으로 가장 필연적인 조합이었다. 프랑스와 러시아에는 공동의 적이 있었다. 양국은 독일을 끼고 있었고, 대영제국은 사방에 있었다. 더욱이 프랑스는 자본 수출국인 한편, 산업화가 진행 중이던 러시아는 외채에 굶주려 있었다. 프랑스의 외교가나 은행가들은 이미 1880년부터 프랑스의 차관을 기반으로 하여 프랑스-러시아 우호 협약 체결 가능성을 논의하기 시작했다.

그런데도 양국이 제휴를 이루기까지 얼마나 많은 장애물을 거쳐야 했는지 지적할 필요가 있다. 일단 경제적인 어려움이 있었다. 파리 증권거래소의 거듭되는 불안(1882년 위니옹 제네랄의 위기 이후, 1889년에는 콩투아 데스콩트의 도산 위

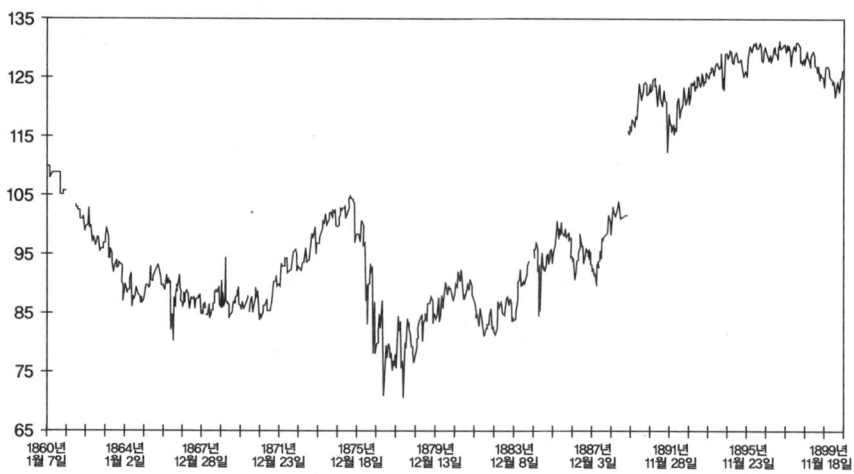

[표 23] 러시아 금리 5% 채권의 주간 종가(1860~1900년)

* 주 : 1889년 11월부터는 금리 4% 채권 가격에 기초해 산정함(4% 채권에 5% 쿠폰이 있다고 가정).

기, 1893년에는 파나마 운하 위기가 있었다)이 프랑스가 과연 러시아의 대규모 금융 사업을 맡을 근본적 여력이 있는지 하는 의구심을 던졌다. 러시아 쪽에도 문제가 있었다. 루블화의 금본위 체제가 실현된 것은 1894~1897년의 일이었기 때문에, 그 시점까지는 환율 변동이 협상을 더욱 어렵게 했다.[5] 채권 시장 역시 러시아 채권에는 경계심을 갖고 있었다. 러시아의 금리 5% 국채 가격은 1880년대에 걸쳐 비정상적으로 요동쳤는데, 1886년 말에는 급락했다가 1887년 전반기에 회복하고, 다시 1888년 초에 89.75로 바닥을 쳤다가 1889년 5월에는 104.25로 최고치를 기록하는 식이었다. 1891년에도 또 한 차례 가파른 추락이 있었다. 3월에서 11월 사이에 금리 4% 신규 국채 가격이 100.25에서 90으로 10%가 떨어졌다. 그 위기가 지난 뒤에야 꾸준한 등귀가 자리를 잡아 1898년 8월에는 최고 가격(105)에 이를 수 있었다.[표 23]

프랑스-러시아 동맹으로 가는 길에는 심각한 외교적 난관도 버티고 있었다. 일단 비스마르크의 외교 정책은 그가 3제동맹으로 구축해 놓은 독일, 오스트리아, 러시아 간의 연계를 유지하는 데 모든 것을 걸고 있는 것처럼 보였다. 불랑제 장군의 발흥은 프랑스-독일 간 적대감에 불을 붙였지만, 러시아가 프랑스 편에 서게 하지는 못했다. 베를린 주재 러시아 대사 표트르 슈발로프 백작은 독일과 프랑스 사이에 전쟁이 벌어지면 러시아는 중립을 지키겠다고만 말할 뿐이었다. 1880년대 초에 러시아의 목표는 독일과 오스트리아-헝가리를 떼어 놓는 것이었지, 프랑스를 위해 비스마르크를 고립시키는 위험을 무릅쓰는 것이 아니었다. 1887년 6월, 독일과 러시아가 비밀리에 맺은 재보장조약은 실질적으로는 무의미했을지 모른다(이 조약은 독일이 프랑스를 공격하지 않는 한 러시아의 중립을, 그리고 러시아가 오스트리아를 공격하지 않는 한 독일의 중립을 보장했다). 그러나 그것은 최소한 베를린과 상트페테르부르크가 서로 일종의 외교적 연계를 유지하고 싶어 한다는 사실을 드러냈다. 게다가 이미 언급한 것처럼 프랑스와 러시아가 서로 돕는 데에는 중요한 한계가 있었다. 프랑스는 투르크에 대한 러시아의 정책을 응원할 생각이 없었고, 러시아는 수단에서 프랑스의 우방 노릇을 할 마음이 없었다.

마지막으로 정치적 난관도 없지 않았는데, 문제가 된 것이 단지 공화국 프랑스와 차르 전제정권의 러시아라는 명백한 차이였던 것만은 아니었다. 1881년 3월, '해방 황제' 알렉산드르 2세가 암살되고 반동 보수주의자였던 그의 아들 알렉산드르 3세가 차르 자리를 계승하면서 400만 명에 달했던 러시아 제국 유대인들의 처우는 눈에 띄게 악화되었다. 러시아 유대인들 대부분은 폴란드와 서러시아의 소위 유대인 영구 정착 지역에 평생을 갇혀 살고 있었다. 알렉산드르 2세 치하에서는 거주와 직업에 대한 제약이 다소나마 누그러졌지만, 1881년과 1882년 집단 학살의 물결이 남서부의 광대한 지역을 휩쓴 이후 차르와 그의 각료들은 제국의 '인민들'을 '해로운' 유대인들의 '위험한 활동'에서 보호해야 한다는 확신을 굳히게 됐다. 1882년에 제정된 5월법은 유대인의 거주와 직업에 새로운 규제를 부과했고, 반유대주의 선동 또한 계속되었다. 교육 기회, 토지 소유권, 직업 선택권, 마을에 거주하거나 정착 지역 밖에서 거주할 권리 등등 모든 것이 축소되었다.

유대인들은 다양한 식으로 대응했다. 약 200만 명은 앞서 언급한 것처럼 이민을 택했다. 남은 이들 중 대부분은 할 수 있는 최선을 다해 버텨냈지만, 일부는 사회주의혁명당, 사회민주노동당, 특히 유대인노동자연합('분트[Bund]') 같은 단체들의 혁명적 정치에 가담했다. 이는 유대인은 위협적인 존재들이라는 차르 정부의 각료들의 판단을 재확인시키기에 충분한 것이었다. 1903년에 키시네프에서 또나시 집단 학살이 벌어지고 1905년에는 더 여러 곳으로 학살의 불길이 번졌을 때(60년 전에 다마스쿠스 사태를 불러일으켰던 의례적 살인 혐의도 다시 제기되었다), 당국은 학살에 가담하지는 않았을지언정 무관심으로 응대함으로써 차르 정권이 세계에서 가장 반유대주의적이라는 외국의 인상을 여실히 확인시켰다.

로스차일드가는 이 모든 사태에 경악을 금치 못했다. 이미 1881년 5월부터 오스트리아, 프랑스, 영국의 파트너들은 "우리의 불행한 동포 신자들을 위해" 어떤 행동을 취할 수 있을지 논의하기 시작했다. 알퐁스의 딸이 러시아의 유대인 은행가 모리스 에프뤼시(Maurice Ephrussi)와 결혼한 것이 이 문제에 대한 관심을 키우는 데 큰 몫을 했다. 그래서 외교계에서는 로스차일드가가 상트페테르부르크 주재 프랑스 대사 아페르를 파면시켰는데, 그 이유는 그가 새 에프뤼시 부인에게 차르는 그녀를 궁에 입장할 수 있는 인물로 인정하지 않을 것이라고 공지했기 때문이라는 소문이 돌았다. 로스차일드가 러시아를 혐오했다는 사실이 중요했던 이유는 드 로스차일드 프레르가 여전히 다른 프랑스 은행들에는 (그리고 실로 러시아 재무장관에게는) 러시아 정부가 선호하는 파리의 대리인으로 여겨지고 있었고, 러시아가 그들 없이 사업을 진행한다면 그것이 얼마만큼 큰 규모이든 성공을 확신할 수 없으리라는 인식이 있었기 때문이었다. 슈발로프가 1882년에 재무장관 분게(Bunge)를 대신해 파리 상사에 접근했을 때 구스타브는 굳이 빗대어 말하지 않았다. "저희로서도 러시아 정부와의 금융 사업 계약을 체결하길 원한다고 말씀드리고 싶지만, 러시아의 동포 신앙인들에 대한 박해가 지속되는 한 그렇게 할 수 없습니다." 이 말은 런던 상사에서도 이후 수년 동안 계속 되뇌어야 했던 구절이었다.

이것은 독일이 불랑제의 선동에 넘어간 프랑스를 공격하려 한다는 소문이 극에 달했을 당시, 프랑스와 러시아 정부 사이에서 거간꾼 노릇을 하려 했던 러시아 유대인 출신의 맹렬한 반독일주의자 엘리 드 시옹(Elie de Cyon, 본명은 일리야 파데예비치 치온[Ilya Fadeyevich Tsion])의 노력이 단지 제한적으로 성공을 거둘 수밖에 없었던 까닭을 설명해 준다. 그가 나중에 기술한 바에 따르면, 그의 목표는 러시아의 "경제를 독일로부터 해방시키고, 러시아 채권 시장을 파리로 이전"하는 것이었다. 1887년 2월에 차르의 조언자인 미하일 카트코프(Mikhail Katkov)를 방문한 그는 (무력 사용도 감수하겠다는 비스마르크의 위협이 그저 선거를 위한 술책일 뿐이라는 근거에서) 전쟁 가능성에는 회의적인 입장을 표했지만, "[러시아에 대해] 매우 우호적인 파리 고위급 은행의 여러 대표들과 논의해 본 결과"를 들먹이며 그의 관심을 자극했다. 그는 자신이 생각하는 비장의 카드를 꺼내 보였다. "1월 말경에 로스차일드가의 형제 하나와 그 문제에 대해 장시간 대화를 나눴습니다. 그는 그들의 가문이 오래전부터 우리[러시아] 재무부를 도와 일해 왔다는 사실을 상기시키며, 12년 전에 프랑스가 자국의 자본을 온전히 국내 수요에 할애해야 했을 때 어쩔 수 없이 중단할 수밖에 없었던 러시아와의 사업 관계를 재개할 [준비가 되어 있다고] 장담했습니다."

시옹은 새로 임명된 러시아 재무장관 비슈네그라드스키(Vyshnegradsky)에게도 비슷한 주장을 폈지만, "그들이 없으면 파리 시장도 별 볼일 없어지는 로스차일드가의 협조를 받을" 가능성에 대해 비슈네그라드스키는 의심을 표했다. 그는 로스차일드가의 선의를 확신할 만한 증거가 없는 한에는(그는 파리 상사가 러시아의 크레디 퐁시에가 발행한 담보부 채권을 전환하면 어떻겠느냐고 제안했다) 정부 차원에서 직접 라피트 가와 접촉할 생각이 없었다. 시옹의 기록에 따르면, 그는 나중에 파리로 돌아가 로스차일드가와 이 제안을 두고 협상을 시작했고, 대화는 결국 성공적으로 마무리되었다. 그해 4월(불랑제 위기가 정점에 달했을 때)에 카트코프가 협상된 조건이 영 마뜩찮다는 심사를 드러냈지만, 시옹은 상트페테르부르크로 달려가 정부의 승인을 받아냈다. 5월 5일, 비슈네그라드스키와 이름이 밝혀지지 않은 로스차일드가의 대표가 담보부 채권의 이자를 총 약 1억 800만 마르크로 감축한다는 내용의 합의를 체결했다. 시옹은 이후 그의 공로를 축하하는 내용으로 파리 상사에서 보내 온 편지를 신문에 공개했다. 편지에는 "이번 일을 계기로 러시아 제국 재무부와 직접적인 관계를 갱신해서 사업을 진행할 수 있게 된 것을 기쁘게 생각"한다는 소감이 담겨 있었다.

그러나 시옹의 업적을 과장해서는 안 된다. 그가 이타주의적 동기를 내세웠을 때도 로스차일드가에서는 그를 "지조가 의심스러운 인물"이라 생각했고, 기민하게도 이런 평을 내렸다. "그가 자진해서 이중 권한을 떠맡아 이곳에서 러시아 장관의 대리인 행세를 하는 것처럼, 러시아에서 우리의 이름을 팔아먹지 않았으리라고 확신할 만한 증거는 없다." 더욱 중요한 사실은 시옹이 담보부 채권 사업의 성격을 회고록에 왜곡해서 기술했을 가능성이 크다는 것이다. 1887년 4월과 5월은 불랑제 위기가 정점에 달했던 시기였음을 기억해야 한다. 심지어 시옹의 기록을 보아도 지금 무슨 일이 진행되고 있는지 눈치챈 비스마르크가 협상을 방해하려고 했다는 사실이 분명히 드러난다. 시옹은 베를린에 있는 블라이히뢰더의 동의 없이는 계약을 체결할 수도 없었다. 애초에 담보부 채권이 발행됐을 때 파리 상사도 참여하기는 했지만, 사업을 주도한 것은 로스차일드가가 아니라 블라이히뢰더였기 때문이다. 담보부 채권의 상당량이 프랑스가 아닌 독일의 수중에 있었다는 점을 고려할 때, 시옹은 실상 베를린과 상트페테르부르크의 거래를 위해 로스차일드의 승인을 확보한 것 외에는 한 일이 없었다. 이것은 아무 의미도 없는 일이었기 때문에 거저 주어진 성과였다. 러시아 금융이 파리로 이동한 결정적 사건으로도 볼 수 없었다. 더욱이 1887년 9월에 그 '이동'이 실제 일어나기 시작했을 때, 로스차일드가는 그에 관여하지 않았다.

그것은 러시아 채권의 낮은 가격 때문에 조장된, 그리고 러시아 채권이 라이히스방크 대부금의 담보로 쓰이는 것을 막으려는 비스마르크의 결단(그 유명한 '롬바르트 금지령')으로 가속화된 금융상의 방향 전환이었다. 눈에 띄는 점은 (시옹에게는 미안한 일이지만) 로스차일드가가 파리 시장을 주도해 러시아로 이끌기는커녕 진짜 주도자들과 거리를 두고 그 뒤를 따르기만 했다는 사실이다. 상트페테르부르크에 프랑스 은행을 설립하자고 제안한 것은 말레와 오탱게를 포함한 경쟁 은행들의 신디케이트였다. 제국 정부를 위해 발행된 첫 번째 대규모 채권(5억 프랑 규모)을 인수한 것은 파리바은행, 크레디 리요네, 콩투아 데스콩트가 포함된 예금은행들의 신디케이트였다.[6] 이 일이 진행된 1888년 가을 무렵에는 러시아 채권 가격도 안정적으로 등귀하는 듯 보였다.

그렇다면 무엇이 러시아에 대한 프랑스 로스차일드가의 태도를 바꿔 놓았을까? 처음부터 그들은 러시아의 반유대주의에 맞서서 (러시아 유대인들의 이민을 지원하는 것 이상의) 적극적인 행동을 취하는 것이 영국 사촌들에게만큼 쉬운 일은 아니라는 사실을 인정했다. 구스타브가 설명한 것처럼, 공화당 정부가 교육에 대한 성직자의 영향력을 제한하면서 종교적 '비관용주의'가 영국보다 한층 민감한 문제가 된 것이 부분적인 원인이었다. 그러나 더불어 그와 그의 형제들은 "우리 정부와 러시아 정부 간의 관계" 역시 고려에 넣었다. 또 프랑스 로스차일드가는 러시아인들이 자주 들먹였던 이야기, 즉 "러시아의 유대인 문제는 어느 정도 적당한 수준에서 개선될 수 있고……러시아 정부와의 금융 사업에서 우리가 어떤 태도를 취하느냐가 유대인들의 처우 향상에 영향을 줄 수 있을 것"이라는 주장을 훨씬 진지하게 받아들였는지 모른다. 둘째, 1887년 5월 불랑제의 실각과 1889년 선거에서 공화당이 거둔 승리는 프랑스 정치가 안정적인 시기로 접어들었다는 조짐처럼 보였다. 셋째, 알퐁스는 1888년 초에 비스마르크가 (그의 표현을 그대로 옮기면) "프랑스와 러시아 사이에 동맹은 아닐지언정 최소한 남아 있는 우정이라도 끊어 놓기 위해 러시아에 황금 다리를 놓겠다"고 작심한 것을 알고 진심으로 놀랐다. 러시아에 대한 그의 태도를 변화시킬 요량으로 "영국, 러시아, 독일, 오스트리아가 4자 동맹을" 맺고 프랑스를 따돌릴지 모른다는 이야기가 등장한 것도 사실이다.

마지막으로, 프랑스 일가가 방침을 바꾼 것은 순전히 경제적인 계기 때문이기도 했다. 콩투아 데스콩트의 붕괴로 프랑스 시장에 초래된 위기는 러시아에서 로스차일드가의 명성을 드높이는 데 일조했다. 프랑스은행에 개입해서 콩투아 데스콩트의 완전한 파산을 막아낸 것은 알퐁스였다는 인식이 있었기 때문이다. 러시아 정부가 금리 4% 증권으로 전환하기를 제안한 채권 역시 주로 1870년대 초에 로스차일드가를 거쳐 발행된 것들이었다. 이 같은 정황을 두고 보면, 파리 상사가 1889년에 총 액면가가 약 7700만 파운드에 달하는 두 건의 러시아 채권 발행을 맡는 데 동의한 것도 크게 놀라운 일은 아니다. 오히려 눈에 띄는 것은 런던 상사가 1890년에 1200만 파운드 규모의 3차 채권 발행에 참여해서 러시아와의 사업에 발을 담갔다는 사실이다.

과거와 마찬가지로 새로 맺은 로스차일드-러시아 관계도 결국 불안정한 면모를 드러냈다. 얼마 지나지 않아 상트페테르부르크에서는 첫 번째 채권의 계약 조건을 두고 논란이 벌어졌다. 비슈네그라드스키가 사업에서 사리를 취하고 그 답례로 지나치게 관대한 조건에 합의해 준 것일까? 역사학자 지로(Girault)가 밝힌 것처럼, 1889년의 채권 발행으로 러시아 재무부에 소요된 비용은 1년 앞서 발행한 비(非)로스차일드 채권 발행 비용보다 약간 더 높았다. 그러나 로스차일드가가 채권에 지불한 가격과 대중에게 판매하는 가격 사이에 마진을 줄여서 더 많은 청약자를 끌어들일 수 있었던 것도 사실이다. 마찬가지로, 비슈네그라드스키가 받은 '한몫'도 사실 1888년에 채권 발행을 맡은 이래 다음 사업에도 참여하겠다고 고집을 부려 왔던 오스키에게 건네기 위한 것이었다. 더불어, 일부 독일 은행가들, 특히 블라이히뢰더와 한제만이 사실상의 신디케이트를 구성하여 동등한 동업자로 활동했다는 점도 유념해야 한다. 러시아의 차입 시장이 베를린으로부터 곧장 파리로 옮겨 갔다는 것은 정확한 이야기가 아니라는 사실을 드러내는 증거이기 때문이다. 실제 1889년에 발행된 두 번째 채권은 독일인들이 주도했던 것으로 보이며(알퐁스는 그들이 시기상조로 서두르고 있다고 생각했다), 1891년에 블라이히뢰더는 자신이 상당한 몫을 따내리라고 예상하고 또 다른 대규모 채권(약 2400만 파운드) 사업을 애타게 고대하고 있었다.

상트페테르부르크에 재정적 연계를 재확립한 로스차일드가는 드디어 러시아의 반유대주의 정책에 대한 비판을 재개함으로써 러시아 정부에 압력을 행사하려 했다. 1891년 5월, 프랑스 상사는 블라이히뢰더가 고대해 마지않던 새 채권 발행을 위한 협상에서 갑작스레 물러나버린다. 당시 러시아 언론에서는 "파리 로스차일드가에서 러시아의 유대인 문제에 대해 러시아 정부에 무언가 요구를" 했으며, 요구가 받아들여지지 않자 협상을 취소했다고 추정했다. 한 신문은 "러시아에서 일부 유대인들에게 취한 특정한 행정상의 조치들을 불쾌하게 생각한 영국의 유대인들 및 유대인 옹호론자들에 의해" 알퐁스가 "강력한 압박"을 받았다고 썼다. 그러나 이는 다만 구실에 불과했다는 주장도 제기되었다. 진짜 목적은 러시아 정부를 압박하여 유대인들의 처우를 개선하려 했던 것이 아니라, 그때까지 상트페테르부르크에서 구상해 왔던 것보다 훨씬 구속력 있는 프랑스와의 군사 동맹에 대한 합의를 이끌어내는 것이었다는 이야기다. 또 다른 추정은 프랑스 총리 리보(Ribot)가 블라이히뢰더가 끼어 있는 로스차일드 신디케이트를 너무 '독일적'이라고 생각했으리라는 것이다. 이렇게 제기된 해석들 중에서 참인 것이 있다면, 그것은 국제 관계라는 영역에서 로스차일드의 경제적 영향력이 끈질기게 남아 있었다는 모범 사례가 될 것이다. 그러나 면밀히 살펴보면 그 어떤 해석에도 설득력이 없음을 알 수 있다.

우선, 프랑스와 러시아가 밀접한 연계를 맺게 된 데에는 경제 외적인 요인들이 여럿 있었는데, 무엇보다 1888년에 빌헬름 2세가 황위를 계승하고 2년 뒤에 비스마르크가 면직되면서 독일 정부의 태도가 비우호적으로 돌아선 것이 원인이었다. 빌헬름과 신임 총리 카프리비(Caprivi)가 러시아와 전쟁이 벌어질 경우 오스트리아를 지원하겠다고 장담하고 비밀 재보장 조약을 갱신하자는 러시아의 제안은 퉁명스레 거절한 것은 경제적인 유인책들을 쓸모없는 것으로 만들었다. 러시아 외무장관 기르스(Giers)가 구속력 있는 군사 동맹 체결에 차르보다 더 지지부진한 태도를 보였지만, 필연적으로 프랑스와 러시아는 서로에게 이끌릴 가능성이 컸다.

둘째, 러시아 정부의 계속된 반유대주의 정책에 로스차일드가는 그 어느 때보다 진심으로 분노했던 것 같다. 1890년 8월, 내티의 아들 월터는 블라이히뢰더에게 "귀하가 상트페테르부르크에 발휘하실 수 있는 영향력으로 러시아 정부가 그 낡고 잔인하며 몰상식한 법을……너무도 무자비하고 가혹해서 도리어 많은 유대인들을 맹목적인 무정부주의자로 만들어버리는 법률을 시행하지 못하도록 막아" 달라고 촉구하는 편지를 썼다. 비슈네그라드스키가 채권 협상을 하면서 유대인에 대한 박해를 누그러뜨리겠다는 일종의 약속을 했을 수 있고, 그가 결국 이를 지키지 못한 것을 로스차일드가에서는 실로 언짢게 받아들였을 수 있다. 한편 런던 일가에서는 지금껏 자행된 "중세적인 만행"을 두고 볼 때 "알퐁스도 어쩔 도리는 없었을 것"이라고 생각했다.[7] 에드몽이 "러시아에서 우리의 가련한 동포 신앙인들이 겪고 있는 끝없는 참화"를 비난했을 때 그가 진심을 토로했음을 의심할 이유는 없었다. 런던의 사촌들에게 보낸 사적인 편지에서, 알퐁스는 알렉산드르 3세의 종교적 비관용을 루이 14세나 스페인 왕 필립 2세의 편협함에 빗댔고, 1892년 9월에 극단적인 반동주의자 콘스탄친 포비도노스체프(Konstantin Pobedonostsev)가 시도한 회유적인 언사에도 깊은 의구심을 드러냈다. 로스차일드가가 1891년의 채권 협상을 박차고 나온 일에 외교적인 의미가 있었다면 이를 러시아와 프랑스 언론이 간과했으리라고는 보기 어렵다. 대신, 협상이 파기된 원인은 종교적인 문제 때문이리라는 것이 공통된 의견이었다.

마지막으로, 로스차일드가가 러시아에 변덕을 부릴 만했던 경제적인 이유도 있었다. 1890년의 베어링 위기 당시에는 다량의 러시아 금이 런던 상사에 단기 예치되어 있었기 때문에 영국 파트너들은 정치적인 언사에 신중을 기할 수밖에 없었다. 그러나 1891년은 그러한 제약이 사라진 뒤였다. 프랑스 로스차일드가가 러시아 석유 산업에 점점 더 깊숙이 개입하게 되었다는 사실도 참작해야 한다. 지로는 로스차일드가가 1891년의 채권 사업에서 발을 뺀 것이 사실상 러시아 무역 정책에 대한(특히 철도 궤조[軌條] 수입에 붙인 보호 관세, 석유에 새로 매긴 수출 관세에 대한) 불만 때문이었다고 주장했다. 최소한 어느 정도는 비슈네그라드스키의 곡물 수출 정책으로 가중됐다고 볼 수 있는 1891년의 러시아 대기근 역시 영향을 미쳤을 것이다. 무엇보다 중요한 것은 로스차일드가 채권 사업에서 물러나기 한 달 전에 러시아 채권 가격이 또다시 폭락했다는 사실이다. 이는 그 자체만으로도 그들의 결정을 설명해 준다.

1891년의 '사건'에 정치적인 하위 맥락이 있었다면, 그것은 프랑스의 외교 정책과 이듬해 리보 정부를 무너뜨리게 되는 파나마 운하 회사의 곤경과 관련된 일일 것이다. 앞서 본 것처럼 로스차일드가는 파나마 사태에서 안전거리를 유지하고 있었다. 그러나 회사의 파산을 막기 위해 리보가 기울인, 사리사욕이 없었다고는 절대 말할 수 없는 노력을 그들 역시 반감을 갖고 지켜보았다는 증거들이 있다. 프랑스에서 벌어진 이 행정상의 위기는 독일의 공격 시 러시아가 프랑스를 지원한다는 내용이 담긴 프랑스-러시아 군사 협약의 최종 비준을 1894년 초까지 지연시키며 외교적으로도 영향을 미쳤다. 프랑스에서 계속된 정치 불안은 외교적인 수렴을 막는 장애가 됐다. 알퐁스 역시 비슈네그라드스키의 후임 장관 비테(Witte)의 대리인 라팔로비치(Rafalovich)에게 만약 러시아 정부가 보호주의 정책과 증세 방침을 고수할 경우 프랑스 시장이 과연 러시아를 계속 지원할 수 있을는지에 대해 비관적인 의견을 피력했다.

로스차일드가가 러시아와 경제적 관계를 재개하는 쪽으로 마음을 돌린 것은 새 재무장관으로 비테가 임명된 덕분이었다. 다시금 유대인의 처우 문제가 핵심 이슈로 떠올랐다. 1892년 10월, 파리 주재 독일 대사 뮌스터 백작은 당시의 정황을 크게 틀리지 않게 파악하고 있었다.

러시아 황제 폐하가 민주공화국과 결속하거나 동맹 조약을 맺는 일은 없으리라고 지금껏 생각해 왔지만, 더 이상은 양자 간에 아무런 협약도 맺어지지 않았다고 확신할 수는 없을 듯합니다. 그런 종류의 합의는 이루어진 것이 없다고 내내 발뺌을 해 왔던 로스차일드가도 더 이상은 아니라고 단언하지 못하고 있습니다. 게다가 그들은 갑자기 러시아에 대한 태도를 바꿔 5억 [프랑] 규모의 채권 발행에 합의했습니다.……새 재무장관 비테의 아내, 이곳 러시아 숙녀들이 묘사하는 바로는 총명하고 매우 흥미로운 유대인인 그 부인은 유대인 은행가들과의 양해를 이끌어내는 데 대단한 도움을 주고 있습니다. 파리 증권거래소는 베를린 증권거래소의 그늘에 가려지는 것을 두려워하고 있습니다. 그리고 부유한 유대인들은 프랑스 시장이 러시아 증권 일색으로 변할지언정, 프랑스인들이 그들의 양화 프랑을 지불해 악화 루블을 사들일지언정, 그들이 돈을 버는 것이야말로 영세한 유대인들을 도울 수 있는 최선의 방법이라고 믿고 있습니다.

로스차일드가 사람들이 사적인 서신에서 비테의 아내의 유대인 혈통에 대해 언급했다는 사실이 이 해석에 신빙성을 부여한다. 그러나 이번에도 경제적인 판단이 배제되지는 않았다. 뮌스터가 1892년에 논의되었다고 들은 채권은 사실 바로 착수되지 않았고, 1894년에야 로스차일드가가 이끄는 신디케이트에서 금리 3.5% 채권 약 1600만 파운드(4억 프랑) 상당을 발행했다. 뒤이어 1896년에도 금리 3% 채권이 같은 액수로 발행됐는데, 그 공로로 알퐁스에게는 대십자훈장이 내려졌다. 두 번째 채권 판매가(차르가 시의 적절하게 파리를 방문해서 도움을 주었는데도) 지지부진하게 이루어지기는 했지만, 그 무렵에는 러시아 펀드의 상승이 지속 가능할 것처럼 보이기 시작했다. 비테가 러시아에 금본위제를 도입하겠다고 표명한 것 역시 세계 각지에서 금광 및 제련 사업을 진행하고 있던 로스차일드가에는 솔깃한 일이었을 것이다. 실제 1891년에 뉴코트에서는 레나 금광의 소유주 긴츠부르크 남작에게 접근해 보자는 이야기가 나오기도 했다.[8]

역설적인 부분은 있었다. 로스차일드의 기밀 서한들은 런던 상사가 1894년의 채권 발행에 참여했고 1986년의 사업에도 반대하지 않았다는 것을 보여 준다. 그러나 뮌스터와 다른 이들은 "런던 상사가 러시아 재정에 아무 관여도 하지 않으려는 듯하다"는 강한 인상을 받았고, 이 인상은 결국 5년 뒤에 여지없이 입증된다. 뮌스터가 해석하기에 이는 "이 유대인 거부들이 얼마나 교활"한지 "항상 빠져나갈 구멍을 만들어 놓는다"는 것을 드러내는 증거였다. 후대의 역사가들은 영국 로스차일드가가 프랑스 사촌들보다 동포 신앙인들의 문제에 대한 입장이 훨씬 단호했기 때문이었으리라고 이를 해명하려 했다. 그러나 문서보관소에 남은 증거를 보면 더 미묘한 사정이 개입되어 있었음이 드러난다. 본질적으로 로스차일드가는 프랑스-러시아의 친선은 환영하고 영국-러시아의 친선에는 냉담한 입장을 취하며 양쪽을 달리 생각하고 있었다. 자가당착으로 보일 수 있지만, 여러모로 보아 힘의 균형이라는 원칙을 합리적으로 적용한 결과였다. 내티는 프랑스와 러시아의 동맹을 받아들일 수 있었다. 그러나 그 결과로 영국과 독일도 일종의 양해를 맺어야 했다. 비테가 런던에서 채권을 발행하려는 뜻을 비쳤을 때 그와 형제들이 러시아에 부정적인 입장을 표명한 것도 그 때문이었다.

비테가 런던을 곁눈질하기 시작한 것은 파리 시장의 피로 때문이었다. 앞서 언급했듯이 러시아 채권 가격은 1898년 8월에 정점을 찍었고, 수익이 전면적으로 오르고 있었는데도 그 여름에 비테가 파리를 찾았을 때 알퐁스는 러시아 채권을 또 한 번 발행할 생각은 없다는 뜻을 전했다.[9] 그는 거절하기에 앞서 먼저 내티와 상의했고, 내티는 다시 솔즈베리에게 "각하께서 그 일을 바람직하게 생각지 않으신다면, 비테 씨의 뜻에 따르는 것은 저희의 이익에도, 의향에도 맞지 않는 일"이라 전하며 그의 의견을 물었다. 그에 대한 솔즈베리의 답변에서는 채권 시장과 외교가 서로 어떤 식으로 상호작용했는지 완벽하게 드러난다. "현재로서는 드 비테 씨의 차입을 돕는 것이 우리의 이익에 맞지 않는다는 데 동의합니다. 그러나 도울 마음이 없다는 것을 대놓고 드러내는 것은 신중한 일이 아닐 겁니다. 가장 현명한 처사는 그가 언제라도 다시 우리의 지원을 구할 수 있다고 믿고 돌아가게끔 하는 일일 겁니다." 그 암시는 제대로 먹혀들었고, 1899년 1월에 러시아는 다시 한 번 런던에서 채권을 발행하고 싶다는 이야기를 끄집어냈다.

이러한 접근에 로스차일드가 응대한 방식을 이해하기 위해서는 그 당시

대러시아 정책이 유동적인 상태에 있었던 독일의 역할을 염두에 둘 필요가 있다. 빌헬미네 시대[10] 초기에 반러시아 조짐이 있기는 했지만, 독일 은행들은 외무부의 적극적인 독려를 받으며 1894년과 1896년의 러시아 채권 발행에 참여할 수 있었고, 그렇게 한 명백한 목적은 프랑스가 러시아 재정을 독점하는 것을 막기 위해서였다. 실제로 1898년에 독일 정부는 러시아-독일 옵션으로 되돌아가는 방안을 고려했다. 따라서 그 이듬해인 1899년에 러시아 채권을 런던에서 발행하자는 제안이 들어왔을 때, 그 제안은 러시아와 독일이 외교적인 계약을 맺을 가능성과 부득불 얽혀 있었다. 만약 영국이 러시아에 대부하기를 거절한다면 러시아는 베를린으로 눈을 돌릴 수 있었다. 로스차일드가는 극심한 딜레마에 부딪혔다. 그들은 영국과 러시아가 친선을 맺는 데 반대했지만, 베를린과 상트페테르부르크가 화해해서 그들이 영국-독일 우호 관계를 위해 기울인 노력이 전부 허사로 돌아가는 것을 보고 싶지도 않았다. 이런 정황은 어째서 비테의 제안이 맥도널이 솔즈베리에게 전한 보고에서처럼 런던 파트너들의 입장을 갈라놓았는지를 설명해 준다.

> 영국 시장이 러시아를 위해……약 1500만 파운드 규모의 국채를 모집해야 하느냐는 문제가 제기됐는데, 러시아를 맹목적으로 혐오하는 알프레드 로스차일드 씨는 이유도 대지 않고 그저 '안 된다'고 했습니다. 로스차일드 경은 그 정도로 결연하지는 않습니다. 그는 그의 은행이 나서느냐 마느냐가 채권의 성패를 좌우할 수 있다고 생각합니다. 그들이 채권을 발행하더라도 기막힌 수익을 거두지는 못할 테고, 그 자신도 사업을 피하고 싶어 합니다. 그러나 런던 시장이 내내 문을 걸어 잠그고 있으면 러시아가 자체적으로 방도를 찾게 될까 봐 그는 염려하고 있습니다.

사흘 뒤, 내티는 제의됐던 러시아-독일 협약이 결국 무산됐다는 소식(그의 생각으로는 독일이 "중국에서의 교역 활동에 힘을 쏟기 위해 영국과 [그리고 미국 및 일본과] 연계하고 싶어" 했기 때문에)을 듣고 안도했다. 그는 일주일 뒤에도 이 이야기를 편지에 언급하며 "그런 와중에 독일은 러시아의 최근 제안에 놀란 것이 분명하다. 이미 셰필드의 비커스 회사에 맥심 기관총과 속사 야전포를 대량으로 주문해 놓은 상태"라고 신이 나서 전했다. 5월에는 독일 대사에게 이렇게 말했다. "여기에서는 그 누구도 그들[러시아인들]에게 돈을 빌려 줄 생각을 안 할 겁니다. 빌려 주는 족족 영국을 겨냥한 군비 확충에 이용될 텐데요. 비테와 그의 시티 주재 대리인들이 무슨 노력을 기울여도 분명 성공하지는 못할 겁니다." 하츠펠트는 (시티의 다른 은행가들은 같은 생각이 아니라는 점을 지적하며) 이를 "유대인 문제 때문에 생긴 반러시아 감정"이 표출된 데 불과하다고 생각했다.

그러나 외교적인 판단 역시 최소한 그만큼은 깊이 개입되어 있었다. 1899년 8월, 델카세가 "유럽의 세력 균형을 유지하기 위해" 프랑스-러시아 우호 협약의 조항을 확대한 것을 시작으로, 1901년 5월에 로스차일드가가 이끄는 오랜 컨소시엄이 4억 2500만 프랑 상당의 금리 4% 신규 채권을 발행하면서 러시아인들의 마음은 다시 파리로 돌아서게 되었다. 1899년에 델카세가 상트페테르부르크를 방문한 데 이어 1901년에는 에드몽이 방문한 일은 동맹 체제에서 외교와 금융이 상호의존하고 있다는 사실을 상징적으로 보여 준 또 다른 사례였다. 이 마지막 채권에 대해 하츠펠트가 홀슈타인에게 보낸 보고서에는 로스차일드가가 국제 관계에 여전한 영향력을 발휘하고 있다는 이야기가 꽤 비중 있게 등장한다. "이미 러시아 채권에 [그렇게 많은] 돈을 투자한 프랑스가 필요한 돈을 또 어떻게 구할는지는 아무래도 알기 힘든 구석입니다. 그러나 로스차일드가에서 가능한 일이라 생각하고 있으니, 가능한 일일 겁니다." 새 독일 총리 베른하르트 폰 뷜로(Bernhard von Bülow)는 그 문서 귀퉁이에 "옳다"라고 적어 놓았다.

이탈리아

경제적 하위 맥락을 지닌 전전(戰前)의 외교적 조합이 꼭 러시아와 프랑스의 동맹뿐이었던 것은 아니다. 이탈리아(재정 적자를 메우기 위해 외국 자본에 의존했던, 러시아를 제외한 유일한 열강)의 사례도 크게 다르지 않았다. 기민하게도 카보우르와 피에몬테를 지원한 제임스 드 로스차일드의 통찰력, 북부이탈리아를 전 유럽과 철도로 연결하려 했던 그의 야심찬 계획 덕분에 이탈리아는 통일 전부터 파리 자본 시장과 긴밀한 연계를 맺고 있었다. 그러나 1880년 후반에 이르면 이탈리아에 대한 프랑스의 경제적 영향력은 독일에 비해 줄어드는 추세를 보인다. 마침 이탈리아가 3국동맹에 가담해서 독일, 오스트리아와 제휴하고 프랑스와는 지중해 및 무역 정책을 두고 불화하게 된 시점이었던 터라, 그 추세는 파리와 베를린 양쪽에서 엄연히 정치적인 문제로 다뤄졌다. 가령 1889년 7월, 로마 주재 독일 대사는 "소위 로스차일드 그룹"(여느 때처럼 블라이히뢰더와 디스콘토 게젤샤프트까지 포함된)이 그 "면면을 보면 독일 은행이라기보다는 프랑스 은행이라고 해야 마땅"한데도 이탈리아 사업을 "최우선적으로 협의하는 핵심 그룹으로 간주된다"는 것에 불만을 표시했다. 그의 바람은 도이체방크와 베를리너 한델스 게젤샤프트가 주도하는 독일 은행 그룹이 이탈리아 채권 발행 사업을 도맡는 것이었고, 같은 해 9월에 이탈리아 총리 프란체스코 크리스피(Francesco Crispi)는 결국 그의 제안을 받아들였다. 반대로 프랑스 정부는 드 로스차일드 프레르가 로마에서 그 어떤 금융 지원 요청을 해 오든 거절하기를 바랐다. 1890년 10월, 케도르세(Quai d'Orsay)[11]에서는 로스차일드가의 로마 주재 대리인 파도아와 이탈리아 재무장관이 나눈 대화 내용을 알퐁스로부터 전해 받고 흡족해했다. 이탈리아 재무장관은 독일 은행 그룹이 이탈리아 채권의 가격 유지 명목으로 내건 조건에 당황해하는 기색이 역력했다.

> 장관은 이탈리아 재무부가 맞닥뜨린 고충을 숨기지 않았습니다. 독일인들이 어떤 요구 조건들을 내걸었고 또 얼마나 불성실한지 토로하며 울화를 터뜨리더군요. 그는 로스차일드가의 대표가 정부의 연금 펀드에서 금리 5% 랑트 600만[리라, 즉 액면가 1억 2000만 리라 상당]을 비밀리에 매입하는 결단을 내려야 한다고 주장했습니다. 로스차일드 씨의 대답은 부정적이었습니다.…… [그는 편지로] 자신으로서는 그런 비밀 사업에 가담할 수 없으며, 두 나라 간의 친선 관계는 불행히도 아직 공공사업에 관여할 만큼 충분히 발전되지는 않은 것 같다고 전했습니다.

두말할 나위 없이 당시 프랑스의 외무장관이었던 리보는 "로스차일드 씨가 그 같은 태도를 견지하시도록 격려"했다. "우리의 정책은……이탈리아에 우호적인 입장을 유지하는 것, 이탈리아에 곤란한 일을 만들지 않는 것, 이탈리아를 불필요하게 공격하는 일을 피하는 것이 되어야 하겠지만, 또 한편으로는 3국동맹에 가담한 이탈리아가 지금 한창 배우고 있을 인과응보의 교훈을 충분히 깨달을 때까지는 프랑스 증권거래소를 이탈리아에 개방해서는 안 된다는 생각입니다."

1890년에서 1894년까지 리라의 환율과 채권 가격이 급락하자, 프랑스에서는 으레 이탈리아가 처한 곤경에 고소해했다. 그러나 로마와 베를린의 연계를 끊는다는 것은 리보의 예상보다 훨씬 어려운 일이었다. 1891년 크리스피가 실각하고 그 뒤를 이은 루디니(Rudini) 후작은 다소 세련되지 못하게 구애를 받는다. 1억 4000만 리라의 대부금이 필요했던 후작이 파도아에게 접근했을 때, 그는 이탈리아가 북아프리카 정책과 관세 정책을 친프랑스적으로 바꿀 의향이 있는 한 돈은 언제든 받을 수 있다는 식의 이야기를 들었다. 이 말을 들은 루디니는 당장 "그 더러운 유대인 놈의 모가지를 잡아 계단 밑으로 던져버리고 싶었"으나 "루디니 후작으로서 격에 맞지 않는 행동"이라는 생각에 충동을 억눌렀다고 회상했다. 바로 석 달 뒤에 독일과 오스트리아와의 3국동맹이 갱신됐고, 1896년에 이르기까지 이탈리아 재정에 대한 독일의 역할은 프랑스의 입지를 좁히며 계속 증대되었다. 어느 정도는 이런 정황 때문에 맥도넬과 솔즈베리는 이탈리아가 1897년에는 3국동맹을 포기할 것이라는 알프레드의 주장을 미심쩍게 들을 수밖에 없었다.

영국-독일 우호 관계

프랑스와 러시아가 차르의 채권을 파리 증권거래소에서 발행하는 것을 근간으로 서로 뭉칠 수 있었다면, 영국과 독일의 친선에 기여한 경제적 요인은 무엇이었을까? 1890년에 잔지바르를 영국에 이양하는 대신, 독일은 북해의 헬골란트 섬과 함께 남서아프리카의 독일 식민지가 잠베지 강과 만나게 해 줄 가느다란 영토를 건네받는 내용으로 양국이 체결한 합의는 고무적인 선례를 만든 듯했다. 그러나 이 합의와 식민지에 관한 다른 협약들이 동맹으로 이어지지 못했기 때문에 결과적으로 전쟁이 불가피했다고 보는 것은 옳지 않다.

영국-독일 협조가 진전될 가능성이 가장 높았던 곳은 바로 중국이었다. 1874년에 중화제국[12]에 첫 외채가 조성된 이래, 중국 정부가 주로 외부 재원을 구했던 곳은 홍콩에 기반을 둔 두 곳의 영국 회사인 홍콩 상하이 은행(Hong Kong & Shanghai Banking Corporation)과 자딘 매디슨 상회(Jardine, Matheson & Co.)였다. 영국 정부는 로버트 하트(Robert Hart) 경을 통해 제국의 해관(海關) 역시 통제하고 있었다. 그러나 1885년 3월, 알퐁스는 "세계의 위대한 주인"(비스마르크)이 "중국에 숟가락을 얹고 싶어 한다"는 소문을 듣는다. 소문은 한제만이 영국과 독일 합작으로 새 신디케이트를 구성해서 중국의 정부 사업과 철도 금융 사업을 양국이 똑같이 나눠 맡자는 제안을 가지고 뉴코트와 홍콩 상하이 은행에 접근하면서 곧 사실로 드러났다. 로스차일드가는 반대하지 않았다. 알퐁스는 "과도하게 성장한 독일의 활력과 야망이 극동으로 향하는 것은 바람직한 일이며, 우리는 그들이 그 지역에서 선전하는 것에 불편해하지 않을 것"이라고 담담히 말했다.

그 무렵, 유일한 염려는 한제만이 50 대 50의 협력 관계 이상을 염두에 두고 있을지도 모른다는 것이었다. 내티는 외무장관 이즐리 경에게 런던 주재 중국 대사가 독일을 방문했다는 소식을 전하며, "중국 정부와의 계약에서 영국 제조업자들이 정당한 몫을 확보할 수 있도록 행동을" 취해 달라는 부탁을 덧붙였다. 그러나 1889년 2월에 프랑크푸르트 상사를 포함해 열세 곳이 넘는 독일의 일류 은행들이 독일-아시아 은행(Deutsch-Asiatische Bank)이라는 합작회사를 설립하고 한제만이 협상 과정에 빌헬름 칼을 참여시키면서 의혹은 말끔히 사라졌다. 이 그룹을 대표해서 오펜하임가의 젊은이가 중국의 경제 전망을 조사할 목적으로 먼 길에 올랐을 때, 여행 경비를 댄 것도 런던 로스차일드가였다.

1888년에서 1893년까지는 베를린에서 일련의 중요한 인적 변화가 일어난 시기로, 그 여파로 독일의 외교 정책은 혼란에 빠졌고 중국에서의 영국-독일 협력 계획도 잠정 보류 상태에 놓였다. 우선, 느지막이 세상을 떠난 조부와 황위에 오른 지 99일 만에 요절한 부친의 뒤를 이어 1888년에 빌헬름 2세가 카이저 자리에 올랐다. 새 황제가 불안정한 성격에 호전적이라는 악명이 있는 만큼, 프랑스 로스차일드가에서는 이를 "악몽"으로 받아들였다. 구스타브는 비상한 예언을 하기도 했다. "프리드리히 3세가 죽고 그의 아들 빌헬름 왕자가 황위에 오른다 해도, 비스마르크 씨가 살아 있고 임직을 유지하는 한 정책상의 변화는 없을 것이다. 그러나 그가 자진 사퇴하거나 죽는다면 빌헬름 왕자가 호전적인 방향으로 치닫는 것을 아무도 막지 못할 것이요, 그 결과 세계대전이라도 벌어질지 모른다."[13]

그러나 비스마르크의 사임은 비자발적으로 이루어졌다. 1890년 3월이 되자 외교와 국내 정책 모두에서 총리와 새 군주의 견해 차는 더 이상 틈을 메울 수 없는 지경에 이르렀고, 비스마르크는 등을 떼밀리듯 물러나야 했다. "변덕스럽고 무모하고 고압적이며 자신의 운명에 확신을 가진" 빌헬름은 로스차일드가가 생각하기에 비스마르크가 지금껏 그 후견인 노릇을 해 왔던 유럽의 질서를 위협하는 인물로 보였다. 알퐁스는 블라이히뢰더에게 이렇게 썼다. "세계 평화라는 관점에서 우리는 그의 사임을 유감으로 생각합니다. 근년에 평화가 유지된 것은 여러모로 그의 업적이라고 생각하기 때문입니다." 그런 단절감은 3년 뒤에 블라이히뢰더마저 숨을 거두면서 더욱 통절한 것이 되었다.

이런 불안을 선견지명으로 보는 것도 그럴듯한 일이며, 1890년 이후의 독일 외교 정책이 비스마르크 치하에서는 볼 수 없었던 식으로 어설펐고 가끔은 의도를 벗어난 결과를 초래했다는 것도 부정할 수는 없다. 그러나 1890년대만 놓고 보면 알퐁스와 구스타브가 비스마르크를 이상화하고(그는 20년 전만 해도 그저 변덕과 무모함의 현현일 뿐이었다) 황제를 악마로 묘사하는 경향이 있었다고 보는 편이 더 정확할 것이다. 1891년 9월에 이미 프랑스의 파트너들은 그들이 빌헬름에게 느꼈던 공포가 과장된 반응이었음을 인정했다. 사실 빌헬미네 시대의 외교 정책의 결함은 황제의 탓이었다기보다는 대단히 기만적인 인물이었던 프리드리히 폰 홀슈타인(외무부의 막후 인물)이 초래한 결과에 더 가까웠고, 황제 자신의 권한은 그가 알고 있었던 것보다 제도적으로 훨씬 큰 제약을 받고 있었다. 블라이히뢰더의 죽음 역시 복구할 수 없는 손실은 아니었다. 앞서 언급한 것처럼 로스차일드가는 그보다 한제만을 더 높이 사고 있었고, 블라이히뢰더가 맡아 왔던 외교적인 역할은 파울 슈바바흐(Paul Schwabach)가 인계해서 중단 없이 이어갈 수 있었다. 덕분에 영국-독일의 해외 파트너십 계획이 수면 위로 재등장하기까지는 그리 오래 걸리지 않았다.

언제나처럼 실마리는 영국 대 프랑스와 러시아라는 제국주의적 경쟁 관계에 있었다. 1894년, 중국이 일본에 참패한 사건은 러시아 세력이 극동을 장악할지도 모른다는 두려움을 일으키며 베를린과 런던 간의 협력을 이끌어내는 완벽한 기회를 만들었다. 그리고 그 협력의 견인력은 역시나 로스차일드가와 한제만이었다. 내티와 한제만은 홍콩 상하이 은행과 독일-아시아 은행이 파트너십을 맺고 각국 정부로부터 적절한 공식 지원을 받는 방식으로 사업을 진행하는 것이 러시아가 중국에서 과도한 영향력을 발휘하는 것을 막을 수 있는 방법이라고 생각했다. 그러나 외교가나 정치가의 목표는 은행가들의 염원과 명백히 달랐다. 가령 홀슈타인은 독일이 영국보다는 러시아와 프랑스 편에 서야 한다고 생각했고, 1895년에 시모노세키에서 일본이 랴오둥 반도를 합병하자 그에 반대하는 양국에 합류해서 일본의 요구를 번복시키기도 했다. 빌헬름슈트라세[14]의 나머지 관료들은 로스차일드가가 중국 시장에서 독일 은행들을 몰아내려 한다고 공연히 의심하고 있었다. 홍콩 상하이 은행의 이웬 캐머런(Ewen Cameron)이 중국 금융에 대한 회사의 오랜 독점권을 포기해야 할 시점이라고 마음을 돌리고 있었던 것 또한 아니었다.

그러나 연이어 일어난 사건들은 한제만과 로스차일드의 판단이 결국 옳았음을 입증해 주었다. 1895년 5월에 중국이 1500만 파운드 규모의 러시아 채권으로(내티와 한제만이 희망한 다국적 채권이 아니라) 일본에 지불할 전쟁 배상금을 조성하겠다고 선언한 것은 알퐁스의 표현대로 영국과 독일 정부 양쪽에게 "쓰디쓴 약"과 같았다. 물론 러시아가 국제적인 채무국이었다는 사실을 감안할 때 러시아 단독으로 자금을 조달하기란 불가능했다. 중국이 말한 러시아 채권은 실상 파리바은행, 크레디 리요네, 오탱게은행이 발행한 프랑스 채권이었지만, 그 대가로 돌아온 혜택은 러시아와 프랑스가 공평하게 나눠 가졌다. 전자는 시베리아 횡단 철도를 만주를 가로질러 확장할 수 있는 권한을 얻었고, 후자는 중국 철도 건설권을 보장받았다. 게다가 러시아 은행가 로트슈타인(Rothstein)이 주로 프랑스의 자금 지원을 받아 러시아-중국 은행

(Russo-Chinese Bank)을 설립하기도 했고, 1896년 5월에는 공식적인 러시아-중국동맹도 체결됐다. 영국이 거둔 유일한 성공은 어니스트 카셀이 합의를 맡아 인도 오스트레일리아 중국 차타드 은행(Chartered Bank of India, Australia and China)에서 제공하게 된 100만 파운드 규모의 금 대출이었다.

이렇게 상황이 역전되자 홍콩 상하이 은행과 독일-아시아 은행이 힘을 합쳐야 한다는 한제만의 주장이 설득력을 얻었고, 마침내 1895년 7월에 두 은행 사이에 협약이 체결되었다. 내티는 이 제휴의 주된 목적이 영국-독일의 우위를 암묵적으로 인정하되, 과거에 그리스와 투르크에서 그랬던 것처럼 중국의 외채를 단일한 다국적 컨소시엄의 수중에 둠으로써 열강들 간의 경쟁을 종식시키는 것이라 생각했다. 여러 가지로 외교 술책을 벌인 끝에 1898년에는 두 번째 중국 채권(이번에는 1600만 파운드 규모)을 컨소시엄이 맡게 되면서 그 목표는 마침내 달성되었다. 그러나 문제는 여전히 남아 있었다. 내티는 채권에 정부 보증을 받아내기 위해 솔즈베리를 설득했지만 성공하지 못했고, 그 결과 영국이 발행한 채권은 당황스러울 만큼 청약이 부진했다. 외교관들 역시 상대국의 영토적 야욕에 대한 경계심을 떨쳐버리지 못했고, 특히 1898년 3월에 영국이 아르투르 항(뤼순 항)을 두고 러시아와 전쟁을 벌일 각오까지 된 것처럼 보였을 때는 긴장이 고조되기도 했다.[15] 몇 달 뒤에는 산둥지방 철도 부설권을 두고 홍콩 상하이 은행의 캐머런과 한제만 사이에 격렬한 분쟁이 일어났다. 그렇지만 이런 긴장 관계도 알프레드와 내티의 노력 덕에 8월까지는 해소될 수 있었다.

아르투르 항 위기가 정점에 달했던 3월, 알프레드는 체임벌린, 밸푸어, 해리 채플린, 하츠펠트, 에카르트슈타인이 참석한 만찬을 열었고, 이 자리에서 독일 쪽 참석자들은 "엄밀히 말해 중립적인 영토에 대한……우호적이고 사적이며 비공식적인 대화"를 통해 그들이 중국 문제에 느끼고 있던 불만을 표출할 수 있었다. 이날은 아르투르 항 문제를 두고 영국 내각 대다수가 체임벌린의 의견에 반대해서 웨이하이웨이(아르투르 항에서 마주 보는 항구)라는 "영토상의, 혹은 지도상의 위안"으로 만족하자고 합의한 당일이었다.[16] 내티 역시 화해 분위기를 조성하는 데 일조했는데, 그가 다독여야 했던 사람은 독일-아시아 은행이 홍콩 상하이 은행과의 계약을 위반했다는 캐머런의 비난에 격분한 한제만이었다. 9월 초에 런던에서 개최된 은행가들과 정치가들의 회담에서는 철도 부설권을 배분할 수 있도록 중국을 '영향권'으로 나누는 합의가 이루어졌는데, 양쯔강 계곡은 영국 은행에, 산둥은 독일인들에게 돌아갔고, 톈진-전장 루트는 양국이 나누는 것으로 결정이 났다. 내티는 1899년 1월에 맥도넬과의 면담을 통해, 독일이 "중국에서의 상업적 목적을 위해 영국과 (그리고 가능하다면 미국 및 일본과) 제휴"하기를 진심으로 바라고 있다는 바를 총리에게 확신시켰다.

철도에 대한 분쟁은 계속됐지만(한제만과 칼 메이어는 1899년 말에 이 문제를 놓고 논쟁을 벌였다), 협력은 그 기틀을 확립했다. 의화단 사건과 1900년 러시아의 만주 침략에 뒤이어 중국에 원정군을 파견한 독일인들은 로스차일드가를 통해 "러시아인들이 전쟁을 무릅쓰지는 않을 것"이라며 런던을 안심시켰고, 그해 10월에 영국과 독일은 중화제국을 보전하고 '문호 개방' 통상 체제를 유지한다는 새 협약을 체결했다. 사실, 중국에 대한 영국-독일의 정치적 협력은 여기까지가 한계였다. 그러나 사업상의 협력은 이후로도 수년 동안 지속되었다. 또 다른 불화(소위 베이징 신디케이트가 황허 강 유역으로 진출한 결과로 촉발된)는 내티와 한제만이 주선하여 1902년에 베를린에서 열린 또 한 차례의 은행가 회담에서 해소되었다. 1905년, 《타임스》의 베이징 특파원이 양국 은행들이 체결한 화기애애한 합의에 대해 비판 기사를 썼을 때도 내티는 즉각 편집장에게 항의했다.

1898년 3월 아르투르 항 위기가 벌어진 시점에 알프레드의 저택에서 있었던 만찬은 제국주의적 소쟁점들이 어떻게 훨씬 더 야심찬 외교적 제안을 위한 기초가 될 수 있었는지를 보여 준다. 알프레드의 만찬을 그저 '아마추어적 협상'쯤으로 괄시하기란 쉬운 일이지만, 당시를 묘사한 밸푸어의 설명에서는 비스마르크가 10년 전에 처음 제기한 영독동맹 계획에 새 생명이 불어놓어진 계기는 바로 이 만찬 모임이었다는 사실이 드러난다.

25일에 있었던 만찬 이후 얼마 지나지 않아, 조[체임벌린]는 그와 비슷한 자리에서 하츠펠트를 만나 달라는 요청을 다시 받았노라고 제게 알려 왔습니다. 저는 반대하지 않았고 (이번에도 알프레드의 저택에서) 또 한 차례 비공식 대화가 진행됐습니다. 조는 무척 충동적입니다. 대화가 있기 전 며칠 동안 내각에서 진행된 논의 때문에 그의 생각은 온통 영국의 고립, 그로 인해 곤경에 처한 영국의 외교적 입지에 집중되어 있었습니다. 결국 그는 자신이 독일과의 동맹 수립을 긍정적으로 보고 있다는 의중을 드러냈습니다. 그는 영국의 내각제 정부 체제가 그런 동맹을 위태롭게 할 수밖에 없다는 주장(분명 독일인들이 께름칙해하는 부분입니다)을 반박했으며, 심지어는 두 나라가 맺을 수 있는 협정의 형태에 대해 막연하게나마 제안해 보기도 했답니다.

밸푸어는 독일 외무장관 베른하르트 폰 빌로 후작이 "즉각적"인 응답을 보내 왔다고 썼다.

그는 전보로 보낸 답신에서 다시금 내각제 정부 체제의 난점을 강조했지만, 유럽 체제에서 영국이 서 있는 입지를 독일이 어떻게 보고 있는지에 대해 솔직히 언급하기도 했습니다. 그들은 우리가 프랑스와 훨씬 잘 어울린다고 생각하고 있는 것 같습니다. 그러나 러시아와 프랑스만큼 어울리지는 않는다는 겁니다.……그들은 우리가 굴복하는 것을 볼 수가 없다고 합니다. 우리를 좋아해서가 아니라, 다음 희생자는 바로 그들 자신이라는 것을 알고 있기 때문이랍니다.……어쨌든 전반적인 취지는 (제가 이해하기로) 그 역시 양국의 긴밀한 결연을 지지한다는 것이었습니다.

이것은 베를린과 런던 사이에서 지루하게 이어질 논의의 시작이었고, 로스차일드가는 그 과정에서 중추적인 역할을 담당했다. 중요한 회의는 '중립적인' 시모어 플레이스의 식당에서 열렸다. 하츠펠트는 그의 아들을 트링에 보내며 "로스차일드의 소식에 정통할 만큼은 오래 있어야 하니" 매 주말마다 아예 그곳에서 지내라고 하기도 했고, 얼마 지나지 않아 알프레드와 파울 슈바바흐는 빌로로부터 외교적 소통을 위한 "안전하고 유용한……채널"로 인정받게 되었다.

이 과정에서 하츠펠트와 체임벌린이 서로 동문서답을 주고받았다는 것이 통상적인 이야기다. 전자는 영국이 독일-오스트리아-이탈리아의 3국동맹에 가담하기를 원했는데, 후자는 "중국 및 다른 지역의 정책에 대한 상호 이해에 기반을 둔 방어적인 성격의……수년 기한의 독일과 영국 간 양해 조약"이라는 제한적인 관계를 염두에 두고 있었다는 것이다. 그러나 나중에 체결된 영국-프랑스 우호 협약이 그랬듯이, 무엇이든 한 가지를 먼저 성사시키면 그것이 다른 하나로 이어졌을 수도 있었을 것이다. 역시 자주 제기된 이견(異見)은 다른 지역(가령, 포르투갈령 모잠비크와 사모아 섬)에서의 식민지 분쟁이 영독 관계 회복에 부정적인 영향을 미쳤다는 것이다. 그러나 이 역시 같은 이유로 설득력을 잃는다. 영국과 프랑스의 관계도 더 심하게는 아닐지언정 그만큼은 많은 식민지 문제로 악화 위기를 겪었고, 앞으로 보게 되겠지만 런던과 베를린의 당면 문제는 1903년까지 대부분 평화롭게 해결되었기 때문이다.

많은 역사가들이 1897년에 발의된 독일의 해군 증강 계획을 '영국과 독일 간에 반목을 빚은' 실마리가 된 사건으로 꼽는다. 그 이론에 따르면 빌로가 원했던 것은 '행동의 자유'로, 사실상 영국의 제해권에 도전할 만한 해군을 만들고 싶어 했다는 것이다. 물론 티르피츠(Tirpitz)의 해군이 런던에서는 노골적인 공갈로 간주된 것이 사실이다. 그리고 곧 등장할 이야기지만, 독일과의 우호를 열심히 주창했던 내티조차도 당대에 만연했던 드레드노트 열기에 면역되어 있지 않았다. 그러나 이런 해석에서 너무 쉽게 간과되는 점은 해군 군비 경쟁에서 영국이 결국 승리했다는 사실이다. 해군본부위원회 제1 군사위원 '재키' 피셔(Jacky Fisher)의 1차 해군 개혁이 마무리된 1905년에 이미 해군 정보부장은 영국이 독일을 "압도하는" "해군력의 우위"를 지키고 있다며 자신만만하게 보고를 올릴 수 있었다. 그의 말은 옳았다. 1898년에서 1905년 사이에 독일 전함은 13척에서 16척으로 증가했지만, 영국의 전함은 29척에서 44척으로 늘었다. 1889년의 양국 표준 원칙[17]을 지키지는 못했지만, 독일의 단독 위협을 억제하기에는 충분한 규모였다. 그 이후에도 해군력 '공황'은 거듭 재발했지만, 독일은 사실 영독 해전(서구 열강으로서 고려하기에는 너무 위험 부담이 큰)을 수행할 만한 대규모 해군이라는 티르피츠의 목표에 다다를 수 없었다. 1912년에 이르면 경제력은 막강했으나 재정은 취약했던 독일이 영국의 건조율(建造率)을 따라잡을 수 없게 되면서 해군 군비 경쟁도 사실상 끝나게 된다. 이 모든 것에 비춰볼 때, 영독동맹 계획은 헛된 꿈이 아니었다.

영국과 독일의 이해관계가 상호보완적으로 보였던 곳이 중국뿐만은 아니었다는 사실도 기억해야 한다. 포르투갈의 아프리카 식민지들(특히 델라고아만)의 장래를 두고 포르투갈 정부와 지루하게 끌었던 실랑이는 1898년에 마침내 합의로 이어졌고, 이에 따라 영국과 독일은 공동으로 식민지 토지를 담보로 포르투갈에 대부했는데, 사실상 협약 내용에는 식민지 영토를 양국의 영향권역에 따라 분할한다는 비밀 조항도 들어 있었다. 독일이 서아프리카에서 영토 점유권을 주장했을 때 로스차일드가에서 런던의 양보를 요구한 것도 실리를 무시한 처사가 아니었다. 그 지역은 실질적인 이권 갈등이 없는 곳이었다. 1899년 4월에 발발한 사모아 위기는 그해 말에 해결이 났고, 그 과정에서 알프레드와 슈바바흐는 비공식 중재자로 활동했다. 두 나라는 1902년에도 베네수엘라의 외채를 두고 협력하는 모습을 보였다.

영독 협력이 가능해 보였던 곳 중에 전략적으로 더 중요했던 지역은 오스만제국이었다. 독일인들은 일찌감치 투르크 재정에 관심을 보이고 있었고, 1889년에는 카이저가 처음 콘스탄티노플을 방문하기도 했다. 그보다 한 해 앞서 구스타브는 독일 정부가 "이집트와 같은 형식이지만 독일이 주도하는" 공공부채관리국을 투르크에 수립하고 싶어 한다는 소문을 들었다. 러시아가 해협에 위협이 되는 한(로스차일드가가 그렇게 확신하는 한), 그 지역에서 일종의 영독 협력을 발전시키는 것은 제법 가능성 있는 일이었다. 그리하여 1897년에 그리스가 투르크와의 전쟁에서 패했을 때, 두 나라는 서로 긴밀히 협조해서 아테네에 대한 재정 통제 계획을 타결했다.

양국의 협력이 가능했던 것으로 더 잘 알려진 기회는 1899년(카이저가 보스포루스해협에 두 번째로 방문한 이듬해)에 도이체방크의 게오르크 폰 지멘스(Georg von Siemens)가 내놓은 오스만제국 바그다드 철도(이하 '베를린-바그다드 철도') 건설 제안을 술탄이 받아들이면서 찾아왔다. 지멘스와 그의 후임 아르투르 폰 그비너(Arthur von Gwinner)는 이 사업에 프랑스뿐만 아니라 영국도 참여시킬 생각이었다. 문제는 그 무렵에는 오스만 정권의 미래에 신뢰를 잃었던 시티가 사업에 열의를 느끼지 못한 데 있었다. 수에즈운하 일을 기억하는 내티는 정부에 그 사업에 "보통주로 참여하라"고 조언했지만, 못내 미심쩍었던 외무장관 랜즈다운(Lansdowne) 경은 보조금을 지급해 민간 투자를 유도하는 방식을 택했다. 1903년 3월에 바스라까지 노선을 연장하는 협약이 기초되었고, 그에 따라 컨소시엄의 영국 일원들(어니스트 카셀과 레블스토크가 주축이었다)에 25%의 지분이 주어졌다. 그러나 독일 투자자들에게는 35%가 돌아간다는 사실에 《스펙테이터》나 《내셔널 리뷰》 같은 우익 신문들은 비난을 퍼부었고, 결국 밸푸어(이제 총리가 된)는 협상에서 차라리 발을 빼자고 결정을 내렸다. 1870년대를 기억하는 사람에게는 기이한 결정이었다. 그런 논리라면, 디즈레일리가 커디브의 수에즈운하 주식을 매입한 것 역시 프랑스 주주들이 과반수였으니 무효로 처분했어야 마땅했을 것이다.

이 모든 일에서 로스차일드가는 전적으로 사심 없이 활동했다. 그들은 사모아 섬, 베네수엘라 혹은 서아프리카에서 어떤 사업도 벌이고 있지 않았다. 중국 재정에 대한 관여도 제한적인 수준이었고, 그마저도 1911년에 마지막 황제를 전복시킨 혁명이 일어났을 때 전부 중단되었다(그러나 홍콩 상하이 은행 이사회의 칼 메이어는 유용한 연락책으로 남아 있었다). 심지어 오스만제국도 팔레스타인의 식민지 건설 문제를 제외하면 이 시기에 그들의 관심을 크게 끌지 못했다. 에드워드 해밀턴은 내티가 바그다드 컨소시엄에 참여 제의를 받고도 멀찍이 물러나 있었던 것은 "겁이 나서"였다고 생각했다. 그러나 내티는 오스만제국의 안정성에 진심으로 의구심을 느끼고 있었다. "나는 동방문제가 재개되는 것이 항상 두렵다"고 그가 단언한 것은 1906년 5월이었고, 그의 말마따나 동방문제가 재개될 조짐이 있는 한 그와 대부분의 시티 은행가들은 콘스탄티노플을 으레 경원시했다. 내티는 그 이듬해 사촌들에게 이렇게 설명했다. "만약 [영국] 정부가 명확한 목표를 갖고 우리에게 부탁을 해 온다면, 우리는 그게 무슨 사업이든 기꺼이 검토해 볼 것이고 가능한 한 성공시키기 위해 최선을 다할 겁니다. 그러나 오스만제국에 넘쳐나는 질 나쁜 고기에 우리 이름이 얽히는 것을 보고 싶지는 않습니다.……분별 있는 사람이라면 오스만제국의 상한 고기를 차지하려고 안달하는 일은 없을 겁니다." 내티는 1908년의 청년투르크당 혁명을 열렬히 환영했지만, 그 열정도 혁명 세력에 자금을 댈 만큼 뜨겁지는 않았다. 뉴코트에서는 경제적인 수단으로 "오스만제국의 정책을 지휘"하려 하는 어니스트 카셀을 힐난했다. 로스차일드가에서 스스로 허약하다고 여겼던 기반에 그 기초가 놓여 있었다는 점이야말로 영독 우호 협약의 근본적인 취약성이었을 것이다.

그러나 로스차일드가에서 뚜렷한 이해관계를 갖고 있었던 동시에 양국 간의 갈등 요소가 잠재해 있었던 지역은 바로 남아프리카였다. 광산 회사 주식에 피해를 입힌 것은 차치하고라도, 제임슨 습격 사건이 로스차일드가의 눈에 특히 더 개탄스러운 일로 보였던 것은 그것이 영독 관계에 미친 해악 때문이었다. "우호적인 열강의 도움을 구하는 일 없이" 침략자들을 물리친 것을 축하한다며 빌헬름 2세가 크루거 대통령에게 보낸 전보는 영국-독일 관계에 오랫동안 상처를 남겼고, 로스차일드가가 크루거를 달래기 위해 바르부르크가를 중재자로 삼은 것 역시 그 같은 정황 때문이었다. 1897년에 아이틀랜더들의 선거권을 두고 이어진 논쟁에 가담한 알프레드는 크루거와의 협상에 독일도 개입시키자고 제안했지만, 체임벌린은 이 제안을 곧바로 묵살해버렸다. 영국과 트란스발 공화국이 전쟁을 벌이는 동안 독일인들이 보어인들에 표한 공감은 런던과 베를린 사이에 긴장을 고조시킨 또 하나의 원인이었다. 그렇다면 영독동맹 계획이 완전히 실패로 끝난 것은 남아프리카 문제 때문이었을까?

그럴지도 모른다. 전쟁에 반대하면서 로스차일드가가 내세운 논지 중 두드러지는 대목은 만약 보어인들이 공격을 당할 경우 "베를린의 특정 인물"(카이저를 의미한다)이 "매우 불쾌해할 것"이라는 이야기였다. 1898년에 포르투갈령 모잠비크를 두고 독일과 합의를 맺은 것은 부분적으로 독일인들을 구슬려 쿠르거 편에서 떨어져 나가게 하기 위해서였지만, 전면전의 가능성이 제기되면서 기껏 성사시킨 합의도 어정쩡한 것이 되어버렸다. 불안한 상황이 이어지는 동안 알프레드는 하츠펠트와 내내 긴밀한 연락을 취했고, 그해 9월에는 시티에 전쟁에 대한 불안감이 돌고 있지만 아직 "이 공황이 무엇 때문에 일어났는지 명백하지 않다"고 그를 안심시켰다.

그러나 그것은 무의미한 장담이었다. 1899년 말에 독일이 영국에 대항한 '대륙동맹' 이야기를 다시 꺼낸 것과 1900년 1월에 남아프리카 근해에서 영국이 독일 우편선들을 저지한 사건은 영국-독일 양해를 향한 행보를 지연시켰다. 실제로 영국의 정책을 비판하는 독일 언론의 논조가 극도로 과격해지면서, 알프레드는 독일 언론의 소위 "'바늘로 찌르기' 수법"에 대해 "바늘은 비록 무기는 아니지만, 거듭 찌르면 상처를 입힐 수도 있습니다"라고 에카르트슈타인에게 항의하기도 했다. 동시에 그는 베를린 특파원 조지 선더스가 점점 그악스럽게 독일 혐오적인 기사를 쏟아내고 있던 《타임스》에도 압력을 넣으려 시도했다. 알프레드는 1902년 6월에 신문사 운영이사인 찰스 모벌리 벨(Charles Moberly Bell)을 초청해 저녁을 대접하면서, 다름 아닌 왕께서 선더스의 논조에 심려를 표하고 계신다고 귀띔했다. 벨에게서 그 이야기를 전해 들은 선더스는 로스차일드가의 친독일주의는 비애국성의 표본이라며 맹렬히 반발했다.

저는 독일 왕가와 민족의 힘을 알고 있습니다. 로스차일드 가문 역시 그 힘의 일부이지요.……당신이 알프레드 로스차일드에게 기사 작성의 결정권을 바치겠다고 했다니 참으로 유감스럽습니다.……당신이 쓰는 글은 곧장 독일 황제에게 전해질 겁니다. 그는 당신의 의도를 파악하고 싶어 합니다.……그들은 영국과 당신 모두를 결박해 두고 싶어 한다고요![18]

그러나 보어전쟁은 알프레드가 염려한 것만큼 영독 관계를 심하게 해치지는 않았다. 1903년, 트란스발 보증 채권을 발행했을 때 M. M 바르부르크 같은 독일 은행들도 아무 거리낌 없이 참여를 지원했을 정도였다.[19] 반면, 전쟁은 영국의 자신감에 상처를 입히고 외교적 고립 상태를 끝내야 한다는 주장에 힘을 실었다.[20] 사실상 (체임벌린의 표현대로) "독일과의 협력 및 3국동맹과의 친선"에 기조를 두고 체임벌린과 신임 외무장관 랜즈다운을 독일 대표들과 만나게 하려는 노력이 재개되면서 그 과정에 알프레드가 개입한 것은 사실상 한창 전쟁이 벌어지고 있을 때(1901년 초반의 몇 개월에 걸쳐) 진행된 일이었다.

그 무렵에 본격적으로 논의의 대상으로 떠오른 영토는(체임벌린은 이곳에 관한 문제를 1899년에 처음 제기했다) 모로코였다. 이후에 일어난 사건에 비추어 모로코에 대한 영국과 독일의 의견 충돌이 불가피한 것이었다고 단정짓기는 쉽다. 그러나 1901년 당시에는 그럴 가능성이 전무해 보였다. 실제로 북서아프리카 전역을 아우르는 프랑스의 구상(1900년에 체결한 이탈리아와의 비밀 계약으로 더욱 견고해진)은 양국이 일종의 연합 행동을 벌일 가능성을 높여 주는 듯했다. 이미 영국은 지브롤터해협, 즉 지중해의 핵심 관문에 위협이 될지 모를 스페인의 알헤시라스 요새 축성 가능성을 염려하고 있었다. 1898년에 밸푸어는 스페인이 그 어떤 대부 요청을 해 오든 거절해 달라고 로스차일드가에 요청하기도 했다. 모로코를 프랑스와 스페인이 합동으로 '청산'할 수 있다는 것은 현실적인 가능성이었다. 그에 대한 명백한 대안은 모로코를 영국과 독일 영향권으로 분할해서 영국이 탕헤르를, 독일이 대서양 연안을 분담하는 것이었다. 이는 5월에 논의되고 12월에 재차 논의된 합의 초안의 기본 요지였다. 회담은 1902년까지 단속적으로 이어졌고, 홀슈타인은 다시금 "안전하고 유용한……슈바바흐-로스차일드 채널"을 이용했다. 그런 계획들 중에서 실현된 것이 아무것도 없었던 까닭은 사실 모로코에 대한 독일의 관심 결여(뷜로와 카이저 모두 1903년 초에 분명히 드러낸) 때문이었다.

그렇다면 왜 영독 우호 협약은 체결되지 못했을까? 영국이 1904년 4월에 광범위한 식민지 협약을 체결한 나라는 어째서 독일이 아닌 프랑스였을까? 다소 단순한 설명 하나는 그 과정에 개입된 인물들 때문이라는 것이다. 에드워드 7세가 친불파였다는 것은 종종 언급되는 사실이지만, 한편 에크하르트 슈타인은 "'재개의 거물들'이 프랑스와 러시아에 더 우호적인" 까닭은 영국에 국빈 방문 중이던 "폐하[카이저]께서……알프레드 로스차일드를 무례하게 대하셨다는 소문" 때문이라고 이상한 해석을 하기도 했다. 결정적인 장해물은 솔즈베리에게 근본적으로 열정이 없었다는 것, 심지어 그가 영독 친선 관계를 회의적으로 바라보고 있었다는 사실일 것이다. 그의 개인 비서 맥도넬도 똑같은 입장이었다. 맥도넬은 알프레드와 내티가 러시아에 대항한 영국-독일 조합을 선전하기 시작하자 의구심을 표하며, 솔즈베리에게는 알프레드가 영독 우호관계에 기여한 공로로 카이저에게 훈장을 하사받은 뒤에 "과대망상증에 시달리고 있다"고 전하기도 했다. 알프레드는 훈장(1급 관장)을 수락했지만, 솔즈베리에게는 장문의 편지를 보내 "제가 행한 일들은……국익에 공헌하겠다는 열망에서 우러나온 결과이며, 영국과 독일 두 나라가 심각한 긴장을 빚고 있는 몇 가지 문제에 있어서 양국의 우호를 증진시키기 위해 노력을 기울였던 것도 그런 충정에서 우러나온 일이었"다며 (좀 지나치다 싶게) 자기

변호를 해야 했다.²¹ 같은 해 7월, 맥도넬은 알프레드의 계획을 우스꽝스러운 무대 연출로 각색해 보고했다.

〈독일 황제〉
통상적인 추계 소극이 상연되려고 합니다.
제1막
영국의 덩치 큰 친구 에카르트슈타인이 알프레드 로스차일드에게 찾아와 황제께서는 우리와 트란스발 간의 전쟁은 불가피한 일이라 보고 계신다고 말한다.……이틀 뒤, 무대에 재등장한 에카르트슈타인은 로스차일드에게 황제는 여왕이 자신을 윈저 궁에도 초대하지 않는 등 무시하는 처사를 보여서 격분해 있다고 말한다. 황제 폐하는 우리와 그저 친구가 되고 싶으시다는 것이다. 그러나 우리의 선의를 말이 아니라 행동으로 서둘러 증명해 보이지 않으면 그는 모든 준비를 갖췄으니 당장이라도 러시아 및 프랑스와 동맹을 맺을 수 있다고 말한다.

에카르트슈타인이 10월에도 똑같은 으름장을 놓자, 솔즈베리는 의사록에 이렇게 적어 놓았다. "예전에 들은 이야기로 사료됨." 독일인들도 총리의 의구심을 눈치챘다. 알프레드가 "밸푸어 씨에게 전하겠으니 그 문제(사모아, 모로코)에 대한 짤막한 각서"를 보내 달라고 요청했을 때, 하츠펠트는 "그가 과연 외교 문제에 개입할 수 있을지, 영향력을 발휘해서 일을 성사시킬 수 있을지" 의심스럽다고 베를린에 전했다. "제가 보기에 솔즈베리 경은 현재 우리와 특별한 협약은 맺지 않겠다고 작심한 것 같습니다." 홀슈타인이 알프레드를 "다시금 정치 문제에 활용"할 수 있겠다고 생각한 것은 솔즈베리의 퇴임 이후의 일이었다. 그는 1902년 7월에 뷜로에게 "알프레드는 밸푸어, 체임벌린과 사이가 좋습니다. 솔즈베리는 그를 멀리했지요"라고 써 보냈다.

체임벌린 역시 기질적으로 회유 정책을 펼 만한 위인은 아니었다. 그는 공개적으로 "튜턴족, 그리고 앵글로색슨족의 양대 분파로 이루어진 새로운 3국 동맹"²²에 대해 웅대하게 이야기했지만, 뷜로가 답사로 과연 무슨 말을 할 수 있을지에 대해서는 안중에도 없는 듯했다. 1899년 12월 11일, 독일 총리는 제국의회 연설에서 "전적인 호혜와 상호 배려를 근간으로 [영국과] 평화롭게 화합하며 공존하기 위한" 준비가 되어 있으며 그럴 의향도 있다고 선언했다. 그러나 무슨 이유인지 체임벌린은 이를 "냉대"로 여겼으며, 에카르트슈타인이 한탄한 것처럼 "그 연설 중 과연 어느 대목이 영국에 대한 신랄함 혹은 냉랭함의 표현이냐는 이들이 부지기수인데도, 나는 며칠 동안 왕실은 물론이려니와 신문 소유주, 장관들, 로스차일드 일가로부터 맹비난을 받아야 했다." 난관에 봉착하자, 체임벌린은 참을성을 잃고 알프레드에게 안달하며 말했다. "우리의 제안이 세계에 새로운 성좌(星座)를 출현시키는 문제라는 것을 깨닫지 못할 정도로 그들이 근시안적이라면, 굳이 그들을 도울 필요는 없소." 그러므로 1904년에 프랑스와 합의한 것과 비슷한 영독 우호 협약을 체결할 기회는 있었으나, 그런 기회들이 공연히 허비되었다고 결론을 내릴 수도 있을지 모른다. 그러나 여기에는 단순한 개인적 기벽 이상의 다른 요인들이 개입되어 있었다.

우호 협약의 명분

프랑스와 우호 협약을 맺는 것이 독일과의 조약보다 더 나아 보였던 데에는 몇 가지 이유가 있다. 일단 독일보다 프랑스가 영국에 더 크고 더 좋은 것을 양보해 줄 수 있었다. 즉, 프랑스는 영국이 이집트에서 차지하고 있던 지위를 마침내 용인해 줄 수 있었다. 20년이 넘도록 마찰을 거듭한 끝에 내려진 이 결단은 델카세에게는 대단한 외교적 양보였고, 랜즈다운이 이 내용을 문서화하는 일에 서두른 것도 당연한 일이었다. 금융에 관한 한 이집트에서 로스차일드가를 능가하게 된 강자는 카셀이었다. 1897년 이후로 아스완 댐을 비롯한 기간 시설 개선 사업에 자금을 조달해서 크로머 경의 신임을 산 것도 바로 그였다. 그러나 내티의 아들 월터가 크로머에게 "파리에 있는 우리 사촌들"은 오직 "프랑스 정부의 동의가 있어야만" 그의 이집트 부채 상환 계획을 지원하려 한다고 전한 것처럼, 로스차일드가는 이집트에서 영국과 프랑스가 타협해야 한다는 주장에 힘을 실었다. 이렇게 맺은 협약의 대가는 프랑스가 "모로코의 치안을 유지하고, 모로코에 필요한 모든 행정적, 경제적, 재정적, 군사적 개혁을 위해 지원을 제공할" 권리를 인정하는 것, 즉 프랑스인들이 생각하기에 1882년 이래 영국이 이집트에서 누려 왔던 것과 같은 지위를 프랑스가 모로코에서 누리는 것을 용인하는 양보였다. 그 뒤로 모로코를 두고 연이어 벌어진 논쟁에서 독일은 종종 지당한 주장을 폈다. 그렇지만 이미 프랑스를 택한 영국은 프랑스인들이 공식적인 현 상태를 벗어나 지나친 행보를 보일 때에도 그들의 편을 들어주었다.

프랑스와의 우호 협약이 가능해진 두 번째 (그리고 더 중요한) 이유는 아시아 세력 균형의 극적인 변화에 있었다. 영국이 극동에서 러시아의 위협을 계속 두려워했다면(만약 러시아가 1904년에 일본을 제패했다면), 영독 우호 협약을 지지하는 목소리가 결국 힘을 얻었을 것이다. 그러나 일본이 만주에 대한 러시아의 야심에 대한 실질적인 균형추 노릇을 하게 되면서, 극동의 세력 균형에 새로운 변수가 더해졌다. 독일 정부는 영국과 협정을 체결할 경우, 영국이 중국에 갖고 있는 이권을 지키기 위해 러시아와 전쟁을 벌이면 같이 나서야 할지도 모른다는 사실을 언제나 불편하게 느끼고 있었다. 1901년에 뷜로와 카이저가 극동에서 영국-러시아 분쟁이 일어날 경우 독일은 중립을 지키겠다는 암시를 준 것도 그 때문이었다. 반대로 일본은 절실하게 유럽의 동지를 찾고 있었다. 러시아 정부가 만주를 놓고 타협하기를 거절하자 도쿄는 곧 런던으로 눈을 돌렸고, 1902년 1월에 영일방위동맹이 체결되었다. 동맹은 영국 고립주의에 종말을 고하는 진정한 분수령이었다. 그 무렵, 아직 프랑스의 정책은 아시아에서 군사·경제적으로 러시아를 지원한다는, 필요할 경우 러시아 편에서 영국과 맞설 수도 있다는 가정에 기초해 있었기 때문이다.

역사가들은 어째서 로스차일드가가 아시아를 통틀어 경제적으로 가장 역동적이고 자의식적으로 '서구적'이었던 일본에 대부할 기회를 빨리 잡지 못했는지에 대해 의문을 제기해 왔다. 1872년에 N. M. 로스차일드와 파 은행(Parr's Bank)이 합작하여 에도에서 요코하마를 연결하는 일본 최초의 철도 건설을 위한 채권을 인수한 것은 사실이지만 관계는 그 이상 이어지지 못했고, 1898년에 일본이 다시 시티로 눈을 돌렸을 때 주도권을 잡은 것은 베어링이었다. 영일동맹이 체결된 이후 일본 정부가 510만 파운드의 차관을 구했을 때, 내티는 랜즈다운이 "일본이 필요한 자금을 다른 곳이 아닌 이 나라에서……

합리적인 조건으로 조성할 수 있게 하는 것을 정치적 중요성을 띤 문제"로 여기고 있다고 단호히 말했다. 그러나 그는 사업에서 주역을 맡는 것은 사절했고, 주도권은 결국 베어링은행과 홍콩 상하이 은행으로 넘어갔다. 발행은 성공적이었다. 로스차일드가가 러시아에 반감을 품고 있었던 것을 생각하면, 내티가 이 기회를 놓친 것은 의아해 보인다. 1903년은 키시네프(루마니아 국경 근처)에서 대량 학살이 자행되어 유대인 45명이 목숨을 잃은 해였고, 독일인들의 예상대로 이는 로스차일드가의 러시아 혐오증에 불을 지폈다. 1905년에 또다시 반유대주의 폭력이 들끓기 시작하자, 내티는 러시아유대인위원회의 네 명의 위원 중 한 사람으로서《타임스》에 편지를 보내 러시아의 참상을 고발했다. "이루 말할 수 없는 참화가 러시아 유대인들에게 닥쳤습니다. 무수한 곳에서 폭력과 학살이 자행됐습니다. 그러나 인명과 재산을 보호해야 할 당국에서는 흉포한 군중의 살인과 약탈을 그저 묵과하고만 있습니다."

희생자들을 위한 기금 모금을 시작하며, 뉴코트에서는 뉴욕 쿤로브 상회(Kuhn, Loeb & Co.)의 제이콥 시프(Jacob Schiff)가 조성한 기부금 1만 파운드에 같은 액수를 보탰다. 또 내티는 밸푸어(솔즈베리의 뒤를 이어 총리가 됨)에게 "러시아에서 법과 무법성에 의해 동시에 희생된 유대인"을 대신해서 러시아 정부에 항의하고, "유대인에 대한 잔인한 공격을 중단"하게끔 설득해 달라고 간청했다.

로스차일드가가 애초 일본 앞에서 주저한 이유는 크게 세 가지로 설명할 수 있을 것이다. 첫째, 영일동맹은 독일과의 관계 회복 전략에 타격을 입혔다. 이미 일본과 동맹을 맺은 상태에서 독일을 회유하려고 노력하는 것은 불필요한 일이 되어버렸기 때문이다. 둘째, 로스차일드가는 일본이 혼자서 러시아와 대결할 수 있으리라고는 생각하지 못했다. 1903년 12월에 레오는 데본셔 공작과 러일 관계를 놓고 내기를 벌였는데, 그는 러시아와 일본이 전쟁을 벌이지는 않으리라는 데에 돈을 걸었다. 이를 재밌게 생각한 일본 대사 하야시는 에카르트슈타인에게 결국 공작이 내기에서 이길 것이라고 말했다. 교전을 한 달도 채 남겨 두지 않고 하야시가 알프레드에게 접근했을 때조차 로스차일드가는 일본 경제에 본격적으로 개입하기를 사절했다. 셋째, 전쟁이 발발하자 파리 로스차일드가는 러시아 채권 가격을 유지하느라 고군분투

해야 했다. 예상처럼 러시아 채권 가격은 교전 발발 소식에 급락했고, 러시아 군사 작전이 붕괴되자 가파르게 폭락했기 때문이다.[23] 그리하여 로스차일드가가 마침내 일본에 관심을 갖게 된 것, 쿤로브 상회와 M. M. 바르부르크가 이끄는 컨소시엄에 가담해서 500만 파운드 상당의 신규 채권 발행에 참여하게 된 것은 전쟁이 끝난 이후의 일이었다. 같은 무렵, 로스차일드가는 월터가 허버트 글래드스턴(Herbert Gladstone)에게 고지한 것처럼 "러시아 채권과 관련해서는 어떤 일도" "일절" 맡지 않았다. 심지어 프랑스 로스차일드가마저 나중에 태도를 바꾸기는 하지만 상트페테르부르크의 지원 요청을 거절했다. 1904년 8월, 파리 주재 독일 대사가 알퐁스와의 면담 이후 본국에 보고한 것처럼 "로스차일드의 파리 상사는 러시아에 적대적이고, 현재로서는 러시아 사업에 무관심한 상태"였다.

아르투르 항에서, 무크덴(현재의 선양[瀋陽])에서, 그리고 결정적으로 1905년 5월에 쓰시마에서 거둔 일본의 승리는 러시아에 맞서 일본을 지원한 결정이 종교적인 이유뿐만 아니라 경제적인 이유에서도 옳은 판단이었음을 입증해주었다. 전쟁의 결과로 영국과 미국, 일본 사이에 맺어진 새로운 연계는 외교적으로뿐만 아니라 경제적으로도 강화되었다. 1906년에 런던과 파리 상사는 2500만 파운드 규모의 또 다른 일본 채권 발행에 참여했는데, 이번 채권의 청약 모집은 프랑스와 독일에서도 이루어졌다. 그들은 이듬해에도 추가로 1150만 파운드 상당의 채권 발행을 함께 맡아 진행했다. 내티는 "일본이 앞으로 재정적으로나 경제적으로 번영"할 것이라고 확신하고 있었고, 그보다 더 의심이 많았던 파리 친척들에게는 "영특한 국민, 조밀한 인구, 열정적인 충정과 지성으로 그들은 곧 상업과 제조업 양쪽에서 제일급에 올라설 것"이라고 장담했다.

그러나 "일본 금융 사업의 성공은 아무도 그들을 거들떠보지 않았을 때 세상에 일본 채권의 가치를 소개한 중재자들 덕"이라는 것은 부정할 수 없는 사실이었다. "도쿄에서 환영받는 가장 영예로운 손님"이자 "머리 위에……향료가 부어진 헌신적인" 인물은 다름 아닌 제이콥 시프였다. 그리고 함부르크에서 일본 채권을 발행해 성공을 거둔 뒤 "자만심, 유럽 시장을 다스릴 수 있다는 확신, 어떤 신디케이트에 참여한 대형 은행들도 자기편으로 끌어들일 수 있다는 자신감으로 부풀어 오른 우화 속 개구리 같은" 인물은 "시프가 아끼는 조카, 함부르크의 바르부르크"였다. 그들 두 사람과 레블스토크는 로스차일드가보다 훨씬 앞서 일본의 잠재력을 알아본 이들이었다. 1907년 5월에 내티가 쓴 이야기, 즉 "우리는 언제나 일본에 확신을 갖고 있었다. 최근의 전쟁이 입증해 준 그들의 육해군 기량, 그 나라의 자원, 그리고 무엇보다 일본 통치자들의 지혜를 신뢰해 왔다"는 주장은 진실이 아니었다.

일본의 전승이 지니는 외교적 함의가 로스차일드가의 입장과 전적으로 맞아떨어졌던 것도 아니었다. 전후 러시아는 제국주의 열강이라는 입지가 무색해지면서(그리고 결국 나라가 혁명에 휘말리면서), 영국과 독일이 뭉쳐야 한다는 주장의 가장 강력한 논거 하나를 순식간에 앗아 가버렸다. 그러나 그 때문에 (독일인들이 기대한 것처럼) 프랑스가 "러시아와 독일 사이에서, 혹은 러시아와 영국 사이에서 선택"해야만 하는 입장에 놓인 것도 아니었다. 오히려 내티는 1907년에 발행한 일본 채권이 프랑스-일본 사이에 식민지에 관한 양해 관계를 구축하기 위한 수단이었다고 생각했다. "저는 한순간도 일본인들이 프랑스 식민지에 속셈이나 야심찬 계획을 품고 있다고 생각해 본 적이 없습니다." 사촌들에게 보낸 두 통의 편지에서 그는 그렇게 설명했다. "그러나 의당 프랑스 정부는 눈앞의 목표를 달성하기 위해 일본 정부에 보상이 될 만한 것을 제공할 필요가 있었고, 사촌들은 프랑스 자본가들에게 두 건의 채권을 소개함으로써 이 일을 바람직하게 마무리해내셨으니 여러분은 여러분 자신을 자랑스럽게 생각하셔야 합니다.……정치와 금융이 나란히 간다는 것은 틀림없는 사실입니다. 자본가가 한 나라의 주식에 직접적인 이해관계를 갖게 되면 그 나라가 더욱 번영하고 발전하기를 바라게 되는 법인데, 번영과 발전이란 오직 평화로운 시기에만 가능한 일이기 때문입니다."

영일동맹에 뒤이어 찾아온 프랑스와 일본의 친선은 곧 영국과 프랑스의 이해관계가 하나로 수렴되었음을 의미했다. 그리고 그것을 로스차일드가의 애초 목표였던 영국-독일 우호관계와 양립시키기란 거의 불가능했다.

사실 그 모순이 가장 극명히 드러난 곳은 극동이 아니라 양국 간에 조화의 길조가 보였던 모로코였다. 독일 대사 메테르니히 백작은 1905년 1월에 뷜로에게 이렇게 전했다. "로스차일드 경은 어제 제게 말하길, 독일은 영국이 전쟁을 벌이려 한다고 의심하고 있지만 그것은 어리석은 생각이라고 했습니다. 밸푸어 씨 또한 며칠 전, 전쟁 계획이란 존재한 적도 없으며 영국 정부가 그 무엇보다 바라고 있는 것은 독일과의 우호적인 관계라고 말했습니다." 그러나 굳이 그런 장담을 해야 할 필요가 있었다는 사실이야말로 양국 관계가 얼마나 급속히 어그러졌는지를 드러내는 증거였다. 영국의 정책이 새로이 친불 경향을 띠게 됐다는 것은 그해 3월에 카이저가 탕헤르에 상륙해 모로코의 독립을 재확인하는 국제 회담 개최를 요구했을 때 확인됐다. 랜즈다운은 모로코를 "문호 개방"해야 한다는 독일의 주장을 지지하기는커녕 이 위기가 델카세를 무너뜨리고 종국에는 프랑스의 퇴거로 이어지지나 않을까 염려했다.

영국의 관심사는 모로코에서 프랑스의 입지를 강화시켜 대서양 연안 항구에 대한 독일의 요구를 물리치는 일이 된 듯했다. 이런 친불 경향은 자유당이 선거에서 승리해서 1906년 1월에 헨리 캠벨 배너먼(Henry Campbell-Bannerman)이 권력을 잡으며 더욱 뚜렷해졌다. 내티는 이제 독일의 대(對)모로코 정책이 막다른 골목에 부딪쳤다고 생각했다. "정신이 성한 사람치고 독일 황제가 통합 유럽의 원망과 정서에 반기를 들고 나서리라 생각할 사람은 없을 겁니다." 1월 3일자로 파리의 사촌들에게 보낸 편지에 그는 그렇게 썼다. "설령 반기를 들고 나선다 해도 그가 성공할는지는 더더욱 의심스러운 일입니다. 영국의 자유당 정부가 영불 우호 협약을 전적으로 지지하고 있는 상황이니까요." 내티는 뷜로가 군사적 해법을 고려할지도 모른다고 불안해하는 라피트 가를 달래며, "양측에 만족스럽고 어느 쪽의 자존심에도 상처를 입히지 않는 타협"이 이루어지기를 막연히 기대했다. 그러나 그는 실질적인 문제들(모로코 경찰의 다국적 관리 및 모로코 은행 설립 계획)에서 독일이 고립되었다고 생각했다. 1906년 2월 말, 그는 에두아르에게 이렇게 적어 보냈다. "우리 정부는 모로코와 관련한 여러 문제에 있어서 너희 정부를 지지하고 있고, 프랑스의 제안이 합리적이고 온건하다고 생각하고 있다.……너희 정부 역시 우리 정부를 굳건히 지지하고 있고……양국의 우호 협약으로 조성된 분위기가 해법을 찾는 데 큰 도움이 될 것이다. 빌헬름슈트라세에서 정책을 주관하는 이들이 가장 고민하는 부분도 바로 양국에 조성된 이런 우호적인 분위기일 테지."

내티는 모로코 경찰 조직에 대해 독일이 "더없이 위험한" 주장을 하고 있으며, 그 제안을 "여기에서는 절대 수긍하지 않을 것"이므로 "응당 허사로 돌아가고 말 것"이라고 단언했다. 그러나 메테르니히가 이 이야기를 베를린에 전했을 때, 카이저는 서신 위에 퉁명스럽게 "이미 결심한 일(darin stehe ich fest)"이라고 적어 놓았을 뿐이다. 즉, 그는 "경찰 문제를 물고 늘어질 결심"이었다. 이런 비타협적인 태도가 독일 정부, 특히 "튜턴 족(혹은 사탄 족) 황제"에 대한 내티의 인내심을 좀먹었다. 그는 프랑스 사촌들에게 이렇게 써 보냈다. "프랑스 정부가 아무리 회유적인 모습을 보여도 바람직한 결과가 나오지 않는 이유는 단 하나, 즉 슈프레 강둑[24]에 앉은 이들이 당치 않게도 결연해서 풍파가 이는 강물에 기름을 부을 생각을 하지 않기 때문입니다."[25] 2주 뒤에는 이렇게 썼다. "베를린에서 읊어대는 문장들, 혹은 빌헬름슈트라세의 공식 입장은 순환논법에 지나지 않습니다. 그들은 독일이 많은 희생을 치렀고 선의도 충분히 보여 줬으니 이제는 프랑스가 올리브 가지를 꺼내 들고 조금이나마 양보해야 할 차례라고 주장하는데, 정작 자신들이 무슨 희생을 치렀는지에 대해서는 함구합니다." 그는 "잠정 협정"이 이루어진다면 그것은 "골족의 권리를 침해하지 않고 튜턴족의 오만함을 만족시키는" 것이어야 한다고 덧붙였다.

알헤시라스 회담에서 마침내 합의가 도출되자, 내티는 회담 결과가 "프랑스의 정치적 이해관계뿐만 아니라 경제적 이해관계에도 만족스러운 결과"라며 환호했다. 그는 이번 합의가 전쟁을 막았을 뿐만 아니라 "영불 우호 협약의 가치를 입증했으며……프랑스-러시아 동맹의 굳건함을 과시하는 기회가 됐"고 "독일제국이 전혀 아무런 명분 없이 프랑스에 전쟁을 선포할 리는 없을 것"이라고 결론 내렸다. 이는 10년 전에 뉴코트에서 오갔던 것과는 180도 달라진 이야기였다.

프랑스의 외교적 위상이 증진된 것이 순전히 외교적인 현상이었던 것만은 아니었다. 내티도 거듭 지적했듯이, 그 바탕에 굳건히 자리 잡은 것은 프랑스의 경제력이었다. 앞서 언급한 일본과의 우호 협약도 파리 자본 시장에서 일본 국채가 발행된 것을 계기로 프랑스가 보인 외교적 솔선수범이었다고 보는 것은 단편적인 해석에 불과하다. 러일전쟁 직후, 군주제 외교가 프랑스 외교 정책의 10년 성과를 무효로 돌려놓는 것처럼 보였던 순간이 있었다. 1905년 7월, 핀란드 비외르쾨(Björkö)에서 열린 비밀 회담에서 빌헬름 2세와 니콜라이 2세는 유럽방위동맹에 합의했다. 공식 비준까지 거쳤다면 국제 정세를 뒤바꿀 수도 있었을 만한 관계 재편이었다. 그러나 역사학자 A. J. P. 테일러(A. J. P. Taylor)가 썼듯이, "인심에 호소한 것은 군주들 간의 연대가 아니라 파리 증권거래소였다." 쓰시마전투 이후 경제적으로 곤경에 빠진 러시아는 군사력 재건에 필요한 새 차입금이 간절했고, 독일 산업과 정부의 끝 모르는 허기에 압박을 받고 있던 베를린 시장과는 달리 파리 시장은 외국 채권에 풍족한 예금을 끌어 쓸 여력이 아직 남아 있었다.

이탈리아 역시 같은 식으로 구애를 받았다. 1906년 여름, 이탈리아 랑트 전환 사업이 프랑스 로스차일드가가 이끄는 컨소시엄에 위임되었다. 일곱 곳의 베를린 은행이 신디케이트 회원이었지만 총 10만 프랑 규모의 사업에서 독일이 맡은 몫은 프랑스보다 작았고, 파리와 베를린의 외교가들 모두 이를 프랑스의 성공으로 해석했다. 합의는 알헤시라스 회담이 끝난 뒤인 6월 26일에야 체결되었다. 회담이 진행되는 내내 이탈리아는 한결같이 프랑스 편을 들었다. 이탈리아를 독일과 오스트리아-헝가리에 묶어 놓았던 3국동맹이 사실상 소멸되었음을 암시하는 행보였다.

전전(戰前) 금융 외교의 이 같은 측면들은 상당히 잘 알려진 사실이지만, 그만큼 명확하게 밝혀지지 않은 부분이 있다면 영불 우호 협약에 버팀목을 대는 데 금융이 해낸 역할일 것이다. 로스차일드가의 문서보관소를 살펴보면 1905년 이후로 특히 통화 정책과 관련해서 런던과 파리가 얼마나 긴밀히 협력했는지를 알 수 있다. 로스차일드가는 과거와 마찬가지로 영국은행과 프랑스은행의 은밀한 내조자로 활동하면서 전전 금본위제의 안정성에 극히 중요한 역할을 한 두 곳의 금융 중심지 간의 협력을 촉진시켰다. 그들은 종종 정치성이 농후한 임무를 맡기도 했는데, 일례로 로스차일드가는 1906~1907년에 영국은행이 콘스탄티노플 부두 회사(Quais et Docks de Constantinople) 주식을 비밀리에 매입할 수 있도록(회사의 기업 지배권을 확보하기 위한 영불 합작 입찰의 일환으로) 중개하는 역할을 맡았다. 내티는 외교 전략상 그런 복잡한 거래가 외무부 고위 공무원들에게 맡겨지지 않는 것을 당연히 여겼다. 그의 평은 냉정했다. "그들이 외교관일지는 모르지만 사업가는 아니기 때문이다."

그러나 로스차일드가가 해협 양쪽에서 벌인 주된 활동은 두 중앙은행의 금 보유고에 평형을 유지해서 영국과 프랑스의 통화 정책이 상충하지 않도록 보장하는 일이었다. 일례로 1906년 11월에 영국은행 재할인율이 6%로 오르고 브라질과 인도를 비롯해 파운드 잔고(sterling balance)를 대량 보유한 나라들이 런던에서 금을 인출해 가고 있을 때, 내티와 에두아르는 프랑스은행에서 소브린 금화로 60만 파운드를 주선했다. 이 '호의와 조력 정책'은 런던에서 대단한 환영을 받았고, 내티가 쓴 대로 "앞으로 긴박하고 절실한 순간이 생길 때 해협 반대편에서 도움의 손이 나타나 스레드니들 가의 노부인[26]을 구해 주리라고 믿을 수 있다는 것은 매우 중요한 일"이었다. 이 편지를 부치자마자, 내티는 영국은행으로부터 소브린 금화로 40만 파운드를 추가 공급해 달라는 요청을 받는다. 이 금액도 즉각 마련되었고, 그달 중에 60만 파운드가 더 보급됐다. 이 같은 금과 어음 교환(총 140만 파운드 규모로 이루어진)은 영국은행 재할인율의 추가 상승을 막았을 것이고, 과연 영국은행은 재할인율을 단계적으로 내려서 1907년 4월에는 4%로까지 조정할 수 있었다. 강조해야 할 사실은 로스차일드가의 개입이 중앙은행들 간의 직접적인 협상이 결렬된 이후에야 이루어졌다는 것이다.

영불 통화 협력의 제일 큰 시험대가 된 것은 파산한 미국에서 응집된 위기가 전 세계에 파장을 일으킨 1907년 하반기의 공황이었다. 3월부터 내티와 에두아르는 프랑스은행의 재할인율 인상 결정을 두고 이례적으로 거친 말을 주고받았다. 에두아르는 스레드니들 가를 위해 프랑스 금 "200만 내지 300만 파운드"를 더 마련해 달라는 친척의 요구에 퉁한 반응을 보였다. 내티는 지체 없이 답장을 썼다. "무척 유감스럽다. 네가 우리를 그런 멍청이들로 본다니 말이다. 미국에 무작정 투기했다가 불황이 닥치면 프랑스은행이 달려와 해결해 줄 것이라고 믿는 바보들이라 생각하고 있겠구나." 그러나 내티는 더 반격할 입장이 못 된다는 것을 알았다. 그는 전년도 12월에 빌렸던 소브린 금화를 파리로 반환해 달라는 프랑스의 요구를 4월과 5월에 걸쳐 묵묵히 이행했다.

그해 8월, 런던의 상황이 악화되기 시작했다. 내티는 영국은행이 재할인율을 4.5%로 다시 상향하기로 결정했다는 것을 미리 통고받았지만(그래서 사촌들에게도 미리 알릴 수 있었지만), 이후 자신은 그보다 더 엄격한 정책이 필요하다고 조언했는데도 영국은행이 이를 무시했노라고 불만을 터뜨렸다. 10월 말에 미국의 위기가 최고조에 이르자, 영국은행은 재할인율을 또 한 번 올려야 했다. 이번에도 내티는 노부인의 준비금을 채울 프랑스 금을 구걸하는 일을 위임받았다. 이번에 그는 사촌의 변명을 그냥 받아 줄 기분이 아니었다. 로베르가 지난해와 똑같은 대부를 반복하는 것은 불가능하다고 반대한 것은 그가 분을 못 이겨 쓴 것처럼 "둘도 없이 기만적인" 결정이었다. 프랑스 로스차일드가는 (그들이 해석하기에) 근본적으로 루스벨트 대통령이 편견을 갖고 월스트리트를 공격한 데서 촉발된 당시의 위기가 프랑스은행과는 전혀 무관한 일이라고 생각하고 있었다. 내티는 이렇게 응수했다. "소방대라면 설령 그것이 방화로 일어난 불일지라도 꺼야 할 의무가 있는 법이다."

11월 3일, 영국은행 총재 윌리엄 캠벨(William Campbell)은 은행의 재할인율을 6%로 높이고 내티를 불렀다. 로스차일드가가 그때까지도 단기 금융 시장에서 핵심적인 역할을 맡고 있었다는 증거였다. 내티가 사촌들에게 전한 것처럼 "너희가 지난해 수행해 준 매우 성공적이었던 작업을 프랑스은행과 한 번 더 재개해서 최선의 노력을 기울여 달라고 내가 너희에게 전보로 요청해야 한다는 것이 만장일치로 내려진 결정"이었다. 이 요청은 단박에 성사되었고, 300만 파운드의 거금 중에 40만 파운드를 로스차일드가에서 제공했다. 나흘 만에 재할인율은 1%pt 더 상승했지만(그 수치는 설날까지 유지된다), 프랑스의 도움은 런던 시장을 안정화시키는 데에 다시금 크게 기여했다. 캠벨이 직접 파리 상사에 적어 보낸 것처럼, 그들의 도움은 "은행의 금 준비금을 보전하기 위해 한층 더 긴박한 조치를 취하는 것을 막아" 주었다.

J. P. 모건이 직접 프랑스은행에 접근해서 미국 시장을 위해 도움을 요청했다가 거절당한 일(11월 6일에 모건에게 보낸 전보에서 미국인들은 집안 단속을 좀 해야 한다고 썼던 내티의 견해를 지지해 준 사건)은 로스차일드가가 해협을 사이에 두고 유지해 온 연계가 그때까지도 여전히 유용했다는 또 하나의 증거였다. 모건과는 달리 캠벨은 영국은행의 준비금이 또다시 고갈될 경우 로스차일드가를 통해 파리에서 금을 더 차입할 수 있으리라 믿고 마음을 놓을 수 있었다. 한편, 파리의 중앙은행 수장은 1908년 1월에 위기가 끝나자마자 영국이 재할

인율을 인하하기로 결정한다면 반가운 소식이 될 것이라고 신중히 타전해 볼 수 있었다. 또 그는 영국은행이 인하 결정을 공식 발표하기 전에 로스차일드가에서 미리 귀띔해 주리라는 것도 의심치 않았다.

1907년의 위기는 1914년 이전에 가장 심각했던 경제 위기였고, 영불 우호 협약의 경제적 이면을 드러내 준 사건이기도 했다. 협력은 시장 상황이 완화된 뒤에도 중단되지 않았다. 일례로 1908년 7월에 프랑스은행은 뉴코트를 통해 100만 파운드 규모가 넘는 콘솔채를 사들였다. 같은 해 하반기에 영국은행은 프랑스 은행들이 런던 시장에서 금을 대량 인출해 갈 가능성을 두고 내티에게 자문을 구했다. 1909년 후반에 런던의 단기 금융 시장이 다시 옥죄였을 때 로스차일드가가 또 한 번 프랑스 금과 어음 교환을 논의한 것은 그저 관례를 치르는 것처럼 자연스러운 일이었다.

1907년의 위기가 절정에 이르렀을 때, 내티는 파리의 친척들에게 특별히 심사숙고해서 장문의 편지를 써 보냈다. 이 편지 속에는 그가 이해한 금본위제의 작동 방식과 영불 관계가 수행하는 중차대한 역할이 자세히 설명되어 있다. 그의 주장에 따르면 핵심은 "전 세계 모든 교역이 런던에서 어음으로 진행되고 있다"는 사실이었다. "런던에는 항상 3억 내지 4억 파운드 상당의 어음이 돌고 있고 그 중 절반 이상은 외국 계정을 위한 것"이었다. 종래의 이론에 따르면 "영국은행이 금 유출로 인해 재할인율을 올리게 되면……환율은 자동적으로 오르고 금은 영국은행으로 되돌아오게 된다." 그러나 이것은 세계의 나머지 지역에(그리고 특히 프랑스은행에) 심대한 영향을 미쳤다. 내티가 내린 결론은 금본위제를 연구하는 현대 역사가들도 동의할 만한 것이었다. 즉, 중앙은행 간의 협력이야말로 이 체제의 안정성을 유지하는 데 본질적이라는 것이다. 세계의 주요 채권국, 즉 프랑스와 영국은 통화 안정성에 대한 공통의 이해관계로 "한데 묶여" 있었다. 내티도 그렇게 믿었듯이, 이 체제를 위한 로스차일드의 공헌은 영국은행이 그의 세계적인 역할에 상응하는 수준으로 금 준비금을 비축해 두지 못할 경우 더더욱 중요해졌다. 그리하여 내티와 그의 프랑스 사촌들은 자국의 중앙은행을 위한 보조자 역할을 계속하게 된다. 그들이 '최종 대출자들의 최종 대출자'였던 시절은 이미 지난 뒤였지만 말이다.

영국과 러시아의 대립

영불 우호 협약이 1914년에 정치·군사적으로 최종 완결된 것이 경제적으로 미리 결정된 일이었다고 결론짓는 것은 옳지 않다. 앞서 언급한 경제적인 요인들 때문에 영국인들의 마음에서 영불 관계가 영독 관계보다 더 중요해졌으리라는 것은 분명한 사실이다. 그러나 그것은 방위동맹, 즉 대륙에서 전쟁이 일어날 경우 영국의 개입을 보장하는 것과는 거리가 멀었다. 실상 1914년 8월 2일 이전에는 전쟁 발발 시 영국이 프랑스를 군사적으로 지원한다는 보장이 전혀 없었다(외무장관 에드워드 그레이 경이 군사 지원을 개인적으로 장담한 탓에 프랑스 쪽에서는 안심하고 있었지만). 내티 역시 1908년 6월에 파리의 사촌들에게 그 점을 지적했다. "동맹이 맺어질 가능성은 없다. 공격 동맹이든 방위 동맹이든……그런 말을 쓰는 것은 무분별한 일인 것 같구나." 분명히 그도 "독일이 프랑스를 부당하게 공격할 경우 프랑스에 대한 동정 여론이 일어서 어떤 정부도 눈감고 있지 못할 것이라 확신"하고 있었다. 그렇지만 "독일은 부당한 공격을 하지 못할 것"이라는 것이 그의 주장이었다.

여기에서 중요한 사실이 드러난다. 역사가들은 통상 1914년 이전에 독일이 보인 급속한 경제 성장을 근거로 독일의 국제적인 영향력 또한 똑같이 증대했으리라고 가정하는 경향이 있다. 그러나 당대인들은 진상을 알고 있었다. 탈중심적인 연방 체제와 비교적 민주적인 제국 의회의 결합은 독일제국이 1897년 이후로 증대된 군비 지출을 징세로 충당하는 것이 극도로 어려웠음을 뜻했다. 전전 시기에 독일 정부의 차입 수준이 비교적 높았던 것도 그 때문이었다. 마련된 자금 중 많은 부분이 연방 주와 지방 당국의 비군사적인 지출에 사용된 것이 사실이지만 말이다. 고도의 공공 부문 차입 자체가 독일 자본 시장에 압력을 가했다. 게다가 같은 시기에 민간 영역에 대한 투자(주로 급성장한 전기 기술 및 화학 분야에 대한 자금 조달) 역시 매우 높은 수준이었다는 사실이 어려움을 배가시켰다. 결과적으로 당대인들은 독일 금리에 초래된 상향 압력(독일 채권 수익률 증가에서 가장 분명히 드러난)을 독일의 재정 취약성을 입증하는 증거로 받아들였다.

그 무렵이면 이미 내티의 마음은 "독일이라는 문어"(혹은 그가 지칭한 대로 "도

이칠란트 위버 알레스(Deutschland über alles)"**27**)에게서 돌아서 있었다. 1907년 4월에 사촌들에게 보낸 편지에서처럼, 그는 "독일 정치력의 찬미자가 아니며, 그들의 정책이 맘에 들지도 않고, 그들이 소위 '벨트폴리티크(Weltpolitik)'**28**라 부르는 것을 신뢰하지도 않"았다. 그는 특히 영국과 독일의 해군력 격차를 좁히려는 티르피츠 제독의 분투를 적의를 갖고 바라보았다. 그러나 그는 독일이 지닌 위력의 한계를 영민하게 파악해냈다. "독일의 외교 정책이 도리어 독일의 고립을 초래했다는 것, 돌려 말하면 상공 기업체이고 더 적절히 표현하면 [해외] 경제적 조차지를 정치적 수단으로 확보하는 데 독일이 실패했다는 것은 부정할 수 없는 사실이다." 게다가 그는 독일인들이 장기적인 해군 경쟁을 감당할 수 없다는 것, 그런 취약한 재정 때문에 독일이 영국의 안보를 위협한다는 "유언비어"가 근본적으로 당치 않은 이야기라는 사실을 완벽히 깨치고 있었다. "독일 정부는 돈에 쪼들려 있다." 내티가 그렇게 써 보낸 1906년 4월, 시장에는 독일제국의 또 다른 채권이 나와 있었다.

그는 1907년에 라이히스방크가 치렀던 고충, 여러모로 보아 런던이 경험한 그 어떤 난국보다 심각했던 상황을 간과하지도 않았다. "독일인들은 모든 방면에서 과학적이고 균형 잡힌 사람들"이라고 (적잖은 아이러니를 담아) 그는 썼다. "이곳의 고금리에 투덜대던 투기꾼들은 독일의 은행법에 깃든 과학적 단순성과 융통성의 경이로움에 그 얼마나 찬사를 보냈는지 모른다." 그러나 "융통성 있는 조건 덕에 통화량을 증대시킬 수는 있었지만……결국 독일 정부가 중기 재무증권과 장기 재무증권을 발행해야 할 지경에 이르게 됐다". 내티는 특히 독일이 영국이든 프랑스든 평화 시에는 고려하지도 않는 방편인 외국 자본 시장에서의 국채 판매에 매달리고 있다는 사실에 경악했다.

물론 로스차일드가는 재정적 압박이 오히려 독일 정부의 공격적인 외교 정책을 자극할 수 있다는 것을 알고 있었다. 카이저와 뷜로는 "칼집 속에서 칼 부딪는 소리를" 냄으로써 "사회주의적 이상 실현을 미룰" 수 있기를 바랐기 때문이다. 그러나 그 같은 군국주의는 "막대한 육해군비 지출을 새로 유발"할 따름이어서 도리어 국내의 정치적 입지를 약화시킬 수 있었다. 사정이 이러했기 때문에, 1907년 12월에 카이저가 영국을 방문했을 때 알프레드는 기꺼이 독일 궁정과의 옛 연계를 되살려냈다. 내티가 기민하게 지적했듯이

"사회주의자들을 다스리느라 눈코 뜰 새 없는 지금 같은 시점에……독일 황제가 다른 나라에 시비를 걸 가능성은 거의 없"었다.

제국이 불안하게 몸집을 키웠다는 인상은 1908년 4월에 발행된 대규모 프로이센 채권에 의해, 그리고 "야심찬 해군 프로그램, 점점 더 늘어나는 공무원 수당, 노령 연금 계획의 소위 '계산 착오' 때문에 생긴 엄청난 적자"를 드러낸 제국 예산에 의해 곧 사실로 입증됐다. 로스차일드가와 함부르크의 바르부르크가 사람들이 독일 정부가 일종의 건함 제한 협약을 제안하기를 바란 것도 놀라운 일이 아니다. 1911년 제2차 모로코 위기(독일이 포함[砲艦] 판테르를 아가디르 항에 파견하면서 발생한)는 베를린 시장이 외국 자본의 유출에 취약하다는 사실을 극명히 드러냈다. 은행가들에게 독일은 강국이 아니라 약체에 불과했다.

세계대전이 벌어졌을 때 영국의 자유당 정부가 러시아와 같은 편에서 전장에 뛰어들 수 있었던 것을 당연히 여길 수도 없는 상황이었다. 이번에도 로스차일드가는 영국-러시아 우호 협약 계획에 반대하며 유럽을 "무장 진영"으로 편 가르는 추세에 맞섰다. 1905년의 혁명이 러시아의 영속적인 자유화로 이어졌다면 그들도 다른 태도를 보였을지 모른다. 프랑스 사회당 당수 조레스(Jaurès)는 "프로이센 왕의 채권자였던 로스차일드가가 왕에게 대부금을 안기고, 그 대가로 주 의회에 예산 통제권을 부여하고 헌법을 승인하게 한 1848년"을 떠올리며, 로스차일드가가 이번에도 그들의 경제력을 이용해 러시아를 의회주의의 길로 이끌어 주기를 희망했다. 내티도 1906년 1월에 "상트페테르부르크에서 지혜가 무지를 딛고 일어나 마침내 자유주의 정권이 수립되기를" 바라는 마음을 피력했다.

그러나 혁명 뒤에 구성된 정부가 개혁을 담보로 경제적 지원을 얻어내기 위해 파리 일가에 접근했을 때, 로스차일드가는 뜨뜻미지근한 반응을 보였다. 영국 파트너들의 적대감을 극복하자는 의도에서 브란트 박사라는 런던 주재 러시아 대사관의 대단찮은 인물이 비공식적으로 접근해 오기도 했다. (내티가 "오만함으로 똘똘 뭉친, 못생기고 등 굽은 러시아 유대인"이라 묘사한) 그는 "우리에게 러시아 유대인들이 현재 어떤 지위에 있는지 설명하면서, 어떻게 하면 우리가 그들의 운명을 개선할 수 있는지 가르치기 위해 여기에 온" 사람이었다. "브란트 박사가 말하길, 러시아인들은 누구나 유대인을 공포와 혐오의 대상으로 여긴다고 한다. 황제와 궁정은 유대인을 증오하고, 비테를 비롯한 각료들도 마찬가지이며, 러시아 인민들은 그들을 질색하고, 곧 선출될 두마(Duma)[29]에서도 궁정과 러시아 인민의 의견을 반영하리라는 것이다. 우리가 500만 명이나 되는 러시아 유대인을 모조리 이주시킬 수는 없을 테고, 다른 방도를 취하지 않으면 우리는 두 번째 성바르톨로메오의 대학살을 보게 되리라는 것이었다. 내가 그의 말을 제대로 알아들었다면, 해결책은 무척 간단하다. 러시아를 위해 규모 있는 대부금을 마련할 것. 그러면 유대인들을 위해 무슨 조치가 이루어지리라는 것이다!"

내티로서는 귀에 못이 박이도록 들은 이야기였다. "지금 너희에게 쓰는 것과 똑같이 말하지는 않았겠지만 같은 요지로 그에게 이야기했다. 즉, 그는 지금 마차로 말을 끌려고 하고 있다는 것이다. 러시아 유대인들이 먼저 자유와 동등한 권리를 얻은 뒤에야 러시아 재정 형편도 나아지고 재무부의 어려움도 완화되리라는 것이 내 요지였다."

한 달 뒤, 브란트보다 훨씬 그럴듯한 인물인 아르투르 라팔로비치가 알프레드를 찾아왔을 때도 이야기는 매한가지였다. "그는 6개월 전에는 그가 모시는 비테 씨와 황제가 러시아 유대인들의 처우를 개선하기 위해 심사숙고했지만, 현재 러시아 여론은 흥분해 있고, 황제와 각료들은 유대인들이 정의롭고 온정적인 정부에 도전하려 했다는 사실, 히브리인들이 사회주의 및 혁명 운동의 창시자들이라는 사실에 비통해하고 있다고 말했습니다. 우리가 동포 신도들의 운명을 개선하고 싶다면 그렇게 할 방법은 오직 하나, 우리가 자발적으로 국제적인 신디케이트를 이끌어서 차르를 위해 6000만 파운드에서 1억 2000만 파운드 사이의 액수를 마련할 준비를 해야 한다는 겁니다! 우리가 어떤 대답을 하느냐에 따라 동포 신도들의 운명이 달려 있으니, 무슨 일이 생기든 그 책임은 상트페테르부르크의 집권 세력이 아니라 바로 우리가 져야 한다고 하더군요."

이번에도 내티는 굽히지 않았다. 파리 상사가 비슈네그라드스키를 위해 거액의 융자금을 마련했을 때도 비슷한 약속을 받았지만 지켜지지 않았다. 에드몽과 에두아르가 파리에서 비테를 만났을 때 그가 상트페테르부르크의 실질적인 정책 변화를 믿고 기대할 만한 근거를 제시한 것도 아니었다. 내티는 답장을 썼다. "모든 정황을 고려한 결과, 우리는 러시아에서 우리 동포 신도들을 차르의 행복한 백성이자 러시아 제국의 유복한 시민으로 만들어 주기 전에는 러시아를 도울 수도 없고 돕지도 않겠다는 결정을 내렸습니다." "우리는 러시아 채권에 직접적이든 간접적이든 이해관계를 두어서는 안 된다"는 것이 내티의 최종 결론이었다.

아마도 라피트 가를 확실히 납득시키기 위해서였겠지만, 그는 여기에 경제적인 근거도 덧붙였다. 러시아는 재정 위기를 향해 치닫고 있으며, 어쩌면 루블 태환을 정지해야 할지도 모른다고 그는 썼다. 그러나 이런 설득을 무용한 것으로 만든 것은 그도 인정했듯이, "러시아 재정을 우리와는 전혀 다른 시각으로 바라보는 사람들이 세상에 무척 많다는 사실"이었다. "지난 일요일에 같이 시간을 보낸 친구 하나는 이 나라에서 알아주는 급진파인데……러시아 정부는 혼란과 무질서를 빠르게 극복하고 있다고 말하더라. 현재 러시아 재정 상태가 엉망진창이라는 점은 그도 인정했다. 그러나 싱글거리며 덧붙이길, 시간의 힘과 풍요한 자원의 힘으로 그 나라는 결국 이 상황을 졸업할 것이라고 했다."

1905년의 혁명이 일어나기 전에 상트페테르부르크를 방문한 경력이 있었던 레블스토크와 모건은 예상대로 질서가 회복되자마자 러시아 채권 협상을 재개했다. 그들은 8900만 파운드나 되는 방대한 러시아 채권 발행분 중 1300만 파운드 상당을 애스퀴스와 그레이의 축복을 받으며 런던 시장에 내놓을 수 있었다. 물론 러시아 재정을 지원해 준 주된 원천은 여전히 프랑스였다. 내티도 깨달았지만, 프랑스의 은행들과 채권 보유자들은 통화 붕괴나 투자 가치 하락을 감수하기에는 이미 러시아에 쏟아 부은 돈이 너무 많았다. 베를린의 투자자들도 멘델스존의 주도하에 열성적으로 움직이고 있었다. 설상가상으로 로스차일드가 역시 비밀리에 러시아 채권에 청약했다는 기사가 각종 경제지에 실려버렸다.[30]

내티는 러시아에 대부하는 데 반대하는 것이 종교적인 반감과는 무관한 "순전히 경제적인" 이유 때문이라는 주장을 펴기도 했다. 새로 발행된 러시아 채권이 곧바로 폭락하거나 "여러 지역에서 산발적으로 일어났다가 결국은 나라 전체를 뒤흔들게 될 또 한 번의 불만과 봉기"의 결과로 청약자들이 머지않아 손해를 볼 것이 뻔하다는 것이었다. 그는 러시아의 정치 상황이 아직 "대단히 위험하고 위태로운 상태"라고 경고하면서, "다이너마이트 공격, 폭탄 투척과 암살이 빈발"할 것이라 예견했다. 심지어는 최초의 두마 선출을 1879년의 삼부회 소집에 비유하기도 했다. 중기적으로 내다보면 또 한 번의 대혁명을 예견한 내티가 옳았지만, 단기적으로는 이 모든 것들이 희망에 의해 펼쳐진 이야기였다고 볼 수도 있었다. 비관적인 주장을 펼친 내티 자신조차 베어링이 거둬들였을 "눈부신 수익"에 대한 질투를 감추지는 못했기 때문이다. 그러나 로스차일드가가 대부를 거부한 것이 순전히 경제적인 차원에서 옳은 판단이었다는 사실이 곧 드러났다. 비교적 견실한 추세를 보였던 채권 가격은 7월이 되자 곤두박질치기 시작했고, 레블스토크는 손해를 보고 다량의 채권을 떠맡게 되었다. 내티로서는 흐뭇한 일이었다. "우리가 오랜 기간을 러시아 재정에 관여 않고 버틸 만큼 영리했기 때문에, 그리고 러시아 채권 사업에 참여시키려는 거짓 약속에 농락당하지 않을 만큼 운이 좋았기 때문에, 러시아 증권의 폭락은 우리에게 단지 간접적으로만, 다른 증권 가격을 움직이는 한에서만 영향을 미치게 되었다. 반면, 진정 우리를 움직이는 사안은 러시아에 있는 불행한 동포 신도들의 운명, 그들에게 또다시 자행되고 있는 잔혹 행위들이다."

그런데도 러시아에 지속된 정치 불안이 내티가 열망한 것처럼 "신문지상을 장식해 온 영러 협정에 대한 그 모든 아름다운 이야기들이 그저 신화나 발명품에 불과"했다는 사실을 보여 주지는 못했다. 1906년 6월에 러시아 유대인들에 대한 "참혹한 학살" 소식이 런던에 전해지자, 내티는 외무장관을 찾아가 "국제적인 행동을 취할 수는 없는지" 묻고 "이 끔찍한 정책이 계속된다면 수천은 아닐지언정 수백 명의 피난민들이 그들을 환영하지 않는 국가들로 이주할 것이며, 이미 수많은 유대인들이 그런 나라들에서 일자리를 찾고 있다"고 진언했다. 그러나 그레이의 마음을 움직이기에는 역부족이었다. 그가 훨씬 더 큰 비중을 두고 있었던 문제는 독일의 야심을 저지해야 할 때가 오면 무엇보다 중요해질 영국, 프랑스, 러시아 간의 외교 관계를 강화하는 일이었기 때문이다. 그가 내티를 위해 해 줄 수 있었던 최선은 "이 같은 잔학 행위가 반복되면 여론이 이탈할 것이며, 양국 간의 우호 관계를 저해할 것이라는 취지의 비공식적인 구두 담화"에 불과했다. 내티는 "내 친구"가 "러시아의 장래에 대해 염려가 큰 것 같다"며 흐뭇해했지만, 그것은 자기기만이었다. 그레이는 영국-러시아 우호조약 체결 정책에 이미 너무 몰두해 있어서 러시아 유대인의 곤궁에 마음을 뺏길 여지가 없었다.

정부가 러시아와의 관계에 얼마나 공을 들이고 있는지 드러나면서 내티와 형제들의 러시아 혐오증도 누그러지는 듯했다. 그들은 1907년에 레블스토크가 설립한 러시아 구호 기금에 1000기니를 기부했는데, 기부금을 꼭 유대인들을 위해 써야 한다고 명기하지는 않았다. 그들은 러시아의 재정적 입지를 악화시킬 일은 아무것도 하지 않았고, 그것은 레오가 말한 대로 "우리가 저 거대한 북부의 열강을 얼마나 싫어하든, 니바 강변[31]에서 경제적인 재난이 일어나는 것을 보고 싶은 사람은 아무도 없기 때문"이었다. 때로 내티는 혁명으로 이루어진 개혁이 영구 존속되리라고 믿는 사람처럼 말하기까지 했다. 1907년 9월에 영러 우호 협약이 공식적으로 선포됐을 때 그의 반응은 미온적이었지만, 급진 경향의 신문들이 양국 관계에 대해 과도한 비난을 쏟아내어 결국 이 신문들이 죄다 유대인의 손아귀에 있다고 믿는 러시아인들의 심증을 굳힐 수 있고, 그래서 "러시아 동포 신자들의 운명에 해악을" 끼칠 수도 있다는 것은 실로 걱정스러운 문제였다. 몇 주가 지나 그는 이렇게 인정했다. "우리의 동포 신자들 중 일부는 양국의 관계 회복에 기뻐하지 않을 것이다. 그러나 내가 항상 그들에게 하는 말은 그들이 영국과 러시아 사이에 불화를 일으킬 세력으로 낙인이 찍히는 한, 러시아 유대인 문제는 개선되지 않으리라는 것이다." 심지어 그는 런던 시장에서 러시아 채권을 발행할 준비도 되어 있었다(그러나 1907년과 1909년의 채권은 결국 레블스토크와 카셀의 몫으로 돌아갔다).

그러나 이는 일시적으로 한 걸음 뒤로 물러난 것에 불과했다. 1908년 6월, 엡섬 경마장에서 우연히 왕을 만나게 된 레오는 마침 상트페테르부르크를 방문할 예정이었던 왕을 붙들고 긴 이야기를 나눌 기회를 잡았다. 회동으로 탄생한 결과물은 영국 일가의 세 형제가 전부 서명한, 신중하게 집필된 장문의 편지였다. 편지에서 그들은 근래 벌어진 대량 학살의 주범으로 10월당(Octobrist)과 러시아인민동맹(Union of the Russian People) 같은 단체들을 비난한 뒤(비록 "무정부주의 운동에……일단의 유대인들"이 참여한 것을 부정하지는 않았지만), 그 같은 범죄자들을 처벌하기 위한 조치가 거의 없었다는 사실에 항의하며 그 결과로 다음과 같은 일이 일어났다고 썼다. "유대인에 대한 박해는 법적 장치 밑에 숨겨져 계속 재발되고 있습니다. 또다시 유대인들은 공포에 시달리고 있으며, 그로 인해 불거진 전례 없는 규모의 이민 가능성은 러시아와 외국 모두에 우려를 불러일으키고 있습니다. 유대인의 대규모 이주가 현실이 될 경우 러시아는 근면하고 정직한 근로자들을 잃을 것이며, 세계 많은 곳에서는 급증한 이민자들 때문에 전체 근로자들의 입지 조건에 혼란이 생길 것이기 때문입니다."

왕은 개인 비서 프랜시스 놀리스 경을 통해 "그 문제를 심각하게 숙려하겠으며, 러시아에 동행할 찰스 하딘지 경 및 상트페테르부르크 주재 영국 대사와 협의해 보겠다고 약속했고, 그렇게 하는 것이 지금으로서는 최선의 방책"이라는 뜻을 전했다. 결국, 대사(아서 니콜슨 경)가 새 러시아 총리 스톨리핀(Stolypin)에게 그 문제를 제기하는 것으로 결정이 났다.[32] 그러나 내티는 총리에게서 돌아온 답변이 "영 불만스러웠다". "그가 한두 해 안에 법안을 만들겠다고 약속한 것은 사실이지만 별 효과는 없는 법안에 그칠 것이 뻔하다. 게다가 스톨로핀[원문 그대로임]은 이제껏 일어난 일의 책임이 유대인에게 있다고 주장할 뿐만 아니라, 어처구니없게도 유대인이 동등한 권리를 갖게 된다면 머잖아 그들이 러시아 영토 전체를 소유한 채 나라의 주인 노릇을 하려 들 테니, 대량 학살은 사실 현대판 샤일록들에 맞선 불행한 빚쟁이들의 봉기일 뿐이라고 단언하더구나."

왕(혹은, 내티가 히브리어 암호 전보를 주고받던 시절을 회상하며 지칭한 "메일라크[Meilach]"[33])은 총리의 답신을 좀 더 긍정적으로 해석해서 "조만간 유대인들을 위한 조치가 이루어질 것이며, 올해에는 러시아의 차입이 없을 텐데 이는 분명 좋은 징조일 것"이라고 장담했다. 그러나 1912년에 키에프의 재판에서 의례적 살인 혐의가 재등장하면서 "유대인 문제"에 진전이 있으리라는 희망은 사라졌고, 내티는 메리 델 발 추기경과 그 문제에 관한 공적인 서신을 주고받고 공식 항의 서한을 기초해서 로즈버리, 크로머를 포함한 정계 고위 인사들의 서명을 받는 등 캠페인을 재개해야 했다. 내티는 영러 우호 협약이 실패로 끝나리라는 희망(유대인 처우 문제 때문은 아니더라도 해협과 같은 구래의 다툼거리를 두고)을 버리지 않았지만, 차르 정권을 달래려는 그레이의 열의, 신규 러시아 채권을 흡수하려는 시티의 열성을 과소평가하고 있었다. 금리 4% 러시아 공채는 1906년 8월 71.5로 저점을 찍은 뒤 1910년 12월에는 96.25까지 올랐고, 레블스토크를 비롯한 친러파 투자자들은 혁명 뒤 첫 채권에서 입은 손실을 보상할 만큼 상당한 수익을 낼 수 있었다.

오스트리아

1914년 이전에 유럽의 자본 흐름 방향이 프랑스, 러시아와의 3국협상을 영국에 가장 실현성 높은 외교적 조합으로 만들었다고 결론짓는 것도 억지는 아닐 것이다. 그렇게 보면 로스차일드가는 영국과 독일 사이에 일종의 양해를 중개하기 위해, 혹은 영국과 러시아를 계속 떨어뜨려 놓기 위해 경제적 조류의 거센 물살을 거슬러 헤엄치고 있었던 셈이다. 그러나 그들은 포기하지 않았다. 1850년대 이래로 시도한 적 없는 또 다른 가능성, 즉 런던과 오스트리아-헝가리제국 사이에 재정적 연계를 부활시킬 가능성이 아직 남아 있었다. 런던 상사는 1870년대와 1880년대에 헝가리 재정에 깊이 관여했기 때문에 런던 자본 시장과 합스부르크 왕가가 한때 맺고 있었던 연계는 그때까지도 기억에 살아 있었다.

세기가 바뀔 무렵, 오스트리아-헝가리의 재정은 1867년 이후의 합스부르크 경제(본질적으로 보호주의적인 중앙유럽의 관세 및 화폐동맹)가 보였던 다소 자족적인 성향을 반영해서 한층 더 내향적으로 기울어 있었다. 앞서 본 것처럼 빈 상사와 나머지 로스차일드 상사들은 안젤름의 죽음 이후 서로 소원해졌다. 오스트리아은행에 남아 있는 기록은 빈과 다른 상사들 간의 연계가 1900년에는 거의 소멸된 상태였다는 사실을 보여 준다. 게다가 오스트리아-헝가리의 재정 체제는 고도로 탈중심화되어 있어서 다른 열강들에 비해 군비 지출 규모가 상대적으로 작았기 때문에 이론상으로는 외채에 대한 수요도 러시아보다 적은 것이 정상이었다. 그런데도 침체된 세수, 함선 건조와 보스니아와 헤르체고비나의 합병으로 증가한 군비 지출, 분열적인 다민족 집단을 다스리느라 점점 더 증대된 통치 비용이 더해져 오스트리아와 헝가리 모두 예산 적자를 벗어나기란 하늘의 별 따기였다. 1880년대 후반에 홀슈타인에게 전달된 보고서 하나는 이런 내용을 담고 있었다. "신규 세금을 꽤 부과해 왔는데도 예산의 균형을 맞추는 것은 소위 '가망 없는 소원(pium desiderium)'이라고들 합니다. 한편, 그들은 지금도 기꺼이 로스차일드가에서 돈을 빌리고 있습니다."

1890년대를 거쳐 1900년대 초에 이르기까지 오스트리아와 헝가리 랑트의 신규 발행은 로스차일드가 주도하고 크레디트슈탈트, 보덴크레디탄슈탈트(Bodencreditanstalt), 헝가리 일반 신용은행 등이 뭉친 컨소시엄이 독점하다시피 했다. 1900년 이후에도 이 그룹은 단독 혹은 합작으로 총 약 28억 크라운(약 1억 2000만 파운드)에 달하는 오스트리아 및 헝가리 채권 발행에 참여했다. 이들 소위 '로스차일드 그룹'은 외국 자본 시장에 접근할 수 있는 기회를 제공했다. 영국이나 프랑스가 오스트리아-헝가리 랑트 보유량을 늘렸다면 유럽 정치의 양극화를 억제할 수 있었을까? 전혀 비현실적인 이야기는 아니다. 1907년, 다시 1910년에 대규모 헝가리 채권을 파리에서 발행하는 계획이 진지하게 논의됐지만, 두 차례 모두 정치적 반대에 부딪혀 무산되었다. 1914년에 런던 로스차일드가는 슈뢰더은행과 파트너십을 맺고 총 1950만 파운드 규모의 오스트리아 채권과 헝가리 채권 두 건을 성공적으로 발행해냈다.

1914년의 채권이 오스트리아-헝가리를 독일과의 양국 동맹에서 구해내기에는 규모도 너무 작고 성사된 시기도 너무 늦었던 것은 네 가지 이유 때문이었다. 첫째, 오스트리아와 헝가리 랑트를 위한 국제 시장을 확대하려는 노력이 거듭됐지만 파리와 런던의 투자자들은 베를린 투자자들에 비해 눈에 띄게 열의가 없었다. 그 시기에 외부 금융의 원천이 된 곳은 독일, 특히 멘델스존과 다름슈타트 은행, 도이체방크였다. 사실상 빈 로스차일드 상사와 베를린 은행들 간의 연계는 너무도 긴밀해서, 1910년에 부다페스트 주재 영국 총영사는 로스차일드 그룹을 "2중제국을……싫든 좋든 독일과 묶어 놓는 사슬"이라고 부를 정도였다.

둘째, 로스차일드 그룹이 해체되기 시작했다. 이전에는 알베르트가 거의 절대적인 지배력을 발휘했다. 크레디탄슈탈트의 알렉잔더 슈피츠뮐러(Alexander Spitzmüller)가 회고한 것처럼, 그가 "명확히 규정된 권한을 발휘하는 것은 아니"었지만 중요한 결정을 내려야 할 때 그의 조언을 무시하기란 어려웠다. 그것은 바로 오스트리아-헝가리 기업 특유의 임원 겸직 체제 덕분이었다. 슈피츠뮐러가 나중에 썼듯이, 알베르트는 "그와 친분이 두터운 수많은 업계 인사들을 통해 이사회에서 대표권을 행사하고 있었다.……그는 이사회 의석을 여럿 확보해서 독재권 같은 영향력을 발휘했었다.……그는 일면 우아한 신사였으나, 한편으로는 무자비한 통치자이기도 했다". 사정은 보덴크레디탄슈탈트에서도 마찬가지였다. 알베르트는 그곳에서도 "군림할 만한 직책에 있지는 않았지만 그의 말 한 마디, 한 마디에는 위력이 있었다". 율리우스 블룸(Julius Blum)은 알베르트야말로 로스차일드 그룹의 지배자라 생각했다. 그러나 테오도어 폰 타우지크(Theodor von Taussig)와 그의 후임이 이끄는 보덴크레디탄슈탈트는 마치 1910년 슈피츠뮐러가 지휘권을 잡은 크레디탄슈탈트처럼 점점 더 독립적인 행보를 취하기 시작했다. 1911년에 알베르트가 세상을 떠나자 그룹은 소멸되었다.

셋째, 부분적으로는 바로 이러한 와해 덕분에 오스트리아와 헝가리 정부는 새로운 국내 자금원을 끌어 씀으로써 로스차일드 그룹의 지배에서 해방될 수 있었다. 1897년 이후부터는 그 어떤 신규 랑트 발행분도 일부는 오스트리아 우체국은행(Österreichische Postsparkasse)에 할당해야 한다는 규정이 만들어졌다. 6년 뒤, 오스트리아 재무장관 뵘 바베르크(Böhm-Bawerk)는 빈은행(Wiener Bankverein) 같은 규모 있는 비로스차일드 은행들도 주요 전환 사업에 참여할 수 있도록 허락했다. 그리고 1908년에 오스트리아와 헝가리 양국은 그 무렵이면 사실상 서유럽 대부분의 국가에서는 표준이 되어 있던 공모 방식을 마침내 신규 채권 발행에 적용하게 된다. 로스차일드 그룹의 독점도 1910년 1월에 오스트리아의 신규 랑트 발행분이 통째로 우체국은행에 매각되고 이것이 훨씬 포괄적인 새 컨소시엄의 창설로 이어지면서 완전히 무너지고 말았다. 알베르트는 새 체제를 보이콧하려 했지만, 보덴크레디탄슈탈트가 대열에서 이탈해버렸다. 알베르트의 아들이자 후계자인 루이스가 크레디탄슈탈트, 빈은행, 오스트리아 지방은행을 아울러 로스차일드가 주도하는 새로운 그룹을 구성했지만, 이전의 그룹이 국가 재정에서 맡았던 역할을 회복할 수는 없었다.

영국과 오스트리아가 경제적 기반 위에서 옛 파트너십을 되살릴 가능성이 크지 않았던 네 번째 이유는 순전히 정치적인 문제 때문이었다. 내티는 1906년 4월에 파리에 이렇게 편지를 썼다. "당연한 일이지만, 우리는 우리의 사촌 잘베르트[알베르트]가 새 헝가리 정부와 말은 트고 지내는 사이인지 어떤지도 모르고 있다." 그것은 오스트리아-헝가리처럼 탈중심적이고 변덕스러운 정치 체제에서 사업을 운영하는 것이 극도로 어려웠다는 사실을 드러낸 징후였다. 내티는 1907년에 빈을 방문했지만 별 성과 없이 돌아왔던 것으로 보인다. 그리고 위기로 얼룩진 한 해 동안 알베르트가 보내 온 서신들은 진통제라도 먹은 양 온건한 내용 일색이었다. 가끔은 중요한 경제 뉴스가 빠져 있을 정도였다.

런던 주재 오스트리아 대사는 로스차일드가가 《타임스》와 《데일리 텔레그래프》에 대한 영향력을 이용해서 1908년 10월의 오스트리아의 보스니아 합병에 대한 영국의 여론을 무마시킬 수 있기를 바랐지만, 내티의 영향력과 영국에 친오스트리아 정서를 일으킬 가능성을 지나치게 부풀려 생각하고 있었다. 로스차일드가의 정치적 영향력은 런던에서든 빈에서든 사실상 이울고 있었다. 알베르트는 1910년 지그하르트(Sieghart)에게 이렇게 썼다. "솔직히 인정하자면, 나는 프란츠 페르디난트 대공의 영향력을 과대평가하고 있었던 것 같소." 그것은 1906년에서 1912년까지 오스트리아 외무장관을 지낸 애렌탈 백작이 옹호한 발칸 지방에서의 대러시아 타협 정책에 대해 반감을 보인 프란츠 페르디난트의 입장에 그가 공감했음을 드러내는 고백이었다. 그러나 애렌탈의 행보는 사실상 빈으로서는 옳은 선택이었다. 러시아에는 적대적이고 독일에는 굴종적인 정책을 계속 이어갈 경우, 오스트리아-헝가리는 발칸 지역을 두고 벌이는 열강들의 전쟁이라는 재앙 쪽으로 점점 더 몰릴 수밖에 없었다. 이 격동의 땅에 별다른 관심이 없었던 로스차일드가가 재앙을 막기 위해 할 수 있는 일은 거의 없었다.

결론적으로, 열강들 간의 특정한 조합이 만들어질 가능성을 적어도 다른 조합 가능성보다는 높여 준 경제적인 힘이 작용하고 있었다. 간단히 말해,

순수한 채권국들(영국과 프랑스), 자금을 자체 조달하지만 자본 수출국은 아니었던 나라들(오스트리아-헝가리, 그리고 어느 정도는 독일도), 그리고 외국에서 거액을 차입해야 했던 국가들(러시아와 이탈리아) 간에는 중요한 차이가 있었다. 경제적 요인들은 외교에 영향을 미쳤다. 1914년 이전의 러시아는 그 어떤 열강보다 외채 의존도가 높았다. 그리고 프랑스가 러시아의 주요 외부 금융의 원천으로서 발군의 위치를 차지했다는 사실은 양국 간의 외교적 친교 회복이라는 논리적 귀결로 이어졌다. 양국이 그 어떤 조합보다 정치적으로 상이했고 19세기의 상당 기간 동안 외교적으로 불화를 빚어 왔다는 사실도 두 나라의 인력(引力)을 끊지는 못했다. 프랑스-러시아 우호 협약은 1890년대를 규정짓는 외교적 성과물 중 하나였다. 그리고 로스차일드가는 차르 정권의 반유대주의 정책에 대한 지독한 반감을 지녔으면서도 여기에서도 중추적인 역할을 수행했다. 그와 유사한 경제적 중력이 이탈리아와 투르크를 독일 쪽으로 이끌었다(그러나 이 인력은 1914년 독일이 이탈리아에서 외교적 충성을 확인할 수 있을 만큼 강력하지는 못했다).

그러나 영국과 독일 사이에 일종의 우호 협약이 체결되길 원했던 알프레드의 열망에도 그 같은 경제적 관계가 양국을 한데 묶어 주는 일은 일어나지 않았다. 영국과 오스트리아의 옛 경제적 연계를 복구하는 일이 가능했던 것도 아니었다. 사실 독일이나 오스트리아-헝가리는 외부에서 자본을 구할 필요가 별로 없었다. 양국은 함께 해결해 나갈 수 있었고, 또 그렇게 했다. 반대로 런던과 파리는 식민지를 두고 빚어진 불화에도 차츰 가까워지게 됐는데, 그것은 단지 양국 공통의 독일 공포증 때문만이 아니라 국제적 금융 중심지로서 통화 안정성에 두고 있던 공통의 관심사 덕분이기도 했다. 여기에서도 역시 로스차일드가는 영국은행과 프랑스은행 사이를 중개하고 양자를 보강하는 대리인으로 핵심적인 역할을 수행했다. 미결로 남았던 것은 영국이 프랑스를 위해 군사적으로 어느 정도까지 관여해야 하느냐 하는 문제였다. 프랑스와 친선을 맺은 러시아와 외교적으로 얼마나 가까운 관계를 유지해야 하는가 역시 애매한 문제였음은 마찬가지였다.

돌이켜 보면, 로스차일드가에서 이상적으로 생각했던 외교적 조합은 영국과 프랑스가 러시아에 맞서서 연합하는 크림전쟁 당시의 구도, 거기에 오스트리아와 프로이센은 얼마간 중립적으로 남아 있되 서쪽 국가에 좀 더 편향된 성향을 보이는 구조였다고 생각해 볼 수도 있을 것이다. 그러나 그것은 크림전쟁 뒤 거의 한 세기가 흘러, 냉전이라는 전혀 다른 상황에서나 복귀될 조합이었다. 결국 1914년에 등장한 조합은, 그와는 반대로 모든 조합 중에서 최악이라 할 만한 것이었다.

13장
군사-금융 복합체
(1906~1914)

> 민주적 형태의 정부는 해마다 지출을 늘리고 새로운 세원을 찾아야 하는 불운을 타고난다. 세상의 무수하고 잡다한 사람들이 부담에 지쳐서 마침내 천년왕국을 세우자고 마음먹고 전반적인 군비 축소에 동의한다면 상황은 바뀌겠지만, 이는 요원한 일이다. 지금 같은 상황에서는 늘어나는 비용을 충당하기 위해 더 힘들게 일할 수밖에 없을 것이다.
>
> —로스차일드 경, 1906년

> 사실 우리는 이 모든 일 중 그 어떤 것도 로스차일드 경의 의사를 무시하고 진행하지 못하고 있습니다.
>
> —로이드 조지, 1909년

홉슨은 1902년에 쓴 글에서 "그 어떤 대전(大戰)도" "로스차일드가와 그들의 일파가 그에 반대하는 한……유럽의 어떤 국가에서든 기도하지는 못할 것"이라고 확신에 차서 주장했다. 로스차일드가를 비롯한 은행가들이 그들의 물질적 이해관계에 해를 입힐 수 있는 전쟁을 그들의 경제력으로 충분히 저지할 수 있다는 주장은 새삼스럽게 등장한 이야기가 아니었다. 그러나 제1차 세계대전이 터지기 전에 15년 동안 그 같은 생각은 일종의 유행처럼 인기를 누렸다. 1899년에 폴란드 작가 이반 블로흐(Ivan Bloch)는(그 자신 역시 은행가였다) 대륙의 주요 열강들이 전쟁을 벌인다면 그 비용으로 하루에 400만 파운드가 소요될 것이라는 추정을 내놓았다. 군비 증강에 드는 비용이 높아지고 그 자체가 지닌 파괴적인 잠재력 때문에 대규모 전쟁은 거의 "불가능한 것이 되었다"고 그는 주장했다. 영국 저널리스트 노먼 앤젤(Norman Angell)의 관점도 비슷했다. 그는 전쟁이 합리적인 외교 정책의 수단이 될 수 있다는 생각은 이제 "거대한 환영(Great Illusion)"이 되었다고 동명의 저서(1912년에 출간)에서 주장했는데, 그 이유는 다름 아닌 "국제 금융의 미묘한 상호 의존 관계" 때문이었다. 금융계가 전쟁에 적대적이라는 생각은 정치적 좌파만이 갖고 있던 견해가 아니었다. 전쟁 바로 직전이었던 1914년 7월, 《타임스》의 외신 기자 헨리 위컴 스티드는 독일과 영국 사이에 전쟁이 일어나는 것을 막으려는 내티의 노력을 "더러운 독일계 유대인 국제 금융가들이 우리를 협박해서 중립을 지지하도록 하려는 시도"라고 묘사했다.

로스차일드가가 그토록 막강한 데다 반전론자들이기도 했다면, 어째서 전례 없는 강도와 파괴력을 지닌 '세계대전'이 발발했던 것일까? 홉슨의 저서에서 엿보이는 조야한 이론은 이 전쟁이 그 이전의 보어전쟁과 마찬가지로 로스차일드가와 다른 은행가들에게 이익이 되었기 때문이라는 것이다. 레닌에 따르면 이 같은 상황 전개에는 역설적인 면이 아무것도 없었다. 1차 세계대전의 발발은 제국주의가 지닌 내적 모순의 필연적 결과였기 때문이다. 국내 경제에서의 이윤율 저하로 촉발된 열강들 간의 해외 시장 경쟁은 자살적인 전쟁으로 끝날 수밖에 없었다. 그렇게 일어난 대참화(독일 사회민주당원 아우구스트 베벨[August Bebel]이 "부르주아 세계에 닥칠 신들의 황혼"[1]이라고 예언했던)의 사회적 여파는 대망의 국제 프롤레타리아 혁명을 재촉할 것이었다.

1915년에 내티가 세상을 떠난 직후, 《네이션(Nation)》은 전전의 제국주의 갈등을 되돌아보며 "자본의 국적(國籍)"을 한탄하는 기사를 실었다. "정치가 교역의 종복이 될 수 있는 곳이면 어디에서든지 돈은 국가적 인격을 발전시키게 된다는 것이 일반적인 사실이다. 금융은 본질상 범세계적일 수 있지만, 현대의 세계는 금융에도 국적을 강요해 왔다.……금융가들의 국가적 집단들은 전쟁을 원치 않을지 모른다. 그러나 그들은 장래의 사업 확장을 위해 자신들이 의지하는 외교가 그들이 원하는 조차지 혹은 다른 말로 진출 영역을 확보하고 유지할 만큼 강력해지기를 바라고 있고, 또 바랄 수밖에 없다. 이 같은 경쟁이 무장된 평화를 유지시켰고, 무장된 평화는 때가 왔을 때 세계 전쟁으로 돌발했다."

이는 제법 설득력 있는 평결이다. 에드워드 7세 시대의 로스차일드가는 많은 면에서 역사가들이 오랫동안 전쟁의 원인으로 비난해 왔던 '부르주아지의 군국화'에 잠식되어 있었다. 4대 이전의 로스차일드가에서는 열의 넘치는 군인이 나온 적이 없었다. 그러나 내티는 1863년에 버킹엄셔 기마 의용부대의 민병대장으로 임관됐고, 나중에는 중위로(1871), 마침내는 대위로까지(1884) 승진했다. 그의 아들도 아버지의 뒤를 좇아 1903년에 소령 계급에 올랐다. 버킹엄셔 주지사가 된 내티는 군대에 대한 관심을 버리지 않았고, 보어전쟁에서 복무하고 돌아온 옥스포드셔 경보병대 병사들을 연설과 공짜 담배로 환영하기도 했다. 이집트에서 키치너의 지휘 아래 싸웠던 근위기병 제2연대의 병사들도 "로스차일드의 담배" 선물을 감사히 받았다. 더 중요한 사실은 내티가 군사 개혁 지지자였으며, 영국 해군력의 증강을 열렬히 옹호했다는 것이다. "해군력을 강화해야 한다는 주장은 언제나 모든 계층에게 인기 있는 이야기"라고 그는 1908년에 프랑스의 친척들에게 써 보냈다. 1년 뒤, 그는 길드홀에서 열린 대규모 회의에서 드레드노트를 여덟 척 건조해야 한다는 주장을 지지하는 연설을 했는데, 그것은 아서 밸푸어도 주장하던 바였다.

로스차일드가는 재군비에 사적인 이해관계를 갖고 있었다. 런던 상사는 1888년 군함건조병기회사를 위해 22만 5000파운드 상당의 주식을 발행했으며, 이어 맥심 총포 회사와 노덴펠트 총포 총탄 회사의 합병 자금을 지원하기 위해 1900만 파운드 규모의 주식 및 사채를 발행했다. 이는 로스차일드가가 어니스트 카셀과 체결한 최초의 계약 중 하나이면서 로스차일드가 스스로 회사 경영에 직접 관여하는 전통의 시발점이 된 계약이기도 했다. 내티는 새로 구성된 맥심-노덴펠트 회사의 대주주로서 회사 운영에 직접적인 영향력을 발휘했다. 이것이 의미심장한 까닭은 맥심-노덴펠트의 주력 상품이 수단에서 마타벨레랜드에 이르기까지 영국의 제국주의적 팽창에 걸림돌이 된 세력을 철저히 괴멸하는 데 쓰였던, 그리고 힐레어 벨록(Hilaire Belloc)이 유럽 헤게모니의 열쇠로 묘사했던 치명적인 자동총이었기 때문이다.[2]

마찬가지로 1897년에 비커스 형제들이 그 회사(와 군함건조병기회사)를 인수했을 때 자금을 지원한 카셀과 로스차일드가는 제국주의 정책에 뿌리를 둔 영국의 건함 증대책에 부응한 셈이었다. 내티는 건함 증대의 중요성을 일찌감치 파악하고 있었다. 1888년에는 장차 해군본부 제1군사위원이 될 '재키' 피셔(당시에는 아직 대령이었지만 대포 및 어뢰 부서의 수장이었다)를 해군에서 꾀어내 휘트워스 총포 회사에 합류시킬 방법을 찾기도 했다. 건조 비용 때문에 세금 부담이 더 늘어날 것이 분명했지만, 그는 군함 건조에 대한 지지를 포기하지 않았다.

오스트리아의 로스차일드가 역시 무기 산업에 관심을 갖고 있었다. 철도 사업에 주로 투자했던 그들은 비트코비츠 제철소에도 상당한 지분을 보유하고 있었는데, 이 회사는 오스트리아 해군에 철과 강철을, 나중에는 오스트리아 군대에 총탄을 보급하는 중요한 공급사가 되었다. 제철소의 임원 파울 쿠펠비저가 보기에 알베르트는 "자신의 회사가 소유한 산업 시설에 일말의 관심도 없"었고 "그에게 공장 일이란 영 마음이 동하지 않는 의무인 것 같"았지만 말이다. 쿠펠비저가 장갑판 생산 공장에 투자할 40만 굴덴을 요청했을 때, 알베르트는 "나한테 40만 굴덴이 있으면 [전원] 영지를 사겠다"고 대답했다. 이 사업과 그 외 빈 일가가 지분을 보유한 다른 산업체들을 막스 폰 구트만(Max von Gutmann)과 파트너십을 맺어 운영하기 시작한 것을 보면 알베르트가 그 일들에 대한 책임을 누군가에게 위임하고 싶어 했던 것이 분명해 보인다. 그러나 그런 와중에도 그가 경영에 끝까지 관여했다는 사실은 그의 개인적인 열정 결핍만큼 특기할 만한 일이다. 19세기 후반의 제국주의에 그만의 '군산 복합체'가 있었다면 로스차일드가는 의심의 여지 없이 그 일부였다. 그러나 여기에는 역설적인 면이 있었다. 군사비 지출의 증대는 로스차일드가를 포함한 부유한 엘리트층에게 오히려 정치적으로 불리한 결과를 가져왔다.

대략 1890년 이전에는 제국 건설에 드는 비용이 비교적 낮은 수준이었다. 글래드스턴이 1882년에 이집트로 파견했던 것 같은 원정군은 아주 적은 자금만으로 운영되었다. 1890년대 초 열강들의 군사비 예산은 1870년대 초에 비해 그리 크게 높아진 편이 아니었다. [표 24]에서 볼 수 있듯이, 그 양상이 변한 것은 1914년 이전의 20년 동안이었다. 영국, 프랑스, 러시아를 한데 묶으면 전체 군사비 지출은 (영국 파운드화로 계산해) 57% 증가했다. 독일과 오스

[표 24] 열강들의 군사비 지출(1890~1913년, 단위 : 100만 파운드)

	영국	프랑스	러시아	이국협상(프·러)	삼국협상(영·프·러)	독일	오스트리아	이탈리아	이국동맹(독·오)	삼국동맹(독·이·오)
1894	33.4	37.6	85.8	123.4	156.8	36.2	9.6	14.0	45.8	59.8
1913	72.5	72.0	101.7	173.7	246.2	93.4	25.0	39.6	118.4	158.0
증가폭(파운드)	39.1	34.4	15.9	50.3	89.4	57.2	15.4	25.6	72.6	98.2
증가율(%)	117.1	91.5	18.5	40.8	57.0	158.0	160.4	182.9	158.5	164.2

[표 25] 국민순생산 대비 방위비 비율(1873~1913년)

	영국	프랑스	러시아	독일	오스트리아	이탈리아
1873	2.0	3.1		2.4	4.8	1.9
1883	2.6	4.0		2.7	3.6	3.6
1893	2.5	4.2	4.4	3.4	3.1	3.6
1903	5.9	4.0	4.1	3.2	2.8	2.9
1913	3.2	4.8	5.1	3.9	3.2	5.1
1870~1913	3.1	4.0	–	3.2	3.1	3.3

트리아를 묶어 보면 격차는 훨씬 커진다. 그 20년 사이에 양국의 군사비 지출은 약 160%나 증가했다.

그 당시 대부분의 나라들이 대규모 경제 성장을 이룩했다는 점을 감안한다 해도, 이는 모든 열강에서 '군사비 부담'이 현저하게 증가했다는 것을 뜻한다. [표 25]에 나타나듯이, 방위비 지출 역시 영국, 프랑스, 러시아, 독일, 이탈리아 경제 전체를 통틀어 1893년 이전에는 국민순생산의 2~3%였던 것이 1913년에 이르러서는 3~5%에 달할 만큼 증가했다. 오스트리아-헝가리만 예외적이었던 까닭은 2중제국의 고도로 탈중심적인 체제가 오스트리아-헝가리의 '공통' 방위비를 상대적으로 낮은 수준에 머물게 했기 때문이다.

이처럼 늘어난 지출에 자금을 대는 일은 당시의 핵심 정치 문제 중 하나였다. 랜돌프 처칠이 1886년에 재무장관에서 물러난 것도, 글래드스턴이

1894년에 총리직을 사임해야 했던 것도 증가하는 군사비 지출 때문이었다. 두 사람은 새로 출현한 군사-금융 복합체의 무수한 정치적 사상자 중 첫 세대에 속한 이들이었다.

증가하는 군비 충당 문제는 정부 지출이 전반적으로 늘어나면서 한층 더 난처한 문제가 되었다. 국가 및 지역 단위 모두에서(독일과 오스트리아 같은 연방 체제의 지방 수준에서도 물론) 1890년대는 대부분의 유럽 국가들에서 경제 대비 국가 규모의 축소로 특징지어진 '야경국가' 시대가 종언을 고한 때였다. 각국 정부는 정치적으로 강력한 (혹은 잠재적으로 위험한) 사회 집단들을 회유하기 위해서, 혹은 '국가적 효율성'을 증대시키기 위해서 도시 기반 시설, 교육, 빈곤층 및 노약자들을 위한 사회 급여에 지출을 점점 늘이기 시작했다. 그렇게 늘어난 액수도 현대적인 기준에서는 대단하지 않은 규모였지만, 지출상의 증대는 전반적으로 경제 성장 총량을 넘어서는 수준이었다. 이렇게 커지는 지출을 감당할 방법에는 두 가지가 있었고, 각각은 의미심장한 정치적 함의를 담고 있었다.

국고 세입을 늘리는 한 가지 방법은 물론 세금을 올리는 것이었다. 문제는 간접세여야 하느냐(주로 관세, 빵에서 맥주에 이르는 소비재에 붙이는 소비세의 형태로), 혹은 직접세여야 하느냐(가령, 고소득세나 상속세) 하는 것이었다. 보호무역주의의 붕괴가 그 어느 곳에서보다 확고했던 영국에서는 관세에 제국주의적 명분을 부여하려 한 체임벌린과 다른 이들의 노력에도 불구하고, 수입 식료품에 세금을 부과하는 방안은 유권자들의 외면을 받았다. 이로써 부담은 부득불 부자들의 어깨 위에 얹히게 됐고, 두말할 필요 없이 그 부자들에는 이례적으로 부유했던 로스차일드가도 포함되어 있었다. 대략 1905년 이후부터 내티가 정계의 주류에서 밀려난 까닭을 설명해 주는 실마리가 바로 여기에 있다. 그는 해군 군비 지출 증대를 열심히 옹호했다. 그런 한편, 그 일에 직접 지갑을 열 생각은 없는 듯했다. 1909년 3월 그는 기업이사기구와 런던상공회의소 육해군방위위원회에 보낸 담화문에서 도무지 수긍하기 힘든 그의 입장을 조목조목 설명했다. "현재 우리는 세금 폭등의 위협에 처해 있습니다. 그[내티]는 세수가 예상만큼 거둬질지는 모르겠지만, 상당한 지출이 유발됐으니 훨씬 많은 돈이 필요해질 것이라고 했습니다. 영국 함대가 최고의 효율성을 유지하고 있어야 한다는 것은 전원이 동의할 사실이기 때문입니다.(환호) 사정이 그렇다면, 부담은 전체 사회가 나누어 져야 하며, 우리와 같은 단체가 재무장관께 몇 마디 청원을 드려 나라의 상무 협정들을 필요 이상으로 저해할 세금 발생을 막아야 할 겁니다.(환호)"

한 달 뒤, 그는 길드홀에 모인 시티의 대규모 청중 앞에서 "영국의 해상 패권을 유지하기 위해 그 어떤 재정 분담이 필요하든 간에 정부에 대한 지원을 약속하자"고 말했다. 그러나 과연 어떤 '분담'을 염두에 두고 있는지는 설명하지 못했다. 내티는 "두 가지 흥미진진한 문제……예산안과 해군 예산"이 "긴밀히 연결"되어 있다는 것을 완벽히 알고 있었다. 반면, 그 연계에 담겨 있는 정치적, 헌법적 의미를 낮잡아보고 있었다.

그와는 정반대로, 제국이 관례적으로 자체 예산을 (즉, 군대 및 해군 예산도) 오로지 간접세로만 충당해 왔던 독일에서는 관세가 더 높아지는 경향이 있었다. 그러나 '금값이 된 빵'과 '군국주의'에 대한 노동 계층의 불만이 사회민주당(Sozialdemokratische Partei Deutschlands, SPD)의 부상으로 이어지자, 정부는 곧 제국 수준의 재산세 도입을 고려하지 않을 수 없었다. 이번에도 내티는 점점 더 세를 키우는 '군국주의'가 지닌 함의를 잘못 읽었다. 1907년, 그는 선거에서 뷜로 후작이 사회민주당을 누르고 거둔 승리를 역사가들이 "사회제국주의(Social Imperialism)"라고 이름 붙인 전략의 승리로 해석했다. "지난 주말에 독일에서 치러진 선거는 국가주의적 정서와 제국주의 경향이야말로 사회주의 주창자들을 궤멸시키는 힘이라는 사실을 드러낸 놀라운 예로, 십중팔구 카이저와 그의 심복인 뷜로 후작은 벨트폴리티크를 추진해 나갈 것이고 호전적인 행보를 취할 것이며, 영국과 프랑스에서 감지될 정도로 육해군비 지출을 대폭 늘릴 것이고, 덕분에 유럽 전역에서는 사회주의적 이상의 실현이 연기될 것이다."

사실 1907년의 선거 결과는 남서아프리카에서 헤레로족과 전쟁을 벌여 승리한 직후 소위 '부르주아' 당들을 통합해 쟁취한 덧없는 승리에 불과했다. 1912년의 차기 총선 무렵에는 이 통합 세력도 다름 아닌 군사비 지출에 대한 자금 조달 문제로 불화를 빚어 와해되고 만다. 독일 우익 세력 다수의 예상과는 달리, 육해군비 지출을 늘리는 것은 방위비가 조달되는 역진세(逆進稅)

[표 26] 각국 통화 기준 (및 영국 파운드화 기준) 국가 부채(단위 : 100만, 1887~1913년)

	프랑스(프랑)	영국(파운드)	독일*(마르크)	러시아(루블)
1887	23,723(941프랑)	655	8,566(419프랑)	4,418(395프랑)
1890	–	618	10,540(516프랑)	4,905(572프랑)
1913	32,976(1,308프랑)	625	21,679(1,061프랑)	8,858(937프랑)
증가폭 퍼센티지†	39	-5	153	137

* 독일 = 제국 및 연방 주.
† 파운드화 기준 증가율.

[표 27] 국가순생산 대비 국가 부채 비율(1887~1913년)

	프랑스	영국	독일*	러시아
1887	119.3	55.3	50.0	65.0
1890	–	44.6	51.2	77.1
1913	86.5	27.6	44.4	47.3

* 독일 = 제국 및 연방 주.

적인 방식에 유권자들의 주의를 집중시켜서 오히려 사회민주당의 입지에 힘을 보태는 경향이 있었다.

증가하는 대내외 정책 비용을 충당하는 또 다른 방법은 물론 차입이었다. [표 26]에서 알 수 있듯이, 이는 일부 특정 국가에서 선호했던 옵션이었다. 독일과 러시아 모두 1890년 이래로 대규모로 차입했는데, 그 때문에 1913년에 이르면 양국의 국가 부채는 거의 두 배로 뛰어오른다. 그러나 영국 파운드화 기준으로 루블을 평가절하해서 계산하면 러시아의 부채 부담 증가율은 3분의 2로 크게 줄어든다. 절대적인 수치만 놓고 따지면 프랑스의 차입 규모 역시 만만치 않았다. 애초 독일보다 더 높은 부채를 안고 출발한 것이 사실이지만 말이다(그래서 증가율은 더 낮다). 열강들 중에서 영국만 이례적으로 1887년에서 1913년 사이에 국가 부채 수준을 줄였다. 이 성취는 보어전쟁이 1900년에서 1903년 사이에 정부 지출을 (총 1억 3200만 파운드만큼) 끌어올렸다는 점을 생각하면 한층 인상적이다.

전례 없는 경제 성장이 이루어진 시기에 그만한 부담은 감당하지 못할 수

[표 28] 주요 유럽 채권 가격(1896년경~1914년)

	최고가	날짜	최고가	날짜	변동률
영국 금리 2.75% 콘솔 채공채*	113.50	1896년 7월	78.96	1913년 12월	−30.4
프랑스 금리 3% 랑트	105.00	1897년 8월	80.00	1914년 7월	−23.8
러시아 금리 4% 랑트	105.00	1898년 8월	71.50	1906년 8월	−31.9
독일제국 금리 3% 국채	99.38	1896년 9월	73.00	1913년 7월	−26.5

* 1913년 수치는 금리 2.5% 채권 가격을 2.75% 쿠폰 기준으로 계산한 것임.

준이 아니었다. [표 27]을 보면 알 수 있듯이, 실제 열강 모두에서 국가순생산 대비 총 부채는 오히려 하락 추세를 보였다. 현대적인 기준에서 국가순생산 대비 부채 비율이 높다고 판단할 만한 국가는 프랑스뿐이었고, 부채 부담은 전반적으로 감소하는 경향을 보였다.

그런데도 당대 사람들은 정부 차입의 절대적 증가폭에 동요했다. 이는 1890년 무렵 이후부터 나타난 채권 가격의 하락(혹은 채권수익률의 상승) 때문이었다. [표 28]

하락의 주된 원인은 금 생산량의 증가, 그리고 더 중요하게는 지폐 사용과 무화폐 거래(특히 은행 간 어음 교환)를 증가시키는 은행 중개 기능의 급속한 발달로 인한 통화 현상인 인플레이션의 가속화 때문이었다. 그러나 당대 사람들은 채권 수익률 증가를 해이한 재정 정책에 대한 시장 저항으로 해석했다. 이것은 공공 부문 채권 발행이 '구축 효과'를 일으키거나 자본 시장에서 민간 부문의 요구와 경쟁함으로써 전반적으로 차입 비용을 상승시키는 한에서만 사실이었다. 그런데도 재정적 실금(失禁)이라는 죄목은 좌우익 양쪽의 비판가들이 대부분의 정부를(심지어 영국 정부까지) 거듭 비난했던 명분이었다. [표 29]는 채권 수익률 증가가 보편적인 현상이었다는 것을 보여 준다.

그러나 더 흥미로운 점은 여러 국채들의 수익률 간에 확연한 차이 혹은 '스프레드(spread, 금리 차이)'가 있었다는 사실이다. 혁명 및 전쟁의 위험과 지불 불능 사이에 전통적으로 긴밀한 상관이 있었던 것을 고려하면, 이 같은 수익률 차이는 단지 재정 정책뿐만 아니라 그보다 더 전반적으로 정치적 안정성이나 외교 정책에 대한 시장의 평가가 성실하게 표출되는 내역이었다. 예

[표 29] 주요 열강의 채권 수익률(1911~1914년)

	영국 콘솔채 공채	프랑스 랑트	독일 3% 채권	러시아 4% 채권	독일-영국 수익률 스프레드	러시아-영국 수익률 스프레드
1911년 3월	3.08	3.13	3.56	4.21	0.48	1.13
1914년 7월	3.34	3.81	4.06	4.66	0.72	1.32
평균	3.29	3.36	3.84	4.36	0.55	1.07

상대로 러시아는 1904~1905년에 있었던 사건들과 경제적이고 정치적인 '후진성'이라는 전반적인 문제들 때문에 열강들 중에서 최대의 신용 리스크로 간주되고 있었다. 더욱 놀라운 것은 독일의 수익률이 서로 상당히 비슷한 수준을 유지하고 있던 영국과 프랑스의 채권 수익률과 큰 격차를 두고 있었다는 점이다. 베를린 자본 시장에서 독일 민간 부문의 수요가 훨씬 컸기 때문이라고 해명할 수 없는 까닭은 이 수치가 런던의 가격이기 때문이다(그리고 어쨌든 투자자들은 일반적으로 산업 증권이나 채권이 아니라 여러 국공채 사이에서 우열을 따졌다). 일반 투자자들도 그보다 정보에 밝았던 당대 정치 비평가들과 똑같이 빌헬미네 시대의 독일이 서유럽 경쟁국에 비해 재정적으로 취약하다고 판단했던 것으로 보인다.

로스차일드 경의 분부대로

세기가 바뀔 무렵, 로스차일드가와 보수당의 관계는 더할 나위 없이 탄탄해졌다. 도로시 핀토(나중에 에드몽의 아들 지미와 결혼하는)는 "어릴 적에 나는 로스차일드 경이 외무부에 산다고 생각했다. 매일 오후, 내 공부방 창문 너머로 그의 마차가 외무부 건물 밖에 세워져 있는 것을 보았기 때문이다. 그는 물론 아서 밸푸어와 밀담을 나누고 있었을 것이다"라고 회고했다. 두 사람에게도 물론 견해 차는 있었다. 예를 들어 내티는 1901년에 밸푸어가 하원에서 연설하면서 드비어스를 부정확하게 비판한 것에 항의 서한을 보내기도 했다. 또 두 사람은 이민 규제 문제에서도 의견 일치를 보지 못했다. 그러나 밸푸어가 총리로 재임한 3년 중 대부분의 기간 동안 그들은 긴밀한 협력 관계를 유지했다.

그러나 그렇게 긴밀한 관계에는 위험이 따랐다. 에드워드 해밀턴이 평한 것처럼, 1902년 7월에 솔즈베리가 은퇴하기 전부터 내티는 이미 "너무도 확고한 정당 정치인이 되어, 다른 당 사람이 들어오기라도 하면 그 자리에서 나가버"릴 정도였다. 이것은 기민한 관찰이었다. 과거에 로스차일드가는 정부와 야당 양쪽과 소통의 선을 유지하는 데 능숙했다. 그렇지만 1900년대 초에 부상한 신세대 자유당원들은 내티와 그의 형제들과 사회적으로나 정치적으로 사실상 아무 접점이 없는 이들이었다. 로즈버리가 자유당 당수를 유지했더라면 문제는 없었을 테지만, 1895년에 총리에서 사임하고 이듬해에는 자유당 당수에서도 물러나면서 그의 영향력은 이울었다. 그는 제국주의 성향의 자유당 연맹의 대표였지만, 1906년에 자유당이 다시 정권을 잡았을 때 내각 임직 대다수를 차지한 급진적인 '신진' 자유주의 세력과 심각하게 의견 충돌을 일으켰다.

그 무렵, 로즈버리는 영불 우호 협약과 그 이전 해의 아일랜드 내정 자치법 양쪽을 비난하며 당에 완전히 등을 돌린 상태였다. 로즈버리의 사위 크루(Crewe) 백작은 해나의 딸 페기의 남편으로 자연히 로스차일드가의 인척이 되었지만, 그가 정치적으로 내티와 가까웠다는 증거는 없다. 새 재무장관 허버트 애스퀴스가 런던 시장의 연례 만찬에 초대받아서 로스차일드 경이나 레블스토크와 함께 저녁을 든 것은 사실이었다. 그러나 애스퀴스도 시티의 고위 인사들도 서로의 견해 차가 심대하다는 것을 냉정히 깨닫고 있었다. 내티는 이렇게 썼다. "자리에 참석한 시티의 거물들은……애스퀴스 씨가 사업에 이해가 깊지 않다는 것을 금세 알 수 있었다. 그가 하는 말에 다른 이들이 얼마나 냉랭하게 응수하는지 목격했다면, 그의 무모하고 열정적인 보좌관들 중 몇몇은 일할 의욕을 잃었을 것이다."

내티와 그의 형제들이 권력의 회랑에서 완전히 배제된 것은 아니었다. 그러나 그들의 견해는 이제 거의 아무런 반향도 울리지 못했다. 한때 로스차일드가는 정확하게 정치적 정보를 얻어내고 재정과 외교 정책에 영향력을 발휘하기 위해 당성을 가리지 않고 정치가들과 교류했다. 이제는 내티 자신이 정치가였고, 눈에 띄게 자주 공식 연단에 섰으며, 토리당 기구에 거액을 기부하기도 했다. 그는 너무도 공공연한 열성당원이었기 때문에, 자유당 임기 중에는 정보나 영향력 면에서 사실상 고립될 수밖에 없었다.

1906년에 자유당이 선거에서 압승을 거둘 수 있었던 것은 선거 공약 덕분이기도 했겠지만 완패한 당의 탈진과 분열 때문이기도 했다는 것이 통상적인 해석이다. 보수당 종말의 핵심에는 1899년 이후로 그들이 추진한 제국주의 정책의 증대된 비용, 그리고 그 비용을 충당하는 방법을 두고 합의에 이르지 못한 그들의 무능이 있었다. 그것은 보어인들을 물리치거나 새 군함을 건조하는 문제가 아니었다. 남아프리카에서의 전쟁으로 노출된 영국의 행정적인, 심지어는 물리적인 결함은 좌우익 양쪽으로부터 맹비난을(자칫 국가적 위기감까지) 촉발시켰다. 보수당의 대응에는 일관성이 없었다. 체임벌린의 요청으로 노령 연금의 단편적인 체제에 대한 개선책을 숙고하기 위해 구성된 재무부 위원회의 의장을 맡게 된 내티는 독일 모델에 바탕을 둔 일종의 국가 분담 시스템의 실현 가능성에 의구심을 제기하고, 본인 분담 없는 연금 지급 방안에는 더욱 적대적이었다. 보수당에서는 이런 불화가 다반사였다. 체임벌린이 국내 및 제국 문제에 대한 해법으로 보호주의적 관세를 인상하는 쪽으로 선회했을 때도 로스차일드가의 반응은 당 전체의 반응만큼 양가적이었다.

19세기 후반을 통틀어 로스차일드가의 자유 무역에 대한 신념은 변함이 없었다. 1890년대에 알퐁스가 미국과 프랑스의 관세 정책을 두고 내뱉은 독설은 그 신념이 세기가 바뀔 무렵까지 생생히 살아 있었다는 것을 보여 준다. 그는 1896년에 이렇게 경고했다. "프랑스는 보호무역주의에 짓눌려 질식사할 것이다. 사회주의에서 특기할 만한 점 하나는 국제적 생산품의 자유 교환이다. 조레스 씨(사회당 당수)가 설파하는 것 중에서 우리가 만장일치로 찬성할 만한 것은 오직 그 하나뿐이다." 그러나 1903년, 런던의 사촌들은 "자유 무역의 신성한 원칙"에 대한 충성심이 흔들리는 것을 느꼈다. 7월 3일, 내티는 에드워드 해밀턴에게 "체임벌린의 계획을 수긍할 수 있을 것 같다"고 고백하기도 했다. 그것은 한때 식민지 장관을 "토리당 양의 탈을 쓴 과격파 늑대……전형적인 민주주의자, 즉 씀씀이 헤픈 징고"라고 매도했던 사람으로서는 놀랄 만한 입장 변화였다. 관세 문제를 놓고 고투를 벌인 끝에 9월 17일에는 체임벌린의 비밀 사직서가 수리되어 그가 내각에서 물러나자, 내티는 불만을 터뜨리는 데본셔 공작에 맞서 체임벌린과 밸푸어 양쪽을 두둔하면서 "내각에서 체임벌린이 무슨 생각을 품고 있는지 알고 있어야 했을 사람이 그저……졸고 있거나 딴생각이나 하고" 있었다며 비난의 화살을 되돌렸다.

체임벌린이 글래스고의 연단에 서서 '대영제국 특혜 관세(Imperial Preference)' 정책을 위한 서막을 연 이튿날인 10월 7일, 그의 열렬한 지지자 해리 채플린은 알프레드와 두 명의 다른 '시티 맨'들과 함께 식사를 했다. "글래스고 연설을 시티에서는 어떻게 생각하느냐는 제 순진한 질문에 그들은 한꺼번에 웃음을 터뜨렸습니다. 의견은 단 하나뿐이었습니다! 내내 반대 의사를 고집했던 몇몇 이름 있고 걸출한 자유무역주의자들과 그 외 다른 이들도 이런 호황에는 한결같이 만족스러워하고 있다는 겁니다.……나중에 제가 사적으로 다시 질문했을 때, 알프레드 R은 모든 것이 사실이라고 말했습니다. 선생님께서 시티 사람들의 마음을 샀다는 데에는 의심의 여지가 없다고 말입니다."

사실 체임벌린의 의제는 시티의 엘리트들을 분열시켰다. 체임벌린 지지자로 로스차일드와 나란히 선 이들에는 카셀, J. S. 모건의 클린턴 도킨스, 에버라드 함브로(관세개혁연맹[Tariff Reform League]의 명예 회계부장이 된), 깁스가, 로버트 벤슨, 에드워드 스턴과 필립 사순이 있었다. 분명 영향력 있는 이름들이다. 그러나 그 반대편에는 점점 더 권위를 더해 가는 런던 조합은행(Union Bank of London) 총재이자 시티의 가장 강건한 자유당파 중 한 사람이던 펠릭스 슈스터(Felix Shuster)뿐만 아니라 에이브버리 경과 제임스 맥케이 경(나중에 인치케이프 백작이 되는) 같은 보수당 자유무역주의자들도 포진해 있었다. 이들은 가공할 만한 적수들이었고, 내티가 애초의 입장에서 한발 물러서게 된 것도 체임벌린에 대한 그들의 거부 반응 때문이었는지 모른다.

1904년 1월, 길드홀에서 열린 공청회에서 "조"가 다시 연설할 무렵에는 공청회 직후에 도킨스가 쓴 것처럼 "은행업계 전체가 그에게 반대하고 있다"는 것이 명백해졌다. 어쩌면 그럴 수밖에 없었던 것이, 체임벌린은 시티의 청중들 앞에서 눈치 없이도 "은행업은 우리의 번영을 일군 창조자가 아니요, 다만 번영이 이룩해낸 창조물일 뿐입니다.……우리가 누리는 부의 원인이 아니요, 그 결과일 뿐입니다"라고 목청을 높였던 것이다. 2주 뒤에 같은 장소에서 열린 자유무역회합에서 데본셔 공작이 연설했을 때 내티가 연단에 모습을 비췄다는 것은 의미심장한 일이었다. 이 일은 (또 다른 재정 문제와 관련해) 해밀턴이 질타했던 말, 즉 내티가 이제는 마음을 바꿔 "전체 중개인들과 협의해 볼 필요가 있다고" 말하는 등 "본인의 의견이라고는 없는 것처럼 행동한다"는 평을 입증하는 것처럼 보였을 것이다.

내티가 의견을 정하지 못했던 것은 아니었을 것이다. 밸푸어도 그랬듯이, 그 역시 단합된 정당의 외관이나마 유지하기 위해 전략적으로 양다리를 걸치고 있었을 가능성이 높다. 그러나 사실이 무엇이든, 그로서는 체임벌린의 캠페인으로 생긴 피해를 줄이기 위해 할 수 있는 일이 전혀 없었다. 심지어 1906년 1월에 투표가 시작되기도 전에 내티는 "헨리 캠벨 배너먼 경이 다수 표를 확보"할 것이 "분명하다"며 체념하기도 했다. 로스차일드가가 미처 예상치 못했던 것은 보수당이 겪어야 했던 패배의 규모였다. 자유당은 득표 점유율을 45%에서 49%로 확대했을 뿐만 아니라, (결정적으로) 하원 의석 670석 중 과반수를 크게 웃도는 400석을 차지했고, 반면 보수당은 157석을 얻는 데 그쳤다. 핵심 현안에 있어서 자유당이 노동당 및 아일랜드민족당과 가까웠다는 점을 고려하면, 양당의 하원 의원들(각각 30명과 83명) 역시 친정부파로 간주해야 했다. 레오의 기대를 저버리며 심지어 밸푸어까지 의석을 잃었다(시티의 두 개 의석 중 한 곳에 알반 깁스 대신 그를 앉히자는 합의가 곧 이루어지기는 했다). 최종 표결이 발표되기도 전에 내티가 탄식했듯이 그것은 "재앙 같은" 결과, "예상을 뒤엎은 최악의" 결과였다.

어째서 그런 결과가 나왔을까? "지난 20년간 합방주의자들이 정권을 잡았으니, 변화에 대한 요구가 일어난 것은 당연한 일"이라는 빤한 설명에 그치지 않고, 내티는 그런 결과가 나온 이유를 여러 가지로 분석해 보았다. "교육, 종교 문제도 관련되어 있다. 초강경 프로테스탄트주의, 노동 계층 신도들로 하여금 급진파나 사회주의자들에게 표를 던지게 하는 가톨릭 성직자들의 명령도 있을 수 있겠다. [남아프리카에서 일하는] 중국인 노동자 문제, 금주(禁酒) 문제, 외국인 이민법에 대한 유대인 유권자들의 불만, 마지막으로 그만큼 중요한 요인이 된 것은……파업으로 고용주가 피해를 입을 경우 노동조합을 고소할 수 있고 노동조합의 기금도 변상에 사용될 수 있다는 결정을 내린 태프

베일(Taff Vale) 판결일 것이다."

분명 핵심은 관세 문제를 두고 벌어진 토리당의 분열이었다. 심지어 로스차일드가 가족들도 입장이 달랐는데, 내티의 아들 월터는 중부 버킹엄셔 선거구에 통일당 자유무역주의자로 출마해 당선됐고, 1906년 3월에는 체임벌린파에 맞서 자유당 정부에 지지표를 던지기도 했다. 런던 시티 선거구에서는 보수당 표가 관세 개혁론자 깁스와 자유무역주의자 에드워드 클라크 경으로 나뉘어 반 토막이 난 참이었다. 내티는 선거 결과를 분석하면서 간혹 관세 문제의 중요성을 경시하기도 했다. 즉, 월터가 얻은 과반수가 넘는 표는 자유무역에 찬동하는 표라기보다는 로스차일드가에 대한 지역의 "충심"이 표현된 것에 불과하다는 식이었다. 시티에서 나온 결과 역시 "관세 개혁에 찬성하는 정서……표현된 것은 결코 아니며, 체임벌린주의에 대한 공감이 표현된 것도 물론 아니"었다.

그러나 그도 내심으로는 분열의 결과가 치명적이었다는 것을 부정할 수 없었고, 이에 대한 그의 평은 그가 사실상 어느 편을 들고 있었는지를 보여 준다. 그는 쓰디쓴 어투로 말했다. "어쨌든 내가 확신하는 것 하나는 상당수의 프리푸더(Free Fooder)들[3], 그리고 데본셔 공작 같은 자유무역주의자들은 그들이 주장하는 바를 이루더라도 그 상황이 결코 만족스럽지는 않으리라는 것이다." 내티는 벨푸어가 "현재로서는 야당의 힘을 키우는" 현실적인 목표에 골몰하고 있는 반면, 시기에 맞지 않게 "새 정당을 건설하고 새 정책을 창출하려는" 야심을 내세우고 있다며 체임벌린까지 에둘러 비난했다. 그와 레오 둘 다 "전(前) 총리"가 토리당 당수로 머물렀어야 했다고 생각했는데, 그것은 "재정 문제에 있어 체임벌린의 견해보다는 그의 견해가 나라의 여론에 더 부합하기 때문"이었다.

그들은 원칙 문제에 관한 한 데본셔보다는 체임벌린을 더 수긍하는 편이었다. 내티가 "정책을 제시"하기보다 "앉아서 사태의 추이를 지켜보는" 책략을 지지한 것은 이념적이기보다는 전략적인 이유에서였다. 그는 밸푸어의 리더십 아래 관세 문제에 대한 당내 견해 차를 극복할 수 있기를 바랐던 것으로 보인다. 그래서 1910년에는(밸푸어가 중립 노선을 버리고 보호무역주의 쪽으로 전향했을 때) "관세 개혁의 이점"을 대놓고 표방할 수 있었던 것이다. 그는 프랑스 사촌들에게 말했다. "현재 가장 인기 있는 주제가 바로 관세 개혁이다. 그리고 그것이 선거 판도를 바꿔 놓을 것이다."

그 같은 정치적 오판은 자유당 집권기 내내 내티의 편지에서 드물잖게 드러나는 특징이었다. 잊어서는 안 될 것은 그가 더 이상 청년이 아니었다는 사실이다. 그런 편지를 적어 보냈던 무렵에는 이미 일흔에 접어든 정재계의 원로가 되어 있었다. 보호무역주의를 정강(政綱)으로 삼아 선거에서 역전승을 거두리라고 믿었던 것은 그가 범한 정치적 계산 착오 중 한 가지 평범한 사례에 불과했다.

당시에 자유당은 갖가지 광범한 문제를 놓고 내분을 일으킬 소지가 충분히 있었다. 일단 남아프리카에서의 중국인 노동 문제를 두고 정권을 잡자마자 의견 차를 빚어서 내티에게 회심의 미소를 짓게 했다. 교육 문제에서 역시 내티의 표현대로 "교회와 비국교도에게 똑같이 만족스러운 조치"를 만들어내기란 어려운 일이었다. 자유당원이지만 그에 앞서 기업가였기 때문에 노동조합을 "나머지 사회와는 다른 법률 밑에 두는" 노동조합 법안에 반대해야만 했던 이들도 있었다. 무엇보다 아일랜드 내정 자치법 문제를 다루는 것이 글래드스턴 정부보다 캠벨-배너만 정부에서 더 쉬울 리도 없었다. 그러나 그 같은 분열이 "정권의 수명을 단축시킬 것이고, 그들의 예상보다 훨씬 빨리 세력을 회복한 통일당이 권력을 되찾을 것"이라던 내티의 전망은 지나치게 낙관적인 생각이었다. 물론 보수당이 1906년의 나락에서 다시 일어날 수 있었던 것은 사실이었고, 지방선거와 보궐선거 결과에서도 충분히 용기를 얻을 수 있었다. 그러나 자유당이 다시 단합할 수 있는 주제들이 몇 가지 있었다. 그 중 하나는 세금 문제였다.

내티도 그 문제의 중요성을 깨닫고 있었다. 1906년의 투표가 시작되기도 전에 "교육 문제를 제외한 최대 논란거리는 예산 문제가 될 것이고, 그 논쟁은 아주 급진적인 성격을 띠게 될 것"이라고 예견했을 정도였다. 일찍부터 그는 노동당 하원 의원들의 요란한 분견대("프리지아 모자[4]를 벗어 보이지 못하는 것을 아쉬워하는, 붉은 넥타이를 맨 신사들")가 "노령 연금에 대한 대규모 포괄적인 계획, 전체 학생들에게 하루에 한 끼씩 제공하는 양질의 무상 급식" 같은 조치들을 고려하도록 정부에 압력을 가하리라는 것을 내다보고 있었다. 그는 정부가 "무모하고 과격한 조치는 아무것도" 취하지 않으리라고 믿는 쪽이었지만, 정부가 지출을 증대할 수밖에 없는 조치라면 그것이 무엇이든 직접세 부담 증가로 이어지리라는 점을 간파하고 있었다. 어쨌든 자유당은 확고한 자유무역주의자로 당선된 것이었기 때문에, 그들이 간접세를 늘릴 가능성은 사실상 없었다.

정권 초기에 재정 문제는 어느 정도 휴면 상태에 놓여 있었다. 정부는 흑자를 물려받았고, 내티는 "재정상 그 어떤 무모한 실험"이 시도될 일은 없으리라고 생각했다. "누진 소득세에 관한 문제점이 나올 수 있고 토초세(土超稅) 이야기가 오갈 수도 있지만, 아마 기존대로 무난하게 진행될 것이다." "새로운 징세 형태, 혹은 다른 말로 사유 재산을 몰수할 새로운 방식에 대한 조잡한 아이디어들이 난무하고 있는 것은 분명한 사실이다." 그는 파리의 사촌들에게 대수롭지 않다는 투로 써 보냈다. "정부에서 그 중에 실현 가능해 보이는 게 있거나 돈벌이가 될 만한 것이 있다고 생각한다면 그것을 채택할 수도 있을 것이다." 그러나 그런 조세 중에는 실현 가능한 것도 돈벌이가 될 만한 것도 없는데, 그 같은 조치들은 "대단한 손실을 끼치는 것은 물론이려니와, 자체의 본의에 어긋나고 비현실적인 세원이기 때문"이었다.

애스퀴스가 내놓은 첫 예산안은 훨씬 본격적인 긴축을 기대했던 일부 논객들을 실망시켰지만, 내티에게는 별반 감흥을 주지 못했다. 애초 슈스터와 홀든(Holden) 같은 이들은 "애스퀴스 씨가 국가 부채를 청산하기 위해 세금을 추가로 부과"하리라 예상하고 있었는데, 그의 예산이 오히려 세금을 줄인 것을 알고 "이제는 원수를 사랑하라는 말씀을 재무장관에게 실천하고" 있었다. 내티가 보기에 콘솔채를 대량 보유한 예금은행들이 콘솔채 가격 상승을 바라는 것은 당연한 일이었다. 그를 실로 놀라게 한 것은 애스퀴스가 "소득세 부과 대상과 그 불쾌한 세금을 누진 과세하기 위한 다양한 방안을 논할" 하원 위원회를 구성하기로 결정한 사실이었다. 그러나 그때까지도 누진세와 고소득 부가세에 대한 이야기가 그를 크게 걱정시키지 않은 까닭은 "백만장자들은 극소수에 불과한 데다 이미 막중한 상속세를 지불했고, 그들 중 많은 수가 그들에게 징세할 수 없는 미국이나 그 밖의 타지로 재산을 도피시킬 것이기 때문"이었다.

하원에서 다수당이 차지한 의석 수를 생각했을 때, 내티가 그토록 침착했던 것은 이상해 보인다. 그럴 수 있었던 이유는 두 가지였다. 첫째, 과도하게 급진적인 재정 정책은 금융 시장의 응징을 받기 마련이라는 것이 로스차일드가의 오랜 신념이었다. 자본은 높은 세금을 피해 해외로 유출되고 콘솔채 가격은 떨어져서, 급진적인 재무장관도 그만 당황해서 타협안을 찾을 수밖에 없다는 것이다. 자유당이 정권을 잡을 당시 이미 시들해진 콘솔채 가격은 이 주장을 뒷받침해 주는 듯했다. 여름에 가격이 2%pt 더 떨어진 것은 한층 더 흐뭇한 현상이었다. 내티는 파리로 보낸 일련의 편지들에서 이 주제에 대한 자신의 견해를 요약해 보였다. "영국 증권이 침체되어 있으니, 이를 계기로 재무장관도 정신을 차리고 정부가 추진한 급진 정책의 상당수가 못난 짓이었다는 것을 깨달을 수 있었으면 좋겠다.……87.4는 전후 콘솔채 가격으로는 최저가다. 일전에 맨체스터에서 콘솔채 가격의 상승은 이 나라가 현 정부에 보이는 신뢰의 증거라고 큰소리쳤던 로이드 조지한테는 아이러니한 상황이 아닐 수 없다.……지금 벌어지고 있는 일은 재무부에게나 지방자치청 양쪽에 결국 유익한 일이 될 것이다. 좋든 싫든 지방당국은 이제 돈을 빌리는 것이 불가능해질 테고, 돈이 없으면 그들이 기껏 마련한 사회주의 정책을 시행할 수 없어 민간 기업을 망치는 일도 없어질 테니 말이다. 재무장관은 그가 떠들어 댄 사회주의적 조세가 대중의 호의를 이끌어내지 못한다는 것을 배우게 될 게다.……국내 증권 가치의 폭락보다 사회주의적 입법을 무력하게 만드는 것은 없다."

내티가 이를 영국 정치만의 특이한 경향으로 본 것은 아니었다. 이 당시 파리로 보낸 그의 편지들에는 영국에서 벌어진 사건들과 더불어 프랑스 중도좌파 정부들이 소득세 도입이나 철도에 대한 국가 통제력 증대를 위해 기울인 시도들도 꾸준히 언급되고 있다. 그는 이를 자본주의 경제 체제 내에서 진행되는 민주 정치의 전반적인 흐름으로 보았다. "현대 입법부들의 사회주의적 경향 때문에 금융 불안이 생기는 것은……매우 거슬리는 일이지만, 그 불안이야말로 사회주의 경향을 떼어버릴 최선의 치료약일 것이다." 또 이렇게 쓰기도 했다. "사회주의적 법제에 대한 공포야말로 지구 전역에서 벌어진 공황의 진짜 원인이다." 내티는 "급진 정부의 집권을 도운……선량한 영국 소주주들"이 정부의 재정 정책에 집단적으로 등을 돌리기를 바라고 있었다. 1907년 10월에는 좌경향의 《데일리 뉴스》와의 인터뷰에서 자신의 견해를 설명하는 데까지 나아갔는데, 신문기자가 최초로 뉴코트 방문을 허락받아 진행된 이 인터뷰는 더 다양한 독자층에게 다가가기 위해 계획된 일이었다. 그의 메시지는 단도직입적이었다. "'주식 시장이 침체되어 있습니다.' 로스차일드 경은 말했다. '전 세계 정부들이 자본을 공격하고 있기 때문입니다.'"

이것은 그가 점점 더 기세를 높여 진행하게 되는 정부 재정 정책에 대한 공개적인 반대 캠페인의 시작이었다. 정부가 주류 판매 사전 허가제법이라는 급진적 개혁안을 내놓았을 때(금주주의자들의 로비에 대한 양보였다), 내티는 양조 회사 사채 보유자 회의에서 의장을 맡아 허가제법이 경제에 초래할 부정적인 결과들을 내세워 항변했다. 재무장관이 된 로이드 조지가 신설된 고용주부담 연금 비용을 충당하기 위해 "닭장을 털어서라도 달걀을 훔쳐내겠다"는 의사를 비쳤을 때도 내티는 한결같은 논지로 반격에 나섰다. 1909년, 로이드 조지의 소위 '인민 예산안(People's Budget)'이 발표되면서 그의 캠페인도 절정으로 치달았다. 그를 부추긴 이 예산안의 핵심 사안은 '불로'소득세를 파운드당 1실링 2펜스로 올리는 방침, 5000파운드를 초과하는 소득에 대한 부가세 도입, 상속세 인상과 토지세 도입 방침이었다. 마지막으로 언급한 조세를 제외하고(토지세의 도입은 수세기 만에 처음으로 체계적인 지가[地價] 조사가 시행될 것임을 뜻했다), 이 변경 사항 중에서 전례 없이 도입된 것은 사실상 아무것도 없었다. 차등 과세는 애스퀴스가 1907년에 도입한 내용이고, 누진세 원칙은 소득세 최저한이라는 요소에 애초 내재해 있던 것이었으며, 상속 재산에 대한 과세도 고션(보수당 재무장관)이 1889년에 처음 실시한 조치였다. 그러나 예산안 전반에 확연히 드러난 급진적인 의도가 내티를 자극해서, 심지어는 그의 부친이 유대인의 의회 진출권을 위해 벌였던 캠페인의 수준을 넘어설 만큼 세간의 이목을 끄는 정치적 사회 참여를 단행하게 만들었다.

예산안이 제출되자마자 그는 시티의 유력 인사 21인(베어링, 깁스, 함브로, J. S. 모건을 비롯한 시티의 14개 은행을 대표하는 인사들)이 서명한 애스퀴스에게 보내는 서한을 준비했는데, 서한에는 새로 징수될 세금들(특히 "대폭 늘어난 데다 누진이 적용된 상속세")이 자본을 잠식해서 "국내 상공업에 심각한 손실을 야기"할 뿐만 아니라, "개인의 기업심과 검약 정신을 떨어뜨려 결국 취업률 감소와 임금 하락을 야기할 것"이라는 경고가 담겨 있었다. 6월 23일에는 캐넌스트리트 호텔에서 "시티의 모든 이해관계를 대표하며 정치적 연고와는 무관한" 항의 집회를 소집해 의장을 맡았고, "예산안에 담긴 주요 안건들은 사유 재산의 안전을 위협하고, 기업심과 검약 정신을 저해하며, 국내 상공업을 심각하게 위해할 것"이라는 내용의 결의안을 통과시켰다.[5] 집회 연설에서 그는 다소 새로운 논지로, 재무장관이 불특정한 목적을 위해 흑자를 조성할 권리는 역사상 유례없는 것이며, 토지세는 "사회주의와 공산주의 원칙을 수립"하기 위한 음흉한 술책이라는 주장을 폈다. 그러나 이후에 상원에서 한 연설에서는 애초의 경제적 비평으로 돌아가, 외국으로의 자본 도피와 건축업계의 실업률 증가 모두 로이드 조지가 "신용"과 "신뢰"에 해를 입혔기 때문이라고 동료 귀족들 앞에서 목청을 높였다. 1910년의 첫 선거에서 토리당이 과반수를 확보하는 데 실패했다는 것이 확인된 뒤에도 그는 여전히 같은 논지를 퍼뜨리고 있었다.

내티는 시티 은행업계 엘리트들의 권력을 의심치 않았듯이, 상원이 그 어떤 과격한 법안도 "대폭 수정하거나 아예 폐기해버릴" 수 있다는 확신 역시 저버리지 않고 있었다. 일찍이 1906년 1월에도 "하원에서 무슨 결론이 나든 중요하지 않다. 상원이 모두 올바로 고쳐 놓을 테니까"라며 자기위안을 했을 정도였다. 레오는 1907년 초에 자유당의 두 번째 임기 직전에 "상원에서는 몰래 납을 박은 주사위를 쓴다"고 말했다. 그래서 만약 "상당히 과격한 법안이 제출된다 해도……어쨌든 그것이 제출된 그대로 통과되리라고는 장담할 수 없"다는 것이었다. 법안이 혹여 "상원의 폐지, 아일랜드 내정 자치법, 주류 판매 사전 허가제, 세금 증대, 그 외 여러 사회주의적 조치들"을 담고 있더라도 총리는 결국 "포도주에 물을 한참 타게 될 것"이라고 그는 생각했다. 그들은 상원의 거부권이 도전받을 가능성 역시 심각하게 생각하지 않았다. 내티는 그해 늦여름에 "상원이 위험해지리라고는 생각하지 않는다"고 태평하게 뇌까렸다. "상원의 권한과 영향력을 실질적으로 감소"시키는 방안이 하원에서 논의되기도 했지만, 그런 이야기는 그저 "웃음거리로 치부되고 며칠 안에 잊히"리라는 것이었다. 그가 이를 굳이 사촌들에게 적어 보낸 이유는 단지 "우리 정부의 무력한 행태, 성공 가능성이 없는 계획을 진지하게 도입해서 가까운 추종자들을 제외한 모두로부터 비웃음 사는 꼴을 보여 주기" 위해서였다. 그래서 내티는 1908년 11월에 정부의 주류 판매 사전 허가제법을 부결시키기 위해 토리당 귀족들과 반대표를 던지면서도 아무런 가책을 느끼지 않았다.

그와 형제들은 그들의 사돈이자 친구인 로즈버리가 인민 예산안 반대 캠페인에 합류해서 그 예산안을 "모든 것의 종말, 신앙과 가족과 재산과 군주제와 제국의 부정", 한마디로 "혁명"이라고 비난했을 때 기뻐해 마지않았다. 내티가 11월 22일에 예산안반대연맹의 탄원서(1만 4000명의 서명을 받은)를 상원에 제출한 것은 시티와 귀족들이 한목소리를 내고 있다는 것을 일부러 드러낸 상징적인 행동이었다.

그러나 내티는 시티와 상원의 권력을 과대평가했다. 일단 "영국 펀드의 낮은 가격"이 정부의 "사회주의 정책" 탓이라는 주장에는 설득력이 전혀 없었다. 리프먼이 1859년에서 1914년까지의 자료를 통해 제시한 것처럼, 보수당 정부와 자유당 정부 집권 시기에 콘솔채의 평균 수익률 간에는 차이가 있었지만 그 차이는 매우 작았고(10basis point[6] 미만), 이 차이 역시 인플레이션과 국제 정세 변화로 빚어졌다고 보는 편이 합당하다. 콘솔채 가격이 캠벨 배너먼과 애스퀴스 집권 시기에 하락세를 보인 것은 사실이다. 1906년 2월에 90.4로 정점을 찍은 가격은 1913년 말 71.8로 전전 최저치를 기록했다. 그러나 하락세를 자유당의 재정 정책 탓으로 돌리기는 어려웠으며, 애스퀴스나 훨씬 급진적인 후임 로이드 조지가 이 하락에 압박을 받아 타협책을 강구한 것도 아니었다. 내티도 간간이 인정해야 했듯이 "정치는 증권거래소에 거의 영향을 미치지 못"했다. 아마도 주식 시장의 일부 팔자 세력은 "장래에 발효될 법안, 금주주의 조치, 노령 연금과 관련해 이야기되고 있는 여러 과격한 계획에 대한 공포에 영향을" 받은 것인지 모른다. 반면, "시티와 증권거래소의 최대 불안은 언제나 단기 금융 시장"이었고, 단기 금융 시장에 영향을 미치는 것은 무엇보다 금 준비금 상태, 영국은행의 재할인율 정책, 세계 경제 전반에 걸친 신규 부채 창출 총량이었다.

이때다 싶을 때 장세가 하락해야 자유당 재정 정책에 대한 내티의 비판이 힘을 얻을 텐데, 시장은 누누이 예상을 벗어났다. 애스퀴스가 내놓은 1907년의 예산안에 대해 내티는 "사유 재산의 점진적인 소멸"을 지향하는 "비윤리적"인 방침이라고 비난했는데도 예산안에 따른 부정적인 시장 반응은 전혀 나타나지 않았다. 나중에야 깨달은 일이지만 사실상 "현 시장이 과연 정치 뉴스에 영향을 받는지는 분명하지 않은 일"이었다. "가격은 그저 당일 들려오는 경제 뉴스, 단기 자본 시장 상황, 해외 경제 중심지에서 발신되는 뉴스에 따라 오르내린다." 1908년 초에 주류 판매 사전 허가법안이 발표됐는데도 시장이 또다시 아무런 반응을 보이지 않았을 때는 마지못해 "결국에 가면 시장도 진실을 드러내기 마련"이라고 한발 물러날 수밖에 없었다. 1908년의 예산안 역시 내티로부터 대대적인 비난을 받았지만, 예산이 공개된 뒤에도 "시황은 양호"했고, 새 재무장관이 "소위 '게으른 부자들'에 부과하는 세금을 또 한 번 크게 올릴 것"이라고 분명히 경고했는데도 증권거래소는 별 신경을 쓰는 것 같지 않았다. 그해 여름 후반 콘솔채 가격이 약간 내리고 그해 하반기에 걸쳐 하락세를 유지한 것은 어느 정도 내티의 면목을 세워 주었지만, 그 무엇도 순전히 로이드 조지의 "닭장을 턴다"는 말 때문에 일어난 현상은 아니었다.

사실상 로이드 조지의 의도가 명백해질수록, 콘솔채의 하락폭은 줄어들었다. 1909년의 첫 5개월 동안은 아예 상승세를 보이기도 했다. 시티가 인민 예산안을 공포 6개월 전에 이미 무시해버렸으며, 예산안이 공포된 뒤에도 그 영향은 그다지 대단하지 않았고 파장도 오래가지 않았다는 것이 당시의 상황에 대한 최선의 설명일 것이다. 《웨스트민스터 가제트》는 내티를 로이드 조지의 세금을 피하기 위해 "펭귄으로 가장하고 남극으로 탈출한" 모습으로 그린 만화를 실어서 내티의 난처한 입장을 잔인하게 요약해 보였다.[그림 14]

조세 정책이 금융 거래에 직접적인 영향을 미칠 위험이 있을 때만은 재정 정책이 주식 시장을 압박하고 있다는 주장도 그럴듯해질 수 있었다. 그래서 내티가(로이드 조지가 자문을 구하기도 했던 시티의 대표 인물들 다수와 함께) 국내 및 외국 환어음에 매기는 인지세(印紙稅)를 올리는 것은 "사업을 대폭 축소"시키고 그 결과 세수도 줄이게 되리라는 근거를 들어 인지세법에 반대했을 때, 이번에는 그의 주장도 허투루 들리지 않았다. 이 요구는 결국 재무장관에게 받아들여져서, 애초의 세율을 수정하여 "평균 규모의 거래"(1000파운드 이상으

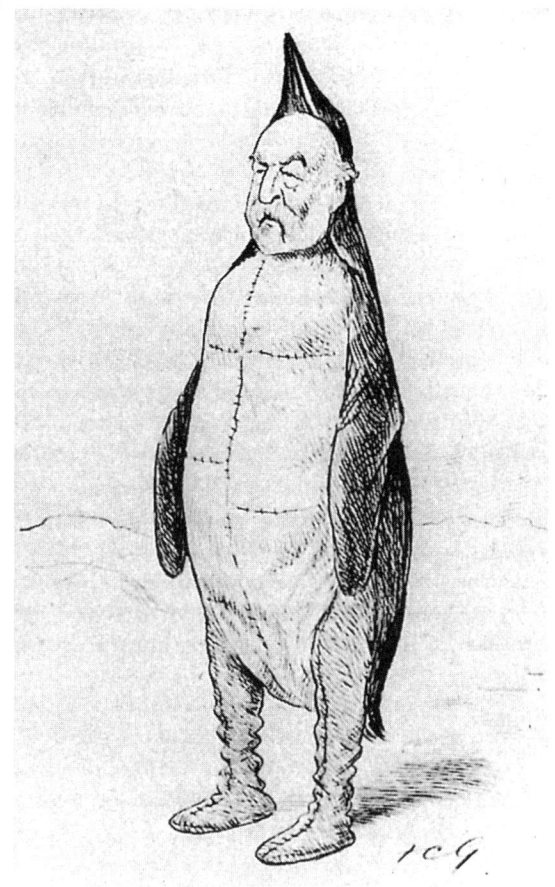

[그림 14] 〈한눈에 보는 귀족 시리즈 : 로스차일드 경〉, "예산 혁명의 결과 영국의 자본 전체가 남극으로 수출됐으며, 로스차일드 경도 펭귄으로 가장하고 세인트 스위딘스 레인에서 남극으로 탈출하는 데 성공했다", 《웨스트민스터 가제트》, 1909년

로 규정)에 부과된 세금 규모를 줄이는 성과로 이어졌다. 이 과정에서 은행가들은 실질적인 영향력을 발휘할 수 있었다. 그러나 로이드 조지가 내놓은 중요한 제안들은 분명 "대중의 마음속에 아무런 동요도" 일으키지 않았다(즉, 투자자들 일반은 잠잠했다). 내티의 캠페인에도, 1909년의 예산안이 발표된 뒤에도 시장은 '안정세'를 유지하고 있었다. 예산 발표 직후에 런던지방의회가 발행한 채권은 오히려 대규모 초과 청약을 기록했을 정도였다.

상원이 예산안을 기각했다는 소식 덕분에 시황이 좋아졌다는 내티의 주장도 믿을 만한 이야기는 아니었다. 《이코노미스트》가 썼듯이, 증권거래소는 "그들의 이해관계가 큰 영향을 받지는 않으리라는 것을 확신한 상태다. 그러므로 지금까지 시세에 큰 영향을 미쳐 온 것은 순전한 시장의 영향력이었다". 시장이 중립을 유지하는 한, 상원에서 예산안을 기각하는 것이 오히려 금융 위기를 야기할 수 있다는 정부 지지자들의 주장도 무시할 수만은 없는 일이었다.

자유당 재정 정책에 대한 내티의 반대 캠페인이 결국 실패하고만 까닭이 여기에 있다. 자유당의 조세 정책이 전례 없이 급진적이었다고는 해도, 증세의 목적이 예산 균형을 맞추고 국가 부채를 감소시키는 것이었다는 점에서는 오히려 보수적인 정책이었다. 재무장관직을 물려받은 로이드 조지는 주로 1907년의 경기 불황과 신규 연금 계획, 방위비 지출 증대로 생긴 적자를 같이 물려받았다. 인민 예산안의 1차적인 목표는 그 적자를 줄이는 것이었다. 또 콘솔채에 관심이 있는 투자자들 대다수에게도 바로 그 문제야말로 중요한 사안이었다. 적자를 메울 자금 조성 방식은 상대적으로 덜 중요한 문제로 치부되었을 뿐이고, 잉여 자금이 생기는 족족 "빈곤 계층에 영합할 사회주의적 지출"에 허비할 것이라는 내티의 주장은 터무니없는 것이었다. 그가 써 보낸 편지 한 장에 "자본을 파괴"하려는 음모에 대한 이야기와 "안정적이고 기막히게 좋은 시장 상황"에 대한 보고가 같이 들어 있었다는 것 자체가 그 주장에 담긴 모순을 드러내고 있었다.

내티는 또 재정 문제에 상원이 발휘할 수 있는 영향력을 과대평가하고 있었다. 그 자신도 인정했듯이 "상원에서는 [예산안을] 수정할 수 없고 할 수 있는 것이란 일괄 거부하는 것뿐인데, 그것은 매우 심각한 행동"이었다. 예산안이 다름 아닌 상원에서 과잉 대표되고 있던 사회 집단(즉, 부유한 엘리트층)에 과세 부담이 커진다는 이유로 기각된다면, 헌법 개혁을 위한 좋은 명분이 만들어질 뿐이었다. 1906년 12월에 이미 랜즈다운은 노동쟁의법안에 대해 그것이 "마지막 선거의 시험 문제"가 될 것이라 지적하며, 그 일로 정부와 직접 대결하는 일은 없기는 바란다는 의중을 비쳤다. 무상급식법안(Education Bill)에 대한 귀족들의 수정안을 놓고 "상원과 하원의 갈등"이 본격적으로 불거졌을 때, 내티는 직관적으로 불안감을 느꼈으면서도 그에 뒤따른 "민심 이반"이 "정부에게 큰 손해가 될 것"이라고 추정하는 오류를 범했다. 그가 1907년 2월 당시에 의심한 것처럼 만약 정부가 헌법 개혁 문제로 새 선거를 치르기 위해 일부러 상원을 자극해서 "인기 있는 법안들"을 거부하게 만들 생각이었다면 승패가 완전히 갈리는 큰 도박이 되었을 것이다. "초과 근무는 절대 하지 않는 응석받이 영국 노동자"를 조롱하는 것까지는 괜찮았다. 그러나 그 무렵엔 이미 투표권을 가진 저임금 유권자들이 "좀 가진 사람들"(아주 부유한 사람을 일컫는 내티 특유의 완곡어법)의 입지를 정치적으로 뒤흔들 수 있을 만큼 규모를 키운 상태였다는 것이 문제였다.

소득세 및 상속세 중과에 반대하는 내티의 주장이 내구력 있는 주장은 아니었다는 사실을 덧붙여야 되겠다. 내티는 이런 식으로 추론했다. "소득이 줄어들면 소비할 수 있는 돈이 줄고 고용이 감소된다. 상속세가 늘어나면 자본이 줄고 그러므로 소득세 부담도 적어진다. 소득세를 중과하면 저축이 줄어들고 자본이 감소되어 재산세 역시 줄어들 수밖에 없다." 부자들이 대개 불로소득이자 상속 재산인 그들의 부를 마음껏 누리도록 내버려 둬야 한다는 주장을 정당화하기에는 미약한 논지였다. 지배 체제의 민주화 추세가 지속되는 상황에서 "자본가들과 부유층에 특히 불리한……소득세를 만드는" 정책은 반론의 여지 없이 인기 정책이었다.

상속세를 비교적 온건한 수준으로 올리는 것도 중대한 결과를 가져올 실마리를 제공하는 셈이라는 내티의 주장이 전적으로 틀린 말은 아니었지만, 그는 논쟁에서 패배할 운명이었다. 무엇보다 그 역시 "조세 부담은 그 부담을 가장 잘 질 수 있는 사람의 어깨 위에 놓여야 한다"는 주장의 설득력을 인정했다. 영국 제도 안에 소토지 소유자 수를 증대시키는 토지 개혁에 반대했던 로스차일드가의 주장 역시 경제적으로는 일리 있는 이야기였지만, 당시 분위기에서는 대지주의 이기적인 주장처럼 들릴 수밖에 없었다. 야당이 보궐선거에서 거둔 승리를 근거로 정부 조치에 반대하는 상원의 주장을 정당화하는 것은 관념대표제(virtual representation)라는 케케묵은 원칙을 과잉 적용한 것에 지나지 않았다. 1910년의 총선 결과, 자유당이 하원에서 절대다수당의 주도권을 상실한 것은 사실이었다. 그러나 궁극적으로 예산안에 거부권을 행사할 힘을 잃어버린 것은 상원이었다. 로이드 조지의 세금도 결국은 시행되었다. 1910년 1월, 내티는 "대중들이……세금을 부담해야 하는 부자들에게 조금이라도 동정을 느낄 것 같지는 않다"고 생각에 잠겨 말했다. 마치 그 사실을 그제야 깨달았다는 투였다.

내티는 심지어 인민예산안이 공개되기도 전에 자신을 때릴 수 있는 채찍을 부지중에 정부에 건넴으로써 자유당에 좋은 일을 해 주고 말았다. 정부로서는 임기의 첫 2년과 같은 흑자 예산이 지속됐다면 신규 조세에 정당성을 부여하기가 어려웠을 것이다. 게다가 "민주주의적인 [정부] 지지자들이 요구하는 노령 연금과 그 밖의 혜택들" 때문에 예산 불균형이 초래됐다면 직접세 증대에 대한 반대 주장에 힘이 실렸을 것이다. 그러나 사실상 로이드 조지가 메우려고 애쓰고 있던 구멍은 대부분 방위비 지출 증대로 뚫린 것이었고, 방위비 증대는 다름 아닌 내티와 그의 시티 동료들이 열렬히 지지해 온 정책이었다. 내티는 리처드 홀데인(Richard Haldane)의 군대 개혁 프로그램을 공개적으로 지지했다(비록 옛 민병대를 특별 예비군으로 전환하는 방침에 대해서는 개인적인 반감을 느꼈지만).[7] 해군 군비를 증대한다는 결정이 내려지자 그와 레오는 한층 더 열광적인 반응을 보였다(무엇보다 그 결정이 급진파들의 코를 납작하게 해 주었다고 생각했기 때문에). 그러나 1909년 초 내티가 드레드노트를 넉 대가 아닌 여덟 대를 마련해야 한다는 캠페인에 개입한 것은 통탄할 만한 전략적 실수였다. 그는 "이미 대규모 지출이 이루어"진 것은 사실이지만 해군이 "최고 능률 상태"를 유지할 수 있게 하려면 "더욱 많은 지출이 필요할 것이라 예상"한다고 대놓고 인정해버리는 실수를 저질렀고, 로이드 조지는 다시없는 기회를 붙들었다. 재무장관은 이 기회를 놓치지 않고(예산안 반대 집회에서 내티가 그를 "사회주의자이자 공산주의자"라고 매도한 바로 이틀날), 홀본 레스토랑에서의 연설에서 "정녕 피해 갈 수 없는 로스차일드 경"에 대한 반격에 나섰다.

사실 이 모든 일을 추진하는 동안 우리 앞을 막아서는 것은 로스차일드 경, 로스차일드 경, 로스차일드 경입니다. 이 나라에서는 주류법 개혁을 하지 못할 겁니다. 왜냐고요? 로스차일드 경이 귀족들에게 그렇게 말하라고 회보를 돌렸기 때문입니다.(폭소) 우리는 드레드노트를 더 많이 확보해야 합니다. 왜냐고요?

로스차일드 경이 시티에서 열린 집회에서 그렇게 말했기 때문입니다.(폭소) 또 우리는 드레드노트를 확보하되 그 비용을 지출해서는 안 됩니다. 왜냐고요? 로스차일드 경이 또 다른 집회에서 그렇게 말했으니까요.(폭소와 환호) 유산세(遺産稅)와 부가세를 징수해서는 안 됩니다. 왜냐고요? 로스차일드 경이 그런 세금은 참을 수 없는 조치라는 내용으로 은행가들을 대표해 항의문에 서명했기 때문이지요.(폭소)……이제 정말, 제가 알고 싶은 것은, 로스차일드 경이 정녕 이 나라의 독재자인가 하는 겁니다.(환호) 정말로 이 모든 개혁 조치들이 단순히 '통행 금지, 나타니엘 로스차일드의 명령임'이라고 쓰인 게시문 때문에 봉쇄되어야 하는 겁니까?(폭소와 환호) 자국의 정책이 그저 거대 금융가들의 이권에 따라 움직이지 않도록 엄격히 조치하는 나라들이 있으며, 만약 우리가 그 같은 일을 해낸다면 이 나라 역시 그런 나라들과 동급이 될 수 있을 겁니다.(환호) 순전히 정당적 반대가 아닌 한……예산에 반대하는 움직임은 실로 전무합니다.

선동적인 연설까지는 아니더라도 충분히 강력한 연설이었다(특히 뒤에 언급한 '다른 나라들'에 러시아가 은연중 포함되어 있었다면). 무엇보다 이 연설은 로스차일드 캠페인의 약점을 찔렀다. 내티는 더 많은 드레드노트를 원했다. 그 돈의 일부를 자신의 주머니에서 낼 생각이 없다면, 무슨 면목으로 그 많은 드레드노트를 사들여야 한다고 주장할 수 있겠는가?

로이드 조지는 지금이야말로 적을 끝까지 밀어붙여야 할 때라는 것을 알았다. 12월 17일에 월워스에서 열린 집회에서 연단에 오른 그는 같은 주제로 또 한 차례 열변을 토했다.

드레드노트가 더 필요하다고 아우성친 사람이 누굽니까? 저는 시티에서 열렸던 대규모 집회를 기억합니다. 회의를 주재한 로스차일드 경은 여덟 대의 드레드노트를 당장 마련해 놓아야 한다고 주장했지요. 정부는 넉 대를 주문했고, 로스차일드 경은 한 푼도 보태지 않았습니다.(폭소) 과거에 어느 잔인한 왕은 로스차일드 경의 조상들에게 지푸라기 없이 벽돌을 만들라고 시켰답니다.(큰 폭소) 돈 없이 드레드노트를 만드는 것에 비하면 식은 죽 먹기가 아닙니까?

자주 지적되었지만, 이 마지막 조롱에는 명백히 반유대주의적인 뉘앙스가 담겨 있었다(오래전 토머스 칼라일이 존 왕의 유대인 처우 방식을 들먹이며 했던 이야기, 그리고 글래드스턴이 불가리아 정치 선동 중에 디즈레일리를 공격했던 말을 연상시킨다). 그러나 이런 신중하지 못한 표현이 공격의 효력을 크게 감소시키지는 않았다. 각료로 임명된 유대인(랭커스터 공작령 대법관 허버트 새뮤얼[Herbert Samuel])이 과거 라이오넬의 의회 입회를 반대했던 상원의 수치스러운 행동을 재연시켰을 때 내티에게 그에 대처할 만한 마땅한 해법이 있었던 것도 아니었다. 이스트엔드에서 열린 유세 집회에서 내티가 반격으로 내세운 것은 "정부가 이 나라에 도입하려 하는 새로운 관료주의"(집회에 모인 청중들 상당수가 "러시아를 벗어나야 탈출할 수 있었던" 것과 "유사한" 관료주의!)에 반대한다는 설득력 없는 주장이었다. 유세 집회를 전전하며 전국을 순회하는 동안 그와 로이드 조지가 상대방을 겨냥해 쏟아낸 비방도 점점 더 잔인해졌다. 차이점은 로이드 조지는 논쟁에서 이기고 있었다는 것이다.[8] 로스차일드 가문 역사상 정식 파트너가 그토록 정치적으로 취약한 입지에 발을 들인 것은 처음 있는 일이었다.

그러나 채 5년도 지나지 않아 형세는 역전되었다. 로이드 조지의 "터무니없는 재정 정책"도 그 정책하에서 로스차일드가가 돈을 버는 한은 시장에 불안감을 조성하지는 않았을지 모른다. 자유당 정부가 보궐선거에서의 부진으로 원내 과반수의 지위를 잃어버린 뒤인 1914년 여름, 재무장관은 예산안의 기각이라는 수치스러운 패배에 맞닥뜨려야 했다. 7월 10일, 내티는 흡족해하며 썼다. "로이드 조지 씨는……정부 지지자들한테서도 신임을 못 받는 사람이다." 게다가 막대한 규모의 금융 위기가 국가 재정을 집어삼키기 직전에 이르자, 재무장관은 그가 경멸해 마지않던 로스차일드 경에게 도움을 청해야 할 처지가 되었다.

위기의 원인이 된 것은 예기치 못했고 그다지 주목도 끌지 못한 사라예보에서 벌어진 한 사건이었다.

고삐 풀린 증오

1914년 당시, 전쟁은 필연의 사태가 아니었다. 제국주의도, 동맹 체제도, 그 외의 어떤 초인적인 힘도 전쟁을 불가피한 것으로 만들지 않았다. 그러나 그것은 가능성이었다. 문제는 과연 어떤 전쟁이 일어날 것인가 하는 것이었다. 또 다른 발칸전쟁? 러시아와 오스트리아가 일으킨 대륙전쟁에 프랑스와 독일까지 참전하는 양상이 될까? 세 번째 가능성(대영제국까지 나선 세계대전)은 모든 시나리오 중에서 가장 허무맹랑한 축에 들었다는 사실을 기억해야 한다. 로스차일드가를 포함해 당시의 런던 사람들 대부분은 아일랜드내전을 더욱 임박한 위기로 느끼고 있었다.

심지어 1909년과 1910년 상하원 간의 재정 및 헌법 갈등이 맹위를 떨치고 있던 와중에도, 내티는 토지 개혁과 아일랜드 내정 자치라는 오랜 문제에 내심 신경을 쓰고 있었다. 1910년의 총선 결과, 아일랜드 하원 의원들이 (백중세를 이루고 있던 두 개의 대형 정당 사이에서) 웨스트민스터의 중추적인 위치를 차지하게 되면서 아일랜드 문제에도 다시 불이 붙었다. 부분적으로는 바로 그 이유 때문에 내티는 헌법 문제에 대해 돌연 신중한 태도를 취했다. 보수당을 다시 집권시키기 위해서라면 무슨 수라도 쓸 만큼 열성적이었던 그는 밸푸어가 소수 정부를 꾸려 자유당 하원 의원들로부터 세출 승인을 받지 못할 경우 직접 자금을 지원하겠다는 실로 이례적인 제안을 하기도 했다. 그러나 내티 역시 랜즈다운과 밸푸어처럼 자유당 귀족들이 급증하는 것은 두려워했다. 의회가 다시 소집되자마자, 지난해에 예산을 두고 벌였던 투쟁은 승산이 없는 일로 여겨져 방기되었다. 반대로, 그보다 더 역사 깊고 통렬한 아일랜드 문제가 그들에게 승리를 안겨 줄 쟁점으로 보였다. 상원에서 과반수를 차지하고 있던 합방주의자들이 그 세력을 유지하는 한, 승산은 충분했다. 다시 말해, "자신의 행동이 초래할 결과에 신경 쓰지 않는, 앞뒤 보지 않고 달려드는 신참과 원로 모두"를 제지할 필요가 있었다.

내티 자신이 얼스터라는 주제에 대해 '앞뒤 보지 않고 달려드는' 축이 아니었느냐 하는 질문이 제기되곤 했다. 얼스터 합방주의자들을 독려해서 내정 자치에 무장 저항을 꾀하게 한 보수당 일파와 그가 어떻게든 관련되어 있었던 것일까? 일설에 따르면, 그는 "얼스터 의용군(Ulster Volunteer Force)의 항전을 지원하기 위해 개인적으로 최소한 1만 파운드를 기부했다". 그러나 이 주장의 근거가 된 알프레드 밀너의 문서에 등장하는 증거에는 문제가 있다. 얼스터 방위 기금 기부자 명단에 등장한 'D'라는 인물이 바로 내티였다고 추정하는 것이 불가능하다는 이야기는 아니다. 다만 개연성을 떨어뜨리는 것은 파리 사촌들에게 보낸 편지들에서 드러나는 내티의 태도가 호전적이지는 않았다는 점이다. 그는 1914년 3월 19일에 이렇게 써 보냈다. "양편에서 진행 중인 전쟁 준비에 대한 기사를 읽거나 영국이 마치 실제로 심각한 군사 작전에 돌입하려는 것처럼 이야기하는 군인들의 말을 듣고 있자면, 나는 불쾌하고 거슬리고 심지어는 고통스럽기까지 하다. 지금까지는 결정적인 순간마다 양편의 상식과 선의가 위기를 물리치고 문제를 해결해 왔다. 같은 역사가 이번에도 반복될지? 나는 진정 그러길 바란다."

몇 개월 뒤에도 그는 "합방주의자들 대다수의 생각은 몇 마디 말로 요약할 수 있을 것이다. '무슨 수를 써서라도 내전을 막는 것이 우리의 긴요한 의무다'"라는 관점을 지키고 있었다. 7월 초에는 상황을 낙관적으로 판단해서 "'평화 지표'는 확실히 상승하고 있다"고 파리에 써 보내기도 했다. "얼스터에서 내전은 일어나지 않을 것"이며 "얼스터 문제는 어쨌든 조만간 해결될 것"이라는 "믿음이 시티에 자리 잡"기 시작한 듯했다. 내티는 그 전망대로 이루어지기를, "수개월간 이 나라를 떠돌고 있던 [내전의] 그림자"가 사라지기를 "진심으로 희망"했다.

사실은 이랬다. 자유당원들과의 관계를 이모저모로 망가뜨린 내티는 1914년 무렵에는 보수당 중진들과도 소원해져서 더 이상 긴요한 정보를 전달받지 못하고 있었다. 밸푸어는 가까운 벗이었지만 차기 총리가 된 글래스고 출신의 보너 로(Bonar Law)는 그렇지 못했기 때문에, 밸푸어가 1911년 11월에 총리직 사임을 결정했을 때 내티는 그 일을 "고통"으로 느낄 수밖에 없었다. 내티는 로를 거의 알지 못했고 1911년과 1912년에 몇 차례 만난 것만으로 교우를 다지기는 힘들었다. 개인적이고 정치적인 견해 차 역시 드러났다. 보수당 당기구 의장 아서 스틸 메이틀랜드 경에 따르면 로스차일드가는 "연 1만 2000파운드를 내고도 선거 자금으로도 거액을 기부했고, LU[자유통일당]에도 상당한 액수를 기부"했을 뿐만 아니라, 최소한 하이드 선거구 의석만큼은 좌지우지하고 있었다. 그러나 로스차일드가가 이 의석에 앉히고 싶어 하는 후보(필립 사순)는 당 중진들의 동의를 더 이상 얻지 못했다.[9] 1911년 10월에 허버트 깁스가 당 중앙 사무국을 위한 기금을 시티에서 추가 조성할 목적으로 접근했을 때, 내티는 심지어 가타부타 말도 하지 않았다. 깁스가 보너 로를 시티로 초청해서 재정 정책 설명회를 열자고 제안했을 때도 내티는 반대했다.

내티 혼자 냉랭한 태도를 보인 것은 아니었다. 보너 로의 집권기 동안 보수당은 얼스터 문제를 훨씬 공격적으로 다뤘을 뿐만 아니라 외교 정책상의 문제들, 특히 독일과 관련된 문제들에 더욱 공격적인 모습을 보였고, 혐독일 논조를 높여 가고 있던 토리당 지지 언론들이 이런 분위기를 부추겼다. 1909년에 드레드노트 물량 증대를 주장했던 사람이 여태껏 영국과 독일 간에 평화를 유지할 수 있으리라는 희망을 품고 있었다는 것은 희한해 보일지 모른다. 그러나 내티는 분명 그랬다(아무튼 그는 "매우 강력한 해군을 원하지만, 호전적인 정책을 촉구할 의도는 없다"는 점을 강조했다). 1912년에 내티는 『영국과 독일(England and Germany)』이라는 제목으로 출간된 선집에 진심이 담긴 에세이를 한 편 기고했는데, 그 글에서도 드러나는 것은 변함없는 친독일 성향이었다. "우리와······ 독일 사이에 서로 닮지 않은 것이 과연 무엇인가?" 그는 묻는다. "그들의 육군과 우리의 해군 외에는 아마도 없을 것이다. 그러나 가장 강력한 육군 국가와 가장 강력한 해군 국가의 조합은 전 세계에 존경을 불러일으켜야 하고 만국의 평화를 보장해야 한다." 돌이켜 보면 참으로 딱한 주장이 아닐 수 없다. 그러나 1912년(독일이 사실상 해군 경쟁을 포기한 해)은 1914년하고도 8월까지 로스차일드가와 정기적으로 내왕했던 파울 슈바바흐가 영독 협력을 증진하려는 노력을 재개한 해였다.

심지어 1914년 당시마저 영국과 독일 사이의 전쟁이라는 재앙을 예견할 만한 이유는 없어 보였다. 에드워드 홀든 경은 스판다우의 율리우스 탑에 보관된 독일의 "군자금" 규모를 초조하게 언급하면서, 전쟁이 터질 경우에 영국은행이 적절한 준비금을 유지할 수 있도록 시티의 은행들이 미리 금을 모아두고 있어야 한다고 촉구했을지 모른다. 그러나 내티는 이를 "아주 웃기는 생각"이라며 무시해버렸다. 그해 3월에 트링에서 독일 대사를 만났을 때도 "그는 자신이 직감하는 한, 그리고 자신이 알고 있는 한, 전쟁을 두려워할 이유는 없으며 장래에 분쟁이 일어날 가능성도 없다고 힘주어 말했다". 1914년 6월과 7월에는 얼스터에 대한 염려와 브라질 채권 협상 문제가 뉴코트의 관심을 온통 사로잡고 있었다. 막스 바르부르크가 당시 진행 중이던 사업에서 자신의 회사가 맡은 역할을 마무리하기 위해 런던을 세 차례 방문한 일은 그 무렵 영국과 독일 사이를 특징지었던 우호적인 경제 관계를 드러낸 또 다른 증거일 뿐이었다.

로스차일드가가 7월 위기의 중요성을 파악하지 못했다는, 즉 위기가 8월에 전쟁으로 번지기 전까지는 깨닫지 못했다는 주장이 제기돼 왔다. 카시스도 지적했듯이, 6월 29일에서 7월 23일 사이에 뉴코트와 라피트 가에서 주고받은 스물다섯 통의 편지 중에서 사라예보에서 벌어진 프란츠 페르디난트 대공의 암살이 초래한 외교적 파문을 언급한 것은 오직 다섯 통에 불과했다. 내티의 평은 사뭇 한가하게 들린다. "이번 사건은 세르비아인들의 야만성, 그리스정교회가 가톨릭 신앙에 품은 증오, 그리고 무정부주의 단체의 윤리와 주의를 보여 주는 슬픈 사례다." 그는 7월 6일에 이미 불안감을 내비치기도 했다. "오스트리아 왕실과 국민들이 침착성을 유지할 수 있을까? 혹은, 아무도 예견 못한 전쟁이 일어나는 건 아닐까?" 여드레 뒤, 그는 "오스트리아-세르비아 관계에 대해 일부에서는 상당한 불안감"을 느끼고 있다고 썼다. 사실 내티는 7월 22일까지도 평화에 대한 믿음을 버리지 않고 있었고, "러시아가 지원하지 않는 한 세르비아는 어떤 모욕도 감수해야 할 것이며, 현재 러시아 내부 분위기는 조용히 지켜보자는 쪽이고, 주제넘게 나설 만한 상황이 아니"라는 "유력한 소식통의 근거 있는 소신을 믿고" 있었다. 그러나 당시로서는 그렇게 믿는 것이 완전히 터무니없는 일은 아니었다. 내티가 이튿날 써 보낸 "전반적인 의견", 즉 "현재 논란이 되고 있는 여러 문제들은 무력에 호소하는 일 없이 해결될 것"이라는 생각 역시 마찬가지였다. 오스트리아가 세르비아에 보낸 최후통첩의 세부 내용이 알려지기 전까지는, 세르비아인들이 "온갖 사죄를 다하"고 문제는 마무리될 것처럼만 보였다.

그러나 내티는 마음을 놓지 못했다. 7월 27일에 사촌들에게 써 보낸 것처럼 이제는 "아무도 유럽의 현 상황 이외의 문제에 대해서는 생각도, 이야기도 하지 않는다. 유럽의 대화재를 막기 위해 진지한 조치가 취해지지 않는다면 일어날지도 모를 결과들에 대해서만 말들이 오간다." 그러나 "태곳적부터 으레" "외교 기술을 써서 행동할 줄을 몰"랐던 오스트리아일지언정 "세르비아에 그런 요구를 할 만한 입장이라는 것, 그리고 열강들이 성급하고 경솔한 행동을 취해서 자칫 살인 사건을 묵인하는 것처럼 보이는 것은 부적절한 일이 되리라는 것"이 "일반적인 견해"였다. 그는 애스퀴스 정부가 "유럽의 평화를 지키기 위해 백방으로 노력을……기울일 것이며, 비록……나라의 두 경쟁 정당이 그 어느 때보다도 날카롭게 대립하고 있는 상황이지만, 이 정책을 펼쳐 나가는 동안 애스퀴스 씨는 온 국민이 그를 지지하고 있다는 것을 알게 될 것"이라고 결론 내렸다.

6월 28일에서 8월 3일까지의 위태로웠던 기간 동안, 내티는 위기가 외교적으로 해결되리라는 희망을 버리지 않았다. 그는 독일 정부가 전쟁을 원치 않는다고 믿었을 만큼 고지식했던 것이다. "무엇이든 아주 긍정적인 의견을 표하기란 힘든 상황이다." 6월 29일, 그는 프랑스의 친척들에게 그렇게 써 보냈다. "하지만 나는 너희가 틀렸다고 말할 수 있을 것 같다. 개인적으로 바로 너희들이 아니라, 독일 황제가 불순한 동기를 품고서 음흉한 술수를 쓰려 한다는 프랑스의 견해가 틀렸다는 이야기다. 황제는 오스트리아가 러시아의 공격을 받을 경우 오스트리아를 지원해야 한다고 명시된 조약과 약조에 묶여 있는 상태이지만, 가능한 한 그런 일만큼은 벌어지지 않기를 바라는 것이 그의 심정일 것이다."

"차르와 카이저가 평화를 도모하기 위해 직접 전보를 주고받고 있다"는 것은 사실이었다. 내티가 착각한 부분은 카이저의 각료들이 (그리고 특히 그의 장군들이) 전쟁을 "국지화"할 수 있기를 진심으로 바라고 있다고 생각한 점이었다. "열강들은 지금도 서로 대화하고 협상하며 유혈 사태와 참혹상이 유럽 전역에 퍼지는 것을 막기 위해 노력하고 있다"고 그는 7월 30일에 희망에 찬 편지를 전했다. "오스트리아로서는 불편한 상황이 될지 모르지만, 세르비아인들이 저지른 야만적인 살인, 그 살인의 근거가 된 주의(主義)를 씻어내겠다고 수백만의 목숨을 희생시킨다면 오스트리아는 극단적인 범죄 국가가 되는 셈이다." 이런 편지에 드러나는 어조만으로도 그가 이 같은 견해를 파리지

앵들에게 납득시키는 데 어려움을 겪고 있었다는 것을 쉽게 짐작할 수 있다. 이튿날의 마지막 시도, 즉 러시아를 제지하는 것은 전적으로 프랑스에 달려 있다는 취지의 편지는 내티가 그때까지도 얼마만큼이나 심적으로 친독일적이었는지를 보여 준다. 편지의 내용은, 로스차일드가의 경제적 영향력으로 사태를 움직일 수 있다는 신념이 드러난 최후의 공허한 주장으로서도 인용해 둘 가치가 있다.

시티에서 계속 들려오는 이야기로는, 독일 황제가 상트페테르부르크와 빈 양쪽을 설득해서 오스트리아와 러시아 그 어느 쪽도 불쾌해하지 않을 만한 해법을 찾기 위해 애쓰고 있다고 한다. 아주 칭찬할 만한 노력이 이곳 영국에서도 정력적으로 진행되고 있다고 단언하매. 이젠 프랑스 정부가 현재 무슨 노력을 기울이고 있으며 어떤 정책을 고려하고 있는지 물을 차례다. 나는 차르에게 '인기 있는 인물'임이 틀림없을 푸앵카레(Poincaré) 씨가 러시아 정부에 다음과 같은 것을 지적할 뿐만 아니라 통감시켜 주기를 바라고 또 그렇게 해 주리라 믿는다. 1) 그 어떤 강국이 동맹국으로 참전하든 전쟁이 어느 편의 승리로 끝날지는 확신할 수 없지만, 그 결과가 어떻든 전쟁으로 빚어질 희생과 비참은 엄청나고 말로 다 표현할 수 없으리라는 것. 2) 프랑스는 러시아의 최대 채권국이며, 실상 두 나라의 재정 및 경제적인 조건들은 긴밀히 연계되어 있다는 사실. 우리는 너희들이 최선을 다해 가능한 한 모든 영향력을 발휘해 주기를, 너희 정치가들이 마지막 순간에라도 끔찍한 분쟁이 일어나는 것을 막을 수 있도록 너희가 설득하기를, 러시아에도 그들이 반드시 프랑스를 도와서 그렇게 해야 한다는 것을 일깨워 주기를 바란다.

지금은 어이없도록 순진하게 읽히는 편지이지만 당시로서는 그렇지 않았다. 일단, 이와 비슷한 중재 시도들이 과거에는 꽤 자주 전쟁을 막을 수 있었다(예를 들어, 모로코 위기 당시). 또한 내티의 언급에서는 그가 전쟁의 기간과 예상 강도에 대해 환상을 품고 있지 않았다는 것을 알 수 있다. 역사가들이 널리 믿고 있는 것처럼 1914년 8월 당시에 사람들이 단기전을 예상하고 있었다는 점을 고려할 때, 이것은 중요한 사실이다. 그보다 더 중요한 것은 그렇게 생각한 사람이 시티에서 그 혼자만이 아니었다는 점이다. 7월 위기로 촉발된 금융 위기가 얼마나 혹독하게 전개됐는지 하는 것만큼 금융계에 만연해 있던 비관주의의 정도를 극명히 드러내는 것은 없었다.

빈 증권거래소는 일찌감치 7월 13일부터 낙세를 보이기 시작했지만, 런던에서 위기가 감지된 것은 7월 27일(오스트리아가 세르비아에 전쟁을 선포하기 하루 전)부터였다. 내티는 파리 일가에 소식을 전했다. "외국 은행들, 특히 독일 은행들이 오늘 증권거래소에서 막대한 액수를 인출해 갔다. 시장은 한때 대혼란에 빠졌다.……엄청난 수의 약소 투기꾼들은 헐값 매도에 나서고 외국 투자자들도 하나같이 콘솔채를 팔았다." 이것이 그저 시작에 불과했다는 사실은 이튿날 파리 상사가 암호 전보를 보내 "프랑스 정부와 예금은행들을 위해 막대한 양의 콘솔채를 영국에서" 매각해 달라고 요청했을 때(내티는 완전히 충격에 빠졌다) 분명해졌다. 그는 이를 거절했는데, 일단은 순전히 기술적인 이유로 "지금 영국 시장에서는 시세가 거의 액면가나 다름없기 때문에 옴짝달싹도 할 수 없는 상태이며, 웬만큼 중요한 거래는 거의 이루어지지 않고 있기" 때문이었다. 그리고 그는 정치적인 견해를 덧붙였다. "누구나 '전쟁'을 입에 올리는 상황에서 우리가 대륙의 열강에 금을 보내어 그곳에 힘을 보태는 역할을 한다면 결국……개탄스러울 결과"를 낳을 것이 뻔하다는 것이었다. 프랑스 로스차일드가에는 전보의 내용을 기밀로 유지하겠다고 장담했지만, 내티는 당장 애스퀴스에게 무슨 일이 일어났는지 알렸다. 애스퀴스는 영웅적인 절제미를 발휘해서 이를 단지 "불길한 사태"라 평하고 입을 닫았다. 어음 인수 상사들로부터 파급된 심각한 유동성 위기가 영국의 전체 금융 시스템을 나락에 빠뜨릴지도 모르는 상황이 눈앞에 닥쳐 있었다.

7월 29일(라피트 가에서 금을 요청한 이튿날), 74가 넘었던 콘솔채 가격은 69.5로 추락했고 시장이 재개된 뒤에도 계속 하락했다. 30일까지 영국은행은 할인시장에 1400만 파운드를 대부했고 은행들에도 비슷한 액수를 대부했지만, 자체 준비금을 보호하기 위해 재할인율을 3%에서 5%로 올려야 했다. 내티가 편지로 전한 것처럼, 이미 증권거래소를 폐장해야 한다는 "이야기가 막연하게나마" 흘러나오고 있었다. 대륙 국가들을 상대로 대규모 인수 사업을 벌였던 회사들(클라인워트와 슈뢰더 같은)은 곤경에 빠졌다. 약 3억 5000만 파운드의 환어음이 미지불 상태였고, 그 중 지불 가능성이 없는 분량이 얼마나 되는지도 알 수 없었다. 7월 31일에 영국은행 재할인율이 두 배로 뛰어 8%에 이르자(이튿날 2%가 더 오른다), 블로흐, 앤젤, 홉슨 같은 저자들이 틀렸다는 사실이 명백해졌다. 은행들은 전쟁을 막을 수 없었지만, 전쟁은 은행들을 정지시킬 수 있었다. 완전한 붕괴를 피하기 위해 31일에 증권거래소는 폐쇄되었다. 이는 지난 100년을 통틀어 심지어 최악의 위기에서도 필요한 적이 없었던 조치였다. 이튿날 로이드 조지는 (1846년, 1857년, 그리고 1866년에 그랬듯이) 영국은행장에게 필요할 경우 은행 조례로 지정된 은행권 발행 한도를 초과해도 좋다는 허가 서한을 보냈다. 우연히도 8월 1일은 일요일이었고, 다음 월요일은 공휴일이었다. 아예 일주일 전체가 연휴로 지정되면서 잠시나마 숨 돌릴 틈이 주어졌다. 증권거래소는 "추후 통보가 있을 때까지" 폐장된 상태였다.

   금융 위기는 불가피했다. 그러나 8월 3일까지도 불확실한 상태로 남아 있었던 것은 영국이 과연 전쟁에 참여할 것이냐 하는 문제였다. 영국이 관여하지 않을 경우 전쟁의 예상 승패를 시티에서 어떻게 전망했는지 추론하기란 어렵지 않다. 7월 18일에서 8월 1일(장시세가 발표된 마지막 날)까지 주요 열강 각국의 경기가 폭락했지만, 일부 국가는 다른 곳보다 낙폭이 컸다. 러시아의 금리 4% 채권은 8.7% 떨어졌고 프랑스의 금리 3% 채권은 7.8% 떨어진 반면, 독일의 금리 3% 채권은 단 4% 떨어지는 데 그쳤다. 영국이 전쟁에 발을 담그지 않은 상황에서 시티는 1870년에 그랬듯이 몰트케에 판돈을 걸고 있었다. 파리 사람들의 머릿속에도 1870년의 기억은 생생히 살아 있었다. 8월, 파리가 또다시 포위될 것을 두려워한 에두아르는 가족을 전부 영국으로 보냈다(가족들은 얼마 뒤 다시 돌아왔지만, 마른전투가 벌어졌을 때 불안감에 휩싸인 그는 가족들을 이번에는 라피트 영지로 피난시켰다). 동시에 그는 은행 사무실도 잠정적으로 보르도로 옮겼다.

   전쟁에 개입해서 프랑스 쪽으로 전세를 역전시키자는 영국의 결정(장시간의 논쟁 끝에 완전히 분열된 내각에서 내려진 결정)은 로스차일드가나 은행가들이 손쓸 수 있었던 결정이 아니었다. 7월 31일, 내티는 "나라를 아예 전쟁으로 몰아가고" 있는 사설 논조를 완화해 달라고 《타임스》에 탄원을 보냈다. 그러나 위컴 스티드뿐만 아니라 신문 사주 노스클리프 경도 이를 "우리를 협박해서 중립을 지지하게 하려는 더러운 독일계 유대인 국제 금융가들의 시도"로 여기기는 마찬가지였고, 내티의 요구에 대한 "적절한 답변은 내일 훨씬 더 강경한 사설을 내는 것"이라는 앵돌아진 결론을 내렸을 뿐이다. "우리는 지켜보고 있지만은 않을 것이다." 토요일자 사설은 과연 벽력을 내리쳤다. "우리에게 그 무엇보다 중요한 것은 바로 자위권(自衛權)이다." 슈바바흐가 8월 1일에 알프레드에게 한탄한 것처럼 "지금 당장은 개입을 정당화시킬 근거가 없는 것처럼 보여도" 영국의 개입은 이제 시간문제인 듯했다. 그는 안타까이 이렇게 덧붙였다. "[그러나] 당신과 나는 최선을 다해 양국의 관계 개선을 위해 노력해야 한다는 것을 알고 있습니다." 내티가 카이저에게 평화를 촉구하는 개인 서한을 보내는 자구책까지 기울였지만, 편지를 받은 황제가 끼적여 놓은 것은 생뚱맞게도 "이제는 원로가 된, 꽤 명망 있는 내 지인. 이제 한 75세나 80세쯤 되었으려나" 하는 소회가 전부였다. 편지 왕래로 사태를 해결해 보겠다는 희망 역시 사라졌다. 답장을 전해 받기도 전에 통신이 두절됐기 때문이다.

8월 3일, 그레이는 하원에서 영국은 "방관하지" 않을 것이라는 취지의 연설을 했다. 내티가 이 이야기를 사촌들에게 전하며, 독일의 벨기에 침공은 "영국이 어떤 경우에도 참고 볼 수 없는 행위"였다고 변명했다. 물론 정부가 그런 결정을 내린 데에는 어쩔 수 없었던 또 다른 이유들이 있었다. 만약 독일이 프랑스를 패퇴시킨다면 영국의 안전도 위험에 처하리라는 믿음, 그리고 합방주의자들을 권력에서 끝까지 배제시키겠다는 욕망 역시 개입되어 있을 것이다. 그러나 1839년의 조약을 이끌어내기까지 그토록 많은 역할을 했던 로스차일드가가 영국 참전의 명분으로 벨기에의 중립성을 강조했던 것도 이해할 만한 일이다.

전쟁의 열기로 인한 도취감이 뉴코트까지 뚫고 들어가지는 못했다. 내티가 편지에서 묘사한 대로, 뉴코트 사람들은 "세계 역사상 최대의 무력 투쟁," 아무도 지속 기간을 예측할 수 없는 "참혹한 전쟁"을 정확히 예견하고 있었다. "그 어떤 정부도 이보다 심각하고 고통스러운 과업을 맡았던 적은 없었다." 알프레드는 파리에 그렇게 써 보냈다. 그로서는 "군사적이고 윤리적인 참상이 우리 앞에 그 고통스러운 면면을 보이며 점점 더 다가오는 것을……몸서리치지 않고는" 생각할 수가 없었다. 자유당파인 사촌 애니 역시 이번에는 그와 같은 의견이었다. "유럽 전쟁이라는 끔찍한 비극"은 그녀에게 "상상하기도 힘든" 충격이었다. 그녀는 외쳤다. "외교와 중재, 그리고 그 낡아빠진 연설 속에 등장하는 '문명의 자원(resources of civilization)'[10]이라는 것이 다 무슨 소용인지 의문스럽다. 정말로 전쟁만이 유일한 중재자라면 말이다!" 그녀와 그녀의 남편이 7월 말에 노르웨이의 베르겐에서 휴가를 보냈고, 내티의 아들 찰스는 헝가리 태생의 아내와 함께 그녀의 모국에 있었다는 것은, 로스차일드가 전통적으로 유지해 온 대륙과의 가족적 연계가 전쟁으로 단절되리라는 사실을 두고 보면 적잖이 상징적인 상황이었다.

웃는 얼굴을 한 사람은 정말 아무도 없었을까? 로스차일드가 사람들을 통틀어 애니의 언니 콘스탄스만이 이례적으로 전쟁 선포 이후로 나라를 휩쓴 도취적인 반독일 정서에 사로잡혀 있었다. 전쟁은 또한 얼스터 위기에 대한 명백한 해결책으로서도 환영할 만한 것이었다. 그러나 내티나 그의 형제들이 안도감을 느꼈다는 증거는 없다. 결국, 아일랜드에 대한 그들의 견해는 열렬한 글래드스턴주의자였던 콘스탄스의 견해와는 180도 달랐던 것이다. 뉴코트의 파트너들에게 위로가 될 수 있었던 유일한 사실은 재앙을 막는 데는 어차피 실패했으니 최소한 전쟁 노력에 자금을 대는 로스차일드가 전통의 역할을 수행할 수는 있으리라는 희망이었다.

그러나 그 일이 가능했을까? 물론 위기가 닥칠 때마다 그랬듯이 그들은 곧 정치가들로부터 전시 재정을 지원해 달라는 요청을 받았다. 일례로, 로이드 조지는 그의 『전쟁 회고록(War Memoirs)』에서 전쟁 덕에 어떻게 그때까지 그의 적이었던 인물과 화해할 수 있었는지를 자못 감동적으로 회고하고 있다. "내가 조언을 구했던 이들 중 한 사람은 로스차일드 경이었다. 이전에 그와 만났을 때는 단 한 번도 웃으면서 헤어진 적이 없었다.……그러나 당시는 자문을 구해야지 정치 싸움으로 시간을 낭비할 시점이 아니었다. 나라가 위험에 처해 있었다. 나는 이야기를 좀 나누자며 그를 재무부에 초대했다. 그는 지체 없이 달려왔고, 우리는 악수를 나눴다. 나는 말했다. '로스차일드 경, 우리 사이에는 정치적으로 유쾌하지 못한 일들이 있었습니다만.' 그는 내 말을 끊었다. '로이드 조지 씨, 지금 그런 일을 회상할 때가 아닙니다. 제가 무엇을 도와 드릴 수 있을까요?' 나는 이 질문에 답변했고, 그는 당장에 그 일을 맡아 해냈다. 모든 것이 해결되었다."

로이드 조지는 8월 첫 주에 걸쳐 시티의 은행가들을 여럿 만났지만, 그에게 확신을 심어 준 사람은 별로 없었다. 에드워드 홀든 경은 그 소수의 은행가 중 한 사람이었다. 내티도 그 중 하나였던 것 같다. "늙은 유대인 하나만 말 되는 소리를 하더라"고 로이드 조지는 그의 개인 비서에게 말했다 한다. 그 "늙은 유대인"이 회고록에서는 "위대한 이스라엘의 왕"으로 미화되어 등장하지만 말이다. 1915년에 《레이놀즈 위클리》에 기고한 글에서도 그는 내티의 기여도를 부풀렸다. "로스차일드 경은 조국에 대한 강한 의무감을 지니고 있었던 인물로, 나라를 위한 최선이 무엇이냐에 대한 견해에서 항상 나와 뜻을 같이한 것은 아니었지만, 우리 앞에 전쟁이 닥쳤을 때 그는 당장에, 그리고 기꺼이, 지난날 우리 사이에 있었던 의견차와 충돌을 없던 일로 치부해 주었다.……그는 자신의 신념을 위해 희생할 준비가 되어 있었다. 그러므로 그를 아는 사람이라면, 전비 지출을 위해 소득세를 두 배로 올리고 부가세를 중과하자고 건의한 사람들 중 하나가 바로 그였다는 것이 놀랍지 않을 것이다."

수년이 흘러서 그의 아들이 그에게 "이상적인 내각"을 꾸릴 수 있다면 누구누구를 지명하겠느냐고 묻자, 그는 윈스턴 처칠(Winston Churchill), 잰 스머츠(Jan Smuts)의 이름을 거론하며 재무장관 자리에는 내티를 앉히겠다고 대답했다. 홀데인 역시 회고록에 그와 비슷한 견해를 비쳤다. (1915년 그레이를 대신해서 외무부 일을 맡아 보는 동안) "증기선이 남아메리카에서 출발할 경우, 그곳이 설령 중립국일지라도 그 배에 독일군을 위한 물자가 실려 있을 가능성은 있다"는 사실을 알게 된 홀데인은 "자동차를 타고 로스차일드 경의 피커딜리 저택으로 달려갔다. 저택에 도착했을 때 그는 누워 있었고, 심하게 앓는 기색이 역력했다. 그러나 그는 내가 입을 떼기도 전에 손을 뻗더니 이렇게 말했다. '홀데인, 나는 당신이 무슨 부탁이 있어 찾아왔는지 모르오. 하지만 나는 만약 당신이 찾아와 이유는 묻지 말고 2만 5000파운드짜리 수표를 써 달라고 한다면 당장 그렇게 해 주겠다는 생각은 하고 있었소.' 나는 그에게 수표 때문에 온 것은 아니며, 다만 선박 운행을 멈추게 하고 싶어 찾아왔다고 말했다. 그는 메시지를 보냈고, 즉시 배를 멈출 수 있었다."

[표 30] 런던 인수 시장 : 연말 기준 인수 어음 채무(1912~1914년, 단위 : 100만 파운드)

	베어링	클라인보르트 앤드 선즈	슈뢰더	함브로	N. M. 로스차일드	깁스	브랜트	'7대 은행' 총계	총 인수어음
1912	6.58	13.36	11.95	3.45	3.49	1.38	3.19	43.40	133
1913	6.64	14.21	11.66	4.57	3.19	2.04	3.33	45.64	140
1914	3.72	8.54	5.82	1.34	1.31	1.17	0.72	22.62	69

이 모든 이야기(그리고 특히 로이드 조지가 부가세에 반대했지만 이제는 그 주장을 철회한 이단자로 내티를 설명한 것)가 사실치고는 너무 미화된 듯싶다면, 그렇게 된 이유는 홀데인이 언급한 내티의 건강 상태에서 찾을 수 있을 것이다. 로이드 조지와 홀데인 모두 그들의 추억을 부고기사풍으로 윤색해 놓은 게 사실이다. 그러나 현실은 가차없었다. 전쟁은 로스차일드가를(그리고 과연 시티 전체를) 극심한 위기로 몰아넣었다. 케인스는 당시의 상황을 간단명료하게 분석했다. "어음 교환 조합 은행들은……어음 인수 상사들과 할인 상사에 의존하고 있다. 그리고 어음 인수 상사들이 의존하고 있는 외국 고객은 송금이 불가능한 상태다." [표 30]은 이 문제의 심각성과 더불어, 특히 클라인워트은행과 슈뢰더은행이 큰 타격을 입었다는 사실을 보여 준다. N. M. 로스차일드 역시 영향을 받았다. 내티는 8월 6일에 로이드 조지에게 자신은 재무장관, 영국은행 총재, 어음 교환 조합 은행들 간에 벌어진 논쟁을 "특별한 이해관계가 없는 입장에서 객관적으로 바라볼 수 있다"고 장담했지만, 그 말은 완전히 신뢰할 만한 이야기가 아니었다.

로이드 조지가 내티의 조언을 구해야 했던 논쟁은 본질적으로 기술적인 문제였다. 대형 어음교환조합은행들은 1799년에 영국에서 실시되었고 러시아, 독일, 프랑스에서는 1914년에 이미 공식적 혹은 실질적으로 이루어진 금태환의 완전한 정지를 원했다. 그렇게 되면 그들은 고객들에게 영국은행 재할인율(8월 6일에 6%로 다시 떨어진)보다 낮은 금리로 유동성을 공급할 수 있었다. 반대로 재무부와 영국은행은 1844년 이후의 관례를 따라 가능한 한 태환 정지만큼은 피하기를 원했다. 내티가 중재한 타협안은 태환성을 유지하되 영국은행 재할인율을 추가로 1% 더 낮추는 것이었다. 그로부터 일주일 뒤, 영국은행은 8월 4일 이전에 인수한 모든 어음을 새로 낮춘 재할인율로 할인하겠다는 추가 결정을 내려 인수 시장에 숨통을 틔웠다. 작전은 성공적이었다. 알프레드와 레오는 8월 13일에 로이드 조지에게 축하 서한을 보냈고, 편지에서는 안도감이 묻어났다. 1909~1910년에 그토록 성토했던 재무장관을 이제 와서 "거장다운 안목"이니 "거장의 솜씨"니 하는 표현으로 칭송하는 것은 이른 감도 없지 않았지만, 당시는 그들이 "이 나라의 금융 역사상 전례 없었던 난국에 맞서 당신이 이뤄낸 성공에 큰 감사"를 느낀 것도 당연한 상황이었다. 내티는 모라토리엄을 끝내고 증권거래소를 재개장해야 한다는 자신의 조언(8월 27일)을 로이드 조지가 사실상 거부하고 2주가 지난 뒤에야 아우들보다는 훨씬 침착한 어조로 축하 편지를 보냈다.

그러나 내티의 역할이(심각성이 다소 덜했던 1890년의 위기 당시와 비교해) 정말로 의미심장했던 까닭은 내티의 활약상에서 시티의 권력 균형에 변화가 생겼다는 사실이 드러났기 때문이었다. 로이드 조지의 집무실에서 협상하던 중, 내티는 영국은행장에게 이렇게 말했다. "그들은 당신을 두고 비열한 술책을 쓸 수 있습니다. 그들은 막강한 이들입니다." 한때 그 말은 제3자가 로스차일드가를 일컬을 때 썼던 말이었다. 이제 내티가 지목한 이들은 어음 교환 조합 은행이었다. 그 밖에도 역시 놀라운 사실은, 인수 시장 안정화를 위해 여러 절차가 취해졌는데도 N. M. 로스차일드 앤드 선즈가 1914년 한 해에만 1500만 파운드에 가까운 손실을 입었다는 것, 다시 말해 은행 자본의 23%에 달하는 어마어마한 액수를 잃었다는 것이다. 자본만 두고 볼 때, 시티의 대형 은행들 중 그 어느 곳도 전쟁 발발로 인해 그토록 막대한 영향을 받은 곳은 없었다.

전쟁 첫 주에는 통신 두절로 애를 먹었지만, 영국 재무부가 프랑스의 전쟁 노력에 돈을 대기 시작하면서 해협 횡단 사업에 돈이 달린 적은 없었다. 외교 전보 서비스를 통해 정기적인 소통이 안정적으로 확립된 것은 1915년 초에나 가능해진 일이었지만, 영국이 프랑스에 제공한 초창기 1700만 파운드 규모의 차관은 로스차일드가를 통해 신속한 합의를 이뤄냈고, 이후로도 1914년 10월부터 1917년 10월까지 단기 재무 증권을 담보로 총 800만 파운드에 달하는 대부가 이루어졌다. 그러나 연합국 간 금융이라는 거대한 맥락에서 보면 이는 보잘것없는 수준에 불과했다. 프랑스는 전쟁 중 영국으로부터 총 6억 1000만 파운드를 차입했다. 이 액수도 미국에서 차입한 7억 3800만 파운드에 비하면 보잘것없었고, 영국이 프랑스에 대부한 자금 대부분도 영국이 미국에서 차입해야 했던 9억 3600만 파운드에서 재활용한 것에 불과했다.

전쟁이 터지자마자 돌연 분명해진 사실, 전쟁 금융의 핵심이 런던도, 파리도 아니요, 바로 뉴욕에 있다는 점이었다. 보어전쟁 중에 처음 기미를 보였듯이, 금융의 중심이 대서양 건너로 이동했다는 것은 명백한 현실이 되어 있었다. 이런 상황을 고려하면, 에두아르가 자신은 헛물만 켜고 돌아선 1억 달러 규모의 대부금을 프랑스 정부에 대신 융통해 달라고 8월 1일에 J. P. 모건으로 전보를 보낸 것은 사소한 일이 아니었다. 모건은 12년 전에 그의 런던 지사가 남아프리카 채권 발행에 참여하려다가 어떻게 퇴짜를 맞았는지를 잊지 않고 있었다. 로스차일드가를 그들이 이제껏 겪어 왔던 그 무엇보다 더 빨리 수축기(收縮期)로 몰아넣고 있었던 것은 로이드 조지의 상속세와 기타 세금도 아니요, 월스트리트에서 그들을 대변해 줄 사람이 없다는 사실이었다. 전쟁이 발발했을 때 내티는 파리에 이렇게 써 보냈다. "괴로운 상황이지만 너희와 우리가 한편이라는 사실이 그나마 뿌듯하게 해 주는구나." 그 이듬해에 에두아르도 뉴코트에 전보를 보냈다. "우리는 전장에서 전우인 것처럼 금융에서도 한 팀입니다!" 그러나 그 어떤 구호를 외쳐도 돌아오는 것은 공허한 울림뿐이었다. 1914년 이후로 로스차일드가를 하나로 묶은 것은 최소한 반세기는 지속될 쇠락뿐이었다.

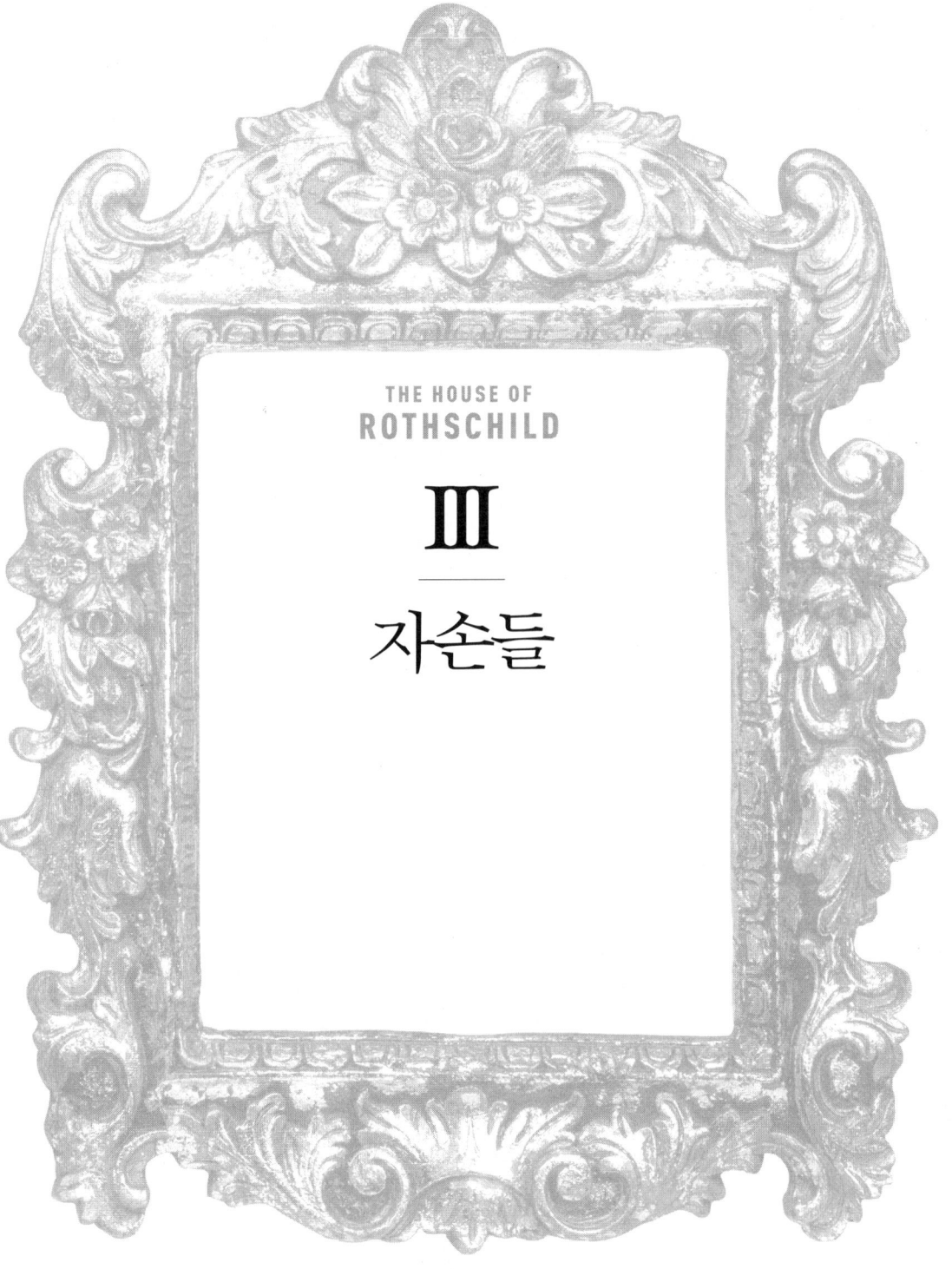

THE HOUSE OF
ROTHSCHILD

III

자손들

THE HOUSE OF ROTHSCHILD

14장
대홍수
(1915~1945)

그래, 지금은 공포와 시련의 시기다.

– 배터시 남작부인 콘스탄스가 여동생 애니 요크에게, 1916년

처칠이 "세계의 위기"라 부른 1차 세계대전은 로스차일드 가문 내부의 극심한 위기와 동시에 벌어졌으며, 그 위기를 더욱 심화시켰다. 1905년에 알퐁스의 죽음을 시발점으로 1918년에는 알프레드까지 세상을 떠나면서, 1875년경 이래 로스차일드 가족 회사를 지배해 온 세대는 모두 사라졌다. 파리 일가의 구스타브는 그의 맏형이 죽은 지 6년 만에 세상을 떠났고, 제임스의 아들 중 남은 이는 사업가 기질이 가장 부족했던 에드몽뿐이었다. 게다가 에드몽은 1934년까지 살기는 했지만 1914년에 이미 69세의 노인이었다. 빈에서도 안젤름의 아들 중 유일하게 살아 있던 알베르트가 1911년에 숨을 거뒀다. 라이오넬의 세 아들 내티, 레오, 알프레드도 1915년, 1917년 그리고 1918년에 모두 세상을 떠났다. 이 죽음은 많은 이들에게 한 시대의 종언으로 비쳤다.

《웨스턴 모닝 뉴스》는 이렇게 썼다. "로스차일드 경의 죽음은 전쟁도 퇴색시키지 못할 일대 사건이다. 지난 반세기 동안 영국에서는 중요한 정책 결정이 있을 때마다 그 직전에는 '로스차일드 경이 어제 총리를 방문했다'는 짧지만 의미심장한 발표가 등장했다. 큰 결단이 임박했을 때, 막후의 인물들은 바로 그 신호를 기다리고 있었다."

《금융가와 중금주의자(Financier and Bullionist)》의 표현에 따르면 "그가 왕이나 내각 각료들과 속내를 털어놓는 사이라는 것, 그가 수차례 제공한 더없이 귀중한 조언들이 누차 실행에 옮겨졌다는 것은······공공연한 비밀"이었다. 내티가 그만큼 막중한 인물이었다는 사실은 윌즈던 공동묘지에서 치러진 장례식에 참석한 고위 정치가들의 면면으로 입증되는 듯했다. 내각 각료 중에서는 재무장관 로이드 조지, 지방자치청장 허버트 새뮤얼, 수석재판관 레딩 경 등 세 사람이 참석했으며, 전(前) 토리당 당수(장래에 외무장관이 되는) 아서 밸푸어도 모습을 드러냈다. 밸푸어는 윔즈 남작부인에게 자신의 심경을 이렇게 고백했다. "제게 있어 내티의 죽음은 다른 이들이 짐작한 것보다 더 큰 충격이었습니다. 저는 진심으로 그를 좋아했고, 그의 과묵하고 냉철한 인품을 존경했습니다. 그는 공덕심이 높고 세속적인 화려함이나 허영에는 뜻이 없는 사람이었습니다." 몇 주 뒤에 열린 추도식에서 최고 랍비는 내티야말로 "전 세계를 통틀어 다시없을 유대인"이었다고 단언했다.

그러나 내티를 칭송했던 이들 중 누구도 그를 '위대한 은행가'였다고 추켜올리지는 못했다. 《신(新) 목격자(New Witness)》의 시티 담당 기자는 내티를 한껏 칭송하는 기사를 썼지만, 어떻게 보면 그 내용은 모욕이 될 수도 있었다.

그는 같은 세대의 금융가들에 비해 실수가 적었다. 그는 명예를 중시하는 사람이었고, 자신이 인정할 수 없는 일이면 회사에 이득이 된다고 해도 손을 대지 못하는 인물이었다.······그는 세계 최대의 상업 도시에서 최고의 사업 가문을 이끌었고, 왕과 통치자들에게 조언하고 제국의 정책을 좌우지했으며, 죽을 때도 적을 남기지 않고 평화로이 눈을 감았다. 이것이야말로 위대한 성취가 아니겠는가?

그럴지도 모른다. 그러나 내티가 지휘했던 시기의 N. M. 로스차일드 앤드 선즈는 시티의 경쟁자들에 비해 기량을 발휘하지 못했다는 것, 그리고 그렇게 된 것은 내티가 정치에 몰두해 있었고 그와 형제들 모두 사업을 안일한 태도로 꾸려 나갔기 때문이었으리라는 것은 부정할 수 없는 사실이었다. 실제로 내티의 부고를 접한 일부 논객들은 금융 세력으로서의 로스차일드가의 미래를 비관적으로 전망했다. 《데일리 뉴스》는 이렇게 썼다. "영국에서는 합자은행이 업계에 진입한 뒤로, 로스차일드의 지배 우위나 시장 독점이란 옛말이 되었다. 국채 사업 전반이 중요성을 잃었다는 것은 주지의 사실이다. 현대 금융 기관들은 상공업 금융 분야에서 가장 막대한 이익을 창출할 뿐만 아니라, 그 분야에 직접 대단한 영향력을 발휘하기도 한다. 로스차일드가는 이런 형태의 사업을 무시했을 뿐만 아니라, 미국과 독일의 거대 은행 및 기업들과 같은 혈기로 사업에 뛰어들지도 않았다. 결국 금융계에서 로스차일드가의 비중은……상대적으로 줄어들고야 말았다."

자유주의 경향의 《네이션》은 좀 더 직설적이었다. 신문이 경멸조로 쓴 기사에 따르면, 내티의 취향은 "대체로 영국 시골 신사들의 취향이었다.……이 보수적인 성향이야말로 로스차일드가가 전 세계 신사업의 상당수를 틀어쥐지 못한 이유가 아니었을까? 당연한 일이겠지만, 영국 로스차일드가 사람들 중에서 위대한 금융가를 지목할 수 있는 사람은 없을 것이다. 위대한 원예가, 위대한 수집가, 사교계의 명사는 있다. 그러나 현대판 황금왕은 찾아볼 수 없다."

5대

거의 한 세기 전에 있었던 세계 전쟁에서 가장 화려한(그만큼 신화화되기도 한) 성공을 거둬낸 내티의 조부와 내티를 비교하는 것이 신문의 본래 의도였다면, 인용된 기사는 전혀 틀린 말이 아니었다. 내티는 나탄이 아니었다. "대차대조표 준비 작업을 신속히 처리하기 위해 어떤 절차를 채택할 수 있을지, 또 회계 체제를 더 효율적이고 현대적으로 만들기 위해 도입할 수 있는 개선책에는 어떤 것들이 있는지 살펴보기 위해……회계 체제 조사 목적으로" 설립된 위원회가 복식 부기의 도입을 주장했을 때 은행의 수석 직원이었던 조지프 노하임이 이에 반대한 것은 내티가 세상을 떠날 무렵 점점 심각해졌던 은행의 경화 상태를 드러낸 증상이나 다름없었다. N. M. 로스차일드 같은 거대 기업이 1915년에도 여전히 단식 부기를 쓰고 있었다는 것 또한 놀라운 일이다. 그러나 노하임이 위원회의 제안에 반대한 것은 그런 변화(장부 분류 체계의 합리화뿐만 아니라 지우개 칼의 폐기, 책자 크기의 표준화까지 아우르는)를 받아들이고 이에 적응하려면 시간을 너무 많이 뺏기리라고 생각했기 때문이었다. 위원회의 보고서는 내용뿐만 아니라 형식 면에서도 이례적이었다. 그것은 수기(手記)가 아닌 타자기로 작성된 로스차일드가 최초의 문서에 속했다. 실제 1915년 당시에 뉴코트에는 타자기가 단 한 대뿐이었다.

그러나 진짜 문제를 감당해야 했던 것은 다음 세대였다. 월터 배젓(Walter Bagehot)은 1870년대에 쓴 글에서 "대형 개인 은행들"이 합자은행에 맞서 과연 얼마나 버텨낼 수 있을지 의문을 표하며 일찍감치 이 문제를 예견했다. "무엇보다 거대 기업을 상속, 운영하는 데에는 위험이 따른다. 그만한 기업을 운영하려면 평범한 노력이나 범재 이상의 것이 필요하다. 그러나 그런 자질을 매 세대에서 발견하게 되리라는 보장은 없다.……은행의 규모 확대로 훨씬 더 큰 능력이 요구될 경우, 세속 집권부가 난항을 겪고 있다는 사실은 제3자의 눈에도 뚜렷해지기 시작할 것이다. '아버지는 대단한 지력을 발휘해서 기업을 일궈냈다. 그러나 그의 아들은 지력이 부족해 회사를 없애버리거나 최소한 퇴보시킨다.' 이것은 모든 왕조가 겪어 온 장구한 역사이며, 위대한 개인 은행들의 역사도 그와 다를 바 없을 것이다."

그것은 5대 로스차일드의 역사이기도 했다. 1901년, 클린턴 도킨스는 이에 대해 무뚝뚝한 평을 남겼다. "로스차일드가의 다음 세대를 생각하면 절로 눈물이 날 지경이다(est àfaire pleurer)."

내티의 장남 월터는 여섯 살 때부터 박제된 것이든 살아 있는 것이든 동물을 수집했고, 본 대학에서 자연과학을 공부하고 다시 케임브리지에 입학했을 때는 이미 박식한 동물학자였다. 이 분야에서 그의 부모는 무조건적으로 격려를 보냈다. 21세 생일 선물로 그의 부친은 트링 영지 한 곳에 그가 모은 수집품을 보관할 박물관을 지어 주었다. 그러나 그도 언젠가는 선조들을 따라 은행 업무를 보게 되리라는 기대는 사라지지 않았는데, 이 기대가 결국 물거품이 되고 만 것은 1908년에 "가엾은 풍보 월터"가 증권거래소에서 막무가내로 투기를 벌여 돈을 거덜내버렸다는 것이 밝혀진 뒤의 일이었다.[1] 경제적 무능이라는 죄악은 그가 옛 정부(情婦)의 계속되는 협박을 돈으로 해결해보려고 헛되이 노력하고 있었다는 것이 드러나면서 용서받을 수 없는 대죄가 되어버렸다. 이 일은 그의 서툰 매너와 곰 같은 외모와는 어울리지 않게 몇 차례나 불거진 수치스러운 불륜 사건 중 하나였다. 1000편이 넘는 논문을 발표하여 그때까지 미분류 상태였던 종 5000가지를 기술해낸 불요불굴의 과학자였지만, 월터는 눈앞에 닥쳐 온 폭풍우를 뚫고 가족 기업을 이끌고 갈 능력은 없는 사람이었으며, 그가 직접 피커딜리에 몰고 온 사두마차의 얼룩말들처럼 은행과는 어울리지 않는 인물이었다. 심지어 하원 의원이 되고도 참으로 용하게도 단 한 번의 연설만으로 아서 밸푸어와 허버트 글래드스턴 두 사람 모두를 적으로 만들고 말았다.

그의 아우 찰스는 시티 생활의 부담을 훨씬 능숙히 견뎌냈고, 뉴코트에서 파트너십을 승계할 준비 역시 착실히 해 나갔다. 은행의 회계 체계를 현대화하기 위한 위원회를 이끌었던 것도 바로 그였다. 그러나 찰스 역시 본래는 과학자였다.[2] 헌신적인 아마추어 식물학자 겸 곤충학자로 총 150편의 논문을 발표하고 500종의 신종 벼룩을 기술한 그는 또한 영국 최초의 환경 보호 활동가 중 한 사람으로 애시턴 울드(Ashton Wold)라는 그림 같은 은신처를 짓고 주위를 둘러싼 삼림 지대에 머무는 데서 기쁨을 찾았다.[3] 내티가 죽자, 찰스가 아버지의 뒤를 이어 시니어 파트너가 되어야 한다는 결정이 내려졌다. 2년 뒤에 그는 1917~1919년에 유럽을 휩쓸었던 스페인 독감으로 쓰러져 기면성 뇌염(바이러스로 인한 신경 질환)에 걸렸고, 질병으로 심신이 허약해진 상태에서 1923년에 결국 스스로 목숨을 끊었다.[4]

후손들의 지적 능력이 사업을 떠나 과학으로 (혹은 아비 바르부르크[Aby Warburg]처럼 예술로) 옮겨 간 것은 세기말의 기업 가문에서, 특히 유대인 가문에서 공통적으로 보였던 현상으로, 그 계층과 세대의 유대인들이 누릴 수 있었던 훨씬 많은 교육 기회를 반영한 것이기도 했다. 월터와 찰스의 경우에는 유전적인 설명을 덧붙일 수도 있을 것이다. 19세기에 걸쳐서 수많은 로스차일드가 사람들이 수집과 조원(造園)에 소질을 보였다. 월터와 찰스에게서는 그 두 가지 재능이 결합되어 동물학 및 식물학적인 분류에 대해 이례적일 정도로 우수한 적성을 만들어냈다. 그들의 사촌이자 레오의 장남이었던 라이오넬도 비슷한 적성을 보여서 일생을 통틀어 상당한 시간을 원예에 바쳤다 (그는 사실 자동차와 보트 역시 좋아했다). 그의 아우 앤서니도 학구적인 인물이었지만 방향은 전혀 달랐다. 케임브리지에서 그는 (일주일 중 닷새를 사냥터에서 보냈다면서도) 역사에서 두 과목 최고 득점을 받았고, 훗날 사람들은 그가 은행가가 아니라 교수가 되었더라면 행복했을 것이라고 이야기하기도 했다.

프랑스 일가 역시 신세대의 등장과 함께 비슷한 문제들을 겪었다. 에드몽의 아들 지미는 전쟁 전에 영국에 정착해서 결혼했다. 그는 은행 일에는 전혀 흥미가 없었고, 아버지의 팔레스타인 사업을 돕거나 자유당 평의원이라는 부담 없는 자리에 앉아 있다가 시간이 비면 경마장에서 소일하는 식으로 한가한 생활을 했다. 그보다 더 가망 없어 보였던 쪽은(당시에는 그렇게 보였다) 에드몽의 차남 모리스로, 그는 스물여섯의 나이에 6촌 율리(아돌프의 미망인)가 남긴 프레니의 대저택을 포함해 막대한 재산을 상속받았다. 그는 수중에 들어온 무진장한 돈을 피카소, 브라크, 샤갈 같은 현대 미술작품을 수집하는 데 바치는 것(당시로서는 코웃음칠 만한 투자 전략이었다)으로 만족한 듯 보였다. 그리하여 1913년에 지미가 디아길레프의 무대 디자이너 레온 박스트에게 〈잠자는 숲속의 미녀〉를 주제로 한 (런던 저택의 식당에 걸) 패널화를 의뢰한 일은 짓궂은 우연처럼 느껴지기도 한다. 수많은 가족 성원들이 그림에 모델로 참여했는데, 그 중에는 지미의 아내 도로시, 여동생 미리암, 에두아르의 아내 제르맨, 로베르의 아내 넬리, 에드몽의 아내 아델하이트뿐만 아니라 크루 후작과 그의 아내이자 해나 로즈버리의 딸이기도 한 페기도 포함되어 있었다. '잠자는 숲속의 미녀'란 그저 무심결에 생각해낸 주제였을까? 어찌 보면 그보다 시의적절한 주제는 없었다. 당대인들의 눈에는 로스차일드가 사람들이 깊은 잠의 나락에서 헤어나지 못한 듯 보였기 때문이다.

프랑스에 정착해서 살고 있던 다른 일가(태생은 영국인이었던 냇의 자손들)도 은행 일에서 완전히 손을 뗐다. 냇의 손자 앙리가 공식상의 파트너이기는 했지만, 그 역시 또 한 명의 5대손 과학자였다. 자격을 갖춘 의사였으면서도 사람 대하기는 꺼렸던 그는 개인 실험실을 꾸며서 일했고, 유아 영양이라는 주제에 대해 방대한 논문을 발표했으며, 라듐의 의학적 용도에 관한 퀴리 부부의 연구에 흥미를 갖고 있었다. 그는 공연에도 취미가 있었는데, 디아길레프가 발레 루스를 이끌고 선보인 그 유명한 1909년 투어의 후원자였고, '앙드레 파스칼'이라는 필명 뒤에 숨어서 아마추어 극작가로 활동하기도 했다. 파리의 뮈에트 성(Château de la Muette)을 사들이고, 도빌에는 튜더 양식을 본딴 빌라를 짓고, 에로스(Eros)라는 이름을 붙인 개인 요트까지 있었던 그는 돈을 버는 게 아니라 쓰려고 살았다. 사업을 시작해 보려고 다양하게 시도하기는 했지만(자동차, 머스터드, 비누, 꿩고기 통조림 같은 것을 제조해 보려 했다) 모두 상업적 실패로 끝나고 말았다.

이는 1905년 이후로 드 로스차일드 프레르의 운영을 대부분 알퐁스의 외아들 에두아르가 떠맡아야 했다는 것을 뜻한다. 그러나 그는 모험심이라고는 전혀 없는 사업가였다. 까다로운 취향에 허례허식을 고집했던 그는(북부 철도 연례 임원 회의에 여전히 프록코트를 차려입고 나타날 정도였다) 고객들에게 투자 조언을 제공해서는 안 된다며 이렇게 말했다. "그래서 수익이 나면 그들은 자신의 공으로 돌릴 거요. 반대로 돈을 잃으면 로스차일드 때문에 돈을 날렸다고 하겠지." 에두아르 역시 은행 일에만 매진하지는 않았지만, 그의 취미는 앙리의 관심사에 비하면 진부하기 짝이 없었다. 즉, 도시에 있을 때는 카드게임, 페리에르에서는 사냥, 롱샹에서는 경마를 즐기는 것이 고작이었다.

빈에서도 역시 5대손들은 상류 문화 혹은 상류 생활을 추구하기 위해 "회계실"의 일은 등한시하는 경향을 보였다. 1911년에 알베르트가 세상을 떠난 뒤, 은행의 경영권 대부분은 아직 서른도 되지 않은 둘째 아들 루이스에게 넘어갔다. 안젤름이 알베르트에게 권력을 물려줬을 때처럼, 나머지 두 아들들은 사실상 사업에서 열외로 치부됐다. 루이스는 뉴욕의 자치 도시 간 고속 운송 회사(Interborough Rapid Transit Company, IRT) 같은 전혀 새로운 활동 분야에 참여하는 등 빈 은행에 현대적인 기풍을 불어넣었다고 평가된다. 그러나 그 역시 일만 아는 사람은 아니었다. 독신에 전형적인 플레이보이였던 그는(60세가 넘어서 결혼했다) 기량이 뛰어난 기수(騎手)이자 등반가였으며, 해부학과 식물학, 예술에도 관심이 있었다. 은행을 운영하는 부담에서 완전히 해방된 그의 형제들은 더 한층 자유로이 관심 분야에 몰두할 수 있었다. 장남 알퐁스는 변호사로 훈련받았지만, 전후에는 고전문학에 천착해 전원에서 사대부 같은 삶을 살았다. 그의 아우 외젠이 이뤄낸 가장 뛰어난 성취는 티치아노에 대한 논문을 집필한 일이었다.

전쟁의 충격

유럽의 가문 중에 1차 세계대전에서 온전히 무사했던 곳이 과연 있었을까? 그렇지 않을 것이다. 전례가 없었던 대살육은 사람들의 피와 시간과 돈을 재물로 삼켰고, 대륙 최고의 백만장자라 한들 이 재난을 완전히 피해 갈 수는 없었다.

언뜻 보기에 로스차일드가는 역사가들이 통상 1914년의 전형적인 '분위기'였다고 말하는 애국적 열기에 휩쓸렸던 것처럼 보인다. 전쟁이 터졌을 때 이미 모두 30대였던 레오의 세 아들은 (벅스 기마 의용부대의 장교 자격으로) 조국을 위해 싸우고 싶어서 안달이 날 지경이었다. 둘째 아들 에블린은 일찌감치 서부전선전투에 참가했다가 1915년 11월에 의병 제대했다. 그러나 몇 달 만에 다시 참호로 돌아간 그는 1916년 3월에는 수훈 보고서에까지 이름을 올린다. 그는 이후 팔레스타인으로 파견되어 동생 앤서니를 만났다. 일찍이 갈리폴리 전투에서 부상을 입었던 앤서니는 마침내 참모부 소령에까지 올라서 종전을 맞는다. 갑갑하게도 뉴코트에 남아 있어야 했던 라이오넬은 시티에서 유대인 신병 모집에 열을 올리며 전장에 나가지 못한 한을 풀었다.

프랑스 일가에서는 최소한 네 명이 군복을 입었다. 지미는 통역자로 영국 3군에 배치됐고, 영국의 친척들처럼 전쟁 막바지에는 팔레스타인에서 복무했다. 앙리는 만성 단백뇨증을 숨기고 의무대 장교가 되었지만, 발진티푸스 백신 접종의 부작용으로 결국 의병 제대했다. 그의 형 제임스는 발칸 전역(戰域)에서 비행기 조종사로 복무했고, 구스타브의 아들 로베르는 서부 전선에서 역시 통역자로 활동했다. 오스트리아 가족들 중 알폰제와 외젠은 이탈리아 전선에서 제6 용기병 연대의 장교로 복무했다. 그러므로 로스차일드가의 사촌들이 서로에게 총을 겨누는 일은 일어나지 않았다. 전장에 나선 영국과 프랑스 로스차일드가 청년들은 서부 전선과 중동에서만 활약했다. 제임스가 좀 더 서쪽에 배치됐다면 오스트리아 사촌들의 머리 위를 비행해야 했을지도 모르지만 말이다. 전사한 사람은 단 한 명이었다. 레옹의 아들 에블린이 1917년 11월에 사망한 것은 엘 무가르 전투에서 투르크 진지를 향해 돌격하던 중에 입은 부상 때문이었다. 그러나 전쟁은 가까운 친척 두 사람의 목숨도

앗아 갔다. 해나 로즈버리의 아들 닐 프림로즈(Neil Primrose)는 팔레스타인에서 목숨을 잃었고[5], 찰스의 헝가리인 처제의 아들도 전장에서 숨을 거뒀다.

전선에서 멀리 떨어져 있던 가족들에게도 전쟁은 외상과 같은 경험이었다. 알프레드와 그의 사촌 콘스탄스와 애니(나탄의 마지막 남은 손자손녀들)는 독일군 공습의 공포 속에서 살았다. 알프레드의 고집으로 뉴코트의 배당금 사무실 회랑은 그 아래층의 금괴 보관실을 보호하기 위해 모래주머니로 빽빽이 채워졌고, 추첨 상환(抽籤償還) 부서의 한쪽 구석에는 그가 사용할 개인 대피소가 마련되었다. 왕립조폐국 제련 공장(잠정적으로 군수품 공장으로 전환되었던)에서 뉴코트로 공식 공습경보를 전달하는 특별 시스템이 고안되었고, 알프레드는 심지어 떨어지는 폭탄을 가로막을 수 있지 않을까 하는 마음에 자신이 거처하는 저택의 지붕 위에 철조망을 세워 놓기도 했다. 콘스탄스가 여동생에게 보낸 편지들 역시 공습에 대한 불안감으로 가득 차 있다. 1915년 1월에는 이런 편지를 보냈다. "체펠린 비행선들이 만약 이 근방에 와 있다면, 조종사들이 부디 [내리는 눈에] 장님 꼴이 되어 공중에서 꽁꽁 얼어버렸으면 좋겠다.……공습이 시작되면 언제든 지하도로 내려가면 된다.……나는 하루 종일 진주 장신구를 걸치고 있고 (황급히 도망치더라도 잃고 싶지 않기 때문이야) 밤에는 침대 발치에 모피 망토와 숄, 따뜻한 덧신을 놓아두고, 손 닿는 곳에는 초와 성냥을 준비해 둔다." 런던을 벗어난 뒤에도 그녀는 "불길한 예감에 휩싸여" 있었다. "날이 밝으나 어두우나 체펠린 소리가 들리는 것 같고, 바다 멀리에서는 폭발과 포격이 끊이질 않는다."[6] 물론 공습 기술이 아직 초기 단계에 있던 시절이었으므로 이런 공포심은 얼마간 과장된 것이었다. 알프레드는 자연사했다. 종전 한 달 만의 일이었다. 콘스탄스는 1931년까지 살았다.

그러나 그런 공포에도, 후방에 남은 사람들도 전쟁 노력에 그들의 '몫'을 해내려고 최선을 다했다. 콘스탄스는 이미 1914년 9월부터 애스턴 클린턴의 저택을 벨기에 피난민들에게 내주었고(그들에게 그녀는 독일이 전쟁을 벌인 사악한 의도와 금주의 미덕에 대해 설교했다), 적십자를 위해 작은 병원을 운영하는 데 힘을 보태기도 했다. "검약이 필요한 시기라서 몇 가지 불편한 일들을 감수해야 했는데도 하인들은 모두 그대로 따라 주었다." 그녀는 그렇게 자랑했는데, 하인들에게 희생을 떠넘기고 있다는 아이러니는 미처 생각하지 못했던 듯하다. "레스터는 남자 하인들을 거느리지 않고 일한다. 영리하고 깔끔하고 어여쁜 하녀 하나가 그들 전부의 몫을 해내고 있다.……다림질 방은 군인들을 위한 무료 식당이 되었다!……크리켓 별관은 당구장과 독서실로 애용되고 있다. 테니스 별관은 마을 사람들을 위한 도서관이다." 1917년에는 좀 더 자각심을 가지고 식량 배급의 도입을 환영하기도 했다. "내 생각에 대형 기관이나 레스토랑 같은 공공장소에서는 배급을 시행하기에 곤란한 점이 있을 것 같다. 하지만 우리 집같이 식솔이 적은(!) 가정이라면, 그 실험은 실로 흥미로울 것이다. 아! 이런, 우리가 지금 얼마나 희한한 경험들을 하고 있는지!"

찰스는 은행 일을 계속하면서 자원군수품여단의 위원회 업무를 보고, 로이드 조지가 장관을 맡은 신설 군수부를 위해 금융 전문가로도 활약했다. 알프레드 역시 같은 심정으로 로이드 조지에게 청원서를 보내 면화가 독일에 도달하지 못하도록 면화를 전시금제품(戰時禁制品)으로 공표해야 한다고 주장했다. 핼튼 영지는 군영이 되었고, 1917년에는 그의 제안으로 영지의 너도밤나무 숲을 베어 막사를 세울 버팀목을 마련했다. 이 모든 일에서 드러나는 것은 로이드 조지가 정력적으로 진행한 전쟁 노력에 로스차일드가 사람들이 한마음으로 성원을 보내고 있었다는 사실이다. 1915년 10월(그가 총리가 되기 1년도 더 전에), 콘스탄스는 이미 그의 전임자 애스퀴스에게 노골적으로 실망감을 드러내고 있었다. 그는 "한마디로 말해 능력이 바닥났다, 상황을 따라잡기에는 역부족이다!……정부에 대한 대중의 분노가 커지고 있다는 느낌이 든다. 만약 A씨가 사임한다면 그 자리를 메울 사람은 단 한 사람, 바로 로이드 조지뿐이다." 두 달 뒤에는 이렇게 단언했다. "오, 맙소사, 우리에게 필요한 것은 아주 다른 총리다." 알프레드 역시 로이드 조지의 헌신적인 추종자가 되었던 듯하다. 그러나 지미만은 충실한 애스퀴스주의자로 남아 있었고, 1년 뒤에 그가 실각했을 때 곧장 도우러 달려간 애스퀴스의 맹우들 중 한 명이기도 했다.

가문의 일원들이 적으로 맞서 싸우게 된 현실은 독일 통일전쟁 당시에 처음 제기됐던 국가에 대한 충성심과 정체성이라는 구래의 문제를 재등장시켰다. 마이어 칼의 일곱 딸(전부 프랑크푸르트에서 성장했다) 중 다섯 명이 프랑스 혹은 영국 국민과 결혼했다. 아델은 제임스의 아들 살로몽과, 엠마는 내티와,

로라 테레즈는 냇의 아들 제임스 에두아르와, 마가레타는 그라몽 공작과, 마지막으로 베르타는 바그람 공과 결혼했다. 빌헬름 칼의 딸 아델하이트도 그녀의 프랑스 6촌 에드몽과 결혼했다. 빈에서 태어난 알베르트는 알퐁스의 딸 베티나와 결혼했다. 신랑과 신부의 국가적 충성심(일단 각자의 출생지를 기준으로 따졌을 때)은 전쟁 중 적국 대 적국으로 대립했다. 이 결혼으로 탄생한 세 명의 자손들에게서는 문제가 더 복잡해졌다. 1907년, 내티의 아들 찰스는 헝가리인 로지카 폰 베르트하임슈타인과 결혼했다. 3년 뒤, 에드몽의 딸 미리암은 독일 친척 알베르트 폰 골트슈미트 로트쉴트와 결혼했다. 1912년에는 알베르트의 아들 알폰제가 (역시 먼 친척이었던) 영국인 클래리스 세바그 몬테피오레와 결혼했다. 당시만 해도 이 모든 결혼은 유럽 유대인 '사촌 관계' 속에서 맺어진 축복할 만한 인연이었다. 게다가 미리암과 알베르트는 실제로도 사촌지간이었다(알베르트의 어머니는 미나 폰 로스차일드였다). 그러나 1914년, 조국의 부름 앞에 사촌 간의 유대란 무용지물에 불과했다. 전쟁이 터지자 알베르트는 아내를 파리에 남겨 두고 독일로 돌아가버렸다.

게다가 '적국'에 대한 증오가 사회 전역에 팽배했던 당시, 런던과 파리에서는 독일식 이름이나 억양만으로도 요주의 인물이 되기 십상이었다(베를린과 빈에서는 물론 영국이나 프랑스식 이름이 문제를 일으켰다). 로스차일드가는 영국 왕가처럼 그들의 독일식 성을 영국식으로 바꾸는 결단을 내리지는 않았지만, 은행 직원 중 한 사람(성이 쇠네펠더[Schönfelder]였던)은 '애국적인' 동료들의 압력을 못 이겨 결국 '페어필드(Fairfield)'가 되는 쪽을 택했다. "전원 억류하라(Intern Them All)"라는 전설적인 구호가 실린 《데일리 메일》에서 찍어낸) 포스터가 등장한 이후부터는 뉴코트에서도 점심시간에 독일어로 대화를 나누는 것이 불가능해졌다. 월터는 자신이 자리를 비운 사이에 트링 지방의회에서도 같은 취지의 결의안이 통과되자 의원직을 반납해버렸다. 프랑스에서도 사정은 같았다. 프랑스 하원에서는 로스차일드가가 프랑스의 패배에서 이득을 본다거나 전시금제품인 니켈을 뉴칼레도니아로부터 독일인들에게 공급하는 일에 손을 쓰고 있다는 혐의를 제기했다.

종교 문제로 상황은 더욱 복잡해졌다. 3대에 걸쳐 사회 동화에 공을 들였던 런던의 로스차일드가는 그들이 지도적인 역할을 맡아 온 영국 유대인 사회의 애국심을 북돋기 위해 서둘러 행동에 나섰다.[7] 영국유대교대표위원회의 유대인 신병모집위원회가 발간한 포스터의 문구에서는 당시의 분위기가 잘 드러난다. "전 계층의 유대인이 조국의 부름에 명예로이 응답했다. 망설이고 있는가? 자유와 관용이라는 영국의 대의는 연합군의 승리에 그 존폐가 걸려 있다. 세인트 스위딘스 레인에 있는 로스차일드의 뉴코트 신병 모집 사무실에서 입대 지원하면, 라이오넬 드 로스차일드 소령이 제군을 등록해 줄 것이다. 유대인 젊은이여! 제군의 신앙과 조국을 위해 의무를 다하라. 영국 태생의 전 유대인은 지금 바로 등록하라."

그러나 바로 이 어조가 암시하고 있는 것처럼, 유대인들이 과연 영국의 전쟁 노력에 참여하고 있는지, 혹은 참여할 의사라도 있는지 의심하는 이들이 있었다. 전쟁의 쓰라린 아이러니 중 하나는 이것이었다. 독일에서 태어나 영국이나 미국에 정착한 유대인들은 그들의 출생지 때문에 의혹을 샀다. 독일에 남아 있던 유대인은 그들의 신앙 때문에 의심을 받았다.

라이오넬과 그의 부친 같은 동화주의자들을 당황시킨 것은 자유주의적인 영국이 유대인 처우 문제로 로스차일드가 앞장서서 맹비난을 퍼부었던 차르 치하의 러시아와 같은 편에서 싸우고 있다는 사실이었다. 유대계 문필가 이스라엘 장월이 《타임스》에 서한을 보내어 러시아와 맺은 우호 협약을 비난했을 때, 내티는 공개적으로 그와 영국유대교대표위원회 양쪽에 거리를 두었다. 미국 유대인 사회의 명망가 오스카 S. 스트라우스(Oscar S. Straus)가 (《유대교 신문》의 인용에 따르면) "러시아 내부의 반동적인 분위기는 무엇보다……러시아와 인접한 국가의 군국주의 탓이기 때문"에 전쟁이 끝나면 유대인의 운명은 개선될 수밖에 없으니, 영국이 유대인의 시민권과 정치적 권리를 위해 이 맹방에 압력을 가해야 한다는 주장에 대해서도 내티는 일부러 무관심한 반응을 보였다.

그러나 이제 막 러시아 정착 지역에서 탈출해 온 사람들한테는 무관심주의가 달갑게 받아들여질 리 없었고, 로스차일드가 사람들 전부가 이 노선을 고수한 것도 아니었다. 일찍이 1915년에 레오는 러시아 재무장관 P. L. 바르크(P. L. Bark)의 방문 소식을 듣고 미리 키치너와 그 밖의 각료들에게 러시아 유대인 문제에 대해 로비를 진행했다. 그의 메시지는 응당 페트로그라드로 전해졌다. 바르크는 각료 회의에 제출한 보고서에 키치너가 "전쟁에서 성공을 거두기 위한 조건 중 가장 중요한 것 하나는 러시아 유대인의 생존 여건을 개선하는 것이라는 이야기를 끊임없이 반복"했다며, 이것은 분명 "전능한 레오폴드 드 로스차일드" 때문일 것이라고 썼다. 파리 일가에서도 에드몽이 차르 정부의 마지막 내무장관 프로토포포프(Protopopov)에게 비슷한 진정서를 냈던 것으로 보인다.

로마노프 정권에 강제 명령이라도 내리듯 자체 개혁을 요구한 일은 물론 헛수고였다. 마침내 러시아에 도래한 의회공화국도 문제의 해법은 아니었음이 밝혀졌다. 애초 뉴코트에서는 임시정부의 재무장관이 된 미하일 테레슈첸코(Mikhail Tereshchenko)라는 무명의 우크라이나인(장관이 되자마자 곧바로 로스차일드가에 "사업 관계를 유지하고……확대해 나가자"는 서한을 보내 온)이 "유대인의 친구"가 될 것 같다는 낙관적인 전망을 품었다. 이후에 로스차일드가는 케렌스키(Alexander Kerensky)가 전쟁에서 끝까지 싸우기 위해 전비를 보탤 목적으로 발행한 '자유 채권' 100만 루블을 인수했다. 그러나 10월의 볼셰비키혁명은 이런 희망을 모두 앗아 가버렸다. 레닌이 제국 채무의 이행을 거부하면서 프랑스 채권 보유자들은 사실상 재산 몰수를 당한 것 같은 처지에 놓였고, 러시아 유대인들은 야만적인 내전에 빠져든 나라에서 더 한층 극심하게 고통을 겪어야 했다. 신경제 정책 시기였던 1924년까지도 로스차일드가는 소련에 대한 적개심을 버리지 못해서, 심지어는 소비에트 국영은행 중 한 곳으로부터 예금을 인수하는 일조차 거부했을 정도였다.

역설적인 것은 유대인 출신 볼셰비키 지도자들의 수가 부풀려 알려진 탓이기도 했지만, 1917~1919년에 걸쳐 페트로그라드에서 시작되어 서쪽으로 불길을 낸 혁명이 마치 유대인의 작품처럼 보였다는 사실이었다. 로스차일드가 사람들 중에서도 중앙유럽 군주국들의 멸망을 반긴 이들이 있었다. 뿌리 깊은 자유당파이며 낙관론자였던 콘스탄스는 독일과 오스트리아 혁명이 기세를 키워 가고 있던 1918년 11월 7일에 여동생에게 보낸 편지에서 심정을 드러냈다. "연이어 굉장한 뉴스가 등장하는 조간신문을 읽으며 나는 아찔해졌다. 모든 것이 뒤죽박죽이구나. '이상한 나라의 앨리스' 혹은 '거울 나라의 앨리스' 같다고 해야 할까. 황제와 왕, 왕후들이 도망치는 모습, 그들의 왕좌가 바다에 나뒹구는 모습이 눈앞에 보이는 듯하다. 이처럼 굉장한 일이 또 있을까!"

그러나 가족 기업에 긴밀히 관여하고 있던 일원들로서는 명백히 반자본가적인 혁명을 지켜보며 그처럼 낙관하고 있기란 불가능했다. 콘스탄스 역시 혁명이 빈 상사에는 "경제적인 면에서 재앙이 될 수도" 있겠다는 점을 인정해야 했다. 게다가 "이 나라에 잠재해 있던 혁명 인자"가 대륙에서 감화를 받아서 돌연 폭발을 일으킬 가능성도 완전히 무시할 수는 없는 일이었다. 월터는 여덟 살 난 조카(훗날 상속자가 되는) 빅터에게 전쟁이 끝나면 "너는 벽에 세워져 총살당할" 것이라는 살벌한 농담을 하기도 했다. 몇 명 남지 않은 프랑크푸르트 일가 사람들은 새로 수립된 바이마르 공화국보다는 왕좌를 잃은 호엔촐레른 가문을 심정적으로 훨씬 더 가까이 느꼈다. 그것은 한나 마틸데가 퇴위한 독일 왕족들과 우정을 이어간 데서도 드러난 사실이었다.

친애하는 로스차일드 경 : 밸푸어선언

그러나 전쟁으로 불붙은 정체성 갈등 중 그보다 더 격심했던 것은 팔레스타인의 미래, 특히 그곳에 유대인 국가를 건설하려는 시오니스트들의 염원과 관련된 갈등이었다. 에드몽의 식민지 건설 계획이 시오니즘과 겹치는 면도 없지는 않았지만, 앞서 본 것처럼 로스차일드가 사람들 중에 헤르츨과 바이츠만(Weizmann)의 프로젝트를 전적으로 지지하는 이는 아무도 없었다. 전쟁으로 영국과 프랑스, 러시아가 하나로 뭉쳐서 오스만제국과 맞서게 되자(근래에는 존재한 적이 없는 조합이었다), 팔레스타인에 유대인 국가를 건설하자는 시오니스트들의 꿈에 대해 에드몽이 느꼈던 의구심도 많이 누그러진 듯했다. 1917년에 썼던 것처럼 그가 항상 고대했던 것은 "팔레스타인의 운명이 미결로 놓이는 시점이었다. 나는 그런 때가 오면 전 세계가 그곳에 정착한 유대인들을 무시할 수 없게 되리라 생각했다. 이제 우리는 지금 주어진, 다시 오지 않을 기회를 이용해야 한다."

1917년의 밸푸어선언의 수신인이 바로 월터였다는 사실 때문에 그 정도가 자주 과장되기는 했지만, 전쟁은 영국 로스차일드가를 시오니즘에 더욱 밀착시키는 데에도 큰 역할을 했다. 런던 일가 중 가장 열정적이었던 사람은 지미와 찰스의 아내 로지카로, 그녀는 1915년 7월에 지미로부터 바이츠만을 소개받았다. 바이츠만은 다시 그녀를 통해 크루 후작부인, 로버트 세실 경(외무부 차관), 그리고 훗날 예루살렘의 '해방자'가 되는 앨런비(Allenby) 장군을 포함하여 다양한 분야에서 영향력 있는 인물들을 만날 수 있었다. 그녀의 남편 찰스도 외무장관 그레이가 1916년 3월에 팔레스타인에 유대인 공화국을 설립할 것을 제안한 이후로 그 일에 직접 개입하게 되었다. 그러나 분명 (바이츠만의 표현에 따르면) "유대인 해방의 마그나카르타를 승인해 줄……가장 위대한 유대인 가문의 이름"과 연을 맺는 최선의 방법은 월터의 지지를 얻어내는 것이었다. 그야말로 당대의 "로스차일드 경"으로서 내티가 영국 유대인들 사이에서 누렸던 준군주적인 지위를 상속한 인물이었기 때문이다. 11월 15일에서 1월 26일에 걸쳐 팔레스타인에서 유대인이 이루려는 바를 언명하는 선언문이 공들여 작성되고 재작성된 것은 바로 이런 목표를 심중에 두었기 때문이다.

월터가 개입하게 된 사정은 복잡했다. 그의 부친은 세상을 떠나기 직전에 '팔레스타인의 미래'와 관련해 허버트 새뮤얼이 내각에 제출한 각서(1915년 1월자)를 읽고 그 문제에 대해 갖고 있던 견해를 재차 수정했는데, 각서의 주장은 팔레스타인이 영국의 보호령이 되어야 하며, 그렇게 되면 바로 그곳으로 "세계 전역에 흩어져 있던 유대인들이 이윽고 무리를 지어 돌아올 것이며, 적절한 시점에 내정 자치권도 확보할 수 있을 것"이라는 내용이었다. 이는 시오니즘만큼이나 영국 제국주의와도 관련 깊은 문제였다. 그리고 월터는 상보적이 된 그 두 가지 주제에 대해서 대체로 선친의 견해를 따랐다. 외무부에서 마크 사이크스(Mark Sykes) 경을 만나기 직전에, 월터는 바이츠만에게 편지를 보내 팔레스타인 지배권을 영국과 프랑스가 공유할 수 있다는 견해에 반대한다는 입장을 전했다. "영국이 단독 지배권을 발휘해야" 한다는 것, 그리고 그가 팔레스타인의 경제를 맡아 이끌어 나갈 기구로 염두에 두고 있던 팔레스타인 토지 개발 회사(Palestine Land Development Company, PLDC) 역시 "영국 정부의 감독 및 통제하에" 확고히 놓여 있어야 한다는 것이 그의 주장이었다. 《맨체스터 가디언》의 편집장 C. P. 스코트도 같은 생각이었다. 2중 지배 실험이 결국 비참하게 끝난 이집트에서의 경험을 되풀이하지 않으려면, 전후 팔레스타인을 영국과 프랑스의 2중 지배 체제하에 둘 수 있다는 이야기는 일찌감치 배제해야 한다는 것이었다. 월터의 사촌 라이오넬의 관심을 끈 것도 그런 논지였을 것이다. 콘스탄스에 따르면 그해 3월에 그는 심지어 "우리가 아예 예루살렘으로 행군해서 그곳에 보호령을 세워야 한다고 확신"하는 듯했다. "러시아에서 벌어진 새롭고 놀라운 움직임[혁명] 때문에 시오니즘은 이제 끝난 이야기가 됐다고 내가 반박하자, 그는 전혀 그렇지 않다고 말했다." 그러나 라이오넬도 볼셰비키들이 반교권적인 수사법을 쓰고는 있었지만 혁명이 러시아 유대인들에게 실질적인 이득을 줄 가능성은 없다는 점만큼은 깨달아야 했다.

런던과 파리의 '기득권층' 유대인 대부분은 훨씬 더 조심스러운 입장이었고, 곧 라이오넬도 덩달아 어조를 바꿨다. 런던에서 반시오니즘 운동을 이끈 사람은 재영유대인연합의 합동외국인위원회(Conjoint Foreign Committee)(1918년부터는 공동외국인위원회[Joint Foreign Committee]로 불림)의 서기장이자 영국유대교대표위원회 '특별 지부'의 수장이었던 루시엔 울프였는데, 그는 시오니즘이 반유대주의에 기름을 붓고 있으며 기존 사회에 동화한 서유럽 유대인들의 지위를 위태롭게 하고 있다고 주장했다. 울프를 지지했던 명망가들 중에는 자유당 내각의 에드윈 몬터규(Edwin Montagu, 1917년 7월에 장관직에 복귀), 그리고 합동위원회의 회장직을 맡았던 클로드 몬테피오레와 데이비드 알렉산더(David Alexander) 등이 포함되어 있었고, 특히 이 두 사람은 1917년 5월 24일에 "영국 유대인의 관점"을 표명한 강경한 반시오니즘적인 서한을 《타임스》에 전달하기도 했다. 임종 직전에 레오는 "우리 입장의 기본 방위를 유지하되, 다시 말해 팔레스타인의 유대인 집단에 국가적 독립성을 부여한다거나 그곳의 다른 거주민들에게 불이익이 될 특권을 유대인에게만 허용하자는 제안은 물리치되, 시오니즘에 대해서는 회유적인 어조를 취하는 것이 현명한 일"이라고 말하며 그 역시 몬테피오레와 알렉산더의 견해에 동의한다는 것을 암시했다. 레오가 죽은 뒤 그의 미망인 마리는 그 같은 노선을 유지했고, 라이오넬도 점점 더 같은 방향으로 기울었다. 파리에서는 전(全)이스라엘연합의 서기장 자크 비가르(Jacques Bigart)가 비슷한 노선을 취하고 있었다.

미리엄 로스차일드도 그렇게 기술했지만 결국 승리한 것은 월터 쪽이었다. 그리고 그 과정에서 그가 그때껏 알려졌던 것처럼 아주 탈속적인 사람만은 아니라는 사실도 드러났다. 그는 몬테피오레와 알렉산더의 1917년 5월자 서한에 대한 답변을 《타임스》에 바로 보내 유대인 국가가 생긴다고 해서 자신이 태어나 살고 있는 조국에 대한 유대인들의 충정이 흔들릴 일은 없다고 단언했다. 그 뒤에는 영국유대교대표위원회에서 몬테피오레와 알렉산더에 대한 불신임 투표를 실시해 (가까스로) 승리를 거뒀고, 두 사람이 회장직에서 물러나 공석이 된 자리 하나는 7월 20일에 부회장으로 선출된 월터가 채우게 된다.

최종 결과는 당연히 내각 내부의 세력 균형에 달려 있었는데, 여기에서도 월터는 영향력을 발휘할 수 있었다. 시오니스트들에 반대하는 이들로는 인도부로 자리를 옮긴 몬터규를 비롯해 또 다른 인도통인 전(前) 총독 커즌 백작이 있었는데, 그들은 팔레스타인의 경제적 자원만으로 유대인 국가를 유지하는 데는 한계가 있으며 그 같은 노선에서 어떤 행보를 취하든 그 지역의 아랍인들을 적으로 만들고 말 것이라 주장하고 있었다. 그러므로 그들보다 훨씬 비중 있는 인물의 지원을 얻어내는 것이야말로 결정적인 문제였다. 이를 위해 월터는 로이드 조지(당시 총리였던)와 외무장관 밸푸어를 붙잡고 하소연했고, 이에 밸푸어는 내각에서 참작할 수 있도록 선언서를 제출하는 것이 어떻겠느냐고 제안했다. 초안을 잡고 수정과 퇴고를 거듭한 끝에 선언서는 7월 18일에 완성되었다. 그러나 그때부터 일은 더디게 진행됐다. 한시가 급한 군사 문제가 전후에 대한 몽상보다 우선순위에 놓이는 것은 불가피한 일이었고, 그 무렵에는 이 문제에 대해 워싱턴의 의중을 타진해 볼 필요가 있겠다는 의견마저 나왔다. 심지어 1917년 10월에 개최된 중대한 회의들마다 팔레스타인의 미래에 대한 문제는 내각에 산재한 안건들에 깔려 거의 빛도 보지 못할 지경이었다.

마침내 로이드 조지는 팔레스타인을 영국이 지배해야 한다는 쪽으로 뜻을 굳혔다. 그와 전시 내각의 두 일원(남아프리카의 잰 스머츠와 밀너)은 (월터의 경고를 그대로 믿고) 독일이 미국과 러시아 유대인들의 지지를 얻어내기 위해 선수를 쳐서 친(親)시오니스트 선언을 발표하지나 않을까 걱정하기 시작했다. 밸푸어로부터 몬터규가 여전히 문제를 가로막고 있다는 귀띔을 받은 월터는 10월 3일에 또 다른 각서를 외무부에 제출했고, 그 이튿날에는 밸푸어가 내각에서 각서의 주장을 웅변하며 여세를 몰았다.

3주가 지나서, 내각은 마침내 "시오니스트들의 염원에 대해 공감을 표하는 다음과 같은 선언을 적절한 기회를 포착해 발표"할 권한을 밸푸어에게 인가했다. "영국 정부는 팔레스타인에 거주해 왔던 비유대인 집단의 시민권과 종교권, 그리고 여타 다른 나라에서 유대인들이 누려 온 권리와 정치적 지위를 훼손하는 일은 그 무엇도 시행되어서는 안 된다는 조건하에, 팔레스타인에 유대 민족을 위한 민족적 본거지를 건설하는 데 동의하며 이 목표를 이룰 수 있도록 최선의 노력을 다할 것이다."

밸푸어는 이 글(전시 내각 차관보였던 레오 에이머리가 작성했다)을 11월 2일에 월터에게 전송했다. 그러므로 이스라엘이라는 한 나라의 기원은 사실상 로스차일드 경에게 부쳐진 편지로 거슬러 올라갈 수 있는 셈이다. 이 역사적인 진전을 이룬 로스차일드가의 공로를 기리기 위해 12월 2일에 코번트가든 오페라 극장에서는 성대한 축하행사가 열렸고 이 자리에서 월터와 지미 모두 연설을 했다. 월터는 흥분한 청중 앞에서 "지난 1800년에 걸친 유대인 역사를 통틀어 가장 성대한 행사"가 지금 진행되고 있다고 말했다. 지미는 이어 "영국 정부는 시오니즘 계획을 비준"했다며 이렇게 선언했다. "이제 유대 민족에게 필요한 것은 계획이 아닌 행동입니다. 바야흐로 현대판 마카베오 일족[8]이 될 세대들이 유다의 언덕들을 불굴의 의지로 헤쳐 나갈 때입니다. 영국은 갓 태어난 유대인 국가의 수양어머니입니다. 저는 이 나라가 역경 속에서도 굳건히, 희망과 자부심을 잃지 않으며, 자신의 노력과 공으로 자신이 그녀의 진정한 딸임을 증명할 수 있을 날을 고대합니다."

그러나 이 거창한 수사법도 다른 가족들의 공감을 사지는 못했다. 레오의 미망인 마리는 월터가 가족이 지켜 온 동화주의 원칙을 배반했다고 성을 내며 비난했다. 선언이 발표된 지 채 일주일도 지나지 않아, 라이오넬은 "유대교를 신봉하는 사람들의 지위를 수호"하고 "유대인들이 정치적으로 독립적인 국가를 구성하려 한다는 혐의", "유대인들이 그들이 태어났거나 혹은 살고 일해 온 국가와는 다른 국적 혹은 부가적인 국적을 취득하려 한다는 편견"에 "저항하기 위해" 영국유대인연맹(League of British Jews)를 창립하는 데 앞장섰다. 단체 설립에는 라이오넬 외에도 필립 매그너스(Philip Magnus) 경과 스웨이슬링(Swaythling) 경이 참여했는데, 이 세 사람은 각각 연합시너고그 회장, 개혁시너고그(Reform Synagogue)의 전 회장, 시너고그연맹의 지명 회장이었고, 또 다른 반시오니즘 명망가 로버트 웨일리 코헨(Robert Waley-Cohen)도 이에 합류했다. 웨일리 코헨이 시오니스트들을 신랄하게 비난한 글에서 쓴 것처럼, 단체의 설립 목적은 "영국을 고국으로 생각하고 자신의 국적을 자랑스러워하는 영국 유대인들이 이 나라에 살고는 있으나 그들의 국적에 대해서는 전혀 애착이 없는 외국 태생의 유대인들에 맞서 그들만의 독립적인 목소리를 낼" 수 있게 하기 위한 것이었다.

같은 입장에서 공동외국인위원회 역시 "서신의 어떤 내용도 전 세계 유대인들이 개별적인 정치적 국적을 구성한다거나 팔레스타인이 아닌 다른 국가의 유대계 국민들까지 그 국가 정부에 정치적 의무를 다해야 한다는 함의를 담아서는 안 된다"는 분명한 단서를 달고 밸푸어선언을 받아들였다. 이 무렵에 웨일리 코헨과 스웨이슬링이 "유대 전통과 영국의 전통을 계승하고 해석하며, 이 전통을 다가올 세대의 대영제국 유대인들의 삶을 영원히 고양시켜줄 힘으로 확립시키기" 위해 "전쟁에서 목숨을 잃은 대영제국 유대인들을 기리는……영구적인 전쟁 기념관" 형태로 유대인 대학을 설립하자는 내용의 편지를 라이오넬에게 전한 것은 의미심장한 일이었다. 심지어 에드몽조차 팔레스타인을 시오니스트들에게 맡기는 것이 혹여 "고국의 지배권을 유럽 볼셰비키들에게 넘겨주는 일"이 되지는 않을까 염려할 때가 있었다.

이 같은 의견 충돌은 1919년에 파리강화회의가 진행되는 동안 한층 더 격렬해졌다. 월터는 유대인 대표단에서 몬테피오레를 제외시키려 했고, 바이츠만은 시오니스트들을 그렇게 묶어 놓으면 결국 주도권을 쥐는 것은 "게토의 전복적이고 반체제적인 세력들"일 것이라며 동화주의자들에게 반격을 가했다. 파리 회담에서 결국 승리한 것은 동화주의자들이었다. 친시오니스트 영국 유대인을 대표하는 월터가 없는 자리에서, 울프는 당시 존재했던 다양한 유대인 집단의 권리, 특히 중앙유럽과 동유럽에 출현한 승계국들에서 유대인에게 인정되어야 할 권리와 소수 민족의 지위 문제에 대해 독보적인 영향력을 발휘할 수 있었다.

사실 밸푸어선언은 시오니스트들이 요구하고 동화주의자들이 두려워했던 것만큼 혁명적인 내용이 아니었다. 밸푸어는 "유대인들이 팔레스타인에서 목적을 달성하고 마침내 유대인 국가를 세울 수 있기를 희망"한다고 했다. 그의 친유대주의는 로버트 세실 경이 그랬듯이 디즈레일리적인 성격을 띠고 있었다. 1917년에 썼던 글에서처럼 그가 바라본 유대인들은 "5세기 그리스인들 이래 인류가 보아 온 가장 재능 있는 민족"이었다. 그러나 그는 자신이 발표한 선언을 "영국이나 미국 혹은 다른 국가의 보호령"에 대한 구상쯤으로 생각하고 있었다. 선언에 "독립된 유대인 국가를 서둘러 수립해야 한다는 취지가 담긴 것은 아니며, 유대인 국가는 통상적인 정치적 진화 법칙에 따라 점진적으로 이루어 나갈 문제"였다. 1919년 1월에 커즌에게 장담한 것처럼 그는 "팔레스타인의 유대인 정부"에 대한 그 어떤 계획도 "절대 용인할 수 없다"는 입장이었다.

게다가 커즌의 염려대로 유대인과 아랍인들 사이에서 곧 불꽃이 튀기 시작했다. 1918년 12월 월터가 에미르 파이살(Emir Feisa)을 위한 만찬을 열고(이 자리에는 바이츠만, 밀너, 세실, 크루 그리고 T. E. 로렌스[T. E. Lawrence]도 참석했다) 한 달 뒤에는 바이츠만과 파이살이 합의를 체결하면서 희망이 보이는 듯했지만, 두 민족 간의 분쟁을 오래 연기하지는 못했다. 유대인과 아랍인들은 1921년부터 격렬한 충돌을 벌였고(이에 영국 당국은 팔레스타인 이민을 제한하는 결정을 내린다), 다시 1929년에도 부딪쳤다. 월터는 그런 문제들이 팔레스타인 고등판무관 허버트 새뮤얼의 무능함 때문이라고 비난했고, 특히 그가 예루살렘의 이슬람 최고 율법학자로 하지 아민 알 후세이니(Haj Amin al-Husseini)를 임명한 것을 개탄스러워했다. 한편, 월터는 시오니스트들과 동화주의자들을 서로 화해시키려 노력했지만, 1921년 7월에 개최된 세계시오니스트대회(World Zionist Congress)에서 과격파들이 팔레스타인의 전 영토를 국유화해야 한다고 주장하면서 그의 중재 노력도 모두 무산되는 듯했다.

1924년 무렵에는 월터도 그 골치 아픈 문제들을 관장하는 데 지치기 시작했다. 1920년에 팔레스타인 건립 기금(케렌 헤이소드[Keren Hayesod])이 창설됐을 때 제일 첫 줄에 들어간 서명은 여전히 그의 것이었지만, 1925년에 히브리 대학교 개교식을 주관해 달라는 요청이 들어왔을 때는 이를 거절했다. 한편, 지미는 지구력을 발휘해서 로이드 조지와 그의 후임이 된 보수당원 보너 로에게 팔레스타인뿐만 아니라 시리아 문제에 대해서도 정보를 제공하는 등

활발한 활동을 이어갔다. 일례로 그는 1919년 아랍인들을 소외시키지 않으려면 하이파[9]의 경제 개발에 필요한 예산을 재무부에서 삭감해서는 안 된다고 로이드 조지를 설득했다. 1922년 10월에 로이드 조지가 실각한 뒤에도 그는 상대를 보너 로로 바꾸어 지체 없이 팔레스타인 문제에 대한 자문을 이어 나갔다. 지미의 부친 에드몽 역시 팔레스타인에 대한 일에서 손을 떼지 않았고, 옛 유대인식민지건설회사의 팔레스타인위원회를 그가 지휘하는 (그리고 이후에는 지미가 맡아 다스리게 될) 자치 기구인 팔레스타인 유대인식민지건설회사 (Palestine Jewish Colonisation Association)로 개편하기도 했다.[10]

그러나 에드몽은 영국의 정책이 "시리아 문제에서 프랑스보다는 아랍인들 편을 들어 프랑스의 여론을 소외"시킬 위험을 무릅쓰고 있다고 걱정했고, "막강한 가톨릭 세력이 있는 힘을 다해 위협하고 있는 바, 영불동맹을 온전하게 유지시켜야 한다는 시급한 문제야말로 그가 고심하고 있는 유일한 문제"였다. 부자(父子)는 심지어 이 문제에서도 의견을 달리했다. 그것은 팔레스타인의 미래가 로스차일드가 사람들을 어떻게 갈라놓았는지를 보여 주는 일례에 불과했다.

무풍대 한가운데

1914년 이후로 로스차일드가가 겪은 경제적인 곤란(그런 곤란이 있었다고 친다면)을 순전히 전쟁에서 비롯된 충성심 문제로만 설명하는 것은 잘못일 것이다. 로스차일드가의 영향력이 줄어든 것은 1905~1918년에 걸친 전반적인 변화, 같은 시기에 일어난 정체성의 분열만큼이나 전쟁이 경제에 초래한 결과와도 무관하지 않았다.

로스차일드가가 전쟁으로부터 한두 가지 개별적인 면에서 이득이 있었다는 것은 틀림없는 사실이지만(전쟁은 비커스 총, 뉴칼레도니아의 니켈, 드비어스 다이아몬드의 수요를 증대시켰다), 그 순효과는 명백히 부정적이었다. 로스차일드가가 번성했던 세상이 1914년부로 끝장났다고 표현하는 것도 심한 과장은 아닐 것이다. 일례로, 전쟁은 결국 빈 상사와 런던과 파리 상사 사이에 남아 있던 협

[표 31] 영국의 6대 주요 은행 자본(1913~1918년, 단위 : 파운드)

	N. M. 로스차일드 앤드 선즈	베어링 브라더스	슈뢰더	클라인워트	모건 그렌펠	미들랜드
1913	7,844,642	1,025,000	3,544,000	4,406,160	1,053,201	4,349,000
1914	6,367,906	1,025,000	3,535,000	4,423,149	924,490	4,781,000
1915	4,618,511	1,025,000	3,095,000	4,399,534	1,127,367	4,781,000
1916	4,521,846	1,025,000	3,054,000	4,332,986	1,185,942	4,781,000
1917	4,720,609	1,025,000	3,104,000	4,507,339	1,413,702	5,189,000
1918	3,614,602	1,025,000	3,159,000	4,669,483	1,454,205	7,173,000

력 관계마저 앗아 가버렸다. 로스차일드가가 블라이히뢰더, 바르부르크, 디스콘토 게젤샤프트 같은 독일 은행들과 맺어 왔던 관계 역시 전쟁으로 종지부를 찍었다. 그들과 다른 어음 인수 상사들이 한 세기 동안 거의 독점적으로 자금을 조달해 왔던 해외 무역은 우선 주요 금융 시장들에서 공황이 격발한 탓에, 다음으로는 봉쇄 조치와 잠수함 공격 때문에 돌연 중단되었다. 금본위제에 기초한 통화 체제(로스차일드가의 대사업은 이를 중심으로 진행됐다)는 주요 참전국들 대부분이 통화의 정금(正金) 태환을 중지시키고 환율을 통제하면서 작동을 멈췄다. 그들이 서유럽 전역에서 건설 과정에 참여했던 철도들은 전장으로 군대를 수송하는 데 쓰였다. 게다가 4년에 걸친 살육이 초래한 비용이 유럽 조세 체제의 혁신(전쟁 전의 10년 동안 이미 그 기미가 보였던)을 가속화시켰다. 처음으로 로스차일드가는 수입과 상속 재산에 대해 고율의 세금을 물게 됐다.

　[표 31]은 전쟁 기간 동안 런던 상사가 이례적일 만큼 급격히 수축되었다는 사실을 보여 준다. N. M. 로스차일드 앤드 선즈가 자본 규모상에서 마침내 다른 은행(미들랜드 은행)에 추월당한 것은 1915년의 일로, 그들이 영국 최대의 은행 자리를 지켜 온 약 한 세기의 시절이 막을 내렸다. 1918년이 되면 클라인워트마저 규모상 N. M. 로스차일드를 뛰어넘었고, 슈뢰더 역시 전쟁으로 큰 타격을 입기는 했지만 대차대조표의 수축 양상은 로스차일드만큼 가파르지 않았다. 로스차일드가의 대차대조표를 면밀히 살펴보면 은행의 영국 공

[표 32] 영국 5대 은행의 수익(1913~1918년, 단위 : 파운드)

	N. M. 로스차일드	베어링 브라더스	슈뢰더	모건그렌펠	미들랜드
1913	-92,962	359,673	428,000	-108,917	1,311,000
1914	-1,476,737	78,813	379,000	-229,742	1,192,000
1915	-117,195	1,094,436	69,000	438,782	1,211,000
1916	213,320	764,192	77,000	185,942	1,637,000
1917	230,123	589,913	35,000	177,508	1,968,000
1918	208,673	413,008	36,000	191,748	3,314,000

채 보유량이 급격히 감소했다는 것을 알 수 있다.

[표 32]는 이 수축을 일으킨 가장 큰 원인(유일한 원인은 아니더라도)이 1913~1915년 사이에 로스차일드가가 겪었던 막대한 손실에 있다는 것을 확인시킨다. 베어링은행과 미들랜드는 훨씬 실적이 좋았고, 수익을 자본 대비 퍼센티지로 계산할 경우 격차는 훨씬 벌어진다(슈뢰더은행의 상황이 전반적으로 훨씬 더 안 좋기는 했지만). 로스차일드가의 자본이 수축한 또 다른 이유는 파트너 세 사람의 죽음 때문이라고 해야 할 것이다. 특히 알프레드가 막대한 재산을 문중 밖에 유증하기로 결정하면서, 3년 내리 적당히 좋은 수익률을 유지했는데도 1918년에는 100만 파운드가 넘는 자본 감소를 겪어야 했다.

그러나 수수께끼는 아직 남아 있다. 1차 세계대전에 자금이 조달된 방식은 19세기의 전쟁에 자금이 조달됐던 방식과 여러모로 흡사했기 때문이다. 나폴레옹전쟁이 훨씬 장기간에 걸쳐 좀 더 낮은 강도로 치러진 전쟁이기는 했지만, 사실상 엄격히 경제적인 측면에서만 따지면 사용 가능한 경제 자원 대비 전쟁의 규모는 1차 세계대전의 비용이 나폴레옹전쟁 당시보다 막대하게 크지는 않았다. 각국 정부는 신규 세금을 도입해 자금을 조성했지만 전비 대부분은 대출에 의존해야 했다. 세 가지 예를 들면, 1914년에서 1919년 사이에 독일의 국가 부채는 약 190억 달러 증가했고, 프랑스는 250억 달러, 영국은 320억 달러 증가한 결과, 전쟁이 끝날 무렵 각국의 국가 부채는 GNP의 200%에 육박할 정도였다. 채권 수익률이 엄두를 못 낼 만큼 치솟자, 참전국 정부들은 각자의 중앙은행에 단기 재무 증권을 담보로 돈을 찍어낼 것을 요구했다. 나폴레옹 시절에 그랬듯 은행 위기를 막기 위해 지폐의 금태환이 정지되었기 때문에 대규모로 실행 가능한 일이었다. 역시 나폴레옹 당시처럼 인플레이션이 초래되었고, 물가는 두 배 내지 세 배로 뛰었다. 그렇다면 어째서 로스차일드가는 1차 세계대전의 금융 기회를 이용하지 못했을까? 한 세기 전, 마이어 암셸과 그의 아들들에게 절체절명의 사업 기회를 가져다준 것은 결국 나폴레옹전쟁이 아니었나?

답은 분명하다. 나폴레옹전쟁 당시 프랑스의 패배는 상당 부분 오스트리아, 러시아, 프로이센에 제공한 영국의 차관과 보조금으로 이루어진 결과였다. 프랑크푸르트와 런던, 파리에 은행을 둔 로스차일드가는 이러한 이전 사업에서 특별히 유리한 위치에 있었다. 1차 세계대전에서 동맹국들이 패배한 배경에도 영국에서 연합국으로 (97억 달러에 달하는) 자금이 이전된 사실이 있었다. 그러나 사실상 로스차일드가가 나설 수 있었던 것은 자금을 프랑스에 제공할 때뿐이었고, 그렇게 맡은 역할마저 부수적인 역할에 불과했다. 한때 그들은 동맹 열강들 간의 국제 거래에 있어서는 1등으로 손꼽힌 에이전트였다. 그러나 영국의 전쟁 노력이 미국의 신용에 과하게 의존하게 된 당시, 전시 재정의 핵심 에이전트로 N. M. 로스차일드의 자리를 대체한 것은 J. P. 모건이었다. 그것은 대서양 반대편에 로스차일드 은행을 만들지 않은 것이 얼마나 치명적인 전략적 실수였는지를 재확인시킨 사건이었다.

1815년과 1918년 이후의 전후 시기 간에도 서로 닮은 점이 있었다. 두 경우 모두 전쟁 비용 일부를 패전국이 지불하게 하려는 시도가 있었다. 그리고 두 경우 모두에서 전시 인플레이션이 패전국의 내국채를 대폭 감소시켰던 터라, 이 나라들의 배상금 지불 능력은 통상 인정되거나 파악된 것보다 훨씬 양호한 상태였다. 1815년 이후에는 막대한 영국 자본이 대륙의 복고 정권들에 유용될 수 있었다. 1918년 이후 중앙유럽의 여러 '승계국들'(독일을 비롯해 오스트리아, 헝가리, 체코슬로바키아까지)이 끌어 쓸 수 있었던 것은 미국 자본이었다. 그런데도 두 시기 모두 패전국들의 새 정권은 결국 불안정한 모습을 드러냈다. 바이마르 공화국은 복고 부르봉왕조의 프랑스처럼 고작 15년을 버티고 무너져버렸다. 영국은 1820년대의 오스트리아처럼 전후 유럽의 '치안'을 맡기에는 경제적 여력이 부족했다. 동시에 미국은 1820년대에 영국이 그랬듯이, 형편상 여력은 있었지만 유럽 대륙 문제에서 조금씩 발을 뺐다. 1820년대와 1920년대의 가장 큰 차이는 전자의 경우 영국이 동맹국들의 전쟁 부채를 대부분 탕감해 주었지만, 1918년 이후의 미국은 그러지 않았다는 것이다. 1815년, 프랑스에 부과된 배상금 부담은 국가 수입에 대한 비율로 따졌을 때(약 7%) 1921년에 독일이 감당해야 했던 것(약 300%)에 비하면 대단히 미약한 수준이었다. 마지막으로, 1920년대의 문제를 해결해야 했던 정권들은 모두 민주주의 정권이었다. 이는 은행가, 채권 보유자, 직접세 납세자들이 1820년대처럼 정치적으로 과잉 대표된 체제가 더 이상은 아니었다는 것을 뜻했다. 모건은행이 1830년대의 로스차일드가처럼 채권 시장에서 경제적 영향력을 발휘해 공격적인 대외 정책들을 좌절시키는 역할을 맡을 수 없었던 것도 부분적으로는 바로 이 때문이었다. 1930년대의 정치경제적 위기는 19세기에는 없었던 식으로 금융 권력의 한계를 극명히 노출시켰다.

이 모든 것은 양차 대전 사이에 로스차일드가가 겪었던 곤경에 변명이 되어 준다. 그러나 당시의 정세가 그보다 덜 혹독했을 때 로스차일드가가 과연 얼마나 번성할 수 있었을는지는 이론의 여지가 있는 문제다. 1925년 당시에 풋내기 직원이었던 로널드 페일린에게 로스차일드 은행은 아직도 『돔비 부자 상회(Dombey and Son)』[11]의 시대에 묶여 있는 것처럼 보였다. 녹색 블라인드가 유리 문 위에 드리우는 점심시간을 제외하면, 목재 패널을 덧대고 천을 씌워 장식한 화려한 '룸(Room)'에서 로스차일드가의 파트너들이 책상 앞에 앉아 있는 모습을 볼 수 있었지만, 페일린에게 그들은 대화할 기회를 갖는 것만도 영광인 "고고한 피조물들"로만 보였다. 그들은 그들만의 출입구가 따로 있었고, 식당도 따로 썼으며, 책상 위에는 일련의 누름 단추가 나란히 부착되어 있어서 단추만 누르면 어느 직원이든 호출할 수 있었다. 꼭대기 층에는 비밀계좌 부서(Private Accounts Department)라는 이름의 (일반 직원들은 "창녀와 기수들[Whores and Jockeys]"[12]이라고 불렀던) 특별 사무실이 있었는데, 파트너들의 사적인 사업을 처리하는 곳이었다. 1939년에 은행에 입사한 라이오넬의 아들 에드먼드의 말을 빌리면 "룸에 앉아 있는 가족들과 일반 사무실이나 프런트 홀에 앉은 직원들은 완전히 다른 종족이었다".

직원 서열의 꼭대기에는 양차 대전 사이에 주로 헝가리 태생의 새뮤얼 스테파니가 차지하고 있었던 부장 외에도 다양한 부서장들과 노하임 형제들 같은 수석 직원들이 있었다. 뉴코트의 사무실들은 되는 대로 배치되어 있었다. 룸의 위층에는 운영 관리부와 비밀 계좌부를 비롯해 인사관리부장과 회계부장이 쓰는 사무실이 있었다. '일반 사무실'은 좁고 긴 검은 홀을 통과하면 나오는 갑갑한 고객 카운터로, 출납 및 금괴부서 역시 이 홀에 있었다. 주식부서는 명칭과는 달리 환어음 업무를 다뤘고, 수취어음부와 지급어음부로 나뉘어 있었다. 그곳 직원들은 줄줄이 놓인 가파른 책상들 앞에서 공들여 어음에 번호를 매기고 소인을 찍었으며, 그런 다음 인수를 위해 이를 소위 '파발꾼'에게 건넸다.

그보다 더 번거롭게 운영된 곳은 배당금 부서였는데, 여기에서는 로열 더치 같은 몇 안 되는 기업 고객들의 무기명주에 대한 배당금뿐만 아니라 외국 채권 발행과 그에 대한 이자 지급까지 다루고 있었다. 그곳은 쿠폰에 소인을 찍는 구식 기계들, 브룬스비가 기계식 계산기와 통계표들이 산재한, 페일린의 말에 따르면 "시동(時動) 연구학자에게는 악몽 같은 곳"이었다. 작업 속도는 액면가 이하의 취급을 받았다. 일화에 따르면, 장래에 배당금부서의 부서장이 되는 라이오넬 스튜어트는 파트너 한 사람으로부터 1억의 1%가 얼마냐는 질문을 받고 그 즉시 "100만입니다"라고 대답했다고 한다. 로스차일드는 꾸짖었다. "어림짐작하지 말게나. 당장 자리로 돌아가 계산을 하게." 부장 스테파니의 금언 역시 동일한 사고방식을 촉구하는 것들이었다. 그는 이 이야기를 즐겨 했다. "실수는 누구나 저지를 수 있다. 실수 한 번 하지 않고서는 아무것도 이룰 수 없다. 그러나 하늘은 검토 단계에서 실수 하나 놓치지 않는 이를 돕는다." 스테파니가 젊은 직원들에게 했던 조언 중 또 하나는 이것이었다. "총계를 그대로 옮겨 적지 말게. 항상 계산을 하게."

꼼꼼함과 정확성에 대한 이러한 강조는 은행에서의 실제 근무가 그토록 천하태평으로 이루어지지 않았더라면 좀 더 납득하기가 쉬웠을 것이다. 일례로, 쿠폰부서의 부서장 조지 리틀헤일스는 에섹스 주 머시 섬에 살았던 터라 정오가 되기 전에 출근하는 적이 드물었다. 오후 1시에는 점심을 먹으러 자리를 비웠고, 2시 반이면 다시 집으로 갈 채비를 하는 식이었다. 하급 직원이었던 페일린도 "아침 10시 반 이전에 도착하는 적은 거의 없었고, 언제나 주말의 이틀 연휴를 손꼽아 기다렸다". 파트너들이 쓰는 응접실에는 통신 속보기가 석 대 있었는데, 각각 주식 시장 시세 속보기, 일반 뉴스 속보기, 스포츠 뉴스 속보기였다는 사실에서는 뉴코트가 매긴 일의 우선순위가 드러난다. 고위 직원들은 대학 교수들처럼 그들만의 식당과 집사를 두고 있었던 한편, 하급 직원들은 소규모 사립 기숙학교 학생들처럼 별명을 붙이고(리틀헤일스는 "달걀"로 통했다), 짓궂은 장난을 치고, 점심 휴식 시간("애들을 위한 시간")이 되기만을 초조하게 기다렸다. 조지 타이트와 셜리 스넬같이 장기 근속한 직원들은 물려받은 재산이 없어서 여가 활동을 즐기기 위해서는 시티에서 돈을 벌어야 하는 P. G. 우드하우스(P. G. Wodehouse)의 소설 속 인물들처럼 살았다. 타이트가 페일린에게 "이봐, 여긴 런던 최고의 클럽이야. 우리는 봉급을 받는 게 아니라 가입비를 내야 한다고!"라고 말했을 때, 그는 양차 대전 사이에 로스차일드 은행이 과연 어떤 식으로 돌아가고 있었는지를 완벽하게 요약해 보인 셈이다. 실제로 그와 그의 동료들은 봉급에 가욋돈까지 받고 있었다. 분기별로 지급되는 100파운드 기본 연봉에 더해 페일린은 한 해당 48파운드의 "점심값", "파운드 수수료", 생일이나 기념일마다 파트너들이 제공하는 "용돈", 그들이 소개한 고객들의 채권 및 주식 배당분에 대한 8분의 1% 중개수수료, 그리고 공휴일 수당을 받았다.

그것은 비교적 너그러운 수당이었고, 로스차일드 은행에서 페일린과 거의 비슷한 시기에 입사한 마이클 벅스(나중에 부장이 되는)와 피터 홉스(나중에 투자 담당 부장이 되는) 같은 재능 있는 인물들을 그때까지 채용할 수 있었던 것도 그 덕분이었을지 모른다. 그러나 채용은 대개 봉건적인 방식으로 이루어졌다. 어느 직원은 그의 어머니가 로즈버리 일가를 위해 수년간 가사를 돌보아 준 덕분에 은행에 수위로 취직할 수 있었다. 페일린도 그의 아버지가 영국은행의 임원 한 사람과 알고 지낸 덕분에 회사에 소개된 경우였다. 그가 치른 입사 면접 중에 인사부장이 던진 질문 중에는 'parallel'과 'acknowledgement'의 철자를 맞춰 보라는 문제도 있었다. 많은 직원들이 수세대에 걸쳐 뉴코트에서 일해 온 가문 출신이었다. 예를 들어 윌리엄스 가문과 머서 가문이 있었고(가령, 신입사원으로 들어온 어니스트 머서는 "옛날 머서의 아들의 동생의 아들"이라고 불리는 식이었다), 로스차일드의 우편 배달부 역시 나탄 밑에서 일했던 포크스톤 가문에서 계속 채용되었다. 뉴코트에 취직한 최초의 여성은 두 랍비의 미혼 딸들이었다. 그들은 은행 꼭대기의 외딴 사무실에 갇혀 지냈고, 역시 외떨어진 지하방에서 점심을 먹었다(그것은 토요일 휴무와 함께 1960년대까지 이어진 관례였다). 그러므로 페일린이 내린 평가는 그리 가혹한 것이 아니었다. 즉, 로스차일드가는 "크게 봐서 거의 일은 안 하는 사분사분한 괴짜들이 별 고민 없이 고리타분한 방식으로 운영하는……조직"이 되어 있었다.

이런 침체된 분위기는 런던 일가만의 증상이 아니었다. 1931년에 파리 상사에 합류한 에두아르의 아들 기 역시 "모든 것, 모든 사람들한테 과거가 들러붙어 있는" 것에 충격을 받았다. 그가 받은 훈련은 이자율을 소수가 아닌 분수로 옮기는 법을 익히는 것이었는데, 그에게 이를 가르친 직원의 또 다른 임무는 아침마다 그날 신문에서 선정한 기사를 읽어 주는 것이었다. 기는 이렇게 회고했다. "그 직원은 '이름'과 그 이름이 부여하는 의무의 위엄에 고취되어 있었다. 이전 세기의 잔재는 매순간 곳곳에서 나타났고, 그 중 일부는" 제임스 남작 시절로까지 거슬러 올라가는 바티칸 회계 장부처럼 "더 이상 남아 있을 이유가 없는 것들이었다." 룸에 틀어박힌 채 나날의 사업 운영에서 비껴나 있던 런던의 파트너들처럼, 에두아르와 로베르도 광활한 "대사무실"에서 근무 시간을 보내며 직원들과의 의사소통에도 똑같은 누름 단추 호출 시스템을 사용했다.

직원들이 근무하는 "휑한 벽에……어두침침하고……우울하고 칙칙한" 사무실 또한 "되는대로 배치된 집기들, 묵은 담배 냄새와 곰팡내가 과거를 회상시키는 곳이었다. 수십 년간 불완전 고용이 이어져 온 탓에, 모두들 지휘 감독하는 사람도, 기강도 없이 느릿느릿 일하고 있었다." 기가 명민하게 깨달은 것처럼 "드 로스차일드 프레르는 일하는 은행이라기보다는 가족 비서실에 가까웠"고, 그 주된 활동은 "19세기를 조용히 연장시키는 것"이었다.

그러나 그러한 인상 위주의 설명은 1920년대와 1930년대 로스차일드의 활동을 축소해 드러내는 경향이 있다. 회상 속의 '복지부동'은 로스차일드가에만 특이하게 나타난 문제였다기보다는 양차 대전 사이에 발생했던 두 가지 커다란 경제적 트라우마의 귀결이었다고 간주하는 편이 역사적으로 더 정확할 것이다.

[표 33] N. M. 로스차일드 앤드 선즈가 참여한 주요 채권 및 주식 발행분(1921~1937년)

지역	증권 발행분 총액(파운드)	합계 대비 비율
영국	38,112,921	21.3
유럽	38,607,700	21.5
남미	55,438,251	30.9
일본	43,500,000	24.3
기타	3,500,000	2.0
합계	179,158,872	100.0

여러모로 보아 1920년대와 1930년대는 N. M. 로스차일드 앤드 선즈가 그 이전의 20년 못지않게 활동적이었던 시기였다. 은행이 인수한 채권 및 주식 발행분의 액면 총액을 계산해 보면, 1920~1939년의 액수는 1900~1919년의 수치보다 단 5% 적을 뿐이다. 두 시기의 차이점은 두 가지였다. 첫째, 양차 대전 사이에 진행된 사업은 상당 부분이 파리나 빈 상사가 아닌 시티의 다른 은행들, 특히 이제껏 경쟁자들이던 베어링이나 슈뢰더은행과의 합작으로 이루어졌다. 이 외에도 로스차일드가는 1919년의 중국 채권(여전히 홍콩 상하이 은행이 장악하고 있던 영역) 컨소시엄에 합류했고, 독일 소유의 투르크 철도 회사 여러 곳을 (스위스의 중개로) 매입하는 작업에 슈뢰더, 로이드, 웨스트민스터은행, 내셔널 프로빈셜 뱅크(National Provincial Bank)와 함께 참여하기도 했다. 전적으로 명백한 이유를 대기는 어렵지만, 어쨌든 전쟁이 끝나고 로스차일드 상사 세 곳의 전통적 협력 관계를 재개하기란 꽤나 쉽지 않은 일이었던 것으로 보인다. 파리와 빈 사이에 그때까지 남아 있던 연계가 결국에 가서는 문제 투성이로 변해버렸던 것도 그 때문이었을 것이다.

두 번째 차이점은 1920년대에 진행한 채권 발행이 차용국들에 닥친 일련의 정치경제적 위기 때문에 가장 피해 막심한 투자가 되고 말았다는 것이었다. [표 33]은 로스차일드가에서 양 대전 사이에 발행한 주요 채권 및 주식 규모를 지역별로 나눠 본 수치로, 영국과 유럽 발행분이 주를 이뤘고 남미와 아시아(주로 일본)가 뒤를 이었다는 것을 보여 준다(그러나 일본의 경우 로스차일드가가 웨스트민스터은행이 주도하는 대규모 그룹에 참여하고 있었기 때문에, 표에 등장한 수치는 그들의 역할을 사뭇 과장해 보이고 있는 것이 사실이다).

좀 더 자세히 들여다보면 로스차일드가가 양차 대전 사이에 가장 불안정했던 정권 일부에 대부했다는 것이 드러난다. 그것은 전전(戰前)의 동업자들과 거의 무작정 사업 활동을 재개해서 빚어진 의도하지 않은 결과였다.

물론 중앙유럽과 역사적으로 그토록 긴밀히 얽혀 있던 회사가 합스부르크와 호엔촐레른제국의 폐허 속에 출현한 신생 국가에 자금을 조달하는 일에 앞장선 것은 충분히 이해할 만한 일이었다. 그러나 불행히도 그 중 가장 안정적인 나라와의 거래도 결코 쉽게 풀리지 않았다. 베어링은행의 주도하에 N. M. 로스차일드, 슈뢰더, 키더 피바디 상회(Kidder, Peabody & Co.)의 뉴욕 지점이 참여한 컨소시엄은 체코슬로바키아 채권 약 1000만 파운드 상당을 1922년과 1923년에 나누어 발행했다. 그러나 채권의 첫 분할 발행분은 공교롭게도 프라하 시가 동시에 자체 채권을 발행하면서 액면 가치 이하로 떨어져버렸다. 1920년대 초에 발행된 독일 채권들은 1922~1923년의 초인플레이션으로 거의 무가치한 수준으로까지 폭락했는데, 로스차일드가는 이 처참하게 끝난 사업들을 신통히도 잘 피해 왔던 것으로 보인다.

그러나 그들은 (어느 정도는 당시 최고의 절정기를 누리고 있던 막스 바르부르크의 영향으로) 곧 독일 시장으로 되돌아가서, 프로이센 자유주 베스트팔렌을 위해 83만 5000파운드를 조성하고, 베어링 및 슈뢰더은행과 연합하여 함부르크와 베를린 시를 위해 대규모 채권을 각각 1926년과 1927년에 발행했다. 뿐만 아니라, 런던 상사는 바르부르크가 전후 독일의 거대한 무역 수지 적자에 자금을 조달할 목적으로 1921년에 야심차게 설립한 국제인수은행(International Acceptance Bank, IAB)에 빈 상사와 함께 주주로 참여했고, 이후에는 역시 바르부르크의 프로젝트였던 런던의 산업 금융 및 투자 회사(Industrial Finance and Investment Corporation Ltd.)에 관여하기도 했다. 헝가리는 이 시기에 중앙유럽에서 가장 중요한 고객이었을 것이다. 여기에서 주도권을 잡은 것은 뉴코트로, 그들은 헝가리를 위해 1924년에는 780만 파운드, 1925~1926년에는 225만 파운드, 1936년에는 160만 파운드의 채권을 발행했다.

마지막으로, 오스트리아가 있었다. 런던 상사는 1930년에 베어링, 슈뢰더, 모건그렌펠은행과 합작하여 300만 파운드 규모의 오스트리아 국채를 발행했을 뿐만 아니라, 빈 상사를 통해서도 간접적으로 오스트리아 경제에(1931년 이전에 스스로 파악하고 있었던 것 이상으로) 발을 들이고 있었다. 루이스는 1920년대에 중앙유럽의 경제를 과도하게 낙관적으로 평가했다는 점에서 막스 바르부르크와 닮아 있었다. 그는 비트코비츠 제철소가 독립 체코슬로바키아에 속하게 되자, 회사를 지키고 있기로 결정했다(회사가 폴란드 국경 안에 놓이게 됐다면 달리 행동했을지도 모르지만). 무엇보다 그는 60여 년 전 그의 조부가 설립한 은행 크레디탄슈탈트에 대한 로스차일드가의 참여폭을 늘렸다. 1921년 7월에 그는 크레디탄슈탈트 이사회(페어발퉁스라트Verwaltungsrat)의 회장직을 수락했고, 빈 상사가 IAB와 네덜란드의 암스탈방크(Amstelbank) 같은 회사들에 관여한 것 역시 크레디탄슈탈트와의 협력을 통해서였다. 런던 상사 역시 크레디탄슈탈트의 전 임원이자 감독위원회 위원이었던 빌헬름 레겐단츠(Wilhelm Regendanz)의 설득으로 브레겐츠의 오스트리아 전력 회사 포어아를베르거 일베르케(Vorarlberger Illwerke)를 위해 200만 파운드 규모의 채권을 발행했는데, 이 사업의 실패는 중앙유럽 국가에 곧 무슨 일이 닥칠는지를 알리는 이른 경고였다.

1929년 10월에 보덴크레디탄슈탈트가 난관에 봉착했을 때, 오스트리아 정부가 구호 요청을 보낸 사람은 바로 루이스였다. 그는 결국 두 은행의 합병이나 다름없는 일을 떠맡고는 의무를 다했다. 10월 18일 수요일, 파리 일가는 그의 행동을 칭송하는 편지를 보냈다. 에두아르는 이렇게 썼다. "네 결단력과 용기 있는 행동에 박수를 보낸다. 너는 빈의 경제를 구했고, 너희 나라에 극심한 피해를 입히고 다른 금융 수도와 시장에도 응당 파급 효과를 미쳤을 사태를 막아냈다." 다음 화요일에 일어날 일을 그가 미리 알았더라면 축하 편지를 쓰는 일은 없었을 것이다. 그도, 루이스도, 역사가 되풀이되려 한다는 사실을 깨닫지 못했다. 루이스의 증조부 잘로몬이 1848년의 위기 직전에 아른슈타인 에스켈레스은행을 구제한 것처럼, 보덴크레디탄슈탈트를 구하기로 한 루이스의 결정도 빈 일가를 결국 파멸 직전까지 몰아넣게 된다.

런던 상사가 남미, 그 중에서도 특히 브라질과 칠레와 맺었던 구래의 긴밀한 관계를 지속해 나간 것 역시 자연스러운 일이었다.[13] 전쟁 중에 브라질 주재 미국 대사는 "로스차일드가가 브라질 재정의 미래를 저당 잡고……브라질이 로스차일드 이외의 다른 은행 혹은 영국이 아닌 다른 나라와 사업 관계를 맺을 길을 죄다 막아 놓았다"고 말했다. 과장이었지만, 아주 터무니없는 이야기는 아니었다. 런던 상사는 양차 대전 사이에 브라질 연방 정부를 위해 액면가 2800만 파운드 이상의 채권을 발행했고, 더불어 브라질의 주(州)와 철도 회사들을 위해서도 1750만 파운드 규모의 채권을 발행했다(칠레에 조성해 준 자금은 총 약 1000만 파운드였다). 브라질의 경우 경제적(그리고 정치적) 안정은 무엇보다 세계 커피 시장의 상황에 달려 있었다. 1922년에(이번에도 베어링, 슈뢰더 은행과 함께) 발행한 900만 파운드 상당의 채권은 브라질 정부의 커피 가격 유지 사업에 자금을 조달하기 위한 것이었고, 이를 계기로 커피 수출 통제권은 시티의 은행들로 구성된 위원회의 수중에 들어갔다(1908년 로스차일드가가 의구심을 품었는데도 시도됐던 일의 재탕이었다).

브라질은행의 신뢰성에 대한 의심은 사라진 적이 없었고, 1923년에 브라질 정부가 "유동 부채를 청산하고 브라질 재정을 정비하기 위해" 추가로 2500만 파운드의 대부금이 필요하다며 뉴코트의 문을 두드리자, 라이오넬은 이참에 브라질은행에 "우리 비위에 맞는 외국 통제력"을 부여할 수 있으리라는 기대를 갖고 에드윈 몬터규에게 이 브라질 특명을 진두지휘해 줄 것을 요청했다. 그러나 불행히도 몬터규와 그의 동료들이 내놓을 수 있었던 최선의 전략은 런던의 은행들이 브라질 정부가 보유한 브라질은행 주식을 매입하자는 것이었고, "국립은행을 외국인이 소유하는 것을 브라질 여론이 호의적으로 받아들이진 않을 것"이라고 생각한 라이오넬은 결국 제안을 물렸다. 어찌 됐든, 영국은행이 외국 채권에 잠정 금수 조치를 내리면서 예정된 채권 발행도 도중에 중단될 수밖에 없었고, 3년 뒤(독일을 국제연맹에 가입시키는 문제를 놓고 브라질과 영국 사이에 승강이가 있고 난 뒤)에 브라질 정부는 대신 월스트리트로 눈을 돌렸다.

그런데도 런던 상사는 1924년에 상파울로 주(州) 정부로 이양된 커피 가격 유지 사업에 대한 통제력을 꾸준히 유지했고, 1927년에 브라질이 금본위제로 복귀하자 브라질 연방 채권 발행 사업에서 주도적인 역할을 회복했다. 브라질 주재 로스차일드 대리인이었던 헨리 린치(기사 작위를 받은 뒤에는 주재국에서 주로 '린치 경'으로 통했던)는 이 시기 내내 브라질 금융의 핵심 인사로 대접받았다. 칠레에서도 정부의 재정 안정성은 자국의 주력 수출품(비료와 폭약 제조에 사용되는 질산염)과 긴밀한 관계를 맺고 있었다.

전통적인 채권 사업에 더해, 로스차일드가는 전쟁 전에 시작했던 광산업 역시 계속 붙들고 있었다. 리오틴토의 대주주였던 그들의 영향력은 회사가 구리와 황철석에서 시작해 유황회수, 탄각(炭殼) 처리, 실리카겔까지 사업 영역을 넓히고, 지리적 범주 역시 스페인에서 벨기에, 로디지아, 미주까지 넓히면서 한층 더 막대해졌다.[14] 밀너 경, 아서 스틸 메이틀랜드 경(1920년에 회사의 상무이사로 임명된) 그리고 오클랜드 게디스 경(1925년 밀너의 후임 회장이 된) 같은 이사회의 핵심 일원들은 양차 대전 간 원자재 시장의 변동성에 대처하는 과정 내내 뉴코트와 긴밀히 협조해서 일을 진행시켰다. 남아프리카에서는 어니스트 오펜하이머(Ernest Oppenheimer)의 앵글로아메리카회사(Anglo American Corporation, 1917년에 설립)가 드비어스의 지분을 로스차일드가보다 훨씬 많이 확보하면서 회사의 방향타가 점점 더 그들의 손에 움직이게 된 것이 사실이지만, 런던과 파리 상사는 그때까지도 드비어스의 주요 주주 자리를 지키고 있었다. 손실이 생긴 유일한 곳은 스페인으로, 알마덴 광산이 1929년에 국유화되었기 때문이다. 그러나 광산은 전쟁이 나기 전부터 이미 주요 수익원이 되지 못했다.

이 모든 사업을 '복지부동'이라는 말로 간추리기는 어려울 것이다. 회사의 단골 주식중개인들(카제노브, 메셀가, 팬뮤어 고든, 세바그가)은 분주히 오갔고, 회사의 변호사들도 바쁘기는 마찬가지였다. 문제는 그 활동이 언제나 수익성과 정비례하는 것은 아니었다는 점이다. 세계 경제가 1929~1932년의 대침체(물가, 생산, 고용 모두 전례 없는 수준으로 추락했다)로 빠져들고 있을 때, 로스차일드가에서 가장 크게 관여한 사업들은 마침 경기로 인해 최악의 영향을 받은 것들이었다.

물론 자본주의 체제 안에서 벌어진 이 최대의 위기는 은행가나 정치가들이 어찌해 볼 수 없는 '구조적' 요인들에 기인했다는 주장도 가능하다. 1차 세계대전이 남겨 놓은 것은 여러 주력 농산품 및 공산품의 생산 과잉과 시장 왜곡이었다. 그러나 재정 및 통화 정책상의 오판이 (국제 전쟁 부채와 배상 의무라는 극도의 혼란이 더해져) 불황을 악화시키고 장기화시켰다는 것은 틀림없는 사실이다. 1920년대 초, 너무 많은 나라들이 단지 정치적 난제들을 모면하기 위해 공공 부문 적자를 과도하게 누적시키고 무작정 조폐 인쇄기를 돌려서 자금을 충당하는 우를 범했다. 그 결과 인플레이션과 초인플레이션이 닥쳤고, 이에 놀란 투자자들(특히 채권 보유자들)이 인플레이션 추가 발생 가능성의 위험 부담을 보상받기 위해 더 높은 수익률을 요구하면서 경제 불안이 야기되었다. 오스트리아는 고도의 전후 인플레이션을 겪은 나라 중 하나였다. 그 여파 속에서 빈 상사는 새로 도입된 실링의 안정화에 힘을 보태며, 금융가 겸 사업가 카밀로 카스틸리오니(Camillo Castiglioni) 같은 인플레이션 광신도들의 투기를 좌절시켰다.

그러나 1920년대 중앙유럽의 거의 모든 은행들이 그랬듯이 인플레이션 이후 빈 상사의 대차대조표 역시 예금 쪽은 넉넉하고 준비금은 부족했을 가능성도 충분히 있다. 1920년대 중반부터 각국 정부는 초기 금본위제가 성공을 거둘 수 있었던 본질적인 전제 조건들이 현재는 부재한다는 사실을 잊고 1914년 이전의 금본위제를 흉내 내려는 헛된 노력을 기울이면서 지속 불가능한 환율을 고정시키는 정책적 실수를 저지르고 말았다. 그 결과, 특히 1929년 이후부터 정치가들은 모든 다른 정책 목적을 금 동량 유지에 종속시킨 채, 경기 후퇴에도 아랑곳없이 예산 균형을 맞추려 애를 쓰고 통화 정책을 긴축으로 몰고 갔다.

이 오판이 너무 광범히 퍼져서 보편적인 '일반 통념'이 되었을 정도였다고는 해도, 로스차일드가가 여기에 관여했다는 것은 분명한 사실이다. 국제 금 시장에서 런던 상사가 차지하고 있던 막중한 비중 역시 그 요인 중 하나였을 것이다. 전시에 발효된 런던 금 수출 금지령이 철회되자 N. M. 로스차일드는 금괴 시장과 영국은행 간의 중개자 역할을 맡았고, 남아프리카 광산 회사들은 그들의 금 산량 전부(세계 산량의 약 절반)를 영국은행에 선적해 보낸다는 데 합의했다. 이 과정에 채택된 방식은 N. M. 로스차일드가 제련된 금을 받는 대로 생산자들에게 표준 온스당 3파운드 17실링 9펜스를 선불하고, 이어 "런던 시장과 금괴 중매인들에게 입찰 기회를 주고 가능한 한 최고 가격에 팔아" 프리미엄을 취합해서 이를 매 6개월마다 광산에 송금해 주는 것이었다. 그리하여 소위 "픽스(Fix)"라는 것이 탄생했으니, 이는 (1919년 9월 12일 이래로) 뉴코트에서 진행되는 경매에 뒤이어 매일 아침 11시에 금의 세계 시장 가격이 결정되는 것을 뜻했다.[15] 경매가 뉴코트에서 이루어졌다는 것은 제련 사업자이자 남아프리카 생산자들(최대 판매자)의 에이전트라는 런던 상사의 이중적 역할이 반영된 결과였다.[16] 그리하여 이 '픽스'는 전후 인도와 영국의 통화를 안정시키는 데 중추적인 역할을 수행하게 된다.

그러나 단지 이 이유만으로 로스차일드가가 재건된 금환본위제를 옹호했다고 하기는 어려울 것이다. 궁극적으로 그들 역시 시티의 다른 이들과 같은 이유로 금을 선호했다. 다시 말해, 그들이 두려워한 것은 파운드가 변동환율제로 전환될 경우 런던이 세계 금융 수도 역할을 뉴욕에 영원히 양보해야 할지도 모른다는 것이었다. 금본위제에 대한 그들의 믿음이 맹목적이었던 것도 아니었다. 1931년에 월터는 대공황 중에 금본위제가 붕괴된 것은 "자본주의나 사회주의가 옳으냐, 그르냐 하고는 아무 관계가 없다. 다만······[특정] 국가들의 금에 대한 탐욕이 원인이었다. 그들이 탐욕을 부려서 얻은 것이라고는 나머지 세계에서 교환 수단을 회수해버려서 결국 자국의 무역을 해친 것뿐"이라는 주장을 폈다. 그것은 정당한 평가였다. 1914년 이전의 금본위제와 1920년대의 금환본위제 간의 최대 차이점은 가장 중요한 참여국 두 곳(미국과 프랑스)이 국내 인플레이션을 피하기 위해 준비금에 추가 유입된 금을 '불태화(不胎化, sterilizing)'시킴으로써 규칙을 왜곡했다는 것이었다. 중앙은행들 간의 협력 없이 금환본위제는 살아남을 수 없었다.

영국과는 달리, 프랑스는 타협했다. 프랑스 납세자들이 독일인들은 이미 내지 않기로 결심한 배상금으로 예산 균형을 맞출 수 있으리라고 고집스럽게 믿고 있는 한, 프랑을 전전(前戰)의 환율로 회복시킬 가망은 없었다. 과연, 1928년에 지지부진하게 계속된 논의 끝에 통화를 옛 대외 가치의 20%로 고정시킨다는 결정이 내려졌다. 에두아르는 프랑스은행의 이사 12인 중 한 사람으로서 전력을 다해 격렬히 반대했지만 타협을 막을 수는 없었다. 1924년 여름, 그는 철도 노동자들의 파업(북부 철도의 대주주였던 드 로스차일드 프레르로서는 머릿속에서 떨칠 수 없었던 염려)에 온건 노선으로 대응한 것에 대해 에두아르 에리오(Édouard Herriot)가 이끄는 좌파연합(Cartel des gauches) 정부를 공개적으로 비난했다. 이듬해 초 프랑의 가치가 급격히 하락하자, 그는 프랑스은행의 대표단을 이끌고 에리오와 통화 문제를 논하기 위해 나섰다. 에두아르는 일단 전략적으로 프랑의 약세에 대한 일부 책임을 "가톨릭 극우파와 과격 공산주의 세력"의 탓으로 돌렸지만, 곧이어 공공 부문의 임금 협상 타결이 과도하게 진행됐다고 비난했고 예산 안정화를 위해 좌파연합이 그들이 몰아낸 우경향의 전국연합(Bloc National)과 연정을 조직해야 한다고 주장했다.

그러나 1926년 6월, 프랑스은행 총재로 에밀 모로(Émile Moreau)가 임명되면서 로스차일드호는 역풍을 맞았다. 에두아르가 전전의 평가를 회복할 수 있으리라는 희망에 매달려 있었던 반면, 모로는 현실적으로 기존 환율에 좀 더 가까운 쪽에서 안정화시키는 방안을 주장했기 때문이다. 이 같은 의견 충돌은 이듬해 봄에 자칫 노골적인 갈등으로 비화될 뻔했다. 에두아르는 사업가 프랑수아 드 방델(François de Wendel)로부터 강력한 지원을 받았을 뿐 아니라 프랑스 정부가 1927년 런던에서 자금 조성을 시도하면서 영향력을 발휘할 기회를 얻기도 했지만, 그가 요구하고 있었던 것은 정치적으로 사실상 불가능한 것이었다. 예산을 안정화시킬 권한을 법령으로 부여받은 푸앵카레의 새 정부조차 프랑 환율을 달러 대비 25.52프랑에 고정시키는 것 이상은 할 수 없었다. 푸앵카레의 통치 기간에 금리 3% 랑트 가격은 48.25프랑에서 67.60프랑까지 올랐다. 반면, 로스차일드가의 영향력은 하락세를 면치 못하고 있었다.

에두아르의 입지는 그의 사촌 모리스(에드몽의 차남)의 파란만장한 정치 경력에도 아무런 도움을 받지 못했다. 1919년, 모리스는 클레망소(Georges Clemenceau)가 이끄는 전국연합의 공천으로 오트 피레네 선거구에서 국민회의 위원으로 선출됐다. 선거운동 초기부터 그는 포스터에 "제 이름이 곧 제 강령입니다"라는 슬로건을 내걸고 가족적인 배경을 최대한 활용했고, 성직자들의 표심을 얻기 위해 루르드의 성직자들 앞에서 차후 "순례자들을 위한 특별열차를 마련하겠으며, 종교 학교에서 가르칠 자유와 수녀 교사 제도의 부활을 요구"하겠다고 호언하기도 했다. 지역 신부 한 사람은 이런 이야기를 들었다. "그의 가문이 없으면 정부는 아무것도 할 수 없단다. 로스차일드가는 그들의 은행 덕분에 재무부나 다름없다고 한다. 그들이야말로 우리가 그들 없이는 아무것도 할 수 없는 진짜 재무부라는 것이다." 이런 전략은 분명

1919년에는 효과가 있었지만, 5년 뒤 에리오의 좌파연합에 의석을 뺏기는 것까지 막지는 못했다.

모리스는 이에 굴하지 않고, 이번에는 아예 정파를 바꿔 사회주의 경향의 신문 소유주 루이스 클루젤(Louis Cluzel)의 권유를 받아들여 오트잘프 선거구의 보궐선거에 출마했다. 선거는 승리로 끝났다. 그러나 이번에는 그의 선거운동 수법이 문제를 일으켰다. 국민회의에 제출된 보고서에 따르면, 그는 표심 확보용으로 총 160만 프랑(약 1만 5000파운드)를 지출했는데, 이를테면 어느 소읍에 소방대원들이 입을 제복을 마련하라고 5000프랑을 헌납하고, 심지어는 한 통에 20프랑씩을 동봉한 편지 200통을 개별 유권자들에게 보내기까지 했다는 것이었다. 선거 무효화를 요구하는 발의는 180 대 178표라는 근소한 차로 무산됐지만, 심리위원회에서 모리스의 기부가 본질적으로 자선의 성격을 띠었으므로 합법적이라는 결론을 내리자, 보고서는 압도적인 표차(209표 대 86표)로 기각되었다. 선거는 다시 치러졌고 모리스는 이번에도 승리했지만 (그는 1928년 4월에도 또 한 번 당선된다), 그의 명성은 (그리고 그의 가문의 명성 역시) 조금도 나아지지 않았다.

1929~1932년의 세계 위기를 야기한 책임 중 최소한 일부는 각국의 부패한 의회와 금을 사장(死藏)해 둔 중앙은행들에 있었다. 그리고 프랑스 로스차일드가는 그 양쪽 모두에 발을 담그고 있었다.

충돌

월스트리트의 '검은 목요일'(1929년 10월 24일)이 대공황의 시작이었다고 보는 것이 다소 오해의 소지는 있어도 통례적이다. 유럽에서는 이미 1년이 넘도록 경제 활동의 쇠퇴 조짐이 보였다는 것도 사실이었다. 그러나 단 한 달이라는 기간 동안 800억 달러에 달했던 주식 가치 중 300억 달러를 증발시키고 1929년 9월에 381로 정점을 찍었던 다우존스 산업지수를 1932년 5월에는 50이라는 최후의 나락까지 떨어뜨려버린, 전례가 없었던 미국 주식 시장 붕괴의 도미노 현상이 과대평가됐다고 하기란 힘든 일이다. 이 같은 자산 가치

폭락은 막대한 규모의 미국 자본이 유럽에서 유출되는 결과로 이어졌다.

그에 뒤이은 전반적인 통화 수축은 각국 중앙은행과 정부가 자국의 금 환율을 고수하려 애쓰는 과정에서 오히려 더 악화되고 말았다. 그들이 취한 방책 중 하나는 금리 인상이었다. 또 다른 방책은 공공 지출 삭감과 세금 인상이었다. 세 번째 방책은 관세를 올려 수입을 감소시키는 것이었다. 이런 정책들의 영향으로 기업에서는 근로자를 해고하고, 투자자들은 유동성으로 도피하고, 소비자는 허리띠를 죄고, 국제 무역은 가뭄을 겪게 되면서, 마침내는 실업이 상상을 초월하는 규모로 증대되는 결과에 이르렀다. 다시 이것은 그 책임이 있다고 생각된 제도 전반에 대한 (종종 폭력적인) 정치적 반발을 불러일으켰다.

로스차일드가가 공황의 첫 번째 대위기를 맞닥뜨린 곳은 브라질이었다. 세계적인 경기 침체 속에 1차 상품 가격이 여지없이 추락해버리자, 브라질 정부는 다시금 런던 상사에 도움을 청했다. 1830년 2월에 스테파니와 페일린이 이제는 익숙한 일련의 조건들로 무장한 채 리오로 파견됐지만, 협상은 제툴리우 바르가스(Getúlio Vargas)의 쿠데타로 중단되었다. 대공황의 여파 속에 독재 체제로 이행한 많은 나라들 중 브라질은 최초의 사례였다. 이듬해에 영국 재무부는 오토 니마이어(Otto Niemeyer) 경을 브라질로 파견해서 새 정권에 일종의 통화 안정 종합 정책을 강제로 부과할 수 있으리라고 기대했지만, 같은 해 9월에 바르가스는 1898년과 1914년의 전례대로 외채 상환 유예를 선언하고 만다. 이제 할 수 있는 최선은 일종의 상환 기간 조정 협정을 교섭해내는 것이었다. 외국채권보유자협회(Council of Foreign Bondholders)는 바르가스와 장기 협상을 벌였고, 마침내 1932년 3월에는 가장 오래된 채권이나 우량 담보 채권에 대해 특혜 대우를 적용한다는 합의를 이끌어냈다. 그러나 대형 외국 은행들(로스차일드, 파리바은행, 딜런 리드 상회[Dillon, Read & Co.])이 거들어서 브라질 부채를 완전히 구조 조정할 수 있었던 것은 1934년의 일이었다. 파운드화 표시 채권 전량의 최종 청산은 1962년에나 가능해진 일이었지만, 브라질 정부는 신규 채권을 발행해서 1932년부터 1937년까지 연당 약 600~800만 파운드를 지불할 수 있었다.

칠레에서도 사정은 비슷했다. 칠레 정부는 질산염 산업을 합리화하기 위해 N. M. 로스차일드, 베어링, 슈뢰더, 모건그렌펠이 합동으로 발행한 200만 파운드 규모의 채권을 기반으로 1931년에 칠레 질산염 회사(Compañía de Salitres de Chile, COSACH)를 설립했다. 그러나 수출이 계속해서 감소하는 상황이었기 때문에 계획은 실패로 끝날 수밖에 없었다. 1933년 1월에 이 회사는 청산되고 채무 원리금에 대한 상환 유예가 선포되었다. 채권 보유자들과 새로 설립된 칠레 질산염 및 요오드 판매 회사(Corporación de Ventas de Salitre y Yodo de Chile, COVENSA) 사이에 합의가 이루어지기까지는 장장 20년의 세월이 걸렸다.

그러나 벼락이 강타한 곳은 유럽이었다. 1931년 5월, 크레디탄슈탈트의 임원들은 며칠 뒤에 발간할 예정이었던 1930년도 은행의 연간 대차대조표를 오스트리아 정부에 공개했다. 은행의 납입 자본이 1억 2500만 실링이었는데 반해, 표에 기재된 손실 내역은 1억 4000만 실링(약 400만 파운드)이었다. 은행의 대차대조표 규모가 중앙 정부의 총 지출만큼 컸다는 것을 감안하면 이는 무시무시한 수치였다. 게다가 합산된 내역은 이미 4개월간 묵은 수치였으므로 실제 손실은 1억 6000만 실링에 육박할 가능성이 컸다. 오스트리아 법률에 명시된 대로 자본의 절반을 초과하는 손실을 입은 은행은 문을 닫을 수밖에 도리가 없었다. 크레디탄슈탈트 자본 약 1670만 실링을 보유하고 있던 빈 상사에는 순식간에 먹구름이 드리웠다. 은행 부채의 3분의 1 이상을 보유하고 있던 (드 로스차일드 프레르를 포함한) 130곳의 외국 은행들의 사정도 나을 바는 없었다.

오스트리아 정부는 크레디탄슈탈트를 파산시킬 경우 오스트리아 산업의 60~80%가량이 파괴되리라 예상하고 겁을 먹었다(이는 사실 과장된 수치였다. 자본 기준으로 따졌을 때 은행 붕괴의 영향 범위는 오스트리아 유한책임회사의 14% 정도에 그쳤을 것이다). 은행이 입은 손실 대부분이 정부에서 고집한 보덴크레디탄슈탈트와의 합병 때문에 생긴 내역이었다는 점 역시 무시할 수 없었다. 그리하여 오스트리아 정부가 은행의 주식 33%를 보유하되 그 대가로 은행 자본에 1억 실링을 공급한다는 결정이 내려졌다. 일괄 구제책의 일환으로 파리 상사 역시 크레디탄슈탈트에 1억 3600만 프랑을 6년 만기로 추가 대부했다.[17]

그러나 이는 빈에서 헝가리, 다음은 독일, 마침내는 전 유럽 경제로 급속히 퍼진 금융 공황을 막기에는 역부족이었다. 오스트리아 국립은행은 어음을 할인해 오스트리아 은행체제의 유동성을 유지하기 위해 전력을 다했지만, 재할인율 인하는 지지부진하게 이루어졌고, 대중의 신뢰 역시 바닥으로 치달았다. 10년 전의 초인플레이션을 기억하는 사람들은 실링이 곧 크로네(Krone)의 선례를 따르리라 예상했고, 너도나도 외국 통화 및 재화로 도피하기 시작했다. 국립은행은 외교적인 난점들 때문에 꼬박 3주가 걸려서야 국제결제은행(Bank of International Settlements)으로부터 300만 파운드를 차입할 수 있었고, 이 돈까지 바닥난 뒤 오스트리아가 의지할 수 있었던 것은 영국은행의 단기 대부금 430만 파운드가 전부였다. 그해 7월, 독일의 다나트방크(Darmstädter und Nationalbank, Danat-Bank)에도 비슷한 위기가 닥쳤다. 다시 9월, 영국은행에서 벌어진 예금 인출 사태는 파운드화의 금본위제 복귀를 단기간에 무산시켜버렸다.

이처럼 크레디탄슈탈트의 위기는 손쓸 겨를도 없이 전후 통화 체제의 전반적인 붕괴로 이어졌다. 그러나 로스차일드가의 관점에서 보면, 위기가 초래한 것은 빈과 런던 상사 간의 최종적인 의절이었다. 외국 예금자들과 주식 보유자들을 대표할 기구로 시급히 조직된 크레디탄슈탈트 외국채권자위원회의 의장이 된 라이오넬은 여전히 출혈 중인 은행에 계속해서 돈을 투여하는 일은 "부적절"하다고 단언했다. 크레디탄슈탄트와 빈 상사의 긴밀한 관계를 고려하면 그것은 곧 루이스를 구제하지 않겠다는 뜻이나 다름없었다. 1933년에는 파리 로스차일드가마저 같은 견해를 보이게 된다. 에드몽은 에두아르에게 빈 상사의 보고서를 보는 것만도 "위험하다"며, 그 행동 "자체가 파리 일가에서 개입하거나 지원할 의사가 있다는 뜻으로 비춰질 수 있기 때문"이라고 조언했다. 그의 주장에서는 1848년의 기억이 그때껏 잊히지 않고 있었음이 드러난다. "빈 은행에서 일어나고 있는 일은 우리와 관련이 없다. 우리는 이미 자금을 조달했고, 빈에서 그 돈을 변제하느냐 마느냐 일종의 명예가 걸린 문제다.······그저 [1848년에] 은식기를 팔아야 했던 때를 떠올려 보면 될 것이다. 빈 상사의 일은 우리가 관여할 바가 아니고, 한마디로 나는 파리 상사의 수장으로서 그들에게 얼마간의 돈도, 1페니 한 닢도 더 내놓는 일이 없었으면 하는 바람이다."

최소한 에드몽은 두 번 다시 "은식기를 팔"고 싶은 마음이 없었던 것이다. 루이스는 다시금 오스트리아 정부에 의지하는 수밖에 없었다. 1933년 9월, 그는 마침내 크레디탄슈탈트에서 완전히 손을 뗐다. 은행은 이제 빈 연합은행(Wiener Bankverein)과 하(下)오스트리아 할인 회사(Niederösterreichische Escompte-Gesellschaft)의 일부를 흡수한 실질적인 국영 기업이 되어 있었다.

크레디탄슈탈트 위기가 전후 로스차일드가의 입지를 뒤흔든 가장 격심한 타격이었고, 로스차일드 상사 세 곳의 자본을 깊숙이 잠식했다는 것은 틀림없는 사실이다. 그러나 1923~1931년에 걸친 폭락의 충격이 더 한층 치명적일 수도 있었다는 점을 지적해야 한다. 그들이 스웨덴 금융가 이바르 크뤼게르(Ivar Kreuger, 성냥 공장으로 대성한, 문자 그대로 '성냥 위에' 금융 제국을 세웠던 인물)의 사업에 그 이상 관여하지 않은 것은 다행스러운 일이었다. 1929년, 런던 상사는 보스턴의 투자은행 리히긴슨(Lee, Higginson & Co.)과 협력해 크뤼게르를 위해 총 1000만 달러의 주식을 발행했다. 3년 뒤에 이 스웨덴인은 자살하고 그의 제국은 몰락했으며, 리히긴슨도 그와 함께 주저앉았다. 로스차일드 상사들은 그나마 대폭락에서 살아남을 수 있었다. 그런데 막스 폰 골트슈미트 로트쉴트와 그의 아들 알베르트와 에리히가 1920년에 인수한 은행에는 그런 운이 따르지 않았다. 골트슈미트 로트쉴트(본래는 A. 팔켄베르거은행)는 1932년에 독일의 은행 위기에서 그나마 손실을 덜 입은 은행이었던 제국신용회사(Reichs-Kredit-Gesellschaft)에 양도됐다.

이 같은 상황에서 런던 상사가 국내 기업 금융에 적극적으로 관여하려 한 것도 의외의 일은 아니다. 무엇보다 영국 경제가 1931년의 평가절하 이후 약소하나마 실질적으로 회복되고 있었기 때문이다. 1914년 이전만 해도 N. M. 로스차일드는 국내 경제에 개입하기를 주저했고, 그 방침을 바꿔서 런던의 지하철 회사들을 위해 (베어링 및 슈뢰더은행과 손잡고) 무상환 사채를 발행하기 시작한 것은 1928년이 되어서였다. 그로부터 2년 뒤, 런던국립부동산회사는 로스차일드가를 통해 200만 파운드의 자금을 조성한 다음 스트랜드에 건립된 셸-멕스 하우스를 매입해 이를 셸 운송 통상 회사에 임대했고, 다시 1년 뒤에는 소매점 체인 울워스(Woolworth)가 필립 힐(Philip Hill)의 조언을 받아들여 뉴코트를 통해 936만 파운드 규모의 주식을 발행했다. 그 외에 채링턴 양조 회사도 초창기 법인 고객 중 하나였다.

이런 사업은 한 세기가 넘도록 배타적으로 해외 사업에만 관여해 왔던 은행으로서는 낯선 영역에 뛰어드는 모험이었기에, 초기에는 불가피하게 몇 차례 말썽을 겪어야 했다. 런던국립부동산회사의 주식 발행 소식이 언론에 누설되는 일이 일어나, 스테파니가 《파이낸셜 뉴스》의 베테랑급 시티 담당 기자를 "기차역 공중 변소에서 뜬소문을 수집해 기사를 쓴다"고 비난하는 등 불쾌한 갈등이 빚어지기도 했다. 울워스의 주식 공모 역시 대단한 초과 신청을 보였는데도 상장 마감 직전에 주말을 앞두고 시티에서 작은 공황이 발생하면서 거의 만신창이가 되어버렸다. 배정 통지서도 아직 발송하지 못한 월요일 아침, 막판 철회 신청이 물밀듯 밀려들었다. 직원들은 가능한 한 더 이상의 청약 취소를 막기 위해 사무실 문을 잠근 채 밤새 틀어박혀 배정 통지서를 완성하고 발송 준비를 마쳐야 했다. 물론, 철도 및 전기 회사에 막대한 투자를 해 온 파리 상사에 비하면 런던 상사는 국내 기업 금융계에서 아직 아류 세력에 불과했다. 그러나 1945년 이후로 은행의 회복에 중차대한 것으로 드러나게 될 분야에서 중요한 첫걸음을 뗀 셈이었다.

그러므로 양차 대전 사이에 로스차일드가가 상대적으로 쇠락한 정도를 과장해서는 안 된다. 이 무렵에 성장한 세대들은 가족의 부가 이울고 있다는 조짐을 전혀 느끼지 못했다. 이전 세기의 관습들은 마치 육즙 젤리로 굳힌 것처럼 고스란히 보존되어 있었다. 기와 그의 여동생 자클린은 각각 영국인 보모 한 사람씩을 두고 있었는데, 그 두 여성은 서로를 극도로 싫어해서 점심조차 같이 들지 않았다. 그래서 남매는 일주일에 한 번 같이 점심을 먹는 부모와는 물론이려니와 서로와도 기묘하게 고립된 채 성장했다. 그들은 바깥 세상과도 고립되어 있었다. 학창 시절, 기는 아버지의 운전기사가 모는 차를 타고 하인까지 대동한 채 고등학교에 다녔다. 그가 대부분의 시간을 보낸 곳은 파리가 아닌 가족의 전원 별장이었다. 매년 한 집안 식솔이 페리에르(11월에서 1월까지)에서 칸(2월 혹은 3월)으로, 그리고 다시 샹티이(부활절, 7월에서 9월까지)로 이동했다. 에드먼드 역시 켄싱턴 팰리스 가든 18번지에 그의 부친이 임대한 저택과 햄프셔 엑스버리에 있는 2500에이커에 달하는 부친 소유의 영지를 오가며 청년기를 보냈다.

이곳이나 또 다른 광활한 가족 영지에서, 부모들은 그 이전에 조부들이 그랬던 것처럼 그들만의 값비싼 취미 생활을 즐겼다. 라이오넬이 엑스버리에서 400명이나 되는 정원사들의 도움을 받아 가며 원예에 열정을 쏟았다면, 에두아르는 샹티이에서 애지중지하는 경주마들을 길렀다. 모리스의 아내 노에미는 시류에 따라 므제브에 알파인 스포츠 단지를 세웠다. 그래서 로스차일드가의 젊은 세대들도 재산을 물려받은 뒤 남의 이목을 끌며 소비하는 것을 어색하게 느끼지 않았다. 기에게 1930년대란 골프, 미국산 자동차, 비아리츠의 댄스파티, 도빌에서 즐기는 바카라를 의미했다. 필립은 아르카숑에 해변에 면한 빌라를 지어 다른 남자의 아내들과 놀아나기에 좋은 장소를 마련했고, 피갈 가(그 목적에 맞게 수상쩍은 지역)에 자신만의 극장을 지으며 돈을 낭비하는 일에서 부친을 거들었다.[18]

그러나 그 같은 화려한 생활도 바래기 시작했음을 드러내는 조짐이 보였다. 1922년에 페르디난트의 여동생이자 평생 미혼으로 살았던 알리체가 세상을 떠나면서 지미는 기대하지 않게 워즈즈던 저택을 물려받게 되었다. 그러나 1939년 7월에 그곳을 방문한 해럴드 니콜슨(Harold Nicolson)은 저택의 풍모에 (그의 아내 비타 새크빌 웨스트[Vita Sackville–West]에게 불평했듯이) 적잖은 실망감을 느꼈다. "노(老)남작님[페르디난트] 시절로부터 달라진 것이라고는 아무것도 없었소. 경탄할 만한 그림들과 세브르 도자기들이 있었지만 취향은 형편없더군. 지미는 그 어떤 것도 바꾸지 않겠다는 생각이어서, 화장실도 체인을 내리는 식이 아니라 여전히 손잡이를 당기는 식일 정도요. 침실에 수도도 갖춰져 있지 않고, 음식과 음료, 꽃 장식은 매우 고급스럽지만, 사실 윌드에 있는 우리의 움집이 훨씬 안락하겠소."

그것은 그저 미적인 보수성 때문이었을까, 아니면 거대한 저택에 드는 막대한 유지비가 부담이 되기 시작한 것이었을까? 물론, 로스차일드가의 일부 오래된 저택들은 한꺼번에 포기해야 했다. 전후에 할튼은 영국 공군에 11만 2000파운드로 매각되었으며, 애스턴 클린턴은 호텔로 개조되고, 거너스버리는 공원이 되었다. 트링 또한 자연사박물관에서 기꺼이 선물로 받겠다고 했다면 사라지고 말았을 것이다.[19] 로스차일드가가 웨스트엔드에 처음 마련했던 저택 피커딜리 107번지는 1929년에 호텔 무도회장을 지을 공간을 내기 위해 허물어졌다. 9년 뒤, 시모어 플레이스 1번지에 있던 알프레드의 대저택도 커즌 스트리트 확장 공사로 같은 운명에 처했다. 피커딜리 148번지 저택의 임차권도 양도되었고, 저택 안의 내용물은 1937년에 경매로 팔렸다.[20] 프랑스 로스차일드가의 저택 중에서도 세 곳을 포기해야 했다.[21] 아마도 이 시절을 상징하는 가장 통절했던 사건은 월터가 트링에 있던 박제 조류 거의 대부분을(게다가 타조, 레아, 화식조 200마리까지) 미국자연사박물관에 22만 5000달러에 매각하기로 결정한 일일 것이다(표본 한 점당 1달러도 안 되는 가격이었다).

1935년 《유대교 신문》은 로스차일드가의 "전성기"가 "저물어 가고 있다"는 과감한 주장을 폈다. "경영 합리화, 체인점, 화학 제품 그리고 석유의 시대가 도래했으며……과거의 지배 가문도 더 이상은 절대권을 행사하지 못한다." 한때 사람들은 로스차일드가를 악의로 대하기도 했지만, 가족들의 화려하고 장엄한 생활에는 공손한 존중을 표했다. 그러나 1930년대라는 궁핍한 시절에 그들의 생활방식은 그저 어처구니없이 보일 뿐이었다. 라이오넬에 대한 이야기 중 가장 자주 회자되는 두 가지 일화를 들어 보자. 그는 시티의 원예학회에서 연설하면서 이렇게 단언했다고 전해진다. "아무리 작은 정원이라도 야생 삼림 지대가 2에이커[22] 미만이어서는 결코 안 됩니다." 한 질의 수저 세트(직원에게 결혼 선물로 줄 물건이었다)를 보고서는 어리둥절해서 이렇게 말했다. "글쎄, 썩 좋아 보이진 않는군요." 그리고 목소리를 높였다는 것이다. "저녁 식사에 열두 명 이상 초대하는 것은 무리입니다." 프랑스 로스차일드가 사람들의 호사스러운 목욕 습관이나 그들이 '진주 퓌레'를 먹는다는 둥의 농담들이 알베르 코엔(Albert Cohen)의 기괴하게 우스꽝스러운 소설 『망제클루(Mangeclous)』에 담겨 있다. 심지어는 세실 로스(Cecil Roth) 같은 동정적인 작가들도 쇠락의 조짐을 눈치채고 있었다. 그의 책 『위대한 로스차일드가(The Magnificent Rothshcilds)』(1938)는 3대 및 4대들에 대한 묘비명이자(그들 중 마지막 남은 인물이 바로 전년도에 세상을 떠났다) 가문의 장대함에 대한 묘비명으로도 읽힐 수 있었다. "모두가 세상을 떠났다.……그리고 펼쳐진 것은 전혀 다른 세상이었다."[23]

이 모든 정황에 비추어 보면, 로스차일드가의 다음 세대에서 지적으로 가장 재능 있는 인물들이 가족 사업에서 등을 돌렸던 것도 납득할 만하다. 어떻게 보면 이는 1930년대의 시티가 "빈사 상태 속에서 지루하고 고된" 생활만을 강요했다는 점을 생각하면 이해할 만한, 은행가라는 직업에 대한 불신임 투표와도 같았다.

그것은 또한 처음부터 정치적 지향이 반자본주의적이었던 앤서니 블런트(Anthony Blunt)와 가이 버지스(Guy Burgess) 같은 '케임브리지 사도들' 세대가 대학 시절에 빅터에게 비친 영향 때문이었는지도 모른다. 수년 뒤에는 빅터가 케임브리지의 스파이들과 연루되어 있었다는 의혹이 흘러나왔고, 이 의혹은 그가 바로 '제5의 사나이'(그때껏 밝혀내지 못했던 영국 비밀 검찰국 내부의 마지막 소련 '스파이')였다는 허위 혐의로까지 이어졌다. 블런트와 버지스 두 사람이 NKVD[24]에 채용된 이후에도 그가 그들과 줄곧 가까운 관계를 유지했다는 사실은 혐의에 대한 정황 증거가 될 수 있었다. 그는 전쟁 중에 벤팅크 가에 있던 자신의 저택을 그들에게 빌려 주기도 했고, 1940년 8월에 MI5[25]에 (마르크스주의에 대한 신념 때문에 캠벌리 참모 대학의 정보요원 코스에서 제적된 지 1년도 채 안 된) 블런트를 추천한 것 역시 빅터였다. 그리고 1944년에 파리에서는 '울트라(Ultra)'[26]의 도청 내용을 소련 역시 공유하게 했어야 했다는 킴 필비(Kim Philby)의 주장을 강력히 지지하기도 했다.[27]

그러나 당시 그는 친구들의 변절 사실을 전혀 몰랐던 것 같다. 1930년대와 1940년대 빅터의 정치 성향은 분명 좌익으로 기울고 있었지만, 윗세대 케임브리지 사도였던 케인스에게도 고백했듯이, 그는 공산주의를 "답답한 사상"이라 느끼고 있었다(또 그는 러시아인들이 블런트와 버지스의 한 가지 '약점'이라고 생각했던 동성애 성향을 보이지도 않았다). 마침내 1962년에 필비가 공산주의자라는 사실이 밝혀졌을 때, 그는 서슴지 않고 과거 M15 근무 당시의 동료에게 이 정보를 넘겼다.[28]

어쨌든 빅터는 작정하고 금융계를 멀리했지만, 그렇게 만들어진 공백을 메우기에 그의 사촌들은 아직 너무 어렸다. 라이오넬의 장남 에드먼드는 대단찮은 성적으로 케임브리지를 졸업한 뒤, 1937년 10월부터 세계 일주를 시작해서 1939년 5월까지 돌아오지 않았다. 여행 중에 로스차일드가의 비중 있는 대리인들을 (가령, 브라질과 칠레에서) 여러 명 방문하기는 했지만, 그가 금융 관련 직무를 띠고 그들을 만난 것인지는 확실치 않다.

상황은 전혀 달랐지만, 프랑스 일가 역시 이 시기에 파트너 한 사람을 잃어버렸다. 1934년, 에드몽의 죽음은 하룻밤 새 라피트 가의 권력 균형을 뒤집어 놓았다. 에드몽의 장남 지미가 애초 자신의 지분을 부친에게 양도했던 터라, 그의 아우 모리스(독불장군 정치가)가 에드몽이 라피트 성에 갖고 있던 33%의 지분은 물론이려니와 상사의 자기 자본 3분의 1까지 온전히 물려받게 되었다. 아마도 그의 정치경력 때문에, 또 평판이 안 좋은 부동산회사에 관여하고 있었기 때문에, 그의 사촌 에두아르와 로베르는 그를 매수할 생각이었다. 그러나 모리스는 얌전히 물러나지 않았다. 드 로스차일드 프레르에서 8000만 프랑을 투자했지만 수익성이 저조했던 모로코계 회사를 두고 세 파트너가 의견 충돌을 빚은 뒤, 모리스는 그의 조부 제임스가 남긴 규정, 즉 "내게서 유래한 세 분파의 가족은 사업에서 똑같이 대표되어야 한다"는 구절을 인용하며 그들을 고소했다. 매수가 결국 마무리된 것은 1939년 9월에 중재 재판을 벌인 뒤에서였다. 이후에 일어난 사건들을 생각하면 프랑스 상사의 자원을 이렇게 분할해버린 전략을 최선의 선택이었다고 보기는 어렵다. 그러나 바야흐로 기까지 파트너 사무실에 자리를 잡은 당시로서는 모리스 없이 사업을 꾸려 가도 될 성싶었다.

어찌 되었든, 파리 상사와 그 방대한 사업을 나날이 운영해 가는 일은 점점 더 외부인들, 특히 전 공무원이자 공공사업교통부 장관을 지내기도 한 르네 마이에(RenéMayer)에게 위임되고 있었다.

범람

가장 큰 아이러니는 로스차일드가의 권력에 대한 신화가 절정에 이르렀던 시기가 실제로는 그들이 가장 취약했던 이 당시였다는 사실이다. 대공황의 곤궁 속에 권력을 움켜쥔 프랑스, 독일, 오스트리아의 과격파 좌우익 세력 양쪽은 가문을 겨냥해서 전례 없는 강도로 프로파간다를 퍼부었다. 정치적 스펙트럼의 양끝에서 가세한 이 같은 합동 공격은 물론 새삼스러운 것이 아니었다. 로스차일드가는 무려 100년이 넘도록 그런 비난을 받아 왔다. 단 하나, 새로웠던 것은 그 같은 수사법이 처음으로 정치 행동으로 나타났다는 사실이었다.

프랑스에서는 1934년에 일어난 사건들이 로스차일드가에 대한 적대적 관심을 부활시키는 데 많은 역할을 했다. 그해 1월, 스타비스키(Stavisky)라는 2류 사기꾼의 자살 사건은 제3공화국의 고질이었던 금융 스캔들을 또 한 차례 터뜨리고야 말았다. 한 달 뒤, (부분적으로는 정부가 사건의 내막을 조사한다고 서툴게 움직인 탓에) 이제는 다소 노회한 샤를 모라스(Carles Maurras)의 악시옹 프랑세즈(Action Française)부터 프랑수아 드 라 로크(François de La Rocque) 대령이 이끄는 퇴역군인회 불의 십자가(Croix-de-Feu)에 이르기까지 다양한 '연맹들'이 느슨한 연합을 이뤄 우익 쿠데타를 기도했다. 쿠데타는 실패했지만 이로 인해 에두아르 달라디에(Édouard Daladier) 정부는 권좌에서 물러났다. 그 이후에 개최된 급진당의 연차 총회에서, 달라디에는 그의 주장에 따르면 "프랑스 경제의 지배자이며, 그러므로 프랑스 정책의 지배자"이기도 한 "200개의 가문"에 대해 장광설을 늘어놓았다.[29] 그는 위협조로 덧붙였다. "이들은 민주 국가에서 묵묵히 참고만 있어서는 안 되는 세력입니다."

이러한 위협은 1년 뒤 공산당 신문 《뤼마니테(L'Humanité)》가 로스차일드가와 라 로크 사이에 연줄이 있다고 주장하면서 더욱 증폭되었다. 사실, 라 로크는 기업가 에르네 메르시에(Ernest Mercier)의 자금 지원을 받고 있었고, 로베르 드 로스차일드 역시 1936년 6월 14일에 빅투아 가의 시너고그에서 라 로크와 나란히 앉았더라는 목격담을 부인하지 않았다. 그러나 라 로크를 제외한 프랑스 우익 세력은 거의 대부분이 (셀린[Céline]이나 피에르 각소트[Pierre Gaxotte, 《주 쉬 파르투(Je suis partout)》의 편집장] 같은 작가들을 포함해) 반유대주의자들이었다. 1939년 1월, 모라스의 신문 《락시옹 프랑세즈》는 로스차일드가가 독일 유대인들의 입지를 수호하기 위해 프랑스와 독일 간에 전쟁을 조장했다는 혐의를 제기했다.

위협을 실천에 옮길 기회를 먼저 잡은 것은 좌익이었다. 1936년에 급진당원, 사회주의자, 공산주의자들이 연합해 구성한 인민전선(Front populaire) 정부는 무엇보다 특히 "프랑스은행의 이사회를 해산해 이 은행에 대한 국가 주권을 확립함으로써 금융 봉건주의의 손아귀에서 나라를 해방"시킬 것을 약속했다. 로베르는 "국내외 문제, 경제 문제 할 것 없이 어느 하늘을 바라보아도 끔찍이 컴컴하기만 하니, 앞으로 힘든 시기가 이어질 것"이라고 정확히 예견했다. 그러나 인민전선은 일단 권력을 잡자 한층 과격한 지지자들이 바랐던 것보다 훨씬 소극적인 모습을 보였다. 새 정부가 프랑스은행에 주주들보다 '전문가들'이 다수를 이루는 새 평의회를 구성해서 '200개의 가문들'의 세력을 희석하려 한 것은 사실이었다. 그러나 그것을 프랑스은행의 전면적인 국유화라고 부를 수는 없었다. 주요 철도 노선 일곱 곳에 대해 민간 철도 회사의 사업권을 중지시킨 것 역시 몰수라고 표현하기는 힘들었다. 북부 철도의 운영권이 나라의 수중에 들어갔지만 북부 철도 회사마저 해산해야 했던 것은 아니었다. 반대로, 회사는 운영권을 포기하는 대신 새로 설립된 국영 철도 회사(SociétéNationale des Chemins de Fer)의 주식 27만 주, 국영 회사의 수입에 대한 연간 보증 로열티, 그리고 이사회의 의석을 받았다. 부분적으로는 르네 마이에의 노련한 흥정 덕에, 정부가 그들에게서 총 60억 프랑에 달하는 부채를 인수한 반면 회사는 비철도 자산을 유지할 수 있었으므로 오히려 회사에는 유리한 협상이었다는 주장도 가능했다.

독일에서는 한층 더 무자비한 제휴 세력이 정권을 잡았는데, 그 핵심에 있었던 것은 국가사회주의독일노동자당(Nationalsozialistische Deutsche Arbeiterpartei), 소위 '나치'였다. 프랑크푸르트 상사가 은행 문을 닫았을 때 히틀러는 고작 열두 살이었을 텐데도, 로스차일드가에 대한 적개심은 당의 맹아기부터 드러난 나치 프로파간다의 특징이었다(1권의 서문 참조). 이 적개심은 곧장 행동으로 번역되었다. 처음에는 주로 상징적인 공격이 이루어졌다. 1933년 12월에 프랑크푸르트의 로스차일드가는 카롤링거가로 개칭됐고, 루이젠플라츠(Luisenplatz)와 마틸덴슈트라세(Mathildenstrasse)는 각각 그 이름의 주인들을 명시한 명판을 잃었다. 로스차일드가의 재산이 직접적인 공격을 받게 된 것은 1938년 4월에 '유대인 재산 등록 조례'가 발표된 뒤였다. 그해 11월, 고의로 조직된 반유대주의 시위('수정의 밤[Reichskristallnacht]')에 뒤이어 로스차일드가의 수많은 자선 및 교육 재단 중 거의 대부분(약 20곳)이 해체됐고, 유일하게 살아남은 카롤리눔 치과병원은 프랑크푸르트 대학에 병합되었다. 그 중 가장 규모가 컸던 빌헬름 칼 폰 로트쉴트 남작 재단은 도시 당국의 압력하에 설립자에 대한 모든 언급을 말소하고 '아리안화(化)'되었다. 더불어, 제국독일유대인협회(Reichsvereinigung der Juden in Deutschland)는 마틸데 폰 로스차일드 소아과병원, 외국 유대인 환자를 위한 게오르기네 자라 폰 로스차일드 재단, 그로서볼그라벤 26번지에 있던 저택까지 프랑크푸르트 지방자치당국에 강제로 매각해야 했다. 게슈타포는 슈바르츠발트에 있던 A. M. 폰 로스차일드 폐질환자 요양원을 몰수했다. 로스차일드가에서 설립한 기관들 중 최소한 네 곳이 같은 운명에 처했다.³⁰

그때까지 독일에 살고 있던 몇 안 되는 가족들의 사유재산도, 1938년 무렵에는 비교적 적은 부분만 남아 있었지만 역시 비슷한 수법으로 징발되었다. 몰수 과정이 시작되기 전에, 막스 폰 골트슈미트 로트쉴트의 아들 알베르트, 루돌프, 에리히는 그뤼네부르크와 쾨니히슈타인에 있던 저택들을 팔고 이민을 택했다(알베르트는 스위스로 갔지만, 1941년 추방 위협에 직면해서 스스로 목숨을 끊었다). 그러나 막시밀리안은(당시 95세였다) 집을 떠나기에는 너무 노쇠한 상태였다. 그는 한 세기도 전에 프랑크푸르트 유대인 해방의 초창기에 아내의 증조부 암셸이 마련했던 정원이 있는 보켄하이머 란트슈트라세의 저택에 남는 쪽을 택했다. 혹은, 그가 저택의 방 하나를 쓸 수 있게 허락받았다는 표현이 옳을지도 모른다. 암셸의 악몽(그가 정원의 "자유의 공기" 속에서 처음 잠을 청해야 했던 1815년의 밤들로 거슬러 올라가는)이 현실이 되어, 막시밀리안은 그 영지를 프랑크푸르트 시에 단 61만 라이히스마르크(세금을 제외한 가격)에 강제 매각해야 했기 때문이다. 수정의 밤이 있은 뒤에는 미술품 컬렉션 역시 230만 라이히스마르크(역시 세금을 제외한 가격)에 프랑크푸르트 시 당국에 넘겨야 했고, 남은 자산 중 25%마저 '속죄 변상금'(나치의 반달리즘이 야기한 재산 손실을 유대인들이 보상하도록 하기 위해 고안한 괴링[Göring] 특유의 수법) 명목으로 제국에 바쳐야 했다. 1940년, 막시밀리안이 숨을 거두자 남아 있던 재산도 전부 몰수되었다. 5년 뒤에 연합군 폭격기들이 그가 마지막 나날을 보냈던 저택을 비롯해 파르가세의 낡은 회사 건물, 뵈르네슈트라세의 오랜 본사까지 파괴해버렸을 때, 그들은 더 이상 로스차일드가의 것이 아니었던 유물들을 파괴하고 있었던 셈이었다. 가문이 일어선 고장에서 로스차일드가는 먼저 허위법적으로 말소되었다. 그리고 몇 해 뒤에는 부분적인 물리적 말소가 이어졌다.³¹

나치즘의 부상으로 빈에 살고 있던 로스차일드가 사람들 앞에 어떤 미래가 도래할지 예상하기란 어렵지 않았다. 히틀러의 머릿속에서 이 도시는 유대인의 악랄함과 불가분 얽혀 있었기 때문이다. 윈저 공이 월리스 심슨을 위해 왕위를 포기한 직후에 외젠[32]의 슐로스 엔체스펠트(Schloss Enzesfeld)에서 체류했을 당시, 그는 집주인과 함께 독일 유대인들의 박해를 다룬 책에 대해 논했다고 전해진다. 그로부터 얼마 지나지 않아 외젠은 오스트리아를 탈출해 영국으로 향했고, 그의 맏형 알폰제도 곧 그의 뒤를 따랐다. 루이스는 은행에 남기로 했다. 그는 비트코비츠 제철소의 소유권을 얼라이언스 보험 회사(Alliance Assurance company, 런던 상사가 그때까지 기업 지배권을 갖고 있던)로 이전하는 예방 조치를 취했다.[33] 그는 또한 오스트리아에 있는 자신의 전 자산에 대한 처분권을 뉴욕의 쿤로브 상회로 이전했다. 불행히도 그것은 허술한 보험이었다. 1939년 3월 11일에 독일이 오스트리아를 합병한 다음 날 히틀러의 군대가 군중들의 환호를 받으며 빈 시가지로 입성하고 있을 때 루이스는 도시에서의 탈출을 시도했다. 그러나 여권은 압수되었고, 그는 이튿날 체포되어 모르친플라츠의 메트로폴 호텔에 마련된 게슈타포 본부로 이송됐다(그곳에서 그는 히틀러의 비위를 맞춰 사태를 진정시키려던 시도가 결국 참담한 실패로 끝난 오스트리아의 전 총리 쿠르트 폰 슈슈니크[Kurt von Schuschnigg]뿐만 아니라 사회당 당수 레오폴트 쿤샤크[Leopold Kunschak]와도 친분을 맺게 된다).

곧바로 로스차일드가의 재산 몰수가 시작됐다. 루이스가 체포되자마자 SS 단원들이 그의 저택에서 미술품을 약탈하는 것이 목격됐다. 3월 30일, 오스트리아에 존재하는 전체 유대인 소유 재산의 체계적 몰수를 책임진 빈 관구장의 경제 자문가 발터 라펠스베르거의 명령에 따라 S. M. 폰 로트쉴트 은행은 공공 기업 및 노동을 위한 오스트리아 신용기관(Oesterreichischen Creditinstitut für öffentliche Unternehmen und Arbeiten)의 의무 관리하에 놓이게 된다. 회사는 이후 독일 은행인 메르크 핀크 상회(Merck, Finck & Co.)에 의해 잠정 운영되다가, 1939년 10월에는 결국 그들에게 매각되었다.

다음 목표물은, 괴링이 헤르만괴링제국공장(Reichswerke Hermann Göring, 이하 '라이히스베르케')을 중심으로 성장 중이던 그의 산업 제국에 덧붙일 만한 수익성 좋은 사업으로 벌써부터 점찍어 놓고 있던 비트코비츠 제철소였다. 물론 비트코비츠는 체코의 영토 안에 있었고, 괴링의 밀사 오토 베버가 곧 발견한 것처럼 소유권도 이미 빈 상사에서 얼라이언스 보험 회사로 넘어간 상태였다. 게다가 비트코비츠 이사회는 회사가 스웨덴의 프레야 광산 회사에 갖고 있던 지분뿐만 아니라 외화 20만 파운드를 지켜냈다. 루이스는 실로 유리한 입장에 있었다. 힘러(Himmler)는 그의 환심을 사기 위해 그가 수감된 감방에 몇 점의 화려한 프랑스 가구를 들여보냈지만, 루이스는 자신의 독방이 오히려 "크라쿠프[34]의 매음굴"같이 되어버렸다고 불평하며 가구를 돌려보냈다. 루이스는 구금에서 풀려나기 위해 오스트리아에 있던 자산 대부분을 나치에 넘겨야 했지만, 그의 가족들은 비트코비츠의 양도 대금(할인된 가격이었지만)을 먼저 지불하라고 주장할 수 있었다.

그러나 세부적인 법률 문제는 나치의 불가항력에 일축되고 말 운명이었다. 제철소를 체코슬로바키아에 1000만 파운드를 받고 매각하려 했던 외젠의 계획도 1939년 3월에 히틀러가 프라하 정부에 영토 분할을 강요하면서 무산되고 만다. 제철소가 실질적으로 독일의 수중에 들어오자, 괴링의 전권위원인 한스 케를(Hans Kehrl)은 드레스덴은행 이사회 소속 칼 라셰(Karl Rasche)의 지원을 받으며 본격적으로 회사의 운영권에 압력을 가했다. 케를, 라셰, 파울 플라이거(Paul Pleiger, 라이히스베르케의 사장)가 포함된 감독위원회가 새로 조직되었다. 동시에 프리츠 크라네푸스(Fritz Kranefuss, 히믈러의 부관이자 드레스덴은행의 이사)는 보안대(Sicherheitsdienst)[35]에서 제공한 정보를 근거로 비트코비츠 소유권의 국외 이전은 통화법상 불법이었다는 사실을 라셰에게 알렸다. 마침내 1939년 7월, 공장을 290만 파운드에 매각한다는 합의가 체결됐다. 곧 전쟁이 터졌고, 독일인들은 이를 구실로 돈을 지불하지 않을 수 있었다. 그리하여 비트코비츠는 나치 정권에 보상 없이 몰수된 로스차일드가의 재산 목록, 그 길고 긴 내역에 이름을 올렸다. 1941년 1월, 비트코비츠 주식 4만 3400주가 파리 상사의 금고에서 강탈되면서(비록 법적으로 기업 지배권을 발휘할 수 있는 지분은 아니었지만) 회사를 완전히 점유하기 위한 괴링의 계획도 진전을 보았다(로스차일드가가 마침내 제철소에 대한 변상금[약 100만 파운드]을 받을 수 있었던 것은 1948년에 체코슬로바키아에 공산당 정부가 들어서고 다시 몇 년이 더 흐른 1953년에 이르러서였다).

그러나 히틀러와 그의 부하들이 정말로 군침을 흘렸던 것은 가족이 투자한 기업이나 공장이 아니라 그들이 거둔 경제적 성공의 가장 눈부신 열매였던 예술 작품들(옛 거장들의 그림, 세브르 도자기, 루이 15세의 호화로운 책상들)이었다. 알폰제는 유럽 최고의 개인 소장 미술품 컬렉션 중 하나였던 것을 그대로 버려둔 채 오스트리아를 떠나야 했다. 이후 두빈(Duveen) 경이 이를 사들이려 했지만(아마도 원래 소유자들에게 돌려주기 위해 입찰했을 것이다) 노력은 헛되이 끝났다. 옛 거장들의 작품을 한꺼번에 얻게 된 히틀러는 린츠에 독일 미술관을 새로 건립하자는 생각, 즉 제국에 그만의 루브르를 만들자는 생각을 하게 된다. 1939년 6월에 이 프로젝트에 대한 전권이 한스 포세(Hans Posse)에게 위임됐고, 그는 이를 위해 오스트리아 유대인들에게서 압류한 가장 훌륭한 작품들을 '총통 보관실'에 적재하기 시작했다. 이것은 역사상 전무후무한 규모로 자행된 미술품 절도 행각의 시작이었다.

유대인 재산 몰수의 당연한 귀결로, 1939년 전쟁이 발발하기까지 독일 영토를 탈출하려는 유대인들의 이민 행렬이 이어졌다(당시 프린츠 오이겐슈트라세에 있던 로스차일드가의 저택이 라펠스베르거의 재산등록청과 긴밀히 협력해 활동했던 아돌프 아이히만[Adolf Eichmann]의 유대인이민중앙사무소에 의해 점령되어 있었다는 사실은 의미심장한 일이다). 수많은(전부는 아닐지언정) 독일 및 오스트리아 유대인들이 출국을 바란 한편, 나치는 그들이 그 과정에서 강제 징수를 당할 수 있다는 전제 하에 이민을 굳이 막지 않았다. 독일 출신의 유대계 대은행가들(특히 막스 바르부르크)은 이 절차에 힘을 보탤 수밖에 없었다.

그러나 로스차일드가처럼 독일 지배에서 벗어나 있던 유대인들에게 이 상황은 격심한 딜레마였다. 일찍이 1933년 6월에 라이오넬은 독일 유대인을 위한 영국중앙기금(Central British Fund for German Jewry, 훗날 독일유대인구호위원회[Council for German Jewry]가 되는)의 호소위원회를 대표하는 다섯 명의 위원장 중 하나로 선출됐고, 런던 일가 역시 이 단체를 위해 첫 기부금으로 1만 파운드를 보탰다.[36] 5년이 흐른 1938년 초, 위원회는 로스차일드가 추가로 기부한 9만 파운드를 포함해 총 100만 파운드를 조성했다고 보고했다. 그해 11월에는 5만 파운드가 더해졌다. 그러나 독일 유대인들을 돕는 데 이 돈을 어떻게 쓰는 것이 최선인지는 애매한 문제였다. 일례로, 영국유대교대표위원회에서는 독일 상품을 보이콧하자는 계획을 두고 의견 충돌을 빚었고, 월터가 부의장 직에서 사퇴한 것도 이 일 때문이었을 것이다. 1934년 1월, 유대인기업인회의에서 연설할 기회가 있었던 제임스 G. 맥도널드(James G. McDonald)와 펠릭스 바르부르크(Felix Warburg)는 독일로부터의 이민을 장려하자는 대안을 내세웠지만 청중들의 반응은 미적지근했다. 이듬해에 맥도널드는 (막스 바르부르크가 고안한) 조리 있는 계획, 즉 300만 파운드의 자본으로 새 은행을 설립해서 독일 유대인들을 팔레스타인으로 이주시킬 자금을 대자는 계획을 가지고 돌아왔다. 그러나 라이오넬이 "거의 놀랄 만한 열정"을 보이며 움직였는데도, 세부 내용이 언론에 때 이르게 노출되면서 계획은 좌초되고 말았다. 바르부르크는 이후 영미유대인정치국(Anglo-American Jewish political bureau)을 설립하자는 계획을 내놓았지만, 이번에는 앤서니와 라이오넬 모두 "유대인 사회를 위한 행동에 지나치게 적극적인 모습을 비추면 영국 시민권이 위험해질 수 있다"며 쉬쉬하는 태도를 보였다.

라이오넬의 조카 빅터 역시 영국중앙기금의 활동에 참여하게 되었다. 그는 1938년 10월 시오니스트연맹(Zionist Federation) 회의에서 이렇게 연설했다. "만약 다른 곳에서 태어났다면 저 또한 난민이 되거나, 강제수용소에 수감되거나, 메트로폴 호텔의 투숙객이 되었을지도 모릅니다."[37] 그러나 그의 나머지 연설은 팔레스타인으로의 유대인 이민을 제한한 정부 정책을 (다소 소극적으로) 변호하는 내용이었다. 그해 12월, 맨션하우스에서 개최된 유대인 난민을 위한 볼드윈 백작 기금 회의에서 연설했을 때도 그의 어조는 변함없이 양가적이었다. "저는 무구한 아이들이 총살당했다는 것을 알고 있습니다. 강제수용소에서 탈출한 사람들과 이야기도 나눠 보았습니다. 저는 아이들이 써 보낸 가슴 아픈 편지들, 보고서와 개인적 기록들을 받아 본 불운한 수신자였습니다. 제가 과연 이 모든 일이 일어나기 전의 걱정 없고 행복했던 과학자의 모습으로 되돌아갈 수 있을지 저도 잘 모르겠습니다."

그러나 그는 뒤이어 이렇게 말했다. "60만의 민족을 천천히 몰살시키는 작금의 사태는 역사상 찾아보기 힘든 만행입니다. 그러나 인도주의적 감정 한 켠에서는 짧은 기간이나마 난민들이 우리나라의 사적인 영역을 침범하는 것이 다소간 불만스럽기도 하다는 것에 모두들 동의하실 겁니다." 갈수록 늘어나는 팔레스타인 이민에 대한 영국 정부의 입장에는 "끔찍하게 복잡한" 사정이 있다고도 했다. 빅터는 1939년 3월에 미국을 방문해 미국의 난민 단체들을 둘러본 뒤, 독일유대인구호위원회가 독일 유대인들의 이민을 도울 수 있도록 16만 파운드를 더 모금했다. 그러나 그는 "수십만의 사람들을 이주시켜서 대규모 식민지를 건설"한다는 가능성에 대해서는 여전히 회의적이었다. 심지어 1946년에 상원에서 연단에 섰을 때도, 빅터는 "당시 일흔다섯이셨던 제 이모님께서는 집단 처형장 밖에서 SS의 곤봉에 맞아 돌아가셨다"면서도 팔레스타인 이민 제한 정책을 변호하는 입장만은 고수하고 있었다.

프랑스 로스차일드가를 괴롭힌 것은 다른 걱정거리였다. 나치 정권이 들어선 첫해에만 1000명이 넘는 유대인들이 국경을 넘어 프랑스로 밀려들었다. 로베르는 이 난민들을 돕기 위해 설립된 비공식 에이전시(1936년에 난민지원위원회[Comité d'Assistance aux Réfugiés]로 재편된다)에 조력했지만, 한편으로는 이러한 유입이 프랑스의 기존 유대인 사회에 미칠 영향을 걱정했다. 1935년 5월, 그는 (2년 전 그가 회장을 맡게 된) 파리유대교회의 총회에서 신규 이주민들에 대한 비난으로밖에는 해석할 수 없는 말을 언급했다. "외국인들 스스로가 가능한 한 빨리 동화하려 노력하는 것이야말로 중요한 문제입니다.……다른 집에 초대된 손님답게 행동거지는 어떻게 해야 하는지, 비난받지 않으려면 어떻게 해야 하는지 배워야 하고……설령 이곳에서 지내는 게 마뜩찮다면, 싫은 사람이 떠나야지요."[38] 그것은 신규 유대인 이민자들에 대한 구래의 동화주의자가 내뱉은 한탄이었다.

그러므로 논리적으로 생각할 수 있는 유일한 해법은 유대인들이 이주할 수 있는 대안적인 영토를 찾는 일이었다. 나치가 염두에 두고 있었던 곳은 마다가스카르였다. 흥미롭게도, 가이 버지스가(아직 프리랜서 정보요원이었을 때) MI6[39]의 D섹션에서 받은 최초의 임무는 (1938년 12월에 그가 모스크바에 충실히 보고한 바에 따르면) "유대인 운동을 분열"시키고 "시오니즘과 바이츠만 박사에 대한 반대 여론을 형성"하기 위해 "로스차일드 경을 움직이는" 것이었다. 비슷한 시기에, 파리 일가는 브라질 마투그로수 주(州)의 20만 에이커를 "식민화 목적으로" 매입하자는 제안서를 뉴코트에 전송했다. 두 번째로 보낸 제안서의 내용은 유대인을 수단의 나일 강 상류 지역인 말라칼과 보르 사이("사람이 살지 않고, 유대인들 스스로 중요한 식민지를 건설할 수 있을……거대한 영토")에 유대인을 정착시키자는 것이었다. 케냐, 북부 로디지아, 기아나 역시 고려 대상이었다.

그러나 마지막 순간, 로스차일드가 사람들도 난민들을 영국과 프랑스에 받아들여야 한다는 사실을 깨달았다. 1939년 3월, 에두아르의 아내 제르맨은 페리에르 영지 끝에 있던 낡은 저택을 약 150명의 난민 아동을 위한 호스텔로 개조했다. 독일이 프랑스를 침공한 뒤 아이들은 남부로 소개되었고 나중에는 뿔뿔이 흩어졌는데, 그 중 일부는 미국으로 탈출했다. 워드즈던은 안전한 피난처였다. 전쟁이 발발하기 직전 프랑크푸르트 고아원에서 구출된 30명의 아이들이 그곳에 머물렀다.

물론 1939년에는 여러 명의 로스차일드가 사람들 자신이 난민 처지에 놓여 있었다. 1940년 5월, 독일이 프랑스를 침공하면서 난민의 수는 현저히 늘어났다. 로베르는 파리가 함락되기 전에 아내 넬리와 두 딸 디안과 세실을 데리고 몬트리올의 안전한 곳으로 몸을 피했다. 그러나 그의 사촌이자 시니어 파트너였던 에두아르(이제 70대에 접어든)가 프랑스를 떠나기로 결심하고 스페인과 포르투갈을 경유하는 에두른 여행 끝에 마침내 미국에 당도한 것은 7월이 되어서였다(그 역시 아내 제르맨, 딸 베사비와 함께였고, 그의 누나 자클린은 이미 두 번째 남편과 함께 미국에 정착해 있었다). 이제는 갈라선 모리스 역시 캐나다에 도착했으며, 그의 전 부인 노에미와 아들 에드몽은 프레니의 영지로 피신했다. 세대는 같지만 프랑스의 다른 분파에 속한 앙리는 일찌감치 포르투갈에 자리를 잡았다. 마지막으로, 알랭의 임신한 아내는 스페인과 브라질을 거쳐 미국에 도착했고, 기의 아내 알릭스는 아르헨티나를 통과하는 경로를 택했지만 결국에는 남편과 상봉할 수 있었다.

더 젊은 세대의 장정들은 전장에 남았다. 로베르의 아들 알랭과 엘리는 모두 독일군에 포로로 잡혀서 전쟁 중 상당 기간 동안 뤼벡 포로수용소에(엘리의 경우에는 콜디츠의 수용소에) 수감되어 있었다. 에두아르의 아들 기는 운이 좋았다. 서둘러 자동차화시킨 기병소대를 책임진 장교였던 그는 북부 프랑스에서 격전을 치렀으며(그 공로로 무공십자훈장을 수여받는다), 최소한 두 차례나 독일군에 생포될 뻔했으나 가까스로 위기를 모면했다. 프랑스가 조건부 항복을 선언한 이후, 기는 비시 정권에 점령되지 않은 지역으로 돌아가서 드 로스차일드 프레르 사무실이 이전해 있던 오베르뉴의 작은 온천 마을 라 부르불에 정착했다. 그러나 1941년에 비시 정권이 독일의 반유대주의 조치를 되풀이하다 못해 그보다 더 잔악하게 행동할 수도 있다는 것이 점점 더 명확해지자, 그는 모로코를 통해 탈출하려던 시도가 불발로 끝난 뒤 필요한 문서들을 챙겨 재차 떠날 준비를 했다.

앙리의 두 아들 제임스와 필립이 겪은 일도 거의 비슷했다. 제임스는 (1차 세계대전 때와 같이) 공군에서 복무하다가 스페인을 거쳐 영국으로 탈출했다. 필립은 앓고 있었고 전투 중 스키로 인한 부상을 입어 몸이 불편한 상태에서 누구보다 험난한 과정을 거쳐 프랑스를 탈출했다. 첫 탈출 시도가 모로코에서의 체포로 무산된 뒤, 그는 결국 피레네 산맥을 걸어 넘어 포르투갈에 도착한 뒤에야 영국행 비행기를 탈 수 있었다. 프랑스 로스차일드가 사람들 중 많은 수가 드골 장군의 자유프랑스군(Forces Françaises Libres)과 함께 대륙으로 돌아가는 쪽을 택했다(그러나 드골의 군대 내에는 결코 친유대주의자라 할 수 없는 인물들이 있었다는 것을 강조해야 할 것이다).[40] 기 역시 드골 장군에 합류했지만, 그가 탄 배가 대서양 한가운데서 어뢰 공격을 당해 하마터면 목숨을 잃을 뻔했다. 그러나 그는 살아남아 드골의 연락행정군사파견대에서 임무를 맡아 수행했고, 1944년에 피에르 쾨니그 장군과 함께 프랑스로 돌아왔다. 제임스도 자유프랑스운동에 합류했으며, 그의 아우 필립, 그의 아내와 장녀도 마찬가지였다.

오스트리아에서처럼, 승전한 독일인들은 지체 없이 가족의 재산을 덮쳤다. 파리 일가는 프랑스가 침공되기 전에 재산 일부를 해외로 이전할 수 있었다(일례로, 로열 더치의 주식은 몬트리올에 있는 은행에 예치되었다. 그러나 프랑스가 전패하면서 빼돌린 재산들도 교전국 재산으로 간주되어 동결되고 만다). 가족들 몇몇은 보석류를 챙겨서 피난길에 올랐다. 일설에 따르면 에두아르는 100만 달러에 달하는 보석을 지닌 채 뉴욕에 도착했다고 한다. 그러나 가족의 재산 대부분은 점령자들이 손만 뻗으면 갈취할 수 있는 곳에 놓여 있었다. 1940년 9월 27일에 독일인들은 유대인 소유 회사들을 적출해내기 시작했고, 육군 원수 카이텔(Keitel)은 점령 프랑스 군사 정부에 프랑스 국가(État Français)[41]가 인계받은 것까지 포함하여 "로스차일드 대저택의 전재산"을 몰수하라는 특별 지시를 내렸다. 다음 달, 유대인 회사들은 행정관들이 맡아서 운영한다는 명령이 떨어졌다. 마리니 가 23번지에 있는 로스차일드 저택은 독일 공군이, 나중에는 독일 장성이 차지했다.

그러나 곧 독일인들은 그들이 만들어낸 꼭두각시 비시 정부와 자신들이 경쟁하고 있다는 사실을 깨달았다. 심지어 카이텔의 명령이 떨어지기도 전에 페탱(Pétain) 정권은 5월 10일 이후로 프랑스 본토를 떠난 프랑스인들은 예외 없이 "국가 사회 일원으로서의 책임과 의무를 상실한다"는 내용의 포고령을 발표했다. 이에 따라 출국자들의 재산은 몰수되거나 매각됐는데, 그 수익금은 비시 프랑스에 돌아갔다. 이는 분명 에두아르, 로베르, 앙리에게도 적용되는 규정이었다. 페탱은 곧 정부 복지청 건물로 사용하겠다며 라피트 가의 로스차일드 사무실에 대한 점유권을 주장했고, 가족 소유의 다른 건물들도 전부 공공재산국의 목록에 올렸다.

어떻게 보면 로스차일드가 사람들로서는 재산을 몰수해 간 이들이 독일인들이었는지, 비시 정부였는지는 의미 없는 구분이었다. 비시 정부 역시 반유대주의적 동기로 움직였고, 1940년 10월 3일과 1941년 6월 2일에 페탱이 프랑스 유대인들의 권리를 극적으로 제한한 포고령을 발표한 것이나, 《파리 수아르(Paris-Soir)》와 《오 필로리(Au Pilori)》 같은 친독일 언론이 로스차일드가를 연이어 가차없이 공격한 것이 그 증거들이었다. 비시 정부의 관료들이 로스차일드가의 재산을 독일인들보다는 더 관대하게 처분했다고 주장하기도 어렵다. 일례로, 페탱의 공공재산국을 지휘했던 모리스 자니코는 독일인들이 라피트의 포도주 저장고를 싹쓸이하지 못하도록 했다고 전해진다. 그러나 그가 노이유 마구간에 있던 엘리의 종마들, 시르크 가에 있던 알랭의 저택, 불로뉴와 파리에 있던 미리암의 저택들을 매각하지 못한 것은 마땅한 매입자가 없었기 때문이라는 것이 가장 설득력 있는 설명이다. 그가 1941년 5월에 독일 당국에 보낸 성명(로스차일드 프레르는 이제 비시 프랑스의 소유라는 내용이었다)에서도 드러나듯이, 그의 목적은 독일인들보다 선수를 치는 것이었지, 로스차일드가를 보호하는 것이 아니었다. 페탱의 유대인문제담당국에서 에드몽이 1927년에 설립한 생물물리화학연구소를 우생학자 알렉시스 카렐(Alexis Carrel)의 연구소로 전환하려 했다는 사실은 비시 정권과 제3제국이 근본적으로 서로 동류였음을 여실히 드러내는 증거였다.

비시 정부가 독일인들을 앞질러 파리 상사의 자산을 차지했다면, 독일인들은 프랑스 로스차일드가의 개인 미술품 컬렉션을 약탈하는 경주에서 비시 정권에 완승을 거뒀다. 그럴 수 있었던 것은 무엇보다 많은 컬렉션이 점령 지역에서 제때 반출되지 못했기 때문이었다. 1940년 5월과 6월의 공황 속에서, 미리암은 서둘러 그녀의 컬렉션 일부를 디에프의 사구 속에 묻었다(그곳에 숨긴 그림들은 영영 발견되지 못했다). 한편 에두아르의 컬렉션은 노르망디 지역 퐁 레베크 인근의 루 영지와 무트리에 있는 그의 종마 사육장에 나뉘어 숨겨졌다. 라베르진 등지에 있던 로베르의 컬렉션은 남서부의 마르망드에, 필립의 그림들은 보르도에 숨겨졌다. 그러나 이런 은닉처들이 적발되는 데는 그리 오랜 시간이 걸리지 않았다. 심지어 그보다 더 수월하게 손에 넣을 수 있었던 것들은 페리에르에 있던 방대한 컬렉션(부셰의 태피스트리들은 너무도 잘 숨겨져서 점령자들은 그것이 있는 줄도 몰랐지만), 뮤에트 성에 있던 앙리의 컬렉션, 샤토 다르맹빌리에르에 있던 모리스의 컬렉션, 그리고 파리의 대저택들(포부르생토노레 가 41번지에 있던 모리스의 저택, 마리니 가 23번지에 있던 로베르의 저택)에 있던 그림들이었다.

이 컬렉션들을 찾아내서 약탈하는 일을 주도했던 알프레드 로젠베르크(Alfred Rosenberg, 나치의 인종주의 이론가이자 "NSDAP의 전체 영적·철학적 교육 계발을 관장하는 총통의 대리인")는 "로스차일드가는 우리의 적인 유대인 가문이며, 재산을 보호하려고 그들이 어떤 술책을 펴든 우리로서는 관심 없는 일"이라 단언했다. 그는 과연 놀랍도록 짧은 기간 안에 위에 언급한 곳 대부분을 포함한 203곳의 개인 컬렉션에서 총 2만 1903점의 작품을 찾아냈다. 이들은 이후 주드폼 미술관에 보관됐는데, 괴링은 1940년 11월에 이곳을 찾아와 히틀러의 '바이어' 행세를 했다. 이제 제국원수의 자리에 오른 그는 자신이 가질 작품 여러 점, 그리고 아내에게 선물할 멤링의 성모화 한 점을 움켜쥐었다. 그러나 로스차일드가의 가장 귀중한 재산들(베르메르의 〈천문학자〉, 부셰의 〈퐁파두르 후작부인의 초상〉, 할스와 렘브란트의 초상화들을 포함한 30점의 대작들)은 히틀러를 위해 배정되었다. 말할 필요도 없이 이것은 어떻게 보아도 '구매'가 아니었다. 자신과 각하를 위해 그가 고른 그림들에는 터무니없이 낮은 가격이 책정되었다.⁴² 괴링은 1941년 2월과 3월에도 흥청거리기를 되풀이했는데, 그 중에서도 로스차일드가 소유하고 있던 (상황에 걸맞게도) '에우로페의 납치'를 묘사한 대리석 군상을 확보해서 이를 북유럽 양식을 모방해 지은 그의 사냥오두막 카린할의 정원에 세워 놓았다. 3월 20일, 로젠베르크는 자신의 임무를 완수했다고 보고하고, 훔친 보물을 실은 기차를 바바리아의 노이슈반슈타인 성으로 보낸다. 전쟁이 끝나고 로젠베르크 휘하에 있던 문화재 수집 특수부대의 파일들이 공개되자, 약탈된 문화재의 대다수가 로스차일드 가문 한 집안에서 나온 것이었다는 사실이 드러났다. 아홉 곳의 장소에서 취합된 총 3978점의 작품이 가족 일원들의 소유였다. 그보다는 성과가 적었던 비시 당국도 타르브에 있던 모리스의 컬렉션(3억 5000만 프랑 가치)과 로베르, 모리스, 외젠의 것이었던 한 트럭 분량의 그림을 내놓았다.

종전이 가까워지면서 진군해 온 연합군이 약탈된 작품 대부분을 찾아냈지만, 그 중 몇 점(앙투안 바토의 그림, 괴링이 가져간 〈에우로페의 납치〉 등)은 끝내 되찾을 수 없었다. 멤링의 성모화는 괴링이 자신을 체포한 미군에게 그림을 뇌물로 건넨 통에 발견되었다. 그러나 훨씬 더 많은 작품들이 세상에서 자취를 감출 뻔했다. SS 정보국장 칼텐브루너가 개입해서야, 광신적인 오베르도나우 관구장 아이그루버가 알타우제 암염 지대(잘츠부르크의 남동부)에 숨겨 둔 그림들이 '국제적 유대인들(International Jewry)'⁴³에게 반환되는 것을 막기 위해 이곳을 폭파하겠다는 것을 막을 수 있었기 때문이다.

히틀러가 영국이 가장 취약했던 1940년 여름에 '바다사자 작전'에 착수해서 성공했다면, 영국 로스차일드가와 그들의 개인 컬렉션 역시 비슷한 운명에 처했을 것이다. 아니, 영국이 침공됐다면 독일의 패배 역시 연기되었을 테니 그들에게 닥쳤을 운명은 훨씬 가혹했을지도 모른다. 히틀러의 작전은 실패로 끝났고, 로스차일드의 컬렉션은 살아남았다. 그러나 그것은 초라한 생존이었다. 5대 중에서 오직 앤서니만이 국방시민군에서 병사로 복무하며 죽기 전에 연합군의 승리를 목격할 수 있었다. 찰스와 월터는 전쟁이 시작되기 전에 세상을 떠났고, 라이오넬은 1942년 1월에 사망했다. 곧장 전장에 뛰어든 다음 세대는 은행 일을 생각할 겨를이 없었다. 전장 밖에 있던 아이들도 라이오넬의 둘째 아들 레오(1927년생)와 1940년에서 1943년까지를 미국에서 보낸 앤서니의 아들 에블린(1931년생)처럼 너무 어렸다.

라이오넬의 맏아들 에드먼드는 세인트 스위딘스 레인에 앉아 전쟁을 지켜보는, 1차 세계대전 당시 부친이 맡았던 역할을 거부했다. 대신에 그는 버킹엄셔 의용부대의 포병 장교로서 영국 해외 파견군과 프랑스에서 복무했고, 셰르부르에서는 포로로 잡힐 위기를 가까스로 모면했으며, 이후에는 북미와 이탈리아에서 제77(하일랜드)왕립포병연대와 함께 싸웠다. 빅터는 MI5의 통상 부서에서 전쟁을 시작했고, 이후에는 폭탄 처리 작업(이 공로로 훗날 조지십자훈장을 받는다)과 총리의 신변 보호 임무를 맡았다. 이로써 그는 처칠과 그의 개인 비서 조크 콜빌(Jock Colville)과 친분을 맺었고, 1943년 7월에 폴란드 망명정부의 총리 브와디스와프 시코르스키 장군의 사망 사건에 대한 극도로 민감한 조사 임무가 그에게 위임된 것도 바로 그 덕분이었을 것이다. 로스차일드가와 처칠 사이의 연계는 지미가 1945년 4월에 군수부 차관이 되면서 한 겹 더 구축되었다(최단기 장관 임직이라는 기록을 세우기는 했지만).

그러나 총리와 맺은 친분도 가족 기업에는 아무런 직접적인 영향을 미치지 못했다. 2차 세계대전의 전비 조달은 직전의 전쟁보다 로스차일드가의 전통적 역할을 더욱 무색하게 만드는 방식으로 이루어졌기 때문이다. 전쟁의 근골을 움직이는 것은 더 이상 은행가와 채권 보유자들이 아니었다. 케인스주의적인 새 시대가 밝아오고 있었다. 그것은 정부가 생산의 희소 요소 분배를 통제하며, 총 수요의 수준을 조정하고, 돈을 국가 회계의 유용한 단위로 다루며, 직접적으로 경제 생활을 운영하는 시대였다. 전쟁 중 앤서니가 주재했던 회사는 구시대의 유물처럼 보였다. 뉴코트는 텅 비어 있었다. 절반이 넘는 사무직원들은 근래에 작성된 서류를 챙겨 대공습을 피해 트링에 가 있었다. 다른 직원들(페일린 같은 젊은이들)은 군대에 소집됐다. 필립 호일랜드 같은 몇몇 선임들만이 지하실을 방공호로 이용하며 사무실을 지켰다. 1941년 5월 10일 밤, 맹렬한 폭격이 시티를 강타해 인근의 솔터스 홀을 파괴하고 문자 그대로 '뉴코트 주변을 불바다로' 만들어버렸을 때, 소이탄을 맞고서도 건물이 큰 피해를 면할 수 있었던 것은 순전히 운이 좋았기 때문이었다.

로스차일드가의 다른 재산들도 전쟁 용도로 징발되었다. 왕립조폐국 제련 공장은 대포 부속물 생산 공장으로 전환되었다. 엑스버리 저택은 해군이 점령했다(그리고 잠정적으로 HMS 마스토돈이라는 이름으로 불렸다). 애시턴 울드에 있던 찰스와 로지카의 저택은 적십자와 보급부대가 사용했다. 이런 건물들도 다소간 손상을 입는 것은 불가피했고, 적군의 공격을 받지 않은 건물 역시 마찬가지였다. 에블린 워(Evelyn Waugh)의 소설 『다시 찾은 브라이즈헤드(Brideshead Revisited)』에서 전쟁으로 인한 파괴의 흔적은 역사 깊은 가톨릭 귀족의 해체를 암시하는 것으로 그려진다. 빅터의 누나 미리엄은 군역을 위해 블레츨리[44]로 떠나기 직전에 애시턴의 정원에 남은 것들을 생각하면서 그녀의 가문 역시 영락하고 있다고 느꼈다. "홀로코스트, 전쟁, 부모님의 죽음, 피폐해진 정원. 더 이상 무엇이 의미 있을까 싶다."

가족 중 두 사람이 나치의 집단 학살로 목숨을 잃었다. 빅터가 1946년에 상원에서 연설하며 언급한 이모님은 그의 어머니의 맏언니 아란카로, 그녀는 부헨발트 수용소에서 비명횡사했다. 다른 희생자는 필립의 별거한 아내 릴리[45]였다. 그녀는 1940년에 그에게 보낸 편지에서 호소했다. "어째서 독일인들이 나를 해쳐야 하나요? 나는 프랑스의 유서 깊은 가톨릭 가문 출신인걸요." 그녀는 자신의 이름에서 '로스차일드'를 떼고 본래 이름인 샹뷔르 백작부인으로 돌아갔지만, 결국 1944년 7월에 게슈타포에게 체포되어 마지막 열차로 이송되었고 라벤스브뤼크 수용소에서 무참히 살해되었다. 나치에 의해 죽임을 당한 로스차일드가의 유일한 사람이 실은 유대인도 아니었거니와 가문의 이름과 인연을 끊은 사람이었다는 것은 아이러니 중에서도 가장 비참한 아이러니다.

그로부터 몇 달 지나지 않아서, 에드먼드 드 로스차일드 소령은 제200(유대인)포병연대(1944년 11월에 조직된 유대인 보병여단의 일부)에서 그의 중대를 이끌고 "여전히 그 역겨운 유덴라인(Judenrein)[46]이라는 명판을 달고 있는 아치 길을 통과해" 만하임 마을로 진군했다. 그들이 마을에 들어서자 사람들이 외치기 시작했다. "디 유덴 콤멘! 디 유덴 콤멘!(유대인들이 온다!)" 다시 몇 달 뒤, 그는 히틀러의 산중 별장이었던 '독수리 둥지'를 방문했다. 그는 훗날 이렇게 썼다. "수없이 부서져 나뒹구는 세브르 도자기들을 보면서, 나는 그것이 내 사촌들의 저택에서 훔쳐낸 물건은 아니었을까 생각했다." 아마도 그랬을 것이다.

■ 에필로그

가문의 가장 중요한 힘은 단합이다.

– 에블린 드 로스차일드 경, 1996년

오늘날 뉴코트의 방문객이 들어서는 곳은 흑백의 대리석으로 지어진 현대적인 건물이다. 입구의 홀을 장식하고 있는 것은 1820년에 윌리엄 암필드 홉데이가 그린 나탄 로스차일드와 그의 가족의 초상이다. 그 초상화는 N. M. 로스차일드 앤드 선즈가 회사의 역사를 자각하고 있지 않았다면(혹은 자랑스러워하지 않았다면) 그곳에 걸려 있지 않았을 것이다. 또한 이 책 역시 쓰이지 않았을 것이다. 그러나 은행의 과거가 현재와 미래에 정확히 어떤 의미를 부여하는지 묻는 것은 가치 있는 일이다. 19세기 대부분 동안 N. M. 로스차일드는 국제 채권 시장을 지배했던 세계 최대의 은행의 일부였다. 오늘날 그와 대등한 은행이 존재한다면, 독자들은 메릴린치, 모건스탠리, J. P. 모건, 골드만삭스를 합병한 기업을 상상하면 된다. 또, 로스차일드가가 19세기 여러 정부의 재정을 안정시키는 데 맡았던 역할을 고려하면 국제통화기금까지 합병시켜야 할지 모른다. 오늘날에는 이 은행이 국제 금융업계에서 상대적으로 작은 시장만을 차지하고 있으며, HSBC, 로이즈–TSB, 시티그룹(Citigroup) 같은 기업 비대화의 산물에 비하면 왜소해 보일 정도가 되었다. 그렇다면 과거를 돌아보는 것은 그저 향수에 젖는 일에 지나지 않을까? 이 에필로그에서 그 질문에 답해 보고자 한다. 이 글은 1945년 이후의 은행사가 아니라 전후에 은행이 살아남고 현재의 성공을 이루기까지 역사가 수행해 온 역할에 대한 논고로 읽혀야 할 것이다.*

계속되는 역사

N. M. 로스차일드 앤드 선즈의 역사는 1940년대에 끝났을 수도 있었다. 그러나 은행은 살아남았고, 그것은 누구보다도 앤서니 드 로스차일드의 공이었다. 해로스쿨과 케임브리지에서 청년기를 보내고 1차 세계 대전에서 활약한 뒤, 그는 로스차일드의 일원으로서 가문의 유산을 보전하는 데 남은 일생을 바쳤다. 많은 선조들처럼 그 역시 열정적인 수집가였고, 특히 중국 도자기에 열중했으며, 1급 클라레 애호가이기도 했다.[1] 1925년에는 경마 클럽에 선출되었고 부친의 종마들과 뉴마켓의 저택까지 고스란히 지켰다. 그는 이본 캉 당베르와 결혼했는데(1926), 그녀는 1850년대부터 드 로스차일드 프레르와 관계하고 있던 가문 출신이었다(그녀를 만난 것도 그의 친척 크루 후작이 파리 대사로 있을 당시에 그의 관저에서였다). 유대인 사회를 위해 했던 역할도 앞선 세대들과 유사했다. 삼촌 내티처럼 그 역시 4% 산업 주거 회사의 회장이었다. 부친과 증조부 앤서니처럼 그도 유대인 자유학교의 교장을 맡았다. 그러나 앤서니가 마주쳤던 최대의 도전은 가문의 가장 근본적인 역할, 즉 은행가로서의 역할을 지키는 것이었다.

그는 엄격하고 근면한 태도로 이 과업에 임했다. 날마다 그는 라이튼 버자드 역(애스콧에 있는 그의 집에서 가장 가까운 기차역)에서 유스턴 역으로, 유스턴에서 다시 뉴코트로 열차를 타고 출근했다. 해럴드 니콜슨은 그가 파트너들의 식당에서 점심 식사를 마친 뒤 오후 2시 반이면 "서둘러 나갔고" "그때부터 일이 다시 시작되고 메종 로스차일드의 거대한 수레바퀴가 돌아갔다"

---

* 독자들은 지금 읽고 있는 이 마지막 부분이 로스차일드가의 문서보관소 자료를 조사해서 집필한 것이 아니라 이미 간행된 자료와 면담에 기초해 쓰였다는 점을 염두에 두길 바란다. 그러므로 14장은 1915년 이래로 펼쳐진 로스차일드 은행의 역사에 대한 스케치에 불과하다. 그 이상의 작업은 언젠가 다른 역사가에게 맡겨질 것이다.

고 묘사했다. 그러나 사실상 전쟁은 N. M. 로스차일드의 '수레바퀴'의 크기를 대폭 줄여버렸다. 그리고 앤서니가 사업에 접근하는 방식은 줄어든 바퀴나마 고속으로 돌려 보자는 것이 아니었다. 로널드 페일린은 그가 이렇게 말했던 것을 기억했다. "그들도 우리가 어디 사는지 알 것 아니오. 우리와 사업을 하고 싶으면 이리 건너와서 설명을 해 보라고 하시오." 전후 세계를 헤쳐 나가자고 내건 표어로서는 너무도 치명적인 이야기였다. 전장에서 돌아온 에드먼드는 뉴코트의 생활이 눈에 띄게 차분해졌다는 것을 발견했다. 파트너들은 오전 10시에서 10시 반 사이에 룸에 도착했고, 들어오는 서한들을 읽으며 "뭔가 사업이 될 만한 것이 있나 살펴보며" 오전 시간을 보냈다.

개런티 트러스트 은행과 쿤로브 상회(자신이 마치 "몹시 가난한 친척 같은 느낌이 들게 했던" 곳)를 거치며 뉴욕에서 짧고 불행했던 수습 생활을 한 것을 제외하면, 에드먼드는 파트너가 되기 전에 금융 수련을 받지 않았다. 1956년에 파트너로 합류한 그의 아우 레오폴드도 쿤로브 상회뿐만 아니라 모건스탠리, 글린밀스 은행까지 전전하며 수습 생활을 마쳤다. 그러나 앤서니는 장래의 파트너가 될 이 청년에게 은행의 파트너가 되어야 한다는 바로 그 이유로 케임브리지에서 경제학을 전공해서는 안 된다고 조언했다. 그 당시에 사실상의 파트너로서 뉴코트에 와 있던, 로이즈 은행의 회계부장 데이비드 콜빌(David Colville)은 엄밀히 말해 완전한 외부인은 아니었다. 그의 계조모는 해나 로즈버리의 딸인 크루 후작부인이었다. 매일의 사업 운영은 상당 부분이 새뮤얼 스테파니의 뒤를 이어 부장이 된 휴 데이비스와 그의 조수 마이클 벅스에게 맡겨졌다. 두 사람 모두 N. M. 로스차일드에서 직원으로 일을 시작해서 자수성가한 인물이었다.

그러나 이러한 것들이 비몽사몽 상태까지는 아니더라도 얼마간 친목 동호회 같은 분위기를 풍겼던 당시의 시티에서 회사를 특별하게 만들어 주지는 못했다. 물론, 문제의 일부는 전후의 영국이 전통적으로 로스차일드 사업의 기반이 되어 온 자본 수출에 대한 규제를 그때까지 풀지 않는 등, 전시에 적용했던 경제 통제책 다수를 그대로 유지하고 있었다는 것이었다. 브레턴우즈 체제하에서는 과거의 방식대로 국제 채권을 발행할 수 있는 여지가 없었다. 더욱이 당시의 영국에서는 사회주의가 절정기를 맞고 있었고, 마르크스보다는 베버리지(Beveridge)와 케인스 같은 자유주의자들에게 훨씬 더 많은 빚을 지고 있었던 애틀리 정부도 시티에 우호적인 언사를 내놓은 적은 거의 없었다. 다음은 1948년 1월에 진행된 인터뷰에서 어느 노동당 지지자가 펼쳐 보인 논지다. "거액의 '불로소득을 누려도 좋다는 생각에 저는 동의하지 않습니다. 부자의 아들로 태어났으니 당연하다는 것도 변명이 되지는 못하지요. ……우리는 다음과 같은 조건들, 즉 실업, 궁핍한 식생활, 준비성 결여, 해외에서의 오명, 교육과 기회의……불평등, 자원의 미개척과 파시즘에 대한 저항 정신의 부족을……보수당의 통치와 연관짓게 되었습니다. 이 같은 잘못들이 교정됐던 유일한 시기는 당시의 상황 자체와 자유당 각료들이 국가로 하여금 기초 산업 및 재화를 통제하도록 했던 전쟁 중이었습니다.……전쟁은 토리당의 고리타분한 주의 주장, 즉 인간은 오직 사익을 위해 일하기 때문에 민간 사업이 국가 사업보다 훨씬 효율적이라는 주장이 어리석은 이야기라는 것을 보여 주었습니다.……사익만을 목적으로 하는, 규제받지 않는 민간 사업의 옛 시절은 가버린 지 오래입니다."

이것이 어나이린 베번(Aneurin Bevan)의 말이 아니라 제3대 로스차일드 경이 직접 발언한 이야기였다는 사실은 어째서 그가 1940년대와 1950년대에 뉴코트와 거리를 두고 지냈는지를 설명해 줄는지도 모른다. 1959년에 마침내 학계를 떠나 민간 부문으로 자리를 옮긴 것도, 로열 더치 셸(로스차일드가와 역사적인 인연이 있는 회사)에서 과학적 연구를 진행하기 위해서였다.

오래된 파트너십의 구조조정 역시 1941년 당시에 남아 있던 두 명의 파트너 가운데 한 사람이 전쟁 중에 죽는 상황이 발생하면 법적인 승계인으로 활동할 수 있는 로스차일드 컨티뉴에이션(Rothschilds Continuation Ltd)이 창설된 이래로 준비를 갖춘 상태였다. 이 회사는 그 자체로 하나의 파트너가 되었다. 1947년, N. M. 로스차일드는 100만 파운드 규모의 투표권 없는 우선주와 50만 파운드 규모의 통상적인 의결권주를 새로 창출하며 회사의 기존 형태 밖으로 한 걸음 더 나아갔다. 앤서니는 보통주의 60%를 보유하면서 지배적인 파트너로서의 지위를 확보했다. 위계상 그의 뒤에 오는 인물은 각각 20%씩의 보통주를 배당받은 에드먼드와 빅터였다(투표권이 없는 우선주는 빅터가 더 많은 몫을 배당받았지만). 이는 다음 세대에 심대한 결과를 초래할 가족 내부 세력 균형의 변화였다.

그러나 강조해야 할 점은 회사가 자본상 축소됐다는 사실일 것이다. 1차 세계대전 직전 런던 상사의 자본은 800만 파운드에 근접했다. 150만 파운드로의 축소는(특히 양차 대전 사이에 파운드의 구매력이 40%나 삭감됐다는 점을 감안하면) 극적인 쇠락의 신호였고, 그렇게 된 원인은 대개 사업상의 차질과 전례 없이 늘어난 세금 때문이었다. 라이오넬은 세상을 떠나며 50만 파운드의 당좌대월을 남겼건만, 그의 아이들은 총 20만 파운드에 달하는 상속세를 지불해야 했다.

앤서니의 전략은 회사 전통의 해외 사업을 재건하자는 것이었지만, 전후 자본 흐름의 방향이 주로 미국에서 유럽을 향했다는 사실을 고려할 때 이는 쉬운 일이 아니었다. 그 무렵 이미 에두아르와 로베르가 로스차일드 사업의 뉴욕 기지가 될 암스테르담 오버시즈(Amsterdam Overseas Corporation)를 (네덜란드 은행 피어손 헬드링 앤드 피어손과 손잡고) 설립해 둔 것은 사실이었다. 그러나 이 회사도 뉴코트에 대단히 많은 사업을 창출해 주지는 못했던 것 같다.

원래 상당한 인력을 투입해서 진행했던 작업은 칠레와 헝가리 같은 나라들이 불이행한 전전(前戰) 부채를 해결하는 일이었다. 신규 발행 사업(1951년에 대개 세계은행이라고 알려져 있는 국제부흥개발은행[IBRD]을 위해 500만 파운드 규모의 금리 3.5% 증권을 모집한 일)은 드물었고, 있더라도 시티의 다른 은행들과 나누어 진행해야 했다. 남아프리카 금 시장에서 로스차일드가 차지하고 있던 독보적인 지위는 국제 금 시장이 재개되기 3년 전에 재천명되었다. 전 세계 금 가격이 또다시 뉴코트의 '픽싱 룸'에서 공식 결정됐기 때문이다. 그러나 금 가격을 온스당 35파운드로 유지하기 위해 국제적인 금 비축고가 생기면서, 픽싱 룸도 애초의 비중을 상당 부분 잃고 말았다. 이런 사정이었기 때문에, 회사는 화환 신용장과 어음 인수 업무에 집중해야 했다. 수익성 없는 사업은 결코 아니었지만, 과거에는 은행의 차상위 혹은 차차상위에 그쳤던 분야였다.

전후의 가장 야심찬(동시에 가장 전통적이기도 했던) 프로젝트는 로스차일드가에게는 미지의 땅이나 다름없었던 캐나다에서 진행됐다. 자원이 풍부한 뉴펀들랜드를 개발하자는 (당시 뉴펀들랜드 주지사였던) 조지프 스몰우드의 제안은 은행이 윈스턴 처칠과 지속적으로 유지해 왔던 관계(처칠의 개인 비서 조크 콜빌이 데이비드 콜빌의 아우였던 덕에 더욱 두터워졌다)에서 창출된 가장 중요한 경제적 기회였을 것이다.² 처칠은 1951년 10월에 다우닝 가로 복귀했고 곧장 스몰우드의 계획에 매료됐는데, 그가 보기에 이 계획은 "제국적으로 장대하지만 제국주의적이지는 않은 사업"이었다. 그런 점에서 영국뉴펀들랜드회사(British Newfoundland Corporation Ltd, 일명 '브링코[Brinco]')는 대영제국의 전성기에 N. M. 로스차일드가 해 왔던 역할을 상기시키는 옛 영광의 메아리나 다름없었다. 과연, 처칠 정부의 수송·연료·전력통합장관이었던 레더스 경은 이렇게 묻기까지 했다. "수에즈 운하도 성공하셨던 분들인데, 뉴펀들랜드야 못하시겠습니까?"

그러나 앤서니는 주저했고, 컨소시엄의 다른 회원사들은 그 대신 독일 은행들을 참여시키는 방안을 고려할 지경에까지 이르렀다. 무엇보다 에드먼드의 노력 덕분에 N. M. 로스차일드는 컨소시엄에서 물러나지 않았지만, 그렇게 결정이 난 뒤에도 슈뢰더, 함브로, 모건그렌펠 같은 시티의 다른 은행들을 더 끌어들이자는 조바심만큼은 어쩔 수 없었다. 1953년 3월, 6만 평방마일의 땅을 브링코 컨소시엄에 20년간 임대한다는 내용으로 최종 합의가 이루어졌다. 조사한 결과, 그 지역의 광물 및 목재 자원 개발은 수익성 면에서 배제하기로 했고, 그 대신 해밀턴 폭포에 수력 발전 시설을 건설하는 쪽으로 결론이 났다. 컨소시엄이 브링코 주식 200만 주를 사적으로 분배하고 처칠 자신도 1만 주를 매입한 것은 그 사업이 지니고 있던 19세기 후반적인 면모를 보여 주는 일화였다.

그러나 해가 가면서 '제국적' 연계를 유지하는 것이 불가능하다는 것이 드러났다. 부분적으로 그것은 영국은행이 장기간 계속된 전후 파운드화 약세에 대응하기 위해 해외 투자를 제한해야 했기 때문이기도 했지만, 무엇보다 캐나다 정부가 브링코에 대한 '외국의' 지배력을 줄이고 싶어 했기 때문이었다. '처칠 폭포' 회사의 주식을 처음 공모로 발행할 때 로스차일드가는 이에 관해 아무런 상의도 받지 못했고, 그런 와중에도 발행된 주식을 700만 달러까지 인수하는 데 합의했지만 이번에는 캐나다 은행들의 텃세로 합의를 물려야 했다. 퀘벡 정부의 훼방은 특히 치명적이었는데, 발전소의 잠재적인 최대 고객이었던 뉴욕과의 육상 전선로를 퀘벡에서 통제하고 있었기 때문이다. N.

M. 로스차일드는 1963년 영연방개발금융(Commonwealth Development Finance Co.)을 위한 무상환 사채 추가 발행에 참여하고 8년 뒤에는 뉴펀들랜드에 대규모 융자를 제공하기는 했지만, 수력 발전소 프로젝트만큼은 사실상 정치적 분쟁에서 헤어난 적이 없었다.[3] 탈식민화 시대에 취한 처칠 식의 전략은 잘못된 결정이었던 것으로 드러났다.

그러나 1950년대 후반이 되면 뉴코트에도 방향 전환의 조짐이 보이게 된다. 1955년 앤서니는 뇌졸중으로 기력을 잃고 은퇴했다. 그로부터 6년 뒤에 그는 세상을 떠났다. 그러나 파트너십은 두 배로 강화되었다. 케임브리지를 졸업하고 해군을 거쳐 뉴욕의 리오틴토와 토론토의 차익 거래 회사 R. D. 스미스 상회에서 잠시 수습 과정을 거친 그의 아들 에블린이 1957년에 은행에 합류했다. 빅터의 아들 제이콥은 옥스퍼드에서 학업을 마치고 회계 회사 쿠퍼 브라더스, 뉴욕의 모건 스탠리, 그리고 헤르만 로비노프와 클리포드 바클리의 투자 파트너십에서 활동하고 나서 에블린보다 6년 늦게 회사에 합류했다. 레오폴드는 앤서니가 이렇게 말했던 것을 기억했다. "우리는 전쟁으로 어려운 시기를 겪어야 했다. 나가서 새 사업을 찾는 일은 너희 젊은이들에게 달렸다."

당시야말로 페일린이 "파트너들을 직원들 중 최고위 직원들과도 유리시키는 대심연"이라고 불렀던 것을 좁히기 위해 첫걸음을 떼어야 할 시점이었다. 1960년 7월, 데이비드 콜빌이 가문 밖 사람으로는 최초로 파트너로 임명되면서(사실 그는 이미 그 이전부터 룸의 책상을 차지하고 있었다) 한 세기 반을 이어 온 전통에 종지부를 찍었다. 1961년 9월에 부장이었던 마이클 벅스 역시 파트너로 승진했고, 이어 1962년 4월에는 금융부(법인 사업을 취급하는) 설립을 도왔던 노련한 세무 변호사 필립 셸번이 뒤를 이었다. 제이콥이 은행에 합류하면서 전체 파트너가 열 명이라는 법적 최대치에 도달한 이래, 장기 근속한 다른 고위급 중역들은 1967년에 개정된 회사법이 합법적인 파트너 수를 최대 20명까지 늘리기 전까지는 '준(準)파트너'의 지위에 만족해야 했다. 이런 변화들은 1970년 9월에 파트너십이 마침내 법인화되어 무한 책임 시대를 종식시키며 완료되었다. 네 명의 사외이사와 20명의 상임이사로 구성된 이사회가 새로 조직되었고, 파트너들이 갖고 있던 의사결정 권한도 새로 설립된 집행위원회로 이전됐다.

경영 구조에서 벌어진 '뉴코트 혁명'은 물리적인 면으로도 파급됐다. 1962년 10월, 에블린의 제안으로 뉴코트의 낡은 건물이 마침내 허물어졌다. 건물은 애초부터 세인트 스위딘스 레인 건너 체트윈드 하우스까지 확장할 필요가 있었다. 그리하여 회사는 현재의 6층짜리 건물이 지어지는 동안 멀리 떨어진 핀스버리 스퀘어 남쪽의 시티게이트 하우스에 자리를 잡고 거의 3년을 기다려야 했다. 새 회사 건물은 은행을 현대화하기 위한 새 세대의 결단을 상징했다. 그러나 일본의 한 신문이 로스차일드가의 새로운 60층짜리 건물에 대해 보도한 것은 은행의 위상을 외부 세계에서 얼마나 과장하여 평가하고 있었는지를 드러낸 전형적인 사례였다. 사실, 런던 상사는 여전히 비교적 규모가 작았다. 법인화될 당시의 납입 자본금은 1000만 파운드(그리고 약 200만 파운드의 준비금)에 불과했고, 대차대조표에 드러나는 자산 규모도 총 1억 6800만 파운드에 그쳤다. 예금액 역시 N. M. 로스차일드는 시티의 경쟁 은행들에 못 미치는 수준이었다. 파리 상사만큼 은행업 이외의 사업을 많이 꾸리고 있었던 것도 아니었다. 이 모든 것은 1965년 제이콥이 "우리는 이 은행을 돈을 다루는 은행인 만큼 두뇌 은행으로도 만들어야 한다"고 선언한 이유를 설명해 준다.

일단, 그것은 투자은행업계로의 이동을 뜻했다. 1961년 7월에 로스차일드 투자 신탁(Rothschild Investment Trust, RIT)이 설립됐고, 설립 자본 300만 파운드 가운데 3분의 2는 외부 투자자들에게서 조성된 자금이었다. 제이콥의 지휘 아래 회사는 번창했다. 처음부터 세후 이윤은 자본의 20%를 초과했다. 1970년까지 로스차일드가의 상장된 투자 신탁 회사는 네 곳이 더 늘어났다. 이후 RIT는 1974년에 엘러먼 그룹 소유의 투자 신탁 세 곳을 합병하면서 석유와 가스로부터 호텔과 경매 회사에 이르기까지 각 분야로 투자 영역을 넓히며 독자적인 길을 걷게 되었다. 1970년대 초에 있었던 경제 쇼크에도 1970년대 말 RIT의 총 수입은 거의 700만 파운드에 이르렀고, 1970년 당시에 500만 파운드에 불과했던 순자산은 1억 파운드에 육박하게 된다. 1976년에 겨우 마흔이 된 제이콥에게 그것은 놀라운 성취였다. 그러나 RIT는 애초 구상 단계부터 모회사와는 다른 방향으로 움직이고 있었다는 점을 지적할 필요가 있다. 일찍이 1975년에 N. M. 로스차일드는 RIT 지분을 단 9.4% 수준으로 감축했다. 1979년에 솔 스타인버그(Saul Steinberg)의 릴라이언스 그룹(Reliance Group)이 지분의 4분의 1을 1600만 파운드에 취득했을 때, RIT와 뉴코트의 연계는 완전히 끊어진 것처럼 보였다.

두 번째 도전 분야는 자산 관리 사업이었다. 필립 힐 히긴슨 상회(Philip Hill, Higginson & Co.)와 로버트 플레밍 상회(Robert Fleming and Co.)의 성공을 목격한 은행은 1959년 최초의 계약형 투자 신탁(unit trust) 중 하나였던 내셔널 그룹(National Group)의 쉴드 유닛 펀드(Shield Unit Fund)의 수탁 회사가 되었다. 직접적인 자산 관리 사업도 곧 뒤를 이었고, 이 모든 사업은 (1986년에 제정된 금융서비스법에 따라) 이후 신설 자회사인 N. M. 로스차일드 자산 관리(N. M. Rothschild Asset Management)에 귀속됐다.

세 번째 중요한 성장은 기업 금융 부문에서 이루어졌다. 앤서니가 회사를 이끌던 시절에는 1940년대 후반에 있었던 두세 건의 소규모 주식 발행을 제외하면 이 부문은 거의 미답 상태로 놓여 있었다. 훗날 은행이 민영화 사업에서 맡게 되는 역할을 생각하면 아이러니한 일이지만, 앤서니와 콜빌은 1953년 처칠 정부가 철강 산업의 '탈국영화' 작업에 참여할 것을 제안했을 때 그 계획이 위험할 만큼 정치적이라며 제안을 거절했다. 기업 인수 합병의 새 시대를 연 사건으로 평가되는 1958~1959년의 영국알루미늄(British Aluminium Co.) 인수전에도 N. M. 로스차일드는 일절 관여하지 않았다. 그러나 이는 1960년대 들어 산업계와의 관계 증진을 위해 결연한 노력을 기울이면서 바뀌게 된다. 1964년에 맨체스터에 은행의 지점이 새로 문을 열었고(1811년 이후 처음으로 이 도시에 문을 연 로스차일드 사무실이었다), 2년 뒤에는 리즈에도 지점이 생겼다.

물론, 본격적인 기업 금융 분야에 뛰어든 은행이 처음 겪은 경험은 실망스러운 것이었다. 1961년 2월, N. M. 로스차일드는 오담스 출판사(Odhams Press)의 자문을 맡아서 못내 미적거리는 회사를 설득해《데일리 미러(Daily Mirror)》의 인수 제안을 물리치라고 조언했다. 결국 승자가 된 쪽은 (S. G. 바르부르크가 자문을 맡은)《데일리 미러》였다. 그러나 2년 뒤 남부 웨일즈의 국영 철강 그룹 리처드 토머스 앤드 볼드윈스(Richard Thomas & Baldwins)의 자문 회사로 선정된 뉴코트 팀은 화이트헤드 철강 회사(Whitehead Iron and Steel)에 대한 경쟁 입찰에서 당당히 승리를 거뒀다. 1968년까지 N. M. 로스차일드는 총 가치가 3억 7000만 파운드에 달하는 다섯 건의 계약을 성사시키며 시티의 기업 인수 리그 8위에 이름을 올릴 수 있었다. 2년 뒤, 회사는 당년 한 해 동안 고객사들을 위해 총 2000만 파운드의 자금을 조성함으로써 발행 회사들의 성적 일람표에서도 5위를 기록했다.

그들이 발을 담근 물은 상어가 들끓는 수역이었다. 1969년에 N. M. 로스차일드는 로버트 맥스웰(Robert Maxwell)의 페르가몬 출판사에 대한 매각 입찰에 2500만 파운드를 걸고 참여한 솔 스타인버그의 회사 리스코(Leasco)의 자문을 맡으면서, 출판사 사주였던 패기만만하지만 정직한 인물은 아니었던 맥스웰과 처음 대면하게 된다. 그러나 입찰자들이 페르가몬에서 자행된 대규모 부정행위를 발견해 영국 통상산업부에서 맥스웰을 조사하는 상황에까지 이르면서 거래는 결국 물거품이 되고야 말았다. 1970년대 초에 '바버 붐(Barber Boom)'[4]으로 뒤숭숭한 와중에 사임 다비 상회(Sime, Darby & Co.)가 클라이브 홀딩스(Clive Holdings)를 인수한 일 역시 사임 다비 상회의 회장 데니스 핀더가 1973년 11월 내부거래로 고발되어 체포되면서 역시 뒤탈을 일으켰다. 1975년 10월에 슬레이터 워커 은행(Slater Walker)의 심각한 경영 악화로 창립자 짐 슬레이터가 사임하는 지경에 이르렀을 때, 영국은행이 전면적인 2차 은행위기를 예방하기 위해 지원을 구한 곳은 다름 아닌 N. M. 로스차일드였다. 이는 그해 4월이 되어서야 가족 기업에서 적극적인 활동을 시작했으나 곧 회사의 고리타분한 경영 구조를 합리화하는 데 과감한 행보를 보인 은행의 새 회장 빅터를 당시의 총리 에드워드 히스가 신뢰하고 있었다는 것을 드러낸 일례였다.

이처럼 정신없던 시기에 은행이 활약했던 국내 활동 분야에는 두 가지가 더 있었다. 첫째, N. M. 로스차일드는 자체적으로 투자할 기회 역시 계속 물색하고 있었는데, 특히 미디어와 전기 통신 같은 신흥 분야가 주된 관심 대상이었다. 은행은 첫 세대 독립 텔레비전 방송국이었던 ATV에 투자했고, '유료 방송'의 선구자였던 영국 가정용 텔레미터 회사(British Telemeter Home Viewing)에도 투자했으나 회사가 상업적으로 실패하면서 이 투자는 다소 아쉬운 결과만 내고 마무리됐다. 한편, 에블린은 비버브룩 신문사 및 《이코노미스트》의 이사회, 나중에는 텔레그래프 주식회사의 이사회에서도 영향력을 발휘했다. 얼라이언스 보험 회사와의 오랜 관계도 선 얼라이언스(Sun Alliance)가 로스차일드 컨티뉴에이션의 지분을 확보하고, 1973년에는 그레셤 생명보험 회사(Gresham Life)를 690만 파운드에 취득하면서 더욱 공고해졌다(이 회사는 6년 뒤 1500만 파운드에 매각됐다).

이 무렵이 되면 N. M. 로스차일드의 대차대조표 중 놀라운 부분이 국내 사업으로 채워지게 된다. 그런데도 회사는 근본적으로 국제 은행으로 남아 있었다. 베트남전쟁으로 달러가 압박을 받게 되면서 런던 골드 풀(London Gold Pool)이 해체된 이후에도 은행은 장구한 인연이 있는 금 관련 사업에서 쉽사리 손을 떼지 않았다. 왕립조폐국 제련소는 매각됐지만 은행은 런던 시장뿐만 아니라 뉴욕, 홍콩, 싱가포르까지 활동 영역을 넓혀서 주요 금괴 중개자 역할을 계속했고, 오스트레일리아의 천연자원 시장에서도 은행이 현재 누리고 있는 굴지의 지위를 위한 기반을 마련했다(이 글을 쓰고 있는 현재, 로스차일드 오스트레일리아는 로스차일드 그룹 총 수익의 약 3분의 1을 차지하고 있다).

동시에, 영국 자본을 해외 투자로 이끄는 전통적인 사업도 1963년 금리평형세(Interest Equalisation Tax)가 폐지되고 '유로본드' 시장이 개발되면서 부활될 조짐이 보이기 시작했다. 이 분야에서도 과거의 연줄은 자산이 됐다. 일례로, 1964년에 포르투갈은 1500만 파운드 규모의 채권을 발행하기 위해 일찍이 1820년대까지 거슬러 올라가는 선례를 따라 N. M. 로스차일드에 도움을 청했다. 남미에서도 은행은 레오폴드의 지휘하에 1965년 미주개발은행(Inter-American Development Bank)과 칠레를 위해 각각 300만 파운드씩의 자금을 조성했고, 3년 뒤에는 오랜 고객 브라질을 위해 총 4100만 파운드에 달하는 두 건의 채권을 발행했다. 이렇게 조성된 자금은 칠레 최초의 원자로와 리오-니테로이 다리를 비롯한 주요 기반 시설 건설 프로젝트에 쓰였다. 1966년, N. M. 로스차일드는 대규모 신디케이트를 이끌고 역시 옛 활동 무대였던 트리에스테와 잉골슈타트를 잇는 알프스 횡단 파이프라인 건설을 위한 채권의 첫 분할 발행을 성사시켰다. 1968년에 헝가리가 동구권 국가로는 최초로 서구권 은행에서 차입을 계획한 뒤 뉴코트의 문을 두드렸던 것도 수많은 역사적 선례를 따른 것이었다. 1914년 이전에 일본과 맺었던 관계 또한 에드먼드가 1962년에서 1969년 사이에 수차례 일본을 방문하면서 히타치와 파이오니아를 비롯한 다수의 일본 기업을 위해 (노무라증권과 협력해) '유로달러' 채권을 발행하면서 재개되었다.

무엇보다 은행이 주목하고 있었던 것(그리고 로스차일드가의 태도를 형성시킨 데 있어 그 중요성을 결코 과장할 수 없는 것)은 갓 모습을 갖춰 한창 성장 중이던 유럽경제공동체(European Economic Community, EEC)였다. 몇몇 국가들에서 당시 파리 상사의 수장이었던 기를 "EEC 은행가 로스차일드"로 떠받들었던 것도 바로 이 무렵이었다. 그리고 그 수식은 런던의 친척들에게도 적용되는 말이었다.

이 방향으로 첫발을 뗀 사업은 1960년에 N. M. 로스차일드와 바르부르크 은행이 아우구스트 티센(August Thyssen) 철강 회사의 주식 34만 파운드를 런던 시장에서 발행한 일로, 이는 전후 처음으로 런던에 상장된 독일 회사의 주식이었다. 1년 뒤, 은행은 영국이 로마조약에 서명하자마자 (1958년 브뤼셀에서 구성된) 유럽공동시장 은행신디케이트에 직접 가입하기까지 했다. 이는 은행이 애초부터 영국의 EEC 가담을 조만간 이루어질 일로 예상하고 있었다는 증거였다. 1967년 9월에 빅토리아 시대로까지 거슬러 올라가는 영불해협 해저 터널의 꿈을 부활시키기 위해 로스차일드가는 (모건 그렌펠, 라자르, 베어링과 함께) 해협 조사 그룹을 결성했다. 이 프로젝트는 앞선 시도들처럼 실패로 돌아갔지만, N. M. 로스차일드는 해저 터널 사업에 관심의 끈을 놓지 않고 있다가 1981년 현재의 '처널(Chunnel)' 건설 사업을 주도한 유럽 해협 터널 그룹(European Channel Tunnel Group)을 위해 자문사로 활동했다.

통합 유럽적 성격을 띠었던 또 다른 프로젝트는 영국 투자자들을 대륙의 증권으로 유인하는 것을 목적으로 1972년에(유럽공동체법안이 의회를 통과하고 있던 시점에) 설립한 2000만 파운드 규모의 뉴코트 유럽 투자 신탁(New Court European Investment Trust)이었다. 그러나 그 무엇보다 가장 선견지명 있었던 프로젝트는 유럽의 아홉 개 주요 통화 가치에 기초한 '유르코(eurco)'('유럽복합단위[European Composite Unit]')라는 신규 통화를 만들어 유통시키자는 계획이었다. 훗날 등장하게 될 에쿠(ecu)와 유로(euro)의 전신이었던 유르코는 무엇보다 독일 마르크 대비 파운드화의 가치 하락 문제에 대한 실질적인 대응책이었다. 로스차일드의 계획은 투자자들에게 액면가 3000만 유르코(약 1500만 파운드)에 달하는 15년 만기 채권과 금리 8.5% 쿠폰을 제공하자는 것이었다. 실험은 성공적이었다. 메트로폴리탄 부동산투자개발회사(Metropolitan Estates and Property)를 위해 발행된 2000만 유르코 상당의 채권은 엄청난 초과 청약을 기록했다. 이후에 이어질 논쟁에 비춰 볼 때, 《데일리 텔레그래프》가 이 프로젝트를 "서민들을 설득해 통화동맹 편으로 끌어들였다"고 환영한 것은 아이러니한 일이다.

영국과 대륙의 경제적 통합을 진전시키기 위해서는 필연적으로 해협을 가로지르는 일종의 제도적 연계를 성립하는 것이 필요했다. 이를 위해 1966년 N. M. 로스차일드와 내셔널 프로빈셜 뱅크는 100만 파운드의 자본을 기초로 유럽 은행을 창설하는 데 힘을 모았고, 2년 뒤에는 매뉴팩처러 하노버 신탁은행(Manufacturers Hanover Trust Co.), 아드리아해 보험회사(Riunione Adriatica di Sicurtà)와 함께 비슷한 프로젝트를 시도했다. 그러나 그 무엇보다 명백히 보이는 해법은 예로부터 이어져 온 영국과 프랑스 로스차일드가 사이에 해협을 가로지른 연계를 재건하는 것이었다. 문제는 이 오랜 파트너십의 두 반쪽이 지금도 서로 융화할 수 있는가 하는 것이었다.

전후에 프랑스 로스차일드가는 영국의 친척들과는 사뭇 다른 길을 걸었다. 손위의 파트너들은 종전 이후로 몇 해를 넘기지 못하고 숨을 거뒀다. 로베르는 1946년 말에 세상을 떠났고, 에두아르는 3년이 지나 숨을 거뒀다. 1940년 이래 수차례 격변이 있었는데도 새로운 3두 세력(기와 그의 사촌 알랭과 엘리)이 물려받은 사업 포트폴리오는 방대한 규모였다. 1946년 6월, 드 로스차일드 프레르의 자산은 (프랑의 가치 절하에 따라) 2억 5000만 프랑(약 100만 파운드)으로 재평가되었다. 그러나 이는 가족이 보유한 북부 철도 회사 지분이나 리오틴토, 페냐로야, 르 니켈 같은 다국적 기업에 대한 투자분은 제외한 수치였다.

관련 법령이 새로 제정되면서 기와 그의 파트너들이 그들의 자산 전부를 북부투자회사(Sociétéd'Investissement du Nord, 1953)라는 단일 투자 기금에 모을 수 있게 되자, 총 자본은 40억 프랑(약 400만 파운드)이 되었다. 그들은 방대한 범주의 사업에 관여했지만(1964년 당시 북부 철도 회사는 냉장보관업에서부터 건설업에 이르는 116개 기업에 지분을 보유하고 있었다), 과거에 그랬듯 제일선을 차지하고 있었던 분야는 여전히 광업과 광물이었다. 모리타니아와 알제리가 독립하면서 몇 가지 차질이 빚어지기도 했지만, 기가 이 분야에서 추진한 야심찬 전략은 1960년대 후반에 니켈 광산 회사가 페냐로야를 비롯한 여러 광산 회사들을 흡수하면서 결실을 맺었다. 헨리 J. 카이저의 카이저 알루미늄(Kaiser Aluminum)이 니켈 광산 회사의 또 다른 팽창 계획에서 발을 빼자, 기는 회사 절반을 공기업에 매각하고 로스차일드가의 광물 사업을 총괄할 우산 기업으로 이메탈(Imétal)을 창설했다. 이메탈 역시 오래지 않아 피츠버그에 본사를 둔 코퍼웰드(Copperweld)의 지분 3분의 2를 (고투 끝에) 취득하고 영국 회사 레드 인더스트리 그룹(Lead Industries Group)의 지분을 취득하는 등 몸집을 불렸다.

당시 기가 집중하고 있던 또 다른 목표는 예금을 유치하고 주주 지분을 늘리고 지점망을 개발해서 1차 세계대전 이래로 드 로스차일드 프레르를 앞질러 온 프랑스 합자은행들에 대적할 만한 힘을 기르는 것이었다. 파리 상사는 전후 첫 20년 동안 예금 규모를 일곱 배나 키웠지만, 1965년에 최초로 공표한 대차대조표의 총액은 (새 프랑화로) 단 4억 2150만 프랑(약 3100만 파운드)에 불과했던 데 반해 크레디 리요네의 총액은 200억 프랑이었다. 이 격차를 좁히는 것은 1967년에 투자은행과 예금은행 간의 법적 구분이 종식되면서 가능해졌다. 창설된 지 정확히 150년 만에 드 로스차일드 프레르는 약 350만 파운드의 자본을 갖춘 유한책임회사 방크 로스차일드(Banque Rothschild)가 되었고, 라피트 가의 유서 깊은 건물이 서 있던 자리에는 현대적인 새 건물이 들어섰다. 기가 말한 바에 따르면 방크 로스차일드의 목표는 "가능한 한 광범위한 영역, 가능한 한 폭넓은 고객으로부터 유동 자산을 점점 더 많이 취득하는 것"이었다.

공식적으로 은행의 구조 변화는 가족의 지배력을 희석시켰다. 세 파트너가 보유한 주식은 전체 주식의 30%에 불과했던 반면, 그 나머지를 보유한 것은 북부 철도 회사(자체 주주만 약 2만 명에 달했던)였다. 그러나 로스차일드가에서 북부 철도 회사를 지배하는 한, '민주화'는 그저 명목상의 변화에 지나지 않았다. 1973년, 엘리는 한 인터뷰에서 겸손하게 이렇게 말했다. "1850년에 로스차일드 은행이 지녔던 힘을 1972년의 위상과 비교할 수는 없습니다. 과거에⋯⋯우리는 최고였지요. 오늘날 우리는 과대망상 없이 우리 자신을 현 모습 그대로, 즉 15위라고 생각할 뿐입니다." 그러나 사실상 은행의 모체가 된 북부·철도 회사의 규모를 고려하면 너무 겸손하다 싶은 이야기였다. 1966년에서 1968년까지 북부 철도 회사의 자본은 5280만 프랑에서 3억 3500만 프랑(약 2500만 파운드)으로 급증했다. 방크 로스차일드는 (은행의 이사회에 합류한) 제임스 골드스미스와의 인맥 덕분에 그의 디스카운트 뱅크의 지분 72%를 500만 파운드에 인수하고 다른 세 곳의 은행을 연이어 합병하며, 총 지점 수를 21곳으로, 직원 수는 약 2000명으로 늘리며 세를 키울 수 있었다. 방크 로스차일드가 1978년에 북부 철도 회사를 흡수했을 때, 그 자산은 총 130억 프랑(약 13억 파운드)에 달했다.

1930년대에 모리스를 파리 상사에서 쫓아낸 불화가 일찌감치 수습됐더라면 프랑스 로스차일드가는 한층 더 막대한 규모로 성장할 수 있었을 것이다. 집안의 망나니인 줄만 알았던 모리스는 전쟁 중에 뉴욕에서 부자가 됐는데, 상품 시장에 투자하여 대단한 성공을 거둬서(게다가 거액을 상속받기까지 해서) 1957년에 그가 세상을 떠난 시점에는 로스차일드 일가를 통틀어 그보다 부유한 사람이 없었을 정도였다. 그의 아들 에드몽은 드 로스차일드 프레르에서 수습 생활을 하고 소시에테 트랑조시앙(Société Transocéan)에서 근무하기도 했지만, 곧 독립해서 자신의 이름을 건 벤처캐피털 에드몽 드 로스차일드 금융 회사(Compagnie Financière Edmond de Rothschild, 이하 '콩파니 피낭시에')를 설립하고 (그 중에서도 특히) 휴양 회사 클럽메드에 투자하여 막대한 성공을 거뒀다.

프랑스 로스차일드가의 부활은 경제적인 영역에만 국한된 것이 아니었다. (영국에서와 마찬가지로) 가족들의 여러 저택들 중 일부는 전후에 매각하거나 국가에 양도해야 했지만,[5] 기와 그의 사촌들이 파리 '사교계'의 정상에서 로스차일드가 전통의 역할을 재개하기까지는 그리 오래 걸리지 않았다. 특히 기와 그의 두 번째 아내는 신문의 경제면이 아닌 가십란이나 경마 칼럼에도 심심찮게 이름을 올렸다. 아내의 설득으로 기는 페리에르를 다시 열고, 프루스트 무도회(1971)나 초현실주의 무도회(1972) 같은 화려한 가장무도회를 열었다.

프랑스의 또 다른 일가에서는 필립이 1957년에 그의 부친 앙리가 세상을 떠나며 유증한 무통의 포도원과 이웃한 샤토 다르마이야(Château d'Armailhac, 1933년에 매입)에 온 관심을 쏟고 있었다. 그보다 유서 깊은 라피트의 포도원도 제임스의 남자 후손들의 공동 재산으로 남아 있었는데, 관리를 맡은 것은 주로 엘리였고 나중에는 알랭의 아들 에릭이 뒤를 이었다(무통산 포도주의 등급을 놓고 무통과 라피트 일가가 지루하게 벌인 실랑이는 페리에르에서 열린 화려한 연회만큼이나 언론의 관심을 끌었다).

프랑스 로스차일드가의 유명세는 정치적인 일면도 갖추고 있었다. 경영난을 겪고 있던 자회사 트랑조시앙의 운영을 위해 1954년에 공무원 출신의 조르주 퐁피두(Georges Pompidou)를 채용한 것은 대단찮은 일이었다. 관광청 부청장이었던 퐁피두는 그저 평범한 공무원에 불과했다. 그러나 퐁피두는 은행의 부장으로 승진하고 드골 장군과 신중한 연을 맺은 뒤, 스스로 자처한 정치적 은둔 속으로 숨어들었다. 알제리 문제로 빚어진 정치 위기를 계기로 드골이 새로 출범한 제5공화국의 대통령으로 권좌에 복귀하자, 퐁피두는 방크 로스차일드를 떠나 드골의 참모 본부를 6개월간 이끌다가 헌법 개정 이후 다시 은행으로 돌아왔다. 그는 1962년에서 1968년까지 드골 정부의 두 번째 총리로 재임하며 정계로 복귀했다. 퐁피두가 과거에 라피트 가에서 일했다는 사실은 별반 의미 없는 일이었지만, 당시로서는 좌우익 양쪽에 로스차일드 권력의 신화를 재확인시키는 역할을 했다. 아이러니한 것은 그가(1969년에 드골의 퇴임 이후 그 후임자로) 대통령으로 재직했던 시절, 방크 로스차일드는 오히려 위기를 겪고 있었다는 사실이다.

방크 로스차일드와 N. M. 로스차일드의 구조적 차이에도 불구하고, 일찍이 1962년에 파리와 런던 로스차일드가의 관계를 재구축하는 작업은 기를 회장으로 삼아 로스차일드의 재결합을 촉진하기 위해 설립된 새 회사 로스차일드 세컨드 컨티뉴에이션(Rothschild Second Continuation)에 프랑스 상사가 60만 파운드를 투자하면서 시작되었다. 곧 일련의 공동 사업이 뒤따랐다. 파리 상사는 영국 로스차일드가가 캐나다 광산 사업을 관리하기 위해 설립한 지주회사 파이브 애로스(Five Arrows Limited)의 지분 중 60%를 취득했다. 런던 상사는 바르부르크은행과 두 곳의 다른 회사들과 함께 프랑스 로스차일드가의 부동산 신디케이트인 코기퐁(Cogifon)에 참여했다. 이듬해, 양 상사는 유럽 부동산회사(European Property Company)를 합작 설립했고, 1968년에는 기 드 로스차일드가 N. M. 로스차일드의 파트너로, 에블린은 방크 로스차일드의 이사로 임명되었다.

뉴욕의 계열사 암스테르담 오버시즈가 뉴코트 증권 회사(New Court Securities)로 변신하면서 같은 맥락에서 중요한 발전이 이루어졌다. 방크 로스차일드뿐만 아니라 제네바에 본사를 둔 에드몽의 방크 프리베(Banque Privée)까지 주주로 참여했기 때문이다. 1969년 내셔널 프로빈셜 뱅크가 (내셔널 웨스트민스터 뱅크에 흡수된 이후) 참여 수준을 낮추면서, 역시 같은 면면의 주주들이 합심한 훨씬 큰 조직인 로스차일드 인터컨티넨탈 은행(Rothschild Intercontinental Bank, RIB)이 창설됐다. RIB의 탄생은 런던 상사(28%의 주식 보유)와 파리의 방크 로스차일드(6.5% 보유)뿐만 아니라 에드몽의 방크 프리베(2.5% 보유), 피어손 헬드링 앤드 피어손, 그리고 가문과 오랜 인연을 맺고 있던 대륙의 회사들, 브뤼셀의 방크 랑베르(Banque Lambert)와 쾰른의 잘로몬 오펜하임 주니어 상회(Sal. Oppenheim jr. & Cie.)를 함께 묶어 주었다.

RIB는 글로벌 전략의 일환으로 구상된 은행이었다. 1971년에 회사는 멕시코에 대한 1억 달러 규모의 대부 교섭에 참여했다. 아시아에서의 연고를 되살리려는 노력 역시 이루어졌다. 일례로 1970년에 N. M. 로스차일드는 메릴린치 및 노무라증권과 협력해서 도쿄 캐피털 홀딩스(Tokyo Capital Holdings)를 세웠고, 필리핀과 한국을 위해 공채를 모집했다. 그러나 1975년에 RIB는 미국의 거대 금융사 아멕스 인터내셔널(Amex International)에 (1300만 파운드로) 매각된다. 글로벌 전략은 흔들리는 듯 보였다.

그렇게 된 한 가지 이유는 1970년대 초의 뒤바뀐 경제 상황에 있었다. 당시는 1973년 11월에 석유수출국기구(OPEC)가 유가를 네 배로 올리기로 결정하면서 서구 경제권이 격심한 인플레이션에 시달렸던 시기였다. 은행가들은 석유 파동에서 이득을 볼 수 있었다. 석유 수출국들은 엄청나게 늘어난 수익의 상당 부분을 서구 은행에 예치했고, 다시 이 은행들은 고군분투 중인 석유 수입국에 대부하는 식으로 돈을 '재활용'할 수 있었기 때문이다. 그러나 로스차일드가는 이 사업에서 불리한 입장에 있었다. 1963년, OPEC의 주요 회원국들이 상당수 포함된 아랍연맹은 가문과 이스라엘의 관계를 이유로 들어 공식적으로 로스차일드계 은행 전부를 블랙리스트에 올렸다. 이런 상황은 1975년에도 마찬가지였다. 로스차일드가가 곧 이스라엘로 간주됐다는 사실은 그들이 아랍의 '석유달러'를 재활용하는 사업에서 (사업에 간접적으로 참여하는 것은 가능했지만) 두각을 드러낼 수 없었다는 것을 의미했다.

아랍연맹의 블랙리스트는 로스차일드가의 신화가 그때까지도 완강히 살아 있었음을 뜻했다. 사실 (과거에 그랬듯이) 가문의 모든 일가가 시오니즘 정서에 열띤 동조를 보였던 것은 아니었다. 지미는 영국 정치가들이 팔레스타인 영국 위임 통치령을 전복시킨 이스라엘 정치가들과 화해할 수 있으리라는 희망을 저버린 적이 없었고(1955년에는 이스라엘의 영연방 가입을 제안하기도 했다), 유언장에 따로 600만 파운드를 남겨서 텔아비브에 이스라엘 국회 청사를 짓고 바이츠만 과학연구소를 설립하는 데 자금을 지원하게 했으며, 그의 미망인 도로시 역시 야드 하나디브 교육 재단을 설립했는데, 이 재단은 이후로도 제이콥을 비롯한 다른 가족들로부터 꾸준한 지원을 받았다. 로스차일드가 사람 중 하나(기의 여동생 베사비)는 실제로 이스라엘에 정착해 살았다. 에드몽은 그와 이름이 같았던 조부와 마찬가지로 대단한 열의를 갖고 이 신생국의 일에 관여했다. 그는 홍해에서 잇는 석유 파이프라인 건설에 대한 자금 지원 방안을 논의하기 위해 1958년에 이스라엘을 방문했고, 심지어는 1967년에 벌어진 6일전쟁(1967년 6월 5~10일 사이에 벌어진 아랍과 이스라엘 간의 제3차 중동전쟁) 중에 이스라엘 정부에 대한 지지를 공식화하기 위해 예루살렘을 직접 방문하기도 했다. 반면 런던 로스차일드가는 1967년 유대인 자선 단체인 연합유대인호소재단(United Jewish Appeal)에 돈을 기부했다는 기록이 남아 있기는 하지만 프랑스 일가보다는 훨씬 자중하는 태도를 보였다.

한편, 로스차일드가 사람들 중 점점 더 많은 수가(처음으로 가문의 남자 일원들까지 포함해) 신앙이 다른 배우자를 맞기 시작했다. 기의 첫 아내는 가문의 전통 범위 안에 있었다. 알릭스 샤이 폰 코롬라는 외가 쪽이 골트슈미트 로트쉴트 가문이었고(즉, 그의 재당질이었다) 두 사람 모두 전쟁 전에 프랑스 유대인 사회에서 적극적인 활동을 펼쳤다. 그러나 1957년에 이혼한 그는 마리 일렌 판 쵤른 드 네이벨트를 두 번째 아내로 맞는다. 그녀는 좀 더 가까운 사촌이었지만(그녀의 조모 엘렌은 제임스의 아들 살로몽의 딸이었다) 가톨릭 신자였다. 그녀와 결혼한 뒤 기는 곧 유대교회의 회장직을 사임했지만, 통합유대인사회기금(Fonds Social Juif Unifié)의 회장직은 1982년까지 유지했다. 프랑스와 영국 가족의 다른 일원들도 비유대인과 결혼하며 그의 뒤를 이었지만, 에드몽과 결혼한 가톨릭교도였던 신부(나딘 로피탈리에)는 결혼 뒤 곧 유대교로 개종했고, 1983년에 에릭과 결혼한 마리아 베아트리체 카라치올로 디 포리노 역시 마찬가지였다. 기의 아들 다비드도 가톨릭교도 올림피아 알도브란디니와 결혼했는데, 그들은 타협을 보았다. 즉, 아들 알렉상드르는 유대교도로 키우되 세 딸들은 예외로 치자는 것이었다. 다비드 자신은 가톨릭교도를 아내로 맞는 것과 프랑스 연합이스라엘호소재단(Appel Unifié pour Israël)이나 통합유대인 사회기금 같은 유대인 단체에 시간을 바쳐 일하는 것 사이에 모순이 있다고는 느끼지 않는 듯했다. 그러나 최소한 이 측면에서 가족 전통의 힘은 분명 이울고 있었다.

N. M. 로스차일드 그룹

1970년대 말, N. M. 로스차일드와 방크 로스차일드는 매우 다른 갈림길에 다가서고 있었다. 영국에서는 마가렛 대처 정부의 등장과 시장 규제 철폐를 위한 정부의 강력한 개입이 런던 시티에 심대한 변화를 예고했는데, 특히 1979년의 외환 관리 철폐와 1986년 증권거래의 제한적 관행[6]을 종식시킨 것(소위 '빅뱅')은 특기할 만한 조치였다. 문제는 이러한 변화에 어떻게 대처할 것인가 하는 것이었다. 제이콥이 보기에 RIT와 RIB 같은 로스차일드 파생사들이 거둔 성공은 나탄이 설립한 모회사와는 거의 닮은 점이 없는, 전혀 새로운 종류의 은행을 예기하는 것 같았다. 전통적인 런던의 머천트뱅크는 당시와 같은 환경에서 버티기에는 너무 규모가 작았다. 아멕스 같은 거대 기업들은 영국 최대의 어음 교환 조합 은행조차 왜소해 보이게 할 만한 규모를 자랑했다. 그 대척점에는 시티의 머천트뱅크들, 즉 클라인워트 벤슨(시가 총액 2억 3500만 파운드 규모), 힐 새뮤얼, 함브로은행과 슈뢰더은행이 있었다. 그는 여기에(이 목록의 밑바닥쯤에) N. M. 로스차일드 앤드 선즈 리미티드(N. M. Rothschild & Sons Limited)도 덧붙일 수 있었을 것이다. 제이콥이 자신이 갖고 있던 은행 주식을 660만 파운드에 팔았을 때, 그것은 곧 은행의 총 평가액이 6000만 파운드에 불과하다는 뜻이었기 때문이다(연차보고서에 제시된 금액은 그보다 더 적은 4000만 파운드였다). 이 무렵 RIT는 모회사를 사실상 뛰어넘은 상태였다. RIT의 가치는 약 8000만 파운드에 달했다.

1970년대 중반 이래, 제이콥은 N. M. 로스차일드를 또 다른 젊은 머천트 뱅크 S. G. 바르부르크와 합병하고 싶어 했다(바르부르크의 창립자는 1920년대에 뉴코트에서 잠시 수습 생활을 하기도 했다).[7] 로스차일드와 바르부르크의 조합은 가능한 한 가장 광범한 금융 서비스를 제공할 수 있을 만큼 팽창할 수도 있었다. 그러나 그 계획(코드명이 '전쟁과 평화'였다)에는 에블린뿐만 아니라 제이콥의 부친 빅터까지 반대했다. 대체 전략(내부자들에게는 '판도라'라고 알려진)은 N. M. 로스차일드와 RIT를 합병하는 것이었는데, 그렇게 되면 모은행은 가족이 지배하는 사적인 운영 방식을 포기해야 했다. 이 계획 역시 에블린과 빅터의 반대에 부딪쳐 무산되었다. 그들에게 있어서 가족 지배권을 보존하는 것은 사업의 팽창보다 중요한 일이었다.

이런 정황들은 1980년에 제이콥이 결국 뉴코트를 떠난 까닭을 설명해 준다. RIT가 그때까지도 로스차일드 컨티뉴에이션(당시에는 평가액이 5700만 파운드에 달했던)의 지분 중 11.4%를 보유하고 있었던 반면 N. M. 로스차일드가 보유하고 있던 지분은 8.2%에 그쳤다는 점을 고려하면 이는 고통스러운 결별일 수밖에 없었다. 똑같이 로스차일드라는 이름을 달고 있으면서도 이제는 별개가 된 회사를 서로 구분지을 필요까지 생겼다. 길고 힘든 토론 끝에, RIT의 자산을 관리할 새 기업의 이름은 J. 로스차일드 앤드 컴퍼니(J. Rothschild & Company)로 부르기로 결정이 났다(RIT 역시 이후로는 오직 약어로만 쓰였다). 그것은 가문의 영국 일가를 갈라버린 심각한 균열이었다.

1976년 6월, 빅터에게서 N. M. 로스차일드의 회장직을 물려받은 에블린은 어떤 대체 전략을 구상하고 있었을까? 일부에서는 과연 대체 전략이 있는지조차 의심했다. 실상 제이콥의 이탈은 N. M. 로스차일드에 치명적인 타격이었다는 것이 곧 드러날 것이라고 주장하는 이들도 있었다. 그러나 에블린에게도 전략은 있었다. 그 중 하나는 은행의 전통적인 강점에 집중하는 것이었다.

N. M. 로스차일드는 창립 당시부터 정부의 금융 수요를 만족시키는 일에 전문화되어 있었다. 주로 국공채 사업에만 관여해 왔고 (국립 철도가 매각됐을 때처럼) 정부의 자산 매각에 참여한 경우는 드물었지만 말이다. 그러나 1980년

대에 들어서 대처 정부(경제에 대한 국가 개입을 '후퇴'시키고, 직접세 삭감으로 보수당 지지자들에게 답례하려 애썼던)가 소위 '민영화'라는 것의 재정상의 이점을 발견하면서, 정부의 자산 매각 사업은 은행의 가장 중요한 활동 영역 중 하나가 되었다.

로스차일드가 어느 시점을 계기로 민영화 사업에 개입하게 됐는지 그 발단을 따진다면 사실 마가렛 대처의 총리 재임 시절 이전으로까지 거슬러 올라가야 할 것이다. 빅터가 1970년에서 1973년까지 에드워드 히스의 중앙정책평가단(혹은 '싱크탱크')에서 단장을 맡아 활약한 것은 19세기에 그들이 이룬 성공의 기틀이 되었던 정치가들과의 직접적인 소통으로 로스차일드가를 복귀시키는 데 간접적으로나마 도움이 됐다. 1971년 7월, 히스 정부가 산업구조조정공단(Industrial Reorganisation Corporation)의 매각을 N. M. 로스차일드에 위임한 것도 부분적으로는 그 덕분이었는지 모른다.

1년 뒤에는 파산관재인을 대신해 롤스로이스 모터스(Rolls Royce Motors)를 매각하는 어려운 과제를 맡게 됐다. 3500만 파운드 이상을 제안하는 매수자가 나타나지 않자, 은행은 3840만 파운드 규모의 주식을 상장 공모하는 위험을 무릅썼다. 공장의 노동자들은 생산 관리 쟁의에 돌입하겠다고 위협하고 노동당 대표 토니 벤은 회사를 재국영화해야 한다고 주장하는 와중에, 주식 상장은 결코 쉬운 일이 아니었음이 드러났다. 그러나 귀한 교훈을 얻었다. 이어진 수년에 걸쳐 N. M. 로스차일드와 정계의 접촉은 눈에 띌 만큼 늘어났다. 1976년 8월에 은행 직원이었던 마일스 엠리가 에너지부로 파견된 것은, 부서가 이듬해 BP 주식의 분할 발행을 시작으로 북해 유전에 대한 지분을 매각하기 시작하면서 마침 당시 에너지부 장관이었던 토니 벤에게 조언하기 위해서였다. 1년도 채 지나지 않아 이후 추밀원 의장에 오르는 전(前) 농업부 장관 크리스토퍼 솜즈가 사외이사로 은행에 합류했고, 1978년에는 클라우스 모저 경이 중앙통계청에서 사임하고 은행의 부회장이 되었다. 이처럼 공공 부문에서 이루어진 채용은 정부 사업의 부피가 커짐에 따라 더욱 유용해질 전문성과 '연줄'을 뉴코트에 제공했다.[8]

이 통행은 또한 반대 방향으로도, 즉 뉴코트로부터 공공 부문 및 정부 방향으로도 이루어졌다. 1979년에 대처 정부가 권력을 잡은 직후, 당시 산업부

장관이었던 키스 조지프는 은행의 상임이사였던 피터 바이럼을 영국선박공사(British Shipbuilders) 이사회에 임명했다. 무엇보다 특기할 만한 것은 옥스퍼드 올소울즈 칼리지에서 교수 생활을 하다가 N. M. 로스차일드에 합류했으며 1980년에 『위기의 공기업(Public Enterprise in Crisis)』이라는 저서를 발표해서 민영화의 정치적 근간을 바르집었던 존 레드우드(John Redwood)의 역할이었다. 1983년 8월에 레드우드는 N. M. 로스차일드의 기업분석팀을 그만두고 대처 총리의 다우닝 가 정책보좌팀에 합류했는데, 3년 뒤에는 다시 해외 민영화사업부 이사로 회사에 복직했다. 그와 1981년에 주식중개회사 카제노브에서 N. M. 로스차일드로 자리를 옮긴 마이클 리처드슨(Michael Richardson) 두 사람은 회사가 그들이 합류하기 전부터 민영화에 개입했다손 치더라도 민영화 계획을 정치적 현실로 실현시킨 데 상당한 공을 세웠다고 주장할 수 있는 인물들이다(그리고 실제로도 그렇게 주장하고 있다).

그런데도 N. M. 로스차일드가 대처 정부의 자산 매각 과정에서 주도적인 역할을 했다고 주장하는 것은 성급한 일일 것이다. 사실 새 정부가 1979년 10월에 BP의 주식 추가 분할 발행분을 매각했을 때 은행은 사업에서 누락됐었고, 정부가 케이블 앤드 와이어리스(Cable & Wireless)의 지분을 매각할 때 역시 사정은 마찬가지였다. 그러나 N. M. 로스차일드는 1980년 7월에 국가전력청(National Electricity Board)이 페란티(Ferranti)에 갖고 있던 지분을 매각하는 과정을 관리했고, 1982년 2월에는 첨단 기술 회사 애머샴 인터내셔널(Amersham International)의 매각(전적으로 정부가 소유했던 기업이 증권 시장에 상장된 최초의 사례)을 주관하며 진정한 의미에서 최초의 민영화 사업을 완수했다.

그러나 어느 정도는 바로 그 사실이 빌미가 되어 정치적 논란이 불거지고야 말았다. 재무장관 제프리 하우는 애초에 주식을 주당 142펜스라는 고정 가격에 매각하자고 결정을 내렸지만, 발행 규모의 23배가 넘는 초과 신청 사태에 주가가 193펜스까지 상승하자 노동당에서는 당장 무차별 공격을 감행했다. 야당의 재무장관 내정자 로이 해터슬리는 사업 내역에 대한 공개 조사를 요구하며 "토리당에 바친 기부금과 정부 사업 수주량 사이에는 공교로운 상관 관계" 이상의 것이 존재한다는 주장을 펼쳤다. 그러나 N. M. 로스차일드가 보수당에 단 한 푼의 기부금도 내지 않았다는 사실이 확인되자, 그는 했던 말을 도로 물러야 했다. 그런 식의 공격은 1982년에 BNOC(브리트오일 [Britoil]) 매각이 진행될 때에도 이어졌는데, 주식 매각이 최저 가격에 공개 입찰 방식으로 이루어졌는데도 상황은 매한가지였다. N. M. 로스차일드는 여섯 곳의 인수 회사 중 한 곳에 불과했고 에너지장관 나이젤 로슨을 조언한 것은 바르부르크은행이었는데도, 브리트오일의 사장이 N. M. 로스차일드의 전 이사(필립 셸번)였다는 사실은 무수한 뒷말을 일으켰다. 1년 뒤인 1983년 12월, N. M. 로스차일드는 주식 중개 회사 스미스브라더스의 지분 29.9%를 확보해 공동 명의의 주식 중개 회사 스미스 뉴코트(Smith New Court)의 창설을 위한 길을 닦았다.[9] 제이콥만이 빅뱅을 준비할 수 있는 유일한 로스차일드는 아닌 듯했다.

비록 브리티시 텔레콤(British Telecom) 계약에는 참여하지 못했지만, N. M. 로스차일드는 60억 파운드 규모의 영국가스공사(British Gas) 매각 사업에 자문사를 선정하는 '미인대회'에서 승리를 거머쥐며 1985~1986년에 걸쳐서 자체 최대의 성공을 기록했다. 보수당 정부가 대량 노출된 광고 속의 캐릭터 '시드(Sid)'[10]로 현현된 '주식 소유 민주주의'라는 이상을 홍보하려 했던 모든 시도를 통틀어 이 사업이야말로 가장 대성한 것이었다. 전체 신청자들에게 최소 250파운드 상당의 주식을 보장하고 해외 및 기관 투자자들의 매입 분량은 총 주식의 35%로 제한하는 등, 초과 신청이라는 고질적인 문제를 피할 수 있는 대책이 마련됐다. 12월 3일에 상장이 시작되자, 총 400만 명의 투자자들이 56억 파운드 상당의 주식을 신청했다. 특이했던 점은 N. M. 로스차일드뿐만 아니라 사업에 참여한 다른 은행들이 국내 매입 분량에 한해 인수 수수료를 이례적으로 낮게 책정했다는 것으로, 수수료 요율은 최초 발행분 4억 파운드에 대한 0.25%부터 25억 파운드 발행분에 대한 0.075%에 이르는 범위 안팎이었다. 은행들이 그렇게 낮은 요율을 책정해서 정부에 정당한 가격 이하로 청구했으리라는 것이 당시의 통설이었다. 물론 그 역시 민영화 시장을 선점하기 위한 영악한 노림수였겠지만 말이다.

그처럼 방대한 사업에 따르는 위험도 결코 만만치 않았다. N. M. 로스차일드는 1985년에 군수 회사 로열 오드넌스(Royal Ordnance)를 브리티시 에어로스페이스(British Aerospace)에 1억 9000만 파운드에 매각하라고 정부에 조언했다는 사실로 감사원의 비난을 받았는데, 회사의 가치가 그보다는 높다는 이유에서였다. 그러나 2년 뒤에 BP의 마지막 남은 지분을 매각하면서 벌어진 사태는 그 같은 가치 평가가 극도로 어려운 일이라는 사실을 드러냈다. 1987년 4월, N. M. 로스차일드는 정부가 보유하고 있던 BP의 31.5% 지분(약 57억 파운드에 달했다)을 마저 매각하고 15억 파운드 규모의 신주 발행을 진행하는 계약을 따냈다. 대부분의 주식은 영국의 일반 투자자들에게 주당 120펜스의 고정 가격으로 공급하고, 남은 분량은 기관 및 해외 바이어들에게 경매한다는 것이 애초의 계획이었다. 투자자들은 20%의 수익을 볼 것이고 정부는 최소한의 인수 비용만 부담하게 될 것이라는 확신에 찬 이야기가 이미 9월부터 오갔을 정도로 상황은 낙관적이었다. 그런데 주식 판매 바로 직전이었던 1987년 10월 19일, 증권 시장이 폭락했다. 은행은 주가가 급락할 것을 정확히 예상하고 매매를 중지해야 한다고 주장했다. 그러나 재무장관 나이젤 로슨은 강행을 고집했고, 영국은행이 가격 유지에 합의한 수준에서 70펜스 더 높은 '바닥'을 형성하는 데 갖은 어려움을 겪고 나서야 매매 중지 방안을 받아들였다. 이미 막대한 손실이 초래된 뒤였다. 스미스 뉴코트는 850만 파운드가 넘는 손실을 입었다.

뉴코트의 민영화 주창자들은 단념하지 않았다. 1987년에 은행은 영국전력위원회(Electricity Council)가 열두 곳의 지역 전력청을 민영화하는 과정에 자문을 제공하는 자문 은행 중 한 곳으로 임명됐으며, 전력청들을 단일 단위로 한꺼번에 매각해야 한다고 주장한 에너지장관 세실 파킨슨의 '폭발적인' 민영화 혹은 '패키지' 민영화 방침을 무효화시키는 데 성공했다. 같은 해, 은행은 수자원공사 열 곳의 민영화 과업을 맡기도 했다. 이듬해에는 25억 파운드 규모의 영국철강공사(British Steel)의 매각 사업이 있었다. 1991년에 N. M. 로스차일드가 영국석탄공사(British Coal)의 민영화 자문역으로 임명되면서 논란이 재개됐는데, 오직 열네 곳의 광산만 증권 시장 상장에 적합하다는 은행의 보고서를 기초로 1992년 10월에 통상청장 마이클 헤셀타인이 나머지 광산을 폐쇄해야 한다고 공표했고, 그것은 곧 4만 4000개의 일자리가 사라진다는 뜻이었기 때문이다. 은행은 영국철도공사(British Rail)와 북아일랜드전력공사(Northern Ireland Electricity)의 민영화 사업에 참여했고, 민간주택협회 대출과 학자금 대출 판매에 대해 정부에 자문을 제공했다.

민영화처럼 급진적인 프로그램이 정부와 시티 간의 긴밀한 접촉 없이 시행될 수는 없었을 것이다. 1990년에 마가렛 대처가 물러난 뒤, 보수당 정부에 대한 정치적 지지는 급격히 줄어들었다. 그리고 뉴코트와 웨스트민스터가 맺어 온 관계는 불가피하게 야당의 새로운 공격 목표가 되었다. 보수당이 간신히 승리한 1992년의 선거 결과로 눈에 띄었던 점은 재무장관 노먼 라몬트뿐만 아니라 차관 토니 넬슨, 환경부장관 존 레드우드까지 N. M. 로스차일드의 전 직원이었다는 것, 그리고 역시 직원 출신이었던 또 다른 인물들(올리버 레트윈, 나중에는 로버트 가이까지)은 보수당 후보로 출마했다는 사실이었다. 그러나 가장 많은 논평을 불러일으킨 사항은 전 각료들(그리고 고위 공직자들)이 뉴코트에서 임직을 차지한 사실이었다. 전 웨일즈 국무장관 피터 워커는 은행의 웨일즈 지사와 스미스 뉴코트의 사외이사가 되었다. 노먼 라몬트는 1993년에 재무장관 자리에서 교체된 이후 N. M. 로스차일드의 이사회에 합류했다. 전 내무부 사무차관이던 클라이브 휘트모어 경 역시 이사회에 합류했고, 전 국방부 사무차관 프랭크 쿠퍼 경, 그리고 N. M. 로스차일드에 영국석탄공사의 생존력(및 민영화를 위한 잠재성) 평가를 의뢰했던 전 에너지장관 웨이크햄 경 역시 마찬가지였다.

그러나 민영화 사업이 하나의 정책으로 거둔 의심할 바 없는 성공은 임용에 대한 비난을 모면할 수 있게 했다. 노동당은 민영화된 기업을 재국영화하겠다던 계획을 전면 철회했고, 수많은 외국 정부들 역시 영국의 선례를 좇기 위해 서둘러 움직였다. 정부들은 이 분야의 최고 전문가로 떠오른 N. M. 로스차일드에 의지하기 시작했다. 은행은 1988년 한 해 동안만 8개국에 걸쳐 열한 건의 민영화 사업을 다뤘다. 1996~1997년에는 브라질 정부가 철광석 광산 회사 콤파냐 발리 두 리우 도시(Companhia Vale do Rio Doce)에 갖고 있던 지분을 매각하는 과정을 자문했고, 잠비아 정부의 구리 산업 민영화에 조언을 제공했으며, 독일 정부가 추진한 도이체 텔레콤(Deutsche Telekom)의 60억 파운드 규모 상장에 대해 자문했다(오스트레일리아의 도이체 텔레콤 격이었던 텔스트라[Telstra] 역시 상장 과정에 은행이 참여했다).

전반적으로 보아, 공공 부문에서 민간 부문으로 진행된 이 방대한 자산

이전은 20세기 후반 세계 경제에서 이루어진 가장 중요한 발전 중 하나로, 19세기에 국가 부채를 위한 진정한 의미의 국제 시장이 창출되어 정부 부채를 비슷한 방식으로 분산시킨 것에 비할 만했다. N. M. 로스차일드가 민영화 혁명에 기여한 역할은 근대 채권 시장의 선구적인 설계가였던 과거의 역할을 떠올리게 했다.

민영화 사업과 관련하여 정부에 조언을 제공하는 일은 1979년 이래 진행해 온 은행의 기업 금융 사업 중 일부에 불과했다. 회사의 수익에 전반적으로 훨씬 더 중요한 영향을 미친 것은 민간 부문에서 계속해 거둬들인 성공이었을 것이다. 1996년, N. M. 로스차일드는 총 90억 파운드가 넘는 규모로 24건의 거래를 성사시키며 《월간 인수》가 집계한 인수 합병 자문사 성적 일람표에서 (2년 연속) 5위를 기록했다. 시장 주도 기업이었던 베어링은행보다 크게 뒤지지 않은 순위였다. 7년 전만 해도 로스차일드는 11위에 불과했다.

1960년대와 1970년대처럼 1980년대에도 N. M. 로스차일드의 파생 회사들이 새로 태어나 성장했다. 그 중에서도 가장 중요했던 회사는 은행의 각종 파생 투자 기금의 우산 기업 역할을 맡은 로스차일드 자산 관리 회사(Rothschild Asset Management, RAM)였다. 1987년 당시 이 회사의 관리하에 전체 로스차일드 그룹이 보유한 펀드는 총 103억 파운드가 넘었고, 그 중 약 43억 파운드는 RAM이 운용하고 있었다. 빅터의 막내아들 암셸이 1990년 1월에 최고경영자로 임명되었을 때 마침 세계적인 경기 침체가 일어나고 RAM의 실적마저 악화된 것은 불운한 일이었다. 그러나 모은행과 RAM의 수익을 합하면, N. M. 로스차일드와 경쟁사들 간의 격차는 급속히 벌어지고 있었다. 스미스 뉴코트 역시 1987년 증권 시장 폭락의 여파에서 회복해 1990년대 초에는 기록적인 수익을 달성했다. 1995년에 로스차일드가 스미스 뉴코트에 갖고 있던 지분을 메릴린치에 매각하기로 결정했을 때, 고작 10년 전만 해도 1000만 파운드였던 지분에 치러진 가격은 1억 3500만 파운드였다(당시까지 스미스 뉴코트에서 수행했던 증권 마케팅 사업은 현재 N. M. 로스차일드가 네덜란드 은행 ABN 암로[ABN AMRO]와 손잡고 진행하고 있다). 1980년대 초, 빅터 로스차일드의 지휘하에 전문 벤처캐피털 기금인 생명공학 투자 회사(Biotechnology Investments)가 설립됐다는 사실도 언급해야 한다. 그가 승인했던 또 다른 계획은 1992년에 창설된 영국국립복권(National Lottery)의 운영 회사를 선정하는 경쟁 입찰에 참가한(그러나 낙선한) 태터솔즈(Tattersall's)가 이끌던 컨소시엄에 가담하는 것이었다. 그는 이미 1978년에 왕립도박조사위원회의 위원장으로 그 같은 복권을 만들 필요가 있다고 주장했다.

1980년대에 있었던 마지막 발전은 뉴코트 증권 회사(뉴욕에 있던 영국-프랑스 로스차일드가의 합작 계열사)를 로스차일드 인코퍼레이티드(Rothschild Incorporated)로 전환한 것으로, 이 회사는 최고경영자 밥 피리와 그의 후임 행크 튜튼의 지휘 아래 화려하기 그지없는 기업 고객 목록을 신속히 늘려 나갔다.[11] 1990년대 초, 로스차일드 인코퍼레이티드는 올림피아 앤드 요크(Olympia & York)와 '정크본드' 전문 회사 드렉셀 번햄 램버트(Drexel Burnham Lambert) 같은 경기 침체 희생양들의 채권자들을 고객으로 삼아 활약상을 펼치며 1980년대보다 더는 아니더라도 거의 그만큼 많은 돈을 벌 수 있었다.

에블린이 회장을 맡아 10년에 걸쳐 지속적인 성장을 이룬 뒤 1980년대 말에 이르면, N. M. 로스차일드 앤드 선즈는 현대 금융계에서는 이 회사가 살아남을 수 없으리라 예언했던 카산드라들의 말이 틀렸음을 입증하는 많은 일을 해내게 된다. 1억 5200만 파운드의 주식 자본, 44억 파운드 규모의 대차대조표, 총 1200만 파운드의 배당금, 순이익은 500만 파운드였던 은행은 거물급이라 할 만한 수준은 아니었다. 그러나 600명의 직원, 39명의 상임이사, 26명의 사외이사를 둔 은행은 굳이 거물인 양 행동하지 않았다. 더욱이 1980년대에 살아남기 위해 은행이 반드시 "거대해져야" 했느냐는 질문은 아직 미답으로 남아 있다. 뉴코트와 결별한 뒤 제이콥 로스차일드가 밟아 간 궤적을 되짚어 보면 은행이 성공하기 위해 굳이 거대해질 필요는 없었을지 모른다고 생각하게 된다.

처음부터 제이콥의 야망은 전혀 새로운 금융 거대 복합 기업이라는 비전을 실현시키는 일인 듯했다. 1981년, RIT는 그레이트 노던 투자 신탁(Great Northern Investment Trust)과 합병해 RIT 앤드 노던(RIT & Northern)을 설립했다. 3년이라는 기간에 걸쳐 그는 신설된 아침 식사 시간대의 텔레비전 방송사 티브이에이엠(TV-am)의 지분 9.6%, (이름은 같지만 연고는 없는) 뉴욕의 머천트뱅크 L. F. 로스차일드 언터버그 토빈(L. F. Rothschild, Unterberg, Towbin)의 50%, 시티의 중개 회사인 킷캣 앤드 에이트켄(Kitcat & Aitken)의 29.9%를 취득했고, 차터하우스 그룹(Charterhouse Group)과 합병해서 시가 총액 4억 파운드에 달하는(N. M. 로스차일드 규모의 두 배가 넘는) 차터하우스 J. 로스차일드(Charterhouse J. Rothschild P. L. C.)를 설립했다. 뉴코트를 떠난 지 3년이 지난 1983년에 한 연설에서, 그는 전 세계적인 금융 규제 철폐 추세가 지속되는 한 "두 개의 포괄적인 유형의 거대 기관, 즉 전 세계를 아우르는 금융 서비스 회사와 세계 규모의 트레이딩 능력을 갖춘 국제 상업은행이 결합되어 궁극적이고 전능한, 다면적인 금융 거대 복합 기업을 이룰 수 있을 것"이라고 예견했다. 그의 금융 제국 역시 그가 묘사한 기업에 근접해 가고 있었다.

그러나 회사는 순식간에 흐트러졌다. 전환점은 1984년 4월에 제이콥이 또 다른 합병 계획(마크 웨인버그의 보험사 함브로 생명보험[Hambro Life Assurance]과의)을 발표했을 때였다. 합병 과정이 지나치게 복잡하리라는 시티의 비판에 거래는 결국 취소되었고, 뒤이어 차터하우스 J. 로스차일드의 주식이 폭락했다. 고작 몇 달 만에 제이콥은 차터하우스와 킷캣 앤드 에이트켄에 갖고 있던 지분을 전부 매각했다. 1987년에는 L. F. 로스차일드가 타격을 입었다(이 회사는 이후 법정관리를 신청한다). 그리고 그 이듬해, 제이콥은 모기업 J. 로스차일드 홀딩스에서 RIT 캐피털 파트너스(RIT Capital Partners)를 투자 자산 운용사로 독립시켰다. 이 '다운사이징' 과정은 1990년에 JRH가 두 개의 개별 회사, 즉 계약형 투자 신탁 비숍스게이트 그로스(Bishopsgate Growth)와 세인트 제임스 플레이스 캐피털(St James's Place Capital)로 분리되며 이어졌다. 회사가 이처럼 유성같이 나타났다가 사라지게 된 것은 분명 경기 순환, 특히 1987년의 증권 시장 폭락 탓이 컸다(제이콥과 그의 주주들이 회사가 추진한 여러 건의 인수로 상당한 수익을 볼 수 있었던 것은 사실이지만). 그것은 또한 제이콥이 1989년에 (제임스 골드스미스, 케리 패커와 함께) 담배업계의 거물 브리티시 아메리칸 토바코(BAT)를 130만 파운드에 입찰했지만 실패한 일, 그 결과 세전 수익이 급격히 감소한 일 같은 구체적인 실패 사례들 때문이기도 했다. 그 이후에도 새로운 벤처 사업은 진행됐지만, 제이콥(1990년에 부친의 뒤를 이어 제4대 로스차일드 경이 된다)은 점점 더 많은 시간을 공익 사업에 할애하기 시작했고, 특히 1992년에서 1998년까지는 국립문화재기금의 회장으로 활동하기도 했다.

1980년대에 프랑스 로스차일드가는 전혀 다른 길을 걸었다. 그러나 양가가 얻은 교훈(규모가 항상 득이 되지는 않는다)만은 비슷했다. 기가 1979년에 은행과 이메탈의 회장직에서 은퇴하고 이듬해에는 알랭이 그의 마지막 임직(할인은행의 회장직)에서 물러나면서, 엘리를 신임 회장으로 하는 새로운 세대가 전면으로 부상했으며, 특히 1968년에 페냐로야에서 경력을 시작한 기의 아들 다비드는 북부 철도 회사의 회장이 되어 회사와 방크 로스차일드의 합병을 주관했다.

이 같은 상부의 변화는 회사의 위기가 점점 더 극심해지던 시기에 일어났다. 방크 로스차일드의 수익은 1976년에 2000만 프랑에서 1977년에는 850만 프랑으로 곤두박질쳤고, 이어진 3년 동안에도 실적은 그다지 나아지지 않았다. 1980년의 수익은 1830만 프랑(190만 파운드)이었다. N. M. 로스차일드 같은 규모의 회사였다면 이런 수치는 사뭇 굉장한 것일 수 있었다. 그러나 약 34억 프랑(3억 4600만 파운드)에 달하는 예금을 보유한, 프랑스에서 열 번째로 큰 예금은행이었던 방크 로스차일드에 이 수치는 실망스러움을 넘어 참담한 수준이었다.[12] 이 같은 규모와 취약성의 조합이 치명적이라는 사실은 1981년 5월의 프랑스 대선에서 사회당 후보 프랑수아 미테랑이 지스카르 데스탱을 물리친 뒤에 곧 드러났다. 한 달 뒤에는 사회당이 국민의회에서 절대다수를 차지하며 또 한 번 승리를 거둔다.

사회당은 1973년에 공산당과 협약을 맺은 이래 "은행 및 금융계 총체, 특히 머천트뱅크와 금융 지주회사들"의 국영화를 약속했는데, 여론 조사에 따르면 유권자 중 단 29%만이 반대한 정책이었다. 미테랑은 그 정책을 실현에 옮길 위치에 있었다. 게다가 정부 각료 중 네 사람이 공산당 소속이었으니, 그로서는 말을 행동으로 옮기지 않을 수 없는 입장이었다. 느지막이 상황을 눈치챈 로스차일드가는 그들의 산업 및 은행 사업을 별개 회사들로 분할하기 위해 정신없이 서둘렀지만, 정부는 그 시도를 중단시키고 예금 보유액이 10억 프랑이 넘는 은행 전수에 대한 국영화 작업을 진행했다. 방크 로스차일드를 포함해 총 39개의 은행이 그물에 걸려들었다. 제임스 드 로스차일드가 설립했던 은행은 국영 은행인 콤파니 유로피엔 드 방크(Compagnie Européenne de Banque)가 되었다.

그러나 이는 나치식의 몰수와는 분명히 달랐다. 1980년 말 주식 가치에 따른 보상금이 지급됐고, 배당금도 인플레이션에 맞춰 조정된 액수로 지급되었다. 방크 로스차일드의 경우 총 보상액은 단 4억 5000만 프랑(4100만 파운드)에 불과했고, 가족에게는 은행 자기 자본에 대한 지분 비율에 따라 총액의 3분의 1만이 돌아갔다. 일부 논객들은 이 같은 국영화가 실상 경영이 악화된 회사에는 가면을 쓴 축복이 아니냐는 주장을 폈다. 그렇지만 기는 겨우 40년이 지나 다시 겪게 된 정치적 모독에 통탄해 마지않았다. 《르몽드》의 1면에 게재된 기사에는 분개에 찬 그의 인터뷰가 실렸다. "페탱 통치하에서는 유대인이라는 이유로, 미테랑 통치하에서는 천민 취급을 받으며 발길질을 당하고 있으니, 저로서는 이제 이만하면 충분하다는 생각입니다."

이 이야기 속에 숨겨져 있는 한 가지 사실은 방크 로스차일드의 국유화 책임을 맡은 정부 각료 중 한 사람이었던 앙리 엠마뉘엘리가 에드몽이 그의 아들 뱅자맹과 함께 이끌고 있던 스위스 주재 회사 콩파니 피낭시에의 파리 지사를 담당했던 이사였다는 사실이다. 부친 모리스가 그토록 갈등을 빚고 결국은 떠나야 했던 은행의 운명에 에드몽이 내심 기뻐했을는지는 장담할 수 없다. 분명한 것은 1980년대 당시에 로스차일드가를 통틀어 경제적으로 가장 성공한 인물은 바로 그였다는 사실이다. 1992년에 콩파니 피낭시에의 자산은 약 11억 파운드에 달했고, 1995년 당시 방크 프리베가 맡아 관리하고 있던 자산은 약 108억 파운드에 이르렀다.

이렇게 다양한 로스차일드 금융 회사들이 서로 접촉을 잃고 뿔뿔이 흩어졌다면, 파리 로스차일드가가 국유화의 타격에서 회복하기란 힘든 일이었을 것이다. 방크 로스차일드가 무너지고 채 3년이 지나지 않아 새로운 파리 상사가 수립되었다. 새 파리 상사의 모회사는 국영화가 시작되기 전에 방크 로스차일드의 구조 밖에서 다비드와 에릭이 설립한 지주회사 파리 오를레앙 제스치옹(Paris-Orléans Géstion)이었다. 두 사촌은 다비드의 이복형제 에두아르와 함께 파리 오를레앙 제스치옹(와인 사업을 총괄하는 도맨 바롱 드 로스차일드[Domaines Barons de Rothschild]도 소유하고 있던)의 자회사 형태로 소규모 자산 운용 회사를 설립하기로 결심했다. 미적대는 재무장관 자크 들로르를 설득해 은행 면허를 받는 데에만 3년이 걸렸고, 그러고 나서도 정부는 '로스차일드라는 이름을 사용해서는 안 된다고 못을 박았기 때문에, 새 벤처 회사는 1984년 7월에 'PO 방크(PO Banque)'라는 이름으로 출범해야 했다.

그러나 회사의 소유 관계를 들여다보면 이 회사가 사실상 다국적인 로스차일드 기업이라는 사실이 여실히 드러났다. 로스차일드 컨티뉴에이션 홀딩스(Rothschild Continuation Holdings AG)가 총 자본의 12.5%를, 에드몽이 운영하는 콤파니 피낭시에가 10%를, 로스차일드 뱅크 AG(Rothschild Bank AG[Zurich])가 7.5%를 출현했다. 회사에서 사용하는 문구류에 다섯 개의 화살 상징과 '그룹 로스차일드(Groupe Rothschild)'라는 어구를 넣은 것 역시 이 점을 강조하고 있었다.

사업은 성공적이었다. 첫 2년 동안 주식 가치는 세 배로 뛰었고, 1986년에 이르면 은행은 약 2억 7300만 파운드에 달하는 고객의 자금을 운용하는, 400만 파운드가 넘는 자본을 보유한 회사로 성장하게 된다.

1986년 3월에 프랑스 사회당이 선거에서 패배하고, 점점 더 보수화되어 가는 미테랑 집권하에 드골파 자크 시라크가 총리로 임명되며 '동거 정부'가 구성되자, 전면적인 실지 탈환책을 추진하는 것이 가능해졌다. PO 방크는 영국의 선례를 따라 정부의 파리바은행 상장 과정을 자문하는 등 민영화 사업에 직접 개입했고, 1986년 10월에는 로스차일드 에 아소시에 방크(Rothschild et Associés Banque)가 되어 가문의 이름을 되찾았다(이후에는 로스차일드 에 시 방크[Rothschild et Cie. Banque]로 오랜 파트너십 구조를 회복한다). 이후, 새 파리 상사는 프랑스 기업 금융에 참여 폭을 늘려 나갔다. 1억 5000만 프랑(1900만 파운드)의 자본을 갖추고 약 150억 프랑(19억 파운드)을 관리했던 상사는 프랑스의 5대 기업 금융 은행 중 하나이기도 했다. 시티의 용어로 하면 '부티크'였으나, 대단히 역동적인 부티크였다.

파리에서 전개된 이 두 번째 르네상스는 에블린이 19세기 로스차일드가의 최대 강점이었던 국제 파트너십 체제를 재창조하기 위해(그 자신의 말에 따르면 "다시 모두 한 가족으로 돌아가기" 위해) 착수한 광범위한 노력의 일환에 불과했다. 팽창을 거듭하는 '로스차일드 머천트뱅킹 그룹'을 위한 스위스 기반의 모회사로 로스차일드 컨티뉴에이션 홀딩스 AG를 창설한 것은 그런 점에서 역사적으로 뜻 깊은 일이었다. 한 세기의 절반이 넘도록 지속된 정치 불안에 분열된 이질적인 가족 사업들을 통합하기 위한 공식 행보가 1차 세계대전 이후 처음으로 취해졌다. 에블린의 전략의 핵심은 로스차일드가가 옛 로스차일드 체제의 현대적 번안을 구축함으로써 가족 기업의 전통적 미덕과 진정한 의미의 전 지구적 세력 기반을 결합할 수 있으리라는 그의 신념에 놓여 있었다는 점을 지적해야 한다. 그리고 그 핵심에는 다양한 수준의 자치권으로 운영되는 에이전시와 관계사들로 구성된 확장 망을 갖춘, 가족 지배 회사들로 탄탄히 뭉친 하나의 그룹이 있었다.

이 책을 집필하는 현재, 그룹의 구조를 간추려 보면 아래와 같다. '피라미드'의 꼭대기에는 스위스에 본사를 둔 지주회사 로스차일드 컨티뉴에이션 홀딩스 AG가 있고, 이 회사의 주요 출자 회사들은 다음과 같은 19개 기업으로, 여기에서는 회사의 지역 기반을 기준으로 구분해 묶었다.

- 영국 : N. M. 로스차일드 앤드 선즈(N. M. Rothschild & Sons Ltd), 로스차일드 컨티뉴에이션(Rothschilds Continuation Ltd), N. M. 로스차일드 기업 금융(N. M. Rothschild Corporate Finance Ltd), 로스차일드 자산 운용(Rothschild Asset Management Ltd)
- 영국령 해협제도 : N. M. 로스차일드 앤드 선즈 해협제도(N. M. Rothschild &Sons [CI] Ltd), 로스차일드 자산 관리 해협제도(Rothschild Asset Management [CI] Ltd)
- 프랑스 : 로스차일드 에 시 방크(Rothschild et Cie Banque), 로쉴트 에 시(Rothschild et Cie)
- 스위스 : 로스차일드 뱅크(Rothschild Bank AG)
- 네덜란드 : 로스차일드 유럽(Rothschild Europe BV), 로스차일드 자산 관리 인터내셔널 홀딩스(Rothschld Asset Management International Holdings BV)
- 미국 : 로스차일드 노스아메리카(Rothschild North America Inc.), 로스차일드 자산 관리(Rothschild Asset Mangement Inc.)
- 오스트레일리아 : N. M. 로스차일드 앤드 선즈 오스트레일리아(N. M. Rothschild & Sons [Australia] Ltd), N. M. 로스차일드 오스트레일리아 홀딩스(N. M. Rothschild Australia Holdings Pty Ltd), 로스차일드 오스트레일리아 자산 관리

(Rothschild Australia Asset Management Ltd)
- 홍콩 : N. M. 로스차일드 앤드 선즈 홍콩(N. M. Rothschild & Sons [Hong Kong] Ltd), 로스차일드 자산 관리 홍콩(Rothschild Asset Management [Hong Kong] Ltd)
- 싱가포르 : N. M. 로스차일드 앤드 선즈 싱가포르(N. M. Rothschild & Sons [Singapore] Ltd)

그러므로 N. M. 로스차일드 그룹은 지리적으로 광범한 범위를 아우르는 (1815년 이후로 마이어 암셸의 아들들이 발전시켰던 상사 체제를 연상시킨다) 다국적 기업체다(현재 보유 자산의 50% 이상이 영국 밖에 있다). 다시 이 그룹은 로스차일드 컨티뉴에이션 홀딩스 AG에 가장 많은 지분(52.4%)을 보유한 또 다른 스위스 회사(로스차일드 콘코디아[Rothschild Concordia AG])를 통해 가족이 통제하고 있다. 이 조직과 긴밀히 연계된 파리 오를레앙 지주회사는 파리에 있는 로스차일드 에 시 방크의 37%, 로스차일드 노스아메리카의 약 40%, 로스차일드 캐나다의 22% 그리고 로스차일드 유럽의 40%를 지배한다. 콩파니 피낭시에의 경제적 참여 수준은 훨씬 낮다. 그러나 에드몽의 아들 벵자맹이 로스차일드 컨티뉴에이션 홀딩스 AG와 로스차일드 뱅크 AG의 이사회에 임명된 것은 상황이 바뀔 수 있음을 시사한다.

위에 열거한 회사들뿐만 아니라 19세기의 대리인들을 연상시키는 작은 규모의 자회사들도 존재한다. 역사적 울림이 컸던 또 다른 행보는 1989년 5월에 런던과 파리 로스차일드 상사가 프랑크푸르트에 자회사 로스차일드 유한회사(Rothschild GmbH)를 연다고 선언한 일이었다. 두 달 뒤에는 로스차일드 이탈리아(Rothschild Italia SpA)가 출범했다. 1990년 9월이 되면 비슷한 사업체가 스페인(로스차일드 에스파냐[Rothschild España SA])과 포르투갈에도 자리 잡게 된다. 이 네트워크가 유럽에만 한정된 것은 아니었다. 1997년 현재 사무소가 자리 잡고 있는 곳은 아르헨티나, 버뮤다, 브라질, 캐나다, 칠레, 콜롬비아, 체코, 인도네시아, 맨 섬(Isle of Man), 일본, 룩셈부르크, 말레이시아, 몰타, 멕시코, 뉴질랜드, 폴란드, 러시아, 남아프리카 그리고 짐바브웨다.

로스차일드의 상사들이 구성하고 있는 현재의 그룹과 19세기 전성기에 다섯 곳의 로스차일드 상사가 운영했던 체제 간에 큰 차이가 있다는 것은 두말할 나위 없는 사실이다. 그러나 양자는 여러모로 대단히 닮아 있다. 유럽과 미주, 아시아의 자회사들은 한 세기하고도 반세기 전에 로스차일드 대리인들이 수행했던 것과 비슷한 역할을 하고 있으며, 그들의 위치 역시 같은 경우가 많다.

가장 중요한 점은 (대부분의 대규모 금융 기관들과는 달리) 그룹의 소유권과 지배권 모두를 핵심 가족 일원들이 공유하고 있다는 사실일 것이다. 19세기에는 다섯 형제들과 그들의 아들들이 비정기적인 파트너십 계약으로 그들과 그들의 일가를 구속했다. 현재는 가문의 여섯 일원들이 N. M. 로스차일드 그룹의 15개 주요 계열사 이사회에서 (회장 및 부회장직을 포함해) 총 37개의 의석을 나눠 맡고 있다. 19세기에 가문의 파트너들은 오직 명목상으로만 서로 동등했다. 자본 지분이나 리더십 면에서는 언제나 지배적인 파트너가 있기 마련이었다. 오늘날 역시 마찬가지로, 현재의 핵심 인물인 에블린은 로스차일드 콘코디아, 로스차일드 컨티뉴에이션 홀딩스, 로스차일드 뱅크, N. M. 로스차일드 앤드 선즈, 로스차일드 컨티뉴에이션의 회장일 뿐만 아니라 그룹의 여러 다른 회사들에서 이사직을 맡고 있다.

과거에 그랬듯, 에블린의 은퇴를 앞두고 승계 문제가 단연 중요한 사안으로 떠올랐다. 1992년 1월, 다비드가 N. M. 로스차일드 앤드 선즈의 회장대리로 임명되면서 승계 문제에도 이정표가 세워졌다. 시티의 다른 유서 깊은 가문들이 그들이 설립한 회사의 지배권을 잃어 가고 있을 때, 로스차일드가는 그들의 우위를 재천명하고 있었다. 그로부터 5개월 뒤, 에블린은 《르몽드》와의 인터뷰에서 이렇게 말하며 승계자를 명시했다. "내게 무슨 일이 일어나더라도 다비드가 있으니 괜찮습니다. 설령 다비드에게 일이 생기면 암셸이 그 뒤를 잇겠지요. 하나의 가족으로 일한다는 것은 언제나 우리 가문의 트레이드마크였습니다."

1996년 7월, 암셸의 때 아닌 죽음(로스차일드가의 국제 자산 관리 사업체들을 합병하는 문제가 논의된 회의 직후에 전해진 비보였다)은 비극적인 일격이었다. 그러나 에블린이 은퇴를 결심한다면 다비드가 그의 뒤를 이어 핵심 지위에 오르리라 기대하는 것은 여전히 가능해 보인다. 다비드는 이제 정규적으로 런던을 방문한다. 제임스가 파리와 런던을 오갔던 시절에 비하면 훨씬 더 쉽고 신속히 마칠 수 있는 여정이다.

로스차일드가의 여러 사업을 통합하는 일은 아무런 잡음 없이 이룰 수 있는 일이 아니었고, 특히 1991~1992년에 취리히의 로스차일드 뱅크를 강타한 위기는 심각한 파장을 불러일으켰다. 방크 로스차일드가 국유화되고 나서 취리히 로스차일드 은행의 회장에 오른 엘리는 알프레드 하르트만을 부장에 앉히고 나중에는 회장대리로 승진시켰다. 문제가 불거지기 시작한 것은 1984년에 은행이 5000만 스위스 프랑 규모의 불법 대출에 관여했다는 점이 밝혀져서 스위스연방은행위원회로부터 견책을 받고부터였다. 6년 뒤에는 로스차일드의 자금 지원을 받은 필립 모리스(Philip Morris)가 쉬샤르(Suchard)에 대한 입찰에 나서기 직전에 취리히 은행이 쉬샤르의 주식을 미리 사들인 사실이 드러나 다시 한 번 곤경에 빠졌다.

1991년 7월에 더 이상의 부패를 막기 위해 N. M. 로스차일드가 이 회사의 지분 중 51%를 확보했고, 회장직도 에블린에게 넘겨졌다. 은행에서 에블린이 맞닥뜨린 현실은 1848년에 안젤름이 빈에 도착해 겪었던 경험과(혹은 라이오넬이 크레디탄슈탈트 위기에 직면해 겪은 경험) 비할 만했다. 먼저, 약 1억 스위스 프랑(4000만 파운드)에 달하는 부실 대출로 입은 손실을 보상하기 위해 은행의 은닉 준비금 6350만 스위스 프랑을 청산해야 할 것이라는 발표가 나왔다. 회사의 자본이 1억 8500만 프랑(7400만 파운드)이었다는 점을 감안하면 놀라운 액수였다. 그러나 아우게이아스 왕의 외양간[13] 청소는 이제 막 시작된 참이었다. 1992년 9월에 은행의 고위 임원 유르크 히어가 두 사람의 독일계 캐나다인 부동산 금융가들에게 거액을 대부하는 등 여러 차례 대규모 불법 대출을 허가했다는 사실이 드러났다. 이 거래에서 생긴 총 손실은 2억 스위스 프랑(8000만 파운드)으로 추산됐지만, 이후에 액수는 2억 7000만 스위스 프랑(회사의 전체 자본 규모를 초과한 액수)까지 상향 조정되어야 했다. 로스차일드 뱅크가 전적으로 독립된 업체였다면 살아남기란 힘들었을 것이다. 광범한 로스차일드 조직의 일부였던 회사는 1억 2050만 스위스 프랑의 투입으로 구제될 수 있었고, 잃은 돈도 대부분 회복할 수 있었다.

취리히 위기는 가족 기업 체제를 골자로 하는 다국적 조직의 위험성을 상기시켰다. 조그만 실수도 심각한 결과를 초래할 수 있었다. 그러나 1995년에 로스차일드가의 역사적 경쟁자인 베어링은행을 집어삼킨 재난('사기꾼' 딜러가 싱가포르에서 불법 투기를 한 결과 회사가 도산한 것)과 비교하면 취리히 위기는 미미한 사건에 불과했다. 이후에 ING에 매각된 베어링은행의 운명은 시티의 전통적인 머천트뱅크가 어떻게 역사의 뒤안길로 사라질 수 있는지를 보여 준 극단적인 사례였다. 그러나 비영국 소유권에 이양된 회사는 베어링은행뿐만이 아니었다. S. G. 바르부르크는 스위스은행(Swiss Bank Corporation)에 매입됐고, 모건그렌펠은 도이체방크에, 클라인워트 벤슨은 드레스덴은행에, 함브로은행그룹(Hambros Banking Group)은 소시에테 제네랄에 매입되었다. 어음인수상사위원회를 구성했던 시티의 엘리트 은행들 가운데 독립성을 지킨 은행은 단 네 곳에 불과했고, 로스차일드가는 그 중 한 곳이었다.[14]

여기에서도 그와 유사한 역사적 일화들을 떠올릴 수 있다. 19세기를 통틀어 수많은 경쟁자들을 망각 속으로 쓸어 가버린 경제 위기와 혁명, 전쟁 같은 대위기에서 로스차일드가가 극복하고 살아남을 수 있었던 가장 중요한 이유는 한 상사에 위기가 닥치더라도 다른 상사들이 팔을 걷고 나서서 위기를 저지하고 해결할 수 있었기 때문이었다. 1830년 파리 상사의 구제, 1848년 빈 상사의 구제는 고전적 사례였다. 취리히 로스차일드 은행의 재건은 그러한 일화들을 상기시킨다.

N. M. 로스차일드 그룹의 발전은 점점 더 비대해져 가는 거대 금융 기업들의 세계에서 그런 거인 중 하나로 도약하기 위한 전략이었다기보다는 로스차일드가의 독립성이라는 전통을 지켜내기 위한 방책이었다고 보아야 할 것이다. 이 책을 집필하고 있는 현재, 로스차일드 컨티뉴에이션 홀딩스는 주주 지분(자본, 준비금, 누적 이익) 4억 6000만 파운드, 좀 더 포괄적인 관점에서 총 자본 자원 약 8억 파운드를 보유하고 있다. 게다가 파리 오를레앙 지주회사의 자본은 약 1억 파운드에 달한다. 물론, 이는 시가 총액이 약 550만 파운드에 이르는 세계 최대 은행 HSBC와 비교하면 한참 뒤지는 수치다. 그러나 HSBC와의 비교는 부당하다. 시티에 몇 남지 않은 독립 머천트뱅크 중 하나이면서 로스차일드가보다 조금 앞서 있는 슈뢰더은행과 비교하는 것이 더욱 합당할 것이다. 혹은 1970년에 N. M. 로스차일드 앤드 선즈 리미티드(N. M.

Rothschild & Sons Limited)로 법인화된 회사와 비교하는 편이 더 낫다. 1200만 파운드였던 자본과 준비금이 총 4억 6000만 파운드로 증가했다는 것은 대단한 성취다. 이는 인플레이션을 고려해도 거의 400%나 성장했음을 의미한다.

이제 남은 질문은 과거 수십 년 동안 에블린이 이뤄낸 가족이 지배하는 '준다국적인' 조직이 전 세계 금융 시장들이 점점 더 고도로 통합되고 있는 현재와 같은 시기에 어떻게 적응해 나갈 수 있겠느냐 하는 것이다.

오늘날의 금융계는 과거의 금융계와 대단히 달라졌다고들 한다. 거래는 그 어느 때보다 대규모로, 전자 통신의 발전에 힘입어 전례 없는 속도로 이루어진다. 공적 규제나 자율 규제 체제들은 파생 금융 상품과 같은 혁신을 따라잡지 못한다. 중앙은행들의 준비금은 국제 외환 시장의 막대한 거래액에 비교하면 약소해 보일 지경이다. '세계화(globalisation)' 시대에 민족 국가들(nation states)은 한물간 존재가 되어버렸고, 가족 기업은 더 구식이다. 미래는 거대 국제 기업의 수중에 놓여 있다.

그러나 이 책을 읽는 독자들은 이 같은 조야한 추론에 의문을 제기할지 모른다. 분명 금융계는 1914년에서 1945년까지의 시기와 비교해서(1979년 이전과 통틀어 비교해도 마찬가지겠지만) 완전히 변화했다. 그래도 1차 세계대전의 100년 전과 비교하면, 1980년대와 1990년대는 덜 이질적인 것처럼 느껴진다. 19세기에 전 세계에 걸쳐 진행된 인구·경제적 발전에 비해(물론 민족 국가들이 보유했던 대단히 제한적인 수준의 경제 자원에 비해서도), 19세기 국제 자본의 흐름은 무척 거대한 규모로 이루어졌다. 19세기에 이루어진 통신의 발달은 사업의 속도를 극적으로 가속화시켰다. 규제는 채권 시장 및 증권 시장에서 출현하는 혁신을 한참 따라잡지 못했다. 시장은 변덕스러웠다. 사소한 실수도 개별 기업들에는 무참한 결과를 가져올 수 있었다.

19세기 대부분에 걸쳐 번영했을 뿐만 아니라 그 후로도 10년 내지 20년 넘게 살아남을 수 있었던 기업은 마이어 암셸 로스차일드가 세우고 나폴레옹을 닮은 그의 아들 나탄이 게토에서 성공의 고지로 끌어올린 회사와 같은 곳이었다. 이 회사는 가족적 연대(콘코르디아[concordia]), 종교에 근간을 둔 덕성(인테그리타스[integritas]), 근면(인두스트리아[industria])이라는 독특한 에토스에 뿌리를 두고 있었고, 이 에토스는 대가족의 분열 성향, 사회적 동화가 초래할 수 있었던 타락적 영향, 부가 불러일으키는 무수한 유혹에도 장구히 살아남았다. 그와 더불어, 회사의 다국적 구조는 회사에 특별한 탄력성을 부여하여 회사가 정치경제적으로 최악의 위기에 맞닥뜨리더라도 견뎌낼 수 있게 해 주었다.

현대 금융 기업도 이 탄력성을 재현할 수 있을지 모른다. '경영(management)'이라 부르는 관료적 합리화의 다양한 파생 형태를 통해 심지어는 원본을 능가할 수도 있을 것이다. 그러나 과거의 조직이 갖추고 있던 에토스는 쉽게 모사할 수 없다. 기업적 수사법을 얼마나 동원하든 그 광범히 분산된 수많은 주주들, 이사들, 임원들, 직원들을 한 가족으로 만들 수는 없다. 프랜시스 후쿠야마(Francis Fukuyama)를 비롯한 일단의 학자들은 기업과 같은 현대 서구 제도의 약점 중 하나는 그들이 개개의 직원 혹은 투자자로부터 신뢰와 충성을 이끌어내지 못하는 것이라고 주장한다. 가족 기업은 규모의 경제 시대에 모종의 대가를 치러야 했지만, 그 점에 있어서만큼은 훨씬 우등한 조직일 것이다.

은행가들이 그들의 역사를 아는 것이 과연 그들에게 유용한지(은행가로서 유용한가) 하는 것은 여전히 미결 문제다. 언젠가 A. J. P. 테일러가 말했듯이, 사람들은 역사에서 교훈을 얻은 뒤 새로운 실수를 저지를 뿐이며, 금융사에 너무 박식한 전문 투자자는 오히려 위험 요소를 피하는 데에만 급급해 전전긍긍할는지 모른다. N. M. 로스차일드 그룹에서도 최소한 고위 인사 한 사람은 가문의 과거보다는 그 미래에 더 큰 관심을 가졌고, 그래야만 했다. 그러나 N. M. 로스차일드 앤드 선즈와 그 외 로스차일드 상사들의 역사는 그들 자신과 동료 기업들에 한 가지 점에서 동시대적 관련성을(그리고 유용성을) 지닌다. 로스차일드라는 이름은 로스차일드 그룹의 대차대조표에 드러난 수치만큼이나 거대한 자산이다. 그것은 국제 금융계를 통틀어 어느 누구도 지니지 못한 브랜드다. 그리고 이 책은 바로 그 이유를 설명하고 있다.

더욱이 과거는 기업 홍보를 위한 유용한 자료일 뿐만 아니라, 그보다 훨씬 미묘한 영향력을 현재에 부여한다. 과거는 그에 부응해야 할 무엇(지켜내야 할 명성)이며, 사업에서도 일반적이고 간혹 근시안적이기도 한 이윤 동기만큼이나 좋은 동기가 된다. 이 책을 집필하면서 알게 된 놀라운 사실 중 하나는

19세기 하반기에 로스차일드 상사들이 상대적으로 낮은 자본 수익률을 달성했다는 것으로, 이는 그들이 상대적으로 높은 부채 대 자본 비율을 유지했다는 사실로 얼마간 설명할 수 있는 현상이었다. 은행업계에서 장기간 수성(守成)할 수 있는 비결 하나는 물론 파산하지 않는 것이다. 로스차일드가의 상대적인 위험 회피 성향은 그들이 금융계에서 장수할 수 있었던 이유 중 하나였다. 그들이 보인 신중함은 가족 기업의 심리학에(정확히 말해 장구한 시계[時界]에) 뿌리를 두고 있으며, 그 같은 관점에서는 현재의 주주들뿐 아니라 미래의 세대들마저도 고려의 대상이 된다.

1836년에 나탄 마이어 로스차일드가 세상을 떠난 뒤, 그의 형제들과 아들들, 사촌들은 새로운 파트너십 협약 안에서 한데 뭉쳤다. 그럼으로써 그들은 부친 마이어 암셀이 30년 전에 그들에게 "합심해서 행동하는 것은 성공을 거둘 수 있는 확실한 수단이 될 것"이라고 했던 말을, "형제간의 화합이야말로 신의 은총의 근원"이라고 권고했던 말을 소생시켰다. 그것은 그들이 가문의 미래 세대들에게도 기억하도록 권했던 원칙이었다. "우리의 아이들과 미래의 후손들이 같은 뜻으로 인도되기를, 그리하여 로스차일드 가문이 꽃피고 완숙할 수 있게 해 준 단결심을 꾸준히 지켜 갈 수 있기를……그리고 그들이 우리처럼 고매하신 선조들의 신성한 계율을 유념하여 그 후대에게도 일심동체의 우애와 근로라는 신성한 상을 제시할 수 있기를."

나탄이 영국에 첫발을 디딘 지 2세기가 지나 그 같은 이야기가 여전히 뜻깊은 울림을 지니고 있다는 것은 놀라운 일이다.

■ 주석

1장 샬로테의 꿈(1849~1858)

1 그레빌에 따르면, 구틀레는 "줄기차게 오페라나 연극을" 보러 다니는 등 외출을 자주 했다고 한다. 뵈르네를 비롯한 사람들이 생각했던 것처럼 그렇게 금욕적인 인물은 아니었던 셈이다.

2 유대교 율법에 따라 마련된 음식.

3 암셀은 비스마르크에게 란트슈트라세 보켄하이머에 있는 저택을 임대할 수 있게 해 주겠다는 제안도 했지만, 그가 자신의 환심을 사려고 한다는 것을 정확히 눈치챈 비스마르크는 이 제안을 거절했다. 비스마르크에 못지않은 반동분자였던 하노버 왕은 암셀이 "외국 군주나 총리 혹은 고위층 인사가 프랑크푸르트에 찾아오기라도 하면" 늘 그런 식으로 행동했다고 썼다. 그가 차려 주는 저녁 만찬은 "식기와 보화의 전시장인 양 입이 쩍 벌어질 정도로 화려하지만, 그는 손님들을 즐겁게 하겠다고 탁자에 오른 생선과 고기는 어디에서 샀으며 만찬을 준비하는 데는 얼마나 썼는지를 열거하면서……매순간 자신이 그저 졸부요, 인색한 수전노요, 어음 할인꾼이라는 것을 드러내고야 만다".

4 1862년 제임스의 아들 살로몬 제임스는 마이어 칼의 딸 아델과 결혼했다. 1865년에는 안젤름의 아들 페르디난트가 라이오넬의 딸 에블리나와 결혼했다. 1867년 라이오넬의 아들 너대니얼(내티)은 마이어 칼의 딸 엠마와 결혼했다. 1871년 냇의 아들 제임스 에두아르는 마이어 칼의 딸 로라 테레즈와 결혼했다. 1876년 안젤름의 막내아들 잘로몬 알베르트('잘베르트')는 알퐁스의 딸 베티나와 결혼했다. 마지막으로 1877년 제임스의 막내아들 에드몽은 빌헬름 칼의 딸 아델하이트와 결혼했다.

5 그 예외란 안젤름의 딸 자라 루이제(Sarah Louise)의 결혼이었다. 자라 루이제는 1858년 토스카나의 귀족 라이몬도 프란체티(Raimondo Franchetti) 남작과 결혼했다.

6 그녀의 염려대로 이 부부는 다소 형식적인 신혼여행을 마치고 돌아왔고, 언론에서도 이를 꼬집는 기사를 썼다.

7 마찬가지로 냇과 그의 아내도 안젤름의 딸 한나 마틸데가 빌헬름 칼과 결혼할 것을 대비

해 한나 마틸데를 위해 1만 파운드를 콘솔채로 준비해 두고 싶어 했다.

8 유월절 축하연에 사용되는 전례서.

9 유대교식으로 도축하지 않았다는 의미에서.

10 사슴 고기 역시 코셔 식단이 될 수는 있지만, 사냥으로 잡은 고기는 그렇지 못하다.

11 역사가 토머스 매콜리(Thomas Macaulay)는 1859년 라이오넬의 저택에서 저녁 대접을 받고 돌아와서 "돼지고기는 어떻게 요리한 것이든 눈을 씻고 찾아봐도 없었다"고 기록했다. 돼지고기 대신에 그는 "탈레랑으로 속을 채운 멧새 요리에……어떤 칭송도 모자란 요하니스베르크(Johannisberg)산 백포도주"를 대접받았다.

12 영지에 거주하는 그리스도교 성직자 한 사람을 성직록 지급자에서 해임시켰다. 그 일을 두고 샬로테는 이렇게 적어 보냈다. "무슨 입장 차이가 있었는지는 몰라도 조만간에 문제가 매듭지어졌으면 좋겠다. 지금과 같은 종교적 광분의 시기에 그리스도교 성직자들과 유대인 후원자 사이에 시비가 붙거지면 보기에 몹시 안 좋을 테니까."

13 정통파 유대인들의 탈무드 학교.

14 샬로테는 서신에서 특이하게도 유대인을 가리켜 '코카서스족'이라는 말을 자주 썼다. 이 말을 처음 만든 사람은 18세기 해부학자 요한 프리드리히 블루멘바흐(Johann Friedrich Blumenbach)로, 인간의 두개골 모양을 측정해 이를 기반으로 코카서스족, 몽골족, 말라야족, 에티오피아족, 아메리카족 등 다섯 가지로 인종 형태를 분류했다. 그의 분류에 따르면 모든 유럽 인종과 중동 민족이 코카서스족에 속했다.

15 모세 5서(書)로 이루어진 유대교 율법서.

16 이 같은 노력들이 항상 인정받은 것은 아니었다. 《타임스》에 따르면, "혁신과 진보에 대단한 혐오감을 갖고 있는 그 도시[예루살렘]의 시너고그에서는 현재 유럽에서 예루살렘에……남녀노소를 위한 대형 병원과 학교를 건립하기 위해 진행하고 있는 모금에 수금원이나 기부자로 참여하는 이스라엘인들은 전부 파문에 처하겠다고 엄포를 놓았다. 이 자선 사업을 위해 10만 프랑을 모금한 로스차일드가의 수장들도 물론 이 같은 맹렬한 비난에서 벗어나지는 못했다".

17 당시의 왕가가 영국의 왕관을 차지할 권한이 있음을 선언하고, 왕위 계승권을 주장하는 스튜어트 왕가에 대한 충성을 포기하겠다고 맹세하는 선서.

18 1707년에 제정된 법률에 따르면 투표자 역시 같은 선서를 할 수는 있었지만, 투표자에 대한 규정은 피선출자에게처럼 엄격히 강요된 규정은 아니었다.

19 두 학교는 모든 학위 지원자에게 영국 국교회의 신앙 고백을 하도록 했다. 단, 옥스퍼드는 입학 허가가 나기 전, 케임브리지는 학위 수여 전에 해야 했다.

20 메이어가 1841년 브루크스 클럽(Brooks' Club)의 회원으로도 선출됐다는 것은 중요한 사실이다. 그의 형 앤서니는 1852년이 되어서야 같은 클럽에 가입할 수 있었다. 형제들은 훨씬 정치색이 강한 개혁 클럽(Reform Club)의 회원이기도 했다. 알퐁스 역시 1852년에는 프라이빗

클럽인 파리 기수 클럽(Jockey Club de Paris)의 회원이 됐고, 예술 연합 서클(Cercle de l'Union artistique)의 회원이기도 했다.

21 같은 해, 유대인의 부동산 소유를 제한하는 구법(舊法) 또한 폐지되었다.

22 살로몬스는 1847년 12월 이번에는 코드웨이너(Cordwainer) 구에서 행정 장관으로 재선출됐고, 1855년에는 런던 시장에까지 올랐다.

23 그는 곧바로 화이트하트(White Hart) 호텔에서 일주일에 걸쳐 화려한 만찬을 열었다. 그가 초빙한 프랑스 요리사들은 버킹엄서 주민들의 위장을 어르고 만족시킬 만한 솜씨를 발휘했다. 지역 언론에서는 그동안 등장한 메뉴를 꼽아 보며 그 모든 음식들이 "상상할 수 있는 최고의 풍미를 갖추고 있었다"며 감탄에 찬 기사를 썼다.

24 그는 러셀이 여왕에게 서임 대상자로 이름을 올린 세 사람 중 하나였다. 여왕은 일기에 다른 한 사람은 퍼거슨(Fergusson) 대령이었고 "또 다른 사람은 이름이 무엇이었는지 기억나지 않는다"고 썼는데, 그 말은 여왕이 그 문제를 그리 중요하게 여기지 않았다는 뜻일 것이다 (왕실 문서보관소에 보관된 빅토리아 여왕의 1846년 11월 17일자 일기 참조). 세 번째 인물은 벵골 정부 비서관 프레더릭 커리(Frederick Currie)였다. 라이오넬은 왕실의 말단 공직자들과 함께 이름이 올라서 심기가 불편했을지도 모른다.

25 가족들은 앤서니가 상속자를 낳지 못하면 작위를 라이오넬의 장남에게 물려준다는 내용을 이례적으로 명문화했다.

26 국가의 방해나 간섭 없이 자신의 양심에 따라 신앙 생활을 할 수 있는 자유. 정교 분리, 국교회 폐지론과 일맥상통한다.

27 칼라일의 벗이기도 했던 프루드가 칼라일의 전기를 집필하며 밝힌 경험담이다. 13세기 초 존 왕은 나라의 부유한 유대인들을 모두 잡아들인 다음 몸값을 지불해야 풀어 주었고, 돈을 지불할 때까지 치아를 하나씩 빼내는 고문을 했다고 한다. 칼라일 또한 그의 시대에도 존 왕 같은 사람이 나타나서 로스차일드가 사악한 수법으로 벌어들인 돈을 거두고 그를 잔인하게 고문해야 한다고 생각했다. 그가 생각한 고문 방식은 '펜치'를 이용한 발치가 아니라 손목 비틀기였다.

28 『구약성서』 「창세기」 49장 10절에는 야곱이 자신의 아들 유다를 축복하며 "실로가 오시기 전까지는······왕홀이 유다와 떨어지지 않으리라"는 구절이 등장한다. 논란은 있지만 '실로'는 흔히 '메시아'로 해석된다.

29 이 무렵 칼라일이 알렉산더 베어링의 아내 해리엇 애슈버턴(Harriet Ashburton) 부인과 미묘한 관계에 있었다는 사실을 지적해야 할 것이다. 그러나 칼라일은 라이오넬에 대한 반감을 공적으로 표출하지는 않았다. 그 대신 《모닝 헤럴드》 같은 신문이 라이오넬을 "외국인"이라 매도하고, 토리당 후보 하나가 라이오넬은 "유대인의 땅에서 유대인의 왕이 되는 편이 더 어울린다"고 비꼬는 것을 지켜보는 데 만족한 듯하다.

30 특히 새커리는 앤서니의 아내 루이자 앞에서는 맥을 못 췄던 것으로 보인다. 1848년 그

는 예전에 그들 가문을 공격했던 일을 그녀에게 사과하기도 했다. 그는 1850년 2월에 로스차일드가의 만찬에 초대되었고(그때 본 가문의 여성들이 "아름답고 상냥"하다고 생각했다), 1856~1857년에는 루이자와 드문드문 친밀한 서한을 주고받는 관계로까지 발전했다. 새커리의 소설 『펜더니스 이야기(Pendennis)』에는 루이자의 모습이 이렇게 묘사되어 있다. "무릎에 앉힌 아이들을 바라보는 그 유대인 부인의 얼굴에서는 천사와 같은 달콤한 빛이 흘러나와 주위를 찬란하게 했다. 자제심을 잃었더라면 나는 부인 앞에서 무릎을 꿇었을지도 모른다."

31 로크의 편지는 당시의 정치에 대해 시사하는 바가 많으므로 길게 인용한다. "솔직히 말씀드려 저 또한 다른 사람들과 같은 의견입니다. 친애하는 남작이시여! 남작께서는 당신의 정의로운 대의명분에 가담한 가톨릭교도들 덕분에 성공을 쟁취하신 것입니다.……두 달 전 제게 편지를 보내시어 곧 있을 투쟁에 도움이 되어 달라고 황송한 부탁을 해 오신 것은 얼마나 현명하신 일이었습니까! 제가 당신을 성심껏, 열렬히 지지하도록 저희 교도들을 설득하는 동안 당신께서는 제가 바라는 것을 들어주시지 않을지언정, 저는 가톨릭 신부로서의 제 능력을 당신의 눈앞에서 증명해 보이리라 다짐했습니다.……처음부터 제가 품은 전략은 가톨릭 유권자들을 설득해 그들이 일치단결해 남작님께 투표하도록 하는 것이었습니다. 그러나 당신께서는 제가 종교적 편견을 해소하고 그들의 마음을 얻기 위해 여러 대리인들을 동원하고 가끔은 개인적 영향력을 발휘하면서 얼마나 고난과 심려를 겪어야 했는지 모르실 겁니다. 우리는 성공했지만 그 순간부터 저는 절망해야 했습니다. 가톨릭 내부에는 극복하거나 피해야 하는 그 무엇보다 강력한 반대파가 존재하고 있기 때문입니다.……이 일을 추진하면서 저는 채무 문제로 체포되거나 가톨릭의 원칙에 따른 사형 집행을 목격해야 하는 위험에 시시각각 노출되어 있었습니다. 이 편지에 적어 드리는 모든 이야기는 하느님께 맹세코 전부 사실입니다.……이 모든 것을 말씀드리는 이유는 다만 이 점을 강조하기 위해서입니다. 남작님께서는 제게 빚지신 것이 없으며, 저 또한 아무것도 바라지 않고, 가톨릭교도 대리인들도 당신께 아무것도 기대하는 것이 없습니다. 저는 그 모든 비용을 제 스스로 떠맡았으니……진실되고 명예로운 마음으로 말씀드리노니, 저는 이 일이나 그 어떤 일에 대해서든 남작님께 아무것도 요청드리지 않을 것입니다. 다만 남작님이나 저나 선거에 대해서는 생각하지 않고 있었던 1년 전에 제가 부탁드린 그것만은……저는 당신께 제 본분을 다해 드렸으니……남작님 또한 제게 답을 해 주시리라고 저는 단 한 순간도 의심해 본 적이 없습니다." 라이오넬은 로크가 당시 망명 중이던 메테르니히와 접촉할 수 있도록 주선해 주었지만, 로크가 바란 만큼 보답해 주지는 않았던 것으로 보인다.

32 스페인 및 포르투갈계 유대인. 독일 및 동유럽계 유대인은 아슈케나지(Ashkenazi)라 부른다.

33 스페인어로 '신규 그리스도 교도'라는 뜻. 로마가톨릭으로 개종한 이베리아 반도의 유대인 및 회교도 그리고 세례받은 자손들을 뜻한다.

34 디즈레일리는 그로부터 30여 년 뒤 『엔디미온』이라는 소설에서 '뇌샤텔 부인'으로 샬로테

를 다시 한 번 등장시켰다. 흥미롭게도 이 소설에서는 나이를 먹어 가며 점점 더 두드러졌던 특유의 신랄한 성격과 라이오넬과의 결혼 생활에서 그녀가 불행해했다는 사실이 암시되어 있다. "애드리언은 아버지가 간택한 여성과 아주 어린 나이에 결혼했다. 아버지의 선택은 훌륭해 보였다. 그녀는 굴지의 은행가의 여식이었고, 재산 또한 상당했다. 그녀는 다재다능하고 교양 있는 여성이었다.……완벽한 미인은 아니었지만 흥미로운 인물이었다. 그녀의 벨벳 같은 다갈색 눈에는 찬탄할 만한 빛이 서려 있었다. 그러나 뇌샤텔 부인은 모종의 불만을 감추고 있었다. 남편의 성품과 능력을 높이 사고 애정과 경애를 다해 부군을 대하면서도, 그녀는 행복하지 못했고 남편을 행복하게 해 주지도 못했다.……[그러나] 애드리언은……자신의 대사에만 골몰해 있었기 때문에……아내가 품는 세세한 환상도 그의 생애에는 일말의 영향을 미치지 못했다." 무슨 까닭이 있었는지는 몰라도 디즈레일리는 뇌샤텔 가문을 스위스 출신으로 설정해 놓았기 때문에 소설에서 유대교 문제는 거론되지 않는다. 그러나 그들의 가족사(프랑스 전쟁 중에 망명자들의 재산을 관리해 준 전력)와 가족들의 대저택 "하이놀트 하우스(Hainault House)"에 대한 언급은 뇌샤텔가의 모델이 누구였는지를 여지없이 보여 준다.

35 벤팅크에 따르면, 디즈레일리는 로스차일드가에서 파산한 버킹엄 공작으로부터 스토 하우스(Stowe House)를 사들이기 위해 "의회의 영향력을 총동원"할 것이라 믿고 있었다. 또 그는 러셀의 행동이 휘그당과 필파의 통합을 겨냥한 것이라고 확신했다. 하노버 왕은 벤팅크의 이런 태도가 "이전에 경마장에 자주 드나들었던 전력, 다시 말해 히브리인들과의 교분"에 기인한다고 썼다.

36 1829년 당시 디즈레일리는 헌법을 잘못 이해하고 "로스차일드가 단상에 올라서 로마 가톨릭 교도의 선서를 읊겠다고 한다면 그 요구를 물리칠 수는 없을 것이고, 로스차일드는 결국 의석을 차지할 수 있을 것이다. '그리스도 교도의 신실한 믿음'이라는 구절은 포기의 서약에만 들어 있고 로마 가톨릭 교도는 그 서약을 읊을 필요가 없다"라고 썼다. 1848년 4월이 되어서도 그는 유대인 법안을 받아들이는 것이 보수당 분파들을 통합시키는 데 도움이 되리라는 헛된 희망을 드러내고 있었다.

37 이 무렵 메리 앤과 샬로테는 서로에게 응어리를 품고 있었다. 라이오넬과 디즈레일리가 저녁을 먹고 디즈레일리의 서재로 들어가 이야기를 나누는 동안, 메리 앤은 샬로테에게 이렇게 따졌다. "내 남편은 지난 5년 동안 당신들과 당신들의 명분을 위해 희생해 왔습니다. 마음과 펜과 입술을 바쳐 온갖 노력을 기울였는데, 보답 한 번 받지 못했어요. 화가 나서 더 이상 가만히 있지 못하겠어요. 그런데도 당신들은 내 남편이 과거에도, 지금도, 아무것도 잃은 것이 없다고 말하는군요." 몇 주 뒤, 라이오넬은 아내에게 "어째서 디즈레일리 씨가 나를 보고도 다가와서 이야기하지 않는지" 메리 앤에게 대신 물어봐 달라고 부탁했다. "어째서 매번 내가 그에게 다가가 먼저 말을 붙여야 하는 거요? 왜 그렇게 거만하게 구는지 이유를 모르겠군." 당시는 로스차일드와 디즈레일리의 관계가 바닥으로 떨어졌던 때

였다.

38 모제스 몬테피오레와 결혼한 해나의 여동생 주디스 코헨.

39 원문은 독일 어투를 흉내 낸 우스꽝스러운 영어로 쓰여 있다. 'Rothschild'라는 이름을 'Roast-Child'라고 써서 의례적 영아 살해라는 유대인에 대한 편견을 드러내고 있다.

40 이 흥미로운 서신에서 러셀은 자신이 유대인 해방을 지지하는 이유를 이렇게 설명했다. "나는 이 나라가 신의 축복을 필요로 하며, 신의 축복은 오로지 그의 선택받은 민족에게 두 번째 관면을 허락해 주는 나라에만 내려지리라 믿고 있소." 따라서 단지 "자기 자신들의 정치 문제를 위해 당신네로부터 돈을 받아 싸우는" 급진파들의 동기와 자신의 동기는 현격히 다르다는 것이었다.

41 '하원에서 사임한다'는 뜻의 관용적 표현. 17세기에 있었던 의회의 결의로, 국회의원들은 한번 선출되면 사망, 자격 박탈, 제명 등의 이유가 아니고서는 사임할 수 없었다. 사임할 수 있는 유일한 방법은 국가의 유급 관리가 되는 것이었는데, 그 같은 관직에는 칠턴 헌드레즈나 노스테드 장원의 집사 겸 관리인이 있었다. 이 임직에 지원하면 본회의 의결이나 의장의 허가 없이 사퇴할 수 있었다.

42 매너스는 출마를 제의받기 전에 라이오넬과 저녁을 함께한 적이 있었지만, 메이어는 그가 출마하리라고 예상하고 있었던 것 같다. 게다가 디즈레일리 역시 당의 의도를 라이오넬에게 꼬박꼬박 전해 주고 있었다. 디즈레일리가 보기에, 이전까지 퓨지주의자(Puseyite, 옥스퍼드 대학을 중심으로 일어난 일종의 고교회파 운동에 동조한 사람)였던 매너스는 무엇보다 보호무역주의자들에게 정치적 신뢰성을 확신시키기 위해 출마할 필요가 있었다. 매너스는 로스차일드가에서의 저녁 식사는 즐기면서도 그들이 의회 의석에 앉는 데에는 줄기차게 반대표를 던졌던 보수당원들 중 하나였다.

43 이 발의에서 디즈레일리는 당의 견해에 반해 다수 쪽에 표를 보냈다. 그러나 토론이 있기 전에 자신의 버킹엄셔 선거구 유권자들로부터 받은, 유대인을 의회에 앉혀서는 안 된다는 내용의 청원서를 제출했고, 토론 중에는 사실상 라이오넬을 지지하는 언사는 한 마디도 하지 않았으며, 라이오넬에게 세 가지 서약에 모두 맹세할 것인지를 직접 물어봐야 한다는 취지로 당이 내놓은 적대적 발의를 지지했던 것은 사실이었다. 이 발의는 가까스로 무산되었다.

44 이때 디즈레일리는 급진파의 공격으로부터 상원을 슬기롭게 방어한 뒤, 유대인 해방이라는 정의에 대한 자신의 신념을 대범하게 재확인시켰다.

45 아이러니하게도, 나중에 라이오넬의 아들 내티가 상원에서 로이드 조지의 '인민 예산안'에 반대하고 나섰을 때, 로이드 조지는 이와 비슷한 독설을 퍼붓게 된다.

46 1837년에 개교한 학교로, 영국 국교회에 중점을 둔 당시 대부분의 학교와는 달리 학생들의 종교에 제한을 두지 않은 혁신적인 교육 기관이었다.

47 샬로테가 피커딜리에 마련한 '살롱'을 주제로 학위 논문을 쓸 수도 있을 것이다. 그녀의 편

지에서 엿보이는 다종다양한 사회적 모임들을 묘사하는 데 '살롱'이라는 표현이 적절하다면 말이다. 그들 중에서도 가장 중요한 무리는 물론 로스차일드 가족들과 연계된 가문 사람들(특히 코헨가와 몬테피오레가)이었다. 이 내밀한 집단에는 이따금 고위 직원이나 대리인(데이비슨 형제, 바우어, 바이스바일러, 샤르펜베르크, 벨몬트 등) 가족들이 받아들여지기도 했다. 왜그(Wagg)가와 헬버트(Helbert)가처럼 관계가 긴밀한 가문들도 간간이 모습을 비췄다. 샬로테의 정계 지인들 중에는 글래드스턴, 디즈레일리나 본문에서 언급한 자유당 정치인들 외에도 소설가이자 허트퍼드셔(Hertfordshire) 하원 의원이었던 불워 리턴(Bulwer Lytton), 치체스터(Chichester) 하원 의원이자 디즈레일리 내각에서 첫 번째로 공공사업국장을 맡았던 헨리 레넉스(Henry Lennox) 경 같은 보수당원들도 있었다. 《타임스》의 편집장 딜레인(Delane) 역시 정계 인사 모임에 속했다. 그와 겹치면서도 구분되는 모임은 외교계로, 각국 대사들과 망명 중인 오를레앙 왕가 사람들이 여기에 속했다. 서덜랜드 공작부인, 뉴캐슬 공작부인, 생탈반(St. Albans) 공작부인 같은 샬로테의 귀부인 친구들은 이들과 대등한 그룹이었다.

48 심지어 이 임시 거처마저도 매콜리의 눈에는 "천국"처럼 보였다. 그의 기록에 따르면, 라이오넬은 이 집과 그에 딸린 8~10에이커에 달하는 정원을 30만 파운드에 사겠다고 제안했지만 거절당했다고 한다.

49 파리 일가가 1850년대와 1860년대에 마련한 저택에는 냇이 1856년에 매입한 포부르생토노레(Faubourg-Saint-Honoré) 가 33번지의 저택, 생플로랑탱(Saint-Florentine) 가 4번지에 있던 알퐁스의 저택, 마리니(Marigny) 가 23번지에 있던 구스타브의 저택, 메신(Messine) 가 3~5번지에 있던 살로몽 제임스의 저택, 아돌프가 1868년에 외젠 페레르에게서 사들인 몽소 가 45~49번지의 저택이 있었다.

2장 이동성의 시대(1849~1858)

1 '이동성(Mobility)'이라는 제목은 당시의 철도 부설 열기와 합자은행 크레디 모빌리에, 즉 동산은행(動産銀行)의 인기를 동시에 함축하고 있다.

2 상업은행과 투자은행이 결합된 은행.

3 '군 원수들의 방'이라는 뜻.

4 본명이 이스라엘 비에르 요자파트(Israel Beer Josaphat)인 로이터는 괴팅겐에 있는 삼촌의 은행에서 직원으로 일을 시작하여, 그곳에서 전신의 선구자 카를 프리드리히 가우스(Karl Friedrich Gauss)를 만났다. 1840년 찰스 하바스의 파리 주재 통역원으로 코레스퐁당스 가르니에(Correspondance Garnier)에서 외국 신문 기사를 프랑스어로 번역하는 일을 시작한 그는 1850년 런던으로 거처를 옮겨 그곳에서 로이터 통신사를 세웠다.

5 여전히 헝가리인들 편에 서서 분노하고 있던 코브던은 이를 "불경스럽고 파렴치한 거래"라

고 비난했다. 사실 조성된 기금은 이 당시의 여러 대부금과 마찬가지로 전비가 아니라 철도 건설을 위해 배정된 것이었다.

6 그런데도 베어링은 초기 러시아 채권에 계속 관심을 보였다. 당시 영국 외무장관인 클래런던은 이를 분명히 알고 있었으면서도 거래를 금지할 생각은 하지 못했다. 사실상 런던에서는 전쟁 중에도 러시아 채권이 계속 거래되었다.

7 이 무렵 국가 부채는 약 50억 1200만 프랑에 이르러 있었다. 전환 사업은 이 중 37억 4000만 프랑에 효과를 미쳐, 연간 1900만 프랑을 절감시켰다.

8 흥미롭게도 프랑스 정부는 파리 상사가 콘스탄티노플에서 물러나 '영국 자본'에 길을 터 주기보다는 제안받은 대로 은행을 설립하기를 바라고 있었다. 그러나 사실상 투르크의 경제적 전망을 훨씬 회의적으로 바라보고 있었던 쪽은 런던 상사였다.

9 1772년 프리드리히 2세가 설립한 프로이센 해상 무역 회사(Preußische Seehandlung)를 시초로 1790년대부터 프로이센의 국영 은행으로 성장한 기관이다.

10 툰은 이 일이 있은 직후 다른 이에게 임직을 내줘야 했고, 프랑크푸르트의 시위도 곧 보류되었다. 비스마르크는 오스트리아의 태도가 이처럼 180도로 바뀐 것은 "로스차일드가의 공로" 때문이라고 생각했다. "로스차일드가가 나라의 재정에 관여할 때 순전히 사업적으로만 따지지는 않는다는 것은 그들이 오스트리아에 재정 서비스를 제공하기로 한 이번 사례에서 증명된다. 오스트리아와의 거래로 얻을 수 있는 경제적 이득은 둘째 치고, 제국 정부가 프랑크푸르트 유대인 문제에 발휘할 수 있는 영향력이 그들에게는 무시하지 못할 요인이었던 것이다."

11 제임스의 기록에 따르면, 마이어 칼은 "큰 행사에는 일부러 참석하지 않았고, 훈장을 착용하더라도 그리스 구세주 훈장이나 스페인의 이사벨라 여왕 훈장을 착용하는 편이었다. 프리드리히 빌헬름 대공의 결혼을 축하하기 위해 내가……마련했던 공식 연회처럼 반드시 제복을 입어야 하는 행사에는 건강상의 이유로 참석을 거절하는 것이다. 비그리스도교가다는 붉은 독수리 훈장을 착용한 채 그런 자리에 모습을 드러내는 것이 그로서는 고통스러운 일이기 때문일 것이다. 나와 식사할 때도 단춧구멍에 붉은 독수리 훈장 리본을 달고 나온 적이 거의 없을 정도다". 제임스는 그 훈장에 대한 이야기가 베를린 언론에 노출되어 적대적인 기사가 실리지 않게 하라고 블라이히뢰더에게 주의를 주었다.

12 이 당시에 이루어졌던 주요 사업은 1853년에 실패한 전환 사업이었다. 1854년에 발행된 3000만 프랑 규모의 채권은 벨기에 국립은행, 로스차일드가, 소시에테 제네랄이 나누어 맡았다. 1862년에 발행된 1500만 프랑의 채권 역시 이 세 곳이 맡아 처리했다.

13 헤세나사우 공국에 제공된 대부금은 1849년에서 1861년까지 총 1940만 굴덴에 달했다.

14 칼은 유대인들도 교황령 안에서 원하는 지역에 살 수 있어야 하며, 유대인에게만 부과되는 특별세나 법정에서 요구되는 별도의 절차도 폐지해야 한다고 주장했다. 비오 9세는 파리의 교황 대사를 통해 제임스에게 그런 조치들이 이루어질 것이라는 서면 확약을 전달했

다. 그러나 넉 달 뒤 로마를 방문한 칼은 유대인 처우 문제가 그때까지도 답보 상태에 있다는 사실을 발견했고, 이듬해에는 로마 유대인들이 제임스에게 공식 항의를 전하기도 했다. 1857년에는 안젤름이 다시 한 번 로마 유대인들을 위해 입을 열었다. 다마스쿠스의 유대인 문제나 예루살렘의 그리스도 교도 문제와 마찬가지로 로마의 유대인 문제 역시 열강들 간의 정치적인 '축구 경기'로 변했고, 이번에 개입된 열강은 오스트리아와 프랑스였다. 로스차일드가는 양국이 서로 맞붙어 다투게 하는 데에는 성공했지만, 동포 신자들을 위해 그리 많은 업적을 이루지는 못했다.

15 이탈리아 남부 아펜니노 산맥에 있는 비좁은 산길. 기원전 4세기, 로마와 삼늄이 전쟁을 벌이면서 무턱대고 카우디네 산길로 들어선 로마군은 길 양쪽 진입로를 가로막은 삼늄군에 포위되어 전투 한 번 못하고 결국 항복할 수밖에 없었다.

16 제임스는 "공공사업, 무역 및 산업을 위한 제국은행(Comptoir Impérial des Travaux publics, du Commerce et de l'Industrie)"을 설립하자고 제안했지만, 이 은행이 크레디 모빌리에처럼 "자체 목적을 위한 운용이나 사업에 직접 개입"해서는 안 된다는 점을 애써 강조했다. 다시 말해, 그가 구상하고 있었던 것은 프랑스은행과는 달리 모든 종류의 증권을 담보로 기업에 대부해 주는 일종의 예금은행에 가까웠다.

17 페레르은행의 수권(授權) 자본은 6000만 프랑이었고, 로스차일드가 세운 스페인상공회사의 수권 자본은 8000만 프랑이었다. 그러나 후자의 경우 납입 자본은 사실상 2400만 프랑에 불과했고, 이것도 나중에는 더 줄어들게 된다. 반대로 페레르 형제는 1862년에 납입 자본이 최대치를 기록했고, 철도뿐만 아니라 마드리드의 가스 공장과 여러 광산에도 투자하려고 노력을 기울였다. 스페인상공회사가 결국 사업을 정리한 1868년이 페레르 형제의 위협이 사라진 이후였다는 사실은 의미심장하다.

18 1855년에서 1859년 사이, 오스트리아 정부는 합스부르크 철도망 중에서 나라가 소유하고 있던 부분을 매각해 1억 1800만 굴덴을 조성했다. 노선을 매입한 회사들이 추가로 지불한 돈까지 포함하면 액수는 그보다 늘어난다. 그러나 당시 정부의 적자 총액은 무려 5억 7600만 굴덴이었다.

19 이 회사는 부다페스트를 거쳐 세게드(Szeged)에 이르는 다뉴브 강 좌안의 노선 역시 사들였으며, 다양한 광산 및 야금 사업에도 투자했다.

20 이 합병은 페레르 형제에게도 이익이 된 사업이었다. 형제는 그들 소유의 반쯤 완공된 프란츠 요제프 황제 노선을 이 신규 회사의 주식 9600만 프랑 상당과 교환할 수 있었기 때문이다.

3장 민족주의와 다국적 기업(1859~1863)

1 발자크의 소설 『인간희극』에 등장하는 인물인 독일계 은행가 누신젠 남작을 일컫는다.

2 제임스의 말은 그의 어색한 억양을 강조하기 위해 오기(誤記)로 표기되어 있다. 즉, 원래대로라면 "바 드 페, 바 당피르(Bas de paix, bas d'Empire)"라고 말해야 하지만, 제임스는 "바 드 베, 바 당비르(Bas de baix, bas d'embire)"라고 이야기한다.

3 1860년에서 1866년까지 크레디 모빌리에의 예금 규모는 6대 예금은행의 총 예금액 중에 약 28%를 차지하고 있었다.

4 프랑크푸르트 상사가 이 중 100만 파운드를, 오스트리아 국립은행은 150만 파운드를 맡았다. 금리 5% 채권은 런던에서 80의 가격으로 발행되었다. 매입자들에게는 최악의 투자가 아닐 수 없었다.

5 1846~1878년까지 로마 교황으로 재임했던 비오 9세는 마리아 무흠수태 교리, 오류에 대한 교서요목(Syllabus of Errors), 교황무오설 등을 발표하며 교황권 강화를 위해 노력했다. 특히 오류에 대한 교서요목은 당시의 여러 자유주의적 사상 및 개혁을 '오류'로 규정하고 단죄하는 내용이었기 때문에 반동적이라는 비판을 피하기 어려웠다. 이에 오를레앙의 주교 뒤팡루는 '명제와 가설' 이론으로 교황의 논지를 해석·변호했다. 즉, 절대적인 명제(thèse)와 상대적인 가설(hypothèsis)은 항상 일치할 수 없으며, 교황의 절대 명제는 이상적인 상황에서 적용할 수 있는 명제인 반면, 현실에서는 그와는 다른 가설을 적용할 수 있다는 논리였다.

6 정부가 발표한 채권 총액은 7억 프랑이었고, 곧 발행될 분량은 5억 프랑이었다. 파리와 런던 상사는 금리 5% 채권 2억 8572만 프랑 상당을 71의 가격에 사들이고 1%의 수수료를 받되, 추가로 2억 1430만 프랑 상당의 채권을 인수한다는 내용의 계약을 체결했다. 이탈리아 채권이 안정세를 보인 곳은 런던보다는 파리 시장이었기 때문에 런던 상사는 이 중 단 7500만 프랑만 맡아 발행했다.

7 직역하면 '부동산회사'라는 뜻인데, 5장에서는 크레디 이모빌리에(Crédit Immobilièr)라는 이름이 대신 등장하고 있고, 그 외 다른 자료에서는 소시에테 이모빌리에(Sociétéimmobilière)라는 이름도 쓰이고 있다.

8 'bag'에는 '사냥감을 담는 부대', '잡은 사냥감'이라는 뜻도 있다.

9 1864년 4월 28일, 샬로테는 케임브리지에 있던 레오에게 이렇게 써 보냈다. "데이비슨이 와서 말하길 [제임스] 남작님은 훌륭하시고 남작부인은 지독한 편견을 갖고 있는 분이시라고 하더구나. 어찌나 보수적인지 편견에 있어서는 주장을 굽히는 법이 없다는 거야.……그중에서도 그녀가 가장 좋아하는 먹잇감은 페레르 씨, 황제 그리고 영국인들이라고 하더라. 영국인들은 모두 미치광이라고 하면서, 프랑스인들은 자유를 누릴 자질이 안 된다고 선언한 영국 언론을 향해 온갖 비난을 쏟아 부으신다고 하더구나."

10 디즈레일리가 보수 집권당에서 마련한 선거법 개정 법안을 하원에 제출한 회기.

11 영국인을 통칭하는 이름.

12 1861년에 제정된 토지몰수법(Consfication Act)을 일컫는다. 연합 주의 재건을 위해 노예를 포

함한 어떠한 사유 재산도 몰수할 수 있다는 내용의 조례였다.
13 프랑크푸르트 출신의 은행가로 본명은 프리드리히 에밀 에를랑거(Friendrich Emil Erlanger), 라파엘 에를랑거(Raphael Erlanger)의 아들이다. 프랑스 라피트(Laffitte) 가의 딸과 결혼해 조부의 은행업을 물려받은 뒤부터 에밀 데를랑제르라는 이름으로 활동했다. 1862년 당시 프랑스 궁정 주재 미국 연합주 대사로 와 있던 존 슬라델에게 면화 채권 사업을 제안, 이듬해부터 유럽 각자의 도시에서 판매를 시작했다.
14 이것은 현명한 판단이었다. 발행을 맡은 은행들은 시장에 막대하게 개입하고 난 뒤에야 채권 가격을 액면가 이상으로 유지할 수 있었기 때문이다.
15 벨몬트가 1865년에 런던을 방문했을 때 그와 런던 가족들 간에 빚어진 미국 정치에 대한 견해 차가 양쪽의 관계 악화에 영향을 주었을 수도 있다.
16 영국의 아일랜드 통치를 종식시키자는 목적하에 1850년대 미국과 아일랜드에서 결성된 단체.
17 1866년에도 벨몬트를 굴복시키려는 시도가 있었지만, 제임스도, 알퐁스도 결국에는 인정해야 했듯이, 그는 더 이상 대체할 수 없는 인물이었다.

4장 혈(血)과 은(銀)(1863~1867)

1 1864년 슐레스비히 홀슈타인 위기 당시 오스트리아가 보인 활약을 비스마르크가 칭송하며 했던 말, "그[오스트리아]는 프로이센 왕을 위해 일했다(il a travaillépour le roi de Prusse)"를 빗댄 말이다.
2 마이어 칼이 눈독을 들였던 것은 큼직한 리본이 달린 대십자훈장이었지만, 프로이센 왕 빌헬름 1세는 그 훈장을 유대인에게 내리는 것은 지나친 일이라 생각하고 있었다. 그는 의사록에 이렇게 기록했다. "폰 로스차일드 남작은 우리의 서임 방식에 촌충 같은 공격을 감행해 왔다. 나는 그가 노리는 것을 줄 수 없지만, 요통(Kreuzschmerzen)만큼은 치료할 수 있다."('크로이츠슈메르첸'은 대십자훈장[독일어로 '그로스크로이츠(Großkreuz)']에 대한 말장난이다.)
3 프랑스 혁명기의 정치가 샤를 모리스 드 탈레랑의 후손으로 당시 상트페테르부르크 대사로 재직 중이었던 샤를 드 탈레랑 페리고르를 말한다.
4 비스마르크가 군사 개혁 문제를 두고 벌어진 갈등을 해결하기 위해 내세운 이론. 1861년 빌헬름 1세는 군사 개혁을 선언했지만 하원에서 그에 필요한 예산 승인을 거부하자, 비스마르크는 왕과 의회가 의견 충돌을 빚을 경우 이를 해결할 수 있는 조항이 헌법에 마련되어 있지 않으므로 정부의 수장이자 왕권의 대표자인 군주가 의사결정권을 발휘해야 한다고 주장했다. 이 논지를 편 연설문 속에 "시대의 큰 문제는 연설이나 다수결이 아니라 철과 피를 통해 결정된다"는 구절이 등장한다.
5 나라의 영토를 매각했다는 수치심을 가려 줄 만한, 실속은 없어도 명분은 세워 줄 땅을

말한다.

6 프로이센의 왕 프리드리히 빌헬름 2세의 사위.

7 러시아와 체결한 알벤슬레벤(Alvensleben)조약이 비스마르크에게 대단한 타격을 입혔기 때문에, 블라이히뢰더는 비스마르크가 퇴진할 경우 그 소식을 파리 로스차일드가에 전할 수 있도록 특별 암호를 고안하기까지 했다.

8 폴란드 위기는 영국 유대인 사회에 큰 논란을 일으켰다. 당시 라이오넬은 폴란드인을 위해 사태에 개입해야 한다는 주장에 반대하는 핵심 인물로 이름을 알렸다.

9 제임스는 그답게 블라이히뢰더에게 이런 요청도 남겼다. "오래된 유화나 골동품이 나오지는 않는지 유심히 살피게. 덴마크처럼 가난한 나라에 전쟁이 벌어지면 아름답고 흥미로운 물건이 시장에 수두룩하게 나오기 때문이네."

10 정부는 쾰른-민덴 노선과 연결된 지선들을 위해 조성해 두었던 보증 기금에 대한 통제권 역시 회복한 상태였다. 자금의 일부는 현금으로 받을 예정이었고(10월 1일에 300만 탈러, 1866년 1월 2일까지 270만 탈러), 나머지는 새 쾰른-민덴 주식으로 받을 예정이었다.

11 그리스 신화에 등장하는 눈이 100개 달린 거인.

12 석탄과 철이 매장된 자를란트의 중심 도시.

13 비스마르크가 자신의 실각을 모의하고 있다고 생각한 영국계 일당들을 낮잡아 지칭한 표현. '코부르크(Coburg)'는 영국 빅토리아 여왕의 가문이기도 한 유럽 왕가 작센코부르크 고타의 줄임말이다.

14 프로이센의 중앙은행이자 주요 발권 은행이었던 프로이센은행을 의미하는 듯하다.

15 롬바르디아의 계약 조건은 복잡했다. 정부는 이탈리아 쪽 노선의 채권에 대한 6.5% 수익을 보장하고, 사업권 연한을 99년으로 연장해 주었으며, 외국 채권에 붙는 세금도 1880년까지는 물지 않을 수 있게 해 주었다. 그 보답으로 회사는 900만 프랑 규모의 신규 노선 건축과 운임 할인에 합의했고, 1500만 굴덴의 건설비로 트리에스테와 베니스에 항만 시설을 확장하는 사업을 맡되, 그 비용은 12년에 걸쳐 상환하기로 했다. 알퐁스는 이 계약으로 회사가 감당해야 할 비용이 "비현실적인 수준"이라고 말했다.

16 2장에 등장했던 피에몬테의 재무장관 조반니 니그라와는 다른 인물임.

17 《타임스》에 따르면, 오스트리아 국무위원이었던 리하르트 벨크레디(Richard Belcredi) 백작은 "유대교도들이 자체적으로 비용을 들여 의용군 대대를 조직해야 한다는 주장을 펼쳤다. 유대인들도 여느 시민과 다를 바 없이 군에 복무하고 있는 상황에서, 벨크레디 백작의 주장은 유대인에게 특별세를 부과하겠다는 것, 옛 유대인세를 부활시키겠다는 의도를 에둘러 표출한 것에 불과하다". 안젤름은 "만약 국무위원께서 유대인에게 해가 될 계획을 밀고 나가시겠다면 저희는 회사 문을 닫고 정부와 맺은 계약도 모두 파기하고 오스트리아를 떠나버리겠"다고 써 보냈다. 그리고 "그의 편지는 효력을 발휘했다". 베티가 유대계 오스트리아 병사들을 위해 기금을 모금하자고 제안했을 때도, 안젤름은 (그의 아들 페르디난트에 따르

면) "기금은 종교 신조와는 전혀 무관하게 모든 병사들에게 똑같이 배분되어야 하며, 지원에 차별을 두는 것은 나쁜 인상만 남길 것이라고 대답"했다.
18 점령지 주민에게 부과하는 군세.
19 2장에 등장한 프로이센의 총리 폰 만토이펠 남작과는 다른 인물임.

5장 채권과 철(鐵)(1867~1870)

1 1852~1879년의 기간에 대한 자세한 자료가 없기 때문에 자본만 놓고 볼 때 파리 상사가 과연 언제 다른 상사들을 제치고 극적인 상승을 보였는지 알기란 어려운 일이다. 다만 확실한 것은 1868년 이후 5년에 걸쳐 파리 상사가 400만 파운드가 넘는 소득을 거뒀다는 것, 다시 말해 연평균 80만 파운드를 벌어들였다는 사실이다. 이 액수는 1852~1879년의 평균 연소득의 두 배나 되는 수치다. 그러므로 이러한 성장을 이룬 공로는 누구보다 제임스에게 돌려야 할 것이다.

2 제임스는 베티에게 일시금과 연금 약 1600만 프랑, 라피트 가 19번지에 있는 저택과 내용물, 로시니 가 7번지의 저택과 내용물, 그리고 불로뉴와 페리에르 저택의 사용권을 남겼다. 페리에르의 소유권의 경우, 제임스는 이를 장남인 알퐁스에게 물려주고 장자상속의 원칙에 따라 이후로도 계속 아들 상속자들에게 물려주기를 원했다. 이것은 (분할 상속을 선호했던) 프랑스 법률과는 상충되는 일이었지만, 제임스는 후손들에게 법률보다는 자신의 소원을 먼저 챙기라고 노골적으로 요구했다! 더불어, 알퐁스는 페리에르의 유지비로 1년에 10만 프랑을 받았다. 그러나 그 외의 부동산 대부분(불로뉴 저택, 라피트 가 21, 23, 25번지 저택, 로시니 가 1번지, 생플로랑탱 가 2, 4번지, 생토노레 가 267번지, 몬도비 가에 있는 세 채의 저택, 라피트 영지)은 세 명의 아들들에게 똑같이 분배되었고, 나머지는 샬로트와 헬렌에게 돌아갔다. 에드몽은 성년이 되면 통틀어 약 300만 프랑에 달하는 재산을 상속받게 되어 있었다. 은행 지분을 포함해 제임스의 남은 재산은 알퐁스, 구스타브, 에드몽(각각 약 26%씩) 그리고 샬로트와 헬렌(각각 11%씩)에게 분배되었다. 여러 유언 보충서들에 따라 추가 재산은 그의 자녀들(40만 프랑)과 자녀의 배우자들(30만 프랑) 그리고 살로몽 제임스의 미망인 아델(10만 프랑)에게 돌아갔다.

3 괴테의 시 「마법사의 제자」(1797)에 등장하는 이야기. 마법사가 외출한 사이 허드렛일에 싫증이 난 제자가 아직 통달하지 못한 마법을 부려 마술 빗자루에게 대신 청소를 시키지만, 마법을 멈추는 법을 몰라 결국 물바다를 만들고 만다. '강력한 영은 오직 대가만이 다스릴 수 있다'는 것이 이야기의 교훈이다.

4 고대 리디아의 마지막 왕. 큰 부자였던 것으로 유명하다.

5 당시 총리였던 더비 백작을 일컫는다.

6 이 제목은 일종의 말장난으로, '오스만의 환상적인 이야기(Contes fantastiques d'Hoffmann)'에서 '이야기(contes)'를 발음이 같은 '회계(comptes)'로 바꿔 놓은 것이다.

7 '루에르(Rouher)'와 '정부(gouvernement)'를 조합한 합성어. 나폴레옹과 제2제정의 실질적인 대변인 노릇을 했던 외젠 루에르의 권력과 그가 전면에 나섰던 당시의 통치를 빗댄 말이다.

8 코르시카의 급진파 신문에 실린 나폴레옹 1세에 대한 모욕적인 기사로 급진파 대 왕당파 언론 간의 갈등이 촉발된 가운데, 앙리 로슈포르의 또 다른 신문 《라마르세예즈》에 수습 필진으로 합류했던 청년 빅토르 누아르가 나폴레옹 보나파르트의 증손이자 나폴레옹 3세의 사촌이었던 피에르 보나파르트 왕자의 총에 맞아 목숨을 잃는 사건이 발생했다. 왕자는 법정에서 정당방위를 주장하여 결국 무죄로 방면되었고, 이 사건이 민심을 크게 동요시켜서 1월 12일에 치러진 누아르의 장례식에는 대규모 인파가 몰렸다.

9 이 채권이 소시에테 제네랄에 의해 인수된 것은 정부와 로스차일드가 사이에 갈등의 골이 깊어졌음을 드러낸 징후였다.

10 런던과 파리 상사는 합작해서 스페인 정부에 170만 파운드를 대부했는데, 이는 20년에 걸쳐 상환될 예정이었다. 이 부채는 이후 액면가 231만 8000파운드 상당의 금리 5% 채권으로 전환되었다. 라이오넬은 1870년 1월에 이렇게 말했다고 전해진다. "스페인 정부의 자금 사정이 어떻든 간에 스페인은 영국에서 언제나 자금을 끌어올 수 있을 겁니다.……스페인 행정부가 유난히 정직해서가 아니라, 과거에 부귀를 누렸던 스페인에서 살아남은 애매한 전통 때문입니다."

11 신디케이트에는 풀드, 피예 윌(Pillet-Will), 크레디 리요네, 프랑스-이집트 은행, 오펜하임, 소시에테 제네랄, 오스만제국은행이 포함돼 있었다. 1870년 이후의 시기를 특징지었던 이질적인 조합 중 하나였다.

12 상황 판단을 잘못한 알퐁스는 아마데오가 "모든 후보자들 가운데 가장 위험한 인물"이라고 생각했다.

13 '재기, 부활'이라는 뜻의 이탈리아어로 19세기 이탈리아의 통일 운동을 가리킨다.

14 이탈리아의 희가극.

15 제임스의 사후에 파리에서 냇의 영향력은 대단히 증대되었다. 그는 독립적으로 결단을 내리는 데 익숙하지 않았던 알퐁스가 조언을 구했던 프랑스 상사의 실세가 되었다.

16 회사에 연간 약 400만 리라의 비용을 짊어지울 이 신규 세금을 면제받기 위해서는 정부에 2200만 리라의 선금을 제공하는 길밖에 없었다.

17 오스트리아제국에 대한 종속에서 벗어나 자체적인 의회와 정부를 갖춘 헝가리 왕국의 건설을 허락하되, 오스트리아 황제가 헝가리 왕국의 국왕을 겸하는 동군 연합으로서 군사, 외교, 재정을 공동으로 행하는 오스트리아-헝가리 2중제국을 유지한다는 내용으로 1867년에 체결된 협정이다.

18 정부가 증권에 세금을 부과할 때마다(1866년 이후로 그런 일이 점점 더 잦아졌다), 로스차일드가

는 세금 때문에 설령 국가 부도가 나지는 않는다 하더라도 채권 가격은 폭락할 것이라고 전망하며 분을 감추지 못했다. 그러나 알퐁스도 가끔 인정한 것처럼, 그런 세금도 정부의 재정 적자를 줄이는 데 도움이 될 경우에는 사실상 채권 가격을 강화시킬 수 있었다. 알퐁스와 내티 같은 '실무가'들로서는 그런 역설이 당황스러웠던 터라, 그들은 대개 현실을 외면한 채 계속해서 그 같은 세금의 폐해에 대해 성토했다.

19 1867년 2월 21일자 《타임스》 7면에 실린 기사는 '프랑크푸르트발 상업 서신'의 내용을 이렇게 인용했다. "이번 결정은 당파심으로 내린 결정이 아니었다. 로스차일드 남작은 우리의 상업적 이해관계를 위해 유익한 일을 많이 해 줄 수 있는 인물이다. 특히 우리에게는 긴요한 문제인 플로린 통화 유지를 굳이 정규 회의를 소집하지 않고도 그가 나서서 직접 주장할 수 있을 것이다."

20 비스마르크가 의회에서 '철과 피'를 언급한 연설을 했던 당시, 연설 마지막에 화해의 표시로 꺼내 보였다는 올리브 가지를 지칭한다.

21 에티오피아의 옛 이름.

22 오스트리아–프로이센전쟁으로 왕국을 잃은 게오르크 5세를 가리킨다. 그는 영국 왕 조지 3세의 손자이기도 했다.

23 다른 가치를 위한 수단으로서의 권력이 아니라 권력 그 자체를 추구하는 사람.

24 길고 긴 협상 끝에 마이어 칼은 이 사업에서 1200만 탈러의 몫을 확보했다. 정부가 결정을 번복했는데도 기가 눌리지 않은 한제만은 채권을 독일 밖에서만 발행하는 방안으로 사장될 뻔한 사업을 되살려냈다. 그러나 파리 로스차일드가는 이 일에 참여하기를 거절하여 마이어 칼의 원성을 샀다.

25 지주 귀족 융커를 가리킨다. 엘베 강 동쪽 지방은 중세적인 자치제와 농노제가 강 서쪽보다 엄격하게 오래 지켜져서 대토지를 소유한 지주들이 많았기 때문에 생겨난 표현이다.

26 마이어 칼에 따르면, 그와 한제만은 "1867년에 처음 사업권을 신청했다"고 한다. 오펜하임은 다만 "한제만 씨와 제가 모든 일을 끝내 놓은 뒤에야" 가담했다는 것이다.

27 증권거래에 통상 적용되었던 12.5%의 중개 수수료.

6장 제국, 공화국, 랑트(1870~1873)

1 구스타브가 사용한 "모두들"이라는 표현이 과연 누구를 일컫고 있는지 생각해 볼 만한 가치가 있다. 그 답은 이렇다. 구스타브가 전한 이야기는 증권거래소에 떠도는 소문이라기보다는 정부 자체의 의견은 아닐지언정 "정부와 밀접한 정보원"으로부터 들은 이야기를 로스차일드식으로 해석한 이야기일 것이다.

2 사흘 뒤에 라이오넬이 그랜빌을 통해 글래드스턴에게 더비 경마 티켓 두 장을 건넨 것은

우연한 일로 보이지 않는다.

3 런던 로스차일드가는 프로이센 대사 베른슈토르프에게 레오폴트가 왕위를 받아들이면 전쟁이 일어나는 것은 "불가피"할 것이라고 시사하기도 했다. 11일, 구스타브는 블라이히뢰더에게 "마치 프랑스와 프로이센 사이에 벌써 전쟁이 터진 것 같은" 어조로 편지를 보냈다.

4 라이오넬은 디즈레일리에게 이렇게 써 보냈다. "내각은 완전히 당황했지요. 그랜빌을 제외하면 각료 중에 해외 사정을 아는 이는 아무도 없습니다. 글래드스턴은 인류가 전쟁에 익숙해져 가고 있다는 코브던의 이론을 이제 정말 신봉하게 된 것 같습니다."

5 원문에는 '런던은행(Bank of London)'으로 기재되어 있는데, 존 클리버그(John Kleeberg)의 책 『디스콘토 게젤샤프트와 독일의 산업화(The Disconto-Gesellschaft and German Industrialization)』 (1989)에 따르면 1870년 당시 한제만이 N. M. 로스차일드에 접근했다가 거절당했으며 실제 채권을 발행한 은행은 '런던 조인트 스톡 뱅크(London Joint Stock Bank)'였다고 한다.

6 오스트리아-프로이센전쟁이 끝난 직후, 베네데티는 전쟁 중 프랑스가 중립을 유지한 대가로 프랑스가 벨기에 및 룩셈부르크의 합병을 시도할 경우 이를 지지해 줄 것을 프로이센에 요구하라는 자국의 지시를 받았다. 그 같은 내용의 조약은 결국 체결되지 못했지만 베네데티의 필체로 쓰인 조약 초고가 그대로 비스마르크 손에 남아 있었고, 비스마르크는 1870년 보불전쟁이 터진 직후에 이를 《타임스》에 게재시켰다. 한편, 이 일이 있기 2주 전에 이미 구스타브도 프랑스가 벨기에에 꿍꿍이가 있을 가능성을 언급했다는 사실은 짚어 둘 만하다.

7 더비 경의 일기에서 인용. "[디즈레일리는] 내게 로스차일드가가 전쟁을 보는 관점을 전해 준다. 그들은 전쟁이 오래가지나 않을까 걱정하고 있다고 한다.……프로이센이 무장을 잘 갖췄고 전쟁 준비를 철저히 하고 있기 때문이다. 그러나 현재로서는 명확한 결론을 예상하기가 어렵고, 명확치 않은 승패에는 그 어느 쪽도 굴복하지 않으리라는 것이다."

8 유럽 협조 체제를 일컫는 중의적 표현. 빈회의 이후 유지된 열강 중심의 유럽 세력 균형을 뜻한다.

9 알자스의 옛 이름.

10 아돌프 티에르(Adolphe Thiers)는 당시 임시정부의 행정 수반을 맡고 있었다.

11 글래드스턴이 1871년 3월에 런던에서 개최된 국제회의에서 이 구래의 문제가 제기되었다는 "내부 정보"를 로스차일드가에 귀띔해 주지 않은 것은 그만큼 로스차일드가를 경계하고 있었다는 증거다.

12 1867년 룩셈부르크 위기가 있던 당시 프랑스 동부에서 형성된 소총 클럽 혹은 비공식 군사 단체로 보불전쟁 당시 게릴라 부대로 활동했다.

13 프랑스가 패한 것은 프랑스가 정말 약했기 때문이 아니라 결정적인 순간에 불충한 군 원수나 비애국적인 혁명 분자들이 배신했기 때문이라는 주장이다.

14 1815년에 프랑스에 부과됐던 전쟁 배상비는 7억 프랑, 국민총생산의 약 7% 규모였다.

1871년에 독일이 요구한 50억 프랑은 GNP의 약 19%에 달했다.

15 이 시기에는 통신 사정이 열악했기 때문에 프랑크푸르트와 빈 상사를 참여시키는 것이 불가능했다. 최소한 알퐁스가 양 상사를 배제한 뒤에 내놓은 변명은 그랬다.

16 이후에 지불하게 되는 배상금과는 달리, 수도의 배상금은 그리 채산이 맞는 거래가 아니었다. 상황이 상황이었던 만큼 알퐁스는 0.5%라는 최저 수수료를 받고 일할 수밖에 없었다. 그의 말마따나 압력에 못 이겨 진행시킨 사업이었다.

17 누적된 이자 총액은 철도 가치(3억 2500만 프랑)보다 약간 적은 3억 100만 프랑이었고, 따라서 최종 납부된 배상금은 사실상 49억 7600만 프랑이었다.

18 비스마르크 자신이 "납부된 금액 비율에 맞춰 점령지로부터 단계적으로 퇴거하는 방안"을 제안했다.

19 프로이센은 금과 은, 영국, 프로이센, 네덜란드, 벨기에 중앙은행의 은행권, 같은 은행의 수표, 즉시 지급 가능한 런던, 암스테르담, 베를린, 브뤼셀 일급 환어음을 받는 데 동의했다. 5월에는 추가로 1억 2500만 프랑을 프랑스 은행권으로 받기로 합의가 이루어졌다. 그러나 비스마르크와 독일 은행가들은 처음부터 프랑스 랑트를 받는 데는 반대하는 입장이었다.

20 프랑스은행은 알퐁스의 주창으로, 그리고 '대중 여론'의 시선도 있었기 때문에, 정부에 부과한 금리를 6%에서 3%로 낮췄다.

21 상환 채권이나 복권식 채권을 발행하는 등의 논의는 진지하게 이루어진 적이 없었다. 런던과 파리의 투자자들이 프랑스 정부에 기대했던 것은 오직 랑트였던 것이다.

22 베르사유조약은 그 내용이 지나치게 가혹했지만 이에 대한 수정을 요구하기에는 독일의 정치·군사·경제적 힘이 매우 취약한 상태였기 때문에, 제국 총리 요제프 비르트와 재건장관 겸 외무장관이었던 발터 라테나우 등은 계약된 배상금 지불을 완수하려 노력을 기울였다. 그러나 이는 독일 경제에 막대한 혼란을 가져왔고, 이들 정치가들은 우익으로부터 외압에 굴종한 정치가로 매도당하며 정치 암살의 희생자가 되었다. 유대인이었던 라테나우도 1922년에 결국 암살당했다.

23 패자에게 가혹한 화평조약을 뜻한다.

24 프로테우스는 그리스 신화에 등장하는 자유자재의 변신 능력이 있었다는 바다의 신으로, 여기에서는 변덕쟁이를 뜻하는 비유로 쓰였다. 알퐁스는 일부러 '거구'라는 표현을 썼지만, 티에르는 사실 155센티미터 정도의 단신이었다.

25 이를 어렵게 했던 가장 큰 장애물은 부르봉 왕가 출신의 왕위 요구자인 샹보르 공작을 중심으로 결집한 또 다른 군주제 지지당파의 존재였다. 또 한 번 바이마르 공화국 당시와 비교하자면, 알퐁스는 모든 정황을 감안할 때 "페르눈프트레푸블리카너(Vernunftrepublikaner, 원래 의회주의 공화제 지지자가 아니지만 정황상 그것이 최선이라는 판단하에 공화국을 지지하게 된 사람)"와 같은 처지였다. 그는 센에마른의회에서 '은밀한 군주제주의자'들에 맞서서 그들을 질타

하는 연설을 해야 했다.

26 이 말에서 짐작해 볼 수 있는 것은 알퐁스에게 블라이히뢰더나 한제만을 인수 신디케이트에 가담시킬 마음이 전혀 없었고, 랜즈가 묘사했던 협상도 실상 허풍이었을지 모른다는 점이다. 왜곡된 전보가 수두룩했던 것도 그 때문일 것이다. 그게 아니면, 베를린 은행가들이 랑트 가격을 너무 낮게 요구한 탓일 수도 있다.

27 런던의 인수 신디케이트는 로스차일드와 베어링의 복점(複占)으로 이루어져 있었고, 필자는 그들이 총 3억 2500만 프랑을 똑같이 나누었으리라고 추정했다. 파리의 경우 인수된 몫은 드 로스차일드 프레르가 2억 4800만 프랑, 고위급 은행(풀드, 말레, 오탱게, 피예 월을 포함한 12개 은행)이 3억 6200만 프랑, 소시에테 제네랄이 6000만 프랑, 그 외 합자은행들이 6500만 프랑을 갖는 식으로 분배되었다. 소시에테 제네랄은 프랑스 로스차일드가가 탈라보와 철도 사업을 공동으로 진행하고 있었기 때문에 특혜를 받았다.

28 이것은 다만 상향선이 그러했다는 정도로 이해해야 한다. 로스차일드가가 이 방식대로 움직였을 가능성은 없어 보인다. 비교를 위해 예를 들자면, 크레디 리요네는 1871년의 운용으로 단 570만 프랑의 이윤을 거두는 데 그쳤다.

29 런던 어음의 유입을 최소화하려 했다는 것은 탈러가 압박에 시달릴 것을 두려워했다는 증거다. 마이어 칼이 런던에서 베를린으로 돈을 송금하는 일을 런던 상사에 맡겨 달라고 제한틀룽을 설득했으나 실패했다는 사실을 짚고 넘어가야 할 것이다.

30 1872년 1월, 파리은행은 암스테르담에 기반을 둔 네덜란드 신용예금은행(Banque de Crédit et de Dépôt des Pays-Bas)과 합병해 파리-네덜란드 은행(Banque de Paris et des Pays-Bas)을 탄생시켰다. 이 은행은 줄여서 '파리바(Paribas)'라고 불렸다.

31 블라이히뢰더는 한제만이 파리 주재 프로이센 대사인 하리 폰 아르님(Harry von Arnim)과 결탁해서 자신에 대항하여 음모를 꾸미고 있다고 확신했다. 비스마르크 역시 아르님을 싫어했기 때문에(로스차일드가도 마찬가지였다) 티에르와 연락을 주고받을 때는 블라이히뢰더와 베를린 주재 파리 대사인 엘리 드 공토 비롱을 거치는 간접적인 경로를 이용했다. 그러나 이 같은 사정이 경제적으로 미친 영향은 거의 없었다.

32 함부르크 어음을 거절한 것은 베를린이 독일을 금본위제에 편입시켜야 한다는 압박을 느끼고 있었다는 사실을 드러낸다. 함부르크의 화폐 '마르크 방코(Mark Banco)'는 은화였다.

33 원문에 쓰인 독일어 제목 'Soll und Haben'은 중의적으로 이해할 수 있다. 일단 말 그대로 복식부기의 기초 개념인 차변과 대변, 즉 '잃은 것과 얻은 것'을 의미하면서, 한편으로는 19세기에 독일에서 대단한 인기를 끌었던 구스타브 프라이탁(Gustav Freytag)이 쓴 동명의 소설(1855)을 암시하기도 한다. 부르주아, 귀족, 유대인이라는 세 계층이 등장하는 '사회소설'로, 특히 유대인을 비도덕적이고 탐욕스러운 사업가로 그렸다.

34 베를린 서북쪽 슈판다우 요새에 있는 일종의 망루. 보불전쟁의 배상금 일부가 금화로 주조되어 1914년까지 이곳에 보관되어 있었다.

7장 코카서스계 왕족

1 그리스 신화에 등장하는 테베를 공격한 일곱 용사의 아들들. 10년 뒤 부친의 뒤를 이어 다시 나가 싸웠다. '조상보다 못한 자손, 아류, 추종자'라는 뜻.
2 넷째 아들 안젤름 알렉잔더는 1854년에 18세의 나이로 요절했다. 그에 관한 정보는 거의 남아 있지 않다.
3 디즈레일리는 그를 "언제나 친절한 사람, 내가 알았던 중 가장 다정다감했던, 가장 상냥하고 관대했던 인물"이었다고 애틋하게 기억했다.
4 딜레인은 1877년에 은퇴해서 1879년에 숨을 거뒀지만, 그가 아직 현직에 있었을 때 라이오넬의 부고 기사를 미리 써 두었을 가능성도 있다. 당시에도 오늘날처럼 부고 기사는 종종 저명인사의 죽음에 앞서 쓰였다.
5 블라이히뢰더의 아들 한스는 "라이오넬 씨의 죽음을 진정으로 애도한 이는 몇 되지 않았다. 그분은 사람들로부터 호의를 얻는 법을 몰랐고, 빈민들을 위해서도 거의 한 일이 없었기 때문이다"라고 씁쓸한 기록을 남겼다. 그러나 1879년 6월 7일자 《미들섹스 카운티 타임스》에 실린 부고 기사에 따르면 그의 말은 사실이 아니다. 이 정보를 제공한 라이오넬 드 로스차일드에게 감사드린다.
6 웰링턴 공작, (당시 이미 비컨스필드 백작이 되어 있었던) 디즈레일리, 맨체스터 공작, 세인트 알반스 공작, 서머셋 공작부인은 마차를 보내 주었다. 수많은 대사들은 말할 것도 없었다.
7 '세대'라는 표현에는 문제의 소지가 있다. 로스차일드가의 세대들이 상당 부분 서로 겹치기 때문이다. 4대가 태어난 1827년에서 1884년까지의 시기에는 3대에서도 여섯 명이 태어났고 5대에서도 열 명이 태어났다. 이 점을 지적해 주신 라이오넬 드 로스차일드에게 감사드린다.
8 이와 같은 남아의 조기 사망은 여섯 명의 로스차일드가 여성이 요절하면서 얼마간 '상쇄'되었다. 클레멘티네는 1865년에 세상을 떠났고(20세), 에블리나는 1866년에(27세), 게오르기네는 1869년에(17세), 해나는 1878년에(39세), 베티나는 1892년에(34세), 베르타는 1896년에(26세) 세상을 떠났다.
9 그녀는 아들이 20대에 접어든 뒤에도 아들의 수줍음 타는 성격에 대해 혹평을 계속했다.
10 그가 무엇보다 실력을 발휘했던 과목은 역사였다. 디즈레일리는 한때 이런 말을 하기도 했다. "역사상 중요한 날의 날짜를 알고 싶으면, 난 내티에게 갑니다."
11 '리틀 고'에서 최고 등급을 받으려면 복음서 한 권을 그리스어로 알고 있어야 했고, 미리 정해진 라틴어와 그리스어 텍스트, 윌리엄 페일리의 반이신론적인 저서 『그리스도교의 증거』를 익혀야 했으며, 유클리드 기하학 1, 2, 3권과 연산뿐만 아니라 유클리드 기하학 4권과 6권, 초급 대수와 역학까지 공부해야 했다.
12 케임브리지의 연극 클럽인 아마추어 드라마틱 컴퍼니(Amateur Dramatic Company)를 말한다.

13 알프레드가 1890년에 재선될 기회를 부득이 거절해야 했던 것은 그가 런던국립미술관에 그림을 내놓은 누군가의 계정을 엿보는 부당 행위를 저질렀기 때문이라는 주장이 제기되었다. 그가 미술관에 요구한 가격과 애초에 그가 지불한 가격 사이에 "관례와 예의에 어긋날 만큼 대단한 차이가" 있다고 판단했기 때문이라는 것이다. 알프레드는 당시 국립미술관의 이사직을 맡고 있었으니 그런 일에 관심을 갖는 것도 당연했을 것이다. 그러나 영국은행 문서보관소에서는 관련 기록을 찾을 수 없다. 사실, 알프레드는 연임해 달라는 은행 총재의 설득에도 건강 악화로 은퇴해야 했던 것으로 보인다.

14 설탕에 졸인 견과류.

15 유산으로 '세상을 남기겠다'는 뜻도 되지만 '(죽어서) 세상을 등 뒤에 남길 것'이라는 의미이기도 하다.

16 영국 서포크에 있는 경마로 유명한 도시.

17 플라워는 나중에 로스차일드가의 여성과 결혼했지만 사실 동성애자였던 것으로 보인다. 그런 그가 레오와 가깝게 지낸다는 이야기가 샬로테를 불안하게 했을 것이다.

18 레오는 1891년 기수 클럽에 선출됐고, 나중에 왕립자동차협회가 되는 자동차 클럽을 공동 창립하기도 했다.

19 그의 부모가 얼마나 비통해했는지를 묘사한 샬로테의 기록으로 판단컨대, 살로몬은 가족들에게 인기가 있었던 청년이었던 것 같다. 내티와 알프레드가 보고 온 장면은 이러했다. "상심한 가족들은 죽은 듯이 침묵을 지키고 있었지만, 가련한 제임스 삼촌만은 지나가는 행인만 보고도 눈물을 터뜨리며 발작하듯 우셨다. 그분이 우는 소리를 듣고 있는 것은 참으로 가혹한 일이었다. 슬픔에 가격당한 애디(아델)의 모습은 충격적이었다. 그녀는 무서울 만큼 침묵을 지킨 채 눈물 한 방울 흘리지 못했다. 자기 자신에 대해서는 한 마디도 못하고 오직 남편의 심성에 대해서만 이야기했다. 그녀는 남편이 이 세상에서 살아가기에는 너무 선한 사람이었다고 했다.……베티 숙모는 살로몬이 이미 가수(假睡) 상태에 빠져 있어서 가족들이 마지막으로 애통해하는 소리를 듣지 못할 것이라 생각하셨다."

20 이 당시 영지의 면적은 1만 5000에이커였다고 통상 추정되고 있지만, 3만 에이커였다고 보는 편이 더 정확할 듯하다. 사실 페르디난트는 애초 노샘프턴셔의 영지를 구입하자고 아버지를 설득했지만, 안젤름은 영국 농지의 수익률이 오스트리아보다 1.5% 더 낮다는 로스차일드 식의 이유를 들어 아들의 말을 일축했다. 그가 워드스턴을 (제7대 말보로 공작에게서 2억 2만 파운드에) 매입할 수 있었던 것은 부친이 세상을 떠난 뒤였다.

21 그 외의 곳들은 다음과 같다. 샬로트(냇의 미망인)는 오파르지에 있는 보드세르니 수도원을 펠릭스 랑글레에게 의뢰해 복원시켰다. 생막시맹(센에와즈 지역)에 있던 구스타브의 샤토 드 라베르신은 1882년 이후에 알프레드 필리베르 알드로프의 설계로 건축된 것이다. 퐁텐(와즈 지역)에 있던 제임스 에두아르의 샤토 역시 랑글레가 지었다(1878~1892년에 걸쳐). 그의 미망인 테레즈는 1892년에 지라르에게 의뢰해 같은 장소에 노르망디풍 주택을 지었다. 그녀

는 이 외에도 (베티를 위해) 칸에 해변 빌라를 지어 주기도 했다. 알드로프가 그라몽 공작과 공작부인(마이어 칼의 딸 마가레타)을 위해 1890년에 모르트퐁텐(와즈 지역)에 지은 샤토 드 발리에르 역시 언급해야 할 것이다.

22 레오는 해밀턴 플레이스 5번지에 윌리엄 큐빗 건축회사 소속의 윌리엄 로저스가 프랑스 양식으로 설계한 타운 하우스를 갖고 있었다. 시모어 플레이스 1번지에 있던 알프레드의 타운 하우스는 조신 크리스토퍼 사이크스에게서 매입한 것이었다. 페르디난트는 피커딜리 143번지에 타운 하우스를 두고 있었다. 에드몽 소유의 포부르생토노레 가 41번지 타운 하우스는 1878년 이후에 랑글레가 개축한 집이었다. 살로몽 제임스가 갖고 있던 베리에르 가 11번지의 타운 하우스는 1872~1879년 사이에 레옹 오네가 설계한 것이다. 나타니엘은 테레지아눔가세 14~16번지에 '대저택'을 갖고 있었다. 알베르트는 호이가세(현재의 프린츠 오이겐 슈트라세) 24~26번지에 1876년 당시 가브리엘 이폴리트 데탈리에가 지은 타운 하우스를 소유하고 있었다.

23 건축가 프란츠 폰 호벤은 집을 1~2미터 정도 뒤로 물리고, 슬레이트로 되어 있던 집 앞면을 보기 좋은 오크 용재로 바꾸었으며, 원래 두 채의 좁은 집이었던 것을 하나로 합치는 등 재량을 발휘할 수 있었다. 그러나 실내만큼은 19세기 전반의 모습을 훨씬 그대로 보존하고 있었다. 이 집을 개축한 것은 1863년에 보수를 거친 이래 프랑크푸르트의 주요 관광지가 된 그로서 히르쉬그라벤의 괴테 하우스를 모방하기 위해 의식적으로 노력한 것이라는 주장이 있다. 폰 호벤은 1890년에 한때 암셀의 소유였던 보켄하이머 란트슈트라세의 저택을 개조하고 확장해 달라는 의뢰를 받기도 했다.

24 블레님 컬렉션을 의미한다.

25 15세기에 르와르 계곡에 새로 지어지고 개축된 여러 성채들의 건축 스타일을 가리킨다.

26 차 이야기의 또 다른 버전은 이렇다. "커튼이 걷히면 분을 바른 하인이 차 수레를 미는 보조를 대동한 채 방으로 들어와 공손히 물었다. '차, 커피, 신선한 복숭아 중 무엇을 드시겠습니까?' '차를 마시겠소.' '중국산, 인도산, 실론산 중에 어떤 것을 드시겠습니까, 선생님?' '중국산을 주시겠소?' '레몬, 우유, 크림 중에 어느 것을 넣어 드릴까요?' '우유를 타 주시오.' '저지종, 헤리퍼드종, 쇼트혼종 소에서 짠 우유 중에 어떤 것으로 하시겠습니까, 선생님?'"

27 페르디난트가 로즈버리에게 쓴, 날짜가 기재되어 있지 않으나 1878년 9월경에 보낸 것으로 추정되는 편지를 인용하면 다음과 같다. "내 가슴은 터질 듯 가득 차 있어 그 안에 든 것을 일부나마 당신의 귀에 쏟아내야겠습니다. 당신과 함께 보낸 그 모든 시간만큼 행복했던 적이 내겐 없었습니다. 내가 얼마나 당신을 아끼고 좋아하는지는 이미 닳도록 이야기했으니 당신이 언짢아하지 않도록 더는 말하지 않겠습니다. 하지만 이 말만은 해도 괜찮겠지요. 당신이 나를 당신과 한 집에 머물게 해 준 이후로 나는 당신의 인품을 이전보다 더 존경하게 되었고, 그 어느 때보다 당신께 헌신적이고 당신을 좋아하게 되었습니다.……부디

앞으로도 내게서 당신의 신뢰를 거둬 가지 마십시오. 나는 당신의 신뢰를 받을 만한 사람입니다. 내게는 일생 동안 친구가 드물었고 그나마 진실한 친구는 거의 없었습니다. 우리가 다시 만났을 때 우리가 전에 그랬고 그래서 내가 자랑스러워했듯이 서로의 생각과 감정을 자유로이 교환할 수 있었던 관계가 이지러질까 봐, 그런 생각만으로도 나는 참을 수 없이 슬퍼집니다. 나는 이 금도금된, 대리석으로 만든 집에 살고 있지만, 외롭고 고통받고 또 가끔은 아주 비참하기도 한 사람입니다. 이 세상에서 내게 중요한 것은 단 한 가지, 제가 사랑하는 몇 안 되는 사람들의 동정과 믿음뿐입니다. 내가 우울하거나 처량해져서 이런 말을 한다고는 추호도 의심하지 마십시오." 1881년 2월 17일에 페르디난트가 로즈버리에게 보낸 편지를 보자. "당신은 내가 당신을 이 세상 그 누구보다 사랑하고 있다는 것을 아십니다." 1882년 11월 7일자 편지. "저는 의회니 내각이니 정치니 하는 것들이 죄다 바다 속에 잠겼으면 좋겠습니다. 진즉 그랬다면 당신과 나는 이토록 소원해질 필요가 없었겠지요." 1884년 5월 7일자 편지. "나는 온전히 '당신의 사람'입니다. 내가 종종 '예민하게' 굴 때도 있겠지만, 그럴 때는 그저 내 신경계를 탓하시고 다른 이유가 있다고는 생각하지 마십시오."

28 물론 실제로 정원을 가꾸는 일은 소부대 규모의 하인들 몫이었다. 나타니엘은 호헤 바르테에 오스트리아 최초의 축구 팀을 꾸릴 수도 있을 만한 수의 정원사를 고용했다. 홀데인은 페르디난트가 워드즈던에 208명의 정원사를 고용했다고 농담했지만 물론 허풍일 뿐이다. 사실 워드즈던과 애스콧에 고용된 정원사는 모두 50명이었다. 그라스에 100명이 고용되어 있었던 것은 사실이었지만 말이다.

29 유증된 작품의 가치는 40만 파운드에 달했다.

30 바르부르크는 수습 자격으로 일하는 것이 허용된 최초의 외부인이었다. 블라이히뢰더가에서도 비슷한 요청을 해 왔지만 거절했다.

31 주로 전원의 별장에 기거하던 귀족과 상류층 사람들이 런던의 타운 하우스로 돌아와 사교를 즐기고 정치 활동에 참여하던 기간. 대개 부활절 이후부터 사냥철이 시작되는 8월 12일까지가 런던의 '시즌'이었다.

32 회사와 제3자와의 계약 체결 등 회사의 전권을 대리 수행할 권한을 부여받은 고용인.

33 외젠과 아돌프 슈네데르 형제가 1836년에 창립한 회사. 버려진 주조 공장에서 철강을 생산하기 시작해서 열차 선로, 선박, 다양한 중장비를 제조했다. 1870년대에 외젠의 아들 앙리 슈네데르가 회사를 이어받아 기술 혁신을 통해 유럽의 무기 제조 및 중장비 업계에서 선도적인 기업으로 발전시켰다. 현재의 슈네데르 일렉트릭(Schneider Electric).

34 1860년대 중반 이래로 공동 회계 체제는 와해된 상태였기 때문에, 대차대조표도 2년이 지나서야 작성되는 상황이었다.

35 이 같은 인출 사례들 때문에 당시 파트너십의 실제 수익성을 판단하는 것은 난해한 일이 되었다. 자본금 계정만 그대로 다루게 되면 총 수입은 실제보다 훨씬 낮게 평가될 수밖에

없다.
36 페르디난트는 "내가 받는 수입이 줄지 않는 조건이라면" 자신의 지분 전부를 알베르트에게 양도하는 데 전혀 이의가 없었다.
37 로스차일드가 1853년에 암스테르담에 세운 은행으로 베케르와 풀트 모두 프랑크푸르트 상사의 직원이었다. 그러나 1870년대 초에 로스차일드와의 사업 관계는 중단됐고, 그 이후로는 다비드 골트슈미트가, 그 뒤에는 데이비슨 형제가 로스차일드가의 암스테르담 사업을 이어 나갔다.
38 프랑크푸르트 로스차일드가가 총 자본 3억 5900만 마르크에서 벌어들인 수입은 단 1200만 마르크였고, 수익률은 고작 3.3%에 불과했다. 막스와 그의 아들들은 1차 세계대전 종전 이전까지는 직접 은행 일에 뛰어들려 하지 않았다.
39 노이에 마인처 슈트라세에 있던 저택은 팔렸고, 운터마인카이에 있던 저택은 도서관이 되었으며, 자일에 있던 저택은 양로원이 되었다.
40 1910년에 에드몽의 딸 미리암이 빌헬름 칼의 딸 미나와 막스 골트슈미트 사이에서 태어난 알베르트 폰 골트슈미트 로트쉴트와 결혼한 사례까지 포함하면 총 열네 쌍이다.
41 영국 왕 조지 3세의 손자였던 조지 왕자(1819~1904)을 가리킨다.
42 영묘의 벽에는 히브리어와 영어로 다음과 같은 구절이 새겨져 있다.

>그녀는 지혜의 말로 입술을 열고
>말 속에는 다정함의 규약이 담겨 있었네
>내 사랑하는 아내여
>나 역시 천국에 오르면
>그대는 거기에 있겠지
>내가 무덤 속에 몸을 뉘이면
>보라 내 거기서 그대를 찾겠네
>그대의 손이 날 이끌 때라도
>그대의 오른손은 날 지지해 주리

페르디난트는 브럼튼 로드에 있는 결핵병원과 하이드파크 코너에 있는 세인트 조지 병원에도 돈을 기부했다.
43 원래는 원을 그리며 돋아난 버섯들을 가리키지만, 샬로테의 표현은 아름답고 귀한 사람들의 무리 혹은 그 자신의 '집안'에 대한 비유로도 읽을 수 있다.
44 스코틀랜드 에딘버러에 있는 고장. 로즈버리 백작 가문의 영지가 그곳에 있었다.
45 비쇼프샤임, 코헨, 모르푸르고(Morpurgo) 역시 적당한 가문이었지만, 지헬(Sichel)이나 데이비슨은 아니었다. 특히 데이비슨가의 명성은 가족 중 하나가 자신의 은행이 파산한 뒤에

자살해버려 일 때문에 매우 악화되어 있었다.
46 「열왕기상서」 12장 16절에 나오는 구절.
47 로즈버리의 개인 비서로 일했던 드럼랜리그 경은 퀸즈베리 후작의 장남이었고, 오스카 와일드와의 스캔들로 유명한 알프레드 더글러스는 그의 차남이었다.
48 제9대 퀸즈베리 후작인 존 숄토 더글러스는 오스카 와일드의 연인이었던 알프레드 더글러스 경의 부친으로 유명한 인물이다. '동성애혐오증(homophobe)'이라는 말이 생기기 전부터 동성애에 치를 떨었고 거의 광인에 가까웠던 퀸즈베리는 로즈버리가 자신의 맏아들 드럼랜리그 경(당시 로즈버리의 개인 비서였다)을 동성애자 무리에 가담시키려 한다고 확신하고 있었다. 1893년 8월, 그는 바트 홈부르크에서 채찍을 들고 로즈버리 앞에 나타났다가 경찰과 왕세자의 설득으로 겨우 물러났다. 결국 1894년 10월에 드럼랜리그가 총으로 자살하자, 퀸즈베리는 아들이 "속물 호모" 혹은 "그 똥개 같은 유대인의 하수인, 사기꾼 로즈버리"와의 관계를 폭로하겠다는 협박에 못 이겨 자살했다고 단정지었다. 와일드가 퀸즈베리를 명예훼손죄로 고소하고 그를 법정에 출두시켰을 때, 그가 법정에서 낭독한 편지에는 로즈버리(와 글래드스턴)의 이름도 언급되어 있었다. 그리하여 정부가 그를 감싸려 한다는 인상을 주지 않으려면 퀸즈베리의 재판이 끝나는 즉시 와일드를 동성애 죄로 기소할 수밖에 없는 상황이었다. 일설에 따르면, 로즈버리는 와일드를 도우려 했지만 "그랬다가는 선거에서 낙선할 것"이라는 밸푸어의 조언 때문에 구조를 단념했다고 한다. 와일드의 첫 재판은 판결을 내지 못했다. 법무차관 프랭크 로크우드 경은 "로즈버리에 대한 가공할 만한 루머가 아니었다면" 2차 재판은 없었을 것이라고 말했다.
49 또 한 명의 불쾌한 몽상가였던 빌링은 영국 기득권층에 잠입해 있던 4만 7000명에 이르는 '도착자'들에 맞선 그의 캠페인을 로즈버리의 아들과 에블린 아칠 드 로스차일드도 지지하고 있었으며, 그 두 사람이 전장에서 죽은 것도 사실상 입막음을 구실로 살해당한 것이라는 터무니없는 주장을 펼쳤다.
50 그러나 이 주장의 약점은 소설 속에 종교에 대한 언급이 전혀 들어 있지 않다는 점이다.
51 카나본 경이 하워드 카터와 함께 투탕카멘의 무덤을 발견한 1922년의 운명적인 원정도 바로 이 돈이 있어 가능했던 일이다.
52 엘리자베트 황후는 1876년 워드스턴을 방문해 페르디난트, 알리체와 함께 승마와 만찬을 즐겼다. 페르디난트는 2년 뒤 런던을 방문했을 때 루돌프 황태자에게 경의를 표하기 위해 무도회를 열기도 했다.
53 흥미롭게도, 마이어 칼은 블라이히뢰더가 그리스도교로 개종할 생각을 하고 있다고 의심하고 있었다.
54 프랑스 대사 조르주 루이스가 1908년에 남긴 기록에 따르면, 빌헬름 2세는 로스차일드가 사람들에게 독일에 상사를 새로 설립해 달라고 청했다고 한다. 그러나 이는 단지 대사의 상상 속에서 벌어진 일인 듯하다.

55 이런 행사들은 대형 무도회에서 정규 알현식, 사적으로 열리는 카드게임에 이르기까지 다양했다.
56 일례로, 라이오넬이 1865년 5월에 개최한 만찬에는 "케임브리지 공작, 맥도널드 대령, 작센바이마르의 에드워드 왕자와 왕자비, 맨체스터 공작 및 공작부인, 뉴캐슬 공작부인, 프로비 경과 그 부인, 하팅턴 경, 셰프턴 경 그리고 해밀턴"이 참석했다. 맨체스터 공작부인이 초대에 대한 답례로 자신의 집에 초대해 주지 않아서 샬로테의 화를 돋웠다.
57 런던의 센트럴 시너고그에서 진행된 유대교식 예식이었기 때문이다.
58 셰익스피어의 희곡에서 영국 왕 헨리 5세의 별명으로 등장하는 이름. 방탕했던 왕세자 시절의 별명이었다.
59 그래서 아서 설리번의 오페라 〈아이올랜디(Iolanthe)〉에는 다음과 같은 구절이 들어 있다. "주식은 쌔고 쌨는데 로스차일드와 베어링이 어마어마한 양을 독차지해버렸네. 당신한테 떨어진 것은 고작 몇 조각. 정신을 차리면 절망감에 떨리는 어깨뿐."
60 왕세자는 나중에 페르디난트의 장례식에도 참석했을 정도로 두 사람의 친분은 대단히 두터웠다.
61 이 내용은 스탠리 웨인트롭(Stanley Weintraub) 교수 덕에 알게 됐다. 앤서니가 죽었을 때, 여왕은 아들에게 이렇게 써 보냈다. "가엾은 앤서니 로스차일드 경의 일로 상심이 크겠구나. 그는 매우 친절하고 충성심 깊고 널 경애한 선량한 사람이었지."
62 보통 학생들은 9학기를 다녀야 했다.
63 칼리지 교수(fellow)들과 함께 식탁에 앉을 수 있는 등 그 외 여러 특권을 누리는 학생.
64 빅토리아 여왕의 차남. 삼촌 에른스트 2세의 뒤를 이어 독일제국에서 작센코부르크 고타 대공으로 군림했다.
65 인도에서 산출된, 한때 세계 최대로 알려졌던 다이아몬드를 가리킨다.
66 샬로테의 시어머니 해나(코헨)와 메이어의 아내 줄리애나(코헨)를 가리킨다.
67 토머스 미들턴 비덜프(Thomas Myddelton Biddulph) 경은 1851년부터 왕실의 가계 집정인으로, 1867년부터는 내탕금 관리인으로 일한 인물이다. 그는 애초에 유대인 귀족은 상원 의석에 앉을 수 없게 해야 한다고 여왕에게 조언했지만, 이후 이를 번복해야 했다.
68 그는 이 말에 앞서 그랜빌이 추천한 전 영국은행 총재이자 하원 의원인 호지슨(Hodgson)이 작위를 받으면 다른 '준남작들'이 대단히 질투할 것이라는 염려를 비쳤다.
69 흥미롭게도, 여왕은 (디즈레일리의 유언 집행자로서 찾아온) 내티를 처음 만났을 때 그가 "서른여덟이나 마흔쯤으로 보이는 미남, 유대인 중에서도 아주 잘생긴 얼굴"이었다고 기록해 놓았다.
70 알렉산더 베어링은 1835년에 애슈버턴 남작으로, (런던웨스트민스터은행의) 새뮤얼 로이드는 1850년에 오버스톤 남작으로, 조지 글린은 이후 울버튼 남작으로 서작되었다.
71 사실 여왕은 계속 저항했지만, 글래드스턴이 애초의 명단을 한 자도 고치지 않고 다시 제

출하자 여왕도 말없이 굴복했던 것이다.

72 흔히 전해 내려오는 이야기에 따르면, 여왕은 새로 심은 화단에 들어갔다가 알리체로부터 당장 나오라는 호통을 들었다고 한다. 그러나 여왕의 일기에는 "드 로스차일드 양은……일부러 마음을 써서 내 당나귀 마차가 지나갈 수 있도록 길을 넓혀 놓고 기다리고 있었다"는 기록만 남아 있다.

73 "아닙니다, 전하. 전하께서야말로 저희 일가를 극진히 대접해 주십니다"라는 뜻.

74 1835년, 토머스 레이크스도 출처가 불분명하기는 하지만 비슷한 대화를 기록해 놓았다. "로스차일드가 빈에 가서 오스트리아와 차관 계약을 맺었을 때, 황제는 그를 불러 협상 과정에서 그가 보여 준 너그러운 태도에 감사를 표했다. 그러자 이 유대인은 이렇게 답했다는 것이다. '황제 폐하, 로스차일드 가문은 오스트리아 가문을 기쁘게 할 수 있는 일이라면 무슨 일이든 언제나 기쁘게 행할 것이옵니다.'"

8장 유대인 문제

1 흥미롭게도 그가 그와 같은 성을 사용한 것은 미나가 죽은 이후부터였다.

2 구스타브의 딸 조이는 1882년에 벨기에 대리인이었던 레옹 랑베르 남작과 결혼했고, 이듬해에는 그녀의 사촌 베아트리스가 모리스 에프뤼시와 결혼했다. 에프뤼시는 프랑스 로스차일드가의 러시아 석유 사업에 함께 관여한 인물이었다. 1892년에는 구스타브의 딸 베르타 줄리에트가 엠마누엘 레오니노 남작과 결혼했다. 1913년, 에드몽의 아들 제임스 아르망(흔히 '지미'라고 불렸다)은 도로시 핀토와 결혼했다.

3 1866년 최고 랍비 네이션 마커스 애들러가 런던의 3대 시너고그(그레이트 시너고그, 뉴 시너고그, 함브로 시너고그)를 통합해 만든, 영국 유대사회에서 가장 크고 권위 있는 단체. 앤서니 로스차일드가 제1대 회장을 맡았다. 당시 3대 시너고그는 모두 영국 태생이나 세파르디 유대인 같은 영국 사회에 동화된 부유한 유대인들이 중심을 이루고 있었기 때문에, 연합시너고그는 이스트엔드를 중심으로 결집한 몬터규의 시너고그연맹과는 서로 다른 성향을 보였다. 연합시너고그의 집행위원회 위원장이었던 라이오넬 루이스 코헨(Lionel Louis Cohen)이 실제 업무상에서는 가장 중요한 인물이었다.

4 1884년에 화이트채플에 세워진 인보관(隣保館) 토인비 홀을 모범으로 삼아 '유대인 토인비 홀'을 설립하고, 이를 신규 이민자들을 영국화하는 작업에 주안을 둔, 이스트엔드 유대인들을 위한 활동의 거점으로 삼자는 제안이었다.

5 유대인들이 비유대인을 지칭할 때 사용한 표현이다.

6 사회학자 막스 베버와는 다른 인물이다.

7 이런 혐의들을 제기하고서 늘 무사했던 것은 아니었다. 일례로, 드뤼몽은 어느 의원이 프

랑스은행에 유리한 법령을 통과시켜 달라고 로스차일드가에서 건넨 뇌물을 받았다는 주장을 제기해서 고소당한 적이 있다.

8 레옹 랑베르 남작과 결혼한 구스타브의 딸 조이 루시를 가리킨다.

9 모리스 에프뤼시와 결혼한 알퐁스의 딸 베아트리스를 가리킨다.

10 귀족들의 저택이 밀집한 파리의 지역 이름.

11 에두아르는 결투를 감행했지만 프랑스인들의 결투답게 그도, 상대도 죽지 않았다. 로베르의 결투 신청은 결국 무산되었다. 그의 상대인 뤼베르삭 백작의 입회인들이 백작이 결투에 참가하기에는 너무 어렵다고 선언했기 때문이었다.

12 이 수치는 1881년에서 1914년 사이에 이주한 유대인 전원을 합계한 숫자다. 1881년에서 1905년 사이에 영국에 도착한 유대인들은 매년 평균 5000명 수준이었다. 그 대부분은 영국에 정착하는 대신 신세계, 특히 미국으로 다시 떠났지만 말이다.

13 환자들의 비용 부담에 차등을 두는 의료 서비스를 일컫는다.

14 로스차일드가에서 대학의 창립 헌장에 다음과 같은 조항을 명시해 놓은 것은 놀라운 일이다. "교수직 후보의 종교적 교파와 관련해서는 어떠한 자격 조건도 부과할 수 없으며, 종교적 혹은 신조적 입장을 근거로 교수직이나 연구직 임용 기회를 박탈해서도 안 된다." 결국에 가서는 유명무실해진 원칙이었으나 선견지명이 있었다고 해야 할 것이다.

15 레오폴드의 아들 라이오넬(1882~1942)을 가리킨다.

16 자립심과 자립 능력이 있어서 원조를 받을 가치가 있다는 의미다.

17 10만 프랑은 북부 철도 회사 관리들의 딸들을 위한 지참금 지급 명목으로 적립되었다. 6만 프랑은 페리에르, 퐁카레, 라니 지역의 빈민들을 돕는 데 쓰였다. 매년 1000프랑이 역시 같은 지역의 공공사업에 투자되었다(지급된 총액은 약 2만 5000프랑이었다). 25만 프랑은 피크퓌스 가에 있는 유대인병원에 들어갔다. 20만 프랑은 유대인자선위원회에 기부되었다.

18 입국 거부(exclusion)는 외국인의 국외 입국을 거부하거나 승인하지 않는 것이고, 추방(expulsion)은 영주권자를 국외로 추방하는 것이다.

19 '이스라엘의 희망'이라는 뜻.

20 '가문 회의'라는 것은 헤르츨 특유의 상상력의 소산이었다. 많은 면에서 그는 로스차일드가의 권력을 드뤼몽이나 그 외의 반유대주의자들과 같은 식으로 과대평가하고 있었다. 그는 이 담화문을 이후 『유대 국가(Der Judenstaat)』라는 책으로 출간했다.

9장 제국주의 편에서(1874~1885)

1 모건 그룹의 구조는 로스차일드가와 사뭇 닮아 있었다. 모건 그룹도 뉴욕, 필라델피아, 파리에 주재한 세 상사가 구성한 파트너십 체제였다. J. P. 모건이 1895년에 회사를 재편한 뒤

상사들은 J. P. 모건 상회(J. P. Morgan & Co.)[원문에는 'J. P. 모건 드렉셀 상회(J. P. Morgan, Drexel & Co.)'라고 쓰여 있는데, 회사 재편이 동업자 드렉셀의 사후에 이루어진 것이고 다른 자료들의 정보와도 다르므로 오기로 보인다-옮긴이]와 모건 하예스 상회(Morgan, Harjes & Cie.)로 개칭되었다. 런던 상사(J. S. 모건으로 불렀다가 1910년에 모건 그렌펠로 개칭)는 다른 상사들과 계속 독립적으로 운영되었다.

2 쇠락설을 의심하게 하는 몇 가지 근거가 있다. 1906년, 레오는 파리 사촌들에게 이렇게 썼다. "우리는 올해 2800만 파운드의 어음을 할인했습니다. 그 중 1200만 파운드가 파리 쪽 계정을 위한 것이었지요." 이 수치가 사실이라면 로스차일드가는 당시 런던 시장 최대의 어음 중매상이었을 것이다.

3 1990~1995년 사이에 직접 투자 및 포트폴리오 투자 규모는 통틀어 GDP의 12%에 조금 못 미치는 수준이었다.

4 이 액수는 로스차일드가가 다른 비로스차일드계 은행, 그 중에서도 주로 베어링가, J. S. 모건 그리고 한 번은 슈뢰더가와 함께 발행한 소수(아홉 건)의 추가 채권(전부 합해 5억 2600만 파운드 상당)을 포함한 수치다.

5 '커디브'라는 직함도 1867년에 이스마일이 콘스탄티노플에 바치는 이집트의 세금을 약 33만 7000파운드에서 68만 2000파운드로 증액시킨 보답으로 술탄에게서 얻어낸 것이었다.

6 유럽인들이 오스만제국 정부를 지칭할 때 사용한 말이다.

7 회교도의 아내와 첩이 거처하던 궁전을 가리킨다.

8 1854년과 1856년에 양허된 사업권 계약에 따르면 커디브 사이드(Said)는 레셉스의 수에즈 운하회사 우선주를 받았고, 그에 대한 이자는 회사 순익의 15%에 달했다. 또 커디브는 최초로 모집한 총주식의 4분의 1에 조금 못 미치는 2만 6517주의 보통주를 356만 파운드에 (대부분 금리 10% 단기 재무증권으로 지불해) 매입했다. 그의 조카 이스마일은 1863년에 커디브 자리에 오르며 회사 주식 8만 5606주를 추가로 취득했다(그러나 전체 주식 18만 2123주 가운데 일부는 이후 매각되어, 1875년에 영국에 매각할 수 있었던 주식은 17만 6602주에 불과했다). 이 모든 주식에 대해, 커디브는 최소 5%의 배당금을 받을 수 있었을 것이다. 그 대가로, 회사는 운하 건설에 필요했던 것보다 다소 면적이 큰 토지와 세금 감면 혜택, 그리고 (2차 사업권 계약의 부속 조항에 따라) 운하를 완공시키기 위한 무임 강제 노동력을 제공받았다. 게다가 회사가 커디브를 상대로 소송을 제기해서, 커디브는 회사에 336만 파운드를 더 지불해야 했다. 이 비용을 마련하기 위해 커디브는 자신의 주식 쿠폰을 25년 동안 저당 잡혀야 했다. 1875년까지 이집트 재무부는 운하 건설에 총 1600만 파운드를 쏟아 붓고 12~27%의 금리로 3540만 파운드를 차입하게 된다.

9 애초에 세운 계획은 대외 채무에 지급해야 할 쿠폰 이자를 절반만 현금으로 상환하고 나머지는 금리 5%의 5년 만기 채권으로 지불하자는 것이었다. 3개월도 채 되지 않아 이 계획마저 좌초되었다.

10 15대 더비 백작으로, 전 총리였던 14대 더비 백작의 아들이었다.

11 총액이 400만 파운드가 조금 못 된 까닭은 커디브가 갖고 있던 주식이 계약에 기술된 것보다 다소 적은 것으로 드러났기 때문이었다(17만 7642주가 아니라 17만 6602주였다). 양도받은 주식은 전체 주식의 44%에 해당했다. 나머지 56%는 대부분 프랑스인들의 수중에 있었다.

12 이는 가능성이 없는 이야기다. 11월 25일의 거래 소식이 공개되기 전에 알퐁스가 이 거래에 대해 알고 있었다는 증거가 로스차일드가의 서한에서 드러나지 않는 것은 사실이다. 그러나 라이오넬이 파리 상사의 도움 없이 돈을 조성하는 것은 불가능했을 것이다. 전신으로 소식을 주고받았는데 그 기록이 현재 남아 있지 않을 가능성도 배제할 수 없다.

13 경제적인 측면만 고려한다면 이때가 바로 팔 시점이었다. 그러나 정부가 주식을 매각한 것은 주식 가치가 2200만 파운드, 즉 애초 매입 가격보다 다소 낮은 수준까지 떨어진 1979년이었다.

14 프랑스는 이집트의 파산에서 이익을 취할 기회를 타국에 전부 빼앗겼다고 불평할 수가 없었다. 1880년 크레디 퐁시에는 운하 수입의 15%를 받을 수 있는 커디브의 권리를 2200만 프랑을 주고 사들였다.

15 수에즈운하 주식을 매각하고서도 이집트 재정이 정상화될 기미를 보이지 않자, 유럽의 각 채권국들이 1876년에 결성한 기구로 영국, 프랑스, 오스트리아, 이탈리아가 참여했다.

16 1878년에 프랑스의 주장으로 이집트 전체 세원과 지출 내역을 조사하기 위해 임명된 위원회로, 이집트 공무원이나 정부 대표에게 증언을 요구하고 모든 기록을 소환할 수 있는 권리가 있었다. 수에즈운하를 건설한 레셉스가 위원장, 리버스 윌슨이 부위원장이었고, 그외 네 명의 공공부채위원들로 구성돼 있었다.

17 프랑스 상사가 이 채권 사업에 참여했을 가능성도 있다. 그러나 알퐁스의 편지에서는 그가 디즈레일리의 정책을 지지했다는 사실이 분명히 드러난다.

18 사실 라이오넬은 이미 1년 전 10월에 디즈레일리에게 러시아에 재정 지원을 해 줄 의향이 없다는 뜻을 내비쳤다.

19 《데일리 텔레그래프》는 1855년 창립된 지 몇 개월 만에 유대인 조지프 모지스 레비에게 인수되어 1928년까지 그 가문에서 운영했다.

20 "나는 언제나 투르크파였지만, 요즘은 어디에나 친투르크 정서가 만연하니 놀랍습니다."

21 총 부채는 2억 3700만 투르크 파운드에서 1억 4200만 투르크 파운드로 줄었고, 연간 납입금도 1500만에서 300만 투르크 파운드로, 즉 원금의 6%에서 단 2%로 감축됐다. 이는 상당히 관대한 합의안이었다.

22 1858~1947년까지 영국이 지배하던 남부아시아 지역을 가리킨다.

23 1914년 당시 독일인들은 오스만 공채의 22%를 보유하고 있었다. 프랑스의 보유량은 63%, 영국은 15%였다.

24 1882년 1월에 강베타의 뒤를 이어 총리 겸 외무장관이 된 샤를 드 프레시네(Charles de

Freycinet)를 가리킨다.
25 베어링은 1877년 이래 공공부채기금 이사회에서 활동하고 있었고, 1879년에는 영불 공동 감사관으로 재직하기도 했다. 이후 인도로 잠시 근무지를 옮겼다가, 1881년에 다시 이집트로 돌아와 총영사가 되었다. 1883년에 2중 지배 체제가 와해된 뒤, 재정적 통제권을 사실상 영국 대리인이었던 그에게 위임되었다. 그는 1907년까지 영국 대리인 활동을 계속했다.
26 이슬람교의 메시아를 일컫는 말. 당시 무함마드 아마드라는 인물이 자신을 마디라 주장하며 투르크-이집트 지배자들의 압제 정치에 맞서서 군사 반란을 일으켰다.
27 남아 있는 대차대조표는 로스차일드가의 이집트 증권 보유량이 상당했다는 사실을 드러낸다. 일례로 1886년 당시 수에즈운하 주식 보유량은 14만 4348파운드에 달했다.

10장 정당 정치

1 디즈레일리는 1876년에 비컨스필드 백작으로 서임되었지만, 혼동을 피하기 위해 앞으로도 그를 칭할 때는 '디즈레일리'라는 이름을 쓰겠다.
2 '원로(元老, Grand Old Man)'의 약자.
3 엠마는 글래드스턴에게 "선생님께서 댁의 아름다운 나무들을 가지치기하시게 되면 그 중 작은 나뭇조각 하나를" "추억으로 삼을 수 있도록" 자신에게 보내 달라고 요청했다.
4 디즈레일리가 로스차일드가와 거래한 내역이 담긴 문서들은 대부분 디즈레일리 사후에 파기된 것으로 보인다. 그러므로 로스차일드가가 그를 이 책에서 기술할 수 있는 것보다 더 많이 도와주었을 가능성도 있다.
5 디즈레일리가 1868년 처음 총리가 되고 남긴 유명한 말 "나는 기름 바른 장대 꼭대기까지 올라왔습니다"에 대한 언급이다.
6 쇼비니스트(chauvinist)와 유사한 뜻으로 편협한 애국주의자, 맹목적인 주전론자, 대외 강경론자를 가리킨다.
7 디즈레일리의 전작에 등장한 시도니아는 부유한 은행가였지만, 애드리언 뇌샤텔은 부유한 은행가의 '장남'이며 '자유당' 하원 후보로 선거에 출마해 당선되면서 주위를 놀라게 한다.
8 버킹엄셔(Buckinghamshire)의 줄임말.
9 오스만제국에서 슬라브족의 봉기를 잔혹하게 제압한 사건을 두고 글래드스턴이 그의 유명한 팸플릿 『불가리아 참상과 동방문제』을 발간하면서 그리스도교인의 참상에 손 놓고 있는 디즈레일리 정부를 비판한 정치 운동을 가리킨다.
10 그 외에도 상무부 사무차관 헨리 캘크래프트(20회), 은행가 호레이스 파쿠아, 오스트리아 외교관 알베르트 멘스도르프, 러시아 대사 드 스탈 남작이 단골손님이었다.
11 하코트의 수렵법(Ground Game Act)은 임차인들에게도 지주와 동등한 엽수(獵獸) 살생권을

부여했기 때문에 로스차일드가 같은 사냥 애호가들로부터 대단히 원성을 샀다.
12 임대료를 내지 못해 퇴거된 소작인일지라도 임대료 지급 불능의 이유가 가뭄 및 경기 침체의 직접적인 결과라는 근거로 퇴거된 소작인에게 보상해 주는 법안이다.
13 버트럼 커리는 당시 인도 총독보좌위원회 위원으로 재임 중이었다.
14 이 이례적인 사건의 자세한 정황을 규명하기란 불가능하다. "이 사건에 관련된 문서는 비서관의 장롱 서랍 속에 치워졌"기 때문이다.
15 역사학자 장 부비에(Jean Bouvier)가 지적한 것처럼, 당시의 로스차일드가는 이미 공채라는 전리품을 독식하는 대신 크레디 리요네, 소시에테 제네랄, 콩투아 데스콩트, 파리바은행 같은 엘리트 합자은행들과 나눠 가져야 할 입장이었다.

11장 제국의 위험과 수익(1885~1902)

1 레블스토크는 사실 1890년 2월에 트링을 방문하기도 했다. 에드워드 해밀턴은 "두 거대 라이벌 은행 가문의 수장이 함께 있는 모습을 보는 것은 꽤 재미있는 일이다"라고 썼다. "그들은 질투심에 찬 시선으로 서로를 뜯어보면서도 짐짓 그런 속내를 감추려고 했지만 소용없는 일이었다."
2 런던 주재 러시아 대사 드 스탈(de Staal) 남작을 가리킨다.
3 종래와 같이 로스차일드가는 6000파운드에 달하는 수수료와 비용을 청구했다. 그러나 사실상 그 돈은 해협을 건너지도 못한 것으로 보인다.
4 영국은행 이사회 출신의 원로들로 구성된 집단으로, 영국은행의 운영 및 정부와 영국은행 간의 조율을 담당했다.
5 위원회의 또 다른 인물들로는 J. S. 모건의 월터 번스, 에버라드 함브로, 영국은행의 찰스 고션, 허버트 깁스, 런던 앤드 리버 플레이트 은행(Bank of London and the River Plate)의 조지 드래블이 있었다. 프랑스 대표(캉당베르[Cahen d'Anvers, 레오의 아들 앤서니와 결혼한 이본 캉당베르의 가문])와 독일 대표(한제만)도 참여했다. 위원회는 1897년 12월까지 정규적으로 모였다.
6 타인의 자본을 이용해 자금 조달 효과를 가져오는 것을 뜻한다.
7 금괴 사업에 대한 로스차일드가의 관심은 앤서니의 협조가 없는 상황에서 1870년대 무렵에는 이미 쇠퇴해 있으리라는 것이 최근에 제기된 주장이다. 그러나 1875년에도 제련소에서 배출된 과도한 연기 때문에 앤서니에게 5파운드라는 명목상의 벌금(과 1파운드 8실링의 추징 비용)이 부과됐다는 정황이 있다. 제련소는 그때까지도 사뭇 활발하게 운영 중이었던 것이다.
8 피어폰트 모건은 로스차일드가의 오만한 태도에 분노를 금치 못했다. "이 사업 때문에 로스차일드가 사람들이나 벨몬트와 얼굴을 맞대고 싶지는 않습니다. 돈을 쥐어 주고 쫓아낼

수 있다면 그 무엇이라도 안겨서 내보내고 싶은 심정입니다. 노소를 불문하고 그들이 다른 이들에게 대하는 꼴이란 제가 보기에는 그 누구도 참을 수 없는 수준입니다." 내티는 영국에 주재하고 있던 J. S. 모건의 시니어 파트너 월터 번스를 한 번도 직접 방문하지 않았다. 언제나 번스가 뉴코트로 찾아갔다.

9 1865년에서 1890년까지 1억 2100만 파운드에 달하는 미국 철도 주식이 런던의 머천트뱅크를 통해 발행되었지만, 이 중 로스차일드가에서 맡은 것은 단 80만 파운드에 불과했다. 뉴코트가 마침내 펜실베이니아 철도 회사와 그랜드 트렁크 퍼시픽 철도 회사를 위해 총 600만 파운드에 달하는 채권 발행을 맡게 된 것은 1908~1909년에야 성사된 일이었다.

10 런던 증권거래소에 상장된 영국 국내 철도 회사 주식을 일컫는다.

11 브뤼셀에 파견된 영국 대표단에는 로스차일드와 커리 외에도 국가부채관리청 감사원장 찰스 리버스 윌슨 경, 왕립조폐국 부국장이자 양본위제주의자였던 윌리엄 홀스워스 경이 포함되어 있었다. 알프레드의 계획안은 아돌프 조에트비어(Adolf Soetbeer, 금본위제를 주창했던 독일의 경제학자)나 모리츠 레비(Moritz Levy, 덴마크 대표)가 제안한 계획안보다 많은 면에서 훨씬 현실적이었다.

12 이는 로스차일드가의 총소득 가운데 약 2.5%에 해당했다. 스페인 사업 예산을 통틀어 비율로 따지면, 스페인 정부에서 받는 수입은 1%가 조금 안 되는 수준이었다.

13 남아프리카 다이아몬드 및 금광 산업을 휘어잡았던 기업가들을 일컫는 말로, 금광 지대인 비트바테르스란트(Witwatersrand), 즉 '랜드(Rand)'에 '땅을 소유한 사람'이라는 뜻에서 붙여진 이름이다.

14 코너 하우스 그룹은 회사 설립자 중 한 사람인 독일인 에크슈타인(Eckstein)의 성을 영어로 번역하면 '모퉁이돌(cornerstone)'이었기 때문에 붙여진 이름이다. 런던에 기반을 둔 금융 투자 회사 베른허 바이트 상회(Wernher, Beit & Co.), 요하네스버그의 에크슈타인 상회(H. Eckstein & Co.) 등이 그룹을 이뤘다. 랜드 마인스는 심부 채광 광산을 관리하기 위해 설립된 자회사였다.

15 1887년 당시, 남아프리카는 세계 금 산량의 0.8%를 차지하고 있었다. 1892년이 되면 이 수치는 15%로, 1898년에는 25%로 치솟는다.

16 1899년에도 비슷한 협상이 체결되어 구리 가격을 79파운드 이상으로 상승시켰다.

17 현 크로아티아 서북부에 위치한 도시 리예카를 가리킨다.

18 '연료유'라는 뜻의 러시아어.

19 다이아몬드 광산 특유의 수직갱을 일컫는 말.

20 과거에 다이아몬드 산출량을 계산할 때 사용하던 단위 '적재량당 캐럿(carat per load)'은 당시 표준 광차의 수송 규모 1600파운드(16입방피트)를 기준으로 한 다이아몬드 산출량을 의미한다.

21 킴벌리에서는 으레 '콩파니 프랑세즈', 즉 '프랑스 회사'로 불렸던 희망봉 프랑스 다이아몬드

회사(Compagnie Française de Diamant du Cap de Bonne Espérance)를 말한다.

22 바나토 외에도 로즈, 알프레드 바이트, E. S. P. 스토(E. S. P. Stow), 베어링 굴드가 종신 이사였다. 그러나 베어링 굴드는 바나토 혹은 로즈의 고집으로 결국 종신 이사직에서 제외되었다. 많은 협상 끝에 종신 이사들은 144만 파운드가 넘는 연소득의 25%를 받기로 합의되었고, 그들은 이 권리를 1901년까지 누릴 수 있었다.

23 17세기 이래 남아프리카에 이주한 백인 및 그들의 후손. 주로 네덜란드계.

24 보어인들이 통치했던 남아프리카공화국(Zuid-Afrikaansche Republiek)을 영국인들은 흔히 '트란스발'이라고 불렀다.

25 인도양에 연안한 포르투갈령 모잠비크는 내륙 쪽으로 트란스발과 마타벨레랜드와 마주하고 있었다.

26 100만 파운드의 자본금 가운데 내티는 1만 파운드를 출연했다.

27 영국남아프리카회사를 가리킨다.

28 수정을 거친 이후의 유언장에는 옥스퍼드 장학금이라는 더 현실적인 계획이 등장한다. 즉, 옥스퍼드 대학에 장학금을 설립해서 (내티의 말에 따르면) "식민지 개척자들, 심지어는 미국인들도 이시스 강둑(옥스퍼드 대학을 말한다. 옥스퍼드를 가로지르는 템스 강을 '이시스 강[The Isis]'이라고 부르기도 한다)에서 공부하고, 로즈 자신이 그랬듯이 자신의 조국을 사랑하고 조국을 번영시키는 법을 배울 수 있도록" 장려하자는 것이었다. 그의 재산에서 생긴 수익의 나머지는 "앵글로색슨족의 이해와 발전을 위해" 사용하도록 유산 관재인에게 맡겨졌다. 이 최종판 유언장에서는 내티의 관재인 자리를 사실상 다른 인물이 대체해버린다.

29 트란스발 공화국의 수도.

30 아프리칸어로 '외국인'이라는 뜻. 트란스발랜드에서 광산 붐이 일었을 때 새로 이주한 노동자들, 특히 영국인들을 일컫는 말.

31 아이틀랜더들의 주요 불만 사항은 1890년에 트란스발 정부가 제1포크스라트 및 대통령 선거 투표권에 필요한 거주 연수를 연장함으로써 그들의 공민권을 사실상 박탈했다는 데 있었다.

32 이 채권은 나중에 독일에서 발행됐다.

33 트란스발의 의회를 뜻한다. 법률 제정권이 있었던 제1포크스라트의 경우 당시 외국인은 14년 거주자에 한해 투표권을 행사할 수 있었다.

34 밀너는 애초 5년 거주자에게 선거권을 부여해 줄 것을 요구했다.

35 비용을 절감하기 위해 취한 행동이 장기적으로는 훨씬 더 큰 비용을 유발하는 사태를 가리킨다.

12장 금융과 동맹(1885~1906)

1 공쿠르 형제는 이렇게 썼다. "그 오래된 도시[사마르칸트]에는……유럽에 프랑스라는 나라가 있다는 것, 비스마르크라는 이름의 정치가가 있다는 것을 아는 사람은 없지만, 유럽에 막대한 거부가 있으니 그의 이름은 로스차일드라는 사실만큼은 모르는 사람이 없다."
2 태국의 옛 이름.
3 그리고 1897년 후반, 맥도넬은 로스차일드가에서 수단 철도에 경제적으로 지원하는 방안을 두고 내티와 협의했다.
4 이슬람교의 탁발 수도승을 뜻하는 페르시아어. 여기에서는 마디의 군대를 일컫는다.
5 1874년에는 3루블에 불과했던 파운드-루블 환율이 1887년에는 4.67로 오르고 1890년에는 다시 3.57로 떨어졌다. 환율은 일단 3.88로 안정화된 뒤, 1897년에 9.45로 재조정되었다.
6 베어링가의 문서보관소 자료에 따르면 1888년도 러시아 채권 발행을 협상한 사람은 에밀 오스키에(Emile Hoskier)라는 인물이었고, 신디케이트에 참여했던 영국 은행은 베어링과 함브로였다고 한다.
7 레오는 이렇게 덧붙였다. "그분이 애초에 바로 거절하셨다면 더 나았을지도 모릅니다. 다행히도 재무장관님이 선량하고 현실적인 실무가이신 터라 사람들이 우려한 대로 우리 가족에 앙심을 품지는 않으실 겁니다."
8 긴츠부르크가는 보드카 사업으로 재산을 쌓은 뒤 은행업과 광산업에 진출한 러시아 유대계 가문이었다.
9 알퐁스가 우려되는 점으로 꼽은 것 중 하나는 차르가 주술에 지나친 관심을 보이고 있다는 사실이었다.
10 빌헬름 1세가 베르사유에서 독일 황제로 선포된 1871년부터 그의 손자 빌헬름 2세가 퇴위한 1918년까지를 일컫는 명칭으로, 여기에서는 특히 빌헬름 2세 치세(1888~1918)를 가리킨다.
11 프랑스 외무부를 가리킨다.
12 사실상 청제국(清帝國)을 의미한다. 혼란을 피하기 위해 '차이나(china)'는 이후 모두 '중국'으로 번역했다.
13 알퐁스는 카이저가 잠시나마 노동 계층의 환심을 사려는 야심을 보인 것 역시 수상쩍게 생각하고 있었다.
14 독일 외무부를 가리킨다.
15 1897년 11월, 독일은 산둥반도의 주요 항인 자우저우를 점령했다. 어느 정도는 1894년에 독일이 사모아 섬의 지배권을 요구했을 때 솔즈베리가 이를 거부한 것이 빌미가 된 사건이었다. 1898년 3월에 러시아가 중국에 아르투르 항의 '임차권'을 요구한 일이 영국 해군의 응대를 촉발시켰다.
16 체임벌린은 영국이 웨이하이웨이에서 그랬듯이 계속해서 독자적으로 움직일 경우 중국이

단편적으로 분할될 것을 우려했고, 열강들이 러시아에 맞서서 동맹을 맺기를 바랐다.
17 영국의 전체 함정이 해군력 2위 및 3위 국가들의 함정을 합친 것과 동일한 규모를 유지해야 한다는 원칙.
18 그러나 내티가 1907~1908년 《타임스》의 재정 재편 작업에 관여하면서 모벌리 벨을 프린팅 하우스 스퀘어에서 내쫓으려 했다는 것은 실체 없는 혐의에 불과하다. 슈바바흐가 보기에 내티는 "친독일적이라고 할 만한 요소가 전혀 없는" 인물이었고, "독일이 신문에 영향력을 발휘하게 하자고 생각할 리도 없"었다.
19 바르부르크는 100만 파운드를 신청했지만 2만 6000파운드로 만족해야 했다. 그러나 그것도 상당한 몫이었다.
20 해밀턴은 1907년 1월 22일에 애스퀴스에게 이렇게 써 보냈다. "나라가 전비를 무한정으로 끌어낼 수는 없습니다. 보어전쟁 중에는 아무도 자금 조달 문제를 걱정하지 않았지만, 이제는 전쟁 중에 생긴 막중한 채무 때문에 우리의 신용이 아주 심각하게 훼손됐다는 사실을 모르는 이가 없습니다."
21 그는 오스트리아의 프란츠 요제프 황제에게 대십자훈장도 수여받았다.
22 '앵글로색슨족의 양대 분파'는 영국과 미국을 말한다.
23 제3공화국에서 늘 그랬던 것처럼, 이 위기에도 정치적 측면이 개입돼 있었다. 프랑스 외교관 폴 캄봉은 당시 재무장관이었던 모리스 루비에(Maurice Rouvier)가 앞으로 전쟁은 더 없으리라는 델카세의 확언에 근거해서 러시아 채권의 등귀를 예상하고 투기를 벌였다는 혐의를 제기했다. 델카세는 루비에가 "증권거래소에서 투기하기 위해서라면 프랑스라도 팔아치울 위인"이라고 언급하기도 했다.
24 독일 의회 혹은 독일 정계.
25 '거친 물에 기름 붓기'는 '풍파를 잠재우다', '싸움을 원만히 수습하다'라는 뜻의 관용적 표현이다.
26 스레드니들 가에 위치한 영국은행.
27 '모든 것 위의 독일.'
28 세계 정치. 비스마르크의 '현실 정치(Realpolitik)'를 대체한 빌헬름 2세의 정치 이념. 더 크고 강대한 제국으로서의 독일을 지향했다.
29 1906~1917년까지 존속했던 제정 러시아 의회.
30 내티는 편지에 흥미로운 추신을 달았다. "물론 나는 단호하게 부정했다. 그리고 국제 언론계의 유대인 기자들이 러시아 재정을 공격하는 기사를 쓰지 못하도록 가능한 한 모든 노력을 다했다."
31 상트페테르부르크를 가리킨다.
32 스톨리핀은 "러시아 유대인의 운명을 개선하기 위한 법률을 검토 중에 있다"는 모호한 답변만을 건넸다.

33 히브리어로 '왕'을 뜻한다.

13장 군사-금융 복합체(1906~1914)

1 북유럽 신화에서 일컫는 신들과 인간 세계의 종말.
2 내티는 외국에서 맥심포를 구입하는 족족 그 정보를 솔즈베리 경에게 알리기도 했다. 그는 그것이 해당 국가의 호전적인 의도를 드러내는 징후라고 판단했던 것이다.
3 통일당 프리푸드 리그(Unionist Free Food League), 즉 무관세식품연맹에 소속된 사람들.
4 프랑스혁명 때 자유의 상징으로 여겨졌던 원뿔꼴 모자를 뜻한다.
5 이 집회는 물론 순수한 보수당 집회가 아니었다. 슈스터와 에이브버리 모두 집회에 참석했고 초기 청원에 서명도 했지만, 예산을 비판하는 그들의 논조는 내티의 논조와 매우 달랐다. 그리고 슈스터는 캠페인을 이어가기 위해 수립된 예산안반대연맹(Budget Protest League)에는 가담을 거부했다.
6 100분의 1%.
7 레오는 이렇게 썼다. "금요일에는 홀데인을 위해 일하고, 화요일에는 그의 정책에 반대하는 연설을 해야 한다. 대단한 요령을 발휘해야 스킬라와 카리브디스 사이를 무사히 빠져나갈 수 있을 것이다."(스킬라[Scylla]와 카리브디스[Charybdis]는 호메로스의 『오디세이아』에 등장하는 바다 괴물이지만 이탈리아반도와 시칠리아 섬 사이의 메시나 해협 양쪽, 즉 이탈리아반도 쪽의 암초와 시칠리아 해안의 소용돌이에 대한 비유이기도 하다. 해협을 지나는 배는 어느 한쪽을 피하려고 하면 다른 쪽에 걸려들게 되는 진퇴양난의 상황에 처하게 된다.)
8 1910년 1월 10일자 《웨스턴 데일리 머큐리》에서 인용(로이드 조지가 같은 달 8일 플리머스에서 한 연설문을 인용한 기사). "로스차일드 경은……영국이 어마어마한 돈이 남아도는 자유 무역 국가라고 생각하고는 자신의 돈을 긁어모아 외국인들에게 대부하고 있습니다. 게다가 아주 예의 바르게도 말입니다! 얼마 전, 상원에서 그는 자신의 부친이 했던 말을 인용해 일국의 교역에 있어 외국에 돈을 빌려 줄 수 있다는 사실보다 더 유익한 것은 없다는 연설을 했습니다. 저는 어째서 그가 부친의 말을 인용했는지 모르겠습니다. 그런 지혜가 유전된다는 것을 증명하려는 것이 아니었다면 말입니다.(일동 웃음)" 두 사람 사이의 공공연한 언쟁은 수개월 동안 계속되었다. 1913년, 내티는 로이드 조지가 국민 보험 기금을 전용해 주택 건설에 사용한 것을 두고 "날림 공사에 투기했다"며 공격했다.
9 그러나 사순은 보수당 및 통일당 후보로 발탁됐고, 결국 의석을 차지했다.
10 글래드스턴이 총리로 있던 1881년 당시에 아일랜드 문제를 두고 파넬을 겨냥했던 연설 중 "(적들에 대적할) 문명의 자원은 아직 고갈되지 않았다"에서 인용한 것이다.

14장 대홍수(1915~1945)

1 그가 진 빚이 75만 파운드가 넘는다는 소문이 돌았다. 결국 월터는 자신의 연구를 진행하고 트링의 박물관을 유지할 자금을 지원받는 대신, 사업 전선에서는 사실상 명예퇴직을 당하게 된다.
2 그 역시 형과 마찬가지로 케임브리지에서는 기말시험을 3등급으로 통과하는 등 저조한 성적을 보였다는 점을 지적해야 하겠다. 두 형제가 지닌 재능은 기존의 학문 기관에서는 발휘할 수 없었던 재능이었던 것이다.
3 우연히 이 영지를 방문하게 된 그는 부친이 이미 그 땅을 소유하고 있다는 것을 알고 기뻐했다.
4 부친의 삶에 대한 자세한 정보를 제공해 준 미리엄 로스차일드에게 감사드린다.
5 그는 부상을 입은 에블린이 병원에서 세상을 떠난 날 목숨을 잃었다.
6 코헨에 따르면 "완벽하게 정장한 그녀의 집사 레스터는 현관을 열고 마치 방문객이 왔음을 알리려는 듯 '마님, 체펠린입니다'라고 말했다"고 한다.
7 월터는 유대인구빈위원회와 유대인평화조합(Jewish Peace Society)의 위원회에서 활동했다. 라이오넬은 레오의 뒤를 이어 영국유대교대표위원회의 회계부장을 맡았다. 연합시너고그의 회장 자리도 1942년까지는 로스차일드가 사람들의 수중에 남아 있었다.
8 기원전 2세기경, 시리아 왕의 학정에 맞서 3대에 걸쳐 독립 운동을 펼친 마카베오 일가를 일컫는다.
9 이스라엘 북부에 위치한 도시로, 영국의 위임 통치 당시에는 인구의 95%가 아랍인이었다.
10 그와 그의 아내는 사후 팔레스타인에 묻어 달라는 유언을 남겼다(에드몽은 1934년에, 아내는 1935년에 세상을 떠났다). 그러나 이 유언은 1954년까지 집행되지 못했다. 1957년 지미가 세상을 떠난 뒤, 팔레스타인 유대인식민지건설회사의 자산은 이스라엘에 기증되었다.
11 1848년에 출간된 찰스 디킨스의 소설.
12 '경주마와 기수들(Horse and Jockeys)'에서 'Horse' 대신에 발음이 비슷한 'Whores'를 집어넣은 것.
13 대조적으로, 북미와의 사업은 극히 드물었다. 프랑스 상사는 북부 철도 회사에 자금을 조달하기 위해 뉴욕에서 1500만 달러 규모의 채권을 발행했고, 그 답례로 뉴욕시 자치 도시 간 고속 운송 회사에 투자했다(그러나 이마저도 현명치 못한 투자였음이 드러났다).
14 1928년 당시, 로스차일드가는 32개국에서 다양한 야금 및 화학 약품 사업을 진행하고 있었다.
15 초기에는 전화로 입찰을 진행했지만, 곧 로스차일드가의 사무실에서 공식 회의를 열자는 결정이 내려졌다. 네 곳의 금괴 중개업체(모캐터 앤드 골드스미드, 픽슬리 앤드 아벨, 샤프스 앤드 윌킨스, 새뮤얼 몬터규)와 대형 제련업체 존슨 매티에서 대표를 참석시켰다. 입찰은 고풍스러운

주석 835

방식으로 진행되었다. 모든 입찰자들은 작은 유니언잭 깃발을 하나씩 갖고 있다가 각자 본사로 전화할 필요가 생기면 깃발을 들었다. 깃발이 들리면 입찰은 잠시 중단됐다가 깃발이 내려지면 재개되었다.

16 남아프리카 광산들의 에이전트 역할은 1926년 남아프리카 준비은행(South Africa Reserve Bank)에 돌아갔고, 1932년에는 영국은행이 1차 판매자 역할을 인수했다. 그러나 이후로도 N. M. 로스차일드가 영국은행의 에이전트 역할을 계속한 것은 사실이다.

17 이 대부금에 대한 이자는 1933년 말까지는 4%, 그 이후로는 5%로 책정되었다. 이 돈은 사실상 프랑스 로스차일드가의 개인 재산에서 출연한 것이었다. 에드몽이 내놓은 돈은 7000만 프랑이었고, 에두아르는 3500만 프랑, 로베르는 1500만 프랑, 앙리는 1000만 프랑, 그의 아들 제임스는 300만 프랑, 필립 역시 300만 프랑을 보탰다.

18 필립은 영화 제작에 잠시 손을 댔다가 마침내는 무통에 있는 부친의 영지에서 포도원을 가꾸는 데 모든 열정을 쏟아 부었다. 전후에 샤토 보틀링(château-bottling, 와인을 제조 공장이 아니라 산지에서 직접 병에 담는 것) 관례를 도입한 것도 바로 그였다.

19 미리엄 로스차일드, 케이트 가튼, 라이오넬 드 로스차일드, 『로스차일드가의 정원』, pp. 148ff 참조. 제안은 받아들여지지 않았다.

20 이 정보를 제공한 미리엄 로스차일드에게 감사드린다.

21 포부르생토노레 가 33번지의 저택은 1920년에 세르클 드 뤼니옹 앙테랄리에(Cercle de l'Union Interalliée)에 매각됐다. 베리에 가의 저택은 2년 뒤 국가에 기증되었다. 피한지의 빌라 에프뤼시는 1934년에 프랑스예술학사원(Académie des Beaux Arts)에 양도되었다.

22 약 2400평.

23 앤서니의 딸 애니와 콘스탄스는 각각 1926년과 1931년에 세상을 떠났다. 내티의 미망인 엠마는 1935년에, 레오의 미망인 마리는 1937년에 사망했다.

24 옛 소련의 비밀경찰.

25 군사정보부 제5부. 국내 및 영연방을 담당했다.

26 2차 세계대전 당시, 독일의 고급 암호화된 라디오 및 텔레프린터 통신을 해독해서 고도로 중요한 정보를 획득했던 영국의 암호정보부를 가리킨다.

27 작가 톰 바우어(Tom Bower)에 따르면, 그는 울트라 도청 문서 한 꾸러미를 소련 대사관 우편함에 넣어 두기까지 했다고 한다.

28 영국 정부는 1986년 빅터 로스차일드가 '제5의 사나이'라는 혐의를 공식 부인했지만, 혐의를 주장하는 내용의(순전히 정황 증거만 갖고 쓰인) 책이 1994년에 다시 출간되는 것을 막지는 못했다. 어느 정도는 빅터 자신이 MI5의 미묘한 내부 정치에 발을 들인 것(특히, 피터 라이트 [Peter Wright]와 가까이한 것)이 사태의 빌미를 제공했다고도 할 수 있었다. 빅터가 중앙정책평가단에서 근무한 당시 알게 된 것처럼, 라이트는 MI5의 전 본부장 로저 홀리스가 소련의 스파이였다고 확신하고 있었다(빅터는 라이트가 MI5에서 1974년 이후로 해럴드 윌슨과 다른 노동당

정치인들에게 공산주의자 혐의를 씌우려 했을 때 그 음모에도 관여했다는 것 또한 알고 있었다). 1979년에 옛 친구 앤서니 블런트의 정체가 밝혀진 뒤 곧바로 자신의 과거에 대한 조사가 시작되자, 빅터는 당시 오스트리아에서 회한에 찬 은퇴 생활을 하고 있던 라이트에게 황급히 도움을 청했다. 홀리스에 대한 혐의가 제기되면 자신은 의혹의 눈초리에서 벗어날 수 있으리라고 믿었던 그는 라이트를 설득해 채프먼 핀처와 함께 『그들의 거래명은 반역이었다』(1981)라는 책을 쓰게 했다. 그러나 이는 5년 뒤에 라이트가 영국 정부에 대한 반항심에서 『스파이 사냥꾼』이라는 회고록을 단독 출간하면서 되레 역효과를 낳았다. 출간에 뒤이은 법정 재판으로 빅터에 대한 여론은 한층 악화되었기 때문이다. 결백을 증명하기 위한 마지막 노력으로, 빅터는 MI5의 수장에게 《데일리 텔레그래프》에 편지를 보내어 자신의 무혐의를 공식 공표해 줄 것을 요구했다. 이에 대한 대처 총리의 답변은 공식적인 효력이라는 면에서는 충분했지만 그 어조만큼은 싸늘하기 그지없었다. 이는 그녀가 기밀 활동에 관련된 문제에 대해서는 언급하기를 꺼렸다는 사실을 드러내는 것이었다. "제가 알고 있는 바, 영국 정부는 그가 소련 스파이로 활동했다는 증거를 갖고 있지 않습니다."

29 이 같은 표현이 등장한 것은 프랑스은행의 주주들 가운데 오직 200곳의 최대 주주에게만 은행 총회에서 투표할 권리가 주어졌기 때문이었다.

30 보른하이머 란트베어에 있던 클레멘티네 초교파(超敎派) 여아(女兒) 병원, 칼 폰 로스차일드 남작 공공도서관, 안젤름 잘로몬 폰 로스차일드 예술진흥재단, 빌헬름 칼과 마틸데의 이름을 붙인 유대인 여성 양로원이었다.

31 그뤼네부르크의 저택은 1944년에 폭격으로 파괴되었으나, 쾨니히슈타인의 저택은 살아남았다.

32 잘로몬 알베르트의 아들(1884~1976).

33 이는 두 가지 이유에서 복잡한 작업이었다. 첫째, 또 다른 대주주였던 구트만(Gutmann)가의 주식을 매수해야 했다. 둘째, 전쟁이 터질 경우 이번에는 영국 정부가 이를 몰수할 가능성을 피하기 위해 거래는 스위스와 네덜란드 기관들을 거쳐 간접적으로 진행시켜야 했다.

34 폴란드 남부에 있는 도시.

35 SS 및 나치당의 정보국.

36 앤서니는 1939년에 호소위원장으로 임명되었고, 피난민을 위한 이주 계획 위원회(Emigration Planning Committee for Refugees)에서도 위원장을 맡았다. 그와 라이오넬, 지미는 1936년에 설립된 독일유대인구호위원회의 호소위원회에도 가담했다.

37 빅터는 영국식의 반유대주의를 몸소 경험했던 인물이었다. 해로 스쿨 재학 시절에 그는 급우들에게 "더러운 유대놈"이라 불렸고, 1934년(스물네 살이었을 때)에는 바넷에 있던 '로드하우스'와 컨트리클럽에 가입하려 했으나 종교적인 이유에서 거절당했다.

38 두 번째 문장은 공식 회의록에는 등장하지 않지만 언론에서는 이렇게 보도했다.

39 군사정보부 제6부. 대외 정보 담당.

40 일례로, 에두아르는 1942년에 알제리의 수복에 뒤이어 자유프랑스군 지로드 장군이 알제리 유대인들에게 시민권을 인가했던 크레미유 법령을 즉각 복원시키는 데 실패하자 격분할 수밖에 없었다.

41 비시 정부가 들어서면서 프랑스 제3공화국은 '프랑스 국가(État Français)'로 축소된다.

42 그 수익금은 프랑스 전쟁고아들을 위해 쓰였으리라고 추정된다.

43 1920년대 초, 미국의 기업가 헨리 포드가 소유한 신문 《디어본 인디펜던트(Dearborn Independent)》에 연재했던 기사 「국제적 유대인: 세계 최대의 문제(The International Jew: The World's Foremost Problem)」에서 비롯된 표현이다.

44 버킹엄셔의 마을. 2차 세계대전 당시 블레츨리 공원에는 영국의 주요 암호 해독 기관이 자리 잡고 있었다. 미리엄은 전쟁 중 이곳에서 암호 해독 작업에 참여했다.

45 엘리자베트 드 샹뷔르.

46 '유대인들이 척결된 지역'이라는 뜻.

에필로그

1 이 정보를 제공한 역사학자 존 플럼(John Plumb) 경에게 감사드린다.

2 1946년, 재정난에 처한 처칠이 차트웰에 있던 그의 저택에서 계속 살 수 있도록 저택 매입비 5000파운드를 기부한 이들 중에는 지미도 포함되어 있었다.

3 처칠 폭포에서 공사가 착수된 것은 1966년이 되어서야 가능했다. 그러나 발전소가 문을 연 뒤 3년이 지난 1974년, 뉴펀들랜드의 신임 정부는 발전소를 국영화한다는 결정을 내리고 브링코에는 보상금으로 1억 6000만 달러를 지불했다(그러나 발전소의 총 건설비는 10억 달러였다).

4 1972년, 당시 재무부장관이었던 앤서니 바버의 경기 부양 예산안으로 촉발된 인플레이션.

5 앤서니는 1944년에 뉴마켓의 팰리스 하우스를 기수 클럽에 기증했고 1950년에는 애스콧을 내셔널 트러스트에 인계했다. 지미는 1957년 워드즈던을 내셔널 트러스트에 기증했고, 1977년에는 멘트모어와 저택 내 내용물을 매각했으며, 트링은 현재 예술교육신탁이 운영하는 학교가 되어 있다. 프랑스에서는 칸에 있던 빌라 로칠드, 불로뉴의 저택, 퐁텐 성과 뮈에트 성, 라베르신 성, 생플로랑탱 가와 포부르생토노레 가의 저택이 가족들의 손에서 떠났다.

6 1956년에 제정된 최초의 독점금지법 중 하나인 제한적 거래 관행법(Restrictive Trade Practices Act)에 적법한 거래 관행이었다.

7 지그문트 바르부르크는 이미 1955년에 에드몽에게 그 같은 합병을 제안했다.

8 그 같은 사례는 더 있었다. 전 전력위원회 위원장 프랜시스 툼스 경은 1980년에 N. M. 로스차일드의 사외이사가 되었고, 통상부 정무차관이었던 이언 스프로트는 1983년 선거에서

의석을 잃은 뒤 자문위원으로 회사에 합류했다.

9 N. M. 로스차일드는 스미스 브라더스의 주식 9.9%를 920만 달러에 매입했고, 이후 스미스 뉴코트가 되는 회사의 주식 51%를 700만 달러에 사들였다. 다시 말해, 총 투자 자금은 약 1000만 파운드였다. 빅뱅은 은행(banks), 브로커(brokers, 일반 투자자를 대상으로 활동), 조버(jobbers, 증권거래소에서 거래를 실행)를 서로 엄격히 구분했던 전통에 막을 내렸다.

10 정부에서는 주식소유 민주주의(Share-owning democracy)를 기치로 내걸고 개인 투자자들의 주식 매입을 장려하기 위해 "시드를 보시거든……잊지 말고 알려주세요!"라는 카피의 일명 '텔 시드(Tell Sid)' 광고 캠페인을 집중적으로 펼쳤다.

11 고객 목록에는 제임스 골드스미스 경, 라이크만 형제의 부동산 회사 올림피아 앤드 요크, 핸슨 트러스트 건설 자재 회사도 포함되어 있었다. 로버트 맥스웰 역시 빠뜨릴 수 없는 고객이다. 피리는 그가 미국의 한 출판사를 인수하려 하는 과정을 지원해서 수임료로 2700만 달러를 벌어들였다. 1991년에 맥스웰이 공금횡령죄와 막대한 부채만을 유산으로 남기고 사망했을 때, 남아 있던 장부를 사정하고 상속자들이 미러 그룹 뉴스 페이퍼스 사에 갖고 있던 54%의 지분을 매각하는 일을 의뢰받은 곳 역시 N. M. 로스차일드였다.

12 페리에르를 포함해 프랑스 일가가 갖고 있던 가장 귀중한 저택들이 바로 이 시기에 처분되었다는 사실은 상징적으로 의미심장한 일이다. 몽소 가에 있던 저택은 허물어졌다. 마리니 가 23번지의 저택은 1975년에 국가에 매각되었다. 페리에르는 1975년에 소르본 대학에 양도되었다. 구비외에 있는 상소시 저택은 1977년에 매각되어 현재는 호텔이 되어 있으며, 보드세르니 수도원 역시 마찬가지다. 샤토 다르맹빌리에르는 1880년대에 모로코 왕에게 팔렸다.

13 그리스 신화에 등장하는, 3000마리의 소를 기르면서 30년간 청소를 하지 않았다는 대형 외양간.

14 나머지는 슈뢰더가, 플레밍(Fleming)가, 라자르가였다.

■ 그림·표 출처

그림 출처

[그림 1] 에두아르트 푹스, 『캐리커처로 보는 유대인(Juden in der Karikatur)』, p.146.

[그림 2] 에두아르트 푹스, 『캐리커처로 보는 유대인』, p.55.

[그림 3] 버지니아 코울스, 『로스차일드가(Rothschilds)』, p.136.

[그림 4] 데렉 윌슨, 『로스차일드(Rothschild)』, 19번 삽화.

[그림 5] 클라우스 헤르딩, 『캐리커처로 보는 로스차일드가(Rothschilds in der Karikatur)』, 16번 일러스트(마르부르크 대학도서관).

[그림 6] 알프레드 루벤스, 『캐리커처로 보는 로스차일드가』, 17번 삽화.

[그림 7] 버지니아 코울스, 『로스차일드가』, p.172.

[그림 8] 클라우스 헤르딩, 『캐리커처로 보는 로스차일드가』, p.55, 28번 일러스트(프랑크푸르트 시립/대학도서관).

[그림 9] 클라우스 헤르딩, 『캐리커처로 보는 로스차일드가』, 30번 일러스트(함부르크 미술공예박물관).

[그림 10] 코인 하비, 『코인의 경제교실(Coin's financial school)』, p.215.

[그림 11] 알프레드 루벤스, 『캐리커처로 보는 로스차일드가』, 21번 삽화.

[그림 12] 클라우스 헤르딩, 『캐리커처로 보는 로스차일드가』, 30번 일러스트(빈 역사박물관).

[그림 13] 클라우스 헤르딩, 『캐리커처로 보는 로스차일드가』, 27번 일러스트(쾰른 게르마니아 유다이카 도서관).

[그림 14] 미리엄 로스차일드, 『친애하는 로스차일드 경(Dear Lord Rothschild)』, 21번 일러스트.

표 출처

[표 1] CPHDCM, 637/1/7/115—120, 파트너십 협약(Societäts-Übereinkunft), 1852년 10월 31일,

암셸, 잘로몬, 칼, 제임스, 라이오넬, 앤서니, 냇, 메이어 간에 체결; AN, 132 AQ 3/1, 날짜 미기재 문서, 1855년 12월경으로 추정, 암셸과 칼의 지분을 재분배함.

[표 2] 《스펙테이터(Spectator)》.

[표 3] 《스펙테이터》; 우도 하인(Udo Heyn), 「개인은행과 산업화」, pp.358~372.

[표 4] 미첼, 『유럽 역사통계(European historical statistics)』, pp.734f.

[표 5] A. J. 에어, 『금융의 세기(Century of finance)』, pp.42~49.

[표 6] RAL, RFamFD/13F.

[표 7] 부록 2, [표 d] 참조.

[표 8] AN, 132 AQ 13, 14; 베르트랑 질, 『로스차일드 가문의 역사(Maison Rothschild)』, 제2권, pp.573f.

[표 9] RAL, RFam FD/13F; 지글러, 『제6의 열강 : 베어링가(Sixth great power)』, pp.373~378; 리처드 로버츠, 『슈뢰더가』, pp.527~535.

[표 10] 《스펙테이터》; 우도 하인, 「개인은행과 산업화」, pp.358~372.

[표 11] 미첼, 『유럽 역사 통계』, pp.370~385; 슈레머(Schremmer), 「조세와 공공 재정(Public finance)」, pp.458f.

[표 12] 하원 의회, 『회계 및 문서(Accounts and papers)』, 27권 및 31권; 《이코노미스트》; 우도 하인, 「개인은행과 산업화」, pp.358~372.

[표 13] 우도 하인, 「개인 은행과 산업화(Private banking and industrialisation)」, pp.358~372.

[표 14] 《이코노미스트》.

[표 15] 부록 2, [표 c] 참조.

[표 16] RAL, RFamFD/13F; 카시스, 『시티(City)』, p.33; idem, 『시티 은행가들(City bankers)』, pp.31f.; 키내스턴, 『시티』, 1권, pp.312f.; 2권, p.9; 채프먼, 『머천트뱅크의 출현(Merchant banking)』, pp.44, 55, 121f., 200f., 208f.; 로버츠, 『슈뢰더가(Schroders)』, pp.44, 57, 99, 527~535; 지글러, 『제6의 열강 : 베어링가』, pp.372~378; 웨이크, 『클라인워트 벤슨(Kleinwort Benson)』, pp.472f.

[표 17] RAL, RFamFD/13F; 로버츠, 『슈뢰더가』, pp.44, 57, 99, 527~535; 지글러, 『제6의 열강 : 베어링가』, pp.372~378; 웨이크, 『클라인워트 벤슨』, pp.472f.; 버크, 『모건 그렌펠Morgan Grenfell』, pp.260~270, 278~281; 홈즈 & 그린, 『미들랜드Midland』, pp.331~333.

[표 18] 부록 2, [표 c] 참조.

[표 19] A. J. 에어, 『금융의 세기』, pp.14~81; RAL.

[표 20] 데이비스 & 허튼백, 『부와 제국의 추구(Mammon)』, p.46.

[표 21] 미첼, 『영국 역사 통계(British historical statistics)』, pp.396~399, 420f.; 크로칠리, 『현대 이집트의 경제 발전(Economic development)』, pp.274ff.; 쇼, 「오스만제국의 지출과 예산(Ottoman expenditures and budgets)」, pp.374ff.; 이사위, 『중동 및 북아프리카 경제사(Economic history of the Middle East)』, pp.100f., 104ff.; 레비, 「브라질 공공부채(Brazilian public debt), 1824~1913」, pp.248~252; 미첼, 『유럽 역사 통계』, pp.370~385, 789; 마틴, 『로스차일드』; 카레라스, 『스페인의 산업화(Industrialization Espanola)』, pp.185~187; 개트럴, 『러시아의 정부, 산업, 그리고 재무장(Government, industry and rearmament), 1900~1914』, pp.140, 150; 아포스톨, 베르나츠키 & 미켈슨, 『전쟁 중의 러시아 재정(Russian public finances)』, pp.234, 239; 홉슨, 「신중한 타이탄: 영국 방위정책의 회계 사회학(Wary Titan), 1870~1913」, pp.505f.

[표 22] [표 21]과 동일.

[표 23] 《이코노미스트》.

[표 24] 홉슨, 「신중한 타이탄」, pp.464f.

[표 25] [표 24]와 동일.

[표 26] 슈레머, 「조세와 공공재정」, p.398; 미첼, 『영국 역사 통계』, pp.402f.; 호프만 外, 『19세기 중엽 이후의 독일 경제 성장(Wachstum)』, pp.789f.; 아포스톨, 베르나츠키 & 미켈슨, 『전쟁 중의 러시아 재정』, pp.234, 239.

[표 27] [표 26]과 동일. 그 외 홉슨, 「신중한 타이탄」, pp.505f.

[표 28] 《이코노미스트》(주간 종가).

[표 29] 《이코노미스트》(런던 월간 종가 평균).

[표 30] 채프먼, 『머천트뱅크의 출현』, p.209.

[표 31] RAL, RFamFD/13F; RFamFD/13E; 지글러, 『제6의 열강 : 베어링가』, pp.372~378; 로버츠, 『슈뢰더가』, pp.527~535; 웨이크, 『클라인워트 벤슨』, pp.472f.; 버크, 『모건그렌펠』, pp.260~270, 278~281; 홈즈 & 그린, 『미들랜드』, pp.331~333.

[표 32] [표 31]과 동일.

[표 33] RAL.

부록

[부록 1]

환율

경제사학자들에게는 다행한 일이지만, 19세기는 지지부진하게나마 통화 수렴 과정이 진행된 시기였다. 영국 파운드가 1820년대에 1797년 이전의 뉴턴식 금평가(金平價)로 복귀한 뒤, 다른 주요 통화들도 하나둘 파운드화와 비교적 안정적으로 환율을 확립하기 시작했다. 엄밀한 의미의 금본위제는 19세기 후반의 사건이었다는 점을 강조해야겠다. 1870년대까지 프랑스는 양본위제(금은 기준)를 유지하고 있었고, 라틴화폐동맹에 속한 다른 나라들(벨기에, 스위스, 이탈리아)도 마찬가지였다. 러시아, 그리스, 스페인, 루마니아 역시 양본위제 국가였으며, 미국을 포함한 대부분의 미주 국가들도 다를 바 없었다. 대부분의 독일 국가들은 은본위제를 따랐고, 스칸디나비아 국가들, 네덜란드, 아시아 대부분도 은본위제 국가에 속했다. 오직 영국, 포르투갈, 캐나다, 오스트레일리아, 칠레만이 1868년 당시 엄격한 의미에서 금본위제 국가들이었다. 그러나 이런 차이에도 불구하고 유럽의 환율은 비교적 안정적이었다. 프랑스, 벨기에, 스위스 프랑은 파운드의 0.04 수준을 꾸준히 유지했다(즉, 1파운드=약 25프랑. 사실 프랑-파운드 환율은 25.16프랑에서 25.40프랑 사이에서 움직였다). 프로이센 탈러도 파운드당 약 6.8탈러로 역시 안정적이었다. 그러나 오스트리아, 이탈리아, 러시아, 그리스, 스페인 통화는 안정적이지 못했고, 태환 불능 및 가치 하락 시기를 거치기도 했다. [표 a]는 19세기 중반 유럽 주요 통화들의 파운드 기준 환율을 근사치로 제시한 내역이다. 수치를 실제 적용할 때는 신중할 필요가 있다.

[표 a] 19세기 주요 통화의 파운드 환율(파운드당 해당 통화)

프로이센 탈러	프랑스 프랑	오스트리아 굴덴	나폴리 두카트	로마 스쿠도	러시아 루블	스페인 레알	투르크 피아스터
6.8	25.2	9.6	5.8	4.7	6.3	504.0	114.5

* 출처 : 로스차일드 서신.

    독일의 통일 과정은 양본위제에서 금본위제로의 이행에 결정적인 역할을 했다. 독일제국의 나머지 지역까지 은화 탈러를 확대하는 대신 금본위 마르크화를 제정하기로 한 독일의 결정은 프랑스에 파장을 일으켰지만, 독일에 정치적인 앙금이 남아 있던 프랑스는 은을 계속 흡수해서 독일의 금본위제 전환에 기름칠을 해 줄 의향이 전혀 없었다. 어찌 됐든 19세기가 끝나는 시점까지 주요 통화들 다수가 하나의 금속본위제를 일관적으로 유지하지 못했고, 파운드화 대비 가치 하락의 시기를 겪기도 했다(루블과 달러가 대표적이다). 세계 경제권의 대부분이 금본위제로 알려진, 비공식적으로 구성된 고정환율 체제의 일원이 된 것은 1차 세계대전 이전의 마지막 20년에 이르러서였다. 오직 중국, 페르시아, 남미 국가 몇 곳만이 은본위제를 고수했다. [표 b]는 대부분의 통화가 금본위제에 합류한 1914년 직전의 금 평가 내역을 보여 준다(이탈리아와 오스트리아의 통화는 엄밀히 말해 법적으로 금으로 태환되지는 않았지만, 환율은 비교적 안정적이었다).

[표 b] 1913년 기준 주요 통화의 파운드 환율(파운드당 해당 통화)

	독일 마르크	프랑스 프랑	이탈리아 리라	오스트리아 크로네	러시아 루블	미국 달러
1913	20.43	25.22	25.22	24.02	9.45	4.87

* 출처 : 하디흐, 『제1차 세계대전(First World War), 1914~1918』, p.293.

[부록 2]

금융 통계표

　이 통계들이 다루고 있는 시기에 다섯 곳의 로스차일드 상사들이 구성한 일종의 사적 파트너십 체제에서는 대차대조표나 손익계정을 작성할 의무가 없었다. [표 c]와 [표 d]에 제시된 다섯 상사의 자본 규모는 현존하는 파트너십 협약서에서 인용한 것이다. N. M. 로스차일드 앤드 선즈의 손익계정은 1829년에 작성되기 시작된 일람표(작성 목적은 알려져 있지 않다)에 기초했다. 계정은 단순하다. 한쪽에는 당해 연도의 상품, 증권, 주식 판매량이 나열돼 있고, 다른 한쪽에는 당해 연도의 매입 및 기타 비용이 기재돼 있다. 양쪽의 차는 연간소득이나 손실로 기록돼 있다. [표 e]에 옮겨 놓은 것은 이 '총계' 자료이며, 파트너들의 순처분(인출 및 신규 자본) 액수 역시 계산해 놓았다. [표 f]에 등장하는 대차대조표 수치들은 1873년부터 작성되기 시작한 일련의 유사한 일람표에 기초한 것이다.
　19세기의 은행들은 대차대조표나 손익계정을 표준화된 방식으로 작성하지 않았으므로, 입수 가능한 다른 은행들의 수치와 비교할 때는 지극히 신중할 필요가 있다.

[표 c] 로스차일드 결합 자본(선정 연도 자료, 1818~1904년, 단위 : 1000파운드)

	1818	1825	1828	1836	1944	1952	1862	1874	1879	1882
프랑크푸르트	680	1,450	1,534	2,121	2,750	2,746	6,694	4,533	4,225	4,735
파리	350	1,490	1,466	1,774	2,311	3,542	8,479	20,088	16,815	23,589
런던	742	1,142	1,183	1,733	2,005	2,500	5,355	6,509	6,102	5,922
빈			25	110	250	83	457	3,229	3,115	4,137
나폴리			130	268	463	661	1,328			
총계	1,772	4,082	4,338	6,008	7,778	9,532	22,313	34,359	30,258	38,384

	1887	1888	1896	1898	1899	1900	1901	1902	1903	1904
프랑크푸르트	4,407	3,173	2,600	2,327	2,294					
파리	22,974	18,878	23,793	24,254	24,947	22,328	22,665	23,136	23,736	21,086
런던	6,149	5,674	7,296	7,545	7,704	7,779	7,641	8,057	7,196	8,429
빈	4,507	4,154	6,443	6,382	6,507	6,845	7,021	7,196	7,367	7,621
총계	38,038	31,880	40,131	40,507	41,452	36,953	37,327	38,388	38,298	37,136

* 주 : 반올림을 했기 때문에 세로로 더한 값이 총계와 다를 수도 있다.
* 출처 : CPHDCM, 637/1/3/1-11; 1/6/5; 1/6/7/7-14; 1/6/32; 1/6/44-5; 1/7/48-69; 1/7/115-20; 1/8/1-7; 1/9/1-4; RAL, RFamFD/3, B/1; AN, 132 AQ 1, 2, 3, 4, 5, 6, 7, 9, 10, 13, 15, 16, 17, 19; 베르트랑 질, 「로스차일드 가문의 역사」, 2권, pp.568~572.

[표 d] 로스차일드 파트너들의 자본 지분(1852~1905년, 총 자본 대비 비율)

1852년 9월		1855년 12월		1863년 9월	
라이오넬		라이오넬		라이오넬	
앤서니		앤서니		앤서니	
냇		냇		냇	
메이어	20.0	메이어	25.8	메이어	25.0
암셀	20.0	안젤름	25.8	안젤름	25.0
잘로몬	20.0	제임스	25.7	제임스	25.0
제임스	19.9	마이어 칼		마이어 칼	
		아돌프		아돌프	
칼	19.9	빌헬름 칼	22.7	빌헬름 칼	25.0

1879년 9월		1882년 10월		1887년 6월		1887년 10월		1888년 4월	
내티		내티		내티		내티			
알프레드		알프레드		알프레드		알프레드			
레오	15.7	레오	17.1	레오	20.4	레오	29.5		22.5
제임스 에두아르									

아르튀르	7.9	아르튀르, 앙리	7.1	아르튀르, 앙리	6.6	아르튀르, 앙리	6.6	7.3
알베르트		알베르트		알베르트		알베르트		
페르디난트		페르디난트		페르디난트		페르디난트		
나타니엘	22.7	나타니엘	17.1	나타니엘	23.0	나타니엘	23.0	25.3
알퐁스		알퐁스		알퐁스		알퐁스		
구스타브		구스타브		구스타브		구스타브		
에드몽	31.4	에드몽	34.3	에드몽	31.8	에드몽	31.8	35.0
마이어 칼		마이어 칼		마이어 칼				
빌헬름 칼	22.3	빌헬름 칼	24.4	빌헬름 칼	18.1	빌헬름 칼	9.1	10.0

	1896년 12월	1898년 1월	1899년 1월		1899년 12월
내티				내티	
알프레드				알프레드	
레오	17.5	23.1	18.0	레오	18.0
아르튀르, 앙리	7.3	6.8	7.5	아르튀르, 앙리	7.5
알베르트					
페르디난트				알베르트	
나타니엘	25.3	23.6	23.1	나타니엘	23.1
알퐁스				알퐁스	
구스타브				구스타브	
에드몽	35.0	32.6	36.0	에드몽	36.0
빌헬름 칼	14.9	13.9	15.4	빌헬름 칼	15.4

	1900년 12월	1901년 1월	1902년 1월	1904년 10월		1905년 7월
내티					내티	
알프레드					알프레드	
레오	21.3	21.3	21.3	22.5	레오	23.4
아르튀르, 앙리	8.9	8.9	8.9	3.7	아르튀르, 앙리	3.9
알베르트					알베르트	
나타니엘	27.3	27.3	27.3	28.9	나타니엘	25.9
알퐁스					에두아르	
구스타브					구스타브	
에드몽	42.5	42.5	42.5	44.9	에드몽	46.8

* 주 : 1855년 수치는 나폴리와 런던의 수치에 근거한 추정치임.
* 출처 : CPHDCM, 637/1/7/115-20, 파트너십 협약, 1852년 10월 31일; AN, 132 AQ 3/1, 날짜 미기재 문서, 1855년 12월경; AN, 132, AQ2, 파트너십 결의, no. 2, 1879년 9월; 1882년 10월 24일; 1887년 6월 28일; 1888년 4월 2일; 1899년 11월 23일; 1900년 12월 24일; 1901년 12월 16일; 1902년 11월 27일; 1903년 7월 24일; 베르트랑 질, 『로스차일드 가문의 역사』, 2권, pp.568~572.

[표 e] N. M. 로스차일드 앤드 선즈 : 손익계정(1849~1918년, 단위 : 파운드)

	손익	순처분	자본 (역년曆年 말 기준)
1849	334,524		1,952,018
1850	52,713		2,004,731
1851	54,891		2,059,622
1852	−30,969†		1,799,372
1853	276,814†		2,075,436
1854	45,092		2,120,528
1855	88,372		2,208,901
1856	60,355		2,269,255
1857	8,128†		2,261,127
1858	406,736		2,667,863
1859	66,242		2,734,105
1860	116,659		2,850,764
1861	135,775		2,986,539
1862	1,420,638		4,407,178
1863	−26,148	−500,000	3,881,029
1864	8,036		3,889,066
1865	−615		3,888,450
1866	37,615		3,926,065
1867	70,571		3,996,637
1868	306,235		4,302,872
1869	144,012	−600,000	3,846,885
1870	409,085		4,255,970
1871	597,180		4,853,150
1872	356,864	−700,000	4,510,014
1873	1,999,214		6,509,228
1874	137,192†		6,646,420
1875	834,713	−1,577,299	5,903,834
1876	−†		5,903,834
1877	194,464†	−2,203,295	3,899,147
1878	143,080†	246,381	4,145,527
1879	11,286		4,156,813
1880	639,686		4,796,499
1881	933,508		5,730,007
1882	−26,713	−600,000	5,103,295
1883	−76,207		5,027,087
1884	3,351		5,030,438
1885	−160,261		4,870,177
1886	1,228,234		6,098,412
1887	−101,634		5,996,778
1888	14,697	−475,000	5,536,475
1889	1,213,525		6,750,000
1890	−77,063	−750,000	5,922,937

1891	−110,589		5,822,349
1892	−361,940		5,460,408
1893	−203,155	−400,000	4,857,254
1894	50,243		4,907,497
1895	107,500		5,014,997
1896	2,058,648		7,073,645
1897	−556	−569,129	6,503,959
1898	814,228		7,318,187
1899	517,315		7,475,502
1900	449,850	−243,352	7,682,001
1901	−40,878		7,641,123
1902	415,675		8,056,797
1903	−861,114		7,195,683
1904	1,233,343		8,429,027
1905	742,317	−1,537,281	7,634,063
1906	664,025		8,298,088
1907	−1,396,414		6,901,674
1908	1,093,439	−512,719	7,482,394
1909	353,830	7,698	7,843,922
1910	470,673	−390,000	7,924,595
1911	264,451	−264,452	7,924,595
1912	193,010	−180,000	7,937,605
1913	−92,962		7,844,642
1914	−1,476,737		6,367,906
1915	−117,195†		4,618,511
1916	213,320†		4,521,846
1917	230,123†		4,720,609
1918	208,673†	−679,129	3,614,602

* 주 : 손익 수치는 총 지출과 총 수입의 차이로 계산함.
* 출처 : RAL, RFamFD/13F; RFamFD/13E.
† 회계 장부 수치와 정확히 맞아떨어지지 않음.

[표 f] N. M. 로스차일드 앤드 선즈 : 대차대조표(1873~1918년, 단위 : 파운드, 역년曆年 말 기준)

	자산	부채	자본
1873	15,595,035	9,085,807	6,509,228
1874	14,755,232	8,108,812	6,646,420
1875	18,487,727	12,583,893	5,903,834
1876	13,389,106	7,476,272	5,903,834
1877	13,389,489	7,291,198	6,098,297†
1878	13,592,698	7,351,321	6,241,377†
1879	13,022,317	8,865,504	4,156,813
1880	10,857,738	6,061,239	4,769,499

1881	12,177,367	6,447,359	5,730,007
1882	12,511,291	7,407,997	5,103,295
1883	12,734,390	7,707,303	5,027,087
1884	13,491,790	8,461,352	5,030,438
1885	11,446,012	6,575,835	4,870,177
1886	14,126,858	8,028,446	6,098,412
1887	16,984,901	10,988,123	5,996,778
1888	19,638,633	14,102,158	5,536,475
1889	23,986,545	17,236,545	6,750,000
1890	30,433,369	24,510,432	5,922,937
1891	22,080,046	16,257,697	5,822,349
1892	18,395,602	12,935,194	5,460,408
1893	16,424,287	11,567,033	4,857,254
1894	18,530,735	13,623,238	4,907,497
1895	19,260,482	14,245,485	5,014,997
1896	19,004,363	11,930,718	7,073,645
1897	17,280,561	10,776,602	6,503,959
1898	16,698,744	9,380,557	7,318,187
1899	17,273,769	9,798,267	7,475,502
1900	17,222,588	9,297,235	7,925,353†
1901	18,661,398	11,020,275	7,641,123
1902	20,000,321	11,943,524	8,056,797
1903	25,078,358	17,882,675	7,195,683
1904	25,492,080	17,063,053	8,429,027
1905	33,960,845	26,326,782	7,634,063
1906	30,590,780	22,292,692	8,298,088
1907	28,485,025	21,583,351	6,901,674
1908	24,367,808	15,885,415	8,482,393†
1909	26,420,446	18,222,693	8,197,753†
1910	29,435,027	21,120,432	8,314,595†
1911	26,059,641	17,870,594	8,189,047†
1912	26,003,274	17,885,669	8,117,605†
1913	25,011,664	17,167,022	7,844,642
1914	20,621,650	14,253,744	6,367,906
1915	17,834,043	13,215,533	4,618,510
1916	16,345,942	11,824,096	4,521,846
1917	12,465,925	7,745,315	4,720,610
1918	12,701,677	9,087,075	3,614,602

* 주 : 자산＝만기 전 수취어음, 보유 금괴, 증권, 주식, 잔고로 구성된 차변. 부채＝인수한 지급어음, 일반에 지급해야 할 배당금, 계정차액으로 구성된 대변.
* 출처 : RAL, RFamFD/13A/1; 13B/1; 13C/1; 13D/1; 13D/2; 13/E.
† 손익계정상의 수치와 약간 차이가 있음.

KI신서 4707
전설의 금융 가문
로스차일드 2

1판 1쇄 발행 2013년 3월 19일
1판 5쇄 발행 2020년 6월 1일

지은이 니얼 퍼거슨 **옮긴이** 박지니
펴낸이 김영곤 **펴낸곳** (주)북이십일 21세기북스
영업본부 이사 안형태 **영업본부 본부장** 한충희
출판영업팀 김수현 오서영 최명열
제작팀 이영민 권경민
출판등록 2000년 5월 6일 제406-2003-061호
주소 (10881) 경기도 파주시 회동길 201 (문발동)
대표전화 031-955-2100 **팩스** 031-955-2151

(주)북이십일 경계를 허무는 콘텐츠 리더

21세기북스 채널에서 도서 정보와 다양한 영상자료, 이벤트를 만나세요!
페이스북 facebook.com/jiinpill21　**포스트** post.naver.com/21c_editors
인스타그램 instagram.com/jiinpill21　**홈페이지** www.book21.com
유튜브 www.youtube.com/book21pub
서울대 가지 않아도 들을 수 있는 명강의! 〈서가명강〉
네이버 오디오클립, 팟빵, 팟캐스트에서 '서가명강'을 검색해보세요!

ⓒ 니얼 퍼거슨, 2013

ISBN 978-89-509-4648-7 04990
　　　 978-89-509-4649-4 (세트)

책값은 뒤표지에 있습니다.

이 책 내용의 일부 또는 전부를 재사용하려면 반드시 (주)북이십일의 동의를 얻어야 합니다.
잘못 만들어진 책은 구입하신 서점에서 교환해 드립니다.

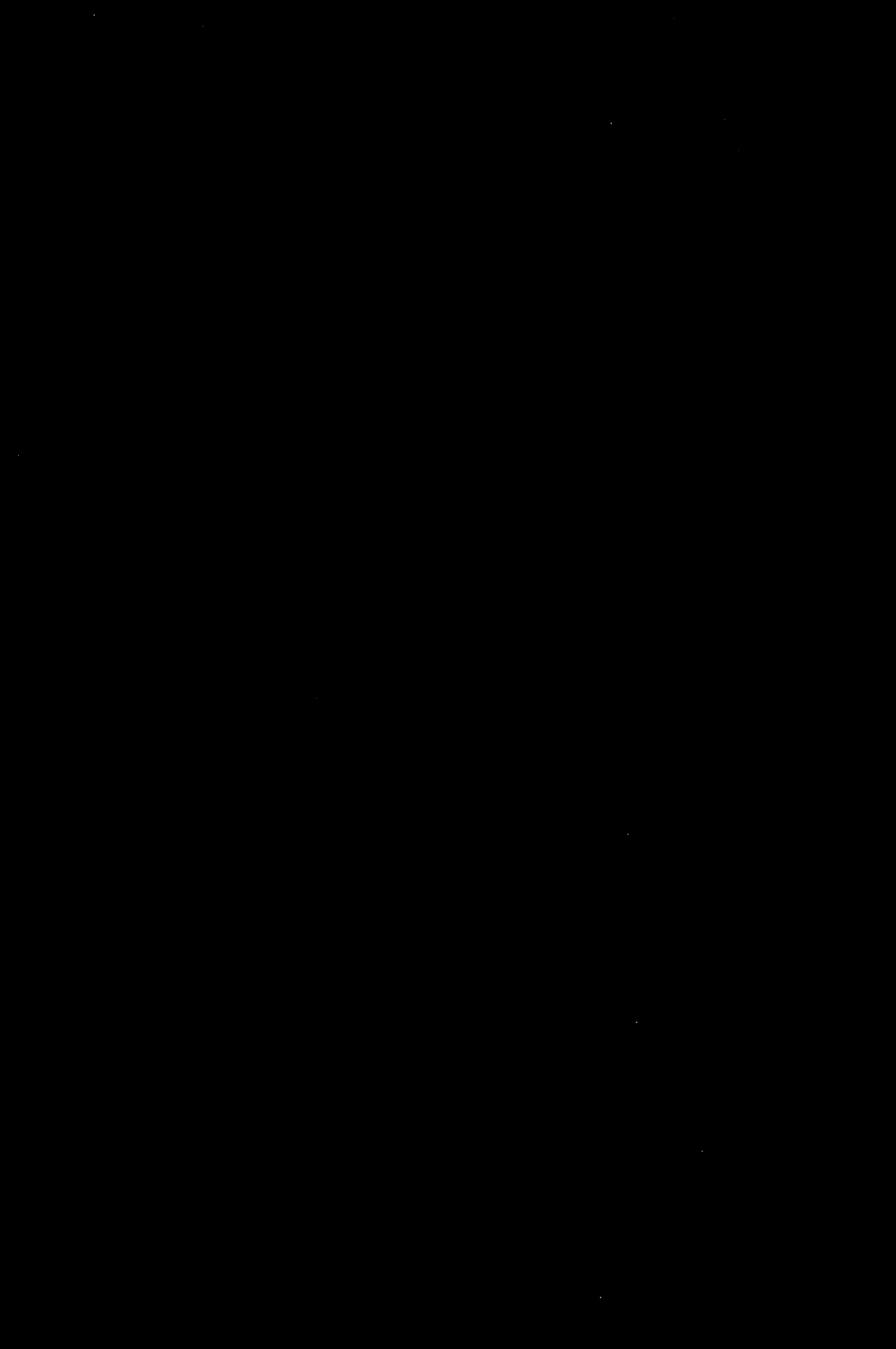